BAINIAN ZHONGGUO JINRONG
SIXIANG XUESHUOSHI

百年中国
金融思想学说史

第二卷

（下册）

顾问　黄达　刘诗白　孔祥毅　刘方健

主编　曾康霖　刘锡良　缪明杨

中国金融出版社

目录

第二十八章

莫萱元金融思想学说概要

莫萱元（1908—2000），现代著名经济学家，湖南邵阳县白仓镇人。1931年考入上海复旦大学，毕业后留学日本早稻田大学研究院。回国后，曾任上海同德医学院教授兼训导主任、中央政法大学教授兼附设边疆学校副主任、训导长。1946年，任国民党宪制国大代表，1948年，当选为国民政府立法委员。1949年2月去台后，仍一直担任立法委员，一度兼任台湾救灾委员会顾问。他对战时金融政策，国民经济建设的原则等有较深的研究。著有《货币学要论》、《战时金融政策》、《抗日期中经济建设三途径》等书。

一、战时金融政策学说

（一）战时金融政策理论

1. 战时金融政策的原则

莫萱元认为国家在战争时期内，必须要注意经济方面的调控，以保证物资充足支持战争的胜利，因此战时金融政策为"调节战时金融之盈虚活滞的政策"[①]。平时金融政策的目的在于稳定物价，增加资金的储备，保持资金融

[①]　莫萱元：《战时金融政策》，正中书局（1938年第一版）。

通，抑制投机和预防流动性的稀缺。达到这个经济目标的手段主要有：第一，运用金本位制的自动调节作用（黄金储备增加引发通货膨胀，导致进口增加，出口减少，逆差又会导致黄金外流，通货紧缩，物价趋于平衡）来维持一定量的货币水平；第二，运用利率的高低来调节资金的需求和供给，以维持生产和消费的平衡；第三，由于银行和投资家为理性经济人，从而利用他们的趋利性来实现有效妥善的资金运用。然而在战争时期，"一切情形与平时不同，政府与人民的一切活动，都须以战胜为唯一的目标"，"我们为着战争的最后胜利，必须用非常的金融手段，源源地接济战费，不断地供给资金"[①]，来安定金融市场，巩固国家信用。因此，他提出了战时金融政策应该遵循的五个原则：

（1）货币方面实行以金本位制为基础，可以适时浮动的有计划的通货膨胀制度；

（2）利率水平的高低根据国民经济和财政的需要来订立；

（3）汇兑方面国家要严格管理，平衡国际收支，维持合理的汇率；

（4）全国建立起由上自下的金融体系：中央银行不仅要间接调控金融市场，还要以整个经济为目标，直接统制全国金融；商业银行不得以营利为目的决定各自的金融方针，而应贯彻实施政府和央行的政策并且接受其监督；

（5）资金运用不以增加储蓄为目的，而应以充分利用，增加资金的使用效率为导向。

2. 战时金融政策的实施者

莫萱元认为中央银行是战时金融政策的关键实施者，"中央银行为全国金融的中枢，亦实行金融政策的指挥机关，其与战时金融政策的关系至为密切"。但是在非战争时期，中央银行在金本位制度下的金融统制完全依赖于金本位的自动调节作用，因此经常发生通货不足的恐慌，引发经济危机。在战争时期，中央银行为了更好地行使其统制金融的作用，在职能上需要有以下三点改进。

---

① 莫萱元:《战时金融政策》，正中书局（1938 年第一版）。

（1）以低利率增加货币供给，增加市场的流动性；

（2）抑制投机需求，维护市场持续；

（3）建立完善的准备金制度，发挥银行的银行的作用，以应对战乱带来的挤兑恐慌。

为达到（1）、（3）点要求，央行的货币供给不能束缚于国家的金储备量，而需要具备自由增减的伸缩性。但由于我国中央银行制度建立并不完善，以上职能的改进很难付诸实践，对战时金融政策的实施造成很大的障碍。

3. 战时金融政策的内容

（1）调整金融机构

他认为金融机构是实行金融政策的主体，机构的健全与否，关系到金融政策的有效性，只有"金融机构健全，脉络贯通阵线整齐，使能圆滑的实行适当的金融政策"[①]。但在当前中央银行远没有发展到银行之银行的地位，各种商业银行之间又缺乏共通的联系，如此的金融系统很难有效实行战时金融政策。因此金融机构建设有以下两点建议：

第一，银行应该分为中央准备银行，特种专业银行和一般普通银行；

第二，中央准备银行为金融系统的领导者，是银行的银行；特种专业银行成为专门经营某一类事业资金融通的银行，如汇兑银行专门办理国外汇兑方面的业务等；一般普通银行成为专门负责商业资金融通的银行，并且按照《普通银行法》规定组织经营。

（2）通货政策

莫萱元认为战争时期筹措战费，膨胀通货是最有效的方式。原因有以下三点：第一，战争时期，大家愿意持有货币以备不时之需，货币的预防动机上升，市场上流动性缺乏；第二，市场预期货币价值跌落，窖藏现金更加减少了流动性；第三，人民节约消费，交易量下降，货币流通速度下降。因此如果不实施稍微的通货膨胀政策，反而导致通货紧缩。如果运用得当，不但不会发生膨胀的现象，还可以快速地获取战费，刺激工商业的发展。在他看

---

① 莫萱元：《战时金融政策》，正中书局（1938 年第一版）。

来，"战时的通货政策，须于短期内，实行发行集中，统一全国发行，禁止任意发行流通权及商用票。并须继续收集现银于黄金，以为增发纸币的准备。必要时而已改订发行准备比率，有计划有限制地实行通货膨胀政策，以促进国内农工商矿各业的发展"①。具体措施如下：

第一，信用制造，即中央银行向政府放款，而不是直接增发纸币，政府也不能将此项借款马上提出，只是作为存放于中央银行的活期存款，以后用支票提取。普通银行收到支票，也不直接去央行兑现，而是送到票据交换所去清算。如此央行的支票仍可流入银行，但只是在银行的账面上划拨，并没有发生货币的增发。

第二，央行增发纸币时，政府同时增发新公债，或者由央行公开市场操作卖出持有的公债，吸收市场流动性，防止马上出现通货膨胀。

（3）信用政策

为应对战争时期银行系统极易出现挤兑恐慌，莫萱元提出政府迅速决定外汇管理办法的同时应迅速解除提取现金的限制，以增强市场的流动性。政府需要迅速颁布市场资金调整标准：凡是战时必须的产业，应保证其资金供给，以帮助其长期发展，而不可拘泥于平时资金运用的安全性和营利性原则；凡是战争所不必须的产业，应紧缩资金供给，迫使其自动停业，将其产业资金用于投资战时必须产业。一方面通过政府资金调整，另一方面建立中央准备银行，推行再贴现与转抵押信用扩张商业银行的业务，以信用的收放达成战时统制经济的目的。

（4）汇率政策

莫萱元认为，"因为战时物价，无论通货是否膨胀，必然增高"，"汇价必然跌落，而战争期间愈长，则物价涨势愈烈，如欲以人力勉强维持过高的汇价，必须预备大宗金银及外币，作为汇价平衡资金之用，我国恐无此力量"。因此在战争时期，需要集中外汇，以免资金逃逸，平衡国际收支。措施如下：

第一，集中外汇资金的方法有两种：一是设立奖励方式集中国内的金银

---

① 莫萱元：《战时金融政策》，正中书局（1938 年第一版）。

和外汇、存款、证券等，一是集中华侨汇款，再将集中的外汇换成金银，存入中国银行，并且支付给资金实际持有者利息。

第二，防止资本逃逸只有实行严格的汇兑管理，将外汇管理权力完全收归外汇管理委员会。

（二）战时金融政策学说提出的背景

莫萱元在抗日战争初期提出了战时金融政策学说。

1. 以中央银行为首的银行体系初步建立

南京国民政府的中央银行于1928年11月1日在上海外滩15号成立。其目的有三：一为统一全国币制，二为统一全国金库准备制度，三为调剂国内之金融。初期的业务重点是发行钞票，铸造硬币，代理国库收支，经办公债的发行和还本付息，以及外汇业务。1935年其资本额从2000万元增加到1亿元，通过增资加强中央银行地位，使其掌握本币与外币的权力进一步增大。1936年改组中央银行为中央储备银行性质，为各银行和一般公众所投资，掌握银行系统的准备金，代理国库，为银行之一农行，享有发行特权。在股份总额中，政府占40%，各华商银行占30%，私人占30%。至此，央行制度初步建立，1936年底钞票发行额达34037万元，为1934年8604万元的3.96倍。但是西方国家中央银行惯用的三大法宝还未使用，央行银行的银行的职能并未充分发挥。

商业银行建设方面，一批特种专业银行建立起来，如1928年11月改组的中国银行，专门负责国际汇兑业务，1908年成立的交通银行，专门促进全国实业的发展等。普通银行的代表"南三行"（上海商业储蓄银行，浙江兴业银行和浙江实业银行）和"北四行"（盐业银行，金城银行，中南银行和大陆银行）在1926年到1936年这段时期内获得了很快的发展，特别是上海商业储蓄银行，1936年的存款余额较1926年增幅达到了396.6%。与此同时，有些专业银行职能并不专业，如中国农民银行并未为农民利益和农村经济服务，政府在1935年后也实施强烈的垄断政策，1936年新设银行只有5家，抗日战争前夕的1937年上半年只有3家。因此莫萱元认为在抗日战争时期更应该完善中央银行职能和银行系统的建设，以全力支持战争的胜利。

2. 白银大量外流和币制改革

1934 年到 1935 年间爆发了因美国高价收购白银，中国白银大量外流引发的白银风暴。1935 年白银的收购价格达到 0.64 美元每盎司，从 1934 年 8 月到 1935 年美国新收购和收归国有的白银达到 4.37 亿盎司。世界银市场白银价格的迅速猛涨，受其影响首当其冲的是银本位制的中国，大量白银开始不断外流，导致币值升高，物价相应下跌，通货紧缩和信用紧缩，又直接或者间接影响出口商和广大小生产者，使工商业萎缩，产品销路呆滞，外汇储备减少，经济陷于竭蹶状态。虽然 1935 年国民政府实施了币制改革，并且实行汇兑本位制，但是汇价是否合适，是否能抑制资金的外流，还要看汇率是否能保持稳定。莫萱元因此提出集中外汇资金和防止资金逃逸的办法。

3. 统制金融初见倪端

1935 年国民政府利用白银风暴实行了许多金融垄断措施：3 月发行 1 亿元金融公债，增加中央银行、中国银行、交通银行的资本，从而把中国银行、交通银行完全置于政府直接支配和控制之下；6 月成立中国农民银行，10 月成立中央信托局，完成了"四行二局"信用体系的建立，同时兼并了中国通商银行、四明商业储蓄银行、中国事业银行三家有发行权的民族资本银行，把钱庄置于严格监控之下；11 月，币制改革发行钞票，八家民族资本银行的钞票发行权被剥夺；年底又发行统一公债，大幅度延期公债的还本付息。这些金融垄断措施，一方面壮大了中央银行的资金力量，年度纯收益从 1935 年的 1310 万元增长到 1936 年的 1920 万元，增幅达到 46.6%，另一方面通货紧缩局面迅速扭转，汇率平稳，利率下降，物价回升，工商业复苏，制造业也有了较大发展。

4. 欧洲各国战时政策经验

英国、法国、德国等欧洲国家在"一战"时采用了延期支付除工资、租税、公债等外的一切债务，贷放金库，集中现金，膨胀通货和统制投资方向等措施，保证战争的进行，并取得了较好的效果。莫萱元认为这些经验对中国抗日战争时期的金融政策有很好的借鉴意义。

（三） 战时金融政策学说的价值及影响

莫萱元认为在战时可采取稍微的可控制的通货膨胀，为财政赤字的解决开辟了一条新的解决途径。他提倡以信用制造，发行公债和公开市场操作替代纸币的发行，既可以避免发生恶性通货膨胀，还可以刺激工商业的发展。这与同时期马寅初等人的战时通货膨胀治理学说在某些方面是一致的，比如不能因为财政赤字滥发纸币，可发行战时公债以补充国库。但是这些提议没有在实践中得到实施。国民政府在抗战初期由于军费开支导致政府赤字严重，采用增发货币的方式而不是莫萱元提出的信用制造或者公开市场操作膨胀通货。1937 年到 1938 年，通货膨胀属于温和阶段，物价上涨缓慢。但是从 1940 年开始，温和通货膨胀转入恶性通货膨胀阶段，货币增发从 1939 年的 42.9 亿元增至 151 亿元，发行指数达到 10.71，远远低于同期上海的物价指数 15.98，重庆的物价指数 28.48。进入 1943 年以后，尽管发行美金储蓄券、美金公债和出售黄金回笼法币 800 多亿元，但无法改变法币大量投放的现实，也不能挽回恶性通货膨胀的恶果。

莫萱元提出的建立健全的银行系统的观点也没有被政府采用。中央银行成立以后，再贴现、准备金管理和公开市场操作这央行的三大法宝都没有实施。1936 年的建立中央储备银行的拟议因为抗日战争的爆发，遂被搁置，不再见诸实施。专业银行的职能也有所削弱，如中国银行只是受中央银行委托办理外汇业务，已经不具备外汇专业银行的性质。只有集中外汇的措施得到了实施。央行虽然没有实施常用的政策工具，却掌握了本位币资金和外汇收付，权力之大、垄断性之强已达到空前的程度。

另外关于防止资金逃逸的措施得到了政府的重视。1941 年国民政府建立了中英美平准基金委员会，任务在于建立人民对法币的信心及稳定法币在外汇市场上的价值和防止外汇资金的逃避及敌人和投机商人对外汇资金的操纵，使正当商业得以发展。委员会成立后汇市稳定，上海外汇市场的法币汇价不再降也不回升，有效地防止了资金的逃逸。

二、国民经济建设原则学说

（一）国民经济建设原则理论

莫萱元认为国民经济的建设应当以"民生主义"为最高的原则。原则具体有如下三条：

1. 以全民利益为标准

他认为民生主义的目的在于改善全民的生活水平，而不是专注于某一个阶级的利益。只有全民的幸福感提升了，国民经济才能得到更长足的发展。

2. 公私企业相辅相成

民生主义主张节制私人资本，发展国家资本。莫萱元提出能以私人力量兴办或者经营的事业都应该由私人经营，充分利用他们的逐利性求得资源利用的最大化。但是规模宏大不能由私人力量兴办经营的事业，如国际贸易国际金融等，或者具有资源独占性的事业，如关系国计民生的铁道、电信等都应该由国家经营。但是当前我国"公私财用缺乏"，国家无力经营大规模或者独占性的事业，因此不可以禁止民间资本涉足，但国家可以根据统制经济的原则，对发展此类事业的民间资本进行监督和管理。

3. 农工并重

在农业和工业的关系上，莫萱元认为"农与工为辅车之相依，不能缺一以行"[①]。如果只重视发展农业，则违反经济进化原则，不足以解决中国的人口问题，而且不足以调整对外贸易，外国商品的倾销也不能保护农村经济的安全；如果只重视发展工业，现代经济的发展没有传统农业作支撑，很可能使经济成为无米之炊。因此当前国民经济发展不但必须重振农业，还要重点发展工业，"工矿并举，农商并重"。

---

① 莫萱元：《国民经济建设的原则》，载《生力周刊》，1944。

（二）国民经济建设原则学说提出的背景

国民经济建设原则学说是在抗日战争后期提出的。

1. 国民政府实施统制经济

抗日战争爆发以后，中央银行、中国银行、交通银行和中国农民银行在西南、西北地区大量增设分支机构，要求凡是与军事、交通及发展农工商各业有关以及人口众多的地方，"四行"至少须筹设一行，扩张信用，广泛吸收存款，加强金融统制。另外，在四联总处的策划与部署下，"四行"扶植了一批与政权相结合的享有特权的国家垄断资本主义企业。所有工矿、交通、农林等企业只有在取得它批准的贷款和投资的条件下，才能取得发展的保障。这为莫萱元公私企业相辅而行思想的提出提供了来源。

2. 战时农村金融的发展

1935 年，在四省农民银行的基础上成立了中国农民银行。虽然成立之初业务并未向农业倾斜，但是抗战以后，随着《各省市合作贷款要点》、《战时合作农贷调整办法》以及《办理合作金库原则》等规定的颁布，农贷业务有了较大的增长。到 1943 年，中国农民银行在后方 17 个省有分支机构 315 处，另有为其作辅助的合作金库 344 个，信用合作社数量更多，单是在西南五省就有 6.3 万个。农贷业务的发展在初期也一定程度上促进了农业的发展，巩固了后方粮食供应，稳定了农村经济，对坚持持久战起了重大作用。但是在后期，农贷的覆盖范围不大，不能使农户直接享受贷款的利益，实施效果受到了很大影响。因此，莫萱元认为在重视工业的同时不能忽视农业的发展，应农工并重。

（三）国民经济建设原则学说的价值及影响

20 世纪二三十年代，中国学界批评马克思主义的呼声很高。其中最著名者为马寅初。他认为商人是社会进步的原动力，"政府有许多做不到的，商人公然能够做到。政府如能来帮助商人，那么中国的前途未可限量了"[①]。这种资本神圣论和资本家保护论同样体现在莫萱元的国民经济建设原则思想中。要经营事业，必然需要资本家提供资本和人力，因此真正的"民生主义"是要改善全民的幸福，全民包括资本家在内，而且资本家还有举足轻重的作用。另外，当时欧美派的经济学者极力批判中国传统的农本思想，唐增庆在 1930 年《中国工商业不发达之原因》的演讲中，将中国经济的落后归结于贱视商业，鄙视工艺和压制欲望。他们主张在中国发展资本主义，30 年代是德意式的国家资本主义，40 年代是吸收德、苏、美各家之长的混合经济。莫萱元农工并重的经济建设原则同当时的主流思想不同，并没有在学术界取得很多认同。战后政府同"民生主义"的经济建设原则背道而驰，滥发法币，恶性通货膨胀愈演愈烈，使人民的实际工资下降和日益贫困。政府对农民实行"三征"，即征实，征购，征借，造成工农业产品交换价格的"剪刀差"越来越大，同时地主将货币地租改为实物地租，农民受到交换市场和地租的双重剥削，苦难罄竹难书。

莫萱元提出的公私企业相辅而行的经济建设原则同李权时的"国家为生产第五要素论"不谋而合。李权时在《经济学原理》一书中指出，除了劳力、资本、土地、企业之外，国家是第五个生产要素，"政治组织既是国民生产所不可少的条件，所以国家也是生产要素之一。不过国家的具体为政府和法制，所以良好的政府和法制是生产的要素了"[②]。因此在发展经济时，应当发展"一面作有计划之生产，一面保留私产制度"[③]的统制经济。但是政府用政府资金竭力扩大和增强官僚银行和企业的实力，如 1944 年核定国营花纱布管理局收购新棉贷款，除由该局所出承兑汇票贴现 5 亿元之外，另由中央银行直接贷予 40 亿元。战后官僚资本主义通过官僚资本银行的金融垄断达到高峰。虽然这种公私企业共同发展的思想在当时因损害统制阶级利益未被采用，但它为处在由农本经济向工业经济过渡中的中国发展市场经济提供了另外一种思路。

（易鑫　缪明杨）

---

① 《好政府与好商人》，《马寅初全集》第一卷，536～537 页。

② 朱通九：《批评李权时著经济学原理》，《经济学季刊》第 1 卷第 1 期，1930，234 页。

③ 《资本主义欤共产主义欤》，《马寅初全集》第五卷，376 页。

参考文献

［1］莫萱元：《战时金融政策》，1938。

［2］莫萱元：《国民经济建设的原则》，载《生力周刊》，1944。

［3］莫萱元：《我国币制改革之形态及其影响》，1936。

［4］交通银行总行、中国第二历史档案馆：《交通银行史料》，中国金融出版社，1996。

［5］洪葭管：《中国金融通史》第四卷，中国金融出版社，2008。

［6］洪葭管：《中央银行史料》，中国金融出版社，2005。

［7］中国第二历史档案馆、中国人民银行江苏省分行、江苏省金融志编委会：《中华民国金融法规汇编》，中国档案出版社，1989。

［8］唐庆增：《唐庆增经济演讲集》，世界书局，1933。

［9］马寅初：《读晏君才杰著"公债论"抒所见》、《好政府与好商人》、《资本主义欤共产主义欤》、《中国经济改造》，《马寅初全集》，1999。

［10］孙大权：《中国经济学的成长——中国经济学社研究（1923—1953）》，上海三联书店，2006。

［11］马克思：《资本论》，人民出版社，2004。

［12］朱通九：《批评李权时著经济学原理》，载《经济学季刊》第1卷第1期。

第二十九章
千家驹金融思想学说概要

千家驹（1909—2002），经济学家，浙江武义人，笔名钱磊。1932年毕业于北京大学经济系。曾任教于北京大学、广西大学等，曾担任《中国农村》、《经济通讯》杂志主编。1936年参加全国各界救国联合会，任常委。1945年加入中国民主同盟，任民盟南方总支部秘书长。1949年出席中国人民政治协商会议第一届全体会议。新中国成立后，历任中国人民银行总行顾问，政务院财经委员会委员，中央工商行政管理局副局长，中央社会主义学院副院长，中国社会科学院顾问，全国工商联、中国财政学会、中国金融学会顾问，中国钱币学会副理事长兼《中国钱币》主编，民盟第一至三届中央委员、第四届中央常委和第五、第六届中央副主席，中国科学院哲学社会科学部委员。第二至第五届全国政协委员，第六届全国政协常委，第七届全国政协常委、经济委员会副主任。"文革"中遭到严酷迫害，1989年后留居美国洛杉矶。1991年3月第七届全国政协常委会第九次会议决议，鉴于他严重违反政协章程，撤销其全国政协委员资格。民盟中央决议撤销其民盟中央副主席、常委职务。后回国居住在深圳，2002年9月3日在深圳因病逝世，享年93岁。

主要著作有《中国的内债》、《新财政学大纲》、《中国货币发展简史》、《中国农村经济论文集》、《广西经济概况》、《我国社会主义经济研究中的若干问题》等。作为著名经济学家的千家驹，在经济学上并无大量的著述，这种情况在他那一代学人中较为普遍。因此，如今在经济学界，问及千家驹的学术成就，大多不能详述之。但有一位著名的经济学家对他有这样一句评价："社会的良知。"

一、价格改革论

（一）价格改革论的基本观点

1. 价格改革的重要性

如果不进行价格改革，要么存在隐性通货膨胀，要么就是物资短缺，物价问题是当前群众最关心的问题。千家驹教授认为："物价上涨的幅度超过工资增长的幅度，引起部分群众之不满。另外我国价格不合理，尽人皆知。它既不反映价值也不反映市场供求关系。不改变这种不合理的价格体制，就不能正确评价企业生产经营效果，不能理顺各方面的经济关系，也就不可能使我国经济走向良性循环。"[1] 千家驹教授认为价格改革虽然短期内可能会产生一些负面影响，但从长期来看，价格改革是百利无一害的。总之，价格改革不仅关系到人民群众的切身利益，同时也有利于有计划商品经济体制的建立。因此，价格改革的重要性是不言而喻的。

2. 价格改革的关键点

价格改革的关键点是如何处理好价格改革与职工福利、社会稳定之间的关系。千家驹教授认为："病源早已看得清清楚楚了，那么为什么老改不了呢？因为物价牵涉到千家万户，物价的变动会引起连锁反应，影响安定团结，所以要考虑到国家、企业与人民的承受能力问题。一方面价格非改革不可，不改革就不可能实现经济的良性循环。另一方面又怕改革引起物价的上涨，国家和群众没有承受能力。"[2] 由于当时物资短缺，市场主要是卖方市场，如果价格一下子放开，物价必定会上涨，人民群众可能不理解，

---

① 千家驹：《关于物价、教育、社会风气问题》，载《群言》，1988（5）。

② 同①。

但物价水平又关系到人民群众的切身利益，这样可能会影响到社会稳定。因此，价格改革的关键点是如何处理好价格改革与职工福利、社会稳定之间的关系。

3. 价格改革的基本措施

千家驹教授认为："价格基本上是两个问题，一是物价的问题，二是货币的问题。只要物质生产不减少，钞票发行不增加，按经济理论来说，价格是涨不起来的，与其依靠行政力量控制物价，不如依靠客观规律。现在的问题是钞票发行太多，把通货发行控制住，生产不减少，就没有什么可怕的。因此，只要坚决制止能源、工时、原材料等各方面的浪费，解决基本建设和生活上的浪费，钞票就可以少发，就有利于价格改革和工资改革，使经济走向良性循环。"[①] 总之，千家驹教授认为价格改革的基本措施就两个：一是少发钞票，二是增加物资供给。这是因为物价上涨是因为流通中的货币与物资供应不匹配，超过了物资供应需要的货币。

（1）工资与物价指数挂钩

价格改革就是要放开物价，但调整的结果必然使许多商品要涨价，那么职工的生活怎么办？千家驹教授认为："主张调整物价的同时，大幅度调整职工的工资。把工资与物价挂起钩来，由有关部门每月公布生活费指数（非统计局的物价指数），工资随生活费指数的变动而调整。"[②] 这样就可以把价格改革对人民群众生活的影响降到最低，从而减少改革的阻力。

（2）压缩基本建设的投资

提高工资，可以引起工资—物价的螺旋式上涨，因此，提高工资必须要有其他手段相配合。千家驹教授认为："只要我们大量压缩基本建设的投资，即用釜底抽薪的办法，便可以避免通货膨胀。我国每年基本建设投资由国家预算支出的即达六七百亿元，加上计划外投资达一千多亿元，占国家财政支出三分之一以上。由于基建规模过大，引起能源、交通、原材料、外汇的紧张，使国民经济比例失调，使教育文化科技卫生事业的经费不足，而且增加

---

① 千家驹：《控制基建膨胀和改革价格》，载《经济社会体制比较》，1987（6）。
② 千家驹：《关于物价、教育、社会风气问题》，载《群言》，1988（5）。

货币发行量，这是物价上涨的因素之一。我们年年喊控制基建投资，而基建投资始终是膨胀着。为了根本扭转这种局面，千家驹教授建议在五年之内，除能源交通和已经上马的基本建设之外，其他基建投资统统停止五年。特别是所谓"重点工程建设"（能源交通除外），要坚决停下来。这样不但可以消灭八十亿元的赤字财政，不必向国外借债，而且把这笔钱省下来用之于调整物价，提高职工工资和教育文化卫生科技事业上也绰绰有余。从长远看，价格放开以后，价值规律便自发地发生作用，生产自然上升。价格合理，生产增加，物价自然会下跌。而且国家可以减少每年数百亿元的财政补贴，把这笔钱用于增加职工工资上。补贴，国家吃亏在暗处。而提高职工工资，职工的受惠在明处。孰得孰失，明如观火。五年之后，我国的经济走上良性循环的轨道，再加上基本建设，如此，我国的经济建设似慢而实快。这是我国经济体制改革极为重要的一着。"① 千家驹教授认为价格改革的基本手段就是一增一减，即增加人民群众的工资，人民群众工资增加了，怨言也就少了，这样会减少价格改革的阻力。另外，为了避免工资—物价的螺旋式上升，又必须做减法，即减少基本建设支出，调整基本建设的结构，这样一来价格改革就可以顺利推进。

千家驹教授基于以上背景，提出了有关价格改革的理论与主张，这不仅丰富了理论，对现实的指导意义更是巨大的。

（二）价格改革论提出的历史背景

社会主义制度建立后，我国经济主要追求高速度，但效益过低。表现在单纯追求工农业产值翻番和高速度。经济情况一好转，大家头脑就发热，基建规模控制不住，在物资配给的制度下，就表现为隐性通货膨胀。在这种情况下，价格改革是经济体制改革成败的关键。千家驹教授是这样论述的："1984 年以前政府工作报告每次都讲经济效益提不高主要是价格体系不合理。1984 年政府工作报告中指出，价格不合理不能使我们把经济关系理

---

① 千家驹：《关于物价、教育、社会风气问题》，载《群言》，1988（5）。

顺。但进行价格改革，那时负责经济工作的同志和我讲，第一，我们要拿100 亿元提高工资，国家没有这个财力，第二，1984 年是新中国成立 35 周年，改革价格总要引起一些混乱，出于政治上的原因，价格不能动。到了1984 年下半年，特别是 10 月份，工农业生产增加，税利也增加，中共中央又作出了关于全面改革的决定，这是最有利沟通时机。但是，形势刚一好转，头脑又不清醒了。于是，基本建设失控、消费基金失控、信贷失控、财政赤字增加。1985 年我们要改革价格了，但却是在最不利的情况下开始的，步子虽然迈得很小，但物价已经上涨了。价格上涨后，工资改革就很被动了。1986 年实行基本稳定的方针，也就是过去冻结价格的政策。基本稳定从一般常识看来是好事，但是对经济体制改革来说，价格冻结不动是不利的。政府工作报告中关于价格部分讲得非常好。价格非改不可，不改革经济不可能走上良性循环。另外，价格关系到千家万户，一不谨慎就会出乱子。所以，价格改革要考虑到国家、企业和个人的承受能力，不仅要考虑经济上的承受能力，还要考虑社会心理上的承受能力。但是，价格不动，经济关系怎么能够理顺呢？"①

　　在当时，我国的物价政策是以行政命令稳定物价的政策。这时价格不能起到调节经济的作用，因此只能采取配给制或者行政禁止涨价，由于上述办法不遵守客观经济规律，严重影响到了企业的积极性，导致一系列不好结果的产生，表现在物资短缺、有价无市、行贿受贿等，最终严重影响了人民群众的生活，在这种背景下，必须进行价格改革。对此，千家驹教授是这样论述的："对于生活必需品则采取国家补贴凭证凭票定量供应的办法（如粮食、食油、猪肉、鸡蛋等）。对于非生活必需品则采取以行政命令禁止涨价，而其结果是某些商品有行无市。彩色电视机仓库大量积压，而群众购一彩电难如登天。上海生产的电视机，上海买不到，但深圳可以买到，因为深圳是不限价的，实行市场经济。上海市民要买上海的电视机要跑到深圳去买，或托亲友在深圳购买。有的在深圳付款，凭票去上海提货。

---

　　①　千家驹：《控制基建膨胀和改革价格》，载《经济社会体制比较》，1987（6）。

对于生产资料，则实行价格的双轨制度，计划价格（牌价）与议价两种价格，议价比牌价高好几倍。所以，就出现了等外品（即不合格的产品）价格比正品（合格的产品）高好几倍的怪现象。由于牌价与议价的差异，以及牌价低于成本由国家财政补贴，这就给了不法分子以可乘之机。为获得牌价物资的优待，走后门，批条子，请客送礼，贿赂成风，他们以牌价购进各项物资，转手间以市价售出，即可获取厚利。甚或主管部门与不法分子互相勾结，串通一气，狼狈为奸，坐地分赃。这是目前社会风气不易好转的原因之一。其结果是损失了国家，坑害了群众。这一套以行政命令冻结物价的办法，我们已实行了 30 多年，正如 1984 年《中共中央关于经济体制改革的决定》所指出的：由于过去长期忽视价值规律的作用……不少商品的价格既不反映价值，也不反映供求关系……价格体系的改革是整个经济体制改革成败的关键。"①

（三）价格改革论提出的历史意义

叶永烈教授认为千家驹有关价格改革的观点，直言不讳，振聋发聩。1988 年千家驹教授在全国政协会议上《关于物价、教育、社会风气问题》的 30 分钟发言中，响起了 31 次掌声。这从侧面说明千家驹教授有关价格改革的论述是深入人心的。

1988 年价格闯关的失败，主要原因也在于当局没有采纳千家驹教授的观点，1989 年千家驹教授看完政府工作报告后，发表了"走回头路不是没有可能的"长篇评论。文章认为，1988 年物价改革之所以闯关失败并引起社会动荡，罪不在改革本身，而在于"官倒"猖獗，流通领域混乱；基建规模过大，经济过热，以致出现通货膨胀问题。文章认为，不能把用行政命令管理物价的办法作为稳定物价、发展经济的根本手段。千家驹预言"中国的改革步伐要暂时停止下来，甚至要走一段弯路却是有可能的，而中国经济的滞胀现象恐怕也是难以避免的"。

---

① 千家驹：《控制基建膨胀和改革价格》，载《经济社会体制比较》，1987（6）。

从上述论述和现实表现可以看出千家驹教授有关价格改革论的重要性，后来我国价格改革的成功推进或多或少受到千家驹教授价格改革论的影响。

二、公债与公债发行有害论

千家驹教授通过研究旧中国公债发行的历史过程，通过历史分析和基本的经济学分析，对公债本身及其发行和影响进行了深入的剖析，得出发行公债有害的基本论断。

（一）公债与公债发行有害论的基本观点

1. 公债是资本主义的产物

对于公债为什么是资本主义的产物，而不是社会主义，不是封建主义、奴隶社会的产物呢？千家驹教授首先论证了公债不是社会主义的产物，他是这样论述的："到了社会主义社会，公债的意义和作用已和资本主义国家的公债有所不同，这是社会主义国家利用旧的经济范畴来为新的社会主义制度服务的又一例证。"[1] 而关于资本主义以前为什么不存在现代意义上的公债呢？千家驹教授认为："第一，为了维持阶级专政这一国家机构所需要的经费到了资本主义时代开始大大膨胀起来，因此才有发行公债来弥补财政收支不敷的必要。第二，资本主义公债同资本主义生产关系以及反映资本主义意识的个人主义是分不开的。在封建社会或奴隶社会，君主的主权神圣不可侵犯，对于臣民有生杀予夺之权，君主是土地和臣民的最高所有者。所谓'普天之下，莫非王土，率土之滨，莫非王臣。'臣民对于君主只有完税纳粮的义务，绝没有臣民放债给君主（被视为国家的最高代表者）而君主反要还债的道理。把政府和个人当作对立的经济单位这种观念的发生是 18 世纪资本主义获得相当发展以后的意识的反映。第三，发行资本主义公债的技术条件是要有近代化的金融机关，有全国性的金融市场。有金融机关才能通过公债吸收社会上的

---

[1] 千家驹：《论旧中国公债的发行及影响》，载《文史哲》，1983（6）。

流动或闲置的资金，有金融市场，资本家或投资者才愿意把资金投入于购买公债，而公债才有可能当作'有价证券'而流通。"

基于以上论述，千家驹教授认为，公债是资本主义的产物，公债帮助资本主义完成了原始积累，而旧中国时期发行的公债属于资本主义公债的类型，富了官僚资产阶级，穷了广大劳动群众。旧中国的公债发行主要是为了军阀混战和镇压国内革命。因此，旧中国的公债属于资本主义类型。

2. 国民政府发行公债对经济起到了破坏作用

当今社会，发行公债已经成为弥补财政收入最重要的来源，同时发行公债也成为政府宏观调控的一种手段，公债在当今社会中起到了举足轻重的作用。但在国民政府的特定历史条件下，政府发行公债主要起到破坏作用。

关于上述论断的原因，千家驹教授是这样论述的："第一就是助长国民党政府进行内战，屠杀人民。公债与军费是分不开的，蒋介石集团是靠内战起家的，他们庞大的财富积累也就建立在人民的破产与死亡上。为了筹措巨额的军事费用，发行公债是重要的来源之一。第二就是养肥了金融资产阶级。金融资产阶级承购公债支持蒋介石政权，同时他们也在公债买卖中发了财。我们知道，公债的折扣，在发行条例上虽然规定为'十足发行'或'九八发行'，而事实上，当公债向四大家族的'国行'抵押时，普通都是五六折或六七折，加上公债的利息六厘至八厘不等，内债发行，最后以赋税收入为偿还，赋税是完全由中国人民负担的，故表面上受高利贷盘剥的是国民党政府，而实质上全部负担落在中国人民身上。从公债获得巨额利益的自然是金融资产阶级。第三就是国民党政府利用公债发行扩大了四大家族的势力，建立了以蒋介石为首的封建买办金融垄断资本，逐步地压倒了那原来扶植他起家的旧封建买办金融势力，并使那些原来的所谓金融资产阶级分解，而变成四大家族的附庸。第四是利用公债，发行不兑现的纸币，加紧搜刮人民。法币政策是与公债发行分不开的，到了国民党统治的后期，通货膨胀与公债发行变成恶性循环。第五是利用公债来做投机，驱动社会所有流动资金于公债赌博，扼杀了产业资本。固然中国国民经济之不能发展，是由于帝国主义与封建主义的双重压迫，而不是由于别的。但公债发行却加速了国民经济这一破产的过程。"①

千家驹教授从公债发行的目的以及最终受益人来阐明了公债发行的破坏作用，首先公债发行有利于国民政府及其家族，有利于官僚资本主义，而这些好处都是建立在广大人民群众沉重负担的基础上的。因此，千家驹教授认为，在当时的历史条件下，公债发行是有害的。

（二）公债与公债发行有害论提出的历史背景

公债与公债发行有害论的提出，是千家驹教授总结旧中国公债发行的特点基础上，并结合当时国民政府的特殊情况而得出的。千家驹教授认为："国民党发行的公债绝大部分为上海银行团所握有。据当时有人估计，南京发行的公债有半数握在上海当时较大的二十七家银行手中，这样就使南京政权的命运与中国的金融资产阶级结成了生死不解之缘。假如南京政权垮了台，这些债券也就要变成废纸，因此中国的金融资产阶级也就要千方百计地支持南京的反革命政权，蒋介石集团终于能在每一次的军阀混战中取得胜利，这绝不是偶然的。另外，南京政权与金融资本家有利害的一致性，同时却也有它们矛盾的一面。南京为了维持它的反动统治，镇压人民革命斗争，不能不乞灵于公债，金融资本家为谋资金的出路，追求高额的利润，亦乐于将资金购买公债，这是它们经济利益的一致性。但当南京政府公债发行得太多太滥，因而影响到还本付息的履行时，这就损害了金融集团的利益，因此，它们之间亦是不断有斗争的。不过终究因为半殖民地的金融资产阶级的力量是软弱的，到了后来它已变成了四大家族的附庸，同时南京政权的反革命统治基本上保障了金融资产阶级的既得利益，所以在南京政权与金融资产阶级的斗争中，往往最后屈服的是金融资产阶级。"②

金融资产阶级与政府本身就是蛇鼠一窝，对此，千家驹教授是这样论述的：自1927年到1936年这十年之内，南京政府发行了二十六亿元以上的内

---

① 千家驹：《论旧中国公债的发行及影响》，载《文史哲》，1983（6）。

② 同①。

债，债信宣告破产了两次。在蒋介石的字典中根本没有"债信"两字的。但金融资产阶级为什么对蒋介石政权的予取予求，唯命是从呢？这一方面是由于他们政治上经济上的软弱性，金融资产阶级不同于帝国主义国家的财政寡头，它是不得不依赖地主豪绅的武装生存的，他们没有力量反抗新军阀的勒索。同时这几年中，"四大家族"利用"加股"、"法币政策"、"人事关系"以及各色各样的流氓手段，把中国银行、交通银行、小四行（中国通商、四明、国货、中国实业）抢夺了过去，"四大家族"又不断巩固、扩大它自己所建立起来的金融独占体系，如中国银行、中国农民银行、中央信托局、邮政储金局以及一些附庸性质的商业银行。这时候金融资产阶级事实上已经变成了四大家族的附庸。蒋介石是流氓出身，他特地借重了他在上海滩的拜把兄弟。当国民党政府召集上海银行界宣布改变债券条例的办法时，据当时亲自参加会议的一位金融界前辈周作民先生对我说，开会时由上海流氓头子张啸林出面，虚声恫吓一番，大家看到了张啸林在座，谁也不敢作声，这样便算通过了。自然更重要的还是阶级利害的一致性，由于人民革命力量的发展，人民武装力量工农红军壮大，严重地威胁到金融资产阶级的生存，蒋介石代表着中国整个反动统治阶级的利益，对江西红军进行"围剿"，就阶级利益来说，他们的利害是完全一致的。

总之，当时的历史背景是金融资产阶级与政府相互勾结，相互输送利益，政府需要金融资产阶级支持，金融资产阶级也需要从政府那得到特权收入，而发行公债把二者牢牢地捆绑在一起，虽然公债发行主要是弥补财政收入，但由于政府与金融资产阶级的狼狈为奸，金融资产阶级在帮助政府发行公债的同时，必定为自己谋取好处，这些负担最终则落到广大人民群众的肩上。

（三）公债与公债发行有害论提出的历史意义

旧中国公债滥发由来已久，千家驹教授掷地有声地提出公债有害论的观点，对后来中国公债发行有积极的指导作用。20 世纪 90 年代我国提出建立社会主义市场经济体制，市场经济体制下的公债发行尤其要注意滥发，否则对社会的危害将是巨大的。

千家驹教授对公债有害论的分析，可以让后人了解官僚资本主义的基本特征，对当下的中国也有警示作用。公债是四大家族垄断资本积累和集中过程中一个很重要的环节，也可以说是很关键的一个环节，四大家族通过公债发行发展和巩固其庞大的垄断资本，这是半殖民地半封建国家垄断资本主义的一个特征。这其中的经过还不是为一般人所了解的，千家驹教授有关公债发行有害论的提出，不仅丰富了有关公债的基本理论，同时也有助于后人了解公债的发行历史，加深对垄断资本主义的了解。

三、金融体制改革论

（一）金融体制改革论的基本观点

1. 金融体系与商品经济相互促进

金融体制的改革是中国经济体制改革的一部分，也是极重要的一部分。我们如果不能建立一个适应商品经济的金融体系，要高度发展商品经济是不可能的（小商品生产可以）。在发达国家，银行是资金融通的机构，银行的职能就是把社会上暂时闲置的资金通过银行这一渠道用于资金需要方面。银行利率的变动便表示资金需求的松紧，这是一般经济学的常识，也是商品经济社会中银行一般的职能。

2. 政企分开，各司其职，各有侧重

千家驹教授从中央银行与商业银行关系出发，论述了中央银行和专业银行应该各司其职，各有侧重。中国人民银行必须要政企分开，主要行使货币发行与金融监管的职能，而各专业银行要成为真正的市场主体。千家驹教授认为："要使中国人民银行成为真正的中央银行，就必须政企分开，使银行成为真正独立的企业机构，脱离各级政府的隶属关系。它只受全国人大常委会的监督，不接受任何首长批的条子。中央银行要根据经济发展的需要，按经济区域设置垂直领导，与地方党政当局脱离隶属关系。只有这样，才能使中央银行成为调节货币流通的权威机构，对通货膨胀承担全部责任。同时，也只有这样，才能使金融体系脱离货币供给制的旧轨道，彻底打破银行信贷与货币发行捆在一起吃大锅饭的局面。"①

而对于专业银行，千家驹教授认为必须企业化。对此，千家驹教授是这样论述的："使专业银行成为真正独立经营、自负盈亏、自担风险的企业单位。只有依靠自有资金与吸收存款来发放贷款，自求平衡。在贷款需要增加，资金不足时，可以向中央银行（即中国人民银行）申请贷款，中央银行与各专业银行的关系，应该是一种客户关系，是存款与贷款的信用关系，中央银行对专业银行的资金平衡和经营状况不负任何经济责任，专业银行作为独立的金融实体要对发放的贷款承担一切风险，贷款收不回来或不能提现，要宣布信用破产和银行倒闭，承担一切经济与法律责任。只有真正做到这样，这才是适应商品经济的健全的金融体系。"②

3. 支持外资银行在特区开分行

千家驹教授直言不讳，认为外国银行在特区设分行，利多弊少。这是因为："外资银行开分行以后，可以引进外资，因为它们会带来大批的客户，客户则通过银行来投资。从国外流进大量的资金，既能减轻特区银行信贷紧张的压力，又能够增加特区的财政收入。有利于地方的外汇收支平衡。这些分行还可以为特区提供现代化的金融服务，及时提供准确的经济信息，提供咨询服务，推动整个特区经济的发展。通过银行的相互竞争，还可以促进我们金融事业的发展，我们也可以从中学习外国银行先进的管理方法。"③

在当时有人顾虑外国银行进来以后，会出现垄断，控制我们的金融业，同时我国的银行也不能和它竞争。对此，千家驹教授认为："这两个顾虑都是不必要的。因为外国银行现在来开分行和解放前的情况不同了。我们掌握着主权，有强大的国营企业。交通、运输、邮政、海关、对外贸易都是我们掌握的。怎么怕它来控制呢？我们完全可以管理它们，也不允许它们

---

① 千家驹：《论金融体制改革》，载《金融与经济》，1989（4）。
② 同①。
③ 魏孟德：《千家驹谈外国银行在特区开分行》，载《天津金融研究》，1985（1）。

发行货币。所以，外国银行要控制我们是不可能的。说我们银行竞争不过人家，这也许是事实。我们银行管理比较落后，效率很低，但是有竞争就有进步。"[①]

（二）金融体制改革论提出的历史背景

1979年2月，国务院批准恢复组建中国农业银行，作为从事农业金融业务的专业银行；1979年3月，专营外汇业务的中国银行从中国人民银行中分离出来，完全独立经营；同年8月，中国人民建设银行也从财政部分设出来，专门从事固定资产贷款和中长期投资业务，后更名为中国建设银行。这些专业银行各有明确的分工，打破了人民银行独家包揽的格局。1983年9月，国务院决定中国人民银行单一行使中央银行职责，同时设立中国工商银行，由其经营原中国人民银行办理的工商信贷和储蓄等经营性业务。

改革的号角虽已吹起，但从实践来看改革的成效并不显著，银行距离真正的企业仍有相当大的差距。四大国有专业银行虽然名义上是按信贷规律办事的独立经济实体，但其全国性银行的地位决定了其必然统揽全国政策性业务，承担执行国家产业政策、保证国家重点建设资金需要的职能；由于金融市场尚不发达，国家难以依靠市场调节经济，专业银行也就成为国家宏观调控的主要传导渠道。从"大一统"金融体系脱胎不久的国有专业银行本身也还带有浓郁的行政色彩，管理体制比照国家机关，过多的行政干预更使其经营自主权无法落实，转变管理方式的改革也难以切实推进。虽然四大国有专业银行在一定程度上拥有了运用信贷资金的自主权力，但前提是必须遵守和完成国家下达的信贷计划。"政企不分"导致"按信贷规律办事"成为一句空话，银行的风险管理、内部控制也就无从谈起。从这一阶段起，国有银行在为经济建设提供金融支持的同时也累积了大量的不良资产，以不良贷款为特征的"历史包袱"从此产生。

得益于高度集中的计划经济体制，形成了集中统一的中国人民银行金融

---

① 魏孟德：《千家驹谈外国银行在特区开分行》，载《天津金融研究》，1985（1）。

体系，由人民银行总行对全国金融进行统一领导和集中管理，从而形成了银行部门垂直管理体制。在形成高度集中的银行体制的同时，人民银行建立了纵向型信贷资金管理体制，即全国银行信贷资金都由人民银行总行统一管理掌握，实行"统存统贷"的管理办法，即基层银行所吸收的存款全部上缴总行，贷款则由总行统一核定计划指标，逐级下达。这样的金融体制，弊端重重，已经不能适应社会主义商品经济发展和改革开放的需要了。因此，1979年10月4日邓小平同志在《关于经济工作的几点意见》的讲话中指出，"要把银行作为发展经济、革新技术的杠杆，要把银行办成真正的银行"。在邓小平同志改革开放旗帜和上述思想的指引下，一切问题都围绕着经济体制改革进行，而银行改革又是经济改革的重点，当然也不能例外。要想把银行办成真正的银行，必须打破中国人民银行"大一统"的金融体系，必须分离中国人民银行的官商兼备色彩，而这一切都始于银行企业化探索。千家驹教授的金融体制改革论就是在这样的历史背景下提出的。

（三）金融体制改革论提出的历史意义

20世纪90年代初，我国突破了过去高度集中的金融机构体系，确立了二级银行体制。20世纪90年代初的各项措施确立了银行自主经营的概念，在观念上取得了一定的成果。20世纪90年代专业银行的商业化改革也取得一定成果，工、农、中、建四大银行在刚刚建立时各自有不同的服务范围，并且同时经营政策性业务和商业性业务。1993年后，国家决定组建政策性银行，推动国有专业银行向自主经营、自负盈亏的商业银行转化。同时允许各专业银行超出其原有领域进行交叉经营，以促进银行业的竞争。这些成果的取得一方面得益于领导者的改革魄力，另一方面也可能得益于千家驹教授有关金融体制改革理论的指导。

在现代市场经济中，金融体系发挥着越来越重要的作用。运行良好的金融体系能够维护和促进一国经济的长期、稳定发展。相反，金融体系的崩溃却可能导致一国经济的整体性崩溃。实际上，近几年发生在墨西哥、巴西和东南亚国家的金融危机及危机以后的经济大衰退已经给予人们足够的警示。

我国的金融体制在当时已经疾病缠身，必须加以改革，很多学者由于我国所处的历史条件不敢点破，而千家驹教授能够系统地阐述金融改革方向是难能可贵的。并且在当下的中国，也必须继续深化金融体制改革，也需要学习千家驹教授那一辈人的勇气和智慧。

四、钱币研究中的贡献

千家驹教授作为一位钱币研究工作者，执着于钱币方法论的研究，有关千家驹教授在钱币研究中的贡献，主要散见于他在中国钱币学会首届大会与第二届大会上的总结发言。具体如下：

（一）钱币研究要以马克思主义思想为指导

千家驹教授认为他们这代人研究钱币与前人不同的地方，就是以马克思主义思想为指导。关于钱币研究为什么必须以马克思主义为指导思想呢？千家驹教授认为："一方面马克思主义的精髓是辩证唯物主义与历史唯物主义，这两者是放之四海而皆准的真理。大量的历史材料证明，中国历史各个时期各种货币的产生、发展、消失或转化是由当时的社会经济条件、军事、社会文化各方面的因素所决定的。一切事物的发生、发展和演变的过程都绝不是孤立的现象，是互相依存，互相联系，互相影响而又互相转化的，这就是辩证唯物主义与历史唯物主义。对钱币本身的形制、大小、轻重、色泽、成分、文字、图案以及铸造年代、制作技术等等进行研究、鉴别真伪，当然是必要的，然而这绝不是钱币学的全部。这些工作也必须掌握辩证唯物主义与历史唯物主义才能有所突破。另一方面是因为马克思对货币有一套完整的理论体系，足以为我们研究我国历史货币的指南。马克思的《资本论》开宗明义第一章即为'商品与货币'。他对货币的起源、职能、货币流通规律等等都有科学的分析。有许多理论问题，过去得不到解释的，运用马克思的货币理论就能迎刃而解。"①

（二）建立新钱币学

新社会的钱币学研究不应该停留在原有水平上，钱币研究应该吐故纳新，有鉴于此，千家驹教授极力倡导建立新钱币学。并就新钱币学与旧钱币学的相互关系进行了论述。千家驹教授认为："新钱币学是在继承旧钱币学的基础上发展起来的。它与旧钱币学有几点不同。第一，有马克思主义为指导思想，有计划、有系统地研究古钱币；第二，与考古学密切联系，大量出土货币是我们研究的素材，不单靠传世文物，这是前人未具备的条件；第三，先进的科学技术，鉴别真伪，不光靠经验，还可以利用先进的科学技术来断定年代。钱币学与货币史既有联系又有区别，两者关系密切，但又不是一码事。钱币学家与货币史学者要密切配合，相互合作，双方缺一不可。研究货币史的人如专凭文献而无实物根据，常易陷于误谬；反之，研究钱币而不与货币史相结合，有如古董鉴赏家，拿一件孤品或珍品来'孤芳自赏'，这是古代文人雅士之所为，非钱币学者。应充分肯定旧钱币学者的成绩，他们积累了丰富经验，有惊人的鉴别能力，这是我们万万所不及的，这些钱币学专家，健在者人数很少，应充分调动他们的积极性，尊重他们的专业知识，老老实实拜他们为师，把他们的宝贵经验继承下来。"②

（三）开放钱币市场

新中国成立三十年来大量出土的古钱不是以斤计，而是以吨计，由于数量太大，清理困难，库房积压无出路只好大量熔化，不少稀世珍宝都由熔炉一化而为乌有，这样不利于钱币的研究。而关于为什么当时没有放开钱币市场，千家驹教授认为原因有二："一是整理钱币，费时费事，定价苦无标准；

---

① 千家驹：《开拓一条研究中国钱币的新路》，载《中国钱币论文集》，1985（6）。
② 千家驹：《把钱币研究工作　百尺竿头　提高一步——在中国钱币学会第二届年会上的总结发言》，载《中国钱币》，1986（4）。

二是文物商店不愿代理，值小利微。不似卖古瓷器、古字画，利大易做。"①
关于如何发挥钱币市场的作用，千家驹教授认为："放开钱币市场可以考虑采
取承包办法，由学会介绍会员个人或集体向文博部门存仓中买一二个麻袋古
钱下来，经他们选剩的在市场公开出售，利润包干，这样就把局面打开了。
他认为对古钱币，国家不要管得太死，与其堆在仓库任其霉烂，不如藏富于
民，'藏币于民'。'民'者，中国国民也，我国现有博物馆的货币珍品，大
多是收藏家捐献的，他们毕生心血，收藏古钱，最后捐献国家，文博部门的
力量是有限的，他们还不可能花许多精力与财力用在收购古钱币上，不如发
动群众，让他们自由收购，自由买卖，这对国家并无损失，这不妨碍四项基
本原则，不违反社会主义制度。我们要解放思想，如果收购古钱的有几个
'万元户'，在他看来，放开钱币市场没有什么不好，这是变废为宝的好
办法。"②

（四）抢救与整理银元

千家驹教授认为银元为近代钱币，在我国通用有一百多年历史，银元的
版式很多，有不少是稀世珍品，具有极高的文物价值，因此，必须抢救与整
理银元。千家驹教授认为："物以稀为贵，并不一定以古为贵，古钱出土多的
就不贵，反之近代的钱，有些铸额很少，遗存极稀，它们不仅价值连城，而
且对于研究我国近代币制有重要意义。但是我国大量的银元、银锭无人分类
整理，这实在太可惜了。一般的银元，因铸造年间，版式不同，价格亦不相
同，而且相差甚巨，这些银元，在国际市场上都有价格。我们祖宗留给我们
的遗产实在太丰富了，埋在地下的，留在地上的随处都是宝，可惜我们自己
文化水平不够，专业知识不够，到处自我毁灭，把文物珍品当成一般的原材
料，这实在太对不起我们的祖宗了。所以应尽快请专家对库存银元进行分类

---

① 千家驹：《把钱币研究工作 百尺竿头 提高一步——在中国钱币学会第二届年会上的总结发
言》，载《中国钱币》，1986（4）。
② 同①。

整理，开展学术研究，并妥善处理。"①

（五）其他方面

除了以上几大方面外，千家驹教授认为：钱币研究应该重视人才的培养，加强国际交流，成立钱币学会分会和各种专题研究会；办好《中国钱币》杂志，编写《中国货币通史》、《钱币图录》和《钱币辞典》等；整理钱币实物，成立钱币博物馆。

（刘海二）

参考文献

［1］千家驹：《关于物价、教育、社会风气问题》，载《群言》，1988（5）。

［2］千家驹：《为什么一定要进行物价改革?》，载《今日中国（中文版）》，1988（10）。

［3］千家驹：《控制基建膨胀和改革价格》，载《经济社会体制比较》，1987（6）。

［4］千家驹：《论旧中国公债的发行及影响》，载《文史哲》，1983（6）。

［5］千家驹：《旧中国发行公债史的研究》，载《历史研究》，1955（4）。

［6］千家驹：《论金融体制改革》，载《金融与经济》，1989（4）。

［7］千家驹：《关于我国的体制改革和对外开放问题》，载《国际贸易》，1984（8）。

［8］千家驹：《开拓一条研究中国钱币的新路》，载《中国钱币论文集》，1985（6）。

［9］千家驹：《把钱币研究工作 百尺竿头 提高一步——在中国钱币学会第二届年会上的总结发言》，载《中国钱币》，1986（4）。

---

① 千家驹：《把钱币研究工作 百尺竿头 提高一步——在中国钱币学会第二届年会上的总结发言》，载《中国钱币》，1986（4）。

［10］千家驹：《研究钱币，振兴中华！——祝河南钱币学会成立》，载《中国钱币》，1985（4）。

［11］魏孟德：《千家驹谈外国银行在特区开分行》，载《天津金融研究》，1985（1）。

［12］叶永烈：《90 风雨千家驹》，载《全国新书目》，2002 年 7 月。

第三十章
姚庆三金融思想学说概要

姚庆三（1911—1989），原籍浙江，出生于日本山口市。1928 年毕业于上海复旦大学，后去法国巴黎大学研究政治经济学。1931 年任职于上海交通银行总管理处。1932 年担任上海法学院、复旦大学、大厦大学教授。其间还兼任上海农村复兴委员会社会经济调查所专员。1935 年任南京资源委员会国民经济研究所专员。1937 年至 1943 年在上海金城银行总管理处任科长、副处长、分行副经理等职务。1946 年至 1953 年先后在上海协进企业公司、广州民生实业公司、香港太平洋轮船公司任协理、副经理、经理等职务。1953 年任新华银行香港分行副经理并被任命为该银行董事。1979 年调任中国建设财务有限公司经理（香港），后改称总经理。1984 年 3 月退休，被续聘为该公司经理。1985 年任中国水泥公司总经理①。著有：《财政学原理》（上海大学书店，1934 年），《金融论丛》（1935 年），《现代货币思潮及世界币制趋势》（上海国民经济研究所，1938 年），《新金本位之性质及汇兑平准基金之运用》（1938 年），《上海米市调查》，《上海麦粉市场调查》等。

---

① 姚庆三服务银行业五十年，是我国著名的经济学家。早在 20 世纪 30 年代首先介绍英国经济学家凯恩斯学说，对奠定我国抗战时期法币政策起决定性作用。他以高深的学识和丰富的经验，长期勤奋工作，为香港中银集团的发展壮大，为繁荣祖国海外金融事业作出了贡献。他最后任职的"中国水泥公司"，原为中美合资企业，历年亏损，姚庆三接任于危难之际，经他治理整顿，扭亏为盈，为国家挣回数以十亿美元计的资产。

一、镑汇制度论

（一）镑汇制度论的内容

1935 年 4 月，姚庆三发表《沙逊爵士建议之检讨及施行镑汇制度之商榷》，正式提出了实施镑汇制度的币制改革建议。

姚庆三认为，"在目前局面之下，如欲将银元及其代用纸币之汇价与某种外币相联，则英镑实属最为适宜。事实上现今各国之加入英镑集团者确亦不少，瑞典挪威皆为金镑集团之一员，其国内经济状况现均已恢复相当之繁荣也。"

"一九三一年时（是年九月以前，英国尚未放弃金本位，而中国物价亦未大跌）中英汇价平均约为一先令，吾人如将目前汇价抑低三分之一而稳定于一先令，或为适当之度，诚能如此，物价当可回涨至衰落以前之水准，而农工商各业亦不难恢复相当之繁荣矣。"

"论者又谓纸币停兑，仍将不能避免财政膨胀之危险。答曰不然，盖若实行英镑汇兑制度，则持有纸币者均可按照一定之汇率向银行购买汇票，是则银行如欲维持汇价，固不能以财政关系而滥发纸币也。"[①]

1936 年 5 月，姚庆三又在《新货币政策之回顾与前瞻》一文中，进一步阐述了实行镑汇制度的重要性。他认为新货币政策的第一大目标，就在于维持法币汇价的稳定，使国内经济与国际经济能够维持均衡，使国际贸易和国际借贷能够得以顺利进行。但是目前各国币值都处于动荡之中，事实上不能使法币与各国货币都维持稳定，所以必须将法币汇价与某种外币相盯住。而这种外币的选择，必须具备下列四个条件：第一是其自身汇价须具备稳定性，第二是外币国的物价须具备稳定性，第三是其应用面积比较广大，最后是外币国与我国的经济关系应比较密切。就这四个条件而言，英镑为上上之选。

---

① 姚庆三：《沙逊爵士建议之检讨及施行镑汇制度之商榷》，载《社会经济月报》，第 2 卷第 5 期，1935。

因为近年以来，英国的汇价和物价都相当稳定，英镑集团面积广大，而英国与我国的经济关系又甚为密切。

姚庆三认为用外币作为中国纸币的价值标准，有利于防止通货膨胀。

（二）镑汇制度论提出的背景

1933—1934 年期间，银价暴涨。1934 年春，中国经济学界已经逐步统一了认识，认为美国银价的抬高将会是中国经济的大灾难。众多学者纷纷发表论述，阐述自己的观点。1934 年 2 月，马寅初反对批准《白银协定》，但是如何防止白银外流，救济当时国内的经济金融危机，经济学家的观点可谓是众说纷纭，出现了民国时期中国经济论争的高潮。赵兰坪指出："民国二十年秋季，美国抬高银价，引起吾国大批现银外流以来，吾国经济论战，又随之而发生。至去年十一月三日，政府颁布改革币制紧急命令止，始告一段落。在此一二年间，关于币制、白银、经济、金融之论战文字，据吾人所知，约有五六千篇。"[①] 在此基础上，批判者可大致分为两派，分别为贸易平衡论和币制改革论。

贸易平衡论有 7 种主张，即提倡国货，提高关税率，征收汇兑倾销税，实行输入限额制，补助输出业，减免出口税，与各国协商以贸易货。有很多学者都为贸易平衡论者，主张复杂。

1. 马寅初"入超为白银外流的根本原因"论

1934 年，马寅初针对国内论坛的币制改革派（学者派）和贸易平衡派（银行派）关于白银问题的争论，他说："两者各有所见，孰是孰非，颇难论定。吾意两者应相辅而行，不可偏废。"似乎马寅初持折衷观点，但接着马寅初批判了币制改革派的观点，并提出了改善国际贸易的方法。说明他最终是倾向于贸易平衡论的。[②]

在 1935 年 6 月《我国银本位应放弃乎抑应维持》这篇著名的文章中，他

---

① 赵兰坪：《最新吾国经济论战之回忆》，载《时事月报》第 14 卷第 2 期，1936。

② 马寅初：《国外贸易与工业奖励之关系》，载《马寅初全集》第 7 卷，317 页，浙江人民出版社，1999。

批判了赵兰坪、姚庆三、张素民等币制改革论者的主张，最后结论为：放弃银本位不行，维持银本位也不行，只有请求美国改变购银政策，中国经济才能摆脱困境。① 马寅初这一论断受到了赵兰坪、姚庆三、张素民等人的严厉批评，认为是乞求美国，而自己无所作为。

2. 古春帆"关税政策与统制贸易"论

1935 年 5 月，古春帆在《金融恐慌与伸缩税率》文中说："我认定中国现银外流的危险，在于国际收支之不利……而最后结论，还不能不归根到统制经济、统制贸易上去。统制经济统制贸易不能立刻实行，所以我又觉得暂时只有借径于关税政策。银价汇价物价的涨落，全不是我人自由意志可以决定的事，脱离金属本位在中国又太危险，而不脱离金属本位，又脱不了银价汇价涨落的痛苦。适当的关税政策，则可以用来抵消银价汇价等等涨落的扰乱。"②

从古春帆的论断可知，他属于典型的贸易平衡论者，由主张关税政策到统制贸易再到统制整个经济。同时，古春帆也认为任何主张都有弊端，因而他又主张，如果统制贸易此路不通，就可以实行货币派的货币贬值政策。

币制改革论的主要代表人物有姚庆三、张素民、赵兰坪等人，虽然同为币制改革论者，但其具体观点仍然有很多不同。如赵兰坪指出："主张根本改革币制者，亦可概别为二：一即货币万能主义。即主纸币停兑，现银国有，而由政府发行数十万万元纸币，开发一切产业。至于所发纸币，有主以货物为准备，有主不用准备。二即货币中心主义。以为此项经济金融恐慌，一在各国之贬低币制汇价，二在美国之抬高银价，故其对策，唯有自动放弃银本位制，停止纸币兑现，而作币制之根本改革。然此币制改革运动之中，又有数种不同之主张。一、纸币停兑，汇价贬低以后，暂行纸本位制，管理通货。在银价下落以前，乘机出售集中之现银，购入现金与金汇，以便将来改行对外用金，对内用纸之管理的金本位制。二、纸币停兑现银集中以后，另铸成

---

① 马寅初：《我国银本位应放弃乎抑应维持》，载《马寅初全集》第 7 卷，433 页，浙江人民出版社，1999。
② 古春帆：《金融恐慌与伸缩税率》，载《社会经济月报》第 2 卷，35 页，1935（5）。

色较低之银币，实行对外用金，对内用银之金汇本位制。三、纸币停兑现银集中以后，减低银币成色，铸发新银币，对内对外，皆用新银币计算。此为银本位之货币贬值政策。"①

1. 张素民"管理金汇兑本位制"论

1935 年 1 月 10 日，张素民在《文化建设月刊》第 1 卷第 4 期发表《怎样解决币制问题》，主张放弃银本位，并提出了实施的具体办法。

张素民自称此种办法叫"管理金汇兑本位制"或"管理纸本位制"。

2. 赵兰坪"暂行金本位制"论

1935 年 5 月 13～25 日，赵兰坪在《中央日报》发表长篇论文《中国经济金融财政之根本自救方案》。文中指出我国经济金融恐慌的原因是，一为世界各国币制汇价之贬低，二为世界银价之腾贵。"或又一为去秋现银之外流，为贸易入超之结束，此实大误"。② 病源如此，赵兰坪主张根本的救治方法为，停止或放弃银本位制，贬低汇价，集中现银，暂行纸本位制。

一时间，各路学者众说纷纭，各抒己见，形成了学术上的一个大讨论。

（三）镑汇制度论的影响

姚庆三建议的镑汇制度当即引起了较大反响。1935 年 6 月，马寅初就在《我国银本位应放弃乎抑应维持》一文中给予批评。马寅初肯定了姚庆三用外币作为中国纸币的价值标准，有利于防止通货膨胀。但马寅初担心与英镑相联，受制于英国，虽然有利于对外贸易，但"今日中国经济之重心，不在国外贸易，故吾人亦可援凯恩斯之说，与其牺牲国内物价之安定，不如牺牲对外汇价之安定"。③ 当月，姚庆三即发表《为镑汇制度答马寅初先生》，对马寅初的批评一一进行解释。④ 7 月，王烈望发表《论镑汇制》，⑤ 对姚庆三的解

---

① 赵兰坪：《最近吾国经济论战之回忆》，载《时事月报》第 14 卷第 2 期，1936。
② 赵兰坪：《中国经济金融财政之根本自救方案》，载《中央日报》，1935 年 5 月 13 日。
③ 马寅初：《我国银本位应放弃乎抑应维持》，载《马寅初全集》第 7 卷，427 页，浙江人民出版社，1999。
④ 姚庆三：《为镑汇制度答马寅初先生》，载《银行周报》19 卷，22 期。
⑤ 王烈望：《论镑汇制》，载《银行周报》第 19 卷，28 期，1935－07－23。

释又进行了再批评。总之，姚庆三的镑汇制度论成为当时币制改革的一个重要观点。1935 年 11 月法币政策刚实施，姚庆三即著文将自己的观点与法币政策一一比较，认为法币政策六条"与吾人夙昔所鼓吹者正相符合"。[①]

姚庆三作为币制改革派的代表，在法币改革之前提出了与后来法币政策相似的观点，从思想学术方面或者政策建议方面都为政府提供了可供选择的方案，为后来法币政策的形成作出了卓越的贡献。

二、现代货币思潮论

（一）现代货币思潮论的内容

在抗战爆发前夕，姚庆三著作了《现代货币思潮及世界币制趋势》一书。全书分《金本位论》、《银本位论》、《汇价政策论》、《物价政策论》、《汉约克与凯恩斯之货币理论》和《社会主义之货币政策》等六编。书中介绍了许多西方的当代货币理论，其中有些是最新的货币理论。

在《金本位论》中，姚庆三介绍了卡塞尔、吉城、渥伦、皮尔逊等人的黄金物价关系论以及西方学者对他们的批判。卡塞尔认为黄金储存量的增加率与经济发展率是一致的，当这个增加率为 3% 时，物价便是稳定的。吉城将用作货币的黄金储存量与物价相对比，得出当实际增加率与用作货币的黄金常态增加率为 3.1% 时，物价是稳定的。而渥伦和皮尔逊则认为当用作货币的世界黄金储存量的增加率与世界基本货物生产数量增加率一致时，物价是稳定的。当时很多学者对这些结论进行了批判，姚庆三则认为这些结论不能全盘否定，他认为："如假定世界经济发展率不变，而黄金之需要亦不变，则黄金之供给当能影响于物价之长期趋势；反之，如假定世界经济发展率不变，而黄金之供给亦不变，则黄金之需要亦能影响于物价之长期趋势。"[②]

---

① 姚庆三：《新货币政策之前因后果及今后之金融问题》，载《社会经济月报》第 2 卷，第 11 期，1935。

② 姚庆三：《现代货币思潮及世界币制趋势》，67～68 页，文瑞印书馆，1938。

在《银本位论》中，姚庆三对卡塞尔的购买力平价说、费雪的货币数量说和正统派的现银流通学说都提出了修正意见。卡塞尔认为物价变动是因，汇价变动是果。姚庆三认为："据近十年来我国之经验以观，汇价之变动实为因，物价之变动乃为果，物价之变动实为适应汇价变动之调节作用也。"[1] 对于费雪的货币数量论，他说："根据我国近十年来之经验，以为物价水准之变动亦可为因，通货数量之变动亦可为果，且通货数量之变动亦不必与物价水准之变动相符合，纵令通货数量之变动与物价水准之变动背道而驰，亦可由流通速率之变动，时费歇教授交换方程式之左右两方仍趋平衡也。"[2] 正统派的金银流动理论认为，汇价高于理论平价时，现银流入，反之则流出。鉴于这种观点，姚庆三根据多人的研究，得出了关于中国现银流动的结论，认为"近十年来，我国现银之流动决定于国币实际汇率对其理论平价之差额，而国币实际汇率对其理论平价之差额，则又决定于借贷平衡及资本移动，但实际上资本移动对于现银流动之影响实较借贷平衡对于资本移动之影响尤巨。"[3]

在《汇价政策论》中，姚庆三介绍了英国经济学家索尔特（A. Salter）、艾因齐格（P. Einzig）、凯恩斯等人的汇价理论。凯恩斯曾主张中央银行运用远期汇率政策以控制国际资金的运动，即通过买卖远期汇票的方法，使远期汇率接近于利率平价，以避免因国与国之间的短期利率差异而造成不必要的国际资金移动。姚庆三指出这种政策并不完全有效："盖远期汇率政策之运用，仅可应付以远期汇票为抵补之短期资金之移动，但实际上一部分短期资金之移动并不以远期汇票为抵补，故远期汇率政策之运用亦有时而穷也。"[4]另外，如果人民对本国币制不信任，则这政策也难以实行。

在《物价政策论》中，姚庆三介绍了史脱拉高斯（H. Strakosch）、费雪等的物价稳定理论和霍屈莱、罗伯逊（D. H. Robertson）的反物价稳定论。霍屈莱主张消费者所得及消费者支出稳定。例如人口增加但产量并未得到相应

---

① 姚庆三：《现代货币思潮及世界币制趋势》，118 页，文瑞印书馆，1938。
② 同①，126 页。
③ 同①，141 页。
④ 同①，183 页。

的增加，为了维持物价的稳定，就需要降低消费者的平均所得，这对固定收入者是有利的。如果要使每一个消费者的所得不变，则应该使物价下跌。反之，如果产量的增加超过人口的增加，若要维持物价的稳定，就需要增加消费者的平均所得，这对固定收入者是不利的。如果要使每一个消费者的所得不变，则应该使物价下跌。姚庆三对霍屈莱的这一主张是持批评态度的，他认为物价稳定论与消费者所得稳定论可以互相折中，"不必过于拘泥，在通常情形之下，货币政策之目标，不在使物价稳定，或使物价渐涨，或使物价渐跌，而在使物价与成本维持适当之均衡，俾物价不致远在成本之下，使各种企业发生损失，而引起经济之衰落，亦不致远在成本之上，使各种企业赢益过巨，而诱致过度之发展。"① 剑桥学派代表人罗伯逊则认为物价变动不能避免。"货币政策之目标不应阻止一般物价水准之一切变动，其为实现生产之适宜的变动所必需者应加以容许，而其足以使生产之变动超过适宜点者则应加以阻止。"② "罗氏理论的精义，实特别注重于经济复兴时期物价之必须上涨，至谓经济衰落时期物价之必须下跌，则不过陪衬之语。" 姚庆三对罗伯逊的主张极为赞同，他认为：盖货币政策之终极目标，实在使社会之生产力为最善之利用，俾得人尽其才，地尽其利，至物价与成本之调整，犹其次焉者耳……如社会之生产力尚未最善之利用，人有弃才，地有弃利，则货币政策之运用当先以全盘就业之实现为鹄的，物价与成本稍有差异，亦非所计。"③

在《汉约克与凯恩斯之货币理论》中，姚庆三专门讨论了奥国学派汉约克（F. A. V. Hayek）和英国凯恩斯的货币理论。姚庆三首先介绍了汉约克将货币理论的发展分为四个阶段：第一阶段的"特征在欲于货币总量生产总量及一般物价水准间建立机械式之因果关系"，以费雪为代表。第二阶段"以限界效用说为根据，建立货币所得说以解释货币对于一般物价水准之影响"，以维塞尔（F. V. Wiesser，奥国人）、阿夫达里昂等为代表。第三阶段的"特征在以货币数量解释利率，再以利率解释物价之变动"，以魏克塞尔

---

① 姚庆三：《现代货币思潮及世界币制趋势》，204 页，文瑞印书馆，1938。

② 同①，209 页。

③ 同①，212 页。

（J. G. K. Wicksell，瑞典人）为代表。魏克塞尔将利率分为"自然利率"和"货币利率"。自然利率指没有货币因素干扰，资本需要和储蓄供给相均衡时的利率。"如果货币利率适与均衡利率相等，则此项利率可称为中和利率，盖其对于物价不致发生偏性影响，不致使物价涨高，亦不致使物价跌落。"[1] 他主张应使货币利率等于中和利率。第四阶段为密塞斯（L. E. V. Mises，奥国人）对魏克塞尔理论的补充，由货币利率和均衡利率的差额解释消费品和资本品的价格变动，再由两者的价格变动解释经济循环。第四阶段尚未完成，汉约克的理论亦属于这一阶段的理论。紧接着姚庆三分析了汉约克的货币理论。

在介绍凯恩斯货币理论的时候，姚庆三认为凯恩斯的三本书代表了凯恩斯主义的三个发展阶段。第一种是前已提到的《货币改革论》，1923 年出版。第二种是《货币论》（*Treatise on Money*），1930 年出版。第三种是《就业、利息和货币通论》（*The General Theory of Employment Interest and Money*），1936 年出版。

姚庆三系统地论述了凯恩斯在这三本书中所讲的货币理论。在《货币改革论中之凯恩斯》一节中介绍了凯恩斯的方程式 $n = p\,(k + rk')$。并指出它脱胎于庇古（A. C. Pigou）的 $P = kR/M$ 或罗伯逊的 $P = M/kR$。在《货币论中之凯恩斯》一节中介绍了凯恩斯两个基本方程式 $P = E/O + (I' - S)/R$ 和 $\prod = E/O + (I - S)/O$，式中 $(I' - S)$ 和 $(I - S)$ 等于零是实现均衡的条件。姚庆三指出这理论酷似魏克塞尔和密塞斯的学说，并说："物价之稳定，既赖乎储蓄与投资之均衡，而储蓄与投资之均衡，又赖乎实际利率与自然利率之均衡；故凯恩斯以为如中央银行能操纵实际利率使与自然利率相均衡，即不难使储蓄与投资相均衡，俾物价臻于稳定。"[2] 其办法不外乎重贴现政策及公开市场政策。

对于《就业、利息和货币通论》，姚庆三做了尤其详细的介绍，内容包括《世界经济恐慌与凯恩斯》、《凯恩斯就业理论之出发点》、《公共建设政策之

---

① 姚庆三：《现代货币思潮及世界币制趋势》，213～215 页，文瑞印书馆，1938。
② 同①，235～236 页。

理论》、《公共建设政策之例证》、《低廉资金政策之理论》、《低廉资金政策之例证》、《储蓄与投资》、《通货扩张政策与物价》、《通货扩张政策与汇价》等九节。

姚庆三对凯恩斯的新理论做了很高的评价。他说："凯恩斯在其新著《就业利息与货币之一般理论》中，字义文意均一脱前人窠臼，即其自己在《货币论》中所创之各种方程式亦均放弃不提。凯恩斯在其《货币改革论》中不免受马歇尔（A. Marshall）、皮固等之影响，但其新著《就业利息与货币之一般理论》则不唯对马夏尔、皮固等正统学派之学说施以猛烈攻击，即对魏克塞尔、米斯等瑞典学派奥国学派亦批评不遗余力，故凯恩斯此书实不愧为一空前之贡献。"[1] 又说："凯恩斯每一新书出，常能引起学术界之热烈辩论，对学术界之贡献，实属不浅……凯氏之新说已浸浸乎成为今后新经济之柱石矣！"[2]

（二）现代货币思潮论的背景

从废两改元至 20 世纪 30 年代末的短短七年时间，中国经济学界出版的按照西方货币论体系编著的货币学书籍大约有 10 种，如陈振骅著的《货币银行原理》，唐庆永著的《现代货币银行及商业问题》，赵兰坪著的《货币学》，蒋廷黻著的《纸币概论》，崔晓岑著的《币值与银行》，刘觉民编的《货币学》，马咸著的《法币讲话》，吴文英著的《货币学新论》，姚庆三著的《现代货币思潮及世界币制趋势》，莫萱元编著的《货币学要论》。众多学者都不遗余力地传播西方最新的货币理论。

（三）现代货币思潮论的影响

姚庆三的《现代货币思潮及世界币制趋势》走在各书的前面。书中介绍了许多西方的当代货币理论，其中有些是最新的货币理论，这样迅速地得出研究西方最新货币理论的成果，在中国同类著作中是很少见的。

---

[1]　姚庆三：《现代货币思潮及世界币制趋势》，237 页，文瑞印书馆，1938。

[2]　同[1]，238 页。

以前中国学者的货币著作中,提到《货币改革论》的不少;提到《货币论》的就少些了,其中只有刘觉民的《货币学》介绍了凯恩斯在《货币论》中提出的关于物价的两个基本公式,说它"是一个极有价值的贡献"。[①] 至于《就业、利息和货币通论》,余捷琼的《中国的新货币政策》曾引述它的某些论点,但该书以讨论中国的货币制度为主,不可能对它作系统的介绍。而姚庆三对凯恩斯的新理论及其实践以介绍为主,偶尔亦作一些评论。如对于储蓄和投资相等的理论,他认为只适宜于动态的现象,"就静态言,或即就某一定时间言,则储蓄与投资自可不等……唯就动态而言,就某一定时期内言,则凯氏所谓储蓄与投资必然相等之说实亦具至理"。[②] 一种国外新产生的理论,真正了解它还需要时间,姚庆三的贡献是及时向国人系统介绍了这种理论,而不是对它作出什么重要的评论。

(刘清漪)

参考文献

[1] 姚庆三:《沙逊爵士建议之检讨及施行镑汇制度之商榷》,载《社会经济月报》,第2卷第5期。

[2] 姚庆三:《为镑汇制度答马寅初先生》,载《银行周报》,第19卷第22期。

[3] 姚庆三:《新货币政策之前因后果及今后之金融问题》,载《社会经济月报》,第2卷第11期。

[4] 姚庆三:《新货币政策之回顾与前瞻》,载《中央时事周报》,1936(5)。

[5] 姚庆三:《今后货币政策之归趋》,载《政问周刊》,1936(27)。

[6] 姚庆三:《银价跌落声中新货币政策之前途及复准备制度之建议》,载《社会经济月报》,1936(3)。

---

① 刘觉民:《货币学》,184页,中华书局,1941。
② 姚庆三:《现代货币思潮及世界币制趋势》,259页,文瑞印书馆,1938。

［7］赵兰坪：《最新吾国经济论战之回忆》，载《时事月报》，第 14 卷第 2 期。

［8］马寅初：《国外贸易与工业奖励之关系》，载《马寅初全集》，第 7 卷。

［9］马寅初：《我国银本位应放弃乎抑应维持》，载《马寅初全集》，第 7 卷。

［10］古春帆：《金融恐慌与伸缩税率》，载《社会经济月报》，第 2 卷第 5 期。

［11］赵兰坪：《中国经济金融财政之根本自救方案》，载《中央日报》，1935 – 05 – 13。

［12］王烈望：《论镑汇制》，载《银行周报》，第 19 卷第 28 期。

［13］姚庆三：《现代货币思潮及世界币制趋势》，259 页，文瑞印书馆，1938。

［14］姚庆三：《凯恩斯货币理论之演变及其最新理论之分析》，载《国民经济》，1937（1）。

［15］姚庆三：《资金冻结对于汇兑与贸易之影响》，载《中外金融周报》，1941（4）。

［16］姚庆三：《华北统制汇兑办法之分析》，载《日用经济月刊》，1939（1）。

［17］姚庆三、朱志豪：《中国通货问题：学术讲座之一》，载《大夏半月刊》，1939（2）。

［18］姚庆三：《我国战时经济、战时金融：我对于战时金融之意见》，载《中外经济拔萃》，1937（1）。

［19］姚庆三：《远期汇率论》，载《国民经济》，1937（1）。

［20］姚庆三：《近十年来我国金融演变之统计的分析及若干正统货币理论之重新的估价》，载《国民经济》，1937（1）。

［21］姚庆三：《对于中央银行之几点意见》，载《商学丛刊》，1936（3）。

［22］姚庆三：《今日金融问题之结症及其补救之方案》，载《商学丛刊》，1935 年创刊号。

［23］姚庆三：《汇价与物价之统计的研究》，载《社会经济月报》，1935（2）。

［24］姚庆三：《今日的金融问题》，载《社会经济月报》，1935（2）。

［25］姚庆三：《中国金融问题之回顾与前瞻》，载《东方杂志》，1933（30）。

第三十一章

伍启元金融思想学说概要

伍启元（1912— ），广东台山人。1932 年毕业于上海沪江大学，1934 年赴英国伦敦经济学院学习，1937 年获得博士学位。曾任武汉大学经济学教授，西南联合大学教授，纽约大学公共行政学教授，台中东海大学荣誉讲座兼首任法学院院长。著作有《物价统制论》、《国际价格理论大纲》（英文）、《战后世界币制问题》、《当前的物价问题》、《中国工业建设之资本与人才问题》、《由战时经济到平时经济》、《公共政策》等。

一、物价统制论

（一）物价统制论的内容

1939 年，伍启元受国防最高委员会之托思索"物价统制"这一问题，并陆续在报刊上发表了数篇关于物价统制的文章。1940 年他将其思想整理成《物价统制论》一书，作为《中国人文科学社丛刊》之一，在 1941 年 12 月由正中书局出版。

《物价统制论》共分十个章节，分别为（一）物价变动的影响；（二）物价统制的几个理论问题；（三）物价统制的范围与宗旨；（四）物价变动之原因与平衡物价之方法；（五）评定价格的原则；（六）平衡物价的统制供给；

（七）平衡物价与统制需要；（八）平衡物价的机构；（九）中国战时物价变动；（十）中国战时物价统制。其中书中第二章谈到了物价统制的几个理论问题，是伍启元物价统制论的核心观点。

伍启元认为在战争期间，有实行物价统制的必要。在书中第二章开篇，他就首先对物价统制下了一个定义，即"凡是用政府的力量和人为的方法，使物价离开在自由市场中供需所决定的地方，而移到政府所认为适当的地位，就是统制物价的行为。"① 也就是说，在自由市场中供求关系决定物价，而在统制经济中则是由政府政策决定物价。

紧接着，伍启元对自由主义经济和物价统制进行了一个深入的剖析。

第一，在自由主义经济中，一切经济活动都是以取得利润为目的的，而且一切生产、分配、消费都是受价格所决定的，价格也是调节生产、分配、消费的唯一机构。"换句话说，自由主义的经济一方面是一个利润的经济，一方面是一个价格的经济。"② 然而在物价统制的情况下，无论利润机构的运行还是价格机构的运行都受到极大的限制，企业家和商人，他们都不能再自由地依据市场的变动去获取利润或者承担损失，他们就只能取得政府或者统制机关认为合理的利润，因此利润便失去了许多原有的特质，而变成了一种固定的企业家报酬了。同样地，价格已经不是受自由竞争所决定了，而是受政府所规定。他在书中认为，物价统制的目的之一就是使自由主义经济能够继续存在，在一定条件之下维持利润机构和价格机构的地位。政府还是要用利润来做统制生产的工具，要保证企业者和商人的合理利润，自由主义经济只是因为受到了限制而没有完全崩溃。其次，他还分析了统制经济与计划经济的不同之处。他认为在纯粹的计划经济之下，一切都是由政府规定，价格不是整个经济机构的重心，政府没有统制经济的必要。因此，统制经济是"站在纯粹自由主义经济（或纯粹商品经济）与纯粹计划经济（或纯粹集体经济）之间"③ 的一种经济制度。

---

① 伍启元：《物价统制论》，正中书局，8 页，1943。
② 同①，9 页。
③ 同①，10 页。

第二，从内容上看，统制物价必须要由政府规定每一种被直接统制的商品的"适当的"或者"合理的"价格。在决定物价的时候，要考虑生产元素所有者、生产者、商人和消费者这四方面的利益。既使生产元素所有者得到合理的收入，生产者得到合理的售价，又使商人得到合理的报酬，并且符合消费者的购买能力。同时满足这四点并不容易。所以说统制机关不仅仅是规定物价而已，还要统制物价以外的其他因素，在各种因素之中最重要的就是供需因素和通货因素。

（1）供需因素。一些反对物价统制的人说，统制物价违反了供求原则，如果物价过低，就会产生供不应求的现象。伍启元认为这种理论有一定的真理，因此统制机关不仅要规定物价，还要设法增加供给和限制购买，使商品的供给量等于需求量，不至于出现供不应求的局面。另外，伍启元也指出这种理论也有一些不当之处：①在战争时期，物价提高不一定会使供给数量增加。由于交通不便、交通工具不够分配，所以有些不是当地生产的物品，虽然物价提高，也不一定会增加供给的数量。②统制物价不一定对生产产生不利的影响。生产者虽然不能得到物价上涨所带来的暴利，但是也不会承担物价变动的风险，又可以得到合理的利润，"所以也乐于增长生产"。③平衡物价本身有时候也可以增加供给的数量。如果物价平定，囤积货物的人会把所囤货物拿到市场上去卖，因此会增加供给数量。④"供求原则"的顺利运用，是基于需求是具有弹性而不是缺乏弹性的，否则无论物价怎样增减，消费的数量都不变。在这种情况下，就可以利用统制的方法来平衡物价。⑤其他需求有弹性的物品，消费量要随着物价的变动而变动，价格提高会减少贫穷阶级和固定收入者的消费。这种减少消费的方式是不公平的，常会引起国内贫苦阶级、劳动阶级和中产阶级的不满，因此应竭力避免。"我们只有用统制的——一般限制消费的方式，使一切消费者都受到同样的影响，才是一种公平的办法。"[1] 在文末，伍启元得出这样一个结论：以"供求理论"为根据去反对物价统制的理论，虽然有几分道理，但是也不能完全成立。

---

[1] 伍启元：《物价统制论》，正中书局，13 页，1943。

（2）通货膨胀。反对物价统制的另外一个重要理论是通货膨胀论。根据这种理论，物价上涨是由于通货数量增加，通货价值下降，不是用统制的方法所能停止的。伍启元也承认这种理论包含有部分真理。倘使国家对货币数量、货币流通速度、国民岁入等重要因素都不加以统制，而只统制物价，是不会有效的。"物价继续上涨，本身就是通货膨胀的最好证明。"① 因此，伍启元主张物价统制应注意货币流通数量、人民岁入总额、人民岁出分配、长期投资动向等种种问题。政府首先应该限制货币发行数量和平衡人民的收入，其次要鼓励人民储蓄，还可以直接统制投资，防止资本集中于不重要的和未被统制的生产上面。伍启元又认为这种理论包含着一个重大的错误，因为它否定物价本身也可以影响通货，事实上统制物价或稳定物价会产生通货收缩的影响。可以分两方面来说：①战时财政亏缺，是通货膨胀的主要原因。倘使没有人为的办法加以干涉，非至通货完全崩溃、财政完全破产不止。物价统制就是防止的一种办法。物价稳定以后，可以减少财政亏缺，通货膨胀也得到一定限制。②战争时期生产者和商人的利润膨大，是通货膨胀的另一主要原因。统制物价使物价稳定，生产者和商人只能得到合理的利润，他们的收入减少，通货膨胀的趋向也就停止了。至于统制物价能不能使通货膨胀完全免除，伍启元做了否定的回答。他说："除了我们走到纯粹计划经济的路上，除了我们把整个经济都统制起来，我们是无法避免物价水准提高的。"历次的大规模战争都证明了这一点。"统制物价的功能，只在防止若干被统制的物品的高涨，而不能阻止一切物价的变动；平衡物价的作用，只在限制通货的过度膨胀，而不能完全避免通货的膨胀的。"②

以这些理论为基础，伍启元对物价统制提出了一些主张。如关于统计物价的范围，他提出了六个方面：（一）在农产品中，至少应统制粮食、主要原料（特别是衣类的原料）、重要输出品（如桐油）的价格；（二）在工矿产品中，应统制棉纺织品及其他日用必需品、主要矿业和化学工业；（三）贸易委员会已统制的输出物品；（四）与抗战建国有关以及与民生有密切关系的输入

---

① 伍启元：《物价统制论》，正中书局，15 页，1943。

② 同①，17 页。

物品，除物价统制外，还允许以法定汇率购买外汇及免税等方法来降低价格，其他输入物品分别情形，禁止输入或增加进口税；（五）统制工资；（六）其他影响物价的因素，如利润、地租、运输费、保险费、利息、燃料价格等都应统制。从这六条看，伍启元所主张的统制范围是比较广的。

（二）物价统制论提出的背景

抗战爆发后，国民政府财政赤字严重，法币的发行不断增加，发展成极为严重的通货膨胀阶段，直接干预或管制生产、流通、分配等社会再生产的各个环节和国民经济各个部门，是一种高度专断集权的资本主义战时经济模式。统制经济政策是抗战时期国民党和国民政府，在以国防建设为核心的总方针下，制定和推行的最重要的经济政策。而物价统制正是统制经济的一个方面。

在当时战时的经济制度之下，价格安定是经济顺利运行的一个必要条件，任何价格的剧烈涨落都会使经济发生不利的影响。在战争时期，经济尤其是不宜受价格剧烈变动的刺激。因此甚至正统学派的学者，都承认物价统制是战时应有的设施。

在战时中国，政府早就注意到物价的问题。1939 年 1 月国防最高委员会成立后，也一度聘请各地研究经济的人分别对物价统制问题加以设计。于是，众多学者纷纷献计献言，一时间出现了百家争鸣的局面。

（三）物价统制论的影响

伍启元的物价统制理论和主张，在当时还是产生了一定的影响。但其成功的关键必须以政府人员能奉公守法而且有很高的办事效率为前提，而这却是国民政府所不具备的。在这样的条件下，统制范围越广，问题也就越多。结果统制变成了垄断，财政亏缺始终存在而且越来越严重，滥发货币成了弥补财政赤字的最主要方法。伍启元认为统制物价可以抑制通货膨胀，而国民政府的通货膨胀却成了无法医治的痼疾。这样，就使得伍启元统制物价的理想成为不可能实现的空想。

二、抗战时期物价论

（一）抗战时期物价论的内容

1941 年以后，国统区的物价上涨更为迅猛。1943 年 5 月，伍启元在商务印书馆出版了《当前的物价问题》，可以看作是《物价统制论》的绪论。

《当前的物价问题》共分六个章节，分别是：（一）当前物价问题的性质；（二）物价变动对各阶层的影响；（三）物价变动的原因；（四）解决物价问题的方法；（五）当前的租税问题；（六）当前的物资问题。

对于抗战五年来的物价上涨，伍启元认为有三个特征。第一，物价上涨已经达到了一个很高的程度。例如，昆明物价平均超过战前 100 倍，重庆超过 50 倍，后方其他各地的物价至少是战前的数十倍，都已经远远超过了其他国家的战时物价上涨的程度。第二，物价呈加速率的增长。在过去的几年中，后方各地的物价都不是按等速率的增长，而是作加速率的增长，以重庆为例，重庆的物价在抗战初期只有很微的增长，以后越涨越高，越涨越快。现在各地物价所表现的曲线，是很近似数学上所说的"指数函数"的曲线了。第三，物价的变动并不是齐一的变动。因为种种的关系，各种价格上涨的程度有很大的差别，结果造成了价格的失衡，包括不同性质的物品的价格间的失衡、物价与工资薪金间的失衡和各地物价的失衡。物价失衡又引起了生产的失衡和分配的失衡。

关于生产的失衡，伍启元认为，现在物价变动之所以不会增加生产，是因为现在物价上涨已经达到猛烈上涨的阶段。在这个阶段中，各种生产早已经达到了饱和状态，劳动的雇用也达到了"完全就业"点，这时，生产就不能再用涨价的方式去刺激了。物价上涨反而会使生产混乱与失衡，可分为五点加以说明：（一）物价猛烈的增长，会使生产元素作极不合理的分配。在物价继续高涨的情况下，任何投资都是有利可图的，这样具有资本的人，就会将资本随意投在各种企业上，结果许多企业在表面上虽然有盈利，在实际上却没有坚固的基础，只要物价停止继续上涨，这些企业就会因成本过高而无法维持；（二）物价猛烈上涨使生产元素作极不合理的分配，其中以生产元素大量集中在商业上最不合理；（三）在物价上涨的时期，因为各种物品上涨的程度不同，所以常常会使资本和劳动由一种工业转移到另一种工业上，通常资本和劳动会从物价上涨程度小的工业转移到物价上涨程度较大的工业。而在这种转移中，常常会引起各种损失；（四）由于各生产品的涨价程度不同，有些物品（大都是较重要而被管制较严的物品）的物价上涨较一般物价低，其生产量便大为减少；（五）在物价上涨已经到达相当高的阶段时，很多工业中原料价格的上涨程度，都超过了制成品的上涨程度，这也给了生产者较大的打击。

关于分配的失衡，伍启元说："如果物价变动不使财富分配发生不良的影响，则物价问题绝不能算是一极端严重的问题。物价问题所以严重，是因为物价变动使国家财富发生一种极不公平的和违反正义的重分配……是因为物价变动使财富集中到少数人的手里，因而孕育下将来社会激烈变动的祸根。"[1]而今"大部分对国家民族有贡献的阶层所得到的实在报酬大为减少——减少到很不合理的地步"[2]。

伍启元还分析了当时物价变动的原因，即通货膨胀，物资缺乏，投机因素和垄断因素。其中前两条是基本原因，后两条是辅助原因。

（1）通货膨胀。伍启元认为在这几个因素中，通货膨胀是最基本的原因。对于通货膨胀和就业的关系，伍启元按照凯恩斯的理论做了解释。他认为"通货需要的增加，在有失业状态存在的条件下，将一方面增加劳动的雇用，一方面也提高了物品的价格。但在劳动到达'完全就业'或'充分就业'点以后，货币需要的增加，不会再增加劳动的雇用，其全部影响都集中在物价方面。如果其他因素不变，物价上涨与通货数量的增加，会成一个正比例的关系。"[3]他指出中国在抗战前就已经出现了通货膨胀，但到1939年劳动才达

---

① 伍启元：《当前的物价问题》，9页，商务印书馆，1943。

② 同①，10页。

③ 同①，48~49页。

到完全就业点。

伍启元继续分析，通货膨胀包括法币膨胀、信用膨胀和通货流通速率增加，其中最重要的是法币膨胀，法币膨胀主要是由于财政原因。"抗战发生后，由于战费的增加和税收的锐减，财政亏缺突然增大。当时当局因种种关系，并没有采用大量征税和募债的方法，去弥补财政的短绌。结果是用发行法币的方式，去维持必要的支出，于是就走上法币膨胀的途径。"[1] 法币膨胀的具体办法有两种，一种是财政部直接委托国家发行；一种是财政部向国家银行赊借，由政府把公债或库券交给国家银行，而由国家银行用增加发行的办法去承购这些债券的库券。这两种办法的结果都是增加了法币的发行数量，但是其利弊是各有不同的。中国主要采取后一种办法，政府要为此支付很高的利息，所以较他国更为浪费。

除了法币膨胀外，信用膨胀也很重要。信用是一种通货，因此如果其他因素不变，信用的扩张会提高物品的价格。信用膨胀表现在以下几方面。1. 银行存款增加，但增加的倍数远不及法币的增加倍数。2. 各种存款中，活期存款增加最多，对价格的影响较大。3. 放款增加，由于币值下跌，放款的利率是负利率。有些放款被用于囤积商品，"这一类的放款，是促进物价变乱的一个重要原因"[2]。4. 银行数目有显著增加，也助长了信用膨胀。

货币流通速度增加伍启元未作专门论述，仅指出同投机因素有很密切的关系。

（2）物资缺乏。所谓物资缺乏，就是供给数量过少或不够。伍启元认为这种绝对的看法是不对的。他说："物资本身是无所谓'够'或'不够'的，只有就供给与需要比较着说，物资才有'够'与'不够'的分别。因此我们所要分析的是物资的'比较缺乏性'或'比较稀少性'。"[3] 他认为在战时中国，物资缺乏的一个主要原因是需要增加，包括军需品的需要，建国的需要和人口大量西移的消费需要。

---

① 伍启元：《当前的物价问题》，49 页，商务印书馆，1943。

② 同①，57 页。

③ 同①，62 页。

（3）投机因素。伍启元说："凡是为避免货币购买力变动所引起的损失，或为取得货币购买力变动所引起的利益而购买或出售物品，都是投机行为。"[1]根据这一说法，不仅投机家的投机和富户的囤积居奇是投机，就是政府储蓄物资和家庭主妇多购存火油，也都是投机。"存货不存钱"的心理会增加货币流通速度。投机活动和物资缺乏、通货膨胀一样，都是引起供需关系的变化影响物价，但它们的性质是不同的："以需要为例：物资缺乏所引起增加的是一种实在需要，通货膨胀所引起增加的是货币需要，而投机需要所引起增加的是投机需要。"[2]投机需要不仅提高需要和减少供给，并且使需要弹性和供给弹性都较以前减少。

（4）垄断因素。"所谓垄断是指生产者和出售者的数目不多，在供给方面缺乏自由竞争。"[3]伍启元分析了战争时期形成垄断的五个原因：①交通困难，运费激增，地域间的货物流通困难，各市场间的竞争性较小。②在一个市场内，工业品的生产者有限，形成"独占"态势。③进口物品来源困难，必须提高价格才肯出卖。④财富逐渐集中到少数人手里，少数大商人成为市场的最终垄断者。⑤公营、半公营或有势力者所经营而在法律上或事实上具有独占性或半独占性的贸易公司。伍启元指出，垄断因素的存在，使供求决定价格的原则不能完全适用，价格变成由垄断者（供方）决定。"根据经济理论，垄断者所决定的价格，总较自由市场所决定的价格为高。因此如其他因素不变，则垄断因素在市场所占的地位愈大，价格便愈高……在目前中国状态下，因投机活动的关系，需要的弹性很小，因此垄断者可以把价格提得很高。"[4]

四种因素对物价上涨所起的作用，伍启元曾作出如下的估计：预计在1942年底（预计时尚未到年底），物价会比战前上涨80倍，其中属于通货膨胀的因素为30倍，物资缺乏的因素为10倍，投机和垄断的因素为40倍。他还认为如果没有政府的干预，物价上涨必远超于80倍以上。

---

[1] 伍启元：《当前的物价问题》，70页，商务印书馆，1943。

[2] 同[1]，71页。

[3] 同[1]，74页。

[4] 同[1]，77~78页。

解决物价问题的方法，伍启元仍然主张统制物价和收缩通货。他说："收缩通货和统制物价如能处置得当，其效能不只可以停止物价上涨，并且可以使价格、生产和分配都有较合理的安排，因而使物价问题得到一个真正的解决。"① 统制物价有治标和治本的办法。治标的办法就是限价，国民政府采取的就是这种办法。伍启元主张采取治本的办法，即"根本统制"的办法："用统制物资的生产、交易、消费、储蓄和运输去防止物价上涨、纠正价格间的不平衡和改善生产与分配的办法。"② 也就是说，要对社会经济的各个环节、各个方面进行全面的统制。

（二）抗战时期物价论的背景

抗日战争时期，国民政府军政支出骤增，财政赤字居高不下。当国民政府所采取的开源节流的措施不能弥补巨大的财政缺口时，只有靠增发法币以艰难度日，导致国统区严重的通货膨胀，而物价高涨。国统区的物价先后经历了缓慢上涨—急剧上涨—全面飞涨的三个阶段。国统区物价的高涨对工农业生产、人民生活、社会安定和抗战前途，都产生了深远的影响。

这一时期研究物价问题的学者大有人在，各路学者纷纷献言献策，试图修复日益严重的通货膨胀问题。

（三）抗战时期物价论的影响

伍启元在《当前的物价问题·自序》中说："我这本小册子是以'社会正义'四个字为中心论点的。""当前物价问题所以成为一个严重问题，就是因为它包括经济失衡和分配不均等恶劣问题。今后如欲解决物价问题，应从纠正经济失衡和树立社会正义入手。"从以上介绍的伍启元的主要物价理论和主张中，的确表明了他希望通过加强对富人的征收来解决通货膨胀的问题，即解决物价问题要顾及"社会正义"。他对国民政府的错误政策敢于提出批评，表现了学者的良知和勇气。但他所说"我这本小册子是以'社会正义'

---

① 伍启元：《当前的物价问题》，81～82 页，商务印书馆，1943。
② 同①，96 页。

四个字为中心论点的",则不够确切,因为本书并不是一部以"社会正义"为中心议题而展开的论著。

伍启元始终把体现"社会正义"作为讨论物价问题的最高原则,以此寻求解决此类问题的最佳途径,这一思想本身是符合社会伦理规范的,而且,通过征税方式达到平均社会财富,实现"社会正义"的策略,不仅符合现代税收理论,而且在当时的历史条件下,也不失为一种可行性较强的手段,现代许多国家在制定稳定物价总水平的宏观政策时,也大都把增加税收作为一项重要举措。况且,伍启元还主张以税收为主,同时辅之以财政、货币、行政、法律等手段,多管齐下,这使其物价主张有了更大的可操作性,他的这些主张,即使今天也不无参考价值。但是国民政府统治下的社会却与其背道而驰。一年以后,伍启元等五教授发表《我们对于物价问题的再度呼吁》,其中说:"无论从任何方面观察,物价问题现在已经接近不可收拾的地步⋯⋯就对社会的影响说,近年来财富分配日益违反正义,富者愈富,贫者愈贫,危害国家利益的人愈加得势,而从军壮丁与公教人员的生活愈加困难。"[1]说明现实社会离"社会正义"是愈来愈远了。

三、利用外资论

(一) 利用外资论的内容

抗战后期,当中国的经济学家们还在为战后的经济发展道路争论不休的时候,伍启元就已经开始研究具体的实施方案了。他的中国工业化理论思想主要表现在《中国工业建设之资本与人才问题》一书中,其中,上篇谈资本,下篇谈人才。上篇的核心思想是充分利用外资,故名其为"利用外资论"。

伍启元估计在战后第一个五年计划中,共需约三百亿元(战前法币)的资本。这个数额约相当于战前工业资本的八倍,相当于战前一年国民所得的

---

① 伍启元:《昆明九教授对于物价及经济问题的呼吁》,34~35 页,求真出版社,1945。

金额，相当于战前国民每年平均储蓄总额的十倍。即使与战前每年的中央财政支出（十亿），出口总值（八亿），进口总值（十亿），法币发行额（十四亿），全国银行存款（四十五亿），甚至外资输入额（四至五亿）相比，也显得过于庞大。对于这笔庞大的建设资金，伍启元认为应从下列四方面筹集：

（1）中国民族资本家的投资　　60 亿元　　合 20 亿美元

（2）中国政府筹集　　　　　　30 亿元　　合 10 亿美元

（3）自日本的赔偿中拨用　　　90 亿元　　合 30 亿美元

（4）利用外资　　　　　　　120 亿元　　合 40 亿美元

合计　　　　　　　　　　　300 亿元　　合 100 亿美元

对于国内资本的筹措，伍启元首先分析了国内资本形成的机制，他认为中国资本的主要来源是国民储蓄。而国民储蓄又是由国民生产和国民消费决定。如果不考虑国际资本流动，那么生产额减去国民消费额就等于国民储蓄额（包括政府用作经济建设的资本），也等于资本形成额。那么，筹措资本的办法应从三方面入手：1. 增加国民生产；2. 限制或减低国民消费；3. 引导资本用于经济建设的途径。

伍启元对所述三条分别做了分析。如对于第三条，他提出必须设法阻止资金向土地、商业投资和资金外逃。向土地投资即购买土地成为地主，自应属于阻止之列。为什么要阻止向商业投资呢？这主要是针对中国原有商业资本的弊端而提出的。伍启元认为中国战前在沿海一带的商业资本，很大一部分是买办阶级的资本，其作用仅系贩卖洋货，压制国内生产；另一部分是进行证券（公债为主）、外汇、金银、商品投机的资本。在抗战的过程中，中国的商业资本更作畸形的发展，国内很大部分资本都用作商品贩卖、商业经营、商品囤积及投机事业。因此他认为投资商业和经济建设是矛盾的，提出了阻止向商业投资这一极端的主张。对于外逃资金，则应实行有利于资本回流的政策，至少应该维持汇兑的稳定和政治的安定。

完全靠国内筹措，工业化资金还远远不够。于是，他又谈到外汇，即外币资本。如何筹集呢？伍启元指出："如果我国能自外国筹得全数或大部分的外币建设资金，则我国的建设工作可以较易成功，而同时人民的痛苦也可以大为减少……筹措外币建设资金对中国最有利的途径是利用外资。"① 为了能充分利用外资，伍启元提出利用复员的机会向英、美政府交涉借贷其船舶、交通工具、工厂机器设备和剩余的钢铁、原料、器材等；向外国政府和私人借款；由外国商人直接投资或间接投资等。针对有些人害怕直接投资会使外人或多或少地控制中国的国民经济，伍启元回答说："在平等新约已经订立的今日，只要政府能够拟订合理的工厂许可法，成立管理工矿投资之机构，使一切投资均与经济建设计划配合起来，则外人在华设厂是利多弊少的。"② 还提出："我们应规定外国政府在中国的任何投资，必须以中国中央政府或其所委托的国家银行为对手。中国任何机关或国营事业均不得直接向外国政府或私人借款，如有需利用外资时，应由中央政府集中洽贷。必须这样，我们才可以防止外人利用贷款之方式去助长地方割据和防止割据势力的复燃。"③

（二）利用外资论的背景

20 世纪 40 年代中叶，抗战胜利在望，中国工业化建设的大幕即将全面展开。然而，中国究竟应该采取怎样的工业化制度？对此，有人主张偏重于自力更生，有人主张偏重于利用外资，众说纷纭。

过去中国工业化进程慢，原因很多。其中资本的缺乏是一个不可忽视的因素。对于如何筹集资本，也有不同的声音。

（三）利用外资论的影响

伍启元的利用外资论在当时的环境下还是有一定影响的，其假定中国抗战胜利后就会进入经济建设，而且有一个五年计划，因此他只是讨论了第一个五年计划的资本筹措问题。他用数量分析的方法表明中国绝不可能仅仅依靠国内资本进行工业建设，必须大量利用外资。他的积极利用外资思想和孙中山的主张一脉相承，而且有新的发展。但是他的主张隐含一个前提条件，

---

① 伍启元：《中国工业建设之资本与人才问题》，26 页，商务印书馆，1946。

② 同①，30~31 页。

③ 同①，32 页。

就是必须有一个能领导中国工业建设的合格的中央政府。从抗战时期伍启元对国民政府的批评，不难看出他是不会相信国民政府能够胜任工业建设重任和实行正确的利用外资政策的。而在伍启元的利用外资论中，合格的中央政府却是无须讨论的既定前提，这就使他的理论和现实存在着一个不可调和的矛盾。

（刘清漪）

参考文献

［1］伍启元：《物价统制论》，正中书局，1943。

［2］伍启元：《统制物价的几个理论问题》，载《今日评论》，1940（3）。

［3］伍启元：《当前的物价问题》，商务印书馆，1943。

［4］伍启元：《昆明九教授对于物价及经济问题的呼吁》，求真出版社，1945。

［5］伍启元：《金融文纲：我国对于当前物价问题的意见》，载《金融知识》，1942（1）。

［6］伍启元：《中国工业建设之资本与人才问题》，26页，商务印书馆，1946。

［7］伍启元：《我国战后第一期经济建设的资本问题》，载《中农月刊》，1945（6）。

［8］伍启元：《现代财政动向与中国财政政策》，载《书报精华》，1947（26）。

［9］伍启元：《怎样挽救当前的经济危机：改革当前财政的几项具体建议》，载《书报精华》，1946（16）。

［10］伍启元：《现行外汇政策的检讨》，载《工商新闻（杭州）》，1946（10）。

［11］伍启元：《如何运用新外汇办法》，载《财政评论》，1946（14）。

［12］伍启元：《如何应付当前的经济恐慌》，载《民主周刊（昆明）》，

1945（2）。

　　［13］伍启元：《金融特辑：国际货币问题：论国际货币稳定计划》，载《金融知识》，1944（3）。

　　［14］伍启元：《战后货币调整与战后货币政策》，载《中农月刊》，1944（5）。

　　［15］伍启元：《当前的物资问题及其应付的方法》，载《中农月刊》，1942（3）。

　　［16］伍启元：《金融借款与金融政策》，载《今日评论》，1941（5）。

　　［17］伍启元：《战后物价问题》，载《今日评论》，1940（4）。

　　［18］伍启元：《货币数量说及其史的发展》，载《国立武汉大学社会科学季刊》，1937（7）。

第三十二章
藤茂桐金融思想学说概要

藤茂桐（1914—2003），安徽舒城县人。1937 年毕业于燕京大学经济系，获文学学士学位。同年考入南开大学经济研究所研究生，1938 年赴英国伦敦政治经济学院留学，攻读国际金融专业，后转至剑桥大学彼得豪斯学院学习，获经济学硕士学位。1940 年回国，先后任西南联合大学讲师，成都华西大学教授，中央银行一等业务专员和经济研究副处长，南开大学教授兼金融贸易系主任。1956 年任外交部国际关系研究所西欧地区研究组组长、研究员。后调至安徽医学院任教。1978 年任安徽大学经济系教授、中国国际金融学会常务理事、中国财政学会理事、中国民主促进会中央委员兼安徽省委名誉主任委员、全国政协委员、安徽省政协副主席等职。1984 年后曾任联邦德国波恩大学客座教授、美国帕德森大学访问教授、美国温特普大学访问教授、美国斯坦福大学高级访问学者等。著作有《货币新论》、《工商业与投资公司》、《旧中国通货膨胀史料》、《资本主义国家对外贸易统计》、《国际金融新论》等，并译有《资本主义发展之研究》、《凯恩斯传》、《马歇尔传》等。1979 年后发表中英文学术论文 48 篇。

一、货币理论的新趋势论

《货币新论》是藤茂桐的代表著作，于 1945 年由台湾正中书局出版，全书共分七章，依次为货币理论的新趋势、货币利率与经济理论、储蓄与投资、生产计划与预期价格、利率与生产计划、消费计划与全部均衡、动态的全部均衡。1995 年安徽大学出版社出版的《货币新论》修订版，增加了第八章"发展经济学与货币主义"。

（一）货币理论新趋势论的主要内容

1. 静态分析至动态分析

在《货币理论的新趋势》中，藤茂桐开宗明义地指出，"近十余年来，货币理论的发展突飞猛进，以往的货币理论大体上是静态的，分析的方法着重在局部均衡，今后的货币理论却是向着与动态及全部均衡学说相联系的路上迈进。"①这就是说，他的货币新论，新就新在把货币理论建立在动态分析和全部均衡学说基础之上。

货币理论的新趋势表现在从静态局部均衡分析方法向动态全部均衡分析方法的转变。藤茂桐认为，"凯恩斯、希克斯之前的货币理论都是静态货币理论，费雪的机械货币数量说充其量是比较两点时间上的静止状态，仅能说明货币与信用数量、其流通速率、物价水准及交易数量四者之一变动，最后静止的结果如何，而不能解释某一因素何以变动，四者之外有无其他更重要的因素变动，因此是局部的均衡的分析方法，与实际情况的距离，便似嫌过远。"② 剑桥学派的现金余额交易说，使货币理论与经济理论发生关系，比机械数量说"比较进步"，但它仍不能脱离静态与局部均衡学说的桎梏。

藤茂桐认为，"凯恩斯和希克斯运用马歇尔的长短期动态分析方法，研究各变量的暂时均衡情况，然后选择几个容易控制的变量，如国民收入、储蓄、投资、生产计划、货币需求、利率等，去确定它们的相互关系，这与局部均衡分析方法不同的地方是变动不限于某一个因素，影响也不限于某一个方面。"

---

① 藤茂桐：《货币新论》，修订版，13 页，安徽大学出版社，1995。
② 同①，14 页。

2. 生产计划与预期价格

藤茂桐从全部均衡的视角，将原本不属于货币范畴的生产计划与预期价格纳入货币理论之中，认为"生产计划与预期价格的关系，是现代货币理论里很重要的一部分"①。我们首先要说明生产者如何计划生产，均衡与稳定的条件为何；其次，研究预期价格对于货物及劳动的生产元素的利用有何影响；再次，我们便要应用一部均衡学说明生产计划与预期价格的理论。

藤茂桐指出，生产者无论在静态或动态社会从事生产之前，总是要斟酌四个问题：（1）所生产的物品及劳务，现在与将来的需求情况；（2）在目前生产组织与技术的范围内，各项生产元素配备的种种方式；（3）生产元素的供给情况，如供给的弹性以及所需占总供给的比例；（4）长短期资金筹集的难易与利率。在静态社会，生产者把四个问题考虑之后，便要设法使收入最大化。在动态社会里，生产者的问题比较复杂。他不仅要解决静态社会生产者所有的问题，还要计划到未来。生产者制定生产计划应以预期价格为主，而影响生产者对价格预期的因素有政治同物质环境的变化、将来产品的需求情况、元素的供给情况、产品与元素过去及未来价格变动的经验等。他认为，如每单位时间各种货物价格上涨的速率相同，生产者亦预期将来价格的波动维持原状，则生产计划必趋向于消费品工业发展。

3. 消费计划与全部均衡

藤茂桐认为，"倍数理论与实际政策，关系至为密切。近年来瑞典学者的长期预算平衡理论，提倡政府及时兴建工程，以安定就业人口，克服经济循环，倍数理论更为人所重视"。②

首先，在动态社会里，预期的收入未必同实现的收入相等，消费计划是根据预期的收入，因之将来的倍数与过去的倍数，未实现的倍数与实现的倍数，很难彼此相等同。

其次，扩张倍数的理论应用时，须视财富之分配而定。在财富极度集中的封建社会，富人的消费虽然能增加倍数，但对全社会的福利，并无裨益，

---

① 藤茂桐：《货币新论》，修订版，37 页，安徽大学出版社，1995。

② 同①，58 页。

所刺激的工商业，多属奢侈品类者，与一般大众的生活无关，殊不足取。在英美资本主义社会，财富集中在兢兢业业起家的资本家手中，他们相当奢侈，可是并不将所有的收入都消费。资本货物诚然易于积累，因有失业人口存在，资源不能充分利用，储蓄与投资比例虽大，其数量并不一定多。在投资机会枯竭而财富分配公平，一般民众的收入增加，储蓄部分小于消费部分，消费工业与资本工业，层层相因而兴旺，资源可以充分利用，生活程度提高，才是全社会之福。

再次，扩张倍数的理论应用时，更须视资本货物之累积情形而定。在欧美工业化甚早的国家，投资机会逐渐减少。换言之，资本货物的边际生产效率已经低到无法再降低利率以刺激生产的程度。20世纪70年代我国的情形与欧美迥然不同。我们的民族工业尚处在蜕变时期，资本之累积微乎其微，投资之机会所在皆是。一切与工业化及资本累积无有密切关系的公共工程，都大可不必提倡。

4. 动态的全部均衡——结论

藤茂桐力图"采各家所言，成一独立系统。简而言之，就是在动态的社会寻求扰乱全部均衡的力量，同恢复均衡的因素。"[1] 分析系统的不同之处是：我们以为物价上升时，一方面人们会预计将来物价上升，这可能加深不均衡的程度；另一方面人们的现金需要增加，促使利率上升，这是稳定全部均衡的力量。

首先，预期价格的力量。如果现行物价上涨的比例大于预期价格上涨的比例，人们认为此时物价之上涨，仅是暂时现象。对物资有需求者，极力从缓；而物资的供给者应该及时觅求善价。于是物资的供给增多，需求减少，全局的均衡可逐渐恢复。

其次，利率的力量。在物价上涨期间，如果人们现金的保存量与收入量的比例不变，现金的总需求量会较前增加，于是利率逐渐提高。利率阻止物价波动的力量会是相当薄弱的，因为工商业界认为利率的抬高，仅是暂时现

---

① 藤茂桐：《货币新论》，修订版，62页，安徽大学出版社，1995。

象，长期利率不受影响，欲囤积的商人及进行长期投资的企业家都不必对他们的计划，加以修正。制止通货膨胀，预期利率具有特效。

最后，社会上的人们，只是一部分从事于工商业，可是人人都是消费者，均衡之扰乱与安定，资源之充分利用与否，资本之积累，国民所得之增减，消费者亦与有力焉。扩张倍数超过某个限度，足以引起恶性膨胀，是均衡的扰乱者，但是，增加倍数，亦可使资源充分利用，国民所得丰厚。扩张倍数低于某个水准，可以安定均衡，但同时亦可造成失业，减少国民所得。在亟待工业化的中国，农民占全国人口百分之八十左右，一般农民的收入几乎全部消费，节约是足以使资本累积的。在英美国家，投资机会较少，增加倍数，可使资源充分利用，资本累积。"所以应用倍数理论时，必须履薄入深，斟酌环境"。①

（二）货币理论的新趋势论提出的历史背景

20 世纪 30 年代，在西方国家爆发了前所未有的经济大萧条，古典经济理论无法解释这场大萧条，许多经济学家怀疑古典经济理论。大萧条爆发之后，许多经济学家认为，需要一个新理论来解释这场大萧条。1936 年，英国经济学家约翰·梅纳德·凯恩斯撰写出版了著作《就业、利息和货币通论》，发动了经济学革命，运用一种分析经济的新方法，提出了总需求理论。凯恩斯认为，在长期中价格具有伸缩性，总供给决定国民收入；但在短期中物价是黏性的，因而总需求变动也会影响国民收入，为现代宏观经济学的创立作出了重大的贡献。

1938 年藤茂桐赴英留学，在伦敦大学政治经济学院攻读国际金融专业。在英国留学期间，他聆听过凯恩斯等学者的课程，受到剑桥学派的影响，早在留学期间曾对货币理论、金融市场作过系统的研究。1940 年回国后，在任西南联合大学讲师、成都华西大学教授、中央银行一等业务专员和经济研究副处长期间，藤茂桐凭着深厚的学术底蕴，创造性思维，著书立说，

---

① 藤茂桐：《货币新论》，修订版，66 页，安徽大学出版社，1995。

撰写并出版了《货币新论》这部佳作，将当时主流的凯恩斯等学者的货币理论及经济学引入中国，并在吸收、批评的基础上提出了自己的研究方法和货币思想，为货币理论的发展作出了重要贡献，为后人留下了宝贵的精神财富。

（三）货币理论的新趋势论的价值及其影响

1993 年 12 月中国金融出版社出版了复旦大学叶世昌、李宝全、钟祥财等教授编写的《中国货币理论史》用了相当长的篇幅介绍《货币新论》。叶世昌等教授给予《货币新论》高度的评价。该书写于 1944 年在华西协和大学任教时，由中正书局于 1945 年出版。到 1947 年已出了四版，1980 年又在台湾出第五版。本书篇幅不多，连附录不到五万字。它不是罗列式地介绍西方各家的货币理论，而是参考各家学说，经过作者融会贯通，形成了一个理论体系。用他自己的话来说，就是"采集各家之言，成一独立系统"。这一特点是本书篇幅不多的根本原因。当时中国虽然已传入了西方的许多货币理论，而按这要求来论述还没有。姚庆三介绍了汉约克所说的货币理论发展的四个阶段，其中第三阶段以魏克塞尔为代表；又比较系统地介绍了凯恩斯的货币理论。但他并未从静态或动态，局部或全部均衡来提出问题。刘涤源的货币相对数量说采取了动态分析方法，但仅限于分析物价。全部均衡的理论在中国还是第一次引进。

正如张家骧教授所言，《货币新论》具有几个鲜明的特点：第一，内容比较新，反映了 20 世纪三四十年代最热门的西方货币理论——凯恩斯的《就业、利息和货币通论》和希克斯等的货币理论。第二，注重西方货币理论在中国的应用，正如作者在《序言》中所言，此书"对于战后经济建设中经济政策也许有些微的贡献"。第三，在写作方法上，该书不是罗列式地介绍西方各家货币理论，而是对其加以比较、分析综合和评论，力图吸收各家之长，建立一个融会贯通的理论体系，引用作者的语言，就是"采集各家之言，成一独立系统"。

二、货币利率与储蓄和投资论

（一）货币利率与储蓄

在《货币理论利率与经济理论》中，藤茂桐指出了新旧货币理论讨论重点不同，以前的货币理论着重讨论货币价值的决定以及货币价值波动对财富分配的影响，而对生产与就业情况，则略而不及，货币的供给与需求所决定的是物价水准。现代货币理论着重分析利率以及利率波动之后对生产"计划"、消费"计划"、就业趋势等的影响，至于物价水准仅占次要地位。以往的货币理论和经济理论是截然分开的，货币学专门研究货币价值公式，所注意的只是各物的相对价值。"如果采用全部均衡学说，去研究全社会物资的供需情况、经济活动和物价体系，就根本用不到货币去计算各物的相对价值，因而无法表示货币的价值，货币的供给与需求力量所决定的便不是货币价值，而是货币利率，货币学就不是独立的，去专门研究货币的价值，于是货币学与经济学可以合二为一"。①藤茂桐多次提到货币利率在现代货币理论中的重要作用，认为"货币利率在经济理论及货币学中占有重要地位，若以动态社会为研究对象，势必着重货币利率。"②

（二）储蓄与投资

关于储蓄与投资两者是否相等的问题，藤茂桐肯定人们计划的储蓄和投资未必相等，但最终实现的储蓄与投资则是相等的。关于后者，他说，"人们的财产不外乎实物、股票与货币；全社会货币的收支，股票的买卖必然恰恰相等，因之全社会的净储蓄仅表现于实物价值的增加部分。所谓投资，也正是全社会实物价值的增加部分，故储蓄与投资恒相等。"③

---

① 藤茂桐：《货币新论》，修订版，22 页，安徽大学出版社，1995。

② 同①。

③ 同①，26 页。

上述投资与储蓄相等的理由，仅指未消费的实物就是投资的实物而言。但这种实物并不一定真正用于投资，因此这理由也反过来说明储蓄和投资是不相等的。所以他说："在自由经济的社会，自动储蓄与自动投资没有直接的联系，储蓄与投资的时间也不恰恰相符，储蓄很容易流于无用，因之全要由货币金融当局运用金融政策去计划，可以弥补储蓄与投资数额及时间不相符合的缺点，因为事先可以计划周详。"①

藤茂桐强调了收入的重要性，他认为，"收入的重要在于给人们一个指南，使消费不超多收入，以免将来收入减少，因之收入者可视为某段时间内人们所能消费的最大数额，庶几将来课希冀之货币收入的资本价值，不蒙受损失。收入可分预期收入和实现的收入，与动态经济发生密切联系的是预期收入，而不是已经实现的收入。"②

藤茂桐采用动态分析方法，阐述了储蓄与投资的相互关系。他认为，"为了分析方便，我们可以把时间分为许多阶段，在每个阶段之初，计划的储蓄与投资可以不相等，计划履行之后，储蓄率与投资率恒等，所以时期终了时实现的储蓄与投资必然相等。倘若计划的储蓄小于投资，实际的收入便大于预期的收入，其多余的数额即形成所谓未预计的储蓄，计划储蓄与未预计储蓄相加之和，恰等于实际储蓄或投资，则实际收入必小于希冀者，企业家们在时期终了时会发现许多未能售出之货品，于是实现之储蓄与投资又复相等"。③

藤茂桐将储蓄与投资理论应用于经济政策，认为储蓄与投资的理论对于经济政策的贡献，似值得考虑。第一，在资本货物充裕而失业问题足以引起社会不安的国家，如1931年后的英国，个人的节约适足以减抵全社会的收入水准及增添失业人口，这时的经济政策对个人之节约无庸奖励，政府的预算可以不平衡，俾人民的购买力充足，消费工业兴隆。所谓消费工业也许是奢侈品工业，除非资本货物相当充裕，否则纵使解决了失业问题，利用以前闲

---

① 藤茂桐：《货币新论》，修订版33页，安徽大学出版社，1995。
② 同①，26页。
③ 同①，28页。

置的资源去发展消费工业，对社会的益处并不甚大。第二，在资本货物缺乏的中国，经济政策应该对于个人的节俭加以奖励，否则人们的消费行为，只是增加奢侈品的进口或消费工业的繁荣，但是个人的节约会减低全社会的收入水平。须经过复杂的过程，才能增添资本货物。故政府对于工业建设最好先为筹划，既可避免收入水平降低，又可很迅速地增添资本货物。第三，如资源已充分利用，物价必定飞涨。这时实际投资增加无由，以钞票及信用作建设之用，会使物价及收入水平更涨，反而不能达到建设的目的。

（三）利率与生产计划

藤茂桐在《利率与生产计划》中介绍了凯恩斯的利率理论后，主要讨论了一些例外情况。他结合西方学者的意见，提出了四点，说明利率并不是调节生产的唯一因素。

第一，有时资本货物的数量愈增加，边际生产能力反而递增；投资率减少，利率反而上升。前者同投资方向有关。如投资方向引起企业家对资本货物更多的需求，则边际生产效率不仅不递减，反而递增。后者是由于投资率减少企业家蒙受损失，无力摊提折旧，银行不能继续放款，使利率上升同资本货物减少的现象同时存在。

第二，利率提高后，投资率不一定受到阻碍。如机器工业的企业家在利率提高，其他工业畏缩不前时必须忍痛牺牲，压低产品售价，使工业得以继续进行。所以在利率提高的情况下，投资率仍继续增加。

第三，利率提高对流通资本易于影响，而对固定的资本货物则不一定，因为后者每年的盈利扣除折旧费后，同高利率相比仍可能有利可图。

第四，"企业家从事于生产，要考虑许多条件，利率只是一端，企业家对之固然要考虑，唯不若经济学家所想象之重要。"[1]

（四）货币利率与储蓄和投资论提出的历史背景

在现代经济科学的文献中，储蓄与投资的理论，各家的定义不能尽同，

---

[1] 藤茂桐：《货币新论》，修订版，56 页，安徽大学出版社，1995。

曾引起多辩。在魏克塞尔的著作中，储蓄额与投资额（是指自动储蓄与投资），时而相等，时而不相等，如若相等，是为平衡。在凯恩斯的《货币论》中，储蓄与投资亦有不相等的可能，所以然者，是因为收入不包括损失或利润。储蓄大于投资，即有损失；投资大于储蓄，即有利润。而且根据定义，企业家因损益而伸缩生产量；损失或利润者是企业家的实际收入，不足或超过可以使企业家改变生产量的收入水平。

关于收入，学术界有两种不同的看法。例如罗伯逊所谓之收入为货币收入，而凯恩斯论及之收入是全社会产品的货币价值，两者并不相同。例如产品的货币价值，可以包括房产对所有者的劳务及存货等，劳务与存货不能引起交易而造成货币收入。还有许多货币收入与生产无关，如馈赠之款虽是毫无疑义的货币收入，却不可视为产品货币的"价值收入"。

以往的经济与货币理论对于储蓄与投资，有三个自相矛盾的假定：（1）人们储蓄必对消费品的购买减少；（2）销售消费品者的收入并不减少；（3）人们储蓄之后，必用于投资。欲排除这三个矛盾的假定，我们唯有从较近的名著中去寻求解释。用短期动态全部均衡方法去分析储蓄与投资间的平衡，是有特殊的意义。

正统经济学者认为储蓄与投资间的平衡是经过货币利率的媒介，而现代货币理论则认为二者间的平衡是经过收入水平的机制。正统经济学者相信利率提高，则储蓄多而投资少，利率贬低则投资多而储蓄少，若是储蓄与投资不能平衡，变动利率便可达到目的。由此可以得到另外一个结论，就是储蓄与投资力量决定利率。

以往经济学家对于长期均衡乃假定充分就业。动态全部均衡的货币理论乃是以利率为已知条件，然后讨论使净投资等于零的条件。至于就业情况则随着各个社会环境而异，不一定是充分就业。

动态经济理论把储蓄及投资分为计划及实现者，即使实现的储蓄及投资与实际收入水平相联系，计划之储蓄及投资经过心理反应及其他的综合的影响而与物价水平相联系。这种分析方法，不仅限于现代瑞典等经济学家，英国许多经济学家也会应用。近代的货币理论以动态方法分析储蓄与投资，已略有上述，其重要性如何，对经济政策有什么贡献，何时达到暂时的均衡及长期的均衡，是我们要进一步讨论的内容。

（五）货币利率与储蓄和投资的价值及其影响

北京大学经济学院张亚光、李雨纱撰写的《燕京大学经济系及其任务思想贡献》一文，对藤茂桐作出了高度评价。藤茂桐是著名的金融学家，对中国金融问题尤其是货币问题的研究有突出贡献，在国内外享有较高的名望和声誉。藤茂桐从燕京大学时期便开始关注中国金融问题，1937 年答辩的学位论文《中国新币制之研究》系统论述了当时银本位制的放弃和新的法币制度确立过程，包括当时美国购银政策和后来的中美"白银协定"、辅币的改革以及广东币制改革的经过等。而后，藤茂桐系统分析了新币制的性质，对外汇、物价和国际贸易的影响以及新币制法令实施后的发展等问题。

《货币新论》一书是藤茂桐的代表专著，于 1945 年出版，在当时的经济学界引起了极大的反响，是中国近代货币理论学说体系中不可忽视的一环。《货币新论》"采各家之言，成一独立系统"，在西方各家货币理论基础上融会贯通形成一套新的货币理论体系，并将这套理论体系建立在了动态分析和均衡理论基础上。藤茂桐在该书中首次完整地引入动态分析理论和全部均衡学说，并着重分析了新旧货币理论在研究重点上的不同，时至今日，《货币新论》仍然是对西方货币理论梳理和认识的经典之作。

辽宁人民出版社出版了由《经济日报社》主编的《中国当代经济学家传略》一书，介绍了"五四"以来的 108 位著名的经济学家，藤茂桐被列为在货币银行方面具有相当研究的经济学家。

三、浮动汇率制度与人民币汇率抉择论

1987 年，藤茂桐承担了原国家教委社会科学"七五"科研规划项目第一批重点项目《人民币汇率理论和政策》，1989 年完成并出版了《国际金融新论》专著，获得了安徽省社会科学论著一等奖。

（一）浮动汇率与人民币汇率抉择论的主要内容

在 20 世纪 70 年代，以美元为中心的固定汇率制宣告崩溃，取而代之的是浮动汇率。在浮动汇率制下一国货币如何调节，也就成为各国经济学家和货币当局关注的新问题。藤茂桐认为，浮动汇率意味着货币当局于国际收支平衡时，可以对汇率进行管理和调节。浮动汇率制的最大缺点是捉摸不定的汇率波动，这不仅影响国际贸易的正常运行，而且调节的代价也过大。在管理浮动汇率制里，令人难以预料的汇率波动虽然可以大体上避免，但以往的经验告诉我们，货币当局往往管理的分寸，趋向于贬值，以邻为壑，不惜牺牲其他国家的利益，提高本国的经济活力。"一个国家的汇价，和物价一样，根本的决定因素是两个方面，首先是生产力，其次是货币供给量。"[①] 货币主义者的理论要点，是强调货币的作用，因为生产力和国民生产总值主要是用货币计算，一切政策都是针对货币。但也不能过分强调货币作用，因为今天的各金融货币当局对物价、汇价、货币的作用，都有许多政策，使之不能发生作用。同时，同是一笔交易，支付的方法不同，产生的作用也可以大相径庭。货币主义理论预料的准确性，和其他理论比较，也只能是 50%。

藤茂桐认为，"从中美双方实际物价计算，我国对外汇价，从 1985 年起一直是高估的。"[②] 我国人民币对外汇价高估，对国内价格、贸易数量的影响，应与价格贬值相反。我国对外贸易政策，最主要的是争取创汇和促进进出口贸易，而高估汇价正好与之抵触。不得已就要采取一系列鼓励出口贸易办法，如放宽贷款，减税让税，直接补贴等；所有这些都会增加财政负荷，并促使物价上涨。至于进口贸易方面，高估汇价，本有鼓励进口的作用，这又与进口替代和鼓励国内工业发展方针，发生矛盾。况且我国进口有 80% 是必须进口的，高估汇值，一方面便宜的外汇，另一方面内销物价补贴，财政负担很重。所以高估汇价对我国也不适用。

---

① 藤茂桐：《国际金融新论》，88 页，中国财政经济出版社，1989。
② 同①，145 页。

藤茂桐指出，现在人民币还不是完全可以自由兑换的货币，国内通货膨胀因素不可能反映到对外汇率上面，而国外投资汇到国内，正好增加了外币的供应从而使金融市场里结汇大于售汇，供汇大于需汇。于是我国外汇牌价，通过微调即有汇价升值的可能，同时外汇储备较为充足。

藤茂桐认为，"现在我国外汇市场的筹建，已势在必行。外汇市场的筹建，要分两步走。"①第一步是先建立初具规模的"外汇调剂市场"，沿海地区要建立统一的外汇调剂市场，由国家外汇管理部门统一领导，企业间可以进行外汇调剂业务。外汇调剂市场只是过渡性质，随着进一步的开放，经济关系和结构更趋理顺，就可以由外汇调剂市场，改变为完善的外汇市场。

（二）浮动汇率与人民币汇率抉择论提出的背景

20 世纪 70 年代，国际货币体系由固定汇率制转向浮动汇率。在固定汇率制度下，国际收支的调节，主要是通过资本的流进和流出，而自动达到国际收支平衡。而在浮动汇率制度下，国际收支的调节主要通过货币汇率的升值和贬值促进国际收支趋于平衡。因此，在浮动汇率制下，各国货币汇率出现了大幅度变动，这对国际贸易、国际货币金融关系、各国货币政策和世界经济的发展产生了重大影响。在浮动汇率制下，如何运用货币汇率政策调节国际收支，人民币汇率如何抉择，我国外汇市场如何建立和完善，也就成为我国经济学家所要解决的问题。

1978 年，我国实行了经济改革与对外开放政策，由封闭经济转向开放经济，由国家计划经济逐步走向社会主义市场经济。如何更好地实施开放经济政策，如何通过开放经济加快我国经济发展，如何建立社会主义市场经济体制，探索市场经济规律，这些都是我国经济学家所要研究解决的新问题。为此，藤茂桐提出的浮动汇率制度下人民币汇率抉择论，就是在国际货币体系重大演变，国内经济政策和经济体制重大变革的大背景下问世的，具有历史

---

① 藤茂桐：《国际金融新论》，115 页，中国财政经济出版社，1989。

和现实意义。

（三）浮动汇率与人民币汇率抉择论的价值与影响

藤茂桐关于浮动汇率制度下国际收支调节汇率、人民币汇率抉择以及我国外汇市场筹建两步走的观点，不仅在理论上，而且在实践上对我国人民币汇率的形成、外汇市场的建立都产生了重要的影响，与 1994 年 1 月 1 日我国外汇管理体制改革的主要内容相吻合。1994 年 1 月 1 日外汇管理体制改革的主要内容是：1. 我国实行以市场供求为基础、单一的、有管理的浮动汇率制，官方汇率与外汇调剂市场汇率进行并轨，实行单一的汇率，人民币兑美元从 1 美元兑换 5.8 元人民币贬值为 1 美元兑换 8.7 元人民币，从而消除了人民币汇率高估的问题。2. 实行银行结售汇制度，取消外汇分成制度，银行结售汇制基本实现了经常账户下人民币的可兑换。3. 取消外汇调剂市场，建立银行间外汇交易市场，改进汇率形成机制，保持合理及相对稳定的人民币汇率。1994 年 4 月 4 日，中国外汇交易中心正式开始启动，标志着我国外汇市场进入了一个新的发展阶段。

1994 年 1 月 1 日起，人民币对外贬值有效刺激了出口贸易的快速增长，不仅拉动了国民经济的高速增长，而且使我国的外汇储备迅速增加，提高了中国在国际经济中的地位。30 年来我国经济开放改革取得了重大成果，受世人瞩目。

四、引进外资与国民经济发展论

（一）引进外资与国民经济发展论的主要内容

藤茂桐认为，引进外资从而引进先进设备和技术，是农业国走向工业国的经验，也是当前发展中国家都正在走的道路。当前为什么把引进外资与技术，当做重要的国策，它的理论根据是什么？在 30 年代卡布—道格拉斯公式问世后，人们认为它的核心理论，即资本主义国家国民生产总值是由 3/4 的劳动力和 1/4 的资本贡献的。但近年来索罗教授却认为国民生产总值只有50%是劳动和资本的贡献,其余50%是由科技成果所贡献。这种提法尽管还不能从所有的工业发达国家统计得到证明,但这种提法即科技是重要的生产要素,却是西方经济学界所肯定的。国民经济的发展并不依赖人口众多,也不只是依赖丰富的自然资源,而主要是靠生产技术和管理科学去综合利用。"引进技术是指引进生产技术和管理科学。所谓治国之要,唯在人才。这里的人才是指拥有科学技术和管理知识的人才。引进直接投资,可以提供我们先进设备、生产知识和管理人才,便于我们学习消化。引进成套设备,可以使我们省掉许多奠定工业基础的时间,便于我们利用世界上先进生产水平,赢得迎头赶上的时间。"①

藤茂桐指出,"引进外资最重要的经济效益,是引进新技术。引进外资愈多,则引进新技术的可能性愈大,因为数量与质量是相辅相成的,有了数量,才有质量。而且我国人口十亿,固定资产公布的数字是五千亿元人民币,资本的有机构成过于偏低,所以我们需要相当数量的外资,改进并增加固定设备。科技成果包括专利、设计图纸、工程技术乃至于整个教育水平、管理技术和生产操作诀窍等。科技成果就像江河的水一样,把水面上行进的船只推了上去,形成水涨船高。这里的船只就是生产和生活水平。科技成果如同河水上涨一样,可以抵制利润率的下降,并提高劳动生产率,改善工人的生活水平。"②

藤茂桐指出,我国在引进外资方面取得了惊人的成绩,与西方工业化国家相比,虽有差距,但已日见缩小,只是不够快,并存在着许多问题。与战后日本相比,我们的消化吸收能力很差,因而创新较少。原因是科研与生产脱节,引进的设备和技术全靠工厂自行设法吸收,在工厂,科研力量单薄,有一定的困难;而大部分科研能力力量又集中在专业科研单位及高等院校,并不与实际有很多的接触。一方面科研人员积压,另一方面又缺乏有能力的

---

① 藤茂桐:《国际金融新论》,131 页,中国财政经济出版社,1989。
② 藤茂桐:《世界资金流动的新动向与我国利用外资的若干问题》,载《安徽大学学报(哲学社会科学版)》,1983(4)。

技术力量。主要的障碍是思想问题，而思想问题，便体现在许多规章制度过于僵化，不够变通，以致两方面尽在咫尺，而似乎又远若天涯。

我们在开展对外贸易和引进技术时，多头对外，重复引进，各自为政，相互保密，造成不必要的损失和浪费。在信贷、配套资金、税收、关税等各环节又不能及时配合，甚至互相抵消。更不能令人容忍的是，进口设备长期积压在车站、码头和机场，无人认领。这还有待于政治体制、经济体制深入改革，法制健全，才有希望彻底杜绝这方面的浪费。

藤茂桐对 1983—1987 年的我国利用外资情况，作出了恰如其分的评价，并指出了我国利用外资需要注意的一些问题：

第一，固定资产投资过大，再加上出口收购的增长幅度超过国民收入增长幅度，用于出口收购和投资的物资就更加紧张。这也是促进物价涨势的主要原因之一。我国消费及积累以及引进外资的数量，应年年调整，取得最佳配套比例。

第二，引进外资的目的，是引进国外资源和技术扩大再生产，同时改变生产质量，增加生产效率，一方面满足国内日益增长的需求，另一方面为国家多创外汇，既扩大企业效益，也收到社会效益。所以引进外资，既要借好钱，还要管好用好钱，否则便与引进外资的目的背道而驰了。

第三，利用外资建厂生产，如果不能如期建成，而一再拖延，成为"胡子工程"，则在利润和利息上必然会蒙受损失。在生产上工程延期，应付利息是相当可观的，这往往容易为人疏忽。

第四，利用外资，贷方很注意借方的偿还能力，而偿还能力是根据国际收支，特别是出口创汇能力，债务结构和债务管理而判定。而更重要的是外商要考虑我国政局的稳定性、政策的连续性、法律体制、行政效率，以及企业人员的素质。

（二）引进外资与国民经济发展论提出的历史背景

第二次世界大战以后，新科技日新月异，突飞猛进，新产品、新技术及新工艺不断涌现，分工越来越细化，超过以往任何时代。国际贸易、国际投资、国际分工不断扩大，迅速发展。发达国家之间的相互投资，占到全世界国际投资总额的70%。因此，引进外资、引进技术是生产国际化，向纵深发展的必然结果，这适用于社会主义国家，也适用于工业发达国家和发展中国家。

第二次世界大战前西方国家共有1200家跨国公司，1980年迅速发展到9800多家，国外子公司25000家。1981年欧洲美元市场上，跨国公司的借款就达190.85亿美元。发展中国家约有1900家跨国公司。跨国公司已占有世界总产值的20%。跨国公司在全球生产与销售网络中，占有竞争优势。这种优势来自跨国公司的横向联系和纵向联系。横向联系保证了他能适应国外特殊情况，符合当地的要求，从而保持产品的质量优势。纵向联系可以保证国外原料的供应，中间产品或加工产品的供应，并克服国外市场的许多缺点。跨国公司还在生产规模上占有优势，在资金融通、研究与开发等方面更具有便利条件。跨国公司最具优势的地方，还在于其信息灵通，它们可以从世界各地收集信息，进行综合分析，然后制定对策，打入世界市场。

1986年10月11日国务院公布的"关于鼓励外商投资的规定"，除了对先进技术企业和产品出口企业在费用、税收和提供信贷资金方面给予特别优惠，以改善外商在我国的投资结构，鼓励提供先进技术，使产品打入国际市场，多创汇。还强调了保证企业的经营自主权，简化商品出口和生产所需物资进口的海关手续，提高办事效率，这对引进外资，鼓励技术进口，打入国际市场，起到了积极作用。

1987年中央提出了我国经济发展要进入国际大循环的设想，这是顺应国际经济发展的构思。这就要求我国加快发展涉外经济，在物资、技术、金融上进行跨国经营，积极参与国际分工及国际协作，从一个国际分工阶段，向另一更高阶段迈进，循环不已，前进不息。

（三）引进外资与国民经济发展论的价值与影响

藤茂桐关于引进外资与国民经济发展论，不仅强调了引进外资对我国国民经济发展的重要性以及利用外资的重点，还恰如其分地评价了我国利用外资的成绩和存在的种种问题。这对提高我国利用外资的水平与效益，更好地促进国民经济健康发展具有积极作用。从 20 世纪 80 年代起，我国引进外资不仅弥补了我国经济发展面临的资金不足的问题，更重要的是，引进外资的同时引进了先进的设备与技术，加快了产业结构调整与升级，促进了国民经济快速持续发展。当前我国正处于经济转型、结构调整、稳定增长的重要时期，大力引进外资与技术仍然是我国扩大经济开放，深化产业结构调整，提高经济增长质量的必由之路。

藤茂桐是一位在国际学术界享有盛名的学者，1981 年应邀参加了国际经济协会主办的"国际债务问题研讨会"，他作为大会首席发言人，就议题和会议目的做了一般性概述后，就开始向西方学者宣讲中国改革开放和中国的债务信用，扫除了西方经济机构对中国的种种疑虑，增强了他们对中国投资的信心。1984 年国际经济协会第二次会议藤茂桐作为 7 人领导小组成员之一，在西德基尔召开的会议闭幕式上，做了总结发言。许多华侨闻讯赶去旁听。藤茂桐用流利的英语向西方、华侨们讲述了中国大陆现有的国情和大好形势。他的发言赢得了全场雷鸣般的掌声。

1984 年起，藤茂桐以访问教授的身份，先后在联邦德国波恩大学、美国新泽西州的帕特逊学院、南卡罗来纳州的温特普大学和斯坦福大学的胡佛研究所讲学。在新泽西州的帕特逊学院，藤茂桐在校长的陪同下会见了黑格将军。他流利的英语和见解独到的理论，使西方学者深为叹服，不少国际知名学者和他结成了好友。

（陈传兴）

参考文献

［1］藤茂桐：《货币新论》修订本，合肥，安徽大学出版社，1995。

［2］藤茂桐：《国际金融新论》，北京，中国财政经济出版社，1989。

［3］藤茂桐：《世界资金流动的新动向与我国利用外资的若干问题》，载《安徽大学学报（哲学社会科学版）》，1983（4）。

［4］叶世昌、李宝全、钟祥财：《中国货币理论史》，北京，中国金融出版社，1993。

［5］张家骧：《中国货币思想史》，1081页，武汉，湖北人民出版社，2001。

［6］张亚光、李雨纱：《燕京大学经济系及其任务思想贡献》，载《经济科学》，2013（3）。

第三十三章

潘志奇金融思想学说概要

潘志奇（1914—2012），浙江省绍兴县人，早年留学日本，精通英文及日文，为台湾研究国际货币领域之权威及著名货币银行学者。潘志奇在台湾从事教学研究，历任台湾银行经济研究室副主任、主任，东吴大学国际贸易系教授、系主任，台湾大学经济系教授，淡江大学日本研究所教授等职务。潘教授常针对国际货币及国际金融问题，在学术期刊及报纸杂志发表论文及评论，为社会大众解惑，为政府财政金融政策指引方向。台湾知名经济学者高希均先生曾指出，潘志奇教授是台湾最具有国际观及政策观的学者。他所研究及关心的，是当时国际上最重大的财经议题。潘教授勤于笔耕，发而为文，引介许多国际新知与重大制度变革，让广大读者与知识分子知晓国际金融最新变化。[①]

[①] 潘志奇教授的英文及日文造诣很高。潘教授受周宪文教授赏识、提携，先后担任台湾银行经济研究室副主任及主任。台湾银行在当时地位特殊，担任台币发行重任，等同于中央银行地位。台湾银行经济研究室以政府人力、财力，致力于推动台湾经济发展史研究，范围包括日治时代台湾经济研究文献的整理，与一些日本学者这方面史料、著作的翻译、出版。为台湾经济史研究，奠定重要基础。尤其潘教授精通日文及日本事务，当时台湾百废待举，有关台湾早年史料及研究，大半以日文发表，当时台湾银行经济研究室出版的《台湾文献丛刊》，把这些日文著作及史料，翻译成中文，整理、留存，此对后来的台湾经济史研究极有帮助。这方面周宪文及潘志奇两位教授功不可没。除此之外，台湾银行经济研究室，在周宪文、潘志奇两位主持期间，也推动经济学名著翻译丛书出版，把近代西方重量级经济学家的主要著作，邀请名家翻译成中文，介绍给年轻学子及社会大众。这一系列经济名著翻译出版，对提升当时台湾经济学术水平，很有贡献。而潘志奇教授自己也着手把古典经济学名著，英国经济学家李嘉图所著《经济学与赋税原理》，翻译成中文，嘉惠学子。

潘教授任职于台湾银行期间，也十分关心恶性通货膨胀问题。当时的台湾地区，由于生产停顿、物资短缺，发生中外历史少见的恶性通货膨胀，当时政府乃实施币制改革及一系列重大措施。潘志奇教授身历其境，也十分关心时局，乃率同台湾银行经济研究室同仁，协助政府致力于通货膨胀之分析与对策之拟定。台湾联经出版社在1980年，曾出版潘教授所著《光复初期台湾通货膨胀的分析》一书，汇集潘教授在这方面的研究成果。此一著作，是研究台湾地区经济发展及恶性通货膨胀问题，非常重要的历史性文献，广为学术界引用。也是潘教授最重要著作之一。

潘志奇教授离开台湾银行之后，受东吴大学延揽，担任国际贸易系教授及系主任一职，主要讲授货币银行学。潘教授在台银任职期间，也很早就在台湾大学及政治大学经济系所任教，前后执教大专院校逾五十年，培育英才无数；其和蔼可亲、温文儒雅授课方式，风靡无数学子。他在台湾大学经济系长期讲授科目为产业关联分析，这是美国学者（也是诺贝尔经济学奖得主）里昂惕夫（W. Leontief），所倡导、发展出来的一个经济研究领域，可用以分析各种产业间的投入、产出相互关系，供政府制定经济计划、产业及贸易政策的参考。潘志奇教授是台湾极少数研究产业关联分析的先驱学者。这也显示潘志奇教授对国际学术新发展高度关注，时时为学子引介欧美学术新知，对提升台湾经济研究水平极有贡献。

潘志奇教授真正的兴趣，主要仍在国际金融方面。他早年在台湾银行任职期间，及其后专任大学教授期间，持续在台银出版的《台湾经济金融月刊》撰稿。他也曾担任中国时报系统的财经专业报纸《工商时报》的主笔，每周撰写社论，达十余年，同时不定期为台湾地区主要媒体，包括《中国时报》、《经济日报》、《联合报》撰写专栏，逾四十年。可说是"二战"以后台湾最知名的财经专栏作家之一。其所写作及关心的主题，环绕在国际货币制度及汇率、利率等方面。

台湾银行经济研究室在1980年把潘教授这方面著作集结，出版《国际货币问题》一书，分为上、下两册。内容区分为：（1）国际货币制度，（2）体制调整过程与汇率，（3）黄金，（4）美元，（5）日元，（6）特别提款权，（7）其他通货。我们可以说，潘教授见证了固定汇率制度演变到浮动汇率制度的历史大变革。台湾每当遭逢国际金融局势大变动,各大媒体必纷纷邀请潘志奇教授撰写专论,或接受媒体专访,分析事件的前因后果,以及其对台湾地区经济金融方面的影响。每篇专论都脍炙人口,并影响"财政部"及"中央银行"的政策。也因此,我们可称潘志奇教授是一位极具分量的老派经济学家,研究当前区内外最重大、最实际的经济、金融问题,且是以政策制定为着眼的政策经济学家。

潘志奇教授基本上并不赞成台湾地区这种小型开放经济体,实行浮动汇率制度。他认为台湾地区应采取盯住一个或多个主要国家或贸易对手国货币的盯住汇率制度。他说浮动汇率使进口货物价格随汇价变动,而物价调整有易涨难跌特性,浮动汇率经常会加剧通货膨胀。政府适当地干预外汇市场及管制资金移动,以稳定汇率,有时是很必要的。潘教授这方面的主张及观念,对台湾地区后来的几位"中央银行"总裁(包括彭淮南先生)等政策制定者,有很大的影响。近年新台币兑美元汇率变动率,远低于南韩及东亚邻国,即为此例。

除了国际货币问题外,潘志奇教授也很关注金融自由化问题,包括利率自由化、开放民营银行新设,以及如何提升公营银行经营效率、建立存款保险制度等问题。潘教授长期在各大学讲授货币银行学,对欧美各国银行制度变迁、利率自由化过程、央行货币政策制定,十分熟稔、关注。他认为掌握国际潮流,撷取外国经验十分重要,如此可避免许多不必要错误。

潘志奇教授基本上赞成渐进式利率自由化,他主张先从建立银行拆款市场及货币市场着手,增加各项短期票券的发行量与交易量,使同业拆款及货币市场利率有代表性,能反映市场供需,可作为银行制定存放款利率的参考。在 20 世纪 90 年代,潘教授曾受邀担任《货币金融》月刊主编,该刊是台湾票券同业公会所出版,内容是探讨货币市场发展的相关问题。

他也反对大幅开放民营银行的设立,因为依外国(尤其是美国),民营小型银行最容易因经营不善而倒闭,并酿成银行危机。也因此,他主张公营银行松绑、改革,提升效率,比开放新银行设立更优先。台湾地区在 20 世纪 90 年代一次开放 16 家民营银行新设,其后引发过度竞争及授信泛滥,为 1997 年东亚金融风暴及随后几年本土金融风暴,埋下祸根。由此可见,潘教授当年所提的，有秩序的金融自由化，十分具有远见。

在中国台湾地区，当地政府也非常重视潘教授这方面的专业素养，"行政院经建会"在1986年委托其做一项目研究，并将研究成果汇集成专书出版，书名是《金融自由化问题之研究》。内容包括：（1）利率自由化的意义；（2）美、德、英、日等国之利率自由化；（3）台湾如何推动利率自由化；（4）金融秩序的维持；（5）公营银行经营效率改善；（6）金融自由化与货币市场发展；（7）金融自由化与货币政策等。

20世纪80年代初期，台湾地区因第二次国际能源危机，以及金融监理不善，爆发十信事件，一个由财团掌控的地方金融机构——台北第十信用合作社，遭经营者掏空，引发挤兑及政治风暴，民间要求改革的呼声甚高。当时的"行政院长"俞国华指示成立"行政院经济革新委员会"，由当时的"行政院经建会主委"赵耀东主持，召集产官学三方代表共27人，研拟全面革新方案。潘志奇教授受邀参加为经济学界代表，在金融自由化、制度化、纪律化方面，提出甚多具体兴革建议。

在日本研究方面，潘志奇教授时常往返台日两地，并曾兼任淡江大学日本研究所教授，讲授日本经济、金融相关课程，指导研究生撰写日本产业研究及经济发展论文，对日本产业发展及政府政策知之甚详，可说是台湾少见的日本通。由于"二战"后日本经济发展迅速，报刊媒体也十分发达，潘教授遂能掌握最新国际经济金融信息，因此他的相关著作，理论、实务能十分紧密结合，可读性很高。这也是一般经济学家很难做到的。

以下介绍潘志奇教授几项重要的金融学说与政策主张，这些学说与主张，虽历久而弥新，值得后人参考。

一、固定汇率与浮动汇率制度的抉择

1974年夏季，旅居外国的六位经济专家，针对台湾汇率问题，联合提出财经建言，在外汇制度兴革方面，建议采取机动汇率制度。当时的国际背景是，行之有年的布雷顿森林体系（Bretton Woods System）濒临瓦解边缘，

1973 年 2 月美元对黄金贬值 10%，英镑、日元、德国马克及法国法郎，开始浮动。六院士提出的报告认为，汇率浮动有三大优点：（1）采取浮动汇率后，一国的金融政策，可专用以因应国内的经济问题。（2）浮动汇率能隔绝国际上通货膨胀的干扰。（3）浮动汇率能使国际收支自动达成平衡。

潘志奇教授在当时多次具名撰文质疑上述观点，他指出，开发中国家及地区与工业先进国情况并不相同。浮动汇率制度可能适用于后者，但未必适用于前者。他指出小型开放经济，采取盯住汇率制度，比较能促进对外贸易与投资关系。潘志奇教授并举国际货币基金组织（IMF）当时统计，1973 年主要国际货币开始浮动以后，绝大多数开发中国家及地区，仍采取盯住（peg）汇率制度，有的盯住单一货币（如美元），有的盯住一篮子货币。

在国际金融界，这方面的争论，一直到目前都还在进行。例如诺贝尔经济学奖得主蒙代尔（R. A. Mundell）曾指出，汇率固定、资本自由移动及其货币政策自主性，三者只能取其二，不能三项都要，否则必发生矛盾与混乱。主要工业国取后二者，让汇率浮动。香港地区（及欧元区国家）取前二者，但放弃其货币政策自主性。有少数国家（如中国），对资本移动设限，以换取汇率稳定及境内货币政策自主性。有的地区则采折衷政策，汇率可小幅度波动，对大额资本移动设限，以换取区内货币政策自主性（如台湾）。经济学家 Michael Melvin 则指出，封闭经济、通胀率变化大、贸易对象分散者，宜采取浮动汇率；开放经济、通胀率温和、贸易对象集中者，宜采取盯住汇率。而台湾地区在 20 世纪 70 年代初期，是小型开放经济，贸易对象集中在美国，因此潘教授所主张，新台币宜盯住美元，在当时是较合理的政策抉择。

潘教授也特别指出，浮动汇率是 20 世纪 70 年代世界性通货膨胀的原因之一，因贬值时输入价格一定上涨，升值时却不一定下跌，经济体系中，价格、工资与费用有易涨难跌的"向下僵固性"。浮动汇率制度运作，并不像六位经济学家所说得那么完美。

二、各国实施利率自由化的时机与适当做法

20 世纪 60 年代以来，美、日、英、德等国开始进行利率自由化。1974

年夏天，六位经济专家，也建议推动利率自由化。潘教授支持利率自由化，但指出由于利率自由化的背景并不相同，想达成的目标与政策也有相当差异。

潘志奇教授指出，世界各国及地区利率自由化的背景，颇有不同。如果加以归纳，可分为以下不同情况：

（1）通货膨胀严重，货币迅速贬值，如果存款利率仍维持上限，不能追随市场利率，存款必然大量外流（如美国）。

（2）若干国家因财政赤字庞大，必须发行巨额公债，如果公债以管制的利率计算利息，储蓄者就缺乏兴趣去购买（如日本）。

（3）境内外资金流出入扩充，国际间套利交易频繁，而境内的利率就无法继续管制（如英国及德国）。

（4）一般人民的储蓄增加后，理财意识提升，在资金运用上对利率甚为敏感（各先进国皆如此）。

（5）在经济高成长时期，企业部门因大量生产设备投资，资金匮乏，需要融通。但进入低成长时期，许多企业有庞大闲置资金。企业资金调度呈多元化，对利率亦较过去重视（如日本）。

（6）日本过去在美国的金融上享受较大自由，现在美国要求公平互惠，也要求日本开放金融，撤销价格管制。

（7）金融机构在业务处理上，广泛使用信息设备，结果可开办各种新金融商品，而促进利率自由化。

（8）因储蓄过多，投资不足，市场利率持续下跌，存款机构须开发新商品满足投资人需求，而加速利率自由化。

潘志奇教授认为，各国环境不同，使各国利率自由化政策有异。而台湾地区推动利率自由化，须具备下列三个条件：

（1）高度发展的货币市场（包括短期票券市场及银行同业拆款市场）。

（2）良好的金融秩序与纪律。

（3）金融自由化环境，包括企业、金融机构、个人的广泛参与。

潘志奇教授指出，台湾地区在20世纪70年代开放票券公司设立，货币市场规模逐年扩大，对台湾地区利率自由化很有帮助。

就世界各国的情况而言，国际因素对各国金融制度的影响力也持续增加。20 世纪 60 年代以来，欧洲美元（或称境外美元）市场勃兴，境外金融享租税减免及存放款利率自由浮动，且其存放利差甚小，对各国境内金融产生很大竞争压力，加速各国金融体制改革与利率自由化。20 世纪 80 年代初期，台湾地区"立法院"通过国际金融业务条例，各银行纷纷设立国际金融业务分行（OBU），吸收境外资金并贷放给境外，其利率限制与业务限制大幅放宽。再加上 20 世纪 80 年代台湾地区外汇存底猛增，台湾地区"央行"大幅放宽外汇管制以消化过多外汇存底，区内外资金管道畅通，国际利率连锁作用增强，这也加速台湾地区利率自由化的进程。

潘志奇教授一向主张，先吸收国际经验与顺应国际环境，再根据自己的需要制定金融政策，才能事半功倍，台湾地区推动利率自由化即为着例。

三、倡议优先提升公营银行效率及建立存款保险制度

潘志奇教授在 20 世纪 80 年代多次指出，金融自由化除放宽或废止利率管制外，尚有金融业务上各种限制的解除与放松。而各界要求最多的，乃是新银行的开放设立。常见的说法是，新银行成立越多，竞争越激烈，放款利率会越低。潘志奇教授质疑此种看法。他认为成立许多小银行，未具一定规模，经营效率不佳。照其他国家经验，小银行往往最容易倒闭，威胁金融安定。近代各国金融当局反而鼓励银行合并，俾提升经营效率与金融安定性。因此，台湾地区在 20 世纪 80 年代推动金融业务自由化，最重要、最优先的重点，当在于解除公营银行之不合理的政治干预与法规限制，以提升其效率，增强其企业精神，强化资本结构及经营团队运作。

20 世纪 80 年代台湾地区着手建立存款保险制度，潘志奇教授表示支持，并建议：

（1）初期公营银行不参加，因有政府支持，不会倒闭。其余参加的民营私人存款机构，其风险较高，故保险费率亦较高。

（2）金融机构必须公开、如实披露经营与财务信息。

（3）金融检查仍以"央行"为主，存保公司不必增加许多金融检查的人力。

就第一点而言，潘志奇教授自始主张存保制度要实施"风险费率"，依风险高低收取不同保险费，让经营情况不佳者有退场压力。第二点则是，贯彻金融机构财务透明化，使经营者与主管机关无回避、卸责空间。第三点则主张，金融检查一元化，避免叠床架屋，此在经济规模较小国家尤有必要。凡此均说明，潘志奇教授的主张，十分符合国际趋势及当时台湾地区的需要。

综观潘志奇教授一生，研究、涉猎领域甚广。在1982年出版的《国际货币问题》一书的后记中，潘教授说："我自己在学问上的兴趣，经过数次的转变，最初偏于经济理论与财政政策（尤其是预算问题），以后转至社会会计，尤其是投入产出分析，至最后就专心研究国际货币问题"。因此潘志奇教授着力最深，也最为世人所称道的研究，无疑是国际货币制度领域，他也是台湾地区这方面首屈一指的学者。

（钟俊文）

参考文献

［1］周宪文：《清代台湾经济史》，台湾研究丛刊第45种，台银经济研究室出版，1957。

［2］潘志奇：《世界糖业经济与台湾糖业前途》，载《台湾经济月刊》，1948（10）。

［3］潘志奇：《论金融结构》，载《台湾经济金融月刊》第2卷第10期，1966。

［4］潘志奇译：《经济学及税负原理》，李嘉图（D. Ricardo）著，台湾银行经济研究室编印，经济学名著翻译丛书第7种，1966。

［5］潘志奇：《台湾中小企业资金问题调查报告》，国际经济合作发展委员会，经济丛刊之81，1973。

［6］潘志奇：《国际货币基金体制——其成立、发展及崩溃》，行政院经

济建设委员会综合计划处编印，经济丛刊之 92，1977。

［7］潘志奇：《光复初期台湾通货膨胀分析》，联经出版社，1980。

［8］潘志奇：《国际货币问题（上、下册）》，台湾银行经济研究室出版，银行研究丛刊第 19 种，1982。

［9］潘志奇：《金融自由化问题之研究》，行政院经济建设委员会综合计书处编印，经济丛刊之 105，1986。

［10］曹永和：《简介台湾开发史料》，联经出版公司出版，1996。

第三十四章
盛慕杰金融思想学说概要

盛慕杰（1914—1998），江苏无锡人。曾用名有克中，笔名圣凯。1933年毕业于上海法学院统计会计系。后在中央银行经济研究处工作。曾任上海地下党《经济周报》编委和经理、总编辑。新中国成立后曾任中国人民银行华东干校副校长、中国人民银行上海分行金融研究所研究员、中国人民银行研究生部教授、中国金融学会理事、上海市金融学会副会长。主要著作有《论股票、债券的发行》、《货币供应量问题》、《中国近代金融史》、《中央银行学》等。

一、股票、债券发行论

（一）股票、债券发行论的内容

股票、债券作为集资的一种方式，在社会主义中能不能运用？盛慕杰从金融战略和金融宏观控制的角度出发，于1985年1月发表了《论股票、债券的发行》一文，详细阐述了自己的看法。

1. 社会主义的股票债券

盛慕杰指出，社会主义社会存在着商品生产和流通。那么适应和发展商品生产和流通所发行的股票、债券，在社会主义社会中也是可以存在的。我们不能认为它们是资本主义社会所特有的产物而抵制。正如列宁在谈论资本主义银行时曾说过："这个机构决不可以也用不着打碎。应当使它摆脱资本家的控制，应当割去、砍掉、斩断资本家影响它的线索"①。由此看来，在资本主义时代中发展起来的银行，在社会主义时代中也可以运用，那么资本主义时代的股票、债券也可以作为社会主义社会集资的工具。

马克思曾经指出，股份公司作为经济范畴，在不同的社会阶段有着不同的地位。而在社会主义制度下，不存在资本和劳动的对立。发行股票、债券是社会主义集资的一种金融手段。经济基础决定上层建筑，社会主义生产关系支配着其他关系。所以说股票、债券是为社会主义服务的，是社会主义社会能够存在并发展的事物。

2. 经济体制改革的侧面

盛慕杰谈到，社会主义企业长期以来形成了一种惯有的制度，即财政拨给企业固定资金和定额流动资金，而银行贷款给企业作为临时性、季节性非定额流动资金。这样的话在流动资金的供应上便出现了财政和银行的双轨制。后来流动资金供应制度发生了变化，改由银行统一管理，财政不再拨付。

但是，按照这一制度，还是存在着不能根本解决财政问题，银行不能充分发挥作用，企业财务不能独立自主等问题。所以为了从根本上解决财政、银行、企业三者的问题，就要找到另外一条道路，逐步解决资本大锅饭的问题。而发行股票和债券，作为经济体制改革中的一个侧面，能较好地解决上述问题。

3. 企业都可以发行股票

股票是否只限于集体企业发行而国营企业不能发行？学者们意见不一，有人赞成有人反对。盛慕杰提出企业都可以发行股票，原因有两点：

首先是一方面社会主义建设处于热火朝天的景象，需要大量的建设资金，但是另一方面，建设资金是很紧张的。而国营企业在扩大再生产的过程中，还是抱着向政府要、向银行借的观念，过分依赖政府和银行的力量，不能有

---

① 列宁：《布尔什维克能保持国家政权吗?》，载《列宁选集》第3卷，311页，北京，人民出版社，2012。

效地发挥企业生产和经营的积极性、主动性和创造性。因此，为了解决革新技术上的和扩大生产上的资金需要，应该考虑发行股票。

其次，宪法规定，我国社会主义经济制度的基础是生产资料的社会主义公有制。假设国营企业发行股票，当认购者是集体企业时，应该认为它是作为公有制单位参与进去的，可将它的份额转变为全民所有制；当认购者是劳动群众时，由于个人认购的份额不会很大，况且劳动群众本身是社会全体劳动人民的组成部分，因此也不会改变企业的性质。

4. 储蓄存款会不会减少

针对这一问题，盛慕杰认为认购股票、债券的资金不一定都是储蓄存款转移过去的，即便如此，如果生产发展，人民群众收入增加，反过来也会带动储蓄存款的增长。

进一步讲，即使股票、债券的发行都由储蓄存款所认购，在银行的资金来源结构上仅仅是由储蓄存款变为企业存款，总的资金来源是不会减少的。

5. 建立正规的股票制度

现在有些企业号称发行股票、债券，实际上是把股票、债券同借款、预收货款、定金、保证金、有保证的信用借款等混淆在一起。而股票和债券具有严格的制度规定。

股份有限公司发行股票后，除非公司已满营业年限或破产清算时，不能退回或返还股票。股东认购股票后，享有一定的权益，承担一定的责任。股票按照实际情况等价或溢价发行，股份公司根据每年的盈利情况决定支付股息和发放红利。

6. 设立证券交易所问题

发行股票、债券是长期资金市场，要流通转让必须有证券交易所作为资金流通市场。旧中国的证券交易所是随着产业的发展而逐步发展起来的，不管是外商组建的"掮客总会"还是国人自办的"股票公会"，在解放前夕都已经停业。

而从历史上股票市场或者证券市场的发展情况来看，现在发行股票还处于萌芽阶段，而政府发行的债券仅有国库券一种，因此目前成立证券交易所，可能为时尚早。

（二）股票、债券发行论的背景

1978 年 12 月，以中国共产党十一届三中全会的召开为标志，经济建设成为国家的基本任务，改革开放成为中国的基本国策。随着经济体制改革的推进，企业对资金的需求日益多样化，新中国资本市场开始萌生。

20 世纪 80 年代，中国一些企业特别是非国有企业在自有资金不足，难以通过银行和财政等"计划内"渠道获得资金来源的情况下，展开了没有法律支持与保护的向民间集资、向职工集资的活动，后逐步演变成以股份合作或股份制试点为名的股份集资活动。这种带有自发性质的股份集资就成了中国 80 年代股票发行的源头。这一时期股票一般按面值发行，大部分实行保本保息保分红，到期偿还，具有一般债券的特性，发行对象多为内部职工和地方公众，发行方式多为自办发行，没有承销商。

出于维护金融秩序、保护投资者利益和探讨改革的目的，80 年代中国一些地方政府和主管部门逐步介入企业这种不规范的股份集资，进而引导股票发行。社会上关于是否应该发行股票这一问题也议论纷纷，各抒己见。

（三）股票、债券发行论的影响

从 1984 年上海飞乐音响股份有限公司公开发行具有真正意义的股票开始，到 1990 年为止，全国共有 4750 家企业发行了各种形式的股票，共筹资 42.01 亿元，其中公开发行股票筹资 17.39 亿元，非公开发行股票筹资 24.62 亿元[①]。

而随着证券发行的增多和投资者队伍的逐步扩大，证券流通的需求日益强烈，股票和债券的柜台交易陆续在全国各地出现，二级市场初步形成。1990 年，国家允许在有条件的大城市建立证券交易所。1990 年 12 月 19 日和 1991 年 7 月 3 日，上海证券交易所和深圳证券交易所先后正式营业。

盛慕杰的这篇文章发表在《经济研究》上。当然，学术界也有不同的看

---

① 郭田勇、赵晓玲：《中国股市发展的历史进程》，载《华夏时报》，2008 - 06 - 27。

法。武胜利在 1985 年 8 月发表了一篇名为《企业都可以发行股票吗？——与盛慕杰同志商榷》的文章。文章对盛慕杰提出的所有企业特别是大中型国营企业都可以发行股票的观点，提出异议。武胜利认为，生产资料归全体劳动人民所有的全民所有制同生产资料归部分劳动群众集体占有的集体所有制形式是不同的。作为全民所有制的国营企业来讲，只有相对独立的经营权，而不享有生产资料的所有权。此外，国营企业特别是大中型骨干企业，其有机构成和资金利润率水平都比较高，这些企业发行股票，会使一部分利润转向集体和个人，影响财政收入。因此，按照股票自身特点和我国现阶段公有制的实际情况，武胜利以为股票发行应限于集体所有制企业，而不能在所有企业，特别是在大中型国营企业中全面铺开。

二、货币供应量的掌握论

（一）货币供应量的掌握论的内容

针对一些学者认为联邦德国控制通货膨胀的主要经验可供中国参考，并提出一个货币供应量增加率的公式的做法。盛慕杰于 1987 年 6 月发表了一篇名为《货币供应量的掌握》的文章，对这种说法进行了一一评价。

1. 对三因素的分析

有些金融理论家所提出的货币供应量增加率的公式为：

货币供应量增加率 = 计划的合理的经济增长率 ×（计划的可承受的物价上涨率/货币流通速度变化因素）

这个公式看起来似乎很简单，仅含三个因素。盛慕杰便从这三个因素出发，一一进行分析。

（1）对经济增长率的分析

所谓经济增长率，应该是计划的、合理的。但是，有关文件指出："指令性计划要缩小，指导性计划要增加，市场调节要扩大"。所以经济增长率必然受这三方面的影响。在实际生活中，计划部门所拟定出来的增长率，不一定是合理的；而经济运行中所反映出来的结果，可能是满意的，但不一定是计划的。因此，所谓"计划的合理的经济增长率"很难论证它是否符合客观实际的增长率。

首先就计划性来看，经济增长率是根据价值形式计算的。而实际上价格有不变价格和现行价格之分。计划价格如果采用不变价格，则对计算货币供应量是毫无意义可言的。若采用现行价格，由于现行价格不是按照社会劳动必需等价交换而确定的，有各种形式的价格，因此也很难计算出一个加权价格来进行计划。

其次就合理性而言，由于经济增长率的基本物质基础是原始生产，包括农、林、牧、渔以及各种矿藏，而这些东西的生产又由自然条件、技术力量、科学水平所决定。基本物质基础的生产，影响到比率的类型和速度。类型和速度是不确定的，这对货币供应增加量也带来了一定的影响。

（2）对物价上涨率的分析

对公式中"计划的可承受的物价上涨率"的分析，主要分为两个问题。

首先是物价指数上升幅度如何决定？我们知道，其上涨幅度要看市场上流通的商品和纸币的数量。若市场上商品数量和货币量等价变化，则其物价上涨幅度是不变的。因此可以说，物价上涨幅度很难有一个量的规定。

其次是物价上涨率所承受的基本条件是什么？物价指数是一个总称，有零售物价指数、批发物价指数、生活消费指数等。物价指数的变化，关系到工资价格的变化，货币储蓄的变化。可见承受物价指数上升的基本条件是：名义工资要与实际工资一致，至少能够逐步追随其后；货币储蓄的利率要能够与物价上涨率一致，或接近平衡。

陈云曾说过："一个地方物价上涨，必然会影响其他地方。"由此可见，任何一种物价的上涨，也必然影响其他物价的上涨。综上所述，一个有"计划的可承受的物价上涨率"是不存在的。

（3）对货币流通的分析

马克思曾经说过，货币流通速度"就是同一货币在一定时间内反复完成同一个购买手段职能的次数"。中国人民银行的陈穆曾经使用 $MV = PY$ 这一公式计算出货币流通速度为 1:8。但是近几年一些学者认为流通中的货币和社会商品零售总额都发生了变化，因此 1:8 这个数据不对。

一些金融理论家，反复研究了发达国家第二次世界大战后的货币流通速度，认为货币流通速度有递减的趋势，并想将之运用到中国的货币增加率中。盛慕杰经过研究发现，以五年为一计算周期，"二战"后发达国家的货币流通速度有升有降，并无规律可言。而中国货币流通速度的几次升降都与货币供应量有关，因此，在计算货币供应增加率中引入货币流通速度，是不明智的。

作者认为货币流通速度基本上是稳定的。因为货币流通速度由三个因素决定：一是生产周期，二是商品流通，三是工资支付。在这种条件下，货币流通速度应该是稳定的。而导致货币流通速度递减的唯一解释只能是不断增加的通货膨胀。

2. 对公式的试算

一些学者认为该公式可以逐步控制通货膨胀。在理论上对公式中三个因素进行了分析后，盛慕杰又假定三个宏观经济变量，并对货币供应增加率进行了试算，结果如下：

经济增长率	物价上涨率	在不同的递减率下实际货币供应增加率		
		1%	2%	3%
6%	3%	110.28	111.41	112.56
6.5%	3%	110.80	111.03	113.09
7%	3%	111.32	112.46	113.62

根据试算可得出以下三个结论：

（1）在既定条件下，实际货币供应率为 10.28% ~ 13.62%，也就是说，通货膨胀率已经超过两位数。

（2）要缓和通货膨胀的话，实际经济增长率需要接近 10% 以上。

（3）要使货币供应增加率大大低于经济增长率，才能逐步控制通货膨胀。

3. 要从紧掌握货币供应量

盛慕杰认为要十分重视货币供应量的问题，但是在现实中，由于决策的力量太大，影响的因素太强，支配的力量太多，货币供应往往过多，因此需要从紧掌握货币供应量。

对于为什么要从紧掌握货币供应量，盛慕杰总结了几点理由。

（1）不能正确认识一个国家的物力、财力、人力，希望尽早将很多好事都办起来，这是纸币发行过多的根本原因。

（2）纸币的诱惑力很大，政府往往会任意利用权力，增发纸币，银行家未必能顶得住。

（3）即使是适量发行，在较长时间内也会导致物价上涨、工资增加、消费膨胀、输入过多。

因此，盛慕杰在文章的末尾，提出不能随便运用一些金融理论家所提出的货币供应量的公式，应该按照经济增长率从紧掌握货币供应量。

（二）货币供应量掌握论提出的背景

对货币供应量理论的研究，在我国起步甚晚，主要是因为我国长期以来实行计划经济条件下的"大一统"的银行体制。在人民银行单独行使中央银行职能后，自1985年起，我国开始实行"统一计划、划分资金、实贷实存、相互融通"的信贷资金管理体制。这种体制的实行，对我国的货币供给机制产生了重大的影响。该体制是建立在以人民银行单独行使中央银行职能，各专业银行独立核算基础上的。但是学术界对货币供应的数量决定有着不同的看法。

20世纪80年代以来，中国一直面临巨大的通货膨胀压力。而事实表明，通货膨胀都是由货币超量供应引发的。下表是1978—1986年有关的经济指标。

年份	货币供应量增长率（%）	经济增长率（%）	居民消费价格指数
1978	9.7	11.7	0.7
1979	24.4	7.6	1.9
1980	25.5	7.8	7.5
1981	14.4	5.2	2.5
1982	10.8	9.1	2.0
1983	20.7	10.9	2.0
1984	49.5	15.2	2.7
1985	24.7	13.5	9.3
1986	23.3	8.8	6.5

（三） 货币供应量掌握论的影响

这篇文章发表在 1987 年 5 月的《浙江金融》以及 1987 年 6 月的《金融研究》上，发表后，受到了很多学者的肯定。

三、中央银行分层调控论

（一） 中央银行分层调控论的内容

盛慕杰与寿进文、洪葭管于 1986 年 10 月发表了一篇名为《实行分层金融调控，建立中央银行资金管辖行》的文章。提出要建立中央银行资金分层管理、分层调控的思想。

所谓建立中央银行资金分层管理、分层调控，就是指在全国按照经济发展的现状和趋势，并结合自身自然资源和地理条件，分为若干经济区，选择这些经济区的中心城市人民银行，负责这一区域的资金调度，使之成为这一区域资金调节的枢纽，承担在本区域内筹集资金、引导资金流向、提高资金利用效率的任务。

选定一些大城市的人民银行作为该区域的资金管辖行，并不像新中国成立初期大行政区的区行那样。因为这些管辖行本身也是分行，只是在有关资金业务上要同时联系几个省区，成为人民银行总行的派出机构，发挥牵头作用。

实行分层调控，建立中央银行资金管辖行，主要基于以下几方面考虑：

1. 适应有计划商品经济发展的需要。我们知道，商品经济发展是横向的，而作为促进资源和生产力要素合理配置的资金也应该横向融通。然而现实的情况是信贷资金偏向纵向分配。实行条块结合的资金管理体制，形成总行与分行的二级金融调控体制，就是适应商品经济发展的有力措施。

2. 打破条块分割和各地自成体系的局面。诚然，在高度集中计划体制下形成的机制，在组织结构上政企不分，以纵向关系为主。地方上自成体系，低水平重复建设，势必影响整个国家、社会的利益。实行分层调控，建立中央银行管辖行，有利于打破旧有的条块分割，使资金的运用更适合国家的整体发展。

3. 促进金融体系的进一步健全。虽然我国社会主义金融体系已初步建立起来了，但是目前，人民银行的职能作用还难以完全发挥出来，专业性银行的企业化改革进展迟缓。如果在全国建立一些有辐射和反馈能力的资金管辖分行，这对于中央银行自身的建设来说，无疑是一个很大的进步。这些管辖分行更有效率，更能有力贯彻国家的宏观金融决策。此外，如果建立资金管辖分行，那么专业性银行总行对各分行在资金调度上的压力会大大减轻。它们就会集中精力做更重要的事情。

4. 有利于金融中心和资金市场的形成。建立资金管辖分行的城市，都是本身实力较强、地理条件优越的地方。可以预料，以中心城市为依托、不同层次的金融中心和适合我国国情的资金市场，将在这些城市中首先出现。

为了推动这一改革，盛慕杰建议从三个方面出发。首先是要从思想上统一认识；其次是要对这些资金管辖分行配备既熟悉全国金融情况、又了解所联系的各省区经济情况的业务骨干力量；最后是要创造一个稍微宽松的资金环境。

（二）中央银行分层调控论的背景

现实中，我国经济发展很不平衡，自然资源等生产要素在地区分布上也有差异，各个地区货币化程度和资金使用效率也各不相同。

自 1984 年中国人民银行专司中央银行的职能后，关于中央银行的体制如何设置？讨论多多。除了盛慕杰等提出的设立资金管辖行，分层金融调控外，还出现了一些观点。

1. 行政区划论。主张中央银行应该按照行政区域设立分行，在二级城市设立二级分行，在主要县区设立办事处，这样做有利于央行的资金调控。

2. 经济区划论。主张中央银行应该按照经济区域的不同，在主要城市设立分行，在一般城市设立办事处，这样做有利于扩大专业性银行的独立性，也有利于促进地区之间经济的横向联系。

3. 决策机构和执行机构分离。主张金融政策的决策机构和执行机构应该分离，专门设立国家金融政策委员会负责决策，而中央银行负责决策的执行，并向国家金融政策委员会负责，这样做是为了使中央银行处于超然地位。

（三）中央银行分层调控论的影响

盛慕杰等的这篇文章，先后发表在 1986 年 8 月的《上海金融》、1986 年 10 月的《中国金融》和《金融研究》上，引起了强烈反响。

2001 年起，原由分行承担的各项业务管理工作职责在人民银行总行的统一组织下，陆续划归各省会城市中心支行承担，从业务角度评价，1998 年起实施的央行管理体制改革没有获得成功。目前，各分行仍然掌握着辖区内重要职务的人事任免权力。

1998 年末，中国人民银行对其内部管理架构进行了重大改革，设立了 9 个具有跨行政区域管辖职责的分行，各省除金融服务类工作由省会城市中心支行承担外，其余金融监管、货币政策类及内部管理类工作全部由相关区域分行承担。但是央行体制改革在实行一段时间后，因管理环节增加而产生的问题很多，遭到了央行内部人士、业内人士和各地政府部门的普遍批评。

2001 年，原由分行承担的各项业务管理工作在人民银行总行的统一组织下，陆续划归各省中心支行承担，但是，各分行仍然掌握区域内重要职务的人事任免权力。

（刘清澍　刘锡良）

参考文献

［1］盛慕杰：《论股票、债券的发行》，载《经济研究》，1985（1）。

［2］武胜利：《企业都可以发行股票吗？——与盛慕杰同志商榷》，载

《经济研究》，1985（8）。

[3] 盛慕杰：《货币供应量的掌握》，载《金融研究》，1987（6）。

[4] 盛慕杰、寿进文、洪葭管：《实行分层金融调控，建立中央银行资金管辖行》，载《金融研究》，1986（10）。

第三十五章

陈观烈金融思想学说概要

陈观烈（1920—2001），字阳生，广东潮阳人，复旦大学经济学教授。1938 年入重庆中央大学，1944 年赴哈佛大学文理研究院留学，师从熊彼特、汉森、哈伯勒等名家。1947 年获哈佛大学硕士学位后，立即回国，先在南京政府资源委员会经济研究所作对日索赔的研究，次年受聘为复旦大学经济学教授。先后任复旦大学银行专修科主任（1950—1952），经济系副主任（1961—1966），世界经济系主任（1979—1987），校学术委员会副主席（1978—1985），经济学院首任院长（1985—1987），中美经济学教育交流委员会委员（1985—1998），美国芝加哥大学客座研究员（1984），美国俄亥俄大学经济系客座教授（1989）。

从 1948 年起，一直致力于货币银行（其间由于众所周知的政治原因而中断为工业经济）的教学和研究工作，著有《资本主义货币银行概论讲座》、《积极货币政策的理论基础》、《货币、金融、世界经济——陈观烈选集》，译有保罗斯·威齐《资本主义发展论》等。

一、对货币理论的探索

（一）货币的本质与作用

1. 陈观烈从货币的定义出发，阐明了货币作为一般等价物，其形式随商品经济的发展而变化，具有鲜明的历史特征。西方学者的"商品论"认为货币永远是实物，而"名目论"认为货币自始就是一种符号，就忽视了货币的历史性。他认为，商品经济已经发展到黄金非退出货币地位不可的时候，代之而起的纸币，就成了一般等价物而发挥着货币在解决商品内部矛盾和作为价值增值过程起点的作用，并且因其数量之可控而有可能实施以货币推动经济增长的政策。但就货币的概念所指的对象而言，货币的界限日益模糊，这成为货币理论迄今未能解决的问题。问题的起因，在于新的金融产品不断涌现，有些金融工具流动性较高，风险易于避让，与传统意义上的货币具有高度的替代性，这也是历史的必然。

在不得已的情况下，各国只好按照 M_0、M_1、M_2、M_3……等多种外延来确认"货币量"的有关统计，陈观烈不反对这种货币层次的划分，因为这些划分有其自己的用处，但是在一定时间、条件下，只有其中一个（比如 M_0）才是货币，而其他的只能是近似货币。如果说不是 M_1 而是 M_2 与 GNP 有稳定的关系，而 M_3 中又包含有同货币概念的科学内涵明显不合的东西（比如长期的定期存款），那我们只能承认货币（M_1）与 GNP 无稳定关系，不能像弗里德曼那样硬把这个 M_3 称作货币或高层次的货币。黄金已经不是货币，信用货币（包含纸币）可以不受黄金制约而由货币当局调控其数量，但纸币仍是一般等价物，有实现商品流通和作为价值增值起点的作用。

2. 货币对经济既有正面的作用，也有负面的作用

陈观烈认为，货币的作用具有二重性。货币的积极作用体现在，其作为一般等价物可以表现和解决商品内部使用价值和价值的矛盾。通过货币这个作用的正常发挥，可以"把商品经济的优越性发挥得淋漓尽致"[①]。而且，他还明确指出，商品内部的矛盾如果不因货币的存在而获得解决，资本主义就没有存在和发展的可能。

货币职能的演变，使得它能对商品交换在时间上进行分离，这暗示了货币对经济社会在某种程度上的负面作用。一旦货币被贮藏起来，就可能出现

---

① 陈观烈：《货币重要吗?》，载《世界经济文汇》，1987（5）。

只卖不买，使得生产过剩成为常态。因此，货币的作用，并非多数西方学者认为的那样，仅仅为物物交换提供了便利，而是对商品经济的彻底革命。

因为货币的这种二重性，其对"买"和"卖"时而弥合，时而分裂，如果不能恰好符合经济社会发展的需要，就会出现过与不及的情况，在高度发达的银行体系中，这种过与不及，往往会由于金融机构的逐利动机而被放大，形成所谓"信用膨胀"或"信用紧缩"，从而干扰甚至破坏商品经济的稳定。

（二）对西方货币理论的系统评价

对于西方种种主流的货币理论，陈观烈曾进行了深入研究和剖析，指出其差别在于时代背景不同、理论假设不同，并加以评价。

1. 古典货币数量说

20 世纪 30 年代以前，主流货币理论认为货币领域与真实领域是经济中两个平行的部分，货币的主要影响发生在前一个领域内，影响物价水平和名义利率，而对真实经济活动如就业、产出、相对价格、实际利率等不发生作用。陈观烈认为，古典货币数量说盛行于自由竞争资本主义的初期，主流的观点认为市场经济有内在的稳定机制，政府不应该也的确极少介入经济运行过程，而且金本位是主要的货币制度，"不需要也看不出货币作为一种受控的因素对真实领域发生作用"。

2. 凯恩斯主义

凯恩斯主义认为货币领域和真实领域是相通的，纽带就是名义利率。货币数量的增加可以通过压低名义利率而刺激投资，从而对真实收入和就业的增长产生连带效应。而对于物价水平，只要社会未达到充分就业，就不会受货币数量的影响。陈观烈认为，凯恩斯主义反映了 20 世纪 30 年代大危机以后的局势，人们开始认识到市场经济并不完美，再加上金本位遭受了重大的冲击，不兑换纸币制度取而代之，政府获得了对货币供应和金融秩序的控制力，货币数量的变化能通过影响利率对经济有一定的调节作用，但却由于空前严重的经济危机，货币当局缺乏足够的经验来应对，又由于第二次世界大战期间，在战时财政政策的刺激下出现了经济景气，因而人们由此得出货币

"有用"，但用处不及财政的结论。

3. 货币主义

以弗里德曼为代表的货币主义认为，货币的重要性表现在其数量的改变，影响名义收入，但在短期和长期里对构成名义收入的两个因素即物价和实际产出的影响各不相同，短期里物价和产量均受影响，长期里则只影响物价。陈观烈认为，货币主义有其特定的历史背景，主要表现为第二次世界大战后，庞大的战时递延需求，欧亚的重建任务引起的高度扩展的货币和财政政策，最终引起世界范围严重的通货膨胀，并在20世纪70年代演变为"滞胀"。于是，适应于反对政府干预和反通货膨胀的潮流，力言必须控制货币总量的货币主义，便受到了重视。货币主义重申市场内在稳定性假设，"把古典学派货币无补于真实产量的结论'再表述'为长期现象"，而突出了货币在决定长、短期名义收入变动中的重大作用。

4. 理性预期学派

理性预期学派基于市场主体的理性假设，否认货币对真实经济活动的影响，市场经济的波动纯属技术因素的扰动而引起的。陈观烈认为，这主要是因为80年代以后，西方经济出现重大转折，表现为通货膨胀虽已缓和，但经济增长则大大下降，失业率持续高昂，利率居高多变，国内外金融经济环境极不稳定。此时，理性预期学派认为，由于经济行为主体具有对经济前瞻的预期，因此，一切政策意图，都为经济主体行为的改变所抵消，因此，货币乃至货币政策对经济不会带来实质性的影响。

陈观烈认为，以上四个观点各有若干支派，从极端的"货币全无用"到"唯有货币有用"，形形色色，不一而足。主要原因在于货币和以货币为基本对象的金融机制有着浓重的社会性和历史性，而且越来越复杂了。这使得西方货币理论，存在三个不足。第一，只满足于事物的技术性表象，而未深究其社会性本质。例如古典学派把货币看作面纱，凯恩斯主义倚重抽象的心理动机等。第二，在市场和政府的关系中，左右摇摆，或只重市场的自动调节作用，或强调政府的积极作用。或只强调实体经济，对金融市场的作用视而不见，或虽承认商品市场的缺陷，但对金融市场仍有幻想，认为利率只决定于货币供求。第三，缺乏统一的理论架构来协调经济理论和金融理论，因此，不同学派由于其立场的不同，自然容易选择性地加以运用，以证明自己的主张。

（三）发展中国家货币需求的特殊性

陈观烈认为西方货币需求理论的错误，主要在于过分美化市场机制的功能，他们把市场的行为主体抽象为同质的"经济人"，把一二个市场信息（物价、利率）的调节作用夸大到不适当的地步，并且作了许多脱离实际的假设（如货币流通速度稳定、真实现金余额需求不变、资产选择范围有限等）。因此在他们的分析中，社会制度因素、结构变化因素、阶级差别、利率以外的持币机会成本等都被舍弃了，从而不能全面反映社会的货币需求，也就影响货币当局分析和调控的能力。

陈观烈认为，只要有市场经济的存在与发展，货币需求便是一个十分重要而不可忽视的经济范畴。随着市场行为主体的多元化和自主化，以及商品（特别是金融产品）种类和替换性的提高，经济主体对各种市场信息做出反应和预期，从而为自己的利益而变更资产结构，这就形成了货币需求的变动。随着金融市场的发展，货币需求的变动对经济波动有着十分重要的意义，基于此，陈观烈牵头承担国家社会科学基金"中国货币需求研究"这一项目，经过几年努力，课题组完成专著 7 本，对我国货币需求的诸多方面开展了系统的研究。

陈观烈认为，改革开放之前，我国实行的基本上是一种集中计划的产品经济，货币倒真像是一块"面纱"，个人与企业没有自主选择持有多少货币的自由，因而对货币需求的研究没有实际的应用价值。但是，随着市场经济体制的确立和货币经济的有效运行，对货币需求的研究就有了重要的理论与实践价值，尤其作为发展中国家，我国与西方发达国家在货币需求函数方面存在以下本质的区别：

第一，对货币的需求，不能不受人与人关系的制约，即受到社会制度的变化影响。货币的社会性，以及经济体制改革的进程，使得我国的货币需求函数，不可能是稳定的。

第二，作为资产选择看待的货币需求，其前提是各类资产，有较高程度的相互替代性或者同质性，这个条件在我国市场经济初期，尚不完全具备。

第三，对于中国的"超额货币"问题，不能用传统的西方货币需求理论来解释，它是在计划经济向市场经济过渡的进程中，商品交换的扩大同金融市场的不发达状况相互作用的结果。

二、积极的货币政策理论

20世纪80年代末，我国社会主义市场经济体制已开始萌芽，通过间接调控手段如货币政策调控宏观经济的条件逐步形成。然而，伴随着物价改革，较严重的通货膨胀在经济发展过程中时有显现。这使得如何看待货币政策的作用成为当时学术界一个颇具争议的领域。陈观烈基于对既有货币理论的辩证思考，并结合我国的经济现实，提出了积极的货币政策理论的观点，受到当时学界的高度重视。

（一）提出积极货币政策的历史背景和制度环境

陈观烈从多年的货币理论教学与研究中，联系我国实际观察到，改革开放以前，我国经济基本上是集中计划控制下的产品经济，当时生产的规模与结构由计划制定，物资按计划调拨，消费品的很大一部分按计划配给，货币作为一般等价物的使用范围很小，基本上只是核算的工具，说不上对经济有重大的推动作用。改革开放后，虽然产品经济变为有计划的商品经济，经济的货币化程度有所提高，货币的作用有所加强，但是从实际看，中国人民银行主要通过对专业银行的贷款来调节基础货币量，但是实行的结果却没有达到预期，货币供应量不是过松就是过紧，导致了经济的忽冷忽热和通货膨胀。1992年中国提出要建设社会主义市场经济体制，那么我们需要什么样（积极的或消极的）货币和货币政策与之相适应，使之成为社会主义市场经济的一个有机组成部分，这些都迫切需要货币理论和政策作出回答。

（二）信用货币具有可调控的特性

陈观烈从货币概念的内涵与外延出发，认为信用货币（包括纸币）与贵金属货币一样，仍是一般等价物。但区别在于，信用货币可由货币当局控制其数量。信用货币既有外生性也有内生性，两者是对立的统一。即货币供应量不只是经济运行过程中的一个因变量，也是由经济运行过程之外的力量（主要是政策因素）所决定的，所以中央银行有增发纸币和影响商业银行信贷规模的能力，即决定基础货币的能力，并能通过利率、存款准备金比率影响货币乘数，结果中央银行和市场行为主体共同决定了货币供应量。

另外，货币供给的外生性和内生性的相对强弱，受一定社会的经济政治制度、金融体系的发展程度、融资方式与结算技术等因素的影响。在不同的国家与不同的发展阶段，有不同的表现。因此，货币当局应利用货币供给的外生性来调节基础货币的数量，同时兼顾货币供应的内生性对货币政策的抵消作用，在某种程度上，这是一种更为积极的货币政策。就中国而言，陈观烈认为在市场经济初步形成，金融市场尚不发达的阶段，中央银行尚有较大的余地，通过货币供给的主动伸缩，激活（或放慢）经济的运行。

（三）货币政策应采用货币供求双向调节的模式

20 世纪 80 年代末，我国有"供给型调控"和"需求型调控"两种不同的货币政策主张。前者认为，依靠中央银行增减基础货币量来调控货币供给，使之适合于经济发展所需的货币量。后者认为，由货币当局运用经济手段，以刺激或压抑经济行为主体的货币需求，使之与计划的货币供应量相一致。

陈观烈认为，单纯任何一种货币调控方式，在我国都不能奏效。供给型调控结果导致货币供应量忽松忽紧，经济出现不必要的波动和通货膨胀。原因在于信贷倒逼机制和财政存款，使得中央银行的基础货币不能自主。同时，我国的货币乘数极不稳定，又削弱了货币控制的效力。而需求型调控，其前提是要有一个发达的金融市场和货币当局对该市场有足够的驾驭能力。这恰恰是我国所缺乏而又无法在短期内改善的。要摆脱这种供给型调控之寡效、需求型调控欲行不能的两难局面，就应该用"双向调控取代任何一种单一型的调控。需求型调控恰恰可以影响货币乘数而弥补供给型调控之不足。需求型调控间接迂回、收效较迟，而供给型调控直截了当，两者又可互补。因此，作为需求型调控主要手段的利率政策，与供给型调控的基础货币的变化，需有效结合，方能适应我国经济现实对货币政策的需要。

（四）货币政策对于我国现阶段的重要性

我国由计划经济向市场经济转轨的过程中，商品经济规模的扩大，需要经济货币化程度的提高，货币政策就显得尤为重要。我国理论界多是从货币量变化和经济增长二者的关系及变动的时序来判断货币政策是否重要。陈观烈认为，这是颇受质疑的，相关不等于因果，相关中先行指标也未必是后继指标的原因，除非领先指标是外生的。

就我国改革开放以来的情况而言，陈观烈认为货币量的增长以外生性为主的假设，基本可以成立。因为货币的投放，取决于国家统一的事先制订的信贷计划，因此，货币政策与经济的波动有直接的关系。他举例说，1979—1983年，我国的货币年均增长率为20.4%，导致20世纪80年代前半期商品化的迅速提高、闲置资源的更好的利用和经济的高速增长。从1984年起，在生产潜力削减、物价放开的情况下，货币供给过快的增长，引起了严重的通货膨胀。这个经验证明，货币政策在我国既可以有利于生产力发展的正面作用，也可以有不利于生产发展的负面作用。

因此陈观烈认为货币（政策）是重要的，积极的货币政策就是货币当局可以而且必须通过直接控制基础货币数量和间接影响对货币需求有决定作用的市场变量，从供给和需求两个方面调节货币总量，从而达到影响经济的目的，实现经济增长和物价的稳定。我国过去有过这种经验，现在也有这种机会。但是以货币促发展的政策，是有条件的。闲置资源的存在是其前提，非如此便反而会有破坏性的通货膨胀。通货膨胀或紧缩是货币现象，它们从负面表明了货币的重要性；通货膨胀有许多害处，但是在战后却长期普遍存在，其必然性在于：（1）通货膨胀在万害中可能有一利，那就是在一定阶段内与一定的经济增长伴随；（2）通货膨胀有时是不得已而为之，或是因为"两害相权取其轻"，或是由国外输入。不能简单地以通货膨胀之有无来断定积极货币政策的可否，而且通货膨胀总是可以治理的，一切都要从社会收益与社会成本的比较中做抉择，所以对它"不必怕，宜慎用"。

（五）货币政策的最终目标

货币政策目标的确定，是为了适应经济形势的需要，不全是主观意志的产物。因此不同的国家有不同的实践，并不断发生变化。而在我国，货币政策目标究竟应以经济增长为主还是以币值稳定为主，存在着广泛的争论。虽然中外理论界对货币政策最终目标的选择意见纷纭，但在实践中，几乎没有一个国家长期一贯地追求单一目标，更多的是多个目标并举。而我国学术界虽然有支持单一目标论的种种理由，但都缺乏足够的说服力。

陈观烈主张货币政策应采取经济增长和物价稳定的双重目标。他认为，货币政策往往可以产生多方面的效果，而这些效果往往互有联系，有时相互统一，有时相互对立。为了发挥货币的推动力作用，缓和或消除其负面作用（通货膨胀或紧缩），有必要为货币政策规定双重目标，一是经济增长，二是物价稳定。增长与稳定，二者有相反相成的关系。相反，故二者有必要同时列为目标，以求制衡；相成，故二者有可能同时列为目标，以求共济。对发展中国家来说，经济的起飞是最重要的，但要注意稳中求进，一旦经济过热或瓶颈顽固难攻，就要重点转为稳定。

陈观烈提出的积极的货币政策的价值已经体现在我国的宏观调控思路中，过去20多年来，中央银行频繁地利用利率、存款准备金和公开市场业务，积极调节我国的货币供给和货币需求，努力实现经济增长和物价稳定的目标；其提出的货币政策的双重目标——经济增长和物价稳定也在《中国人民银行法》中得到体现。

三、金融发展观

（一）建设社会主义中国的规范化金融市场

陈观烈认为金融市场是社会主义市场体系的核心。社会主义市场经济的最终目的是进一步改善资源的利用；而在市场经济中，货币是物质财富的一般代表，货币资金的有效配置，大体就是各种资源的有效配置；金融市场的交易对象是金融资产，这虽是真实资产的代表，但比真实资产有更高的流动性和明确的经济收益，所以发展金融市场是社会主义经济发展的需要；在市场经济的建立中，国家必须而且有可能通过金融市场实现管理宏观经济的，是货币政策实施的主要场所和渠道。

陈观烈认为，社会主义金融市场的建设有五大工程，即竞争机制、利率机制、风险机制、信息机制和国家宏观管理机制。

要建立规范的金融市场，首先必须缔造市场的灵魂——竞争。是竞争驱使资金的供给者把资金输送到收益最高的经济领域中去；是竞争迫使资金的需求者不断寻求高效率的利用资金途径，从而得以在市场上高效率地配置资金并进而是全社会的资源，使这个社会的资源得到合理高效的配置；是竞争导致了优胜劣汰。竞争的形成正是由于市场上有了众多的行为主体，要保护竞争就必须反对垄断，打破少数国有专业银行垄断金融中介业务的格局，建立起一个资金供求主体多元化、直接融资和间接融资并存、企业化的多种金融中介机构林立的金融体系，并且为了维护金融体系的秩序，中央银行必须肩负"最后贷款人"和调控中心的作用。

市场经济的竞争之所以能导致资源的较佳配置，是因为价格因素的存在。在金融市场中，体现资金价格的正是利率。但是在传统的计划经济体制下，我国有利率的形式却没有利率的内容与作用，因为那时利率基本固定不变，平均每年变动不到一次，并且利率水平被人为压低，甚至常常出现真实利率水平为负数的情况；利率结构不合理，基本没有利率的风险结构，等等。因此，要建立市场经济必须放开利率，使利率真实反映市场的资金供求状况，中央银行应将注意力放在利率的调控上。

金融市场是市场经济体系中风险最多和最大的一个组成部分，除利率风险外，信用风险、流动性风险、通货膨胀风险、欺诈风险、汇率风险等无处不在，因此要建立规范和活跃金融市场，必须建立利益和风险相对称或相补偿的机制以及金融风险避让机制，而现代银行管理的核心正是风险管理。在这方面可以借鉴国外金融市场不少行之有效的风险管理技术，比如银行的资产负债比例管理、银行存款保险制度、发展各种金融期货、期权和互换等业务。与此相对应我国应该加强金融监管和宏观调控，保证金融市场各要素的合理有效运行。

陈观烈还认为在金融市场的建设和发展中要正确处理金融市场内外诸项有关改革的顺序，全面认识金融与其他领域的关系。即金融市场建设和企业转变经营机制的关系、和政府机构职能转变的关系、与财政体制改革的关系，以及国内金融市场建设与金融业对外开放的关系，有序推动金融改革和对外开放。

（二）社会主义的直接融资和间接融资要协调发展

20 世纪 90 年代以来，社会上有发展直接融资，否定间接融资的倾向。陈观烈认为直接融资是证券的发行者和持有者分别是社会资金的赤字者和盈余者的融资方式，如果是第三者以自己的名义发行一种辅助证券的方式用以换取赤字者的初级证券或换取盈余者的资金，而赤字者又可将所换进的辅助证券在市场上再换得资金的融资方式称为间接融资。直接融资和间接融资的区别不在于有无第三者的介入，也不在于有无证券交易的发生，而在于形式上有无辅助证券的出现。其区别如下图所示。

一种融资方式得以存在，是因为它有一定的适合社会发展的优势，直接融资的优势体现在：（1）资金交易中，即使有第三者参与，余缺单位在资金配置上仍有决定权，单位资金的交易成本也较低；在证券是普通股票的情况下甚至没有固定的收益（股息），这对大宗的初级证券交易来说，融资双方都

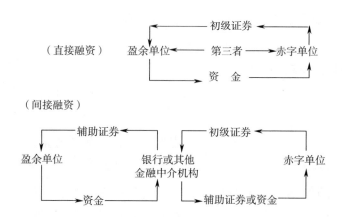

有不少利益，可以补偿一部分风险；（2）只要上市证券不止一种，资金供需双方都可以通过证券的发行和持有的多样化，以满足各方在交易数额、期限和偿还条件方面的愿望，并且分散风险；（3）二级市场上证券价格的变动，可以为融资双方带来额外的收益和风险；（4）证券的行市是市场经济的重要晴雨表。从微观上讲，行市多少反映了一个证券发行单位的经营状况，能有效地促进证券发行单位改善经营管理，为证券持有人提供回报，从宏观上实现了资源在经营最有效的地方得到配置。

而间接融资则在解决信用授受的矛盾上有它的优势：（1）金融中介机构作为"贷者的集中"和"借者的集中"，它一方面可以适应各类盈余单位的需要，发行多种不同的辅助证券；另一方面又从市场上买进并持有多种不同的初级证券，这样，它就能使资金余缺单位的不同要求同时得到满足，解决了信用授受的第一个矛盾。（2）金融中介机构集中了巨资，有可能为这些资金在市场上实现资金配置的多样化，获得规模经济和范围经济上的利益。（3）金融中介机构有人才和信息的优势，更能在风险和收益之间寻求合理的平衡。

直接融资和间接融资各自具有自己的相对优势，并且在短期内会此消彼长，不过这不应使人得出两者只有替代关系的结论，从长期和全面的观点来看，两者是相辅相成的。因为融资活动的长期和主要方向是保证再生产的扩大，其一般的结果是社会收入与储蓄的增加，从而普遍地开拓各种融资形式的财源。即使就局部的和直接的影响而言，两种融资方式也有相互促进的可能性。并且从历史看，人们不难从外国经验中举出以简洁融资赢得经济高速增长的例子（如20世纪80年代前的日本），也可以以美国为典型，证明一个发达竞争的证券市场是多么有利于资本形成和资源配置的优化。但是这些都不是可以立即照搬到中国的，何况在今日发达的市场经济中，更普遍的是两种融资方式的融合。

陈观烈认为在中国行之有年的间接融资方式，到今天（20世纪90年代）为何步履维艰呢？是这个方式固有的缺点有所暴露或恶化，还是外部条件起了变化，使银行已不再能在信贷中发挥筛选、监控和分散风险等功能？如果是前者，那当然要尽量改为资金余缺双方的直接见面和交易。如果是后者，那就更有必要想一想，在既有的外部条件下，直接融资能有更佳的资源配置效果吗？真的是"一股就灵"吗？因此陈观烈认为，间接融资仍当是我国的主要方式，但是要消除那些妨碍"银行成为真正银行的"经济、政治、社会条件，并大力发展直接融资，建立规范的资本市场，使两种融资方式结合起来，协调发展。

四、正确认识通货膨胀

1979年之后，我国社会主义市场经济的改革目标逐步确立，货币金融问题重新受到重视。当时，严重的通货膨胀在西方国家尚未得到彻底的遏制。而在我国，从改革开放直至90年代初期，随着物价体制的改革和经济的发展，较高的通货膨胀亦时有发生。这一期间，陈观烈对国内外通货膨胀进行了深入的研究，发表了《通货膨胀对战后西方国家经济发展速度的影响》、《战后西方世界性的通货膨胀》、《实事求是地看待通货膨胀》、《中国当前通货膨胀之可虑与可治》等多篇学术论文，形成其关于通货膨胀的许多独到的见解。

（一）应当客观地看待通货膨胀

陈观烈首先考察了西方国家通货膨胀与经济发展的关系，指出微弱的通货膨胀在短期对经济有刺激作用，但若过量服用，则弊害丛生。

1. 通货膨胀对经济的刺激作用

陈观烈认为，轻微的通货膨胀对经济有一定的刺激作用，具体表现在三个方面：（1）扩张消费；（2）促进固定资产投资；（3）有利于出口贸易。

他研究了 1954—1968 年间，经合组织的经济表现。发现每年 3% 的通货膨胀率一定程度上促进了国内消费的扩大，除直接导致民间消费占 GDP 比重的扩大外，还使政府财政赤字扩大，刺激了政府消费，又使实际利率降低，鼓励私人借债。通货膨胀在促进固定资产投资方面的作用，则主要表现为轻度上涨的物价和当时相对较低的利率相结合，使投资对资本家更为有利，这进一步促进了私人固定资产投资的较快增长。私人固定资产投资不仅是总需求的一个组成部分，与投资增长相伴随的，还有劳动生产率的提高。而通货膨胀对发达国家出口贸易的帮助，则主要得益于其外贸部门的劳动生产率，在通货膨胀的前提下，增长得最快，从而使出口商有可能在保证利润率的前提下，为争夺国外市场而少提价甚至削价。由于轻微的通货膨胀能有利于消费、投资和出口的增长，故在一定的条件下，通货膨胀对经济有刺激作用。①

2. 通货膨胀的持久化和加速化

紧接着，陈观烈指出，在资本主义国家，通货膨胀容易演变为一个长期的现象，并不断加速，从而引发经济的动荡。这是由于，通货膨胀扩大了政府的非生产性消费，诱发了固定资产投资，提高了劳动生产率，但由于资本主义生产关系引发的收入分配的不均等，使得社会基本群众的消费能力落后于生产能力的扩大，结果为了避免需求不足，就需要不断刺激，导致通货膨胀的持久化和加速化。1969 年，所有发达国家的通货膨胀率突然一齐升高，较之前提高了将近 1 倍，到 1974 年，通货膨胀率又提高将近 1 倍，在这期间，各国国内生产总值的增长，则开始减速。陈观烈认为，这说明大剂量的通货膨胀已不能延缓经济危机的爆发，反过来，生产下降也不能使通货膨胀有所减缓。究其原因，乃在于西方国家的政府为了延缓经济周期，避免其所带来

---

① 陈观烈：《通货膨胀对战后西方国家经济发展速度的影响》，载《世界经济讨论会论文集》，463 ~ 475 页，商务印书馆，1978。

的政治、社会危机而普遍采取的"走走停停"的通货膨胀政策，由此，加剧了通货膨胀的程度并改变了通货膨胀的作用。高通胀的结果是，国内私人消费呆滞，固定资产投资开始疲弱，出口贸易受挫，劳动生产率的增长速度大幅降低。他认为，战后20多年来，发达资本主义国家的通货膨胀，经历了一个由"爬行"到"狂奔"的加速过程，而其刺激经济的作用，则由强转弱，最后成了一个经济危机的刺激因素。

3. 通货膨胀的危害

陈观烈认为，通货膨胀的危害很明显，在宏观经济方面，它破坏了价格的信息功能，使资源的利用效益降低，以致破坏生产和积累；在微观方面，则使社会上对物价变动有不同的预期和调整能力的集团或个人，由意外的、不公正的得失，从而破坏了应有的经济秩序。但是，陈观烈认为正确看待通货膨胀的危害，需要注意两点：

第一，通货膨胀在百害中有时还有一利，就是当它能使产量增长和物价上涨同时出现、特别是前者明显快于后者的时候，不能否认有此一利，也不能认为这"暂时的刺激作用"一定会加剧到"物极必反"。

第二，有害的通货膨胀政策，有时也会由于"两害相权取其轻"而有不得不行的理由。例如石油输出国大幅度提高油价时，导致石油输入国一方面生产成本提高，另一方面资金流出，经济受到双重紧缩的压力。这时，用增加货币发行的办法就有助于经济活动的顺利开展。

基于此，陈观烈认为通货膨胀是否有存在的理由，需要经过细致的社会成本——社会福利的比较分析才能确定，不能因其有"百害"而简单地予以拒绝。即如蛇蝎，亦可入药，要知道的是，它有毒，应慎用！[①]

（二）中国的通货膨胀及其治理

1. 我国通货膨胀的原因

（1）隐性通货膨胀的表面化

---

① 陈观烈：《实事求是地看待通货膨胀》，载《金融研究》，1992（5）。

通货膨胀可以是明的，也可以是暗的，后者即所谓隐性通货膨胀，常见于黑市、排队和凭票限量供应。在计划经济凭证限量供给的情况下，总需求超过了总供给往往表现为隐性通货膨胀，而在票证废除和物价逐步放开之后，总需求超过总供给就直接表现为物价上涨。

（2）需求膨胀的因素

信贷过松，最明显的表现是 90 年代初银行的贷存差额已超过了 1 千亿元，增发纸币成为弥补差额的一个重要手段，实际利率为负。财政超支，中央政府连年存在巨额赤字，在地方和企业，则因让利和放权而预算软约束，重复性的基本建设规模越来越大。出口过旺，由政策所允许的外汇留成所刺激，盲目出口，多头抢购出口商品的现象时有发生，国际收支顺差引起国内巨额外汇占款连年增加，再加上各类配套投资，对国内的物价上涨形成压力。

（3）成本增加的因素

改革开放以后，提高农产品收购价格和提高职工工资，原是国家关心人民生活、促进生产发展的善政。但攀比之风难止，许多企业借机巧立名目，变相发放各种津贴奖金，导致收入超过劳动生产率的提高，伴随着企业逐步获取对产品的定价权，收入的上涨就转嫁到产品价格上。80 年代以来，由于加工工业的发展快于原材料产业，对进口原材料依赖较为明显，进口原材料的涨价牵动国产同类原材料的涨价，使得工业制成品的价格逐步上涨。此外，消费结构的变化与价格、工资刚性叠加，因而只见"新潮货"提价而未见传统货跌价，劳动生产率低的部门其工资要向劳动生产率高的部门看齐，也纷纷提高商品价格。

2. 我国通货膨胀的危害

陈观烈认为，90 年代初的通货膨胀对我国的经济改革和发展，有一定的破坏性。我们要发展商品经济和培植市场，通货膨胀却是人轻货币而重实物，缩小了商品经济的范围；我们要实行国家对经济的宏观调控，而通货膨胀既阻碍市场的发展，又使价格、利率、税率、汇率等经济调控杠杆失真和减弱；我们要使企业在自负盈亏中增加活力，可是通货膨胀能带来意外的得失，自负盈亏就失去意义；我们要改变不合理的价格结构，但通货膨胀使价格结构更趋混乱；我们要实行按劳分配，但通货膨胀使极少数人发了横财；而大多数人的实际收入在更低水平上均等化；我们要发展对外经贸关系，但通货膨胀导致出口换汇成本提高，投资环境恶化，开放受阻；最后，改革的最根本任务是发展社会生产力，而上述一切都破坏了生产力和安定团结。

通货膨胀在起初和处于低度时，短时期里会对经济有一定的刺激作用，但绝非长久有效。通货膨胀如果不受外生变量的阻遏，则市场内预期心理的作用和供求双方抬价因素的相互激荡，会形成一种惯性，使通货膨胀率节节升高，从而失尽其暂时的刺激作用，而留下巨大的祸患。

3. 我国通货膨胀的治理

（1）货币控制是治标之计

陈观烈认为，通货膨胀首先是一种货币现象，不管是需求拉上还是成本推进，没有货币数量的过度增加，就不会有持续的物价上涨。因此，把货币供给这个口子卡住，至少可以暂时地放慢通货膨胀的步伐。我国 1988 年第四季度至 1989 年第三季度的"双紧"，也确实很快起到了阻止通胀恶化的作用。

但因为通货膨胀有货币之外的根本原因，仅控制货币数量，其效果迟早会从多个方面被破坏。比如，紧货币在控制物价涨势的同时，必然会引起经济增长放缓，又迫使中央银行改弦更张；又如金融业的创新会造出许多新的货币代用品，这时准货币依然可以增大；再如货币流通速度如果加快，货币量减少也可能被抵消。

（2）治理通货膨胀需深化金融体制改革

陈观烈认为，在现代社会中，货币供给既有外生性，又有内生性。通过货币政策治理通胀，需要注意这两个方面。注意外生性就是中央银行在压缩基础货币量上有足够的权威和效率；注意内生性就是需要提高中央银行对金融市场的调控能力，这往往需要金融体制的改革来保证。

前些年的货币失控，在很大程度上是由于金融体制上存在着许多同计划商品经济不相适应的因素。所以，深化金融体制改革，不但对我国通货膨胀的治理，而且对货币供求的有效调控及对货币推动力的进一步发挥，都是至关重要的。

五、金融霸权理论

金融霸权的概念及相关的理论分析，是陈观烈晚年提出的一个重要的思想。1997 年爆发的亚洲金融危机，使陈观烈深感当今国际金融秩序的严重不合理。在东南亚金融风暴初起时，时任马来西亚总理马哈蒂尔与美国对冲基金的代表性人物索罗斯进行争论。马哈蒂尔认为危机由国际投机资本一手造成，而索罗斯认为危机是东南亚国家自身管理不善所致。这场关于外因为主还是内因为主的争论，一时成为国际金融领域的焦点话题。而主流的媒体及相关舆论，均倾向于过分强调内因而忽略外因，有意或无意地掩饰国际金融秩序的缺陷。陈观烈认为国内外舆论总体在对待这一问题上有失公允，遂在多个场合发表演讲或撰写论文，提出金融霸权的概念，分析其对国际金融秩序的危害，并提出应对之策。

（一）金融霸权及其表现

金融霸权是陈观烈根据当代金融市场的组织结构和利益分配格局，将"金融资本"和"银行霸权"两个概念整合而成。它是指在市场经济中，金融领域内的巨头及其政治代表，通过操纵资金流动，迫使实际部门不得不依照他们的意志行事，并且把大量利润拱手相让以至于破产的经济关系。

金融霸权的势力范围有大有小，既可以是地区性的也可以是一国范围的，甚至是世界性的。它不在于通过传统存贷业务或直接设立"金融参数"来驱使产业资本家，实行对市场的控制，而在于有能力操纵金融市场、使利率汇率或期货按照其预想的方向运行。

金融霸术有很多，陈观烈列举了如下 9 种：倚仗发行者的特殊财力和知名度，创设并滥用信用工具，比如开发各种信用衍生产品，膨胀信用，制造极度脱离实体的虚拟经济；争夺金融地盘，破坏国际资金的流向，例如资本不再从盈余流向短缺，而是从欠缺资金对发展中国家外逃；不断兼并其他金融机构，形成对金融业的超级垄断，导致大而不倒，以挟持民众；通过先进的电子通信技术和巨额资金，进行大规模和针对性极强的套利套汇活动，甚至使得许多大宗商品也完成了"金融化"的过程，成为金融资产的一种；寻找市场机会，针对世界经济中的薄弱环节进行"立体投机攻击"，例如一些基于宏观策略的对冲基金；借助垄断地位，大肆造市，操纵市场，在一级市场上控制新证券的发行价，在二级市场上操纵行情；利用高杠杆的负债经营，凭少量自有资本，借入大量资金从事投机，牟取暴利，例如美国的长期资本管理公司，就曾以 40 亿美元本金，控制超过 1000 亿美元的资产，年收益率达 40% 以上；利用或操纵舆论，引导投资者的从众心理，达到造市和投机的目的；游说立法部门，制定或影响有利于自己的游戏规则和政策，有恃无恐地冒险经营。

（二）金融霸权是时代的产物

陈观烈认为，金融霸权的形成，其时代背景主要有以下几个方面：经济全球化飞速发展但发展极不平衡，各国所处发展阶段有明显差异；信息技术的发展突飞猛进，使金融大亨可以充分利用全球的地区差、时间差和收益差，昼夜不停地运动资金以最大限度地获利；信用成为特殊的商品，通过各种金融工程技术，可以制造出复杂的信用衍生产品，并被用来扭曲实体经济与金融的关系；对规模经济和范围经济的追求，导致金融业的扩张与并购，各国都形成许多金融巨头，使之具有了对金融市场甚至实体经济的操纵能力；在金融机构的不断游说之下，金融业放松管制成为流行趋势，许多限制金融业风险承担的管制措施被废弃，再加上金融创新的不断涌现，各国监管当局也缺乏有效的手段来应对新的局面。

（三）美国霸权及其由来

陈观烈指出，美国是头号金融霸权国，当前的国际金融霸权实际上就是美国霸权。具体表现为七个方面：美元是世界的主要支付结算货币、储备货币，是当今世界上大部分金融产品的标价单位，美联储发行的货币，有 60% 以上流通在境外，美国不但由此赚得巨额铸币税，也主导了全球的汇价与物价变动趋势；美国的银行实力是世界上最大的；美国的非银行金融机构也是世界上最大的，美国居民的储蓄流到非银行金融机构的占 45%，机构投资者占有全国金融机构资产总量的 54.6%；美国也有世界上最大的资本市场，例如全球 30% 以上的国际债券都在美国发行；美国在国际资本流动中扮演十分特殊的角色，它是最大的资本流入国也是最大的资本流出国；美国的银行和其他金融机构的创新能力最强，许多新型金融工具都是美国金融机构创造的，而且世界信用衍生交易的 90% 以上都有美国金融机构的参与；美国不仅有世界上最硬的通货和最庞大的金融系统，而且控制了主要的国际经济机构，再由这些组织强制推行有利于美国的金融游戏规则。

美国的金融霸权地位从 1944 年的布雷顿森林体系建立就开始确立，随后在自由主义的思潮中，成为 20 世纪 30 年代大危机中所设立的监管措施或被废弃或为金融创新所突破而无效，各种金融兼并和收购浪潮导致金融行业日益走向集中，终于出现胜者为霸的局面。此后，"大而不能倒"成为金融霸权经营的基本原则，并以此挟持民众和政府，使得政府的政策措施常常沦为金融霸权实施其影响并逃避责任的主要工具。

（四）我国的应对之策

陈观烈认为，"金融霸权"是霸权主义在国际金融领域的具体体现，是国际金融秩序动荡不安的肇始与主因。作为发展中国家，我国应该采取独立自主而灵活有效的财政货币政策，整顿国内金融秩序，联合一切反霸力量，建立公正、公平、合理的新的国际金融新秩序，限制投机势力的发展，并坚持"适合国情，有序开放"的方针，针对金融霸权机构的攻击性、诡秘性的特点，要制定措施限制其不良作用。

陈观烈的金融霸权理论，虽起因于对 20 世纪末亚洲金融危机的分析，但其预见性在 21 世纪后频繁发生的国际金融危机中再次得到了证明。肇始于美国的次贷危机，由美国的金融机构所引发，最终波及全球。而美国的金融机构，除少数破产外，其高管仍从中攫取了巨额的利益，而危机的成本，则由美国政府和民众，甚至全球许多国家来承担。

（薛万祥　柳永明　戴国强　骆玉鼎）

参考文献

［1］陈观烈：《积极货币政策的理论基础》，载《我的经济观》第 4 卷，967～1023 页，南京，江苏人民出版社，1992。

［2］陈观烈：《货币·金融·世界经济——陈观烈选集》，上海，复旦大学出版社，2000。

［3］戴国强、杨力：《金融与经济群言堂——陈观烈教授从教经济学五十年纪念文集》，上海，上海财经大学出版社，1999。

第三十六章
洪葭管金融思想学说概要

　　洪葭管（1921—　　），浙江鄞县人，上海市金融学会顾问、中国金融学会金融史专业委员会主任、研究员，曾任上海市人民政府参事、上海市金融学会副会长、中国人民银行上海市分行金融研究所副所长、上海财经大学和上海交通大学管理学院兼职教授、交通银行咨询委员、中国人民银行研究生部指导教师。洪葭管长期致力于中国金融史研究，被誉为中国金融史学的开拓者和奠基人之一，也是一位现实金融问题研究的资深专家。1994年，洪葭管获"国家有突出贡献专家"称号、享受国务院政府特殊津贴。2011年，洪葭管因在中国金融学科建设中的卓越成就，获刘鸿儒金融教育基金会授予的"中国金融学科终身成就奖"。

　　洪葭管长期从事金融学术研究和决策咨询工作，坚持将金融史研究与现实问题相结合。在从事研究工作的60年中，在掌握大量第一手史料的基础上，撰写和（主持）编纂了20种金融史著作，其中代表性的有：《上海钱庄史料》（1960年）、《近代上海金融市场》（与张继凤合著，1989年）、《在金融史园地里漫步》（1990年）、《金融话旧》（1991年）、《中国金融史》（1993年）、《20世纪的上海金融》（2004年）、《中央银行史料》（2005年）、《中国金融通史·第四卷（1927—1949）》（2008年）、《中国金融史十六讲》（2009年）。此外，洪葭管还撰写了大量金融史和金融理论方面的论文，在金融界和学术界产生了广泛影响。

洪葭管入选《中国现代社会科学家大辞典》（高增德主编，书海出版社，1994 年版）、《中国近现代人物名号大辞典》（陈玉堂编著，浙江古籍出版社，2006 年版）。

一、货币汇率理论

（一）主要内容

1. 人民币同样受纸币流通规律支配

洪葭管认为，马克思从现实商品流通的分析中得出的流通中货币量的规律，即货币流通规律，对资本主义社会和社会主义社会都是适用的；就流通中的价值符号——纸币而言，同样也遵循着纸币流通规律，即纸币的流通量决定于流通中所需的金属货币量，它所能代表的价值简单地决定于它自己的数量①。洪葭管认为，从价值符号的角度而言，人民币也是纸币，要受纸币流通规律支配。既然人民币也受纸币流通规律的支配，那它就有可能出现通货膨胀。

对于如何保持货币的正常流通，洪葭管指出："货币流通……和生产、流通、分配、消费各方面都有密切联系，正确判断和测算市场货币正常需要量并不是一件简单的事情。只有发展生产，保持财政收支、信贷收支、国际收支和货币购买力同商品供应的平衡，加强有计划调节货币流通的组织工作，才能保持货币流通的正常。"同时，他也认为，在合理的限度内，对于货币分布不平衡做些适当调整是可以的；当然，市场货币量也并不是少比多好，合理的流通量，是人民币所代表的价值稳定的因素。

2. 人民币汇率的决定因素

洪葭管撰文指出，要全面衡量货币的价值基础，不能单由贸易一项来决

---

① 洪葭管：《谈人民币的几个理论问题》，载《学术月刊》，1979（8）。若非特别注明，本小节观点和引文均来自该文。

定币值。他认为人民币的币值应该由贸易和中国整体经济状况共同决定①。从对外贸易来看，经常项目顺差决定了人民币对外升值；而从国内经济状况看，由于货币供应量的快速增长，也必然会刺激物价上涨②。这样，就出现了人民币对外升值和通货膨胀并存的现象③。

尽管人民币存在升值的压力，但洪葭管认为从长远看，人民币贬值的可能性更大④。之所以作出这样的论断⑤，一是由于中国的广义货币供应量 M_2 与国内生产总值之比处于全球最高水平之列；二是由于中国金融体系的脆弱，不仅商业银行的不良资产率高，而且银行存款增长过快。基于此，就不能盲目地认为人民币价值是低估了。他认为，解决之道在于金融改革，"金融体制改革成功了，汇率、利率、货币供应各项机制完善了，对正确把握人民币汇率水平会有重大的帮助。"⑥

3. 汇率水平"满招损，谦受益"论

洪葭管认为，高估汇率不利于维护金融安全。他通过对 20 世纪二三十年代强国之间"货币战"、对战后美元和日元汇率高估历史、对东南亚金融危机前若干国家汇率高估历史的回顾、总结，得出结论说："凡是自身主动谋划、条件成熟、时机有利而实施货币贬值，总能在经济上受益，有利于生产、贸易的发展；相反，凡是高估汇率不论是盲目高估或是被人逼着汇率上升，最终都会受到损失乃至丧失原有的地位，这也许正如我国古谚所说的：'满招损，谦受益。'"⑦ 他进而从人民币汇率的决定因素出发（即人民币币值应由整体经济情况决定，而不应由贸易一项来决定），认为人民币同样也不应该升

---

① 洪葭管：《中国需要理论与实际有机结合的金融学巨著》，104～106 页，载《中国金融》，2010（19～20）。

② 洪葭管：《1995 年谈"十年"通货膨胀问题》，74 页，载《中国金融史十六讲》，上海人民出版社，2009。

③ 同①，106 页，载《中国金融》，2010（19～20）。

④ 洪葭管：《2004 年谈人民币汇率问题》，86 页，载《中国金融史十六讲》，上海人民出版社，2009。

⑤ 同④。

⑥ 同④，87 页。

⑦ 同①，106 页，载《中国金融》，2010（19～20）。

值，因为升值最明显的弊端是会加重银行存款的债务负担①。

4. 恶性通货膨胀难以控制论

在中国历史上，通货膨胀最为严重的时期是国民党统治时期。1935年币制改革后，法币的超经济发行就已经开始了。抗日战争爆发后，通货膨胀逐年攀升，最终导致法币崩溃。根据史料，从1937年7月到1949年5月的12年间，国民党政府通货增发了1400多亿倍，上海的物价上涨了36万亿倍。洪葭管对此段历史相当重视，专门撰文加以研究②，从中总结出若干教训，以为殷鉴。

洪葭管认为，在1939年之前，通货膨胀速度尚较缓慢，物价上涨倍数还未超过或显著超过法币的增发倍数；但从1940年起进入恶性通货膨胀阶段，货币流通速度显著增快，物价上涨倍数超过货币增发倍数的情况年复一年严重；通货膨胀恶化速度在战后暂缓之后重新加速，并最终导致了法币崩溃；1948年8月金圆券发行之后不久即迅速崩溃。

洪葭管从这段历史中得出结论："通货膨胀进入恶性循环阶段后，要遏制它继续发展的进程，就几乎完全不可能了。"③ 因为在恶性通货膨胀情况下，税收收入迅速萎缩，同时国民党政府的公债信用彻底破产，而财政赤字就不得不进一步扩大，这反过来又使通货膨胀迅速加剧。与此同时，货币流通速度大大加速，也恶化了通货膨胀情况。

洪葭管认为，抗日战争结束后，本来是一个治理通货膨胀的有利时机④，但国民党政府过低估计了恶性通货膨胀的严重性，采取了一系列不适宜于稳定通货的措施和做法，从而使恶性通货膨胀愈演愈烈。他得出结论说，在恶性通货膨胀阶段，遏制它本已极为困难，而绝不可掉以轻心。

---

① 洪葭管：《中国需要理论与实际有机结合的金融学巨著》，106页，载《中国金融》，2010（19~20）。

② 洪葭管：《国民党政府统治时期的通货膨胀》，235~247页，载《20世纪的上海金融》，上海人民出版社，2004。若非特别注明，本小节数据、观点、材料和引文均来自该文。

③ 洪葭管：《中国金融通史·第四卷》，528页，中国金融出版社，2008。

④ 抗战结束，居民期望和平，以为以战胜国的地位，经济情况可望好转，社会秩序将趋于安定；国民党政府在战争时期积累了近12亿美元的外汇和黄金。

（二）提出背景

1. 提出人民币同样受纸币流通规律支配说的历史背景

洪葭管关于人民币遵循纸币流通规律及有可能产生通货膨胀的论文写于1979 年，当时有两种观点：

一是当时许多人认为人民币是信用货币而不是纸币，人民币不会产生通货膨胀问题。当时有观点认为，人民币是信用货币，不同于一般纸币，与狭义纸币有本质区别；既然人民币与狭义纸币有本质区别，因而不会出现一般纸币通常会出现的通货膨胀问题①。尽管人们并不承认，但实际上当时在现实生活中已经出现了严重的通货膨胀②。

二是否定人民币要受纸币流通规律支配的观点，主张较多地增加货币流通量，以满足各方面资金紧张的状况，刺激生产，活跃经济。

洪葭管认为，这两种观点对实际工作是不利的，因此必须予以辨析。因为如果过多地增加货币流通量，对国民经济按比例发展是不利的。在这种背景下，他撰写了《谈人民币的几个理论问题》，刊登在《学术月刊》1979 年第 8 期上（后收录于《中国金融史十六讲》一书），呼吁货币投放与回笼应适合客观需要。

2. 提出人民币汇率的决定因素说的历史背景

自 1994 年外汇体制改革之后，中国经常项目和资本项目连年出现顺差，人民币也面临着升值压力。许多国内外经济学家，包括一些国家的政治家，仅从中国经常项目顺差的角度出发，认为人民币币值低估，应该大幅升值。洪葭管认为这种看法不科学、不全面。他在 2008 年后多次撰文谈及人民币汇

---

① 洪葭管：《谈人民币的几个理论问题》，载《学术月刊》，1979（8）。
② 西南财经大学中国金融研究中心：《当代中国金融发展思想史研究调研报告》，http://zgjr. swufe. edu. cn/2004/main. asp？Wwzid =482。

率的决定因素[①]，认为应更为全面地看待人民币汇率问题。他指出，外贸情况仅仅是决定人民币币值的因素之一，应该看到国内货币供应量过快增长的客观情况，否则就不能很好地解释人民币"外有升值压力，内有通胀威胁"这种现象。

3. 提出汇率水平"满招损，谦受益"论的历史背景

促使洪葭管提出该论点的背景之一是：尽管人民币兑美元在 2005 年汇率形成机制改革后有了较大幅度的升值，但国际上要求人民币升值的声音仍不绝于耳。在这种情况下，洪葭管从对历史的观察出发，提出在汇率问题上应保持主动，积极谋划，不应盲目高估汇率，或被动升值。

另一个背景是：2008 年国际金融危机后，洪葭管深感金融危机的破坏力非常巨大，金融安全应提升至更高的高度。为此，他撰文指出"金融安全要防患于未然"，提出金融业是风险行业，必须重视金融安全；而汇率问题对金融发展、金融稳定至关重要，认为"高估汇率不利于维护金融安全"是一条"规律性的东西"，否则经济会因高估汇率而受损。

4. 提出恶性通货膨胀难以控制论的历史背景

洪葭管的《国民党政府统治时期的通货膨胀》一文写于 1992 年。鉴于这段通货膨胀的严重性，从金融史学者的角度，对中国这段恶性通货膨胀历史进行深入研究，吸取其中的教训，实为必要。

从现实的角度看，洪葭管在 1979 年即提出人民币受纸币流通规律的支配，也就是说人民币也应注意可能出现的通货膨胀问题。而在 1978—1992年，中国经济已经经过了1980 年（CPI 涨幅为 7.5%）、1985 年（CPI 涨幅为9.3%）、1988—1989 年（两年 CPI 涨幅均在 18.0% 以上）三次通货膨胀[②]。所以，从历史教训出发，提出严重恶性通货膨胀难以控制论，提醒人们对通货膨胀不可掉以轻心。

---

① 洪葭管最早谈及该观点的文章《吸取历史教训，用科学发展观引导当前金融运行》提出于2008 年（原载《现代化与国际化进程中的中国金融法制建设》，复旦大学出版社 2008 年版），该文收录于《中国金融史十六讲》，上海人民出版社 2009 年 11 月第 1 版；后又在《中国需要理论与实际有机结合的金融学巨著》（《中国金融》2010 年 19～20 期）等文章中多次谈到这一观点。

② 吴敬琏：《当代中国经济改革教程》，337～344 页，上海，上海远东出版社，2010。

（三）价值及影响

1. 人民币同样受纸币流通规律支配的价值及影响

当时流行的观点为人民币是社会主义的新货币，新货币就不会产生通胀[①]。洪葭管的论文否定了以上流行观点。第一，人民币是纸币，受纸币流通规律的支配，有可能会出现通货膨胀，不认识到这点会使人们放松对国家财政信贷超支而增加的发行的控制，忽略对货币购买力同商品供应平衡的注意，对实际工作是不利的。第二，只有发展生产，保持财政收支、信贷收支、国际收支和货币购买力同商品供应的平衡，加强有计划调节货币流通的组织工作，才能保持货币流通的正常。

这些观点的提出，对于人们正确认识人民币的性质，认识纸币流通规律在我国的适用性，合理安排货币供应，避免盲目刺激生产，保持物价基本稳定，预防通胀出现，具有重要意义。

2. 人民币汇率的决定因素说的价值及影响

洪葭管一直主张的、应全面看待人民币币值决定因素的观点，具有积极的意义，所指出的改革方向也是正确的，符合中国金融改革的路径选择。第一，使人们能够认识到决定人民币币值的因素除了贸易状况外，国内经济金融状况也很重要；第二，认为由于货币供应量与 GDP 之比较高、存款快速增长等因素的存在，人民币不但面临通胀威胁，而且长期内存在贬值的可能；第三，指出只有通过金融改革，完善汇率、利率、货币供应各项机制，才能使人民币汇率保持在合理水平上。

3. 汇率水平"满招损，谦受益"论的价值及影响

呼吁人们重视汇率问题在金融安全中的作用。从历史的高度出发，使人们更为全面地看待汇率调整对经济的影响，了解汇率高估对于金融安全的危害，货币贬值对于经济上的益处。提出对汇率问题应及早谋划，警惕被动升值。这在国内外舆论普遍认为人民币币值低估，应该升值的看法中，显得独

[①] 西南财经大学中国金融研究中心：《当代中国金融发展思想史研究调研报告》，http：// zgjr. swufe. edu. cn/2004/main. asp？Wwzid =482。

树一帜，有助于人们认真思考、冷静对待汇率调整这一问题。

4. 恶性通货膨胀难以控制论的价值及影响

知古可以鉴今，对国民党政府统治时期的通货膨胀历史加以系统研究，对于人们认识这段通胀历史，对于提醒人们认识和预防通胀，具有积极意义。具体而言，一是使得人们对国民党政府统治时期的恶性通货膨胀从产生，到难以控制，以致最终崩溃这段历史有了系统了解；二是对该段通货膨胀历史的危害和影响加以研究；三是提出要警惕通货膨胀的产生，指出通货膨胀到了严重恶性阶段即难以控制。

二、银行论

（一）银行论的主要内容

1. 银行业易发风险论

洪葭管在对山西票号衰亡问题进行的研究中提出，金融业是风险行业，容易发生信用风险①。究其原因是"它所从事的行当是在不确定环境下对资金或货币资源进行跨期的配置"。洪葭管指出：信用风险的发生不外乎来自三个方面：一是违约风险，二是市场风险，三是货币购买力的风险。"这三方面风险以多种多样的形式出现，直接或间接地都与金融业有关，因此可以说金融业是风险行业。"他强调说，金融业既然是高风险行业，即使资产超过负债但周转不灵，照样可能因挤兑而发生搁浅、倒闭。

洪葭管从该视角出发，对山西票号衰亡的原因进行分析。他指出，由于金融业易发信用风险，所以人们就会想出规避、防范和化解信用风险的对策、

---

① 洪葭管：《由山西票号衰亡问题引起的思考》，53～57页，载《20世纪的上海金融》，上海人民出版社，2004。若非特别注明，本小节的数据、观点、材料和引文均来自该文。

措施和办法；而山西票号由于存在一些体制上和经营上的缺陷①，致使其防御风险的能力大大削弱，在遇到强有力的外部冲击时就免不了被淘汰出局；"从这一层面来讲，票号这一行业被淘汰，固然有强大的外部原因、外部条件，而更重要的乃是它内部缺乏和不具备抵御、化解外来风险袭击的基础力量和基本因素。"相反，旧中国经营管理较好的银行（如"南三行"），则有一套在正常情况下行之有效的规章制度，"二战"后世界各国金融业还产生了一些国际性的共同遵守的防范风险的准则，如资本充足率、公司法人治理结构等。

2. 我国中央银行应是财政、信贷、物资、外汇统一平衡的主要执行者和研究者

洪葭管反复强调"财政、信贷、物资、外汇统一平衡"即"四平"之于中央银行的重要性②："中央银行必须在财政、信贷、物资、外汇统一平衡上下功夫，围绕这四大平衡进行工作，成为这四大平衡的主要执行者和研究者"、"中央银行作为全国金融工作的组织者和指导者，就必须认真研究和执行财政、信贷、物资、外汇的统一平衡问题"、"可以这样说，在社会主义条件下，没有一个机构像中央银行那样与四大平衡问题关系密切，也没有一个机构像中央银行那样具有条件来研究四大平衡问题，成为四大平衡的主要执行者和研究者"。

他还指出："'四平'是根据我国社会主义经济工作实践总结出来的、行之有效的规律性的经验，它是马克思社会再生产理论和国民经济综合平衡理论的创造性运用。它从社会主义社会里社会产品仍然包含着使用价值和价值之间非对抗性的矛盾这一基本事实出发，来研究资金运动与物资运动相结合的问题，研究有支付能力的需求和物资供应的平衡问题。"③

---

① 洪葭管认为，山西票号存在四大缺陷：（1）不实行股份制，缺乏资本积累，盈利几乎全部分光；（2）不吸收小额储蓄存款，不会把小额分散的钱集中起来，不能更多地聚集社会货币资本；（3）贷款不求物质担保，只讲个人信用；（4）不善于把本币和外币协调运用，把金银外汇有重点地有时效地持有和运用。

② 洪葭管：《我国中央银行应是财政、信贷、物资、外汇统一平衡的主要执行者和研究者》，316 页、319 页，载《20 世纪的上海金融》，上海人民出版社，2004。

③ 同②，316 页。

既然这个问题这么重要，那么，中央银行抓这项工作的根据和可能性在哪里呢？洪葭管分别指出了这四个平衡与中央银行的关系①。一是信贷收支平衡。这是银行体系的基本职责，无论中央银行以何种方式设立，中央银行都应全力以赴地把信贷平衡搞好。二是外汇收支平衡。一方面，外汇资金与人民币资金息息相关并且常常相互转化，把这两种资金调度好，安排恰当，是中央银行义不容辞的责任；另一方面，从国外和旧中国中央银行的职责看，中央银行通常掌管黄金、外汇储备，平准国际收支，管理和审核外汇业务，所以外汇收支平衡也是中央银行的固有职责。三是财政平衡。这虽是财政部门的直接任务，但中央银行通过主动经理国库等工作，可协助财政收支平衡，这是它不容忽视的重要工作内容。四是物资平衡。物资平衡是四大平衡的基础，肩负着调节社会经济生活使命的社会主义中央银行，应该深入研究社会购买力和物资可供量的平衡问题，并把它作为头等大事来抓。他总结道："中央银行的职责是要把货币、信贷、外汇切实管好，而要管好这三大业务，又需要从与四大平衡相联系中来研究。"

洪葭管还对中央银行如何设立等重大问题进行了研究。他认为，在中央银行体制上，我国应建立单一的中央银行，即建立一个纯粹的不兼办专业银行业务的中央银行；在经济调整期，可采取过渡办法，但要使中国人民银行逐步完整地发挥中央银行的作用；需要建立一些同执行中央银行职责相适应的工作机构，并对建立哪些机构及其职责进行了设想。

洪葭管在另一篇论文里提出了建立中央银行资金管辖行的改革构想②："所谓建立中央银行资金分层管理、分层调控，就是在全国按照经济发展的现状和趋势，结合自然资源与地理条件，分成若干经济区，选定这些区的中心城市人民银行，负责这一区域的资金调度，使之成为这一地区资金调剂的枢纽，担负起在本经济区域内筹集融通资金、引导资金流向、提高资金利用效

---

①　洪葭管：《我国中央银行应是财政、信贷、物资、外汇统一平衡的主要执行者和研究者》，316～318页，载《20世纪的上海金融》，上海人民出版社，2004。

②　洪葭管：《实行分层金融调控，建立中央银行资金管辖行》，327～329页，载《20世纪的上海金融》，上海人民出版社，2004。

率和调节社会总需求的任务。"洪葭管认为，成立资金管辖行，实行分层金融调控和资金管理体制的理论依据和出发点有：适应有计划商品经济发展的需要；打破条块分割和各地自成体系的局面；促进金融体系的进一步健全；有利于金融中心和资金市场的形成。另外，他还列举了推动这一改革所需的措施与条件。

3. 关于旧中国中央银行的研究

在《旧中国的中央银行》① 一文中，洪葭管对旧中国中央银行成立的法律依据、组织形式、分支机构、业务、其与财政的关系，以及与其他三行（中国、交通、农民）的关系、四联总处成立后中央银行地位的上升等作了提纲挈领式的介绍和深刻的分析。在《中国金融通史·第四卷》中，洪葭管亦对旧中国中央银行作了深入分析和研究。洪葭管对旧中国中央银行的研究主要体现在以下两个方面：

（1）指出它通过一系列措施加强其垄断地位。

主要措施包括：一是 1935 年的增资和改组，"通过增资加强中央银行地位，把它的资本额从 2000 万元增为 1 亿元，同时国民政府立法院于 1935 年 5 月 9 日通过《中央银行法》（7 章 36 条），并于 5 月 23 日公布施行。"② 二是 1939 年四联总处成立，使中央银行的权力凌驾于其他三行之上。三是 1942 年重大修改后的《中央银行法》规定了中央银行的五项任务③，将发行集中于中央银行，外汇也由它统筹，四联总处也于 1942 年 6 月 24 日讨论通过了《中、中、交、农四行业务划分及考核办法》，对四家银行的业务进行了重新划分④，旧中国中央银行的地位进一步得到提高。

（2）指出旧中国中央银行真正发挥中央银行职能是在 1942 年。

之所以这样认为，是因为 1942 年南京国民党政府对《中央银行法》在业

---

① 洪葭管：《在金融史园地里漫步》，275～293 页，北京，中国金融出版社，1990。

② 洪葭管：《中国金融通史·第四卷》，北京，中国金融出版社，2008。

③ 这五项任务是：（1）集中发行；（2）统筹外汇收付；（3）代理国库；（4）汇解军政汇款；（5）调剂金融市场。洪葭管：《旧中国中央银行》，载《在金融史园地里漫步》，北京，中国金融出版社，1990。

④ 洪葭管：《中国金融通史·第四卷》，北京，中国金融出版社，2008。

务内容上作了重大修改，因此从该年起，旧中国中央银行开始真正发挥中央银行职能。旧中国中央银行职能的转变主要表现在以下几个方面：一是到了1942年7月，法币的发行权集中于中央银行（洪葭管认为，这是旧中国中央银行成为单一中央银行的标志）；发行准备金从1942年7月起也由中央银行集中保管，而之前则是由法币准备管理委员会统一封存，分地区保管，也有分散存于国外。二是中央银行从1942年起开始"统筹外汇收付"，将其原有的买卖生金银及外国货币和买卖国外支付的汇票等业务扩大至"统筹整个国家的外汇收付"，将中国银行变成发展国际贸易的专业银行。至此，"中央银行一手掌握本位币资金，即法币头寸，一手掌握外汇，所有单位都要它提供两种资金，拥有权力之大，垄断性之强，是空前的。"① 三是从1942年起，中央银行各地一等分行陆续办理当地银行的票据交换工作，通过办理票据交换业务，对监督商业银行和钱庄有极大作用。四是从1942年起，中央银行开始调剂金融市场。五是从1942年起，中央银行与专业银行的关系发生转折性变化，中央银行的地位和权威确立了。

（二）银行论提出的背景

1. 提出银行业易发风险论的历史背景

山西票号是中国金融史上重要的商业金融组织之一。从其于19世纪20年代诞生，经过19世纪后半期的大发展，直至在20世纪初逐渐走向衰落，期间将近一个世纪。因此，对于山西票号兴衰的原因及经验教训进行总结，也是洪葭管一直思考的一个问题。2002年，适逢"山西票号国际学术讨论会"召开，洪葭管撰写了《由山西票号衰亡问题引起的思考》一文，阐述自己的看法。

2. 提出我国中央银行应是财政、信贷、物资、外汇统一平衡的主要执行者和研究者说的历史背景

洪葭管的论文《我国中央银行应是财政、信贷、物资、外汇统一平衡的

---

① 洪葭管：《旧中国中央银行》，载《在金融史园地里漫步》，北京，中国金融出版社，1990。

主要执行者和研究者》最早发表于 1981 年（原载《金融研究》1981 年第 8 期）。当时的基本情况是，金融机构开始多元化，竞争局面逐步形成，但没有建立中央银行制度，中国人民银行担负着中央银行和商业银行的双重职能。由于各专业银行自我约束机制不强，也由于人民银行并非完全的中央银行，同时也缺乏必要的经济手段和行政手段，导致信贷失控。在这种情况下，关于中央银行制度的讨论从 1981 年下半年开始趋于热烈。①

洪葭管也参加了这场讨论。他发挥金融史专家的优势，从历史的高度出发分析问题；他基于对国外情况的了解，借鉴参考国外中央银行好的做法。他提出了"社会主义国家要不要设立中央银行？要设，又怎样设立？它的性质、职能和基本任务是什么？……中央银行的职责是什么？"并给予了即使从今天看来也非常有价值的回答。

《实行分层金融调控，建立中央银行资金管辖行》② 一文，是作者向 1986 年 8 月在长春召开的中国金融学会年会提交的论文。当时，人民银行专门行使中央银行职能不久，但对于如何完善中央银行体制、充分发挥中央银行职能，无疑还要做许多探索。本文就是在此背景下，对金融体制改革作出的一项深入研究。

3. 开展关于旧中国中央银行研究的历史背景

《旧中国的中央银行》这篇文章写于 20 世纪 80 年代后期，是作者在人民银行研究生部授课材料基础上加工完善而成的。当时，新中国的金融体制正处于改革和探索之中，中央银行体制也处于进一步完善之中。在此背景下，作为人民银行的研究人员，研究旧中国的中央银行及其制度，总结其经验教训，可为正在推进的金融体制改革提供借鉴。在洪葭管这篇文章之前，有关南京国民政府中央银行的深入研究很少，这可能与南京国民政府的腐败和当时严重的通货膨胀有关。但洪葭管指出，从考察中央银行制度这个角度出发，

---

① 刘鸿儒：《回顾我国金融体制改革的历程（中）》，国研网，2010 - 04 - 27，http：//expert. drcnet. com. cn/Showdoc. aspx？ doc_ id＝200061。

② 后发表于《中国金融》、《金融研究》和《上海金融》1986 年第 10 期，收录于《20 世纪的上海金融》，327～329 页，2004 年 8 月第 1 版，上海人民出版社。

旧中国中央银行仍有值得借鉴之处，有助于我们思考问题，一方面其办法也是集西方的精华，虽然在实践中并未贯彻，但其中也不乏可以参考的东西；另一方面对其失败的教训可以引以为戒。

（三）价值及影响

1. 银行业易发风险论的价值及影响

金融业是高风险行业，这是金融业的本质特征之一。一部金融史就是一部金融危机频发，信用风险不断的历史。因此，规避、防范和化解信用风险是经营好金融业务的前提。洪葭管从这一重要视角出发，对山西票号的体制和经营机制进行审视，可以说视角新颖，从一定意义上讲对山西票号的研究也触及了其本质。

2. 我国中央银行应是财政、信贷、物资、外汇统一平衡的主要执行者和研究者说的价值及影响

洪葭管研究的重要价值在于提出了一个重要的问题，并对这一问题给予了全面回答。

他指出了成立中央银行的重要性，赞成设置单一的中央银行，认为"有了中央银行，就能够更好地推动全国的金融工作，统一管理与协调全国的金融机构"、"中央银行是国家的最高金融机构，能够对全国的经济生活起调节作用"。[1]

指出了中央银行的九个任务或基本任务，并总括为"四个平衡"，即财政、信贷、物资、外汇的统一平衡[2]。信贷平衡，实际上是通过信贷支持经济增长这一职责；外汇平衡，实际上是维持国际收支平衡；财政平衡，实际上是货币财政政策协调问题；物资平衡，实际上是实现物价稳定。总之，这四个平衡，即对应着现代中央银行的四个重要职责。

洪葭管不但详细论述了中央银行与这四个平衡之间的关系，而且还对于

---

[1]　洪葭管：《我国中央银行应是财政、信贷、物资、外汇统一平衡的主要执行者和研究者》，载《20 世纪的上海金融》，315 页，上海人民出版社，2004。

[2]　同①，315～316 页。

如何设立中央银行进行了详细探讨。

"实行分层金融调控，建立中央银行资金管辖行"的观点在 1986 年的金融学会年会上提出后，被当时学术界认为是新论点，《中国金融》、《金融研究》和《上海金融》均在第 10 期上发表。多年以后，作者写道："12 年后，中国人民银行实行机构改革，全国设立九大分行，从机构设计的原则精神看，此文无疑已起了理论先行的作用。虽然 12 年前与 12 年后，经济金融状况有了变化，这一改革的作用也就不尽相同，但作为金融体制改革的一种思路，仍有其深远的历史意义。①"

3. 关于旧中国中央银行研究的价值及影响

洪葭管将旧中国中央银行成立的法律依据、组织形式、分支机构、业务、与财政的关系、与其他三行（中国、交通、农民）的关系，以及通过四联总处提高其地位等浓缩成一篇文章，对旧中国中央银行的历史进行简要清晰的介绍，足见其对这段历史理解之深、驾驭史料之熟练。在对旧中国中央银行分析总结的基础上，指出 1942 年是其真正发挥中央银行作用的开始。

洪葭管有关旧中国中央银行的研究得到了后来学者的认可。石涛在对中国有关旧中国中央银行的研究进行综述时指出，解放后出版的多部著作中，都有关于国民政府中央银行的内容，但是这些著作中关于中央银行的内容，非常简略，且大同小异；对于中央银行自身发展运作、业务职能演变缺少深入分析；对于中央银行的历史作用，多持否定态度，缺乏客观认识。

石涛认为，洪葭管对旧中国中央银行的研究比起之前的研究，内容更为全面翔实，评价也更为客观公允。石涛指出："（《旧中国的中央银行》）这篇论著对中央银行的论述分析，从内容上远远超过了此前的其他著作。②"石涛还指出："洪葭管一方面对国民政府中央银行及其金融垄断持批评态度，认为'中央银行是四大家族的一个信用垄断机构，是他们搜刮全国人民的重要工具'，为四大家族控制、垄断全国金融打下了基础。同时也指出，南京国民政

---

① 洪葭管：《实行分层金融调控，建立中央银行资金管辖行》，载《20 世纪的上海金融》，327 页，上海人民出版社，2004。

② 石涛：《南京国民政府中央银行研究（1928—1937）》，6 页，上海远东出版社，2012。

府中央银行的很多办法是学习西方中央银行制度的精华，其在业务、管理等方面也有可供我们今日中央银行建设借鉴之处。这种对中央银行的认识和评判，比此前的彻底否定的观点更为客观。"①

三、中国金融业资产阶级发展五个阶段说

洪葭管认为，中国资产阶级问题是中国近代史上的一个重大问题，而"在中国资产阶级的构成中，金融业资产阶级又是居于特殊地位的一个组成部分，研究它，对理解中国金融业的发展有着重要意义"。②

（一）主要内容

洪葭管把中国金融业资产阶级的发展归结为五个阶段：（1）1898 年戊戌变法是向民族资产阶级转化阶段，但在此之前早已有兴办银行的言论；（2）20 世纪初金融业资产阶级的形成和支持辛亥革命；（3）1912—1927年金融业的发展和金融业资产阶级的基本政治态度；（4）蒋介石上台后不代表民族资产阶级利益，银行家们在 1932 年的抗衡和 1935 年的屈服；（5）国家垄断资本主义发展惊人，民营银行自叹无法与之竞争和金融资产阶级倾向人民革命。

在第一个阶段，由于那时的民族资产阶级还没有形成一个独立的社会阶级，民族资本的规模和社会影响都还很小，实际上借重正在上升和转化中的封建士大夫来充当代言人。"在金融领域里，金融业资产阶级虽还没有形成，而要求设立银行的言论已经持续了 40 年"。从 19 世纪 50 年代直至 1897 年第一家华资银行中国通商银行成立前，有关办银行的意见和设想越来越多，也越来越成熟。

第二个阶段，20 世纪初，中国出现了金融业资产阶级。洪葭管认为，

---

① 石涛：《南京国民政府中央银行研究（1928—1937）》，6 页，上海远东出版社，2012。

② 洪葭管：《金融业资产阶级发展的五个阶段》，载《在金融史园地里漫步》，377～393 页，中国金融出版社，1990。若非特别注明，本部分的观点、数据、材料和引文均来自该文。

"清末涌现的金融业资产阶级中，大清银行的几个代表人物是颇具影响的"，这些人物有叶揆初、吴鼎昌、宋汉章等；1906—1908 年信成银行、浙江兴业银行和四明商业储蓄银行这三家完全由私人投资设立的银行的成立，标志着现代信用制度中的一个新时代，金融业资产阶级形成并具有一定力量，这方面的代表人物是周廷弼、沈缦云；民族资产阶级形成后在政治上的一个重大行动是支持辛亥革命，"金融业资产阶级以其特殊地位和与各方面的广泛联系，成为其中的重要力量"。

第三个阶段，从 1912—1927 年，中国金融业发展很快，相应地金融业资产阶级也成长很快。1911 年，华商银行的存款总共不过 1 亿元左右，1921 年主要华商银行的存款就达到 5 亿元；著名的"南三行"与"北四行"均于这一时期设立或发展。这一时期金融资本家的代表人物有李馥荪、张嘉璈、陈光甫、钱永铭、蒋抑卮等。洪葭管认为，这一阶段华商银行发展迅速的主要原因是由于辛亥革命和第一次世界大战，但更主要的是由于大战发生后西方列强暂时放松了对中国的压迫。这一时期，金融资本家的基本政治态度经过了几次变化。从辛亥革命后多数支持袁世凯而非孙中山，到 1916 年南方金融业资产阶级反对北洋政府停止兑现付现令，到北伐后转而支持南京国民党政权。

第四个阶段，是从与国民党政府相抗衡到屈从阶段。"蒋介石上台后，并没有像资产阶级所预料的那样，可以让他们有一个发展自由资本主义的环境"。不过，在 1935 年之前，民族资本银行还不是完全屈服，还有抗衡的力量。等到 1935 年四大家族对金融实施全面垄断之后，金融业资产阶级"从此只有屈从的一途了"。

第五个阶段，金融业资产阶级进一步受到排挤并倾向人民革命。"官僚资本四大银行，运用政权力量，利用各种特权，在全国金融业中迅速地趋于垄断地位。"抗战时期，民族资本银行的实力日益衰微。到 1948 年，金融业资产阶级逐渐倾向人民革命。

洪葭管还从借贷资本兴起的角度看资产阶级的形成与发展。他认为，"研究资产阶级的状况，固然要重视职能资本家的活动，也绝不能忽视货币资本家的活动，只有从资产阶级的完整形态进行考察，才能对问题的认识更接近事实与真理"①。因而，从借贷资本的兴起这一角度来看资产阶级的形成及其完整形态，就具有积极意义，并且可以对他的"中国金融业资产阶级发展五阶段说"形成补充。

洪葭管认为②，19世纪的山西票号和上海钱庄，都还远不具备作为借贷资本的信用机构的条件，因此，可以说直到20世纪初几家银行成立前，中国尚无形成货币资本家。这对应于"中国金融业资产阶级发展五阶段说"中的第一个阶段，在此阶段，金融业资产阶级还没有形成。

从1897年到辛亥革命前，除中国通商银行、大清银行和交通银行外，在各省也成立了几家地方性银行。这些银行都是既有官股又有商股。从这些银行中涌现出一批管理人才，后来都成为著名的银行家。1906年成立的信成银行，1907年成立的浙江兴业银行和1908年成立的四明商业储蓄银行是完全由私人投资设立的银行，它们的主要创办人和主要当权人不是官僚，而是资本家。"在中国资本主义企业初步发展的基础上，中国近代的借贷资本兴起来了。从其集中社会货币资本的规模和程度来看，它与职能资本的分离并发挥自己的特殊作用，不在19世纪末中国通商银行单独一家成立之时，而是在20世纪初一批银行相继开设之际。金融业资产阶级的出现和形成一股力量，标志着中国民族资产阶级已经形成并且有了完整的形态。"③可以说，这个阶段对应着"中国金融业资产阶级发展五阶段说"中的第二个阶段，在此阶段，中国出现了金融业资产阶级。

中国金融业资产阶级出现后，在一开始，由于因素复杂，很难分清银行的投资人和管理人是属于官僚资产阶级还是民族资产阶级。但随着辛亥革命后民族工业的进一步发展，官僚、地主及其后代就更多地向民族资产阶级转化。及至到了第一次世界大战期间，西方列强无暇东顾，民族工商业普遍繁

---

① 洪葭管：《从借贷资本的兴起看中国资产阶级的形成及其完整形态》，载《在金融史园地里漫步》，132页，中国金融出版社，1990。

② 同①，133～136页。

③ 同①，149页。

荣，货币资本及货币资本家也就有了较大发展。这个阶段对应着"中国金融业资产阶级发展五阶段说"中的第三个阶段，在此阶段，中国金融业资产阶级发展很快。

南京国民党政权建立后，"蒋、宋、孔、陈四大家族为首的资本集团掌握的'四行两局'把货币、外汇、信贷垄断到了惊人的程度"，官僚资产阶级真正形成，民族资产阶级受到排挤。"这些时候，官僚资本和民族资本的界限就泾渭分明，而官僚资本的无限膨胀也就为中国人民革命准备了物质条件。"这个阶段对应着"中国金融业资产阶级发展五阶段说"中的第四、第五个阶段，在这两个阶段，金融业资产阶级对南京国民党政府从抗衡到屈从，直至最后金融业资产阶级倾向人民革命。

（二）提出背景

学术界对于中国资产阶级的形成、发展等问题已经有了大量深入的研究，但对于中国金融业资产阶级的形成、发展以及阶段划分这些重要问题，则一直没有系统深入的研究。

20 世纪 80 年代，洪葭管对中国金融资产阶级发展相关问题进行了一系列研究，按发表先后顺序，这些研究包括：《从借贷资本的兴起看中国资产阶级的形成及其完整形态》（1984 年）[①]、《张嘉璈与中国银行（上、下）》（1987 年）[②]、《中国金融业资产阶级的形成》（1987 年）[③]、《1916 年上海中国银行不执行"停兑令"的始末》（1987 年）[④]、《1926—1927 年间的金融业资产阶级》（1988 年）[⑤]。在这些研究的基础上，洪葭管最终形成了"中国金融业资产阶级发展五阶段说"。最有代表性、最能体现该学说思想的是《金融业资产阶级发展的五个阶段》和《从借贷资本的兴起看中国资产阶级

---

① 洪葭管：《从借贷资本的兴起看中国资产阶级的形成及其完整形态》，载《中国社会经济史研究》，1984（3）。
② 洪葭管：《张嘉璈与中国银行（上、下）》，载《国际金融研究》，1987（4）、（5）。
③ 洪葭管：《中国金融业资产阶级的形成》，载《中国金融》，1987（8）。
④ 洪葭管：《1916 年上海中国银行不执行"停兑令"的始末》，载《中国金融》，1987（10）。
⑤ 洪葭管：《1926—1927 年间的金融业资产阶级》，载《中国金融》，1988（3）。

的形成及其完整形态》两篇论文，这两篇论文均收录于《在金融史园地里漫步》一书中。

（三）价值及影响

在一系列研究的基础上，洪葭管把中国金融业资产阶级的发展总结为五个阶段，从而对金融业资产阶级的发展做了整体描述、明确划分，这种工作基本上是原创性的，弥补了学术研究的空白。通过这些研究，不但能使人们认识到金融业资产阶级的发展脉络，也可使人们更为客观全面地看待其在历史上的地位与作用。洪葭管指出：在经济上，通过银行信用制度的集中作用，"工商业的较大发展也就有了较优条件"[①]；在政治上，"民族资产阶级形成后在政治上的一个重大行动是支持辛亥革命"；在社会活动上，信成银行的周庭弼、沈缦云曾于 1909 年 5 月筹议设立银行公会，虽未能成为事实，但上海银行公会在 1917 年终由中国银行的张嘉璈等发起成立。[②]

在学术研究上，第一次从借贷资本的兴起这一角度来考察中国资产阶级的形成及其完整形态。洪葭管从借贷资本、借贷业务的角度出发，把山西票号和上海钱庄归于货币经营资本的类型；把中国通商银行和大清银行的设立作为借贷资本兴起之始，把信成、浙江兴业、四明三家银行的出现作为民族资产阶级形成的完整形态的标志，从而对中国金融业资产阶级的形成发展作了深入考察，这是前人没有做过的。

需要指出的是，《金融业资产阶级发展的五个阶段》一文高屋建瓴，而《从借贷资本的兴起看中国资产阶级的形成及其完整形态》一文虽只从一个角度看问题，但细致入微。在描述中国金融业资产阶级的发展脉络和阶段划分上，两篇论文又彼此呼应。因此，后一篇可作为前一篇的补充。

---

① 洪葭管：《从借贷资本的兴起看中国资产阶级的形成及其完整形态》，149 页，载《在金融史园地里漫步》，中国金融出版社，1990。

② 同①，144 页。

四、主张要有《金融学》巨著，维护金融安全说

（一）主要内容

1. 重视金融学科建设

洪葭管对"里程碑"式的《金融学》著作有个界定："所谓'里程碑'，即在理论上站得住，在教学上能作教材，对政策制定有影响力，对金融实务工作者能起指导作用。"①

作者进一步指出，中国需要的"理论与实际有机结合的金融学巨著"，应该"既要符合事物本身的基本运动规律，又能推进、促进其他有关部门的发展、演进；既能科学地体现本事物的理论体系，又能指导、指引金融业务实践有效进行，成为服务经济发展、稳定货币信用大局、造福人民的'金融学'……"②

洪葭管曾三次撰文呼吁由权威单位组织力量编撰"里程碑"式的金融学著作，除希望该著作能在理论、教学、政策和实务等方面达到以上要求外，还认为有必要将现实中发生的重大金融危机包括、反映在内。

对于如何建立金融学科的架构，他还提出了自己的看法。第一，从大家比较认同的金融基本功能（资金的集聚和分配）作为切入点。作者认为"'金融的基本功能是筹资、融资'或者'金融的基本功能是资金的聚集和分配'。从资金这一角度提出解决金融的定义问题，也许能成为'金融学'这一学科建设的奠基性的突破口。"第二，不可忽略了"对世界金融历史中几次大的金融危机发生原因、实质和应吸取教训的总结"，特别要对 2008 年发生于美国的国际金融危机予以重点关注和深刻反映。第三，金融学科建设必须从基本国情出发，吸取但不能照搬国外的经验，实事求是地发展我们的金融事

---

① 洪葭管：《把金融史研究魅力发挥出来，是重要的学术责任》，载《文汇报》，2012 – 06 – 25。
② 洪葭管：《中国需要理论与实际有机结合的金融学巨著》，载《中国金融》，2010（19～20）。若非特别注明，本部分的观点、数据、材料和引文均来自该文。

业，提倡"交流合作，互利共赢"的国际交往准则。第四，"要特别强调金融危机与金融风险问题，应该提倡认认真真办银行、规规矩矩做交易，摒弃贪婪、欺诈和无知，远离投机与操纵"。①

2. 金融安全要防患于未然

洪葭管告诫人们说："金融业是风险行业，有信用关系就会有风险。"因此，他强调应重视国家金融安全问题，以防患于未然。

要正确认识金融和经济的基本关系。应"遵循经济决定金融的基本原理，金融要为发展经济、稳定货币信用大局和造福人民服务。"应正确认识金融和经济的基本关系，反对把金融作用极端夸大，反对不顾条件、环境和制约因素，盲目扩张。

提出"慎对虚拟资本，严控资产价格泡沫"。洪葭管用很大篇幅重点论述他对虚拟资本的看法。第一，认为虚拟资本比虚拟经济的提法更切合实际，有利于决策部门正确认识和谨慎对待虚拟资本。他从世纪之交美国泡沫经济破裂和 2008 年国际金融危机出发，说明资产泡沫的危害。认为要维护好金融安全，必须深切理解虚拟资本是泡沫资产的源泉。第二，指出"虚拟资本对金融安全的危害，还在于它的隐蔽性"。他不同意"股市可以吸收游资，有利于抑制通货膨胀"的看法，认为"股市在绝大多数情况下是助长通货膨胀的"。他举例说，中国 A 股上证指数 2007 年涨到 6124 点时，总市值达 35 万亿元，超过社会一年的 GDP，这么大的总需求，没有社会财富作为支持，对金融稳定和金融安全的冲击显然不可低估。他又以旧中国投机严重的证券市场为例，来说明证券投机狂热是不利于金融稳定的。为抑制投机，使我国的证券交易所规范发展，他提出应采取视持有股票时间长短区别征税的办法，以及对上市公司强制分红的要求。具体做法是：一要征收资本利得税，对于买了股票一年内卖出的要征税（其中半年内就卖出的应重征），两年以后卖出的可免征税；二要坚持每年分红。

关于高估汇率不利于维护金融安全的观点，前面已经论及。

---

① 洪葭管：《把金融史研究魅力发挥出来，是重要的学术责任》，载《文汇报》，2012 - 06 - 25。

提出"审时度势，在全球化过程中保持清醒头脑。"第一，应平心静气地深入思考，认真总结经验教训；第二，提倡学习德国在金融方面的合理做法；第三，深刻领会"建设包容有序的国际金融体系"的精神，不亢不卑地处理好国际金融事务。

（二）提出背景

本文撰写于 2010 年，发表于《中国金融》2010 年第 19～20 期。当时，离他第一次撰文呼吁重视金融学科建设已经过去了 30 年①。他说："我三次著文呼吁，都是有感而发。1979 年 12 月，中国金融学会刚恢复学术活动，《中国金融》编者来约我写一篇类似复刊词的文章，我鉴于过去以《货币与信用》、《货币银行学》、《货币银行与金融市场学》为教材，适应不了新时期发展的需要，因此写了《广泛开展对金融学的研究》。20 年过去后，国内成熟的金融学著作并未出现。1997 年亚洲金融危机发生后，我对金融存在风险问题有了新认识，在 2000 年初又写了《新世纪谈金融学》。进入新世纪后，有些金融学著作问世，但都偏重于本单位教学需要、或侧重解释现有金融制度、或个人学术成果检阅，还未能达到被金融业所接受、被金融理论界所认同，谈不上对政策的制定有较大影响、对金融实践能起理论指导作用。2008 年美国爆发金融危机蔓延全球，对这样重大的问题，如果我们不在学科建设和金融专著中予以重点关注和深刻反映，那就难以正确审视现状，更不能预见未来，所以我就第三次撰文《中国需要理论与实际有机结合的金融学巨著》。"②

另外，当时离肇始于美国的国际金融危机已经过去了两年，这次金融危机给人们以深刻的教训，使人们重新思考有关金融业的作用，虚拟资本与实体经济的关系等许多问题，也使作者进一步认识到了"金融作用大、金融关系大、金融风险大，金融工作者责任大"等问题。所以，他认为，撰写符合中国国情的、理论与实际有机结合的金融学巨著，应将维护国家金融安全作

---

① 洪葭管在 1979 年 12 月《中国金融》杂志复刊之际，写了一篇《广泛开展对金融学的研究》，刊登在《中国金融》1980 年第 1 期。

② 洪葭管：《把金融史研究魅力发挥出来，是重要的学术责任》，载《文汇报》，2012－06－25。

为主要内容。

（三）价值及影响

金融业至关重要，金融学因而也非常重要。在中国，有关金融业发展、改革的讨论很多，但鲜有讨论金融学著作建设的文章。洪葭管屡次撰文呼吁重视金融学科建设，呼吁金融学巨著的出现，相信能引起学术界、业界人士的关注和重视。

洪葭管对金融学著作的撰写提出了要求，指明了方向，同时对维护金融安全提出了一系列建议，涉及多个方面，特别提出要慎对虚拟资本，严控泡沫。随着中国金融业改革开放的不断深入，金融安全将处于越来越重要的地位。历次金融危机，无不以资产市场的繁荣开始，而以对经济的巨大破坏结束。洪葭管提出撰写金融学巨著，维护金融安全，无疑起着重要的警示作用。

五、上海机遇与上海国际金融中心建设论

（一）主要内容

1. 上海要在成为国际经济中心城市的同时成为国际金融中心

洪葭管认为，鉴于经济与金融相互关系的作用与反作用，凡是国际经济中心城市的大都市，几乎无一不是国际金融中心；历史上上海曾是全国最大的金融中心、远东的国际金融中心之一，历史上上海这一突出地位，至今仍是当前重建金融中心的潜在有利条件之一。[①]

2. 应建设一个服务经济发展、稳定货币金融大局的国际金融中心

洪葭管从历史的高度出发，在回顾了上海国际金融中心的历史之后，认为当今上海建设国际金融中心，必须要以国内经济发展为基础，国家经济的

---

① 洪葭管：《上海机遇与上海国际金融中心建设》，载《中国金融史十六讲》，118～133 页，上海人民出版社，2009。

持续稳定发展是国际金融中心建设的重要物质保证①。他认为，"要深入研究虚拟资本与实体经济的合理比例关系，绝不能因盲目发展虚拟资本而损害实体经济"；他十分赞同 2002 年"新世纪上海国际金融中心高层研讨会"上时任中国人民银行副行长、中国金融学会常务副会长吴晓灵在演讲时提出的观点，即"上海国际金融中心建设应该定位为与实体经济相关联，为经济而交易而不是为交易而交易的金融中心，应该是国际国内两种金融资源集中配置的场所，而不是中国的'金融飞地'。"他主张吸取这次美国金融危机的教训，把上海建成为一个为经济发展服务、能稳定货币金融大局的国际金融中心。

3. 关于如何建设上海国际金融中心

洪葭管提出，应通过金融体制改革、金融对外开放为重建上海国际金融中心创造条件，这其中比较重要的是利率市场化和汇率浮动的市场化②。他认为，上海国际金融中心模式的选择应是"国际国内金融活动融合但以服务国内市场为主的那种模式，亦即基本上是纽约、东京那样在开放中适当管制和控制的模式，而不是伦敦、香港那样内外金融活动完全融合的模式。"之所以这样考虑，是要符合中国国情，形成中国特色，有自己的发展道路，在全球化过程中保持相对独立性、维护国家经济金融的安全。他提出要实事求是地分析和寄希望于在沪中资银行；要更多地引进外资银行；提出放开资本项目、实现人民币可自由兑换要慎之又慎，并设想了可以探索的几种思路，比如采取分两步走的办法，比如考虑建立离岸金融市场的办法，或建立国际银行业务设施等。

（二）提出背景

洪葭管有关上海国际金融中心的著述甚多，按撰写时间可以划分为几个阶段：20 世纪八九十年代、进入 21 世纪之后，以及 2008 年爆发国际金融危

---

① 本段内容和引文均来自洪葭管：《建设一个服务经济发展、稳定货币金融大局的国际金融中心》，载《中国金融史十六讲》，2009 年 11 月第 1 版，134～136 页。

② 本段内容和引文均来自洪葭管：《上海机遇与上海国际金融中心建设》，载《中国金融史十六讲》，2009 年 11 月第 1 版，118～133 页。

机之后。

在 20 世纪八九十年代撰写的文章中，一是集中于对历史上上海金融中心的回顾和介绍，这方面的文章以《上海成为旧中国金融中心的若干原因》、《近代上海成为远东国际金融中心的研究》、《近代上海金融中心形成的背景及其影响》为代表①。二是有关改革开放后上海金融中心问题的讨论和理论探索介绍，以及有关构建上海国际金融中心的展望，以《构建金融中心，振兴上海经济》一文为代表②。这一时期的展望和建议主要集中于发展离岸金融业务，发展和培育金融市场，发展横向资金联系，以及建立金融中心要与金融体制改革深化相结合等方面，所立足的是当时的具体情况，所要解决的也是当时遇到的问题，有些想法和建议还有待根据情况发展做进一步深入研究。这一时期的文章，对于上海国际金融中心建设无疑起了理论先导和舆论准备的作用。

另一些文章写于 2002—2003 年，一方面中国金融经过二十余年的发展，给人们提供了新的研究基础，使研究人员可以站在新的高度；另一方面，中国加入世贸组织给人们提出了许多新的研究课题，国际金融中心的建设也显得更为重要和紧迫。相应地，这一时期的研究也更全面、深入，所提建议也更为具体。

还有一些文章是在 2008 年爆发国际金融危机后写的。席卷全球的国际金融危机，使人们对于金融危机、虚拟资本和泡沫经济的危害性有了更为深刻的认识，对于金融业的定位、金融中心建设的目的、金融中心的功能和定位产生了反思。洪葭管在此背景下，撰写了一系列论文，特别强调上海国际金融中心应建设成为"服务经济发展、稳定货币金融大局的国际金融中心"。

（三）价值及影响

对上海建设国际金融中心的条件、方向、途径等进行了系统研究和规划。

---

① 这三篇文章均收录于洪葭管：《20 世纪的上海金融》，上海人民出版社，2004 年 8 月第 1 版。
② 洪葭管：《构建金融中心，振兴上海经济》，载《20 世纪的上海金融》，423～429 页，上海人民出版社，2004。

在建设国际金融中心的条件方面，特别强调历史上上海作为国际金融中心这一突出地位对于上海重建国际金融中心的意义，认为这是建设国际金融中心的潜在有利条件之一。在方向方面，提出应建设一个服务经济发展，稳定货币金融大局的国际金融中心，不主张把为交易而交易的"飞地型"的金融中心作为上海的发展方向。在建设途径方面更是做了许多思考，比如如何通过金融体制改革和金融对外开放为上海国际金融中心建设创造条件，如何深入研究和逐步推进资本项目开放，怎样引进外资银行并发挥其作用等。对于国际金融中心建设条件、方向和具体路径等方面的研究，对决策和现实产生了一定影响。

许多研究、规划和建议在今天看来仍具有前瞻性。比如赞同"上海国际金融中心建设应该定位为与实体经济相关联，为经济交易而不是为交易而交易的金融中心"，在国际金融危机发生后的今天看来，这样的定位十分正确；2009年，洪葭管又撰文提出上海国际金融中心应是服务实体经济发展，稳定货币金融大局的国际金融中心，对国际金融危机进行了及时反思，并将反思的成果融入国际金融中心建设的研究之中。

许多建议今天已经变成了现实。比如2002年提出的"争取把上海建成'四个中心'之一的内容，列入国家的经济社会发展规划，或全国性的其他中长期规划，以有利于在全国范围内统一认识，协调行动。"2009年，国务院出台了《国务院关于推进上海加快发展现代服务业和先进制造业 建设国际金融中心和国际航运中心的意见》，提出到2020年把上海建设成为与中国经济地位和人民币国际地位相适应的国际金融中心，国家发改委2011年12月也出台了《"十二五"时期上海国际金融中心建设规划》。再比如，洪葭管提出明确宣布以小陆家嘴1.7平方公里内为建设上海国际金融中心的基地、小陆家嘴"先繁荣"等建议，今天也都变成了现实。

（白当伟　缪明杨）

参考文献

［1］ 洪葭管：《上海金融史话》，上海人民出版社，1978。

［2］洪葭管：《近代上海金融市场》，上海人民出版社，1989。

［3］洪葭管：《上海钱庄史料》，上海人民出版社，1960。

［4］洪葭管：《金城银行史料》，上海人民出版社，1983。

［5］洪葭管：《中国金融史》，西南财经大学出版社，1993。

［6］洪葭管：《中国需要理论与实际有机结合的金融学巨著》，载《中国金融》，2010（19~20）。

［7］洪葭管：《谈人民币的几个理论问题》，载《学术月刊》，1979（8）。

［8］洪葭管：《中国金融通史·第四卷》，中国金融出版社，2008。

［9］洪葭管：《在金融史园地里漫步》，中国金融出版社，1990。

［10］洪葭管：《中国金融史十六讲》，上海人民出版社，2009。

［11］洪葭管：《20世纪的上海金融》，上海人民出版社，2004。

第三十七章

王传纶金融思想学说概要[①]

王传纶，男（1922—2012），江苏苏州人。中国当代著名经济学家、教育家、新中国金融与财政学科奠基人之一。中国人民大学荣誉一级教授，兼任中国金融学会、中国财政学会、中国国际金融学会常务理事、外国经济学说研究会理事以及中国国际税收研究会顾问等职；曾任全国政协第六、第七、第八届委员和经济委员会委员，美国普林斯顿大学威尔逊学院客座研究员等职。

王传纶教授早年曾先后求学于西南联合大学、清华大学、英国格拉斯哥大学。1951 年，受新中国的感召，回国投身教育事业，先后任教于清华大学（1951—1953）、中国人民大学（1953— ）。从教 60 年来，王传纶教授辛勤探索，著述颇丰，其独特而敏锐的分析视角，启发了同辈和后辈，代表性学术成果集中体现于《王传纶文集——跌跌撞撞往前行》（2002）、《王传纶自选集》（2007）。

王传纶教授凭借深厚的学养、宽广的视野，创造性地搭建起西方现代经济学与马克思主义经济理论，财政税收理论与货币金融理论，西方先进理论与中国具体实践的沟通平台，是新中国学贯中西、"横跨"金融与财政两界的

[①] 王传纶教授系 2011 年度中国金融学科终身成就奖获得者。他的学术成就体现在由中国人民大学财政金融政策研究中心撰写的《王传纶先生学术传略》中。为尊重组织对他的评价，这里特原文刊印。

集大成者、新中国财政金融教育事业的主要奠基人之一。

一、成长经历

早期：

王传纶先生 1922 年 4 月出生在江苏省苏州市曹家巷一个殷实的商人家庭，父亲为家族经营老式的钱庄与银行，自幼生活优裕，家里聘请了几位私塾先生，王传纶便与哥哥姐姐以及其他叔伯兄弟接受了最初的中国传统的启蒙教育，虽然年纪最小，但成绩一直很好。等到正式入学年龄，便进入了新式的苏州树德小学和中学，初中毕业后，再考入省立苏州中学高中部，读完高中二年级时，淞沪战争战事正酣，学业时续时断。特别是日军占领苏州以后，民族存亡危在旦夕，原本宁静安逸的生活，一夕之间，不复存在，全家被迫从苏州逃往上海租界，亡国奴的日子由此在心灵上烙下了深刻的印记。1938 年王传纶在租界的中学继续高三的课程，当时正值北方的清华大学、北京大学和南开大学合并南迁为西南联合大学，这几所大学一直是青年学子向往的目标，恰好族人中也有一位姑母毕业于清华大学。当年新成立的联大委托在上海租界的暨南大学代为招生，王传纶当时虽然高中尚未正式毕业，以同等学历身份投考联大，并被顺利录取。秋天，他自上海出发，乘坐英国太古公司的轮船，经香港，借道越南海防，再经滇越铁路，由云南蒙自最终到达昆明，一路颠簸数千里，终于成为联大第一届学生，时年 16 岁。

联大时期：

战争期间的西南联大，宛如严寒中的梅花，是中外学术史上的一朵奇葩。学校偏居边陲，国家存亡未定，物质生活是艰苦的。据王传纶回忆，一些教师靠卖家当维系生活，困难时期，连校长梅贻琦夫人都需要时常烤卖小点心补贴家用；很多学生则是靠课余在书店打零工来完成学业。但是，联大的精神生活是丰富而充实的。联大师生在为国家民族保留"文脉"的共同使命感召下，学科设计既有为现实服务的一面，也在相当程度上维持了三校注重通识教育的传统。因此，王传纶在这里听过很多名师大家的课，如钱钟书、朱自清、冯友兰等，受到了良好的有本土特色的人文社科基础训练。王传纶初入联大时，读的是文学院的哲学心理学系，学号"A－717"；一年级结束时，申请转入经济系，拜联大传统的自由主义学风所赐，"转系"这件大事并没有大费周折，哲学系主任冯友兰同意放行，经济系主任陈岱孙则欣然接受。经济系归属法商学院，教师以陈岱孙为首，大部分曾留学美英。课程有经济学概论、公共财政、货币银行、国际贸易、经济史和统计学，很多课程直接使用英文教材，教师授课也是中英混杂。经济系的培养理念虽然也强调学生"于我国实际状况，有相当之了解"，但课程设置几乎全部为英美自由市场经济理论为导向，北大的赵廼抟教授更是以"中国的马歇尔"自居。1939年，王传纶初次选修"经济学概论"课程，陈岱孙先生在课堂上讲的是当时先进的"现代西方"经济理论，如商品市场上供求关系决定的均衡价格和交易量的"局部均衡原理"，再从市场均衡原理推导出神奇的"无形之手"，进而引申出"自由放任"的经济政策。这些理论源自英美的经济历史与现实，本身逻辑严谨，教授的讲解也清晰易懂，然而置身于当时的经济环境下，王传纶朦胧地觉得这只是一种"纯粹"的学问，与中国的实际情况有很大的隔阂。一方面是书本上美妙的"均衡"，另一方面是政府贪污腐化、挥霍浪费，市场上投机倒把、囤积居奇，物价飞涨的"不均衡"。王传纶与其他大多数青年学子一样，对"自由"市场经济感到很困惑，也没有多大的兴趣。其实，有这种困惑的岂止青年学子，40年代昆明和北京的报刊上，经济学教授的文章中，普遍表达了对经济状况的不满，要求国民党政府实行经济改革，加强对市场、对商业的管制，这种基于特定历史环境、本土色彩的"主流"经济思潮，与源于英美传统、教科书式的所谓"经济自由主义"渐行渐远，一些先进分子更是积极探寻新的思想、新的方向。

也就是在这个时期，20世纪三四十年代，几位年轻的留英教师的加盟，从国外经济学界带来了一些新的信息，例如毕业于英国剑桥大学的徐毓枏博士，开始为高年级学生讲授"新的"凯恩斯充分就业、政府干预的理论，大家了解到，战争期间，英国著名学者凯恩斯提出冻结银行存款的设想，美国总统对重要的军用物资采取直接调拨的措施，美国金融当局冻结了利率，参战各国无一例外地管制商品供应和市场物价，等等。更有甚者，国际经济学界 30 年代著名的"社会主义经济理论论战"，也像一股新风吹到了校园，兰格（O. Langer）与勒纳（A. Lerner）的观点，在社会主义制度下，只要有关当局遵照市场原理来定价，资源配置是可以优化的，计划经济、统制经济，不仅是可行的，而且是更有效率的。对于徘徊于自由市场理论与中国经济现实之间的中国经济学人，这种计划经济思想自然是有吸引力的。回顾这段往事，王传纶诚恳地认为：中国老一代经济学家曾经被计划经济的想法打动过；自由放任主义，并没有成为那一代人的主导思想。因此新中国成立以后，对于苏联的计划经济模式，思想上是不难接受的。改革开放后，我们对传统计划经济简单否定的多，但是，从历史的角度，认真客观总结经验教训的研究还远远不够。当然，如果拉长历史的视野，当初所学的自由市场经济原理，也并不是全然荒废时日，它们像冬天的种子一样，蛰伏在厚厚的冻土中，静待土壤与气候的变换，一直要等到 20 世纪 80 年代，才有发芽的机会。

王传纶在西南联大的四年是充实的，生活相对优裕，不太关心政治，接受了良好的人文学术训练，形成了初步的经济思想倾向。在校期间，王传纶成绩很好，被誉为"江南才子"，深得陈岱孙等教授的青睐与提携。三年级结束时，陈先生特别嘱咐要多向年轻教师徐毓枏学习"现代"经济理论，20 世纪 30 年代中后期，受大萧条影响，由亚当·斯密发端、中间经过穆勒发展，到马歇尔集大成的"市场自动均衡"的古典经济理论也在修正与变化，罗宾逊夫人提出了市场不完全竞争理论，卡尔多将市场理论从静态推向动态，斯拉法则在重构劳动价值理论；对古典理论冲击最大的无疑是凯恩斯的政府干预理论。徐毓枏以前是陈岱孙的高足，后经推荐赴英国剑桥大学深造，并获得经济学博士学位。徐毓枏对王传纶也是助益良多，乃至将自己珍藏的《通论》第一版原著慷慨相赠，可惜在 30 年后的"文革"中遗失。多年后，王传纶念及此事，仍怅然不已。

1941 年，王传纶年仅 20 岁即从联大毕业，不久即与当时的校花、数学系的才女张景昭喜结连理，一时间，"才子佳人"，春风得意。然而，现实是冷酷的。一方面，抗日战争处在最艰苦的持久战状态，中日双方在进行殊死的搏斗；另一方面，国民党军政当局贪污腐败日盛一日，令人心寒。年轻的大学毕业生王传纶不满政治的黑暗，无心加入政府，也无意像家族传统一样从事商业活动，恰好新婚夫人出身于贵州的国民党军事技术官员家庭，学的是数学专业，于是夫妇二人进入贵阳的清华附中教书。这所中学的创办人周奇梅是老庚款留美生，曾任清华学堂的副校长，时任贵州财政厅厅长，学校在风景优美的花溪，算是远离战事、远离政治的一方"桃源"。

1945 年 8 月，八年艰苦卓绝的战争终于结束了，正如杜甫所谓的"漫卷诗书喜欲狂"。王传纶由贵州经重庆回到阔别多年的上海和家人团聚。稍做准备，即于 1947 年秋考入清华大学经济系研究生，继续学习。在清华期间，成绩依然优秀，多年后，刘大中教授依然记得勤奋、聪慧的王传纶同学对当时最先进的数理经济学的整本习题集解析之规范、严谨。两年后的毕业考试是书面论文加面试，考官委员会由陈岱孙先生主持，其余则是清华、北大的著名教授，如刘大中、赵迺抟、蒋硕杰、戴世光、徐毓枬等。优异的成绩加上陈岱孙与徐毓枬的推荐，王传纶 1948 年底取得了一个英国半政府组织的文化委员会奖学金，准备赴英国留学。这个时候，国共双方三年内战，大局已定，知识阶层大多对国民党的黑暗与腐败深感失望，对未来的中国怀有美好的憧憬。据徐毓枬分析，中国未来的政治经济模式，会步苏联的后尘，留学学校与学习的内容应该根据这一形势变化相应调整。英国传统经济学的重镇在剑桥，伦敦经济学院则是欧陆思想登陆英伦的桥头堡，左右杂陈；而格拉斯哥作为苏格兰的主要工业城市，工党势力较大，共产主义思想也有影响，而且格拉斯哥大学在苏联经济研究领域独有特长。这种看法对于原本无意淹留国外，有心服务国家的青年学者王传纶显然是有影响的。

1948 年底，王传纶从北京出发，经天津、香港，负笈英伦，进入格拉斯哥大学，成为博士研究生。格拉斯哥大学因经济学鼻祖亚当·斯密曾经任教而有盛名，但在战后不久的困难时期，该校政治经济学系教师数量有限，主要应付本科教学，在政府和社会的支持下，新建了一个以现实经济研究为重点的"社会经济研究系"，鉴于当时苏联的国际经济影响，该系创办了一本学术性刊物《苏联研究》，并逐渐获得国际声誉。这本杂志的编辑部本身也是一个学术研究机构。王传纶虽然注册在经济系，继续研习主流经济理论，同时也将相当多的精力放在这个新的机构，在这里系统地研究苏联经济问题，并且在该杂志上发表了两篇论文。当时的研究资料既有俄文版的苏联出版物，也有英国与欧洲学术界的最新成果。王传纶在对计划经济模式关注的同时，也时常接触到政治高压、"肃反"等内幕材料，这一点对将来在国内度过漫长的政治运动倒是起到了一些意外的警醒作用。

回国、"文革"时期：

1951年年初，新生的中华人民共和国有一个文化知识界的代表团访问英国，王传纶当时担任了留英中国学生联谊会会长，参与接待；代表团中有些人，例如副团长物理学家周培源教授，以前就是王传纶在联大时的老师，与陈岱孙先生也是多年挚友；王传纶向他们表达了强烈的早日回国工作的意愿，并委托周培源教授带了一本斯威齐的新书转交陈岱孙先生，同时也向陈先生表达了这一意愿。不久，陈先生来信，邀请王传纶直接回清华任教，并嘱咐不要经过教育部分配，这在当时是承担了不小的政治风险的。

1951年秋季，王传纶回到清华，长途舟楫，劳顿未消，尘埃甫定，几周之后，便被派往武汉、广西等地，与先期前往的清华教师会合，参加土地改革工作。第一期土改历时约五个月，接着再去桂县参加第二期土改。等1952年回到北京时，清华大学的经济系已经不复存在了。中央政府对大学的院系进行了调整，清华经济系被撤销合并到新成立的中央财政经济学院，陈岱孙任院长。一年后，学院再次调整，部分教师并入北大，部分打散并入其他院校；王传纶则进入了人民大学财政系。陈岱孙先生在被并入北大后不久，写信给王传纶，表示自己以后不拟讲授财政学了，希望王传纶做好接班的准备。就这样，从1953年开始，王传纶先生在中国人民大学从事了60年的财政与金融的教学研究工作。

从50年代初回国，到1978年改革开放，在这20多年时间中，中国的政治与社会在不停的震荡；王传纶先生与绝大多数知识分子一样，在这动荡不安的环境中，尽力做好自己分内的教学与研究工作，在系统讲授财政学课程的同时，与人大财政经济领域的同仁一道探索符合中国国情的财政、信用学科体系；译介一些国外的研究成果，其中代表性的如1957年译自俄文的《资本主义总危机时期的美英财政》等著作。在教学科研的同时他不断调适自己与社会的关系，调适自己的知识体系与新的社会经济形态的关系。由于与政治总是保持了适当的距离，也可能是天性对名利较为淡泊，与世无争，王传纶先生大体上平稳经历了历次政治运动，经历了下放江西劳动，经历了人民大学停办与复校。

改革开放以后：

1976年秋季以后，"劫后余生"的教授学者们陆续回到校园。当时人民大学正在准备复校，百废待兴，整个国家也是如此；政治上乍暖还凉，经济改革倒是可以先行一步。王传纶先生被邀请到对外经济与金融交往最前沿的中国银行协助研究与实务工作，当时中国银行的"调查研究处"叫"四处"，是现在的国际金融研究所的前身，工作人员只有4、5个人，以年轻人为主，大多对国外的情况不太熟悉。王传纶在这里协助工作了数年，整理了大量有关国际经济金融的最新研究与业务方面的资料，为自己开辟了一个新的研究领域，为中国银行培养了一支年轻的研究队伍，为此后的国际金融研究所成立起到了奠基性的作用。

大约在同一时期，在中央党校里面，一些党政领导人在为全面的改革开放做系统的理论与知识准备。王传纶参加了其中的"外国外资问题"专题研究小组，通过大量的英文、俄文资料译介和理论分析，为该项研究提供了技术支撑。

1978年中国的改革开放大业正式启动，引进外资是重中之重。一方面，中国需要外部的资金与技术，另一方面，外国投资者对中国的制度变革与投资环境也有顾忌，双方隔阂还比较严重，一些具体的技术性问题，例如如何避免重复征税，更是亟待解决。福特基金会提议办一次有关国际税收的研讨会，提供资金与技术支持，中方由财政部财政研究所牵头，王丙乾部长也很支持。于是1979年冬季，在大连的辽宁财金学院（即现在的东北财经大学）举办了中国首届涉外税收培训班。来自哈佛、哥伦比亚等大学以及一些律师事务所的税务律师，共十几位美籍专家，介绍国际税收体系，欧美的所得税制度、出口退税、如何避免国际投资的重复征税等问题，听课对象则是从全国选拔出来的中青年学者和各地税务局涉外部门的官员。课程历时数周，面对那些众多陌生的专业术语和概念，原本经验丰富的英文翻译很难应付，听众自然也茫然不解，课程几乎难以为继。恰好此时，财政部的许毅先生请来了王传纶教授，先是简要概括了外国专家所讲的内容，并阐发了自己对涉外税收的理解，同时也向外国投资者解释了在中国投资的风险与收益，解决了诸多困惑。准确的翻译、深入浅出的讲解，勾勒了涉外税收体系的基本框架，协助完成了中国国际税收知识的一次启蒙教育。此次培训活动结束后不久，全国涉外税收体系逐渐形成，增值税开始推行，外资企业所得税法起草与立法，全国高校纷纷设立了国际税收专业，北京、上海等地税务局陆续建立了涉外处，地处改革开放前沿的深圳成立了国际税收研究会并创办了国内第一本国际税收期刊《涉外税务》，王传纶老师成为该杂志的第一批专家顾问。

1980 年初，中国银行虽然有意挽留，但人民大学复校工作基本完毕，王传纶先生决定将工作的重点转回大学，将这里当作安身立命的一方净土，潜心研究，教书育人，达三十余年。

二、学术成就

1. 金融领域的贡献

自 80 年代初期以来，王传纶教授的研究方向聚焦于汇率和外资等国际金融问题，以及银行、资本市场以及宏观调控等有关金融体系的问题。

1982 年，他撰写的"汇价理论的探讨"（载于《经济思想史论文集》，北京大学出版社，1982）一文，首次系统整理了马克思、恩格斯著作中的汇率理论，全面评述了西方主流汇率理论。在此基础上，他深入分析了美联储当时采用的理论模型的缺陷，指出该模型以既有的外贸格局为依据，并假定进出口贸易是平衡的，不符合发展中国家的现实。据此，他主张人民币汇率的确定，应当着眼于中国经济的长远发展。"在宏观上，调整人民币汇率时应当优先考虑的，并不是外贸的盈亏，甚至也不是贸易收支是否平衡，而是国际收支加总是否平衡";"在微观上，目前最迫切的是如何在汇率政策上创造条件，使进出口企业能够合理经营和独立核算"。此后，王传纶教授又相继发表了《人民币汇率制度系统工程探索》（《国际金融研究》，1986）、《关于我国"七五"期间的汇率方针》（《外国经济管理》，1986）、《有关人民币汇率制度改革的几个问题》等一系列文章，对上述观点进行了更深入的阐述，并进一步把汇率调整问题同国内价格政策、国民经济的总体运行密切结合在一起考察。他研究汇率问题的方法、思路和主张，不仅被国内外学术界高度认可，而且受到国内外汇管理部门的重视。关于引进外资，王传纶教授一贯主张大力引进，同时也强调必须与国内经济改革、发展相协调，必须以追求国际收支长期动态平衡为原则。这些在改革开放初期即已提出的观点与分析，现在看来，依然具有较强的现实意义。

长期以来，王传纶教授跟踪研究中国金融体系问题，针对银行企业化、资本市场改革、金融宏观调控等发表了一系列论文，形成了一个关于金融体系整体改革的分析框架。例如《我国银行企业化的方式和步骤》（《外国经济管理》，1987）、《资金市场的完善和银行的企业化》（《外国经济管理》，1987）、《银行的企业化和对金融的宏观调控》（《外国经济管理》，1988）以及《向市场经济转轨过程中的金融控制》（《财贸经济》，1997）等，不仅具有重要的理论意义而且还有很强的实践意义。

20世纪80年代后期，王传纶教授与黄达教授不约而同地注意到美英等发达国家中央银行资金流量表的理论与实践价值，还在国内率先提议重视研究"资金流量分析"方法。1990年，他撰写的长篇报告《"资金流量分析"的方法及其在我国宏观经济调控中的应用》，详尽分析了这种方法的背景、结构和应用。这项研究不仅开该领域理论研究之先河，更为重要的是，通过王传纶教授亲自在中国人民银行的培训授课等方式，直接推动了政策实践。

在金融研究领域，王传纶教授的代表性译校论著包括《金融理论中的货币》（1994）、《货币金融学》（1998）、《货币经济学手册》（2003）等多部。1999年，已是耄耋之年的王传纶教授还指导年轻学者翻译出版美国《金融服务现代化法案》，并逐字校阅，撰写长篇导论，精辟阐释了该法案的背景、内容、意义以及对中国的影响。

2. 财税领域的贡献

在财税研究领域，无论是理论研究还是政策研究，王传纶教授均建树颇多。20 世纪 50 年代初期，他便翻译出版了《资本主义总危机时期的英美财政》一书，并开始系统收集资料，总结各国财政金融理论、制度与政策，希望为新中国经济建设提供借鉴；1981 年出版的《资本主义财政》（中国人民大学出版社，1981）一书，是新中国第一部全面介绍发达资本主义国家财政制度、理论、政策的专著，其中对社会主义经济改革和财政改革，也有精辟论述。例如，该书指出，"对不同形态国家的财政现象的分析和研究，都可以按照两条线索去做，一是国家同经济的相互关系，一是分配同生产、再生产的相互关系"，这是对财政现象可以分为财政一般和（与具体的社会经济形态相联系的）财政特殊，以及财政学的研究必须置身于国民经济大背景下这一观点的最早表述。此后，王传纶教授又相继发表了《外国财政问题》、《财政支出系统的控制和核算问题》、《政府预算制度中的制衡机制和效益核算问题》、《中国的税收政策》（英文）等大量论文，继续借鉴国外经验，探讨中国财政改革问题。1995 年出版的《当代西方财政经济理论》（商务印书馆，1995，合著）一书，更是将关于不同经济形态国家财政问题的分析和研究向前推进了一大步。

此外，王传纶教授非常重视对财政金融思想史的研究。由他编著的《西方财政金融思想发展》（西南财经大学出版社，1991）一书，资料翔实，条理清晰，论述精辟，将财政与金融熔于一炉，填补了新中国经济思想史的一项空白；另外，《漫谈市场与政府的关系》（《财贸经济》，1998）一文从经济思想史的角度，系统论述了西方国家以及社会主义思想体系中市场与政府的关系，同样具有较高的理论价值。

3. 财政金融教育与政策实践

六十年来，王传纶教授不离"三尺讲台"，始终坚守在新中国财政金融教育事业的第一线。由他主编的教材曾多次获得全国优秀教材省部级奖、国家级教学成果二等奖，北京市教学成果一等奖等国家和省部级奖项，个人也先后获得"吴玉章基金教学奖"以及"宝钢教育基金奖"等重要奖励。

在中国人民大学，王传纶教授是公认最负责、最认真、最严谨、最博学的教授之一。他学贯中西，知识渊博，毕生从事财政金融研究，对其理论体系、政策过程、发展脉络了然于胸。即便如此，在每一堂课之前，他都一丝不苟地准备教案，在教学过程中，以一种严谨务实、自由平等的学风，实践"传道、授业、解惑"的诺言。

"对于已经离校和正在攻读博士学位的学生，我衷心感到高兴的是，他们都一心一意地为祖国服务，并且都有进步。他们在校学习努力，不甘落后，进取心强；在工作岗位也都兢兢业业，埋头苦干。我自己未必是一个很够格的导师，但他们还是依靠自身的努力而成为合格的经济学博士和经济学者。"对于弟子，他有着慈父一般的爱。他在弟子们学位论文草稿上留下的动辄千言、密密麻麻的铅笔批注，不仅是学术的指导，学风的熏陶，更是人生态度的激励。

在王传纶教授的言传身教之下，他的多位弟子走上了重要的工作岗位，在各条战线上为新中国的财政金融事业贡献着自己的力量。

"长于精思又重于实践"是王传纶教授时常挂在嘴边的一句话，也是他长期以来致力于将经济理论应用于金融改革与发展实践，不遗余力为新中国金融规划与决策提供智力支持的真实写照。

王传纶教授担任全国政协第六、第七、第八届委员和经济委员会委员，以及中国金融学会、中国财政学会、中国国际金融学会常务理事、外国经济学说研究会理事、中国国际税收研究会顾问等职，为"走出校园"，用知识回馈社会提供了便利。

关于银行改革，王传纶教授提出了削减银行"特权"、积极推进企业化改革，增进我国银行业的竞争力；主张逐渐淡化乃至取消各专业银行总行在系统内纵向分配资金的作用，确立地区专业银行的金融企业中心的地位；关于资本市场，他提出了慎重、渐进，以及与银行间接金融协调发展的思路；关于宏观调控，他认为应当强化中央银行系统在调控信贷资金和货币流通，协调、指导资金配置方面的作用；而且特别强调，银行的企业化改革是宏观调控的微观基础，它与金融市场的发展、调控体系的建立是一个相互依存、相互促进的整体，等等。上述主张大多被政府决策部门采纳，并被应用于新中国金融改革的实践当中。

晚年的王传纶先生在纪念恩师陈岱孙的一篇文章中有这样一段话，"他们这一代知识分子，受民主自由主义教育的时间长，有自己的坚守坚持，但回到当时的中国，碰到实际情况，有些事不太可能去做，所以他们中的有些人就在学校里待了一辈子，守着这片干净的热土。对于搞人文社会科学的人来说，这是很不容易的。他们在这样一个环境学习打造出来，却在另外一个不同的环境中生活，对他们来说，有个适应的过程，但他们做得还好。"这段平实的文字，若看作是夫子自道，谁曰不宜？

2011 年，王传纶先生荣获刘鸿儒基金会颁发的"中国金融学科终身成就奖"，颁奖仪式上，年届九十的王传纶先生思路清晰地回顾了自己 70 年来经济学学习心得，从近百年世界经济潮起潮落的风云变幻，强调政府与市场良性互动的重要性，寄语年轻学子以国家民族复兴和人类文明进步为宗旨，以现实问题为导向，踏实研究；言辞恳切，听者动容。一起共事近 60 年的黄达先生则以"真有学问，有真学问"八个字高度概括了王传纶先生的治学境界，也准确表达了无数朋友、同仁和弟子的共同感受。

（瞿强 黄达）

参考文献

［1］王传纶：《王传纶自选集》，中国人民大学出版社，2007。

［2］王传纶：《王传纶文集——跌跌撞撞往前行》，中国人民大学出版社，2002。

［3］王传纶：《货币经济学手册》，经济科学出版社，2003。

［4］王传纶：《货币金融学》，中国人民大学出版社，1998。

［5］王传纶：《当代西方财政经济理论》，与高培勇合著，商务印书馆，1995。

［6］王传纶：《国际税收》，与朱青合著，中国人民大学出版社，1995。

［7］王传纶：《西方财政金融思想发展》，西南财经大学出版社，1991。

［8］王传纶：《资本主义财政》，中国人民大学出版社，1981。

［9］王传纶：《近年美国财政政策和收支状况变化及今后发展趋势》，载《财政研究》，1999（5）。

［10］王传纶：《外汇储备与通货膨胀：中央银行的对冲可行性分析》，载《财贸经济》，1998（3）。

［11］王传纶：《外汇储备来源：外汇收支和国际收支角度的分析》，载《国际金融研究》，1998（2）。

［12］王传纶：《怎样控制货币数量》，载《财贸经济》，1990（4）。

［13］王传纶：《发展中国家可供选择的国际收支调整战略》，载《国际金融》，1988（2）。

［14］王传纶：《国际对外债务的长期宏观分析》，载《经济理论与经济管理》，1982（2）。

第三十八章

叶世昌金融思想学说概要

叶世昌（1929—　），浙江台州人，复旦大学经济学院教授，博士生导师。1951 年毕业于复旦大学银行学系，留校任教。1952—1972 年在上海财经学院任教。1972 年起在复旦大学任教至今。曾任中国经济思想史学会、上海市经济史学会副会长，中国钱币学会理事，上海市钱币学会副理事长等。著作已出版的有《鸦片战争前后我国的货币学说》、《中国经济思想简史》、《中国货币理论史》（合著，有修订本）、《中国古代经济管理思想》（主编）、《中国学术名著提要·经济卷》（主编）、《近代中国经济思想史》、《中国近代市场经济思想》（合著）、《中国古近代金融史》（合著）、《中国金融通史》第 1 卷、《古代中国经济思想史》、《中国经济史学论集》等，发表论文 200 余篇。

叶世昌在货币金融学领域的成就主要集中在对中国货币金融史与货币理论史的研究。其治学特点既注意理论观点的学习和研究，又重视新史料的发掘和整理，在此基础上完成了两部金融史和一部货币理论史专著。他在此专著和有关论文中提出了不少新的论点，对前人研究中的某些不足之处作了修正和补充。

一、对若干货币理论的阐释

(一)若干货币理论问题

叶世昌的货币基本理论知识,来源于三个方面。一是马克思主义的货币理论,主要是学习马克思的《政治经济学》和《资本论》中的有关论述;二是西方经济学中的货币理论,包括日本学者学习西方形成的货币理论;三是中国历史上的货币理论,从古代到近现代,作了系统的发掘。三方面知识的融合和比较,形成了自己的一些认识。在此基础上,他发表过一些正名式的货币理论学术成果。主要是四个方面的问题:一是货币数量论,二是金属主义和名目主义,三是纸币和信用货币,四是货币本位制度。

1. 货币数量论

货币数量论亦称货币数量说,是货币理论研究者经常涉及的概念。货币数量论需要解决的问题是一国或一地区的货币数量多少是否影响这个国家或地区的物价,物价变动是由于货币数量的原因还是由于商品价值本身的原因。在西方资产阶级经济学中,货币数量论是一种非常流行的理论。就是西方经济学传入中国以前,中国历史上也早有自己的货币数量论。如唐朝陆贽说:"物贱由乎钱少,少则重,重则加铸而散之使轻;物贵由乎钱多,多则轻,轻则作法而敛之使重。是乃物之贵贱,系于钱之多少;钱之多少,在于官之盈缩。"[①] 西方的货币数量论到费雪(I. Fisher)时提出了一个著名的交易方程式($P = MV/T$)。P 为物价水平,M 为货币流通量,V 为货币流通速度,T 为商品交易总量。巧的是马克思也有一个公式,如用同样的字母表示,则为:$M = PT/V$。费雪的公式物价是结果,马克思的公式则以货币流通量为结果。有些初学经济学者没有搞清楚,还以为这两个公式是一样的。两个公式还有一个区别,则是费雪公式中的 M 包括金属货币和纸币,马克思公式中的 M 则仅限

---

① 陆贽:《陆宣公集》,卷二二,《均节赋税性恤百姓第二条》,浙江古籍出版社,1988。

于足值的金属货币。

马克思在《政治经济学批判》中对西方的货币数量论者进行了批判，但当时还没有"货币数量说"的名称，所以将有关这一节的标题定为"关于流通手段和货币的学说"。批评的对象有洛克、孟德斯鸠、休谟、李嘉图、詹姆斯·穆勒等。

新中国成立后，经济学家学习马克思主义，在货币理论上就对货币数量论持否定态度。有些学者虽持否定态度，却说不清楚为什么要否定的理由。或者表面否定，内心肯定。这表明需要对货币数量论有一个恰如其分的理论界定。

2. 金属主义和名目主义

金属主义和名目主义又分别称为货币金属论和货币名目论，是西方经济学中关于货币本质的两种对立的理论。金属主义者认为货币必须是金属商品，本身具有价值，以自身的价值来衡量商品的价值；重视货币的价值尺度职能，反对货币减重和价值符号流通；不了解货币的特殊社会性质，将货币和货币金属等同。名目主义者认为货币本身不一定有价值，或本身的价值不起作用，它在交换中只代表一种名义价值；重视货币的流通手段职能，赞成货币减重或不兑现纸币流通；认为政府的政策可以维持物价的稳定，即国家有确定货币价值的权力。

金属主义和名目主义理论在资本主义社会有较大的发展，但是否只在资本主义社会中才有呢？作为中国人，不能"言必称希腊"，只知道外国有这两种理论，不知道中国也有。因为不知道非资本主义国家也有这两种理论，经济学界就把它们定性为资本主义国家的两种关于货币本质的理论。这种不准确的定性长期未能改正。

至于对这两种理论的评价，一般较多肯定金属主义理论，而贬低名目主义理论。实际上货币史的发展最后的胜利者却是名目主义理论。当然这是就结果而言，并不表示名目主义在历史上都是起进步作用的，也不表示名目主义的理论比金属主义更加正确。

3. 纸币和信用货币

马克思根据西方国家的货币流通实际，将纸质货币符号分为两种：纸币和信用货币。纸币是指国家强制发行的不能兑现的货币符号；信用货币是指银行发行能兑换金属货币的货币符号，即兑换券。这种划分是从当时的货币流通实际中总结出来的。于是在后世的马克思主义经济学者中形成了一种看法，将纸币作为贬义词，将信用货币作为褒义词。而按一般的划分，则将纸币分为兑现纸币和不兑现纸币，或称兑换纸币和不换纸币。

在取消金属货币流通以后，已经没有兑现纸币和不兑现纸币之分，纸币只是纸质货币的意思，能稳定流通就是成功的货币，不能再以信用货币或纸币来定性。但人们的思想可能落后于实际，在同样是纸币流通的情况下，还想分出这种纸币是信用货币的性质还是纸币的性质。这只能在理论上制造混乱。

4. 货币本位制度

日本将关于货币制度的英语 standard 译为"本位"，这一译名由日本传入中国。货币本位制度有特定的内涵：必须有主币和辅币；主币是足值的，辅币是不足值的；主币为无限法偿币，辅币为有限法偿币；主币自由铸造，辅币不能自由铸造。此外还有公差、铸造费等规定。但中国历史上实行本位制度的时间很晚，时间也很短，实行银本位制的时间一共还不满三年（1933. 4 ~ 1935. 11）。

中国从明中叶开始，银的货币性不断增强。因此有的学者就把明中叶至1933 年的货币制度也称为银本位。但如果承认明中叶以后中国已实行银本位制，又如何解释 1933 年 4 月开始实行银本位制呢？这里显然存在着逻辑矛盾。本位制度是有特殊内涵的货币制度，不能将任何一种货币制度都说成是本位制度，这才是一种实事求是的态度，才能表现出中国历代货币制度的特殊性。

（二） 对上述问题的阐释

1. 货币数量论的适用范围

叶世昌通过学习马克思的《政治经济学批判》，认为马克思对货币数量论的批评仅限于贵金属货币流通条件下的货币数量论，并不包括价值符号的流通。这种货币数量论否定贵金属货币本身的价值，认为商品的价格完全决定于货币的数量，把贵金属货币等同于价值符号。而有些学者对批评货币数量论口是心非，原因之一是并没有搞清楚马克思批评的货币数量论的内涵，对货币数量论作了扩大化的理解。为了对马克思所批评的货币数量论作理论界定，叶世昌于《江海学刊》1963 年 7 月号发表《货币数量论问题》，又于《世界经济文汇》1989 年第 3 期发表《对货币数量论的一点思考》，为贵金属流通下的货币数量论正名。他指出贵金属货币流通下的货币数量论的主要错误有二：第一，无视金银本身具有价值，认为金银作为货币的价值在流通中形成，因此要受本身数量的影响。第二，看不到贮藏货币对货币流通数量的调节作用，即流通中货币过多时过多部分会进入贮藏，不会因过多而贬值。马克思非但不否定不兑现纸币流通的货币数量论，而且明确指出纸币的价值完全决定于纸币的数量。

叶世昌还认为即使在贵金属货币流通的条件下，也会出现物价受货币数量影响而变动的特例（马克思也提到过有特例）。例如鸦片战争前后因大量鸦片输入，白银外流，造成以银计价的物价下跌；1933 年 8 月起美国高价向国外购银，中国白银又一次大量外流，也使中国物价下跌。这些物价下跌可以用中国作为贮藏货币的白银不足，而且信用制度不发达，贮藏货币不易转化为流通手段来解释。不能说这是货币数量论。

还有，中国是长期用铜钱的国家，铜是贱金属，物价容易受铜钱数量的影响。故历史上常有钱多物价跌，钱少物价涨的记载。如唐人刘秩说："夫物重则钱轻，钱轻由乎钱多，多则作法收之使少；少则重，重则作法布之使轻。"① 这也是一种货币数量论，但对铜钱来说，这种因果关系是可能存在的。这一类观点自然不能与贵金属流通的货币数量论等同。费雪的数量论中的货币包括金属货币和纸币，将本身具有价值的货币和价值符号混为一谈。后来又有弗里德曼的货币数量论，则完全是针对纸币，又当别论。

---

① 刘昫：《旧唐书》卷四八，《食货志上》。"钱轻由乎钱多"原误作"钱轻由乎物多"。

2. 金属主义和名目主义源远流长，各有是非

叶世昌研究中国货币思想史，得出金属主义和名目主义这两种货币理论中国自古以来就已存在，而且在鸦片战争前后已发展得相当完整，所以不能定性为只是资产阶级经济学理论的结论。在 1963 年出版的《鸦片战争前后我国的货币学说》中，他说："金属主义和名目主义，虽然是资产阶级的货币学说，但不能认为它们只在资本主义条件下才开始产生。事实上，无论外国或中国，在前资本主义社会，也已经存在着这两个派别的对立了，不过在理论方面没有像资本主义社会发展得那样完备而已。"[①]

叶世昌研究中国货币理论史，以金属主义和名目主义理论的发展作为主线之一。到鸦片战争前后，先是王鎏提出行用纸币的主张，宣扬纸币万能，提出了种种理由为滥发纸币辩护，是典型的名目主义者。反对他的主张的有包世臣、魏源、许楣、许桩等，其中后三者是金属主义者，许楣尤为突出。因为王鎏的理论是通货膨胀的理论，故容易造成后世学者对魏源、许楣金属主义的全盘肯定。叶世昌则根据马克思对金属主义的批判，在肯定魏源、许楣主张在当时的进步作用的同时，也指出他们的理论并不是完全正确的理论。

3. 信用货币和纸币的划分已经过时

叶世昌认为："这种划分并不能适用于一切时代和所有国家。自西方国家取消金本位制以后，原来能够兑现的银行券已不再存在，而不能兑现的银行券又不是马克思所说的那种'纸币'。在这样的历史条件下仍坚持信用货币和'纸币'的区别实际上已不可能，一定要坚持就会在理论上产生矛盾。至于中国古代的纸质货币符号，则更难完全分清是信用货币还是'纸币'。"[②] 他主张将现代"纸币"视作中性词，无褒贬之意，不必为它是不是信用货币而操心。实际上既不会因称其为信用货币而提高人们对它的信任程度，也不会因称其为纸币而降低人们对它的信任程度。对历史研究来说，传统的兑现纸币和不兑现纸币的划分仍不失为一种比较恰当的划分。

4. 以银为货币不等于银本位制

---

① 叶世昌：《鸦片战争前后我国的货币学说》，59 页，上海人民出版社，1963。

② 叶世昌、潘连贵：《中国古近代金融史·序言》，2 页，复旦大学出版社，2001。

中国在明中叶开放用银后,逐渐形成了银、钱并行的货币制度,大数用银,少数用钱。于是有的学者认为中国已进入了银本位时期。叶世昌认为这是一种不严谨的说法,他指出:"1912 年梁启超曾说中国是没有货币的国家,理由是中国没有货币本位制度。这虽然是一种矫枉过正的说法,反过来也说明了货币本位应有其特定的含义。"[①] 中国用银时间虽然开始较早,但直到1933 年 4 月废两改元、实行不彻底的银本位制以前,都不能称为银本位制。在废两改元前,中国占统治地位的货币是银两,这是一种称量货币,称量标准各地不同,使用时要折合成虚银两(纹银、规元等)计算。银元虽也是货币,但大都要折合银两计算。银元不是主币,铜钱及晚出的铜元不是辅币,小银元也不是大银元的辅币,各有各的市场价格。连主、辅币都没有的货币制度,怎么能称为本位制度?所以叶世昌认为中国的银本位制只能从 1933 年废两改元时算起,以前的都不是。

还有一个问题是取消金属货币以后是不是进入了"纸本位"时期?1935年 11 月国民政府废除银本位制实行法币政策,当时就有经济学家称之为"纸本位"。"纸本位"不仅是中国经济学家的一种说法,外国经济学家也有此说。但是"本位"的意思是指以何种商品为价值尺度。纸币并不是以纸的价值作为价值尺度,所以不能称为纸本位。叶世昌主张将金本位制崩溃后的货币制度称为"纸币流通制度"。

(三) 掌握上述基本货币理论的意义

研究任何问题都必须掌握一些正确的基本理论,如果基本理论有误,则随之推导出来的理论观点必然会发生错误。以上是叶世昌比较重视的一些基本货币理论观点,它可供货币金融史研究者参考。

关于货币数量和物价,是人们经常触及的问题。货币发多了,所以物价上涨,是人们对物价上涨的一种最简单的解释。在纸币流通条件下,纸币超发会造成物价的上涨,这本来是常识,谈不上什么货币数量论。货币数量论

---

① 叶世昌、潘连贵:《中国古近代金融史·序言》,2 页,复旦大学出版社,2001。

是一种理论，它的原来的适用范围是在足值金银货币流通条件下如何解释物价的变动，是货币数量决定物价，还是商品数量及其价格决定货币流通数量。弗里德曼的货币数量论是完全以纸币为对象的，他建立了一个货币需求函数来说明货币数量和物价的关系。这也不属于纸币多发所以物价上涨的那种直观的反映。

关于金属主义和名目主义，因现在已进入纸币时代，所以人们对它的关注度已大为降低。但在历史上，这两种理论的对立时有发生。因为人们希望物价稳定，所以金属主义者往往得到研究者的好评。一种理论是否符合社会需要和理论本身的正确程度如何，并不能画等号，这是值得注意的问题。

关于信用货币和纸币，两者现在实际上已经没有区别。历史上的纸币有兑现和不兑现之分，这是划分信用货币和纸币的客观标准。现在金属货币早已退出历史舞台（现在的所谓"硬币"并不是历史上所说的金属货币），又何必在没有金属货币的时代突出以兑现为特征的信用货币的名称！

关于货币本位制度，这是有一定内涵的货币制度名称。明中叶至1933年实行废两改元以前的中国币制，可以称之为"银两货币"、"银两制度"，或直白地称为"以银为货币"、"用银"等，它是属于称量货币的范畴。如加上制钱，可以称为"银钱并用制度"。单指制钱流通则可称为"制钱制度"。总之，不宜称其为"银本位"，否则就无法同1933年实行银本位之说相衔接了。

二、黄金非货币化讨论

（一）初次参加纸币不代表黄金的讨论

马克思指出货币必须由有价值的商品充当，纸币是金属货币的符号。这一货币理论在当时是完全正确的。但是当金本位制度彻底崩溃以后，全世界都进入了纸币流通时期，纸币是否还代表黄金呢？在解放后的相当长的时期内，中国不少经济学家还坚持这一理论，认为人民币代表黄金。也有一些经济学家从实际情况出发，主张人民币并不代表黄金。因此多次发生人民币代表什么的争论，最后一次高潮是在 20 世纪 80 年代。

纸币可以不代表黄金，孙中山、朱执信、廖仲恺等都提出过，廖仲恺还提出"货物本位"的概念。薛暮桥在山东解放区负责经济工作时也说过货币不一定同金银联系，认为解放区实行的是"物资本位"。解放后薛暮桥仍坚持人民币不代表黄金。1979 年薛暮桥写有《关于人民币是否必须代表黄金的商榷》，附于《社会主义经济问题》中发表，于是 80 年代再次引起了人民币是否代表黄金的争论。

1964 年，叶世昌曾在《经济研究》发表一篇讨论文章，针对"人民币是一定量的使用价值的代表"的观点提出不同意见，指出这种观点在理论上难以成立，因为不同的使用价值在量上是无法进行比较的。他在文中提出："人民币的购买力既然是历史地形成的，那就得承认人民币客观上是一种货币商品的符号，代表着一种货币商品的价值。"[1] 这里有意不提人民币代表黄金，婉转地表示了他的黄金非货币化的观点。但又说人民币代表一种货币商品的价值，反映了谨慎的态度和理论上的不彻底性。

（二）对纸币不代表黄金的解释

在 20 世纪 80 年代的讨论中，叶世昌发表多篇文章，明确表示了自己的非黄金派立场。但他同非黄金派薛暮桥、李崇淮对纸币代表什么的理论解释不同，因此在非黄金派之间，主要是李崇淮和叶世昌之间又发生了多次商榷。

叶世昌的基本观点是金本位制崩溃以后的纸币已不代表黄金。如果纸币代表黄金，则黄金价格上涨就会引起物价下跌，而事实上黄金的价格与纸币的购买力成反方向变动，黄金与其他商品的价格成同方向变动，说纸币是黄金的代表违反了货币的基本概念。叶世昌虽然否定金本位制崩溃以后的纸币仍代表黄金，但认为马克思的基本货币理论仍要坚持。最重要的是，纸币不代表黄金以后，纸币仍在执行价值尺度职能，用它衡量商品的价值，但它不直接代表交换对象的价值（有些学者以为纸币不代表黄金以后，就直接代表

---

[1] 叶世昌：《中国经济史学论集》，602 页，商务印书馆，2008。

交换对象的价值，这是最主要的误区）。用多种商品来维持纸币的价值，这些商品对纸币的购买力起保证作用，但"保证"不是"本位"，因此不能将物资保证纸币购买力的办法称为"货物本位"、"物资本位"或"百物本位"等。本位是排他的，只能由一种货币商品担当，原来的金银复本位，实际上时而为金本位，时而为银本位。这是马克思已经论述过的。

"等分值"理论是说纸币代表商品总价值除以纸币的流通量乘流通速度所得的商数，即商品总价值的一个等分部分。李崇淮的论文在《中国社会科学》1982 年第 2 期发表以后，叶世昌即提出了不同意见，在《中国社会科学》同年第 5 期发表。意见共两条："第一，用这种办法计算等分值，是把纸币和商品作为两个整体看待，以商品总和为一方，以纸币总和为另一方，把商品交换看成是全体纸币交换全体商品的行为。可是商品流通的客观事实并非如此。在商品买卖中，纸币分别和各种不同的商品建立交换关系，在交换时纸币具有一定的购买力，这种购买力在流通中产生，而不是由分割商品的总价值而产生。这一点同金属货币流通时的情况一样。李同志认为在金币流通的情况下，'金币作为一般等价物所代表的价值，既是金币含金量的价值，也是社会商品总价值的等分值'。'也是'以下的说法是不能成立的。金币不可能代表社会商品总价值的等分值，它代表的只是它本身的价值。它和各种不同的商品相交换，分别给它们以价格。金币和纸币流通在这个问题上的区别，只是前者的购买力由商品和货币双方价值相比较而形成，而后者的购买力则排除了货币本身的价值因素。第二，商品的总价值是一个难以确定的概念。它是指一定时期内所生产出来的全部商品的总价值，还是指一定时期内进入流通的全部商品的总价值？如果是前者，生产出来的商品不一定都进入流通，有些可能根本实现不了价值，这些商品的价值要不要计入总价值内呢？纸币根本不与这一部分商品发生交换关系，这一部分商品的价值怎么能作为计算纸币价值的组成部分呢？如果只是指进入流通的商品的总价值，那么，哪些商品是进入流通的，只有在交换关系建立以后才知道，那时纸币所代表的价值早已客观存在了。"

以后双方继续进行多次讨论。叶世昌还提出了一些新的理论观点，如：

第一，每件商品的价格都反映商品的价值这一前提不能成立。认为每件商品的价格都反映商品的价值，实际上是把货币看成是商品价值的直接代表了。第二，"待实现商品总价格"不能作为决定纸币价值的一个因素。"待实现商品总价格"只是反映商品出卖者的主观愿望，能否实现其价格还得由市场来决定。"待实现商品总价格"和商品实际销售的总价格不是一回事，而且也不一定是商品总价值的反映。第三，将"待实现商品总价格"作为决定纸币所代表价值的一个因素，在理论上就会导致如下结论：所有商品生产者所生产的商品都是社会所必需的商品，所花的个别劳动都是社会必要劳动。

讨论中，叶世昌也作出了自己对现代纸币代表什么的解释："它既不代表任何一种具体的货币商品的价值，也不直接代表同它相交换的商品的价值，而是代表在流通中形成的、客观上存在的、没有货币商品实体的抽象价值……单位纸币究竟代表多少价值量，是无法计算的，它间接地反映在已经存在的价格体系中。"[①] 这一解释是对他 1964 年的"人民币客观上是一种货币商品的符号，代表着一种货币商品的价值"之说的进一步明朗化和准确化。

（三）这次讨论的重要意义

这次纸币代表什么的讨论意义重大，解放后对人民币代表什么的讨论有多次，以前几次都无结果而终。这次讨论仍由非黄金派代表人物薛暮桥的一篇文章而引起，参加讨论的资深的学者不少。虽然没有人出来下结论，但经这次讨论以后，已经过去了 30 年而无新的争论，说明问题已得到了解决，以后大概不会再有关于这个问题的大讨论了。因此应该算是一次已经取得成果的讨论。这成果就是明确现代社会的纸币已经不代表黄金的价值行使价值尺度职能了。

在讨论中，非黄金派之间也有争论。叶世昌和李崇淮之间的争论尤多。叶世昌的理论其实只是在马克思的商品交换理论中抽去了不再出场而实际上也不再起货币作用的黄金，其他有关理论仍然遵循马克思的基本货币理论不

---

① 叶世昌：《为什么说"等分值"理论是错误的？》，载《中国经济史学论集》，607 页，商务印书馆，2008。

变。其中最主要的是纸币所代表的价值绝不就是交换对象商品的价值，就像以黄金为货币时，货币只是代表黄金的价值，而不代表交换对象商品的价值一样。

三、中国古代纸币论

（一）中国古代国家纸币发展概述

纸币是中国发明的。叶世昌于 1984 年在《学术月刊》发表《论中国古代的纸币》一文，2002 年出版的《中国金融通史》第一卷中也有系统的论述。以下仅综述其关于中国古代的国家纸币的主要观点。

1. 两宋的国家纸币

中国最早的纸币产生于北宋四川（"四川"的名称产生于北宋末年，这里属于提前使用），名为交子。因李顺起义，官府不铸钱（四川用铁钱），民间流通手段不足，有些人想出了用交子（一种纸质凭证）作为交换媒介。也有资料说，真宗景德二年（1005）四川铸行大铁钱，钱重流通不便，于是民间用交子代替铁钱流通。私交子最初由店铺自由发行，信用度不足，于是推选16 家富户为交子户，负责发行和兑换。兑换时每贯需付 30 文。后来交子户有破产的，也有借此敛钱的，民间又有伪造交子的，因此常发生争讼。朝廷要地方官商讨对策，他们提出了收归官办的主张。仁宗天圣二年（1024）开始发行官交子，最高发行额为 1256340 贯，以 2 年为一界，界满换发新交子。从此，交子成为中国最早的国家纸币。

神宗熙宁五年（1072）起交子两界并行。徽宗崇宁年间对西夏用兵，滥发交子作为军费。崇宁元年（1102）至大观元年（1107）的 6 年间，增发交子约相当于原规定发行限额的 20 倍。大观元年换发新交子，以一贯新交子当4 贯旧交子，旧交子被贬值了四分之三。北宋政府又将交子改为钱引，扩大流通地区。崇宁五年，还发行一种称为小钞的纸币来收兑当十钱。

南宋的国家纸币有关子、会子（东南会子）、湖广会子、两淮交子、四川钱引、银会子、见（现）钱关子等。流通地区最广的是会子，绍兴三十年（1160）发行，以 3 年为一界。发行的目的主要是为了养兵①。绍熙年间（1190—1194）开始贬值，宁宗以后进入了恶性膨胀时期，使人民遭受了严重的经济损失。

2. 金朝的国家纸币

金朝的国家纸币主要是交钞，海陵王贞元二年（1154）开始发行。以 7 年为一期，期满换发新钞，每贯收工墨费 15 文。世宗大定二十三年（1183）改为按张计算，每张 8 文。自发行至大定二十九年（1189）为物价比较稳定的时期，后来逐渐贬值，最高面值达到千贯。末年不断用新钞折价调换旧钞，先后发行贞祐宝券、贞祐通宝、兴定宝泉、元光重宝、元光珍货（绫制）、天兴宝会等。每次换钞都以 1 比几十、几百或 1000 的比价换发新钞。这样不断换币，按新旧纸币比价累积计算，金末物价上涨了 200 亿倍以上②。

3. 元朝的国家纸币

元朝在蒙古时期即发行纸币。世祖中统元年（1260）发行中统元宝交钞。先禁止铜钱流通，至中统四五年间又禁止民间私相买卖金银，实行了单一的纸币流通制度。中统元宝交钞曾维持了十七八年的币值稳定，后来逐渐贬值。又先后发行至元通行宝钞、至大银钞、至正交钞等。单一纸币流通制度仅是法令上的，民间仍在私自行使金属货币。元顺帝至正十年（1350）开放用钱，至正十六年以后，交易只用铜钱。

4. 明朝的国家纸币

明朝于太祖洪武八年（1375）发行大明通行宝钞，禁止以金银为货币。二十七年禁用铜钱，也实行了单一的纸币流通制度。英宗正统初年开放用银，宪宗成化元年（1465）开放用钱。大明宝钞发行之初就开始贬值，后来一贯只值一文钱。开放用银后，白银成了主要货币。但明统治者却始终不肯宣布废除大明宝钞，因此终明之世，大明宝钞一直象征性地存在。大明宝钞流通

---

① 佚名：《皇宋中兴两朝圣政》卷六二，淳熙十二年七月癸未。宋孝宗说："会子之数不宜多。他时若省得养兵，须尽收会子。"北京图书馆出版社，2007。

② 叶世昌：《中国金融通史》第 1 卷，331 页，中国金融出版社，2002。

的失败，标志着中国古代国家纸币流通的基本终结。

5. 清前期的国家纸币

清前期的国家纸币只有在顺治八年（1651）至十八年发行的钞贯，每年12余万贯。清朝统治者注意到了纸币流通的历史教训，在消灭南明、实现了国家的基本统一（不包括台湾）后，就停止了纸币的发行。清初的钞贯可说是中国古代国家纸币流通的回光返照，除留下一点非常简略的文字记载外，就没有任何可资以参考的其他证据了。嘉庆十九年（1814）曾有侍讲学士蔡之定奏请行用纸币，受到嘉庆帝申斥，其中说："前代行用钞法，其弊百端，小民趋之若鹜……殊非利用便民之道。"① 这是清统治者对中国古代国家纸币流通的一个总结。

（二）维持国家纸币币值稳定的措施

封建统治者主要为财政利益而发行纸币，如果能够实行稳定币值的政策，使人民在纸币流通中得到某些好处（如有利于商品流通），或者虽有害处，而害处不大，这样的纸币流通还是应该予以肯定的。另外，主要为了财政目的，也不表明封建统治者就根本不考虑市场的需要。在政治比较清明、财政状况容许时，统治者会更注意维持纸币币值的稳定，因为这是纸币能正常流通的必要条件。

宋、金、元的国家纸币流通，确有一些币值比较稳定的时期。北宋官交子的发行初期按制度执行，币值稳定，到熙宁时才开始贬值。南宋会子发行之初就贬值，后经孝宗整顿，淳熙年间的会子一直保持稳定，孝宗也被后来的南宋人视为纸币管理的典范。金朝的交钞保持了35年的物价稳定时期。大定二十九年（1189）世宗即位，取消七年厘革制度，收敛无术，出多入少，才逐渐贬值。元朝在世祖中统元年发行中统钞以后，保持了十七八年的币值稳定。统一江南以后，政府的开支和纸币的发行数量大增，又放松了对纸币的管理，纸币的贬值就不可避免了。

---

① 孔昭明：《清仁宗实录》，嘉庆十九年辛未。台湾大通书局，1984。

中国古代的国家纸币，除稳定时少、贬值时多外，还有一个致命的弱点，就是印造技术差，纸币易损坏，易伪造，伪钞多，在流通中常有纠纷发生。人民持昏烂纸币向政府调换新钞时，不但要付工墨费，而且官吏乘机舞弊。其后果之一是使昏钞充斥市场，以致破损程度不等的纸币有不同的市值，加剧了市场的混乱。

中国古代维持国家纸币币值稳定的措施，有兑现（用钱币或金银），赋税收纸币，出卖茶、盐等商品，出卖官诰，以新纸币贬价收兑旧纸币，旧纸币作废等。

用来兑现的钱币或金银，一种是事先按制度准备的，另一种则是临时性的措施。按制度准备的钱币或金银，可以称之为准备金。封建国家的准备金制度是不彻底的，可能这一个时期有，另一个时期无，这一个地区有，另一个地区无，而且准备率可能过低。宋、元都曾设置过准备金。发行官交子的初期准备金占交子发行额的 28% 多。元初以金、银为准备金（主要是银），"钞有多少，银本常不亏欠。"[1] 随着政府开支的增加，以及元世祖随心所欲地对宗室、大臣们的赏赐，准备金不断被运走，"自废相权大法"[2]。至元十九年（1282）和二十四年曾两次整治钞法，都想恢复准备金制度。以后诸路准备金确有增加。但至元三十一年成宗继位后，各路平准交钞库所贮银936950两，只留下 192450 两为钞母，其余都运往京师[3]。这是第二批准备金大部分被运走的情况。从此以后，元朝的国家纸币完全成了不兑现纸币。还须指出的是，中统四五年以后，元朝已禁止金银流通，因此人们持钞向平准行用库兑换金银，实为一种商品买卖行为，买进和卖出有一定差价。兑到金银后只能贮藏，或者在需要货币时再将金银卖给官库，换取纸币行用。这种兑现同近代的银行券兑现是大相径庭的。

有些学者认为元朝单一纸币流通制度是很先进的。这样的以今鉴古不一定妥当。元代的纸币制度是市场经济和金融制度不发达的条件下，封建国家

---

① 王恽：《秋涧先生大全文集》卷八〇，《中堂事记上》，商务印书馆，1912。
② 王恽：《秋涧先生大全文集》卷九〇，《币便中三十五事·论钞法》，商务印书馆，1912。
③ 宋濂等：《元史》卷一八，《成宗纪一》，中华书局，1976。

凭借政治权力实现和维持的一种货币制度；现代的纸币流通制度则产生于高度发展的市场经济和金融制度条件下，国家只是顺应了取消金属货币流通的可能性和必要性而形成的货币制度。两者根本不能同日而语。

临时性的兑现措施，宋孝宗时运用得比较成功。乾道二年（1166 年），出内库及南库银 100 万两收兑会子。三年又出内库银 200 万两出售，收回会子焚毁。又实行税收钱、会各半的制度。通过收兑减少了会子的发行量，就使得孝宗统治时期出现了会子与现钱等价，"商旅往来，贸易竞用会子"的情况，甚至出现"楮币重于黄金"[①]的臣下阿谀之言。

各朝最常用的维持纸币币值稳定的措施则是通过税收回笼纸币。南宋时实行向国家缴纳货币赋税时，现钱、会子各半。元朝完全用纸币缴纳货币赋税。明朝则用户口食盐法等增加纸币的回笼。纸币对国家有法偿能力是纸币得以流通的前提条件，不过它并不足以保证纸币币值的稳定。因为用来向国家支付的纸币只占纸币发行量的一部分，如果纸币发行过多，用来向国家支付的部分所占的比重很小，即使通过税收回笼了一部分，而大部分仍壅塞在流通中，这样纸币还是会贬值。宋、金、元、明的纸币流通史都证明了这一点。

在中国古代，人们总结出维持纸币币值稳定的最基本的经验有两条：一条是兑现；另一条是对政府具有法偿能力并控制发行数量。两条中只要具备一条，就能使纸币正常流通。有时则两条交织在一起。这两条经验的提出，时间都很早。北宋徽宗大观年间，周行己即强调纸币必须兑现，而且指出维持纸币兑现，"常以二分之实，可为三分之用"[②]，即兑现准备金只需要占纸币发行量的三分之二。南宋孝宗提出："大凡行用会子，少则重，多则轻。"[③]着眼于纸币发行数量。以后，"少则重，多则轻"一直是中国封建社会中关于纸币流通的最流行的观点。

---

① 佚名：《皇宋中兴两朝圣政》卷五四，淳熙二年四月壬子。北京图书馆出版社，2007。

② 周行己：《浮沚集》卷一，《上皇帝书》，中华书局，1985。

③ 佚名：《皇宋中兴两朝圣政》卷六〇，淳熙二年四月壬子。北京图书馆出版社，2007。

（三）研究中国古代纸币流通制度的意义

中国货币制度历史悠久，而且从未中断，许多问题需要有人研究。关于中国古代的纸币流通制度，前人已有一些研究成果。叶世昌在前人研究的基础上，进一步发掘史料，通过分析比较，又有了一些新的发现和判断。例如肯定两宋和金、元各有过一段纸币流通比较正常的时期，纸币制度最失败的是明代，而在纸币管理上取得最大成功的则是宋孝宗。过去一般认为明中叶以后就没有大明宝钞的流通了，但有大量资料证明大明宝钞"病而不死"，一直受到一些有权势的太监的庇护，使它成为在市场上具有价格的商品，还因此产生了买卖大明宝钞的专业户①。以上所说情况并没有全都写入本文中，有兴趣研究者可以看参考文献。

还有一个现象也可分析一下。交子本来产自民间，是民间货币。自从改为国家纸币以后，改朝换代后总有国家纸币来继承，民间货币就难有发展了。南宋度宗咸淳元年（1265），"督州县严钱法，禁民间用牌、帖"②。牌可能是钱牌，包括铜牌（有实物留存）和竹、木牌，"帖"即纸帖子，是小面额纸币。禁民间用牌、帖就是禁止民间使用代用币。元世祖至元三十一年（1294）的官方文献提到，由于小钞不足，"致使民间以物易物，及私立茶帖、面帖、竹牌、酒牌，转相行使，非惟小民生受，亦且涩滞钞法"③。也是要禁止。但是到了明后期，大明宝钞仅是象征性的存在，民间不仅以用银为合法，而且钱票、银票等民间货币开始流通。至清前期，钱票、银票的流通更广。道光十八年（1838）清政府曾讨论要不要禁止钱票流通，多数督抚反对禁止。湖广总督林则徐指出："近来纹银之绌……犹借民间钱票通行，稍可济民用之不足。若不许其用票，恐捉襟见肘之状更有立至者矣。"④ 由此可见，中国古代的国家纸币和民间信用货币存在着互相排斥的态势。

---

① 叶世昌：《中国金融通史》第1卷，410～415页，中国金融出版社，2002。
② 脱脱：《宋史》卷四六，《度宗纪》，中华书局，1985。
③ 陈高华等：《元典章》卷二〇，《钞法、杂例》，天津古籍出版社，2011。
④ 林则徐：《钱票无甚关碍宜重禁吃烟以杜弊源片》，《林则徐集·奏稿》中册，599页，中华书局，1965。

四、论上海股市的第一次高潮和危机

（一）上海股市的兴起至第一次股市危机的爆发

上海开埠以后，外国的股份公司纷纷在上海设立。外商股份公司的股金主要来自外商，但允许华人入股。有股票就有股票市场。外商股份公司开设在先，股票买卖也由买卖外商公司的股票开其端。同治十三年六月十六日（1874 年 7 月 29 日）《申报》载："上海有西人买卖各公司股份，曾习以为常。然其法未必今买而即付银，或以一二月为期，甚至有以六月为期者。盖冀以博一昂价耳，于赌博固无少区别。"① 远期交割增加了投资股市的风险，具有很强的投机性，故有"于赌博固无少区别"之评。在同一篇记载中，还谈到外商股价的涨而复跌，使许多股票购买者遭受了损失。

在外国股份制的影响下，产生了中国第一批股份公司。先有官督商办的股份制企业，第一家是同治十一年底（1873 年 1 月）开办的轮船招商局。招商局先后分设保险招商局、仁和保险公司和济和保险公司，都公开招股。此外，光绪二年（1876）创设开平煤矿，五年创设上海机器织布局，六年创设天津电报局，八年创设平泉矿务局等。在此期间，外资股份公司继续增加。中国的许多民办股份公司亦闻风而起，但良莠不齐。

上海股市到光绪七年逐渐进入高潮。至这一年九月，轮船招商局的股票已升值 20%，开平煤矿股票已升值 10%②。人们发现了股票的投资价值，以购买股票为发财捷径。每一种股票发行，就纷纷争购，唯恐被他人捷足先登，买不到股票时还会发出怨言。

由于发财心切，许多购买股票者根本不去查一下发行股票的公司的底细，分析一下该公司有无前途，能否获利，以为只要股票到手，就稳操胜券。对股票的狂热追捧，使股价迅速上涨。光绪八年四月二十四日（1882 年 6 月 9

---

① 《股份折阅》，《申报》同治甲戌六月十六日。
② 《股份涨价》，《申报》辛巳九月初十日。

日）《申报》在《股价须知》中指出："至今日而风气日开，华人皆知股分之益，不但愿附西人之股，且多自设公司，自纠股分，大有蒸蒸日上之势。"

就总体而言，本期股价上涨至光绪八年八月达到了最高点。高潮时期，人们对股市充满了信心和希望。光绪八年四月二十八日（1882年6月13日），《申报》发表《劝华人集股说》，指出："此法既行，吾知中国之各商人无论大小，必皆不难获利，而且中国之美利亦将日事开拓，易见兴行……深愿此法之愈推愈广，而华人致富之术无异于泰西诸国，则由富而强，又何外侮之足虞乎哉！"同年七月十一日（8月24日），《申报》又发表《公司多则市面旺论》，也是一派乐观气氛。其中说："至于今日则风气大开，公司众多……人见公司之利如此其稳而且便，遂莫不幡然改图，一扫从前拘墟之成见……莫不争先恐后，踊跃投股……上海近来公司之多如此，则将来隆隆日上，夫岂让于泰西哉！"

光绪八年八月，上海第一家经营股票业务的金融机构上海平准股票公司应运而生。平准公司本身也是股份公司，招股10万两，分1000股，每股银元100两。平准公司成立时订有《章程》，《章程》前有《叙》。《叙》中说："人见轮船招商局与开平矿务获利无算，于是风气大开，群情若鹜，期年之内，效法者十数起。每一新公司出，千百人争购之，以得票为幸，不暇计其事之兴衰隆替也。然积而久焉，其弊有不可胜言者。"① 并说成立平准公司是要维持股市的正常发展，做到对各股份公司、买股票者、藏股票者、卖股票者及平准公司五方面都有利。

从《章程》看，平准公司开展以下业务：（1）对股票公平定价。逐日悬挂水牌，并送登《申报》。（2）买卖股票。一是当场交易，成交后平准公司收取佣金；一是委托买卖，订立委托合同，到期结账。（3）抵押股票。抵押时议定按股价几成抵押，以一月为期。期满不赎，由平准公司照市价出卖，卖价除去押息后归还原主。（4）购买新创公司股票。

平准公司以抵押股票为主要业务。《平准股票公司后序》② 分析抵押股票

---

① 《上海平准股票公司叙》，《申报》光绪八年八月十六日。
② 《申报》光绪八年八月二十三日。

之利，认为一年可获 2 分以外利息。平准公司创办人不知道抵押股票风险之大，如果股价跌到抵押价以下，抵押者就不会来赎取，而将损失转嫁给平准公司。

随着股市高潮而来的是股市危机。光绪八年八月下旬以后，股价一直呈下跌趋势，光绪九年尤为严重。九年底《申报》曾对 22 种股票该年正月和十二月的市价作了比较，得出贬值的有 20 种，升值的只有 2 种①。

光绪八年底至光绪九年，正是上海发生倒账风潮时期，倒账风潮和股市危机交织在一起。光绪九年正月初五日钱业开市，南市钱庄共 22 家，北市共 35 家，比去年南市约少一半，北市只有三分之一②。光绪十年初，南市钱庄开业的减至 11 家，北市减至 15 家③。关于股市对银根的影响，1983 年 11 月 1 日《字林沪报》指出："自去岁矿务及各公司大兴广招股份，忽然搁起银数百万两，而支绌情形乃昭然显露矣……纳股者非富家藏窖之银，乃市肆流通之宝……大抵皆钱庄汇划之银，平时存放与人有收回之日，一入各公司股份，永无可提之日矣。"④ 说明股市兴旺是发生倒账风潮的重要原因之一。而钱庄倒闭，银根紧蹙，又加剧了股市的危机。

以后股价继续狂跌。在股市危机中，平准公司也在劫难逃。当时因股票抵押贷款不能归还的控案很多，案牍堆积如山，不能断结。平准公司也因拖欠顺德矿局银两被告上了官厅。光绪十一年四月初，上海县知县审理此案，平准公司陈姓司账供称："一则因生意清淡，二则所抵进之各项股单，均因亏折，各抵户均不取赎。"⑤ 平准公司因收押股票而造成亏损，于此可见。

平准公司的成败可以从以下的一个细节中反映出来：从光绪八年九月十六日（1882 年 10 月 27 日）开始，《申报》的每日股市行情，都以"平准公司各股份市价"的名义发布；从九年三月初七日（1883 年 4 月 13 日）开始，《申报》的每日股市行情，取消了平准公司的冠名，但也未改用其他公司的名

---

① 《申报》光绪九年十二月二十六日。

② 《钱业减色》，《申报》光绪九年正月初六日。

③ 《钱业开市》，《申报》光绪十年正月初七日。

④ 转引自《上海钱庄史料》，50、51 页，上海人民出版社，1960。

⑤ 《再讯股银》，《申报》光绪十一年四月初三日。

义；再从光绪十一年五月初十日（1885 年 6 月 22 日）开始，《申报》的每日股市行情恢复冠名，但新冠名不是平准公司，而是"公平易公司"。这表明，平准公司的被信任度较高的时期只维持了约 7 个月，以后受危机之累，进入了勉强维持的阶段，维持了 2 年左右，终因经营彻底失败而倒闭了。

以后股份公司招股和股票买卖仍在进行，但已形不成气候。人们视购买股票为畏途，"言及公司股票，竟有谈虎色变之势"①。到宣统时才形成第二次高潮，随之又发生了第二次危机。

（二）当时社会上对上海股市危机的评说

对于这次股市危机，当时有不少文章作了评说。人们都肯定西方公司制度的先进性，值得中国仿效，是中国走向富强之路的有效途径。但是"华人不善效颦，徒慕公司之名，不考公司之实"②，以致一败涂地。

首先，中西创立公司的办法不同。光绪八年七月二十日（1882 年 9 月 2 日），《申报》发表《购买股分亦宜自慎说》，其中指出："西人实事求是，欲集一股分，必先度其事之可以有成，业之可以获利，而后举行。虽或时事不齐，亦有未尽得法之处，然断不至全系脱空，一无影响。华人则不然，竟有所创之业一无头绪，绝少依傍，而预先张大其词，广集股本，以为即日可以创成大业，而其实则全属空谈。"购买这种公司的股票不啻以石投水。次年钟天纬指出：西方成立公司先要禀请国家，由商部派员查勘核实，确能获利，始准开办。公司实行董事制，上下钳制，耳目昭著，自然弊无由生。中国"纠股者只须禀请大宪，给示招徕，刊一章程，绘一图说，海市蜃楼，全凭臆造"③。

其次，中西购买股票的动机不同。《购买股分亦宜自慎说》文中指出：西人在外贸易获利而回，则购买稳妥可靠股份为世业。可以传之子孙，自己亦可得月利，为食用行乐之资。而华人买卖股票，无异买空卖空，价稍增即出

---

① 《股份转机说》，《申报》光绪十年十月二十五日。
② 钟天纬：《刖足集外篇·扩充商务十条》。
③ 同②。

售。或乘其贵而卖出，待其贱而买进，如贱后不复贵，就因此而丧资。他们知道有一公司新创，就竞往附股，而对该公司之情形茫然不知。钟天纬则将这种买卖股票的行为概括为："本无置产业贻子孙之心，不过以股票低昂为居奇之计，卖买空盘，宛同赌博。"[1]

最后，中西买股者的心态不同。光绪九年又有文章[2]指出：西人在外，贸易多年，所获既丰，倦游而返，则择稳妥公司，购买若干股份珍藏，以为娱老之资，买卖股票并不多见。中国人购买股票则只求迅速获利，公司刚集股，就一鼓作气，争投股挂号。号额已满，欲购不得，则增价以求必得。风声一出，股票因而飞涨，而该公司还尚未开办。如数月或年余无开办获利信息，又恐不妙，急欲将股票减价抛出。一人减价，他人又以为该股份跌矣，遂致减价亦无人承受。股价就这样随着买股者的心理变化而涨跌无常，加剧股市的波动。

这些评说说明，中国的股票市场，一开始就受投机思想的支配。以办公司为名发行股票进行圈钱，是投机；不问公司之有无、好坏，以购买股票为发财捷径，也是投机。当时的论者已懂得区别股市的投资和投机，如上述钟天纬所说的"置产业贻子孙"是投资，"以股票低昂为居奇之计，卖买空盘，宛同赌博"是投机，他赞成投资而批评投机。实际上，外国股市创建初期也投机成风，但经过长期的发展，投资已成为主流。中国刚开始起步，既无基本的制度保证，又无正确的思想指导，结果画虎不成反类犬，学习西方经验而创立的股市竟成了投机者的渊薮。

上海股市的第一次高潮勃焉而兴，又忽焉而败，有极其深刻的社会原因。一个成功的股票市场要有完备的制度安排，要有健康的股民心态，还要有必要的社会经济基础和市场管理经验。这些都不是一蹴而就的。今天中国的股市仍受股市投机的严重困扰，有些情况是历史在重演。重温这一段上海股市的历史，应该是有意义的。

---

① 钟天纬：《刖足集外篇·扩充商务十条》。
② 《中国股份极宜整顿说》，《申报》光绪九年九月二十一日。

（三）研究本题的意义

现在有些人谈起中国股市，往往只考虑到新中国股市的历史，而没有想到旧中国就已经存在过。自然，讨论股市问题，不需要事事、时时都要联系到解放前的情况，但是完全不考虑、不了解当时的情况，也不能说是完整的中国股市知识。事实上，新旧股市既有区别，也有相通之处。例如说股市如赌博，这种比喻就不是产生于近年，而在上海有股市的初期，就已见于报端或文人的笔墨中。

研究上海早期股市的成果已有数种，成果各有特色。叶世昌的研究除注意搞清楚股市演变的过程外，还比较注重当时人们对股市的各种评说，并注意搞清楚一些事件的来龙去脉。如把买卖股票比喻为赌博，查有确实的出处。当时报刊上有对股价突然大涨大跌的原因的分析，以及应以何种心态参加股市的论述等，都可以古为今用，供现在的股民作参考。

在厘清事实方面，叶世昌的研究解决了一个过去未曾解决的问题。上海平准股票公司是华商的第一家股票买卖和抵押公司，创办人有必胜的信心，成立时大张旗鼓，先后在报纸上发表《上海平准股票公司叙》、《平准公司章程》和《平准公司后序》。平准公司在何时及为何关闭，一直是一个谜。叶世昌为解开这个谜而发掘出来一些资料，借此作出了自己的答案。答案是否完全正确，还有待于时间的考验。但到目前为止，这肯定是一个新的突破。

五、银行、钱业公会抵制 1931 年《银行法》

（一）1931 年《银行法》的公布和讨论

1931 年，国民政府曾着手制订《银行法》，因银行、钱业公会的坚决反对而失败。

中国于清末产生本国的银行业。与之相应，政府亦开始了银行法的拟订。光绪三十四年（1908）颁布《银行通行则例》、《殖业银行则例》和《储蓄银行则例》。《银行通行则例》为普通商业银行的条例。

北洋政府成立后，财政部于 1912 年 9 月 18 日宣布，在"则例未修正以前，仍暂照前清度支部奏定各种银行则例及注册章程办理"①。1914 至 1915 年间颁布《殖边银行条例》、《劝业银行条例》、《农工银行条例》等，但清末订立的《殖业银行则例》直到 1921 年 9 月才正式废除。1920 年曾拟订《修正银行法草案》和《银行法施行细则草案》，1924 年曾拟订《银行通行法草案》和《银行通行法施行细则草案》，都未施行②。

国民政府成立，由立法院着手拟订新的《银行法》。此法由立法院商法起草委员会负责制订，由立法委员、经济学家马寅初起草。《银行法》于 1931 年 2 月 28 日经立法院第 133 次会议修正通过，于 3 月 30 日以国民政府主席蒋中正和立法院代院长邵元冲的名义公布。《银行法》共 51 条，其完备性超过了上述其他各银行法。

马寅初是美国留学生，熟悉欧美银行立法。他草拟《银行法》意在完善中国银行制度，加强政府对银行的监管，整顿中国的金融秩序，以促进中国经济的发展。他想通过制订《银行法》以实现他的理想的银行制度和金融秩序，不愿和中国现存的银钱业的习惯行为准则妥协，这就使他起草的《银行法》不能不和中国的现实情况有很大的距离。因此《银行法》通过后就批评声四起，受到银钱业界的强烈抵制。

《银行周报》和《钱业月报》是分别由上海银行公会和上海钱业公会主办的刊物。在立法院通过《银行法》而尚未公布之时，两刊即开始发表文章讨论《银行法》问题。从 1931 年 3 月至同年 8 月，两刊发表讨论文章数十篇。《银行周报》发表的文章尤密而多。经过金融家和银行公会、钱业公会等工商团体的强烈抵制，《银行法》终于没有实行。

---

① 中国第二历史档案馆编：《中华民国史档案资料汇编》第 3 辑，《金融（一）》，19 页，江苏古籍出版社，1991。

② 蔼庐：《普通银行之意义》（续），《银行周报》第 15 卷第 10 号，1931。

（二）钱业、银行公会的反对意见

1. 钱业公会要求另订钱庄法

《银行法》第 1 条规定凡营下列业务之一者为银行："收受存款及放款；票据贴现；汇兑或押汇。营其中业务之一而不称银行者视同银行。"这规定的限制对象主要是非银行的金融机构，要把钱庄、银号、票号等非银行金融机构都归入《银行法》的适用范围，试图用单一的法令来进行规范。当时上海钱庄的势力还大于银行，对它们进行银行式的管理，不可避免地受到钱业公会的反对。于是上海钱业公会就向政府提出要求另订钱庄法。

1931 年 3 月上海钱业公会向中国国民党中央政治会议、国民政府蒋主席、立法院、行政院、财政部、实业部递送了要求另订钱庄法的呈文，呈文中强调了《银行法》不适用于钱庄的三点理由：第一，钱业放款以信用放款为主，如加以限制，工商消沉，可以立见。第二，要钱业股东将财产证明书呈报官府，就会心生疑惧，不愿出资营业，势必资金枯竭，民生益蹙。第三，若金融业必限于公司组织，定滋纷扰。在递交呈文的同时，上海钱业公会还通告国内各埠钱业公会，希望它们提出卓见，"作同声之请求，备政府之采择，树钱庄之基础"①。

对于信用放款，钱业界人士都十分强调其存在的理由。上海钱业公会常委秦润卿指出："扶助中小商人，所以预防大商人之垄断，实于农工有直接利益，尤与孙总理节制资本及农工政策相合。故限制信用放款，于钱庄固有窒碍，于社会先有莫大影响也。"② 楚声指出："限制信用放款，则资金有停滞之虞，而工商界将起绝大恐慌矣。"③ 苍生指出："今一方限制信用放款，使商店减少营运资金；一方限制土地抵押，使农民绝告贷之路。政府之目光何以全注于富商大贾，而于农民经济绝不顾及？"④ 蕴斋指出："钱庄信用放款，

---

① 上海钱业公会：《银行周报》第 15 卷第 10 号，《国内要闻》，1931。
② 上海钱业公会：《银行周报》第 15 卷第 11 号，《国内要闻》，1931。
③ 楚声：《钱庄与信用放款》，《钱业月报》第 11 卷第 4 号，1931。
④ 苍生：《银行法与金融业》，《钱业月报》第 11 卷第 6 号，1931。

以散放各处各户为主旨，并不专注于一业一隅，故偶有倒欠，不至动摇基本。况事前须经过严密考量，事后股东复负无限责任，谓直接危害存户利益，间接动摇社会金融，在钱业似未多见。"①

钱业界人士不甘心于《银行法》将钱庄处于银行的附庸地位。他们认为：民国以来"钱业当为国内金融界之重心"②。"银行在都市之发展，固有相当之成绩，然欲普及于乡镇，又岂一蹴之可几！而钱庄则无论都市与穷乡僻壤，则固已鳞次栉比。都市工商业之有赖于钱庄，固无逊于银行，而乡镇工商业之经济流转，则纯恃乎钱庄。"③ "即以上海而论，则钱业之势力，远较银行为大，一切工商业有赖于钱业之调剂者，亦远胜于银行。且其他如票据之清算，亦莫不有借重钱业之必要，故钱业之在目前社会情形下，确为不可少之金融机关。"④ 因此他们认为另订钱庄法有充分的理由。

上海钱业公会要求另订钱庄法，得到了各地行业公会的支持。南京、开封、杭州、南昌、天津、北平、常熟、平湖、南通等钱业公会以及汉口商会等纷纷发函响应。开封钱业公会还电恳中国国民党中央政治会议、国民政府立法院、行政院、财政部、实业部等，表示对上海钱业公会的呈文"极表赞同"，要求政府"俯准另定钱庄法"⑤。天津钱业公会也呈文"中央立法党政各机关……以作同声之请求"⑥。上海商会于4月2日举行第38次常务会议，议决电请立法院、财政部、实业部同意另订钱庄法。上海50余家同业公会也闻风而动，联名分呈中央党部和国民政府，请求从速另订钱庄法。

中国国民党中央政治会议第272次会议曾决议交立法院起草钱庄法，并经立法院第143次会议决议通过。但这决议受到商法起草委员会的抵制。6月1日马寅初在立法院总理纪念周作报告否定起草钱庄法的必要。他将钱业提出反对《银行法》的理由归纳为8个问题，逐一进行了解释或反驳。

---

① 蕴斋：《论信用放款》、《钱业月报》第11卷第6号，1931。
② 叔仁：《对于银行法之感想》、《钱业月报》第11卷第4号，1931。
③ 屠彦容：《读钱庄法是否必要后》、《钱业月报》第11卷第6号，1931。
④ 吴菊初：《钱业与钱庄法》、《钱业月报》第11卷第7号，1931。
⑤ 开封钱业公会：《银行周报》第15卷第13号，《国内要闻》，1931。
⑥ 天津钱业公会：《银行周报》第15卷第14号，《国内要闻》，1931。

于是,《钱业月报》6 月号又发表孟昭《读马寅初对于报告钱庄法之意见书后》进行反驳。同时,秦润卿和任国民会议代表的上海市商会常委王延松接受新声社记者的采访,发表意见。秦润卿表示:"马寅初先生系银行家,对于钱庄不免有隔膜之处。所发表之意见,或系就一方面观察。本人仍希望政府另订钱庄法。"王延松表示:"马寅初先生……主张之出发点,仍以银行为立场。实则银行在今日之中国,尚在萌芽时代,未能适合农业、商业上经济流通之需要。且钱庄性质又与银行不同……故本人极盼政府俟该业续行请求时,予以采纳,即为另订。"①

最后,上海钱业公会又正式向中国国民党中央政治会议、中国国民党上海市执行委员会、上海市社会局提交呈文,仍坚持原有立场。

2. 银行公会要求修改《银行法》

银行界对《银行法》的批评同钱业界的角度不同。银行界并不否定《银行法》,但对其中的许多条文提出了修改意见。从原则上说来无非是两点:一是对银行业的管理要求过严,会束缚中国银行业的发展,间接影响中国经济。二是不适合中国的现有条件,严重脱离实际,许多条文难以贯彻执行。

各种文章中,直接以银行公会名义提出的有三篇:北平银行公会委托前溪(吴鼎昌)撰写的《新银行法之研究》,刊于《银行周报》第 15 卷第 13 号;《上海、汉口、北平银行公会对于银行法意见书》,刊于《银行周报》第 15 卷第 16 号;《天津银行公会对于银行法意见》,刊于《银行周报》第 15 卷第 16 号。这三篇中,范围最广、分量最重的当推《上海、汉口、北平银行公会对于银行法意见书》,以下就以此篇(简称《意见书》)为代表说明银行公会对《银行法》的批评。批评内容共分为 20 条,择要综合为 5 点。

(1)银行定性问题。《意见书》提出将第 1 条的银行业务改为两条:"一、收受存款与办理放款及票据承兑或贴现;二、办理汇兑。"这样改的理由有四:第一,银行的受信业务及与信业务互相关联,"单有受信及与信两法律行为,不得称为银行"。第二,有存款及放款,若仅限于一时而无继续性及

---

① 《银行周报》第 15 卷第 24 号,《国内要闻》,1931。

普遍性，则法律决不能视为银行。第三，汇兑已包括押汇，无需另列。第四，票据承兑是银行的一项主要业务，与贴现市场最有关系。"欲促贴现市场之成立，非先提倡银行承兑汇票不可。欲提倡银行承兑汇票，非先授银行以承兑之权不可。"《意见书》的修改较原来的条文有很大进步，但将"办理汇兑"仍列为单独一条，邮局也办理汇兑，而邮局不是银行。《意见书》还指出，本条所包括的除专以兑换为业的小钱店外，所有全国城乡大小银行、银号、钱庄等，无论称银行不称银行，都要遵守此法。而在成立之时，即要受五种限制：须为公司组织；须拟定章程经财政部核准；须经财政部验资；须达到规定的资本数；股东应负所认股额的加倍责任。"揆诸事实，似不免窒碍难行。"

（2）银行资本问题。《银行法》第5条规定："股份有限公司、两合公司、股份两合公司组织之银行，其资本至少须达五十万元。无限公司组织之银行，其资本至少须达二十万元。前二项规定之资本在商业简单地方得呈请财政部或呈由所在地主管官署转请财政部核准。但第一项所规定者至少不得在二十五万元以下，第二项所规定者至少不得在五万元以下。"第6条规定："凡经核准登记之银行，应俟资本全数认足并收足总额二分之一时……经认为确实由财政部发给银行营业证书后，方得开始营业。"第7条规定："银行未收之资本应自开始营业之日起，三年内收齐，呈请财政部派员或委托所在地主管官署验资具证后备案。如于前项所定期限内未经收齐，应减少认定资本或增加实收资本，使认足资本与实收资本相符。"第38条规定："本法施行前业已开始营业之银行，其额定或认足而未收齐之资本，应于本法施行后三年内收齐之。"《银行法》规定的银行资本额过大是银行、钱业界的共同观点。《意见书》指出："查现在全国银钱号资本，不满二十五万元或五万元者不知凡几……若必责令无限责任者资本至少非五万元不可，股份有限、两合及股份两合者资本至少非二十五万元不可，全国各地方金融机关恐将无存在之余地……因此在都会商埠以外之地方，似应再予缩小其资本若干元以下。负无限责任者亦应另定例外，准其专在地方官厅立案，适用简单手续，俾地方金融业务，得有回旋之余地。"关于实收资本的规定，《意见书》认为："银行资本与其他工商业不同，重在负责之人，不重在实收之数。故定额宜大，而实收可小……今规定实收二分之一始能开业，已不为少，而责令三年内必须十足收齐，不问其需要与否，似与理论不符……其结果非使认资者急于移转权利，致所有股票及凭证市价大落，即银行自行减少资本，损失对外信用。二者均足以摇动金融基础，似亦非政府维持及发展金融事业之意。"

（3）股东责任问题。《银行法》第 5 条还规定："股份有限公司之股东及两合公司、股份两合公司之有限责任股东应负所认股额加倍之责任。"这规定和《公司法》有矛盾。1929 年 12 月公布的《公司法》第 112 条规定，股份有限公司"各股东之责任，以缴清其股份之金额为限"，而《银行法》却要股东负所认股额加倍的责任。《意见书》指出：禁止银行股东投资于各种工商业，和其他有限公司股东无异，何以独负加倍责任？"况我国银行尚在初步时代，提倡投资犹虞不及，一旦课股东以倍于所认股额之责任，必至投资者裹足。而在本法施行前业经设立之银行，尤难使其股东追认此项加倍之责任。"

（4）营业范围问题。营业范围除《银行法》第 1 条的规定外，第 9 条还规定："银行除左列附属业务外，不得兼营他业：一、买卖生金银及有价证券；二、代募公债及公司债；三、仓库业；四、保管贵重物品；五、代理收付款项。"第 10 条规定："银行不得为商店或他银行、他公司之股东，其在本法施行前已经出资入股者，应于本法施行后三年内退出之，逾期不退出者，应按入股之数核减其资本总额。"第 39 条规定："本法施行前兼营非本法所许业务之银行，于本法施行后三年内仍得继续其业务。"《意见书》指出这一规定过严。"若谓我国银行之资本薄弱，不宜兼营，然各种产业方在萌芽，其需要资力迥不如欧美之巨，银行力量或足以相应而有余。且社会游资苦无归着，若银行居中调剂，一方为实业谋发展，一方即为资本筹出路，相资为用，利益良多。"至于能不能作为他银行的股东，各国先例不同，大都视经济情况而定。"且事实上银行往往因抵押预过户或没收后过户之关系，一时为商店或他银行他公司名义上之股东。若绝对不许兼营，则一切股票银行将皆不能作押。"对于第 39 条，《意见书》指出：创业不易，收缩或转让更难。过去许可经营的业务忽然限期不得继续，可能会减少人们对新法令的信仰。"且事实上有若干银行，已兼营他业多年者（例如兼营旅行、运输、典当、保险之类），今限定继续年限只有三年，时间未免太促，办理必多纷扰也。"

（5）保证金问题。第 14 条规定："无限责任组织之银行应于其出资总额外照实收资本缴纳百分之二十现金为保证金，存储中央银行。前项保证金在实收资本总额超过五十万元以上时，其超过之部份得按百分之十缴纳，以达到三十万元为限。前二项之保证金非呈请财政部核准，不得提取。"第 15 条规定："保证金如经财政部核准，得按市价扣足，用国家债券或财政部认可之债券抵充全部或一部。保证金为维持该银行信用起见，得由财政部处分之。"《意见书》指出："银行资本贵在流通运用，今提资本百分之二十及百分之十为保证金，另行存储，则流通运用之效力未免减少。第十五条虽准通融以债票缴纳，而又规定得由财政部处分。在该银行尚未破产之前，奚须先处分其保证金？"对于无限责任的银行，"区区以投资额百分之二十及百分之十为保证，且满三十万元即免予再提，在事实上既转减其保证之力量，在理论上又失却无限责任之意旨，似非立法之本心"。不如对其全部资本及其他全部财产予以严格规定，似较符于法理，亦有补于事实。

（三）对抵制《银行法》事件的评析

抵制《银行法》事件失败的一方是政府，包括负责起草的马寅初在内；胜利的一方是银钱业及其行业组织银行公会和钱业公会。这是当时的事实。叶世昌对造成这样的结果作出了以下的评论。

《银行法》反映了马寅初对健全中国银行制度的理想。但他是在欧美银行法规的深刻影响下来设计中国《银行法》的，对中国的国情缺乏认真的思考，对中国银钱业在恶劣的条件下取得的进步不够重视，对当时国民政府的经济、金融管理能力估计过高，以致试图通过一纸法令来根本改变银钱业的现状。钱庄是中国土生土长的金融机构，对社会的发展起过积极作用。在清末中国银行业产生以前及产生初期，钱庄是主要的金融机构，有些地区的钱庄已经形成了一套行业管理制度。但钱庄确有其落后性，抗金融风险的能力不强，常发生倒闭事件。马寅初想消除其落后性，要把负无限责任的钱庄改造成为无限公司组织。但问题在于：首先，改为无限公司要受到资本额的限制，《银行法》规定无限公司资本至少须达 20 万元，在商业简单地区至少须达 5 万元。这对全国多数钱庄来说是难以办到的。其次，改为无限公司后，还要按银行的办法来操作，钱庄的传统习惯将完全改变，传统优势将很快丧失。这无异是宣告钱庄历史的终结。钱庄作为中国的一种传统的金融机构，在一定时期内有它存在的理由，不能因为国外无此种机构就不承认它的合理性。因此钱庄要求另订钱庄法是箭在弦上，不得不发。对于银行，《银行法》的规定也颇多脱离实际之处。凡此种种，使 1931 年《银行法》遭到了钱业和银行业的一致抵制，留下了一个失败的记录。如何从实际出发提出改革措施，是一个必须面对的问题。这一教训对所有学成归国的专家们都有重要的参考意义。

就国民政府而言，当时成立只有 4 年，全国并未真正的统一，政府的权威性很差，根本没有条件执行这种加强对金融业控制和严格管理的法令。如果当政者有自知之明，要想订立《银行法》，就应该采取草案的形式，广泛征求业内人士的意见，决不能贸然一开始就作为一个正式的法令公布，准备选定日期实行。正所谓欲速则不达，令出不行，自己和自己开了一个大玩笑。

中国的行业公会在 20 世纪 30 年代初风头正健，银行公会和钱业公会都有相当的实力，国民政府在它们的心目中并无太高的地位。这里不妨举一个例子来说明。1931 年 10 月 27 日，国民党宁、粤两方在上海举行"和平统一会议"。11 月 5 日上海银行同业公会（由银行公会改组）发表《对时局宣言》，敢于对国民政府作尖锐的批评，其中说："自民国十六年，国民政府成立……不意五年来，兵祸不能息，匪患不能止，天灾不能防，甚至党国自身亦复不能保持完整。卒为外患所乘，占领辽吉，震撼世界，国无以自存，民无以聊生。凡我国民，自问对党国之信仰，已五年如一日，而其成绩乃竟至如斯，实不能不感觉无穷之悲愤。"[1]

当时的银行公会既敢于在政治上对国民党和国民政府进行公开的指责，而对于直接涉及同业经济利益的有关经济政策，怎么会不奋起而力争！银行、钱业公会公然抵制《银行法》，政府作了让步，出现这种局面也不难理解了。

---

[1] 《银行周报》第 15 卷第 43 号，《国内要闻》。

然而，国民政府早有垄断中国金融之心，遇有机会，一定会乘机下手。这机会在 1934 年果然出现了。由于美国向海外高价收购白银，中国的白银大量外流，发生了严重的金融危机，金融业处境非常困难。1935 年，国民政府通过发行金融公债增加官股的方式控制了中国银行、交通银行及中国通商、中国实业、四明等商业银行，又以金融公债"救济"钱业，成立上海钱业监理会加强对上海钱庄的监管。至此，上海银行、钱业同业公会已再也没有力量和当局分庭抗礼了。

（叶世昌）

参考文献

［1］马克思：《政治经济学批判》，《马克思恩格斯全集》第 13 卷，北京：人民出版社，1962。

［2］李崇淮：《论当前的货币形式问题》，北京：中国金融出版社，1985。

［3］叶世昌、潘连贵：《中国古近代金融史》，上海：复旦大学出版社，2001。

［4］叶世昌：《中国金融通史》第 1 卷，北京：中国金融出版社，2002。

［5］叶世昌、李宝金、钟祥财：《中国货币理论史》，厦门：厦门大学出版社，2003。

［6］叶世昌：《中国经济史学论集》，北京：商务印书馆，2008。

第三十九章

厉以宁金融思想学说概要

厉以宁（1930—　），江苏仪征人。1955 年毕业于北京大学经济系。毕业后留校工作，历任资料员、助教、讲师、副教授、教授、博士生导师、北京大学经济管理系系主任、北京大学光华管理学院院长。曾任北京大学管理科学中心主任、北京大学国家高新技术开发区发展战略研究院院长、北京大学民营经济研究院院长、北京大学贫困地区发展研究院院长。现任北京大学社会科学学部主任、北京大学光华管理学院名誉院长。厉以宁教授目前还担任中国国际交流协会顾问、中国国际经济交流中心执行副理事长、中国企业投资协会副会长等职。厉以宁教授自 2003 年一直担任贵州省毕节试验区专家顾问组组长。

厉以宁教授于 1988 年至 2002 年历任第七、第八、第九届全国人大常委、全国人大财经委员会副主任、法律委员会副主任，2003 年至 2008 年任第十、第十一届全国政协常委、全国政协经济委员会副主任。

厉以宁教授主要从事宏观经济政策、经济思想史等领域的研究，在对中国以及其他许多国家经济运行实践进行比较研究的基础上，发展了非均衡经济理论，并运用这一理论解释了中国的经济运行，提出了中国经济发展的非均衡理论，并从中国经济改革之初就提出用股份制改造中国经济、再造中国微观经济基础的构想，并对"转型"进行理论探讨，主持了《证券法》和《证券投资基金法》的起草工作，这些都对经济学和中国经济改革与发展作出了重要贡献并产生了深远影响。

厉以宁教授因其在经济学以及其他学术领域中的杰出贡献享受国务院政府特殊津贴并多次获奖，先后包括第二届中国经济理论创新奖、"孙冶方经济学奖"、"金三角"奖、环境与发展国际合作奖（个人最高奖）、第十五届福冈亚洲文化奖——学术研究奖（日本）等。1998 年荣获香港理工大学授予的荣誉社会科学博士学位。

厉以宁教授学术成果丰硕，主要著作包括：《体制·目标·人：经济学面临的挑战》、《中国经济改革的思路》、《非均衡的中国经济》、《中国经济改革与股份制》、《股份制与现代市场经济》、《经济学的伦理问题》、《转型发展理论》、《超越市场与超越政府——论道德力量在经济中的作用》、《资本主义的起源——比较经济史研究》、《罗马——拜占庭经济史》、《论民营经济》、《工业化和制度调整》等。关于他的金融思想学说，按其著述发表的时间顺序，概括于后。

一、宏观经济调节中的金融手段选择论

（一）宏观经济调节中，金融手段选择论的含义和内容

厉以宁教授在《中国社会科学》（1985 年第 4 期）发表的题为《试论我国现阶段金融手段对宏观经济的调节作用》论文中，提出现阶段有必要把对投资信贷额及其增长率的控制，以及对货币供应量增长率的控制作为宏观经济调节中的主要手段。为什么要作出这样的选择？

1. 在我国现阶段，投资缺乏利率弹性，或只有低的利率弹性。他指出："投资之所以缺乏利息弹性，无疑有经济体制方面的原因。假定企业并未真正成为相对独立的经济实体，企业不是自主经营、自负盈亏的社会主义商品生产者和经营者，那么利率的调整和企业的利息费用的变动不可能成为调节企业投资额的重要因素。但在这里不准备就体制方面的问题展开论述，想要探讨的是体制以外的原因。比如说，如果实行体制改革以后全民所有制企业成

了自主经营、自负盈亏的商品生产者和经营者，投资是否不再缺乏利息弹性或投资的利息弹性就会立即变得较大了呢？看来未必如此。这是因为，在一个可供信贷的资金总量有限，而企业又几乎普遍地迫切需要增加投资，以改造旧技术、旧设备，购买新技术、新设备，对企业来说，首先考虑的是能不能取得银行的贷款。至于需要为这些贷款支付多少利息，以及由此而付出的利息费用是否会成为企业的过重的负担等，则是次要的问题。假定企业认识到利息率的上升会使企业成本增大，从而会影响企业产品的销售的话，那么企业很可能采取这样的对策，即加速企业资金的周转，降低生产资源的消耗，改进产品的质量，增加产品的花色品种等；但企业是不愿放弃可以取得信贷的机会，而减少投资的。这种情形在集体所有制企业、个体工商户、农村专业户等自负盈亏的单位对待银行贷款和利息率的态度上，则反映得比较明显。所以说，在我国现阶段，即使通过体制改革，使全民所有制企业成为自主经营、自负盈亏的商品生产者和经营者，但全民所有制企业的投资仍然可能缺乏利息弹性或只有较低的利息弹性。没有理由认为投资的利息弹性会发生重大的变化。当然，这是把全民所有制企业作为一个整体来看待的，并不排斥这一现象的存在，即少数全民所有制企业会把利息率的变动当做企业投资决策中的首要因素，或比较重视企业的利息费用的增减。"[1]

根据上述分析，在厉以宁教授看来：第一，如果企业迫切需要增加投资，而投资资金的供给总量却是有限的，那么企业认为更为重要的是资金的筹集，而不在于取得资金的代价。因此，投资将缺乏利息弹性或只有低利息弹性。第二，如果企业在降低生产成本和提高经济效益方面存在着较大的潜力，而只要增加投资就能够使这种潜力发挥出来，使降低生产成本和提高经济效益由可能变为现实，那么企业认为更为重要的是投资以后的实际收益，而不在于取得资金的代价，因为前者将大大超过后者。这种情况也会使投资缺乏利息弹性或只有较低的利息弹性。

2. 在我国现阶段，消费（连同储蓄）具有较大的利息弹性。厉以宁教授

----

① 厉以宁：《试论我国现阶段金融手段对宏观经济的调节作用》，载《中国社会科学》，1985（4）。

指出："消费（连同储蓄）之所以有较大的利息弹性，是与我国现阶段消费和储蓄的特点有关的。我们不妨先对储蓄进行分析。要知道，假定居民的储蓄存款是准备用于养老、生活保障、子女未来受教育等方面的，那么这一部分储蓄存款对于利息率变动的反应是不敏感的。因为储蓄者在这种情况下一般不会由于利息率的上升或下降而立即相应地改变自己储蓄的目的和变更储蓄存款的数量。另一方面，假定居民的消费习惯已经形成，消费结构已经定型，或者居民对生活需要的一些耐用消费品的持有量已经接近于饱和状态，而把手头的货币作为消费后的真正余额而存入银行，并不因利息率的变动而在消费与储蓄之间重新作出选择，那么这一部分储蓄存款也是缺乏利息弹性或只有较低的利息弹性的。此外，还应当考虑到这样一种情况，即假定储蓄存款的持有人或现金的持有人对经济失去信心或对吸收储蓄存款的银行不再具有信任感，那么在这种极端的条件下，利息率的变动也不可能使储蓄存款的持有人继续保持其储蓄存款，也不可能使现金持有人将手头的现金存入银行。"[1]这就是说，在厉以宁教授看来，作为消费后的真正余额的货币存入银行后可能不受利息率变动的影响或只有较低的利息弹性。问题在于人们的货币收入作为消费支出后所剩余的，并非作为消费后的真正余额，而只不过是作为消费的暂时替代形式的储蓄存款，他指出："这一部分储蓄存款具有较大的弹性。这是因为，随着近几年来经济的增长和居民平均收入的上升，随着商品经济的发展和经济开放程度的提高，居民的消费结构正处于变动的过程中，居民的旧的消费习惯正在逐渐让位于新的消费习惯，而居民所爱好的、愿意购买的耐用消费品仍然供应不足，居民对这些耐用消费品的持有量远没有接近饱和。因此，作为储蓄存款的货币中有相当一部分并不是消费后的真正余额，而只是一种对未能及时满足的消费的暂时的替代。对储蓄存款者来说，这种性质的储蓄存款就是一种暂时被延期的消费支出。即使我们也可以把准备用于养老、生活保障、子女受教育费用等方面的储蓄存款看成是一种延期的消费，但它们是正常的延期消费，而上述性质的延期的消费则是暂时的，

---

[1] 厉以宁：《试论我国现阶段金融手段对宏观经济的调节作用》，载《中国社会科学》，1985（4）。

只要利息率有所变动，这种储蓄存款就会相应地发生变动。"①

3. 在投资利率缺乏（或者较小）弹性和消费（连同储蓄）具有较大弹性的情况下，采取用直接控制投资信贷额及其增长率的方式来影响投资总量变动，是宏观调控中可供选择的较好的金融手段。这不仅在影响投资总量的变动方面有它的优点，而且在影响部门、地区、企业之间的投资分配比例方面，投资信贷额及其增长部分的分配比例的直接规定也将会优于差别利息率政策。厉以宁教授进一步指出，储蓄存款利息率的升降可以调节现期的社会消费支出，但对消费支出的调节不等于居民可支配收入总量的调节。他说："居民可支配收入总量可以分解为居民的消费支出、居民的储蓄存款和居民手头的现金持有额三大部分。通过储蓄存款利息率的升降而进行的调节，是指对于居民可支配收入总量内部三个组成部分（即消费、储蓄存款、现金持有额）之间的比例关系的调节。这种调节虽然是宏观经济调节的一个方面，但它不等于对这三个组成部分的总和（即居民可支配收入总量）的调节。而对其总和的调节应当被认为更加重要，因为宏观经济中的消费基金失控，首先指的是居民可支配收入总量的失控。在居民可支配收入总量为既定的前提下，我们才有必要去调节居民可支配收入总量内部各个组成部分的比例关系。"② 这就是说，在厉以宁教授看来，利息率的调整可影响居民可支配收入总量，但这种影响是有限的。所以，要调节居民可支配收入总量必须选择其他更有效的金融手段。

4. 现阶段调节居民可支配收入总量的有效手段是控制货币供应量的增长率。厉以宁教授指出："正如对社会投资总量的调节既可采取财政手段，也可采取金融手段一样，对居民可支配收入总量的调节同样可以采取财政与金融两种手段。就对社会投资总量的调节而言，直接控制投资信贷额及其增长率应是现阶段的主要金融手段，利息率的调整是次要的。只有随着投资的利息弹性的逐渐增长，利息率的调整才会变得日益重要。而在调节居民可支配收

---

① 厉以宁：《试论我国现阶段金融手段对宏观经济的调节作用》，载《中国社会科学》，1985（4）。

② 同①。

入总量时，就金融手段而言，现阶段的有效手段是控制货币供应量的增长率。虽然对货币供应量增长率的控制也可以影响投资总量，但我在这里所要强调的是它对居民可支配收入总量的影响。"①

怎样通过控制货币供应量的增长调节居民可支配收入总量？厉以宁教授分析了货币供应量增长率与国民产品的净增长率之间的关系，以及国民产品净增长率与职工工资和奖金收入增长之间的关系。他指出："对货币供应量增长率的控制，以国民产品的净增长率为依据。把货币供应量增长与国民产品净增长直接联系在一起，并由后者来决定前者，可以使货币供应量的变动有一个可靠的物质基础。尽管在现实经济生活中，这二者的增长并不十分一致，存在着货币供应量变动滞后的问题，但只要事前考虑到这种滞后性，并且不一定按照长期不变的固定比率来确定国民产品净增长基础上的货币供应量的增长，而是根据国民产品的不同构成情况来确定国民产品净增长率与货币供应量增长率之间的不同比率，那么货币供应量增长率的控制仍然是有根据的，而不是随意性的。"②

"为了使职工工资和奖金收入的增长不至于过度，从宏观经济的角度来看，除了需要运用财政手段之外，对货币供应量增长率的控制将发挥其作用。这就是说，职工工资和奖金收入的增长必须以国民产品的净增长为先决条件，而且必须被严格限制在国民产品净增长水平以下。如果职工工资和奖金收入的增长超出了这一预定的范围，那就意味着超出了货币供应量增长所容许的界限，从而国民经济中就会出现货币供应不足的情况。即使国民经济中货币供应的不足并不直接影响发放职工工资和奖金的生产单位关于增加工资和奖金的决策，但就整个经济来说，由于货币供应量的增长受到了限制，经济趋于紧缩，这就有可能防止消费基金的继续增长及其继续给予市场以压力。反之，如果不实行以国民产品净增长为基础的对货币供应量增长率的控制，那么一旦职工工资和奖金收入的增长超出了上述国民产品净增长的界限，消费

---

① 厉以宁：《试论我国现阶段金融手段对宏观经济的调节作用》，载《中国社会科学》，1985（4）。
② 同①。

基金的失控将会加剧，由此造成的需求膨胀也必将引起通货膨胀。这正是控制货币供应量增长率这一调节方式的优点。"① 这就是说，在厉以宁教授看来，货币供应量的增长率以国民产品的净增长率为依据，货币供应量的变动就有可靠的物质基础，而职工工资、奖金、收入的增长以国民产品的净增长为先决条件，这样，职工工资和奖金的增长就能被严格限制在国民产品净增长的水平之下，而要实现这一点，必须限制在货币供应量增长所容许的界限内。

（二）提出宏观经济调节中金融手段选择论的历史背景和社会环境

厉以宁教授 1985 年提出对这一问题的讨论，在这以前即 1984 年 10 月中共中央作出了《关于经济体制改革的决定》（以下称《决定》），在这个《决定》中，确立了中国社会主义经济是有计划的商品经济，提出了"增强企业活力是经济体制改革的中心环节"，"要使企业真正成为相对独立的经济实体，成为自主经营、自负盈亏的社会主义商品生产者和经营者，具有自我改造和自我发展的能力，成为具有一定权利和义务的法人"，并把城市作为重点确立为经济体制改革的中心环节，围绕这个中心环节明确处理国家和全民所有制企业之间的关系就是扩大企业自主权。在宏观调节方面《决定》提出："要善于在及时掌握经济动态的基础上综合运用价格、税收、信贷等经济杠杆，以利于调节社会供应总量和需求总量、积累和消费等重大比例关系，调节财力、物力和人力的流向，调节产业结构和生产力的布局，调节市场供求，调节对外经济往来，等等。我们过去习惯于用行政手段推动经济运行，而长期忽视运用经济杠杆进行调节。学会掌握经济杠杆，并且把领导经济工作的重点放到这一方面来，应该成为各级经济部门特别是综合经济部门的重要任务。"

应当说 1984 年 12 月中共中央《关于经济改革的决定》是作为执政党的中国共产党指导我国经济改革的纲领性文件，是中国共产党人智慧的结晶，它要求全党、全军和全国各族人民认真学习《决定》，贯彻《决定》精神，

---

① 厉以宁：《试论我国现阶段金融手段对宏观经济的调节作用》，载《中国社会科学》，1985（4）。

开创中国社会主义现代化建设的新局面。对此，人们不仅有一个学习的过程，认识的过程而且有一个接受的过程。尽管作出了关于经济改革的决定，在经济体制没有转变以前人们只能按原有习惯的思维办事。1985 年是实行第六个五年计划的最后一年。在第六个五年计划中，各部门都贯彻执行计划经济为主、市场调节为辅的原则，把大的方面用计划管住，小的方面放开，主要通过工商行政管理和运用经济杠杆加以制约。那时主要的经济活动都由政府集中统一管理，特别是对固定资产投资的规模和方向、重大项目、消费基金的增长，都必须按计划严格控制。从金融（主要是银行）部门来说，那时，主要是力争超额完成存款计划，严格控制放款计划，保证信贷收支平衡，防止信用膨胀，控制货币发行。人民银行总行在《关于调整存、贷款利率的报告》中指出："目前，银行存款、贷款利率存在的主要问题，一是对企业单位没有设立利率较高的定期存款，不利于多筹集资金。二是存款、贷款利率都比较低，不利于促进企业加强经济核算，节约资金使用。三是利率档次少，没有按照贷款用途和期限长短确定不同的利率，不利于促进企业加速资金周转。四是利率没有集中管理。" 1955 年 8 月人民银行总行在《关于调整现行利率的请示报告》中指出："对社会主义企业规定适当的利率，其作用在于推动国家经济计划的完成，促进企业节约和合理地使用流动资金，加强经济核算，同时并增加一定的信贷资金积累。如利率规定偏高，则不利于企业降低成本；如利率规定过低，则不利于鼓励企业加速资金周转和经济核算。"

可见，多少年来，我国银行利率的改革都是围绕着怎样促进企业加强经济核算，节约使用资金，加速资金周转来考虑问题的。这就是说，我国利率杠杆的作用基本上是局限于微观经济，而没有把它主要摆在调节宏观经济上。所以，值得研究的问题是：要不要使我国的利息率成为调节资金流向，控制资金供求的杠杆。当时，这个问题还不能为更多的人所接受，他们认为在中国社会主义计划经济下，资金应当由银行有计划的集中供应，利率的高低对银行信贷资金来源与运用无制约作用，提高利率不能紧缩银根，降低利率也不能放松银根。可是经济体制改革的现实是：在企业自主权扩大、自有资金增多的条件下，资金在地区间、部门间、企业间流动；新技术的发展，技术改造和竞争的需要，企业要求提供更多的资金；第三产业及其他事业的建设和发展要求国家从资金上支持，特别在财政投资、自筹资金有限的条件下，要求以信用方式给予更多的支持；其他信用形式如国际信用、商业信用、租赁信用有了发展，特别是入股筹资更是方兴未艾，它跨越了地区、行业，涉及到了不同的单位和个人。总之，经济体制改革的现实是强化了资金供给和需求的不平衡性，由于信用形式的发展扩大了资金的流向，增加了资金流动的渠道。在这种情况下，如果不运用经济杠杆来引导，还是照老办法，银行坐等存款，按计划贷款，想集中分配资金也实现不了。因为信用不完全集中于国家银行，而且筹集分配的资金绝大部分只改变了使用权，没有改变所有权。因此，如何调节资金流向，控制资金供求，不是将来要讨论的问题，而是已经提到当时议事的日程上。

（三）宏观经济调节中金融手段选择论的价值和意义

在中国现阶段，宏观经济调节，离不开金融手段。但宏观经济利用金融手段调节，要有条件。在现代凯恩斯主义的某些代表人物有关宏观经济调节的理论中，假定投资有较大的利息弹性，而消费（连同储蓄）则缺乏利息弹性或只有低的利息弹性。这些假定条件在一定程度上符合现代资本主义国家的情况。现代资本主义国家通过中央银行调整利息率对经济的调节，也往往以这些假定条件作为制定具体措施的出发点。然而在当前我国社会主义经济中，却很可能与此相反，即投资缺乏利息弹性或只有低的利息弹性，而消费（连同储蓄）却有较大的利息弹性。如果投资缺乏利息弹性或投资的利息弹性较低，那么银行提高对生产单位放款的利息率，就不大可能起到紧缩投资，从而使总需求减少的作用；或者，想要通过利息率的调整来调整投资额，就要使利息率有较大幅度的升降。利息率升降的幅度与投资调整的幅度是不相称的。所以，提出金融手段选择论的价值，首先在于宏观经济调节的条件论。

其次，金融手段选择论的提出符合现阶段中国的实际情况。在投资缺乏利息弹性或者只有低利息弹性的情况下，在宏观经济调控中利用利率手段是有局限性的，甚至不能起到应有的作用，中央银行应把直接控制投资信贷额及其增长率作为调节投资总量的主要金融手段。随着经济的发展和发挥利息率调整在影响投资总量变动方面作用的有利条件的形成，也就是随着投资的利息弹性的逐渐增大，中央银行可以把直接控制投资信贷额及其增长率和调整利息率二者并重，使它们共同成为控制投资总量的有效手段。如果再发展下去，投资的利息弹性更大一些，则有可能把利息率调整作为控制投资总量的主要手段。所以在讨论中央银行对投资总量的影响及其措施时，应当考虑上述阶段性。就现阶段（21 世纪前 10 年）而言，2008 年国际金融危机以后，为了复苏和振兴经济，不少国家都采取了宽松的货币政策，不仅美国推出了三次量化宽松的货币政策，而且日本等发达市场经济国家也步其后尘，通过增大货币供给去推动经济增长。多年以来，我国政府实行的是积极的财政政策和稳健的货币政策，在这样的财政货币政策的推动下，我国货币供给增长率持续提高，货币供给量迅速扩大，与 GDP 的比率已经达到 1.8 ~ 1.9∶1，也就是说货币供给量接近 GDP 的两倍。基于这样的状况，在宏观经济调控中，怎样看待货币供给量的增长是一个急需关注、考察和研究的重大问题。厉以宁教授在四十多年前就关注了这一问题，并进行了考察和研究，指出货币供应量可以作为宏观经济调控的金融手段，而且应当作为宏观经济调控的主要手段，可谓先知先觉者，具有预见性和超前性。所以，提出金融手段选择论的价值和意义，综合起来说，可概括为：理论来源于实践，高于实践，实践必须有理论指导。

二、股份制改革的理论和主张

（一）实行股份制最主要的目的是转换企业经营机制，赋予企业充分活力

厉以宁教授认为，我国经济体制改革的主线是企业改革，而企业改革的目标模式就是股份制。1986 年 4 月 25 日，厉以宁教授在北京大学发表了题为

《经济改革的基本思路》的公开演讲，其演讲稿是一篇表明他对中国经济体制改革路径选择观点的重要文章，后来被收录到《中国经济改革的思路》[1] 和《厉以宁改革论集》[2]。中国的经济改革从 1979 年算起到那时已历时七年有余，农村的家庭承包制已在全国范围内推广，农产品供给大量增加，人民生活初步改善。这时面临的主要问题是如何在城市经济中推进改革。厉以宁教授在这篇文章中明确指出：必须把国有企业改革放在首要地位，即必须对政企不分、产权不明晰的国有企业进行股份制改造，从而使企业实现投资主体多元化，并成为自负盈亏和自主经营的企业。厉以宁教授认为这是中国经济改革取得成功的保证，也是今后中国经济顺利发展的制度前提。

在当时，厉以宁教授认为股份制不仅仅是集资和扩大就业的方式，而且更是推进中国市场化改革的必要条件。他认为只有通过股份制改革才能重新构造市场的微观基础，才能完成市场化改革。在反驳日本经济学家建议中国在经济发展前期应以间接融资为主的观点时，厉以宁教授再一次强调了这一思想："在中国实行股份制最主要的目的是转换企业经营机制。假定忽视企业经营机制的转换，而把发行股票集资作为首要目的，就达不到建立市场经济微观基础这一根本要求。"[3]

在分析中国股份制改革问题的时候，厉以宁教授运用并发展了非均衡经济理论，将非均衡经济划分为两类：第一类经济非均衡是指微观经济单位具有充分活力条件下的经济非均衡，第二类经济非均衡是指微观经济单位不具有活力条件下的经济非均衡。他通过对两种类型的非均衡经济以及经济运行中二元机制摩擦问题的分析，得出了企业改革是我国经济体制改革主线的论断。即现阶段我国经济并非处于以市场完善为主要特征的第一类非均衡状态中，而是处于以市场不完善和企业不具有充分活力为主要特征的第二类非均衡状态中。因此，经济体制改革必须以企业体制改革为主线，即以赋予企业充分活力的改革作为首要任务，并通过这一改革使我国经济由第二类非均衡

---

[1] 厉以宁：《中国经济改革的思路》，3 页，北京：中国展望出版社，1989。

[2] 厉以宁：《厉以宁改革论集》，7 页，北京：中国发展出版社，2008。

[3] 同①。

状态过渡到第一类非均衡状态。在现实经济不可能达到均衡状态的前提下，过渡到第一类非均衡状态是可行的、值得的。

厉以宁教授在 1988 年预计，改革的首要任务是用八年左右的时间明确企业的产权关系，实现企业的公司化。应把企业经营机制的改革与企业产权关系的改革联系起来，把非规范化的承包与规范化的产权改革联系起来。在八年的时间里，企业改革的重点应逐渐由承包制向股份制过渡，由低层次的经营机制与产权关系的改革向高层次的经营机制与产权关系的改革过渡。

（二）提出股份制改革理论和主张的历史背景和社会环境

1. 提出股份制改革理论和主张的历史背景

厉以宁教授把股份制作为中国经济体制改革路径和模式的选择不是偶然的，他着眼于所有制这一深层次问题源于他以往学术研究中的思考。最早引导厉以宁教授钻研西方经济理论的是罗志如教授，早在厉以宁教授的大学时代，罗志如教授就在课下将英文书刊上的某些文章推荐给他阅读，使其眼界大开。1978 年，厉以宁教授就与恩师罗志如教授开始撰写《二十世纪的英国经济——"英国病"的研究》①。在这部著作的写作过程中，师徒二人研究了20 世纪以来英国宏观经济政策的演变及其对英国经济的影响，从那时起，厉以宁教授就把所有制因素放在了研究经济问题的首要位置，他开始认识到，所有制改革对社会主义经济体制的转换具有关键意义，必须以新型所有制取代传统所有制。

立足于历史角度可以得出这样的结论：厉以宁教授的学术成就与中国改革开放的历史大潮息息相关。1980 年以前，中国实行计划经济，改革开放后逐步向社会主义市场经济转变。如此庞大的经济体，转型过程中充满了未知和疑惑。厉以宁教授运用现代经济学理论，提出了一系列推动中国经济体制改革的政策主张。

---

① 罗志如、厉以宁：《二十世纪的英国经济——"英国病"的研究》，北京：人民出版社，1982。

2. 提出股份制改革理论和主张的社会环境

股份制是在 1978 年 12 月中共十一届三中全会召开后，随着中国经济体制改革的起步而悄然推进的，这与当时农村家庭承包制的试验和推广有关。农村家庭承包制大大调动了农民的生产积极性，农产品供给丰富了，农村中多余的劳动力转向非农业，于是乡镇企业兴起，不少地方的农民自发地采取集股的方式，组成了股份制乡镇企业，它们是改革开放以后中国股份制企业的雏形。1980 年 1 月，中国人民银行抚顺支行代理抚顺红砖厂面向企业发行280 万股股票，获得成功，这是改革开放后银行代理股票发行的最初尝试。

1980 年 4 月至 5 月，中共中央书记处研究室和国家劳动总局在北京联合召开了工资与劳动就业座谈会，会议的目的之一就是请经济学家们为严峻的就业问题提出政策建议，可以说这是经济理论界参与有关股份制讨论的开端。在此次会议上，厉以宁教授第一次提出了股份制。当时的就业压力很大，历年上山下乡的 1700 万知青返城，加上留城的 300 多万人，总共 2000 万以上的"待业青年"急需找到工作，由于岗位远远不够，有的城市甚至发生了待业青年包围市政府、上街请愿的事件。厉以宁教授在座谈会上提出，可以号召大家集资，以入股形式组织新的企业，也可以让企业通过发行股票增资，扩大规模，以此解决就业问题。但当时他的提议没有引起什么反响。

事隔 3 个月，即 1980 年 8 月，中共中央召开了全国劳动就业工作会议。股份制被看成是缓解城市就业压力的一项重要对策，当时赞成股份制的经济学家有于光远、童大林、冯兰瑞、蒋一苇、董辅礽、王珏、赵履宽、鲍恩荣、胡志仁等学者。改革开放初期，大家对西方经济学不熟，对资源配置的理论也不熟，实际上，许多人仅仅把股份制作为一个解决就业问题的政策，还没有认识到股份制将重新构造微观经济的基础。厉以宁教授在 2008 年回顾这段历史时指出，从某种意义上，知青返城催生了中国的股份制。但是他认为股份制不应当只是缓解就业压力的权宜之策，更应当是中国经济体制改革路径的重要选择。

1984 年 10 月召开的中共中央十二届三中全会，通过了《中共中央关于经济体制改革的决定》，提出把改革的重点从农村转向城市，而城市改革的重点就是国有企业。这种提法根源于：这期间非国有部门活力提高，有了长足发展，但是作为国民经济支柱的国有企业改革却远远落在后面，国有经济在很大程度上仍然保留着计划经济下形成的企业制度，效率没有多少提高，生产增长仍然主要依靠资源投入和政府投资支撑。在"扩大企业自主权"不能建立有效的产权约束和市场竞争约束的条件下，企业财务预算约束反而更趋软化，作为国民经济支柱部门的国有经济出现大量"失血"。

股份制改革从提出到实施经历了许多波折。20世纪80年代至90年代初的股份制改革，在宏观上，一直伴随着价格改革主线和企业改革主线之争（关于与价格改革主线论的争论将在后面详细叙述）；在微观上，即国有企业的改革上，则与承包制针锋相对。

回顾发展历程，中国国有企业的改革经历了扩大企业自主权、承包制、租赁制、利改税，直至股份制的道路。扩大企业自主权的改革始于1978年末，仍然延续了向企业放权让利的思路。最早开始于1978年10月，四川省选择了若干工厂进行试点，扩大企业在生产和销售超计划产品、提取和使用利润留成、任命企业下级干部等方面的权力。由于试点效果不错，中央有关部委推广了这种扩权试验，首钢公司、天津自行车厂、上海柴油机厂等八家大型国企率先实行了扩大企业自主权的实验。实验初期效果明显，企业自主权的扩大增强了物质刺激，显著提高了企业职工增产增收的积极性。但是后来随着工资奖金越发越多，职工胃口越来越高，刺激效果却越来越小。原因在于扩大企业自主权的企业并没有建立起一套妥善的制度安排，没有正确处理企业所有者、经营者和一般职工的关系，其结果是企业发放的奖金、补贴虽越来越多，完成国家下达的生产和财务计划情况却越来越差。实践表明，扩大企业自主权的改革治标不治本，无法使国有经济单位成为真正的企业，从而不能从根本上改善企业经营。国有企业的改革在80年代初期陷入了困境。

与此同时，农村联产承包责任制出现了明显成效，一些领导人提出"包字进城，一包就灵"的口号，要求在城市工商业中全面推行企业承包制。在短短两三个月内，全国国有企业普遍实行了承包制。实行承包制在短期内对促进企业增产增收有很强的刺激作用，但是经过一段时间后，问题也随之暴露。由于承包基数没有客观科学的标准，导致企业"苦乐不均"，大大刺激了短期行为，致使经济秩序混乱和物价上涨。

厉以宁教授指出了承包制的五大根本性缺陷：第一，政企并未分开，政府作为发包方，依旧直接管理企业并干预企业的生产经营活动；第二，承包制企业"包盈不包亏"的问题未解决；第三，企业行为短期化。即使把承包期适当延长，但只要有承包期限，在承包期过半后，拼设备、吃老本的现象就难以避免；第四，承包制实际上把全民所有制分割为条条所有、块块所有，生产要素不易在社会范围内优化组合；第五，在承包制之下，国有资产有可能被企业以各种方式侵蚀，形成"虚盈实亏"，结果造成国有资产存量不断流失。承包制失败的根本原因在于国企改革的核心命题一直难以破解。实践表明，市场化企业的成长，必须建立在产权清晰的前提下。

与此类似，厉以宁教授指出租赁制的局限性也在于租赁企业的产权不明晰。在国有企业产权不明晰的条件下，把企业租赁出去，不但解决不了产权不明晰的弊端，反而会将这一弊端扩大，其结果是实现不了企业改革所要完成的任务。

股份制的实施，不仅可以避免承包制存在的五个缺陷，而且可以使企业经济效益不断提高。这是因为：第一，股份制企业以股东大会为最高权力机构，股东大会选举董事会，董事会聘任厂长，这样就可以做到政企分开，自主经营。第二，股份制企业由多方投资者创办，投资者必须承担风险和亏损责任。投资者按股权大小在董事会中拥有一定席位，董事会由多方投资者的代表组成，这些代表通过一定的程序对企业投资行为进行审议，以保证投资的盈利性。第三，股份制企业的生产经营好坏影响到股票的升值与否。股份制企业如果把利润分尽，不留积累，拼设备，那就必然在竞争中失败。这就迫使股份制企业重视设备更新和长期发展战略，重视积累，由此可以避免企业行为的短期化。第四，实行股份制之后，企业兼并容易进行，企业集团容易组建，而证券市场的发展又有利于资源的有效配置。这样，生产要素得以在社会范围内优化组合，产业结构的调整也会顺利得多。第五，股份制条件下，国家股由国有资产管理部门持有，并对之负责，从而可以使国有资产得到维护，避免流失。

从 20 世纪 80 年代中期到 90 年代初，股份制改革虽举步维艰，但却持续未停，仍在缓慢推进。1984 年 10 月，上海市政府发布《关于发行股票的暂行办法》；同年，北京市开始了天桥百货公司股份制改革试点；1985 年，广州绢麻厂、明兴制药厂、侨光制革厂三家国有中小企业进行了股份制改革试点；1986 年 12 月，国务院发布了《关于深化企业改革、增强企业活力的若干规定》，允许各地可以选择少数有条件的国有企业进行股份制改革。1986 年 11 月，厉以宁教授随胡启立同志赴四川考察，准备把四川作为股份制改革的试点省份。胡耀邦同志和时任四川省委书记的杨汝岱都很支持将四川作为股份制改革的试点，但后来由于胡耀邦同志的辞职，股份制改革受挫并遭到严厉批判。

1990 年 3 月，国家允许上海、深圳两地作为试点试行公开发行股票。1990 年 11 月，上海市政府颁布了《上海市证券交易管理办法》；同年 12 月，上海证券交易所和深圳证券交易所先后成立并开始营业。1991 年 5 月，深圳市政府颁布《深圳市股票发行与交易管理暂行办法》。同年 8 月，中国证券业的自律组织——中国证券业协会在北京成立。至 1991 年底，上海证券交易所上市股票 8 只，深圳证券交易所上市股票 6 只。中国股份制改革在艰难中继续前进，1992 年邓小平南方视察讲话后，股份制在历经了几度波折后，终于开始加速推进。

（三）股份制改革理论和主张的价值和意义

1. 厉以宁教授作为股份制改革的积极倡导者，始终坚持自己的观点，即使在股份制改革处于举步维艰的逆境中也从不动摇。他认为要建立市场经济体制，必须重新构造微观经济基础，而股份制改革则是必由之路。由此可见，厉以宁教授对改革开放后中国经济体制改革大方向的最终选择做出了突出贡献。在改革过程中，他总是站在最前沿，以一个经济学家深厚的理论功底和对中国经济发展现状透彻而敏锐的洞察，抓住中国经济体制改革中的要害，积极呼吁，坚持不懈地影响学术界及政策制定者，从理论到实践，对股份制改革的不断推进起到了举足轻重和不可替代的作用，正因为如此，厉以宁教授被社会各界亲切地称为"厉股份"。厉以宁教授 1986 年春在北大办公楼所作的《经济改革的基本思路》① 引起了当时中共中央和国务院的重视。时代巨轮将本是一名教师的他推到了改革的前沿：早在 1983 年，厉以宁教授就参加了中共中央书记处主持下的改革方案的起草工作；1986 年 8 月，正在黑龙江讲学的他连夜回京向国务院领导汇报其理论及政策主张；此后，厉以宁教授的理论和实践观点受到最高层的广泛关注，不少政策主张和建议被决策层采纳。

2. 众所周知，股份制改革一直伴随着"价格改革主线论"与"企业改革主线论"的争论。2008 年在回顾这段历史的时候，厉以宁教授认为，重要的不在于结论是什么，关注争论的人们无论赞同哪一方的观点，都对争论涉及的经典理论和国际经验有了更加清晰和正确的认识。因此，这场争论的意义不仅仅在于政策主张层面，更为重要的是它为促进中国经济学的繁荣与发展起到了积极的推动作用。正如厉以宁教授在汇集了这场争论主要观点的《中国经济改革的思路》一书的"序言"中所写，"经济学的创新与经济学的争鸣是联系在一起的。创新是集体智慧的结果，是无止境的。在社会主义经济学研究中出现不同的学派，将为经济学的进一步发展共同做出努力。"② 厉以宁教授指出，排除那些扣帽子式的所谓"争论"，正常的学术争论是学术繁荣的必由之路。另外，在谈到发生在 2001 年那场有关股市的大辩论时，他指出：股票市场不规范，对股市提出批评，分析股市存在的问题是应该的，但是不能全盘否定中国股票市场，一棍子打死是不行的，合理的投机应该鼓励而非打击，赌场与资本市场有本质的不同，对资本市场的看法已经关系到中国证券市场的命运。他特别强调，经济学界的争论之所以引发更多的关注，是因为其更多的与民生热点问题相关联。但是缺乏自由理性宽容的讨论氛围，学理的讨论被扭曲为道德讨伐的现象时有发生，这恰恰说明了社会的不成熟。

---

① 厉以宁：《中国经济改革的思路》，3 页，北京：中国展望出版社，1989。

② 同①。

因此，股份制改革的重大意义还在于：关于政策主张的争论和反复曲折的实践过程对中国经济学的繁荣与发展起到了积极的促进作用。

3. 厉以宁教授运用非均衡理论指出了有别于"价格改革主线论"和"宏观调控主线论"的中国改革路径。他以独特的视角区分了两类经济的非均衡，并明确指出现阶段中国经济处于第二类非均衡状态，中国的经济体制改革的次序应当相应地分为两个阶段，即应当以深化企业改革为主线，使企业从缺乏活力转变为具有充分活力，从不自主经营和不自负盈亏转变为自主经营和自负盈亏，以便使中国经济由第二类非均衡状态过渡到第一类非均衡状态，然后以完善市场和放开价格作为经济体制改革的主线，使中国经济由第一类非均衡状态逐渐向均衡状态靠拢。厉以宁教授对经济非均衡进行了区分，研究了第二类经济非均衡的特征，并在此基础之上指出经济体制改革的关键是再造适应市场经济环境的企业微观主体，这是他在非均衡分析中不同于一般非均衡理论分析的地方。

三、价格改革不宜先行论

（一）价格改革不宜先行论的理论依据

厉以宁教授认为，假如不以企业体制改革为我国经济体制改革的主线，总想在企业尚未具有充分活力的第二类非均衡条件下就进行完善市场和放开价格的改革，不仅不能收到良好的效果，反而可能会使经济恶化，使资源配置失调的状况加剧。因为第二类非均衡条件下政府调节和市场调节之间存在尖锐的摩擦，扭曲了的政府调节和扭曲了的市场调节交织在一起，将使经济的效率进一步降低。"价格改革主要是为经济改革创造一个适宜于商品经济发展的环境，而所有制的改革或企业体制改革才真正涉及利益、责任、刺激、动力问题"，"价格的全部放开应当是经济改革的最终成果，而决不是经济改革的出发点或突破口。"发表于1986年的《经济改革的基本思路》一文中有句经典的话，即"中国经济改革的失败可能是由于价格改革的失败，中国经济改革的成功必须取决于所有制改革的成功，也就是企业改革的成功"。[①] 这句话道破了他对价格改革先行的否定。

厉以宁教授认为中国不宜实行价格改革先行的理论依据在于：

1. 商品的价格以生产要素为基础，生产要素的价格又以所有权为基础，所以价格说到底是市场当事人之间转让所有权的交易条件。没有有效的所有权结构，就不可能存在对企业和消费者均有效的财产权利关系约束，也就不可能形成真正合理的价格体系。况且中国在短缺经济条件下，存在较多的配额，价格水平及其调整对经济恢复均衡的作用是微乎其微的。中国的企业不具有真正的商品生产者法人的自由度，放开价格只能加剧短缺条件下的经济混乱，而不能获得"二战"后德国和日本价格改革带来的成效。"中国与联邦德国的情况完全不同。联邦德国是私有制国家，价格一旦放开，私营企业就可以根据市场状况自行调整，企业兼并重组和优胜劣汰的结果使联邦德国经济走向复苏。中国则是一个公有制国家，除部分集体所有制企业外，主要是国有企业，它们不是独立的商品生产者和经营者，如果不进行股份制改造，它们不可能适应市场经济，价格放开起什么作用？"另外，"如果国有企业体制不改，即使放开价格，一旦局面不好收拾了，一夜之间可能重新管制价格，退回到计划经济的老路上去，而企业的股份制改革则不同，可以分期分批推进，走一步是一步，不断总结经验，不断推进改革，虽然看起来不像价格改革那么'激进'，但这种'渐进'却是稳妥的"，"它貌似'渐进'，实际上是一种根本性的改革，因为它改变了中国宏观经济的微观基础。"另外，当时西德是在美国马歇尔计划的援助下实施的改革，通过进口面包、面粉、黄油、汽油，很快将上涨的物价平抑下来。而中国的改革不可能寄希望于哪个西方发达国家，它们不可能大量地援助我们。

2. 根据马克思辩证唯物主义的原理，内因是变化的根据，外因是变化的条件。放开价格是改善环境，改革的内因是企业制度的变迁；不改革企业，价格改革起不到应有的作用。

---

① 厉以宁：《中国经济改革的思路》，3 页，北京：中国展望出版社，1989。

3. 根据马克思主义政治经济学原理，生产第一性，流通第二性，生产决定流通，流通反作用于生产。中国的价格改革是流通领域的改革，而关键的则是生产领域的企业改革。

除此之外，厉以宁教授运用非均衡理论，从五个方面具体分析了价格改革主线论，他指出价格改革主线论的错误主要在于不了解当前中国处于第二类经济非均衡状态：第一，它不了解没有真正的市场微观主体（企业），怎么可能形成完善的市场？第二，它不了解要素价格比商品价格更为重要，要素市场比商品市场更为重要，而要素价格中包括了企业固定资产价格，要素市场中包括了企业固定资产交易市场。只有明确产权，使企业固定资产成为交易对象，企业固定资产的价格才能趋于合理，企业固定资产的交易市场才能形成。只有要素价格合理化，商品价格才能合理化；只有要素市场健全了，商品市场才能健全起来。可见，明确产权比放开商品价格更重要。第三，它不了解在非均衡条件下，短缺是难以消除的，即使放开价格，但由于受到资源约束，某些短缺仍不能消失。在这种情况下，只强调放开价格，很可能导致物价的轮番上涨。第四，它不了解要缓和供求矛盾，缩小短缺度和过剩度，必须增加有效供给，减少无效供给，这一切又以企业是否具有自我约束机制为前提。只有深化企业改革，使企业成为具有自我约束力的商品生产者，才能增加有效供给，减少无效供给，缩小短缺度和过剩度，从总量与结构两方面来缓和现阶段中国的供求矛盾。第五，它不了解放开价格依赖于财政、企业、职工三者是否有经济上的承受能力。在现阶段，如果不深化企业改革，并通过企业改革的深化来提高企业经济效益，那么无论是财政，还是企业自身、职工个人，都缺乏承受能力，价格的放开将导致经济混乱与社会动荡。

（二）提出价格改革不宜先行论的历史背景和社会环境

从 1985 年开始，中国经济改革中就存在着以价格改革为主线还是以企业改革为主线的争论。当时成为主流意见的是放开价格的思路。当时由于企业承包制的实际效果并不好，"休克疗法"常被人们谈起。"休克疗法"是 1949

年联邦德国经济改革的做法，"二战"结束后，英、美、法三国占领联邦德国，那时经济混乱，物资奇缺，通货膨胀，失业严重，不得不实行物价管制和凭票证供应的做法。自1949年起，联邦德国进行了经济改革，主要措施是：放开价格，听任市场调节。这样一来，虽然经历了一阵混乱，但在市场机制的作用下，经济逐渐稳定下来，几年过后，联邦德国经济转入复苏和繁荣。这种做法就被人们称作"休克疗法"。有些经济学家因此受到启发，认为既然联邦德国的经济改革卓有成效，为什么中国不能实行类似的做法呢？当时世界银行也建议中国采用休克疗法，通过放开价格的方式进行改革。放开价格的思路被当时的国务院领导接受了。

1988年夏，为了使"价格闯关"顺利进行，防止通货膨胀出现，准备采取"控制货币，物价放开"的措施。然而，消息一传开，全国范围内发生了挤提存款、抢购商品的风潮。而"控制货币"实际上是做不到的，因为"控制货币"至多只能抑制投资，但挡不住人们利用手头现金和动用储蓄存款来购买商品。当时由于企业改革未取得实质性进展就匆匆放开了价格，引发了通货膨胀。政府继而宣布暂停物价放开，并实施"治理整顿"。为了遏制通货膨胀，不得不实行紧缩政策，财政与信贷双双抽紧，通货膨胀的势头得到了抑制，但却以经济缓慢发展、失业人数增多、企业相互欠债现象突出为代价。"价格闯关"以及由此引发的群众性挤提存款和抢购商品，证明了价格改革主线论的失败。证明了在市场缺少自负盈亏、自主经营的微观主体的条件下，以价格改革为主线的改革思路是行不通的。

然而，两种改革思路之争并未因1988年的历史教训而结束。自1992年以来，价格改革的步伐大大快于企业改革的步伐。到1994年春天，绝大多数商品的价格都放开了，包括多年来一直被认为是价格改革难点的生活必需品价格。然而企业改革的进展却很迟缓，众多的大中型企业，鲜有被真正改造为政企分开、产权明晰、自主经营、自负盈亏的商品生产者。那些主张放开价格的经济学家忘掉了1988年夏天的教训，即在企业改革未能取得重大进展之前，企业与职工是不能承受通货膨胀冲击的。于是在1994年第一季度，通货膨胀终于再次来袭，且通胀率高达20%以上。其原因一方面是由于投资规模失控，另一方面则是价格改革大大超前于企业改革。

（三）价格改革不宜先行论的价值和意义

对于中国经济体制改革来说，价格改革与企业改革是完全不同的两种思路，改革究竟应从哪里着手反映了不同经济学家对中国经济体制弊端的认识。但毋庸置疑，两种观点的碰撞和论战对于经济理论的繁荣和政策实践的检验都具有重大意义。

价格改革思路始于世界银行建议的休克疗法，但厉以宁教授认为中国经济体制改革必须走所有制变革的道路，目的是再造市场微观基础。他曾经这样表达过："我在同一些主张以价格改革为主线的同志们的讨论中，曾一再阐明我的观点。市场无疑是重要的，没有完善的市场，怎么可能有健全经济的运行机制？价格改革无疑是必不可少的，没有合理的价格比例，怎么可能有资源的优先配置？对这些，我从来没有怀疑过。我所强调的，或者说我所坚持的，是市场与市场主体二者的统一性。市场离不开市场主体，没有真正意义的市场主体，即参加市场活动独立的交易者、有充分活力的交易者，市场又怎么可能完善呢？"厉以宁教授的上述表达，把企业改革主线论与价格改革主线论的分歧简单明了清楚地摆在了世人面前。两派意见分歧引发的争论对于中国经济体制改革道路的选择起到了至关重要的作用。虽然价格改革思路一度被决策部门采用，似乎占了上风，但实践中遭遇的阻滞却使各个层面更加认识到所有制改革先行的重要性和必要性。因此，经过几年的争论以及实践的反复检验，到邓小平南巡讲话后，伴随着证券市场的建立和发展，股份制改革已经在中国大地上不可逆转地实施和发展起来。

为什么价格改革主线论在同企业改革主线论的长期争论中，其主张总是比较容易被决策部门所接受并得以实施？而企业改革主线论的主张最初总是不能被决策部门认可，即使后来被采纳，但实施时却大大滞后于价格改革呢？针对这一值得深思的问题，厉以宁教授进行了深刻剖析：

1. 价格改革的实施相对来说遇到的阻力远远小于企业改革，这是因为价格改革不涉及计划经济体制的产权基础与产权结构，可以越过产权体制的改革而进行，且价格改革本身也是走向市场经济的必要改革。把不合理的政府定价改为较为合理的市场供求定价，不仅可以被市场经济赞成者接受，而且也可以被计划经济赞成者同意，各方都可以接受。

2. 与价格改革不同，企业改革即产权体制改革，才真正触动了计划经济体制的要害，因此从一开始，就被姓"资"姓"社"的争论纠缠住了。由于涉及产权体制的改革，企业改革经常被一些不明真相的人视为"资本主义化"、"私有化"，其进程自然遭遇到意识形态的阻碍。1988 年夏天，政府之所以在企业改革方面停步，并准备在价格改革方面迈出大步，与当时人们对产权体制改革缺乏认识和承受力有关，也与姓"资"姓"社"的无休止争论不无关系。

对股份制的否定和质疑实际上是两个层次的问题：对股份制持否定态度的人认为，实行股份制就是实行私有化。他们认为，如果在国有企业实行股份制，无异于把中国引入资本主义道路。对股份制有疑问的人，在涉及股份制是否适合于中国的问题上，他们认为：第一，中国经济是复杂的，不宜采取股份制。股份制不解决问题，反而会弊端丛生，如侵占国有资产，导致国有资产流失。第二，即使股份制作为一种形式可以被采用，那也只适合于集体所有制企业和一些中小型国有企业，大型国有企业是无法采取股份制的。第三，即使股份制作为一种形式可以被采用，那也只适合于新组建的企业，并且仅限于一些无关国计民生的新企业，原有的国有企业不宜采取股份制。

3. 企业改革涉及到政府职能转换，这关系到现实经济中利益的调整与再分配。直到 1992 年春邓小平南方视察讲话后，姓"资"姓"社"的争论终于告一段落，但其后企业改革依然进展缓慢，原因在于，企业改革要实现政企分开，产权明晰，除了在国有资产管理体制上要有重大突破外，还必然伴随着政府职能的转变，否则企业经营机制的转换就是一句空话。政府职能的转变必然涉及利益的调整与再分配，这无疑加大了改革的阻力。以上原因表明，企业改革进度大大落后于价格改革进度的现象不是偶然的 。

四、外汇收支相对、动态平衡说

（一）外汇收支相对、动态平衡说的含义

厉以宁教授在《北京大学学报》（哲学社会科学版）（1987 年第 6 期）论文中提出"外汇相对的、动态的平衡"说，他指出："外汇平衡作为国民经济管理的一项目标，具有相对的、动态的意义，也就是说，绝对的平衡是实现不了的，静态的平衡只能供纯理论分析之用。在实际工作中能够实现的是外汇相对的、动态的平衡。在外汇储备为既定的条件下，一定时期的外汇平衡是指外汇收入与外汇支出长期内大体上保持平衡。"[1] 这就是说，在他看来，外汇收支平衡不能仅仅从某一个时期来考察，而必须联系下一时期或者再下一个时期的平衡关系来考察。这是他"外汇收支相对、动态平衡"的本来含义。

如何实现这样的平衡？他在上述论文中，首先着力指出了两点：一是在长期内保持外汇的收支平衡，关键在于使用好外汇；二是允许贸易上有逆差。他指出："为了实现这一平衡，可以采取先收入外汇，再支出外汇，然后再收入外汇的方针，即增加出口，引进外资，引进国外先进技术，装备企业，利用国内资源加工出口，再创外汇，再引进技术的方针。可见，外汇长期内保持平衡的关键不在于开始时引进多少外资，而在于外汇使用。外汇的使用必须以引进先进技术为主。如果长期把大部分外汇用于进口消费品和进口零部件，组装成品内销，就会导致外汇平衡对策的失误，以至于形成外汇平衡失控的局面。但应当注意到，国际收入平衡表上反映的外汇平衡只是账面上的平衡。而且，在有国际收支逆差时，加入弥补逆差的项目后，账面始终是平衡的。因此，必须从构成外汇收支的各个具体项目来分析。如果是由于未偿付的应付贷款而实现了平衡，或者由于有新的外债而实现了平衡，那么这样

---

[1] 厉以宁：《外汇平衡差距的宏观研究》，载《北京大学学报（哲学社会科学版）》，1987（6）。

的平衡固然是一种平衡，但只是账面的平衡。"①

他强调"只要国际条件许可，就应当积极地利用国外资金，引进先进设备，即可以不受当年商品出口收汇或非贸易净收入总和的限制，而容许贸易上有逆差，以引进外资来弥补差额。但无论如何，对外债的还本付息始终要在考虑之内。"② 可见，厉以宁教授提出的"外汇收支相对、动态的平衡"，不仅是长期内大体的平衡，更是积极的平衡。

（二）使国内外的价格差距适当，维持外汇相对、动态平衡

厉以宁教授从宏观的视角研究外汇平衡。由于经常项目在一国外汇收支中比重较大，那么在考虑外汇平衡时，不能不涉及进出口商品的价格，而这一问题不可避免地要涉及国内价格与国际价格之间的关系。他指出："对任何国家来说，国内价格和国际价格都不可能完全一致。假定经济开放程度越高，对外贸易在国民经济中所占比例越大，自由贸易的性质越强，那么国内价格和国际价格的差距就越小，反之，两种价格之间的差距就越大。就我国的情况来看，两种价格之间的差距是较大的。这里既有客观的原因（开放程度还不高，对外贸易在国民经济中所占比例不大），也有主观的原因（对外贸易政策因素的作用，以保持本国工业，避免国际市场波动的干扰）。换言之，如果当前我们人为地取消两种价格之间的差距，一定要把国内价格向国际价格看齐，经济将会受到损害，不利于稳定和增长目标的实现。"③ 他指出："国内价格和国际价格的不一致，是我们在分析外汇平衡时必须承认和必须维持的现状，但两者的差距究竟以多大为宜，则是一个值得研究的课题。如果两者之间的差距偏小，就起不到保护本国工业和避免受到国际市场波动的干扰的作用，但如果两者之间的差距偏大，对经济也是十分不利的。"④ 接着厉以宁教授分析了经济不利的四个方面，他分析说："第一，不利于节约使用国内的

① 厉以宁：《外汇平衡差距的宏观研究》，载《北京大学学报（哲学社会科学版）》，1987（6）。
② 同①。
③ 同①。
④ 同①。

资源，不利于国内的技术进步。以燃料和原材料为例，如果燃料和原材料的国际价格高出国内价格很多，那么国内在使用燃料和原材料时将较少考虑节约使用，甚至可能导致本来供给不足的燃料和原材料增加出口，从而加剧国内的供给不足。如果设备的国内价格高出国际价格很多，国内生产设备的企业就不注意技术进步，从而削弱了它们的更新能力和出口竞争能力。第二，不利于出口商品结构的调整和改善出口商品在国际贸易中的地位。由于初级产品的国际价格高于国内价格很多，这将使我国习惯于以出口初级产品为主；加工制成品国内价格低于国际价格，则使我国不愿多出口加工制成品。不仅如此，还应当注意到，第二次世界大战结束以来，国际市场上初级产品价格有上升趋势，加工制成品价格有下降趋势，这样，即使我国国内价格大体上维持稳定，那么国际市场对我国初级产品出口的吸引力倾向于增大，对加工制成品出口的吸引力倾向于减少，于是就使我国的出口商品结构难以调整。第三，加重了国家的财政重担，损害了国内生产者和消费者的利益。关于这个问题，必须从国内价格与国际价格之间差距偏大对收入分析和再分析的影响来分析。初级产品的国内价格之所以低于国际价格很多，其中一个原因是财政对这些产品的生产者进行了补贴，从而使它们能以低于国际价格的价格销售。这类产品生产得越多，国家的财政支出越大。加工制成品的国内价格之所以高于国际价格很多，其中一个原因是这些产品的生产者的劳动生产率低，经济效益差，同时由于享受了国家的保护措施的好处，才能以高于国际价格的价格销售。这类产品生产得越多，从表面上看，似乎国家的财政收入也将增加，但实际上，由于购买这些产品的只是国内的生产者和消费者，结果加重了后者的负担，对经济显然是不利的。第四，还需要从两种价格差距偏大给予非贸易项目的影响来分析。这主要同消费品（包括非生产性劳务）的价格不一致有关。例如，假定这些消费品的国内价格高于国际价格很多，侨汇收入将会减少，它们将转变为归侨携带实物回国；同时，外国旅游者人数也会因此下降。反之，如果这些消费品的国内价格低于国际价格很多，实际上又等于让外国旅游者享受了财政所给予这些消费品的生产和销售的补贴。总之，正确处理国内外价格的关系，使两者的差距适当，对维持相对的、动态的外汇平衡是必要的。"①

（三）提出外汇收支相对、动态平衡说的历史背景和社会环境

改革开放以后，中国经济怎么发展，在 20 世纪 80 年代曾进行过广泛的讨论。讨论中，吸取了当时亚洲"四小龙"（中国香港、新加坡、韩国和中国台湾）的经验，认为中国经济的发展必须是"外向型"的。为了建立"外向型经济"，中国经济的发展必须出口导向和引进外资。在 20 世纪 80 年代，中国沿海地区着力发展"两头在外"（即原材料在外，产品在外）的外向型企业，认为这样发展中国经济，不仅能够做到原材料、市场在外，而且还能做到资金、技术、信息等依靠国外，有利于带动国内相关企业的发展。可以说，20 世纪 80 年代，出口导向和引进外资成了当时中国经济发展的主流。

随着外向型经济的发展，在实践当中诸多问题的发生，实践部门和学术界提出了一些很值得讨论和需要探索的问题。问题之一是：出口比进口更重要吗？有人说如果出口是为了挣外汇，而挣外汇的目的是为了进口，则出口只是手段，进口才是目标。再说，我国采取优惠政策鼓励出口，逐渐扭曲了市场关系，如本来具有成本优势在国际市场上具有竞争力的出口产品，由于在出口价格水平上，脱离了国际比较价值，虽然扩大了市场占有率，为国外中间商和消费者提供了巨大实惠，而自己并没有得到多少好处。这样的结果使得出口的数量在不断扩大，而出口的素质却提高缓慢，出口的可持续性受到了损害。与此相关的问题是：顺差一定比逆差更好吗？有人说由出口产品挣外汇形成的顺差，实际上是国内的资源被外国占有和利用，这不利于国内经济发展。有人说顺差会导致本币升值，而本币的升值不利于出口。问题之二是：中国储蓄率高，并不缺货币资金，为什么还要大力引进外资？如果引进外资的成本高，对发展经济并没有多少好处，反而使中国经济依附于外资，外资企业产品占据了中国市场。有人提出应当贯彻"自力更生为主，争取外援为辅"的方针。问题之三是：如何安排好外汇收支平衡。有人认为，一切

① 厉以宁：《外汇平衡差距的宏观研究》，载《北京大学学报（哲学社会科学版）》，1987（6）。

外汇收支都要纳入国家计划安排，也有人认为，在发展外向型经济的条件下，在外汇管理上要实行市场调节，发挥金融机构的调节作用。厉以宁教授的论文《外汇平衡差距的宏观研究》就是在这样的形势下发表的，也就是提出外汇收支相对、动态平衡说的历史背景和社会环境。

（四）提出外汇收支相对、动态平衡说的价值和意义

厉以宁教授提出的"外汇收支相对、动态平衡说"的理论价值综合来说，就是要辩证地看待一国外汇收支的平衡。辩证包含时间和空间两个维度，因而它的实际意义是要人们在较长的时间和较大范围的空间去分析外汇收支，去看待外汇收支平衡。从他发表的这篇论文看，它的实际意义是回答了上述人们关心的相关问题，或者说对上述相关问题，提出了自己的见解。

1. 如何分析外贸亏损

厉以宁教授指出："通过对国内价格和国际价格之间差距的分析，可以进一步考察我国现阶段外贸亏损问题的性质、原因及其对策。"[①]他说："国内外价格是不一致的。如果国内价格不变，国际价格不断波动，那么割断国内外市场价格关系，可以免除国际市场波动的干扰，但却不利于通过买卖双方之间的竞争和供求关系的调节来降低成本，提高劳动生产率，增强竞争能力。我国现阶段外贸的亏损，在很大程度上就与两种价格的差距的存在及其变动有关。例如，一些商品国内价格不变，国际价格下降了，出口亏损必然增大。前一种情况下，出口越多，外贸亏损越大，后一种情况下，进口越多，外贸亏损也越大。但如果再作进一步分析，可以发现一个问题，即出口或进口从国民经济总体的角度来看，是不是合算的问题，也就是通常所说的外贸'真亏'、'假亏'的问题。有的商品出口后，反映在外贸部门是亏损的，但把生产这些商品的企业的税金和利润一并计算在内，总体上并不亏损。进口的情况也相似，有的商品进口后，反映在外贸部门是亏损的，但把通过进口这些商品所增收的税金和利润一并计算在内，从总体上看，也不亏损。这些情况

---

① 厉以宁：《外汇平衡差距的宏观研究》，载《北京大学学报（哲学社会科学版）》，1987（6）。

被称为'假亏'。外贸的'真亏'是指不仅算外贸部门的账，而且把生产和销售单位的税金和利润一并计算在内，仍然亏损。造成外贸真正亏损的原因，除了上述两种价格之间差距的存在及其变动的影响而外，还同国内生产技术落后，劳动生产率低，生产消耗多，外贸经营管理差，外销售价低有关。这就是说，即使撇开两种价格的差距这一点不论，要免除外贸的真正亏损，必须从改进国内生产技术和管理着手。如果外贸亏损属于上述'假亏'之列，那么这样的外贸仍有理由继续进行下去，因为它既可以增加外汇收入，又不至于使国民经济受到损失。问题在于：如果外贸亏损属于上述的'真亏'之列，那又应当怎么办呢？当然，无论是'假亏'还是'真亏'，都需要改进国内生产技术和管理，能够做到外贸部门只盈不亏，那是最理想的，因为即使是'假亏'，对外贸部门的积极性和它自身的发展仍然会有不利的影响。但另一方面，有些商品的进出口，即使属于'真亏'之列，仍不能作为立即取消它们进出口的理由。这涉及到社会主义经济中对外贸易的作用及其存在客观依据问题。"①

厉以宁教授进一步指出："要知道，社会主义国家在对外贸易中，是要生产耗费劳动较少而经济收益较多的商品，发挥自己的资源优势，通过交换取得经济利益。这种经济利益不仅体现于外贸部门本身的成果，也体现于其他方面。通过对外贸易取得的经济利益既有企业的利益，也有社会的利益。假定国内缺少某种稀缺的资源，以至于影响人民的生活或生产的发展，不出口一定的商品去换取它们进口，国民经济会受到很大的损失。那么就应当把这样两种损失进行比较，一是上述的外贸的'真亏'，二是如果没有一定的出口或进口而使国民经济受到的损失。只要前者小于后者，那就宁可承受外贸上的'真亏'，也要设法出口或进口。只有深刻认识这一点，才能真正认识社会主义对外贸易的作用。这样来分析外贸亏损问题，并不意味着可以为外贸企业较低的经营管理水平寻找依据，也不意味着外贸部门不必扭亏为盈。这只是说，对于外贸亏损情况应该分别对待，进行筛选。改进经营管理，降低成

---

① 厉以宁：《外汇平衡差距的宏观研究》，载《北京大学学报（哲学社会科学版）》，1987（6）。

本，始终是必要的。有些商品如果有必要进口或出口，即使真亏，也应进口和出口。消极地少进口，少出口或不进口，不出口，无助于从根本上改善外汇的平衡状况。在这里，还需要说明汇率调整和外贸亏损之间的关系。汇率的调整可以使进口额和出口额有所增减，但只要国内的生产成本不变和价格不变，那么汇率调整以后，每一个微观外贸企业的盈亏状况会随着汇率调整而变动，但从总体上说，外贸的亏损不会受什么影响。这是因为：在汇率调整前，如果出口是亏本的，进口也是亏本的，现在进行了汇率的调整，如果汇率调整后对出口有利，于是出口不亏损了，但进口却因此变得更为不利，进口的亏损反而增大了。如果汇率调整后对进口有利，或进口不亏损了，但出口却因此变得更为不利，结果，出口的亏损反而增大了。假定进出口是平衡的，汇率调整后出口亏损变动与进口亏损变动可以相互抵消。这时，外贸的总体不受影响，受影响的只是具体企业的盈亏。由此可见，不能指望调整汇率来改变外贸总体上的亏损局面，归根到底仍应当从改进生产技术和经营管理上着手。"[①]

2. 如何分析利用外资的成本

厉以宁教授指出：外资的吸收是指在一定的经济条件下，一国能够有效地利用国外资金，促进经济增长。假定国际资金市场上有充足的资金可以利用，假定国内资金市场也有一定量的资金可以利用，那么可能遇到以下三种情况：

第一，利用外资的成本（严格说来应当是边际成本，下同）等于利用国内资金的成本。假定国内资金市场的供给与需求是相等的。那么这种情况下一般不必利用国外资金。这里所说的"一般"，是把外汇平衡条件和对国外某些特定产品的需求排除在外的。假定国内资金市场的供给与需求平衡，利用外资的成本又同利用国内资金的成本相等，但由于外汇的供给不足，加之，对国外某些特定产品存在着需求，从而有必要付出外汇，进口这些产品，这样，对外资的利用依然是有效的利用。尽管所利用的外资会引起国内资金市

---

① 厉以宁：《外汇平衡差距的宏观研究》，载《北京大学学报（哲学社会科学版）》，1987（6）。

场上供给与需求之间关系的变化，即引起国内资金供给的过剩，但由于这些必要的产品的进口会促成国内产业结构和技术结构的调整，从而引起国内投资结构的变化，供给过剩的国内资金是会在国内经济增长过程中找到出路的，所以对外资的有效利用实际上为国内资金的有效利用创造着条件。

第二，利用外资的成本小于利用国内资金的成本。假定国内资金市场的供给与需求是相等的，那么在这种情况下，外资将会替代国内资金，对外资的利用就会引起国内资金市场上供给与需求之间关系的变化，即引起国内资金供给的过剩。现在的问题是：怎样看待外资对国内资金的替代？由于利用外资的成本较低，而外资的取得又同外汇的增加和进口国外某些产品的可能性联系在一起，因此在国内投资主体（企业、个体或政府）看来，利用外资是有利的，于是外资很自然地替代了国内资金，这一过程一直持续到国内资金市场上因供给过剩而导致利用国内资金的成本降到同利用外资的成本相等时为止。一旦利用外资的成本等于利用国内资金的成本，上面的分析就适用了，即"一般"情况下不必利用国外资金。

利用外资的成本较低除了有可能导致利用国内资金的成本下降外，也有可能在利用国内资金的成本下降之前的一段时间内挫伤国内资金供给的积极性，即挫伤国内储蓄的积极性，从而表现为国内储蓄率的降低，消费率的提高。假定原来国内的储蓄率过高，那么它的适当降低并没有什么不利之处。相反地，利用外资的过程反而可以成为调整国内储蓄和消费之间的比例的过程。但如果原来国内的储蓄率是适当的，那就必须考虑利用外资而引起国内储蓄率下降的消极作用了。问题往往在于消费的不可逆性或消费调整的滞后性。消费率上升之后，除非采取强制储蓄手段，它通常不容易自行下降。这样，外资对国内资金的替代将会导致这样一种不正常的结果，即在这种替代过程中，由于国内储蓄率下降和消费率上升，国内资金市场并未发生预期的资金供给过剩，从而未发生利用国内资金的成本降到同利用外资的成本相等的情况。于是，外资对国内资金的替代就不是短期的替代，而变成了长期的替代。这种对外资的利用很难被认为是对外资的有效利用。

因此，为了避免在利用外资过程中出现挫伤国内储蓄积极性，降低国内储蓄率的情况，有必要就外资利用的方向进行探讨。外资利用方向问题就是投资方向问题。假定外资主要被用于调整国内产业结构、技术结构和地区经济结构方面，即利用外资来缓和经济增长过程中急待解决的国内产业结构不协调、技术结构不协调、地区经济结构不协调，从而增加了经济持续增长的有利条件。这样，一方面使国内投资愿望不是维持原状，更不是减弱，而是增强，另一方面，更重要的是，由于收入水平上升，储蓄将相应增长，于是国内资金市场上的新情况，就有可能使得经济中避免出现储蓄率下降的结局，至少不会使之变得十分突出。外资对国内资金的替代仍然只是一种短期替代。

第三，利用外资的成本大于利用国内资金的成本。假定国内资金市场的供给与需求相等，那么在这种情况下，利用外资是不经济的，因为国内投资主体不准备用成本较高的外资来替代国内资金市场能够提供的低成本资金。会不会有例外呢？对这个问题，需要进行两方面的分析。

一方面，假定国内投资主体迫切需要从国外进口某些产品，而限于外汇条件，这一要求难以实现。于是国内投资主体有可能宁肯以较高的成本作为代价来利用外资。

另一方面，尽管国内资金市场的供给与需求是相等的，但商品市场上的供给小于需求，从而扩大生产规模具有潜力，扩大生产规模后的盈利机会是存在的。国内投资主体考虑到潜在利益的存在，于是在国内已经没有多余资金可供利用的情况下，利用成本较高的外资。其实，完全可以设想，只要国内商品市场上供给小于需求，迟早会打破国内资金市场上的供求平衡状态而形成的资金供给的不足，因此，即使这一时期不利用外资，下一时期仍会利用外资；同时，因国内商品市场上供给不足而引起的资金供给不足，必然会增加利用国内资金的成本，从而"利用外资的成本大于利用国内资金的成本"的情况也会发生变化，最终趋向两者之间差距的缩小。这一过程可以分解如下：

1）$C_F > C_D$

2）$K_S = K_D$

3）一般情况下，国内投资主体不准备利用外资。但如果国内有潜在盈利机会，有扩大生产的潜力，于是投资愿望增大；

4）投资愿望增大引起 K_D 上升；

5）$K_S < K_D$

6）接着，C_D 上升，直到 $C_F = C_D$

7）在 $C_F = C_D$，$K_S < K_D$ 情况下，将利用外资，以弥补 K_S 与 K_D 的差额。

上面的分析表明，在"利用外资的成本大于利用国内资金的成本"的场合，对外资的利用仍有可能是有效的。也就是说，投资主体对利用外资的成本的考虑固然十分重要，但更为重要的是利用外资的效益。资金利用的成本虽低，但资金利用的效益更低，那么这样的利用是不可取的。反之，资金利用的成本虽高，但资金利用的效益更高，那么这样的资金利用就是有效的利用。无论是对待外资还是对待国内资金，都应当采取这种态度。[①]

3. 如何看待外汇收支平衡

厉以宁教授指出：看待外汇收支的平衡，一定不要坚持"以出定进，量收为支"的原则，不能仅仅从某一个时期，外汇收支是呈顺差或逆差去看问题，而必须有较长时期的观察。

五、财政政策与货币政策配合调控的主张

（一）配合调控的警戒线和效应分析

1. 财政政策与货币政策配合调控的警戒线

厉以宁教授认为：根据经济的非均衡性质，特别是根据第二类经济非均衡的特点，在我国经济体制改革中，宏观经济管理体制改革的重点应当放在促进市场对资源配置的自我制约作用方面，以及缓和经济运行过程中市场调节与政府调节的摩擦方面。如果不是循着这些方向进行宏观经济管理体制的

---

① 厉以宁：《外汇平衡差距的宏观研究》，载《北京大学学报（哲学社会科学版）》，1987（6）。

改革，结果必然会阻碍我国经济由第二类非均衡向第一类非均衡的过渡，必然会扩大经济中的货源缺口或市场缺口。因为企业尚未实现自主经营、自负盈亏时，政府调节在消除货源缺口或市场缺口方面发挥作用的机制是受限制的。政府的经济管理措施如果不利于调动企业经营的主动性、积极性，不利于引导企业根据自身的利益来自行调整供给与需求，而只是单纯地用直接投入和直接分配的方式来实现供求的暂时平衡，那么我国经济将会持续停留在极不合理的第二类非均衡状态之中。

厉以宁教授进一步指出：由于中国经济是非均衡的，因此失业率和通货膨胀率都大于零应该是被广泛接受的，不可能把警戒线定在零失业率或零通货膨胀率的水平上。究竟多高的失业率或多高的通货膨胀率可以作为警戒线，应视具体情况而定。他主张设立两条警戒线，即第一警戒线和第二警戒线。根据零失业率线或零通货膨胀率线，第一警戒线和第二警戒线，整个经济运行空间被划分为四块：

其一，经济运行于零失业率或零通货膨胀率线以下是不正常的，这时或形成劳动力不足，或形成通货紧缩，这些都需要政府采取相应的宏观调控措施；其二，零失业率或零通货膨胀率线以上但没有突破第一警戒线的经济运行是正常的，这时不需要政府进行宏观调控；其三，第一警戒线以上但没有突破第二警戒线的经济运行，属于轻度的非正常经济运行，这时需要采取适度的宏观调控措施；其四，经济运行于第二警戒线以上，属于严重的非正常经济运行，这时不仅需要政府加强宏观经济调控，甚至在必要时可以采取非常规的调节手段。总体而言，根据通货膨胀率与失业率的警戒线适时调控经济运行。[1]

2. 财政政策与货币政策配合调控的效应分析

厉以宁教授从西方经济学流派论战的结论中获得启示，他认为：在运用宏观经济调控手段时，要结合经济增长来分析财政政策与货币政策的效应。他还进一步指出：凯恩斯学派在同货币学派关于政策的论战中，就货币政策

---

① 厉以宁："非均衡条件下经济增长与波动的若干理论问题"，摘自《中国经济改革发展之路》，外语教学与研究出版社，2010。

与财政政策的配合问题上，得出的一个重要结论是，应当结合经济政策目标来讨论这种政策配合。具体地说，应当以是否有利于经济稳定与经济持续增长作为考察货币政策与财政政策配合的效应。

厉以宁教授指出：松的财政政策同紧的货币政策相结合时，才可能发生"挤出效应"；松的财政政策与松的货币政策配合必然导致通货膨胀加剧。在此之后，他进一步指出，无论是松的财政政策与紧的货币政策相结合，还是紧的财政政策与松的货币政策相结合，既涉及财政政策与货币政策效应强弱的比较问题，又涉及松的政策与紧的政策的效应强弱的比较问题。如果不能对这些政策效应强弱的比较有所了解，那么就很难对不同政策配合使用的实际效应作出判断，从而难以对不同政策的配合方案作出选择。

厉以宁教授认为，财政政策与货币政策的作用同市场的完善程度有关。假定市场不够完善，如资本市场、证券市场、外汇市场、产权交易市场等都不够完善，货币政策在实行过程中所遇到的障碍可能大于财政政策，特别是紧的货币政策要比紧的财政政策所遇到的阻力更大一些，从而效应也就相对地受到一定的限制。这是因为：货币政策的效应是通过资本市场、证券市场、外汇市场、产权交易市场等发挥出来的，不完善的市场使货币政策缺乏相应的传导机制或使货币政策的传导机制失灵，因此货币政策不易有效地发挥作用。财政政策主要直接作用于商品市场，针对于 90 年代末的中国，财政政策较易发挥作用，收效程度也比较高。在中国，要促进经济增长，松的财政政策要比松的货币政策更为有效，而在加剧通货膨胀方面，松的财政政策所起的作用也要大一些。

基于市场不完善条件下对货币政策与财政政策不同效应的分析，厉以宁教授近一步阐述了"松紧搭配"问题。他指出，在市场不完善条件下，选择财政政策与货币政策的配合时，为了达到宏观经济调节的目标，财政政策的效果比较明显；而货币政策，除非加大力度，否则其作用将受到较大限制，所以不宜对其效应寄予不切实际的希望。这是市场不完善条件下宏观经济调节的一大特点。另外，市场不完善条件下紧的财政政策的效应较强和松的货币政策的效应较弱，从而有可能使经济冷却过度或使经济陷于停滞状态，即所谓的"刹车容易启动难"。鉴于市场不完善条件下货币政策所受限制更大，使得财政政策与货币政策的配合难度加大，根据不同的效应特点，他主张最好是实行稍紧的财政政策与松动的货币政策相配合。

（二）提出财政政策与货币政策配合调控主张的历史背景和社会环境[①]

1993 年，中国出现了投资过热现象，从而引发了严重的通货膨胀，怎样应对这一问题，成为当时经济学界普遍关注的问题。在此背景下，厉以宁教授发表了《非均衡条件下经济增长与波动的若干理论问题》[②]，阐述了其对政府调控政策的观点。在这篇论文中，厉以宁教授提出了非均衡条件两条警戒线的分析思路。1997 年，东南亚金融危机爆发，中国经济不可避免地受到一定影响。在此背景下，厉以宁又适时地发表了《论财政政策与货币政策的配合使用》一文，文中明确指出：无论是应对当时发生的东南亚金融危机，还是作为中国国内的经济政策，都应当学会如何配合使用财政政策与货币政策。一般情况下，二者需要松紧搭配，这样才能获得较好的效果。

财政政策和货币政策历来是现代市场经济国家政府干预和调控经济活动的两大基本政策手段。针对当时财政政策和货币政策在实际运作过程中缺乏协调配合的问题，理论界对此存在不同的意见和看法。一种观点以厉以宁教授为代表，从货币政策在我国发挥作用的局限性出发，指出政府的干预和调控应当从过度依赖货币政策转变为货币政策和财政政策并重，并注重二者的协调配合。他认为以货币政策为主的调控，由于缺乏财政政策的协调配合，加之货币政策本身作用有限，难以有效地抑制通货膨胀，特别是难以有效地解决日趋严重的失业、企业亏损、收入差距的扩大和农业问题。因此，要调整以货币政策为主的宏观调控政策取向，确立财政政策与货币政策之间大致

---

① 刘国光：《坚持宏观调控适度从紧的方向——对当前经济形势与若干流行观点的一些看法》，载《经济学动态》，1996（9）；张宏、陈秀山：《90 年代我国宏观调控理论》，载《教学与研究》，1997（6）。

② 厉以宁：《非均衡的中国经济》，中国大百科全书出版社，2009。

明确的分工，并注重二者间的协调搭配。另一种观点认为，改革开放以来我国分配体制和分配格局的变化，使银行在社会资源配置中的地位和作用日益突出，经济运行对货币关系和信用关系的依赖程度日益加深，经济运行货币化、信用化已成为一个不可争辩的经济发展趋势。宏观经济调控偏重于货币政策的运用是市场经济发展的内在结果。有人断言，在社会主义市场经济体制条件下，我国财政的地位可能会像西方国家一样逐步降低，职能将被弱化。持此观点者虽是少数，但在实践中却具有不可忽视的影响。

财政的相对弱化，宏观调控政策偏重于货币政策的运用，是当时经济运行中存在的一个客观事实。我国在从传统的计划经济体制向社会主义市场经济体制转轨的过程中，通过改革重新确立银行在国民经济中的地位和注重货币政策的调控作用，从而扩大经济增长的货币政策支持，是符合市场经济发展要求的。但值得注意的是，银行作用的增强并不必然是以弱化财政职能为代价的。事实上，财政政策和货币政策各有各的特点和作用范围。一般说来，货币政策和手段具有一视同仁和有偿的特点；财政政策和手段具有强制和无偿的特点。对经济总量的调控主要是处理货币供给与货币需求的关系，这主要属于货币政策的调控范围，而对经济结构的调控，如存量和增量的调整则基本属于财政政策调控的范围。中央银行以稳定币值为首要目标，调节货币供应总量，货币政策应偏重效率优先的原则；财政则着重调节经济结构和社会分配，财政政策应偏重于公平优先的原则。因此，只有在财政政策和货币政策之间进行明确的分工，注重相互间的协调配合，才有利于总量平衡和结构优化的实现，促进国民经济持续、稳定、健康的发展。当时我国理论界就如何将振兴财政与结构调整结合起来、与投资体制改革及投资主体的转换结合起来，以及如何建立和完善财政政策和货币政策之间的协调配合机制进行了深入探讨和研究。

厉以宁教授透彻地分析了宏观调控两大政策的特点和效应，特别是针对当时我国从不完善市场经济向较完善市场经济转换过程中政府宏观调控手段的选择，提出了自己的政策主张。

（三）财政政策与货币政策配合调控主张的价值和意义

1998 年以来，中央银行根据不断变化的国内外经济形势，特别是针对国民经济增长出现下滑的态势，对货币政策进行了适当的调整，我国宏观调控先后实施稳健的货币政策、积极的财政政策。所谓实行稳健的货币政策或适当的货币政策，就是在坚持贷款条件、防范金融风险的基础上，适当增加货币供应量，同时积极运用各种金融杠杆，支持扩大内需，促进国民经济发展。

改革开放以来，由于诸多原因，政府财政收入占 GDP 的比重以及中央财政收入占全部财政收入的比重出现较大幅度下滑的态势，使得国家财政的宏观调控能力趋于弱化。面对我国经济成功实现"软着陆"之后出现的需求不足、投资和经济增长乏力的新形势、新问题，客观上要求我国财政政策必须尽快地从宏观调控能力弱化的困境中走出来，对国民经济增长发挥更加直接、更加积极的促进和拉动作用，这就是积极财政政策的主要内涵，即通过增加财政支出和调整税收政策，更直接、更有效地启动经济增长，优化产业结构，促进经济和社会的稳定发展。积极财政政策的另一方面涵义在于它是解决结构失衡的最有效手段。随着改革开放的深入，市场化程度的提高，我国社会经济生活中的结构性矛盾日趋尖锐，并成为制约国民经济增长的重要因素。而作为结构性调整最重要手段的财政政策，则应当在我国经济结构优化和结构调整中，发挥比以前更加积极的作用。国家财政政策作用于结构调整与建设，是降低经济发展成本的有效途径。处于转轨时期的我国经济，要求在充分运用市场配置资源基础性手段的前提下，针对我国经济的结构调整和建设，发挥国家财政宏观调控的积极作用。运用财政政策等工具解决好市场失效所可能引发的结构性矛盾，保证经济发展中的结构转变，在合理化的轨道上逐步实现有序升级。

值得强调的是，积极财政政策是特定条件下实施的特定对策。试图通过无限制地扩大财政赤字和增发国债来保持国民经济持续快速增长是不现实的。换句话说，用加大政府财政对基础设施投入作为突破口来启动经济增长，其作用毕竟是有限的。从资金供给看，未来能否有足够的财政资金和银行贷款继续扩大基础设施建设，不仅会受到财政收入和财政赤字的约束，也会受到银行体系不良贷款的影响。从厉以宁教授在不同场合的言论及著述中不难发现，其宏观调控主张体现了他一贯的重市场手段调节和重结构调节的思想。

2011 年，中央经济工作会议提出实施积极财政政策，厉以宁教授认为该政策的实施包含四个方面的措施：给企业减税；改善民生，缩小收入差距，从而扩大内需；投资一些关系国计民生的重大项目；财政支出向教育倾斜。实践表明，他主张的采取稍紧的财政政策与松动的货币政策相结合，且货币政策松动的力度要加大是常态下的政策措施，与非常时期的特殊政策并不矛盾。在经历了一段时间的经济紧缩之后，怎样才能使经济再度活跃起来？他主张的实行稍紧的财政政策与松动的货币政策的配合，要优于松动的财政政策与稍紧的货币政策的配合，更优于财政政策与货币政策的"双紧"或"双松"。他关于货币政策传导机制的分析，进一步证实了其结论是符合我国当时实际情况的。

六、货币政策总量调控和结构性调控并重论

（一）货币政策总量调控的内涵和局限性

厉以宁教授主张货币政策总量调控和结构性调控并重。他在《决策与信息》期刊上发表文章指出："在宏观经济层面上，总需求和总供给的平衡一直是政府调控最为关心的。总需求由投资、消费和出口三项构成，因此，政府调控总是从总量分析的角度对投资、消费和出口进行调控。货币政策的调控通常就是一种总量调控，它的依据就是货币流量分析：货币流量多了，就采取减少货币流量的调控措施；货币流量少，就采取增加货币流量的调控措施。货币政策中惯用的做法，无非是提高或降低存款准备金率，提高或降低银行利率，增加或减少公开市场业务，有时还直接调控信贷规模，如增加信贷总量或压缩信贷总量。货币政策调控之所以习惯于运用上述总量调控手段，因

为货币流量分析的依据就是：在经济运行过程中，货币流量的多和少、增或减，将直接影响总需求，影响宏观经济全局。货币政策的总量调控是有用的，但它的局限性同样不可忽视。货币政策总量调控的局限性主要反映在以下四个方面：第一，宏观经济的基础是微观经济，而微观单位千差万别，各自的情况很不一样，货币政策的总量调控往往形成'一刀切'的弊病对于正处于经济转型阶段的中国经济而言，可能是严重的，甚至是弊大于利的。第二，货币政策总量调控作用于总需求的扩大或压缩，而对于总供给的影响不明显。这是因为，对总供给的调控不可避免地涉及产业结构调整、产品结构调整、地区经济结构调整、技术结构调整、劳动力结构调整、投资结构调整等问题。由此可见，货币政策总量调控的局限性十分清楚，因为既然它影响不了总供给的调整，又怎么可能有效地实现总需求和总供给的平衡呢？特别是对中长期的平衡和增长而言，结构调整极为重要，必须从总需求调控和总供给调控两方面着手，双管齐下，这才是有效的调控。第三，要知道，迄今为止中国经济依然是非均衡经济。市场还不完善，资源供给有限，资源定价机制还在继续改革和有待形成，再加上信息不对称问题，使得货币政策总量调控不可能像在完全市场化经济中那样发挥作用。沿海和内陆地区的差别，东部和中西部的差别，大城市和小城镇的差别，总量调控的效果是不一样的。货币政策总量调控不仅缩小不了地区间的差距，反而会扩大这种差距。第四，即使在发达市场经济国家，如美国，货币政策的总量调控有可能通过货币流量的减少而抑制通货膨胀，或者有可能通过货币流量的扩大而刺激总需求，从而减少失业。但一旦遇上滞胀，即经济增长停滞，失业率上升与通货膨胀并发的情形，货币政策的总量调控就无能为力了。20世纪70年代初美国发生的滞胀，使传统凯恩斯经济理论中关于调节总需求的宏观经济政策不起作用，就是明显的例证。如果中国今后发生了滞胀，或者为了防止滞胀现象的出现，货币政策的总量调控决不是有效的对策。"

这就是说，在厉以宁教授看来，货币政策总量调控是有局限性的，总量调控必须与结构性调控相配合，二者兼用，二者并重。为什么二者必须配合？他还进一步指出："在宏观经济学中除货币政策外，其他三大政策，即财政政策、价格政策、收入政策都是强调结构性调控的。财政政策：既是总量调控，又是结构性调控，而且更侧重于结构性调控。财政政策大体上包括财政收入政策和财政支出政策。价格政策：调控总物价水平，以及调控物价水平同比增长百分比，都是价格政策的总量调控，但总量调控目标是通过结构性调控目标的制定而实现的。收入政策：对居民收入水平进行的调控是总量调控，但究竟如何实现调控目标，同样应当通过结构性调控。根据中国经济现状，有必要把城镇居民和农民的收入水平分开计算，并制定如何提高城镇居民收入和提高农民收入的措施，这就是结构性调控。"

（二）货币政策结构性调控的内涵和途径

所谓货币政策结构性调控，按厉以宁教授的论述，就是要针对不同的领域在信贷政策上实行区别对待。因而贯彻货币政策结构性调控应当从信贷量结构的角度进行分析。首先，要弄清楚在银行放出的信贷资金中，有多少真正进入了实体经济领域，又有多少停留在虚拟经济领域。如果本来应当进入实体经济领域但却进入虚拟经济领域的信贷资金占有信贷资金总量中的一定比例，那就应当采取针对性的措施，让它们及早转入实体经济领域，否则只会使股市、楼市产生泡沫。在这种情况下，单纯采取货币政策的总量调控，紧缩货币流量，是无助于问题的解决的。其次，银行放出的信贷资金，究竟有多少真正惠及了中小企业、民营企业，尤其是民营小企业，也需要弄清楚。再次，银行放出的信贷中，即使有相当大的份额进入了实体经济领域，那也要进行结构分析，弄清楚其中有多少信贷资金进入了产能已经过剩的行业和产能即将过剩的行业，有多少信贷资金进入了属于短板的行业或急需信贷支持的新兴高技术行业。如果属于短板的行业或急需信贷支持的新兴高科技行业得不到贷款，而产能已经过剩或产能即将过剩的行业所得到的信贷资金较多，单纯的货币紧缩必定有害无利。

厉以宁还认为：货币政策调控建立在货币流量分析的基础上，而货币流量分析往往掩盖矛盾，制造假象。他结合中国的现实指出："自从进入 2009年第三季度以来，国内经济学界就有一种议论，都认为 2009 年前两个季度的信贷量偏多了，货币流量偏大了，货币政策应当及时进行调整，转向从紧，这种分析是从总量的角度作出的，其实并不符合中国当前的实际。2009 年前三个季度的统计数字表明，中国经济运行在第一季度已经触底了，第二季度、第三季度连续回升，这是事实，需要指出的是，中国经济目前回升的基础还不巩固。主要反映于以下几点：第一，经济回升主要依靠投资带动，消费在经济回升中起的作用较小，而出口起的作用更小，投资所造成的需求只是中间需求，只有消费和出口造成的才是最终需求。第二，在投资为主带动的经济回升中，所依靠的主要是政府投资，并且政府投资到现在还没有起到以政府投资为杠杆启动民间投资的作用，而且在一些地区和一些行业政府投资对民间投资有挤出效应。甚至地方政府对民间投资设置障碍，进行排斥，这正是当前中国经济回升基础不巩固的重要证据。第三，就以政府投资来说，政府投资的主要去向是基础设施工程的建设，当然政府将基础设施大量投资，对保证中国经济长期增长是有积极意义的，铁路、高速公路、飞机场、港口的建设等，有助于增加中国经济持续增长后劲，但是促进消费需求的增长必须扩大就业，基础设施建设的投资，并不能增加很多就业的机会，目前要扩大中国的就业，必须推进民营经济的发展，扶植和帮助中小企业、劳动密集型企业以加快发展服务业，依靠政府投资起不到这样的作用。所以适度宽松的货币政策目前不宜改变。"[1]

这就是说，在厉以宁教授看来，货币政策宏观调控依据对货币流量的分析，是具有局限性的。

（三）提出货币政策总量调控和结构性调控并重论的历史背景和社会环境

厉以宁教授提出货币政策总量调控和结构性调控并重，集中在 2009 年、2010 年和 2011 年，在这三年中由 2007 年 3 月以美国次贷危机为诱因的金融危机，引发了世界性的金融危机，而这场金融危机 2008 年 10 月由于五大投

---

[1] 厉以宁：《从当前中国信贷问题看货币流量分析的局限性》，《中国企业报》，2009 年 11 月 27 日。

资银行的垮台（雷曼兄弟倒闭，美林、贝尔斯登被收购，高盛和摩根士丹利被迫转型为银行控股公司）和全球最大的保险公司 AIG（国际保险公司）破产，震动了中国。这场世界性的金融危机对发达国家的影响与对发展中国家的影响不同：对发达国家的影响主要是资产缩小、资不抵债、金融机构破产倒闭，对发展中国家而言则主要是外资撤走、出口减少、经济下滑，企业关门。它们的共同点是：失业增加、人们收入减少、消费萎缩。中国政府为了缩小和消除这场危机带来的影响，于 2008 年 10 月毅然决定政府增加 4 万亿元人民币的投资，以挽救企业关门，经济下滑，失业增加。

政府应对这场世界性的金融危机毅然决定增加 4 万亿元的投资。同时在权威部门强调应对金融危机"出手要快、出拳要重"的指示下，中国国内各类银行纷纷迅速大量地增加信贷投放，增加了 8 万多元，2009 年从 10 月份开始，在整个第 4 季度银行的信贷投放，2009 年及 2010 年、2011 年分别增加信贷投放数以十万亿元，这样的结果使我国的货币供给量（以 M_2 计）2009 年底达到了 606225 亿元，2010 年底达到了 725851.8 亿元，2011 年底达 851590.9 亿元。这也就是说在这 3 年中，货币供给量（M_2）平均每年增加 10 万亿元以上。这样巨大的、迅速的货币供给的增加，引发了学术界和有关部门的思考：信贷投放是否过多，流动性是否过剩，是否应当实行适度从紧的货币政策？

厉以宁教授针对当时中国国内经济学界的议论，提出了自己的看法，他在《中国企业报》和《决策与信息》上发表文章，提出：自进入 2009 年第三季度以来，国内经济学界就有一种议论，即认为 2009 年前两个季度的信贷量偏多了，货币流量偏大了，货币政策应当及时进行调整，转向从紧。这种分析是从总量的角度作出的，其实并不符合中国的实际。

2009 年前三个季度的统计数字表明：中国经济运行在第一季度已经触底，第二季度、第三季度连续回升，这是事实。需要指出的是：中国经济目前回升的基础尚不巩固。

正由于中国经济回升的基础并不巩固，所以适度宽松的货币政策目前还不宜改变。那么，究竟应当怎样看待信贷量偏多这一事实呢？结构分析可能比总量分析更有用。也就是说，关于当前中国的信贷量更应当从信贷量结构的角度进行分析。

这表明：厉以宁教授提出货币政策总量调控和结构性调控并重是建立在对当时中国信贷量结构分析的基础上的，也就是这一理论产生的历史背景和社会环境。

（四）提出货币政策总量调控和结构调控并重的价值和意义

按西方经济的定义，货币政策是所在国中央银行的行为，中央银行通过对货币数量的增减和货币价格的变动作用于货币的供给，从而作用于经济总量的总供给和总需求。在中央银行的行为实际中，通常是通过调整存款准备金率、再贷款利率、公开市场业务，以及买卖有价证券等方式，作用于整个社会的货币资金需求，作用于人们的心理预期，从而作用于企业、家庭的经济行为，实现货币政策要达到的目标。严格地说，中央银行的货币政策有别于商业银行的信贷政策，商业银行的信贷政策不是政府的行为而是企业的行为，商业银行信贷政策的工具主要是存贷款，要实现的目标，主要是降低成本，增加利润，防范风险。

但在发展中国家，特别是在中国，商业银行的信贷政策成为货币政策的组成部分，这不仅是因为，央行的货币政策意图必通过商业银行传导，更重要的是在中国特色的社会主义市场经济条件下，政府掌握着金融资源，商业银行主要是政府控股，而经济的发展，很大程度上要靠政府推动。厉以宁教授提出货币政策总量调控和结构性调控并重，就是结合中国的实际提出来的，可以说这是具有中国特色的货币政策，是对西方经济学中所谓的货币政策的丰富和发展。由此，我们能够说"并重论"的提出是有理论价值的。

结合中国实际"并重论"的提出能推动中国信贷资金结构更加合理。厉以宁教授通过他的调研在文章中指出：信贷量偏大主要是信贷资金结构不合理问题，采取总量调控虽然也有一定作用，但结构不合理情况不会因总量调控而有明显的改善。所以在目前情况下，货币政策的结构性调控会更有成效。

可以采取的货币政策结构性调控措施如下：

第一，针对大量信贷资金并未进入实体经济领域，而是停留在虚拟经济领域的情况，可供采用的调控措施是实行信贷资金用途的追踪调查。凡是信贷资金用途与原定的资金用途不符合，必须限期收回。在某些情况下还可以处以罚款。这样，既能限制信贷资金流入股市、楼市，进行炒股、炒楼，又能收回贷款的一部分，甚至大部分。

第二，关于中小企业、民营企业难以融到资金的问题，可以有针对性的从以下四个方面着手解决：首先，增设以民间资本为主的中小银行，包括地区性股份制商业银行、村镇银行等，各类银行有自己的主要贷款对象。这样一来，中小银行的贷款对象明确了，中小企业也就容易得到贷款了。其次，增设担保公司和担保基金。担保公司的民营企业应当同国有担保公司处于平等地位，不应有差别待遇。地方政府应支持成立担保基金，可以多方筹集担保基金，便于中小企业、民营企业得到贷款。再次，扩大抵押品的范围。在当前，有针对性的措施是容许企业以专利、知识产权和品牌作为抵押，这将有利于高新技术行业的中小企业、民营企业得到贷款。最后，地下金融在引导和规范化容许浮在面上，即由非正式的融资过渡为正式的融资。这对于小企业和个体工商户的帮助是很大的。至于地下金融在浮到面上以后究竟采取何种形式可以由投资人自行选择。

第三，为了防止产能过剩行为和产能即将过剩行业继续盲目扩张，银行应当严格按照国家产业政策发放贷款。如果发现企业把已经获得的贷款转移到产能已经过剩和产能即将过剩的生产线上，或打算新建产能已经过剩和产能即将过剩的分厂或车间，银行应收回贷款。

除了上述三项有针对性的制止信贷量偏大的结构性调控措施外，中央银行通常采用的存款准备金率调整和利率调整的总量调控政策，也是可以结构性处理的。

总之，货币政策的总量调控不一定是纯粹的总量调控，总量调控和结构性调控的兼用和配合，二者的并重，可以收到更好的效果。

在中国，现阶段信贷政策的结构性调整，已经得到权威部门的关注，并在实际中发挥着作用，这应当是"并重论"的实际意义。

（闫彬　徐培文　曾康霖）

参考文献

[1] 罗志如、厉以宁：《二十世纪的英国经济——"英国病"的研究》，北京，人民出版社，1982。

[2] 厉以宁：《试论我国现阶段金融手段对宏观经济的调节作用》，载《中国社会科学》，1985（4）。

[3] 厉以宁：《论外汇平衡与社会总需求——社会总供给平衡的关系》，载《社会科学战线》，1986（3）。

[4] 厉以宁：《外汇平衡差距的宏观研究》，载《北京大学学报（哲学社会科学版）》，1987（6）。

[5] 厉以宁：《外汇平衡的原则》，载《北京大学学报》，1987（6）。

[6] 厉以宁：《中国经济改革的思路》，北京，中国展望出版社，1989。

[7] 厉以宁：《汇率的市场调节与汇率制度的选择》，载《改革》，1990（5）。

[8] 厉以宁：《论汇率调整时机的选择》，载《经济学家》，1991（1）。

[9] 厉以宁：《发展资本市场能促进现代企业制度的建立》，载《金融时报》，1996－11－13。

[10] 厉以宁：《厉以宁经济著作系列——经济漫谈录》，北京，北京大学出版社，1998。

[11] 厉以宁：《厉以宁经济著作系列——厉以宁九十年代文选》，北京，北京大学出版社，1998。

[12] 厉以宁：《厉以宁论文精选集》，北京，经济科学出版社，2005。

[13] 厉以宁：《厉以宁改革论集》，北京，中国发展出版社，2008。

[14] 厉以宁：《股份制是过去三十年中最成功的改革之一——厉以宁谈股份制》，马国川于2008年2月22日在北京大学光华管理学院对厉以宁进行

的采访稿。

［15］厉以宁：《非均衡的中国经济》，北京，中国大百科全书出版社，2009。

［16］厉以宁：《中国经济改革之路》，北京，外语教学与研究出版社，2010。

［17］厉以宁：《厉以宁论文选：2008—2010》，北京，中国大百科全书出版社，2011。

第四十章

于宗先金融思想学说概要

于宗先（1930— ），山东平度人。1956 年毕业于台湾大学经济系，1959 年获政治大学新闻研究所硕士，1973 年获美国印地安那大学经济学硕士学位，1976 年获博士学位，1988 年当选为"中央研究院"第十七届院士，历任台湾大学经济系教授，"中央研究院经济研究所"研究员、所长，"中华经济研究院"副院长，并兼"行政院经济建设委员会"咨询委员，后升任院长，"教育部学术审议委员会"委员，美国太平洋基础研究中心顾问等职。1997 年山东大学在台湾成立了山东大学学术发展旅外同乡支援会，于宗先任会长，为台湾乡亲筹款捐资活动做了大量的组织协调工作。于宗先院士于 1998 年至山东大学访问，被聘为山东大学顾问教授。于宗先院士曾多次邀请国际一流经济学者组织举办国际性经济会议，被台湾媒体誉为"台湾经济学界开拓积极学术交流最有力的人物"，是利用经济计量模型预测台湾经济的一位先驱者①。在经济预测、国际贸

---

① 于宗先院士的主要贡献是，他根据台湾地区特定的现实，最早为台湾经济建立了一套完整的计量模型，并使之成为预测台湾经济的有效工具，至今仍被应用。他赞成经济自由化、国际化的看法，同时提出，对旧有的管制措施要有步骤地松绑，即针对环境的需要，一步一步进行，要让社会大众有适应的机会。对于国际贸易，他主张要掌握人力与技术的比较优势，"唯其如此，方可赢得国际竞争之良机"。当人力资源丰富时，工资必然低廉，则低廉的劳动力具有比较优势。但当经济不断增长时，工资上升，相应地也就会失去这个比较优势，经济发展全靠科技水平的不断提升。科技水平具有比较优势，则会克服工资上涨的困境。同时，他强调，任何国家或地区都无法完全依赖内需推动经济发展，必须拓展对外贸易，以彼之长补己之短。对于泡沫经济和土地问题，他认为，过多的出超（或超额储蓄），如不用于人员素质的提升和科技发展，而用于股市和房地产开发，就会产生泡沫经济。在金融领域，于宗先院士也是多有研究，并针对很多金融问题展开了研究，是值得关注的亮点。

易、经济发展等方面颇有研究，代表作有《经济预测》、《经济发展启示录》、《蜕变中的台湾经济》、《台湾中小企业的成长》等，及中英文论文《海峡两岸经济的竞争性和互补性》等，并主编了中英文专著 20 余部，发表中英文学术性论文 180 多篇。

一、通货膨胀和通货紧缩衡量说

通货膨胀和通货紧缩都是经济发展过程中出现的一种经济现象，这些会造成社会动荡，人心不安，当然，它们存在并非持久，但会时常发生，一旦发生，就会造成人民的惊秫、不安，影响经济发展。面对通胀或者通缩发生时，执政当局根据何种标准去判定通货或者紧缩对居民的影响程度，并采取相应的政策举措，不至贫富差距的进一步拉大。于宗先院士针对上述问题提出了观点和主张。

（一）通货膨胀与通货紧缩的内涵

凡一般物价（指消费者物价）的变动率在均衡水平（0）以上持续上升，谓之通胀；若在 0 以下持续下降，则谓之通缩。

1. 通胀与通缩的内涵

于宗先院士指出："通胀与通缩定义强调的是'持续'，而不是'一次地'。但无论如何定义，这要看人民与企业对它的感受。如物价持续上涨，而一般人民的所得没有相对提升，就会感到不安或痛苦，这就是通胀现象。通常，物价不是指一种商品的物价，也不是指少数商品的物价，而是指与民生密切相关单位物价。由于物价包括的范围很广，乃用指数来表示，譬如消费者物价构成中，有多种物品的价格，但不是单纯地将所有这些物品的价格加在一起，再被物价的种类数相除。因为这些消费品中，有的对民生十分重要，有的则否。所谓对民生重要的，理论上，可视物价的弹性大小而定，实际上，可视其消费支出占收入的比重而定。如果米价上涨，因人不能不吃饭，对它的需求就不会减少，这表示米的价格弹性会较低。像钻石并非生活必需品，当其价格上涨时，消费者会不买，也就是说，这种产品的价格弹性大，消费者对这种产品可买可不买，并不影响生活。"①

2. 通胀与通缩的衡量标准

于宗先院士指出："一般人对通胀有很多误解，一是认为某一项物价上涨，就是通货膨胀，二是看到某种物价上涨，为什么政府所公布物价指数并没有相应上涨。通常有这种误解的人很多。例如，黄金暴涨两倍，或石油价格上涨了两倍，或房地产价格每平方米上涨了两倍，是不是就视为通货膨胀呢？事实上，这些物价的上涨并不代表消费者物价的上涨，也就都不是通货膨胀。物价上涨到什么程度，才算是通货膨胀？或物价下跌到什么程度，才算是通货紧缩？迄无定论。单纯从物价指数上来说，0% ~ 5%，一般称其为温性通货膨胀，如果国民所得成长6%以上，此种程度的通货膨胀无害消费者，而且反而有利于上游的厂商，因为进货价格是低的，出货价格是高的，老板有钱赚，对工人也有利。如果物价继续由5%上涨到10%，成为高度通货膨胀。如果此时国民所得成长为10%，通胀达到7%或8%，人民可以容忍。至于通货紧缩，如果物价继续下降至0%以下，通常经济成长率也不会高，在这种情况下，生产萧条，失业现象严重，社会大众的感受是痛苦的。"②

抛开单纯的物价指数来说，于宗先院士指出："如果只讨论消费者物价变动的高低，而论通胀与通缩，并无多大意义。当讨论通胀与通缩时，最好同经济增长率或居民所得变动率连在一起，通胀或通缩变动的幅度才能给人较切身的感受。例如个人所得成长率每年为6%，而通胀率为4%，个人不会感到通胀的压力，因为所得是在增加，只是增加的幅度不大而已。如果个人所得成长率每年为2%，如果通缩率变动为0%，也不会感到通缩的可怕。问题是，一旦通缩率为0%以下，个人的所得恐怕不会有多大的成长，因此在此情

---

① 于宗先、王金利：《生活的梦魇——通胀与通缩》，联经出版事业股份有限公司，2011年8月。

② 同①。

况下，失业现象也会很严重。"①

很多国家和地区对于判断通货膨胀和通货紧缩，都往往是侧重于单纯从物价指数来判定，特别是没能考虑到居民对通胀和通缩的感受，于宗先院士在此不仅讨论了通胀和通缩的内涵和定义，而且为政府当局判定通胀和通缩问题提供了不同的判定视角，这对于政府提升宏观调控能力、保障居民的福利水平有着重要的参考作用。

（二）通货膨胀与通货紧缩发生的特征

台湾从 20 世纪 50 年代后，经历的通胀大概有 8 次，其中两次为恶性通胀，经历的通缩大概有 2 次，这两次都发生在 21 世纪初期。通胀发生已从需求拉动型转变为成本推动型，在需求拉动型中，人口的快速增加是重要因素之一，而货币供给增长快速也是另一个重要原因；在成本推动型中，随着台湾对外贸易开放程度的加深，呈现出输入型物价膨胀的形态，其中货币也扮演了重要角色，居民对物价的预期心理因素也起了一定作用。于宗先院士通过对台湾经济发展历程的分析，对台湾通胀和通缩发生时的特征做了以下总结。

1. 通货膨胀的特征

于宗先院士指出："（1）虽都为通货膨胀，但发生主因却有极大的差异，即使如此，货币常扮演重要的角色。造成通胀主因，或因巨大飓风、或因石油价格飙涨、或因单位产出成本的上扬、或因人口增长快速、或因房地产价格飙涨而使租金跟着提高等，在物价较大涨幅发生前的时期，货币供给都有较大的增长，导致社会产生超额货币供给。如 1958 年货币供给年增速达到 34.94%，而 1961 年物价也有 26.01% 的增长率。至于 20 世纪 70 年代两次石油危机期间的物价飙升，之前的年份，也曾有高增长的货币供给，例如 1971—1973 年的货币供给年增长率达到 30.57%、34.10% 和 50.38%。（2）通货膨胀间的涨幅差异大。即使通货膨胀，也可划分为低度、中度、高度与

---

① 于宗先、王金利：《生活的梦魇——通胀与通缩》，联经出版事业股份有限公司，2011 年 8 月。

超高度。1955 年涨幅为 14.1%，属于高度通货膨胀，1961 年为中度，涨幅为 7.82%，最为严重为 1974 年，其涨幅高达 47.47%。（3）成本推动型通货膨胀，主要是国际农工原料与石油价格的飙涨，导致台湾地区就曾发生经济衰退或成长停滞。最好的证据就是 20 世纪 70 年代的两次石油危机所产生的情况，通货膨胀由 1973 年的 8.19% 飙涨到 1974 年的 47.47%，对应的经济成长率也从 11.83% 下降到 1.86%；1978 年的物价由 5.77% 上涨到 1979 年的 9.76%，再到 1980 年的 19.02%，而相对应的经济成长率则由 13.49% 下降到 8.01%，再到 7.32%。（4）随着台湾经济对外开放程度的加深，一些不稳定因素也会传到岛内，成为加重台湾经济不稳定的主要来源，对这种输入性通货膨胀，汇率政策扮演较为重要的角色。台湾主要是外贸导向的经济发展形态。由于随着开放程度的加深，对国际主要物资依赖的程度也在加重，如农工原料，小麦、玉米、黄豆、钢铁与石油等。这些产品国际价格的波动，就会带动岛内一般物价水平的波动。在采取固定汇率制度的时候，新台币就会随着美元的贬值而贬值，造成物价的上扬；在采取浮动汇率制度的时候，新台币的贬值，也会造成物价的上涨压力。输入性通胀的最主要原因，还是在于国际农工原料的大幅上涨，而使国内物价水平节节高升。"[1]

2. 通货紧缩的特征

虽然通货紧缩在台湾经济发展过程中，没有像通货膨胀那样对台湾经济的发展影响大，但对居民的生活和经济发展同样影响较大。于宗先院士通过对台湾多次通货紧缩的分析和总结，将台湾发生的通货紧缩呈现出的特征总结如下。

于宗先院士指出："（1）物价持续下跌。通货紧缩期间，除了物价在低位徘徊之外，总会呈现持续好几个月的物价下降，如 2003 年 6 月到 9 月，2009 年 2 月到 11 月。（2）物价下跌伴随经济的衰退与失业人口的增加。物价之所以下降，就是总需求疲软。总需求的疲软，无论是来自岛内市场的减退，或是外销出口的萎缩，整体经济所呈现的现象就是生产衰退，库存增加，受雇

---

[1] 于宗先、王金利：《生活的梦魇——通胀与通缩》，联经出版事业股份有限公司，2011 年 8 月。

人员减少，失业率进一步提高。2009 年的物价为负增长，经济成长率为 −1.91%，失业率由 2008 年的 4.14% 上升到 5.85%。（3）岛内消费物价的下跌，与国际农工原料价格的波动有关，与单位产出劳动成本下降也有关。台湾自然资源并不充分，许多重要的农工原料依赖进口；单位产出劳动成本的下降，具有抑制物价上涨的作用。（4）民众并不会因物价下跌而富有，反之会财富缩水。通货紧缩，失业人口增加，薪资不涨反跌，失业的人从有钱变无钱。（5）延迟消费。物价持续下跌几个月后，消费者就会产生预期心理，会认为物价还会持续下跌。若预期心理产生，目前应当消费支出的部分，就会延迟开支，因在物价持续下跌的环境中，延后开支的费用就会减少。"①

（三）通货膨胀与通货紧缩发生的原因

无论通缩或通胀都是因为供需严重失衡的结果，当供给大于需求时，通缩现象往往会伴随而来；当供给小于需求时，通胀现象会发生。经济失衡是经济发展中的常态，但经济发展如果失衡幅度太大，持续太久或过于频繁，将会对经济和人民生活产生极大的影响。

1. 通货膨胀发生的原因分析

于宗先院士通过对 20 世纪 90 年代以后台湾经济发展的实际情况，特别是新兴经济的快速发展以及全球经济一体化的不断深入，特别是考虑到外部环境的变化，从以下角度分析了通胀对居民的影响。

于宗先院士分析居民对通货膨胀形成恐惧的原因，主要侧重于以下两个方面，他指出："一是网络经济的流行。自 1990 年以来，区域化与全球化的潮流，涌进世界各地，生产因素与产品的交流所遇到的障碍越来越少，任何一种产品的销售，可到达到有需要的国家，同时市场竞争也就越来越激烈。为了增强竞争力，很多产品都是扩大生产，从而利用各地区生产因素的比较优势，于是跨国供应便成了许多企业营运的方式。在这种情况下，企业牟利虽然很丰厚，但主要由它的 CEO 分享，薪资阶层只能分享到较少的成果。尤

---

① 于宗先、王金利：《生活的梦魇——通胀与通缩》，联经出版事业股份有限公司，2011 年 8 月。

其是近十年以来，所流行的委托生产，更使企业赚更多的钱，其成果也是主要由它的 CEO 来分享，一般薪资劳工，如不被遣散，也分不到一杯羹。在台湾，所谓高科技产业已建立起跨国供应链，从而也使台湾减少了就业机会。最近三四年所流行的派遣公司、人力银行、其功能为推介所需人力，但一般从业者，除对少数科技人员重视外，对一般职工都以临时工对待，不但工资低，而且无保障，随时都会被解雇。二是经济成长主要来自出超。自 1990 年以来，台湾企业以高科技产业领军，他们的出口量大，而进口量也很大，但他们缴纳的税却很低。台湾经济成长主要来源不是靠内需，而是靠外需。因此，外需成了经济城镇的主力，而提供外需的主要是高科技产业。尽管在过去七年台湾经济成长率平均达到 3.83%，但内部需求的贡献率却只有1.59%，而净输出的贡献率则为 2.25%。后者大于前者。在内部需求中，民间消费支出的贡献率为 1.39%，由此可知民间消费之低迷。而民间消费的低迷，主要是由于居民收入没有增加，事实上，民间消费中，也包括高所得阶层的消费，如果将高所得阶层的消费剔出，则中低所得阶层的消费会更为低迷。"①

以上两个因素是经济成长与薪资所得阶层的收入差距加大的主要原因。正因为这个原因，尽管过去七年的经济成长率平均尚有 3.83%，一般人民对通胀的感受仍特别敏感。

2. 通货紧缩发生的原因

于宗先院士指出造成台湾 1982 年以来消费物价指数下滑的主要原因有：内需的疲软、经济的国际化与自由化、单位产出劳动成本的下降、产业结构的变迁、国际农工原料价格的平稳等。

于宗先院士指出："（1）内需的疲软。主要受四种因素的影响，分别是人口增长过缓、产业外移、资产价格泡沫化与所得分配恶化。台湾经历人口转型，由高出生率与高死亡率并存的社会转到高出生率与低死亡率的状态，再到低出生率与低死亡率的情形。导致了人口成长减缓，削弱了民间消费的规

---

① 于宗先：《为何不能忍受 3% 的通胀率?》，载《经济前瞻》，2008（11）。

模；产业的外移，对内需产生了削弱作用，岛内投资减少，众多台商在外居住，进一步削弱了国内需求，同时，台商的产业转移地大多位于工资较低地区，这会减缓岛内工资的上升，削弱消费需求；1990 年台湾股价的大回落，东南亚金融危机的冲击，导致台湾企业财务状况恶化。股票与房地产资产，也呈现泡沫的破灭；所得分配的恶化，自 1981 年起，所得分配不再均化，而是持续恶化，户数按照所得高低五等分为，最高所得组与最低所得组之比，由 1980 年度的 4.17 倍增加为 2008 年的 6.05 倍，基尼系数也由 0.278 增加到 0.341。更多的人走向极端贫困。由于高所得者的边际消费倾向较低，因而在所得分配恶化与 M 型社会中，会削弱整体民间消费需求。（2）经济的国际化与自由化。1984 年起，台湾政府推动经济国际化与自由化，由开放替代管制，由市场竞争替代行政指导。开放市场的竞争，对商品的售价就会产生压低的作用。贸易管制的放松，导致商品种类的增加，关税的降低，不论名义与实际税率，从 1981 到 2002 年的降幅都在 70% 以上。外汇管制的解除，新台币的升值，也会使进口商品以新台币计价而便宜。经济的国际化与自由化，因产品市场竞争的加剧，就会抑制物价的上扬。（3）单位产出劳动成本的下降。单位产出劳动成本的高低，决定于工资与劳动生产力。产业外移，不仅影响需求面，也会影响供给面，影响厂商生产成本。产业外移，会腾出竞争性的资源，然而外移的厂商多了，所腾出的资源也会变多，就劳动力而言，反而造成失业率的提高，这会抑制工资上涨的幅度，2003 年后薪资不涨反跌，单位劳动产出成本就更低了；在制造业中，大量使用自动化和半自动化，都会使生产效率提高，降低单位产出成本。（4）产业结构的变迁。台湾的制造业已经以高科技产业为重心，不断加大研发投入，技术进步很快，不但造成制造业成本的下降，更促使产品生命周期的缩短，很容易导致产能的过剩，使产品销售价格受到压制；自 20 世纪 70 年代受二次石油危机冲击影响以来，在产业结构的调整上，力求对能源依赖的降低。在能源使用上，力求效率的提升与能源的多元化。在结构上，服务业的比重自 1988 年后不断提升，到 2009 年，比重接近 70%。在制造业中，高耗能的产业比重也大幅滑落，产业的重心移到资讯电子业上。结构的变迁，加上使用效率的提升，使得生产部门的能源密集度大幅滑落；20世纪90年代以来，商业经营业态发生革命性的变化，大型卖场的出现，便利店迅速发展，再加上互联网的发展，进入市场障碍大幅下降，市场竞争加剧，商品价格形成了强烈的竞争压力。（5）国际农工原料价格的平稳。自1982年起，国际原材料，包括石油、铁铜铝等，都因供给增加，需求不振，原材料价格相对低价徘徊；大宗商品中的小麦、玉米等，也因风调雨顺，产量丰富，而使价格平稳。"[1]

（四）通货膨胀与通货紧缩衡量学说提出的历史背景

台湾在各个时代都曾发生过通货膨胀和通货紧缩，特别是在台湾经济发展中还产生过例如20世纪40年代、20世纪50年代的恶性通货膨胀，对经济稳定发展产生极大的影响，通货紧缩与通货膨胀同样不断显现，不停的快速更替，影响着经济的稳定发展，影响着居民的正常生活，正成为普通居民判定政府当局驾驭经济发展能力的重要参考。通货紧缩与通货膨胀的快速更替，不仅发生在台湾的经济发展过程中，如何降低经济发展的较大波动，也是世界其他国家和地区经济学家关心的问题。

1955年与1956年台湾的物价年上涨率分别为14.1%和11.3%，特别是在1959年9月，1960年11月，物价年上涨率分别达到了22.78%、20.99%。1973年到1975年的物价，分别上涨了8.19%、47.47%和5.22%。1989年到1992年单位物价涨幅，分别为4.41%、4.13%、3.62%和4.47%，与之前所发生的通货膨胀相比，涨幅较小，然而这四年的累计涨幅，高达17.69%。虽然通胀对经济发展的影响较大，但进入21世纪，台湾的经济景气循环加快了，通货膨胀和通货紧缩不停的快速更替，台湾的居民似乎无法再享有20世纪60年代与20世纪80年代的美好光景。油价从2007年6月越过每桶60美元后，就一路飙升，到2008年6月涨到最高价每桶147美元；同期，台湾地区消费者物价指数从2007年7月起开始持续走高，且2008年2月的CPI年增率达到5.76%。紧接着金融海啸的冲击，全球生产衰退，油价快速回跌，

---

[1] 于宗先、王金利：《生活的梦魇——通胀与通缩》，联经出版事业股份有限公司，2011年8月。

2009 年 2 月来到最低价的 35.5 美元，但是当年 10 月又回升到 80 美元以上；CPI 指数也从 2008 年 8 月起开始回降，而 2009 年 3 月起连续九个月 CPI 年变动率为负值，经济体系一下子转为了通货紧缩。

在社会各界都密切关注通胀的发生原因和治理办法时，通货紧缩的现象又接踵而来，虽然都是正常的经济现象，但经济体的这种上下波动，不仅越来越频繁，也越来越大，不能不引起经济学界的重视。于宗先院士在这种情况下，从居民生产生活的角度出发，来分析和提出政府治理通胀和通缩的政策措施，不仅分析了通胀和通缩的成因，而且还评价了政府的各项调控政策，这对于提高居民生活水平和质量，稳定居民对经济发展的良好预期，进而稳定经济发展有着重要的意义。

（五）通货膨胀与通货紧缩衡量学说的意义和影响

1. 揭示了民众对通胀恐惧的原因

如何降低民众对通胀的痛苦，则是政府当局和经济学家所关心的问题，这对于保障居民正常福利水平，稳定居民经济发展预期，进而稳定经济发展意义重大。在讨论通胀与通缩时，于宗先院士抛弃以往就物价指数谈通胀和通缩的问题，而是将通胀和通缩与经济成长率或居民所得变动率连在一起分析，这样才能知晓通胀或通缩变动的幅度给予人较切身的感受。通过对台湾较长时期经济发展、居民所得和物价指数的对比，揭示了为什么居民持续对通胀感到恐惧的原因。台湾经济高速增长的同时，居民收入却没有实现同步的增长，也就是说面对经济的高速增长，居民收入仍然停留在十几年前的水平，在这种收入情况下，即使物价水平上涨很少，是 2% 或者 3% 的水平，居民的实际收入也是在降低的，更不用说在发生更严重的通货膨胀时期，这也就揭示了民众对物价指数变动的较为敏感的重要原因。于宗先院士提出的这个观点，从民众实际感受来研究通胀和通缩，衡量通胀和通缩的程度，这种分析思路和方法，比起单纯依据物价指数来判定，显得更为科学，这对于保障居民的基本生活，稳定民众对经济发展的预期，为政府宏观调控提供依据，有着积极的意义。

2. 丰富了经济学研究

通货膨胀和通货紧缩都是一种经济现象，都会对经济的发展产生影响，在世界经济的发展中，通货膨胀从发生次数和影响上来说，都超过了通货紧缩。同时，政府和公众往往对通货膨胀有较强的敏感，而对于通货紧缩往往不敏感。这种情况在经济学研究领域也表现得很突出，各国学者往往重视对通货膨胀的研究，并通过相关理论和实践分析，提出了众多应对通胀的政策主张。但是对于通货紧缩问题，往往被各国学者所忽视。于宗先院士的研究，并不仅仅研究通胀和通缩的特征和成因，而是从通胀和通缩对于居民生产生活影响的角度出发，从为什么居民持续恐惧通胀和通缩的角度出发，在揭示原因的同时，对政府当局的政策进行了评价和分析。这对于其他学者的研究角度和研究方法提供了借鉴，丰富了经济学的研究，更为政府对未来经济发展，稳定居民对经济发展的预期所采取的政策取向提供了参考。

3. 评价了政策的得失

应对通胀政策中，政府通常采用价格管制、奖励增产（提高收购的保证价格）、管理进出口、采购融资、财政与租税政策、金融政策、外汇政策等。在应对通胀时，价格管制是政府在物价稳定措施中最常用的工具，但在具体执行中，这项政策对市场机制是一种破坏，反而使生产者与消费者蒙受损失；在金融财税政策抑制总需求的相关政策执行中，要注重政策配合和系统性；在社会政策中，要加强对弱势群体的关注，增强对低收入家庭的生活保障。在应对通缩政策中，降低所得税率对于台湾的政策效应要低于发达国家和地区，因为台湾地区居民的消费倾向较低；减税措施的效果有限，减税政策的执行跨度时间长；对低所得阶层发放有期限的食物券或消费券的方法，对投资支出、国内生产都会产生积极的效果；政府当局要减少不必要的开支，加强产业创新和技术支撑，大力发展传统产业，增加就业岗位。于宗先院士对于政府以往应对通胀和通缩的政策举措，进行了较为深入的分析和论证，并指出了政策的不足、效果和未来政策的取向，这对于政府当局优化政策体系，提高宏观调控的有效性意义重大。如于宗先院士提出的要大力提升产业发展水平、放宽两岸投资限制、开放观光旅游等主张，在台湾经济发展中，都演变为事实。

4. 揭示了分配关系

于宗先院士通过通胀和通缩与居民收入、经济增长的比较分析，得出了通胀与通缩发生时，不同阶层的居民对其感受和反应是不同的，同时，通过这些分析，进一步揭示了台湾经济发展中存在的收入分配不合理的情况。1991—2008 年，台湾的经济增长了 95.4%，但是同期台湾中产阶级加上低收入阶层，几乎占据了 95% 以上的民众，这个群体的所得在这 18 年期间并无增长，他们对通胀较为敏感，而少数高收入阶层不仅收入增长较快，而且占有更多的社会财富①，对于通胀就显得不那么敏感。同时，对于不同职业者，在通缩发生时，其感受也是不一样的，如退休军工教人员，不会因失业而感到生活的紧迫，但未享受到退休制度的薪资阶层，其生活更加辛苦。通缩时期，军工教等人员所得不会减少，因通缩会提高购买力。所得减少的主要是一般工商业者及失业人员，失业者因失业而一无所得。于宗先院士在这些分析中，进一步解释了民众对通胀和通缩恐惧的原因，同时，也揭示了经济运行中存在着不公平的收入分配。

二、海峡两岸经济、金融关系的探讨

海峡两岸的经济往来从完全割裂，到逐步开放，直到快速增长，极大地推动了两岸经济的发展。早在 1988 年，于宗先院士就从两岸的贸易关系、投资关系、资金转移和观光关系四个方面出发，分析了两岸经贸合作等方面的合作关系，提出了发展海峡两岸的经济关系对两岸均有裨益，而且这种裨益不限于经济，还包括文化交流等方面，这对于促进两岸同胞的交流和认知，繁荣两岸经济，提升紧密度起到了积极作用。

（一）海峡两岸经济关系

自 1980 年后，海峡两岸由香港转口的贸易增加迅速，不仅在相互贸易上

---

① 于宗先:《谁多吞了台湾的经济增长?》, 载《海峡》, 2009 (9)。

大幅增加，而且台湾企业家在大陆的间接投资设厂也大幅增加，同时在台同胞对大陆亲友的汇款数额也大幅快速增加，这些活动无论对大陆或台湾的经济，甚至是政治都会产生相当大的冲击。

1. 贸易关系

于宗先院士对于海峡两岸的贸易关系指出："海峡两岸贸易的产生主要是基于互惠原则。在 1979 年以前，海峡两岸的贸易只限于海上走私活动，在此之后，两岸贸易形势大变，一方面，海上的走私者逐渐明目张胆起来，而经由香港转口的贸易也大量增加。例如，1980 年，台湾产品经由香港输往大陆高达 120. 54 亿港元，而大陆经由香港进口额达 39. 05 亿港元，到 1985 年台湾产品转口到大陆增加至 769. 73 亿港元，而大陆产品经由香港到台湾的贸易额为 90. 45 亿港元，由此可见两岸贸易增加的速度，而且到目前为止，大陆对台湾的转口贸易一直处于逆差。海峡两岸转口贸易发展迅速，主要是因为大陆推动经济改革以来，对进口大量放宽，而台湾由于外汇的充裕，进口限制减少，使得两岸转口贸易激增。事实上，台湾的家电产品及电子产品，最为大陆同胞所喜欢，而大陆的药材、农产品也为台湾同胞所需要。尤其自石油危机以来，大陆所出产的石油、煤炭及棉花价格便宜，运程也短，被大陆周边国家和地区所垂涎。近年来，韩国急于取得这些原料，作为竞争对手的台湾地区的企业主，要求当地政府放宽大陆原料的进口。在舆情及民意的影响下，对于由大陆进口的限制被逐渐放宽。部分台湾的企业主更进一步要求同大陆进行直接贸易，唯一的理由是免除和中间贸易交易的剥削，增加效率。对于这一要求，无论当地政府及学术界，均有一个共同的看法，即在目前这个阶段不宜从事直接贸易，其理由是：台湾的贸易商是民营，而大陆的贸易商主要是政府控股的国有企业，大陆未来的政治趋势不明朗，若有大的转变，台湾的民间企业主将会遭受大的损失。同时如果两岸的贸易交易商在贸易过程中发生了纠纷，法律的使用也是个问题。为了减少这个风险，台湾的企业主同香港的贸易商或其他国家或地区的贸易商合作进行两岸的贸易，就会达成牟利的目的。就目前两岸政治与经济发展趋势而言，两岸贸易会继续增加。最重要的理由是：（1）两岸所交易的产品各具比较利益，各为对方所需要。

（2）大陆的原材料对台湾地区的企业有很大的吸引力，尤其在与韩国竞争的情况下。（3）很多企业主认为大陆也是分散出口市场的一个重要地区。（4）探亲与观光也会增加两岸的贸易关系。不过值得注意的是，进口大陆农产品，尤其是与台湾地区农产品有竞争性或代替性的产品，将对台湾地区农业发展形成另外一种压力，而这种压力比来自美国的压力还大。"①

2. 投资关系

于宗先院士对海峡两岸的投资关系指出："两岸的投资关系，迄今为止，仍然是单向关系，即台湾的企业到大陆投资，而非大陆的企业到台湾投资。而台湾企业到大陆投资是最近三四年才发生的事，也是间接性的投资设厂，同时只限于中小企业，著名的台湾大企业尚不敢贸然从事。台湾企业到大陆投资是基于下列原因：（1）大陆缺乏资金，急欲吸收外来资金，于是大陆制定了许多优待条件，而台湾企业主更是他们争取的对象。（2）有些产业，在台湾已渐渐失去比较利益，但在大陆则具有比较利益，大陆本身不仅提供廉价的原料，也提供低廉的劳动力，而这两个条件是维持国际竞争力的重要条件。（3）台湾的管制已大为放松，尤其是从 1987 年以来，企业的自由度增大，同时不少企业主认为在台湾加速折旧过的机器设备仍可在大陆开创第二个春天。台湾对大陆的投资多经由第三方，多集中在福建、广东以及上海；金额不大，主要属于制造业，如纺织业、制鞋业、电机业，除此之外还有橡胶、鞋类、塑胶制品、电子零件、帽子及食品等，而投资方式包括合资经营、合作经营、独资经营及三来一补等。1987 年以来，大陆宣布开放海南岛成为一特别行政区，并拥有自主权，吸收外国投资。出于政治等多方考虑，台湾当局对于台商的直接赴大陆投资加以禁止。为了避免风险，台商对大陆的投资多经由第三方，即以第三方的身份代表他们进行投资，同时，他们的投资皆属于短期性，即在二三年内，可收回投资成本的产业，才是他们感兴趣的产业。"②

3. 资金转移

---

① 于宗先：《经济发展启示录》，三民书局股份有限公司，1990。
② 同①。

于宗先院士对海峡两岸的资金转移指出："海峡两岸资金转移也是单向进行的，即资金由台湾同胞手中转移到大陆同胞手中。这种行为始于20世纪80年代初期，少数华侨即以侨汇的方式，由日本、美国、中国香港，接济大陆亲友，数额不大。1990年以来，侨汇给大陆同胞的资金越来越多。由于一般商人出国方便，有不少人经由中国香港、日本、泰国及新加坡前往大陆探亲或观光。每人所花的外汇，每次大约3000～6000美元，甚至有些原籍大陆的商人为享受'衣锦还乡'的感觉，做大量金额的捐赠，人数很多。1987年11月'台湾当局'开放大陆探亲，因探亲而携带给老家亲友的金额也相当可观。如果每人次平均以新台币五万元计算，其总额相当可观。这种单向资金转移，对大陆同胞产生了积极的效果，包括：（1）使大陆同胞认识到台湾的富有，即使一位退伍老兵平均所携带的金额也等于一个工人月薪的七十多倍。（2）使大陆亲友得到了一笔数目可观的救助，乃得以改善居住环境，提高生活水平。（3）台湾地区的富有使政府及社会大众对经济改革有了更大的信心。"①

4. 观光关系

于宗先院士对海峡两岸的观光关系指出："由于大陆自然风景优美而名胜古迹很多，大陆一旦开放，观光成了一种生意兴隆的事业，最近五六年来，到大陆观光的商人很多，尤其自1987年放开探亲以来，探亲和观光的人数大幅增加，由于大陆首先在广州、南京、上海、杭州、北京、西安及桂林先开放，于是这条路线也就成为了观光的黄金路线。观光对于地主国有较多的利益，它不仅可以增加外汇，而且可促进现代化。因此，大陆对观光业的发展，保持鼓励态度。而台湾的同胞，对大陆的观光也会越来越多。"

（二）探讨海峡两岸经济关系的历史背景

海峡两岸同胞同根同源，同文同种，血脉相连，有着共同的文化传承，产业、资金、管理水平等方面有着较强的互补性，特别是大陆有着广阔的内需市场，对台湾企业有着很强的吸引力，台湾地区的经济发展模式和经验以

---

① 于宗先：《经济发展启示录》，三民书局股份有限公司，1990。

及丰富的旅游资源，对大陆企业家和居民有着很强的吸引力，经济的合作共赢的潜力很大。海峡两岸的经济、金融往来，初期经由香港，但贸易规模快速增长。自1980年以来，台湾与大陆经香港的贸易往来逐渐增加，不但在相互贸易上有大幅度增加，而且台湾投资者在大陆的间接投资设厂等也不断增加。除此之外，在台湾的同胞，对大陆亲友的汇款数量，随着大陆探亲的开放，巨幅增加。1980年，台湾产品经香港输入大陆高达120.54亿元，而大陆经香港进口为39.05亿港元。到1985年，台湾产品转口到大陆增至76.97亿港元，而大陆产品转口到台湾的产品，增至9.045亿港元，海峡两岸的经贸往来迅速增加。

海峡两岸的解冻是从1987年11月2日正式拉开序幕的，1990年5月，台湾开放了台湾个人对大陆的间接汇款业务，同年7月允许台湾华南银行独家经营间接私人汇款往大陆业务，1991年7月，允许台湾与大陆间接通汇。新的契机出现在2000年。随着两岸先后加入世贸组织（WTO），台商对大陆的投资快速增长。在海峡两岸经贸往来不断快速增加的背景下，于宗先院士在1999年就提出要重视海峡两岸经济、金融往来，依托海峡两岸金融、贸易的优势，提高合作广度和深度。在提升台湾经济发展能力的同时，实现海峡两岸的合作共赢。

（三）探讨海峡两岸经济、金融关系问题的价值和影响

1. 提升了海峡两岸的经济密切度

扩大海峡两岸的经济、金融往来，在20世纪90年代于宗先院士就提出，这个观点不仅具有很强的可操作性，而且对于海峡两岸的经济发展具有双赢作用，特别是开放后为台湾经济注入的活力，帮助台湾度过金融危机等方面，起到积极作用。同时，大陆也从台湾的企业投资者中获得了稀缺的外资、先进的管理经验和理念、相关的市场运行规则等，特别是带动了大陆沿海地区中小企业的发展，为当地企业主注入了先进的发展理念、起到了较好的示范作用、带动了新式生产方式的出现，如婚纱摄影、餐饮、快餐、足浴等在大陆也得到了发展的机会，为东部地区的发展作出了重要的贡献。1980—2006

年，台湾对大陆地区的贸易顺差从 1. 59 亿美元增加到 663. 7 亿美元，26 年间迅猛扩张了 417 倍，顺差总额累积达到 3987. 23 亿美元，大陆作为台湾的一个腹地最大的市场，对台湾的经济支持力度相当大。到 2008 年，台湾已经成为大陆第七大贸易伙伴、第九大出口市场、第五大境外投资来源地和第五大进口来源地，大陆则是台湾最大的贸易伙伴、出口市场和贸易顺差来源地。经济和金融方面的密切程度大大提升。

2. 为海峡两岸经济发展提出了重点发展领域

21 世纪初，台湾经济面临着经济结构调整、失业率增加等问题，于宗先院士就提出，进一步加大对大陆旅游市场的开放，在稳定经济增长的同时，繁荣两岸经贸活动，带动台湾经济的复苏，增加就业岗位。于宗先院士多次提出要向大陆开放台湾旅游市场的建议，通过招引更多大陆同胞来台旅游，创造就业机会，繁荣经济。于宗先院士还初步做了估算，每位大陆同胞来台旅游，按照近两三年的经验估计，平均每人要花费 49500 元（新台币），如果每年有 1000 万人次来台湾旅游，其总支出为 4950 亿元（新台币），这 4950 亿元（新台币）完全在台湾消费，其创造的就业机会就十分可观。除了繁荣旅游业，还为台湾的旅馆、饭店、交通运输、百货公司等注入了新活力，同时也加强了两岸人民直接交流的机会。2009 年到台湾观光的大陆客人有60. 12 万人，比 2008 年增加了 568. 7%。2008—2009 年，两岸经贸往来总额达到 1257. 25 亿美元、1032. 88 亿美元。2009 年出口香港和大陆占台湾总出口的 41. 1%，大陆成为最大的出口市场。事实证明，两岸交流与融合是时代的潮流、历史的必然，是任何力量都阻挡不了的，于宗先院士提出的推动两岸经济、金融交流的观点，符合包括台湾同胞在内的全体华人的根本利益，不仅具有战略眼光，同时也对增强台湾经济发展贡献了重要作用。

3. 为台湾当局决策提供了参考

于宗先院士历任"中央研究院"院士，"中央研究院"经济研究所研究员、所长，"中华经济研究院"副院长，"行政院经济建设委员会"咨询委员等具有官方背景的经济学家，其所提出的种种政策主张和建议，成为当局决策的重要依据。在其著作中就提出了："两岸经济关系之增强对两岸均有裨益，而这种裨益不限于经济，也扩及文化交流，政治制度的冲击。展望未来，如果大陆的经济能够延续过去十年的路线继续发展下去，而台湾的治理能脱出政治阴影，两岸的经济关系会更加增强，而这种关系的增强，有助于两岸同胞的相互了解，统一意识的广泛沟通。"[①] 现实的发展，也正如于宗先院士的期望和建议所示，2008 年 6 月，大陆与台湾签署了《包机直航》与《陆客来台观光》，之后又达成了两岸空运、海运与通邮的所谓大三通与食品安全等协议，2008 年 12 月 15 日两岸启动大三通。第三次"陈江会"签署《海峡两岸金融合作协议》，建立了两岸金融合作的框架。2008 年 11 月中旬，两岸签署银行、证券及期货、保险业等三项监管合作备忘录（MOU），为两岸金融合作迈入实质阶段创造了有利条件，促进了两岸金融业的优势互补和共同发展。在两岸经济、金融交往密切度持续提升的情况下，2010 年，签署了《海峡两岸经济合作框架协议》。

三、对东亚金融危机的分析

从 1997 年 7 月 2 日起泰国将盯住美元的汇率改为浮动汇率，导致泰铢大幅度贬值，而股市也跟着崩盘，瞬即蔓延到马来西亚、印度尼西亚、新加坡、菲律宾。到九月间，又蔓延到中国香港、中国台湾、韩国和日本。而这些国家和地区的共同现象是货币兑美元大幅贬值，股价巨幅下跌，银行呆账倍增。影响所及，房地产价格暴跌，投资骤减，出口衰退，失业率提高，经济成长率降低。这就是东亚金融风暴。对这场金融危机怎么分析，于宗先院士有独到的见解。

（一）对金融危机的根源和受创伤程度的考察

1. 金融危机的根源在于超额投资与超额储蓄挂钩

于宗先院士指出："对于东亚金融危机的根源，有很多论说，诸如阴谋

---

① 于宗先：《经济发展启示录》，三民书局股份有限公司，1990。

论、国际投机论、人民币超贬论、泡沫经济论等，这些论说各有一番道理，但说服力都不够强。所谓阴谋论，是说西方国家鉴于近二十年来，东亚国家突飞猛进的发展，对它们有很大的威胁，为消除这个威胁，乃利用先投资、后撤资的方式，使东亚国家爬不起来。所谓投机论，即国际投机专家索罗斯利用量子基金、配额基金及避险基金之庞大力量，掏空东亚国家的资金。人民币超贬论是指1994年人民币贬值33.3%，既然是超贬，这对东南亚国家的出口是一大打击。至于泡沫经济论，是指东亚金融风暴是种泡沫现象，由于股票族喜欢'追高杀低'，致将股票炒得漫天高，终因脱离经济基本面太多，一个利空的传闻就会使股市崩盘下来。

根据我们的观察，东亚金融危机源自超额投资与超额储蓄的挂钩所产生的现象。最近十多年来，东亚国家和地区（中国台湾和日本除外）之发展经济多利用外资；一部分是用来开工厂，出口赚取外汇，也增加就业机会；一部分是用来大兴土木，作各种基础建设，或兴建摩天办公大楼，五星级旅馆，表示自己的富有，另有一部分用来炒股票。外资中有相当大的部分是贷款，而且短期贷款又占相当大的比例。同时这些国家的金融制度多不健全，而且落后，因此在运用外资时，效率并不高，由于国内储蓄有限，投资过多，而且也盲目，导致发生可利用资金严重不足现象。例如这些国家所兴建的大楼，无论用作商店或用作住房，其价钱都相当的贵。许多住房远超过中产阶级的购买力，于是滞销现象发生，许多银行的呆账比例高达20%～30%。尤其当外资见势撤出时，更使这些国家的资金周转不灵，于是股市崩盘，汇市也一片贬值之声。

其实东亚国家投资过多与日本的超额储蓄密切相关。在20世纪80年代末，日本的超额储蓄已使日本在美国吃了大亏。例如在高价时买进许多美国资产（包括洛克菲勒中心大楼，在低价时又将这些资产卖给美国。然而日本人仍不吸取历史教训，依然喜欢庞大的出超，巨额的外汇存底。在利率仅1%的情况下，日本银行吸收民间游资，便在东亚各大城市投资房地产。由于价位高出中产阶级的购买力，大部分房地产卖不出去，结果银行呆账增加，因此而倒闭者不胜枚举。

日本以其超额储蓄与东亚各国的超额投资勾结在一起，为东亚各国造成了一时的繁荣假象，最后，还是窘态毕露出来。"[1]

这样的分析表明，在他看来：这场危机中主要东亚国家和地区由于内资不足，为了发展经济大量引进外资，而外资的投资效率、效益又不高，兴建的大楼没人买，银行呆账比例升高。在这种状况下，货币贬值，外资撤走，危机发生。

2. 金融危机受创伤最重的是那些货币贬值程度最高的国家，受创伤最轻的是华人社会

于宗先院士分析：在这场东亚金融风暴中，受创伤最严重的是：印度尼西亚、韩国、泰国和日本，受影响较轻的则是华人社会，即中国台湾、新加坡、中国香港和中国大陆。兹以 1998 年 6 月底同 1997 年 6 月底，这些国家和地区的汇率与股价作一比较，可以看到它们受创伤的程度。列表如下：

	贬值程度（%）	股价下跌程度（%）
四小虎		
印度尼西亚	83.6	38.5
泰国	38.7	49.3
马来西亚	39.0	57.7
菲律宾	37.3	40.9
四小龙		
新加坡	15.4	46.3
中国台湾	19.0	16.4
中国香港	0.0	43.8
韩国	35.3	60.0
中国大陆	0.0	—
日本	18.3	23.2

资料来源：台湾"行政院"主计处，国情统计通报。

他进一步指出：从所列表看，似乎日本之受害较浅，事实却不然。在东

---

[1] 于宗先：《东亚金融风暴给我们的讯号与启示》，《金融研究》1999（4）。

亚地区，日本银行的呆账最大，致倒闭的日本银行和证券公司都是大型的、有历史的，而日本房地产价格暴跌程度之大，在战后这段历史，亦属罕见。

（二）东亚金融危机产生的时代背景和带来的讯号

东亚金融风暴在东亚地区是空前的，而其波及范围之大也是罕见的。要考察它所产生的时代背景和到底给东亚国家带来些什么讯号？而这些讯号对我们有什么意义？于宗先的分析是：

1. 金融经济时代已经来临

对东亚国家而言，自进入 20 世纪 90 年代金融经济时代便悄悄地降临，而工业经济时代渐渐褪色。在工业经济时代，一国之不景气多表现在出口的不振，及国内资本形成的减少；而这些现象主要限于一个国家，很难见到一国之不景气会瞬息传染到它的邻居，可是在金融经济时代，泰国金融风暴一爆发，一夜之间便蔓延到整个东南亚；这是在工业经济时代所没有的经济现象①。

在金融经济时代，很多商品无形无影，如近年来所流行的衍生性金融商品，如汇率，本是外汇供需决定的交换价格，现在竟成为商品，如利率、股价也都是衍生性金融商品。在工业经济时代，货币是用金、银、铜、纸制成的，现在又逐步扩展为塑胶货币、网络货币。像购物刷信用卡，它用的是什么货币？它只是一笔账，而这笔账也无需用传统的货币来支付。在金融经济时代，对一种商品的未来预期极为重要，而这种预期又建立在信心上面，但信心是随着环境、不相干的消息和个人情绪而变化的。像美国总统克林顿对绯闻案，承认自己的不当行为引起股份的上涨。同时在资讯泛滥，而电脑网络愈来愈普遍的 21 世纪，消息面的影响更具威力。

金融经济具有高度的动态性和高度的不确定性之特质，这种特性一夜之间会使一个富国变成穷国，一个资产上亿元的富翁变为赤贫如洗。由此可见金融经济变动对财富分配的影响了。

---

① 在工业经济时代，无论繁荣与衰退，主要透过贸易关系影响到贸易国，从无因一国出口之衰退，一夜之间便影响全球之现象。

2. 东亚金融危机提供的讯号之一是：经济实力是应对危机的基础

在1997年7月以前，一般人都看好东亚各国和地区的经济成长。如四小龙（中国台湾、中国香港、新加坡和韩国）已成为新兴工业化国家和地区；而四小虎（泰国、马来西亚、印度尼西亚和菲律宾）也急起追赶，经济表现亮丽。可是为什么它们大都经不起金融风暴的检验？更有趣的是：在这个地区的华人社会，包括新加坡、中国台湾、中国香港和中国大陆为什么受到的创伤较轻，且仍能保持一些成长？天然资源丰富的泰国、马来西亚、印度尼西亚及菲律宾，大企业充斥的韩国，却经不起金融风暴的冲击？

答案是：它们的经济实力才是关键因素。就东亚四小虎而言，过去十年每年有百分之七、八的经济成长，而出口增加更快，可是它们的金融制度极不健全。尤其整个国家靠短期外债来发展经济，而且大部分外债用于房地产买卖，所建造的高楼大厦之价位均超出国内中产阶级的购买力，导致产生滞销，呆账发生，导致银行、投资公司破产；更有甚者，这些国家政商勾结相当厉害，大公司筹款容易，投资品质欠佳，效益不高。同时连年入超，外汇存底不丰，政府无力影响金融市场。在国际化的趋势下，很容易被国际炒手将股市与汇市弄得体无完肤。

3. 东亚金融危机提供的讯号之二是：构建健全的金融体系是应对危机的关键因素

在这次金融危机中，为什么华人社会还能支撑得住呢？比较而言，这四个国家和地区，以中国香港与新加坡的金融制度最现代化、市场化。像中国香港、新加坡和中国台湾均有相当多的外汇储备，经济基本面比较健全，它们没有较多的短期外债，经济调整能力较强，至于中国大陆，其资本账户尚未对外开放，使投机客无地所施其技；其本身保有很多的外汇储备，近年来，年年有出超，而四年前的超额贬值，及宏观调控政策的执行，金融制度的改革，都有助于应付此次金融风暴。

对一个国家而言，金融体系如人体之血液系统，血管栓塞，人会中风，同样，如果金融有了问题，整个经济也会瘫痪。由于金融国际化、自由化的结果，资本能自由流动，它成了无国界的生产因素，谁能提供优良的投资环境，它会很快地投到那个环境；反之，它会毫无情面的离开那个环境。

4. 东亚金融危机提供的讯号之三是：应对危机要防止国际金融投机

在此次金融危机的过程中，国际投机客成了罪魁祸首。他们洞悉每个国家或地区的经济情况、金融制度。他们利用传播媒体及雄厚的资金，到那些金融市场不健全的国家去炒作。通常是先在股市炒，让几种看好的股票价格不断的上涨，继而带动整个股市的活跃，当他们认为时机成熟时，便大量抛售。他们将由股市获得的暴利，马上兑换成美金汇出，在短短的几分钟内就完成一次炒作。他们所利用的机会，一是汇率盯住或联系美元的国家，二是股市规模较小的国家。如果投资股市的人不盲目的跟从，他们的作为就不会将某几种股价一路高炒起来；如果汇率是浮动的，他们也有汇兑风险。譬如进场购买股票时汇率是1:20；出场卖出时，汇率是1:40，投机客就会有"偷鸡不着蚀把米"的结局。因此，防止国际投机客的兴风作浪，将是每个国家或地区的责任。

（三）分析东亚金融危机的意义和价值

于宗先院士指出：中国有句成语，前事不忘后事之师。我们应冷静地观察此次东亚金融风暴的来龙去脉，重视它所给我们的启示，尽管中国台湾还没经历到像韩国、印度尼西亚的经验，但我们应有以下的反省。

1. 过量储蓄得不到适当的出路可能会产生泡沫经济

这种经验在80年代末我们已领受过了：即股市会狂飙、房地产会无人问津，今天，我们又看到日本、韩国、中国香港、东南亚各国的房地产价格暴跌了30%～50%，而股价暴涨之后，又暴跌，迄今还升不起来。这是个惨痛的教训，我们应当虚心汲取。

2. 金融市场化、国际化需渐进，有秩序，有配套措施

金融市场化、国际化是世界的潮流，金融市场化、国际化是利用外资、发展贸易必须具备的条件。但是，如果金融制度不健全，贸然从事金融自由化和国际化必会出问题。在电子时代，资金流动非常快，如果银行体制落后，很容易为国际投机客所利用，所以在金融市场化与国际化时要循序渐进，即

先使经常账户可兑换，然后再使资本账户可兑换，绝不能在无配合条件下，一夜之间即市场化、国际化了。

3. 盲目而大量投资会产生信用危机

盲目而大量投资会引起通货膨胀。1992年至1994年，中国大陆曾经有过盲目而大量的投资"高新技术产业发展区"，结果，引起了恶性通货膨胀。例如1994年，通货膨胀率高达25%，如无宏观调控与金融改革，大陆也难免东亚金融风暴的冲击。凡资金取得容易，而成本低，很容易发生盲目而大量的投资。如韩国的大型企业，就是因为资金取得容易，结果在投资选择上，往往是好大喜功，不切实际。

4. 建造楼房之价位若超出中产阶级的购买力，必会产生资产不景气及银行呆账大增现象

最近二十年来，资产不景气不断在世界各地出现。如果将大量资金用于房地产业，则房地产价格必会上涨，因土地增加不易，在供不应求的情况下，必导致其价格上扬，如果其价格超过这个国家中产阶级的购买力，必会产生滞销现象，一旦滞销，银行贷款就会成为呆账，而呆账过多是银行破产的主要原因。

5. 要金融制度现代化，必须厉行法治，而且要有金融专才

现代化的金融制度所经营的商品，除传统的，就是衍生性金融商品。在电脑网络化的趋势下，必须要有合乎时宜的法规，用以约束交易的不当行为，因为很多商品无形，在网络上即可完成交易。如果监控不周，用人不当，一夜之间一个有声望的银行会变为"一无所有"。一个亿万元富翁也会"一贫如洗"。为适应金融的现代化，必须要有金融专才，而这种专才必须具有国际视野与知识。

6. 要有预防国际投机客的策略与做法

无论如何，在此次东亚金融风暴中，国际投机客扮演了"导火线"及"火上加油"的角色。为了防止国际投机客兴风作浪，金融界应掌握：（1）整个世界重要而资本大的法人基金会之有关资讯，如量子基金会，它们的历史背景，近五年之作为。（2）了解国际投机客利用的机会和所采用的方法。（3）应有的

预防和迎战的策略。（4）预防策略：最好东亚地区的国家和地区能密切合作，共同打击国际炒手，使其无机可乘。

四、台湾地区设立和发展民营银行的反省

于宗先院士认为台湾经济的发展，必须注重台湾经济的主要特征。他说："经济学家在谈到台湾经济的主要特征时，常常强调海岛经济的内在本质和公营部门的重要性。今天则更应该强调由于外贸日益重要致使经济日趋开放这个因素。由于台湾自然资源有限，人口高度密集，经济发展不得不通过有效地使用人力资源、依靠外贸的增长这些途径。换言之，台湾如果封闭市场是不可能自给自足的，事实上封闭型经济政策在台湾是注定要失败的。正如台湾经济曾经历的迅速成长的过程一样，它同时也经历了一个逐渐对外开放的过程，虽然开放的速度较经济发展的速度为慢。"①

（一）台湾民营银行的兴起和银行业危机

台湾金融机构一直以公营银行为主，在50年代发展进口替代工业和出口导向经济过程中，配合台湾当局的经济发展目标及各项经济政策措施，发挥了重要的作用。

但随着内外环境的发展变化，官办银行由于自身的弊端，如缺乏效率和竞争力、缺乏弹性等逐渐暴露，无法配合经济自由化发展的新需要，为此台湾地区当局于1989年7月17日公布实施银行法部分条文修正案，以推进金融自由化、国际化的发展。修正重点包括开放民营银行的设立，放宽银行业务限制，废除利率管制等。

台湾地区民营银行的快速发展始于20世纪90年代。由于准入法规存在一些制度性缺陷，在开放初期直接导致了民营银行核准家数过多、企业财团操控银行董事会以及退出机制缺失等问题，并引发了银行业过度竞争、银行

---

① 在逐步对外开放的过程中，台湾推进金融自由化和国际化，1989年7月修订"银行法"，允许设立民营银行。

经营状况恶化等一系列危机。特别是台湾地区利率完全市场化后，先是存款利率飙升20%至30%，进而是利差收窄，1989年前五年其银行平均利差大约在3.11%左右，2011年的名义利差仅为1.41%左右；再进而是银行资产恶化，抗风险能力弱化，其不良贷款率2002年达到11.76%，拨备率降至14%；再后是全银行业集体亏损三年，接着是众多中小银行倒闭，银行数量从53家减少到38家，信合机构由74家减少到25家。这显然是利率完全市场化后银行体系出现的险情。

（二）台湾地区开放民营银行设立的背景

台湾地区民营银行的快速发展始于20世纪90年代。在此之前，台湾地区银行业以公营银行为主体，监管当局对金融机构新设采取了较为严格的管制措施。当时的台湾公营银行放款强调抵押和担保，借贷手续繁琐，无法满足中小企业的融资需求。

20世纪80年代后期，随着台湾地区经济快速发展，国际热钱不断流入，该地区外汇储备上升到1987年的768亿美元。为了减缓通胀压力，台湾地区货币当局不断收紧银根。正规的金融机构无法满足民间强烈的融资需求，地下金融日益猖獗。各种当铺、地下钱庄、民间借贷泛滥，不少公司非法吸收公众存款，再投资股市和房产，造成股市和房地产大量泡沫。

在国际上经济自由化浪潮的推动下，民间对于打破银行业垄断、设立民营银行的呼声越来越高。迫于社会压力，台湾地区当局在20世纪80年代末期开始了金融自由化进程，而对民营银行设立的放宽成为金融改革的标志措施。

1989年7月，台湾地区当局对"银行法"进行了修订，为民营银行的设立提供了法律依据。

1990年4月，台湾地区"财政部"公布"商业银行设立标准"并开始受理新设银行的相关申请。1991—1992年，监管机构共核准了16家民营银行的设立申请。除新设银行外，后期还出现一批由信托投资与信用合作社改制及原公营私有化的民营银行。

（三）反省台湾地区开放民营银行的意义和价值

反省台湾地区开放民营银行的意义和价值，在于总结其中的经验教训。应当说，开放民营银行对于提高台湾地区金融业的经营效率、竞争能力以及健全金融法规起到了积极作用。但是，台湾地区民营银行准入法规存在一些制度性缺陷，在开放初期直接导致了民营银行核准家数过多、企业财团操控银行董事会以及退出机制缺失等问题，并在 20 世纪 90 年代引发了银行业过度竞争、银行经营状况恶化等一系列危机。

1. 新设民营银行数量过多导致银行过度竞争

在开放之初，为限制民营银行数量，台湾地区监管机构设置了较高的资本金要求（100 亿元新台币）。不过在长期金融压抑后，民间资本进入金融行业的意愿非常高。

台湾地区的一些企业财团通过联合集资等方式，成功规避准入门槛。仅 1991 年第一批次核准通过的民营银行即达 15 家。开放民营银行后的十年间，台湾地区本地银行数量由 1991 年的 25 家增加至 2001 年的 53 家，银行在岛内的分支机构数量则由 1046 家迅速增长至 3005 家。

民营银行的主要收入来源仍依赖于传统的存放款业务，加剧了台湾地区银行业的竞争，也导致各家银行市场占有率迅速下降，一半以上银行的市场占有率不足 1%。

1999 年，岛内最大的五家银行的资产总额占全体银行总资产的比重仅为 29%。竞争过度激烈和利差持续收窄等不利因素严重影响了金融机构的盈利能力和资本质量。台湾地区银行业的资产收益率及净资产收益率一路下滑，分别从 1994 年的 1% 和 11.5% 下降到 2001 年的 0.5% 和 5.5%。

为了增加盈利，台湾地区银行业机构力图提高信贷总量，不断放松信贷标准，导致银行业不良贷款率不断升高，由 1991 年不到 1% 增至 2001 年 7.7%，其中公营银行为 5.25%，民营银行则为 8.47%。与之相比，2001 年外资银行在台湾地区分行的不良贷款率仅为 3.53%。

为解决金融机构困境，台湾地区当局自 2001 年起推动了数次金融改革，重点在于缓解银行过度竞争、提高市场占有率，实施了减少银行数量、鼓励银行机构合并、成立金融控股公司、设立"金融监督管理惟愿会"等一系列措施。

截至 2013 年 6 月底，台湾地区本地银行家数降至 38 家，岛内银行的经营状况也出现好转，市场占有率和各项财务指标逐步提升，净资产收益率回升至 8.24%，平均资本充足率也保持在 12% 左右的水平。之后台湾也意识到银行过多的问题，从而减少银行的数量。

2. 民营银行公司治理不尽完善爆发危机

台湾地区开放民营银行后，新设民营银行大多被大企业财团所控制。根据相关规定，监管机构要求银行 20% 的股份必须公开招募，以保证新银行的股权分散。

但实践证明，作为发起人的企业财团控股比例还是过高，一些民营银行设立后依然出现大股东操控董事会的现象。尽管监管机构对关联人贷款等行为进行限制，但一些银行转而采取对其他财团相互贷款，通过交叉授信等变通做法规避监管。与此同时，还出现了一些财团通过炒作所控制的上市银行股票进行内幕交易的公司治理丑闻。

1997 年亚洲金融危机后，台湾地区经济衰退，岛内至少 20 余家企业集团爆发了财务危机，累计数千亿元新台币的金融债务，造成银行巨额坏账，数家银行出现财务危机，其中如泛亚银行、中兴银行等均为新设民营银行。

2000 年，监管部门查实 18 家银行涉嫌违规贷款。2006 年 12 月，台湾力霸集团旗下两家上市公司发生财务危机并进入破产保护程序，其旗下中华商业银行因涉嫌巨额违规内部贷款等问题而遭遇严重挤兑，迫使台湾地区监管当局紧急接管该行，银行股重挫近百点，引发了台湾地区金融体系首次跨市场危机。

中华商业银行弊案涉及银行关联人贷款、董事监事股票高额质押贷款、虚假财务报告及上市公司交叉持股等诸多问题，暴露了台湾地区金融监管失效与银行公司治理不尽完善的现状。

针对民营银行的公司治理问题，台湾地区有关部门也进行了一些改革，先后对"银行法"、"证券交易法"等有关规定进行了修改。首先，明确了独立董事及董事会席位分配的相关要求，防止少数股东垄断银行经营，并对"审计惟愿会"设置等进行了完善，增强银行内部监督功能，同时还加大了对违反"银行法"的处罚力度。此外，为防止企业将银行作为利益输送的工具，监管机构对关联人贷款等行为进行了更为广泛而严格的规范和限制。

（郑智峰　罗晶　曾康霖）

参考文献

[1] 于宗先、杨一适：《台湾经济发展中的政府与民营部门》，载《台湾研究集刊》，1988（4）。

[2] 于宗先：《房地产价格飙涨问题解决之道》，载《经济前瞻》，1989（16）。

[3] 于宗先：《经济发展启示录》，三民书局股份有限公司，1990。

[4] 于宗先：《为高速经济发展所付的代价》，载《经济学家》，1993（5）。

[5] 于宗先：《台湾对东亚金融风暴的反应》，载《金融参考》，1999（3）。

[6] 于宗先：《东亚金融风暴给我们的讯号与启示》，载《金融研究》，1999（4）。

[7] 于宗先：《台湾经济如何从谷底翻升》，载《经济日报》，2002（2）。

[8] 李功耀：《赤子蹈学海 风雨话苍生——记著名经济学家、台湾"中央研究院"院士于宗先教授》，载《财政监督》，2003（8）。

[9] 于宗先：《资产泡沫化与经济消长》，载《经济学动态》，2004（6）。

[10] 于宗先：《公共设施与规模经济》，载《经济前瞻》，2004（9）。

[11] 于宗先：《谁主导海外投资的方向?》，载《经济前瞻》，2005（11）。

[12] 于宗先、王金利：《台湾金融体制之演变》，联经出版事业股份有

限公司，2005。

　　［13］于宗先：《增加就业机会的有效途径》，载《经济前瞻》，2006（1）。

　　［14］于宗先：《公共经济学的盲点》，载《经济前瞻》，2006（3）。

　　［15］于宗先：《台湾经济是在提升，抑是在下沉》，载《经济前瞻》，2006（11）。

　　［16］于宗先：《画饼充饥的经济愿景》，载《经济前瞻》，2007（3）。

　　［17］于宗先：《贫富差距两极化的隐忧》，载《经济前瞻》，2007（7）

　　［18］于宗先：《为何不能忍受3%的通胀率?》，载《经济前瞻》，2008（11）。

　　［19］于宗先、王金利：《台湾赋税体制之演变》，联经出版事业股份有限公司，2008。

　　［20］于宗先：《要坚定信心，莫乱了阵脚——对当前台湾经济的蠡测》，载《海峡评论》，2008（8）。

　　［21］于宗先：《科技产业亟需脱胎换骨》，载《经济前瞻》，2009（5）。

　　［22］于宗先：《谁多吞了台湾的经济增长?》，载《海峡》，2009（9）。

　　［23］于宗先、王金利：《生活的梦魇——通胀与通缩》，联经出版事业股份有限公司，2011。

　　［24］于宗先：《谁主宰台湾出口贸易地区》，载《经济前瞻》，2011（9）。

　　［25］于宗先：《台湾经济的38个迷思》，五南图书公司，2012。

　　［26］光之徒：《台湾民营银行的经验与教训》，http：//www. guancha. cn/XueQiu/2014_ 03_ 17_ 214334. shtml，2014（3）。

第四十一章

徐唐龄金融思想学说概要

　　徐唐龄（1933—　　），安徽太和人，湖南财经学院教授。曾任第七届、第八届全国人大代表，湖南省人民政府第一批参事，九三学社第九届、第十届中央委员，九三学社湖南省委顾问，中央广播电视大学农村金融课程主讲教师，中国农业银行特邀研究员，中国农村金融学会顾问等。徐唐龄教授长期进行农村金融、农村经济的研究，先后撰写并发表大量农村金融研究论文，引起较大社会反响，对推动改革开放三十年来我国农村金融、农村经济发展以及农村金融学科建设作出了重大贡献。他的"农村金融课程建设"获1989年湖南省教学成果二等奖，1991年9月由湖南省教委、湖南省人事厅授予湖南省优秀教师荣誉证书。自1993年开始，成为经国务院批准的享受国务院政府特殊津贴的专家。

　　著有《中国农村金融史略》、《现代银行制度通论》、《开发性贷款的可行性研究》、《与钱共舞》、《百姓经济话题》等。[①]

---

　　①　徐唐龄教授在《金融研究》、《农村金融研究》等期刊发表《股份制与股份银行——兼向盛慕杰同志求教》、《主要发达国家农村金融体系的比较研究》、《在实践中创建和发展我国社会主义农村金融学》、《货币、资金、信用与农村经济的发展》等论文100余篇。主编《农村经济学》、《社会主义农村金融学》、《产业金融与区域金融》、《37个国家的农村经济金融概览》、《现代商业银行存贷管理》等五部。其专著和教材，多部获省部级奖，其中《中国农村金融史略》荣获中国高校人文社会科学研究优秀成果奖经济学二等奖、湖南省第四届社会科学优秀成果奖，《现代银行制度通论》荣获第三届湖南省优秀社会科学学术著作奖。

他在农村金融与农村经济学说方面的建树主要有：

一、农村经济系统论

（一）关于农村经济系统论的主要内容

徐唐龄教授较早提出农村经济系统论。他在 1987 年完成的著作《农村经济学》①中提出"农村经济是个大系统"，在这个系统内部，可以划分成"不同方位、不同层次的结构"，为了促进农村经济大系统的有效运行，"必须健全农村经济各项运行机制"，同时探索了"合理利用农村资源"之道，给出了"评价农村经济效益"的方法②。他的相关观点主要有：

1. 构建合理的农村经济结构

（1）构建合理的农村产业结构

为了系统地研究农村产业结构，徐唐龄教授指出：要有层次、整体的观念、综合平衡的观念③。用层次的观念研究产业结构，可把农村各项产业大体划分为物质资料生产部门与非物质资料生产部门，这是第一个层次。下一个层次把前者分为第一、第二产业，后者称为第三产业。通过横向的层次和纵向的种属所构成的系统图式，连同各个部门在总体中的比重，从质和量两个方面形成了产业结构的概念；用整体的观念研究农村产业结构，即把千姿百态、纷纭复杂的农村各项产业作为一个相互联系、相互依存的整体；用综合平衡的观念研究农村产业结构，即考虑农村各项产业间的相互对应关系。农村各项产业间不是简单地罗列和堆砌，它们作为一个整体系统，内部要有合理的比例才能保持相对的稳定。

合理的农村产业结构又对农村经济的发展起着促进作用，在我国社会主

---

① 徐唐龄教授于 1987 年完成著作《农村经济学》，中国金融出版社 1987 年出版，并于 1996 年再次修订出版。

② 徐唐龄、石丹林：《农村经济学》，中国金融出版社，1996。

③ 同②。

义制度下，如何评价和调整农村产业结构是一个新的课题。徐唐龄教授认为评价农村产业结构合理化的根本标准在于它能否很好地体现社会主义生产目的，衡量农村产业结构合理化的可靠尺度在于它宏观和微观层面所产生的经济效益。对于农村产业结构的调整，他认为：要按照因地制宜、扬长避短、瞻前顾后、综合平衡、逐步调整的原则，分别解决三个层次的问题，从农村各项产业间关系、产业内部各个部门间关系以及各个部门内部的产品结构三个层次进行。

（2）构建合理的农村所有制结构

研究农村经济，不仅要考察农村的产业结构，而且要注意考察农村的所有制结构。他指出：农村产业结构作为农村经济的"横坐标"，展示了农村这一地域系统中各行各业及其相互联结；农村所有制结构作为农村经济的"纵坐标"，则指出了农村劳动者与物质生产条件的结合形式，从生产资料归属的角度，描述了农村生产、分配、交换、消费各方面的关系①。

在我国农村社会主义改造的历程中，农村的合作化和公社化所追求的是单一公有制形式。徐唐龄教授认为：片面追求单一公有制形式，仅仅强调生产资料的归谁所有，忽视了对小农经济的实质即自给自足的特点所进行的改造，偏离了合作化运动的根本目的。从国际农村所有制结构发展经验来看，国家在经历无产阶级革命取得胜利之后，一般都进行疾风骤雨的群众性合作化运动过程。各国的共同经验证明，单一所有制不符合事物发展的多样性和阶段性。因此，在社会主义的农村中，应该允许公有制占优势下多种所有制并存，这种所有制形式本身，也有一个随着生产力水平提高而不断完善的过程。农村中的所有制结构，应是一种以全民所有制为主导，以集体所有制为基干的多成分、多层次的结构，表现为在公有制占优势下的多种所有制形式并存。

2. 健全农村经济运行机制

农村产业结构门类繁多，农村所有制结构形式不一，纵横交错，如何推

---

① 徐唐龄、石丹林：《农村经济学》，中国金融出版社，1996。

动农村经济的运行？为了回答这个问题，徐唐龄教授强调，农村经济的运行有其启动机制、调节机制和传动机制，为了调动农村全部经济关系和整个经济活动致力于既定的总体目标，必须健全各项运行机制，发展有计划的商品经济①。

（1）农村经济的启动机制

农村经济的启动机制，包括消费需求启动机制和市场需求启动机制。

在商品经济下，生产者为了自身的消费，首先要为他人提供物质文化产品或劳务，并通过市场交换的迂回途径，在扩大了的社会分工条件下，以个别的、单方面的劳动，满足综合的、多方面的需求。他认为，不适当地压抑消费需求，就会压抑生产的启动力量。这主要是因为：各行各业、千村万户所生产的产品或劳务，通过交换实现彼此的联系，把个别的生产与消费，转化为社会的供给与需求。不断满足人们使用价值的需求，是商品经济的出发点和归属，而它的中间环节才是价值的交换活动，是反映供求双方活动的市场关系。

一旦农村生产者不再是直接为了自身消费而是为了市场交换而生产，商品经济的基本规律即价值规律和价格规律便开始发生作用。在商品经济下，众多的乡镇企业和专业户为在交换中获利，会使自己的劳动时间低于社会必要劳动时间，而且他们会尽可能地生产质量符合社会需求并在数量上保证不超出社会需求的产品。随着商品经济进入农村，生产者不仅要关心劳动的节约，而且要关心价格的高低。

（2）农村经济的调节机制

由于农村经济发展的方向、规模、速度与各方面的关系，一种控制、引导、影响和约束的力量即调节机制，需要引入到农村经济的运行机制中。我国农村经济依靠市场调节和计划调节，并把市场调节纳入到总体上的计划经济之中。

他指出，从整体上看，完全的市场调节存在着不利于宏观控制和不利于

① 徐唐龄、石丹林：《农村经济学》，中国金融出版社，1996。

微观搞活的弊端，为了存利去弊，我们不是那种完全由市场调节的市场经济，而是实行有计划的商品经济。为了从宏观上协调广大农村众多的生产者与城乡消费者之间的相互活动，总揽城乡全局，保证农村商品经济得以有计划按比例地顺利运行，要自觉地依据和运用价值规律，把商品经济的客体和计划经济的主体结合起来。徐唐龄教授认为，农村的计划体制的实行应遵从以下原则：计划经济与市场调节相结合，体现着有计划的商品经济的特征；对农村要下达指导性计划和间接计划，而不是指令性计划和直接计划；资源约束型计划和市场导向型计划相结合，以市场导向型计划为主；年度计划和中长期计划相结合，重点要放到中期和长期计划上来；制订计划、执行计划和检查计划要统一，首要的是正确地制订计划，提高计划的科学性。

（3）农村经济的传动机制

为了保证农村中有计划的商品经济得以正常运行，有效地从微观上把单个企业（农户）的活力向别的企业（农户）传动，从宏观上把国家（社会）的计划要求向基层传动。徐唐龄教授强调，在一般不采取行政方法的调价下，就必须注重采取法律方法和经济方法[①]。

采取法律方法传动，不是指赋予指导性计划本身以法律的效能，不是指计划部门自己制订、行使法律，而是计划部门或者生产经营单位运用法律形式来保证计划的实行。经济合同是常见的法律形式。通过合同的约束，可以把经济活动中的各个环节衔接起来，把国家、集体与个人的利益协调起来，把合同双方的经济关系固定起来，从而保证有计划的商品经济的顺利运行。计划部门可以通过组织当事者签订合同，来贯彻指导性计划，依靠合同来协调计划执行中的相互关系，处理计划执行中的矛盾。采用经济方法传动，就是运用价格、税收、信贷等经济杠杆来实现指导性计划的要求。他认为，在实际运用中，这三种经济杠杆应该统一起来，形成一股合力，同时，为了实现计划体制的目标，要求作出主动的调节，事前的调节，积极的调节。经济杠杆可以协调计划执行各方的利益，从而使经济运行纳入计划的轨道，已达

---

① 徐唐龄、石丹林：《农村经济学》，中国金融出版社，1996。

到预期的目的。

3. 合理利用农村资源

农村资源中的土地、劳动力和科学技术，由于自身的自然特性、经济特性、法律特性和社会特性的不同，资源合理利用的途径不尽相同。

土地是一切物质财富的初始源泉，是人类进行生产活动所必备的物质条件。尤其对于以生物自然再生产为主的农村地区，充分而合理地利用土地资源，具有极为重要的意义。徐唐龄教授认为：合理利用土地资源的根本目的，是以它提供的丰裕的物质产品、优越的生活条件和良好的生态环境，满足人们日益增长的物质需求和精神需求[①]。同时提出，合理利用土地资源的基本途径，不外乎土地构成的改善和土地质量的提高。

在我国，农村人口是庞大而宝贵的劳动力资源。他认为，充分而合理地运用这项资源，并处理好劳动者之间的相互关系，对于保证农村再生产系统的顺利运行，有着决定性的意义。农村劳动力资源可以从两个层次开发利用。外延性利用是拓宽农村劳动力资源利用的广度，提高劳动力利用率；内涵型利用是挖掘农村劳动力资源利用深度，提高劳动生产率。提高劳动利用率是取得效益的必要前提，提高劳动生产率是取得效益的基本标志。

科学技术是第一生产力。充分利用农村中的科学技术资源，对农村现代化建设具有重要意义。他指出，农村科学技术资源的利用，主要通过两条途径：一条是物化为劳动资料，以机械装备等的凝结形态存在，我们称之为技术"硬件"，一条是为劳动者所掌握，以劳动者的经验和技能等的流动形态存在，我们称之为技术"软件"。农村技术硬件的实际应用，必须讲求经济上的合理性。在有计划的商品经济下，不仅以硬件形态即机械装备等形态存在的技术成果是商品，以软件形态即知识技能等形态存在的技术成果也是商品。要开拓技术市场，促进技术成果的转让和推广，进一步开发科技资源。

4. 提高农村经济的效益

对于农村经济效益评价，主要看所费与所得的比率，徐唐龄教授均从三

---

① 徐唐龄、石丹林：《农村经济学》，中国金融出版社，1996。

个不同的层次对农村再生产中所费与所得进行评价。评价农村再生产中所费主要从活劳动的消耗，包括活劳动消耗与物化劳动消耗在内的全部劳动消耗以及包括劳动消耗在内的资金占有和全部资源占有三个层次进行。评价农村再生产中所得要从当事者（企业或农户）实现的价值、整个社会得到的使用价值以及满足人们需要的程度即消费活动的成果三个层次进行。

对农村经济活动进行评价考核的目的，在于不断提高农村经济的效益。徐唐龄教授提出，提高农村经济的效益，必须继续深化农村经济改革，合理组织农村经济运行，全面规划农村经济发展。同时，还要把调节机制、传动机制和启动机制协同一致，使生产、分配、交换、消费各个环节，都能服从于再生产的终极目标，自我组织、自我调节地运行起来。农村经济效益还要和生态效益、技术效益及社会效益综合考虑。首先是生态效益，其次是技术效益，然后是社会效益。同时，要兼顾局部和全局，要让东部沿海地区先一步发达起来，然后通过经济的传递和带动作用，促使经济开发重点向中间地带、西部和边远地区转移。要大力扶助"老、少、边、贫"地区的农村，开拓市场机会，利用本地优势，逐步走向共同富裕。全面规划农村经济的发展，要立足现时，展望前景，兼顾近期效益和长远效益。

（二）提出农村经济系统论的历史背景与社会环境

新中国成立以来较长一段时期内，随着社会主义农村建设的推进，农村产业结构有所改善。但受限于小农经济的束缚和政策上"左"的错误影响，形成了在国民经济中重工轻农、在农村经济中重农抑商以及在种植业中"以粮为纲"的思想，农村产业结构畸形发展的状况没有得到改善。因此，农村中的资源优势、技术优势和产品优势得不到全面发挥，甚至造成了积压、浪费和破坏性的后果。十一届三中全会以来，农村集体经济制度的初步改革取得了不错的成效，联产承包责任制度得到推广，这是农村改革的第一步。在此基础之上，广大农民要求提供更多的就业机会，创造更多的价值，以此来改善农村生产条件和生活条件。因此，农村改革的第二步就要对农村生产结构进行调整，推动农村经济的繁荣发展。

一国的所有制结构应该与国家生产力水平相适应。新中国成立初期到十一届三中全会期间，我国实行计划经济，社会主义全民所有制结构片面地追求"一大二公"。1956 年，在社会生产关系难以与生产力水平相适应的时期，我国仍然追求全民经济所有制，刮起了一股"共产风"，这场运动严重挫伤了广大劳动群众生产的积极性，国家经济发展受到重创。在经历了三年困难时期之后，生产关系开始得到调整，以便适应生产力水平。此后，十年浩劫的"文化大革命"再次给国家经济发展再次蒙上了阴影。十一届三中全会之后，实行改革开放政策，我国开始实行有计划的商品经济政策，以公有制为主体，其他经济成分为补充，多种经济成分共同发展。

在计划经济时期，农村生产任务的计划指令往往是通过行政的力量，逐级下达，从外部推动经济的运行。这种模式往往收效甚微，达不到预期的效果。商品经济体制下，广大农民群众首先在满足自身和社会的消费需求的条件下，依靠市场的关系来实现社会的联系，然后才是从宏观上有计划地组织、管理和调节其相互活动。十一届三中全会之后，我国在发展的实践过程中找到以公有制为基础的有计划的商品经济的模式，把商品经济和计划经济两者统一起来。在有计划的商品经济的模式下，农村经济必然要有一套运行机制，以适应有计划的商品经济的大环境，推动农村经济的发展。

农村资源的利用要从我国农村资源的国情出发。我国农村资源国情主要表现为：土地资源的绝对数量大，但干旱和半干旱区以及山地面积大，土地质量一般较差，可利用潜力不大，人均占有的土地和耕地与世界平均数有差距，分布也不平衡；农村劳动力资源丰富，但综合素质水平较低，劳动力剩余问题凸显；科学技术水平较低，以硬件形态即机械装备等形态存在的技术成果和以软件形态即知识技能等形态存在的技术成果所占比例都较少。针对我国农村资源的国情，在我国农村经济结构的框架下，为了促进农村和农业经济的发展，探索合理利用农村资源的路径必须提到日程上。严立冬教授主要从事农业经济、生态经济等方面的研究，在权威期刊上发表多篇有关农村资源的文章。他指出：对人口众多，资源相对贫乏的我国来说，资源的合理开发利用和管理已成为与计划生育和环境保护同等重要的一项基本国策①，提出了"我国现行的农村资源政策已适应不了经济发展的要求，现在资源系统结构变劣、功能降低、开发利用不合理等问题，迫切要求建立农村资源保护法"②。

"经济效益"是在1981年第五届人大第四次会议中提出，在党的文章和文献中开始出现的一个名词。此后，在社会主义建设过程中，党提出，要把全部的经济工作转到以提高经济效益为中心的轨道上，把提高经济效益的思想贯彻到各项工作中。提高农村经济效益，对于农村经济发展至关重要。提高农村现代化的经济效益，有助于农村现代化资金的积累，对于农村现代化的建设有推动作用。我国著名的农业经济学家沈达尊教授提出，经济效益的衡量是进行投入和产出的比较，以反映经济效益的大小，所采用的对策方法可以是多种多样的③。在农村经济结构下，通过对农村资源的整合利用，充分调动广大农民群众的劳动积极性，提升农村经济的效益，推动农村和农业经济的发展。

（三）提出农村经济系统论的价值及影响

1. 农村经济系统论是对农业经济学理论的重要突破

农村经济学的研究不是新问题，早在20世纪30年代，在地下党领导下，就由陈翰笙、薛暮桥、钱俊瑞发起成立了中国农村经济研究会，搞了许多农村经济专题调查。但是在后来许多年中没有对农村经济研究给予足够的重视，用农业经济研究代替了农村经济研究，造成了直至80年代初农村经济研究都极其落后的状况。

徐唐龄教授很早提出农村经济系统论，他在1987年完成的著作《农村经济学》中提出"农村经济是个大系统"，在这个系统内部，可以划分成"不同方位、不同层次的结构"，为了促进农村经济大系统的有效运行，"必须健

---

① 严立冬：《论农村资源系统的模式结构及其管理》，载《农业现代化研究》，1990（2）。
② 严立冬、王国应：《试论农村资源保护立法》，载《中南财经大学学报》，1989（3）。
③ 沈达尊：《关于农业经济效益的几点看法》，载《经济问题探索》，1983（10）。

全农村经济各项运行机制"，探索了"合理利用农村资源"之道，给出了"评价农村经济效益"的方法①。他提出的农村经济系统论对先前的农业经济学理论作出了重要突破创新。农业经济学仅仅是研究农业这一生产部门的科学，而农村是多元化的经济综合体，只用传统的农业经济学原理，不能系统指导专业性社会化大生产。徐唐龄教授提出的农村经济系统论从以下几个方面推动了对这一领域的研究。

（1）徐唐龄教授指出：研究农村产业结构要有层次、整体的观念、综合平衡的观念。第一个层次可把农村各项产业大体划分为物质资料生产部门与非物质资料生产部门，下一个层次把前者分为第一、第二产业，后者称为第三产业。通过横向的层次和纵向的种属所构成的系统图式，连同各个部门在总体中的比重，从质和量两个方面形成了产业结构的概念；用整体的观念研究农村产业结构，即把农村各项产业作为一个相互联系、相互依存的整体；用综合平衡的观念研究农村产业结构，即考虑农村各项产业间的相互对应关系。农村各项产业间不是简单地罗列和堆砌，它们作为一个整体系统，内部要有合理的比例才能保持相对的稳定。

研究农村经济，不仅要考察农村的产业结构，而且要注意考察农村的所有制结构。他指出：农村所有制结构作为农村经济的"纵坐标"，从生产资料归属的角度，描述了农村生产、分配、交换、消费各方面的关系。农村中的所有制结构，应是一种以全民所有制为主导，以集体所有制为基干的多成分、多层次的结构，表现为在公有制占优势下的多种所有制形式并存。

（2）如何推动农村经济的运行？徐唐龄教授强调，农村经济的运行有其启动机制、调节机制和传动机制，为了调动农村全部经济关系和整个经济活动服务于既定的总体目标，必须健全各项运行机制，发展有计划的商品经济。农村经济的启动机制，包括消费需求启动机制和市场需求启动机制。不适当地压抑消费需求，就会压抑生产的启动力量。并且一旦农村生产者不再是直接为了自身消费而是为了市场交换而生产，商品经济的基本规律即价值规律

① 徐唐龄、石丹林：《农村经济学》，中国金融出版社，1996。

和价格规律便开始发生作用。徐唐龄教授认为，农村的计划体制的实行应遵从计划经济与市场调节相结合，体现有计划的商品经济特征的原则。为了保证农村中有计划的商品经济得以正常运行，在一般不采取行政方法的调价下，就必须注重采取法律方法和经济方法。

（3）徐唐龄教授认为：合理利用土地资源的基本途径，不外乎土地构成的改善和土地质量的提高。农村劳动力资源可以从外延、内涵两个层次开发利用。前者是拓宽农村劳动力资源利用的广度，提高劳动力利用率；后者是挖掘农村劳动力资源利用深度，提高劳动生产率。农村科学技术资源的利用，主要通过两条途径：一条是物化为劳动资料，以机械装备等的凝结形态存在，我们称之为技术"硬件"，一条是为劳动者所掌握，以劳动者的经验和技能等的流动形态存在，我们称之为技术"软件"。

（4）徐唐龄教授从三个不同的层次对农村再生产中所费与所得进行评价。评价农村再生产中所费主要从活劳动的消耗、包括活劳动消耗与物化劳动消耗在内的全部劳动消耗以及包括劳动消耗在内的资金占有和全部资源占有三个层次进行。评价农村再生产中所得要从当事者（企业或农户）实现的价值、整个社会得到的使用价值以及满足人们需要的程度即消费活动的成果三个层次进行。

农村经济学的研究在当时尚属初创阶段，这个研究领域还是一个尚未开发的处女地。徐唐龄教授对这一重要经济学科的研究，必将推动我国农村经济理论的发展，并为我国农村经济的综合发展提供科学依据。

2. 农村经济系统论是指导我国农村经济政策调控的理论依据

"社会一旦有技术上的需要，这种需要就会比十所大学更能把科学推向前进。"[1] 任何一门科学都是在社会实践的要求下产生的。回顾我国经济体制的改革，农村实行的家庭联产承包制取得的瞩目成就，从根本上改变了束缚农村生产力发展的旧体制。而农村经济中发生的历史性变化，向我们提出了很多理论和政策问题，要求开展更多深入研究。有关农村经济的政策条文本身

---

[1] 马克思、恩格斯：《马克思恩格斯选集》，第 4 卷，第 505 页。

与其说是农村经济学的研究对象，不如说是农村经济学研究的产物。农村经济学是研究党和政府制定和修订农村经济政策所依据的客观事实，它研究政策执行过程中的阻碍问题，研究各项政策之间的内在本质联系，研究政策实施的经验与成果。从实践层面来看，提出农村经济系统论，最重要的意义在于有助于制定我国正确的农村经济政策。

徐唐龄教授提出的农村经济系统论绝不是农业经济、工业经济、商业经济、经济管理、技术经济在农村运用中的简单相加，而是研究农村经济系统的内在联系及普遍规律性的。其阐明农村经济关系的特点，提供农村全面建设的经济依据，为党和政府制订正确的农村经济政策奠定坚实的理论基础，保证农村方针、政策、策略和战略的科学性、可行性与相对稳定性，提高农村经济管理水平和经济效益，以坚定广大农民走社会主义致富道路的信念。因此，提出农村经济系统论，除了在理论上拓展农村经济这一领域的研究，也具有极为重要的现实意义。

徐唐龄教授的农村经济系统论，1987 年在中国农业银行总行人事教育部委托下写入《农村经济学》一书，详尽地阐述了农村经济学的理论与主张，受到学术界的关注与认同。

二、农村资金投入论

（一）农村资金投入论的主要内容

徐唐龄教授对农村资金投入论的研究较早，1988 年、1989 年，在七届全国人大一次、二次会议上，他曾领衔提出有关制定农业投入法的议案。他于1988 年在《农村经济与社会》发表论文《货币、资金、信用与农村经济的发展》提出"农村经济以土地为中心向以资金为中心转化"①，在《商品经济与农贷方针》一文中详细阐述了"农贷支持商品经济"，为农村商品经济提供资

---

① 徐唐龄：《货币、资金、信用与农村经济的发展》，载《中国农村观察》，1988（2）。

金来源，明确表示"农业利率有别于工业利率"①。他的相关观点主要有：

1. 农村经济以土地为中心向以资金为中心转化

中国共产党在领导中国农民进行奋斗的过程中，主要是在土地上做文章。无论是从土地革命到联产承包一系列生产关系的变革，还是农田建设、土壤改良和小流域治理等生产力的改善，党中央始终视土地问题为解决农村、农业和农民问题的关键，把土地作为促进劳动者和生产要素相结合的基础。这确实促进了农村生产，发展了农村经济，但这仅仅是在自然经济、传统农业和单一种植条件下进行的。

随着商品经济的发展以及中国的改革和建设进行过程中，农村深化改革呼之欲出。在有计划的商品经济条件下，农村生产力水平得到提高，社会产品种类增加，一方面使得进一步分工协作成为可能，另一方面，产业结构也不断调整，趋于合理化，一部分劳动力将从土地上解放出来，从而实现有计划的转移。农村生产从自给半自给性向商品性转化，从传统农业向现代农业转化，从单一种植向多种产业结构转化，实质是在生产要素及其媒介物中，由以土地为中心向以资金为中心的转化过程，因此"资金日益成为农村生产要素耦合与流动中不可或缺的粘合剂与催化剂"②。

农村经济以资金为中心，使得各生产要素将会按照资金的配置决定其用途。土地利用越充分，则其作为生产经营的一般空间的意义也越重大，从而吸引资金大量流入，而土地作为生产要素的权重趋于下降，资金的地位将日益提升，集约经营成为现实。农村经济以土地为中心向以资金为中心的转化，是从粗放经营（多土地少资金）为主逐步转向集约经营（少土地多资金）为主的标志，也是农村深化改革的方向。

2. 农贷支持商品经济

商品经济需要同时兼顾生产关系和生产力两条主线，大大提高产品的生产率和商品率，提升商品生产和商品流通过程中资金投入与价值产出的经济效果，同时也能促进资金循环运动，在有计划的商品经济条件下，充分发挥

---

① 徐唐龄：《商品经济与农贷方针》，载《财经理论与实践》，1981（1）。
② 徐唐龄：《货币、资金、信用与农村经济的发展》，载《中国农村观察》，1988（2）。

市场机制的作用。"整个社会主义历史时期存在着商品生产和商品流通，存在着货币资金运动，从而信贷仍然是商品经济发展的有力杠杆，而商品经济也是信贷发生作用的广阔场所。"①

农贷不是一般地支持农村经济发展，而是要支持农村商品经济发展。这是农村经济发展的必然要求，也是贷款的性质所决定的，农贷支持商品经济实际上是一个双向选择的过程。贷款的基本特征就是偿还性，资金投入到商品经济，通过商品生产和商品交换，从而完成资金的循环，贷款的偿还性才能得到保证；贷款的职能之一就是经济杠杆作用，资金投入到商品经济，确定鼓励、限制和扶持的对象，才能实现经济杠杆的作用；贷款的基本目的是为了建成一个发达的农业和富庶的农村，资金投入到商品经济，就能够全面发展农业，实行多种经营方式，提升农村经济投入产出效果，提高生产率和商品率，加快农业发展，建设现代化的农村。农业现代化的突出问题是资金问题，这个资金问题包括资金来源和资金投放两方面，他提出农贷资金投放以及资金来源均可通过商品经济进行，取之于商品经济，用之于商品经济，商品经济与农贷之间实际上是一种互惠互利的关系，其结果就是推动农村经济的发展，加快农村现代化的建设。

3. 农业利率有别于工业利率

党和政府运用经济杠杆加大对农村经济的投入力度，通过价格、财政、信贷三条途径促进农村经济的发展，农村经济改革取得了令人瞩目的成果。当价格和财政两条路难以走下去的时候，就必须从农贷这条路以增加农村扶持力度。信贷投入包括资金投入和利率优惠。对低利的农业和高利的工商业在利率标准上"一刀切"，是有悖于常理的，工农业差别利率形成是有客观基础的：

第一，利息率的行业差别是利润率行业差别的反映。在资本主义上升时期，商品经济和自由竞争的发展使得工商各业利润率趋于平均化，资本家按照等量资本得到等量利润的原则，资本则自发流入到利润偏高的行业或部门。

---

① 徐唐龄：《商品经济与农贷方针》，载《财经理论与实践》，1981（1）。

在社会主义有计划的商品经济体制下，资金不再盲目地追求利润而流动，工农业之间的利润差相距悬殊。这首先是剩余价值率的差别所造成的，工农业之间的剪刀差在较长时期内还将存在，也不可能随着价格体系的改革得到解决。其次，是有机构成的差别，农业成本不仅仅包含少量外购生产资料，还包含难以计量的活劳动，单纯以少量外购生产资料作为成本考察利润率的做法是错误的。当然还有资金周转速度的差别，即使农业生产运用较为先进的技术措施也无法改变生物生长周期，资金的周转必须在生物生长周期内进行。

第二，工农业贷款的利息率从未同一化。利率作为货币这种特殊商品的市场价格，就必须受到借贷双方的供求关系的影响。在供给方面，农村地区放款者少，资金有限，距离不便，缺乏竞争力，垄断者很容易抬高市场价格；在需求方面，农民家底子薄，对资金的需求具有季节性，对生活资料需求迫切。由于这种供求关系被限制在较小空间和短暂时间内，造成利率上下浮动的幅度就越大，与城市工业利率差距就越远。

第三，经济结构的多元化排斥利率一元化。我国城乡差别构成了国民经济的二元地域结构，农业与非农业的差别构成了农贷经济的二元产业结构，粮食与其他种养业的差别构成了农业经济的二元部门结构。在多层次、多元经济结构中，"取消利率差别，强行一刀切，将会对农村、农民、农业尤其是粮食生产带来重大的损失"[1]。

（二）提出农村资金投入论的历史背景与社会环境

1. 农村经济体制深化改革受资金投入不足的困扰

20世纪80年代，农村改革率先突破，虽然历经了曲折的过程，但在改革人民公社，发展多种经营、乡镇企业和小城镇，农村改革取得了初步成功。其中家庭联产承包制，是新中国时期最重要的制度改革，也是80年代中国经济实现高速增长的重要原因。其次是对计划体制的改革，形成了有计划的商品经济，开启市场机制。农村经济体制改革取得初步成功之后，农村改革的

---

① 徐唐龄：《商品经济与农贷方针》，载《财经理论与实践》，1981（1）。

进一步深化也不断推进，但农村经济体制深化改革受资金投入不足的困扰。

农村经济体制改革的成就在于实现了 5 个方面的改变，而这 5 个方面都碰到同样一个令人困扰的问题，即资金供给不足。

第一，原来僵化集中的社队体制进行改革之后，农民成为了相对独立的生产者和经营者，形成了家庭联产承包制度。家庭联产承包制度使农民成为了单独经营的细胞，更加具有活力。但是，这种"细胞"还要借助"血液"的循环才能健全其运行机制。这种"血液"就是资金。

第二，多年以来实行的农产品统购派制度，由合同订购和市场收购并行的"双轨制"取而代之，计划经济体制下市场体系正在逐步建立。所谓市场，就是各种农产品借助货币媒介而进行的交换活动，缺少货币媒介，农村市场就难以活跃起来。

第三，商品经济中单一经营、城乡分割的产业结构进行变革，逐步形成新兴产业和多部门的综合经营。资金作为各生产要素间的催化剂和粘合剂，资金供应不足，就意味着原有产业的物质基础无法得到替换和补偿，新兴产业发展的基础设施也难以得到保障。

第四，单一经济成分和单一分配方式退出历史舞台，以公有制为主体的多种经济成分、以按劳分配为主体的多种分配方式并存的新格局形成。新格局的形成，为多种联合形式和多种集资形式提供了可能，人们也开始以全新的视角重新考察和评估雇工、分红、利息等经济范畴。当生产资料和劳动力分属于不同的所有者时，雇佣生产或者联合生产就仅仅是形式上的区别，关键要看哪一方掌握了资金媒介的主动权，被雇佣者之所以得不到必要的生产资料，主要也还是由于缺乏资金。

第五，有计划的市场经济体制下，高度集中统一的指令性计划和行政性手段逐步被以经济杠杆指导宏观运行的调节机制所替代。所谓经济杠杆，不外乎价格、税收、信贷、利率等手段，而这些都必须落脚于资金。

2. 经济改革重心转移导致城乡金融发展非均衡化

改革开放之后，我国金融发展呈现出城乡非均衡化，主要是由于农村经济体制改革取得成功后经济改革重心转移导致的。

党的十一届三中全会提出，全党必须集中主要精力把农业搞上去，同时也提出了改变同生产力不相适应的生产关系和上层建筑的任务。十一届三中全会中关于农业的政策措施中，把恢复和落实党的农村政策、加大对农业的支持力度作为重点。农村经济体制改革首先从经营制度上"开刀"，逐步形成了家庭联产承包制度，这是农村改革初期的核心内容。十二届三中全会通过的《关于经济体制改革的决定》提出：改革计划体制，首先要突破把计划经济同商品经济对立起来的传统观念，明确认识社会主义计划经济必须自觉依据和运用价值规律，是在公有制基础上的有计划的商品经济。有计划的商品经济制度、多种经营经济、乡镇企业和小城镇都是农村经济体制改革取得的成果，农村改革的成功使经济结构也得到合理的调整，也推动农村经济发展上一新的台阶，促进了农村经济的全面发展。

此后，政府把经济改革的重心从农村转向了城市和工业。经济改革重心的转移就意味着农村资金向低效率的国有企业转移，金融资源也向国有企业倾斜，农村金融发展滞后。信贷资源配置方面，金融资源更倾向流入国有企业，传统农业部门很难得到信贷资金的青睐。经济改革重心转移之后，农村地区的资金投入急剧下降，同时政府还将农村金融资源配置到城市和工业，支持城市和工业的发展。农村地区在取得经济体制改革初步成功之后，再次陷入到发展困境中。缺乏资金投入，农民收入一定程度上有所下降，农业生产力得不到提高，城乡收入差距进一步扩大，"三农"问题再一次凸显，城乡金融发展出现非均衡现象。

（三）提出农村资金投入论的价值及影响

徐唐龄教授提出的农村资金投入论，对于经济理论的繁荣和政策实践的检验都具有重大意义，其价值主要体现在以下几个方面。

1. 徐唐龄教授对农村资金投入论的研究较早，他提出"资金日益成为农村生产要素耦合与流动中不可或缺的粘合剂与催化剂"[①]，认为农村生产从自

[①] 徐唐龄：《货币、资金、信用与农村经济的发展》，载《中国农村观察》，1988（2）。

给半自给性向商品性转化，从传统农业向现代农业转化，从单一种植向多种产业结构转化，实质是在生产要素及其媒介物中，由以土地为中心向以资金为中心的转化过程。农村经济以土地为中心向以资金为中心的转化，是从粗放经营（多土地少资金）为主逐步转向集约经营（少土地多资金）为主的标志，也是农村深化改革的方向。

2. 徐唐龄教授认为，"整个社会主义历史时期存在着商品生产和商品流通，存在着货币资金运动，从而信贷仍然是商品经济发展的有力杠杆，而商品经济也是信贷发生作用的广阔场所"①。如不按照支持商品经济的要求来统一思想认识，不把贷款与拨款、账款严格分开，势必继续造成大量资金呆滞，从而极大地削弱了贷款本身。怎么充分发挥农贷支持作用是一个急需关注、考察和研究的重大问题，徐唐龄教授在三十多年前就关注了这一问题，并进行了考察和研究，指出农贷不是一般地支持农村经济发展，而是要支持农村商品经济发展；农贷资金投放以及资金来源均可通过商品经济进行，取之于商品经济，用之于商品经济。他主张必须按照支持商品经济的要求来选择投放重点，把计划放在价值规律的基础上，以最少的投资取得最大的经济效果，而不是赞助贫困保护落后；按照支持商品经济的要求来评价经济效果、改革管理体制，在科学的行政管理下，更多地采用经济手段。可谓先知先觉，具有很强的超前性。

3. 农村资金投入论是指导我国农村信贷政策与行政管理体制改革的理论依据。1988 年、1989 年，在七届全国人大一次、二次会议上，徐唐龄教授曾领衔提出有关制定农业投入法的议案。他提出农业利率有别于工业利率，对低利的农业和高利的工商业在利率标准上一刀切，是有悖于常理的。工农业利率差别论的提出符合中国的实际情况，一方面工农业之间的剪刀差在较长时期内还将存在，农村地区放款者少，资金有限，农民家底子薄，对资金的需求迫切；另一方面国民经济的二元地域结构排斥利率一元化。"取消利率差别，强行一刀切，将会对农村、农民、农业尤其是粮食生产带来重大的损失。"②

---

① 徐唐龄：《商品经济与农贷方针》，载《财经理论与实践》，1981（1）。
② 同①。

徐唐龄教授认为，可尝试在调整方针指导下，积极慎重地试行管理体制的某些改革，继续研究信贷资金管理的"大包干"办法。上级行一般只对贷款的投放方向和投放计划作出大体的规定，使基层行、所明确投放的重点、投放期限长短的比例控制、投放的幅度、存贷差额、当年回笼指标等总的要求。至于具体到每笔贷款的使用，则既不必由上级行划得太细、框得太死，也不应由所在单位行政另行支配、越俎代庖。并建立按照贷款投放效果确定的奖罚制度，使基层行、所有钱、有权、有责、有利，对贷款的效果积极关心并切实负责。

徐唐龄教授的农村资金投入论，理论体系科学完整，论证论述深刻透彻，社会影响较大，其重要观点发表于《农村经济与社会》等学术刊物，成为农村信贷研究领域的重要理论成果。

三、评析中国古代农村金融发展历程

（一）中国古代农村金融发展的主要内容

徐唐龄教授较早研究古代农村金融发展，系统地整理了古代农村金融制度发展历程，包括古代金融机构、货币经济以及商品经济的发展历程，同时对古代农村金融政策与措施进行详细阐述。

1. 中国古代农村金融发展历程

（1）金融机构发展历程

徐唐龄教授在对我国先秦到清代上中叶的农村金融机构梳理中，总结出我国古代农村金融机构发展具有以下四个特点：1. 早期金融机构为农民服务的特性不明显。我国较早的金融机构可以追溯到战国或更早时期的泉府。当时的农民实际上是难以向泉府直接告贷的，主要原因是这些早期金融机构并不愿意为难以偿贷的农民提供服务，导致封建主的高利贷便乘虚而入。2. 宗教寺院演变成民间金融机构。南北朝前后，由于寺院所处的重要地位，使得寺院有了雄厚财力，不仅可以奉诏赈灾，还可以接受动产抵押，对外借贷，并于还款时取赎。越来越多的农民开始向寺院告贷，宗教逐渐演变成了半官方的民间金融机构。3. 商品经济推动财贸金融机构的出现。商品经济的发展，催生了财贸金融机构的出现。尤其是在唐代，商品性的农业和手工业的振兴，农村的集镇交易繁荣，邸店和柜坊等财贸金融机构也纷纷出现。4. 货币经济促进金融机构繁荣发展。明清时代，白银和铜钱广泛流通，为适应货币经济发展，金融机构进入大繁荣时代。首先是经营钱币兑换业务的钱庄发展起来。其次，官办和民办金融机构不断涌现。此外，清代上中叶有一些兼营银钱兑换的商铺，逐步发展为独立的信用机构。

（2）货币经济发展历程

他对古代货币经济发展历程进行总结和分析，得出以下结论：1. 货币经济在中国发展得特别早。春秋末年到战国时期，贵金属黄金已在大量流通，战国以后出现了金铜并用的复本位货币制度。2. 实物货币阻滞金融发展。到了东汉的动乱时期，复本位货币制度又逐渐退出流通领域，魏晋至隋代货币经济急剧衰落，少量的交易媒介主要是布帛谷粟等实物。徐唐龄教授指出："由布帛谷粟等实物充当交换媒介，并长达八九百年，是使金融业发展阻滞的重要制约因素。"① 他分析道：钱币本身不像布帛谷粟那样具有直接的使用价值，在社会动荡的年代也就失去了价值尺度、贮藏手段乃至流通手段的功能。唐代，商品生产和商品流通的扩大，要求以金属货币取代实物货币。由于整个经济仍然是农业经济，当局为了重农抑末，必须消除钱重物轻现象。不过，当布帛谷粟等农产品供给过剩时，难以起到价值尺度职能；帛币成了劣币，钱币倒成了良币而为人们乐于贮藏。加之，唐末白银进入流通，开始了货币史上的银本位时代，终于使实物货币无可挽回地衰落下去。3. 滥发货币导致货币经济发展混乱。宋代商品经济与信用经济的发展，必然要求货币经济相应发展。宋代的纸币对便利商品流通都起过积极作用，但后来纸币发行过滥，急剧贬值，以至于这种可贵的流通工具又最终退出了流通。此后，由于滥造滥铸，币制混乱，货币经济一直处于混乱的状态。在明、清时，商品经济有

---

① 徐唐龄：《中国农村金融史略》，中国金融出版社，1996。

所发展，资本主义的萌芽出现，货币经济的衰落才得到改善。

（3）商品经济发展历程

在对我国古代农村商品经济进行总结时，徐唐龄教授指出：1. 商品经济发展较早。我国农村的商品生产，早在战国西汉时期已有相当发展，但西汉以后趋于衰落，魏晋至隋代仍以自给性生产为主。2. 商品经济为城乡金融组织的萌生提供了土壤。到了唐代，农村商品生产的发展，市场中既有经营进销的行肆店铺，又有经营银钱的邸店和柜坊。宋代的朝廷不再过多地干预市场，撤消众多市官，商人可自选营业地点，夜市也不再禁止，交易的品类由上层奢侈品扩大到民用大宗商货，使宋代商业出现了空前繁荣。3. 农业劳动生产率的提高和赋税徭役的加重促进商品经济发展。明代的农业生产不断发展，水利的兴修、土壤的改良、良种的选用，提高了农业劳动生产率，使农民首先能在农事闲隙从事工商副业。对于田少人多的地区，由于赋税徭役的加重，大量农民弃农，向工商副业转移。农村人口离开土地转为非农业人口，离乡转为城市流动人口，必然扩大了商品农产品的需求，促进农业商品化，甚至还出现了个别的商人，投资经营农业。4. 商品经济的萌芽仍然被自然经济的狭小规模所束缚，没有像当时的欧洲那样形成生产力突变的大市场，也没有近代银行业所依附的货币信用基础。他认为，清代上半叶的我国农村仍然是以小农业与小手工业紧密结合的自然经济为主体，农产品的商品化，虽然促进了手工业的生产，也发展了商业和外贸事业，但是从总体上看，仍然没有改变小农业与小手工业在农村家庭的紧密结合。对于清代上中叶的包买商，为什么没有像同期的西欧各国那样，使商业资本转化为产业资本，推动科技革命和产业革命的发展，逐步由农业社会向工业社会过渡？他指出，当时的包买商和传统的封建地租剥削和高利贷剥削结合起来，继续成为桎梏生产力的保守力量。

2. 中国古代农村金融政策与措施

（1）限制高利借贷的政策与措施

高利借贷活动贯穿中国古代农村发展历程中，历代朝廷都采取限制高利贷的措施。徐唐龄教授在对高利贷限制行为研究后总结道，由于利益的驱使，限制高利贷的措施往往加剧了高利借贷情况的恶化。

汉代，对高利贷采取限制措施包括，不许侯家向贫民借贷、利息不得过高，对利息收入抽税等，但收效并不显著。他指出，这些措施加大了高利贷的成本，反使贫民告贷更加困难。王莽统治时期，曾企图利用"五均"（对市场物价、税收、滞贷及赊贷进行管理）、"六管"（对盐、铁、酒、山泽税、铸钱和办理五均赊贷实行垄断经营），限制高利贷及商业资本。这种限制高利贷创新性的举措并没有取得预期的效果，主要是因为王莽的官吏没有俸禄，在经营中又依靠富商以自肥所致。北魏自然灾害频发，加上沉重的赋税，助长高利贷，而高利贷又加剧了贫富两极分化，迫使朝廷对高利贷加以禁绝，或采取强制的废债措施。他指出，此时的高利贷表现出两重性：借贷者既有赋税重压下的农村饥民，也有挥霍无度的贵族子弟。在这种情况下，不加区别地采取对债负悉皆禁断的废债措施，不仅投合了破产贵族的需要，而且堵死了贫苦农民告贷求生的门路。唐朝，朝廷是最大的债权人和高利贷主。官府放贷收息，其沉重债负主要落在农民头上。对于这种政府主导的高利贷行为，政府虽然有利息偿付的限制，也有对付息累积过多或无主坏账的豁免规定，贫苦农民仍难逃高利贷之盘剥。明代从法律上对高利贷进行限制，但实际有法不依，徐唐龄教授指出，这主要是因为高利贷是行政经济和自然经济的产物。租税差役的逼迫，交换运输的阻隔，极大地提高了放债利率。清廷的法律虽然限制了高利贷的借债利率，但是这种利率高于农民难以承受的范围，反而造成了剥削的局面。

虽然历朝历代所采取的高利贷措施，没能从根本上限制高利贷行为，徐唐龄教授总结道，仅仅用善恶来评价历史上的经济行为是不够的[1]。高利贷资本可以在多方面发挥作用，它虽然使农村小生产者更趋贫困，也为农村商品生产积聚了资金，而且通过众多的高利贷者的竞争，也使利率有所平抑，同时也会使典当等信用活动日益社会化。

（2）扶持农业的金融政策与措施

---

[1] 徐唐龄：《中国农村金融史略》，中国金融出版社，1996。

中国古代对农业的扶持，主要从借贷和仓储角度进行。他指出，无论是从哪个角度对农业进行扶持，扶持农业的行为都促进了农村经济、农业经济的发展，其中赈灾性的扶持更是帮助农民尽早从灾害中恢复生产。

早在春秋战国时期，为了扶持农业生产，实行"春赋夏贷"的措施。当时的列国君侯指使其大夫，将积粟贷给饥民。尽管这种做法是出于维持其统治与剥削的需要，他认为这种粟贷有着朴素的赈济性质，以"无滞积，无困人"为要求，从而赢得"礼于国人"的美名①。汉代的借贷政策比较完善，以短期借贷为主，长期借贷为辅。徐唐龄教授指出，汉代对农业的支持主要体现在对基础设施的大力投资和提升农村生产力的借贷上。宋代的农田水利工程规模常是很大的，投资力度较大而且常是无偿的。同时，为了支持流民还归垦荒，朝廷借给农民本钱，也贷给农民耕牛、农具。为了鼓励农民充分利用土地，在稻米产区扩种冬麦和夏麦，朝廷曾一再颁发诏书，贷与农民麦种。元代的借贷政策除了从提升农村生产力出发，还对贫民进行赈贷。元代在基层设置了较有利于生产并带有互助合作色彩的农业村社组织，这是值得称道的地方②。对村社或屯田的农民，官方提供不同形式的信贷，以提租分税等形式偿还。对于农村贫民，政府则采取一些赈恤措施，包括蠲免和赈贷，至元各年，几乎都有赈贷的记载。明代则延续宋代赈贷的特色，加大赈贷力度，帮助贫民早从灾害中恢复生产，同时对赈灾不力、匿灾不报的官吏还从严治罪。清朝，通过财政性的额赋减免、帑金发放、漕粮截留和以工代赈等途径扶持农业，同时还动员商业贩运和地方捐助的力量。

仓储制度的提出，体现了古代统治者宏观调控的智慧。早在春秋时代的统治者已经发现，粮价随年景而涨跌，关系着农业生产者与消费者的利益分配，因而要采取平抑措施加以调节，仓储制度就是在这种目的下提出的。他总结道：古代仓储制度主要包括常平仓、义仓和社仓，每种仓储制度都各具特色，充分发挥作用。汉代开创常平仓制度，并将其作为一项国策。他认为，常平仓的开创主要是用于调剂农民余缺，限制高利盘剥的。南北朝至隋代重

---

① 徐唐龄：《中国农村金融史略》，中国金融出版社，1996。
② 同①。

归统一后，朝廷立即着手仓储建设，并且逐步将仓储和漕运结合起来，形成了独具特色的义仓制度。义仓的组建，为各州赈给饥馑起了重要作用。但是，义仓的使用却脱离农村需要，分析其原因，他指出，许多官吏则利用此固定税收名目，进行勒索摊派，是导致义仓失去其本质作用的主要原因。南宋对仓储制度进行了分析，实施社仓制度。徐唐龄教授对社仓的特点进行了总结：首先，它是民办官助，扎根乡土，农民可得实惠；其次，它是以息充本，合理收息。小灾不收利息，大灾豁免原米。至于社仓的组织，则借鉴青苗保甲制度，贷前审查也较细致。元代盛期，积谷备荒，仓储实力比较雄厚。而且把调节性的常平仓和赈济性的义仓分设。此外，仓储制度对赈灾也有很大的贡献。我国在历史上的重大自然灾害是连年不断的。他认为，官方的仓储赈贷，作用不容低估。

（3）金融创新的政策与措施

徐唐龄教授认为，虽然中国古代农村金融在自然经济下发展缓慢，仍然出现少量的金融创新活动，在中国古代金融历史长河中闪耀光芒。其中北宋的农产品预购信用——青苗法，就是古代金融创新的典范。青苗法是取代高利贷的措施：有了农产品预购信用，农民在青黄不接时期可以免除兼并之家的高利盘剥。他认为：青苗法的推行，使农村借贷由分散的、个别的、一次性的活动，转化为集中的、统一的、经常性的制度，形成了一套完整的农村金融组织体系。

青苗法作为古代农村金融的一次创新，最终还是以失败告终。他在分析青苗法失败的原因时，指出：由于政策推行者很少注意政策执行中的种种流弊，青苗法遭到群臣的抨击并终于夭折，这并不是偶然的[①]。第一，青苗作为农产品预购信用，应该遵循自愿原则。而当时把青苗与征税作为考核官吏政绩的标准，从而出现了威力刑罚，强迫命令；第二，青苗贷放与偿还的时间，并不适应农业生产的季节性需要；第三，青苗钱贷放程序混乱，债务难以落实；第四，办理青苗散敛的官吏，倚势力作威，骚扰百姓，使新法惠民变成

---

① 徐唐龄：《中国农村金融史略》，中国金融出版社，1996。

为虐政扰民；第五，从当时农村经济的复杂情势看，单纯贷放青苗钱不能从根本上缓解农民的贫困。农民大量流亡，贷款大量沉淀，政府用了常平钱谷，也就耗尽了青苗周转使用的资金来源。

（二）评析中国古代农村金融发展历程的历史背景与社会环境

20 世纪 80 年代，改革的浪潮席卷全国。农村金融则是农村经济进行全面改革和发展的重心，农村金融体制和管理制度存在着不适应当时农村经济发展新情况，固有的思想也禁锢着人们的头脑，限制了农村金融事业的发展。改革的目的就是要破旧立新，通过创新来建立具有中国特色社会主义农村金融新体制，推动农业和农村经济的发展。

新中国成立以来，在我国农村金融领域，积累了丰富的经验，需要我们进行理论的概括。在进行社会主义现代化建设过程中，更有着众多的新课题，需要我们去探索和寻求理论的回答。广泛发掘和认真整理国内外办理农村金融业务的历史经验，为上层决策和基层运作提供有益的借鉴，从我国早期的历史资料，启发思考，力求在更深层次上，对前人的探索实践和我国的国情特点加以了解。

（三）评析中国古代农村金融发展历程的价值及影响

徐唐龄教授对中国古代农村金融发展历史进行了系统的总结，填补了我国古代农村金融研究的空白。陈道教授在为徐唐龄教授的专著《中国农村金融史略》题序时指出，随着改革开放和农村金融事业的发展，由于客观上的需要，一些财经院校和农业院校相继开设农村金融学和农村金融史课程，各种教材和专著相继出现，但至今尚未见系统的中国农村金融史专著问世。对先于近代银行业的金融方面的史料，除货币之外少见寻根溯源者。徐唐龄教授在多年讲授农村金融及其相关课程之余，着意搜集整理了大量史籍，并精心刻镂，以史载论，贯通今古，断代成章。在著作中，徐唐龄教授坚持史实与论证相结合，铺陈史料，同时加以点睛的评述，本着就史谈史，不发挥所谓的空论。

在中国农村金融需要进行深化改革的时期，徐唐龄教授通过多年的努力，在繁忙的教学工作中，潜心治史，对中国农村金融历史进行系统的总结，为中国农村金融发展提供历史参考。改革是要破旧立新的，要学习先进的经验，为我所用。同时，也要对历史进行总结，总结经验教训。通过对先秦以来的古代金融发展历史研究，我们能够认识到古代农村金融体制、货币经济以及商品经济的发展历程，同时也对古代农村金融的措施和政策进行探索，学习古代农村金融创新之处。虽然古代农村经济发展缓慢，能为我们所用的经验少，但是通过对古代农村金融的研究，能够让我们对农村金融发展历程进行宏观的把握，吸取历史演变的教训，能够为我们如今农村金融发展提供些许的历史参考。例如春秋齐地对高利借贷的调查、战国李悝对平籴融资的策划、汉代的常平仓与屯垦、宋代的预购信用青苗，这些探索的成就至今仍值得珍视。研究农村金融发展的历史过程，帮助人们进一步认识中国农村的特点，选择符合中国国情的发展道路，走出一条中国式的农村金融发展的新路子。借鉴这些历史经验，有助于政府部门慎重决策，把改革开放事业更好地推向前进。

徐唐龄教授系统探索，精心研究，伏案十年，终成此书。在对我国先秦以来有关经济和金融的大量资料搜集整理后，撰写了我国第一部贯通古今的农村金融历史专著《中国农村金融史略》。

四、对国际农村金融体制的系统评析

徐唐龄教授始终关注农村金融体制的研究，他系统地评析了主要国家农村金融体制，吸收和借鉴发达国家先进的经营管理方法，为建立和健全具有中国特色的、充满生机和活力的社会主义农村金融体系提供参考。

（一）国际农村金融体制的系统评析的主要内容

通过比较 20 世纪 80 年代、90 年代初期各国农村金融体制，他指出：国际农村金融体系的构成"有的复杂，有的单一，各有利弊，长短互见"①，各国根据国家特点建立一整套农村金融体制，并通过这套体制不断完善农村金融和农村经济事业。

1. 体系完备的美国农村金融体制

究其美国的农村金融发展较快的主要原因，徐唐龄教授认为美国农村金融体制相当完备，多种金融机构并存，相互竞争，相互补充的格局作出了很大的贡献。美国的农村金融体制是一个以私营金融机构和个人贷款为基础，以合作农业信贷体系为主导，以政府农贷机构为辅助的庞大系统。各个金融机构根据经营原则、贷款对象和贷款期限的不同，明确各自分工，走向不同类型的农贷机构。他认为正是这种完备的农村金融体系，为农村资金融通提供了极大的方便，对于解决美国农村经济发展过程中资金需求问题发挥了重要的作用。同时，美国的农村合作金融机构的组织管理充分体现合作精神，各合作金融机构的业务活动并不是趋利性的，而是帮助农场主之间更好的互利互助，互相调剂资金，从而满足生产需要。

对于美国的商业银行在经营过程中十分注重贷前审查和贷后服务的做法，徐唐龄教授认为，虽然商业银行这种做法的目的是为了争取更多的贷户和保证更多的盈利，但是客观上却提高了农村资金的利用效果和改进农场的经营管理水平，在一定程度上控制了风险，有利于农村经济的发展。此外，美国农村金融体制在组织建设、资金来源、利率管理等方面都做到有法可依、有章可循，促进农村信贷管理的制度化、规范化，充分发挥农村金融促进农村经济发展的作用。

2. 专业化的日本农村金融体制

对于农村贷款具有季节性、期限长、每笔贷款数额小、风险大等特点，普通的金融机构对农村业务有很强的排斥，如何有效地避免金融排斥的影响，这是每个国家所面临的问题。日本通过建立专业化的农村金融体制给出了合理的解答。

---

① 徐唐龄：《主要发达国家农村金融体系的比较研究》，载《农村金融研究》，1985（9）。

研究日本农村金融体制，要先了解日本金融体制。日本的金融体制最根本的特征就是各金融机构在业务上有严格的分工界限，这种专业化的金融体制在农村金融体制中也有很强的体现。日本专业化的农村金融体制以合作经济的农协信用为主体，而以政府的农贷机构为后盾。徐唐龄教授指出，日本合作经济的实质是"以供销合作、信用合作为依托的农村经济联合社"[①]，其中经营贷款的农林中央金库及其所属的信用联合会，既是协同组合的子系统，又是整个金融体系的重要分支。他指出，农协系统的合作金融，一方面提高了农村生产力，增进了农村各产业的繁荣；另一方面，由于农协代表着农民的利益，农协可以向政府提意见，争取更多的利益，对农民的生产、生活十分有利。作为日本专业化的农村金融体制的补充，政府金融是由政府组织、推动或直接办理，由官方机构针对各个时期农林渔业不同需要所创设的各种贷款制度，以及为了贯彻执行这些贷款制度所给予的不同程度的财政干预而创设的一种贷款制度。

3. "一家独大"的法国农村金融体制

法国农村金融体制呈现出"一大三小"的特点。作为世界上最大的农业银行，法国农业信贷银行是法国农村金融体制中的主要组成部分，在法国的农村金融体制中的地位可谓"一家独大"。互助信贷联合银行、大众银行以及法国土地信贷银行均是由法国政府官方控制的不同类型金融机构，与法国农业信贷银行共同构成了法国农村金融体制。

徐唐龄教授认为，法国政府的农业信贷政策对于法国农村经济的巨大变化起到决定性作用，法国农业信贷银行作为政府推行农村经济政策的一种有效的并且有弹性的工具，对于贯彻政府政策以及对战后法国农业现代化建设和农村面貌的改变起到了重要作用。农业信贷银行一开始是向农村经济部门提供信贷的机构，随着农业现代化建设和农业生产对外贸易的发展，农业信贷银行成为这种变革和发展在金融方面的排头兵。首先，农业信贷银行在乡村整治中解决了资金问题，同时，在农业食品企业的投资和调整中，在发展

---

① 徐唐龄：《主要发达国家农村金融体系的比较研究》，载《农村金融研究》，1985（9）。

旅游业中以及帮助分散工业等方面，都发挥着其作为世界最大的农业银行的作用。同时，他也指出，法国在农村经济向现代化建设的纵深发展过程中，在安置青年农民、扩大就业、改革农村结构、改变落后地区面貌等一系列的问题中充分发挥农业金融机构的作用的经验也是值得借鉴的。

在对各国农村金融体制比较之后，他总结道，法国的信用渠道较为单一，官民结合，有统有分，实力雄厚，机构普及，同时借助经济力量进行垄断；美国、日本的信用渠道较为多样，都以合作金融为主体，以政府金融为后盾，以较少的国家投资，有效地动员了广大私营信贷的力量。

（二）国际农村金融体制的系统评析的历史背景与社会环境

20 世纪 70 年代末 80 年代初，以家庭联产承包制度为主体的农村经济体制的改革，推动农业和农村经济的发展。商品经济催生农村融资需求，建立并完善农村金融体制，为农业和农村经济发展提供及时、有效服务已是大势所趋。

1979 年 2 月，国务院发出《关于恢复中国农业银行的通知》，加强对支农资金的管理，为高速度发展农业生产和实现四个现代化服务。农村信用社作为农业银行的基层机构，深受国家政策干预强、体制僵化以及经营效率低的诟病。1984 年 8 月，国务院批转《中国农业银行关于改革信用社管理体制的报告》，农村信用社开始实行经营责任制。通过此次改革，农村信用社综合实力得到提升，加大了对农村贷款的投放力度。20 世纪 90 年代初，金融体制改革深入，农业银行商业化不断推进，但是农业银行仍然担负着政策性融资的任务。为解决这种矛盾，推进农业银行的商业化，1993 年 12 月，国务院发出《关于金融体制改革的决定》。组建中国农业发展银行，承担国家粮棉油储备和农副产品合同收购、农业开发等业务中的政策性贷款，代理财政支农资金的拨付及监督使用。1994 年，中国农业发展银行正式成立。改革开放以来，中国农村地区除了正规的金融机构外，民间借贷也有所发展，为解决农村融资需求问题发挥了一定的作用。从借贷的形式上来看，民间借贷包括自由借贷、典当行和私人钱庄、合会、民间集资、农村合作基金会等多种形式。

20 世纪 90 年代,多层次的农村金融体制形成,包括以工商企业为主要服务对象的商业性金融机构,也有主要为农户服务的合作金融机构,还有支持整个农业开发和农业技术进步、保证国家农副产品收购的政策性金融机构。但这仅仅是表面上的繁荣,农村金融体制的作用没有得到充分发挥,存在着很多亟待解决的问题,农村金融体制需要进行深化改革。

首先,许多农村信用合作社背离合作金融的性质和主要为农民服务的宗旨,这主要是因为合作理论的教育和宣传不到位,加上市场经济的冲击,农村信用合作社开始进行商业化经营,追逐利润的最大化。同时,农村信用合作社的民主管理流于形式,民主管理的原则逐渐弱化,往往由内部社员掌握着经营管理权。其次,信用合作社作为农业银行的基层机构,一方面不利于农业银行商业化,另一方面,也不利于农业信用合作社按合作制原则办成合作金融性质的群众性金融组织。最后,农村金融机构的经营缺乏监督管理,违章违规事情时有发生,给农村金融稳定发展带来了不便。此外,民间借贷虽然为农业和农村经济发展提供了资金的支持,但是由于其发展不规范,常常引起纠纷,存在较大的风险。

1996 年 8 月,国务院发出《关于农村金融体制改革的决定》(以下简称《决定》)。《决定》指出,"要根据农业和农村经济发展的客观需要,建立和完善以合作金融为基础,商业性金融、政策性金融分工协作的农村金融体系;进一步提高农村金融服务水平,增加对农业的投入,促进贸、工、农综合经营,促进城乡一体化发展,促进农业和农村经济的发展和对外开放"[1]。同时强调农村金融体制改革的重点是"恢复农村信用社的合作性质,进一步增强政策性金融的服务功能,充分发挥国有商业银行的主导作用"[2]。农村金融体制的改革是对现有农村金融体制的进一步完善,既要实现改革的目标,同时也要兼顾农村金融整体上的稳定性。

---

[1] 国务院:《关于农村金融体制改革的决定》,载《中华人民共和国国务院公报》,1996(26)。
[2] 同[1]。

（三）国际农村金融体制的系统评析的价值及影响

世界瞩目中国，中国也关注世界。金融业作为经济发展调控的龙头应如何运作？尤其是在一个农业、农村和农民占主要地位的大国中，金融经济应该有何特点？作为一个后来者，当时中国的农村金融体制发展时间尚短，缺乏可借鉴的历史经验。必须结合本国国情，大量吸收发达国家经济发展经验。徐唐龄教授以开阔的视野、透彻的洞察力，对域外经济的运行轨迹作出切实比较，广泛发掘并认真整理国内外农村金融体制发展的经验，为上层决策和基层运作提供有益借鉴，得出金融体制发展方向的可信答案。

徐唐龄教授组织完成由中国人民银行总行立项的研究项目，《37 个国家的农村经济金融概览》，对国内外农村金融体制进行深入探讨。"他山之石，可以攻玉"。研究和介绍世界各国农村金融体制的情况和经验，吸收和借鉴发达国家先进的体制模式，正确对待外国经验，借鉴别国成功的经验，避免失败教训，进一步解放思想，走自己的路，建立和健全具有中国特色的、充满生机和活力的社会主义农村金融体系。在对国际农村金融体系内部结构进行比较研究中，徐唐龄教授指出："吸收和借鉴发达国家先进的经营管理方法，正确对待外国经验，进一步解放思想，走自己的路，建立和健全具有中国特色的、充满生机和活力的社会主义农村金融体系"。既然要借鉴国际农村金融发展经验，我们就要搞清楚各国农村金融体制的价值及影响，不能一切照抄，也不能全盘否定，取其精华，去其糟粕，是我们研究国际农村金融体制应该有的态度。

恩格斯认为，"即使只是在一个单独的历史实例上发展唯物主义的观点，也是一项要求多年冷静钻研的科学工作，因为很明显，在这里只说实话是无济于事的，只有靠大量的、批判地审查过的、充分地掌握了的历史资料，才能解决这样的任务。"[①] 徐唐龄教授带领"各国农村金融体制比较研究"课题组，持续而认真地观察国际金融体制，对其利弊得失进行全面估价。他关注

---

① 卡尔·马克思：《政治经济学批判》。

的不仅是当时国外发展状况，还深入挖掘它们的过去并推断将来；他不仅要了解国外在做些什么，还进一步了解它们这样做的原因；他不仅调查国外某个时点的数据，即所谓"资产负债表"，更重点分析它们在较长期间内的发展路径，即所谓"损益报告书"，最终成功勾勒出域外 37 国的经济背景、农村资金供求、农村金融体制、农村金融业务、农村金融体制简评的清晰轮廓。

1996 年，徐唐龄教授组织完成由中国人民银行总行立项的研究项目，《37 个国家的农村经济金融概览》，对 37 个国家和地区的农村经济和农村金融状况作了系统地评价分析。

五、农村金融学科建设中的贡献

1980 年，徐唐龄教授被选派到中国农业银行总行从事中国农村学会的筹备工作，从此与农村金融结下了不解之缘。在 80 年代初，他积极协助王世英教授在全国首创农村金融学科，成为我国部门金融学科的奠基人之一。在这方面作出的贡献有：

（一）撰写巨著，担当农村金融研究后来人的领航者

作为学者，学术研究和著书立说是徐唐龄教授的本职。从 1980 年起，他一直致力于金融、经济方面的教学和研究工作，著有《中国农村金融史略》、《现代银行制度通论》、《开发性贷款的可行性研究》、《与钱共舞》、《百姓经济话题》等，在《金融研究》等学术期刊发表《主要发达国家农村金融体系的比较研究》、《在实践中创建和发展我国社会主义农村金融学》、《货币、资金、信用与农村经济的发展》等论文 100 余篇。主编《农村经济学》、《社会主义农村金融学》、《产业金融与区域金融》、《37 个国家的农村经济金融概览》、《现代商业银行存贷管理》等五部。其专著和教材，多部获省部级奖，其中《中国农村金融史略》荣获中国高校人文社会科学研究优秀成果奖经济学二等奖、湖南省第四届社会科学优秀成果奖，《现代银行制度通论》荣获第三届湖南省优秀社会科学学术著作奖。

徐唐龄教授涉猎面广，虽教学繁忙，仍潜心治史，在勤读深思的基础上立论，在删繁就简、以博求精上下功夫。作为以货币资金为对象的从业者，他抵御住当时下海经商浪潮的冲击，甘于寂寞，安贫敬业，坐冷凳、守寒窗，检索大量文献，为社会奉献多部具有时代开创性意义的书稿。他曾应中国人民银行总行教材编审委员会之托，撰写了《社会主义农村金融学》与《农村经济学》教材，极大地推动了中国农村金融学学科新体系的形成与发展。同时参与编写《中华金融辞库》工作，历时三载，辛勤耕耘。解决了当时我国金融领域中存在着概念混乱、释义不清、业务界定不明的问题，清除了这些问题已经给我国的金融业务、金融理论研究和金融的国际交流等带来的诸多障碍，大力普及金融知识，宣传金融政策，阐释金融理论，展示金融动态，尽心尽力为社会服务。当时由于客观需要，一些财经院校和农业院校相继开设农村金融学和农村金融史课程，各种教材专著层出不穷，但仍缺少一本系统的中国农村金融史专著问世。而徐唐龄教授在多年讲授农村金融及其相关课程之余，搜集整理海量史籍，以史载论，贯通今古，完成《中国农村金融史略》这一具有划时代意义的学术巨著。其不仅为院校教学构筑了完整的课程框架，也为科研及实务部门提供了珍贵的参考资料，更为发掘积累历史经验以完善发展改革事业作出了卓越贡献。

（二）以史为鉴，研究农村金融发展历史轨迹和域外体制

徐唐龄教授十分注重对历史的研究，潜心治史，旨在鉴古知今。20 世纪80 年代，他搜集整理了我国先秦以来的有关农村金融的大量史料，悉心总结研究，探索我国农村金融发展的历史轨迹。1996 年中国金融出版社出版了他的专著《中国农村金融史略》，该书远自先秦两汉，近至新时期伊始，分为上篇（古代）、中篇（近代）、下篇（近代）三篇，共十七章三十二万言，是我国第一部贯通古今的农村金融历史专著，填补了我国在这一研究领域的空白。《中国农村金融史略》以农村经济为背景，以金融活动为主线，从农村经济与农村金融相结合的角度详细阐述不同时（朝）代的政治经济社会的农村金融发展的历史轨迹；同时以史为鉴，资料翔实有据，史实与论证两者结合，论

证农村金融发展的理论性问题，既对几千年来农村经济与农村金融作了简要概括，又以较大篇幅研究近代和新中国成立以来的实践，具有重要的史料价值，对教学研究和实际工作都有参考意义。该著作被评为中国高校人文社会科学研究优秀成果奖经济学二等奖、湖南省第四届社会科学优秀成果奖。

对于农村金融学研究，不仅要从我国农村金融发展的历史轨迹参考借鉴，也要注重研究域外农村金融发展情况，学习他们的先进经验，为中国农村金融发展所用。90 年代，徐唐龄教授组织完成中国人民银行总行立项的研究项目，《37 个国家农村金融概览》。该项目是在中国人民银行总行的关心下，由金融改革与金融建设第一线的中青年组成的"各国农村金融体制比较研究"课题组，以开阔的视野、渗透的洞察力，比较分析域外经济的运行轨迹，为我国农村经济和农村金融发展提供参考借鉴。1996 年湖南科学技术出版社出版了由他主持编写的《37 个国家农村金融概览》。该书勾勒出域外 37 国的经济背景、农村资金供求、农村金融体制、农村金融业务、农村金融体制简评的大致轮廓，拓摹出纹路，供有志有识的读者进一步研究借鉴。

（三）注重基础理论，开展农村金融学术研究

对于农村金融学科的建设，徐唐龄教授注重基础理论的研究，从农村金融学研究的基本对象、研究的主要目的和研究的客观依据，开展农村金融的学术研究。

农村金融学研究的基本对象是以货币和信用关系为重点的整个农村资金运动。首先，农村金融的研究视野放宽到整个农村经济，理清农村经济客观经济规律，找出符合实际情况的发展方案，才能知道受访存取业务，制定正确的方针原则，为建立合理的管理体制提供理论依据；其次，农村金融的研究对象是农村经济中的资金运动，资金运动贯穿农村经济方方面面。从资金开始，研究农村资金的价值形态和实物形态，研究资金的来源和运用、资金的循环和周转等，有助于揭示整个农村经济的内在联系，这些都是农村金融研究的一般内容；最后，农村金融研究的重点是农村资金运动中的货币信用关系。货币是资金的价值形态，信用是资金的融通手段。从静态和动态两个

方面研究农村资金运动，研究农村资金运动矛盾的特殊性，运用货币信用等手段，组织、调剂、融通农村资金。

农村金融学研究的主要目的是节约和有效地使用资金，发展农村经济。发展农业，活跃农村经济，是社会主义国民经济发展的必然要求。发展农业经济，需要大量的资金投入，通过对农村资金运动的分析，利用货币信用等融通手段，实现以较少的资金投入获得产出的最大化。资金运动过程中，资金占有和资金使用是相分离的，通过信贷的手段，将闲置的资金通过存取借还的方式收集起来，通过有效的分配资金到有需求的地方，实现资金利用率的最大化。

农村金融运动所研究的客观依据是农村资金运动所特有的不平衡性。土地的不可转移，土地肥瘠、位置优劣和追加投资的差别所形成的农村资金地域间的不平衡性；因地制宜，根据土地的自然和经济条件，有选择的将资金投入到最佳布局和结构中所形成的农村资金在布局结构上的不平衡性；农业生产周期较长，容易受气候等自然因素影响，不同年份所面临的自然因素不同，有利的，也会有不利的，此外农业生产有季节性，这会形成农村资金在不同年份、不同季节的不平衡性；农业生产中，有一部分作为自给自足，随着商品经济的出现，由于农业生产的商品率不同，所需要投入的资金也有所不同，形成农村资金在商品化程度上的不平衡性；包产到户的制度的实行，农村自由经济有所发展，农户劳有所得各不相同，由此形成农村资金在收入分配上的不平衡性。农村资金运动的种种不平衡性，归根到底都是资金在时间和空间上的不平衡性。我们需要借助货币信用等手段，通过组织、调剂、融通资金运动，克服农村资金在时间和空间上的不平衡性，活跃资金运动，提高资金使用效率，促进农业再生产，发展农村经济。

（四）讲究研究方法，理论与实践相结合

农村金融学是一门新兴的学科。科学研究是在一定社会历史条件下生产方式的反映，是实践经验的结晶。徐唐龄教授认为，实事求是地从我国社会主义经济建设的实际出发，理论联系实际，是进行农村金融研究的根本方法。

中国农村金融发展历经很长一段时期，三十多年来社会主义农村金融的经验以及革命根据地时期农村金融工作经验，都是我国农村金融发展的巨大财富。对于这笔财富，我们要好好挖掘，做好整理总结工作。对于域外农村金融发展，我们要去学习，吸收他们许多利于我国农村金融的做法。实践若不以正确的理论为指南，就会变成盲目的实践；理论若不和实践相联系，也就会变成空洞的理论。农村金融学的研究离不开理论与实践相结合的方法，实事求是，理论联系实际。

农村金融学的研究，必须坚持马克思主义的辩证法。农村金融学不是简单的重复金融学的一般原理，重要的是研究农村资金的运动规律，研究农村资金运动的不均衡性，从信贷角度解决农村资金运动问题。农村金融也不是一个静态的概念，研究农村金融需要用动态发展的观念，针对不同时期，要有不同的发展方针。农村金融学的研究，要坚持马克思主义认识论。徐唐龄教授表示，农村金融研究作为学术研究，就难免出现不同意见的争论。这是社会主义学术讨论繁荣的标记。对于学术争论，我们不能去否认，应当去鼓励这些争论。他认为针对不同的争论，充分吸收群众的合理建议，从实际出发，对这些争论通过分析、研究、商榷、讨论，得出较正确较全面的意见，上升为理论，以此作为客观依据，提供给决策部门，制定出指导实践的政策、规章、制度和办法来。

徐唐龄教授在进行农村经济学科研究时，提出农村经济学不应是寻章摘句地从事教条主义的研究，而应把一般方法、学科方法、具体方法熔为一炉，理论联系实际地进行开拓性的探索。学习农村经济学应当注意采取以下辩证的方法：一是宏观分析和微观分析相结合的方法。农村经济应当以本区域为主体，研究整个国民经济甚至国际经济与农村经济的联系，研究个别企业与农户在农村经济中的位置，阐明不同层次间衔接和过渡的机制。既要从系统论的角度，对农村经济进行整体的、有发展目的的、分层次的、多项结构功能的研究，也要从典型的个例出发，对农村经济的亿万组成细胞，进行深入细致的调查和剖析；二是社会科学和自然科学相渗透的方法。农村经济学属于社会科学，但它与自然科学有着密切的亲缘关系。为了综合地发挥农村各项生产要素的作用，取得最佳的经济效益，不能把社会科学的研究同自然科学的研究相互排斥，而应该从这种边缘交叉中使研究趋于全面和深入；三是定性研究和定量研究相补充的方法。农村经济学首先要有对事物性质的描述，从质的规定性上把握住经济现象的实体。还要对事物的数量作出测量，从量的规定性上深化对经济现象的认识，并进而找出量变引起质变的临界点；四是静态观察和动态观察相交叉的方法。既从一个时点上的现象对农村经济进行横切面的观察，又从一个时期内的趋向对农村经济进行纵剖面的分析，并通过历史地观察，了解其增长变化的方向与速度，进一步研究农村经济今后的发展；还有，就是归纳推理和演绎推理相联系的方法。既要从农村经济的典型调查和个例研究中由个别归纳出一般的特点，又要从农村经济总体及整个经济学的普遍知识中演绎出个别的结论。

（五）培养专业人才，推进农村金融学科建设

徐唐龄教授是中国农村金融学教材学科体系的主要设计者，中国农村金融教育事业的主要开拓者，中国农村金融理论的积极实践者与金融决策的积极参与者。改革开放以来，徐唐龄教授在我国农村金融经济发展的每个关键时点都有声音，他的学术思想对我国农村金融改革和发展产生了重要影响。同时，他也为中国经济学与管理学的学科建设和人才培养作出了巨大的贡献。

徐唐龄教授长期以来进行农村金融、农村经济的研究，在 80 年代初，他积极协助王世英教授在全国首创农村金融学科，成为我国部门金融学科的奠基人之一，先后撰写并发表大量农村金融研究论文，引起较大社会反响，对推动改革开放三十年来我国农村金融、农村经济发展以及完善农村金融学科体系、丰富农村金融内容、促进中国农村金融学科建设方面作出了重大贡献。他的"农村金融课程建设"获 1989 年湖南省教学成果二等奖，1991 年 9 月由湖南省教委、湖南省人事厅授予湖南省优秀教师荣誉证书，自 1993 年开始，成为经国务院批准的享受国务院政府特殊津贴的专家。

1983 年，在中国农村金融学会首届年会上，中国农村金融学会副会长王海丰提到，"面对新形势要进一步加强学会工作，发展农村金融学术研究。新

中国成立以来，我国农村金融领域，积累了丰富的经验，需要我们进行理论的概括。在进行社会主义现代化建设的今天，更有着众多的新课题，需要我们去探索和寻求理论的回答。确立尊重科学，依靠科学的正确观念，有计划、有步骤地发展农村金融科研事业，努力开创农村金融科研工作的新局面"。要求实务部门和理论部门的学者，广泛发掘和认真整理国内外办理农村金融业务的历史经验，为上层决策和基层运作提供有益的借鉴，从中国人民共和国成立后的历史资料和更早一些的史料，启发思考，力求在更深层次上，对前人的探索实践和我国的国情特点加以了解。

作为中国农村金融学会会员，徐唐龄教授根据学会章程要求，进行农村金融理论研究，在对我国先秦以来有关经济和金融的大量资料搜集整理后，系统探索，精心研究，撰写了我国第一部贯通古今的农村金融历史专著《中国农村金融史略》。他还对国际上 37 个国家的经济背景、农村金融体制、农村金融业务等进行系统评析，伏案十年，完成《37 个国家的农村经济金融概览》，横向开拓视野，为上层决策和基层运作提供借鉴。20 世纪 80 年代末 90 年代初，经济体制改革已进入到明确建立市场经济体制的阶段，农村金融学科建设又一次面临新挑战。当时的农村金融学教材，"本土"内容失之于"旧"；翻译内容脱离中国国情。在这种情况下，迫切需要编出结合中国实际，讲授先进农村金融学的教材。由徐唐龄教授主编，于 1987 年出版的《农村经济学》与《农村金融学》教材正是在这样的背景之下编写的。徐唐龄教授系统考察农村产业结构与所有制结构，探讨农村经济的运行机制与经营方式，编写完成《农村经济学》一书，对以往的农业经济学作出重要理论创新；突破农村金融就是一般货币信用学在农村运用的界线，突破过去只见实务不见理论的思维方法，把农村经济与农村金融融为一体，摆脱了就金融论金融的局限，编写完成《农村金融学》，满足了各大高等院校农村金融专业的理论教材需求。它们的出版极大地推动了中国农村金融学学科新体系的形成与发展，在农村金融教学中起到了重要作用。

徐唐龄教授还曾经担任第七届、第八届全国人大代表，湖南省人民政府第一批参事，九三学社第九届、第十届中央委员，九三学社湖南省委顾问，中央广播电视大学农村金融课程主讲教师，中国农业银行特邀研究员，中国农村金融学会顾问等。积极参与国家农村金融规划与决策、农村金融事业的创新与发展咨询，在为中国农村金融改革与发展提供理论支撑方面的成就也十分令人瞩目。

（乔海曙　乔楼伟　曾康霖）

参考文献

［1］徐唐龄：《农村金融部门支持多种经营的关键是解决农副产品购销问题》，载《农村金融研究》，1982（10）。

［2］徐唐龄：《也谈农村金融基础理论"农村金融学"的创建问题》，载《农村金融研究》，1982（5）。

［3］徐唐龄：《在实践中创建和发展我国的社会主义农村金融学》，载《农村金融研究》，1981（9）。

［4］徐唐龄：《当前农贷中的有关规定》，载《财经理论与实践》，1983（1）。

［5］徐唐龄：《农村金融三元结构的形成及其发展》，载《农村金融研究》，1988（4）。

［6］巩泽昌、徐唐龄：《全面评价农村金融的经济效益》，载《财经理论与实践》，1982（3）。

［7］徐唐龄：《工农业差别利率形成的客观基础》，载《经济问题》，1987（9）。

［8］徐唐龄：《实践理论　与时俱进》，载《财经理论与实践》，2002（1）。

［9］徐唐龄、石丹林：《农村经济学》，中国金融出版社，1996。

［10］严立冬：《论农村资源系统的模式结构及其管理》，载《农业现代化研究》，1990（2）。

［11］严立冬、王国应：《试论农村资源保护立法》，载《中南财经大学

学报》，1989（3）。

[12] 沈达尊：《关于农业经济效益的几点看法》，载《经济问题探索》，1983（10）。

[13] 马克思：《马恩选集》，第4卷，第505页。

[14] 徐唐龄：《货币、资金、信用与农村经济的发展》，载《中国农村观察》，1988（2）。

[15] 徐唐龄：《商品经济与农贷方针》，载《财经理论与实践》，1981（1）。

[16] 徐唐龄：《中国农村金融史略》，中国金融出版社，1996。

[17] 徐唐龄：《主要发达国家农村金融体系的比较研究》，载《农村金融研究》，1985（9）。

[18] 国务院：《关于农村金融体制改革的决定》，载《中华人民共和国国务院公报》，1996（26）。

[19] 卡尔·马克思：《政治经济学批判》。

第四十二章
曾康霖金融思想学说概要

　　曾康霖（1935—　　），西南财经大学教授。现任教育部人文社会科学重点研究基地——西南财经大学中国金融研究中心名誉主任；中国金融学会常务理事、学术委员会委员；曾任四川省人民政府学位委员会委员，四川省金融学会副会长，西南财经大学学术委员会主任，西南财经大学金融系主任，金融研究所所长等。

　　从1960年起，他一直致力于金融、经济方面的教学和研究工作，著有《金融理论系列专著》，包括：《金融理论问题探索》、《资产阶级古典学派货币银行学》、《货币论》、《资金论》、《信用论》、《利息论》、《银行论》、《微观金融论》、《宏观金融论》等，在《经济研究》发表《关于流动资金实质的几个问题》、《怎样看待双币流通》、《关于通货紧缩的几个问题》等论文300余篇。主编《货币银行学》、《商业银行经营管理学》、《金融学教程》等五部。其专著和教材，多部获省部级奖。

　　曾康霖教授长期以来在治学中尊重经典，但不迷信经典；注重调查研究，从实际升华到理论，注重研究区域金融和群体金融，注重研究金融消费，先后提出了不少具有理论和实践价值的思想观点与金融学说，对推动改革开放三十年来我国金融理论创新、金融学科发展与金融人才培养作出了重大贡献。他两次获得国家级优秀教学成果奖，首批获得国务院特殊津贴，获得2013年刘鸿儒金融教育基金会"中国金融学科终身成就奖"。他在金融学说方面的建树主要有：

一、人民币信用货币论

（一）人民币信用货币论的主要内容

曾康霖教授较早提出了人民币是信用货币。他在 1981 年完成的专著《金融理论问题探索》中系统地评价了"马克思主义的信用货币理论"，明确地提出"我国人民币是信用货币"，第一次提出"作为信用货币的人民币不是直接的一般等价物"，有区别地分析了人民币与黄金的联系[①]。他的相关观点主要有：

1. 我国人民币是信用货币

为了立论我国人民币是信用货币，曾康霖教授首先指出人民币是在银行信用的基础上产生的。在他的著作中指出：信用货币是在商业信用和银行信用的基础上产生的。在我国，尽管商业信用受到了限制，但商业信用仍然广泛存在着赊销预付，尽管不允许票据代替货币在市场上流通，但票据仍然在企事业单位之间流通，在银行内部流通。在这种情况下，就会产生银行信用流通工具，它包括发行的银行券和以存款为基础开出的支票、汇票以及其他支付凭证。虽然支票、汇票和其他支付凭证不允许在市场上代替银行券自由流通，但仍然发挥着货币的职能。我国人民币（包括发行的银行券和以存款为基础而产生的支票、汇票等）都是银行创造的信用流通工具，所以它是一种信用货币。再从它的产生看，除用外汇直接兑换人民币外，我国流通中的银行券和银行存款都是通过银行贷款产生的。从商品流通看，其程序是：物资进入流通——银行发放贷款（即垫支货币）；物资退出流通——银行收回贷款（即货币流回）。这说明，在货币符号流通和流通的货币符号都是由国家银行投放的情况下，流通中的货币量（包括现金和存款，下同）的增加，决定

---

① 曾康霖：《金融理论问题探索》，中国金融出版社，1981。

于银行贷款的增加；流通中货币量的减少，决定于银行贷款的减少。我国银行是社会主义信用的中心，银行具有创造信用流通工具的职能，这是人民币成为信用货币的基础和条件。

2. 作为信用货币的我国人民币，不是以金属货币作基础的，人民币仍然是价值符号，仍然是对价值的索取权

之所以凭它能索取到价值，是因为它代表着货币的社会使用价值，即购买一切商品的能力。人民币购买商品的能力要以商品价格的高低为尺度。因为购买力是价格的倒数。我国商品的价格基本稳定，这就保证了人民币购买力的相对稳定，也就保证了人民币社会使用价值的发挥。通常我们说"钱出去，货进来，货出去，钱进来"，实际上就是国家通过一只手（即商业、物资部门）把货物购进来，同时，通过另一只手（银行部门）把货币投放出去，然后把货物销售出去，又把货币收回来。所以，作为信用货币的人民币的币值稳定是以商品作保证的，它的流通以商品流通为基础。

3. 作为信用货币的人民币不是直接的一般等价物

对此，他诠释了"等价物"本来的含义，考察了"一般等价物"这一概念的来龙去脉和马克思揭示货币是一般等价物的真实含义。在这个基础上，他指出人民币不是直接的一般等价物的真实含义，指出人民币不是一般等价物，但又把人民币看成是货币，这在那些坚持货币是一般等价物的人看来是不相容的。对此曾教授论述了货币与一般等价物不能完全画等号，指出了一般等价物既是货币的本质（或性质）也是货币的形式。他在著作中指出：本质是相对现象而言，形式是相对内容而言。在一定条件下是形式或现象的东西，在另外的条件下就可能是本质或内容。货币如果相对它的自然属性（币材）来讲，自然属性是它的形式或现象，一般等价物是它的本质或内容；如果相对它的社会属性（体现的生产关系）来讲，社会属性是它的本质或内容，一般等价物则是它的形式或现象。过去，我们只把"一般等价物"看成是货币的本质，而没有把它也看成是一种货币的形式规定性，从而使我们的思想僵化了。在马克思经典著作中，货币、一般等价物、金是能够相互代替的同义语。我们还没有见到马克思明确地把一般等价物引申为货币的本质，在

《政治经济学批判》和《资本论》中找不到"货币的本质是一般等价物"这样的表述。当然，我们不是说不应当把货币的本质表述为一般等价物，而是说从什么意义上去把握货币的本质。他还指出：马克思自己就曾经把货币的本质称做一般交换手段，如在评论詹姆斯·穆勒的《政治经济学原理》时指出：穆勒把货币称为交换的媒介，这就非常成功地用一个概念表达了事情的本质。由此我们也能够把人民币的本质或性质表述为一般交换手段和一般财富的物质代表。如果硬要把人民币的性质称做一般等价物，那也不是马克思所说的"一般等价物"，而必须赋予一般等价物新的含义。

4. 人民币与黄金的联系

曾康霖指出：人民币与黄金有联系，但黄金并非是我国的货币商品，执行一般等价物的职能。他在著作中进一步分析说：

（1）纸币与黄金的联系有三种情况：一是以黄金作为纸币值的保证。在纸币能够兑换黄金的情况下便是如此；二是以黄金的价值作为确定国际间货币的比价，在以铸币平价为基础确定两国外汇汇率的情况下便是如此；三是以黄金作为价值尺度衡量商品的价值，在典型的金本位货币制度下便是如此。按照讨论人民币的价值基础问题就是讨论我国有没有货币商品，人民币是不是一般等价物这一特定含义的要求，显然，前两种所谓的联系不在讨论范围之列，只有第三种联系才是要讨论的问题。因此，一般地说纸币与黄金有联系，因而人民币的价值基础是黄金，在理论上是不严谨的。

（2）从历史上看，1935 年我国法币改革后，应当说法币与黄金有联系了，但当时国内商品的价值并没有以黄金为尺度。如果改革前以白银为商品的价值尺度，改革后以黄金为商品的价值尺度，按照价值尺度就是在交换中商品的价值与货币的价值要"等同"的规定，商品的价格就应根据黄金的价值来确定，然后把商品表现为黄金价格。进一步说，在新旧币所规定的含银或含金重量不变的情况下，商品的价格就应当随白银与黄金的比价（这种比价决定于各自的价值）变动而变动，如白银与黄金的比价是 15:1，则改革前原来是 15 元银价格的商品，改革后就应是一元金价格。可是当时的实际情况是改革前后的商品价格没有变，原来一元银元能购买到的商品，改革后一元法币照样可以买得到。这说明纸币与黄金有联系，并不等于就是以黄金作为商品的价值尺度。

（3）从国外看，资本主义国家的纸币规定含金量，当初主要的作用还在于便于确定与别国货币的比价；而在国内，并没有以每单位货币包含的含金量的价值作为商品的价值尺度，从而表现商品价格。

（4）如果以黄金作为价值尺度，在一般商品的劳动生产率为既定的条件下，则商品的价格就应随黄金劳动生产率的变化而变化，如黄金价值降低，商品价格应提高，但我国的物价并没有随黄金的劳动生产率的变化而变化。这个情况除了1848年以后，由于美洲加利福尼亚及澳洲金矿的发现，黄金劳动生产率的提高，致使欧洲商品的价格普遍上涨外，在以后的百余年中，还没有明显的反应。这是因为黄金的储存量是有限的，尽管开采的技术在提高，产量还是有限的。这又说明纸币与黄金有联系，与黄金作为价值尺度不完全是一回事。

5. 人民币作为信用货币具有五个特征

对于这方面的论述，集中反映在他主编的由中国金融出版社出版的《货币银行学》中（请参见该教材第一章货币与货币制度），他概括了人民币作为信用货币的五大特征，也是它的性质。（1）间接的一般等价物。我国人民币不是直接的一般等价物，而是间接的一般等价物。我国人民币是国家银行发行的，国家银行发行货币有强大的国营经济提供产品作后盾，同时广大人民群众对国家银行有充分的信赖。因而尽管我国人民币的"兑现"不表现在银行的出纳上，但广泛地表现在商品交换中。（2）直接的商品价值符号。我国人民币是直接的商品价值的符号。因为它已经不代表黄金。人民币的这一性质说明要保持单位货币代表的价值稳定，首先是要价格的稳定。（3）国家的负债，信用货币是债务货币。在我国社会主义制度下，人民币基本上是国家银行供给的。人民币既然是一种国家的负债，那么它的增加或减少受制于国家银行的贷款和收款。过多的贷款会增加负债，因为它不转化为现金便转化为存款，该收的贷款不收回来，甚至豁免，也会增加负债，因为它没有减少存款和现金。（4）在一定条件下能够转化为纸币。当国家财政出现赤字又需要国家银行增加货币的供给弥补时，银行供给的货币也会成为典型的纸币，具有强制流通的性质。财政出现赤字或者向银行借款，或者向银行透支，或者从其他途径占用银行资金，这就难以避免信用货币转化为纸币。（5）独立的货币形式。说它是独立的货币形式是指出它作为信用货币是货币发展史的一个阶段，是价值尺度和流通手段的统一。

（二）人民币信用货币论提出的历史背景与社会环境

1. 人民币地位与作用发生巨变的经济金融背景

从 1950 年统一财经工作到 20 世纪 70 年代末，人民币经过各个时期的严峻考验，大体上保持了币值的基本稳定。随之而来的一个问题是：价格长期凝固化、人为化，人民币失去了作为价值尺度、核算工具的作用。从 50 年代中期到 70 年代末，我国各类物资及消费品的价格，极少变动或变化幅度很小。商品的价值是由生产商品的社会必要劳动时间决定的。这种价值是一种相对价值，价格是相对价值的货币表现。随着各种商品劳动生产率参差不齐的变化，商品的相对价值就随之变化，价格也要相应地变化。人为地冻结物价，价格不能反映价值的变化，实际上就否定了人民币作为价值尺度的客观作用，不可避免地给经济生活造成混乱。主要表现在：第一，破坏了企业经济核算的正常条件，加上许多企业不计成本、不讲资金使用效果、不考虑劳动生产率，甚至不要社会主义利润，人民币作为经济核算的工具更成为可有可无了；第二，使正确计算国民经济的有关比例关系失去了可靠依据；第三，放弃了利用价格杠杆对生产的主要调节，而任不合理的价格自发调节。"物价冻结"与"币值锁定"，是直接造成 70 年代末比较典型的问题——长线产品下不来、短线产品上不去、比例失调的重要原因。[1]

应该说，多年来为了强行维持一个表面稳定的价格水平，很多比价应调的不调，以致把价格体系搞得问题成堆，极不合理，几乎陷入想调也很难调的境地，后果是严重的。国家财政要为稳定物价水平承担着巨额价格补贴的

---

① 黄达：《试论物价的若干问题》，载《中国社会科学》，1980（6）。

重负，结果是财政补贴的包袱越背越大。1979 年，国家对农副产品价格、工人工资、农村税收进行了改革，适当调高对粮、棉、油、猪等主要农副产品的收购价，同时，除粮食、食油在城镇的销售价不动外，有些农副产品的销售价适当调升；对企业的改革也逐渐展开，扩大了企业及地方政府的自主权，导致了企业和地方政府的投资扩张，再加上政府所制定的大规模现代化计划，导致财政支出膨胀。在 1979—1991 年，随着财政收入的相对减少，财政收入占国民收入的比重长期处于过低状态，因而，部分财政负担向银行转移。在我国，银行业具有高度的垄断性，这种垄断性导致了这样一个合情合理的规律——企业吃银行的大锅饭，各地银行吃中央银行的大锅饭，中央银行发票子。于是货币超经济发行就成为宏观经济强行运行的支柱。一般而言，超经济发行的货币更多地依赖于公开的物价水平的上涨而吸收，导致了 1979—1983 年的通货膨胀，年通货膨胀率分别为 2%，6.0%，2.40%，1.90%，1.50%。其中，1979—1980 年为通货膨胀的启动阶段，1981—1983 年为通货膨胀的控制阶段，使得价格水平出现了上涨，物价水平整体上升，人民币币值开始出现明显的变化，通货膨胀从此经常化。

随着计划经济逐渐退出历史舞台，人民币"币值锁定"现象消失，人民币的币值会随财政、货币政策的变化而变化。一方面，影响最大的是当时实行的膨胀性的财政政策。从 1979 年至 1991 年，我国财政政策呈现出膨胀性，除政府在指导思想上的原因外，与财政管理体制有直接联系。在此期间，我国财政管理体制先后进行了三次改革：1980 年改为"划分收支，分级包干"体制、1985 年改为"划分税种，核定收支，分级包干"体制、1988 年将承包机制引入预算体制，实行"地方财政大包干"体制。这三次财政管理体制改革，虽打破了中央政府财权集中过多的格局，促进了各地经济发展，支持和配合了各方面改革的进行。但在实践中存在着种种矛盾和问题，也形成连续性的财政赤字。财政有赤字，则需银行信用弥补，从而流通中一定会出现过多的通货。另一方面，当时的信贷资金管理体制也直接影响人民币的币值稳定。我国当时是把货币供应量和贷款规模作为货币政策的最终目标的中间目标。而货币供应量和信贷资金管理体制直接相关联。在 1979—1991 年，我国的信贷资金管理体制处在转换过程之中。第一阶段，是 1979 年至 1984 年。这一阶段的做法，1979 年称之为"信贷差额控制"、1980—1984 年称之为"差额包干"，在上述两阶段的信贷资金管理体制下，贷款规模始终处于软约束下。一是对企业的软约束，二是对地方政府的软约束，三是对专业银行软约束，四是对中央财政软约束。由于贷款规模控制软化，导致银行信贷资金膨胀。1979—1991 年，贷款增长幅度，大大超过经济增长幅度。

经济建设成为 80 年代经济社会发展的主旋律，货币发行与货币流通等金融问题成为社会关注的焦点，人民币的性质与运行特点很有必要厘清。在此社会背景下，曾康霖教授系统探讨了人民币与一般等价物、人民币与黄金、人民币与商业票据和银行票据、人民币与纸币等多种关系，旗帜鲜明地指出"我国人民币是信用货币"，第一次提出"作为信用货币的人民币不是直接的一般等价物"，有区别地分析了人民币与黄金的联系。

2. 人民币信用货币论的提出有当时存在的对人民币性质认识上的分歧

较先提出人民币是信用货币的代表人物是当时辽宁财经学院林继肯教授。他于 1959 年 1 月在《辽宁经济》上发表题为《关于社会主义信用货币的理论问题—兼论人民币是社会主义信用货币》的长篇论文，提出人民币具有社会主义信用货币性质。他在论文中指出："人民币的性质是社会主义信用货币，这种新型的社会主义信用货币，根本不同于资本主义的信用货币，如资本主义的银行券、票据之类。"[1] 他把一系列特点进行了概括，主要有："社会主义信用货币发行的高度集中、统一、计划性；通过信贷程序发行；在国内不和黄金直接兑现，币值十分稳定。"值得注意的是：林继肯教授是怎样论述人民币是信用货币的：货币的价值符号按其性质来分只有两种，一种是信用货币，别一种是纸币，纸币发行的根本性质是弥补国家财政赤字，它具有强制流通力，是经济危机深刻化的表现，是货币制度不稳定的象征，所以社会主义国家流通的通货，只能是信用货币，而不是纸币[2]。可见，他坚持用货币所反映的生产关系不同去论述通货"姓社姓资"。林继肯教授还指出，社会主义

---

[1] 林继肯：《林继肯选集》第一卷，《货币理论》第 8 页，中国金融出版社，2010。

[2] 同①，第 3 页。

信用货币是黄金价值符号。林继肯教授既认定人民币是信用货币，又认定人民币是黄金的符号，他的论述，表明了他对人民币"二重性"的看法。

继林继肯教授提出人民币是社会主义信用货币后，中国社会科学院高翔研究员，也提出人民币的信用货币性质问题。他于1965年12月在《经济研究》上发表论文，题目是《我国现阶段的人民币是直接的价值符号——兼与余霖等同志商榷》。他说："我们在研究人民币本质的时候，重要的问题不在于如何说明货币与黄金的联系，而在于论证人民币是因何和如何同黄金脱离关系的。这才是目前经济生活中的现实问题。"① 这表明他是从考察人民币因何和如何同黄金脱离联系的这一命题着手，去研究信用货币问题的，而研究信用货币问题必须考察货币形式发展史，其中包括信用货币理论。高翔进一步说为什么信用货币形式能为货币直接代表价值提供可能性呢？这主要是因为，信用货币的流通是与商品价值运动过程相一致的。信用货币的完成形态是银行券，而银行券的基础则是商业票据——汇票、期票等。作为商业信用形式的票据，是与商品买卖过程相联系的。信用货币就是代表这种债权债务关系的转移。值得注意的是高翔在论述信用货币与狭义的纸币区别的同时，强调人民币能够与黄金脱离关系，直接代表商品价值。还值得注意的是高翔强调作为信用货币的人民币的优越性。他说：人民币由黄金的代表过渡到商品价值的代表，是我国货币关系的一大进步，随着商品价值量的变化，有计划地对货币必要量进行调节，可以保证价格的高度稳定性。

高翔研究员关于人民币是信用货币的论述，相对林继肯教授的论述来说有以下不同点：（1）林教授认为作为信用货币的人民币是黄金的符号，而高翔认为作为信用货币的人民币能够与黄金脱离关系；（2）林教授强调作为信用货币的人民币的"社会主义"性质，而高翔没有着重指出这一点，而是强调它的经济发行，与商品价值的运动保持一致；（3）林教授没有提出人民币直接代表劳动时间，而高翔强调人民币直接代表劳动时间，是直接的价值符号。这表明：高翔关于人民币的信用货币性质是为了他立论人民币是劳动券

① 高翔：《我国现阶段的人民币是直接的价值符号——兼与余霖等同志商榷》，载《经济研究》1965（12）。

做理论铺垫，他认为由社会主义的两种所有制过渡到单一的全民所有制以后，人民币就会发生质的变化。人民币的作用，就会由一般等价物变为分配凭证。这时货币就转化为劳动券。因此，高翔对人民币性质的看法也具有"二重性"，既肯定人民币是信用货币，又认为人民币是劳动券。

当时还有一个重要的分歧：人民币是否代表黄金？对此问题的讨论也一定程度上反映出社会各界对人民币性质存在不同的看法。"黄金派"认为人民币的价值基础是黄金，理由是："我国虽没有明文规定人民币每一元的含金量，然而，人民币代表一定量的金，却是客观存在。规定不规定含金量，这是属于货币制度的问题。同是社会主义国家的通货，罗马尼亚和南斯拉夫是规定含金量的，我国和朝鲜则是不规定含金量的。社会主义国家在一个时期内，从国际阶级斗争的需要出发，可以不规定含金量，但到了另一个时期，为了更有利于进行对外贸易，便利国际结算，也完全可以考虑规定含金量，这不是一成不变的。能不能说，没有明文规定含金量之前，人民币不代表黄金，而一旦规定了含金量，便立即代表黄金呢？显然不能这样解释。何况，规定含金量的国家，纸币实际代表的价值并不一定与其法定含金量相吻合，而没有规定含金量的国家，它的纸币在客观上却代表了一定量的金。人民币是否代表黄金，这并不以是否明文规定了含金量为转移。"①当然也有很多人并不认同"黄金派"的观点，认为我国的人民币不代表黄金。

（三）人民币信用货币论的价值及影响

1. 人民币信用货币论是对马克思信用货币理论的继承与发展

曾康霖教授主要从四个方面认识、评介与发展马克思、恩格斯的信用货币理论：第一，信用货币是在资本主义商业信用和银行信用广泛发展的基础上产生的，商业信用和银行信用是信用货币产生和发展的条件。第二，商业票据是非真正的信用货币，银行票据是真正的信用货币。曾康霖教授在评述了信用货币产生和发展的条件后，对什么是信用货币做了概括，他说："根据信用货币产

---

① 洪葭管：《关于人民币的几个理论问题》，载《学术月刊》，1979（8）。

生的条件，我们能够把信用货币这个概念定义为：在信用关系的基础上产生的能够执行货币职能的一种符号。符号只不过是象征性的代表，因此，又可以说信用货币是象征性地代表货币起作用的一种信用凭证，它包括商业票据和银行票据。"第三，信用货币是价值符号，必须以现实的货币作基础。曾教授在他的著作中指出信用货币是一种符号，符号本身是不具有内在价值的，它凭什么来表现、衡量、转移、保存商品的价值呢？凭有内在价值的货币作基础。信用货币作为一种价值符号，是对价值的索取权，虽然它本身没有价值，但能凭它索取到价值。而之所以凭它能索取到价值，是因为信用货币代表着货币的社会使用价值，即购买一切商品的能力。第四，作为银行券的信用货币的流通，表现为从一个中心辐射到圆各点，再由圆各点回到这个中心。

2. 人民币信用货币论是对人民币理论认识上的重要突破

曾康霖教授对人民币是信用货币的论述，既遵循了经典作家的论述，又密切结合中国实际，他的论述相对林继肯教授和高翔研究员来说，有以下不同：（1）他的人民币是信用货币的概念既包括商业票据，又包括银行票据，并指出真正的信用货币是银行票据，银行票据是银行的信用流通工具，它产生于银行贷款，并派生银行存款，银行存款能转化为银行券，所以，他所谓的作为信用货币的人民币既包括现金，也包括存款。而不只是指流通中的现金。（2）他指出作为信用货币的人民币体现的信用关系主要是债权债务关系，而这种关系无论是在资本主义经济制度下，还是在社会主义经济制度下都存在，并没有"姓资姓社"之分，无须冠以"社会主义"性质，把人民币称为社会主义信用货币。（3）他指出作为信用货币的人民币不是马克思所谓的"货币是一般等价物"，如果一定要说人民币是一般等价物，则必须赋予一般等价物新的含义。（4）他指出作为信用货币的人民币仍然是价值符号，但不是黄金的价值符号，它是对价值的索取权，因为它有购买一切商品的能力。（5）他指出，作为信用货币的人民币区别于典型的纸币，但在一定的条件下，也能转化为纸币。（6）他指出，作为信用货币的人民币与黄金有联系，但黄金不是人民币的价值基础。（7）他指出，作为信用货币的人民币是债务货币，国家银行供给货币欠的是持币人的债。以上七点是曾康霖教授论述人民币是信用货币的独到见解，当然，这样的见解符不符合实际，能否完全成立，还需经过实践检验。但应当承认，他在前人研究的基础上，对人民币的理论认识有了重要突破，前进了一大步。

3. 人民币信用货币论是指导我国货币金融政策调控的理论依据

从实践层面来看，讨论人民币的性质与特征，确立人民币信用货币的属性，最重要的意义在于有助于制定我国正确的货币政策和物价政策。简言之，就在于要求稳定人民币的币值与国内物价。而要求稳定物价就必须稳定人民币的价值，因为物价是商品价值和货币价值的比值，在商品价值已定的条件下，物价总水平就取决于货币的价值了。货币贬值，物价必然上涨。在使用纸币的条件下，很容易过多的发行纸币，导致货币贬值，物价上涨。因此，人民币的价值贵在稳定。那么，怎样稳定人民币的价值呢？这就涉及到人民币的价值基础问题，于是，就出现了各种观点的分歧。所以，讨论人民币的价值基础，明确提出人民币是信用货币，就并非单纯概念之争，而是具有极为重要的现实意义的。

曾康霖教授的人民币信用货币论，理论体系完整，论证论述深刻，社会影响较大，其重要观点在形成专著《货币论》出版后，收入中国人民银行统编教材《货币银行学》，成为人民币研究领域的重要理论成果。

二、信用形式与货币流通关系学说

（一）信用形式与货币流通关系学说的主要内容

在《信用维度与金融调控》中，作者提出"当代货币是信用货币，信用货币取决于信用规模"，"对货币的需求也就是对信用的需求"，"货币的供给也就是信用流通工具的供给"，"货币供给既决定于银行信用规模，也决定于其他信用规模"。①这表明，在他看来，货币流通与银行信用等不同信用形式

---

① 曾康霖：《金融学教程》第三章第三节，中国金融出版社，2006。

具有密切的联系，他指出：货币供给存在于信用关系的时差之中。他说："如果说货币供给存在于信用关系的时差之中，则从广义说，供给社会成员的货币主要有银行信用货币和商业信用货币。银行信用货币主要是银行对顾客发放贷款而没有收回的那部分所形成的存款和现金。商业信用货币主要是商品生产经营者赊销商品而没有收回的那部分货款。以银行信用货币去清偿赊购货款，是以银行信用货币去取代商业信用货币，则这样的取代，一增一减，并不额外增加货币供给量。如果整个社会货币供给量包括商业信用货币，则货币供给者不仅有银行，还有企业。现实经济生活中，当银行供给的货币不能满足货币的需求时，其他信用形式就会发展起来，创造出相应的信用流通工具去直接或间接地代替银行信用货币。如果银行提供的信用流通工具超过了货币需求，则其他信用形式就会受到抑制。这种相互补充和相互制约的关系说明：货币的供给首先决定于银行信用规模，其次也决定于其他信用规模。"

把货币流通所包含的货币需求、货币供给与信用形式联系起来，需要考察不同信用形式对货币流通的影响。作者分别考察了银行信用、商业信用、财政信用、股份信用、租赁信用、民间信用、国际信用与货币流通的关系。对银行信用，他认为马克思揭示的银行信用与货币流通关系的四个要点（对这四个要点进行诠释）仍然有指导意义，要考察银行信用对货币流通的影响，必须认识到货币流通既能够在银行体系外部进行，也能够在银行体系内部进行，其中在银行系统内流通的货币是能够作为转账结算的活期存款，这是货币流通的主体。银行信用的各种形式，如存款的存入与提取，贷款的发放与收回，转账结算，以及贴现等，都对货币流通产生直接的影响。对商业信用，他指出："在信用货币流通的条件下，商业信用流通工具也起着货币的作用"，"商业汇票是一种商业信用货币，在商品经济中，商业票据是能够流通的，它能替代银行信用货币或者金属货币执行职能，使商品流通的过程变成了商品—票据—商品的过程。在这一过程中，票据替代了货币的作用"，"商业票据作为信用货币具有的特点：商业票据是派生意义上的信用货币；商业票据作为信用货币流通具有特定的程序和手续，即人们通常说的票据行为；商业票据作为信用货币占的比重很大，其数额超过其他信用货币总和"。银行信用与商业信用在融通资金中关系密切，应相互配合，因为银行信用会导致商业信用，商业信用也会导致银行信用；清理商业信用的拖欠，必须借助于银行信用，同样，清理银行信用的拖欠，必须借助于商业信用。财政信用以买卖公债、国库券和以公债、国库券兑现的方式融通资金，他指出："这种融通是以国家金库为中介调剂货币资金的余缺，它也是一种间接融资，但在我国的条件下，带有更多的行政色彩，往往导致货币供给量的增加。这已经不是本来意义上的融通"。国际信用即国际间货币的借贷，要通过外汇收支来实现，他指出："这一部分外汇收支对货币流通的影响要从直接和间接两个方面考察。从直接方面考察，外汇资金的借贷对国内货币流通的影响主要通过借入国对国内产商买卖、借贷外汇表现出来；从间接方面考察，借用外汇收支对货币流通的影响，主要是由于对这一部分外汇收入的利用而引起的配套货币资金的投放。"

（二）信用形式与货币流通关系学说提出的历史背景和社会环境

在我国，国家调节经济生活离不开各种信用形式。财政收不抵支、出现赤字要靠信用去弥补，企业资金短缺、运转不灵，要靠信用去融通，生活消费货币收支要靠信用去疏导，社会总供给与总需求的平衡在相当大的程度上要靠信用调节。基于此，有人说现代商品经济就是信用经济。发展商品经济需要资金，而资金的融通离不开信用。不同形式的信用在融通资金中有不同的运行机制，而且与货币、金融等范畴紧密相连。

就商业信用而言，在银行业欠发达的 20 世纪 80 年代，曾经是社会信用的主要形式之一，并且经常成为社会经济社会的焦点。20 世纪 90 年代初，作为商业信用恶化的特殊形式"三角债"，突然成为中国、俄罗斯、东欧诸国经济发展中的一个障碍。"三角债"是人们对企业之间超过托收承付期或约定付款期应当付而未付的拖欠货款的俗称，是企业之间拖欠货款所形成的连锁债务关系。通常由甲企业欠乙企业的债，乙企业欠丙企业的债，丙企业又欠甲企业的债以及与此类似的债务关系构成。在中国，"三角债"其实早在 20 世纪 80 年代中后期就开始形成，1985 年中央政府开始收紧银根后，企业账户上"应收而未收款"与"应付而未付款"的额度就大幅度上升。到 1991 — 1992 年，"三角债"的规模曾发展到占银行信贷总额三分之一的地步。企业之间的资金拖欠若波及面太广，规模过大，则会严重影响企业生产经营的正常进行，同时也会冲击银行信贷计划的执行。由于拖欠，大多数的国营企业、乡镇企业、私营企业都面临收不到毛收入的问题，致使经济效益好的企业因缺乏资金而难以扩大生产。巨额的未清偿的债务拖款使企业或不能进一步向银行申请贷款，或难以申请到信贷；越来越多的企业会陷入债务死扣之中，每一个企业既不愿意偿债，它的债权也无法得到清偿。1990 年，中国经济整顿的核心问题就是清理"三角债"。在此背景下，社会上不少人对企业之间的商业信用抱着怀疑甚至敌视的态度，因此，正确认识商业信用的作用，发挥商业信用对商品流通的功能，变得尤为重要。作者强调，商业信用在社会经济和金融活动中有很多积极作用：有利于加速企业的资金周转，有利于把信用置于市场经济关系之中，有利于补充银行信用的不足，有利于金融宏观调控①。

就银行信用而言，20 世纪 80 年代末 90 年代初，当时的国家专业银行，统管国营企业的流动资金，企业吃专业银行的"大锅饭"，专业银行吃中央银行的"大锅饭"，使得银行信用存在严重的时代局限。由于自身的资金实力有限，专业银行经常处于超负荷运转的困境，加上很多时候财政吃银行的"大锅饭"，造成信贷资金财政化。20 世纪 80 年代到 90 年代的实践表明，以专业银行为银行业主体的银行信用，究竟能够发挥怎样的作用，需要进一步探讨。作者一方面旗帜鲜明地肯定银行信用在国民经济中的"动脉"地位，另一方面也看到了在当时的体制下，银行信用对商品流通及社会经济的作用，有很大的局限性。

就国际信用而言，20 世纪 80 年代的改革开放，使我国经济的国际化程度逐渐加深，外贸盈余及国外投资带来了我国外汇储备的迅速增长。从 20 世纪 90 年代初开始，外汇储备的增长给我国金融领域带来的热点问题是，"外汇

---

① 曾康霖：《曾康霖著作集》第六卷，《信用论》，中国金融出版社，2004。

储备—货币供给—通货膨胀"。作者认为研究这一问题要着力考察传导机制，对此他研究了如下问题："（一）外汇储备及外汇占款是否改变了基础货币供给的主要渠道；（二）由外汇占款而增加的基础货币是怎样派生存款的；（三）外汇占款派生存款增大货币供应量对物价有多大影响；（四）怎样减轻外汇占款增加基础货币的压力。"①

（三）信用形式与货币流通关系学说的价值及影响

对不同的信用形式及其对货币流通的影响，作者的认识是系统而深刻的："货币供给既决定于银行信用规模，也决定于其他信用规模"，"货币的供给也就是信用流通工具的供给"，"在一定条件下，信用流通工具相互替代。信用流通工具相互替代能够区分为两类：一类是各种货币相互替代；另一类是货币与有价值证券相互替代。前一类替代主要取决于各种货币的价格高低从而价值的稳定程度。后一类替代主要取决于'三性'的偏好"。

在多种信用形式中，作者对银行信用的论述很有现实意义。在相当长的历史时期，我国银行的地位曾被概括为"三大中心"，即信贷中心、结算中心和现金出纳中心。在作者提出"信用形式与货币流通关系学说"的年代，"三大中心论"还没有被摒弃。作者坚定地认为："我国银行是经济生活的调节者。这样来认识银行的地位是为了突破狭义的银行地位论。银行是物质生产的一个流通部门，在物质资料的生产和流通中起到桥梁和纽带作用，像交通运输部门一样是国民经济的动脉，它通过组织商品价值形式的转移服务于生产和消费"。作者对银行信用的认识，突破了"三大中心论"的束缚，对我国发挥银行作用，具有重要价值。作者指出："各种信用形式融通的资金主要是货币资金，货币资金也是货币，现代银行是货币的创造者，银行信用在各种信用形式中处于核心和主导的地位"、"国家对经济生活的干预要运用财政、货币政策。政府要靠负债去建设和管理，企业要靠负债去消费和生活，从这样的角度去观察问题，我国银行信用的作用不是已经充分发挥了，而是发挥

---

① 曾康霖：《外汇储备与通货膨胀》，载《金融研究》，1995（9）。

得远远不够。""当前银行信用的作用不能正常发挥，或者说呈现出扭曲，不是我们过高地估计了它的作用，而是客观条件不具备，如产权关系不明确、利益机制不完整、法制不健全等。银行信用的作用主要是通过银行拥有的各种经济杠杆发挥出来，而各种经济杠杆必须有相应的土壤和气候才能存在并发挥应有的作用。"① 实际上，作者当时已经很明确地指明了我国经济体制改革的方向，也准确预言了随后二十年我国银行业的大发展。

曾康霖教授的这一学说，写入 21 世纪金融类研究生系列教材《金融学教程》以及专著《信用论》，部分观点发表于《金融研究》等学术刊物，受到学术界的关注与认同。

三、扶贫金融论

（一）扶贫金融三论及其主要内容

在国内，扶贫金融的概念是曾康霖首先提出的。作者先后三论扶贫性金融，多次倡导要以科学发展观为指导发展扶贫性金融，从而完善包括扶贫性金融在内的金融体系构架，满足商业性、政策性、互助性、扶贫性等不同层次的金融需求。

早在 2004 年曾康霖教授在《金融研究》第 5 期上的《我国金融事业发展的缺陷需要弥补——从以科学发展观发展金融事业谈起》中，作者"一论扶贫性金融"，他提出"目前在我国，只有商业性金融和政策性金融是不够的，因为这两类金融能够实现企业融资和政府融资，而难以实现家庭融资、弱势群体的融资"，因此，"既要商业性金融、政策性金融，也要互助性金融、扶贫性金融"。"扶贫性金融作用于弱势群体融资，它的表现形式有助学信贷、扶贫信贷等"。②这表明：在他看来，扶贫性金融是一种独立的金融形式，把

---

① 曾康霖：《曾康霖著作集》第六卷，《信用论》，中国金融出版社，2004。
② 曾康霖：《我国金融事业发展的缺陷需要弥补——从以科学发展观发展金融事业谈起》，载《金融研究》，2004（12）。

扶贫性金融纳入政策性金融是不妥当的。扶贫性金融不具有商业性金融和政策性金融的特点，但具有互助性金融的优点和共同点，即缓解社会成员特别是弱势群体生产和生活中的困难，具有针对性和救急性。由于政府承担着主要的扶贫任务，从这个意义上说，扶贫金融具有财政的实质、金融的实现形式，或者说扶贫的内容，以金融方式运作。扶贫性金融的载体也能够有正规的金融机构和其他社会组织，也可以有非正规的社会组织和个人，可以有银行，也能够有非银行的金融机构。扶贫性金融融资的资金来源能够来自政府的财政拨款，也应当来自社会资源强势群体的资助、捐赠；融资的回报，有确定的，有不确定的。如扶贫对象的归还能力有限，应当区别对待。

作者指出："扶贫"是个广义的概念。总的说来，金融扶贫要关心、扶助弱势群体，但怎样科学地界定弱势群体是必须研究的。我们能够以现行的生活状况贫困来界定弱势群体，比如在平均生活水平以下的人群、失业享受社保的人群等；也能够以未来预期不确定、承担着较大的社会风险而不能自力消除来界定弱势群体，比如缺乏固定收入来源的人群、在市场竞争中处于弱势地位的一些个体及小型工商业者等。总之，弱势群体相对强势群体而言，它的特点是不仅要面对现行的生活和生产经营的困难，而且面临着未来的较多的不确定性。从广义来讲，没有承受力的创业投资企业特别是搞科技开发的小企业也是弱势群体，因为它们面临着较多的不确定性，承受着较大的风险。弱势群体是个发展变化的概念，但在一定时期是相对固定的，因而金融扶贫的需求也是能够确立的。弱势群体存在于一定的空间，从空间考察，扶贫金融的需求构成有：家庭扶贫性金融、行业扶贫性金融、地区扶贫性金融。

一种立论要能成立，被社会公众接受，必须寻求其理论基础。一般说来理论基础是确立事物存在的机理，主要是回答某一事物为什么，因什么因素产生和发展。作者在《再论扶贫性金融》中，从我国现阶段的经济、金融的实际出发进行理性探讨，论述了扶贫性金融存在与发展的理论基础：（1）金融系统具有分配、再分配功能，在分配机制中既讲求效率，又注重公平，是扶贫性金融的根本理论基础；（2）金融必须把闲置的货币收入转化为现实的货币收入，如果说当代银行业展业的趋向是扩展家庭金融，则弱势群体必须纳入，是扶贫性金融的又一理论基础；（3）弱势群体面临着诸多的风险即不确定性，金融机构为它们淡化风险、减少不确定性，是构建和谐社会的重要内容，风险补偿是扶贫性金融再一理论基础。（4）金融的法理基础是信用，金融活动是建立在社会人信用素质的基础上的，对此，作者撰文系统地论述：富人的信用素质不比穷人更高。在《现实与未来的思索》（见《曾康霖著作集·续集》第 610 页）一文中，作者指出"应当说作为社会的人都是具有信用素质的，人无信不立，事无信不成"。我国国内学界有人曾引用孟子"无恒产者无恒心"，"无恒心者无信用"来佐证信用制度的建设必须建立在产权明晰的基础上，这自然是无疑的，但不能以此表明只有有产者才讲信用，无产者就不讲信用。作者进一步指出：制度经济学中有两种合约，一种是正式合约，表现为书面的契约文件；另一种是非正式的合约，表现为口头承诺。对于两种合约的履行有三种选择：一是"各自实施"，即双方各自信守自己的承诺；二是"相互实施"，即互相监督，如果某一方不信守自己的承诺，另一方可实施报复，比如要违约者付出代价或进行赔偿等；三是由第三者保证实施，即要第三者如政府、社会中介组织等出场，监督，保证合约执行，付诸法律裁定是由第三者监督保证实施的集中表现。三种选择的信任度各不相同：应当说由合约双方各自实施的信任度大于由合约双方相互实施的信任度，而相互实施的信任度又大于由第三者监督保证实施的信任度。现实经济生活中，穷人的合约多采用各自实施，而富人的合约多采用由第三者监督保证实施，表明穷人之间的信任度大于富人之间的信任度。从这点上讲，穷人比富人更讲信用。作者强调指出：不讲信用是一种机会主义行为，一个人，一个群体，一个阶层讲不讲信用往往取决于它存不存在机会主义的动机和有没有条件采取机会主义行为，一般说来，富人的"心计"比穷人更复杂，只要有条件采取机会主义行为，就会存在机会主义动机。这样的立论表明：社会成员讲不讲信用，不完全取决于拥有财产的多少。只要加强制度建设，讲求"权利与义务"的制衡，信用观念就能建立，信用制度就能健全。在合适的条件下人们都会讲信用，不论他们是强势群体还是弱势群体，在"信用面前人人平等"是扶贫性金融终极的理论基础。

通常说制度就是"一个社会的游戏规则",作为"社会游戏规则",自然要对社会成员的行为发生约束。讨论扶贫性金融制度的安排,需要认识:我国的扶贫受到什么因素约束;扶贫性金融需求的构成;扶贫性金融供给的建立,以及金融改革的方向。作者强调:"金融扶贫制度的供给应按科学发展观的需求,要靠两只手,一要靠市场,二要靠政府。靠市场要一步一步地走,超前违背了事物发展的规律是要受到惩罚的;靠政府不能推出一个模式,从上到下,统一执行,要承认差别,尊重下面的创造","扶贫性金融制度的安排最终要取决于金融制度的改革。我国金融制度的改革总的说来是市场化取向,市场化取向符合建立社会主义市场经济制度的要求自然是可取的、正确的,但要看到,我国金融制度不仅存在着垄断,而且存在着雷同,垄断排除竞争能够取得垄断利润;雷同难以突出特色,加大展业费用。在这种情况下扶贫性金融制度的安排,必须承认差别,整体安排协调发展,其中特别要建立真正的政策性银行和社区性金融机构","扶贫性金融,以救急救穷、推动发展、激励奋进为目标,具有公益性、准财政性和特殊性。在特定的领域和特定的时期,创造金融资源,利用金融手段,扶助弱势群体,使这一部分人也能享受金融产品和金融服务。"

结合我国的现实,按扶贫金融需求的构成,其运作模式可以分为家庭扶贫性金融的运作模式、行业扶贫性金融的运作模式、地区扶贫性金融的运作模式;行业扶贫性金融的运作,除对农业的信贷支撑外,还需要关注从事科技开发而承受力弱的小企业。在《中小企业融资难出路何在——要借鉴,更要有新思路》中,作者"三论扶贫性金融",作者提出,中小企业最有活力和创新精神,"中小企业融资是世界性的难题"这种流行的说法其实并不准确,各国和各地区都注意对中小企业的扶持。在我国,中小企业融资难讨论了若干年,有关部门也采取了一些措施去缓解,但成效不大。中小企业融资缺乏制度环境,缺少专门为中小企业服务的金融机构,金融机构特别是商业银行不仅垄断而且雷同,表现在:组织结构雷同——都是股份制商业银行,经营对象雷同——都是选择大体相同的客户,经营模式雷同——拉存款、放贷款、避风险、改名做大,考核业绩雷同——大体相同的考核指标与办法,监管模式雷同——都是看重几个约束指标。雷同就抹杀了特色，雷同会加大运营成本。由此，作者提出了两个问题值得思考：一是不同的金融机构，没有明确分工的问题；二是相同的金融机构，没有办出特色的问题。研究与解决中小企业融资难，要有新思路，在改变、改善制度环境的同时，重要的是一定要有政策扶持，在政府承担一定风险、弥补一部分损失的前提下，大力发展政策性金融与扶贫性金融，依靠金融的力量撬动社会资源，共同支持中小企业的持续稳定发展。

（二）扶贫金融论提出的历史背景和社会环境

"银行只愿意贷款给那些不缺钱的人"。银行的传统业务如此，中间业务亦如此。银行对穷人的歧视即"金融排斥"存在于包括发达国家在内的世界各国。据报道，英国7%左右的家庭没有金融产品，20%的家庭只有银行账户，处在金融服务的边缘；在那些低收入家庭中金融排斥的状况更加严重。发展中国家的金融排斥现象就更加普遍。有关学者的研究表明，近年来中国也存在相当严重的金融排斥现象，尤其是在农村和西部贫困地区。随着国有商业银行基层机构撤离，而其他形式的金融机构缺位，"三农"的金融需求难以在现有的制度框架内得到满足，导致高利贷等盛行。其他诸如中小企业、下岗职工和农民工等，也普遍被排除在正规的金融服务之外。对此，2005年联合国曾提出"普惠制金融"（Inclusive Financial System）的概念[①]，旨在倡导建立一个能有效地为社会所有阶层和群体提供服务的金融体系。2005年以来，我国非常重视普惠制金融体系的建立。2006年3月，当时的中国人民银行研究局副局长焦瑾璞就提出应建立一种"普惠制"金融体系的概念。他认为，普惠制金融是指能以商业可持续的方式，为包括弱势经济群体在内的全体社会成员，提供全功能的金融服务。2010年，由中国人民银行牵头的"普惠制金融协调委员会"在北京正式成立，该委员会由人民银行等政府部门、研究机构、金融机构等若干单位的专家组成，中国人民银行副行长兼国家外

---

① 2005年是联合国确定的国际小额信贷年，在这一年，联合国动员了很多专家，起草了一本有关普惠制金融体系蓝皮书，并于2005年5月在日内瓦举行了全球关于普惠制金融体系的启动大会。

汇管理局局长易纲为委员会主席。该委员会的主要目标是在 2010 年底前，撰写出一份关于构建中国普惠制金融体系的政策建议报告，以适当形式在适当时候上报国务院及相关部门。2010 年 11 月，中国银监会副主席蒋定之也提出，银行业特别是地方性银行业金融家机构应加强金融服务的普惠制和均等化建设。

但必须指出：曾康霖教授 2004 年提出"扶贫金融"的理论是源于实践。多年以来，作者十分重视对金融排斥现象的研究，扶贫性金融正是这一研究的重要成果。继 2004 年作者提出"扶贫性金融"这一概念后，2006 年作者接受《中国金融》杂志采访时强调："安排扶贫金融制度是从我国现阶段的实际出发的：（1）现阶段中国是发展中国家，一部分人先富起来了，但不可否认存在着更多的弱势群体；（2）中国是大国，贫富不均始终存在；（3）国力有限，财力有限，在政府财力不及的情况下，需要借助于金融；（4）采取金融方式扶贫，能够建立起激励机制和约束机制，起到采用财政方式不能起的作用；（5）采取金融方式扶贫具有针对性、可选择性和差别性，由此可实现部分金融资源的优化配置。"基于此，扶贫性金融能够存在于我国特定的时期、特定的领域，作用于特定的对象。

现阶段我国金融制度的安排大体分为两类，即商业性金融与政策性金融。这是基于市场经济学原理：经济社会的发展既要靠"看得见的手"，又要靠"看不见的手"。作者尖锐地指出："在我国现阶段，只有商业性金融和政策性金融是不够的，因为这两类金融能够实现企业融资和政府融资，而难以实现家庭融资、弱势群体的融资。按科学发展观的导向，从金融制度的安排既要适应社会经济发展要求又要适应社会公众需要出发，在我国现阶段还要发展互助性金融和扶贫性金融"，这样才能有效应对金融排斥，让金融资源的配置有利于社会大多数群体。

扶贫性金融理论就是在科学发展观的大背景下提出来的。扶贫性金融这一理论，是作者运用科学发展观思考金融经济发展模式的思想结晶。科学发展观提出后，金融业怎样以科学发展观为指导进行发展，自然是人们关心的课题。当时对这一课题有深度的思考见诸文献的并不多，在理解上也存在一些不同看法。作者在 2007 年进一步强调，需要准确地把握科学发展观的内涵，并按科学发展观审视我国金融业的发展。作者分析，按科学发展观审视我国金融业的发展，能够从多角度考察：从金融商品的角度考察，需要审视金融商品的品种、数量、质量能否满足市场的需要；从金融企业的角度考察，需要审视金融企业的规模、速度、效益能否达到最佳状态；从金融结构的角度考察，需要审视金融组织齐不齐备，配不配套，协不协调；从金融市场的角度考察，需要审视各类市场是否互补、互替，效率高不高；从金融制度的角度考察，需要审视正规金融与非正规金融是否各尽其职，各得其所；从金融资源配置的角度考察，需要审视金融资源配置合不合理，能否实现良性循环；等等。

（三）扶贫金融论的价值及其影响

1. 对科学发展观的科学运用

科学发展观确立的是社会经济如何发展的理论，它是关于社会经济发展的一种观点、一种思路、一系列价值判断。作者认为："它要讨论的是在不同的时空当中，事物为什么发展、如何发展、怎样发展，而不是讨论事物本身的存在状态以及对事物的管理、运作，所以有些问题尽管与发展相关，但不是科学发展观要讨论的范围。"从金融领域来说，健全金融企业有效的内部管理机制，选择有利于金融市场竞争的经营策略，建立科学的金融业绩考核指标体系，树立良好的金融企业形象等，尽管与金融业的发展相关，但不是金融科学发展观应当包含的内容。

科学发展观是一种基于发展的理念和学说，它本质是以人为本，它的核心内容简单地说是协调、统筹，在协调、统筹的理念和学说指导下，寻求发展的目标，选择发展的道路，确立发展的模式。以科学发展观来审视金融发展，重要的是关注社会需求的满足程度，不能忽视金融排斥现象的普遍存在。在我国现阶段，只有商业性金融和政策性金融是不够的，因为这两类金融能够实现企业融资和政府融资，而难以实现家庭融资、弱势群体的融资。因此，作者主张"按科学发展观的导向，从金融制度的安排既要适应社会经济发展要求又要适应社会公众需要出发，在我国现阶段还要发展互助性金融和扶贫性金融"。

2. 金融研究"以民为本"的集中体现

曾康霖教授提出：金融研究也要"以民为本"（见《漫谈金融研究》）。他指出：在我国现阶段的制度环境下，金融研究产生的更多的是从属于官场金融理论与实践，研究的目的主要是为政府、为管理层服务，如研究的更多的是：货币政策、宏观调控、总量控制、金融监管等。这样的研究具有针对性、应时性，但这样的研究主要是为决策者服务，具有时间的局限性。位子决定思维，角色产生观点，这样的研究难免会使思想—理论的发展趋于单一化和有碍多元化。此外，这样的研究怎样推动学说的发展和创新，也需要思考。他指出，应当承认：改革开放三十年来，我国金融研究在不断前进。概括的说，从"官场金融理论与实践研究"逐步进入"市场金融理论与实践研究"，再进入"社会金融理论与实践研究"。具体的说，1997 年亚洲金融危机以后，我国金融注重风险、利率、汇率的研究，注重商业银行经营管理的研究。近年来，注重金融服务方面的研究，注重在扶助弱势群体、扶贫、维护投资者权益、救灾等方面的研究。官场金融研究主要为政府，市场金融研究主要为企业，社会金融研究主要为公众。这样概括反映了我国金融改革开放的实际。表明：金融研究适应形式的变化。但有一点必须确立：金融展业要以民为本，金融研究也要以民为本。以民为本的含义丰富而深刻，在金融领域，可概括为：稳定币值，让人们在生产、生活中能够合理安排和预期；建立健全和维护金融市场秩序，促使人们诚信履行相互的权利和义务；创造条件让更多的群众获得财产性收入；建立有效机制，帮助群众避免、转移风险，保障财产免损和安全；满足金融服务需求，提高服务质量。扶贫金融的理论和实践，是他倡导金融研究"以民为本"的集中体现。

3. 对弱势群体的大爱情怀

金融发展是为了谁？研究金融问题是否要关注弱势群体？曾教授给我们以肯定的回答，"弱势群体在制造社会财富包括金融资源中的贡献，他们以负债的方式分配占有金融资源的一部分借以进行智力、物力投资进行开发，也就是现在和将来对社会发展、创造财富的贡献。所以，只允许强势群体以负债的方式分配占有金融资源，不允许弱势群体以负债的方式分配占有金融资源是不合理的，未充分体现社会公平。社会公平不能只建立在现实的显性的偿债能力基础上，也应当建立在未来的隐性的偿债能力基础上"。

这些年来我国经济持续高速增长，但与此同时城乡居民的收入差距拉大，基尼系数在 0.45 以上，超过国际警戒线。收入差距拉大有各种原因，不可否认金融在拉大收入差距中起了作用。现在的问题是：金融在缩小收入分配差距中怎么定位，有何作为？回答这个问题，必须确立金融系统（包括银行）在国民经济中具有分配、再分配功能的认识，即金融活动也是一种分配机制。国民收入通过初次分配和再分配，形成政府、企业和家庭的资产，其实除国民收入外，一国的资源也存在经由分配、再分配形成各自资产的问题。金融系统在其活动中既有对国民收入、社会资源的分配，也有对国民收入、社会资源的再分配。比如，利息收支是对国民收入的初次分配，而存贷款是对金融资源的再分配等。现阶段多数人的共识是，初次分配要着力讲效率，再分配要着力讲公平，这样的理念也反映在金融领域中：在社会经济生活中，人们习惯上认为金融总是"嫌贫爱富"，其行为总是"锦上添花"而不会"雪中送炭"。其实，这只是商业性金融领域银行家的经营理念之一，而不能概括一切金融活动。有的金融活动不以盈利为目的，如互助性金融，在国外甚至把金融活动作为公务员的福利待遇之一，比如美国"公务员信贷联盟"对公务员发放优惠贷款。

在学术研究中，学者们通常把商业银行定性为经营货币资金的金融企业，这只是商业银行展业的一个方面（当然也是重要的方面）。其实，商业银行不仅经营货币资金，而且经营风险，经营风险实质上是通过金融创新帮助社会化解、转移、消除可能带来的损失，而自己从中获取一定的手续费。在经营管理中，金融企业家们通常讲要注重效率，其实除注重效率外，也讲求公平，实行优惠的货币信贷政策、加强金融监管等，就包含着公平，实现着公平。要正确认识金融系统的分配、再分配功能，在分配机制中既讲求效率，又注重公平。

扶贫性金融理论的提出，充分表明"民生"是曾教授学术研究的重要追求。在 2010 年举行的第六届金融学会上，他再次表明自己的立场："金融展业研究要以民为本"。与此相关，在这之前，他在《金融风险、金融危机与金融安全》一文中则明确提出"防范金融风险为了谁的利益"这一问题，"防范金融风险，无非是维护三个方面的利益，即国家利益、集体利益和普通老百姓的利益。""现在我们在这一方面存在的问题是：重视中间，忽略两头，也就是说更注重金融风险给企业带来的影响。在当代中国，怎样让老百姓在金融活动中避免风险，少遭损失，是建设和谐社会的题中应有之义"。

4. 推动金融理论的发展

传统经济学从效用、效率出发，容易让人走进"效率至上"的误区，给人的感觉是"经济学不讲道德"，而这种漠视贫困、漠视真实世界中人的痛苦与愿望的状况，被世界著名小额信贷专家尤努斯认为是经济学的最大失败。扶贫性金融理论，恰恰是对传统经济学理论的一种纠偏。缓解社会成员特别是弱势群体生产生活中的困难，为什么要安排扶贫金融制度去适应？作者认为可以从财富形成和分配学的角度去解释：金融不仅是财富形成和分配的中介，而且本身也具有财富占有和流动的内容。社会成员以金融为依托，形成、分配、占有和流动财富，必须以信用为基础，信用体现为它们的承诺兑现和现实的偿债能力。弱势群体缺乏现实的偿债能力，但不能否定他们的承诺兑现。巴基斯坦尤努斯创立的帮助穷人的格莱珉银行，以及 2006 年被介绍到中国的尤努斯的著作《穷人的银行家》，正是基于同样的判断。而联合国开发计划署 2005 年推广的"普惠金融"概念，也是基于同样的扶助弱势群体的目的。无疑，扶贫性金融这一理论认识，是对金融学科的一种丰富与发展。

金融发展离不开市场机制，也离不开"政府之手"。英国政府针对国内存在的金融排斥，认为是金融市场失灵的一种表现，具有显著的负外部性，需要政府采取适当的措施进行干预，实施政府出资推动解决金融排斥问题。在美国，政府制定社会再投资法案（CRA），规定银行业的评级考量指标之一就是其在低收入社区及农村提供的存贷款服务，从而防止金融机构或部门在低收入地区撤并机构；同时提供强有力的政策支持体系和比较完备的农村金融法律体系来解决金融排斥。探讨金融发展过程中"政府之手"如何正确发挥作用，是现阶段我国金融经济发展的重要课题。曾教授在"三论扶贫性金融"中针对中小企业融资提出要研究"中小企业融资与政府行为的关系"，认为重要的是"一定要有政策扶持，要有政策性金融与扶贫性金融；在《科学发展既要市场机制也要政府推动》中，他更旗帜鲜明地强调了政府对于金融发展的作用。

曾康霖教授研究的"穷人的经济学"，他对弱势群体的关注，对扶贫金融和普惠金融的研究，已逐步被人们所接受，也得到社会各界的高度赞誉。

四、区域金融论

（一）区域金融论的主要内容

1. 得出了一个地区金融业的发展主要决定于流动性资产和金融意识的论断

早在 1995 年曾康霖教授在《要注重研究区域金融》论文中，就提出：与金融相关的变量是一个地区社会成员的流动性资产（社会成员包括政府、企业、家庭，流动性资产包括现金、可转让的有价证券及实物资产）。资产的流动性表明社会成员的追求，而社会成员的追求表明要实现某种价值。要实现这种价值必须要借助市场，金融以市场为依托。怎么去考察政府、企业、家庭资产的流动性是需要调查和研究的。可以断言地区社会成员持有的这部分资产存量越多，这个地区金融业越发达。这就是说，在他看来，一般地讲经济决定金融是抽象的、笼统的，必须具体到社会成员资产的流动性，各社会成员有多大量的流动性资产。随后，曾康霖教授在《二元金融与区域金融》的专著中，又指出：一个地区人们金融意识高不高对推动该地区的金融业发展，关系密切。同时提出衡量人们金融意识高不高的标志是对货币资金的价格即利率敏不敏感。在他来看，流动性资产都要追求"三性"，即盈利性、流动性和安全性的最佳组合，在金融市场上流动性资产追求这"三性"的最佳组合，是金融业发展的条件和表现。

进一步说，曾康霖教授关于地区金融业的发展主要决定于流动性资产和金融意识的论断，实质上是考察金融业发展与经济市场化的关系。一般说来，经济越发展，市场化的程度越高。但有的地区的情况未必如此。他强调：要研究经济发展与市场化的关系。与此相关，要研究金融业发展与市场化程度相关度高，还是与经济发展的相关度高。他认为是前者，需要研究区域金融业发展与区域市场化的相关度。

2. 在《要注重研究区域金融》中①，曾康霖教授提出金融宏观调控要关注地区经济差别。作者提出"经济差距引起金融差距，如资金利税率上的差别、资金周转速度上的差别、资金余缺上的差别、物价波动上的差距、引进外资上的差距等"，他说金融上的差距反映在融资主体中，会呈现出许多特点："（1）居民个人的储蓄存款多，增长幅度快，他们不仅有作为收入的储蓄，且有作为资金的储蓄。由于储蓄增加，拥有金融资产多，要求有更多的金融商品可供买卖，有更多的信用流通工具可供选择。（2）企业的货币资金在资金总量中的比例增大，这是为了增强资产的流动性和足够的清偿力。（3）政府财政收支增大，对财政管理体制的约束具有较大的弹性，一般说来不会出现"负债财政"，相反可能有更多的结余。（4）金融机构的存贷款激增。由于受金融管理当局的调控，很可能呈现为存款＞贷款，即呈现为地区存差。（5）货币当局的再贷款不一定与存款货币银行的贷款同步增长，但现金投放可能大量增加，很可能对现金的基础货币要求会大于其他地区对现金基础货币的需求。"这些差别是金融宏观调控必须关注的。

曾教授进一步指出"内地资金以各种方式流入沿海地区和特区，这不仅因为在那里有更多的资金需求，而且由于经济效益好有较高的借入资金承受力"，"资金分布更不平衡，这种不平衡表现为从事物质产品生产流转的企业之间资金不仅余缺拉大，而且表现为非物质产品生产流转的企事业单位和个人之间资金余缺拉大"，"金融系统中区域之间汇差清算的工作量大，且相互

---

① 曾康霖：《曾康霖著作集》第九卷，《微观金融论》，中国金融出版社，2004。

抵消的可能性相对缩小，容易产生债务锁链。"

3. 需要辩证地看待金融机构中的存贷差。经济、金融发展的不平衡，反映在一个地区或一个金融机构中，会呈现为借差或存差。作者认为"仅仅从存贷款的变动去分析存差或借差的增减是不够的，因为银行除了外部资金往来外，还有内部资金往来，外部资金往来产生的存差，会被内部资金往来占用，外部资金往来产生的借差，会占用内部资金。进一步说，当出现借差时，则可能是：（1）向中央银行的借款增加；（2）占用代理中央银行业务资金；（3）占用应付汇差；（4）增加同业拆入。当出现存差时，则可能是：（1）增加在中央银行的存款和库存现金；（2）垫付代理中央银行业务资金；（3）被汇差占用；（4）增加同业拆出。这样，反映在某一家银行的《资产负债表》上总是平衡的。借差或存差合不合理，需要进一步考察。"

在《二元金融与区域金融》中①，作者分析发展的形势后对地区间普遍存在的存差现象进一步指出："存大于贷是当代商业银行的必然状况"，"随着金融业的发展和金融改革的推进，商业性金融机构的经营呈多元化的趋势。在资金来源多元化运用的条件下，存款大于贷款是必然的，它表明资金来源中只有一部分甚至少部分用于贷款，其余部分用于储备资产和其他资产选择。"

曾教授十分重视区域金融中民间金融的研究，他指出："民间金融之所以经久不衰，是因为其存在和发展有必然性和必要性"，"有它得以存在和发展的经济基础、组织基础和思想基础。商品经济的存在和发展是民间金融存在和发展的经济基础，多种经济成分的存在和发展是民间金融存在和发展的组织基础，金融意识的增强是民间金融存在和发展的思想基础。""民间金融存在的必要性能够从微观的角度即从借贷双方的需要去分析，也能够从宏观的角度即社会经济的运行机制去分析。人们发展商品经济对货币资金的需要是民间金融存在和发展的原动力，人们生活消费上的临时困难和消费的最佳组合与重新选择是民间金融得以存在的土壤，金融市场不够发达是民间金融存

---

① 曾康霖：《二元金融与区域金融》，中国金融出版社，2008。

在的客观环境，区域性的高利率是民间信用发展的诱导原因。"

（二）区域金融论提出的历史背景和社会环境

我国地域辽阔、人口众多、经济发展不平衡，特别是改革开放以来，地区经济发展的差距逐渐拉大，沿海与内地、特区与非特区、城市与农村呈现出不同的经济态势与发展趋势。在金融领域，地区间的差距日渐明显，存在着值得关注的信息之一是：全国各金融机构均出现了存差（即存贷差额），而且有连续扩大的趋势。存贷差额，是我国 1979—1983 年在推行商业银行信贷资金管理体制中，为控制银行信贷规模而提出来的。某商业银行存款大于贷款为存差，某商业银行的贷款大于存款为贷差。原则上存差上缴，贷差下拨。商业银行贷款资金管理体制取消规模控制后，存差和贷差的意义不大，20 世纪 90 年代中期以后，贷差基本上消失了，而存差依然存在。在我国，巨额存差的出现始于 1994 年，当年全国金融机构存贷款差额为 2979 亿元，以后一直都存在存差，并且规模日渐扩大。

据权威部门统计，截至 2005 年 4 月底，全国各金融机构存大于贷的差额为人民币 7 万多亿元，其中东部地区为 45966.34 亿元，占 63.84%；中部地区为 10177.36 亿元，占 14.13%；西部地区 9968.9 亿元，占 13.84%；东北三省 441.28 亿元，占 6.1%。如从省区分析，存差最多省份是广东、北京，假定全国存差 100%，则它们分别占 17.3% 和 14.1%。其次的省份为上海、江苏、河北、浙江、辽宁、四川、山西，他们分别占 7.6%、7.5%、4.8%、4.3%、3.4%、3.3%、3.1%，存差最少的省份是青海，仅 6.15 亿元，占存差总额的万分之 8.5，其次是宁夏、吉林。这种状况是否表明金融系统资金富余，是否表明可利用的金融资源而没有被利用，是否表明资金分布不平衡，是否表明金融机构"惜贷"等。与这些问题相关联值得思考的问题是：巨额存差能否作为资本金看待，充当资本金发挥资本金功能。作者从存差这种现象出发，深入探讨了地区间商业银行信贷差额问题。

曾康霖教授的区域金融论是在他调查研究的基础上产生的。他在各地调查研究中，发现了不少问题，思考了不少问题，也与实际部门的人讨论了不少问题。诸如：

（1）地区财政收支的状况与地区金融机构资金来源与运用有什么关系？如收大于支的地区，财政收入上缴，怎样影响商业银行存贷；收小于支的地区，财政收入下拨，怎样影响商业银行存贷？（2）中央宏观调控的政策传导，是否先影响发达地区，后影响欠发达地区（上海的同志说有这样的趋势或规律）。（3）利率的作用，是否在经济发达地区作用力大，相反，在经济欠发达地区，作用力小（在杭州、温州调查时，涉及这一问题）。（4）是否在民营经济发达地区，民间融资就一定活跃，相反，在民营经济欠发达的地区，民间融资就不活跃。（浙江民营经济发展，或占主导地位，能否说，整个浙江地区民间借贷多活跃。（5）在地区之间影响资金流向流量的有哪些因素起着主要作用。农村资金流向城市，为什么是个不可逆转的规律。"农村的钱用于农村"是否是一个科学的口号？（6）是否经济越发达，金融风险就越大。或者反过来说，经济越不发达，金融风险越大。与此相联系，又引申出：经济发达地区是否金融机构的绩效就越好；经济越不发达，金融机构的绩效就越差。（7）不同的地区应当有不同的金融制度安排，因为需要不同的中介服务。在我国农村，广大农民究竟需要哪些金融服务，相应的应作出什么样的金融制度安排。

针对这些问题，曾康霖教授研究区域金融，其宗旨总的说来是要在理论上和实践中，认识差别，推动差别，缩小差别。关注地区差别就是要让地区之间互进、互补、互动、互助。他特别强调：在经济欠发达地区，需要商业性金融与政策性金融配套发挥作用。经济贫困地区，更需要政策性金融发挥作用。我国农村，需要政策性金融发挥作用。在什么地区建立农村商业银行，需要考察这个地区市场化的程度。所以，提出区域金融论不仅有理论价值，更有实践意义。

民间金融成为社会热点问题，原因主要是某些地区畸形发展并引发的一些"非法集资大案"。其实，中国的民间金融已存在了4000年，历史悠久，繁荣一时。从公元前2000多年的夏商时期，到秦朝统一货币然后到盛唐时期，伴随着国家统一，经济发展，以民间信贷为主要形式的民间金融日渐昌盛。尤其到了明清时代的钱庄票号，中国的民间信贷业务发展到了高潮。当时并没有官办的金融机构，基本上都是民间金融机构在货币交易和流通中发挥作用。以近代山西的金融业为代表，可以说代了当时世界金融的最高水平。在以民间金融业为主的时代，未曾发生过重大的金融风险和金融欺诈行为，民间金融的秩序总体上是好的。新中国成立以后特别是改革开放以来，民间金融基本上被列为地下金融，长期受到歧视，一味地进行整治。民间集资在我国盛行于 20 世纪 80 年代，对民营经济的崛起和快速发展发挥了重要作用。进入 21 世纪以后，民间集资照样存在，而且有的规模很大。在农村，有少数大户、专业户和有一定规模的乡镇企业都有可能产生对大规模资金的需要，出现民间集资的情况。集资包括生产性集资、公益性集资、互助合作办福利集资等，具体包括以劳带资、入股投资、专项集资、联营集资和临时集资等。大规模集资，特别是规模较大的公募资金由于不受法律保护，风险较大，它会扰乱金融秩序，夹杂着欺诈的骗局，还可能引发一些地区的社会震荡，必须抑制。由此，作者关注区域金融中的民间金融，对民间金融的积极方面与消极方面进行客观分析，对它的生存机理和运行机制进行理性研究。

（三）区域金融论的价值及其影响

1. 为在我国需要建立地区性的金融机构（其中包括地方银行）奠定理论基础。区域金融论提出了政府也是社会成员，地方政府作为社会成员应有资产—负债。金融机构的资产—负债状况对一个地区经济实力关系密切。地方政府的经济实力，取决于它是否是净资产；一届政府的资产—负债状况是这届政府社会经济发展的基础，反映一个地区的承受力和人们的生活质量。所以，在中国这样的大国里，社会经济的发展，需要分层次。既需要全国性大银行，更加需要地方性的小银行。地方政府要参与、扶持、监管！要增强实力，要承担风险。区域金融论对一个地区的经济和金融的差别立论，为建立地区性金融机构奠定了理论基础。

2. 提出一个地区金融机构有没有钱不在于是否有存贷差，而在于金融机构资产的流动性。一个区域内的金融机构有没有钱，关系到该机构自身经营状况，也关系到该机构对地方经济发展的支持。一个地区金融机构有没有钱在于什么呢？直观上很容易得出结论，那就是"存差"。其实不然，作者指出"一个地区金融机构有没有钱在于资产的流动性。这就是说不能简单地认为这个地区金融机构有存差，便有钱，存差越大越有钱。"因为，存款是金融机构的负债，它是存款人的钱，不是金融机构自己的钱。存差与钱的关系在于这个差额如何运用。存款的运用能够形成金融机构的各种资产，这些资产能不能当钱来用（也就是它能不能形成债偿力），取决于它们的流动性。构成金融机构流动性资产的有：库存现金、在央行和上级行的机构户存款，能够迅速转让出去的有价证券和外汇，能够收回的短期贷款，也就是说它们能不能形成现实的清偿力取决于这些资产的变现能力。"按这样的理论来考察，我国各地区金融机构有没有钱，则要考量各地区金融机构拥有上述资产的多少。"按已掌握的有限资料，假设有价证券的变现能力强，并假定外汇的相当部分比如40%（60%作为储备）是能够转让出去的，则从地区看，大体说来我国东部地区金融机构的流动性资产占53.5%，中部地区金融机构的流动性资产占11.24%，西部地区的流动性资产占10.08%，东北三省金融机构的流动性资产占6.7%，金融机构总行占18.55%。从省份上看，首先是上海，其次是浙江、广东、江苏、山东。

商业银行巨额存差，似乎与一段时间社会热议的"流动性过剩"直接相关。曾教授指出"讨论与'流动性过剩'相关或不相关问题，需要从两个不同的视角考察：从存款者的角度说，如果在商业银行的存款主要是可用于转账支付的，即可直接构成购买手段和支付手段的货币，则它的流动性强，如果在商业银行的存款主要是定期存款即准货币，则它的流动性弱。"实际情况是：这些年来我国货币供给持续高幅增长，绝对额达32万亿元之多，其中活期存款和库存现金占1/3强，准货币占2/3弱，这种状况应当说整体货币的流动性弱，货币供给量的流通速度趋慢。按凯恩斯的基于三种动机的货币需求理论，应当说这种状况反映着基于交易动机持有的货币占的比重小，而基于谨慎动机和投机动机持有的货币量的比重大。所以，难以从社会成员持有货币构成的这种变化，诠释货币作为金融资产的"流动性过剩"。"从商业银行的角度说，如果商业银行的存款作为资金来源主要运用于短期性能迅速变现的资产，则流动性强，如果主要运用于长期性的难以迅速变现的资产，则流动性弱。"实际情况是：我国商业银行存款作为资金来源其运用除了购买长短期国债外，相当大一部分购买了政策性银行的债券，而政策性银行的资金运用大部分是长期投资，这种状况也难以说明商业银行的存款作为资金来源运用出去其流动性是强还是弱。从这个意义上说，作者认为："巨额存差的存在与'流动性过剩'既相关，又不相关。说它'既相关'是指巨额存差的存款为商业银行购买短期性能迅速变现的资产创造条件；说它'又不相关'是指巨额存差的存在为商业银行购买长期性难以迅速变现的资产创造条件。所以，仅就巨额存差而言，相关或不相关，最终决定于商业银行的资产选择。"

3. 对民间金融的存在进行了制度分析

这些年来，我国民间金融得到很大发展，融资活动半公开化，融资行为趋于理性，生产性融资比重高，利率水平明显上升。这种状况表明民间金融已经不完全是最初意义上的民间信用互助行为，而是从自发性发展为有组织性，从互助性发展为逐利性，成为人们经济生活中不可缺少的组成部分，成为合规金融的补充。在民营经济发达的地方，民营企业缺乏运营资金，甚至主要求助于民间金融，这就产生了一个问题：民间金融的发展能取代合规金融，特别是银行融资吗？据曾教授在浙江温州的调查，答案是否定的。曾教授认为"民间金融不可能取代合规金融，更多的是作为合规金融的补充而存在。"民间金融的发展对银行的挑战是融资成本，即民间利率高于银行存款利率，银行还能吸收存款吗，是否要抬高整个银行的资金成本？经过曾教授调查，得出的答案同样是否定的。在民间借贷活跃、利率又高的情况下银行怎么组织资金来源？曾教授总结温州城市商业银行的做法是："将民间资金组合成可操作的信贷资金，引导资金供给委托银行向成长型企业贷款"，采取"三三制"，即1/3作委托贷款；1/3购买信托产品；1/3作为存款，这样可以提高资金供给者的回报率。曾教授分析了银行为什么要这样做？一是占领客户资源；二是增加资金来源。这样做有三个效应：将部分地下金融转化为地上金融产生社会效应；维系客户忠诚度，产生开展多种业务的相关效应；增强银行流动性，产生溢出效应。

在一些发达国家和一些发展中国家，曾从金融制度的安排上去实现非合规金融与合规金融的互补。如美国、日本等发达国家曾通过民间金融"合法化"的方式来使非合规金融与合规金融互补；再如东南亚一些发展中国家曾采取"自上而下"和"自下而上"的制度调整去实现二者的互补。作者对非合规民间金融与合规金融怎样互补有独到的见解，"非合规金融与合规金融的互补，一般说来有两个途径，即横向互补和纵向互补。横向互补主要体现在服务对象、领域的分工中，可以设想：合规金融主要服务于大中型客户和生产领域；非正规金融主要服务于小型客户和生活领域，也可以设想：合规金融主要发展有抵押品的融资业务；非合规金融主要发展无抵押品的融资业务。还可以设想：合规金融从事经常性的金融服务；非合规金融从事临时性的金融服务等。横向互补着眼于分工，分工是为了提高效率，如互补不能提高效率，则需要另寻途径。""纵向互补主要体现在资金力量的相互支持方面。一般说来合规金融机构的资金实力强，它有条件对非合规金融中介进行资金支持。如农村信用合作社在资金上支持"银背"、"掮客"等。但这种支持是有条件的，主要看能不能降低融资成本，减少交易费用。非合规金融对合规金融进行资金支持也会产生，这主要在拆借和存款方面。"

曾康霖教授的这一学说受到学术界的关注，《二元金融与区域金融》是2008年出版的一部有影响力的学术专著。在这之前，区域金融论的相关思想，已在《微观金融论》及学术期刊发表。

五、金融学科建设中的贡献

曾康霖教授执着于金融学科建设，是我国解放后特别是改革开放后，金融学科建设的领军人和推动者。在这方面作出的贡献有：

（一）把握住学科的发展史，理顺本学科的来龙去脉

曾康霖教授倡导科学研究应"承前启后，继往开来"。20世纪80年代初

期，他就系统地研究了前人的货币金融学说。1984 年中国金融出版社出版了他的专著《资产阶级古典学派货币银行学说》，该书不仅系统地评介了前人的思想、观点、学说，而且着力考察了前人发现、研究问题的立场、方法，使后人把握前人的学术研究是怎么一步一步地走过来的。该著作被评为"四川省第三届哲学社会科学研究成果一等奖"，《中国社会科学》杂志发表的书评指出，它是一部"评价金融学说的力作"。

进入 21 世纪以后，曾康霖教授为了彰显中国人在推动经济发展和社会进步中所展现的金融智慧；为了展示业内人士在推动金融事业和金融学科发展方面所作出的贡献；为了能使后人了解和把握前人在金融领域中想了些什么、说了些什么、做了些什么，也是为了给后人留下一份值得学习、思考、参照的精神财富，主持编写了《百年中国金融思想学说史》。他提出"以人物为标志，以著述为基础，以学说思想、主张为线索"，编写中国金融思想学说的主张。他选择从辛亥革命起至 2010 年这一百年中，有相当知名度和有作为的学者，按"既述又作"的指导思想，概括其精华，阐释其背景，评价其价值。

2011 年 10 月，中国金融出版社出版了《百年中国金融思想学说史—五十位代表人物荟萃》（第一卷）共 95 万字。这一著作的出版，展现了中国人的智慧，填补了这方面的空白。

（二）遵循学科发展的逻辑，着力于金融基础理论的系统研究

曾康霖从 1987 年就开始组织并自己动手撰写"金融理论系列专著"。从 1987 年到 1997 年 11 年间已出版系列专著 8 部，即《货币论》、《货币流通论》、《资金论》、《信用论》、《利息论》、《银行论》、《银行资产负债管理论》、《投资基金论》，其中前五部获得省部级奖。

2004 年《曾康霖著作集》在中国经济出版社出版。这套著作记录了曾康霖教授几十年来的学术思考及学术生涯。该著作集共 12 本，9 本专巨著和 3 本论文集，是曾康霖教授对真理孜孜不倦的追求，对经济改革热切关怀的集粹，是不断升华的智慧的结晶。这 9 本专著的排序是：《金融理论问题探索》、《资产阶级古典学派货币银行学》、《货币论》、《货币流通论》、《资金论》、

《信用论》、《银行论》、《利息论》，这反映了作者在推动金融学科建设中以前人的研究成果为基础，密切联系中国实际展开系统研究，也反映了作者研究的层次和研究的思维逻辑。

（三）注重密切联系实际，着力前沿和热点问题的研究

曾康霖教授对学科前沿有着自己独到的见解。他认为，学科前沿应该代表这个学科发展的方向，体现这个学科与其他学科的融合，它必须是当代社会经济中存在的、要急于作出回答的热点问题，而且还应该就这些问题提出了有价值的先知先觉的理论，因此，这些问题和理论应该具有前瞻性。

早在1980年10月，曾康霖教授就在《人民日报》发表文章，提出"现行财政银行体制需要改革"。文章指出把银行称为"三大中心"，不能确切地说明银行在国民经济中的地位，不能深入揭示银行在社会再生产过程中的作用。文章强调银行是国民经济的"神经中枢"，是国民经济的一个综合部门，要发挥出银行对整个社会经济生活的调节作用。这篇文章当时引起了政府有关部门和业界的高度关注并引起了争论。实践证明：曾康霖教授的见解是正确的，我国财政银行体制逐步进行了改革，取得了成效。只不过，当时还不为一些人认同和接受。

曾康霖教授不仅密切联系实际关注前沿和热点问题的研究，还深入探索金融学与经济学的基本关系。金融与经济之间的关系、金融学与经济学之间的关系是确立金融学科自身定位的基本依据，如《略论经济学研究中的几次革命》、《漫谈经济学研究》，对经济学的基本问题，如研究对象、研究方法等进行了有价值的讨论，这些方面的学术研究既具有基础性，又具有超前性，也是金融学研究的前沿理论问题。曾康霖教授在这方面进行了广泛和深入地讨论。

（四）展望发展趋势，着力交叉学科的研究

曾康霖教授洞悉当代经济学发展的新趋势，提出经济学研究早已经突破了生产、分配、交换、消费等再生产过程四个环节而广泛地涉猎于其他领域

的论断。他将当代经济学研究领域以其演进的进程分为四个方面，即研究资源配置、研究交换关系、研究人的行为和研究制度环境等。在金融与经济的关系上，他认为两者并不只是决定与被决定的"双向关系"，而且有"辐射、折射"等多层次关系，金融对经济既能发生正面效应，也能发生负面效应。在金融学与经济学关系上，他在一篇论文中将两者关系总结为四种组合进行了全面的分析：金融学是经济学的分支；金融学从经济学中分离出来，呈现并驾齐驱的趋势；金融学与经济学混为一体；金融学与经济学和其他学科相互交叉。他敏锐地提出，不仅存在经济全球化、金融一体化的趋势，而且不可忽视经济金融化的趋势。他强调当代金融运行有了新的特征和趋势，金融正在主导着社会经济运行和人类经济行为，金融的地位和作用空前增强，这些深刻变化有可能使金融学与经济学产生分离且呈并驾齐驱之势。

如果说金融学与经济学有分离的趋势，那么两者的研究对象必然会有所区别。曾康霖教授认为，金融学研究的不是物质资源的配置，而是金融资源的配置；金融资源配置会形成人们手中的金融资产，金融资产作为一种权力总是生活在债权债务关系之中；金融资产作为商品能够在市场上交换，这种交换不仅是一个特殊的领域，而且还有特殊的规律、交换方式和操作规则。因此，可以说，金融学是研究金融商品生产、分配、交换和消费的社会科学，其着力点在于由此发生的以货币形式表现的债权债务关系，由此金融学可以被认为是研究以货币形式表现的信用关系体系以及社会成员相互间的信用关系。

曾康霖教授研究的兴趣比较广泛，除了基础理论研究、热点问题研究外，还致力于跨学科研究。他指出：在当代，金融学科建设要注重与其他学科的交叉融合。如与数理经济学的交叉融合，与心理学、社会学的交叉融合，与法学的交叉融合，与消费经济学的交叉融合等。

他认为，金融与数理经济学的交叉融合，比较典型的代表作是1952年马柯维茨发表的《证券投资组合》一文，这篇论文被视为是现代金融的开端。但他强调，数理分析不仅需要数据，而且需要假定。马柯维茨的资产组合选择理论就是建立在若干假定的基础上，例如预期财富最大化假定、均值方差假定、同质预期假定、价格接受者假定、零交易成本假定等。他的这些基本假定集中表明一个问题，即人的行为是完全理性的，人们完全可以在理性选择的基础上借助于数理分析进行决策，求得效用最大化。这些基本假定还告诉人们：如果假定的条件不具备、不充分或假定的条件受到其他因素的干扰，则通过数理分析分散风险求得效用最大化是不可能的。所以，建立模型进行决策是把复杂的经济过程理想化、简单化，缺乏有效性和适应性。但不可否认，马柯维茨把量化研究引入证券投资的预期收益和风险研究领域，对证券投资理论的发展作出了重大贡献，因而他的"投资组合"理论和后来在这一理论基础上发展起来的由威廉·夏普提出的"资本资产定价模型"同获诺贝尔经济学奖。因此他们的理论成为西方金融学领域中主流金融学。

在关注金融与心理学、社会学的交叉融合中，曾康霖教授在学习西方行为金融学的基础上，联系中国的实际，解读了投资者的心理状况，2003年在发表《解读行为金融学》的文章中，他指出"投资者并非都是理性的，主要原因是掌握和理解信息的差别性。但非理性投资者能继续存在，原因是在某些情况下，非理性投资者能获得比理性投资者更高的收益。"

曾康霖教授特别重视金融与法学的交叉融合。他曾指出：从一定意义上说，金融就是以货币为载体的社会契约关系。他关注到近年来，国内外学术界重视法与金融活动的研究。不仅如此，曾康霖教授还密切结合中国实际，连续发表了有关金融与法学的文章。2006年他研究了《道德风险与金融职务犯罪的关系》，提出了要从市场经济的视角去把握道德风险的真正含义；不能把违背职业道德、把金融职务犯罪说成是道德风险；道德风险的防范，重要的是信息公开、公正、透明。2007年他发表了《论投资者法律保护与金融发展》文章，指出"法律质量和执法效率决定了一国投资者法律保护水平；投资者法律保护水平影响到一国金融体系融资模式选择和所有权结构；而融资模式选择和所有权结构决定公司治理水平；公司治理水平影响到公司价值和绩效；公司价值和绩效决定金融业的增长和发展"。这样的逻辑推断，揭示了法律保护与金融发展的必然联系。2008年他研究了《法与金融风险》的关系，指出除了从保护投资者的权益的视角去防范金融风险外，还讨论了"企业破产法与金融风险"、"法律诉讼与金融风险"、"法治观念与金融风险"、"行长任期与金融风险"。他提出"法律是社会契约的确立和认同，因而可以说金融是以货币为载体的社会契约关系体系"。这些有力地表明曾康霖教授在这一方面锲而不舍和执着的治学精神。

关于金融与消费经济学的交叉融合问题，曾康霖教授率先提出了"消费金融"这一概念，并发表长篇论文。在论文中，他指出：金融消费这个概念怎么规范，需要研究，可以有广义的金融消费，也可以有狭义的金融消费，不论是广义的还是狭义的，都应当与金融投资区分开来。他的概括是：金融消费是社会成员实现金融需求，购买金融公共产品和享有或占有金融服务的一种行为。他指出，考察金融与消费经济学交叉融合，需要讨论的问题是：如何保护金融消费的权利；金融机构如何提供金融产品，引导、协助社会成员金融消费；如何提高整个社会的金融消费质量等。在这些方面，不能不借助于消费经济学的理论和技术。当然，除了借助于消费经济学的理论和技术外，还要借助于其他经济学，比如如何收费就必须参照商品交易学和财务管理学等。

此外，曾康霖教授还强调指出：在我国，研究金融不能不研究财政，并撰文论述这二者在哪些方面值得关注。

（五）注重思维逻辑，着力研究范式的研究

在金融研究领域中运用数理经济学，离不开建立数学模型，国内曾有人认为数学模型只是一种方法，没有思想，不可取，毫无价值。但曾康霖教授却认为：数学模型也是一种思想逻辑的表达方式，也就是以数学语言把自己研究的逻辑表达出来，在数学模型中反映各种变量的传导关系，不能说它只有方法而没有思想。但数学模型不完全能求出值，因而它又不能等同于计量，数学推导是计算研究的基础。在金融实践中，计量研究是必要的，刻画和描述金融活动的发展规律和程度，进而可对现实模拟和预测，较之定性分析和文字叙述方法更具有说服力，并更加形象和生动。他强调：我们并不反对运用数学工具来研究实践问题，相反提倡积极利用具有严密性和科学性的数学

思维，并加强数量分析和实证研究的训练，研究出符合中国国情的模型和理论，要批判的是对待外国经典著作和先进模型"照搬、照抄、照转"的拿来主义和"短平快"的功利主义行为。理论研究离不开脚踏实地、离不开长期修养，不能一边倒、一阵风，需要保持理性和独立。

值得特别提出的是，曾康霖教授在学科建设中反对"拿来主义"和"崇洋媚外"。他经常给学生讲，不能认为从西方引进的、"洋人"讲的才是理论，中国人有聪明才智，理论来自实际，对实际做出大部分人都认同的概括，实际便升华到理论。当然，西方经济学家的观点，特别是他们研究问题的思维方式和方法，是需要学习和借鉴的，学科建设也不能排外。他还认为，金融学科建设要站在理论前沿，但站在学科建设还要结合实际，要一步一步地去消化和接受。站在前沿不能一知半解，更不能把它弄成"玄学"，使人如入云里雾里。学问是人做出来的，做出来的学问是丰富人的思想和指导人的行动的。为此，需要考虑师资队伍的适应程度、学生的接受程度以及实际部门的运用程度等问题。

（六）理顺学科建设与培养人才的关系，强调科研为教学服务

早在1981年曾康霖教授就在《金融研究》上发表长篇文章，提出"金融理论教学的内容需要更新和丰富"，"要突破苏联教材的束缚"，"要摆脱传统观念的影响"，"要排除'左'的思想和错误的干扰"。此外，曾康霖教授还分析了教材建设与学科体系建设、人才培养之间的关系。他指出：应当说学科体系与课程建设、人才培养有联系，但不能等同，不要局限于学科体系去培养人才。换句话说，培养人才要跳出经济学与管理学的思维模式。人才要在实践中培养，不是课堂上能培养出来的，如形象的树立、谈判技巧、适应能力等。他指出：应当培养复合型人才，这集中体现在能力方面。在能力方面，有总的需求，如：应变能力、交往能力、理论联系实际的能力。但也要分层次、具体地说：在教学上，本科生要选好教材，培养他们进行课堂学习，系统地吸收消化前人知识的能力；硕士生要在本科生的基础上培养他们具有明辨是非，有自己见解，能够承担研究问题的能力；博士生要在硕士生的基

础上，具有善于发现问题、研究问题、解决问题的能力。

从金融教学角度说，曾康霖教授主张适应形势发展的需要，从我国现有状况出发，必须把货币金融学与金融管理学区分开来。他认为前者属于宏观经济学的范围，后者属于微观经济学的范围。把金融学纳入管理学科符合金融业发展的趋向，也是社会对金融企业的作用的认同，也就是增加微观主体自我运作、自担风险的理念和知识的教育。

曾康霖教授一直主张，要把科研成果转化为智力，丰富教学内容，科研为教学服务。

曾康霖教授倡导金融研究需要在特色、气魄、创新上下功夫。

所谓特色，就是立足国情，坚持理论联系实际，努力形成自己的特点和风格。根据经济发展的实际，我国通常被概括为发展中国家和转型经济国家。除了这两点，还应该看到，我国是大国，大国不仅意味着幅员广阔、人口众多，在全球经济中举足轻重，而且意味着适应性、包容性强，差异性大。从我国实际出发研究经济问题，不仅要研究物质资源的开发和配置，而且要研究人力资源的培育和配置；不仅要研究宏观和微观经济问题，而且要研究区域经济协调发展问题。在金融领域，要研究大国金融在全球金融中的地位、权利与义务，要研究大国同时又是发展中国家的金融话语权。

所谓气魄，就是自信自强，坚持发扬优良传统，努力体现中华民族深厚的文化底蕴。中华民族在五千年的发展史上，曾经创造出灿烂辉煌的中华文明，中国经济曾经长期处在世界前列。在新的时代条件下，中华民族一定能够创造新的辉煌，实现伟大复兴。对此，我们要有充分信心。反映在经济学研究方面，就是要既注重博采众长，又坚持以我为主。学习、引进、借鉴国外的经济思想是必要的，但目的是为我所用，不能抱有"外来的和尚会念经"的心理，更不能生搬硬套。

所谓创新，就是与时俱进，坚持站在学科前沿，努力有所发现、有所创造、有所前进。改革开放以来，我国经济发展成就巨大，经济学研究也取得长足进展。但我们不能满足于已经取得的成绩，而应当清醒地看到经济发展中还存在许多突出矛盾和问题，需要认真研究解决。比如，怎样使国民收入分配向老百姓倾斜，怎样提高内需型消费在 GDP 中的比重，怎样充当大国的角色，投资与消费怎样制衡？再如，怎样调整经济结构、转变经济发展方式、增强自主创新能力？我们不仅需要从经济学的视角去研究这些问题，也要从金融学的视角去研究这些问题，而研究的思路和方法不能固守原来的套路，必须大胆创新。创新不仅要体现在理念上，而且要体现在方法上。所以，必须进一步解放思想，敢于打破陈规，勇于突破前人。

基于曾康霖教授在金融学科建设中的贡献，刘鸿儒金融教育基金会，通过同行专家的广泛评审，授予其 2013 年度金融学科终身成就奖。

（乔海曙　刘锡良　缪明杨）

参考文献

［1］曾康霖：《金融理论问题探索》，北京，中国金融出版社，1984。

［2］曾康霖：《资产阶级古典学派货币银行学说》，北京，中国金融出版社，1985。

［3］曾康霖：《货币流通论》，成都，西南财经大学出版社，1987。

［4］曾康霖：《资金论》，成都，西南财经大学出版社，1990。

［5］曾康霖：《利息论》，成都，西南财经大学出版社，1991。

［6］曾康霖：《信用论》，成都，西南财经大学出版社，1993。

［7］曾康霖：《金融实际问题探索》，成都，西南财经大学出版社，1994。

［8］曾康霖：《银行论》，成都，西南财经大学出版社，1997。

［9］曾康霖：《金融理论与实际问题探索》，北京，经济科学出版社，1997。

［10］曾康霖：《经济金融分析导论》，成都，西南财经大学出版社，2000。

第四十三章

张五常金融思想学说概要

　　张五常（1935—　　），新制度经济学创始人之一，交易费用范式和合约经济分析主要奠基者和开拓者。1935 年生于香港，1959 年入读美国洛杉矶加州大学经济系，师从现代产权经济学创始人阿尔钦（Armen Alchian），8 年后获博士学位。1965—1982 年，先后任教于美国加州长堤大学、芝加哥大学及华盛顿大学，1966 年得加州最佳教授奖，1967 年得芝加哥大学政治经济学奖。1976—1982 年，曾分别兼任美国电讯及标准石油公司顾问。1982 年返回香港，就任香港大学经济学讲座教授，随后创立香港大学经济金融学院并出任院长，至 2000 年退休。港大任教期间，同时担任香港高级程度会考经济科主考，主导香港高考价格理论达 30 年。1991 年，诺贝尔经济学奖颁奖前夕，在瑞典斯德哥尔摩代表当年诺奖得主科斯教授（Ronald H. Coase）讲话。1997 年任哈伯格周年荣誉讲座（Annual Arnold C. Harberger Distinguished Lecture）首位讲者，同年出任美国西部经济学会（Western Economic Association）会长，是出任此职位的第一位非美国本土经济学人。自 1982 年起至今，张五常教授着力于中国制度转变和经济发展。

　　张五常教授著作甚多。求学时凭《佃农理论》（*The Theory of Share Tenancy*）崭露头角。返回香港之后，以中文撰写系列专栏文章，影响遍及华文世界，曾结集出版《卖桔者言》、《中国的前途》、《再论中国》等畅销作品。2001—2002 年出版三卷本《经济解释》（*Economic Explanation*）（2010 年起开始重新大幅修订），2005 年出版《张五常英语论文选》（*Selected Papers of Steven N. S. Cheung*），这两本著作集张五常平生学术之大成，学界公认为具有深远影响之经典著作。2008 年为科斯教授主办的"中国经济制度转变三十年国际学术研讨会"撰写小书《中国的经济制度》，以县际竞争解释中国经济奇迹，深获好评。

张五常在经济学上的兴趣多致力于解释世事。他少用数学，喜欢赤手空拳，凭自己改进了的基础价格理论，纵横天下。张五常的金融思想学说主要概括于后。

一、货币产生于合约选择和交易费用论

（一）货币产生于合约选择和交易费用论的含义

张五常认为，货币的起因，是因为社会有交易费用，物品换物品（以物易物）麻烦太多，费用太高。为了降低交易费用，货币制度应运而生。由此产生的货币，不仅协助交易，而且协助商品计价和财富积累。货币的用途是协助市场交易及协助财富积累。所谓协助，就是降低交易费用，因此货币的本质是一纸合约。货币替代行为其实就是不同合约之间的选择。所谓"劣币驱逐良币"，或者（正确地说）"良币驱逐劣币"，就是交易费用局限条件的转变，导致人们选择另外一种合约。政府刻意制造通货膨胀，降低货币真实价值，本质上等同政府或货币当局违约①。

（二）对这一理论产生的制度安排分析

张五常将交易费用进一步扩展为制度费用。由此可以明白，货币乃是因为交易费用而起的一种社会制度安排。从制度、合约和交易费用的角度看货币功能，显然比老生常谈的计价单位、交换媒介和价值储藏三功能要深入且

---

① 张五常：《货币战略论——从价格理论看中国经济》，25～29 页，香港花千树出版有限公司，2010。

有新意，它让我们从制度安排的角度来考察货币形态和货币制度的演变。再进一步，货币制度的出现既然是为了降低交易费用，则它必定是以一种交易费用取代另一种交易费用，以一种合约形式取代另一种合约形式，以一种制度安排取代另一种制度安排。那么，我们就必须考察货币制度本身（安排与运作）的交易费用是哪一类费用。货币制度如果安排不好，交易费用可能急剧上升，导致经济社会无法运转。譬如恶性通货膨胀和金融危机（货币危机），本质上就是货币交易费用太高导致货币和金融合约的崩溃或大规模违约①。

（三） 对这一理论的价值评价

张五常从合约选择和降低交易费用角度看货币，颇具新意和启发性。张五常说："从价格理论看货币的出发点是这样的。如果一个社会毫无交易费用，物品换物品的市场半点沙石也没有，货币不会出现。在这样的社会中，每个成员都会按着物品换物品的相对价格及比较优势定理的指引来专业产出，然后贸易交换。人与人之间如是，产出单位之间如是，国与国之间也如是。一国之内的贸易与国际贸易的原则一样，没有交易费用，不需要货币，国内与国外的贸易皆以物品换物品从事，除掉运输费用一律畅通无阻，是多么美好的世界②"。换言之，若经济社会没有交易费用，货币就不会产生，亦没有任何功能和意义。

从合约和交易费用角度分析和阐释金融危机和经济周期，是一个异常丰富的研究领域。本质上，美联储主席伯南克关于大萧条的著名研究，亦是基于合约安排和交易费用，不过伯南克没有明确标举出交易费用和合约研究范式③。

---

① 张五常：《多难登临录——金融危机与中国前景》，57～63 页，香港花千树出版有限公司，2009。

② 张五常：《货币战略论——从价格理论看中国经济》，245～249 页，香港花千树出版有限公司，2010。

③ 《关于伯南克的大萧条理论与合约与交易费用研究范式之关系》，参见向松祚、邵智宾：《伯南克的货币理论和政策哲学》，北京大学出版社，2007。

二、观察通货膨胀或通货收缩的新视角

（一）观察通货膨胀或通货收缩新视角的含义

张五常认为："从合约的角度看货币是重要的，而这样看，通胀或通缩的出现就是毁约，可惜因为种种原因，政府发行的货币合约没有明确的责任人，民众要打官司无从下手，惹来的是市民投诉与政治行为，增加了社会费用。我们所听到的民众要求政府稳定物价的声浪和抗议，其实是要求政府守约①"。

张五常说："今天的社会，没有货币一定出现灾难。有货币，但有急剧的通胀，也属灾难。通胀是货币本身贬值，处理不当会严重地扰乱市场物品的相对价格。恶性通胀（hyperinflation）近于废除货币的功能。这类通胀在国民党时期的神州出现过好些年，货币品种转来转去，但因官员腐败怎样也压不住。恶性通胀的基本困难，是市民花钱的速度太高，钱一到手就立刻花掉。最严重的情况，是市场无从决定一个可靠的高利率来约束这立刻花钱的行为。到了这一点，货币的功能全废，物品换物品的情况会普遍地出现②"。

（二）对新视角产生的制度环境分析

通货膨胀或通货收缩是发行钞票之政府或货币当局违约，然而，政府从来没有明确自己违约（制造通胀或通缩）的法律责任，所以深受通胀或通缩之害之人，无法通过民事诉讼讨回公道或索要赔偿。通胀或通缩异常严重之时期，人们往往会诉诸罢工、抗议、甚至暴乱，此类实例历史上屡见不鲜。社会秩序一塌糊涂，濒临崩溃；交易费用急剧飙升，衰退萧条阴霾笼罩。政府部分守约的办法是实行指数化价格合约和指数化工资合约。无论如何，都是以一种合约替代另一种合约，以一种交易费用替代另一种交易费用，关键

---

① 张五常：《货币战略论——从价格理论看中国经济》，345～351 页，香港花千树出版有限公司，2010。

② 同①，351～352 页。

是看哪种合约的交易费用较小，对经济社会运转有利。通胀或通缩对社会里的不同人群之损害完全不同，从交易费用和合约角度分析通胀或通缩的福利效果，应该是最佳视角。若要改善福利或减少福利损害，增进社会公平，最好也是从合约安排角度来完善金融合约。指数化合约和保值储蓄等，皆属此类。它们的历史甚至可以追溯到数个世纪之前①。

张五常认为，要深入理解通胀之害，"首先，大家要记着两个不可能错的经济原则。一、物品与物品之间的相对价格及其变动，是通过市场引导资源使用的重要法则。这是市场经济的本质重点，历史的经验说是经济效率不可或缺的，而价格管制——干预市场的相对价格——是犯了经济运作的大忌。二、市场是为了减低社会的交易费用而存在，然而，市场交易还是费用不菲。物品换物品也是市场，"二战"时我在广西的农村遇到过，牵涉到的麻烦不难想象。作为计算单位来协助交易的货币有数千年的历史，降低交易费用的功能不言而喻②。"

张五常对通胀危害的分析基于质朴简单的价格理论和合约分析。他认为："如果有通胀或通缩的物价变动，货币作为计算单位的功能一定会受到影响。货币的存在是为了减低交易费用。通胀或通缩会扰乱货币的运作，使交易费用增加，严重的扰乱可以是灾难。昔日国民党在大陆时的经验，是市场拒绝使用信不过的关金、银圆券、金圆券等国家货币，转为使用港元、美元、黄金和白银，甚至以物品换物品的途径成交。这是大悲剧③。"

那么，通货膨胀的害处究竟是什么呢？有两个极端情形，一是完全没有货币，一是货币太多以至于导致恶性或高速通货膨胀。没有货币，社会退回到以物易物状态，经济效率极端低下，社会财富创造几近于零。相反，如果货币发行过多，导致恶性通货膨胀，人们也会被迫放弃货币，社会亦将回到以物易物状态。通货膨胀之害的极端情形就是迫使人们放弃货币，社会退回

---

① 张五常在多篇论文里反复阐释过此一思想。详细了解此一思想之细节，请参见张五常《多难登临录——金融危机与中国前景》，57~63页，香港花千树出版有限公司，2009。

② 张五常：《货币战略论——从价格理论看中国经济》，105~106页，香港花千树出版有限公司，2010。

③ 同②，346~347页。

到以物易物状态，财富创造和经济增长停滞。同理，通货收缩是货币太少，货币太少的极端是完全没有货币和以物易物。转了一圈，终点回到起点，通胀和通缩之害的极端情形完全一致。

（三）对新视角的理论价值和实际意义的评价

基于对中国多年来经济增长和通胀通缩历史经验的长期深入考察，张五常发现一个重要规律，如果合约选择充分自由，可以大幅度降低通胀或通缩之害，通胀通缩对经济增长和就业的影响可以降到最低。张五常观察到：“中国20世纪90年代后期的经验，通缩达3%，加上产品及服务质量的急升，真实的通缩率应达两位数字，而楼价下降了四分之三，但经济增长保八，失业率徘徊于4%左右。这个奇迹的主要解释，是当时中国市场的合约选择——尤其是员工合约——有西方见不到的弹性。[①]”

假若经济体系的一切合约完全自由灵活调节，通胀和通缩对经济增长和就业将完全没有影响。这是合约选择理论的一个重要推论，我们可以称之为关于通胀和通缩的“张氏定律”。张氏定律其实就是“货币中性”学说的另一个版本。假若合约选择完全自由，则货币之多少和变动不会影响增长和就业。合约选择完全自由，必然要求交易费用为零。交易费用为零，货币也就无需存在或不会存在。换言之，假若交易费用为零，货币必然中性，不仅是长期中性，短期亦中性。

“张氏定律”的另一个表述是：“凡是市场的合约选择较为自由——尤其是生产要素的租用或雇佣合约较为自由——通胀或通缩的波幅可以较大而对经济没有明显的不良影响。这定律可以倒转过来：通胀或通缩对经济的不良影响，是与市场合约的自由度负面联系的。这是价格理论的延伸[②]。”此定律具有重大现实意义，可以让我们从一个崭新的角度思考通缩和大萧条的内在机制，从一个新的角度思考通胀或通缩与增长就业之间的关系。

---

① 张五常：《货币战略论——从价格理论看中国经济》，309～312页，香港花千树出版有限公司，2010。

② 同①，257～259页。

西方货币理论的中流砥柱之一，是所谓菲利普斯曲线：通胀和失业具有某种此消彼长的替代关系，要促进就业，就必须容忍一定程度的通胀；通胀太低或通缩，失业率必然上升。当今西方主要发达经济体的货币政策理念，其实仍然是某种"改进版"的菲利普斯曲线。譬如美联储将货币政策目标定为通胀达到 2%，失业率降低到 6.5%，背后的假设其实就是提高通胀有助于降低失业，日本"安倍经济学"和欧央行的政策如出一辙。菲利普斯曲线背后的机理究竟是什么？西方学者曾经大动干戈，天才学者辈出，模型数之不尽，至今依然意见纷纭。"张氏定律"将焦点集中到经济体系合约选择的自由度，真正将宏观的货币理论与微观经济行为结合起来，让我们对菲利普斯曲线的内在机制有透彻理解。假若没有那么多干预合约自由度的政府管制（譬如最低工资和各种工会制度），西方的失业状况将大为改善。既然最低工资、工会制度和各种劳力市场之结构性障碍挥之不去，那么，为了增加就业，多搞点通胀就是上策。从这个意义上说，通胀其实是为了增加一点合约选择的自由度，或者说是为了降低工资和价格的刚性。此乃当今欧美大行其道的"新凯恩斯经济学"之精髓[①]。

应对通胀和通缩的最大麻烦是如何处理利率。恶性高速通货膨胀的危害人尽皆知，各种福利分析相当完备。然而，一般性的通胀或通缩，除福利影响之外，如何影响经济体系的资源配置呢？张五常认为，一般性通胀和通缩对经济体系资源配置的主要影响是扭曲市场利率，此时货币政策的最大麻烦，是如何处理利率。

张五常说："通胀是说货币会随着时间贬值，市场的利息率一定要提升。利息是购买消费或投资的时间提前之价。如果币值随着时间下降，这个价的提升理所当然。但利率要怎样提升才对呢？正确的做法是由市场处理。然而，在有交易费用的情况下，一个市民向银行或他人借钱的利率，一般高于贷款出去或存款于银行的利率。这差距往往相当大，导致市民不愿意或不能以贷款出去的方法来维护自己的财富，转向以改变消费或投资来保护自己。这改

---

① 《关于西方主流货币理论、新凯恩斯经济学与张五常合约与交易费用分析范式之关系》，参见向松祚、邵智宾编著：《伯南克的货币理论和政策哲学》，北京大学出版社，2007。

变是违反了有效率资源使用的原则。利息是一个价，一个把时间提前之价。通胀无可避免地会影响这个价。如果交易费用不存在，借钱的利率与贷款（或存款）的利率永远相等，通胀为祸不大。但交易费用存在，二者有了不能漠视的分离。通胀率愈高，货币作为计算单位的交易费用也愈高，借钱与贷款的利率分离跟着愈大。这样，通胀就会导致一种近于价格管制的效果，而又因为有很大的一般性，可以严重地损害了有效率的资源使用。这也是价格理论的延伸①"。

上述这段论述的意思是，假若没有交易费用，市场利率只有一个，即随时随地都是市场均衡利率，所有金融中介机构是不需要存在或不会存在的。然而，经济体系之交易费用相当高而且相当复杂。在有交易费用的情况下，市场利率的形成机制又是什么呢？市场能否形成均衡利率呢？交易费用之外，再加上中央银行的干预和调控，市场还会不会形成均衡利率？或者所形成的均衡利率是费雪（Irving Fisher，1867—1947）意义上的均衡利率吗？本质上，费雪的利率理论没有考虑交易费用的约束。张五常相信，即使交易费用条件下，市场仍然可以形成费雪意义上的均衡利率（即市场利率等于投资回报率）。但是，一旦中央银行干预市场，尤其是大肆调控利率，费雪意义上的市场均衡利率就无法达成，资源配置错误和市场扭曲在所难免②。

正是基于对费雪利率理论的深入理解，张五常对当代货币政策尤其是利率调控政策提出诸多批判。他说"不让市场调整通胀下的利率，以政府有形之手的联储或央行调控利率，属货币政策，头痛问题是增加了的。费雪的分析半点不错：利息率与投资的回报率相等永远是市场均衡的规律。今天国际上的货币政策是把这重要的规律漠视了。"③

---

① 张五常：《货币战略论——从价格理论看中国经济》，107～110页，香港花千树出版有限公司，2010。

② Irving Fisher, *The Theory of Interest*, The Macmillan Company, 1930.

③ 同①，231～238页。

三、对西方主流货币思想的系统批判：无锚货币之害

（一）批判的理论逻辑

张五常对当下大行其道的货币制度和主流货币理论即货币数量论提出系统批判。他认为当代的货币制度是"无锚货币制度"（fiat money）。"无锚货币是指货币没有用上一些有价值的实物作为货币的本位。这制度今天盛行，很头痛，因为要频频调控货币的发行量，经验告诉我们，这种办法很难持久地调控得恰当。"他经常说："无锚货币是非常头痛的货币制度。""无锚的货币制度不可取。无锚货币的一个无可救药的缺点，是适当地调控货币量难于登天。美联储用上调控利率的办法，基本上是价格管制，违反了费雪的不可能错的分析，也违反了价格浮动是引导资源使用最重要的功能。"①

"无锚货币制度下，调控货币量的困难是愈来愈严重了。有三个相关的原因。其一是在无锚制度下，今天没有谁可以肯定货币量要怎样算才对！其二是地球一体化，一个国家的货币如果大量外流，其行踪与用场皆无定案，币值可以变幻莫测，对这个国家的物价变动的影响难以捉摸。其三是无锚制度需要的币量调控远甚于有锚的，导致的经济波动需要频频采用货币政策来调控经济。我们今天听到的美联储及中国央行的言论，有理由相信他们忘记了货币的存在是为了什么。"②

张五常对无锚货币制度之批判还有一个颇具新意的观点，那就是他对西方如美国和英国盛行的货币政策"双目标制度"的批判。双目标制度其实就是"双锚制度"。他说："那所谓无锚的货币制度（今天英美采用的），其实也有锚。这是由中央银行（或美联储）看着物价指数（一锚也）与经济指数（二锚也）来调控利率与货币供应量。这制度的弹性更大，但有三个缺点。

---

① 张五常：《货币战略论——从价格理论看中国经济》，147 页，香港花千树出版有限公司，2010。

② 同①，148～150 页。

一、看着物价指数调整是间接的锚，不是可以直接成交的指数，虽然货币的供应量与上述的两个指数的连带关系存在，但调整的反应要有六个月至两年时间，而整个调整期可以长达五、六年，其间可能一波未平，一波又起。二、两锚不容易兼顾，往往有冲突，顾此失彼。三、因为上述两点，fiat money 制度的锚不够明确，容易招来政治与压力团体的左右。"① 张五常对"双锚货币制度"的批判十分有助于我们认识今天美联储量化宽松货币政策及其退出策略。

（二）对西方主流货币思想的批判的评价

张五常综合费雪、弗里德曼等西方货币理论大师的思想和多个国家货币政策的实际经验，认为基于货币数量论的货币政策和基于短期利率调节（所谓利率准则）的货币政策皆有重大缺陷。

张五常的货币金融思想深受费雪（Irving Fisher）货币和利率理论的影响，他对费雪推崇备至，曾经如此写到：我不想参与当代货币大师们的理论争论。我自己最熟知的货币利率理论源自费雪，我只是在他所定下来的基础之上发挥一下。当然是换了一个角度看货币问题。他说："当代经济学大师们没有一个不认为费雪是伟大的经济学者，过半数以上认为费雪是百年仅见。弗里德曼曾经直言：我从来不否认费雪是百年仅见，从来不敢说我比得上他。"②

费雪是大卫·休谟之后首先将货币数量论发扬光大的经济学者，他所提出的货币数量论方程式确有其独到之处。费雪利率理论的核心是清晰地阐释了一个市场竞争均衡点，即利率等于投资回报率。市场均衡点概念并非费雪首创。费雪的创新之处，是他以收入流的基本理念为基础，将利率、利息、租值、资本、财富、收入彻底一般化。费雪首次给利率决定提供了一个明确的供求分析架构。他使用的语言是"消费耐心和投资机会之均衡"。社会里总有人愿意和有耐心推迟消费，将资源转借他人投资或消费，获得收入流，以

---

① 张五常：《货币战略论——从价格理论看中国经济》，241~245 页，香港花千树出版有限公司，2010。

② 同①，413~414 页。

便未来享受更高水平消费；社会上亦总有一些人总能看到未来的投资机会，愿意借他人资源放手一搏。有耐心推迟消费之人，则是资源供应者；有雄心放手一搏之人，则是资源需求方。供需之均衡就是利率均衡点，资源的均衡价格就是利率。反过来说，放弃当前消费希图未来更高消费之人，是未来收入流的需求方；追逐投资机会放手一搏之人，则是未来收入流的供给方。收入流之供给和收入流之需求必然达成均衡，收入流之均衡价格则是利率之倒数，自然亦决定了利率①。

费雪利率理论适用各种不同情况下的变化。无论如何变化。张五常说："费雪的利率理论永远是那么清晰，那么有说服力。"② 费雪的利率理论有三个不言自明的假设。其一是没有通胀或通缩。实际上，费雪的利率理论是没有货币的。其二是没有风险。其三是没有交易费用。交易费用的变动主要是导致市场利率的差距变动。

费雪利率理论是一个"非货币"利率理论，即利率的存在和决定与经济体系是否引入货币没有关系。非货币利率理论亦称为真实货币理论。一旦货币引入经济体系，即有货币利率理论或名义利率理论。货币利率理论与真实利率理论之间的关系就是著名的费雪等式：$R = I + ¢$。R是名义利率或货币利率，I是真实利率，¢是预期通胀率。费雪等式提出之后，很快成为后世货币政策的中流砥柱。然则成也萧何败也萧何。中央银行家有时很难区分真实利率和名义利率，遂铸成大错。

张五常从价格理论和合约选择角度创新阐释费雪的均衡利率思想。依照费雪之见，利率由市场的供求关系决定。利率是一个价，政府左右利率就是价格管制。费雪的利率理论虽然没有货币，然而即使把货币加进去，费雪主要结论不变。利率由市场供求决定，达到市场均衡时，市场利率必然与投资回报率相等。费雪的论点早已为学者公认，弗里德曼也不例外。弗里德曼早期之所以强烈反对美联储以调节市场利率来宏观调控经济，正是基于费雪的利率理论。

---

① Irving Fisher, The Theory of Interest, The Macmillan Company, 1930.

② 张五常：《货币战略论——从价格理论看中国经济》，419～420 页，香港花千树出版有限公司，2010。

张五常一直反对以调节利率来调控经济活动。根据费雪的利率理论，调节利率就等于价格管制或价格干预。针对利率调节的货币政策操作，他连续提出多个问题：央行随意调节利率尤其是短期利率，如何与费雪的利率理论协调一致呢？利率不是要由市场供求决定吗？市场利率不是要与投资回报率看齐吗？投资回报率的决定因素与市场利率的决定因素显然不同。中央银行随意干预市场利率，市场利率与投资回报率怎么可以达成均衡呢？显然，中央银行决定的利率水平，并非是市场供求所决定，而且与商业银行借贷利率差距很大[①]。

由此我们可以明白，一旦有中央银行和货币当局的管制和干预，市场均衡利率能否达成就非常困难，情况就变得异常复杂。中央银行可以改变货币供应量、基准利率（短期利率）、汇率，等等，这些变量的改变反过来会改变长期利率水平和不同期限的利率水平、各种资产价格、个人资产组合决策、消费和投资决策等。如此环境下所形成的各种利率水平算不算是一个市场化利率水平呢？算不算是利率的市场化呢？严格说应该不算。既然不算，市场利率水平又如何与真实经济决定的投资回报率相等，从而实现经济的均衡呢？然而当今之世，中央银行位高权重，能量非凡，对利率上下其手无日无之。如何定义中央银行制度下的利率市场化或市场化利率，还是一个没有得到很好解决的重要课题。

张五常明确指出上述困难所在。他认为，在中央银行干预和管制利率的条件下，市场达成"费雪均衡点"还有一个差强人意的办法，那就是商业银行和借贷机构能够根据中央银行所调控的利率水平，达成一个借贷利率的预期，或者说达成一个市场平均利率的预期，这个预期的平均利率有望与投资回报率均等，市场因此而均衡。他说：投资回报率要与利率看齐，这个基本结论不可能错。如果利率由市场供求决定，经济自身压力就会容易调节出费雪理论的均衡点。然而，如果商业银行借贷的利率水平，跟随中央银行基准利率的上下调节而变化，那么市场利率水平有没有可能与投资回报率均等呢？

---

① 张五常：《货币战略论——从价格理论看中国经济》，499～450页，香港花千树出版有限公司，2010。

如果能够均等，会是怎样的机制呢？答案是商业银行会有一个借贷利率的平均预期。如果市场对中央银行左右利率有一个可靠的平均利率回报，经济体系的内在压力和调节机制，会促使投资回报率与这个平均利率预期均等。张五常认为，如果市场能够形成这样的均衡利率，或者说有这样的均衡利率调节机制，就可以减少中央银行管制和干预利率的危害。问题是，中央银行频繁调节利率，市场利率极有可能与预期脱节。一旦脱节，麻烦就大了。他认为美国次贷危机的主要原因，就是市场利率与投资回报率严重脱节，资产价格泡沫难以避免①。

张五常认为，正是因为弗里德曼追随费雪的均衡利率思想，所以他也反对中央银行调节利率。弗里德曼主张的货币政策，是调控货币供应量。另外一位货币主义学派大师阿兰·梅泽（Alan Meltzer）1963 年发表鸿文，厘清基础货币（所谓银根）与货币供应量之间的关系。从此之后，欧美各国中央银行调控货币供应量的方法，就转向调控银根。然而，几十年的经验表明，调控银根的办法也不可靠。张五常回忆到："1995 年梅泽在香港告诉我，他感到很困扰，因为当时美国的货币供应量经过数年急升，却没有出现通货膨胀。后来我意识到，苏联瓦解后，地球开始一体化，美元的货币供应量如何量度出现了难以解决的困难。"② 顺便说一句，张五常和梅泽是加州大学洛杉矶分校时期的师兄弟，共同的老师是卡尔·宾纳（Karl Brunner）。

张五常认为美联储转用调节利率来调控通胀及经济活动，起自格林斯潘。原来反对调节利率的弗里德曼，到了格林斯潘时期，就不再反对以调节利率的方式来调控经济。为什么早期反对调控利率，后期反而不再反对、转而支持呢？张五常说："弗里德曼转而支持利率调节有两个原因，一是弗里德曼后期也明白货币供应量不知道怎么计算才对，二是格林斯潘以调节利率之方式调控经济，效果很不错。"③

---

① 张五常：《货币战略论——从价格理论看中国经济》，507～508 页，香港花千树出版有限公司，2010。

② 同①，313～315 页。

③ 同①，315～317 页。

张五常既认为调节利率不行，亦认为调节货币供应量靠不住，尽管他对弗里德曼发扬光大的货币数量论实证研究非常熟悉，赞赏有加，曾经与弗里德曼多次研讨。他称赞弗里德曼对货币数量论的实证研究前无古人。认为数十年来，以弗里德曼为首的货币理论大争论，其实只有一个问题，那就是在没有货币本位的法定货币制度（Fiat Money）下，怎样才可以把物价与经济增长稳定下来。张五常说："基本上，弗里德曼从费雪那里所演变出来的货币数量论没有错，他对货币供应量历史研究之深入前无古人。他提出，因为货币的流通速度相对稳定，通胀永远是货币量过多的结果。弗里德曼的建议是：货币供应量的增长率应该是国民收入增长率（GDP 增长率）再加 2% ~ 5%。他认为维持 2% ~ 5% 的通胀率对经济有利。"[①]

然而，张五常认为弗里德曼的货币数量论实证研究有重要失误，那就是忽视了工会制度和最低工资立法限制了合约选择的自由度，其实是导致大萧条如此严重的重要原因（如果不是主要原因的话）。张五常引证中国 20 世纪 90 年代后期的货币历史经验，说明如果没有工会制度和最低工资立法，如果合约选择充分自由，即使货币量剧降和通缩，对失业和经济增长的影响也不至于那么大。将此命题反过来，我们就得到一个重要结论：既然当今世界到处都有最低工资立法，工会林立，为了增加就业和促进增长，必须要有较高的通货膨胀。这正是今日美联储、欧央行、日本央行和英格兰银行的基本政策哲学。

张五常如是说："于今回顾，我历来敬仰而又拜服的弗里德曼，其货币思想有重要失误。他对美国三十年代经济大萧条的解释，是货币的顶级研究，详尽得前无古人，但轻视了当时的美国工会林立，福利大行其道，最低工资半点也不低。这些加起来约束了劳工合约的选择。我绝不怀疑弗里德曼所说，当年美联储做错了，失误频频，货币量应加不加，或应加反减，也不怀疑在合约选择自由不足的情况下，大幅增加货币量，搞起一点通胀，对当时的大萧条有助。然而，朱镕基的中国经验却令人大开眼界。神州大地 1993 年的通

---

① 张五常：《货币战略论——从价格理论看中国经济》，483 ~ 487 页，香港花千树出版有限公司，2010。

胀率超越 20%，1997 年降到零，跟着有 3% 多的通缩。如果算进当时的产品与服务的质量急剧上升，通缩率应该达到两位数。楼价下降了三分之二多。就是在这样极为不景气的时期内，中国的经济增长保八，失业率徘徊于 4% 左右。长三角就是在那个时候飙升，只用 8 年就超过了起步早 10 年的珠三角。是重要的经验，明显地否决了弗里德曼的单以货币供应量解释大萧条的分析。"[1]

张五常的重要补充可以帮助解释 20 世纪 30 年代大萧条为什么如此严重。虽然张五常没有系统阐释工资管制和工会制度如何加剧大萧条，但他从价格理论出发的基本见解与伯南克对大萧条的深入研究可谓是异曲同工。除此之外，张五常还对弗里德曼的无锚货币思想提出批判："货币大师弗里德曼的思维错了一个重点：他认为一个大国的货币不可以下一个固定的锚。他那篇有名的支持汇率自由浮动的文章写得好，但因为货币没有一个固定的锚，基本上是错了。"[2]

张五常简要总结货币理论和制度的历史演变，认为古往今来人类的货币制度其实就只有四种。所谓货币制度就是货币下锚的方法。四种货币制度各有各的好处，也各有各的弊端，应该选哪一种要看形势而定，没有一种锚是永远胜过其他锚。选择货币制度，就是选择货币下锚之法。选了下锚之法，就要再选下哪一个或哪一种锚，锚的选择数之不尽。

四种货币制度分别是：其一，商品本位制，譬如金本位制或银本位制。商品本位制，货币本身就是锚。然而金或银供应量可能不足，货币供应量不够弹性，某些情况下，会严重约束经济增长。此法显然不适合当今中国，看来也不适合当今世界。其二，法定通货（fiat money）制度。该制度弹性大，间接地以物价指数及经济指数为货币之锚，指数有时等于空中楼阁，调控有很大麻烦，西方各国试验数十年的效果并不理想。张五常认为法定通货制度也不适合中国。其三，钞票局制度，也就是今天香港采用的货币制度。该制

---

① 张五常：《货币战略论——从价格理论看中国经济》，359～369 页，香港花千树出版有限公司，2010。

② 同①，305～309 页。

度大国不适用。其四，是中国曾经使用的货币制度。张五常认为是朱镕基的发明。这个制度就是以一个可以直接成交的指数为锚。自 1994 年汇率并轨以来，人民币是以美元的一个价（或美元汇率）为锚，可以直接按价成交。张五常认为朱镕基的货币制度有许多好处，不过需要满足两个条件。第一个条件是国家要有足够的外汇储备；第二个条件是中央银行要放弃以调控货币供应量来调控经济。张五常所说的"朱镕基货币制度"，其实就是人民币与美元的固定汇率制度。客观上，人民币与美元的固定汇率制度确实非常成功[①]。

四、确立人民币货币之锚论

（一）确立人民币之锚论的主要内容

基于对西方各种货币思想和货币政策经验的检讨，张五常提出改进人民币货币制度的基本设想，那就是采用一篮子物品的可以在市场成交的物价指数为货币之锚。人民币货币之锚的思想，是张五常货币金融思想的重点和基点，可以算是他货币金融思想的一个锚。

张五常认为"此法也，今天的一些先进国家不容易改用。中国可以，为什么不采用我不知道。"他对采用一篮子物品的可以在市场成交的物价指数之货币之锚深具信心："我建议的下锚制度可以解决无锚货币制度的这些困难，我也相信有朝一日会被采用。然而，货币政策的权力扩散得那么大，政治游戏变得那么复杂，好些国家的经济结构因而改变了，要回头可真不易。希望还在中国。如果北京采用以实物为锚的货币制度，有很大机会带动其他发展中国家跟随，地球一体化会有一个新面目。"[②]

前面已经论及，四种货币制度里，张五常比较欣赏朱镕基创造的货币制度（他将朱镕基货币制度称为"中国制度"）。既然"朱镕基货币制度"运作

---

① 张五常：《货币战略论——从价格理论看中国经济》，147～175 页，香港花千树出版有限公司，2010。

② 同①，181～184 页。

得非常好，那么人民币为什么要脱离美元而另选一只锚呢？关于人民币脱离美元、另选一只锚的经济理由，张五常反反复复论述过很多次，基本理由是四个①。

其一，人民币盯住美元会引起政治经济上的纠纷，因为"人民币与美元挂钩，是缠着美元不放，美元要贬值贬不着人民币，使美国失去了一项调节经济的机能。这难免增加政治经济上的纠纷，夜长梦多。"

其二，人民币盯住美元，如果美国出现严重通货膨胀，中国必然受池鱼之灾。"如果美元大搞贬值，人民币跟着贬下去，通货膨胀一定会在中国卷土重来，而又因为人民币币值偏低，中国的通胀压力会高于美国。"②

其三，汇率和货币政策失去弹性，遇到需要改变的时候，难免手足无措。"人民币与美元和任何外币挂钩，挂上之后没有更改的空间，因为略为更改会导致再更改的市场预期。长远而言，这挂钩是一项硬性的约束，失去了某时谋事可能需要的弹性。"③

其四，人民币与美元挂钩，对人民币最终实现国际化不利。"中国解除外汇管制迫在眉睫，或起码是迟早的事。既然解除汇管，中国当然希望人民币能成为国际货币。以今天的形势看，只要解除汇管，人民币成为国际货币是必然的。但国际货币也有普及流通及不普及流通之分。与美元挂钩，形象上人民币是寄人篱下，其普及性就要打个大折扣。"④

（二）确立人民币之锚论的理论价值和实际意义

张五常力主人民币采用一篮子物品之锚。既然调节利率违背费雪的利率理论，调控货币供应量无从下手（因为不知道货币供应量如何计算），与美元挂钩又有诸多弊端。那么，人民币货币制度应该何去何从呢？张五常认为"人民币与美元脱钩，但不要自由浮动。解决的办法只有一个：选挂另一只

---

① 张五常：《货币战略论——从价格理论看中国经济》，219～222页，香港花千树出版有限公司，2010。
② 同①，181～183页。
③ 同①，184～186页。
④ 同①，219～220页。

钩，或下另一只锚，换锚时间与美元的汇率平过，然后放开美元。放开之后人民币与美元的汇率是自由浮动的，但人民币下了另一只锚，稳如泰山，皆大欢喜。朱镕基定下来的货币制度不变，变的是选用另一只锚。"①

人民币脱离美元另换一只锚，所换之锚是什么呢？张五常经过很长时间反复考虑，最初建议人民币与一篮子外币挂钩，或与一篮子外币与物品的组合挂钩，最终认为人民币最高明的换锚之法是脱离所有外币，转与一篮子物品挂钩。

为什么人民币与一篮子外币挂钩不是人民币的最佳换锚之法？

其一，以一篮子外币为锚（挂钩）是缠着一篮子外币，尽管放宽了人民币相对美元的浮动，从而可以减少美国对人民币的政治压力，然而换来的却可能是一篮子国家联手施压人民币。此外，一篮子外币里面选哪些货币不是那么容易，有可能选错，尤其是选择了那些货币政策极度不稳定的货币。张五常认为："在世界大变的今天，有谁可以保证一篮子外币之中不会有一些可以触发类似1997年亚洲金融风暴的情况呢？"虽然美元看起来比较稳定，欧元和日元却比美元更不稳定。据此，与一篮子外币之锚相比，还是以一篮子物品为锚比较好②。

其二，一篮子外币之内，互相竞争贬值的机会绝对不能低估。如果人民币以这篮子货币为锚，跟着这篮子货币贬值，中国所忍受的通货膨胀效果就会比外币为高，所以从有效控制通胀来看，选择一篮子物品为锚比较好。

其三，以一篮子物品为锚，其物价指数可以按时调整，对国内经济的调控有较大的自主性和弹性，也比一篮子外币之锚要好。张五常认为："虽然一篮子物品之物价指数与一般的通胀指数不一样，但类同，而且可以直接调控。例如政府可说明那篮子物价每年上升百分之二（从100上升到102），公布后市场对通胀的预期大致相若，而国际的汇率也跟着变，大方得体，只要不是乱来，市场的信心依旧。"他甚至认为一篮子物品之价格指数可以取代一般物

---

① 张五常：《货币战略论——从价格理论看中国经济》，123～129页，香港花千树出版有限公司，2010。

② 同①，321～325页。

价指数，成为整个社会一般物价的代表。"如果政府按时公布为锚的一篮子物品的物价指数，就不需要再公布通胀或通缩的指数了。一篮子物价的指数虽然不是全面的物价，但如果选得适当，作为一般物价的代表就可圈可点。"

其四，有利于人民币国际化。"解除汇管后，人民币打进国际货币市场在所必然，以一篮子物品为锚独树一帜，在市场有以物品界定的清晰保障，当然是胜于一篮子外币了。"[①]

排除了所有其他换锚之法，剩下的最优选择就是人民币与一篮子物品挂钩了。人民币与一篮子物品挂钩的基本思想和操作要点如下：

其一，中央银行（中国人民银行）让人民币以一篮子物品为锚，坚守这个一篮子物品之锚，可以最有效地稳定物价水平。张五常说："以一篮子物品为锚，只要这篮子内的物品够广阔，选择得宜，下了这个锚物价就会一次过地稳定下来了。守锚是守着那篮子物品的物价指数，买卖人民币是按这指数算出来的汇率成交，政府无需提供篮子内的物品。守锚是担保持有人民币的可以在批发市场或期货市场，按着指数购买该篮子物品。人民币兑所有外币的汇率皆自由浮动。守锚调控，央行或增加人民币的发行量，或以储备收购人民币，从中国目前的情况看，是万无一失的。还有，以一篮子物价指数为锚，该指数可以随时调整。略微调高是微通胀。略微调低是微通缩。毫无调整币量与物价变动的时间差距，因为指数的本身就是物价。当然，篮子内的物品的相对物价可以变，而不在篮子内的物价更可以变。"[②]

其二，篮子内的物品多少合适呢？第一，张五常曾经建议用三十种，后来他建议增加到五十到一百种，目的是为了杜绝投机者炒买炒卖"货币之锚"或篮子里的商品。第二，张五常建议，货币之锚也就是一篮子物品之价可以作为社会的物价指数，那么该篮子物品的选择应该大致上按国民的衣食住行的比率来分配和选择，当然不需要特别准确。第三，篮子内的物品究竟是哪些应该公布，篮子内物品的权重或比重最好也公布。物品种类够多就有保障，

---

① 张五常：《货币战略论——从价格理论看中国经济》，269～272 页，香港花千树出版有限公司，2010。

② 同①，269～273 页。

篮子内的物品细节愈明确，市场信心就愈大。

具体操作机制如下：

第一，央行向市场公布，一万元（这可以自由选择，也可以是一百元、一千元或五千元）人民币可以在市场买到若干种物品，每种的量的多少是固定的。每种物品的购买地点也说明，央行可以买到，市场人士要购买不要麻烦央行，自己去买好了。

第二，以一万元人民币可以购得篮子内指明的各种物品的固定量作为一个指数，譬如称为100。固定守锚是指这指数不变，无论篮子内的物价怎么变，物品之量与比重不变——也就是说，指数不变，不管物价怎样变，一万元人民币可以购买同一篮子的物品。以一万元人民币可以购买的一篮子物品，就等于是定了一个指数，成为100。当然，任何外币也可以购买该篮子物品，外币额与人民币额的比率就是人民币与该外币的汇率。央行所守就是守住该篮子物品的指数。

第三，篮子之内的不同物品之价格自然经常变动，指数不变是说同样数量的人民币可以购买篮子内同样组合的物品。所以央行所守本质上是守住这个指数，也就是说央行承诺任何人可以以规定之价来购买这个指数（一篮子有固定权重或重量的物品组合）。

第四，一篮子物品之锚的关键是"国家担保市场可以按照这指数直接成交，购买这篮子物品①。"所谓市场成交的担保，就是政府担保某时刻的某数额人民币兑换一篮子物品的所值。如果市场运作正常，"没有人会真的按照指数之价购买那篮子物品，只是事实上可以在市场按照指数之价买到，而卖与买是市场自己的操作，与政府无干。

这个操作要点还需要详尽说明，细节非常重要。本质上，人民币之锚必须要形成一个指数交易市场，有点儿类似指数期货市场。譬如篮子内有100种物品，每种物品之价均上升10%（意味着经济体系物价上涨过快或通货膨胀），此时人民币之锚的那个指数涨价10%（市场价格涨到1.1万元）。投机者仍然可以按照原来之价（1万元）到央行购买，然后向市场抛售赚钱。或

---

① 张五常：《货币战略论——从价格理论看中国经济》，273～277页，香港花千树出版有限公司，2010。

者央行主动向市场出售指数合约（等于收回货币）。换言之，如果经济体系出现通胀或通胀预期，那么央行就可以主动卖空货币之锚的指数合约，回收货币，投机者自然也可以跟着卖空，或者预期通胀挡不住而做多指数合约。如果央行坚决守住指数之锚或一个指数价格区间，久而久之，市场预期就会逐渐趋于均衡，相应地，一篮子物品的价格指数或者说整个经济体系的价格指数就会趋于均衡或稳定。这也就是说，张五常以一篮子物品作为人民币币量之锚的关键，是要看货币之锚的指数合约交易市场是否能够良好运作。

第五，一旦人民币采用一篮子物品指数作为币量之锚或价格之锚，那么人民币相对所有外币的汇率就是完全自由浮动了。因为投资者或投机者可以用外币购买该一篮子物品，所需外币数额与所需人民币数额之间的比率自然就是人民币与外币的汇率了。人民币守住该一篮子物品的指数，对所有外币的汇率自由浮动。不仅如此，由于篮子内各种物品之价格随时变动，央行担保购买该篮子物品的人民币之价（即所需人民币之数额），用外币购买该篮子物品所需的各种外币数额自然随时变动，所以人民币与外币之间是"自由浮动汇率，秒秒不同"。

第六，货币之锚的物价指数可以调整。他认为："为锚的一篮子物价指数既可调高，也可调低。我认为每年调高2%，即让物价上升2%，是可取的。"[①]

怎样处理好人民币货币之锚与人民币汇率制度安排之间的矛盾？张五常的基本思想是：要从价格理论的基本思维出发来思考货币政策和汇率问题；要从微观企业竞争和国际产业分工的角度考察汇率升值与贬值的效果；要从全球竞争和产业分工角度看人民币汇率制度的安排。正是从这些基本思想出发，张五常坚决反对人民币兑美元升值。然而他反对人民币兑美元升值的理由不同于一般学者的老生常谈，颇有新意和启发性。

其一，人民币兑美元升值，对中国经济的影响主要不是源自人民币兑美元升值，而是源自人民币对其他货币升值。他说："自2003年起我极力反对人民币兑美元升值，这反对不是人民币兑美元本身，而是其他发展中国家的币值跟

---

① 张五常：《货币战略论——从价格理论看中国经济》，167～169页，香港花千树出版有限公司，2010。

着美元走，人民币兑美元升值，于是兑其他竞争国家的货币也升值。"①

其二，人民币不应该相对美元升值，因为中国面临的国际竞争环境完全不同。张五常说："我坚决反对人民币兑美元升值，主要是因为我看到中国要面对的世界，与日本当年面对的很不相同。"② 不同之处是什么呢？主要是因为全球一体化，参与国际竞争的劳动者增加30亿之多，中国所面临的国际竞争形势与当年日本所面临的国际竞争局势不可同日而语。

张五常对此有详尽分析："50 年前，日本的制造品在国际上开始发难，价廉，且质量不断改进。先进之邦斗不过，约十年英国输得面目无光，继而美国及西欧。在保护主义的压力下，日元大幅度升值。从 360 日元兑 1 美元升到 80 日元兑 1 美元，上升了 350%！这就带来一个经济奇迹：日元上升了那么多，但日本的产品还是在国际上畅销，还是满布全球。日本当时继续有贸易顺差不奇，因为弹性系数有决定性，但出口产量依旧强劲却是奇迹。相比之下，两年前人民币兑美元只上升了百分之十强，中国的厂家就遇到困难，在新劳动合同法引进之前好些工厂开始关门了。日本当年的际遇与中国今天的际遇大为不同，可不是因为中国产品质量的改进速度比不上人家，而是 50 年前落后国家或地区的制造品能大量攻进先进之邦的，只有一个日本。日本的人口一亿多。70 年代加进亚洲三小龙—中国香港、中国台湾、新加坡—80 年代再加上第四小龙—韩国。连日本一起算，这些新兴之区的总人口只约 2 亿。世界人口是 50 亿强。地球一体化始于三十年前中国改革开放，跟着是印度，再跟着是苏联瓦解，东欧参与国际竞争，又再跟着是越南、非洲及那些斯坦之邦。这是说，三十年来，参与国际竞争产出的人口增加了不止 30 亿（劳动人口当然少），比日本与什么亚洲小龙的人口多了十多倍！六年前，美国的商场满是中国货，但当人民币兑美元只升约 10%，那里的商场不同国家的品牌无数。当年日本的国际竞争形势与今天的中国很不相同。"③

---

① 张五常：《货币战略论——从价格理论看中国经济》，235～237 页，香港花千树出版有限公司，2010。

② 同①，223～225 页。

③ 同①，287～290 页。

其三，中国的主要竞争对手不是欧美和日本，而是全球一体化时代迅速崛起参与国际竞争的发展中国家。人民币汇率之竞争均衡主要应该是与发展中国家的汇率形成竞争均衡，一旦人民币大幅度升值，立刻就会与发展中国家的货币汇率形成一个断层，必然对中国经济产生灾难性后果。

他说："我极力反对人民币兑美元升值，这反对不是人民币兑美元的本身，而是其他发展中国家的币值跟着美元走，人民币兑美元升值，于是兑其他竞争国家的货币也升值。1997 年的亚洲金融危机爆发之后，发展中国家的币值与人民币达到了一个均衡点，成为一个层面，跟着的发展是这层面与先进之邦的币值层面出现了一个相当大的断层。如果人民币独自在国际上提升，对中国的竞争力会带来灾难性的影响。人民币有外汇管制，不放出去，亚洲的发展中国家没有选择，跟着美元走，人民币兑美元升值是劣着。但如果央行解除汇管，让人民币自由外流，聪明的发展中国家会把其币值跟着人民币走，或起码会重视与人民币汇率的调节，也会考虑以人民币作为他们的一部分外汇储备。任何国家都可以随时选择及调校他们的国际币值。这调校要考虑到自己的竞争力、国际贸易的利益与国民收入的实质享受。这也是汇率在市场浮动的主要功能。如果大有差池，不按经济原则处理自己的货币的国家，执政者是要下台的。"①

其四，解除外汇管制，可以大幅度缓解人民币升值的危害。张五常认为，人民币兑美元升值的主要危害，源自中国有外汇管制。"这些年我担心因为中国有汇管，人民币兑美元升值等于兑其他发展中国家的货币升值，在竞争中会中计。解除汇管，让发展中国家多了人民币的选择，他们不按经济原则处理币值，不维护自己的外贸利益，中计的就转到他们那里去。这也就是说，只要人民币解除汇管，稳定着自己的货币的购买力，避开了不可以接受的通胀或通缩，美元兑人民币怎么样变动中国大可不管。中国要管的是与其他发展中国家的互相得益的竞争，而如果人民币不自由放出，他们的币值老是跟着美元走，中国不能不管人民币兑美元是何价。"②

---

① 张五常：《货币战略论——从价格理论看中国经济》，133～137 页，香港花千树出版有限公司，2010。

② 同①，31～39 页。

清晰阐释人民币货币和汇率制度安排之后，自然就要转到另一个重要课题，那就是人民币国际化和国际金融中心的建立。

张五常关于人民币国际化和国际金融中心建设的基本思想包括如下要点。

其一，彻底取消外汇管制。"搞国际金融中心最重要的条件是没有外汇管制。"

其二，将人民币推出去国际化。"像中国那么庞大而有经济实力的国家，搞国际金融中心大有可为。但要打出名堂，人民币在国际上要成为名牌，要有自己的面目，不容易。数千年来，中国货币能打出名堂的成功机会最高是今天。这是因为国际金融大乱，人民币推出去会给国际人士在保值上多了一个选择，何况炎黄子孙满布地球，给祖宗一个面子我是相当肯定的。自由地放人民币到地球云游四方，国家赚钱，有需要时收回就赚了利息。"①

其三，人民币国际化（他没有使用这个说法），并不是为了挑战或取代美元。"放人民币出去不是要在国际上取代美元或其他先进之邦的名牌货币，而是因为这些年落后之邦发展得非常快，先进之邦如在梦中，从汇率的角度衡量，前者与后者之间出现了一个很大的断层，连接不上了。上层之间有竞争，下层之间也有竞争，但上层与下层之间的竞争是脱了节的。人民币放出去，其他落后之邦或发展中国家的货币，不直接或间接地跟着人民币走是很愚蠢的。把人民币放出去，会协助发展中国家的发展，从而可以较为容易地跟他们贸易而获利。"②

（向松祚　曾康霖）

参考文献

[1] 张五常：《货币战略论——从价格理论看中国经济》，香港花千树出版有限公司，2010。

---

① 张五常：《货币战略论——从价格理论看中国经济》，443～445 页，香港花千树出版有限公司，2010。
② 同①，437～442 页。

［2］张五常:《多难登临录——金融危机与中国前景》,香港花千树出版有限公司,2009。

［3］Irving Fisher, *The Theory of Interest*, The Macmillan Company, 1930.

［4］向松祚:《张五常经济学》,香港花千树出版有限公司,2005。

［5］向松祚、邵智宾:《伯南克的货币理论和政策哲学》,北京大学出版社,2007。

第四十四章

白钦先金融思想学说概要[①]

白钦先（1940—   ），山西清徐人，辽宁大学教授。现任辽宁大学国际金融研究所所长，辽宁大学金融学国家重点学科首席学术带头人；辽宁大学应用经济学一级学科首席学术带头人；中国金融学会常务理事，学术委员会委员；中国国际金融学会常务理事；曾任辽宁大学国际经济学院副院长；国务院学位委员会第四届、第五届应用经济学学科评议组成员，太平洋盆地国家财政金融会议国际学术委员会中方委员，亚太金融学会中国理事，中山大学岭南（大学）学院特聘教授等；中国社会科学院研究生院、浙江大学和山东大学等十余所高校的客座教授；享受国务院特殊津贴的专家；荣获首届"中

[①] "金融思想学说史"稿有关我本人的部分，由于健康原因而拖延，书稿成文几经曲折，终成是文，并于 2011 年下半年发出，甚感欣慰。之后一年有余，几次想起此事，考虑到对主持者的尊重，不便打扰，终未过问。直到 2012 年上半年，几位朋友相告，称该书已正式出版，书中未见此文，期间我也未见其书，有无并不重要，况凡事自有它的道理。一直到此次在成都参加曾康霖教授"中国金融学科终身成就奖"颁奖典礼，11 月 23 日夜曾教授与锡良教授亲到宾馆房间看望，曾教授才说："你这两年身体不好，书稿迟未见到，几次想问，终未忍催促，故未能收入第一卷。"我听罢才恍然大悟，原来是电子邮件传稿之误之故。不过令我倍感欣慰的是这件"误中误"之事，表现了双方彼此的尊重、关心、真诚与善意：一方是知对方身体欠佳，不忍催促；另一方是稿件发出，悉遵对方处置，不便再过问打扰。在我看来，这比"文稿"能否刊出更重要、更珍贵！正可谓"误中有误"、"情中有情"。本文在 2011 年 11 月文稿基础上大有删节，有改动，有新补充。它不是对某一篇文章或讲演的抽象或改写，而是从过去三四十年的持续性研究中，从六七项国家级科研项目相关的三十部专著、二三百篇文章、二三百场学术讲演中抽象提纯与浓缩而来，每一"版块"都有它各自不同的观察与思考、酝酿与准备、提出与反响、丰富与发展、评审与评奖、战略与对策，都是高度凝练与概括的结晶。

国金融研究杰出贡献奖";辽宁省人民政府哲学社会科学成就奖获得者;沈阳市劳动模范。

白钦先教授从事科学研究三十年,主持国家级科研项目七项,省级项目六项;著有《比较银行学》、《各国政策性金融机构比较》、《金融可持续发展研究导论》等近三十部教材和专著;在中共中央《求是》杂志及《经济研究》、《金融研究》、《国际金融研究》、《世界经济》、《财贸经济》等学术刊物发表近三百篇学术文章;多次获奖,其中《比较银行学》由于开创性研究而获 1992 年全国优秀教材国家一等奖。

白钦先教授的学术思想,浸透着深邃的哲学底蕴和人文关怀;凸显了经济学、金融学的人文价值观认同,凸显了经济学、金融学理论的思想性和民族性特征,凸显了思维的中国主体性和国际话语权的中国诉求;同广大教育与理论工作者一道,彰显着哲学社会科学的中国特色、中国风格、中国气派。

一、金融体制比较说

(一) 金融体制比较说的提出和主要内容

1. "金融体制"概念的提出与定位

在由白钦先教授主持的国家教委"六五"社科重点规划项目的最终成果《比较银行学》中,白教授首次提出并确立了"各国金融体制"是比较银行学这门学科的研究对象,而将金融发展战略、组织形式、框架结构、构造方式、业务分工、监督管理、运行机制、运行环境(金融生态)和总体效应(功能)等九大金融相关要素的有机整体定义为金融体制。这一包含九大金融相关要素的"金融体制"概念的提出,一举解决了比较银行学的研究对象这一长期悬而未决的基本问题,并且提供了一种新的分析范式和理论研究框架,从而奠定了这一学科的基本理论体系。

白教授在 80 年代初学习与研究各国银行和非银行金融、证券和保险金融的基础上,逐渐从世界各国千差万别、异彩缤纷的特殊金融表现形式中,抽象与概括出上述九大金融相关要素，它们环环相扣、彼此紧密联系，相互影响制约，成为一个有机整体。

2. 以运行环境为核心的金融体制九大要素为架构的研究新范式

九大金融相关要素的有机整体是为金融体制，在九大金融相关要素中运行环境是为核心要素，以此为架构形成一种新的分析范式。这些要素是：

——金融发展战略。近现代以来，各国无不自觉或不自觉地遵循或执行着某种经济金融发展战略。白教授将古往今来各国金融发展战略高度概括为"常规型"（以英美为代表）、"超前型"（以日本及德国为代表）和"滞后型"（以苏联和中国为代表）三种类型。这三种类型的发展战略各处在不同历史时代、不同经济社会发展方式与道路及不同的特殊经济金融社会环境下，它既是历史的自然产物，也是某种人为影响的结果。三种类型产生的民族社会历史环境背景不同、发展方式与道路不同、后果与影响也迥异。

在此基础上，白教授进一步提出"金融倾斜"这一概念，即间接金融与直接金融、银行金融与非银行金融发展的不平衡和不均衡态势。20 世纪 90 年代在新的形势下，白教授又提出"金融倾斜及其逆转"这一问题。他提出资本市场的"倾斜金融发展战略"，包括"人为抑制型金融倾斜"发展战略和"人为促进型金融倾斜"发展战略，显然日本是这二者的典型，并导致 80 年代后期的持久的金融危机。

——金融组织与框架结构。在改革开放初期，西方现代金融理论文献尚未传入中国时，白教授就注意到金融组织（金融机构与金融市场）和金融结构这两个重要问题与概念，并将其列入九大金融相关要素之中。详细内容将在本文第四部分专门论述，此不赘言。

——金融构造方式。白教授将各国金融体系的构造方式分为自然初始构造和自然再构造与人为初始构造和人为再构造两种类型和两个层次。构造方式不同，政府在其中的角色和干预方式与程度也不同，后果与影响也各异。

——金融业务分工与监督管理。金融业的业务分工问题是一个直接影响金融结构、金融秩序和监督管理模式的重要问题。金融体系的业务分工是指各种金融业务在金融体系各类成员之间分离或结合的制度。其中包括：中央银行业务职能与一般商业银行业务职能的分离或结合；银行业务与非银行金融业务的分离或结合；长短期金融业务的分离或结合；间接金融业务与直接金融业务的分离或结合；政府政策性金融业务与一般商业性盈利性金融业务的分离或结合等。根据这些内容，可以大体上划分为专业化银行制度、综合化银行制度和专业化综合化混合型银行制度及专业化银行制度基础上的适当业务交叉。这种业务分工制度的形成，或者是由于历史的习惯和自然的演变，或者是由于法律规章制度的约束和强制。

金融监督管理制度包括：（1）一国金融监督管理当局对银行体系的监督管理体制、原则、方法与内容；（2）各种金融法律规则和政策方针的保护、强制、约束和诱导；（3）广义地说还包括对金融市场和保险市场的监督管理体制、原则、方法和内容；（4）对外汇与外债的监督管理的原则、方法和内容；（5）对国际银行的监督管理及国际合作。

——金融运行机制。这里需要强调的是白教授将金融运行机制概括为经济的竞争淘汰机制、法律的保护与强制机制和金融当局的行政监督管理机制三种，并指出现实中这三种机制是彼此交叉适应配合运行的，不应该也不可能是某种机制单独运行。这一视角，不仅在三十多年前，即使在今天也是值得重视的。

——运行环境（金融生态）。任何金融体系的产生、发展、演变与运行都必须依赖于一定的社会环境、经济环境和金融环境。银行、非银行金融机构及金融市场和保险市场的性质、职能、结构与作用、业务种类和发展水平，银行的数量、机构设置和总体规模，运行机制和方式、作用强度与功能等都同一定的运行环境即金融生态密切联系。这一要素是金融体制九大要素中的核心要素，其他八大要素都同它紧密相关，并具有重要的乃至决定性的制约与影响。

白教授将金融运行环境（即金融生态）分为经济环境、金融环境和社会环境三大子环境，每一子环境又分别包含更多的要素。

经济环境是金融体系运行的最直接最基础的条件。它包括：（1）生产力的一般发展水平；（2）商品经济的发展水平和市场机制的发育程度；（3）经济管理体制的基本类型，即市场经济、中央计划经济和混合经济；（4）经济实体的成熟程度——经济细胞具有内在动力、外在压力和活力，是理智的、行为端正和对利益调整反应灵敏的独立经济法人；（5）竞争的一般环境和竞争实现的程度。

金融环境从广义上讲，也属于经济环境的范畴，并且是经济环境的重要构成部分。金融环境大体包括：（1）一国经济的货币化程度，这是最为基本的金融环境。在这里强调经济的货币化程度有两方面的含义：其一是在市场经济体制下，经济的发展水平同经济的货币化程度是同一的或同步的，但仍然有一个货币化程度高或低的问题；其二是说，经济发展水平同经济的货币化程度不同步的情况。（2）货币信用制度和金融体系的发达程度。货币信用制度的发达程度不仅指信用形式的种类和各自的发展、运用程度，而且还包括各种不同信用形式彼此相互替代和转化的可能性的大小，以及转化的成本与收益。金融体系发达程度的衡量标准包括：整个金融体系的发达程度、总规模、总能量；中央银行的专业化程度、货币政策的种类和效能，影响宏观经济的能力；商业银行、各类专业性银行和非银行金融机构各自的发展水平；各类金融市场及保险市场的发育程度；各类金融机构彼此协调适应的程度。（3）金融机制的发育程度。最根本的是金融行为对经济利益、利率等金融信号反应的灵敏度、金融杠杆的适应性和弹性及选择竞争程度。（4）金融市场的发达完善程度。包括金融市场的层次、结构和规模；金融资产形式的多样化及不同金融资产相互替代转换的可能性和灵活性；各种金融交易信号的反应灵敏度和传递速度。

社会环境构成金融体系运行的基本背景，它比其他条件更为持久和稳定地制约和影响金融体系的发展演变。社会环境包括复杂的众多内容：（1）一国社会发展所处的历史阶段或层次；（2）国土、资源和人口的规模、总量及结构；（3）社会历史演变特点，传统乃至风俗习惯和宗教信仰；（4）社会政治稳定状况、政治结构和政治制度、开放程度；（5）有关的法律规则和各种政策的调整、制约、保护程度和完善程度；（6）社会商品意识、金融意识的普及与强化程度，对经济金融风险及利益调节变化的反应灵敏程度和心理承受能力，而社会心理通常带有历史文化的承袭性、传统思维的习惯性和因人而异的主观随意性等特点；（7）交通、通讯发展水平和信息搜集、分析、扩散和反馈手段的现代化程度。

金融体系的运行环境是一种复杂的、多层次的立体环境。这一环境的构成要素具体会形成无数种不同的排列组合，并孕育了各国金融体系发展演变及其特征的多样性和民族性。不仅如此，即使是大体相同的环境，也会引出极为不同的结果。这就很值得人们深思。对金融体制发展演变及正常运行的社会、经济和金融环境的比较分析构成比较金融学的一大特点和重要内容。因为正是这种具体的对比、分析和研究，才使人们得以清楚地看到那些制约和影响金融体制发展演变的诸环境因素是如何透过各国不同的经济社会历史条件，从不同角度直接或间接发挥作用和影响，尤其使人们得以判断和衡量这些复杂因素制约和影响金融体制发展演变的程度和方式。只有这样，一般的抽象理论、条理化了的条件和环境才同活生生的现实相结合，理论与实际相结合的基本原则才得到事实上的贯彻。

在金融运行的复杂的经济、金融、社会环境基础上，在新形势下进一步概括为"金融生态"环境这一概念。

——金融总体效应与功能。白钦先教授指出金融总体效应是指一国金融体系的总体效率和构成要素间的协调适应的吻合程度。包括：金融体系整体同社会经济金融环境相互协调适应的程度，即外部效应；金融体系内部各构成要素间相互协调适应吻合的程度，即内部效应；金融体系总体及各金融系统自身的功能、效率与效益。这才是建立、发展与完善金融的最终目的。白教授提出的金融总体效应这一概念，不仅包括金融功能、效率与效益，且具有比这更广更深的涵义。

关于金融功能，本文第四部分将专门论述，此不赘述。

随后几十年，白教授在给硕士与博士研究生的授课中和有关学术讲演中，不断分析强调了九大要素的整体性及相互联系与制约；强调了金融运行环境在金融体制九大金融相关要素中的深层次核心性要素这一定位；强调学习《比较银行学》这一教材与专著必须抓住、记住、理解六个字，即"特征"、

"环境"、"优劣"。首先是不同国家或同一国家不同发展阶段某种金融态势、制度的"特征"，然后分析比较这些特征是在何种特殊环境背景下形成的，最后是分析鉴别这些特征在何种环境背景下为优，何种环境背景下为劣，从而决定其弃取。显然这里又一次凸显了运行环境这一要素的核心性和极端重要性，明确反对脱离具体特殊环境背景盲目照抄照搬的教条主义。强调学习研究别人的东西，"切忌只有因袭而无创造，只见别人而无自己"。

3. 九大要素与独特比较方法融会贯通的理论分析框架

比较金融学独特的研究方法是比较法。比较金融学把比较法系统地大量地运用于国别和国际间金融体制的比较研究中。所谓比较，既在异也在同，但重在异而不在同。如果说非常简单的事物，异同鲜明，自然不必进行特别的比较。但倘若是复杂的事物，异同错综纷纭，则只有经过深入探索、详细对比研究才能得以分辨，并得出较为令人信服的结论。所以，比较研究的结果只能是异同并得。差异和多样性是对比的前提，比较研究所强调的是特殊性和差别，但这并不是对比的目的。表面不同的事物蕴含着某些共性和一般规律，同中有异，异中有同；或小同而大异，或小异而大同。故应同中求异，异中求同，这就是比较研究的基本立足点。由于比较法是从特殊到特殊的逻辑分析过程，所以，它既能挖掘不同事物间的共性，尤能鉴别不同事物的特殊性，它比归纳法、演绎法更适合于发掘不同事物之间的差异。比较法还是形象思维和抽象思维的结合，所以，它特别有利于综合运用逻辑与历史、抽象与具体、理论与实际相统一的研究方法。这一综合性比较方法的运用在关于中央银行体制、商业银行体制、专业性银行和非银行金融机构体制的横向比较中，在各国金融体制的总体比较中表现得最为突出。

概括地说，比较金融学既比较异同，也比较优劣；既纵向比较，也横向比较，纵横交错比较；既静态比较，也动态比较，且常常动态静态交错比较；既比较个性，也比较共性。在上述不同角度不同层次的比较研究中，阐明各国金融体制发展演变的共同规律、特点和趋势，以及这些共同规律、特点和趋势在不同国家，或同一国家不同历史阶段、不同社会历史条件下、经济金融环境中的不同表现形式与不同作用形式，从而在揭示各国金融体制发展演变一般规律的同时，也揭示在不同国家作用的特殊规律。在无限丰富和复杂的特殊性比较中揭示出各国金融体制发展的强烈共性和最一般的发展趋势。如果说普遍性和共性是直接地展现各国金融体制发展演变的一般规律和共同趋势，那么无限多样和鲜明的差异则以生动具体的特殊表现形式迂回地贯穿了各国金融体制发展演变的一般规律和共同趋势。

由此可见，强烈的反教条主义倾向，突出一国特殊国情特殊环境背景的特殊重要性是为重中之重，内容决定形式，目的决定方法，研究方法为研究目的研究内容服务，则以九大金融相关要素为整体的金融体制为内容，以凸显环境背景和反教条主义为目的的比较研究方法的运用是为必然选择。

4. 学习研究本国与外国文化和经验应持的正确态度与原则

白钦先教授在《比较银行学》的绪论中强调指出："但是，这里涉及一个如何正确对待外国经验和外国文化的问题。中国要现代化，但现代化并不等于西方化或外国化。现代化必须中国化，民族化。这不是一个新问题，而是一切国家和民族都面临的、传统的、共同的问题。通过对各国金融体制的比较研究，我们看到，各国经济体制、金融体制方面的相互吸引借鉴、渗透和影响是显而易见的。任何国家或民族都应有勇气承认别国的长处和自己的不足，这是充满自信的表现；任何国家或民族都应有能力吸收、接受和消化别国的优秀文化和先进经验，同时又保持自己的民族特性而不被同化、异化或弱化，这是强而有力的表现。对外国的文化和经验，凡健康有用者一律拿来，为我所用；不分青红皂白地一概排斥，闭关锁国肯定要不得；然而不辨良莠、真伪和适用条件，全盘盲目照抄照搬，也不可取。学习研究外国，切忌只有因袭而无创造，只见别人而无自己。正是遵循上述原则，所以本书特别着力研究和分析形成各国金融体制特征的特殊环境、特殊原因或特殊条件，以便不犯教条主义的错误。"

概括地说："以我为主、适我国情、鉴别优劣、权衡利弊、谨慎选择、为我所用"，唯此为大。这一学说提出已二十多年，历史与现实一再表明该学说所包含的深厚的哲学思想底蕴，深刻的人文价值观的认同、秉持与贯彻，以及学习研究本国与外国文化和经验应持的正确态度与原则，是富于远见和影响深远的。

（二）提出金融体制比较说的历史背景和现实环境

1. 为中国改革开放事业服务，为经济金融体制改革提供决策参考与借鉴

金融体制比较说的提出是在 20 世纪 70 年代中期在经过所谓"文化大革命"十年浩劫之后，中央做出改革开放决定，提出充分利用国内国外两种资源、两个市场这一大战略背景下提出的。当时面临解放思想、拨乱反正和正本清源的重大历史任务，可谓是百废待举。此外，思想理论界长期被种种禁区所禁锢，西方经济学、金融学亦属其中。在改革开放初期探索着从一个特定的角度与缝隙研究世界各国金融的发展历程与现状、方式与战略、经验与教训，成为白教授不断思考与探究的一个重要问题，所以是改革开放伟大时代的召唤，是中国知识分子"国家兴亡，匹夫有责"的道义与责任的驱使，促成白教授开始这一研究与探索。所以这一理论学说的酝酿提出与形成的目的、出发点与归宿非常简单明确，就是人才培养与科学研究为中国的改革开放事业服务，为中国经济金融体制改革提供决策参考与借鉴。

2. 反对脱离中国特殊环境与背景照抄照搬的教条主义

近现代以来，中国人在学习西方的过程中，无数先辈功不可没，但回顾历史亦有许多值得反思之处。"五四运动"打倒孔家店，将中国传统文化比喻为吃人文化，都作为封建文化通通否定与打倒，似有倒洗澡水连同小孩也一起倒掉之误，更有否定一切之嫌；引入西方文化时，又出现了全盘肯定照抄照搬的教条主义错误。

在中国新民主主义革命的过程中和新中国建立后的恢复与建设时期，形形色色的教条主义和全盘苏化，曾经给中国革命与建设造成巨大的损害与灾难。十年浩劫又走上了怀疑一切、否定一切和打倒一切的极端主义道路。改革开放以来，在某些领域与方面又走上了"全盘西化"的另一个极端，对自身的自贬、自虐、自残，同对西方文化与制度的崇洋媚外、不分良莠兼收并蓄形成鲜明的对照。这种情况尤以经济与金融领域为甚，出现了中国思维西方化尤其美国化的严重倾向，令人忧虑，值得严重关注。一些人言必称西方，

以西方的标准为标准，以西方的是非为是非，趋之若鹜，唯恐不及。这一切也给中国的改革开放事业造成了严重损害。

凡此种种，在中国近现代发展过程中，始终有一种倾向，一种思潮，一种时髦、一种崇尚贯穿其中，即对本民族文化与历史的自贬与否定和对西方文化、理论与制度的迷信与崇拜，二者互为表里共同表现为脱离中国特殊国情、特殊环境与背景，照抄照搬的教条主义。

白教授对此深有所感、所思与所虑，亟盼找到一种理论一种分析框架，能以环境与背景为核心要素，以其为中心为基轴带动其他相关经济金融要素，形成一种分析研究范式与理论框架，在历史与现实、理论与实际统一的研究中从理论上根本解决这一顽疾。

（三） 金融体制比较说的价值及其影响

1. 著名权威专家高度评价获优秀教材国家一等奖

金融体制比较说以教材与专著《比较银行学》为基本载体，以及其后一系列相关比较研究专著与文章，在其提出后二十多年的教学与学术活动中又得到广泛而娴熟的运用、完善与补充，形成白钦先教授科研的一大特色与创新领域，产生了较广泛的影响。

80年代后期该书经过种种艰难曲折，历经十年磨砺之后终于正式出版发行，用白教授自己的话说是："并非满纸荒唐言，却有一把辛酸泪。"该书一出版立刻引起经济金融理论与教育界的广泛关注，我国老一辈金融学家盛慕杰、虞关涛、洪葭管、余天一、陈家盛、喻瑞祥先生以及孔祥毅教授，他们或为该书作序，或纷纷专门致信表示祝贺与肯定，或写书评，或做出专业评价与鉴定，在当时尚无如今这样完整配套的评审鉴定体系的条件下，客观上形成了一种高层次的权威性专业鉴定与评审。

他们认为该书"不仅是一本教科书，而且是一部专业性较强的著述"，"像这样结构与层次的比较银行学的研究及其成果尚不多见"，"这是一项富于开创性的探索，它为确定比较银行学区别于其他金融学科的研究领域，建立比较银行学的理论体系奠定了基石"，"是比较银行学的开篇之作"，"这一成果填补了我国关于各国银行体制比较研究领域的一项空白"，真是"新人、新书、新视野、新框架、新观点、新内容，让人耳目一新的一本难得的好书"。

也源于此，据周升业教授讲，该书在由国家教委组成的权威专家组经三轮评审中胜出，1992 年获全国优秀教材国家一等奖。

2. 金融体制比较说的理论创新与贡献

金融体制比较说在金融理论方面的贡献首先在于确立了比较金融学的研究对象，提出了以金融九大相关要素有机整体为体系的新的分析范式，构建了以金融运行环境（金融生态）为核心的，以金融体制各相关要素为内容的新的理论分析框架体系，扩展了金融学的研究领域与视角，丰富了金融学的研究内容，优化了研究方法，为金融学研究作出了贡献。

3. 研究方法独特，对学科建设与科学研究产生积极影响

金融体制比较说在研究方法上的价值在于提升与深化了比较研究方法的视角与内容，形成多层次多角度纵横交错和动静态结合的范式，以一国特殊经济、金融、社会环境为核心，以金融体制各要素为内容，历史与现实相统一、理论与实际相结合、中国与外国相对比，实现了专业研究内容与形式、专业研究目的与方法的高度紧密联系融合与统一。有学者说"金融体制比较说将金融体制各专业要素与特定研究方法比较法运用到了极致，达到水乳交融密不可分的程度"。受此影响，我国一些高等院校先后为本科与研究生开设了比较金融学课程，或以该书为必读参考书。多年以来，以比较研究为特征的硕士与博士研究生专业学位论文不断涌现，出现了一批较好的研究成果。

金融体制比较说的理论研究框架具有很强的开放性与包容性的特征。不少学者在科学研究中，将"九大要素"这一分析范式与框架自觉地运用于经济理论与经济体制改革的研究中，产生了很好的社会影响。

4. 受到社会各界的热烈欢迎纷纷发表书讯与书评

《比较银行学》的公开出版发行也引起社会各界的广泛关注和热烈反响。《经济参考报》、《世界经济导报》、《辽宁日报》等报刊杂志特为此发了书讯；我国资深金融学家孔祥毅教授在《山西财经学院学报》上以"谁开湖寺西南路，草绿裙腰一道斜"为题发表了书评，中国社科院研究员何德旭博士也在

《金融时报》发表书评，给予热烈评价。

5. 为中国金融经济体制改革提供决策参考与借鉴

应当说金融体制比较说的最大贡献在于它明确而自觉地服务于中国的改革开放事业，以为中国金融体制改革提供决策参考与借鉴为己任，且以此为荣，并且很好地达到了这一目的。80 年代中后期是中国改革开放的初期，直至 90 年代中期，经济与金融体制改革进入高潮，以中共中央十四届三中全会"关于建立社会主义市场经济体制若干问题的决定"为标志。在当时那种特定历史条件下，比较金融学以其开阔的视野、宏大的体系与框架，深入的全方位比较，深刻的环境、特征、优劣利弊的分析服务于改革开放事业。例如中国金融发展战略、资本市场的倾斜性战略模式选择，金融体制构造方式与原则，业务分工制度的选择与监督管理，金融运行环境及总体效应的提出、展开与战略高度的提升，发展中国家金融体制的特征、特别是发展中国家对外国银行的开放战略与政策，中国金融体制改革中金融理论的改革和金融改革的理论及八大战略选择的提出等，再如对金融业的发展、金融业务的扩展与提升，各国的历史经验与教训，未来发展的前景与可能产生的问题，银企关系模式与联系方式的比较与选择，苏联大一统银行体制模式的特征，形成原因、利弊得失、后果与影响的阐释等，都从不同领域多重视角提供了全方位的参考与借鉴。

金融体制比较说的提出与研究，不仅对金融理论研究、我国金融学科建设发展、经济金融体制改革实践产生了积极影响，而且对白钦先教授自己的教学与研究产生了深刻而持久的决定性影响，它奠定了白钦先教授一生的研究领域、研究方向、研究特色、研究路径的基础。关于由传统金融向现代金融演进的金融基础理论的研究，政策性金融理论与政策的研究，金融结构与金融功能等金融发展理论的研究，都以金融体制比较说为基础，为始点，都包含孕育于其中，都是它的扩展、衍生与提升。如今回顾起来，连白钦先教授自己也感到惊奇、感慨与"不可思议"。他说"说来说去，我这一辈子只做了这么一件事"。

二、政策性金融说

（一）政策性金融说的提出和主要内容

1. "政策性金融"这一新概念的提出与定位

在科学研究中，一个新概念的提出代表着人类对于某种事物认识的深化、提高与质的飞跃，是某种新思想或新理论的基石和起点。在古今中外历史上，首次提出"政策性金融"这一基本概念的学者，是白钦先教授（1989），是在其所著《比较银行学》中。在这一著作中有专门的章节研究政策性金融，并第一次明确提出中国政策性金融业务与商业性金融业务分离分立的主张，且将其提升到国家战略选择的高度。

其后，在专著《各国政策性金融机构比较》和《中华金融辞库》政策性金融分卷及有关文章中，白钦先教授将政策性金融定义为："它是同商业性金融彼此对称、平行、并列的两大金融族类之一，是在一国政府支持或鼓励下，以国家信用为基础，不以利润最大化为其经营目标，运用种种特殊融资手段严格按照国家法规限定的业务范围、经营对象，以优惠性利率或条件直接或间接为贯彻、执行、配合政府的特定经济政策、产业政策和社会发展政策乃至外交政策，而进行的特殊性资金融通行为或活动的总称"。它是一切规范性意义上的政策性贷款，一切带有政策性意向的特定存款、投资、担保、贴现、信用保险、存款保险、利息补贴、债权重组、外汇储备投资等一系列特殊性资金融通行为和服务活动的总称。政策性、融资性、有偿性，优惠性或贷款可得性是其基本特征。

政策性金融概念和定义的提出在国内外均属首创。中国人有理由为此感到光荣与自豪。在此之前，尽管政策性金融这一融资活动连同它的相关机构、业务、工具的产生发展与演变已有百余年的历史，或者更为久远，然而人类第一次将观察的视野转向它，将研究的焦点直接正面对准它，却从白钦先教授开始。在此之前，人们长久地将商业性金融等同于金融一般，无视或忽视政策性金融的客观存在，或就事论事仅说具体的机构或事物，只见树木，不见森林，或是将其视为某种例外或暂时性现象。在这个意义上讲，作为人类认识的这一进程是有里程碑意义的。

需要强调指出的是，关于政策性金融概念的定义内含着两层含义：其一是政策性金融概念的提出及内涵的界定；其二是政策性金融在科学理论层面和现实金融大家庭中的基本定位，即"它是与商业性金融彼此对称、平行、并列的两大金融族类之一"。暗示它是它而不是别的，即它既不是"开发性金融的初级发展阶段"，也不是同商业性金融、开发性金融三者"三驾马车"的平行并列者。此是后话。

2. 政策性金融基本经济学含义与理论基础的阐释

首先是探寻政策性金融长久存在发展的历史必然性和深刻的经济理论根源。在庞大的经济学体系中，资源的优化配置是核心问题。但资源配置应遵循经济有效性和社会合理性两大目标。资源配置主体却是多元的，可分为微观配置主体和宏观配置主体，前者包括众多的企业、厂商、个人和作为采购者的政府机构，后者则是作为调控与管理者的政府与政府机构，前者更多地关注经济有效性，后者更多地关注社会合理性。资源配置的两大目标与两大主体常常是矛盾的、错位的和不一致不对称的，这暴露了市场机制的某些缺陷或弊端。（1）在市场经济条件下，微观经济主体的资源配置是第一位的，是基础性的、是主导；宏观经济主体的资源配置是第二位的，是辅助性的。这种资源配置基础性与辅助性的重大地位差异，更加剧了实现资源配置两大目标的难度与矛盾。（2）市场机制并非万能，它的选择有时不完全可靠、不完全合理、不完全有效、不完全及时，极易产生"马太效应"和"抽水机效应"。在许多情况下，单纯依赖市场机制并不能完全实现社会资源的合理有效配置，实现社会的全面协调可持续发展，于是政府的某种形式的干预便成为一种必然的选择。（3）古典经济学的市场机制为"万能的看不见的手"，计划经济以国家"万能的看得见的手"来实现资源有效合理配置，实践表明二者都是片面的和难以实现的。因此要探索新路径，探索介于二者之间的某种新模式即承认市场机制，并利用市场调节，在认为它"很能"的同时看到它

"并非万能"，承认它的缺陷与不足，将上述二者适当结合，以市场调节为主，以政府的某种形式的干预为辅，实现资源有效合理配置。故此，两手并用是当代几乎一切国家的现实理智选择。政策性金融就是两手并用诸多选择中的最佳选择和制度安排。

白钦先教授强调指出，从不同层次与角度对商业性金融与政策性金融的比较研究表明，二者在性质、职能、定位、目标、运行机制、资金来源与运用等各方面都各自有自己的特色，具有很大的差异。政策性金融是财政性与金融性、无偿拨付与有偿借款、非盈利性与盈利性、行政性与市场性、宏观性与微观性、直接管理与间接管理、"看得见的手"与"看不见的手"的巧妙结合与统一。

此外，白钦先教授和他的助手们还从不同角度丰富与扩展了政策性金融存在发展的理论必然性论证。（1）从发展经济学和可持续发展的理论与实践研究对政策性金融，特别是对发展中国家的政策性金融发展的推动和影响；对包括发达国家在内的所有不同类型国家绿色经济、低碳经济、环保经济研究对政策性金融发展新领域新前景的开拓，政策性金融今后将更多地涉足公共设施、城市改造、环境保护、社会保障、国民教育、新能源等新领域，并追求经济与社会，人与自然的和谐、协调与可持续发展。（2）从公共财政、公共产品理论的角度，阐释政策性金融的必要性与不可或缺性。（3）从对斯蒂格利茨的信贷配给理论的修正与扩展中，论证政策性金融存在发展的理论必然性。（4）"强位弱势群体论"。这一思想与理论是白教授对政策性金融理论基础研究的深化与抽象，它凸显了金融，尤其是政策性金融的人本与民本性本质特征，凸显了金融为大多数人大多数企业服务的普世普惠性特征和最终目标。

3. 政策性金融的特有经济金融功能与效应

政策性金融是金融体系大家庭中的重要构成部分，整体金融的功能它都具有。所以关于政策性金融的功能阐释也必须从一般金融功能开始。白钦先教授和谭庆华博士在《金融功能演进与金融发展》一文中对金融功能的演进进行了全面深入的阐释。他们将金融功能的扩展提升路径描述为"基础功能

（中介功能、服务功能）→主导功能（核心功能资源配置，扩展功能风险规避与经济调节）→衍生功能（风险管理、风险交易、信息传递、公司治理、宏观调节、引导消费、区域协调、财富再分配）"。这些功能政策性金融也都具有，只不过在某些方面，例如基础性金融功能中的服务性、中介性功能就不如商业性银行金融那么广泛强势，而在主导功能中的资源配置功能和调节功能方面，就比商业性银行金融更为直接、更为有力，从而更为有效。

相比之下，政策性金融的特有功能才是更为重要的核心问题。这些特有功能包括：直接扶植与强力推进功能、逆市场选择功能、倡导与诱导性功能、虹吸与扩张性功能这些主导功能，和专业性服务与协调功能这些辅助性功能两类。当然也可以有不同视角下的不同分类。例如从更具体的角度来说，政策性金融具有资源定向配置功能和促进特定产业发展的功能，社会稳定功能、地区协调发展功能、引导消费功能、金融稳定功能。

政策性金融特有功能的研究还包括：功能的微观作用与传导机制的研究、内部实现机制的研究和它的宏观效应的研究，从而构建了"功能界定→内部机制→外部效应"这一完整的理论分析框架。而这一分析框架是建立在对相关问题从"理论研究→具体实践→思想探源"三方面进行的更为基础性的研究的坚实基石之上的。

对于政策性金融的特有功能，白钦先教授还有更为形象简练的概括，即"一石二鸟双优化"之喻。政策性金融是各国金融体系两翼中的一翼，它同商业性金融是彼此相互合作共赢而非彼此竞争，是相互补充优化而非替代的关系。政策性金融，一方面配合一国经济与社会政策目标的不同需要与侧重点，通过各种政策性融资活动与服务充当调节经济和管理工具的角色，从而优化了一国宏观经济调控体系，另一方面同时又诱导或补充商业性金融机制与作用的不足，健全与优化了一国金融体系的总体功能，从而优化了一国的宏观金融调控体系。具有"一石二鸟双优化"之功效。

4. 在现代各国经济社会发展稳定中不可或缺不可替代尤以中国为甚

前面侧重从政策性金融基础概念、基本定位、基本经济学金融学含义和特有功能的角度，阐述政策性金融说的理论必然性和基本内容，以下将转向阐述其不可或缺、不可替代，只能加强不能削弱的现实战略必然性与极端重要性。

首先是在现代各国经济与社会发展中，政策性金融在全球各国，不管是发达国家还是转轨型国家，特别是发展中国家，都普遍而广泛地存在着。尤其是农业（农村）、进出口（包括对外援助与国际合作）政策性金融和中小企业政策性金融更为普遍，其他种类的政策性金融，例如住房、存款保险、社会保障、风险投资、支持基础设施、落后区域产业发展的开发性政策性金融等等，则视国情、发展阶段和需要而各有侧重。

这些不同领域不同种类的政策性金融的普遍持久存在，是一个基本的历史与现实客观事实。这就提出一个极严肃而尖锐的问题：它们持久广泛存在的经济与社会必然性必要性何在？人们可以不顾这一切而主观地决定它的弃取，但不能取消它客观存在发展的必然性以及不顾这一切人为取消而产生的严重后果与影响。中国的政策性金融，1993 年作出这一决定时只是从推进金融体制改革，给各国有商业银行卸包袱的机会主义的具体层面考虑与决定的，政策性金融只是作为这一改革的副产品而出现的，并没有从历史的长远的、全局和战略的高度来认识与处理这一问题。这是先天的严重不足，脱离理论而就事论事，由此才有后来的"异化"与种种曲折，才有"取消论"、"合并论"等论调的出现，这是教训。说到这一点，白钦先教授在 20 世纪 90 年代初就指出："中国比发达国家和其他发展中国家更加需要发达配套的政策性金融体系"。这是由中国的特殊国情和特殊环境决定的。政策性金融在世界各国经济与社会发展稳定中的战略地位与重大作用，尤其在贯彻执行国家的经济社会发展战略、经济政策、产业政策、社会政策乃至外交战略与政策意图和促进就业、区域协调发展等方面有独特的影响与作用，政策性金融在世界各国中，不可或缺、不可替代，只能加强、不能削弱，而尤以中国为甚，这一点也为近几年来走过的曲折道路的教训和损失所证明。

5. 政策性金融可持续发展必须实现六大协调均衡

政策性金融说这一理论体系中，还包括实现政策性金融可持续发展必需的六大协调均衡，即："政策性金融的可持续发展应实现商业性金融与政策性金融之间，资源配置宏观主体及其宏观目标与微观配置主体及其微观目标之间，政策性金融的特殊重任与其拥有的综合实力之间，其性质职能的特殊公共性或政策性与其具体业务的市场性之间，履行其公共性职能而产生的财务缺口与其自动补偿机制之间，政府对政策性金融的全力支持与适度监督之间的协调与均衡。"

6. 政策性金融的立法及特殊监督权力结构

在中国，对政策性金融的"监督"是等同于、混同于、比照于对商业性金融的监管的，这是不对的，也不符合世界各国的普遍做法，在实践中极为有害。

有鉴于此，白钦先教授提出的政策性金融说十分强调有关政策性金融的立法，并遵循"一行一法"的原则，在此基础上实现对它的依法监督，而不是仿照商业性银行的监管。刻意使用"监督"而不使用"监管"是要强调这二者的根本区别。一般所说的金融监管，是指国家行政监管当局居高临下依法对追求利润最大化的商业性金融企业实行的监管，是"官对民（企业）"的强制性监管。而政策性金融机构是政府机构或准政府机构，是"官"的一部分而不是"民"，不是一般的商业性金融企业。对政策性金融的监督是通过依法形成的特殊职能、宗旨、组织结构、特殊权力结构与监督结构实行的。即通过对各国政策性金融监督机制与特殊权力结构的比较，认为对政策性金融的监督，是国家以政策性金融专门立法的形式，由政府直接控制政策性金融机构的主要人事任免权，政府相关部门参与协调与制约，国家审计机构定期或不定期作专门审计监督，以及由政府相关部门和权威专家或其他行业人员代表国家和公众的利益组合而成的董事会（理事会）的组织形式，对政策性金融机构具体行使最高的决策、监督、协调职能，从而构成了政策性金融独特的监督机制和权力结构。同时指出中国在政策性金融监督问题上的一些误解及其原因与后果。

（二）政策性金融说提出的历史背景与现实环境

1. 持续的理论研究、坚定的思想准备孕育了政策性金融学说

（1）古今中外长期存在百年来缺乏系统深入的研究

从某种意义上说，某种形态形式的政策性金融在古今中外的长期发展中一直断断续续地存在与发展着，这是历史事实。直到一百多年前，才以制度化的形式逐渐地、持续性地在世界各国普遍建立与发展起来，成为各国近现代金融体系中不可或缺的重要构成部分。20 世纪 90 年代初经白钦先教授研究概括抽象为"政策性金融说"，并将政策性金融定位于提升于"同商业性金融彼此相互对称、平行、并列的两大金融族类之一"的战略高度。

别国不说，只说中国。远在西周时代，在极有限的中央政权机构设置中，就有泉府之设。该府兼有今日之财政部与国家银行的职能，官员干吏近百人，发放实施周礼祭祀所需钱款的纯信用无抵押无息贷款，是比今天的政策性金融信贷更为"政策性"的一类，而对生产性信贷则根据领域生产特点而将利息率分为五六个不同的档次。战国时代，越王勾践卧薪尝胆十年生聚复仇再战而一举灭吴国，这其中越国中央政府的"饷筹"即如今天的"财政债券"功不可没。此后，历朝历代灾荒时不同形式的赈灾举措中的"放粮"、"以工代赈"、王安石的青苗法等即为今天的政策性金融。到新民主主义革命时期，中华苏维埃银行、陕北及晋冀鲁豫地区的银行，都以农业、农民为服务对象，地主富农一律不贷，中农限贷，贫下中农雇农优先优待的超低利率贷款，更是政治条件优先，贫苦大众优待的更为典型的政治性政策性很强的政策性金融。新中国建立后直到 80 年代中后期，大一统国家银行，以国家计划为最高指导原则，以国有企业为主要贷款对象，基本建设是拨款而非贷款，国有企业欠贷长期不还，中央一个令便定期"豁免"不用还了，这是比如今的政策性金融还要更"政策性金融"的超政策性金融。

（2）在金融体制比较说研究中首次将其提到国家战略的高度

综上所述，政策性金融古今中外长期存在，百年来又将其制度化普遍建立发展，但仅视为各国金融体系中的特例或另类，是为附庸，中外学者理论界对此并无专门的研究与系统的论著。直到 20 世纪 80 年代，白钦先教授在学习与研究各国的金融体制中认识到此类金融的普遍持久存在，并注意到此类金融在其基本宗旨与职能、资本来源与结构、融资原则与条件、运行机制与政策、资金来源与运用及监督等一系列问题上与现存的商业性金融有很大的不同，但它们在现代各国经济与社会发展中却发挥着独特而巨大的影响与作用，不可忽视、不可小视，必须给予高度的重视和足够的系统研究。从此开始了对其系统深入的持续性研究。

在系统深入研究金融体制比较说的过程中，在其载体《比较银行学》的专著中首次设专节阐述政策性金融，但由于当时种种条件的局限，一时还难以对其进行更为全面系统深入的专业研究。但在该专著的最后一章"中国金融改革的理论与实践"中首次将政策性金融与商业性金融在业务上分离、机构上分立列为中国金融体制改革面临的八大战略选择之一。

（3）20世纪80年代持续准备与研究，"八五"专门立项研究

据白钦先教授自己说，在80年代那种极困难与资料文献极匮乏的特殊条件下，一边从事金融体制比较说的研究同时开辟两条战线再研究政策性金融实不可取，也不可能。只能留意于此，进行自觉的思想、理论、文献资料的准备，待时机成熟再专门研究。同时建议他的硕士研究生曲昭光的硕士学位论文选择此题，并为其拟订了详尽的章节目研究提纲，对这一问题进行前期专门研究。

2. 中国金融体制改革的实践呼唤催生政策性金融学说

白钦先教授曾不止一次地指出，理论来源于实践并服务于实践，实践的需要和成败归根结底决定理论的命运。1991年立项研究的最终成果在1993年上半年实际已经完成，按作者的预期，国家即将进入将政策性金融与商业性金融分离分立的具体实施阶段。所以，1993年7月撰写了"充分借鉴各国成功经验，尽速构筑中国的政策性金融体系"的建议，通过国家教委上呈中央有关领导。建议明确提出将政策性金融与商业性金融分离分立的主张，并相应提出一系列对策性配套建议。后来国家教委有关司领导当面告诉白钦先教授，国家教委向中央有关领导汇报高校科研为国家改革开放服务时，将这一项目、成果和建议作为典型事例上呈。

同时，这一工作获得中国金融出版社诸位领导的一致赞同与坚决支持，并当场决定以最高的质量、最好的条件、最快的速度出版专著《各国政策性

金融机构比较》一书。所以当1993年10月中共中央十四届三中全会召开，通过"关于建立社会主义市场经济体制若干问题的决定"，将包括政策性金融业务与商业性金融业务分离机构分立作为该决定推进金融体制改革的八条中的一条时，这一专著已正式发行，最大限度地满足于适应于中国金融体制改革实践的需要。当时，国务院的一位人士在有关会议中遇见白钦先教授时，高兴地赞扬说："您老先生动作可真快，中央决定刚出，你的书就出版了。"白教授笑着回答说："我哪里是快，我是慢，我十年前就开始研究开始准备了。"

（三）政策性金融说的价值与影响

白钦先教授的政策性金融说的准备与提出历时十余年的时间，这一理论学说的最初集中载体是专著《各国政策性金融机构比较》，以及其后他同他的弟子们围绕政策性金融问题的八九本专著和几十篇相关学术文章的系列化成果，则进一步发展、丰富、完善与扩展了这一学说。这些专著全部采用金融体制比较说形成的以金融体制各要素研究为主要内容，以比较研究方法为主要研究方法。这些成果都有国家教委社科重点项目、国家自然科学基金项目、国家社科基金重点项目作支撑。

其中《各国政策性金融机构比较》一书获全国高校优秀教材一等奖和中国金融教育发展基金会首届金晨奖一等奖及若干省部级奖；配套性专著与文章中有十余项获省人民政府社科奖及其他省部级奖。

1. 权威专家组的评审与鉴定给予高度评价

1993年9月项目的最终成果《各国政策性金融机构比较》一书正式公开出版发行，以此为标志进入了项目的结题阶段。在教委组织的由国家权威金融专家学者盛慕杰、赵海宽、吴晓灵、虞关涛、俞天一、陈家盛、孔祥毅、楼继伟、雷祖华等人组成的评议组评审鉴定的最后结论认为："是我国国际金融领域取得的一项突出的学术成果，该成果对各国政策性金融机构问题进行了全面系统多角度全方位的比较研究，在许多方面取得突破性和开创性进展，填补了政策性金融研究的空白，并达到国内外相当高的水平。该项目的立项是超前的，完成是及时的，并具有相当的难度。该项目成果为我国政策性金融机构体制的设计和建立提供了理论依据和可资借鉴的经验，对于深化我国金融体制改革具有重要的理论意义和实际指导价值，其社会效益是巨大的。"

2. 政策性金融学说的原始创新性贡献

政策性金融说的提出在思想和理论层面上说它的原始创新性是极为明显和不言而喻的。因为这是在古今中外首次正式提出同传统"一般金融"或"商业性金融"彼此对称、平行、并列的两大金融族类中的另一类金融的客观存在，给予明确而科学的界定，严肃而严密论证了它长期存在与不断发展的经济、金融与社会必然性与必要性，阐述了它的经济金融特有功能作用与影响，以及可持续发展的最终目标与实现条件。在这个过程中，白钦先教授被称为国内外"政策性金融理论的首创者和中国政策性金融实践的首倡者"。

3. 社会贡献卓著、学科发展影响显著

如前所述，专著一出版恰逢中央全会做出将二者分离分立的决定，受到社会各界的热烈欢迎与高度肯定，该书很快售罄，多家金融决策与监管当局和国有银行人手一册。政策性金融说及其配套系列成果为90年代中央有关决策提供了参考借鉴，相关建议为中共中央全会决定所采纳，并付诸实现。当2004年庆祝中国政策性金融建立十周年时，《人民日报》、《金融时报》等新闻媒体与杂志记者对白钦先教授作了专门采访和系列报道。由此可见其社会价值卓然，社会贡献卓著。

在政策性金融机构创建的前几年中，应国家开发银行、中国农业发展银行和中国进出口银行等机构之邀，就有关政策性金融理论与实践诸多问题，政策与决策的相关问题，白教授提供了多篇咨询报告，有关机构将其上报中央。

这一学说对金融学学科建设发展和人才培养也产生了广泛影响。政策性金融说的提出，丰富与扩展了金融学理论研究的领域与内容，在金融大家庭中产生了一类新的金融机构，产生了一个新的分支学科，政策性金融硕士与博士学位授予权被设立，相应的高级专门人才正在实践中做出自己的贡献；一些学校开设了相应的专业课程，专著也被多次重印，或是作为金融学硕士与博士研究生的必读参考书，在全国金融系统高级职称评审中被作为必读与必考书。由黄达教授主编的大型辞书——《中华金融辞库》，破天荒地为政策性金融单独开门立户专设政策性金融分卷，这在金融学科发展史上是有重要意义的。

4. 政策性金融说在中国政策性金融曲折发展中经受检验与考验

白教授在其后的十多年中，不同时期又应邀给各政策性金融机构领导和干部提供系列讲座与培训。在最近五六年以来又就政策性金融机构"转型"、"定位"的辩论，从理论与实践上重申了政策性金融"不可或缺、不可替代，只能加强、不能削弱"，捍卫与检验了政策性金融说，为中国政策性金融的健康发展继续做出贡献。

2004 年正值中国政策性金融发展十周年，围绕中国政策性金融重新定位与转型问题，出现了政策性金融"过时论"、"否定论"、"合并论"、"终结论"，凡此种种一时间甚嚣尘上，媒体的刻意炒作和有意无意的曲解与歪曲，更使政策性金融界出现种种动摇与混乱，围绕时髦一时的所谓开发性金融与政策性金融平行论，所谓政策性金融商业化市场化论，及政策性商业性开发性金融三驾马车并列论的宣传与报道，在一段时间竟搞乱了理论、搞乱了业务、搞乱了市场、搞乱了思想、搞乱了队伍、搞乱了秩序。中国政策性金融处在一个困难的发展时期。在此期间，所幸经济界、财政界和金融界一些有识之士及时站出来，或发表谈话、或撰写文章，或立项潜心研究，起了拨乱反正正本清源的积极作用。温总理批示跨部委立项研究才未造成更进一步的恶果。

在此过程中，白钦先教授或通过答记者问，或发表学术文章，或出版多部专著，或在咨询评审鉴定中，从理论与政策上加以澄清，坚持了理论的科学性与严肃性，坚持了正确的理论与政策，他把这一曲折过程称为"中国政策性金融的异化与回归"。

在中央有关部委就温总理所提的"政策性金融改革"的项目研究中，白教授应邀继续提供理论咨询和政策建议，或对其成果提出评审鉴定意见。从中国政策性金融一段时间的动摇、迷茫和异化乃至回归中，再次凸显了理论研究的极端重要性、理论纯洁和科学性、坚定的极端重要性，客观上也是对白钦先教授提出的政策性金融说科学性和准确性的再一次检验与考验。

三、金融资源学说与金融可持续发展战略

（一）金融资源学说与金融可持续发展战略的提出及主要内容

1. 金融资源说的提出与主要内容

金融资源学说是以白钦先教授用二十年时间潜心研究现代金融的本质特征及战略重要性为基础，通过对传统自然资源观的创新而提出新资源观，即社会资源观这一理论过渡而提出的。

白钦先教授最早在 1997 年冬至 1998 年春所撰写的有关文章中，1998 年 5 月在中国社科院研究生院的演讲中和同年 5 月在"21 世纪全球金融发展国际研讨会"上的讲演中，公开提出"金融是一种资源，是一种社会资源，是一国的战略性稀缺资源"。包括：（1）基础性核心金融资源，即货币及货币资金资本；（2）实体性制度性中间金融资源，即金融组织与金融工具、相应的制度与法规、金融人才与金融意识等。（3）整体功能性高层金融资源。金融资源具有客观性、层次性、复杂性、脆弱性与稀缺性五大基本特征。提出者特别强调了功能性金融资源的客观性和稳定性，它更少受人的主观意志的支配与控制，它更难能、更难成、更难得因而更稀缺；同时，将传统金融机构观和现代金融功能观高度综合在金融资源观这一统一视角之下，从而也刻意保留了同西方经济学的某些连接渠道（1998）。

在经济学文献中，最早提及"金融资源"概念的西方学者是戈德史密斯（R. W. Goldsmith，1955）。在《资本形成与经济增长》一书中，戈氏谈道："本书应该探讨金融资源和传递渠道对经济增长的速度和性质的影响……。"可惜，他并没有重视这一概念的理论含义，这一概念在他的著作中只是被顺便提及的一个辅助性概念，是偶然的和非系统的，因而也没有引起西方经济学界的重视，以致在其后的几十年里，"金融资源"的概念并没有在西方经济

金融学界得到重视，对于这一概念的理解也没有取得多少实质性的进步。中国金融学者在 20 世纪 90 年代中后期，在学术讲演或文章中也使用过"金融资源"一词，但都不是正面的和系统的，且其含义常仅指"信贷资源"或是一种泛指的模糊概念。

中国学者正面地、郑重其事地将金融资源作为金融学理论的一个基础性、系统性概念，始于白教授 1998 年 5 月 26 日在一次国际会议上公开向中外学者所做的以"以金融资源论为基础的金融可持续发展理论与战略"为题的讲演，文献则比这要更早一些。这一事件被称为 1998 年中国金融理论界的一件大事。

"金融资源"这一基础性概念和理论的提出，经过了十几年漫长的认识与理论准备过程，包括研究与撰写《比较银行学》的八九年时间的艰难过程。从某种意义上讲，以金融资源论为基础的金融可持续发展理论与战略的提出，首先是具有反危机倾向的，但远不止于仅仅作为一剂预防和治疗金融危机的药方，而是对全球经济金融发展现实做出的创造性回应，是面向 21 世纪的新金融观。

在这里想特别强调指出的是，新金融观并不是对传统金融理论的否定，或像有些人说的是对传统金融观的"颠覆"或"摧毁"。也未曾试图取而代之，只是在新形势下、从一个全新的角度对它进行补充、丰富、发展与完善，使之能与时俱进，更加适应知识经济及经济全球化、经济金融化、金融全球化新时代的特征与需要，并对 21 世纪中国建设经济强国和金融强国的伟大事业从理论与政策的角度做出自己的贡献。

新金融观即金融资源学说的提出具有强烈的时代性特征，它直接地回答了现代金融的本质属性或基本特征，以及与经济的关系这一根本问题。包括：（1）金融是资源，它符合资源的基本属性，即它是人类社会资财之源；（2）定位，将金融资源定位于非自然资源一类，即社会资源一类；（3）金融资源的特殊资源属性，即它本身既是一种资源配置方式，也是一种资源配置手段，它本身也是资源，故可以被配置，通过金融资源的配置即可配置其他一切资源。这是金融资源区别于其他一切自然资源、社会资源的最基本特征。

2. 对传统"可持续发展"思想的全新阐释

可持续发展的思想以及它的现实针对性，最初是在20世纪60年代末由挪威首相布伦特兰夫人提出来的，随着时间的流逝，可持续发展思想的含义和它的现实针对性都在不断丰富与发展。它最初的含义是今天的发展和福利不能以牺牲下一代人的福利和发展为代价，且直接针对发展中国家和生态环境这一狭小领域。以白钦先教授的理解，它现在的含义是人与自然、人与社会、社会与经济的协调、稳定、有序、有效、和谐的可持续性发展。

经过十多年的有针对性地研究与思考、不断的深入与拓展，白教授逐渐形成并完善了自己对可持续发展问题的理解，形成了自己的可持续发展观，概括地说有如下六点：（1）可持续发展思想本身是一种高度抽象的哲学理念，是一种人文的关怀与关爱，它首先不是具有高度实践性的行动纲领，不能将这一崇高思想庸俗化、简单化，否则表面看似极端重视，实则反而会降低或冲淡它的崇高和巨大精神价值。（2）这一理念是以人或人类社会为本，而不是以别的什么为中心。之所以强调这一点，是因为国内和国外都有人强烈主张以自然为中心，这是本末倒置的和错误的。（3）防止将这一理念在实践上局限化、局部化，或者如一部分人所主张的那样，"强烈反对将这一思想泛化"，他们主张这一理念只针对自然与生态这一最初领域。这种主张是错误的。事实上，这一理念本身就是人类社会不断发展的产物，而且这一思想产生后，它本身也在不断发展与丰富，而不会也不应该被人为地局限在、凝固在某一层面或某一点上。试想，将这一崇高思想人为地"垄断化"，能产生任何积极结果吗？（4）不应将可持续发展等同于协调发展。不错，可持续发展思想强调今天的发展不能以牺牲下一代的福利为代价，这种昨天、今天与明天的时间连续性，以及这一代人、下一代人"人本代际"发展的连续性引申出可持续发展思想，而可持续发展必然涉及相关要素的协调及协调发展问题，这是不言而喻的。因此，可持续发展与协调发展二者密切相关，但并不能被简单等同，将二者等同或混淆是有害无益的。可持续发展是全人类的崇高哲学理念，而协调发展只是一种发展观。（5）这一思想有它强烈的现实针对性，它对全人类的生存与发展具有重大的实践性意义。在实践的战略层面，可以将其高度地概括为坚持人与自然、人与社会、社会与经济的全面的（而非仅仅局限在狭小的方面）协调、和谐（特别是社会和谐发展）、质性与量性发展相统一、跳跃式与渐进式发展相统一的可持续的发展观。（6）在实践的战略层面，尤其应强调发展的时间可持续性和空间可持续性。发展的空间可持续性意味着全球东方与西方、南方与北方、发达国家与发展中国家及转轨型国家经济与社会发展的连续性、协调性、和谐性、有效性和可持续性；意味着全球与国别或地区、产业、行业、部门间的发展的连续性、协调性、和谐性、有效性和可持续性。例如，虚拟经济的有效协调发展不能以实体经济的不协调、无效、不可持续发展为代价；一部分国家或地区的有效协调可持续发展不能以另一部分国家或地区的不协调、无效、不可持续发展为代价；一些行业或产业的协调有效可持续发展不能以另一些行业或产业的不协调、无效与不可持续发展为代价。

3. 将可持续发展理念与思想运用于对金融资源的有序有效适度开发利用，并将其提到国家和全人类的战略的高度

白钦先教授多次强调"金融资源学说"与"金融可持续发展战略"，并不是二者的简单结合，而在于二者内在的密切联系与融合统一。"金融可持续发展战略"实际是"金融资源的可持续发展战略"。所以金融资源说的提出在前，可持续发展的新阐释在后。

"学说与战略"具有鲜明的开放性、包容性。通过解释"金融资源"的一般资源属性与特殊资源属性这二重属性，以及"功能性高层金融资源"这样两条通道，实现了对金融机构观视角与金融功能观视角的整合与统一，也保持了它与西方经济学理论视角的平滑连接与过渡。金融资源学说并不排斥其他金融理论，金融分析方法也不排斥其他方法的运用。它的实现与贯彻将造福于全社会、全人类，不管是中国、中华民族还是世界各国、各不同种族与民族，都沐浴其中。这也是它的"世界性意义"之所在。

4. 金融经济学研究的范式转换、理论创新和方法变革

金融资源学说与金融可持续发展战略包含着金融经济学的范式转换、理论创新和方法变革。范式转换：面向 21 世纪的新金融观；理论创新：金融资

源理论；方法变革：从货币分析到金融分析。

——范式转换：面向 21 世纪的新金融观。已故著名经济学家孙冶方先生曾说过："经济理论上的很多争论，都涉及哲学世界观方法论问题，注意从哲学角度来回答这些问题，就可以取得突破性进展。""学说与战略"实现了金融经济学研究的范式转换，表现在：（1）"学说与战略"强调金融学继续存在与发展的前提是货币非中性基础上的金融非中性；（2）将可持续发展理念引入金融学研究，拓宽了金融学的研究领域，也确立了金融学研究的最终目标，即金融可持续发展，进而造福于人类与社会；（3）"学说与战略"是一种全新的金融效率观，它为经济学以资源配置为中心的范式增加了新的约束条件：既定时期的资源配置效率必须考虑资源的长期利用问题，强调金融效率的评价标准是金融发展与经济发展的适应程度，资产的金融化不能以牺牲现时和未来的实际生产和服务为代价；（4）在方法论上注重理论实证和经验实证的有机结合，突出强调金融学的社会科学属性。

——理论创新：金融资源理论。当代金融学的危机是基础性的，最根本的是范式危机；当代金融学理论体系仍然支离破碎，研究范围也过于狭窄；当代金融学的研究方法也有失偏颇，囿于"工具性"、"技术性"倾向的孤立主义研究传统。有鉴于此，作为"学说与战略"前提与基础的金融学理论创新，是一系列原始理论创新的产物：金融资源说与金融可持续发展战略的研究路径是在全面系统深入研究国内外自然资源为主体的传统经济资源观的基础上，提出与自然资源观相互对称、平行、并列的社会资源观；以新资源观为基础，以近二十年对金融本质的研究为支撑，提出金融资源学说；以金融资源观论为基础，在将可持续发展理念与理论扩展突破的基础上，创造性地提出金融资源为基础的金融可持续发展理论与战略。这是对传统金融学理论的突破与创新。

——方法变革：从货币分析到金融分析。包括：（1）金融分析研究经济过程中与金融及其金融过程有关的各种经济关系；（2）金融分析的基本问题是研究金融的内生性问题；（3）金融分析在一般经济分析中的地位不可或缺、不可替代，推动金融学研究从封闭走向开放。

5. "学说与战略"彰显深厚的哲学人文关怀关爱和它的普世普惠性及其世界性意义特征

金融资源说与金融可持续发展战略从始至终贯彻了"以人为本"这一哲学理念与人文关怀和关爱，而以实现人与自然、人与社会、社会与经济的和谐可持续发展，造福于全中国全人类为最终目标。"学说与战略"在范式转换的最高层面上，公开突出强调了它的社会科学属性。

"学说与战略"展示了一种全新的金融观和发展观，沐浴在深厚的哲学理念、人文思想的关怀与关爱之中，这使它超越了传统视角的许多人为界限与狭隘价值判断；此外，由于货币从而金融的信用性与价值一般性本质特征，也由于金融资源的一般资源与特殊资源二重属性，才可能使"学说与战略"获得非排他的普世普惠性及世界性意义特征。它不排斥任何种族或民族，国家或国家群体，资源、环境或经济、社会、金融，产业或企业，领域或地域。它以经济、金融和社会的和谐可持续发展为最终目标，并自然渗透其中，确立与实现这一最终目标将会毫无例外地普世普惠于各国与全球的共同目标、福祉与福利，光照人类，沐浴全球，这也是它的"世界性意义特征"之所在。

但是由于人的认识能力与理性发展水平的局限，人的欲望的不断膨胀也造成了人与自然、人与社会的对立与矛盾，经济与金融危机的频发、生态环境的恶化就是证明，就是当今人类经济与社会不可持续发展的生动案例。因此，人类也需要不断改造与完善自身。

有鉴于此，"学说与战略"将树立全民族、全人类全新的大金融意识作为它的重要内容列入其中，并以此为其持续发展的根本保证。基于现实的挑战和人类自身对"学说与战略"普世性与普惠性的主动适应与自觉反应，特将树立全国全民族乃至全世界各国各民族全新的大金融意识，即现代金融意识、金融资源意识、虚拟金融意识、国家金融意识、战略金融意识、金融风险与危机意识、金融安全与主权意识、金融正负功能意识、金融强国意识、全球金融意识、反金融霸权意识和金融话语权意识纳入"学说与战略"之中，并将其提升到国家战略和"人类21世纪议程"这样的战略高度。进而对国别和全球金融资源高度重视、倍加珍惜爱护、全力建设发展、适度开发利用、科学优化配置和积极审慎监管，从而实现国别和全球各国经济金融可持续发展的这一最终目标。

（二）提出的历史背景与现实环境

1. 是 21 世纪知识经济时代呼唤与挑战的催生

随着经济全球化、经济金融化、金融全球化日益深化，知识经济初见端倪，经济金融理论面临一系列严重挑战：（1）传统经济理论以为，自然资源的禀赋是一国经济与社会发展的决定性制约因素。而"二战"以来，特别是20 世纪下半叶许多国家经济与社会发展的实践表明却并非如此。一些自然资源并不丰富的国家与地区，例如亚洲"四小龙""四小虎"，它们的土地有限、自然资源贫乏，但是经济与社会却迅速发展，国民富有程度却迅猛提高。传统理论已经不能够很好地解释现实，面临严峻挑战。（2）OECD 国家的GDP 的60%到70%都不是主要利用或消耗自然资源的第一、第二产业创造的，美国的这一比率甚至高达80%。这些财富的来源是什么？回答是非自然资源、社会资源，首先是金融资源。（3）1997 年的亚洲金融危机的深刻根源是传统金融理论的危机。近年来频繁爆发的金融危机实际上反映了金融学的危机，它表明当代金融学的发展滞后于实际金融活动的发展，因而表现出了理论对经验现实的不适应性。当代金融学要想摆脱危机、继续前进并对经济金融的未来发展发挥应有的理论解说和实践指导作用，就必须要突破、调整或超越既定范式。这是金融学在新形势下进行自我更新的首要任务。

这些严峻的现实与理论挑战，应用金融资源理论就会得到很好的解释与回答，即：伴随着经济全球化、经济金融化、金融全球化，金融在提高了对一个经济体的资源配置能力和效率的同时，它自身的系统性风险也在累积与提升。金融是资源，是社会资源，是一国的战略性稀缺资源，它也有一个像自然资源的适度开发利用而不能滥砍滥伐的问题。否则，将导致金融从而经济的不可持续发展。

2. 是 20 世纪 80 ~ 90 年代近 20 年金融基础理论及新挑战研究积累的产儿

这期间，白教授对经济全球化和经济金融化的挑战与启示的研究，对金融全球化——一把双刃剑的研究，对全球化的困扰与困扰的全球化的思考，对面向 21 世纪从战略高度审视与处理金融问题的思考与警示，以及金融强国是中国的战略选择的呼吁，都在累积着孕育着对从传统金融到现代金融的本质性认识，而这又集中体现在"百年金融的历史变迁"一文中。文章高瞻远瞩，运用大视野、新视角从几个方面审视了百年金融的历史变迁。这可以看作是白教授持续二十年对金融本质研究的集中体现与结晶。这一切都为金融资源学说的提出奠定了思想与理论基础。

另外是对可持续发展思想的突破与创新。可持续发展思想的提出是崇高的和意义重大的，有时提出一个问题比解决一个问题要更难。然而，这一理念的现实针对性却从一开始就是片面的，因为它忽略了西方发达国家对自然资源的掠夺性开采、惊人的浪费和伴随着这一进程而产生的对生态环境的巨大破坏这一事实。这一片面性在 1992 年召开的里约热内卢全球会议上得到纠正，使这一理念成为全人类的共同财富，并且在实践上成为包括发达国家、发展中国家和转轨型国家在内的所有国家的历史任务，会上通过了共同行动纲领，即"人类 21 世纪议程"。

随着时间的流逝，可持续发展思想的含义和它的现实针对性都在不断丰富与发展。它最初的含义是今天的发展和福利不能以牺牲下一代人的福利和发展为代价，且直接针对发展中国家和生态环境这一狭小领域。以白钦先教授的理解，它现在的含义是人与自然、人与社会、社会与经济的协调、稳定、有序、有效、和谐的可持续性发展。

这其中令人困惑、犹豫和费解的是，将可持续发展思想引入中国的那些学者及其拥护者，将可持续发展思想仅仅适用于资源消耗与环境破坏这一狭小领域，而反对将其扩大延伸。而白钦先教授的研究与思考恰恰是从他们所反对的"泛化"开始的。为什么不能泛化？泛化不是更好吗？将其运用于、扩展于、泛化于经济与社会的发展这一领域，实现人与自然、人与社会、社会与经济的和谐发展不是更好吗？他果然这么做了，将可持续发展理念与思想首次运用于经济金融等社会领域，终于提出金融可持续发展的理论与战略。

进而是金融资源说的提出。这一学说的提出是面向 21 世纪知识经济时代，从战略高度重新审视金融的本质，研究金融是什么的结果，极富时代特征。

白教授对经济资源观的研究是从对人类传统自然资源观的研究开始的，而对它的突破与创新则是社会资源观这一新资源观的提出，这作为一个前提与过渡，才有金融资源说的提出，这是又一次的突破与创新。新资源观的提出以白钦先教授和杨涤博士研究撰写的学术专著《21 世纪新资源论——关于国民财富源泉的最新研究》为标志。

金融可持续发展理论是以金融资源论为基础的，而金融资源的开发配置、成本收益、后果与影响分析研究的核心问题是金融资源的配置效率，以金融资源论为基础的金融可持续发展理论在范式转换这一最高层面上，提出了全新的金融效率观。一种新思想一种理论是否是创新的标准是什么？一是它可以解释旧思想旧理论可以说明和可以解释的现象或问题；二是它可以回答或解释旧思想旧理论不能解释的现象或问题；三是它的可预测性，即预测在什么条件下某种现象、趋势或问题必然发生。传统经济金融理论不能回答这一问题，而金融资源理论就很好地解释与回答了这一问题。

（三）金融资源说与金融可持续发展战略的学术价值与影响

1. 原创性金融基础理论贡献与战略性政策含义与世界性意义

金融资源说的提出是以 20 世纪 80 年代初开始关注与研究金融的本质、由传统金融到现代金融的百年变迁等研究与认识为基础的，在此基础上从1993 年开始研究金融资源说及金融可持续发展理论与战略问题，并于 1998 年5 月正式提出，以此为前提，2000 年 3 月立项，2006 年元月结题，以《金融可持续发展理论研究导论》及"21 世纪新资源理论——关于国民财富源泉的最新研究"为最终成果。由张亦春、秦池江、景学成、郑振龙和孔祥毅等权威金融专家所组成的评审组鉴定的验收意见如下：

"是我国改革开放以来在金融基础理论与实践（金融可持续发展战略）研究领域取得的一项突出的具有原创性特征和中国'自主性知识产权'特征的优秀学术成果。（1）该成果提出'金融是一种资源，是社会资源，是一种战略性稀缺资源'的理论学说，这一学说极富时代特征……构成了知识经济条件下中国国家知识创新体系的一部分，具有重大的金融基础理论原创性意义。（2）该成果以金融资源学说为基础，首次将可持续发展的思想理念创造性地扩展运用到金融领域……同中央提出的全面协调可持续的科学发展观的战略决策保持了高度的协调与一致性，同时该成果也具有严肃的政策含义与重大的实践意义，对维护国家经济金融安全和战略决策具有重要指导意义。（3）该成果不仅是国内，也是世界金融科学研究的创新成果。

2. 社会各界的热烈反响与肯定

1998 年 5 月 19 日，白钦先教授在中国社科院研究生院作关于金融可持续发展问题的学术报告，首次对金融可持续发展的基本含义做出界定；5 月 25 日在面向 21 世纪全球金融发展国际学术研讨会的开幕式上代表中国学者发言，郑重向中外学者提出研究金融可持续发展理论与实施金融可持续发展战略的建议；5 月 27 日《金融时报》头版头条刊载白钦先教授呼吁实施金融可持续发展战略的建议；5 月《城市金融论坛》刊登姚勇的《从货币分析到金融分析——简论金融可持续发展的理论基础和理论意义》；5 月《国际金融研究》刊登白钦先、丁志杰《论金融可持续发展》的文章。

白钦先教授的这一理论与战略建议在公开提出之后，立刻引起全国经济金融理论界、教育界和新闻界的广泛关注与热烈反响。1998 年 6 月 3 日，《金融时报》证券版头版头条刊登了陈邦来的评论员文章，题目为"21 世纪呼唤全新的金融发展观"；6 月 7 日，《金融时报》刊登白钦先教授"论金融可持续发展"的长篇文章，并加编者按，认为"此文向人们展示出一个亟待研讨的重大研究课题"。1998 年 6 ~ 8 月，《中国改革报》、《金融时报》、《中国金融》、《城市金融论坛》、新华社《经济参考报》等报刊杂志纷纷大幅登载相关文章、报道与访谈。

《中国改革报》在 1998 年 6 月 30 日刊登的署名为艾迪的专家点评中指出："成都面向 21 世纪全球金融发展国际研讨会的许多与会者认为白钦先教授提出了一个重大理论问题，富于开拓性与创造性；是一个大思路、大视野、大战略。"张亦春教授指出："白钦先教授提出的金融可持续发展的研究课题是一个很重大的新课题，具有深远的战略意义，对于世界各国经济与社会发展稳定，对于经济学与金融学的发展，将会产生重要影响；金融学术界应该共同努力破题，为中央政府关于 21 世纪的发展战略决策提供有益的参考意见。"陈铁林先生认为"金融可持续发展是一个非常重大的课题，这需要胆略与勇气"。陆家骝教授认为"白钦先教授提出的金融可持续发展观点，为我国乃至世界各国以往的金融实践提供了一种新的理论视角和思维方式。金融可持续发展所涉及的一个基础概念，就是金融资源的概念，在一定意义上，金融的可持续发展也就是金融资源的可持续发展"。

3. 认同接受的人越来越多，有更多的人参与研讨与研究

在理论界也引起了热烈的讨论。1998 年 6 月，中国金融学会、《金融时报》等六家单位联合发起召开"金融可持续发展理论与战略研讨会"，首都与部分外地经济金融专家学者二十余人参加，讨论热烈而深入。2003 年 11 月，首次全国金融可持续发展研讨会在上海召开；2006 年"第一届中国金融发展高级论坛"在沈阳召开，高校内部的专题研讨，金融学术界的学术报告与演讲连续不断，以此为选题的硕士博士学位论文不断涌现，认同并以不同形式参与研究的人也越来越多。我国一位著名资深金融学家在一次会议上曾说："金融资源理论是正确的，接受它的人也越来越多。"

如今，这一"学说与战略"提出已过去二十多年了，白教授想起当初理论界几十位学者的宝贵支持、参与讨论和研究，心存无限的感激与感佩之情。随着时间的流逝与研究的深入，以及实践的检验，有更多的人参与研究，备感欣慰。

4. 这一学说与战略也受到德国、美国和英国著名学者的关注与肯定

尽管由于众所周知的原因和条件的局限，这一理论与战略在国外的传播与影响仍然是缓慢的与有限的，但一些接触到这一理论的德国、美国、英国著名学者对它表现出强烈的兴趣与由衷的支持。德国柏林经济学院黑尔教授，美国金融学会前会长、著名金融学家、伯克利大学洛杉矶分校教授麦克·布鲁楠和英国著名货币金融专家、英格兰银行货币政策委员会顾问、英国约克大学麦克·魏肯（Mike Wickens）教授及英国实证经济学家 P·N·史密斯

（P. N. Smith）教授都给予了"以金融资源学说为基础的金融可持续发展理论"高度肯定与认同。

5. 与中央全面协调可持续的科学发展观保持高度一致性，并为其提供某种理论支撑

白钦先教授的"学说与战略"，从 20 世纪 90 年代初期的酝酿到 90 年代后期公开提出（1998）；从《金融时报》头版头条刊载这一呼吁与建议（1998 – 05 – 27），到"21 世纪呼唤全新的金融发展观"（1998 – 06 – 03）和"树立全面协调可持续的金融发展观"（2003 – 12 – 01）两篇评论员文章的发表；从"就金融可持续发展战略上呈江泽民总书记和朱镕基总理的信"（1998 – 05 – 20），到《中国改革报》公开刊载"致联合国秘书长科菲·安南的信"（1998 – 06 – 30），到 21 世纪初中央全面协调可持续科学发展观的提出，从研究发展历程到公开提出的主要思想内容，都保持了与中央科学发展观的最大限度的一致性，并为其提供了某种理论支撑。

如今，金融资源观念已经得到普遍认可，中共中央将金融资源作为阐述金融改革的核心概念，在全国金融工作会议中强调将金融资源配置同金融改革联系起来。时任国务院总理温家宝、副总理李克强在不同场合都提到金融资源和金融可持续发展，2012 年 2 月在沈阳市委、市政府组织召开的沈阳市建设东北金融中心推进工作会议上，中国人民银行沈阳分行王顺行长多次提及金融资源和金融可持续发展。中共中央"十二五"规划建议中郑重提出经济发展方式转变这一重大课题，从内在逻辑上必然要求转变金融发展方式，以实现金融资源更加有效的配置和经济金融可持续发展。以金融资源学说为基础的金融可持续发展理论与战略已受到中国最高决策当局和金融监管机构的认同和秉持。

6. 对中国金融学科建设与发展产生了较大的影响

教育部高等学校经济学类核心课程、金融学专业主干课程教材《货币银行学》（曹龙骐，2000.8）以"金融创新与金融可持续发展"为题设专章研究。著名资深金融学家孔祥毅教授以"金融可持续发展理论的深化与发展——评白钦先等著的《金融可持续发展研究导论》"为题撰写书评，对金融

可持续发展理论与战略给予高度肯定，并强调提出这一研究具有"世界性意义"（《金融时报》，2003.12.01）。同日，《金融时报》在第三版头条发表了《树立全面协调可持续的金融发展观》的评论员文章。围绕一个问题发表两篇评论员文章，这在现实中是极为罕见的。"学说与战略"在高校及经济金融界已经广泛传播，得到重视与研究，不少学校为硕士研究生开设的相关课程或讲座，将该书作为硕士与博士研究生的必读参考书。

四、金融结构、金融功能演进与金融发展说

（一）金融结构、金融功能演进与金融发展说的提出与内容

1. 白钦先教授金融结构、金融功能演进与金融发展说的提出

白钦先教授的"金融结构、金融功能演进与金融发展说"，从酝酿到公开提出，经过了一个"三段式"研究历程——从自己的长期酝酿到教学和学术讲演的半公开，再到公开撰写学术文章正式发表。

20世纪80年代初到90年代末，是该学说的酝酿期；在此期间，白教授最早提出具有中国特色的金融结构、金融功能问题的相关思想，并通过《比较银行学》的公开出版而部分公诸于世。

从20世纪90年代后期到21世纪初，是该学说的半公开提出期；在此期间，白教授讲授相关研究生课程，并在一些会议上公开进行相关专题的学术讲演。

2005年3月《经济评论》杂志刊登了《我对金融结构、金融功能演进与金融发展理论的研究历程》，2006年7月《金融研究》杂志刊登了《金融功能演进与金融发展》一文；该学说正式进入学术界的视野，是该学说进入公开提出期的标志。

2. 白钦先教授金融结构、金融功能演进与金融发展说的主要内容

白教授的金融结构、金融功能演进与金融发展说的内容，择其要点概括如下：（1）"将金融结构定义为金融相关要素的组成、相互关系及量的比

例";（2）伴随着金融的发展演变，金融结构也经历了扩展与提升的过程；（3）金融结构的扩展与提升即金融结构的演进；（4）金融结构的演进既包含金融要素扩展扩张的量性增长，又包括金融要素提高提升的质性发展，是量性增长和质性提升的统一；（5）"金融结构的演进即金融发展"，"金融发展是量性金融发展与质性金融发展相结合、以质性金融发展为主的统一"；（6）白氏的金融结构观与金融发展观，是对戈德史密斯的相对单一的金融机构、金融资产二要素的特殊"金融结构"观和"金融结构的变迁即是金融发展"的量性金融发展观的修正、补充和丰富。

白教授在对金融功能的研究中，仍然贯彻了质性分析和量性分析相结合的理论原则与思路，并把金融资源理论和金融发展理论融入其中，集中体现在"金融功能演进与金融发展"一文中。我们可以将白教授的金融功能演进观与金融发展观概括如下：（1）金融功能是金融与经济相互协调、适应与吻合的程度，是金融与经济关系的核心；（2）可以通过金融效率的高低优劣来对金融功能加以测度；（3）金融功能伴随着人类经济金融社会发展和科技进步，经历了逐步扩展与提升的过程；（4）现代金融功能，是金融资源的功能性高层金融资源，是比其他两个层次的金融资源更难能、更难成、更难为，从而更稀缺的金融资源；（5）现代金融功能，包括基础性金融功能（服务性功能和中介性功能），主导性金融功能（资源配置核心功能和风险规避与经济调节的扩展功能），衍生性金融功能（包括风险管理、风险交易、信息管理、公司治理、宏观调节、引导消费、区域协调和财富再分配等功能）；（6）金融功能的扩展与提升即金融功能演进；（7）金融功能的演进即金融发展，包含金融功能扩展扩张的量性金融发展和金融功能的质的提高提升与深化的质性金融发展，且以质性金融发展为主。（8）明确地将金融功能区分为"金融正功能"和"金融负功能"，并突出了金融负功能的研究，这同金融脆弱性、金融风险与危机紧密相关。

白教授从金融结构演进与金融功能演进两个学术视角，有效推进了金融发展理论的研究。

3. 金融结构演进、金融功能演进即金融发展的统一视角与最终目标白钦先教授认为，金融结构演进即金融发展，金融功能演进即金融发展。从而将从两个不同角度展开的研究统一在金融发展观视角下，并强调量性金融发展与质性金融发展相结合，而以质性金融发展为主的金融发展观。二者均以实现金融可持续发展为其最终目标。

4. 白钦先教授的金融结构、金融功能演进与金融发展说，经历了漫长的并非搬自西方的独立研究历程

这一问题在下一小节该学说的历史背景阐述中将会详细加以展开，此不赘言。白教授多次强调，思想、理论、理性思维与研究活动是无国界的，是任何力量与偏见都无法阻挡的，中国学者、东方人同美国学者、西方人同时并行研究金融结构、金融功能与金融发展问题的实践就证明了这一点。中国学者在金融基础理论研究领域取得的巨大进展，是人类理性光辉与智慧的胜利。

（二）金融结构、金融功能演进与金融发展说提出的历史背景与现实环境

1. 白钦先教授金融结构、金融功能演进与金融发展说的研究历程

二十余年来，白教授持续不断地研究金融结构、金融功能的演进与金融发展理论的一系列相关问题，经历了由特殊到一般、由表及里、由浅入深的理论探索历程。具体而言，20世纪80年代中期白教授分别从间接金融与直接金融（即融资方式结构）这一特殊金融结构的演进和金融总体效应（功能）两个方面同时展开；20世纪90年代进而对金融结构与金融发展一般理论、金融功能的特征及从金融功能观视角研究金融问题的特殊优越性进行深入研究；21世纪初，特别加大了对金融功能演进与金融发展及以金融资源学说为基础的金融可持续发展理论与战略问题的研究，并在此基础上把相关研究成果梳理整合在发展金融学这一整体框架之内。这一历程并非事先策划预设的结果，而是事后进行回顾与追寻的记录与总结。其间伴随着不断的观察、思考、审视、困惑、质疑、修正、补充与发展。

（1）对融资方式结构及金融总体效应（功能）问题的研究

白教授对于金融结构理论和金融功能问题的研究，包括间接金融与直接金融这一融资方式结构及金融总体效应（金融功能）两个视角，是伴随"比较银行学"项目的研究及其最终成果——《比较银行学》专著的撰写，并作为该学科的研究对象——金融体制九大构成要素（与本题相关的要素是组织形式、框架结构、发展战略、总体效应四大要素）的组成部分而展开的。在《比较银行学》的绪论中，白教授提出"该学科的研究对象是金融体制，金融体制是关于金融发展战略、组织形式、框架结构、构造方式、业务分工、监督管理、运行机制、运行环境和总体效应九大金融相关要素的有机整体"的理论观点与研究框架。

白教授当时理解的金融结构是指金融组织形式与框架结构。金融组织形式是讲各种各类金融机构的构成、设置原则及特点与优劣；而金融框架结构则包括了金融体系的总体构成、相互关系与联系方式、数量与地理分布，资产与负债的类型与数量比例，与政府、工商企业的联系方式及依赖程度等子要素。整体而言，白教授以金融组织形式与框架结构来界定金融结构，比戈德史密斯所提出的金融结构的含义与要素更广、更为丰富，而那时白教授还无缘得知戈氏其人其书。白教授在 20 世纪 80 年代中期对金融结构的研究，就其内容、金融要素与实质而言，更接近于他本人近几年提出的金融结构的概念。

金融倾斜及其逆转——融资方式结构的动态化，这是白教授对金融结构研究的深入。"金融倾斜"这一术语，最初是由白教授在研究了全球不同类型国家金融体制的发展演变后，高度抽象出来的一个概念。他提出中国"关于自然金融倾斜发展战略和人为金融倾斜发展战略的选择。就世界各国金融业和金融业务方式的历史发展而言，一般是先有间接金融，后有直接金融……而且在间接金融与短期金融之间，直接金融与长期金融之间有一种大体上的对应关系。这两种对应因素不仅在产生发展的时间上明显地一个在前，另一个在后，远不是平行的，而且在业务总量或市场占有率方面也远不是平衡的，即间接金融所占的比重大大超过直接金融，即使是直接金融发达的国家也是如此。我们将间接金融与直接金融间这种不平行发展和不平衡发展称为'金融倾斜'。显然，这种金融倾斜并不是任何人为设计或构造的结果，而是商品经济和货币信用，经济发展水平和国民储蓄量，收入分配结构和方式不断变化和发展的产物"。白教授提出了"金融倾斜"这一新概念，并强调指出它是一个非人为干预的、自然的、历史的客观发展过程。在此后的十多年中，白教授一直高度关注与研究该课题。1999 年，白教授根据世界金融的一系列最新发展态势，进一步提出了"金融倾斜逆转"的概念，并将这一态势列为经济全球化和经济金融化的十大挑战之一，指出传统的金融倾斜局面发生了"逆转"，即直接金融的发展速度远远地超过了间接金融，以至于在绝对量和市场占有率方面逐渐地接近甚至超过了间接金融。同年，他在另一篇文章中针对经济金融化与"金融倾斜逆转"，提出坚持质性金融发展与量性金融发展相统一而以质性金融发展为主、渐进式金融发展与跳跃式金融发展相统一而以渐进式金融发展为主的金融可持续发展观，更为明确地将金融结构演进与金融发展紧密地联系起来。2003 年，白教授在"百年金融的历史性变迁"一文中指出，在过去一百年中，金融倾斜及其逆转……是最为重大而深刻的金融结构变迁。这大体上反映了由传统金融向现代金融、由以银行机构为主体的金融到以非银行金融机构为主体的金融、由以银行为主导主体的简单金融到以金融市场为主导主体的复杂金融、由以国别经济体为单元的相对封闭的国别金融到高度开放的具有高度流动性的和真正全球性的全球金融（市场）的结构变迁。他从历史长河的广阔视角观察与思考金融倾斜及其逆转问题，强调了金融结构的复杂性和多层次性。

（2）对戈德史密斯"金融结构与金融发展"说的修正与扩展

最早提出"金融结构"这一概念的学者是美国著名的金融学家戈德史密斯，他提出"金融结构即金融工具与金融机构的相对规模"，进而提出"金融结构的变迁即金融发展"的理论观点。戈氏是全球第一个明确提出并系统研究金融结构问题的学者，其理论观点大大开阔了人们对金融问题的观察视野，并极大地丰富与拓展了金融研究的新领域，无疑具有重要的理论意义与政策含义，也受到了国内外理论界对其理论贡献的广泛赞扬与肯定，这是理所当然的。但是，任何事物，包括理论创新在内，都需要与时俱进，随着形势的发展而不断丰富发展。在戈氏提出这一理论之后的三十多年中，他本人以及国内外学者在这一问题上长期停留在原有的深度与水平上。如今，人们在充分肯定他在这一理论问题上的重要贡献的同时，并未指出这一理论的某些局限性与片面性。这对理论的进一步发展与研究，以及对经济金融政策的制定是有害无益的。白教授认为，戈德史密斯的金融结构论的局限性与片面性有二：一是戈氏忽视了金融结构的复杂性与多层次性，将金融结构复杂结构中的一种具体结构，即金融机构与金融工具或金融资产相对规模这一特殊结构当做金融结构一般，有以偏概全之嫌；二是戈氏提出的"金融结构（即特指的金融机构与金融工具）变迁即金融发展"的观点，是一种量性金融发展观，是一种只强调量性金融发展（提出一系列量性相关指标）而忽视质性金融发展的片面的金融发展观。

白教授在 20 世纪 80 年代最初提出"金融倾斜"问题时尚未见到戈德史密斯先生的《金融结构论》，但在其所著《比较银行学》的绪论中提出金融体制为比较银行学的研究对象，并将九大金融相关要素的有机整体称为金融体制。白教授在 80 年代除了提出一国金融体制中的金融组织形式（机构与市场体系）与框架结构（金融相关要素）问题之外，还从融资（投资）方式的角度即间接金融与直接金融相互关系的角度关注金融结构问题，并有针对性地提出了质性金融发展与量性金融发展相统一的金融发展观。这是白教授涉及这一问题的最早时间，以后对于这一问题的研究在授课与学术报告中持续不断。

在这一研究过程中，白教授修正、补充与扩展了戈德史密斯的金融结构理论，并提出了不同于戈德史密斯的质性发展与量性发展相统一的金融发展观，而这一过程经历了十多个年头。

2003 年白教授正式将"金融相关要素的组成、相互关系及量的比例"定义为金融结构。金融相关要素具有高度的多样性、复杂性与层次性，例如国内金融与国际金融、国别金融与世界金融、区域金融与全球金融、地方金融与国家金融、商业性金融与政策性金融、银行金融与非银行金融、金融机构与金融工具、金融机构与金融市场、银行主导型金融与市场主导型金融、传统金融与现代金融、简单金融与复杂金融、融资金融与投资金融、金融资产与金融负债、金融负债中活期存款和定期存款与储蓄存款、金融与经济、经济货币化和经济金融化及经济全球化与金融全球化、金融资源与社会资源、金融资源与自然资源、货币型金融资产与非货币型金融资产、基础金融与衍生金融、金融结构与金融发展、金融功能与金融发展、金融制度演进与金融发展、金融法规变迁与金融发展、金融人才累积提升与金融发展、金融意识提升与金融发展、金融理论发展与金融发展等都是金融相关要素。它们之间相关的可以有很多的排列与组合，许多可计量的金融要素还可以在此基础上形成量的比例或比率，形成一种金融结构。所以金融机构与金融工具或资产可以形成一种关系，并且可以计量与对比，是一种特殊的金融结构，但金融结构远不以此为限。

白教授认为，金融结构演进与金融发展二者关系非常密切，但简单地讲"金融结构变迁即金融发展"却值得进一步探讨。二者的关系更可能的是有时有些是正相关，有时有些可能是负相关，负相关即负发展。适度的、优化的金融结构变迁可以促进金融发展，从而促进经济发展；非适度的、非优化的金融结构变迁可能促退金融发展，从而促退经济发展。为此，白教授使用了"金融结构演进"这一新概念来代替戈德史密斯"金融结构变迁"的概念。因为"演进"一词包含了变化、变迁与提升之意，即包含了质与量两个方面的统一深化之意。戈德史密斯的金融机构与金融工具的金融结构观，通过诸如金融相关率等一系列数量指标与比率来衡量金融发展，又理论化地高度概括为"金融结构变迁即金融发展"。这是只强调量性金融发展而忽视质性金融发展的片面的金融发展观。这一片面的金融发展观在20世纪最后二三十年的金融实践中，曾产生了一系列的不良后果与影响。其一是20世纪七八十年代以来，国际金融界片面追求金融资产数量的扩张而忽视金融资产质量与安全，典型地表现为《欧洲货币》杂志及英国《银行家》杂志每年以各国金融机构的资产数量为依据排列全球50大、100大和1000家大金融机构，以此排先后、分优劣，这在国际金融界形成了强大的、持久的舆论压力，极大地诱导与助长了包括发达国家在内的金融机构与金融市场资产的迅猛的量性扩张，为后来的南北债务危机与90年代的金融危机埋下了祸根。八九十年代以来的巴塞尔"提议"与"协议"改以资本为中心评价风险度与安全性，就是对这一不良后果的关注与反应，是对量性金融发展观的反思与在实践中的纠正。其二是在西方学者的金融压抑、金融深化与金融自由化理论及片面的量性金融发展观的影响或指引下，一系列发展中国家的金融自由化迅猛展开，金融机构与金融资产迅猛扩张，以量性金融发展为主，以跳跃式金融发展为主，最终酿成了80年代的南北债务危机与90年代的金融危机。基于此，白教授对这一片面的金融发展观在事实上或实践上的反思与纠正，如强化金融监管、防范与化解金融风险，以及将金融安全提到各国与全球的战略高度的政策行动，并同时伴随对片面金融发展观在理论上的反思与纠正。

（3）质疑传统金融理论并呼吁推进现代金融理论研究

白教授对传统金融与现代金融的差异与本质研究得愈深，对原有金融结构与金融发展理论与统计方式的疑虑就愈加深重，提出质疑、欲公开发表以引起更多关注与争论的冲动就更加强烈。这些想法与看法同百年来传统的、主流的、风行的、被不假思索地承认与使用的这一切，均有很大的不同。这使白教授更为严肃、认真与执着地展开深度研究，而没有丝毫动摇与退缩。

上面的研究与讨论，是侧重从理论与思辨的层面上进行的，但丝毫不是腾云驾雾、凭空想象、虚幻虚拟的，而是扎根于客观存在、客观事实与客观实际的，白教授的目的在于以创新的金融理论指导、而非误导经济金融实践乃至于相关政策的制定与执行。

白教授深知，习惯的势力是巨大的，思维的惯性、历史的惯性与路径的依赖性是持久的，在相当长的时间内和相当的程度上都将依然故我，不会立刻改变，诚如黑格尔说的"存在的即是合理的"。改变将是困难的，但也是可以有所作为的。但白教授确信，现实终将在学者们自主自觉的努力中有所改变。基于此种认识，白教授提出了如下一系列看法：

首先，他呼吁人们从理论与认识上自觉地、严格地和准确地将企业融资同社会融资、国内融资同国际融资这些不同口径的融资主体区分开来；将银行信贷间接融资同金融市场直接融资这些不同的融资方式区别开来；将货币型金融产品或资产同非货币型金融产品或资产，将具有一定虚拟性的货币型金融资产同虚拟的金融资产、虚拟的再虚拟金融资产以及多虚拟的金融资产等非货币型金融资产这些不同质的金融资产形式区别开来。

其次，对似乎是不言而喻的、约定俗成的、理所当然的和顺理成章的某些理论模型、统计指标和计算公式不再坚信不疑，继而提出质疑，而后进行思索与研究。例如，对戈德史密斯提出的衡量一个经济体金融发达程度的指标，如金融相关率，即一国金融资产总量（货币型金融资产＋非货币型金融资产）/GDP 等一类的指标体系的科学性、准确性、可行性和可比性提出质疑；对一国或世界各国习惯上将货币型金融资产同非货币型金融资产简单相加，进而进行各种横向或纵向比较的科学性与可比性提出质疑。

再次，重新审视被炒得火热的似乎是已成定律或定论的诸如直接融资快于大于优于间接融资、金融市场主导型优于银行主导型金融结构的判断、观点或理论的准确性与科学性，用白教授的术语来描述就是重新审视"金融倾斜及其逆转"的问题。值得重新审视的不是"金融倾斜"，而是"金融倾斜的逆转"。可以这样讲，假如是从企业融资的角度讲，那么至今乃至今后相当长的历史时期，都将长期呈现"金融倾斜"的态势；若从全社会金融市场直接融资的角度讲，那么过去二三十年乃至今后，它将长期呈现快速或高速增长的态势。但"金融倾斜及其逆转"是否已经或将会普遍呈现，则要比以前谨慎得多了，"金融倾斜逆转"的速度与程度都远不如过去二三十年国内外学者普遍认为或统计的那么高。只有在高度发达和高度开放而且其货币曾经是或现在仍是国际主导货币、主要国际储备货币的英美等国特别是美国，"金融倾斜逆转"的态势、市场主导型金融结构才或将会是明显的。

最后，考虑到非货币型金融资产或产品是虚拟的金融资产或产品，不仅其"质"是虚拟的，即是设定的和远离实体经济的，而且其"量"也是虚拟的、设定的和想象的，充其量也只是可能的而远非现实的，远不是真实的和实在的。在实践上，可以考虑将金融资产划分为有一定虚拟性的货币型金融资产和虚拟的非货币型金融资产两大类，分别观察与统计；而后一类又可以细分为"虚拟的金融资产"（如证券）、"再虚拟的金融资产"（如期货期权）

和"多重虚拟金融资产"（如指数期货期权等）三个层次。上述两大族类四个层级的金融资产从左到右一个比一个虚拟度更高，离实体经济更远，价格波动幅度更大，自我扩张性更强，可控性更小，风险性更大。

2. 从金融总体效应到金融功能观的演进

（1）20世纪80年代中期对金融功能问题的初步研究

20世纪80年代中期，白教授在其专著《比较银行学》中，最早提出与讨论了"金融功能"问题，当时使用了"总体效应"的概念，并以此作为《比较银行学》的研究对象——金融体制的九大构成要素之一。书中指出，金融体系的总体效应"是指一国银行（金融）体系的总体效率和构成要素间的协调的吻合度"，具体包括：（1）金融体系整体与社会环境、经济环境与金融环境相互协调适应的程度，即外部效应；（2）金融体系内部各要素间相互协调、适应吻合的程度，即内部效应；（3）金融体系总体及各类金融机构系统自身的功能、效率与效益。作为九大金融相关要素有机构成部分的"总体效应"，强调了金融体系整体对经济与社会的总体相协调、适应、吻合、功能、效率与效益。当时还未来得及更为详尽地展开，并且也未能更进一步区分功能及功能的重要衡量标准金融效率与效益二者的区别与联系。在《比较银行学》最后一章的"金融理论的改革与金融体制改革的理论"一节中白教授又进一步专门立题，提出了金融渗透功能的深刻广泛性和它日益脱离实体经济的独立性问题。

（2）对金融功能的进一步研究及金融功能观视角

90年代中后期在对于金融资源学说的研究中，白教授又将"金融功能"列为功能性高层金融资源，并重点论证了金融功能性资源的客观性、稳定性和稀缺性，强调了它比前两个层次的金融资源（核心性货币资源、基础性实体资源——金融组织、工具、制度、法规与人才等）更客观，更易于整体观察与把握，更少人为干预的可能，更难能、更难成、更难得因而更稀缺。2002年以来，他进一步明确提出金融功能的四大本质性特征——客观性、稳定性、稀缺性和层次性，并阐述了对金融功能的研究（即金融功能观视角，或从功能的角度观察研究金融）较之以往以金融组织（机构与市场）为主的研究视角所特别具有的两大优势：一是对功能的研究可以有更大的客观性，也更接近于研究金融发展与经济发展的最终目的与目标性（即发展金融以发展经济）；二是金融功能自身的自动出清与扣除的净结果的相对准确性因其客观与稳定，更因其可自动排除与扣除种种可计量与不可计量的、已知的和尚未知的成本、消耗、摩擦、不吻合、不协调的诸多因素，最大限度地减少了人为干扰的可能性及由观察、统计指标与手段的非科学性而产生的不确定性，从而使最终结果有更大的相对准确性。

（3）金融功能的演进（扩展与提升）即金融发展

白教授和谭庆华推进了对金融功能的演进与金融发展问题的研究，从货币的功能便利促进价值运动从而降低交易成本及风险规避，进而扩展到金融的功能，将金融的功能划分为基础功能（服务功能与中介功能）、主导功能（包括核心功能即资源配置功能和扩展功能、经济调节功能和风险规避功能）、派生或衍生性功能（包括资产重组、公司治理、资源再配置、财富再分配、信息生产与分配、风险分散等功能）三大层次，并对相关问题进行了深入系统的研究，提出"金融功能的扩展与提升即金融演进，金融功能的演进即金融发展"的理论观点。

3. 从金融结构与金融功能理论到金融发展理论与发展金融学

金融结构是一个多角度、多层次的复杂性概念。迄今为止，人们除了从金融结构与金融工具的相互关系及量的比例的角度研究金融结构之外，还从更多的方面进行研究。例如：从间接金融与直接金融的角度研究融资方式结构；从银行主导与市场主导的角度研究融资主体结构；从金融功能演进的角度研究金融结构；既从经济货币化与经济金融化的角度研究金融与经济的互动关系结构，也从金融结构变迁与金融发展的角度研究二者的互动关系结构。简而言之，即研究金融结构、金融功能演进与金融发展。上述种种理论传统上称为金融发展理论，隶属于发展经济学。

从 2001 年开始，白教授在给硕士与博士研究生的学位课授课以及全国性、专业性学术会议和大专院校的学术报告中，提出与论证了建立发展金融学的有关问题，并且于 2003 年 11 月在上海召开的全国金融可持续发展理论研讨会上，正式提出研究与建立发展金融学的建议，得到同行学者的热烈回应。

白教授提出，从传统金融到现代金融、货币经济到金融经济、"中介金融"到核心主导"主体金融"、国别的相对封闭的局部金融到高度开放的高度流动的真正的全球金融的演进一天天深化，和金融成为各民族国家与经济体经济与社会发展稳定的核心性、战略性要素的新形势下，金融发展理论隶属于一般经济学或发展经济学理论的局面必须改变，金融发展理论从发展经济学中分离与独立开来、建立发展金融学的条件与时机已经成熟。

白教授认为，发展金融学研究金融是什么，研究金融与经济的关系是怎样的，它既研究金融本质的演进及发展，也研究与此相关的经济发展的科学。但它既不是孤立地一般地研究金融的发展和金融发展一般，也不是孤立地一般地研究经济的发展和经济发展一般，而是在金融与经济相互依赖、相互制约与影响，即二者彼此互动的意义上来研究金融的发展与经济的发展，而金融功能就是联结金融与经济关系的关节点或桥梁。

在最近几年的讲课和学术报告中，白教授提出"金融功能的扩展与提升即金融发展"的金融发展观。从时间上讲，发展金融学既研究发展金融学的过去与现在，也研究它的未来；从空间上讲，它既研究发达国家金融的发展与经济的发展，也研究转轨型国家和发展中国家金融的发展与经济的发展；既研究发展金融学的理论，也研究发展金融学的实践；既从金融与经济互动关系的角度研究发展金融学的发展，也从金融的本质演进与金融经济互动关系二者紧密联系的角度来研究发展金融学的发展；既研究金融与经济关系的正效应、正功能，也研究二者关系的负效应、负功能。金融正向功能的研究不言而喻，金融负面功能的研究绝对不可或缺，传统经济金融理论将功能定位在正向功能，而将负向功能排除在外，或在"负面影响"下讨论，白教授以为这种人为的刻意排除或割裂是不妥当的和不必要的，尤其对于金融与经济一类问题的研究更是如此，甚至于有时有些方面，例如通货膨胀与通货紧缩、金融危机与经济危机的研究还构成金融学或经济学的重要内容，有更强的政策含义与社会影响。

白教授提出，发展金融学以金融本质演进基础上的金融与经济的互动关系，即金融功能的扩展与提升为其研究的基轴，而以金融效率为其研究的归宿。这样，发展金融学就突出了功能的演进，突出了金融与经济的互动发展。当然，所有这一切，都仅仅是一些初步的想法，发展金融学的建立与发展有赖于国内外同行的共同努力，而不是某一两个个人，正可谓"革命尚未成功，同志仍需努力"。参与便是成功，失利未必不利。

不断地观察与思考，不断地修正与否定，否定过时的、陈旧的观点，也否定自己。近些年来白教授在为中山大学和辽宁大学的金融学博士研究生讲授金融经济学和金融发展理论的过程中，又对传统金融发展理论和自己的一系列相关研究成果进行了梳理与整合，并公开呼吁将金融发展理论从发展经济学中分离独立开来，建立发展金融学，并将政策性金融和金融可持续发展理论整合在发展金融学的统一框架内，前者构成发展金融学的重要和独特的部分，后者则构成发展金融学发展的一个新的阶段，包含九大要素的金融体制的研究框架及多层次、多角度、全方位和纵横交错、动静态结合的研究方法，则构成其研究的特色与风格而融入其中。在关于发展金融学的初步研究中，白教授提出发展金融学以金融本质演进基础上的金融与经济的互动关系，即金融功能的扩张与提升为其研究的基轴，而以金融效率为其研究的归宿。这样，发展金融学就突出了金融功能的演进，突出了金融与经济的互动发展，而将对众多的金融相关要素（例如金融结构）的演进研究都对准金融与经济的发展。

（三） 金融结构金融功能演进与金融发展说的价值与影响

白教授有关金融结构、金融功能演进与金融发展说的研究与论述，集中体现于《比较银行学》的绪论，《百年金融的历史变迁》、《论金融可持续发展》、《金融功能演进与金融发展》及《我对金融结构、金融功能演进与金融发展理论的研究历程》（以下简称《历程》）等专著与文章中。《历程》一文是对该学说研究历史的回顾与总结。

1. 来自社会的、专业学术界的肯定并获奖

2010 年 11 月，在庆祝武汉大学《金融评论》杂志创刊三十周年暨经济学科发展与经济理论刊物发展论坛上，公布了评审委员会评出的八篇优秀论文，其评价指标体系包括选题的思想性、理论的创新性、深刻性及文章被引用的次数等方面。白钦先教授的《历程》一文，就是八篇优秀论文之一。这个评价不是官方的，而是非官方的、专业性很强的、严肃严谨的学术评审的结果。这可以说是对白钦先教授提出的"金融结构、金融功能演进与金融发展说"的一次外部的、客观的专业评审与肯定。

2. 来自资深国际金融学家的充分肯定

我国著名资深国际金融学家、两次获得美国富布赖特基金的陈家盛老先生对白教授的研究成果予以充分肯定。2004 年陈家盛先生为《生产力研究》杂志撰文，高度评价了白教授在金融发展理论或发展金融学领域所做的杰出工作："（1）从融资方式结构入手研究金融结构，并从历史与动态的角度提出'金融倾斜及其逆转'的理论（1989—1998）。（2）修正、补充与发展了戈德史密斯的金融结构与金融发展理论，提出了'金融相关要素的组成、相互关系及量的比例'的一般金融结构观，并提出了金融结构变迁并不必然就是金融发展，只有质性发展与量性发展相统一并以质性发展为主的金融结构变迁才是金融发展的金融结构与金融发展观（1998—2004）。（3）创立了以金融资源学说为基础的金融可持续发展理论，将传统金融发展理论推向一个更新的发展阶段（1998）。（4）从 20 世纪 80 年代中期开始对金融功能理论进行了独立的深入研究，并有新的发展与成果。首次论证了金融功能的客观性、稳定性、稀缺性与层次性特征；强调了从金融功能的视角研究金融较之以往以金融组织（机构与市场）为主的研究视角的两大优势，即：一是有更大的客观性，也更接近于研究金融发展与经济发展的最终目的与目标，二是其自动出清与扣除的净结果的相对准确性（1989，1998—2004）；提出了'金融功能的扩展与提升就是金融发展并促进经济发展'的观点（2004）。（5）在国内外开创了政策性金融理论研究的先河，并扩展与丰富了金融发展理论或发展金融学的研究领域（1989—2004）。（6）提出并积极倡导发展金融学的建立与研究（1999—2004）。"

综上所述，白教授在金融发展理论或发展金融学方面的研究，从时间上讲，要比西方学者更早些（例如对于金融功能与融资结构的研究）；从内容上讲，一些方面（如金融结构演进与金融发展、金融功能演进与金融发展）要比西方学者更深刻、更客观、更丰富些，在政策性金融研究方面更是填补了国际上该领域研究的空白。作为一位发展中国家的学者，在研究条件、信息掌握、研究手段和研究环境等方面与西方学者有很大差距的条件下，能与西方学者站在大体相同（或更早）的起跑线上，取得至少不逊于（或更好于）西方学者的研究成果，作为东方学者、作为发展中国家的学者是可以欣慰与自豪的。当然，这一研究仍然是初步的，还需要后来者不断将这一进程推向更深入更宽广的领域。

先哲马克思曾经说过："提出一个问题比解决一个问题要更难。"白教授过去二三十年来对国内外金融结构变迁与金融发展问题，以及金融功能演进与金融发展问题从不同视角、不同层面所进行的研究，他自认为是初步的、有待于进一步深化的。

（白钦先）

参考文献

［1］白钦先：《比较银行学》，河南人民出版社，1989。

［2］白钦先等：《各国金融体制比较》，中国金融出版社，2001。

［3］白钦先：《中国金融体制改革的理论与实践——1985 年全国首届中青年金融体制改革理论与实践研讨会获奖征文 》，载《白钦先集》第一卷，3~31 页，中国金融出版社，2009。

［4］白钦先：《科学研究与学术著作工作中的方法论——以高瞻远瞩高度负责的科学态度写作独具特色的高校教材》，载《白钦先集》第一卷，517~528 页，中国金融出版社，2009。

［5］白钦先：《以市场经济原则重新构筑中国的银行体制——第十届"泛太平洋国际经济技术合作与发展大会"报告论文 》，载《中外科技政策与

管理》，1994（1）。

［6］白钦先：《我国银行企业化改革的关键一步——商业性银行业务与政策性银行业务的分离分立》，载《国际金融研究》，1990。

［7］白钦先：《借鉴各国成功经验，尽速构筑中国的政策性金融体系——上报国家教委并呈中央有关领导同志的报告》，载《白钦先集》第一卷，145～148页，中国金融出版社，2009。

［8］白钦先、曲昭光：《各国政策性金融机构比较》，中国金融出版社，1993。

［9］白钦先：《政策性金融总论——中华金融辞库政策性金融分卷引头条》，载《中华金融辞库》政策性金融分卷，中国金融出版社，1999。

［10］白钦先、王伟：《政策性金融可持续发展必须实现的六大协调均衡》，载《金融研究》，2004（7）。

［11］白钦先、谭庆华：《政策性金融功能的再界定：功能演进视角》，载《生产力研究》，2006（11）。

［12］王伟、张令骞：《中国政策性金融的异化与回归研究》，中国金融出版社，2010。

［13］白钦先、王伟：《科学认识政策性金融制度》，载《财贸经济》，2010（8）。

［14］白钦先、丁志杰：《论金融可持续发展》，载《国际金融研究》，1998（5）。

［15］白钦先：《关于以金融资源理论为基础的金融可持续发展理论研究的几个问题》，载《国际金融研究》，1999（2）。

［16］白钦先：《经济全球化和经济金融化的挑战与启示》，载《世界经济》，1999（6）。

［17］白钦先：《百年金融的历史变迁》，载《国际金融研究》，2003（2）。

［18］白钦先：《金融资源学说和金融可持续发展理论与战略提出与增广的始末》，载《当代金融家》，2005（11）。

［19］白钦先：《再论以金融资源为基础的金融可持续发展理论——范式转换、理论创新与方法变革》，载《国际金融研究》，2000（2）。

［20］白钦先等：《金融可持续发展理论研究导论》，中国金融出版社，2001。

［21］白钦先：《金融全球化———一把双刃剑》，载《求是》，2001（1）。

［22］徐爱田、白钦先：《金融虚拟性研究》，中国金融出版社，2008（1）。

［23］禹钟华：《金融功能的扩展与提升》，中国金融出版社，2005。

［24］白钦先、常海中：《金融虚拟性演进及其正负功能研究》，中国金融出版社，2008。

［25］祝敏毅、白钦先：《金融衍生产品风险的价值认识研究》，中国金融出版社，2009。

［26］白钦先、沈军、张荔：《金融虚拟性理论与实证研究》，中国金融出版社，2010。

［27］白钦先：《金融结构、金融功能演进与金融发展理论的研究历程》，载《经济评论》，2005（3）。

［28］白钦先、谭庆华：《金融功能演进与金融发展》，载《金融研究》，2006（7）。

［29］白钦先：《坚持理论创新促进中国经济金融发展方式转变和结构调整》，载《经济研究》，2010（12）。

［30］白钦先、张志文：《外汇储备规模与本币国际化：日元的经验研究》，载《经济研究》，2011（10）。

第四十五章

麦朝成金融思想学说概要

麦朝成（1943— ），台湾新竹县人。台湾大学经济学学士、硕士，美国罗彻斯特大学经济学硕士，美国得克萨斯州农工大学经济学博士。历任美国农工大学客座讲师，台湾"中央研究院"中山人文社会科学研究所研究员，台湾大学经济系教授，政治大学经济系兼任教授，美国哈佛燕京社访问学者，美国富布赖特访问学者及阿拉巴马州立大学访问教授，法国高等社会科学院访问学者，"中华经济研究院"院长等。著有《迈向均富社会过程中的环境污染问题》、《经济发展、所得分配与工业位置之研究》、《住宅选择与人口的最适分布》等。

一、当局护盘救市论

（一）当局护盘救市论的主要内容

亚洲金融危机爆发以后，中国台湾当局立即采取了"稳定股市小组"的护盘措施。但是，护盘措施的执行过程出现了进退两难问题。其直接原因在于执行任务的小组成员风险自担，盈亏自负，造成相关单位畏首畏尾，行动不一。风险自担和盈亏自负意味着执行救市任务的小组成员需要按市场规律进行操作。若统一进场救市，则可能出现大股东和套牢盘趁机倒货的情况，加剧问题企业的财务危机和股票市场的震动；若行动迟缓，则说明小组成员自身对经济的预期十分悲观，则可能引发民众对政府护盘措施的不信任，从而不能有效提振市场，增加买盘。麦朝成认为："股票市场反映的是个体企业获利与总体经济景气的'果'，而非造成企业获利不佳或景气衰退的'因'。"① 股票市场作为虚拟经济体，它是实体经济运行状况的反映，而不是实体经济景气与否的决定因素。在亚洲金融危机的大背景下，虽然经济运行还是比较平稳的，但是风平浪静的背后却波涛汹涌：企业财务管理失当，金融风险控制不佳，信用扩张监管混乱。在金融危机前景不明确，金融体制不够完善的情况下，想要刺激民众消费和投资的意愿是绝对无法办到的。所以，他明确指出："当前股市低迷，就是因为民众对于当前金融问题的资讯仍然不够充分，对于经济的展望无法确定，因而采取保守策略的结果。"②

麦朝成认为，当局若要推行干预救市政策，首先要考虑利和弊两方面的影响。他从行为金融学的角度将民众分为两类，一类是相信政府政策的民众，另一类是不相信政府政策的民众。相信者认为政府的政策是对的，会做出跟进的决策。对于这部分民众，政府必须要有强烈的决心、坚强的意志和步伐，同时对护盘措施失效要有应对补救的对策。不相信者认为，政府之所以要采取护盘救市措施，是因为经济基本面和股票市场都出现了极其严重的问题。他们把政府的救市措施理解为一种利空信号，采取观望甚至抛售股票的办法。

其次，当局护盘救市不必太在意股票价格短期内的波动。上市交易的股票，其供给数量一般而言是相当稳定的，但是需求经常会发生改变，这些改变就反映在了股票价格的波动上，且股票市场的价格波动幅度往往大于商品市场的价格波动。从金融学的角度而言，股票的价格取决于投资者对上市公司未来盈利能力的预期。短期内，未来的不确定性和信息的不对称性可能会造成股价的暴跌暴涨，但是长期而言，股价和上市公司的盈利水平相一致，股票市场的繁荣程度和经济发展的状况必定相一致。短期内可能会有人利用股价的暴涨暴跌牟利，但是从长期而言股价波动和投机利润将互相抵消。麦

---

① 麦朝成主编：《对当前台湾经济问题的剖析和建议》，14 页，1999 年 4 月。

② 同①。

朝成认为："政府无时无刻应以市场纪律的维持者和仲裁者的角色，致力将股票市场的基本制度建立完整，使其长期走势与整体经济保持一致，而让长期投资者将其储蓄投入经营绩效良好的生产事业，这才是健全股票市场的正解。"[①]

麦朝成指出，当局采取护盘救市措施会产生至少四个副作用。第一，无法让利空完全出尽，等于拉长股市低迷的短期期间。第二，助长投机，护盘措施如果一举一动被掌握，则投机性的相对操作，使得股市容易出现一涨就买的现象，护盘无法达到预期成效。第三，影响政府威信，护盘只能成功，不能失败，一旦失败，则后续的因应对策就成了关键，政府反而陷于何时退场以及如何退场的困境，以后任何宣示都无法获得民众响应，或者增加市场资讯的复杂度，无法让投资人做出正确判断，反而有碍促进投资的目的。第四，护盘措施会让民众产生误解，以为只要股市低迷，政府就会于心不忍，必定进场干预，等于告诉民众政府一定会出面理赔的预期心理，则对于金融市场的健全化和纪律化产生不利影响。[②] 麦朝成建议，"稳定股市小组"在适当时间应该予以取消。政府应当扮演纪律维持者和仲裁者的身份，充分发挥市场的机能，等到金融危机过去，股市状况自然会好转。

此外，针对当前有人提出要求降低或者停征证券交易税，活跃股市交易，加快经济复苏，麦朝成认为不可行。因为台湾股票市场换手率太高，千分之三的证券交易税税率根本无法起到抑制换手率的作用。也就是说，证券交易税不是导致股票市场交易冷清的原因。麦朝成看到了比一般人更深的一层："即降低或停征证交税可以活络股市，但也可能增加股市的波动，因为股票交易的成本降低后，在股市看空时，只会引发更强大的卖压，徒然打压行情，则降低或停征证交税之举，不但无助于解决信心危机，反而可能得不偿失。"[③]

麦朝成认为，造成股市交易低迷的根本原因在于许多企业财务出现危机，通过交叉持股、高比例质押借款，使得影响层面波及许多企业、银行和证券

---

① 麦朝成主编：《对当前台湾经济问题的剖析和建议》，16 页，1999 年 4 月。
② 同①，17 页。
③ 同①，17 页。

金融业。"为今之计，最重要的就是政府应当鼓励或强制要求所有上市、上柜公司在最短期内公布财务报表，让企业的财务资讯透明、公开，在市场上区分优质和劣质的公司，把安全的股票和'地雷股'划清界限，民众的信心危机才能克服。"①

（二）当局护盘救市论的历史背景

1997 年 7 月 2 日，泰国宣布放弃固定汇率制，实行浮动汇率制，当天泰铢兑换美元的汇率下降了 17%，外汇市场及股票市场一片混乱。随后，在泰铢汇率波动的影响下，菲律宾比索、印度尼西亚盾、马来西亚林吉特、新加坡元也相继受到国家炒家的攻击。由此引发了一场遍及东南亚的金融风暴。10 月下旬，国际炒家开始攻击中国香港联系汇率制，中国台湾当局立即宣布放弃新台币汇率，新台币一天之内贬值 3.46%。金融危机对亚洲经济产生了严重的影响：首先，货币贬值，印尼盾同美元的比价跌破 10000∶1，日元汇率从 115 日元兑 1 美元跌为 150 日元兑 1 美元，俄罗斯卢布贬值 70%，韩元兑美元的汇率一度跌至 1737.60∶1；其次，股市暴跌，1997 年 10 月 23 日，香港恒生指数大跌 1211.47 点，10 月 28 日又下跌 1621.80 点，跌破 9000 点大关；再次，大量银行和证券公司破产，加剧了实体经济的困难。

当亚洲金融危机刚出现一些苗头的时候，台湾地区的经济表现还是十分不错的，1997 年经济成长率高达 6.77%，是民国 81 年以来的最高水平。但是亚洲金融危机的蔓延和持续造成若干国家和地区金融以及经济形势非常严峻，1998 年台湾地区的经济成长率相比 1997 年有所降低。"财政部"公布的海关数据显示，民国 87 年出口总额为 1106 亿美元，比民国 86 年减少 9.4%；进口总额 1047 亿美元，比民国 86 年减少 8.5%；出超 59 亿美元，较前年减少 22.9%。对外贸易方面的衰退幅度之大是历年所罕见的，其中出口减少的幅度更是民国 44 年以来首见。②

在亚洲金融危机的影响下，台湾地区的金融业形势也不容乐观。台湾股

---

① 麦朝成主编：《对当前台湾经济问题的剖析和建议》，18 页，1999 年 4 月。
② 同①，第Ⅲ页。

市自民国 80 年起开始实行金融自由化，银行及证券公司的数量大幅增加，造成了金融市场秩序的紊乱。民国 85 年 4 月股市受到民众乐观心理以及信用交易扩大的因素的推动，股价指数高歌猛进，至民国 85 年足足翻了一倍。亚洲金融危机后，股市泡沫破裂，股价指数大幅下跌。针对以上情况，中国台湾当局相继出台了一系列振兴方案，例如"稳定股市小组"、"企业纾困方案"和"振兴建筑投资业措施"等。

（三）当局护盘救市论的意义

麦朝成对于政府护盘救市的政策提出了独到的看法。政府推出稳定股市小组以求振兴股票市场是治标不治本的办法，而降低或停征证券交易税更是无济于事。造成股票市场交易低迷的根本原因在于企业内部管理机制的问题。如果企业经营和财务管理得不到改善，经济基本面的表现改善也无从谈起。股市的运行状况反映了实体经济的发展状况，忽略对实体经济的关注，单方面解决股市问题，无异于扬汤止沸。只有改变企业经营和财务管理模式，把经济的复苏立足于生产和管理的进步，才能从根本上解决股市的问题。这为将来再次遇到危机时政府选择应对措施提供了参考和借鉴。

二、整顿金融体制理论

（一）整顿金融体制理论的主要内容

麦朝成认为，金融危机的产生是由于金融市场不对称的资讯所导致的不利的选择及道德危机问题的增加，使金融市场无法把资金由储蓄人的手中转移到生产性的投资人的手中。[1] 造成金融市场秩序紊乱和企业财务出现危机的主要原因有：整体金融体系信用过度扩张、股市炒作容易、财团利用高度杠杆进行高风险投资、票券市场缺乏规范、企业和金融机构风险管制的失灵。

---

[1] 麦朝成主编：《对当前台湾经济问题的剖析和建议》，22 页，1999 年 4 月。

要想确保金融体系的健全运作，必须满足三个条件：透明正确的资讯、不受扭曲的风险与报酬关系、严格的风险区隔及管控。

麦朝成提出了以下办法以整顿金融体制。首先，健全金融机构运营。在短期内严格管控银行体系风险，避免银行逾期放款比率的继续攀升。立即要求金融机构接受信用评级，并从速建立有效的问题金融机构处理机制，使无法继续经营的金融机构能够平稳推出市场，保护一般存款民众的权益。同时还要从速解决基层金融机构问题。基层金融机构的逾放比率偏高，宜加强对基层金融的检查和监理。长期而言，要有效降低银行与股票市场的关联程度。银行资产与股市关联度太高是造成台湾当前稳定股市和控制银行风险的两难情形的原因。政府缺乏对银行股票质押贷款的规范和监管，一旦股价崩盘，将同时危及整个金融体系的稳定。

其次，健全股票市场。短期内，要求充分且适时地揭露上市、上柜公司的营运讯息，会计报表必须明确披露交叉持股和转投资的情况。政府应当从严处理企业隐瞒重大营运讯息的行为，并且加速确立股票选择权制度，减轻市场的抛压。长期而言，修改相关法律法规，严格规范券商和基金公司，彻底杜绝丙种资金进入股市，减少股市交易人头户充斥的现象。

再次，规范票券市场。短期而言，应当立即将票券公司和票券发行人纳入信用评级系统，由票券投资人通过市场力量对票券公司进行监督。长期而言，应制订"票券交易管理法"，详加规范票券公司的业务、管理和检查。积极建立资金的次级市场，明确票券公司在金融体系的定位。健全票券公司的股东结构与资本结构，宜明文规定每家公司资本额应在100亿以上，每家公司的银行股东应不少于4家，且银行持股合计应不低于40%或50%，银行派任的董监事席位应至少占二分之一或三分之二以上。

然后，加速金融相关法规的修正与实施。不论是立法、修法或是司法侦查与审查，当以实质关系人或受益人为主要原则。对重大金融与证券违法事件，可以建立专属经济犯罪法庭的方式，增加审查时效，并加重当事人的刑责。修改公司法、会计师法、民法、银行法及证券交易法等相关规定。

最后，建立涵盖金融机构及金融市场的风险监视和预警系统及监理一元化。风险监视和预警系统可以尽早发现问题。对涉及股票市场、银行、公司三者的金融市场混乱现象，监理一元化也非常有必要。

（二）整顿金融体制理论的历史背景

在亚洲金融危机爆发以前，台湾地区经济发展势头良好。企业受到经济景气的鼓舞，跨行业投资，通过交叉持股和借壳上市以扩大经营范围，更有甚者从事金融投机，买卖金融衍生品。当金融危机爆发后，经济转为不景气，银行收紧银根时，这些企业纷纷陷入财务危机。金融机构数量增多，竞争更加激烈，利润也愈趋微薄。更让人担心的是，金融机构的贷款信用主要是以房地产担保以及股票质押为主，致使台湾地区不动产放款占整个金融机构放款的比重高达40%至50%，银行业对建筑业的放款数额也高达6兆多元。一旦房地产市场和股票市场崩盘，房价和股价同时暴跌，金融机构的担保品瞬间大幅贬值，银行业周转资金断裂，这将对台湾地区的金融业和实体经济造成毁灭性的打击。

麦朝成指出，自亚洲金融危机爆发以来，台湾地区的金融体系陆续出现了一些问题：第一，集团企业及实质负责人接连发生跳票及股票买卖违约交割；第二，票券公司发生营运危机并被接管；第三，银行决策者违约放款引发挤兑；第四，企业财务危机造成投资人极度保守，股市不振；第五，银行逾期放款比率逐渐攀升。[①]

（三）整顿金融体制理论的意义

麦朝成提出的整顿金融体制的办法突出了一个整体性的特点。首先，该办法涉及到企业、金融机构、银行、股票市场、票券市场、政府。金融市场内的每一个参与者都对维护金融市场秩序负有责任，只有所有参与者一起努力，各尽其责，金融市场才能健康发展。其次，该办法涉及金融市场交易者的运行、监管，政府作为金融市场的一分子在制订金融法律法规上也发挥着

---

① 麦朝成主编：《对当前台湾经济问题的剖析和建议》，23页，1999年4月。

不可替代的作用。不遗漏金融市场内的任何一个参与者，对事前事中事后每一个环节都做到有效的监管。从麦朝成提出的办法，我们可以看出，整顿金融体制并非一朝一夕之事，也并非是通过单方面努力可以实现的。如今，金融市场和民众的日常生活密切相关，金融市场的紊乱会严重影响到每一位民众的日常生活。因此，整顿金融体制必须从全局考虑，突出整体性，这样才能取得令人满意的效果。

（徐永辰　缪明杨）

参考文献

[1] 麦朝成：《对当前台湾经济问题的剖析和建议》，中华经济研究院，1999。

[2] 叶秋南、麦朝成：《货币银行学》，五南图书出版公司，中华民国89年9月。

[3] 麦朝成：《两岸经济形势分析》，"行政院"大陆委员会，中华民国84/85年。

[4] 麦朝成：《应京都议定书之能源与环境对策座谈会实录》，中华经济研究院，1998。

第四十六章

崔晓岑金融思想学说概要

崔晓岑（生卒年不详），我国现代著名经济学家，山东无棣人。北京大学经济系法学学士，后获得英国伦敦大学硕士。1935 年担任中央银行编译专员，1936 年秋任复旦大学银行学系教授，1937 年任交通大学讲师，曾为中国经济学社社员。他对中央银行制度建设、银行体系建设、银价暴涨下平衡国际贸易和上海清算制度都有较深的研究。其观点在《中央银行论》（上海商务1935 年出版）、《币制与银行》（1936 年出版）和《现代银行概论》（1936 年出版）中有详细的概述。

一、银行制度建设学说

（一）银行制度建设学说理论

崔晓岑认为中央银行一方面向各商业银行提取准备金，另一方面承担最后贷款人的作用，满足商业银行重贴现的需求，"得以调和盈亏，收张弛始终之致"。因此，中国建设银行制度的关键在于完善中央银行制度的建设，"明乎此则银行制度之精义，思过半矣"。

1. 我国金融业存在的弊端

崔晓岑认为，各银行总行多集中在上海，且其余外省各银行都在上海设立分行，"我国金融既集中在上海"，因此上海金融的弊端可以代表中国金融的弊端：

（1）多数银行名实不符，虽号称实业银行，农工银行或者农商银行，本质上都为商业银行。由于商业所需资金期限最短，实业以及农业所需资金期限较长，名实不符导致各银行目标客户群体模糊，组织结构混乱，限制银行的长期发展。

（2）中央银行并非唯一的发钞银行。一方面洋商银行发钞已如"强弩之末"，另一方面华商银行中发钞者，则有中国交通银行、中国实业银行、四行准备库、中国通商银行、浙江兴业银行、中国农工银行等。各银行为推销钞票，皆扩大发行量，但是由于大多数银行存款和资金比例较高，一旦遇上金融危机，反而无力发行钞票，"此群龙无首，不能统一运用有以致之也"。

（3）同业银行互为存款，银行准备散漫不集中。中国各银行间虽有同业存款，"但为彼此对待性质"。两家银行的同业拆借项目并不抵消，同业存款也有利息，因此在金融宽松的时候，此项目增加，但在金融紧张时，此项目减少，这和准备金调剂缓急的作用背道而驰。

（4）清算制度不集中。崔晓岑认为，"银行对社会之功用，为便利支付，替一般人转账，而各银行间之彼此收解轧账所差，由中央银行为最后之转账，不独人与人之收付，因此便利，即一国之内，城与城间亦乃伊调拨灵活"。但是中国清算制度毫无制度可言，仅上海一地清算团体有三家，一为洋商银行，一为钱业汇划总会，一为各华商银行票据交换所。

（5）无重贴现制度。中国商业习惯多用记账代替票据，票据自然就无从产生。票据数量少导致没有可大量贴现的银行存在，银行对商业所取方式变成放款。一方面，放款与贴现不同，不能进行再贴现，另一方面，中国也没有一个健全的中央银行进行重贴现。

2. 完善中国银行制度的措施

（1）各银行应该订正名称与实务，如除商业银行外，其余凡有农业银行的字样，应转对农业作放款，不然就取消农业字样使其名实相符。实业银行一方面应对所放款实业公司进行评估，确定将来的还款几率，另一方面代实业公司发行股票债券，以保证其利息。

（2）名称带"农业"字样的银行进行合并，组成一家资本更大的农业银行，并且自发债券聚集长期资金供农业放款之用，以帮助中国薄弱的农业，扶持农业的发展。

（3）建立统一的中央准备中心。第一，加强中央银行资金实力，增股三千万，各银行及钱业任两千万，民众募集一千万，若民众募集不足先由银行界垫足，后陆续向民众出售；第二，各银行再贴现；第三，除中央准备银行外，各银行发钞数不得超过前三年平均数将存款准备存入中央准备银行；第四，各银行可向中央准备银行用期票进行，发钞权渐进集中于中央准备银行；第五，仍允许票据交换所单独存在，但只负责各银行结算结果，转账业务移交中央准备银行。

（二）银行制度建设学说提出的背景

崔晓岑的银行制度建设学说于 1935 年左右提出，庞杂参差的钞票，枯竭纷乱的金融，是对当时货币金融状况的概括。

1. 银行业迅速发展，但发展不平衡

1919—1923 年 5 年之间，中国共成立了 110 家银行，其中大多数的小银行是为北洋政府提供政治性放款和进行公债投机而建立起来的，与工商业联系很少，它们自理薄弱，资本实收额小，信誉又差，吸收不到存款，缺乏办近代银行所应有的经营管理理念和专业人才，开业后难有盈利而只有亏损。另一方面，大银行发展较快，1921—1926 年，"南三行"和"北四行"，以及中国银行的存款增幅都在 80% 以上。资本力不足并且入不敷出的小银行和迅速扩张的大银行加剧了金融业发展不平衡，导致中国银行业向两极化发展。

2. 中央银行建立，但未真正履行央行职能

1928 年 10 月，国民政府颁布《中央银行条例》和《中国银行条例》、《交通银行条例》，并于 11 月成立中央银行，中国银行和交通银行分别改组为国际汇兑的专业银行和发展实业的专业银行。逐步，以中央银行为核心，以中国银行和交通银行为支柱，国民政府 1935 年又成立了中国农民银行和中央

信托局，建立起"四行二局"的金融体系。央行成立后的重点业务是发行钞票、铸造硬币、代理国库收支、经办公债的发行和还本付息，以及外汇业务。但是到 1931 年底，中央银行的钞票发行额只有 2477 万元，远远低于中国银行的 12349 万元、交通银行的 4800 万元，也不及中南银行（"北四行"联合准备库）的 2751 万元，发钞权仍然未统一。另外，西方国家中央银行惯用的三大"法宝"中的再贴现，准备集中以及公开市场操作业务则始终未见付诸实践。

3. 同业拆借市场发达

比银行间同业拆借市场资格老得多的钱庄同业间的拆借市场早在 1872 年就已经相当发达。为解决同业之间票据的收解和清算，还建立了汇划制度和轧公单的办法。1927 年时此项公单收付数额，银两部分为 81.34 亿两，银元部分为 15.08 亿元，1929 年分别增至 104.63 亿两和 23.09 亿元。1932 年，上海银行业同业公会联合准备委员会成立，公会会员银行 26 家，以资产缴准备金 7000 万两。同业公会的发达一方面对解除同业支付困难、安定金融颇具作用，但另一方面削弱了中央银行最后贷款人的作用，不利于建立统一中央准备制度。

（三）银行制度建设学说的价值和影响

崔晓岑提出的银行制度建设学说目标是建立完善的金融系统，发挥其资金融通的作用，为农业和工业的发展提供支持。但其中只有银行对实业发展的促进作用在现实中得到验证。20 世纪 30 年代，上海几家银行包括中国银行、新华银行和上海商业储蓄银行等在对国货工厂给予信贷资金扶持的同时，还帮助这些工厂改进技术、改进管理，促成它们组成国货产销合作协会，进而成立各地的中国国货公司。当然，各家银行对工业放款的态度亦不完全相同，银行家如陈光甫就认为"工厂因资本薄弱，缺少流动现金，拿机器做的押款多半是长期的，这不是商业银行所宜做的。社会上往往责备银行不肯供给资金，然而办理工厂，缺少精密计划，不但自身债台高筑，并且拖累银行同归于尽"。另外，崔晓岑理论中要求实业银行对所放款实业进行评估，确定将来的还款几率这一点在当时已实施：上海商业储蓄银行和另一个对其贷款较多的中国银行则合组银团对申新纱厂集团的生产经营和财务加以严格监督，提货账单要经银团加盖印章，储存成品的大门钥匙要交由银团派员过目，这些措施有效防止了纱厂倒闭。但是，由于内战频繁，军政费用居高不下，且银价波动过大（"一战"间的金贱银贵到30年代初的金贵银贱），内地资金流向沿海口岸，农村金融和城市金融的关系呈现一种病态，如陈光甫认为信用是资金流通的关键，城市收缩村镇的信用，内地的现金只有流出。缺乏外部环境的支持，关于组建规模更大的农业银行以扶持农业发展和建立中央准备中心的理论在当时只能是幻想。

崔晓岑理论中关于商业银行只应贷款给商业为商业交易提供金融服务的观点将银行的目标客户完全单一化，虽然在商业银行发展的早期有助于吸引客户，迅速促进银行的成长，然而在资本达到一定程度时，会制约银行的长期发展。而且他提出的银行制度的建设只是提出了框架，给出的建议也是大而理想的，具体应该如何做并没有明确说明。但是他关于银行应监督所贷款企业的生产经营和中央准备统一的观点对于银行的资本风险管理、央行职能的完善以及建立统一的准备金制度都有很大的借鉴意义。

二、建立独立统一的中央银行学说

（一）建立独立统一的中央银行理论

1. 折衷的央行独立性

由于中央银行一方面受政府的监督，央行行长由国家元首任命，另一方面，中央银行代理国库，为政府经理财务上一切收付事宜，中央银行和政府有密不可分的联系。崔晓岑从央行国有的优缺点入手，提出了一个折衷的观点。

央行国有的理由有：（1）以公司制度为组织的银行以营利为目的，注重的是股东的利益。但是中央银行为一国金融的枢纽，关系到全国金融以及各种产业的发展。为保持全国经济的安全应该将央行收归国有，由政府管理；（2）中央银行有发钞特权和代理国库的权力，因以上特权获得的收益应该收归国有；（3）央行为普通公司，股东必然成为特殊阶级，若股权大部分在国外，势必对国际经济安全造成威胁。

反对国有的理由有：（1）政府控制央行后，每遇财政赤字则极有可能导致钞票滥发，造成金融系统的紊乱；（2）国家可对央行发钞收入进行征税，而不至于完全归私人所有；（3）央行国有会使央行政策偏向政治远离经济形势。

因此，崔晓岑认为应该建立一种有公司组织但是有种种限制的中央银行制度：（1）股东红利有明文规定不得超过百分之几，有限制的员工分红后余利归入国库；（2）银行理事会中应有政府特派人员列席，对央行的决策有审核的权力；（3）限制股东的权力，只选举理事监事，而无干涉行政的权力；（4）规定股东的国籍只能为本国国籍，若不得已容纳外籍股东，限制其行股权；（5）允许工商界代表加入理事会；（6）限制政府垫借，截断由于财政问题引起金融紊乱的路径。

2. 统一的中央银行

崔晓岑认为统一的中央银行的内容主要体现在发钞统一和准备统一两个方面。

（1）发钞统一

发钞统一的原因在于：第一，可以形成国内统一的货币，防止金融紊乱的局面出现；第二，央行可以根据经济状况调控货币发行量；第三，央行单独发钞可以保证准备集中，否则准备分散，经济危机时有流动性缺乏的危险；第四，统一发钞可以确保国家信用的统一张弛。

20 世纪 30 年代的中国外商银行事实上皆享有发钞权，省银行也就其特殊势力发行钞票。崔晓岑根据当时状况提出了建立统一发钞制度的以下措施：

短期来看：第一，各发钞银行组织一个准备金保管委员会，或就由现在设立的银钱两业联合准备库，合组办理；第二，每家发钞银行交出发钞额百分之十的现金交由委员会保管，交出的现金依然又算作发钞准备，进行存款创造；第三，由发钞银行公议，银行进行清算时，首先拿全部资产去清偿钞票；第四，如有某家银行钞票不能兑现的，借用委员会保管的现金去兑现，发挥最后借款人的作用。

长期来看，中央银行钞票应为无限法偿并对其他银行发钞加以限制：第一，规定中央银行钞票为无限法偿货币；第二，政府明令以后不得再有任何新银行发行钞票或流通券，已停止者不得再续；第三，发钞银行对于本行在百元限度以内的异区钞票，应该以平价调换本区钞票，不得有贴水等行为；第四；除中央银行外，其余各发钞银行发行额应加以限制，不得超过前三年发行平均额。

（2）准备统一

崔晓岑认为中央银行准备统一的特征就在于不对准备金支付利息，理由如下：第一，中央银行本不以营利为目的，所有存款为普通银行之存款准备，由于其保管性质，因此不应给付利息；第二，央行一方面持有政府大众存款不计息，另一方面为政府短期垫借也不收取利息，为政府代理种种收付汇兑事项也无手续费，两者权利义务可以相互抵消；第三，若央行收取利息，则有同普通银行竞争的嫌疑；第四，央行目的不在于营利而且股东红利有限制，若再责以存款付息，则不合理；第五，若收利息，则央行账户会存在大量呆账坏账，为收支平衡，必将用营利交易进行补偿，遇到经济危机时，无法发挥最后贷款人的作用。

针对如何建立统一的准备制度，崔晓岑指出各银行及钱业需以存款准备之一部分存储于中央银行，先由中央银行与银行会议协商，按其存款百分之几存于中央银行，如协商失败，则制定法律确定不同银行不同存款的存入比例。

（二）建立独立统一的中央银行学说提出的背景

崔晓岑于 1935 年出版了《中央银行论》（商务印书馆），书中集中论述了他建立独立统一的中央银行学说。庞杂参差的钞票，枯竭纷乱的金融，是对当时货币金融状况的概括。

1. 中央银行制度逐渐建立，同时政府垄断势力加强

1924 年和 1927 年分别在广州和武汉成立过中央银行，1928 年 11 月 1 日，国民政府的中央银行在南京成立。央行成立的目的有三：一为统一全国币值，二为统一全国金库，三为调剂国内金融。按照条例规定，中央银行是由"国民政府设置经营"的，因此是完全意义上的国家银行，理事、监事均由国民政府指派，不具有独立性。形式上，理事会、监事会、总裁、副总裁四权鼎力，但由于总裁为理事会主席，实质上是总裁专权。1933 年央行总裁改由孔祥熙担任，实际上是由于蒋介石与宋子文之间的矛盾因宋不满财政上的任意需求而加深，并且实施了一系列措施以加强金融垄断来解决经济金融危机问题，如发行金融公债一亿元，供中央银行、中国银行、交通银行三家银行增资，加强其地位，以及夺取中国银行为政府直接经营等。

2. 发钞准备制度分散

北洋政府时期名义上实行银本位制，但仍银元银两并行流通，计价结算用银两，实际支付用银元，两者之间的比价时起时落。流通中的纸币，有本国银行发行的，也有外国银行发行的，还有多家商业银行和省银行发行的，其中四川、云南、广西、山西等省和东北各省银行发行额之大已成割据状态。1927 年武汉国民政府颁布并实施《现金集中条例》，以中央银行、中国银行、交通银行三银行钞票代替现金行使。政策一出，金融界陷入一片恐慌，三银行发行不兑现钞票及国库券数达 7000 万元。本来极其脆弱的金融系统和各地处于分割下的货币币种复杂、货币流通混乱的状况，由于自毁信用的政策实施，更增加了人们对政府银行信用的怀疑，造成货币流通的阻滞和金融市场运行困难。

（三）建立独立统一的中央银行学说提出的价值和影响

崔晓岑的发钞统一的思想体现了 1935 年左右中央银行增强垄断地位的趋势。1935 年以后，国民党中央政治会议连续三次讨论中央银行改组问题，通过增资加强中央银行的地位，把它的资本额从 2000 万元增为 1 亿元，同时国民政府立法院于 1935 年 5 月通过《中央银行法》。以后它掌握本币与外币的权力进一步增大，抗日战争后期，随着四联总处的成立，终于使它于 1942 年

7月起成为唯一的发行银行，达到集中统一发行、统筹管理外汇的地位。但在准备集中方面，1936年开始了改中央银行为中央储备银行的拟议。拟议提出改组中央银行为中央储备银行性质，为各银行和一般公众所投资，是一个有较大独立性的机构，它掌握银行系统的准备金，代理国库，享有发行特权，其他银行发行的钞票将在2年内收回，股份中政府占40%，华商银行占30%，私人占30%。以上内容均体现了崔晓岑分政府、商业银行和民众三方共同建立统一准备的观点。但是此拟议在抗战后被搁置，不再见诸实施，他关于准备统一的政策建议也未有实践进行检验。

崔晓岑设想中央银行应该和政府保持一定的距离，虽然央行为政府代理国库，并为其垫支预算赤字，央行应具有极强的独立性，才能从经济形势出发，从而少受政治影响。然而在现实中，国民政府统治者蒋介石从1935年开始实施一系列的垄断金融措施，对银行业加以统治和限制，先后将中国银行和交通银行收归国有，使央行和大型银行都为政府服务，成为政府搜刮财富的代言人。在美国经济大萧条过后，我国经济学者对其进行反思的过程中，多将危机原因归结于自由资本主义的泛滥。马寅初就指出，"欧美各国已经没落的自由资本主义，在中国已不适用，亦不能用。今既知纯粹资本主义之流弊，而犹欲效之，使西洋失败之历史，在中国重演一次，殊不值得"，"中国欲以自由竞争政策发展实业，势已不能。然则中国经济之出路，只有统治经济之一途，显然可见"。马氏的观点代表了当时经济学界主张政府来承担统制经济的责任，把国民经济统筹全局而加以调节限制，以使中国转弱为强，恢复民族地位，实现民生主义。这种强调政府经济职能思想的流行无异为国民政府垄断金融，控制央行找到一个很好的理论出口和"合理"的解释。因此崔晓岑关于中央银行应该保持独立性的观点并未得到较多的赞同。

三、大萧条之银行制度缺陷解释学说

（一）大萧条之银行制度缺陷解释学说

崔晓岑认为虽然解释金融恐慌的理论很多，但是从银行制度上来观察，银行制度的不完善是经济危机爆发的关键。他指出金本位是一国的钱币价值同定量的金子直接或间接地发生关系，各国采取的形式固然有所不同，只要具备了无限兑换和自由进出口的条件，其作用都为了平定国际汇兑，调剂国际间的物价平稳。另一方面，虽然"一战"后各国恢复了金本位，中央银行钞票的兑现都不兑金币，所采取的形式是按定价买卖金条或者金汇票。美国由于成为"一战"最大的债权国，拥有大量金币是同其他金本位国家所不同的。因此美国的恐慌并不是由于入超或者金准备不足，而是在于内部的原因。他将大萧条的原因归结于银行制度自身存在的弱点：

1. 美国普通银行多为小型银行，承受风险能力较弱，而且分行制度不发达，银行多偏于地方性质，因此一旦发生危机，不能平均调节损益。

2. 美国银行制度的中心是联合准备制度。但是美国的银行并不完全包括在联合准备之下，国民银行是会员银行，而其余的如银行信托公司等，是一种会员银行，具有加入或者退出的权力。近年来会员银行的数目减少，从而导致联合准备制度的范围逐渐缩小。危机出现后，大多数会员银行由于挤兑，流动性出现困难，最后倒闭，加剧了银行系统的不稳定。

3. 联合准备制度本身是一种复杂的中央银行制度。美国《格拉斯—斯蒂格尔法案》规定分全国十二个准备区，每区一个准备一行，以上更有联合准备局来指导这十二家准备银行的合作行为。这种层层叠叠的制度一方面导致政策传导速度较慢，另一方面致使各区贴现率不同，无法形成全国统一完整的市场，危机发生时，各区也无法相互救济，共渡难关。

4. 美国的发行制度不统一，现金并不集中。据花旗银行统计，1931年流通的钱币共有十一种。发生恐慌时，国家信用受损，钞票流动性变差，人们纷纷转持黄金，导致国家黄金储备减少，国家信用更加受损的恶性循环。

根据以上情况，并且以银行形成一个好的制度为前提，崔晓岑提出如下建议：

1. 准许国民银行在国内设分行，建立分行制度。

2. 设置银行建立的资本门槛，不符合资本要求的小银行责令破产或者和大银行合并，变成大银行的分行。

3. 强迫各州银行及信托公司等加入联合准备银行,扩大联合准备制度的范围。

4. 提高联合准备总局的权力,以直接支配各准备银行,同时也允许联合准备局成为总行,而其余的十二家准备银行则应处于分行的地位。

5. 将发钞权力集中于一个机构,以免恐慌时歧视各种钞票,出现挤兑收藏黄金的危险。

(二) 大萧条之银行缺陷解释学说提出的背景

以华尔街股市暴跌为导火线的1929年美国经济大萧条中,西方国家物价和工业产出急剧下降,但是中国的物价和产出都保持了持续增长。自1929年至1931年,中国上海、天津和广州三个代表性城市的批发物价却都呈上升趋势,总体来看,中国的平均物价上升了25%左右,显示出这几年出现了轻微的通货膨胀。工业产出在大萧条期间也保持了持续的增长,并且在1929年至1931年危机最严重的3年,工业产值增长率甚至出现了增加,表现出了与西方国家完全不同的经济走势。当时的旧中国财政政策基本无所作为,但是中国是当时世界唯一的银本位大国,其他国家均采取金本位制,从而一定程度上切断了中国同世界经济的联系,使中国经济免受大萧条影响。另外,竞争性银行体系而实现的扩张性货币政策使得中国在大萧条期间货币供给始终没有减少,银行危机也没有普遍发生,最终使得中国经济在整个大萧条时期表现良好。因此1933年崔晓岑从银行制度的角度,对大萧条的原因进行了分析。

(三) 大萧条之银行缺陷解释学说的价值和影响

中国经济学界在20世纪20年代普遍倾向于英美式的自由资本主义,其中以马寅初为代表,他坚持"资本神圣论",认为"无论什么事业,一定要有资本去扶持它的,假使讲了'资本万恶',中国再也不要有富足的一日。"但是从30年代开始,学界对自由竞争资本主义的认识开始转变。1929年资本主义世界出现的经济危机导致众多学者对自由竞争的资本主义开始怀疑,如

1931 年 12 月，《东方杂志》在转载马寅初一篇演讲词时特加按语："马寅初教授一向倾向于资本主义，近因鉴于世界经济之衰落，各国失业恐慌之危机，对于资本主义深致怀疑，且主张中国今后宜效仿俄国有计划的生产，以促国民经济之进步。"崔晓岑从银行制度缺陷这个全新的角度解释大萧条的原因，从金融体系方面寻找原因，体现了他认识到金融系统对于整个经济体的重要作用，经济萧条不只是生产消费分配上面出现的问题。这在当时的学界无疑是一处创新。

（易鑫　刘海二　刘锡良）

参考文献

[1] 崔晓岑：《我国银行制度应有之建设》，载《中国经济（南京）》，1935。

[2] 崔晓岑：《发行钞票的问题》，载《自由言论 1（2）》，1935。

[3] 崔晓岑：《研究银价后之观察：用统计图分析》，载《东方杂志（7）》，1931。

[4] 崔晓岑：《论美国金融恐慌所暴露其银行制度之弱点》，载《中国经济（南京）（2）》，1933。

[5] 崔晓岑：《近百年来之世界币值问题》，载《东方杂志（13）》，1936。

[6] 崔晓岑：《中央银行学》，商务印书馆，1935。

[7] 崔晓岑：《上海清算之研究》，载《东方杂志》，1935。

[8] 崔晓岑：《币制与银行》，商务印书馆，1936。

[9] 崔晓岑：《现代银行概论》，商务印书馆，1936。

第四十七章

徐钓溪金融思想学说概要

徐钓溪（生卒年不详），曾任上海财经大学教授，第三任浙江路桥中学校长。著有《最新银行论》、《货币论》、《银行概论》、《实用银行簿记》等。徐钓溪先生对本位币制度选择理论和银行经营理论有深入的研究。

一、本位币制度选择理论

（一）本位币制度选择理论的内容

作者总结自清末提出币值改革以来的几种主张：1. 即时改用金本位制度；2. 先用金汇兑本位制度，然后改用金本位制度；3. 暂时仍用银本位制度，再渐次计划改用金本位制度。在此三种主张中，以第二种主张为占最多数，第三种次之，第一种为最少。这是因为从国际关系而论，银已经失去本位之资格，而考虑到我国财政状况而言，即时改用金本位制度从实力上来看是不允许的。衡情酌理，唯有采用缓进政策较为稳妥，这是金汇兑本位制度得到大多数人推崇的原因。但徐教授指出，在当时的情况下，金汇兑本位制度有其优缺点。其长处在于：1. 对外汇兑安全；2. 目前不需要大量之金；3. 发展对外贸易及奖励外资之输入；4. 处置旧币容易。而其缺点在于：1. 金银比价不易决定，银币之法价与实价过于紧密，一旦银价高涨，难免发生熔毁银币之事。如果法价和实价相差太远，则伪造银币的现象丛生，难以遏止。2. 存金银于外国之危险，欲行金汇兑本位制度，必须有相当之金存储于国际金融中心如伦敦、纽约等处，但如果一国和另一国的关系交恶，则存储于敌国的巨额存款，势必被扣，未交战而先受财政上的大损，对外汇兑的安全体系将崩溃；如果在未正式绝交以前，将存款取回，势必伤害两国情感。在当时国际风云变幻之时，这些顾虑是时刻不容忘怀的。从这点看，金汇兑本位制度只能适用于保护国或者殖民地，而决不宜于独立之邦国。3. 管理方面之困难，欲维持银币之法币，必须财政当局有严密谨慎之管理方法，如果为应付财政上之急需而多铸银币，必致无法维持银币之法价，而金汇兑本位制亦趋崩溃。4. 最初推行之困难，我国国民惯用称量制度之货币。对于货币，只问金属之实质价值，而今骤用法价高于市价之代表银币，一时必不易得到公众的信任。5. 金准备金筹措之不易，采用金汇兑本位制度，虽一时不需多量之金，但亦须预筹相当之金以备存于外国，在当时民生凋敝的时刻，筹集如此巨款，实属不易。徐教授认为，金汇兑本位制度虽然是一种中庸政策，但从我国的实际情形来看，是弊多而利少；如果改用纯粹的金本位制度，尤非我国财力之所能及。而且当时的英国，也开始放弃金本位制度。我国不必强用金本位制度。他认为，不应该先谈论我国的币制改革，如果妄谈币制改革，应先将目前紊乱不堪的现状，先行提纲挈领，加以整理，创设一坚实的银元本位制度然后相机进而谋国际共通之货币制度，其步骤应为：废两改元—整理辅币厉行十进制—着手进行整顿杂色钞票。

徐教授认为，"两"和"元"并用，无异于天之有二日，家之有二主，欲求其不起纠纷是很困难的。此事本属轻而易举，而难点在于银元标准难定。十余年来所以诉讼纷纭，不得一解决之道，固在于此。现今国内通用之银元，其种类不下七八种之多，而其成分与重量，则各有不同，如果任其全体通用，则不仅银两与银元之间，比价难以确定，且银元与银元之间亦不免发生冲突，其结果：筹码必陷于不够应用。设只选其中之一种银元允许流通，其余悉数收回改铸，则造币厂之铸造能力有限。在两三年之短时间内，绝无法可应社会之需求，其结果亦同样致筹码之不够应用。是故政府要实行废两为元，事前必须要有种种规定不可。1. 规定银元之成色与重量。2. 规定银元与各种银两之间之换算率。3. 不使有两种以上之银元出现于市场。4. 为达到上述要求，需成立以大规模之造币工厂，使各种银币规模之形式大小一致，本位币与一切辅币均为在同一厂内铸造。所铸本位币，须经公开称量化验，以昭大信。5. 通盘计算全国应用之银元数额，使造币厂日夜赶铸。6. 待银元将近足额之数月后，乃由财政部以一纸命令宣布废"两"为"元"之开始日期。

徐教授总结，废两为元的益处大致如下：1. 交易媒介之标准只有一种，则对于借贷、契约、工资等，可免去一方得意外利益，另一方蒙意外损失之弊；2. 计算简单，记账便利，时间上大可节约；3. 现今两元并用，故对外汇兑，必先以银元折成银两，再以银两换算成外币，此种毫无意义的损失，每年为数亦为巨大，但悉为外国汇兑银行或钱庄攫取；而今如果废两为元，既得者省去"银元折算银两"之一笔损失，虽金银之比价仍不免时刻变动，而商人之预算可较前稳定不少，而尤以对内贸易商人所得之利益为大。

两元并用不可为，从而采取废"两"为"元"。那么，为什么不能废"元"为"两"呢？针对这一点，他提出了自己的观点。理由如下：1. 单位之大小，本可随意选择，唯单位之大者，终不免有提高一般人民生活费用的嫌疑。从货币学原理来说，"元"要适宜于"两"。2. 银元的成色、重量，虽有七八种，但银两的成色、重量，多达一百七十余种。同时，银两中如开平、规元、行化、洋例等是虚拟的计算单位，而银元则为实际具体之货币。去繁就简，舍空求实，废"两"为"元"是不二的选择。3. 往昔政府各种税收都用库平计算，现已改为银元。4. 银元之通用区域，遍及全国，而银两仅限于上海、天津、汉口、广州等各大埠之大宗贸易。5. 银元数量日见增加而实银数量则日见减少，虽谓海关税收尚用银两计算，而实际交付的都是银元。

徐教授同时对社会上流通的杂色货币的整理进行了探讨。当时我国货币的发行，仍旧未脱离分散主义时期的约束。对于钞票之供求，并无以调节至总机关，遂致其失去适应实际需要之弹性。整理之方，首宜改用集中主张主义，而其发行额与准备额，必须按月详细公布，使民众深知其中情况，并需设以特殊之检查机关，以期增高民众之信仰心理。至于外国银行之货币，应绝对禁止其流通，先由租借以外之各地，着手实行，然后禁绝。

（二）本位币制度选择理论提出的背景

当时的货币紊乱状态日益加剧，亟需改变。就现状而言，"两""银"并用，已不合货币必须有一定标准之原理。而银两之中，既有库平、漕平及开平之分；银元之中，又有鹰洋、大清币、北洋币及袁头币、总理币之别；且同属银两与银元，亦因通用地与铸造地之不同而异其重量，殊其成色。此外，如钞票之不统一，银铜辅币之混杂，种种奇形怪状，大有罄南山之竹不足以尽其万一之慨，商贾的预算受其影响，难以平衡；人民的财产价值失去保障。针对这种状况，徐教授提出他的观点，对本位币选择制度的选择、辅币的规范、钞票的整理等发表了深刻独到的观点。

（三）本位币制度选择理论的意义和价值

徐钧溪先生的本位币制度选择理论对当时主流的三种币制进行了探讨。从我国当时经济实力不强，国际风云变幻的角度出发，重点对金汇兑本位制度进行了分析，提出了金汇兑本位制度的不可维持性的原因。针对当时受到最多人支持的金汇兑本位制度提出自己的看法。同时，他还巧妙地分析了为什么不能废"元"为"两"的原因。对于纸币的发现，他熟谙信用货币的本质，提出要按月公布足额的准备额，从而建立货币在民众中的信心。

二、银行信用调查理论

（一）银行信用调查理论的内容

徐教授指出，银行的信用调查机关，恰如航海的指南针，尤为重要。各种银行，无论其规模大小，都有调查机关的设立，借以行使关于信用调查及经济调查之事务。信用调查事务，与其他事务不同，常常是难以用语言和文字加以说明的。这并不是说完全不能说明，而是说明常常有词传意不达的遗憾。例如到实地调查一事之时，对于某种事实的探索，就会碰到这样的问题。假使一般商人，俱能了解银行交易的真意义，并且能够提供完全无缺的资产负债表，则关于商人的信用问题，就不会加大银行的操作难度。但是，在现实商业社会中，资产负债表良莠不齐。多数人之中，难保不无少数败德之徒。如果银行把接收的资产负债表一概认为准确可信，且据此作为信用之标准，定为交易之方针，其实是不可靠的。对于资产负债表是否正确，需要加以鉴定。鉴定的方法，有以会计学的判断而定；有直接检查账簿而定。唯前法偏重理论，忽视事实，难以周密。后者对于一切往来主顾，必须一一详查，事实上既多不便，而对于素有密切关系之主顾，或不能彻底了解银行交易真意之人，向其查询一事，尤感极端之困难。以上二法，既难成立，于是事实之明求暗访，遂成为唯一必要的手段；而事实的访求，由于情节简单，无需特殊的技能，如稍复杂，则不能不依赖所谓天赋之手腕，以期其能随机应变。但凡经营银行业者，对于往来主顾的信用状况，首先有调查的必要。纵使对于该主顾，并无放款或活期存款的业务，仍然有调查的必要：假使对方信用薄弱，则因其滥发支票之故，不免危及银行的经营，使银行蒙受莫大的影响。

同时，作者对于信用做了全新的解读。他认为，信用，与经济上或法律上的信用不同，乃信用调查所谓的信用。资产，信用的一部分而不是全部。世上拥资巨万之人，对于交易上应付的债务，或则左右托词，故意延不履约，或则隐匿其财产，希望嫁责于人，而自身反得逍遥法外者，非常之多。反而不如稍有资产而品格高尚者，一言承诺，则无论何种痛苦，均能忍受。在不幸无力偿还债务的情况下，亦能设法履行，以完成其契约责任。由此可知资产以外，人格亦足以占信用之一部分。资产富足而又品格高尚者，自属至善至美。如仅富有资产而品格低劣或品格高尚而资产不丰，或两者均有所欠缺，未足以完全之信用。品格低劣之徒，虽拥有巨额资产，但其道德感念薄弱，不负责任，有资产和没有资产没什么区别；而品格高尚之人，对于实力以上的责任，很少肯贸然负担，故予以相当之信用，并无多大的危险。总之物与人两者，非求其具备不可，如果缺少一样，就不能称为信用。同时，作者对于财富和经营的关系发表了自己的看法。资力的充裕，究竟以何种为适宜，并无绝对的标准。商人的资力，与其经营之种类关系甚为密切，不能分开判论：例如一万元开设纸烟铺，其资本已不为不多，如果以之经营绸缎店，即不得谓为充分。商人的经营地点，和他的财力亦属同种情形：例如在乡间有十万元资本之绸缎商，决不能谓为少，而在大都会之中，既不能视为雄厚；更就营业之规模与资力之关系而言，十万元资本的商人，年有五十万元之经营，已觉大有可观，然在百万元资本之商人，则此区区数目，欲望难以满足；在就经营种类与其出资金额及资本的关系而论，在批发绸缎之商人，可以十万元资本而销售获得百万元的金额，已经非常大笔。而在制造绸缎的商人看来，欲从事百万元之生产，绝非十万元之资本所能开始的。综上所述，作者得出，预知资本之充实与否，当视其经营之种类及规模之大小而定，尤须问其资本是否是为本人所有，其品格是否高尚优越，然后方可断其信用是否确实。从而可知，可信者，是综合了资产、品格、营业性质及其规模大小的一组认识。

在信用调查过程中，徐教授重新界定了"调查"的内涵。从狭义来说，是由已搜集的资料，或实地考察对于事实的访求，即是调查；从广义来说，调查者，不分你我，凡所能够收集的一切资料，都视为根据，整理之，保存之，然后决定其信用而刊印报告文书。只有需要访求的事实，是从他人实地调查的结果中或调查员自己亲身查寻。前者的例子，如富有经验的征信所事务员的口述，关于调查某商人资产状态的事实和感想；而后者的例子，如由于调查员自身往返商店，或直接询问营业主，或检查其账簿而判断其资产状态等。将搜集之资料加以整理保存，亦为调查事务之一部，如调查员自身的报告书，征信所致回复书，票据交换所之拒付的支票通知单，活期存款解约通知单，各项新闻杂志中所载关于人之信用记事，官报上所载之商业登记事项以及向各银行或各商店问事之回答书，登记官吏所作之登记藤本，司法代书人所作之登记簿副本等，莫一不为有用之信用调查资料，此等调查资料的整理和保存，对于调查事务的进行，既多便利，且足以速其完成，故不能以等闲视之。

徐教授对于银行内的信用调查机关和银行外的信用调查机关（如征信所）

在信用调查上的优劣进行了比较：

1. 银行内部调查机关的调查与征信所的调查相比，表面看似乎更有诚意。但并不是说征信所的调查，毫无半点诚意。但比较来看，前者优于后者。这是人之常情，为己和为人，终不免有千差万别，为己之事，势必竭全力以求之，纵使责任上无重大的关系，稍具道德者，绝不愿尸位素餐，敷衍塞责，致受良心上的谴责，因此每遇调查一事，必期其正确而后已，而受人委托之事，虽然不敢谓其毫不负责，而与前者相比，难免稍有逊色。况且征信所亦属经营一种，自当以如何方可获利之观念为前提，于是对于经费一项，不能不谋。同时，调查一事，在银行内部和征信所，趣旨各不相同，即就其完成之时日而论，前者一事费时十日甚至一月，原属不成问题。而对于征信所来说，以经营调查为主题业务，假使拖延数日，势将无法继续其经营。故凡是供职于征信所，皆有一定之责任数目，在一定时间之内，须以完成一定数目之事务为其必要条件，因此实质上纵欲求其正确，在形式上不能不求其数目的增加。

2. 在银行内部从事调查，则缓急可自由。每天发生调查事件中，有须急速求其完成者，亦有不妨稍事拖延者。而征信所一类之机关，受到多数会员的委托从事调查，故欲共能满足全部委托者之要求，实属至难，而是任由征信所之自由处置，因此不应急之事，或许早日了结，而应急之事反而拖延，常有此例。

3. 银行内部特设调查机关从事调查之时，又得有直接向调查员听取感想。而银行内部的调查报告，虽然都是用文字阐述，但是心得是难以用笔墨去记录的。所以一般人难以对细微繁琐的细枝末节，记录在记录员的报告书中。

4. 商人的信用状态，时刻变化，欲知其最近状况，亦以银行内部之临时调查较为可靠。大多数商人的资产状况是与日增减，时见变动，此则稍明实际市场情形者，均不能否认的。如果委托银行以外的一般调查机构代查，则会将数月或半年前的调查，照样誊写，即以之充作报告书，不值得充分信任。

5. 虽然银行内部特设调查机构，其所需调查经费，以视委托信用所者是数倍之多。征信所既以信用调查为其专业，则设备齐全，与全国各地之间，亦有相当之联络，一旦搜索资料，是非常有利的。银行内部的调查机构组织，规模宏大，以为不能让征信所独占其美，对于所有银行都如此要求。这样组建不完全的调查机构而从事调查业务，则一事之完成，既需较久之时日，而所费又昂贵。而征信所不论业务之繁简，大体上收取同一手续费，且其手续费不高，由此从经济上来说，委托征信所是上策。

6. 征信所之调查员，皆经验相当之熟练，故对于一事之调查，自能由熟而生巧；反之银行内部之调查员，原非以此为终身职业。一旦稍有经验，又转作他职，难免有不经济之嫌。

（二）银行信用调查理论提出的背景

19世纪二三十年代的中国，暗潮涌动，百废待兴。中国的大门向世界打开，各行各业都充满机会。当时的外国银行和本地钱庄都随之而产生或进入。外国银行有着完备的管理体系和经营方法。而我国的钱庄票号在这一强有力的竞争者面前面临压力和挑战。同时，当时社会的法制、信用等没有发展到一定的水平，银行经营业面对巨大的风险。徐钧溪先生针对当时的银行经营状况，提出了自己的管理理论，特别是关于银行信用管理和信用调查的理论。他重新定义了信用，将资产、品格、规模、经营类型等都综合归类到信用的内涵之中。同时，他对当时的征信所这一新兴事物提出自己的看法，见解独到。对于整个银行信用管理水平的提高有着指导和引路的作用。

（三）银行信用调查理论提出的意义和价值

徐钧溪先生的银行信用调查理论主要分为两个部分，一是银行信用的具体内涵，二是银行内部信用调查机构和征信所运营优劣的比较。他创新地指出：可信者，是综合了资产、品格、营业性质及其规模大小的一组认识。对于银行经营风险的控制提出了自己一套完整的体系，影响了当时以资产规模大小为衡量标准的看法。同时，他比较了银行内部信用调查机构和征信所的运作优劣，对于征信所这一新兴事物作出了肯定。这对于当时的银行经营和商业运作，是富有积极意义的，表明银行应该和其他市场机构一起，分工合作，从而达到经营效益的最大化。

（徐翔　刘海二　刘锡良）

参考文献

[1] 徐钧溪：《币值改革与废两改元》，载《申报月刊》，1932（4）。

[2] 徐钧溪：《论银行之信用调查机关》，载《法学专刊》，1934（2）。

[3] 徐钧溪：《最新银行论 》，中华书局，1929。

[4] 徐钧溪：《银行概论》，世纪书局，1933。

第四十八章

杨德森金融思想学说概要

杨德森（生卒年不详），民国时期著名经济学家。编著有《英格兰银行史》、《法兰西银行史》、《意大利银行史—1925 年》、《中国海关制度沿革》等。

一、西方银行史论

（一）西方银行史论的内容

杨德森于 1926 年前后分别编著了《英格兰银行史》、《意大利银行史—1925 年》和《法兰西银行史》，书中详尽介绍了欧洲各国银行的产生及发展情况。现就《英格兰银行史》一书作详细介绍。

在《英格兰银行史》一书中，杨德森分为两篇，上篇主要介绍了英格兰银行的产生及当时的国内情况，分为 6 个部分，即英格兰银行产生时金融情形与经济状况；最早困难与停兑；南海公司（South Sea Company）之起源；拿破仑战争时代借款；1697 年银行专例；匹得（William Pitt）当国时之巨额借款。下篇主要介绍了英格兰银行后一百年的历史，分为 9 个部分，即延长之停兑时期；议院币制番查书；英格兰银行特权之争论；股份银行兴起；1844 年银行条例；新条例之理想；实行时期之波折；英格兰银行集中制度；

现代银行正金之累积。

在上篇中，我们了解到与欧洲其他各国的中央银行一样，英格兰银行产生于国家有过度支出之时，成立后就屡次被政府所拖累，但是不像意大利、奥地利、俄罗斯这些国家的中央银行那样经常被政府逼入漩涡。英格兰银行经过了无数的法令，始终享有英格兰和威尔士的纸币发行专权，也成就了世界上最强大最坚固的银行。"1844 年法案"制定后，纸币发行根据证券和正金两项准备，所以颇为周密，但是政策带有固执的性质，不能依时代而发展，所以经常被经济学家所批评。尽管如此，欧洲大陆仍将英格兰银行视为模范而多加效仿。

1. 英格兰银行的萌芽

17 世纪末，英格兰银行在政治和财政变化中勃然而兴。在此以前，一般学者们都反对新式银行制度，傑拉梅林斯在其著作中，指出欧洲大陆的银行制过于理想而不实用。早前英国商人将现金寄存在伦敦，1640 年查尔斯一世（Charles I）突然强取 12 万镑，于是金业商（The Goldsmiths）乘虚而入，代人保管货币并给予利息，但是并未受到社会的一致欢迎，正如当时经济学家新派突雷诺斯所说，"仍以资财藏私邸也"。查尔斯二世继位后，因战事所需，经常向金业商借款应急，金业商财力不足，其借款欲望不能满足，于是查尔斯二世在 1672 年 1 月 2 日下令有关部门不许偿还以前的欠款，引起伦敦市民的骚动，很多市民倾家荡产。到威廉三世时，政府承诺偿还欠款，但是没有现金可以返还。当金业商在 1691 年秋同王室辩论时，向下议院提出组建金融机构，这便是英格兰银行的萌芽。

2. 最早的困难与停兑

苏格兰商人威廉伯德（William Patorson），愿出资一百万镑贷给政府，但要求每年付给其 6 万 5 千镑利息，并要求设立有发行权的金融机构。政府不愿意其纸币作为法定国币，磋商未果。1694 年，在蒙得鸠（Montague）的斡旋下，重新洽谈。新组建的金融机构名为英格兰银行总裁公司（The Gorernor and Company of the Bank of England），英格兰银行根据政府借款的协定，享有发行权，主要业务是买卖金银以及商业期票贴现和货币押款等。

英格兰银行股票在 1695 年 12 月 13 日市价与票面价值相等，此后一年间市价经常变化，但经常在票价之上。过了两年，银行经历了种种困难，宣布停兑。银行在停止兑现后，纸币便立即下跌。与银行相比，金业商仅仅经营普通银行业务，势单力薄。于是 1695 年休市，张伯伦建议组建地产银行。张伯伦的计划，就是要求拥有发行权以分割英格兰银行的势力，以地产为担保发行纸币，发行额视所有地产为标准，并承受政府借款。1696 年 4 月 27 日，经英王批准，地产银行成立。新银行的成立，使英格兰银行的股价大跌。

3. 南海公司的起源及发展

南海公司，也称南海泡影，与同一时期法兰西王朝的密雪雪比大计划一样，均为经济史上匪夷所思的怪事。该公司是保王党机关（The Tory），而英格兰银行属于民权党机关，两者处于相对地位。南海公司成立于 1711 年，发起人均为巨商大贾，享有英国在南美洲及太平洋群岛的商业专利权。成立后便承受 1 千万镑国债，1713 年，又获得南美洲西班牙属地的贩卖奴隶资格。1719 年末，董事会向政府提出计划，愿意出资三百五十万镑，所有国债由公司承担。英格兰银行高层看出南海公司有垄断金融之意，大为恐慌，便与政府洽谈，也欲承办。最后政府接受南海公司的条件，将议案提交议院，1720 年 4 月 2 日，上下议院均通过此议案。不到几周，大半国债都转为南海公司的股份，股票价格随即上涨。在 1920 年 7 月股价突破一千后，公司又放出股票额五百万镑，当时社会投机狂热，南海公司的行为与法国密雪雪比公司如出一辙。不久，政府查出公司行贿事件甚多，账册登记又多虚假伪造，牵涉政府要人。议院于是通过议案，将公司各董事财产没收，以救济被拖累者。

4. 匹得的巨额借款

英国从 1772 年开始的三十年间，平均每十年便发生一次金融恐慌，英格兰银行竭力应付。1772 年和 1782 年的两次恐慌，都持维持政策，采取稳健方针。缩小纸币流通额，等风潮平息后再行推广。1792 年的恐慌，情形与前两次不同，地方银行停业者不下百家，勉强支撑者也不在少数，英格兰银行决定不再为商家垫款，拒绝收受地方银行纸币。顿时市面紧张，金融停顿，政府便重发国库兑换券，用以调剂金融以便利商民。

当时威廉匹得任首相，后因英王病重而摄政，大权在握，刚愎自用，英格兰银行也为之压迫。政府屡次借款，有时以田赋和酒税作为担保，有时以国库兑换券作为抵押，银行迫于其权力，勉强答应。到北美战事打响时，借款额骤增，有时多达十五万镑，1793 年董事会与政府协商请求议会认同以往多次借款，为免纠葛，并且声明，以后每次借款额不得超过十万镑。匹得满口答应，但在提请议会时，并没有说明限制款额。

匹得为了联合欧洲各国共同抵制法国，不惜使用金钱政策，其结果便使得现金外流，同时国库又屡次向银行提用巨款，银行支付上存在困难。1795年 1 月 15 日，银行呈上请愿书，告诉财政大臣（The Chancellor of the Exchequer）应该早作预算，现在银行已经没钱支付了，无能为力。董事会请求各方谅解，并声明若因强迫行为发生不幸后果，董事会不再负责。然而匹得对银行董事会的宣言持默然态度，继续推行其金钱政策。1796 年末，法国船队突袭威尔士港，政府通知临近居民迅速将财产撤回内地，人心大震，挤兑风潮开始，银行竭力控制，缩小流通额。后因形势紧张，政府下令银行即日先行停兑，等议会决议后再行安排。周一，商界开会决定推荐伦敦市长做主席，一律使用银行纸币以度过危机。1796 年 4 月 2 日，商界推举代表组成委员会，决定重新筹得通货以维系金融稳定。

在下篇中，杨德森详尽介绍了英格兰银行成立的后一百年的历史，现重点介绍其中 4 个部分。

1. 延长停兑时期

拿破仑战争结束后，英国地位与现今比较，相差甚远。当时军事上虽获胜利，但是商船精华都已全部丧失，银行停兑，工商业者深受影响。然而英格兰银行在这段时间内保持稳健政策，稳住纸币价格，且在停兑期间保持纸币成为交易的唯一通货，使金货在无形中退为辅助地位。1799 年 9 月，金价开始涨高，1800 年 6 月已涨至四镑五先令兑换一两黄金，比造币商的定价高出七先令，于是银行继续推行停兑政策，财政大臣亚定登（Addington）主张延长停兑，认为"近年来发觉奸商收买金币，运往国外获利，尤宜严加防范"。当时人们认为纸币下跌与爱尔兰金融情况有连带关系。爱尔兰币制与英国相同，但也有稍小差异，爱尔兰是一先令为十三便士，而英国为十二，但是一镑兑换 240 便士英国和爱尔兰又相同。爱尔兰和英格兰银行同时停兑，不到几月，爱尔兰汇兑逐渐不利，议会于第二年设立委员会，调查爱尔兰金融情况，确定爱尔兰汇率不利是因为纸币价格下跌。

2. 议院币制番查书

针对外汇跌落问题，议员杭纳（Horner）提出关于币制和汇率议案。议会成立番查委员会，为了研究外汇跌落原因，委员会邀请英格兰银行各位董事以及商界人士和著名经济学家参与会议，各抒己见，并制定了币制番查书。委员会与银行家的意见相反，而与经济学家相同。币制番查书根据下列条款而作：①造币商所定的金价为金币法定标准，为一两黄金兑换三镑十七先令十便士半；②现在的金货价格，为每两兑换四镑十先令；③对外汇率逐渐跌落；④近年来纸币流通额激增，目前仍在增加；⑤市面上现金稀少，历时已久。番查书主要包括了金价上涨的研究、外汇情况的讨论、会同英格兰银行节制纸币发行的办法以及英格兰银行同地方银行纸币流通额与贴现额的商榷。

番查书公布后，在朝野上下引起了一番争论。明晓者深知金价上涨是由于纸币跌落造成的，而固执者认为纸币实际上并不能认定为下跌，金价上涨是因为其供不应求所致。又有人指出现金与纸币价格相差甚远，实乃物价问题。而委员会认为物价问题与现金纸币并无关系。币制番查书在 1810 年 6 月 9 日由杭纳提交下议院，直到 1811 年 5 月 6 日才开始交涉。杭纳认为要保持纸币的固有地位，只有用法定国币实行见票即兑。就当时国内情形而言，尚无预备正金制度，所以杭纳第一、二次提案均未通过。

1815—1816 年两年间，各地方银行管理不当，纸币逐渐减少，英格兰银行乘机推广流通额，据麦克利亚特教授估算，地方银行减少的纸币数目相当于中央银行增加发行量的三倍。因英格兰银行纸币价格日有起色，黄金与纸币的比值也日渐下落。1816 年 11 月，在拿破仑倒台时，英格兰银行对外表示，所有 1812 年 1 月 1 日前发行的纸币，即日开兑，1816 年 1 月 1 日前发行的，将于次年 4 月照兑。此后虽然按照此计划进行，但是人们已经习惯使用纸币，因此并未出现挤兑事件。

3. 英格兰银行特权的争论

英格兰银行的特权在于规定大股份公司不得发行纸币，但是六人以下组织不在此范围内。当时虽然一些人想私自办理银行业务，但深知有 1742 年英格兰银行法令的束缚。于是有人反复研究此法令，认为其意义是重在发行纸币问题，而不涉及经营其他业务的问题。1823 年，查伯莱（Joplin）发表言论，详细解释了英格兰银行的特权法案，认为该银行特权法案并没有禁止组建存款银行的意思。1823 年，政府向银行表示，愿意延长特权期十年，交换在伦敦区域 65 里外设立有发行权的股份银行，当时银行当局否决了这个计划。1825 年大恐慌发生后，政府重提此案，银行看到特权即将过期，恐生枝节，于是赞成政府的计划，准许在伦敦区域 65 里外设立有发行权的股份银行，并允许英格兰银行增设外省分行。上述股份银行发行的纸币仅限于限定流通区域使用，并不得向伦敦代理店出具即期汇票和五十镑以下的定期汇票。1826 年法令颁布后，仅有几家股份银行成立，英格兰银行仍然独享在伦敦经营银行业的权力。

4. 1844 年银行条例

1839 年发生恐慌以来，英国经济学思想发生重大变化，认为银行纸币仅是一种通货凭证，与其他商业票据及信用凭证性质上完全不同。如果要防御恐慌，纸币的发行额必须有一定限制。政府下令禁止设立发行银行，又命令已成立的各家银行组成联合团体，至此，英国币制伸缩力已经完全依赖于英格兰银行的正金准备。这项新法案，将银行组织制度变更一新，分设银行部与发行部。银行部专管银行各种事务，由银行管理部主持。发行部专管纸币发行，由董事会推举董事设委员会管理。

1844 年 8 月 31 日，英格兰银行奉命交给发行部价值 1400 万镑的证券，作为发行准备的保证，并规定以后银行部如果需要使用纸币时，必须用足额的现金换领，不得通融。

银行纸币规定的 1400 万镑证券作为准备，是为了减少封锁库存现金，具有一定的经济作用。与纸币流通总数相比，并不妨碍纸币信用，这项标准既不依据银行资本数目，也不依据政府欠款数目，完全以纸币流通平均最低值计算。

1844 年条例，具有变更纸币性质的意义，纸币起先作为信用的一种载体，现今纯粹变为一种通货凭证。

1844 年条例实施不久便发生 1847 年恐慌，究其原因，有两点重要失策。专例既没有禁止恐慌发生时的投机行为，又没有注意到在金货流出时减少流通额。

（二）西方银行史论的背景及意义

20 世纪 20 年代的中国，处于北洋政府统治时期。其国家银行中国银行具有兑换券发行权，1921 年 11 月发生中交两行的第二次停兑风潮，主要原因是北洋政府仍靠中、交两行垫款和发钞过日子，同时两行开出的存单陆续到期，要用现金归还，使两行的库存现金锐减。银行信用低落，现金准备不足，遂由挤兑而发展到停兑。

北洋政府时期，经政府批准发行兑换券的商业银行有中国通商银行、浙江兴业银行、四明银行、中孚银行、大中银行、中南银行等，还有一些享有纸币发行权的官商合办的特种殖边银行、边业银行、中国实业银行、农商银行、劝业银行、中国农工银行、蒙藏银行等。各省军阀则通过省银行和官银钱号发行地方性纸币，以弥补本省财政。北洋政府尽力推行中国银行和交通银行的兑换券。1915 年 10 月颁布《取缔纸币条例》，1920 年 6 月颁布《修正取缔纸币条例》。修正条例规定凡新设立的银钱行号，或现已设立仍未发行纸币的，皆不得发行；条例颁布前设立的银钱行号所发行的纸币业经财政部核准的仍准发行，但不得增发。

20 世纪 20 年代，外国银行、国家银行、地方银行、钱庄纷纷发展，但缺乏一个统一有力的中央银行统一币制，统管货币的发行，在这一时期，很多学者纷纷献言献策，共商银行发展大计。

杨德森详细介绍了英格兰银行的产生、发展及壮大的历史，对于我国银行的发展，可以吸其精华，去其糟粕，作为一个借鉴。

二、海关制度沿革论

（一）海关制度沿革论的内容

杨德森于 1925 年编著了《中国海关制度沿革》一书。全书分为两篇，上篇主要介绍了海关的历史沿革，下篇着重介绍了海关的现行制度，按照逻辑顺序，主要分为十个章节。分别为：1. 海关之统属；2. 海关职员之阶级；3. 总税务司署之组成；4. 各地海关；5. 华洋关员之人数；6. 官员俸薪之等级；7. 官员之任免与调整；8. 官员之其他待遇；9. 海关经费；10. 关税之存放与用途。

在上篇中，杨德森详尽介绍了海关的历史沿革。鸦片战争后，1842 年 8 月 29 日的中英《江宁条约》准许外商在广东、厦门、上海、宁波、福州五处贸易。清政府开放五口，任命管理税务专员管理。广东由粤海关监督管理，福州、厦门两处由福州将军兼理，上海由苏松太道兼理，宁波由宁绍专道兼理，其主权仍然在政府手中。但是开放不久，太平军运动爆发，从此海关便雇佣外人，局面为之改变。

小刀会在咸丰三年（1853）9 月 7 日攻破了上海，海关长官苏松太道吴建章前往租界避难，徵税事务便由此停止。在咸丰元年（1851）的时候，上海英领事阿尔可克就曾指责过徵税行政腐败，他说："商人彝弊，官吏纳贿，密轮漏税，既损害关税收入，又妨碍正当商人营业，亟应整顿。"在当时阿尔可克认为是一个机会，于是与美法领事们协商解决办法，提出由领事代中国的官员向外商征税，不缴现款，用期票取代，等太平军起义平定后再商榷。这种"领事代征制度"实际上起到了外国方面劫夺中国海关的桥梁作用，也成为阻碍中国本身重建海关的手段，为外籍税务监督制度作了准备。尽管如此，在江海关行政停顿之际，这个条例若能切实实行，对中国的税收还是有利的。但是美国商人坚决反对。第二年一月，美国首先脱离了该方法，已经收到的期票还给原主。

咸丰四年（1854）二月九日，吴道在租界内设立临时机关，开始征收。当年 6 月 29 日，吴建章、阿尔可克、马辉（英领事）和伊坦（法代领事）参加了昆山会议。这是一次关乎今后整个近代中国海关制度问题的会议，也是中国海关聘用洋员制度的一次追根溯源的会议。会后吴建章同英美法三国领事签订了中国海关聘用洋员的《协定》，这个《协定》使中国的一个通商口岸的海关行政完全控制在外国人手中。领事对海关事务的干涉也大大加强。更重要的是，《协定》规定如果没有税务监督的"副署和签章"，监督所签发的正式文件也不能生效，中国海关俨然成了英、美、法三国驻沪领事馆的附属机构。

根据协议三国领事各自提名一人，英为威尔玛（T. Wade）、法为司密斯（A. Smith），美为喀尔（L. Carr），前两人为领事馆员，后一人为公使馆员，三人组成税务管理委员会。1854 年 7 月 12 日这个三国领事管辖下的海关开始办公，这是中国第一个由外国人管理的海关。中国近代海关制度也起源于此。由于英国的威尔玛精通中文，所以一开始英国就在这个机构中占有领导地位。加之日后，法国在中国贸易利益比重减小，美国领事根据 1856 年的《领事法》不再提名税务监督，英国逐步巩固其领导地位。

《天津条约》施行后，上海关税管理委员会便立即改组，两江总督何桂清委派李国泰为总税务司，同年，改组粤海关，并委派赫德（Robert Hart）为税务司。第二年，设立汕头关，到了第三年，相继设立了福州、宁波、镇江、九江、天津各关。但是李国泰缺乏见识和机智，对形势估计错误。当太平军席卷江南时他认为清廷前景濒临危殆，于是借养伤为名而突然回国。1864 年 4 月他向新任两江总督五口通商大臣薛焕请假回国，并推荐了费子洛（G. H. Fitz – Roy）和赫德暂时会同署理总税务司职务。而重要事务，都是由熟悉中文的赫德主持。1863 年赫德开始担任海关总税务司，经过赫德的一系列努力，海关得到了巩固和稳定。各国驻华公使和清政府逐渐接受，进而支持这一制度。

同治三年（1864），总理衙门制定了海关聘用洋员的章程，共二十七条，外籍税务司制度，这种前所未有的特殊的海关制度，通过一系列不平等条约被确立。而随着外国资本主义势力的不断扩张和由于清政府自身的腐朽，这一制度又有了存在的可能性，它最终被各国和清政府所接受。这为它日后进一步的扩展奠定了基础。

在下篇中，作者共分为 10 个方面介绍了海关的现行制度。总税务司公署设总税务司一人，统管五科三处，分别为：总务科，机要科，统计科，汉文科，铨叙科，造册处，驻外办事处，内债基金处。其中，总务科职务最为重要，自从 1910 年副总税务司一职撤销后，所有以前通常关务都由该科管辖。机要科专门管理机要文件事宜。统计科管理海关会计事宜，也兼管债务赔款事宜。汉文科管理各关汉文报告和总税务司与政府往来公文的事宜。铨叙科管理关员任免的情况。造册处设于上海，管理编制及印刷统计以及供给账册纸张的事宜。驻外办事处设在伦敦，掌管采办海关用品以及偿付英德借款并支付关员来华的旅费等事宜。内债基金处设在北京，专门管理政府委托办理的内债基金事宜。

各地海关共计有 46 处，分别为：江海关，江汉关，津海关，粤海关，闽海关，九江关，浙海关，沙市关，礁海关，大连关，爱珲关，哈尔滨关，珲春关，龙井村关，奉天，安东关，山海关，秦皇岛关，龙口关，东海关，重庆关，万县关，宜昌关，长沙关，岳州关，芜湖关，金陵关，镇江关，苏州关，杭州关，甄海关，福海关，厦门关，潮海关，九龙关，拱北关，江门关，三水关，梧州关，南甯关，琼海关，北海关，龙州关，蒙自关，思茅关，腾越关。

海关关员的任免权集中在总税务司一人，政府也无权干涉。在外来员工中，英籍员工占了一半左右。日本在甲午中日战争之前，没有与我国缔结最惠国条约，因此在我国的日本员工很少，而在签署《马关条约》以后，根据利益均沾条款，日籍员工逐渐进入海关。在根据民国五年的统计，海关的中国员工为 6235 人，外国员工为 1321 人。而在民国十三年的统计中，海关的中国员工为 6924 人，而外国员工增加为 1445 人，共包括了 23 个国籍。

（二）海关制度沿革论的背景

中国近代海关史的研究始于民国初年。这是当时国人力争关税自主这一社会思潮的产物。近代中国海关是根据中外不平等条约关于海关行政和关税问题的有关规定而设立的，性质特殊，作用重大，广泛涉及中国近代社会政治、经济、外交、军事、思想、文化教育等各个领域，在中国近代史上占有极其重要的地位。

由于近代中国海关处于外籍税务司的控制之下，海关文件档案资料及其内部工作、制度对外部实行严格的保密制度。因此，海关之外人士，甚至海关华员都无从进行调查研究。随着辛亥革命后中华民族意识和中国民主革命的高涨，开始有些民族主义者从收回海关主权的爱国思想出发，对外籍税务司制度下的近代中国海关进行研究，出版了一批论著。主要有：黄序宛编著《海关通志》（商务印书馆，1915 年版），杨德森著《中国海关制度沿革》（商务印书馆，1925 年版），贾士毅著《关税与国权》（商务印书馆，1929 年版），金葆光著《海关权与民国前途》（商务印书馆，1928 年版），江恒源编《中国关税史料》（中华书局，1930 年版）。

（三）海关制度沿革论的影响

从研究内容来看，该书研究着力点的分布是不平衡的，尚有不少薄弱甚至空白之处。比如未研究海关组织结构、管理体制及其运作方式。事实上，中国近代海关是近代中国最早实行近代西方管理制度的政府部门，也是近代中国唯一一个长期为列强势力直接控制的政府部门。其组织结构和管理体制具有许多鲜明的特点，若详细描述，有助于我国对中国近代海关的全面认识，也能够对海关功能进行完整评价。

但是不可置疑的是，该书的出版，在当时是具有跨时代意义的。它详尽地描述了海关的历史沿革和海关的现行制度，生动细腻地讲述了中国海关是怎样一步步沦为外国掌握之中的，这对于激起国人的爱国之心具有一定的激励作用。

（刘清漪　缪明杨）

参考文献

［1］杨德森：《英格兰银行史》，商务印书馆，1926。

［2］杨德森：《意大利银行史—1925 年》，商务印书馆，1925。

［3］杨德森：《法兰西银行史》，商务印书馆，1926。

［4］杨德森：《中国海关制度沿革》，商务印书馆，1925。

附录一

《百年中国金融思想学说史》
第一卷人物主要著述目录选录

1. 孙中山（1866—1925）

《总理全集》，上海民智书局发行，1930

《总理遗教全集》，军事委员会政治部，1943

《中山先生全集》，国防部新闻局印行，1947

《孙中山选集》，人民出版社，1981

《孙中山全集》，中华书局，1982

2. 郑观应（1842—1922）

《盛世危言增订新编》，台湾学生书局，1976

《郑观应集》，上海人民出版社，1982

《盛世危言　首为商战鼓与呼》，中州古籍出版社，1998

《盛世危言》，华夏出版社，2002

《长江日记》（郑观应文献选集），上海古籍出版社，2010

《郑观应诗集》，上海古籍出版社，2014

3. 梁启超（1873—1929）

《梁任公白话文钞》，上海文明书局，1925

《梁任公近著》，商务印书馆，1927

《清代学术概论》，商务印书馆，1930

《中国历史研究法补编》，商务印书馆，1933

《中国国债史》（《饮冰室合集．专集》第六册），上海中华书局，1936

《中国伟人传五种》，中华书局，1936

《墨子学案》，中华书局，1937

《先秦政治思想史》，中华书局，1941

《国史研究六篇》，中华书局，1947

《梁启超文集》，大东书局，1970

《中国佛教研究史》，中国社会科学出版社，1988

《饮冰室合集》，中华书局，1989

《戊戌政变记》，江苏广陵古籍刻印社，1990

《学术经典：清代学术概论》，东方出版社，1996

《学术经典：中国之美学及其历史》，东方出版社，1996

《中国历史研究法》，东方出版社，1996

《中国近三百年学术史》，中国华侨出版社，2008

4. 陈光甫（1881—1976）

《陈光甫先生言论集》，上海商业储蓄银行编，1949

《陈光甫日记》，上海书店出版社，2002

5. 马寅初（1882—1982）

《马寅初演讲集》，商务印书馆，1928

《中华银行论》，商务印书馆，1929

《中国国外汇兑》，商务印书馆，1930

《马寅初经济论文集》，商务印书馆，1932

《马寅初演讲集》，商务印书馆，1933

《中国经济改造》，商务印书馆，1935

《中国之新金融政策》，商务印书馆，1936

《马寅初战时经济论文集》，作家书屋，1945

《经济学概论》，商务印书馆，1946

《新经济的道路》，上海文汇报馆，1947

《马寅初经济论文集》，作家书屋，1947

《通货新论》，商务印书馆，1947

《财政学与中国财政：理论与实践》，商务印书馆，1948

《我的经济理论哲学思想和政治立场》，财政出版社，1958

《马寅初抨官僚资本》，重庆出版社，1983

《马寅初经济论文选集》，北京大学出版社，1990

《马寅初人口文集》，浙江人民出版社，1997

《新人口论》，吉林人民出版社，1997

《马寅初选集》，天津人民出版社，1988

《马寅初全集》，浙江人民出版社，1999

《财政学与中国财政：理论与现实》，商务印书馆，2001

6. 张嘉璈（1889—1979）

《银行行员的新生活》，正中书局，1934

《中国铁道建设》，商务印书馆，1946

The Inflationary Spiral. Cambridge：Technology Press of Massachusetts Institute of Technology；New York：Wiley；and London：Chapman & Hall，Ltd.，1958.

《中国货币和银行的朝向现代化》（《革命文献》第74辑），（台）中国国民党中央委员会党史委员会，1978

7. 宋子文（1894—1971）

《交通银行同人录》，总管理处，1946

8. 南汉宸（1895—1967）

《中国代表团团长南汉宸在全体会议上的报告》，国际经济会议重要报告及决议，人民出版社，1952

9. 梅远谋（1897—1980）

《国家统购统销政策与国家银行现金工作》，1953

《农村金融工作与农业合作化——四川省温江县公平乡农村金融调查》，1955

《从自贡市商业信贷试验田看商业信贷工作的方向》，1958

《中国的货币危机——论 1935 年 11 月 4 日的货币政策》，西南财经大学出版社，1994

10. 周伯棣（1900—1982）

《经济浅说》，中华书局，1935

《白银问题与中国货币政策》，中华书局，1936

《租税论》，文化供应社印，1948

《国际经济概论》，中华书局，1948

《中国财政史》，上海人民出版社，1981

《中国财政思想史稿》，福建人民出版社，1984

11. 陈岱孙（1900—1997）

《从古典经济学派到马克思——若干主要学说发展论略》，上海人民出版社，1981

《政治经济学史》，吉林人民出版社，1981

《陈岱孙文集》，北京大学出版社，1989

《陈岱孙学术论著自选集》，首都师范大学出版社，1994

《从古典经济学派到马克思》，北京大学出版社，1996

《近现代货币与金融理论研究——主要流派理论比较》（陈岱孙、商德文主编），商务印书馆，1997

《陈岱孙遗稿和文稿拾零》（陈岱孙文集），北京大学出版社，2005

12. 王亚南（1901—1969）

《王亚南经济思想史论文集》，上海人民出版社，1981

《王亚南文集》，福建教育出版社，1988

《王亚南文选》，中国社会科学出版社，2007

13. 胡寄窗（1903—1993）

《中国经济思想史》，上海人民出版社，1963

《中国经济思想史简编》，中国社会科学出版社，1981

《中国古代经济思想的光辉成就》，中国社会科学出版社，1981

《中国近代经济思想史大纲》，中国社会科学出版社，1984

《政治经济学前史》，辽宁人民出版社，1988

《1870 年以来的西方经济学说》，经济科学出版社，1988

《经济理论歧见的剖析》，复旦大学出版社，1991

《西方经济学说史》，立信会计图书用品社，1991

《胡寄窗文集》，中国财政经济出版社，1995

14. 黄宪章（1904—1985）

《经济学概论》，现代书局，1934

15. 薛暮桥（1904—2005）

《中国农村经济常识》，大众书店，1946

《中国社会主义经济问题研究》，中国人民解放军出版社，1979

《薛暮桥经济论文选》，人民出版社，1984

《当前我国经济若干问题》，人民出版社，1980

《抗日战争时期和解放战争时期山东解放区的经济工作（增订本）》，山东人民出版社，1984

《我国物价和货币问题研究》，红旗出版社，1986

《按照客观经济规律管理经济》，人民出版社，1986

《论中国经济体制改革》，天津人民出版社，1990

《总结财经工作迎接工作胜利——记全国解放前夕两次重要的财经会议》（与杨波合著），中国财政经济出版社，1996

《薛暮桥回忆录》，天津人民出版社，2006

《薛暮桥文集》，中国金融出版社，2011

16. 彭迪先（1908—1991）

《战时的日本经济》，商务印书馆，1938

《实用经济学大纲》，生活书屋，1940

《世界经济史纲》，三联书店，1948

《新货币学讲话》，上海联合发行所，1949

《货币信用论大纲》，三联书店，1955

《彭迪先全集》，西南财经大学出版社，2012

17. 刘絜敖（1908—1995）

《营业预算论》，商务印书馆，1936

《经济学方法论》，商务印书馆，1937

《国外货币金融学说》，中国展望出版社，1983

18. 陈彪如（1910—2003）

《什么是凯恩斯主义》，上海人民出版社，1974

《国际货币体系》，华东师范大学出版社，1990

《国际金融概论》，华东师范大学出版社，1991

《人民币汇率研究》（合著），华东师范大学出版社，1992

《陈彪如文集》，世纪出版集团、上海人民出版社，2001

19. 刘涤源（1912—1997）

《货币相对数量论》，中华书局，1945

《当代西方经济学说》，武汉大学出版社，1983

《反通货膨胀论：通货膨胀的理论与实践》，广东人民出版社，1992

《凯恩斯经济学说评论》，武汉大学出版社，1997

20. 褚葆一（1913— ）

《工业化与中国国家贸易》，商务印书馆，1945

《货币价值论》，商务印书馆，1947

《马先尔之经济学说》，商务印书馆，1947

《资产阶级自由贸易理论批判》，上海人民出版社，1956

《战后帝国主义经济》，上海人民出版社，1973

《当代美国经济》，中国财政经济出版社，1981

《世界经济概论》，人民出版社，1983

《当代帝国主义经济》，安徽人民出版社，1985

《褚葆一文集》，上海人民出版社，1996

21. 张培刚（1913—2011）

《清苑的农家经济》，商务印书馆，1936

《广西粮食问题》，商务印书馆，1938

《浙江省粮食之运销》，商务印书馆，1940

《宏观经济学和微观经济学》（合著），人民出版社，1980

《农业与工业化》（美国哈佛大学出版社，1949 年英文版初版；华中工学院出版社，1984 年中文版初版），武汉大学出版社，2013

《农业国工业化问题》（《发展经济学通论》第一卷），湖南出版社，1991

《发展经济学与中国经济发展》，经济科学出版社，1996

《微观经济学的产生与发展》，湖南人民出版社，1997

《张培刚选集》，山西太原出版社，1997

《二十世纪中国的粮食经济》，华中科技大学出版社，2002

22. 丁鹄（1916—2000）

《丁鹄经济金融理论文集》，中国金融出版社，2002

23. 李崇淮（1916—2008）

《解救当前经济危机之途径》，1948

《英国社会主义的有关问题》（译），商务印书馆，1966

《论当前的货币形式问题》，中国金融出版社，1985

《论当前的形势问题》，中国金融出版社，1985

《两通起飞武汉经济发展战略刍议》，武汉大学出版社，1986

《财政金融管理知识手册》，科学技术文献出版社，1986

《股票基础知识》，中国金融出版社，1986

《资本主义货币经济学》（合编），中国金融出版社，1989

《李崇淮文选》，武汉大学出版社，1993

《西方货币银行学》（合编），中国金融出版社，2000

《李崇淮文集》，武汉大学出版社，2013

24. 刘光第（1917—1996）

《论中国宏观经济价值管理》，经济科学出版社，1989

《社会主义初级阶段经济理论问题》（合著），中国金融出版社，1991

《中国经济体制转轨时期的货币政策研究》（合著），中国金融出版社，1997

《刘光第经济文集》，西南财经大学出版社，1998

25. 钱荣堃（1917—2003）

《加拿大金融制度》，中国金融出版社，1990

《国际金融专论》，中国金融出版社，1991

《国际金融专题剖析》，中国金融出版社，1997

26. 蒋硕杰（1918—1993）

《蒋硕杰先生学术论文集》，台湾远流出版事业股份有限公司，1995

《蒋硕杰经济科学论文集》，北京大学出版社，1999

27. 谢森中（1919—2004）

《农业发展计划的设计问题》，国际经济合作发展委员会，1965

《谢森中先生访谈录——谢森中先生半世纪专业经验》，国史馆，2002

28. 何高著（1919—2006）

《我国过渡时期货币的本质与职能》，重庆人民出版社，1957

《中国社会主义货币信用学》，成都大学铅印教材，1961

《马克思货币金融学说原论》（合著），西南财经大学出版社，1989

29. 王作荣（1919— ）

《台湾经济发展论文选集》，时报文化出版企业公司，1983

《掌握当前经济方向》，经济与生活出版社，1983

《不完整的奇迹：经济革新与经济自由化》，时报文化出版企业公司，1996

30. 杨培新（1922— ）

《新货币学》，致用书店，1947

《中国通货膨胀论》，生活书店，1948

《新中国五年来经济建设的成就》，人民出版社，1954

《第一个五年计划的资金积累问题》，新知识出版社，1955

《旧中国的通货膨胀》，生活·读书·新知三联书店，1963

《我国农村集体经济的资金问题》，中国财政经济出版社，1964

《中国的金融》，人民出版社，1982

《米尔顿·弗里德曼论通货膨胀》（译），中国社会科学出版社，1982

《论我国银行改革》，北京出版社，1983

《我国社会主义银行》，经济科学出版社，1984

《我国货币政策》，生活·读书·新知三联书店，1987

《我国经济体制改革的新思路》，生活·读书·新知三联书店，1988

《通货膨胀——人民的灾难　对中国当前要不要实行通货膨胀的论战》，中国经济出版社，1990

《承包制：企业发达必由之路》，中国经济出版社，1990

《怎样才能搞活国营企业》，机械工业出版社，1991

《华俄道胜银行和欧亚大陆第一桥　未透露过的沙俄侵华内幕》，中国金融出版社，1992

31. 费景汉（1923—1996）

《劳动力剩余经济的发展》（合著），华夏出版社，1989

《劳动剩余经济的发展　理论与政策》（合著），经济科学出版社，1992

《增长和发展　演进的观点》（合著），商务印书馆，2014

32. 虞关涛（1923—1998）

《欧洲经济共同体国家的银行制度机构与体制》（译），中国财政经济出版社，1982

《凯恩斯以后》（译），商务印书馆，1985

《现代企业财务与金融》（编译），中央广播电视大学出版社，1995

33. 王继祖（1924—2011）

《帕特曼报告选译》（合译），商务印书馆，1980

《地区间贸易和国际贸易》（合译），商务印书馆，1986

《美国金融制度》，中国金融出版社，1994

《国际金融概论》，中国经济出版社，1994

《国际金融市场》，南开大学出版社，2000

《国际经济金融若干前沿理论问题研究》，南开大学出版社，2005

34. 黄达（1925—　）

《货币信用学》（上），中国人民大学出版社，1959

《我国社会主义经济中的货币和货币流通》，中国财政经济出版社，1964

《社会主义财政金融问题》，中国人民大学出版社，1981

《财政信贷综合平衡导论》，中国金融出版社，1984

《中国证券百科全书》，经济管理出版社，1993

《金融：词义、学科、形势、方法及其他》，中国金融出版社，2001

《金融学》，中国人民大学出版社，2003

《黄达文集》（续）（1999—2004），中国人民大学出版社，2005

《黄达自选集》，中国人民大学出版社，2007

《与货币银行学结缘六十年》，中国金融出版社，2010

《黄达经济文选》，中国时代经济出版社，2010

《黄达文集》（再续）（上下册），中国人民大学出版社，2010

35. 刘诗白（1925—　）

《产权新论》，西南财经大学出版社，1993

《刘诗白选集》，山西经济出版社，1996

《刘诗白文集》，西南财经大学出版社，1999

《现代财富论》，三联书店，2005

《体制转型论》，三联书店出版社，2008

《刘诗白书法集》，文物出版社，2008

《刘诗白经济文选》，中国时代经济出版社，2010

36. 周骏（1928—　）

《社会主义金融学》，中国金融出版社，1987

《货币政策与金融调控》，华中理工大学出版社，1993

《马克思的货币金融理论》，中国财政经济出版社，2001

《周骏选集》，经济科学出版社，2003

37. 周升业（1929—　）

《社会主义财政金融问题》，中国人民大学出版社，1981

《经济体制改革若干理论问题探讨》，中国经济出版社，1988

《财政与金融》，武汉大学出版社，1992

《对外开放下的金融运行》，中国金融出版社，1994

《金融资金运行分析：机制、效率、信息》，中国金融出版社，2002

《中国金融理论》，中国金融出版社，2006

《周升业自选集》，中国人民大学出版社，2007

38. 吴敬琏（1930—　）

《驳"四人帮"对社会主义工资制度的诬蔑》，广东人民出版社，1978

《1987年中国经济实况分析》，中国社会科学出版社，1989

《吴敬琏选集》，山西人民出版社，1989

《经济改革问题探索》（中国展望出版社，1987），苏联科学院出版社（俄文版），1990

《1989年中国经济实况分析》（合著），中国社会科学出版社，1992

《通向市场经济之路》，北京工业大学出版社，1992

《计划经济还是市场经济》，中国经济出版社，1992

《市场经济的培育和运作》，中国发展出版社，1993

《现代公司与企业改革》，天津人民出版社，1994

《构筑市场经济的基础结构》，中国经济出版社，1997

《何处寻求大智慧》，北京三联书店，1997

《当代中国经济改革：战略与实施》，上海远东出版社，1999

《改革：我们正在闯大关》，北京三联书店，2001

《十年纷纭话股市》，上海远东出版社，2001年

《比较：以比较传递理念、思想和知识》，中信出版社，2002

《发展中国高新技术产业：制度重于技术》，中国发展出版社，2002

《转轨中国》，四川人民出版社，2002

《吴敬琏自选集（1980—2003）》，山西经济出版社，2003

《当代中国经济改革》，上海远东出版社，2004

《吴敬琏专集》（首届中国经济杰出贡献奖获奖者丛书），山西经济出版社，2005

《中国增长模式抉择》，上海远东出版社，2006

《呼唤法治的市场经济》，三联书店，2007

《当代中国经济改革教程》，上海远东出版社，2010

《中国未来30年》（合译），中央编译出版社，2011

《宏观经济与地方产业发展》，中国经济出版社，2011

《中国经济改革二十讲》，生活·读书·新知三联书店，2012

《影子里的中国》，江苏文艺出版社，2013

39. 林继肯（1930—　）

《货币流通规律问题》，中国财政经济出版社，1965

《社会主义制度下的货币发行》，中国金融出版社，1985

《稳定通货论》，中国金融出版社，1990

《货币供应管理学》，中国金融出版社，1996

《稳定通货续论》，中国金融出版社，1997

《货币数量新论》，中国金融出版社，2004

《货币神奇论》，中国金融出版社，2009

《林继肯选集》，中国金融出版社，2010

40. 赵海宽（1930—　）

《综合信贷计划》，中国财政经济出版社，1979

《货币银行概论》，经济科学出版社，1985

《银行体制改革》，天津人民出版社，1988

《社会主义信用》，中国金融出版社，1989

《稳定货币深化改革》，中国金融出版社，1991

《金融理论与实践》，中国金融出版社，1992

《现代金融科学知识全书》，中国金融出版社，1993

《中国社会主义金融市场研究》，中国金融出版社，1993

《货币流通与通货膨胀》，中国商业出版社，1993

《金融体制改革最新读本》，中共中央党校出版社，1994

《金融体制改革与商业银行经营》，中国经济出版社，1995

《人民银行法与商业银行法诠释》，企业管理出版社，1995

《经济转轨时期的宏观调控与货币政策》，中国金融出版社，1996

《中国金融通史：中华人民共和国时期（1946—1996）》（第六卷）（合著），中国金融出版社，2002

《赵海宽论文选集》，中国金融出版社，2003

41. 刘鸿儒（1930—　）

《社会主义的银行信贷问题》（合著），中国财政经济出版社，1964

《第二次世界大战后资本主义体系中的黄金》（合译），中国财经出版社，1965

《社会主义的货币与银行问题》，中国财经出版社，1980

《漫谈中央银行和货币》，中国金融出版社，1986

《中国金融体制改革问题研究》，中国金融出版社，1987

《经济大辞典·金融卷》（主编），上海辞书出版社，1987

《中国金融体制改革的理论与实践》，中国科技出版社，1987

《中国金融百科全书》（合编），经济管理出版社，1990

《金融调控论》，中国金融出版社，1991

《股份制在中国的实践》（合著），人民出版社，1993

《探索中国资本市场发展之路——理论创新推动制度创新》，中国金融出版社，2003

《突破—中国资本市场发展之路》，中国金融出版社，2009

《变革—中国金融体制发展六十年》，中国金融出版社，2009

42. 饶余庆（1930—　）

《美国经济制度》（译），今日世界出版社，1977

《现代货币银行学》，中国社会科学出版社，1983

《香港的银行与货币》，上海翻译出版社公司，1985

《香港的银行制度之现状与前瞻》，香港华商银行公会出版社，1988

《金融与经济论》，天地图书有限公司，1992

《走向未来的香港金融》，三联书店（香港）有限公司，1993

《香港—国际金融中心：演变、展望与政策》，商务印书馆，1997

43. 江其务（1931—2005）

《中国金融改革与发展》，福建人民出版社，1990

《银行信贷管理学》，中央广播电视大学出版社，1993

《江其务文存》，中国社会科学出版社，2001

《制度变迁与金融发展》，浙江大学出版社，2003

《经济后转轨期的货币金融改革》，经济科学出版社，2004

44. 张亦春（1933—　）

《银行信贷管理学》，厦门大学出版社，1990

《我国金融市场与投资》（合著），中国社会科学出版社，1990

《中国金融改革沉思录》，中国社会科学出版社，1994

《货币银行学》，厦门大学出版社，1995

《股市之道》，中国发展出版社，1998

《现代金融市场学》，中国金融出版社，1999

《金融市场学》，高等教育出版社，2003

《张亦春选集》（经济金融论文），中国金融出版社，2003

《中国股市效率损失研究》（合著），人民出版社，2004

《张亦春选集》，中国金融出版社，2004

《证券投资理论与技巧》，厦门大学出版社，2004

《反洗钱国际学术研讨会论文集》，厦门大学出版社，2008

45. 吴念鲁（1936—　）

《欧洲美元与欧洲货币市场》，中国财政经济出版社，1981

《主要资本主义国家商业银行》，中国财经出版社，1988

《人民币汇率研究》（合著），中国金融出版社，1989

《国际金融纵横谈》，中国金融出版社，1991

《瑞士资本市场》（合著），中国金融出版社，1991

《国际金融纵横谈——对策研究》，中国金融出版社，1998

《商业银行经营管理》，高等教育出版社，2004

《金融热点探析》，中国金融出版社，2005

《中国应对世界经济挑战的思考——金融热点再探析》，中国金融出版社，2009

46. 林钟雄（1938—2006）

《货币银行学》，三民书局，1969

《弗利民货币理论与政策的研究》，三民书局，1971

《货币政策与金融制度》，银行经济研究室，1975

《货币经济学》（译），银行经济研究室，1982

《欧美经济发展史》，三民书局，1982

《经济学方法论》（译），商务印书馆，1983

《西洋经济思想史》，三民书局，1984

47. 邱兆祥（1941—　）

《社会主义的商品和货币》，河北人民出版社，1978

《乡镇企业经营管理教程》，吉林人民出版社，1988

《新技术革命和工会》，北京大学出版社，1988

《简明经济管理词典》，中国广播电视出版社，1988

《趣味经济学》，中国青年出版社，1989

《马克思的货币、信用和银行理论》，中国金融出版社，1993

《经济理论浅说集》，中国财经出版社，1994

《经济理论探索》，经济科学出版社，1995

《经济金融理论探索集》，经济科学出版社，2000

《在经济学的园地里耕耘》，光明日报出版社，2007

《耕耘与探索——邱兆祥经济金融理论文选》，中国财政经济出版社，2009

《人民币区域化问题研究》，光明日报出版社，2009

《证券投资学概要》，中国财政经济出版社，2009

《学科建设与人才培养：经济金融学科建设问题研究》，中国金融出版社，2012

《在学术高地攀登：金融理论问题探索集》，中国金融出版社，2012

48. 孔祥毅（1941— ）

《中央银行概论》（合著），中国金融出版社，1986

《金融贸易史论》，中国金融出版社，1998

《金融经济综论》，中国金融出版社，1998

《百年金融制度变迁与金融协调》，中国社会科学出版社，2002

《中央银行通论》，中国金融出版社，2002

《宏观金融调控理论》，中国金融出版社，2003

《金融理论教程》，中国金融出版社，2003

《金融票号史论》，中国金融出版社，2003

《中部崛起下的山西金融机制创新研究》，山西经济出版社，2006

《晋商与金融史论》，经济管理出版社，2008

《晋商学》，经济科学出版社，2008

《民国山西金融史料》，中国金融出版社，2013

49. 曹龙骐（1942— ）

《货币供应概论》，中国财政经济出版社，1989

《金融管理学》，中国统计出版社，1997

《金融热点探索》，西南财经大学出版社，1998

《金融学案例与分析》，高等教育出版社，2005

《金融学》，高等教育出版社，2010

《深圳证券市场的发展、规范与创新研究》，人民出版社，2010

《人民币国际化路径研究》，中国金融出版社，2014

50. 刘觉民（不详）

《实用投资数学》，中华书局，1936

《货币学》，中华书局，1936

（戴丹苗辑　缪明杨增订）

附录二

《百年中国金融思想学说史》
第二卷人物主要著述目录选录

1. 盛宣怀（1844—1916）

《盛宣怀未刊信稿》，北京大学历史系近代史教研室整理，中华书局，1960

《愚斋存稿》，文海出版社，1974

《盛宣怀档案资料选辑》，上海人民出版社，1981

2. 张謇（1853—1926）

《啬翁自订年谱》，文海出版社，1926

《张季子九录》，上海书店，1991

《张謇全集》，江苏古籍出版社，1994

3. 康有为（1858—1927）

《康南海先生遗著彙刊》，宏业书局印行，1976

《康有为全集》，中国人民大学出版社，2007

4. 孔祥熙（1880—1967）

《全国各省市减轻田赋附加废除苛捐杂税报告书》，财政部，1934

《战时财政金融》，中央训练团，1939

《四年来的财政金融》，中国国民党中央执行委员会宣传部，1941

《抗战以来的财政》，胜利出版社，1942

《孔庸之先生演讲集》，美国纽约中美文化协会，1960

5. 阎锡山（1883—1960）

《物产证券与按劳分配》，山西物产证券研究会，1935

《按劳分配与物产证券教程大纲》，1936

《兵农合一平均粮石章程》，1944

《阎锡山早年回忆录》，传记文学出版社，1968

《阎锡山档案》，国史馆出版发行，2004

《阎锡山日记全编》，三晋出版社，2012

6. 杨端六（1885—1966）

《信托公司概论》，商务印书馆，1922

《商业簿记》，商务印书馆，1927

《银行要义》，商务印书馆，1930

《货币浅说》，商务印书馆，1931

《现代会计学》，商务印书馆，1943

《货币与银行》，商务印书馆，1946

《清代货币金融史稿》，三联书店，1962

7. 陈豹隐（1886—1960）

《经济现象的体系》，乐群书店，1929

《经济学原理十讲》，好望书店，1931

《社会科学研究方法论》，好望书店，1932

《经济学讲话》，好望书店，1933

《战时经济问题》，中央陆军军官学校，1939

《战时财政新论》，战地图书出版社，1941

《陈豹隐全集》，西南财经大学出版社，2013

8. 贾士毅（1887—1965）

《关税与国权》，商务印书馆，1926

《国债与金融》，商务印书馆，1930

《抗战与财政金融》（合著），独立出版社，1938

《民国财政史》，上海书店出版社，1990

9. 章乃器（1890—1977）

《资本主义国际与中国》，上海文库，1933

《中国经济恐慌与经济改造》，中华书局，1935

《中国货币制度往哪里去》，新知书店，1935

《中国货币问题》，大众文化社，1936

《论中国经济的改造》，五十年代出版社，1951

《章乃器文集》，华夏出版社，1997

10. 刘大钧（1891—1962）

《我国佃农经济状况》，太平洋书店，1918

《中国工业调查报告》，经济统计研究所，1937

《吴兴农村经济》，中国经济统计研究所，1939

《经济动员与统制经济》，商务印书馆，1939

《非常时期货币问题》，独立出版社，1940

《上海工业化研究》，商务印书馆，1940

《工业化与中国工业建设》，商务印书馆，1946

11. 赵兰坪（1892—　）

《近代欧洲经济学说》，商务印书馆，1928

《日本对华商业》，商务印书馆，1933

《各国通货政策与货币战争》，新中国建设学会出版科，1934

《现代币制论》，正中书局，1936

《货币学》（第3版），正中书局，1939

《经济学》，正中书局，1947

《经济学提要》，大东书局，1947

《资本节制论》（合著），正中书局，1947

《中国当前之通货外汇与物价》，正中书局，1948

《货币与银行》，大中国图书公司，1977

12. 卢作孚（1893—1953）

《卢作孚书信集》，四川人民出版社，2003

《卢作孚文集》，北京大学出版社，2004

《卢作孚自述》（二十世纪名人自述系列），安徽文艺出版社，2013

13. 朱彬元（1894—　）

《世界金融状况》，大东书局，1930

《货币银行学》，黎明书局，1931

《银行学》，黎明书局，1935

14. 何廉（1895—1975）

《所得税比较论》

《中国工业化之程度及其影响》（合著），工商部工商访问局，1930

《中国六十年进出口物量指数物价指数及物物交易指数　1867—1927》，南开大学社会经济研究委员会，1930

《财政学》（合著），国立编译馆，1935

15. 李权时（1895—1982）

《中国经济问题纲要》，世界书局，1927

《经济学原理》，东南书店，1928

《生产论》，东南书店，1928

《各国遗产税史要》，世界书局，1929

《自由贸易与保护关税》，南京书店，1929

《交易论》（第2版），东南书店，1929

《交易论》，东南书店，1929

《分配论》，东南书店，1929

《中国税制论》，上海世界书局，1929

《李权时经济论文集》，上海世界书局，1929

《经济概论》，新国民图书社，1932

《万有文库第一集一千种商业教育》，商务印书馆，1933

《经济学》，黎明书局，1934

《财政学原理》，商务印书馆，1935

《中国关税问题》，商务印书馆，1936

《李权时经济财政论文集》，商务印书馆，1941

《中国经济史概要》，中国联合出版公司，1944

16. 杨荫溥（1898—1966）

《上海金融组织概要》（国立中央大学丛书），商务印书馆，1930

《经济常识》第 2 集，经济书局，1935

《中国金融论》，黎明书局，1936

《中国金融研究》（中国经济学社丛书），商务印书馆，1936

《中国交易所论》（《民国丛书第 2 编 41 经济类》），上海书店，1990

17. 朱通九（1898— ）

《工资论》，南华图书局，1929

《经济学研究法》（黎明小丛书），黎明书局，1930

《战后经济学之趋势》（黎明小丛书），黎明书局，1930

《劳动经济学》，上海黎明书局，1931

《近代经济思想史》（合著），黎明书局，1932

《经济概论》，世界书局，1933

《财务报告的分析与解释》，中国计政学会，1934

《战时经济问题》，世界书局，1940

18. 金天锡（1900—1976）

《通俗经济思想史要　社会科学之部》，神州国光社，1932

《中国的战时财政》，中山文化教育馆，1938

《经济思想发展史》，正中书局，1946

《银行学》（合著），立信会计图书用品社，1947

19. 樊弘（1900—1988）

《社会调查方法》，上海商务印书馆，1928

《工资理论之发展》，商务印书馆，1934

《进步与贫困》，商务印书馆，1943

《现代货币学》，上海商务印书馆，1947

《两条路》，上海观察社，1948

《现代货币学》，商务印书馆，1949

《凯恩斯的〈就业、利息和货币的一般理论〉批判》，人民出版社，1957

《当代资产阶级经济学说：凯恩斯主义》（主编），商务印书馆，1962

《凯恩斯有效需求原则和就业倍数学说批判》，四川人民出版社，1982

《樊弘著作集》，北京大学出版社，2012

20. 方显廷（1903—1985）

《天津地毯工业》南开大学社会经济研究委员会，1930

《中国工业化之程度及其影响》（合著），工商部工商访问局，1930

《中国之合作运动》，南开大学经济学院，1934

《中国之棉纺织业》，国立编译馆，1934

《中国经济研究》，商务印书馆，1938

《中国工业资本问题》，商务印书馆，1939

《中国战时物价与生产》（南开大学经济研究所丛书），商务印书馆，1945

《中国战后经济问题研究》（第2版），1947

《方显廷文集》第1卷，商务印书馆，2011

《方显廷文集》第2卷，商务印书馆，2012

《方显廷文集》第3卷，商务印书馆，2013

21. 蒯世勋（1906—1987）

《银行学ABC》，ABC丛书社，1929

《上海公共租界史稿》（上海史资料丛刊），上海人民出版社，1980

22. 彭信威（1907—1967）

《银行学》（合著），中外图书出版社，1944

《中国货币史》，群联出版社，1954

《中国货币史》，上海人民出版社，1965

23. 朱偰（1907—1968）

《日本侵略满蒙之研究》，商务印书馆，1930

《中国财政问题》，商务印书馆，1934

《所得税发达史》，正中书局，1939

《中国货币问题》，青年书店，1940

《中国战时税制》，财政论社，1943

《中国信用货币发展史》，中国文化服务社，1943

《江浙海塘建筑史》，学习生活出版社，1955

《中国运河史料选辑》中华书局，1962

24. 朱斯煌（1907—1985）

《银行经营论》，商务印书馆，1939

《信托总论》，中华书局，1939

《朱斯煌信托论文汇刊》，信托季刊社

《银行概说》，中国文化服务社，1948

《民国经济史》，文海出版社，1988

25. 温嗣芳（1907—1995）

《贸易中的价格政策》，重庆人民出版社，1957

《西方国家货币战的演进》，西南财经大学出版社，1987

26. 石毓符（1908—1982）

《普通会计学》，正中书局，1945

《私营企业重估财产调整资本办法的实践》，十月出版社，1951

《中国货币金融史略》，天津人民出版社，1984

27. 施仁夫（1908— ）

《教学观察法》（译），中华书局，1931

《高级商业簿记》

《初级商业簿记教科书》（合编），商务印书馆，1935

《会计问题》（合著），商务印书馆，1936

《最新货币学》，艺新图书社，1944

《商业会计教材》，知识出版社，1983

28. 莫萱元（1908—2000）

《抗战与敌国之现势》，商务印书馆，1937

《战时金融政策》，正中书局，1938

《货币学要论》，商务印书馆，1939

《抗战中经济建设之途径》，中国文化服务社，1940

29. 千家驹（1909—2002）

《什么是国家资本主义》，华东人民出版社，1954

《谈谈商品》，人民出版社，1958

《社会主义基本经济规律》，中国青年出版社，1959

《中国货币发展简史和表解》（合编），人民出版社，1982

《千家驹教育文选》，人民教育出版社，1987

《千家驹经济论文选》，中国国际广播出版社，1987

30. 姚庆三（1911—1989）

《财政学原论》，大学书店，1934

《金融论丛》（论文集），1935

《凯恩斯货币理论之演变及其最新理论之分析》，《国民经济月刊》第 1 卷第 2 期抽印单行本，1937

《黄金与物价之量的关系》，1937

《新金本位之性质及汇兑平准基金之运用》，国民经济月刊，1937

《现代货币思潮及世界币制造趋势》，国民经济研究所，1938

《上海米市调查》，社会经济月报，1935

《上海麦粉市场调查》，社会经济调查所，1935

31. 伍启元（1912—　）

《中日战争与中国经济》，商务印书馆，1940

《物价统制论》，正中书局，1941

《战后世界币制问题》，青年书店，1943

《特价统制论》，正中书局，1943

《当前的物价问题》，商务印书馆，1943

《宪政与经济》，正中书局，1944

《由战时经济到平时经济》，大东书局，1946

《中国工业建设之资本与人才问题》，商务印书馆，1946

《公共政策》，商务印书馆，1989

32. 滕茂桐（1914—2003）

《货币新论》，正中书局，1945

《投资公司与工商业》，十月出版社，1951

《新金融贸易论丛》，工商出版社，1952

《旧中国通货膨胀史料》，上海人民出版社，1958

《国际金融新论》，中国财政经济出版社，1989

《货币新论》，安徽大学出版社，1995

译著：

《资本主义发展之研究》，新民书店，1951

《专门化商店服务方法的改进》，中南人民出版社，1954

《英国工会运动简史》，五十年代出版社，1954

《资本主义国家对外贸易统计》，工商出版社，1954

《凯恩斯传》，商务印书馆，1980

33. 潘志奇（1914—2012）

《国际货币基金体制——其成立、发展及崩溃》，行政院经济设计委员会，1977

《经济学》，复兴书局，1977

《国际货币问题》，台湾银行经济研究室，1980

《光复初期台湾通货膨胀的分析》，联经出版社，1985

《回顾 1930 年代：大萧条与国际金融危机》，行政院经济设计委员会经济研究处，1986

34. 盛慕杰（1914—1998）

《社会主义工业企业的流动资金》，上海人民出版社，1956

《中国近代金融史》（主编），中国金融出版社，1985

《中央银行学》（主编），中国金融出版社，1989

《日常经济生活顾问》，上海辞书出版社，1990

35. 陈观烈（1920—2001）

《世界经济》

《世界经济概论》

《当代西方经济思潮》

《战后帝国主义经济》，上海人民出版社，1972

《货币·金融·世界经济》（陈观烈选集），复旦大学出版社，2000

36. 洪葭管（1921—　）

《上海钱庄史料》（主编），上海人民出版社，1960

《上海金融史话》，上海人民出版社，1978

《近代上海金融市场》，上海人民出版社，1989

《金城银行史料》（主编），上海人民出版社，1983

《金融话旧》，中国金融出版社，1991

《中国金融史》（主编），西南财经大学出版社，1993

《20世纪的上海金融》，上海人民出版社，2004

《中央银行史料1928.11—1949.5》，中国金融出版社，2005

《中国金融通史》（合编），中国金融出版社，2008

《中国金融史十六讲》，2009

37. 王传纶（1922—2012）

《国际金融百科全书》（合编），中国金融出版社，1993

《王传纶文集——跌跌撞撞往前行》，中国人民大学出版社，2002

《王传纶自选集》，中国人民大学出版社，2007

38. 叶世昌（1929—　）

《鸦片战争前后我国的货币学说》，上海人民出版社，1963

《中国货币理论史》，中国金融出版社，1986

《中国经济思想简史》上海人民出版社，1998

《中国金融通史》第1卷，《先秦至清鸦片战争时期》，中国金融出版社，2002

《古代中国经济思想史》，复旦大学出版社，2003

《中国经济史学论集》，商务印书馆，2008

39. 厉以宁（1930—　）

《论加尔布雷思的制度经济学说》，商务印书馆，1979

《经济体制改革的探索》，人民日报出版社，1987

《国民经济管理学》，河北人民出版社，1988

《中国经济改革的思路》，中国展望出版社，1989

《中国经济往何处去》，商务印书馆（香港）有限公司，1989

《凯恩斯主义与中国经济》，黑龙江人民出版社，1991

《走向繁荣的战略选择》，经济日报出版社，1991

《中国经济增长与波动》，中国计划出版社，1993

《社会主义政治经济学》，商务印书馆，1994

《股份制与现代市场经济》，江苏人民出版社，1994

《经济学的伦理问题》，三联书店，1995

《转型发展理论》，同心出版社，1996

《经济漫谈录》，北京大学出版社，1998

《中国资本市场发展的理论与实践》，北京大学出版社，1998

《市场经济的足迹》，广西人民出版社，1999

《中国住宅市场的发展与政策分析》，中国物价出版社，1999

《资本主义的起源：比较经济史研究》，商务印书馆，2003

《厉以宁经济评论集》，经济科学出版社，2005

《论民营经济》，北京大学出版社，2007

《劳动力转移与经济发展》，经济科学出版社，2008

《厉以宁改革论集》，中国发展出版社，2008

《厉以宁自选集》，学习出版社，2008

《非均衡的中国经济》，中国大百科全书出版社，2009

《厉以宁经济文选》，中国时代经济出版社，2010

《建设创新型国家的战略思考》，北京大学出版社，2012

《走向繁荣的战略选择》，经济日报出版社，2013

《中国经济改革发展之路》，外语教学与研究出版社，2013

《中国经济改革警示录》，人民出版社，2013

《中国道路与新城镇化》，商务印书馆，2013

《厉以宁经济史论文选》，商务印书馆，2013

40. 于宗先（1930— ）

《台湾对外贸易发展》，"中央研究院"经济研究所，1982

《台湾的所得分配》，"中央研究院"经济研究所，1983

《台湾的人力资源发展上》，"中央研究院"经济研究所，1983

《突破经济观念中的网》，经济与生活出版事业股份有限公司，1985

《财政学》，联经出版事业公司，1986

《经济发展启示录》，三民书局股份有限公司，1990

《台湾经济发展的困境与出路》，五南图书出版有限公司，1998

41. 徐唐龄（1933— ）

《农村经济学》，中国金融出版社，1987

《开发性贷款的可行性研究》，中国金融出版社，1989

《现代商业银行存贷管理》，湖南科学技术出版社，1996

《中国农村金融史略》，中国金融出版社，1996

《现代银行制度通论》，湖南人民出版社，2001

42. 曾康霖（1935— ）

《金融理论问题探索》，中国金融出版社，1985

《资产阶级古典学派货币银行学说》，中国金融出版社，1986

《货币流通论》，西南财经大学出版社，1987

《银行经营管理》，重庆出版社，1988

《利息论》，西南财经大学出版社，1990

《银行经营管理学》，四川人民出版社，1990

《资金论》，中国金融出版社，1990

《信用论》，中国金融出版社，1993

《货币银行学》（合编），西南财经大学出版社，1994

《金融实际问题探索》，西南财经大学出版社，1994

《金融理论与实际问题探索》，经济科学出版社，1997

《银行论》，西南财经大学出版社，1997

《商业银行经营管理研究》，西南财经大学出版社，2000

《经济金融分析导论》，中国金融出版社，2000

《金融经济学》，西南财经大学出版社，2002

《曾康霖著作集》，中国经济出版社，2004

《中国转型期商业银行公司治理研究》（合著），中国金融出版社，2005

《金融学教程》，中国金融出版社，2006

《中国转型期信用制度建设研究》（合著），中国金融出版社，2007

《二元金融与区域金融》，中国金融出版社，2008

《曾康霖著作集续集》（金融与经济社会发展），中国经济出版社，2010

《曾康霖著作集续集》（随笔及读书笔记），中国经济出版社，2010

《曾康霖主编教材集》（全五卷），中国金融出版社，2011

《曾康霖文集：回顾与反思》，西南财经大学出版社，2013

43. 张五常（1935— ）

《卖桔者言》，香港信报有限公司，1985

《中国的前途》，香港信报有限公司，1985

《佃农理论——应用于亚洲的农业和台湾的土地改革》（芝加哥大学出版社，1969），商务印书馆，2000

《经济解释——张五常经济论文选》，商务印书馆，2000

《学术上的老人与海》，社会科学文献出版社，2001

《再论中国》（增订本），香港花千树出版有限公司，2002

《公损之谜》（*The Myth of Social Cost*）（英文版），香港花千树出版有限公司，2002

《五常谈教育》，香港花千树出版有限公司，2002

《多难登临录》，中信出版社，2009

《中国的经济制度》（神州大地增订版），2009

《直击华尔街风暴》，东方出版中心，2009

《货币战略论——从价格理论看中国经验》，中信出版社，2010

《五常学经济》（神州增订版），中信出版社，2010

《张五常英语论文选》（英文），中信出版社，2012

《国家与市场》，译林出版社，2013

《张五常经济解释系列（科学说需求收入与成本受价与觅价制度的选择）》，中信出版社，2014

44. 白钦先（1940— ）

《比较银行学》，河南人民出版社，1989

《白钦先经济金融论文集》，中国金融出版社，1995

《金融可持续发展研究导论》，中国金融出版社，2001

《各国政策性金融机构比较》（合著），中国金融出版社，2006

《政策性金融功能研究兼论中国政策性金融发展》（合著），中国金融出版社，2008

《白钦先学术讲演集》，中国金融出版社，2009

《白钦先经济金融文集》，中国金融出版社，2009

《各国金融体制比较》（合著），中国金融出版社，2013

《中国金融学科建设发展》，中国金融出版社，2014

45. 麦朝成（1943— ）

《迈向均富社会过程中的环境污染问题》，"中央研究院"三民主义研究所《真理选刊》之九，1978

《经济发展、所得分配与工业位置之研究》，"中央研究院"三民主义研究所《真理选刊》之二十一，1979

《住宅选择与人口的最适分布》，"中央研究院"三民主义研究所《真理选刊》之二十九，1980

《台湾所得分配论文集》（合编），联经出版事业公司，1995

《1998 全球经济展望》，中华经济研究院中华征信所，1998

《解析亚洲金融风暴座谈会实录》，财团法人中华经济研究院，1998

《1999 全球经济展望》，中华征信所企业股份有限公司，1999

《美国"9·11"袭击事件对美日中台四角关系之影响座谈会实录》，财团法人中华经济研究院，2001

《2001 全球经济展望：前瞻新世纪、新局面下的台湾》，中华经济研究院出版社，2001

《2002 全球经济展望：从不景气中再现繁荣》，财团法人中华经济研究院，2002

《解析国内外经济景气座谈会实录》，中华经济研究院出版社，2005

46. 崔晓岑（未详）

《国际金融争霸论》（译），新月书店，1933

《附录一：上海清算之研究》（民国丛书），商务印书馆，1935

《中央银行论》，商务印书馆，1935

《币制与银行》，开明书店，1936

《银行经营论》（民国丛书）（合著），上海书店出版社，1991

47. 徐钧溪（未详）

《最新银行论》，新建设书店，1929

《货币论》，世界书局，1932

《银行概论》，世界书局，1933

《实用银行簿记》，世界书局，1934

48. 杨德森（未详）

《意大利银行史》，商务印书馆，1925

《中国海关制度沿革》，商务印书馆，1925

《英格兰银行史》，商务印书馆，1926

（张强辑　缪明杨增订）

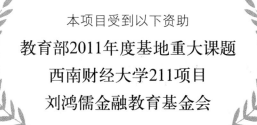

本项目受到以下资助

教育部2011年度基地重大课题

西南财经大学211项目

刘鸿儒金融教育基金会

BAINIAN ZHONGGUO JINRONG
SIXIANG XUESHUOSHI

百年中国
金融思想学说史

第二卷

（上册）

顾问　黄达　刘诗白　孔祥毅　刘方健

主编　曾康霖　刘锡良　缪明杨

中国金融出版社

责任编辑：戴　硕　董　飞　肖　炜

责任校对：孙　蕊

责任印制：程　颖

图书在版编目（CIP）数据

百年中国金融思想学说史（Bainian Zhongguo Jinrong Sixiang Xueshuoshi）.
第二卷/曾康霖，刘锡良，缪明杨主编.—北京：中国金融出版社，2018.3
ISBN 978 - 7 - 5049 - 9478 - 3

Ⅰ.①百…　Ⅱ.①曾…②刘…③缪…　Ⅲ.①金融—经济思想史—研
究—中国—现代　Ⅳ.①F832.96

中国版本图书馆 CIP 数据核字（2018）第 039143 号

出版
发行　**中国金融出版社**

社址　北京市丰台区益泽路 2 号
市场开发部　（010）63266347，63805472，63439533（传真）
网 上 书 店　http://www.chinafph.com
　　　　　　　（010）63286832，63365686（传真）
读者服务部　（010）66070833，62568380
邮编　100071
经销　新华书店
印刷　保利达印务有限公司
尺寸　169 毫米 × 239 毫米
印张　65.25
字数　925 千
版次　2018 年 3 月第 1 版
印次　2018 年 3 月第 1 次印刷
定价　196.00 元（上下册）
ISBN 978 - 7 - 5049 - 9478 - 3
如出现印装错误本社负责调换　联系电话（010）63263947

序一

金融学科源远流长。金融学科的建设，概括地说，是整理人类自古及今，包容中外所有金融真知的过程。中国的金融学科建设有着自己的曲折萦回之路。

东方、西方的古圣先贤都有蕴含着金融真知的至理名言。我国先秦、汉初诸子有关货币金融的见解透彻、精辟，至今依然熠熠生辉。可惜的是，社会的长期停滞，后人只会反复引述古训而踏步不前。西方却在走出中世纪之后，伴随着现代经济的萌生，逐步形成了服务于现代经济的经济学。19世纪，马克思的《资本论》面世，其中金融理论占有极其重要的地位：有对环绕货币诸古老命题的透辟论证；也有对金融危机、资本市场等的探索和瞻望。许多论点，其历史的穿透力令人折服。

19世纪后半叶，货币论、银行论从经济学中独立出来。19世纪与20世纪之交，货币银行学则成为一门重要的课程走上大学讲堂。也就是在进入20世纪，我国游学于西方的学子，把引进金融学科作为传播先进文明的重点，做了大量工作。在抗日战争之前的二三十年间，西方有关经济学科、金融学科的进展，在一两年、两三年之后，就会在中国的大学讲堂上讲授，就会有编译或翻译出版物出现在书肆上。而结合中国实际的研究，

注：2011年6月1日，黄达教授在"刘鸿儒金融教育基金会"授予他首届"中国金融学科终身成就奖"的颁奖仪式上做了发言。他希望把这个发言的基本内容作为本书的序言。其中最后两段，是采用为本书序言时，黄达教授把颁奖仪式上原来准备讲述而压缩的内容重新补充而成。

1

则反映着中国学人在世界金融学科建设史上所作出的努力。

第二次世界大战和解放战争打断了金融学科的引进过程；而新中国的建立，则改变了引进的方向：即戛然关闭了引进西方的门户转而全面引进苏联。

对于这段历史，似乎有一种任凭岁月磨灭记忆的趋势。但这是历史的一个环节，不能忽视。建立计划经济，必然要引进服务于计划经济的金融理论和实务；而这样的金融理论和实务对于新中国成立后恢复遭受连年战争摧残的经济和实现国家的工业化起了积极的作用。同时，在计划经济中既然不能取消货币，不能没有银行，苏联的金融学科事实上就不能不包含金融学科的基本原理。

在单方面引进前苏联和闭关锁国的背景下，中国人，包括学界、业界和政府有关人士，对于金融学科建设也有着自己独立的贡献。例如，新中国成立之初的1950年3月，我们一举制止了延续十多年的极端恶性的通货膨胀。那时没有洋人顾问，也没有国外援助，而是依靠澎湃的革命政治热情，最经典地运用了经济学的供求原理，实现了稳定的目标。再如，当宏观稳定一再受到冲击的背景下，我们发展了最初以"财政、物资、信贷三平"论断所提出的宏观均衡理论。这既不是来源于西方，也不是来源于前苏联，而是自己憋出来的理论。又如，在经济技术条件极其落后的情况下，新中国成立之后不久，就在整个大陆建立了极为通畅的通存通汇制度。这说明在金融实务的理论上我们也不是没有值得总结之处。这一切，对于全国金融队伍，在改革开放后吸收西方金融学科建设的成果，是一个不能忽视的基础。

33年前的改革开放重新打开了从西方引进的大门。引进是迅速的、热情的。但是要把已经隔绝多年的西方金融学科思想语言表达系统与我们计划经济中的金融学科思想语言表达系统交汇、衔接需要一个过程。可以说，在改革开放之初的20世纪80年代，我们还是处在摆脱苏联框框的过程之中。而且，在那时，我们引进的主要是20世纪上半叶西方金融学科建设的发展成果，即宏观经济分析为主的货币银行学。这是我们能够比较容易迅速吸收的内容，也是当时改革开放实践的需要。至于对西方在20世纪50年代之后快速发展起来的现代金融学，则没有同时大力引进。因为在新中国成立之后进入金融学科领域的人们基本没有接触过这一部分，在新中国成立前后从海外游学归来的学人也不熟悉。同时，改革开放头十几年，资本市场还没有恢复，也缺乏实际生活的推动力。其间，有一批理工科人士出国作访问学者，学习到国外一些关于风险度量、风险管理的新知识，但他们不熟悉中国的金融实际，引进了，可是接不上轨。20世纪90年代中期，一些改革开放后出国的学子归来了，现代金融学才真正有系统地引进中国。伴随着中国经济和金融日益与国际衔接，引进后以极快的态势扩展，并一度有现代金融学才是科学的说法。今天看来，西方金融学科全面发展的内容我们已经可以及时了解并引用在我国的金融学科建设之中了。

一百多年以来，我们的金融学科建设不论如何曲折萦回，基本属于"引进"型。这是必然的，抵触只能陷入固步自封，但引进必须正视消化吸收。从19世纪"西学东渐"以来，"食洋不化"一直是引进的大敌；不过与之同时，"结合中国实际"更始终是一贯的优良传统。金融领域的基本原理，中外一理；基本规律，全世界是同一的核心内容。但在中国，有中国的现实，有中国的历史传统，有几千年形成的中华民族的习惯和心理素质，原理如何表现，如何用同一的理论指导中国的实际，这不能不与外国有所区别。美国人写金融著述，直截了当就是以美国的实际为背景，讲美国的故事。在他们看来，美国的也就是世界的。而中国人要在中国传播、建设具有世界意义的金融学科，当然要讲世界的背景，但对象是中国人，是为了指导中国的经济和中国的金融，那就不能不交代清楚中国有关的历史和现实以及由此决定的不同于美国、不同于其他国度的特点。于是既要讲世界的故事，更要讲中国的故事。把握世界一理的基本原理，理解全世界的发展趋势，不是容易的事；把握我们自己国家的历史和现实，其实也同样不是轻而易举的事。我总有一种感觉，与世界发达国家比，与一些发展中国家比，中国人生活得实在是太辛苦了。历史铸就，无可埋怨。但也可以说，这是我们的福分。

金融学科的建设，日益成为世界各国共同鼎力推进的事业，其进一步的跃升，势所必然。过去百余年来，中国人对于金融学科的建设，间或有自己创新的亮点，但影响极难越出国境。当今，中国元素，在国际经济、国际金融的舞台上已然有着越来越难以忽视的权重。在这样的背景下，中国的金融学科建设也必将为世界金融学科的建设作出自己的贡献。

黄达

2011 年 8 月

序二

　　到 2011 年 10 月，辛亥革命已历经 100 周年。在这 100 年中，中国政治、经济、社会和对外关系发生巨大变化。特别是中国共产党成立 90 周年，做了三件大事：一是完成了新民主主义革命，实现了民族独立、人民解放；二是完成了社会主义革命，确立了社会主义基本制度；三是进行了改革开放新的伟大革命，开创、坚持、发展了中国特色社会主义。经济是政治、社会发展的基础，金融是现代经济的核心。回顾辛亥革命 100 年来的中国金融业发生的重大事件，总结百年金融思想学说史，活跃中国特色社会主义金融理论研究，以国际化为重点，推进中国金融业改革和发展，对于全面建设小康社会、促进中华民族的振兴具有重要意义。

　　在此背景下，西南财经大学曾康霖、刘锡良、缪明杨教授编写出版了《百年中国金融思想学说史》，这是对我国金融理论研究有贡献的一件好事。经济决定金融，金融促进经济发展。金融是由货币、经营和管理货币的企业、金融产品交易市场、金融调控和监管、金融开放等几个重要环节组成的体系，这个体系的正常运行，对经济发展发挥着杠杆作用。研究百年中国金融思想学说史，就是要在研究经济发展的基础上，针对各个历史时期和各个发展重要阶段所发生的重大金融发展事件，归纳和研究当时国家财政金融界决策人、众多金融专业学者和重要金融机构代表人物对这些事件的主要观点。要达到这个标准是很不容易的。《百年中国金融思想学说史》第一卷共设 50 章，选择这个时期 50 位各种金融代表人物，对其有关货币、金融企业、金融市场、金融调控和监管、金融开放等的观点论述有选择地进行重点介绍。我对这种编写方法十分赞同。对过去100年中国发生的重大金融事件和各种代表人物的学说观点，如何归纳和研究，各方面会有不同意见，这是很正常的。应欢迎和支持有条件有兴趣的学者深入从事这方面的研究。最重要的是，曾康霖、刘锡良、缪明杨教授编写了《百年中国金融思想学说史》，并为此付出了辛勤的劳动，为各方面研究百年中国金融思想学说史提供了方便。我相信，这本书的出版发行，会在活跃中国特色社会主义金融理论研究、促进我国金融业进一步改革开放方面发挥积极作用。

自辛亥革命至今100年，可分为三个时期：1912—1949年为民国时期；1949—1978年为新中国改革开放前时期；1978年至今为改革开放时期。《百年中国金融思想学说史》对上述三个时期发生的金融重大事件和代表性人物的主要金融观点进行了归纳，并进行了研究。

1912—1949年的民国时期，经历北洋政府时期（1912—1927）和国民政府时期（1927—1949）。这个时期除1927—1937年政治、经济较为稳定，金融业正常迅速发展外，其余时段一直处于内战和抗日战争之中。当时的中央政府集中金融业管理权和金融资源为其政权巩固和战争服务。尽管如此，这个时期金融思想发展和学术研究的领域十分广阔，内容也十分丰富。1914年2月8日，北洋政府颁布了《国币条例》和《国币实施细则》，正式宣布中国实行银本位制。1933年南京政府宣布"废两改元"。1940年开始，中国发生严重通货膨胀，1948年恶性通货膨胀加剧国民政府崩溃。在这个时期，金融思想学说讨论集中围绕是否建立金属本位制、纸币制度的改革、如何反通货膨胀等几个主题进行。在一系列货币改革过程中，一些学者认识到银本位制只是一个过渡阶段，理想的货币制度应当是实行纸币。法币改革是中国近代金融史上纸币政策的开始。法币政策实施后，学者们开始着重探讨纸币政策可能导致的通货膨胀问题。他们认为，法币政策是开中国货币制度的新纪元，但也形成了通货膨胀的基础条件。通货膨胀可能由财政膨胀造成，在财政收支不能平衡的情况下，通货数量随财政亏空的情形而伸缩，通胀就将成为现实。

新中国成立之后，由于受计划经济思维模式的影响，在一段时间内出现"大财政、小银行"的格局。货币政策要依附于财政政策，造成了经济发展的停滞和刻板，难以发挥资金融通的活力，影响了整个社会经济的发展。在一边倒、学苏联的思维模式下，对金融的认识，划分为"资本主义的货币流通和信用"和"社会主义的货币流通和信用"。在这个阶段中，对存在的一些金融理论、金融现象采取批判的态度，比如通货膨胀，教科书就说它是资本主义社会特有的现象，强调它的阶级性和剥削性，而在社会主义制度下，不会产生通货膨胀。但值得肯定的是，在这个阶段，也有一些中国金融学者在金融理论方面作出了自己的努力。一方面是对马克思经济学中货币、信用、银行的基本原理进行了创造性的解说和探讨，对经典理论的发展和深化作出了贡献。另一方面结合中国实际，对社会主义制度下的货币、银行工作进行了研究，例如一些学者提出了财政信贷综合平衡、财政信贷分口管理与综合平衡等具有中国特色的金融思想和主张。不可否认，这些研究对我国金融思想的发展起到了积极作用。

以1978年召开的党的十一届三中全会为标志，中国开始进行改革开放新的伟大革命。中国经济体制改革和金融业发展的实践推动激发了金融理论创新热潮，并进而形成了金融思想与金融改革的良性互动。"金融是现代经济的核心"，这是邓小平为明确金融与经济发展的关系而提出的重要金融思想。1991年初，邓小平根据我国经济体制改革和金融体制改革的实践指出："金融很重要，是现代经济的核心。金融搞好了，一着棋活，全盘皆活。"这一精辟论断，把金融定位于"经济的核心"，科学总结概括了现代经济发展的内在规律，明确界定了金融在国民经济中的地位和作用，深刻阐明了金融与经济的本质联系，为我们加快金融改革步伐，发展适应社会主义市场经济需要的现代金融奠定了理论基础。

改革开放初期，在金融领域值得回顾的与金融制度改革开放有关的学术讨论主要集中在以下几个方面：一是20世纪80年代初关于"大财政，小银行"的讨论。1979 年 10 月，邓小平在省（自治区、直辖市）第一书记座谈会上提出："银行应当抓经济，现在仅仅是算账，当会计，没有真正起到银行的作用。要把银行当做发展经济、革新技术的杠杆。"在这样的背景下，我国有学者于 1980 年 10 月发表了《现行财政银行体制需要改革》的文章，文章强调，把我国银行的地位和作用称为"三大中心"是不够的，"银行是整个社会经济生活的调节者"。文章引起业内人士和高层领导的震动，引发学界的争论，这场争论促进金融包括银行在国民经济中地位的提高。二是关于发展商品经济与银行改革的讨论。这场讨论主要涉及中国应不应当成立中央银行，成立什么样的中央银行以及银行改革的目标是什么。这场讨论对国务院在 1993 年颁布的《关于金融体制改革的决定》中提出的金融改革目标要建立和完善"三个体系"发挥了积极作用。三是关于金融改革突破口和经营管理货币机构的"企业化"的讨论。通过这场讨论，推动了金融机构企业化和金融商品交易市场的改革步伐。四是关于金融改革应超前、应延后、还是同步进行的讨论，促进了我国金融体制改革与经济体制改革协调进行。五是中国金融业要不要引进海外战略投资者的讨论。21 世纪初，不少准备上市的商业银行都从海外引进战略投资者，引发了业界热烈讨论。主张引进者认为引进外国战略投资者有利于扩充资本，吸取管理经验；不主张引进者认为这样做导致国家金融利益的流失，不利于国家金融安全。也有一些专家和实际工作者认为，对引进战略投资者不应一概排斥，也不应一律引进。在这个问题上，如果让大多数人统一认识还需要时间。上述问题的讨论，丰富了我国金融体制改革的思想理论，促进了我国金融业的改革和发展。

1992 年党的十四届三中全会通过了《中共中央关于建立社会主义市场经济体制若干问题的决定》，提出了我国金融改革的方向、步骤和重大内容。在这以后，金融理论研究随之深入，但是，全社会及金融系统更加注重金融改革的实践活动，对这些影响中国乃至国际金融发展的金融实践应该进行理论总结。经过近 20 年的发展，中国金融业改革和发展取得了举世瞩目的卓越成就。一是人民币币值稳定。近 20 年中，除 1993—1995 年发生严重通货膨胀、物价上升超过 10% 外，其余 17 年物价上升绝大部分控制在 5% 以下，特别是近 10 年物价年均上升 2% 以下。二是建立了多种金融机构组成的多层次金融组织体系。国有控股的四大商业银行已先后上市，市值位居世界上市公司前列。三是建立了多种产品的金融市场。2010年上海证券交易所上市市值已列世界第三位，IPO 总量列世界第一。四是金融调控和监管已基本达到世界水准，有些方面可以说已超过欧美发达国家。五是金融开放度已远远超过发展中国家的承诺。国际收支中的资本项目收支，共分 7 大类、43 个子项，到目前为止，其中可兑换或基本可兑换项目已占全部项目的 60% 以上。中国金融业改革和开放，为中国的迅速发展和民生的改善，为全面提高我国在国际社会的地位作出了贡献。

我认为，在研究百年中国金融思想学说史的过程中，要注意总结近 20 年我国金融改革和开放取得丰硕成果的基本经验。一是党中央、国务院正确制定和执行金融改革和发展的方针。邓小平思想中的金融论述，为金融改革开放指明了方向。党的十四届三中全会和十六届三中全会以及国务院一系列文件，明确了金融改革方针、目标和主要任务。二是坚持循序渐进的改革发展原则。中国金融业发展沿着一条正确轨道稳步前进，没有走大的弯路，为金融改革节省了时间，降低了改革发展的成本。国有银行业改革，经历了专业银行、政策性银行、国有独资商业银行和国有控股上市商业银行四个阶段。中央银行改革，经历了将中国人民银行对企业和个人办理的货币信贷业务划出成立国家专业银行、将其按省设立分行改为跨区域设立一级分行、将其对银行业监管划出成立专职监管机构三个阶段。实践证明，上述改革是稳健、积极、有效的。三是党中央、国务院对金融业改革开放实行坚强领导。1997 年、2002 年党中央、国务院先后召开两次中央金融工作会议，研究和解决我国金融业改革发展中最突出的问题。四是及时制定对金融业的扶持政策。1998 年国家发行特别国债 2700亿元，用筹集的资金补充国有银行资本金。1999 年成立 4 家资产管理公司，为国家银行剥离不良贷款 1.3 万亿元。2003 年开始，通过中央银行再贷款和中央财政资金向国家银行注资约 1.8 万亿元。地方政府向中央银行借款 1400 亿元，用于被关闭地方金融机构支付自然人合法债务，上述借款已有一半以上归还中央银行。采取这些救助措施是必要的，是获取金融改革丰硕成果必须要支付的成本。10多年前，国有独资商业银行面临技术性破产的严峻挑战。10多年后，到2010年，我国银行系统不良贷款占全部贷款比例已降到1.14%，资本充足率达到12.2%，资本利用率达17.5%。4家国有控股大型商业银行上市后不久已实现利润近2万亿元。采取改革、管理、监督、救助等综合措施，不仅化解了我国多年积累的金融风险，也促进了我国金融业市场化、国际化的改革，也为国际社会化解金融风险、促进金融改革开放积累了经验。

当《百年中国金融思想学说史》出版发行时，我国已进入第十二个五年计划建设时期，欧元区正在发生严重的主权债务危机。此时，我国经济总量已列世界第二位，进出口总量占世界十分之一，外汇储备占世界三分之一，中国已成为全球金融最大的债权国。同时，改善国际收支不平衡也成为国家宏观调控的突出问题。中国金融改革和开放正在面临新的机遇和挑战。我们每时每刻都要防范和化解金融风险，每时每刻都要提高我国金融业市场化改革水平。与此同时，我们也要创造条件，用好已经具备的条件，加快我国金融业走向国际的步伐。这样做，不仅是我国金融发展的需要，是国际金融体系改革的需要，也是我国在新的形势下防范和化解金融风险的需要。我认为，中国金融业改革发展的重点，已从集中化解金融风险、完善国内金融体系，逐步转变为以国际化为重点，努力提高我国金融业参与国际金融市场的竞争力。为此，我建议金融理论工作者和金融机构的经营管理者，要关注和支持金融理论研究，围绕国际收支平衡、人民币国际化、利率市场化、汇率形成机制、培育大型综合性金融集团、建设上海国际金融中心等重大课题进行深入、系统的研究，为促进我国金融业面向全球的改革开放作出贡献。

2011 年 8 月

编者自序

    《百年中国金融思想学说史》第二卷，遴选 48 位代表人物，依出生时间排序①，其时间跨度达百年。百年中，中国社会经济金融，从民国到中华人民共和国，历经曲折，时有波澜，顽强推进。生活于这个时代的业界、学界国人，面对关乎国家命运、人民福祉的诸多经济金融问题，忧患系心，与时同趋，以其积极入世的态度，驾驭世情，立足国情，辨析理论，剖析实务，各呈己说，共促思想，更以其自身的敏锐思考，严谨论说，睿智建言，在金融思想历史大平台上向世人、向世界展示了中国人的责任、执着、智慧、胸怀。思想熠熠，卓识生辉。所选人物的思想著述，文献纷呈，其亮点略予综述。

（一）综览理论趋势，剖析货币内核

    洞悉现实，精粹理性，构造体系，锚定信用，演绎形式，权衡规模，在将管理货币与稳定物价这一由一国中央银行进而一国政府所肩负的责任，以货币承载的经济金融制度明晰标示的思考、判断、建议所进行的阐

---

    ① 继《百年中国金融思想学说史》第一卷，选择 50 位代表人物，梳理其学术思想、理论观点和政策主张，概括其精华——阐述其背景——评价其价值之后，《百年中国金融思想学说史》第二卷，又选择了 48 位代表人物，并按第一卷的撰写范式，对其学术思想、理论观点和政策主张，一一梳理。这里，需要特别着力说明，基于书稿编写便利的考虑，卷一、卷二的分卷撰写安排，只是形式的先后之分，而非内容的轻重之分或高低之分。

释、论辩、交流中，逐渐开启国民金融维权意识，凸显货币政策制度约束，将学术研究、实务运作导向一个逐渐减少非经济金融因素干扰的原生的债权债务约束的效率轨道。例如：

关注西方货币理论新趋势，述评现代货币思潮及世界币制趋势（姚庆三）。以大视野，梳理20世纪三四十年代西方货币理论，比较、分析、综合、评论西方各家货币理论，力图吸收各家之长，建立一个融会贯通的理论体系，致力将其用于中国战后经济建设的经济政策制定实施（藤茂桐）。立足中国战时经济实际，不囿于既有理论框架，细心剖析抗战时期国民预期变化中影响物价水平的货币流通速度要因（方显廷）。倡论货币产生于合约选择、交易费用，申论无锚货币之害，系统批判货币数量论及西方所盛行的实为双锚货币制度的双目标制度，主张确立以采用一篮子物品的可在市场成交的物价指数，作为货币之锚即人民币货币之锚（张五常）。探索金融理论问题，系统评介、创新研究马克思主义的信用货币理论，明确提出"不是直接的一般等价物的人民币是信用货币"，作为信用货币的人民币是债务货币，国家银行供给货币欠的是持币人的债，它的增加或减少受制于国家银行的贷款和收款。过多的贷款会增加负债，因为它不转化为现金便转化为存款，该收的贷款不收回来，甚至豁免，也会增加负债，因为它没有减少存款和现金（曾康霖）。

（二）用力信用建设，确立核心理念

构造契合道德准则的信用核心理念，盯住实体经济运行中行为主体的财务信息，建立科学、透明、公正的信用信息交易平台，为不确定的融资市场运行提供相对确定的信息航标。例如：

确立"审慎以求'真'，详尽明晰以求'美'，忠实公正以求'善'"的执业原则即中国征信业的核心理念，以工厂商店及个人身家事业的财产信用状况——工商业者的信用调查为业务，吸收会员，委托代理，立足市场实况，撰写报告，发布信息，实现信用信息规模经营，规模利用，发起组织中国第一家信用调查机关——中国征信所（章乃器）。

（三）梳理金融机构，警示风险管理

将中央银行制度及其业务作为驾驭中国银行业制度及其业务的关键，规划银行体系改革，甄别信用信息，把握金融百货公司趋势，实施风险管理，探索打破银行业垄断，致力开放民营银行，增进产权公有银行的效率路径。例如：

把握关键，将完善向各商业银行提取准备金、充作最后贷款人以调和金融盈亏的中央银行制度建设，视为中国建设银行制度之精义（崔晓岑）。规划推进钱庄银行化与小银行大银行化、扩展票据贴现市场的票据信用、实行银行用人保证金制度的银行体系改革路径，增强中国金融业经济波动中对抗风险冲击的生存能力（李权时）。思考各银行存款准备金计提额在社会、政治、金融市场的具体情况及存款与存户的具体类型约束下，如何见势行事、伸缩其金额（蒯世勋）。发挥恰如航海指南针的银行的信用调查机关职能，针对往来主顾的信用状况，行使关于信用调查、经济调查事务的银行信用调查，甄别现实商业社会中良莠不齐的资产负债表及少数败德之徒，管理银行经营风险（徐钧溪）。审视国情，判断一国可从其国情出发，定夺采取信托与银行业务兼营或者分营的体制；中国的银行与信托诸金融机构所演绎的金融事业，已渐有所谓金融百货公司的趋势；暂取兼营制度的我国信托与银行业，可以会计审核、政府与相关法规监督对其实施风险管理（朱斯煌）。金融业是容易发生信用风险的高风险行业，银行业务经营即使资产超过负债但周转不灵，照样可能因挤兑而发生搁浅、倒闭（洪葭管）。历述20世纪80年代末90年代初，台湾地区逐步对外开放，推进金融自由化和国际化过程中，国际热钱不断流入与台湾地区货币当局不断收紧银根背景下，为解决作为金融主体的公营银行缺乏效率、竞争力、弹性，无法满足民间尤其是中小企业强烈的融资需求即无法配合经济自由化发展的新需要，地下金融日益猖獗问题，回应打破银行业垄断诉求，致力开放民营银行事实。强调开放民营银行对于提高台湾地区金融业的经营效率、竞争能力以及健全金融法规的积极作用，反省台湾地区民营银行快速发展中由于准入法规的制度性缺陷及民营银行的公司治理问题，导致银行业过度竞争、银行经营状况恶化等一系列危机的经验教训（于宗先）。倡议优先提升公营银行效率及建立存款保险制度：台湾地区在20世纪80年代推动金融业务自由化中，当以解除公营银行之不合理的政治干预与法规限制，以提升其效率，增强其企业精神，强化资本结构及经营团队运作为重点；建立存款保险制度，实施风险费率、金融机构财务透明化、金融检查一元化（潘志奇）。

（四）关注货币政策，构想工具选择

厘清以目标、工具、机制所构造的应急货币政策与常规货币政策，透视中国市场发育缺陷，给予政策制定实施者一个着眼发展实体经济的务实、前瞻作为的坐标。透过利息率—货币供应量—宏观调控的金融大视野，以经济发展所内生的经济市场化要求，促成以利率渐进市场化为内核的金融市场化推进，一种对中国经济运行中资源配置的调控机制选择取向进而中国经济发展趋势的超前、预见性思考、判断、谋划，激励智者，开启智慧。例如：

提出战时金融政策旨在调节战时金融之盈虚活滞，为了战争的最后胜利，必须采用非常的金融手段，接济战费，供给资金，以安定金融市场，巩固国家信用。和平时期的金融政策，在于以利率工具调节资金供求，保持资金融通，利用作为经济人的银行、投资家的趋利性引致资金效率运用，稳定物价，抑制投机和预防流动性的稀缺（莫萱元）。探讨工业化与中国工业建设中如何用好利率工具，在中国市场发育不完善、法制不健全、投机风险很大的背景下，引导中国工业企业投资发展（刘大钧）。提出在中国经济发展中，中央银行对宏观经济运行的投资总量进行调控，其金融手段的选择，必须从中国经济实际情况出发，分步规划实施：投资缺乏利息弹性或者只有低利息弹性时，适时选择把直接控制投资信贷额及其增长率作为调节投资总量的主要金融手段；及至投资的利息弹性伴随经济发展而逐渐增大，可同时选择启用直接控制投资信贷额及其增长率和调整利息率手段；伴随经济进一步发展，投资的利息弹性进一步增大，则可选择把利息率调整作为控制投资总量的主要手段（厉以宁）。

（五）透视金融市场，思考企业治理

构想以统一币制、统一银行、整合组织建设统一、自主的中国金融市场，阐释立足实体经济、消长融资市场的交易所业务运行其投机成因、投资引导、秩序建设，启示货币管理对企业如私营企业经济核算的财务意义，论说中国社会主义市场体系核心的规范化金融市场建设，透过股份制—激励约束—微观盘活的金融细脉络，以增进中国人民福利所内生的经济效率要求，引致以中国企业资本结构的适时重构为内核的组织形式嬗变，一种对中国经济运行中资源配置的委托代理问题求解选择取向进而中国经济发展趋势的超前、预见性思考、判断、谋划，直陈忌讳，设防偏斜。例如：

概论中国金融市场的特点：较之英美，运行于上海、天津、汉口的中国金融市场尚是币制不统一、银行业不统一、无系统、无条理的组织，且地处租界，治外法权干预，仰外人鼻息，金融枢纽为人控制操纵，中国金融频受外部因素影响；定义交易所：可以分为物品和证券类的交易所，乃是以调剂货物供需为目的及为买卖大宗商品之常设市场，它为买主及卖主，于特定之时间，以有标准之商品，用特定之方法，经过特定人之手，依公定之市价，提供买卖之货物集散市场。其目的在图货物流通之便利，求价格标准之公平，而其结果，可以调剂金融，并可以预防企业上之危险。厘清为预测将来货物市价的涨落以谋获取利益之企图而冒险买卖的投机、为了获得相当安全的利息而稳健资金运作的投资、侥幸获得利益为目的赌博，强调交易所起源于投机交易，投机交易乃由于商业进步的需要。

投机与投资、赌博相异，作为金融和商业上的一种保证信托机关的交易所其效用与弊端并存。其效用：交易所作为金融和商业的一种保证信托机关、一种分配机制，具有使生产与消费相衔接、企业与投资相连接等诸多效用。其弊端：投机的性质决定了交易所存在其活动可能影响物价真实性、其经营投资可能传播虚假消息、其经纪人可能故意违约等诸多弊端。欲纠正弊端：当从严定行经纪人资格、详尽公开交易所账目登记、提存必要的损失赔偿公积金、政府明令取缔其各种不规范行为、条件具备时废除股份制交易所而改行会员制交易所（杨荫溥）。打开金融会计视角的精细理论分析，立足经济核算制是基于货币形态计算费用与成果及其操作要求的判断，探讨货币管理对企业经济核算的监督即监督企业经营核算、企业资金有效使用问题，阐释私营企业重估财产调整资本办法的重要性，思考由此真实显示私营企业营业成绩、财务状况，实现国家税收的公平合理原则（石毓符）。提出股票、债券不是资本主义社会所特有的产物。存在商品生产和流通的社会主义社会，应该有适应、发展其商品生产和流通所发行的股票。在中国经济体制改革背景下，发行股票和债券，是从根本上解决财政、银行、企业三者问题，即逐步解决资本"大锅饭"问题的路径选择。认识凡属企业均可发行股票，股票债券认购资金来源的储蓄存款转移影响，建立正规的股票制度，适时设立证券交易所以服务于股票、债券的流通转让（盛慕杰）。以竞争机制、利率机制、风险机制、信息机制、国家宏观管理机制五大工程，建设作为中国社会主义市场体系核心的规范化金融市场，通过作为真实资产代表的金融资产交易，实现货币资金即各种资源的有效配置（陈观烈）。提出中国经济体制改革的主线是企业改革，企业改革的目标模式即对政企不分、产权不明晰的国有企业进行股份制改造，其主要目的与逻辑：转换企业经营机制，赋予企业充分活力，使企业自负盈亏、自主经营，实现投资主体多元化；以此重新构造市场微观基础，实现中国经济的市场化改革，并以此为中国经济改革取得成功，更为中国经济其后的顺利发展提供制度前提与制度保证。"在中国实行股份制最主要的目的是转换企业经营机制。假定忽视企业经营机制的转换，而把发行股票集资作为首要目的，就达不到建立市场经济微观基础这一根本要求"（厉以宁）。

（六）倡行农业金融，规划实施路径

分析农村经济对于城市经济的影响，农贷对于农村经济的影响，提倡设立农村金融机构，以健全农业金融制度、依托农业技术与农业组织、充实资金、完善管理，谋求取信农民的民有民办的农村金融发展。例如：

强调以农立国的中国，因为农村经济对于都市繁荣影响甚大，提倡农业金融应是当务之急。银行业务经营当以农工商实业发展作为根本，当与其所熟悉的致力以国家生产、民众福利为前提的真正实业家合作（朱斯煌：《我国银行业之方针与趋势》，载《中国工业月刊》1943年第1期，第64页）。倡导除在都市设立工商银行外，在乡镇设立农业银行，切实创办北碚农村银行，提倡储蓄，便利汇兑，提供借贷，根据农作物生产周期，发放低利贷款，解决农民资金周转困难（卢作孚）。分析抗战前中国农业金融所存在的农贷常为一般银行当局忽视及农贷未能普遍推行、合作社基础尚欠稳固、农业金融机构系统尚欠完整的缺陷，总结政府以调整农业金融机构、完成后方各省金融网建设、经济部添设合作事业管理局等一系列推广农业金融政策，避免各农业金融机关间的摩擦，普遍实施农贷，完善合作事业及合作社内部机构，改进战时农业金融的作为（朱通九）。建设农村金融，倚重使农民能得其实惠的农业技术作为农村金融的技术基础、农业组织作为农村经济的组织先导，构造以农本局及合作金库所支撑的农业金融制度，充实农业金融机构资金，注重农业金融机构管理人员和技术人员的专业能力，提升农业金融机构行政能力，严格贷款用途、对象和额度审批以保证农贷用于生产；注意农贷与农业技术推广之间的配合，推行小额、合作社存款1元起存与农业汇兑，赢得农民信任，吸纳农村剩余资金；为弥补资金的不足和获得地方政府的支持，实现合作金库民有民办的长期目标，注意与地方政府的合作和对农民的培训，提升农业金融机构工作效率（何廉）。

（七）捍卫金融主权，谋求金融安全

打开金融主权自主的民族利益视角，揭示货币博弈—金融博弈的反民族利益博弈，展示金融霸权—金融强权的民族利益掠夺，建言国际金融危机中的进行国内金融安全应急应常制度、国际金融新秩序建设的民族利益自卫。例如：

心怀忧患，笃志救国，在其思想逻辑构架下以其"国治完整，生计富足"的中华救国论、"中国之病弱在不知讲物质之学"的物质救国论、"理财之道者，妙用银行以为枢"的理财救国论既宏观，又微观的思考为基础，凸显其救国思考的金融主权视角——"金日涨而银日落，万国皆变金而吾国不变，国将枯死"的金主币救国论（康有为）。秉持货币独立论，反对中国加入英镑、美元、日元等外币集团，力主摆脱列强对中国的货币控制，维持中国货币的独立性，谋求中国工业和农业大规模发展，保护中国民族工商业的发展，改善国内国际贸易状况，争取中国民族的真正独立（章乃器）。展示西方国家20世纪30年代、70年代以及80年代货币战的演进史实，在对其货币战中贬值与反贬值、货币贬值政策转变为增值政策的博弈、历史根源的深入剖析中，触及利益博弈—货币（金融）博弈—主权博弈问题的现实权衡（温嗣芳）。审视金融危机，探寻国际金融秩序动荡不安根源，揭示金融霸权及其典型，解析国际经济金融利益角逐中，金融巨头及其政治代表，使用金融霸术，以势施压，攫取利益。凸显一国当立足国情，采取独立自主、灵活有效的财政货币政策；共事反霸，建立公正、公平、合理的国际金融新秩序理念（陈观烈）。分析东亚金融危机，判断过量储蓄得不到适当出路即可能产生泡沫经济；强调在电子时代推进金融自由化、国际化，必须渐进、有序、设计配套措施，健全金融制度；指出盲目、大量投资会引起通货膨胀，产生信用危机；建造楼房之价位若超出中产阶级的购买力，必会产生资产不景气及银行呆账大增现象。倡言实现金融制度现代化，必须厉行法治，倚重具有国际视野与知识的金融专才；携手东亚地区的国家和地区，谋划共同打击国际炒手、预防国际投机客的策略与做法（于宗先）。明示亚洲金融危机爆发后，台湾当局"稳定股市小组"的护盘措施，认为必须认识股票市场作为虚拟经济体，它是实体经济运行状况的反映，而非实体经济景气与否的决定因素，其时存在企业财务管理失当、金融风险控制不佳、信用扩张监管混乱问题，在金融危机前景不明确、金融体制不够完善的情况下，难以刺激民众消费和投资的意愿。"股票市场反映的是个体企业获利与总体经济景气的'果'，而非造成企业获利不佳或景气衰退的'因'。"（麦朝成，《对当前台湾经济问题的剖析和建议》，1999 年 4 月，第 14 页）。

（八）呼吁民本金融，竭力金融扶贫

中国天地，民本金融，济困扶贫，以民为本，契合市场，经营责任，透过特色金融，看见负责任、可持续的金融具有一颗能够强力凝聚信用、泵血资本的心脏。例如：

倡导国民经济建设应当由以全民利益为标准即改善全民的生活水平与提升全民的幸福感、公私企业相辅相成、农工并重所凸显的"民生主义"作为最高原则（莫萱元）。研究"穷人的经济学"，关注弱势群体，率先提出扶贫性金融，界定扶贫性金融的根本及一般理论基础，明晰扶贫金融需求的运作模式，标示官场金融、市场金融、社会金融研究的政府、企业、公众对象，倡导稳定币值与预期、健全维护金融市场秩序与激励诚信履约、增进国民财产性收入与财产风险管理保障、提升金融服务国民需求质量的民本金融（曾康霖）。

（九）致力学科建设，引领务实作为

沉浸学术，入世切实，移植方法，培育后学，前沿前瞻，构造框架，系统著述，精微论析，致力经济金融学科建设，导向经济金融学科发展。一种学术，一种智慧，一种事业，一种使命，坦荡学子，耿介学识。例如：

分析中国大学经济学教学的教师结构、知识背景、教材编写、教学内容、教学负担状况，中国大学经济学学习的学生学材、学习能力、学习绩效、商科专业毕业生从业能力约束，务实选择，致力于调研业情、整理信息、导引学生学习，坚持和强调中国大学经济学教育、研究的合理化、中国化和教学相长，谋求实现中国大学经济学教学本土化（何廉）。摒弃偏狭，打通思想，切入资本积累，比较分析凯恩斯、马克思学说理论，甄别异同，积累共识；以经济循环下的资本积累学说补充资本消费论，运用边际、均衡、供求和演绎法等分析工具，切实量化定义分析社会变迁函数，质疑凯恩斯的消费理论，充实拓展马克思经济循环理论，完善马克思主义的资本积累学说（樊弘）。倡议构架理论，致用教学，影响决策，指导实务，撰写服务经济发展、稳定货币信用大局、造福人民的"里程碑"式的"金融学"——中国经济金融发展所需要的"理论与实际有机结合的金融学巨著"（洪葭管）。把握学科发展历史，理顺学科发展脉络；遵循学科发展逻辑，系统研究金融基础理论；注重密切联系实际，着力研究前沿、热点问题；展望实业、理论发展趋势，着力进行交叉学科、跨学科问题研究；注重思维逻辑，着力探究研究范式；理顺学科建设与人才培养关系，强调并执着致力科研服务教学事业（曾康霖）。以金融发展战略、组织形式、框架结构、构造方式、业务分工、监督管理、运行机制、运转环境（金融生态）和总体效应（功能）等九大金融相关要素的有机整体观，界定金融体制，提出金融体制比较说，运用以运行环境为核心、金融体制九大要素为架构的研究新范式，推进比较金融学研究，拓展金融学研究视域，丰富金融学研究内容（白钦先）。

（十）梳理金融历史，萃取智慧启示

梳理事实，提炼思想，链接学科，宏大思维。在历史与现实交集的坐标中，聚合开启经济金融思想学说空间、激励经济金融务实作为效率的活力、功力。例如：

历述英格兰、法兰西、意大利银行史，梳理中国海关制度沿革，详尽介绍欧洲各国银行历史及中国海关现实信息（杨德森）。倡导以货币史研究深化理解历史，以中外钱币学研究尤其是以新钱币学研究，夯实由货币史—货币制度史—物价史研究即由直接史料研究所构成的事实基础，诠释中国货币金融史、中国货币思想史、理论史，彰显中国货币文化（彭信威、千家驹、石毓符、叶世昌）。

《百年中国金融思想学说史》设定分期分卷出版，人物卷按代表人物年龄排序（生卒年未详人物排后），为的是能够使代表人物的选择，学说内容的归纳，以及写作方式的规范，留有调整的余地；同时也想留有时间空间接受同行专家的评价和社会的检验。

《百年中国金融思想学说史》能够出版问世，得到了前辈的关爱、同行的相助和社会的支持。在工程推进的过程中，得到了教育部有关部门、西南财经大学"211"工程和刘鸿儒基金会的资助；在收集资料的过程中，得到了中国国家图书馆、上海金融学会、台北金融发展基金会、北京大学图书馆、上海财经大学图书馆、西南财经大学图书馆、中国台湾大学图书馆、中国香港大学图书馆、台湾孙中山图书馆、云南大学图书馆等单位的大力支持；在撰写的过程中，得到了前辈和同行专家的悉心指点。在此，我们表示衷心感谢！

曾康霖　刘锡良　缪明杨
2015 年 2 月

主编简介

曾康霖

四川泸县人，出生于 1935 年 11 月 8 日。解放后从事过几年税务工作。1956 年考入四川财经学院财政与信贷专业深造，1960 年毕业后留校任教。曾任金融系主任，现任西南财经大学中国金融研究中心名誉主任、教授、金融学博士生导师，中国金融学会常务理事，全国金融学术委员会委员，四川省金融学会副会长，首批国务院特殊津贴获得者，长期从事金融教学研究工作。出版的专著有：《金融理论问题探索》（1984 年出版，获四川省政府优秀著作奖）、《资产阶级古典学派货币银行学说》（1985 年出版，获四川省政府优秀著作奖）、《货币流通论》（1987 年出版，获人民银行总行优秀著作奖）、《资金论》（1990 年出版，获全国哲学、社会科学优秀著作奖）、《利息论》（1991 年出版，获国家教委优秀著作奖）、《信用论》（1993 年出版，1998 年获国家级优秀著作奖）、《金融实际问题探索》（1994 年出版）、《银行论》（1997 年出版）、《金融理论与实际问题探索》（1997 年出版）、《经济金融分析导论》（2000 年出版）、《金融经济学》（2002 年出版）、《虚拟经济：经济活动新领域》（2003 年出版）。此外，主编全国高校金融类本科教材《货币银行学》、《银行经营管理学》（获全国高校金融类优秀教材奖），以及研究生类教材《金融学教程》、《商业银行经营管理研究》，承担了国家级省部级科研课题，撰写了不少论文，为国家培养了大量金融高层次人才——博士和硕士。为我国金融教育、金融学科建设及推动金融事业的发展作出了贡献。20 世纪 80 年代，连续三年被四川省成都市评选为劳动模范，1990 年获首届国家级优秀教育成果奖，1993 年被评为人民银行系统优秀教师，1996 年被授予"人民银行系统劳动模范"称号，1997 年再获国家级优秀教学成果奖。

刘锡良

四川自贡人，出生于 1956 年，1978 年至 1985 年、1993 年至 1996 年就读于西南财经大学（原四川财经学院）货币银行学专业，先后获经济学学士、硕士、博士学位，现为长江学者，享受政府特殊津贴专家、教授、博士生导师。曾任西南财经大学金融系主任，现任中共西南财经大学党委委员、校长助理，教育部人文社会科学重点研究基地中国金融研究中心主任，兼任教育部经济学教学指导委员会委员（1998—2004），国务院学位委员会第五届和第六届学科评议组应用经济学组成员，中国金融教材编审委员会副主任，中国金融学会常务理事，中国金融学会学术委员会委员等。目前主要从事货币银行理论与政策的教学和科研工作。刘锡良教授擅长于货币银行理论与政策，尤其在中央银行理论、货币政策及金融监管等方面有着精深的学术造诣。主持科研项目有：中共中央农村政策研究室课题、国家社科重大攻关项目、教育部重大攻关项目，教育部人文社科重点研究基地重大研究项目，中国人民银行课题，国家社科基金项目等国家级、省部级课题 10 多项。在《金融研究》、《经济学家》、《经济学动态》等刊物发表学术论文 120 多篇，出版专著、译著、教材 10 多部。获"中国高校人文社会科学优秀成果奖（经济学）"二等奖两次和四川省哲学社会科学一等奖两次，二等奖两次，其他科研成果奖 10 多项。

缪明杨

重庆江津人，出生于 1960 年 8 月。经济学博士，西南财经大学金融学院教授，长期从事金融学、金融史教学研究。现任西南财经大学图书馆副馆长，主管西南财经大学货币证券博物馆。中国钱币学会会员、中国钱币与银行博物馆委员会副主任委员、四川钱币学会理事、成都市政协委员。

独著《中国近现代政府举债的信用激励、约束机制研究》（西南财经大学出版社 2008 年版；台湾硕亚数码科技有限公司 2010 年版）。合著《抗日战争时期国民政府财政金融政策》（西南财经大学出版社 1995 年版，台湾商务印书馆 2004 年版，1996 年获四川省哲学社会科学优秀科研成果三等奖）、《川陕革命根据地货币史》（获四川省哲学社会科学优秀科研成果 2005 年三等奖）。主研国家社会科学基金项目《中国近代信用制度研究》、教育部重大攻关项目《中国金融国际化中的风险防范与金融安全研究》等课题。合作编著普通高等学校金融类"九五"规划重点教材《中国金融简史》。参撰《中国金融百科全书》、《中华金融辞库》等大型金融辞书。参编《货币金融学》、《货币金融学解读》等教材。在《中国钱币》、《社会科学》、《经济评论》、《世界经济研究》、《财经科学》等学术刊物发表论文近 30 篇，其中《宋代纸币政策初探》1997 年获四川省钱币学会社会科学研究优秀成果二等奖，《宋代纸币发行准备金述略》1997 年获中国改革成果通报编审委员会、红旗出版社优秀改革理论成果奖。

目录

第一章

盛宣怀金融思想学说概要

盛宣怀（1844—1916），江苏武进（今常州）人，字杏荪，号愚斋。历任招商局督办、铁路公司督办、工部左侍郎、邮传部大臣等职务。主导创办了轮船招商局、电报局、中国通商银行、京汉铁路、汉冶萍公司、北洋大学堂和中国红十字会等诸多企业和组织。有《愚斋存稿》《盛宣怀未刊信稿》《盛宣怀档案资料选辑》等刊行。

一、银行振兴实业论

（一）"银行振兴实业论"的主要内容

盛宣怀最初主张成立我国第一家银行中国通商银行的主要目的在于为其自身督办的铁路业务服务，他认为通过发挥银行的融资作用，可以解决其在铁路建设上所面临的资金难题。他表示，"银行与铁路相为表里……铁路招股借债既须凭借银行方能措手。"① 在盛宣怀看来，铁路建设是整个实业建设的枢纽，只有先解决铁路发展的问题，才能促进实业整体的兴旺。

在卢汉铁路招股之时，由于整条铁路工程浩大而未来盈利情况难以预料，

---

① 盛宣怀：《愚斋存稿》第 25 卷，12 页，台北，文海出版社，1974。

所以面临严重的募资难题。盛宣怀在试图通过招商局从民间募股失败后，试图通过从外国借款、国家投资和民间入股并举的方式筹措资金，但由于种种原因，最终都难以实现，因此盛宣怀便希望仿效西方公司，借助银行解决资金链问题，而这一途径最好的方式莫过于创建一家属于自己的银行。

盛宣怀在建议设立招商银行的奏折中说："理财之要，西人聚举国之财为通商惠工之本，综其枢纽皆在银行。中国亟宜仿办，毋任洋人银行专我大利。中国银行既立，使大信孚于商民，泉府因通而不穷，仿借国债可代洋债，不受重息之挟持，不吃镑价之亏折，所谓挽外溢以足国者。"① 在奏折中，盛宣怀将银行作为一国经济发展中的核心，认为"银行肪于泰西，其大旨在流通一国之货财，以应上下之求给。"② 因此为了国民经济有一个流通调节的枢纽，抵制外国资本对我国经济主权的进一步侵蚀，我国有必要尽快成立一家银行。

对于银行在实业发展中的作用，盛宣怀以其经营铁路事业的经验为例，指出，"铁路之利远而薄，银行之利近而厚，欲银行铁路并举，方有把握。"③盛宣怀认为铁路乃至钢铁、造船等需要大量原始投入，而远期收益明显高于近期收益的企业项目，对于普通的民间投资者缺乏吸引力，单纯凭借官方的力量主导对于政府又是沉重的负担，筹措外债则有出卖经济主权、影响企业控制力的危险，因此最好的方式在于成立比传统的票号、钱庄有更完善的组织形式、更先进的经营理念、更雄厚的资金规模的银行，作为资金融通的中介，解决商业投资中的信用问题和企业发展的资金流动问题，而"一俟银行开办，即可将部款先领，照说帖造成一段，抵借一款，步步落实"④，继而解决了盛宣怀自身所面临的实业发展难题。

（二）"银行振兴实业论"提出的历史背景

盛宣怀最早萌生创办银行的念头，是在协助李鸿章筹办华美银行时，但

---

① 陈旭麓等：《中国通商银行》，3 页，上海，上海人民出版社，2000。
② 同①。
③ 盛宣怀：《愚斋存稿》第 25 卷，5 页，台北，文海出版社，1974。
④ 同③，32 页。

其努力最终在国内外各种压力的影响下不了了之。事实上呼吁我国兴办近代银行的声音早已有之，洪仁玕在19世纪中期便在《资政新篇》中提出了"兴银行"的主张，容闳在向太平天国提出的建议中也包含设立银行制度的观点，而洋务企业在19世纪七八十年代的各种探索和民族资本主义的不断发展，使得中国自主创办银行的主张愈演愈烈，郑观应就曾在著作中详述了近代银行业的运行特点与作用，并大声疾呼"夫洋务之兴莫过于商务，商务之本莫切于银行"。① 甲午战败之后，中国沿海和内地开放的商埠越来越多，所设企业和金融机构连同部分官僚和买办借机取得了巨大的财富，许多爱国商人为振兴中华，愤而投资实业，以争国权，对资金的需求陡然提升，而清政府因筹措军费累积外债已达3.5亿两白银，财政无以为继，对官办洋务企业难以提供支持，这些都促使建立一家中国的银行的呼声愈演愈烈。

其时盛宣怀不仅主持铁路修建，还在承办张之洞经营不善的汉阳铁厂。他曾说"今因铁厂不能不办铁路，又因铁路不能不办银行"②，他认为汉阳铁厂之所以举步维艰，是因为国内钢铁生产缺乏需求，导致铁厂钢铁滞销，而要为钢铁打开销路，最直接的方法是修建铁路。因此在盛宣怀看来，修建铁路和经营铁厂实际上相辅相成，唯一阻碍两者发展的因素，恰恰是最关键的资金问题。

盛宣怀自洋务运动以来便一直在商贸一线，其目睹了外资银行在华设立后所攫取的巨大利益，并了解到了银行在近代经济中所发挥的巨大作用，再加上其把持轮船招商局、电报局、华盛纺织厂、卢汉铁路、汉阳铁厂等众多项目，都刺激了其兴办一家银行，使国内新式企业相互联系，以促进国内企业尤其是其手中的洋务企业发展壮大的决心。

（三）"银行振兴实业论"的价值与影响

中国通商银行创办之后，盛宣怀十分重视其对新式企业，尤其是其控制下的几家企业的扶植作用，譬如，其曾在1898年贷款36万两给汉阳铁厂，

---

① 夏东元：《郑观应集》，679页，上海，上海人民出版社，1982。
② 盛宣怀：《愚斋存稿》第25卷，15页，台北，文海出版社，1974。

1899年贷款54万两给华盛纺织厂，而其他民族企业和官办项目也曾求助于通商银行，其上海总行在1897年到1900年间向工矿企业累计贷款达到332万余两。这些资金上的支持无疑对上述企业的发展大有裨益。而中国通商银行本身在内忧外患之中，能够克服义和团运动和清廷的各种压力，较为顺畅地经营，已实属不易。

但是，盛宣怀在银行的经营上，难免存有私心，与其说振兴实业，不如说振兴私业。通商银行主要的贷款方向为盛宣怀旗下的企业，民族资本企业所获贷款总额不足总贷款额的10%，导致一些非盛宣怀旗下的洋务企业和民族资本主义企业对此极为不满。而降低标准将贷款投向类似华盛纺织厂这样连年亏损的企业，实际上不利于银行资产的优化，造成呆账，盛宣怀对贷款对象的主观干预，也导致了银行经营的一些问题，或许这能部分解释通商银行在20世纪之后的没落。

二、银行官督商办说

（一）"银行官督商办说"的主要内容

盛宣怀认为之前官办的洋务企业有两大弊端，一是任用官僚进行管理，二是遭受政府的任意勒索。[①] 因此盛宣怀认为在设立中国通商银行时，特别强调了商办的重要性。他指出，"臣惟银行者，商家之事。商不信，则力不合，力不合，则事不成。拟请简派大臣，遴选各省公正殷实之绅商，举为总董，号召华商，招集股本银五百万两。先在京都、上海设立中国银行，其余各省会口岸，以次添设分行，照泰西商例，悉由商董自行经理。"[②] 表达了对银行由商人而非政府控制和管理的观点，并在创立之初打出"召集商股，合力兴办"的旗号。

在总理衙门对中国通商银行的章程表达异议和控制权要求时，盛宣怀一

---

① 巩为为：《盛宣怀与"官助商办"》，载《中国经济史研究》，2004（3）。
② 陈旭麓等：《中国通商银行》，4页，上海，上海人民出版社，2000。

方面以商人退股为要挟，另一方面以汇丰银行的规章为准绳，并将总行迁往上海，指出在全商股的条件下，"因银行关系通国商务枢纽，国家得其无形之利甚宏，如有亏空赔累皆在股商，国家不任其害"①，成功说服了帝京政府放弃控制通商银行的企图。此外，在管理人员安排上，盛宣怀偏好选择有工商经验的人士担任要职，九名总董几乎都有从商经历，并任用原汇丰银行大班美德伦（A. W. Maitland）担任首任通商银行大班，这一方面有助于通商银行的日常运作和管理更贴合经济实际，并借助外籍从业人员获得当时极端稀缺的银行经营经验，另一方面实际也可以避免因为其他封建官僚把持大权影响企业决策。

　　然而尽管盛宣怀认同"商办"对银行经营的重要性，但他同时也不愿失去"官督"这一重要的助推器。因此在创办银行的过程中，盛宣怀一方面坚决声称银行商办以安抚商人情绪，另一方面也担忧缺乏官方介入难以得到今后经营的便利，故而不断强调通商银行不同于一般银行的地位。于是在通商银行的资本结构中，其股本的二百五十万两，主要由盛宣怀控制下的招商轮船局和电报局认购一百万两，各总董认购一百万两，而其余五十万两由各口岸华商购买，但此外为了争取清政府的支持而非干预，又争取到了户部的一百万两白银生息存款作为解决方式，使得政府在不入股的情况下也可以成为银行发展的助力。

　　事实上，"官助"最直接的来源则在于盛宣怀自己。他利用自己的职务之便，使大笔铁路存款均纳入通商银行旗下，1898 年至 1911 年间总额高达 547万余两。而盛宣怀手下的洋务企业，也将存款置于通商银行。而在私人存款上，盛宣怀本人就是该行最大的私人储户。

　　此后，为了将官款汇兑这一业务从票号中抢夺过来，盛宣怀一方面通过私人关系，要求一些地方官员和部门将官款也存在通商银行，另一方面又上书清廷以加强银元流通为由加以协助，并以买通地方官僚的方式，最终在官款汇兑业务上分得一杯羹。

---

① 陈旭麓等：《中国通商银行》，68 页，上海，上海人民出版社，2000。

在通商银行成立之初，清政府特批其发行银元和银两的权利，成为中国第一个发行银行兑换券的金融单位，这对其银行业务的开展有巨大的推动作用，并为其带来了巨大的经营利润。

（二）"银行官督商办说"提出的历史背景

洋务运动中洋务派所开创的民用企业"官督商办"模式，是我国对近代公司管理制度的一次自主探索。其思想源于李鸿章在1872年创立轮船招商局时所提出的"由官总其纲，察其利病，而听任商董自立条例，悦服众商……所有盈亏，全归商认，与官无涉。"① 这一制度的核心在于，通过政府的监督，以招商的方式引入民间资本作为股份，创办企业。这一体系与之前的官办企业有本质的不同，其生产运作都有明显的市场导向性，而区别于之前设立的军用企业不关心收益问题，其建立了一定的成本控制体系，并通过建立股份制度，设立商董，在一定程度上吸纳了私人资本的加入。

另外，所谓政府监督则是指企业在设立之时，其资本体系中不设立官股，但是通常为了提高企业的信用等级和经营能力以吸引商人加入，政府往往拨付官款作为贷款以充实企业资金，部分企业中官款甚至占主导地位，并在企业建立时和日后经营中提供许多优惠条件。而官督最重要的表现在于企业管理人员的安排任用，大部分官督商办的洋务企业均设有总办，这一职位通常由政府指派的人员担任，对企业的经营决策起到极大的影响，而并非如同西方企业体系下，按照股份所有额度和经理人聘用体系进行企业管理，这就使得政府可以在不参与股份的前提下，仍然对企业拥有极大的控制权。

洋务派对官督商办模式的选择，是对纯粹官办企业和纯粹商办企业模式一起否定的结果。一方面他们对官办企业盈利不力带来的巨大财政压力和企业内部政府习气的腐败局面难以忍受，另一方面他们又认为民间模式下民力有限商人目光短浅，无力将企业办好，"全恃官力，则巨费难筹……然全归商办，则土棍或至阻挠……必官督商办，各有责成。商招股以兴工，不得心有

---

① 李鸿章：《李文忠公全集》卷20，上海，上海商务印书馆，1921。

隐漏；官稽查以征税，亦不得分外诛求。则上下相维，二弊皆去。"① 洋务派认为选择官督商办这样的模式，既可以有效消除官办和民办模式下的弊端，又联合了官商之间的力量，对企业的发展将大有裨益。而在这样的思潮影响下，盛宣怀在创立中国通商银行时选择这一模式，也就不难理解了。

（三）"银行官督商办说"的价值与影响

中国通商银行在成立之初正是依照官督商办的体系要求进行管理的，其总股本中不含官股，所有投入资本的商人和官僚均是以个人名义参与。在主要管理人员的任用上，盛宣怀比其他同类型企业要走得更远一些，即任用熟悉银行业务的外国人而非封建官僚作为大班和部分分行的主管，使通商银行的业务受到政府的限制更小。在管理机制上，盛宣怀要求通商银行仿照汇丰银行的体系，在用人、经营方针上遵循西方规则，而避免在企业中带入过多官场的习气，这都为通商银行尽快打开局面创造了条件。

然而，这一体系在日后的具体操作中，无论在通商银行还是在其他洋务企业最后都以失败告终，其原因有以下几点：

第一，企业的管理机制与股权机制不相适应。尽管在通商银行的股权体制下，并没有官方股份的存在，然而商股的所有者并没有得到相应的权利。一方面，因为在所谓商股的构成中，有很大部分是盛宣怀手中的企业以及盛宣怀本人与一些官僚、银业资本家出资，而小股东所持的股份较小，几乎没有话语权；另一方面，尽管盛宣怀在人员选择上尽量避免任用封建官僚，但事实上最大的问题在于盛宣怀本人就是一名封建官僚，他在利用自己的职务为银行带来经营机遇的同时，也事无巨细地把持了银行的经营权和话语权，他设立九名总董的意义在于分权，九人均没有单独做出决策的制衡能力，而大权则总揽入他自己手中。在这样的机制下，银行的重大经营决策事实上由盛宣怀一人把持。在这样的条件下，避免所谓的衙门习气，建立新式的经营机制是不可能完成的。

---

① 夏东元：《郑观应集》，704 页，上海，上海人民出版社，1982。

第二，官督体制下很难避免企业受到政府的约束和压榨。官方之所以向企业开办提供种种优惠条件乃至贷款，其目的就在于要求企业在盈利后对政府进行利益输送回报，并将其称之为"报效"。晚清招商局等企业在获得利润之后，清政府往往会派出大臣乃至颁发圣旨要求企业对国库进行贡献，形式包括预备赈济款、朝贺费、捐款乃至无息借款，这无疑为企业的正常发展带来了许多不必要的负担。而招商银行作为金融机构，毫无疑问成为上层人士眼中的一块肥肉。在其筹办之初，总理衙门便对其章程中关于报效额度的问题表达了不满，对银行花红之外的公积金仅有两成上缴国家表达不满，并对铸造银钱的收益要求另外的"报效"，并要求银行十万两以上的交易必须在政府备案批准。这一要求在当时导致商人纷纷退股，通商银行项目险些流产。尽管盛宣怀通过自己在上层的关系，并据理力争，但还是不得不做出上缴银元铸造收益等让步，才最终换来了银行的开立。

因此我们可以发现，官督商办并非一个完善的企业发展模式，尽管其在某种程度上符合当时的社会条件，可以避免过去的企业体制的一些弊端，但其自身同样存在着巨大的弊端，不科学的管理机制和外来干涉的无法避免，使得这一类的洋务企业很难经营下去，而中国通商银行这样的金融机构同样莫能例外。

三、央行商用论

（一）"央行商用论"的主要内容

盛宣怀最初并不赞成设立由政府主导的中央银行，他指出"译者谓国家银行，当全发帑本，简畀大官，通行钞票，由部造发，如英法等国，财赋皆出入于银行，是户部之外府也。然中外风气不同，部钞殷鉴未远，执官府之制度，运贸易之经纶，恐窒碍滋多，流弊斯集；或致委西人，取资洋款，数千万金，咄嗟立办，其词甚甘，其权在臂，利害之数未易计度。"① 在盛宣怀看来，中西方的文化、风气和商业条件差异，使得我国仿照西方设立国控的中央银行，只能阻碍银行体系的发展，因为当时的中国官商之间存在着对立情绪，各项相关制度并不完善，在这样的条件下，中央银行无法起到必要的统领全局的作用。

而事实上，不同意建设专门的中央银行，不代表盛宣怀不认同中央银行的作用，恰恰相反，盛宣怀在建设中国通商银行的过程中，恰恰希望这家银行能够起到中央银行的作用。在通商银行的运营中，盛宣怀凭借其在上层的关系，为通商银行争取到了印发票券和铸造银元的特权，其在章程中注明，"准照汇丰印用银两、银元钞票……京城、上海两行准先出票，票式一律平色，另加活戳"②，而清政府也特下谕旨，"谕令盛宣怀招集商股，合力兴办，银行办成，并准其附铸一两重银元十万元，试行南省。"③ 拥有发行钞票和银元的通商银行，实际上代行了央行管理货币发行和流通的职能，而盛宣怀的本意也是借助通商银行在此方面的优势，达到统一国内货币的目的。而这样的思路，事实上是将中央银行与商业银行的职能不作区分，统一于一体。

1903 年当清政府筹备真正具有中央银行性质，拥有经营国库特权和铸造货币权力的户部银行时，他却提出将通商银行歇业。他认为，"因北洋开设国家银行，则通商银行无足重轻可以停收"④，并提出将通商银行的商股改为萍矿商股。在盛宣怀看来，"北洋现设国家银行，包含甚广，自必统中国财政于一途，通商银行断站不住"⑤，因为户部银行设立之后，通商银行所享有的特权将不复存在，而户部银行的覆盖面又大于通商银行，因此它认为通商银行必然会遇到障碍，因此不如停止经营。此时，盛宣怀仍然认为中央银行与商业银行两者并没有区分的必要，央行仍然是商业银行的一种存在形式，而商业银行也可以执行央行的职能。

---

① 陈旭麓等：《中国通商银行》，3~4 页，上海，上海人民出版社，2000。
② 同①，51 页。
③ 同①，36 页。
④ 同①，293 页。
⑤ 盛宣怀：《愚斋存稿》第 59 卷，27 页，台北，文海出版社，1974。

（二）"央行商用论"提出的历史背景

中国最早设立中央银行的观点，是刊登于 1881 年的《申报》的一篇文章，该文建议建立一家国家银行，由户部印发钞票，使国内货币得以统一，并且解决因为现银流通带来的不必要的麻烦。此后，李鸿章在和美国人米建威提出创办华美银行时，将该银行的职能确定为经理贷款，发行货币，采购货物，经理国库等，这在很大程度上使这家商业银行具备了许多央行的特权，而由于华美银行由中美合办，许多人担心上述特权可能会危害到中国的经济主权，所以此项目在设计之初便告搁浅。

甲午战争战败之后，由于中国经济主权进一步沦丧，而清廷外债压力甚大，因此设立中国自己的银行被当时的中国官员认为是解决困境的最好途径。众多大臣纷纷上书力陈建立国家银行的好处，认为这样可以夺回被洋人侵占的主权和利益，免除资金在外流转的不便，并可以促进官商共进，实现国富民强。在大臣们所提出的建议中，同样将中央银行和商业银行的职能混合起来，指出银行应当同时承担起流转存放官款、铸造货币、企业投资、居民存贷、管理国库、补贴国需等职能。在满清大臣的倡议中，同样没有区分商业银行与中央银行的职能业务区别开来，而同在官僚之列的盛宣怀显然也受到了这样的观点的影响。

并非所有人都赞同将两种银行混合起来。郑观应在考察了西方的银行制度和体系后，于《盛世危言》一书中就以资本和经营权的不同，区分了央行和商行，尽管这样的区分并不能真正体现两者的区别，但仍是中国较早认识到需要对其进行不同认识的思想。只是在当时的社会条件下，既没有自主创办银行的经验，也没有先进和系统地学习过银行学知识，因此这种看上去大而全的银行组织形式似乎更加有利可图，因此更受到包括盛宣怀在内的银行业先行者的青睐。

（三）"央行商用论"的价值与影响

在盛宣怀那个时代，"央行商用论"之所以成为主流，是因为时人大多认为将中央银行和商业银行的功能职责合并起来，一方面有助于统一货币促进国内的货币流通和管理，另一方面可以通过存贷业务利用民间财力增强国力。

然而他们并没有发现这样看似完美的组织形式中，存在着诸多难以兼容的问题。商业银行以盈利为目的，通过吸收居民存款和向企业融通资金来赚取利润；而中央银行是政府或准政府机构，其目的不在于赚取利润，而是通过实施货币政策和金融监管，来实现物价稳定、充分就业、经济增长和国际收支平衡等宏观经济目标。这就决定了两者有不同的职责属性，央行作为"银行的银行"，理应位于普通银行之上履行管理职责，而非与商业银行竞争分割商业利益。两者一旦合二为一，就有可能为商业银行自身带来巨大的谋求私利的动机和便利，而央行稳定金融的职能必然也无法得到妥善的发挥。事实上在实践中，无论是盛宣怀的中国通商银行，还是之后的中国银行与交通银行，都只是在商业银行的基础上行使部分中央银行的职能，而并非完全意义上的两者合二为一。

盛宣怀在此后也认识到"央行商用"的理论并不符合实际需要，他在考察日本之后，感叹我国的金融体系的落后，认为我国缺乏一个统一的理财机构，进而转变了之前的看法，上书请求设立专门的央行，指出"夫齐其末必揣其本，中央银行实发行国币，根本之地也。不有中央银行何以备悉商情，操纵国币"①，而"全国金融之机关者，尤必赖中央银行"②。可见他自己也认识到了之前对中央银行与商业银行的关系存在误判，并对中央银行的作用有了新的认知。

（彭维瀚　徐冬阳　缪明杨）

参考文献

［1］盛宣怀：《愚斋存稿》，台北，文海出版社，1974。

［2］陈旭麓、顾廷龙、汪熙：《中国通商银行》，上海，上海人民出版

---

① 盛宣怀：《愚斋存稿》第 14 卷，32 页，台北，文海出版社，1974。

② 同①。

社，2000。

[3] 夏东元：《盛宣怀年谱长编》，上海，上海交通大学出版社，2004。

[4] 夏东元：《郑观应集》，上海，上海人民出版社，1982。

[5] 李鸿章：《李文忠公全集》，上海，商务印书馆，1921。

[6] 张国辉：《中国金融通史（第二卷）》，北京，中国金融出版社，2003。

[7] 巩为为：《盛宣怀与"官助商办"》，载《中国经济史研究》，2004（3）。

[8] 郑成林、刘俊峰：《孙中山与盛宣怀银行建设思想之比较研究》，载《纪念孙中山诞辰140周年国际学术研讨会论文集（下卷）》，2006－11－06。

[9] 程霖：《盛宣怀兴办银行思想评议》，载《宁夏大学学报（哲学社会科学版）》第20卷，1998（1）。

[10] 陈礼茂：《盛宣怀与中国通商银行的早期运作》，载《云梦学刊》，第27卷第2期。

[11] 潘建华：《洋务运动时期（1860—1894）企业融资思想研究》，复旦大学博士论文，2005。

[12] 李昌宝：《中国近代中央银行思想研究》，复旦大学博士论文，2007。

第二章

张謇金融思想学说概要

张謇（1853—1926），字季直，号啬庵，江苏南通人。清光绪二十年（1894 年）状元，授翰林院修撰。光绪二十一年在南通创办大生纱厂，走上办实业道路。提倡实业救国，除创办工厂企业外，先后创办通州师范、女子师范、盲哑学校、伶工学校、南通图书馆、博物苑等教育文化事业。把实业与教育称为"富强之大本"。曾参与发起立宪运动，著《变法评议》。曾任预备立宪公会副会长、江苏咨议局议长。辛亥革命后，任江苏两淮盐政总理、南京临时政府实业总长。1913 年任北洋政府农林工商总长兼全国水利局总裁。袁世凯称帝时，辞职南归。著有《张季子九录》《张謇函稿》《张謇日记》《啬翁自订年谱》等①。有《张謇全集》刊行。

一、以中央银行为金融基础与地方银行为之辅、民立银行定政府入股之制及银行以法律为保障论

（一）以中央银行为金融基础与地方银行为之辅、民立银行定政府入股之制及银行以法律为保障论的内容

1. 以中央银行为金融基础与地方银行为之辅论

---

① 《经济大辞典·中国经济史卷》，546 页，上海，上海辞书出版社，1993。

张謇认为，国非富不强，富非实业定不张，实业非有多数之母本不昌。欧美人知之，故广设银行。银行种类甚多，性质各别。其在民间者，大概以劝业为中心，以普通汇兑为手足，以储蓄为口鼻①。

鉴于民国肇建，内乱外患，借款累累，债权四压现实，列举方策，在乞灵于法律、注意于税则、致力于奖励的同时，必须求助于金融。因为，农工商业之能否发展，视乎资金之能否融通。中国近十年来商场之困顿，不可言喻。盖以国家金融基础不立，而民间钱庄票号等金融事业，索索无生气，重以倒闭频仍，信用坠地。于是一国现金，非游荡而无所于归，即窖藏而不敢或出。金融家无吸收存款之机关，无以供市场之流转，遂致利率腾贵，企业者望而束手。为今之计，惟有确立中央银行，以为金融基础；又立地方银行以为之辅，厉行银行条例，保持民业银行、钱庄、票号之信用，改定币制，增加通货，庶几有实业之可言②。同时，各府州县，设分支官立银行，均设储藏。绅民有以家财入储者，给息二厘。其民间公立银行领用钞票，则取息四厘，为代守储藏之费。请领之时，联环取保，以实产作抵，按季收息。纳赋缴税，官亦收之。庶虚实相注，本息相资，国有利而民亦无害③。尤其是，振兴实业之要件，必有种种辅助之机关：中央银行之外，必有赖于国民银行；银行之外，必有赖于股份懋迁公司。而实业之发达，必恃有完备之法律，以为之监督保障④。此外，设立盐业银行，为政府、公司盐业经营提供金融机关⑤；设立农业银行，服务农垦⑥；设立劝业银行，增加人民生产力、商业贸易额⑦。

---

① 《劝通州商业合营储蓄兼普通银行说贴》。参见《张謇全集》第三卷，761页、762页，南京，江苏古籍出版社，1994。

② 《实业政见宣言书》。参见《张謇全集》第二卷，162页、163页、164页，南京，江苏古籍出版社，1994。

③ 《变法评议》。参见《张謇全集》第一卷，56页，南京，江苏古籍出版社，1994。

④ 《咨议局联合会请饬阁臣宣布借债政策呈都察院代奏稿》。参见《张謇全集》第一卷，167页，南京，江苏古籍出版社，1994。

⑤ 《改革全国盐政计划书》。参见《张謇全集》第二卷，125页，南京，江苏古籍出版社，1994。

⑥ 《致张孝若函》。参见《张謇全集》第四卷，677页，南京，江苏古籍出版社，1994。

⑦ 《致商会联合会函》。参见《张謇全集》第一卷，291页，南京，江苏古籍出版社，1994。

张謇认为，救国为目前之急，而国家及各省县市镇之银行，绝非平地一旦所能成立。① 中国兴办银行，欲大须积小，欲厚须积薄。因为中国民智尚塞，商学未兴，安得各种之银行同时并建。是今日为实业计，必先银行；为银行计，必先营储蓄而兼普通商业，以储蓄资普通商业之本，以普通商业资储蓄之息，一行兼之，尤为灵通而稳固。及至风气日开，商业日广，可随时逐渐扩充增设。②

2. 民立银行定政府入股之制论

张謇认为，各国银行之制，各视其国家之政体，与商业之习惯，斟酌损益，未尝比而同之。居今日而欲得商民之信用，当先养国家之信望。政府对于银行，只可如英如德如法，自居于大股东地位，凡民立银行或旧有官银号愿遵行新制者，政府民间一律入股，赐以官银号之名，予以颁银钞、贮公款、有债限三项权利。除国家银行由国家饬令设立，予以特权外，民立银行，定政府入股之制，用人办事之权，又股东选举报部立案③。具体实施步骤，筹集官款，并招集商款，为商业模范银行，作中央银行之预备。④

兴办地方银行，促进地方经济，集一省之母财为主以成之，如办江苏银行，其办法为：集本省各地方公款，集本省铁路公司股银十之一，集本省及各省与江苏交通之绅商共任招集之股。⑤ 也可利用外资，设立合资银行。例如，基于合资理念，张謇曾参与筹设中法劝业银行、中美联合银行、中美治淮农业银行的谈判工作，而"上述银行的主要目标是把外国资本引进中国，以帮助中国的工商企业。"⑥

3. 银行以法律为保障

张謇强调，既商办实业，则其所储积和称贷之款，必得银行为之归束。

---

① 《对于储金会之感言》。参见《张謇全集》第一卷，154 页，南京，江苏古籍出版社，1994。
② 《劝通州商业合营储蓄兼普通银行说贴》，《张謇全集》第三卷，761，南京，江苏古籍出版社，1994。
③ 《论银行致铁尚书函》。参见《张謇全集》第二卷，58 页、59 页、60 页，南京，江苏古籍出版社，1994。
④ 同③，60 页。
⑤ 《拟组织江苏银行说》。参见《张謇全集》第二卷，53 页，南京，江苏古籍出版社，1994。
⑥ 章开沅：《张謇与中法劝业银行》，载《民国档案》，71 页，1987（3）。

而此项银行，必为商民所信望，而后得商民之信用。① 诸如银行业等金融机关甚至实业机关的完备与否，事关商业之发达与否。而这些机关非借法律不能发生，非有法律之保障，即发生亦不能巩固。② 法律是轨道，入轨道则平坦正直，毕生无倾跌之虞，不入轨道，随意奔逸，则倾跌立至。自来商业之失败，无不以此。③ 法律作用，以积极言，则有诱掖指导之功；以消极言，则有纠正制裁之力。审视那些失败企业其所以失败的原因，在于其创立之始及其开展业务，在皆伏有致败之衅，而无法律之导；将败之际，无法律以纠正之；既败之后，又无法以制裁之。则一蹶而不可以复起。或虽有法而不完备，支配者及被支配者，皆等之于具文，前仆后继，累累相望，而实业于是大隳。现在世界以大企业立国，而中国以公司法、破产法不备，斲丧人民之企业心、合群心，耗散最可宝贵之资本。故无公司法，则无以集厚资，而巨业为之不举。无破产法，则无以维信用，而私权于以重丧。加以自今而后，经济潮流，横溢大地，中外合资营业之事，必日益增多，我无法律为之防，其危险将视无可得资的为尤甚。故农林工商部第一计划，即在立法。④ 实业之事万端，必有法律而后有准绳，有技术而后有规划，有经济而后有设施。故拟首订法律，次事查勘，次设劝业银行。⑤

（二）以中央银行为金融基础与地方银行为之辅、民立银行定政府入股之制及银行以法律为保障论的背景

鸦片战争后，大量外资银行在华设立，中国经济金融利权严重受损。甲午战争后，初步发展的中国民族产业，其融资需求、融资规模与日俱增。如何抵御外资银行的经济金融渗透，如何为发展中的中国民族产业提供有效金

---

① 《论银行致铁尚书函》。参见《张謇全集》第二卷，58 页、59 页，南京，江苏古籍出版社，1994。
② 《致商会联合会函》。参见《张謇全集》第一卷，293 页，南京，江苏古籍出版社，1994。
③ 同②，292 页。
④ 《实业政见宣言书》。参见《张謇全集》第二卷，162 页，南京，江苏古籍出版社，1994。
⑤ 《请解除农商部长职专任水利局务呈》。参见《张謇全集》第一卷，311 页，南京，江苏古籍出版社，1994。

融支持？张謇立足金融立国强国、金融支持实业振兴思考，论说以中央银行为金融基础与地方银行为之辅、民立银行定政府入股之制及银行以法律为保障，积极倡言，期望实施。

（三）以中央银行为金融基础与地方银行为之辅、民立银行定政府入股之制及银行以法律为保障论的价值及其影响

以实业富国，以富庶强国，而振兴发展实业，要在谨守法律，以商民所信望，引致商民之信用，凝聚人民之企业心、合群心，收敛最可宝贵之资本，适时聚势，规划多样金融机构，开掘多样融资渠道，分类分层分步设立银行，设计治理结构，实施激励约束，宏观导向，微观经营，养成实业生机。凝练思想，提取学说，张謇所论，意深旨远。

二、利用外资以振兴实业论

（一）利用外资以振兴实业论的内容

1. 利用外资以振兴实业的办法、组织与制度

张謇提出，利用外资以振兴实业，其办法可以是：（1）合资，此为利用外资最普通方法，凡利害参半之事业用之，盖有利与外人相共，亏损亦然。在华人一方，虽不能独占利益，而所冒之险，亦止及其半也。所应斟酌者，在所办之事，所在之地，主办之人，与所合之国，事非遵时，地非遵宜，人非遵人，国非遵国，皆可。（2）借款。凡事业之确有把握者用之。在外人方面，仅处于债权地位，与所营事业之盈亏无涉。除普通利息外，各项利益，为华人独享，苟有折阅，亦归华人独任。自宜注重其借款的担保品、契约条件。故非确有把握，不可轻准商民借用外款。此种担保，即以厂屋、机器为最宜。（3）代办。凡先难后易而可以永久获利之事业用之。如开垦荒地，兴办时购置机器，需费较巨；垦熟后继续进行，需费不多。各国每由地主委托资本家代垦，一切机器、人工俱由代垦人担任，约定若干年以内的收获，彼

17

此分成，年满后器具、田亩归地主，与代垦人无涉。

关于合资的组织形式，张謇建议采用：普通办法，为专办一事或一事以上而专门组织公司，如办矿等；泛言兴办实业之公司，即不指定专办何种事业，但遇有相当事业，皆可兴办。但不可兜揽把持。

关于利用外资的制度规定，张謇强调：（1）所办公司必须遵守中国法律，合资或代办事业必须呈验资本以杜虚伪之弊，违者予以取缔；（2）政府奖掖以促其成，尤宜小譬社会，使普通心理渐入正轨，庶与利用外资振兴实业之旨相合而渐有发生之实效①。基于合资理念，张謇曾参与筹设中法劝业银行、中美联合银行、中美治淮农业银行的谈判工作，而上述银行的主要目标是把外国资本引进中国，以帮助中国的工商企业。②

2. 利用外资以振兴实业的原则

张謇认为，外债可借，但借时须为还计，用于生利可，用于分利不可，而用之何事，用者何人，用以何法，尤不可不计。借外债视条件，无内外一也。条件苛酷，内亦不可，条件平恕，外胡不可？条件拘束，以能还本息为终止耳。借外债不可丧主权，不可涉国际。③借债之公例，必政府与国民均有用债之能力，而后可利用之以为救时之药。否则饮鸩自毙，势必不救。所借外债应竭力慎节，不得移作别用。借债政策，关系国家存亡大计，一日无确当的解决，即国家大计日陷于杌陧之危境。应当宣布借债政策之所在，以定责任之所归。④

3. 利用外资以振兴实业的重点

张謇认为，衣食所需为重，棉、稻、麦于衣食所需尤重。既为人生所需之至重，即为世界实业之至大。就实业论，亦有不得不趋向大同之势。夫世

---

① 《筹划利用外资振兴实业办法呈》。参见《张謇全集》第二卷，169页，南京，江苏古籍出版社，1994。

② 章开沅：《张謇与中法劝业银行》，载《民国档案》，71页，1987（3）。

③ 《拟发展盐垦借款成立后宣言》。参见《张謇全集》第三卷，662页，南京，江苏古籍出版社，1994。

④ 《咨议局联合会请饬阁臣宣布借债政策呈都察院代奏稿》。参见《张謇全集》第一卷，165页、166页、168页，南京，江苏古籍出版社，1994。

界果不欲趋向大同，不欲以中国为市场，不欲中国发展供给各国之原料，则亦已矣。如其欲之，中国内地风气尚未尽开，资本又不充裕，试问舍世界各国经济互助，有何别法？互助之道无他，即合各国之利病共同，视线一致者集一银公司，以棉铁为主要，以类于棉之稻、麦，类于铁之煤为从要，其他如水利、如电，如铁路，如汽车为次从要。凡有一地一矿一事视为可以经营者，视其地其矿其事之所需，为之考虑其策划，详确其预算，等差之年度，支配其用数，程序其设施，检核其成绩，而又均势以平等其资本，公开以昭布其条件，以互输产品保公司之利，以不犯土地尊主国之权。以世界公例论，一国之工业与其农产，无不谋供求之相应，无不以其国产为主要。① 中国现时实业须用棉铁政策②。利用外资重点在发展棉、铁业，因为棉铁两业，可以操经济界之全权。③

（二）利用外资以振兴实业论的历史背景

近代中国，内忧外患，战败赔款，扶困财政，注资实业，在国人争论中，诸种需求已然导致大量举借外债、利用外资。国人担忧，外债外资，将使列强以经济金融之手对中国主权施加政治控制。但振兴实业，发展经济，促国富强，外债外资，却似一条具有效率的路径选择。尤其是，中国民营企业在其草创、发展的进程中，时时遭遇融资障碍，存续维艰。此中艰难，令执着致力实业实务的张謇忧虑百感，痛切身心。

（三）利用外资以振兴实业论的价值及其影响

面对甲午战败借债赔款问题，张謇放言，"今日赔款，所借洋债已多；不若再多借十分之一二，及此创深痛巨之际，一举行之。负累虽深，而国势仍有蒸蒸日上之象。此举虽借之款，尚可从容分年弥补。果从此立自强之机，

---

① 《商榷世界实业宜供求统计 中国实业宜应供求之趋势书》。参见《张謇全集》第三卷，821页、820页、826页，南京，江苏古籍出版社，1994。
② 《宣布就部任时之政策》。参见《张謇全集》第一卷，276页，南京，江苏古籍出版社，1994。
③ 《汉冶萍就职演说》。参见《张謇全集》第三卷，793页，南京，江苏古籍出版社，1994。

自不患无还债之法。"① 面对振兴实业寻求融资问题，张謇坦言，"为世界民生大计，无国界，而义有其所自始，故切于中国，而详于所自营"，"就实业论，亦有不得不趋向大同之势"，"但望发展中国地利物产，供实业之用耳。功固不必自我出，名固不必自我居也。"②

谋求国家自强，应当放眼世界，只要设定底线，完善制度，标的实业，精细预算，度量绩效，驾驭市场，必然能够由引外资而引动实业振兴进而民族经济振兴发展。外资内心，豁然体会。

（缪明杨　宋长旭）

参考文献

［1］南通市图书馆、张謇研究中心：《张謇全集》，南京，江苏古籍出版社，1994。

［2］张謇研究中心：《再论张謇——纪念张謇 140 周年诞辰论文集》，上海，上海科学出版社，1995。

［3］严学熙：《近代改革家张謇——第二届张謇国际学术研究会论文集》，南京，江苏古籍出版社，1996。

［4］崔之清：《中国早期现代化的前驱——第三届张謇国际学术研讨会论文集》，北京，中华工商联合出版社，2001。

［5］张孝若：《南通张季直先生传记》，北京，中华书局，1930。

［6］刘厚生：《张謇传记》，上海，上海龙门书局，1958。

［7］章开沅：《开拓者的足迹——张謇传记》，北京，中华书局，1986。

［8］章开沅：《张謇传》，北京，中国工商联出版社，2000。

［9］章开沅、田彤：《张謇与近代社会》，武汉，华中师范大学出版

---

① 《代鄂督条陈立国自强疏》。参见《张謇全集》第一卷，40 页，南京，江苏古籍出版社，1994。

② 《商榷世界实业宜供求统计 中国实业宜应供求之趋势书》。参见《张謇全集》第三卷，820 页、828 页，南京，江苏古籍出版社，1994。

社，2002。

　　[10] 张学君：《实业之梦——张謇传》，成都，四川人民出版社，1995。

　　[11] 彭信威：《中国货币史》，上海，上海人民出版社，1958。

　　[12] 魏建猷：《中国近代货币史》，北京，群联出版社，1955。

　　[13] 章开沅：《张謇与中法劝业银行》，载《民国档案》，1987（3）。

　　[14] 章开沅：《张謇与中国现代化》，载《华中师大学报》，1987（4）。

　　[15] 陈金屏：《张謇利用外资思想研究》，载《南通纺织职业技术学院学报》，2008（12）。

　　[16] 曹钧伟：《中国近代利用外资思想》，上海，立信会计出版社，1996。

　　[17] 严中平：《中国棉纺织史稿》，北京，科学出版社，1955。

　　[18] 许毅、金普森、隆武华等：《清代外债史论》，北京，中国财政经济出版社，1996。

　　[19] 沈家五：《张謇农商总长任期经济资料选编》，南京，南京大学出版社，1987。

第三章

康有为金融思想学说概要

康有为（1858—1927），广东南海人。原名祖诒，字广厦，号长素，又号更生。青年时代受朱次琦经世致用思想影响，以"经营天下为志"。后接触到西方自然科学，目睹了香港、上海等地资本主义生产方式及社会秩序，遂萌发向西方学习和改革中国社会制度的思想。1888 年（光绪十四年）后多次上书光绪帝，要求变法。1891 年在广州设立万木草堂，授徒讲学，探求维新变法理论，写成《新学伪经考》。1895 年入京参加会试。《马关条约》签字前夕，联合各省在京会试举人一千三百余人，发动著名的公车上书，提出拒和废约、迁都抗战、立行变法的主张。榜发，中进士，授工部主事。在北京、上海先后组织强学会、保国会，创办《中外纪闻》《强学报》，宣传变法。1897 年发表《孔子改制考》。1898 年 6 月促成光绪帝变法。戊戌政变后亡命国外。1899 年组织保皇会，继而发表《变革命书》《法国革命史论》。1912 年任孔教会会长。1913 年在上海创办《不忍》杂志。1917 年定居上海，曾设立天游书院讲学。1927 年 3 月病逝青岛。遗著有《戊戌奏稿》《康南海先生诗集》等①。其金融思想学说主要见于所著

---

① 陈旭麓、李华兴：《中华民国史辞典》，444～445 页，上海，上海人民出版社，1991。

《理财救国论》《金主币救国论》[1]。有《康有为全集》刊行。

研习康有为金融思想学说，固可以其所有著作为信息来源。不过，删繁就简，理其《中华救国论》[2]《物质救国论》[3]《理财救国论》[4]《金主币救国论》[5]，也许允当。康有为四论，源自其救国理念下的系统、逻辑思考，这可以依据其四论的主题思想，概括表述为：

一、“国治完整，生计富足”的中华救国论

康有为认为，共和告成的中国，扫数千年专制之弊，不止革一朝之命，五族合轨，人心同趋。但是，如果因此以为共和已得，大功告成，国利民福，即可自致则未然。而他所深虑却顾的，乃是共和虽美，民治虽正，而中国数千年未之行之，四万万人未之知之。[6]

---

① 蒋贵麟“辑印康南海先生遗著彙刊序”言：南海康有为先生，才气纵横，深思博学，于国粹古籍，阐微挈要，开疑经疑古之风气。于欧西文化，探本求原，镕古今中外之学说，皆自成一家言。甲午战后，先生忧国家之跕危，领导变法革新运动。定国是，请立宪，开国会、改官制、广言路、废科举、兴学校、设报馆、奖创新、练新军，冀能将政治、经济、社会、教育全盘革新，实乃首倡民权之一人。合军民之治，为中国创一新局，谓其为新中国杰出之思想家、政治家，其谁曰不宜？近世中外学人研究先生思想言论，与其政治活动者，见智见仁，颇多专著，具见先生之学术与志业，实有不能泯灭者在也。先生一生著作甚富，兹取万木草堂丛书刻本及康氏家藏未刊遗稿，并编者累年收集所得之遗篇零文，辑印为康南海先生遗著彙刊。以供海内外治中国近代史学者研摩，而求史家之公平论定焉。参见：蒋贵麟主编，《康南海先生遗著彙刊》（十五），宏业书局印行，1976 年版。

② “此文应作于 1912 年 5、6 月间。第 309 页；录自《不忍》杂志第一册，1913 年 2 月出版。第 329 页”。参见：姜义华、张荣华编校，《国家清史编撰委员会 · 文献丛刊 · 康有为全集》第九集，62 页，中国人民大学出版社，2006 年版。

③ “一册，上海广智书局铅字排印本，1908 年初版。本书序文撰于 1905 年 3 月。据 1907 年康氏致梁启超书所言，书稿于“甲辰”（1904 年）成于加拿大，兹据以系年”。参见：姜义华、张荣华编校，《国家清史编撰委员会 · 文献丛刊 · 康有为全集》第八集，62 页，中国人民大学出版社，2006 年版。

④ “原载《不忍》杂志第一册，1913 年 2 月出版。同年上海长兴书局出单行本。据康氏前言及跋语，此稿成于 1912 年初夏，发布前有修改”。参见：姜义华、张荣华编校，《国家清史编撰委员会 · 文献丛刊 · 康有为全集》第九集，384 页，中国人民大学出版社，2006 年版。

⑤ “1908 年。《金主币救国议》，一册，上海广智书局 1911 年 1 月铅字排印本”。参见：姜义华、张荣华编校，《国家清史编撰委员会 · 文献丛刊 · 康有为全集》第九集，83 页，中国人民大学出版社，2006 年版。

⑥ 蒋贵麟：《中华救国论》，1 页，摘自《康南海先生遗著汇刊》（十五），宏业书局印行。

考察中国之外的各国国力，其强弱与否和其是否共和无关。但视其国治完整，生计富足，兵力精强，比较之程度如何。其比较相若，则可平等。比较相远，则为所弱。无所比较，加以分乱，则只有灭亡。①

康有为强调：

1. 政治之体，有重于为民者，有重于为国者②。重民者仁，重国者义。重民者对内，重国者对外。虽然，重民者无所待于外，是天下一统之策。重国者无不对于外，是列国竞争之策。中国如今已无君主，无君民之争。处于列强竞峙，力征经营，心慕力追，日不暇给，少迟已失，稍逊即败的国际背景，中国欲生存强立于大地间，对于政体则应知所择，而选择以国为重的政体，乃方今切时之义。方针既定，万众同赴，而后步趋不误，祈向得宜，进行乃可见效③。

在康有为看来，当时的中国，共和数月了，所闻于耳触于目者，是悍将骄兵之日变，都督分府之日争，士农工商之失业，小民之流离饿毙。纪纲尽废，法典皆无，长吏豪猾，土匪强盗，各自横行，相望成风。具体表现为：搜刮则择肥搏噬，仇害则焚杀盈村，暗杀则伏血载途，明乱则连城陈战。抢掠于白昼，勒赎于大都，胁击于公会，骚扰于城市，以至私抽赋税，妄刑无辜。兵变相望，叛立日闻，莫之过问。政府隐忍而痴聋，大官畏缩而被胁。四万万人，无所控诉，妇弱惟转沟壑，壮者只行劫盗，土田不耕，廛肆皆闭，杼轴既空，租税无入。于是各省拥兵，而仰食于政府。日腾呼号之函电，政府仰屋而乞食于外人，甘受监理之胁章。号为共和，而实共争共乱；号为自由，而实自死自亡；号为爱国，而实卖国灭国，吾国人而忍为之乎。国民这种自伐自卖而自灭之的行为，令人悲哀心痛④。

---

① 蒋贵麟：《中华救国论》，4页，摘自《康南海先生遗著汇刊》（十五），宏业书局印行。

② 同①，5页。

③ 《中华救国论》，6页。康有为言：今共和为治，以民为主。姑舍保国之重，而先求保民之法乎。考美国宪法最重之权利法典，为保人民身体之自由及财产之安固。各国同之。美国各州宪法，尤重此义，皆首举之。有二十六州明定之曰，人民皆享受保护其生命自由，与天然权利；又曰，凡自由政府，以人民之权威为基础，政府为谋人民之平和安宁幸福及保护财产而设之者，此数语乎，真共和国之天经地义矣。

④ 同①，7～10页。

2. 为国之道，先求不乱，而后求治。若夫为文明，为平等，为自由，又致治之后，再求进化由升平以至太平①。

其时，保救中国之亟图，在整纪纲，行法令，复秩序，守边疆。万事之本，莫先于弭暴乱以安生业。故不先去悍将骄兵，无以靖地方之变乱，不先除暴民强盗，无以保人民之财命；不先复士农工商，无以存生计之秩序；不先保辽蒙回藏，无以保内地之土疆。否则，虽全举美法之文明平等自由，加之吾国四万万人之身，其亡国绝种，必益速而无救②。

3. 人必先富而后教，必先厚生而后正德，况当万国竞生计之时乎。少不

---

① 《中华救国论》，10～11 页。

② 《中华救国论》。康有为言：敢大言以告吾国人自政府议院及党人志士曰，今共和元年中，整纲饬纪，聚精会神，尽乃心，竭乃力……自此四者之外，勿他及，勿高谈，勿浮慕文明。自夫暴乱已弭，治安已保，生业已复，疆圉已一，至是乎，所谓中国者，乃一乃安，乃为我之中国，而非人之中国也。吾皮尚存，乃饰其毛。吾白未点，乃饰以彩。至是乎，奖励物质，润泽文明，高谈平等自由未迟也（12 页）。

夫民主之国，最患于暴民政治也。今者岂徒狃玩，各地分立，实同乱国矣。且上胁长官，下暴小民，良懦鱼肉，民不聊生。是以市农工商，久不复业，乱象日炽而国税益无所出。拥兵者又复虚报兵额，以欺取公帑。外人见其内乱未弭，而困穷若斯也。既不承认，乃且公行监理用财解兵之权。于是中国之危发发矣。今举国虽深知各省分立，与悍将骄兵之害，而威畏其变乱胁制，不敢妄动之，惟有厚禄高位甘言以縻之。况敢黜陟之，而况生杀之乎。人人如此，举国如此，相师相效。而欲保人民之生命财产，复士农工商之业，其道无由。然则中国长此乱以待分亡而已。其可忍乎。……故今者为治之要，莫先于削各地之自立也（28～29 页）。

凡经大乱后，纪纲尽失，法律凌夷，廉耻扫荡。且改为共和则平等自由之说大昌。暴民恣睢。则犯法干纪之事益盛。况以恶前朝而罢弃旧制，新法律又未定也。人民既无律可守，是益令强猾纵横，良善受害而已。故不独房杀劫掠，平民无所控诉，乃至昔之贵位，今之长官，亦随意攻杀，囚执劫掠抄封焉。甚至就军门而胁长官，挟手枪而乱议院，绝无法纪，有若无政府者。国何以图治，民何以得安。夫今各国以法律为治，虽免而无耻，非制治清浊之源也。而当铁道贯通，治具繁张之时，非法不能治也。从古新朝未定法律之时，莫不先用前朝之法。此固无可如何者也。然大典勒成，非数年不为功。然尚虑其速而未妥。当此青黄不接之时，舍用前朝之法，无以为治具矣。惟共和改政，除去君主专制之律，有碍共和之义者，则皆宜照旧推行，不可轻弃也（37～38 页）。

举是大政，不能不望之强力之政府矣。……所以易君主者，为其专制而世袭，其有不善，须大流血以危国家。故害大而去之耳。若夫修举百政，黜陟群司，兴利除害，以为国利民福者，不能不付权于政府以行之。故国无论君主民主，未有不中央集权也。所与专制异者，以国会立法以分其权，而未有以地方各立为分权者也。夫政府既为人民所信，而举国以托之。又经国会议行而监督之。然乃疑其人而不信，掣其肘而不行。南北既争，甚至用阁员须问议院，实为万国所无之政。而国民又常拒其令。是使国势常杌陧，而百政皆不能举也。共和者，听人民自治，乃治之极轨也。而政无全美，必有利弊。共和所最患者，在无政府与暴为乱也。盖好平等太过，恶专制太甚，矫枉而过中失正也（40 页）。

夫共和之制，与国民共治之。须国民知识通，道德高，道路交通，然后易行也（42 页）。

若人，不必以兵俘虏之，而可以商工奴佣之。今吾国民生之憔悴，国计之穷绝，未有甚于此时者。当晚清之季，银行票号，倒闭纷纭。各省商务之衰歇，已有不可终日之势。重以军兴以后，兵燹流离，水旱杂沓，盗贼纵横，百业断息。富者尽迁于外，贫弱饿病于内。顷司农仰屋，乞贷于外人，外人乃实行其监督之策①。

乱争未弭，国本未定，无一可行。今共和成立，已数月了。五族既合，民心已一，乱无可虑。所独忧者，万国眈眈，暴民攘攘，乱舞偬偬，颠倒衣裳，再失其道，自分取亡，则五千年之文明，万里之广土，四万万之华胄，将为奴隶。耗矣哀哉。若能为之有序，措之得宜，讲乎外势而先弭内乱，以国为重，而民从之，有政党内阁，以为强力政府，行保民之政，富而教之，保中国已有之粹，而增其未备。则中国之强，可计日而待②。

"国治完整，生计富足"的中华救国论的历史背景与社会影响

1. "国治完整，生计富足"的中华救国论的历史背景

1840 年以来，近代中国，列强肆虐，政府无能，国辱民怨，识者忧愤。王韬深思："居今日而论中州大势，固四千年来未有之创局也。我中朝素严海禁，闭关自守，不勤远略，海外诸国至中华而贡献者，来斯受之而已，未尝远至其地也，以故天下有事，其危常系西北，而不重东南。自与泰西诸国通商立约以来，尽舟航之利，历寰瀛之远，视万里有如咫尺，经沧波有同衽席，

---

① 《中华救国论》，59～60 页。康有为言：夫贫富之等，相十则下之，相百则奴之，相千则灭之。今吾国几陷乞丐之域，较之列强，不止十百之比矣。……盖不待列强一矢加遗，而可亡国灭种矣。于是忧之者，欲倡农工商矿之实业以救之。非不然也。农工商矿，乃其后起者也。未有银行为之本，而又妙公债纸币之用。定金币之制，欲起实业，其道无由。夫各国之善用银行者，以虚为时，以无为有，以约为泰。故观国之盛衰乎，觇其一国银行之法之备与否，查其县乡普通农工银行之多或寡，而国之贫富盛衰可知也（60 页）。

夫银行公债纸币及大铁道汽船大工场电厂煤气厂及自来水非国力主持之，不能为也。而国计乏绝，非国民合力，亦不可得母财也。吾别有理财救国论，若能国与民同心，通力合作，先之于国，急整银行公债币制，然后散之于民，以兴农工商矿。一年而国有规模，三年而民收实效，五年后农工日精，商矿大闢，十年之后吾国之富，莫我与京。

② 同①，61～62 页。

国无远近，皆得与我为邻。如英，如俄，如普，如法，皆欧洲最强莫大之国也。今以中国地图按之，则俄处西北，最为逼近；西南有英属之印度，毗接云南；而法兵业驻越南，则南界又复连属。诸国并以大晦为门户，轮舟所指，百日可遍于地球，于是纵横出入，缦缦乎几有与中国鼎立之势，而有似春秋时之列国。"① 薛福成痛陈："洋人之恣挟制于中国也，其所由来非一日矣。始于道光年间之和战无定，屡战屡败，既为洋人所轻；继以咸丰季年为城下之盟，定吃亏之条约，益为洋人所轻"；"欲图自治，先谋自强，欲谋自强，先求致富。致富之术，莫如兴利除弊。"② 诚所谓："大地八十万，中国有其一，列国五十余，中国居其一。地球之通自明末，输路之盛自嘉道，皆百年前后之新事。四千年未有之变局也。列国竞进，水涨堤高，比较等差，毫厘难隐。故管子曰：'国之存亡，邻国有焉。众治而己独乱，国非其国也；众合而己独孤，国非其国也。'"③ 何以救亡图存？研究者以为，"中国的知识阶层不过是要维护中国在现代世界中的地位，拟对整个思想、政治、经济以及社会结构作全面的调整。"④

开眼世界，智者觉悟，不断将西方思想文化译介国人，希望以此警醒国人。在诸多西方思想文化信息中，西方政治文化信息，尤其是其关于政体的核心信息，如共和思想，即属要者。其时，传扬共和信息者，络绎不绝；期望共和实践者，蹈死不悔。思想先行，辛亥落实，万众欢呼，共和开启。面对失序，构想秩序。共和的目的是什么？什么才是真共和？怎样才能实现真

---

① 王韬：《近代文献丛刊·弢园文录外编》，33 页，上海，上海书店出版社，2002。

② 薛福成：《出使日记续刻》卷四、卷十。引自：钟叔河主编，《走向世界丛书》，579 页、930 页，长沙，岳麓书社出版，1985。

③ 《湘学新报》第 32 册，康有为言。转见：喜玛拉雅学术文库港台学人系列，王尔敏著：《中国近代思想史论续集》，95 页，北京，社会科学文献出版社，2005。

④ Michael Gasster, Chinese Intellectuals and the Revolution of 1911, p. 248. 转见：［美］萧公权著，汪荣祖译：《海外中国研究丛书·近代中国与新世界——康有为变法与大同思想研究》，451 页，凤凰出版传媒集团、江苏人民出版社，2007。

共和?① 国人困惑，智者竭虑。

2. "国治完整，生计富足"的中华救国论的社会影响

康有为认为，中国扫除专制，建设共和，在整合民族，凝聚民心的制度选择中，必须审视世情，立足国情，首先整饬法令，重建秩序，治国富民，提振国力。

当国人困惑于共和，智者竭虑于共和之时，康有为以其"国治完整，生计富足"的判断，把共和的目的标示，真共和的表现梳理，实现真共和的路径指示。尤其是，正视国情，夯实经济，规划步骤，稳定社会，凝聚民心，所谓共和才可望真正落实。回望历史，共识者有如群星灿烂。康有为居处其中，其对于共和基于亲闻亲历亲见的积极入世思考与文字阐释，时人后人如对其信息拓展琢磨，也许确可以从中触摸到激励的脉动。学人有言，彼时的康有为，其思想，目标不仅在维持现存政权，更希望能变之为宪政以便导致中国走向光明的经济前程；不仅关心国家的富强，更主要的是要给予国人富足的生活②。这也许是一种一直在传播、一直需要验证的理念。

二、"中国之病弱在不知讲物质之学"的物质救国论

康有为撰写《物质救国论》，在其序言中指出：中国数千年一统，自以为天下而非国甚于罗马，以文物战胜其邻而晏然自足。一旦飞船、奇器排闼破门而入，有若诸星之怪物忽来吾地，所挟之具皆非吾地所有，空吾地之物而无以拒之，则必全地苍攘，沈沈而莫测，彷徨而无术，才人智士纷纭献策，而皆无当。盖未游诸星，未能深知其所挟之具，而议拟测度之，或得一端，

① 汪荣祖著：《汪荣祖人物书系·康有为论》第六章，保皇的意义，94～111页，北京，中华书局，2006；［美］萧公权著，汪荣祖译：《海外中国研究丛书·近代中国与新世界——康有为变法与大同思想研究》第三编第六章，政治改革，147～197页，凤凰出版传媒集团、江苏人民出版社，2007。

② ［美］萧公权著，汪荣祖译：《海外中国研究丛书·近代中国与新世界——康有为变法与大同思想研究》，239页，凤凰出版传媒集团、江苏人民出版社，2007。

而不见其全体，虽欲不迷行失步而不得也。中国今者犹是也。①

康有为认为：

1. 中国之地位，为救急之药，则中国之病弱非有他，在不知讲物质之学而已。中国数千年之文明实冠大地，然偏重于道德哲学，而于物质最缺。然即今之新物质学亦皆一二百年间诞生之物，而非欧洲凤昔所有者，突起横飞，创始于我生数十年前，盛大于我生数十年之后，因以前绝万古，恍被六合，洪流所淹，浩浩怀襄，巨浸稽天，无不滔溺，自英而被于全欧，自欧而流于美洲，余波荡于东洋，触之者碎，当之者靡，于是中国畴昔全大之国力自天而坠地，苟完全之生计自富而忽穷。夫四海困穷，则天禄永终，肢体茧缚，痿痹不起，则有宰割之者矣。

2. 夫势者力也，力者物质之为多，故方今竞新之世有物质学者生，无物质学者死。吾既穷览而深验之，哀我国人之空谈天而迷大泽也，乃为《物质救国论》以发明之，冀吾国民上下，知所鉴别，而不误所从事焉②。

康有为更在《物质救国论》后序中概言：发布《物质救国论》十六年了。中国国事百变，医杂药乱，而中国不救，其贫弱益百千倍，日坠益危，皆由病论误之。今经欧洲大战之效，物质之发明益盛。五十六生的之巨炮可

---

① 蒋贵麟：《物质救国论》，5~6页，摘自《康南海先生遗著汇刊》（十五），宏业书局印行。康有为言：乙未、戊戌以前，举国酣睡，无可言也。自庚子以后，内外上下非不知吾国之短而思变法以自立矣，则举措茫然，不知欧、美富强之由何道，而无所置足也。议者纷纭（5页），各自以其测天之识而猖狂论之，……当同、光之初，曾文正、李文忠、沈文肃诸公，草昧初开，得之太浅，则以为欧、美之强者在军、兵、炮、舰，吾当治军、兵、炮、舰以拒之，而未知彼军、兵、炮、舰之有其本也。至乙未东败之后，知之渐进，以为欧、美之强在民智，而开民智在盛学校也，于是十年来举国争事于开学矣。至戊戌之后，读东书者日盛，忽得欧、美之政俗学说，多中国所无者，震而惊之，则又求之太深，以为欧、美致强之本在其哲学精深，在其革命、自由，乃不审中国病本之何如，乃尽弃数千年之教学而从之。于是辛丑以来自由、革命之潮弥漫卷拍，几于负床之孙，三尺之童，以为口头禅矣。医论日以多，药方日以难，脉证日以乱，病势日以深。当此危命如丝弥留喘息之时，言学之参术，既迟不及救，言自由、革命之天雄、大黄，益以促其生。俄之破坏中立，既欲窥新疆，英伸手取藏，而德则忍俊不禁，明索山东矣。大势发发，瓜分可忧，而我举国上下尚复瞽者论日，盲人骑马，危乎哀哉，其可畏也（6页）。

吾既遍游亚洲十一国，欧洲十一国，而至于美，自戊戌至今，出游于外者八年，寐寝卧灌于欧、美政俗之中，较量于欧、亚之得失，推求于中、西之异同，本原于新世之所由，反覆于大变之所至，其本原浩大，因缘繁赜，诚不可以一说尽之。但以一国之强弱论焉（6页）。

② 《物质救国论》，7页。康有为言：天之将暝，为时无多，夜之将旦，鸡鸣嘐嘐；迂道而行，将不及期；之楚北马，愈远愈非；及风雨之未烈，绸桑土以御之。误迷大泽，冻死无归。嗟我兄弟，雾雪凄迷，遵道而行，我心伤悲。指南之针何歟？其在物质兮猗！（7页）

轰二百余里，飞天之船可十六时而渡大西洋。德之强而欲吞全欧，以物质。英、法之能力抗四年，以物质。美之富甲全球，以物质。凡百进化，皆以物质。此皆成效彰彰较著矣。今则吾国上下纷纷知言实业了，而不得其道之由，亦犹之沙漠而行迷途，盲人瞎马，夜半临池犹昔也。吾为中国人，不能忘中国，强聒不舍，聊尽我心而已。①

---

① 《物质救国论》，10 页。康有为言：然当吾昔欲发布此书时，吾门人梁启超以为自由、革命、立宪足以为国，深不然之，阁置久不印刻，宜国人之昧昧也。或进以社会至平之议，岂不持之有理哉？无若未至其时而误行之，徒足以召乱也。今复重印此论，旧者未游涉外国，未见及此，形者或轻微欧、美至粗浅之事（9 页），未知肯据此方不？若犹未也，吾中国以贫弱坐亡无可救也。呜呼，海尔谆谆，听之藐藐，奈之何哉！（10 页）。

方今诸公钦，亦岂不欲发愤乎？无如之楚而北行，马急而愈远也。夫当奇穷之时，用财尤不能不啬，不择而用之，与弃财同也。制百千万枪炮、船舰而不精，则败而资敌，其与未制同科，然丧资斧无数矣。故不动则已，动一事必较于万国而欲其必胜，而后可为也。夫以拥万里之地，抚四万万之民，而患贫，亦太无术也（95 ~ 96 页）。

康有为以二十个专题申论其物质救国论：

1. 强弱之故不在人民之多寡，土地之大小，而在物质工艺之兴盛否也。故遍观有物质学者盛强，无物质学者衰微，念欧洲各国所由强在于工艺。中国如能像彼得那样聚精会神，率一国之官民，注全力以师各国之长技，中国之盛强必然无疑（《物质救国论》，下引书同。第 14 页）。

2. 欧洲中国之强弱不在道德哲学。吾国人所以逊于欧人者，但在物质而已。物质者至粗之形而下者也。吾国人能讲形而上者，而缺于形而下者。然则今而欲救国乎，专从事于物质足矣。于物质之中先从事于其工艺、兵、炮之至粗者，亦可支持焉。若舍工艺、兵、炮，而空谈民主、革命、平等、自由，而强敌要挟，一语不遂，铁舰压境，陆军并进，挟其一分六百响之炮，何以御之？夫炮、舰、农、桑之本，皆由工艺之精奇而生。而工艺之精奇，皆由实用科学及专门业学为之（19 ~ 20 页）。

3. 中国近数十年变法者皆误行：一误于空名之学校，再误于自由革命之学说（20 页、21 页）。

4. 中国救急之方在兴物质，尤当以工艺、汽、电、炮、舰与兵数事为急务（28 页、29 页）。

5. 欧人之强在物质而中国最乏，夫百年来欧人之强力占据大地者，非其哲学之为也，又非其民权、自由致之也，以物质之力为之也（29 页）。使无物质之精新，终不能以立国。夫国民为精神之本，而物质乃形式之末，以常理言之，末固不如本之要也。而以今日中国之所最乏者，则在物质也。无物质之实用，而徒张国民之虚气，以当大敌，亦由制梃以挞秦楚也，必不能也（32 页）。

6. 英先倡物质而最强。同在欧人之中，其国之物质最进者，其国亦特出于欧洲群雄中而最强（33 页）。英以汽机物质之故，冠欧洲而横大地，增国百倍，实为地球千万年来文明势力增长所未有也，则物质之为也（35 页）。夫以欧人与他洲较，物质之效否既可深明，然欧人同讲物质者矣，然讲物质之有先后，有多有寡，而国力之进退遂若此其远也。吾人之所鉴观以为法戒者，固有在矣（35 页）。

7. 今日强国在军兵炮械基本则在物质。夫方今竞争之世何世哉？吾敢谓为军、兵、炮、舰、工、商之世。此数者皆不外物质而已。故军、兵、炮、舰者，以之强国在物质；工、商者，以之足民，亦在物质。今我中国而欲立国于竞争之世，强兵足民皆当并起，而不能少缺矣（35 ~ 36 页）。

8. 论今治海军当急而海军终赖于物质。今将欲统筹兵备，则海、陆军固乃国所公有而不可少缺矣。若以经费不足而有先后缓急之图，则何先焉？（39 页）吾国滨于太平洋而无海军，何异万宾储藏，海盗环集，而孤岛无舟，坐待贼至耶？且吾国民遍于大地，凡七八百万，与英旗随日月相出入，其为财富不可究诘，以无保护故，听人之驱株株物如见他，而财源与生计皆屈。假有兵舰保护，则旅民之增多生计，商业之发达，日月滋长，不可算数（41~42 页）。且我陆军虽云未备，而未尝无一二焉。若海军则自日本战败后，舰队士伍扫地而尽矣。数年来虽有萌芽，其足当漫野牛羊之践踏哉？（43 页）。然则及今不早经营海军乎，经营海军而不自营铁甲舰厂乎，及于被缚刲宰之时犹牛羊也。海军不可不急营，有若救火拯溺，不待言矣（44 页）。

9. 治军在理财理财在富民而百事皆本于物质学（49 页）。夫海军一大舰动逾千万，巨炮一尊费数十万，寻常陆军过山小炮亦须万数千圆乃得一口，以中国今日之负债累累，加税重重，何从治此？然则欲治海、陆之军，其根本又不在兵政而在财政矣。夫筹饷之巨如此，竭一国之所入不足抵国债三分之一，此非摙节搜括之所能为也。盖其本又在富民，民不足国孰与足？富民之本在精治农、工、商、矿、转运之业而更新之。然是五业之竞争，非精于物质之学则无从措手也。故今日者无论为强兵，为富国，无在不藉物质之学；不以举国之力，全国之才，亟从事于物质之学，是自恶其国之寿，而先自绝之也。奈之何吾国数十年来能臣才士之所经营倡导，而不知学此，以自绝其国命也（50 页）。

10. 各国强弱视物质之盛衰为比例。方今新世军国民百业之待用，无一不资于物质之学。故物质学尤精，机器改良尤妙者，其国之强，民之富，士之智，亦因以进，军国之力与物质之学相比较为升降之率焉，万国皆然（52~53 页）。

11. 二十年来德国物质盛故最强。考德国所以致富强者在致精工学，专意工学校之教：一曰高等手工学，二曰工学，三曰专门工业学。总之科学与工业日渐增长，以其有商工之新学，能备精巧之机器。故德力之所以骤涨者，尤其物质物理、方法多也。如知造船与制铁有相关，则二业之长不惜縻巨金，增益工匠之智慧，兴工人之教育。应因之法既精且多，则铁路亦有妙捷之法，而关税及运送亦日改良法，于是河、海运路亦因而敏速，而国内外之市场亦因之增长矣（53~54 页）。

今举国皆言变法，皆言兴学，而学校之所习，兼习英文，稍增大地之学，其为吾用何以异于八股者乎？昔讲八股虽不切于时用，尚颂圣经贤传，得以修身寡过，其于风俗尚为有益。今乃扫弃中国之大教，经传之格言，而后生新学稍拾一二自由、立宪之名，权利、竞争之说，与及日本重复粗恶名词，若世纪、手段、崇拜、目的等字，轻绝道德而日尚狂嚣，叩以军国民实用之学，则无有。欲以御强敌乎，则空疏无用如旧，而风俗先大坏矣。然则举国志士奔走呼号所以改书院为学校，日谋所以筹经费延教师者何为焉？夫道德、哲学空论之说中国固至美矣，不待求之外矣，求之外则益败坏之耳。数千年之历史、风俗教化皆不同，而自有纯粹卓立之处，乱之益害。若以立国御敌乎？强军富民乎？则一切空论之学皆无用，而惟物质之为功。然则今日救国之术，惟急急专从事于物质、工学之事斯已耳（55~56 页）。

12. 美国文明在物质非教化可至（58 页）。

13. 论中国古教以农立国教化可美而不开新物质则无由比欧美文物（65 页）。

14. 国之强弱视蒸汽力人力马力之涨缩为比例（70 页）。

15. 实行兴物质学之法在派游学延名匠（74 页）。

16. 派游学宜往苏格兰学机器（75 页）。

17. 学电学莫如美汽机亦然（76 页）（美之恶伦）卜忌利（大）学校，其机器科分年（四年卒业）课程（77 页、79 页）。

18. 职工学宜往德（84 页）。

19. 画学药学雕刻宜学于意（86 页）。

20. 欲大开物质学于己国内地之法有八（一曰实业学校，二曰小学增机器、制木二科，三曰博物馆，四曰型图馆，五曰制造厂，六曰分业职工学校，七曰赛会全工场附，七者交举而并行，互摩而致精，乃可为也）（89 页、92 页、94 页）。

"中国之病弱在不知讲物质之学"的物质救国论的历史背景与社会影响

1. "中国之病弱在不知讲物质之学"的物质救国论的历史背景

国家安危及于民族安危，国家富强及于民族富强，国家富强、民族富强及于国家安全、民族安全。鸦片战争，甲午战争，《南京条约》，《马关条约》，丧权辱国，残了国家，损了民族。吃一堑长一智。论者纷纷。魏源倡言：只要国桢富、国柄强，何患于四夷、何忧乎御侮①；冯桂芬自信：夫穷兵黩武，非圣人之道，原不必尤而效之。但使我有隐然之威，战可必克也，不战亦可屈人也，而我中华始可自立于天下。不然者，有可自强之道，暴弃之而不知惜；有可雪耻之道，隐忍之而不知所为计。亦不独俄、英、法、米之为虑也，我中华且将为天下万国所鱼肉，何以堪之？此贾生之所为痛哭流涕者也；自强之道，诚不可须臾缓矣。不自强而有事，危道也；不自强而无事，幸也，而不能久幸也。矧可猜嫌疑忌，以速之使有事也。自强而有事，则我有以待之，矧一自强而即可弭之使无事也；自强而无事，则我不为祸始，即中外生灵之福，又何所用其猜嫌疑忌为哉；"鉴诸国"，诸国同时并域，独能自致富强，岂非相类而易行之尤大彰明较著者，如以中国之伦常名教为原本，辅以诸国富强之术，不更善之又善者哉②；王韬提出：以欧洲诸大国为富强之纲领，制作之枢纽，舍此无以师其长而成一变之道；以艰难拮据之际，而与方盛之诸强国相邻，设非熟思审处，奋发有为，亟致富强，以图自立，将何以善其后乎？欲明洋务，尤在自强；我固能操必胜之权而立于不败之地，则人自然就我范围而莫或敢肆③；薛福成直陈：近数十年来，中国民穷财尽，小民竭终岁勤动之力，往往不能仰事俯蓄；今将乘时势，规远图，修利器，上之固我藩篱，成军于海峤，次之兴我贸易，藏富于商民，则整理船政，其急务矣；中国于自强之术，不宜权托空言，不可

---

① 魏源：《圣武记》序，世界书局，民国二十五年十二月版。
② 冯桂芬：《近代文献丛刊·校邠庐抗议》51 页、53 页、54 页、57 页，上海，上海书店出版社，2002。
③ 王韬：《近代文献丛刊·弢园文录外编》，11 页、33 页、26 页，上海，上海书店出版社，2002。

阻于浮议；西人之所以横绝宇宙而莫之能御者，火轮舟车之力为最多，而皆发轫于英，且其缔造，不过在百年数十年之内，宜其独擅富强之效欤；中国欲振兴商务，必先讲求工艺，讲求之说，不外二端，以格致为基，以机器为辅而已；[①] 黄遵宪论说：余闻之西人，欧洲之兴也，正以诸国鼎峙，各不相让，艺术以相摩而善，武备以相竞而强，物产以有无相通，得以尽地利而夺人巧；一统贵守成，列国务进取，守成贵自保，进取务自强，此列国之由盛乎[②]；张謇直言：中国大患不在外侮之纷乘，而在自强之无实；立国之势，不外强与弱，强则宜并力申国威，而不当参和戎之饰说，弱则宜无事安民命，而不当为洋务之空谈；国非富不强，富非实业定不张[③]；郑观应阐释：国非富不足以致强，亦非强不足以保富，富与强故互相维系者也；有国者苟欲攘外，亟须自强，欲自强，必先致富，欲致富，必首在振工商[④]。

2. "中国之病弱在不知讲物质之学"的物质救国论的社会影响

1840 年，一个令中国人惊醒的时点。如果说先前，国人尚可按照传统画出的轨迹论辩理、氣、心、性，推敲道、物、天、人，从容自得，无论魏晋。那么，被动开放，枪炮穿心，已容不得国人耽于道德哲学，无忧国计民生。康有为认为，当各国以其经济发展所实现的物化的国力，逞强称霸，不断攫夺因为观念落伍、制度滞后而使国力势弱的中国时，国人真应该自省，仅仅陶醉于过去曾经辉煌的道德哲学文明，肯定不可能富民救国立国强国。

"凡百进化，皆以物质"，"吾为中国人，不能忘中国，强聒不舍，聊尽我心而已"[⑤]。康有为喊出物质救国论，其信息无异于强调：在有清晰认识前提

---

① 薛福成：《出使日记续刻》卷六，引自：钟叔河主编，《走向世界丛书》693 页，岳麓书社出版，1985 年版；《筹洋刍议》，广文景印本，第 11 页；徐素华，《中国启蒙思想文库．筹洋刍议——薛福成集》，74、75 页，辽宁人民出版社，1994 年版；《出使英法义比四国日记》卷二，引自：钟叔河主编，《走向世界丛书》122 页，岳麓书社出版，1985 年版；《出使日记续刻》卷五，引自：钟叔河主编，《走向世界丛书》598 页，岳麓书社出版，1985 年版。

② 黄遵宪：《日本国志》（上卷），94 页、95 页，天津，天津人民出版社，2005。

③ 张謇研究中心、南通市图书馆、江苏古籍出版社编：《张謇全集》第一卷，3 页，江苏古籍出版社，1994 年版；《张季子九录》实业录卷二，9 页。

④ 郑观应：《盛世危言后编．自序》，参见：夏东元编，《郑观应集．盛世危言后编》，10 页、11 页，北京，中华书局，2013。

⑤ 蒋贵麟：《物质救国论》，10 页，摘自《康南海先生遗著汇刊》（十五），宏业书局印行。

下，聚合心物，国人当揣量轻重缓急，发展实业，做强产业基础，提升国防实力。论者以为，"康有为心目中的现代中国为一独立自主的国家，经由现代化而获致充分的财富与武力，以保障在国际中应有的地位，同时具有特殊文化风格的立国基础。"① 发展才是硬道理。道理道路，至今历历。

三、"理财之道者，妙用银行以为枢"的理财救国论

康有为认为，在国体安排已然落实前提下，必须实施物质救国方略，而要使该方略变成现实，就必须做好理财工作②。而理财之道无他，善用银行而已③。因为：善用银行者，无而能为有，虚而能为盈，约而能为泰。必有实金，而不以实金行，而善能以虚纸运。其行纸也，交互递代，不以直而以曲，不以单而以复。夫纸者致贱，而出之无穷，行之有道，则国以富强，民以饶足。嗟乎！使前清得而用之，国可不亡，至今共和，国民困弊，而日仰借外债以延性命，犹不知理财，乞得实金，仍如旧法而直行用之，随得立尽，又复乞借。夫以岁不足者三万万，军债及旧纸币约三万万，即不计纸票及铜元之凌乱，就借得六万万又复立尽也。今所借者合各省几千万万了，尽之久了。或有知借债者宜用于生利之业，则以为铁道、实业宜若可矣。然而于经国育民之大计尚无一文及之，是终无以为立国之本了。而负债之金如是其巨，民何能负担之？假令今者外人不索监理而见借此六万万也，实促吾国之亡而已。今因索监理得激国民之愤耻，而免兹重担，俾缓危亡，或未始非不幸中之幸事呢？④

---

① 【美】萧公权著，汪荣祖译，《海外中国研究丛书·近代中国与新世界——康有为变法与大同思想研究》，451 页，凤凰出版传媒集团、江苏人民出版社，2007。

② 《物质救国论》，康有为言：夫理财之术极精且奥，诚非浅人所能知。吾爱国既急，亦不避罪嫌，而告之我国上下也（96 页）。然凡举一事也，皆相牵连，不易其乙也，欲举其甲而不可得也。夫成物质学者在理财，理财之本又在官制，官制之本在人民自治。不能理财，则不能治物质学而经营海、陆军，则不能立于竞争虎视之世，而中国将不可救。事势迫急，岂能再从容有待乎？吾固不欲多言，哀我种族，忧极沉沉，不能忍此，不能不大声而疾呼之也。理财吾别有《理财新法》一书，然不行地方自治，省、府、县、乡开议院，吾出此无谓，聊复阙其音以有待也。行之无序，则理财者害民而已，吾不敢有所言，以累吾民也。（第 96 页）

③ 蒋贵麟：《理财救国论》，4 页，摘自《康南海先生遗著汇刊》（十五），宏业书局印行。

④ 同③，4、5 页。

基于这一思考，康有为特提出其"理财纲领"①。他认为，所谓理财之道，在于妙用银行以为枢，通流至虚之纸币、公债以为用，搜藏至实之金银以为备，铸行划一之金币以为符而已②。

康有为认为，古者理财用实金则有限，今之理财者善用虚金则无穷。然而以虚为虚，无所丽则不能行，行必依于实。以实为实，无所拓则不能滋，故必运于虚。故无实不立，无虚不行。……国为法人耶，托国库于银行，金银块其形，而纸币为其影也。影可大于形，公债者其拓影也。而银行为之神。银行以金为本，作其准备，而发纸币焉。国家以公债票与之银行，而银行以纸币与之国家，而买公债。银行得公债，以作纸币之保证准备，可出纸而易实金焉。然而国家之国库即在银行，则金块在银行，支用纸币亦在银行。故银行之与国家是一是二，如身、形、神之异而不相离，乃以运转与无穷，而大生广生焉。苟能善是，以纸币代金币，不忧其不行。改金主币以收银币，不忧不能一。视公债如贮金，不忧其不能消。凡今昔病民之铜元、军债票不患其不能廓清也。苟能善是，则术同点金，无而为有，虚而为盈，约而为泰，裕国富民，文明安乐矣③。

依据所拟理财纲领，康有为将其思考进一步具体化。关于银行制度，康有为认为：

1. 第一妙用银行为枢。入其国，银行得法，盛大繁多，其国之富实可知。入其国，银行无法，寡少枯槁，其国之贫乏可知。行于中国、突厥之都鄙，哀其贫弱，则银行无法而寡少枯槁乎？虽然，银行有道，有专独之国家银行，有分立之国民银行。欧洲各国皆以国家银行为理财之母，纸币听其发行，公债付其销售，以操全国金融之高下多寡而调剂之，一切统焉，国家之国库托焉。收支者付银行，其有不足亦惟银行是资。④

夫以国家银行，能操全国之金融多寡高下而调和之，上之资国，下之济民，中之对外，无一不宜。欧土各国土地无两日之程，呼吸灵便，故各国从

---

① 《理财救国论》，5 页。
② 同①。
③ 同①，6 页。
④ 同①，6 页、7 页。

之，学者莫不主其说，为理之极轨也。惟吾中国，固当立国家银行，惟地大比全欧，而道路未开，交通阻滞，路隔数月，欲以一银行调和润腑于一千五百县之中，又有余力及于蒙、藏，必无能行者也。故专主欧制，但立一国家银行者，中国未可也①。

美之国民银行能令全国之民发育增长，各适其宜，施之中国，地大相若，最为合宜。且吾交通不便远过于美，故各省、府、县、市自古以来各有银号、钱庄，各自发达，各自出钞，以应其地之所需，盖已暗合美之国民银行之制矣。但国无公债票，无期票，无股票及公司股票以为保证准备，以增长发育之，又政府纯行放任，绝不检制，不责准备，听其滥出纸币，致多倒撞，所以不如美也。惟美之为制则财权散而不聚，全国金融之高下多寡孰宜莫能知而操纵之，故对内外皆不得宜，以累致银行大倒闭之祸，亦其一因也。故专用美制，但行国民银行者，亦于中国未可也②。

今于是合铸欧、美之制，上有中央银行以总提其纲，下有国民银行以散布其力，则庶乎两不失耶？虽然，吾国道路未阗，交通阻塞，滇、黔、桂之通京师动蹦数月，已极险远，何况新疆、蒙、藏乎？银行之为用以便民也，周转贸易之需要朝夕不同，岂能蹦数月之久，以待国家银行之接济于京师乎？必无济也。然则但立国家银行与国民银行，亦未见其可也③。

假令依美国州立银行之制而设省立银行，流弊固然。然且吾国铁道未通，每省边线道路相距自十余日以致弥月，贸易需要朝夕不同，欲隔此弥月或十余日待于省立银行，亦无济也。恐济款到而物价已易，款已无用，及其需款时又无从得之。故我国凡百之治难以欧、美例之，诚以国太大而道路不通之故，金融亦其一大事也④。

且就以中央银行言之，欧土各国皆因民之资本为之，亦有国与民并出资本者，惟俄与瑞典纯为国有银行。今为民国，无用国有银行之理。然国有银

① 《理财救国论》，7 页、8 页。
② 同①，8 页。
③ 同①，8 页。
④ 同①，9 页。

行，或专横逞暴，或为国财牵动，信用隳亏，足以危国，不如因用民立，已为公理矣。前时大清银行办理乖谬，既非国家银行之体，股本又已大亏。今若专藉民间银行改为国家银行，则资本皆小，无一足当之者。今即谓国与民并出资本以为银行，而政府罗掘既穷，库款不过数万，何所得数千万而充国家银行之资本乎？待之借外耶？则司农仰屋，日月待毙，所得借款、捐款立即支尽矣。四民失业，何时能得股份之充并与国库之拨来乎？然则中央之国家银行也，今众人渐知其要，从此办理，或不如前大清银行之胡行妄走。然欲此国家银行之立现于前，不知至何岁何月始能眼前突兀见此屋也，亦不过画饼充饥而已。中国今日危困极矣，前朝因此亡矣。财源之本不早定，何能久延岁月于乱世乎！然则如之何？①

康有为提出，上用欧土中央国家银行之制，以总纸币之枢于内；副以比利时、日本正金银行之法，以平通汇兑借外债于外；下用美国民银行之制，以集资本而行公债；中用加拿大组合银行之制，以通信用于国与民，用英苏格兰、德联邦、台湾、朝鲜特权银行之制，许发纸币特权以发边远之富源；行德、法、瑞典劝业、兴业银行，许募公债以助人民之资本；用各国股票交易所之制，而增商运之流通；融欧、美、加、日之法为一炉而冶之，以适于中国广土之宜，以畀我国民富源之计，合全国而统筹，创特制而利用，周浃完备，其在斯乎？②

2. 对于中国而言，在银行制度设计上

（1）应该先行国民银行

何以先行国民银行？因为，凡各国发行纸币之权皆由国家操之。其听民间银行发行者，必经财政部之许可与通货监督官之画押，与银行总理之签名，然后能行。若我国之银号、钱庄各自发行纸币，任其自由，上无国家之监核，中无现金之准备，下无人名之画押，一旦倒闭，无可追偿。昔英伦、苏格兰百年前银行破产亦由此，而后禁改。今吾近年银号、钱庄倒闭多，银根紧，商务益凋，民不信用，于是殷富多放资于外国银行，而全国空虚。若军兴后，

---

① 《理财救国论》，9页。
② 同①，10页。

人皆避地，托庇于外人，放资于外国银行者闻五六万万，尚不计也。夫金融者国民之生命，国家万不能不监核而操其大权。若放任自由，一难收拾，二难综核，则国与民同血枯而倒毙矣。是谓有国民银行，而无国家银行。①

---

① 《理财救国论》，10、11 页。康有为言：国民银行者美创之，日人译为国立银行。美国当南、北战时，军需每日百万，饷源乏绝，乃令全国银行各出其资本三之一买公债票，有公债票者许发行纸币。其为义也，如银行倒闭者，有国家贮公债款以相偿也，则民信昭而银行固矣，一也；全国银行之数与其资本、纸币藉以知悉，二也；已领公债之银行者，其有准备金及积金、存款、银则、期票为保证准备者许实二成至七成之纸币，则银行之通货可增，而民间之资本流通饶富矣，三也；若其国用乏绝，得以济急，四也。国与民交利，美名曰国立银行，日本明治五年效美制，其银行条例，出其资本十之八买公债，而许其发行纸币、公债，更有五厘息，故国人争购之，日人名为国民银行（11 页）。

今吾国纸币无从监核，而多倒闭如此，国用乏绝，其乞丐于外，受人监理如彼。公债可法，然民久不信，而谁买之？中央银行最要矣，关全国金融之命，得其宜则全国生，不得之则全国死。今欲招股，将安从出？民久不信，而谁入股？即激以大义，势同捐捨，又安得多股乎？若待之国民捐耶？势太散漫，零星难集，而当大乱后，兵民困弊至极，绞其身家，刮其脂膏，减其俸饷，即果集得，尚虑竭泽而渔，大伤元气。孰若求之银行之为得耶？以较富贫，则合计国民，莫富于银行。舍富而求于贫者，法尤不善。即谓军兴后银行减色，其财力究胜于四民。国家不藉银行之力而何藉耶？若谓强迫，则美、日行之，既可如数而出纸币，又得公债之息，无丝毫之亏，而有溢息之利，银行莫不乐行。然则今日救急之图，莫如立行美、日国民银行之制矣（12 页）。

美、日国民银行只限买公债，吾则兼进一义，令其充中央银行股本焉。今请令全国银行、银号、钱庄照其资本纳其四分之一之数，以买公债票；纳其资本积金二十之一之数，以充中央银行股本。其不愿充中央资本者，须买公债十之三，其有公积金则倍之。其当押、金银店纳其资本四十之一，以充中央银行股本，积金倍之同（12 页）。

凡银行领有公债者，许出纸币如其数。领有中央股本者，皆可为保证准备，可出纸币，亦可转售之。其有积立金银、则纸、期票，俟组合银行成后，皆可作为保证准备，出纸币若干成，如美十之一，或百之二五。其有亏闭者，国家为填补若干成，俾人信用。其不领公债票者，不得发行纸币，倒债者，法官不受告，其旧私发纸币，定期一律禁行（12 页）。

吾国各地皆有钱业公所、汇业公所、或银行会馆，否则当行会馆。一电令其集议缴款，公债则分三月买毕。中央股本则以十日为上期，二十日为中期，一月而数千万之大款立集，中央银行股本立兴矣。其无公所之地，有司与局绅分别告之，一月亦可缴足矣。各银行分二十之一以充中央银行资本，中央银行成立，即能出纸币，而操全国金融高下之权。各银行远之可分多数之溢利，近之可得资本之流通，一也。其中央银行资本之股票与其公债，可为保证准备，而可出纸币，可押可售，是有大利而无少损，二也。出资金买公债，即可自出纸币，是取之内府而藏之外府，几与未出一文同，而可坐得实股，尤为大利，三也。夫国家得公债款，即可用为中央银行之资本，何必强各银行出二十之一以为本乎？此不独非强迫而已，实欲使全国之银行与中央银行呼吸灵通，关系深切，中央银行溢利即各银行之溢利，则其助中央银行者倍切，情以深于爱国，利亦厚于为己，言私其豕畷，献肩于公言私其豭，献肩于公，公私两利，岂非法之最良乎？夫民国者民之公国也，银行资本者民之富民也，选才民以共治，办国会，合富民以共办国家银行，共负担之，同其忧戚，岂非义之至耶？四也（13 页）。

且中央银行有出纸币之权，而苦于无准备之现金，不能昭中外之信用，故令中央银行以搜蓄现金为第一要义。所以特令各银行预中央银行之股本二十之一者，欲其助中央银行之搜现金也。虽今者国人现金放于外国银行数万万，内地现金盖极少矣，然惟其极少，则搜出愈难，惟银行或略存焉。盖近者银行汇兑不通，返能稍保现银。次则当押、金银店略存焉。庶可以易搜现金。且二十取一，亦可以觇全国银行之资本若干，又可考现金若干，以渐为搜藏之地，舍此无他术矣。所以并当押、金银店而并令其股股也。故国民银行之法以救今日之困急，国与民交利未有逾此。国家得公债款后之大用，别见他篇（14 页）。

（2）立中央国家银行

何以必立中央国家银行？因为，国家银行实为一切银行之母，为银行之银行，操纵一国金融之权，而发行纸币，托以国库，国用不足则助之，以吾国之广土众民，应定股本额为一万万两，以大昭信用。其银行部只与上中级之组合银行及银行之大者交接，由各省大市组合银行公举人为董事，就中举通银行学者为总理、副总理，国家但派监督为稽核指导而已。如此则合全国之银行为一大银行，联其关系，合力既大，信用益昭，无所为而不可矣。查各国银行在中国者资本、积金、准备亦非极大，但吾无国家大银行以收金融之权耳。①

（3）国家银行急须行四事

国家大银行既立，则有相须而成者四事即当举行，不可迟，不可缺者也：一曰稍借外债以资挹注；二曰发行纸币与公债，以广流通而资保证；三曰铸行金主币，收回旧银币、纸币、铜元，以划一币纸；四曰大收购金银，以益厚现款准备②。

关于借外债，康有为认为，夫借外债而办不生利之事，则一金亦不可也。即以办交通生利之实业，犹不可也，以实业之盈亏难定也。若借外债以办国家银行，但保守之，以为准备，则愈多愈妙，虽十万万亦可也③。

中国金融枯涸已极，国与民皆无母财以为兴百业之本，则一切不能举行也。且外货输入，岁超出额七千万，而赔款、偿息岁五千余万，是一岁之漏卮合共一万二千余万。纸币不能行于外，则国家银行虽有一万万之准备金，亦一年而金尽耳。幸赖华侨之商于外者岁汇归数千万，可少塞尾闾。又各省岁中纷纷借外，与外人之携本来经商者，得相弥补。然苟不借外，则尾闾立泄，而国家银行之准备金即流出于外，岂不极危？故必谓外债不可借者，亦未然也。但方今中央大银行未立，外人不信，致行监督，则奇耻大辱，不可借耳④。

若中央国家大银行成立有万万之资本，则外人渐信，于是照各国例由银

---

① 《理财救国论》，14 页、15 页。
② 同①，17 页。
③ 同①，17 页。
④ 同①，17 页、18 页。

行借债二万万，以一万万存外国银行，以备汇尾不足之抵兑，不必国家代谋。若仍不足信用而须担保物，则不得已，国家出保物担之，亦必无监理之辱了。若六国银行团仍过需索，则银行团之外英、美、法、比银行尚多，不患不能借此二万万。因有一万万存于欧、美银行外，实不过借一万万。夫以武昌一隅，尚可借三千万，安有全国之力，而不能借此一万万乎？今但英、比银行已能借，故监理可不必再虑，而二万万必可借得①。

有此二万万之外资，即以中央银行名一万万存于欧美银行。尚有一万万流通于国内，加固有之资本一万万，合共三万万两实金。比照圆数，已是四万万四千万圆矣。……则亦足以昭信用了。于是一面收藏金银以厚储蓄，一面行公债纸币以裕流通。财源渐裕，信用更厚，规模宏整后，明后年尚可再岁借二三万万，储之中央银行，以益厚准备，则长袖善舞，母财益丰，纸币益可稍多出，国家可兴大工，拓铁路，办轮船，民间益可大增资本，兴办一切实业，而租税亦日渐增裕，公私不复忧贫，此则成效大著了②。

关于公债与纸币并发③，康有为指出，何以必行公债与纸币并发？因为，中国唐宋之飞钱交子会子钞票在万国之先矣，所患者有虚纸而全无实金以为准备，则民不信用，而价必日下。今之行纸币皆然④。

今欲多出纸币以裕母财而足国用，非有保证准备不可。欲行保证准备，非有公债不可。欲行公债，则有道焉，非强民为之。今请发公债票，以五万万两为额，年息五厘，以无期偿还法行之。夫吾国人闻无期偿还法，或警疑而却步焉。然公债者，以备国民流通，而非为永藏者也。若如中国民间借债旧法，不能流通抵押转售者，则必须早早偿还宜也。公债如不能流通抵押转售者，则公债为无用之物，不能大行于国民之间，而各国不竞行之矣。五万

---

① 《理财救国论》，18 页。
② 同①，19 页。康有为言：所借二万万何以必分一万万存之欧美银行也？
③ 同①，20 页。同时参见本章《金主币救国论》。
④ 同①，20 页、22 页。康有为言：又借外款，当必以金之磅计，勿以银之两、圆借，免外人得起落之，致受大亏。且于兹借款，图为准备，尤为改铸金币计，必当借金而勿借银，故必宜以磅计也。若又借银，则非借外债之意矣（第20页）。

万公债票，不劳国家之自发。交之国家银行，听其发售①。夫公债之有用如此，何不更多发乎？则当量民力而为之。国民初消公债，未能骤多，他日必可更多②。今所重要者，在统筹全局，为新中国奠丕基耳③。

与此同时，康有为提出设立组合银行、正金银行、边远设特权银行、宅地抵押银行、股票交易所④。

---

① 《理财救国论》，24、25页。康有为言：甚至若英、美焉，欲还与国民，而民不愿者，何哉？公债者日月流通转售，非永在一人之手，其需须款也，则抵押转售于银行，其高下皆有市价之一定焉，故国家之偿还与不偿还同耳。皆与个人之藏公债者无预也。国家虽不即偿，国家银行遇公债太低时亦复收而高涨之，故不患其太低。故公债者同于市面之实金，国民公共之物，何须偿乎？若偿还之，则市面少此金额之流通，国民之生计反减矣。但为国家理财者或虑纳息太重，故欲偿之，而减轻国家之负担，然尚须量市面之金额足否。必勿使金额不足，扰及市面，乃可偿之。不然以英、美之富，而欠公债数千万何为者？岂其力不足哉夫亦可思其故矣（25页）。

② 《理财救国论》，26页。康有为言：若今国家银行未成立，则公债票自政府分交各省县发与各银行买受可也。……今吾国理财，统筹全局应用金额若干，纸币若干，准备现金与辅助币若干，此最难定矣（27页）吾国旧币之乱甚矣，非尽收之，即有银行，不能理财（29页）。

③ 《理财救国论》，31页。康有为同时提出，铸行金主币（详见后金主币救国论）何以必铸行金主币也？吾国币制之乱极矣（32页）。搜购金银：何以必搜购金银也？（36页）

④ 《理财救国论》：康有为提出在银行机构设立规划上，可以考虑：

设组合银行（42页）何为立组合银行也？各地都邑县市有银行若干家以上者各出资本之若干，以成一银行团，是为组合银行。

设正金银行于国外（57页）

设正金银行于外也，以借外债，通外汇，分支店搜金银，以为国家银行之辅。

边远设特权银行（58页）

边远设特权银行，以开富源而便拓殖也。

设宅地抵押银行（60页）

何以设宅地抵当银行以兴农工也？吾国四海困穷，民贫极矣，加军兴后，母财乏绝，民不聊生，欲复本业而无资，况于更兴业乎？且今为物质竞争，机器繁兴之世，若物质不讲，工业不起，机器不盛，永无与各国竞之时，则暗为各工商国所奴灭矣。吾国人多价贱，物产繁多，实为农工之国，然民贫已极，非国家奖助，欲兴农工，其道无由（60页）。

我将欲富国，必先足民，否则虽设各种银行，厚其资本，仍不能遍逮穷民，且无以为奖励农工之计也（62页）。

设股票交易所（69页）

何以设股票交易所也？吾国商务不振，资本乏绝，今人人政策皆知不昌实业不能富国矣。然实业出于资本，资本有实有虚。各国股票日日出售，商店人家可藉抵押，银行可以为保证准备，于是纸币可以多出，盖与公债同一妙用焉，皆以为增资本之法。

康有为在《理财救国论》"结语"中言：

以吾此说言之，先定国民银行，以集中央银行之资本公债，而发行纸币于上；各省、县、乡有组合银行，以交通国民于中；有兴业、兴业银行，股票交易所，以裕民于下；有正金银行以平准汇兑借贷外债于外；有特权银行以阗富源佐边用于边；数者并举，而中国犹患贫者，未之有也。

……窃谓今国民若忧蒙、藏，虑瓜分，亟亟合输股本成一万万之国家大银行，至少亦得五千万之银行，以山西帮为主，而各汇业钱庄助之。国家大银行成，而后吾国有自立之基，有拒瓜分之望，观法事可鉴也。否则终日哗嚣，只有待亡而已（74、75页）。

"理财之道者，妙用银行以为枢"的理财救国论的历史背景与社会影响

1. "理财之道者，妙用银行以为枢"的理财救国论的历史背景

近代中国，传统金融机构，所谓古代的货币经营业，如钱庄、票号，在外来金融机构，所谓现代商业银行，如来华的丽如银行（1845 年）、有利银行（1857 年）、法兰西银行（1860 年）、汇丰银行（1865 年）、德华银行（1890 年）、横滨正金银行（1893 年）、华俄道胜银行（1896 年）、花旗银行（1902 年）等的冲击下[①]，其业务日渐萎缩以致其机构终趋于消歇（如票号），或者其业务日益遭遇左右以致其机构终成为附庸（如钱庄）。与此同时，列强愈益霸道，国家愈益贫弱。当此之时，临此之事，开启了国人对于强国富民方略思考的银行视角，关注外国银行，积极思考其所以支持各该国富强的道理，因此提出中国富强，必须学习西方，必须兴办银行。于是，业界学界，介绍银行知识，倡导银行实践者，层出不穷。例如，王韬记言：国家钱刀金币日流注于外洋，有心世道者，咸思所以挽回补救之术，于是一切仿行西法，不惮再三经营，诚以励精图治之至务，不可汲汲讲求也，然有中国力所能行便于民生国计，可以收利权于万一，今尚阙如而未兴创者，则银行是也；泰西商务所以称极盛者，盖有银行以为之积聚其银钱，而又为之流通其银钱也（钱大受言）；夫银行者，培国本，保商务，通其去路，裕其来源，千里转输，答响如应，一时缓急，借箸可筹，其大要以持盈为重，以立信为本（董琪言）；中国在今日，正宜仿照西法，在各省设立银行，俾通国金银聚集一处，无事则愈厚，有事则呼应极灵，以通国之力办通国之事，又何事而不济乎；中国地大物博，在地球各国最为富庶，而殷实绅富，徒拥厚资，经营乏术（柯来泰言）；中华各省仿泰西设立银行，其利有五，一利国家，二便经商，三便富民，四便市廛，五利行主；商务之中，银行亦大宗也，查西国开设有官行、有民行，官行资本发自国家，民行资本由民招股，然无论官行民

---

① 李飞等主编，张国辉著：《中国金融通史》第二卷《清鸦片战争时期至清末时期》，221～292页，中国金融出版社，2003。

行，国家皆一体保护，律禁森严，故能信实无欺，军民皆便；中国欲仿泰西设立银行，莫如听民自纠股份，妥实办理，国家力为维持，不使稍涉欺诈，则人人依信，自易兴盛，自获利益（孙维新言）①。郑观应宏论：洋务之兴，莫要于商务；商务之本，莫切于银行；泰西各国多设银行以维持商务，长袖善舞，为百业之总枢，以浚财源，以维大局；银行之盛衰，隐关国本，上下远近，声气相通②。陈炽推理：善贾者未必多财，多财者不皆善贾，不有周转流通之地，则两全无策，必致两妨；中国既无银行，又不思急行创立，故上欲筹饷，则人易我难，下欲经商，则人通我塞③。张謇感言：国非富不强，富非实业定不张，实业非有多数之母本不昌，欧美人知之，故广设银行；东人师其意，上下一心合力，次第仿效，三四十年之间，由小国而跻于强大矣④。逮乎 19 世纪末 20 世纪初，伴随中国通商银行（1897 年成立）、户部银行（1905 年成立，1906 年更名为大清银行）、交通银行（1908 年成立）、信成商业储蓄银行（1906 年成立）、浙江兴业银行（1907 年成立）、四明商业储蓄银行（1908 年成立）等现代金融机构的先后出现⑤，这纠结国人的一切思考，一切探索，始渐次落实。

2. "理财之道者，妙用银行以为枢"的理财救国论的意义影响

康有为直言："共和以来四月矣，财政困绝，外人监理，举国惊忧，栋折榱坏，同受倾压。吾亦国民，不复能恝然。数年前撰《理财救国论》，久未公

---

① 王韬：《格致书院课艺·银行类》其一、其四、其五、其二，上海富强斋书局，1898。
② 郑观应：《盛世危言》卷四，银行上。参见：夏东元编《郑观应集》，260 页，中华书局，2013。
③ 陈炽：《续富国策·创开银行说》。
④ 张謇：《张季子九录》实业录卷二，9 页。
⑤ 李飞等主编，张国辉著：《中国金融通史》第二卷《清鸦片战争时期至清末时期》，293～335 页，中国金融出版社，2003。

布，今不能忍，择切于今者告于国人，以备采择"①。足见其呼喊理财救国，定位甚高。康有为认为，在国体安排已然落实前提下，必须实施物质救国方略，而要使该方略变成现实，就必须做好事关"经国育民之大计"、"立国之本"②的理财工作。而理财的关键在于善用银行，必须以视金融为"国民之

---

① 《康南海先生遗著汇刊》（十五）之《理财救国论》绪言

晚清财政岌岌，藉外债以支岁计，遂致灭亡，所谓"四海困穷，天禄永终"也。自共和以来，承军兴之余敝，国与民俱竭，库藏无所入，各省拥兵索饷，否则告变，政府仰屋，惟藉外债，长吏不给禄，国体扫地。外人熟知其状，乃行监理用财、遣兵之策；度支、出纳，银行团派人稽核，严格填注。于是以堂堂万里之大国，四万万之人民，为乞三百万之款，而长官、军帅俯首署名填注，奉令惟谨，其奇耻大辱，古今岂有此哉（1～2页）。

今国人动忧为埃及，夫埃及岂易比耶？如印度公司之监印度耳。昔印度哥蒙古命后，各省自立，印度公司书记克壮飞之取加拉吉打也，哈士丁斯代之，乃借款与印度各邦而内间之，俟其兵敝频乞饷而押以地，因渐而取恒河三十余国，遂灭印度。虽然，印度犹文明国也。葡、班、英、荷之取南洋巫来由诸王国及美、非诸野番也，皆由诸商以货与银饵之，既乃胁之，遂取其地。今吾国体扫地，威信皆坠，外人之视我国若何？且勿言其国家也，彼诸商熟之尤甚，视我如诸番，如乞丐，如沐猴，其轻贱已甚矣！

夫吾国如此，则监理之，尤可以不信言也。若勒退比款，自银行团外禁不得借款也，夫天下民间借款未有勒债主不得与它人借者，况又勒之哉！盖熟视吾状，可以生计困我，而不必以他策也。……呜呼，监理已行矣！奇耻大辱，泻西江之水已无可洗矣！

今吾国民举国愤然，不受嗟蹴之食，而深虑埃及之祸，大倡国民之捐，可谓知耻矣。然司农仰屋，终不能以画饼充索哺者之饿毙也，于是号于国民曰，能月得七百万，则可免外债矣。虽然当国民生命未苏，百业未复之时，安能月捐七百万，若行强迫，益易激变，于是议停国民捐。然则长吏、群帅俯首引笔，受命于银行团，始终不能免也。于是朝野合议，亩捐、盐捐搜及穷民，官、商、军、民节缩饷饷。然果竭闾阎之力以奉军政之需，则全国涸枯，生计尽绝，即能弥缝一时，暂免监理于今日，然国民永不复苏，税源大减，盗贼大起，后祸方长，恐终不免于借外债而监理更甚也。国民捐诚为好义知耻，然必不可恃也。况信用已亏，徒益一二私人之盗窃，而同捐者咸有愤心哉！

或议行公债，则昭信股票与爱国公债其前事可鉴矣。或议行三万万钞币，则何处得准备金以昭信而推行之？无准备金何能行钞币乎？则今军用票已逾数万万，外币横溢，再加不换纸币，则硬货尽流于外，全国剩一束纸而已，以何立国？且其流害滋大，各国乘急而收之，他日皆在外人之手，吾之计划将来何以收之？（今闻军用债票已减折，多为外银行所收。）甚有议五千万万彩票者。共和告成，百事不问，而冒开富辙之辱，尤为国民羞。数者皆无可施，于是举国彷徨踯躅，忧惧恐慌，而无所措手足矣。质其本末，则皆由不解理财故也。夫欧洲各小国，如荷兰、比利时，仅当吾一二府地，人民四五百万，国岁入逾二万万，小民生计摊匀人四百磅余；如丹麦、挪威，人口百余万耳，仅当吾一大县，而亦财政雍容，岁入数千万。德之汉堡市，地二十九里，人口未百万，而岁入几二万万。是岂从天降地出者哉？盖得理财之道耳。理财之道无他，善用银行而已。

虽然，有人有土此有财。安有以万里之大国，四万万之人民，而患贫一至于此哉？无术甚矣！苟得理财之法，国计不患于困乏也，民生不忧其匮绝也。且以吾之广土众民，土产博而佣工薄，四者皆万国无有，苟得其道而善用之，一年而规模立，三年而成效著，五年而国计民生裕，十年而无敌于天下矣！

② 《理财救国论》，4页。

生命"① 的责任心，"大昭信用"②，设计金融结构，运用金融工具、金融机构，聚合金融资源，盘活金融运行，"统筹全局，为新中国奠丕基"③。多样的金融工具，多样的金融机构，发展的金融，发展的经济，脉络昭昭。

妙用银行，视为切实。康有为所论，论析道理，何以妙用银行为救国之枢纽，如何将妙用银行付诸操作，具体实施中需要如何系统规划。凡此种种，可谓缕析清晰。后世研究康有为者，确不乏认为康氏识浅，梳理常识，似不足道者。但综合观之，康有为由中华救国—物质救国，进而推及理财救国，在此逻辑下，切入银行，其积极于构造系统思考，殊非就事论事，偏执一孔之见者所可同日而语。迄今回味，仍多启示。

四、"金日涨而银日落，万国皆变金而吾国不变，国将枯死"的金主币救国论④

康有为由中华救国论、物质救国论、理财救国论，进而提出其金主币救国论。⑤

---

① 《理财救国论》，10 页。

② 同①，14 页。

③ 同①，26 页。

④ 蒋贵麟主编的《康南海先生遗著汇刊》（十五）（宏业书局印行），在其目录中将康有为《金主币救国议》标示为《金主币救国论》，而其具体刊印的文本仍然沿用康有为的"金主币救国议"书名。本章，概述康有为的金主币救国思考，借用蒋贵麟先生"金主币救国论"表述；文献录引，沿用康有为的"金主币救国议"书名。

⑤ 《金主币救国议》（南海康有为更生著）篇目三十，前二十五篇集中论述金属货币：卷上，币制出于不能已之市易物交说、诸币不如金良故生金制先行说、用生金不如铸钱而钱必用金银铜说、钱法必圆而作肉好周郭刻记说、行钱法有母子相权考、万国金银钱法源流考、今万国金银钱式皆本于佛罗铼土考、金银两币争行终行金主币为定考、格里森以为原则、四十年来万国次第尽改行金主币考、今将各国改行金币次第年表如左、用银议频起经九大会终归永败考、金银比价古今沿变考、欧洲金银比价表、欧洲金银市场比价表、金日涨而银日落万国皆变金而吾国不变国将枯死说、今定金银比价宜在二十换以上议、钱制轻重考、钱圆大小考、钱圆宜小不宜大权量宜弃不能弃说；卷下，铸金银铜币重量十进划一推行全国议、万国币式美恶折衷说、始铸金钱应若干说、铸金钱后限制用银铸银说、改行金主币先备银行说、先聚金以准备铸金说、未铸金钱先行法定金主说、铜钱改良及限用限铸说。后五篇集中论述纸币：纸币为物理之极趋妙用说、行纸币宜付银行而必备金说、不易法定钞说、纸币莫先于中国宋制已善惜不知设银行说。

康有为认为，财政者，犹人身之血脉。血枯则痿，脉绝则亡。救国理财之方千万，他不及图。今万国皆变金主币，而吾国不改，则银价日落，而吾民日困，租税生计法无定。① 康有为述析货币起源、币材币型选择、货币本位选择实施诸具体问题，阐释其金主币救国论。

（一）关于货币起源、币材币型选择

1. 关于货币起源

康有为秉持币制出于不能已之市易物交说。他认为，凡天下之法，非出于故为也，皆生于不能已。夫为者败之，此故为而非不能已者也。不能已者，因时势之自然，循人事之迁变。故曰时为大，顺次之，乘时体顺而不行者，未之有也。不能已而已之，失时违顺，未有不败者也。②

夫自人之生而有身，有身则有衣服器用室居之欲。以一人之身而不能备百业也。则各出其力，以分事渔牧耕织工商之业。夫人既分业矣，则所必需之服食室器，必不能以一人备作之。则必思通工易事，否则耕者余粟，织者余布，皆互有饥寒之忧。以人之智，必不若是其愚也。故交易之法出，以物易物，以所有易所无，以羡补不足。交易而退，各得其所，岂非人智之不能已者耶。③

然物太繁重，已非人情所便。况物多粗重，彼此相抵，必难适平，欲析则不能，失均则不可。于是必思得一代品以为易中。于是有一易中之代物，能令彼此各得其均者。尤人情所共愿也。于是货币起焉。盖人愈多愈智，交易愈繁，则必创新法以利用前民，皆时势不能已者也④。

2. 关于币材、币型选择

关于币材选择，康有为认为，夫欲为易中之代品，必适乎人欲之通用，时地之适宜，或为人情所爱好者。乃能人人公许之，否则不能行也。夫巢窟

---

① 《金主币救国议·序》，2 页、3 页。
② 《金主币救国议》，9 页。
③ 同②。
④ 同②，10 页。

饮血食果之时，人如走鹿，未知交易。降是渔猎，交易即起。各因其地其业之所有，以为交易。渔者用龟贝，猎者用兽皮，后遂为制。物之美可为饰，其人情所爱亦可为币。①

他倡诸币不如金良，故生金制先行说。认为，夫货币之用，既顺时地而变物，即因文野以进化。故用物之后，皮贝继起。皮贝之后，谷帛为民所固有，尤为宜民。然皮贝谷帛，皆为易中之代品，亦未离于以物易物之意也。然则于通用爱玩之中，求其坚久不变，分析精微，运握轻小，最便于人用者，莫若五金矣。五洲万国，渺不相通，不期而同，用金银为易中，非所谓不能已者耶。五金之始见用，只为生金②。

康有为认为，用生金不如铸钱而钱必用金银铜。夫易中既知用五金矣，然只用生金之块，则轻重既待称量，真伪更需验视。若商务繁，势难速举，于是精求利用，自不得不因此坚金，铸为钱式，著其重量，加以图记，国家为保证之。其利用前民，凡有六焉。一市易只计数而不待称量；二真伪不须考验；三国家为证而民信用流通；四轻小而便于转运；五可流通于外国；六国家得权万货之情，以时敛放而为之平准③。

盖自文化既盛，都邑繁而懋迁巨，则必铸金为钱。五洲万国同之，岂非

---

① 《金主币救国议》，10、11 页。

② 《金主币救国议》，11、12 页。康有为有言：夫以物易物之难行，而必改取于易中之代品也，非谓大小轻重长短，相距太远，而分数为难哉。非谓轻小微杪妙难析哉，非谓物价难定哉，非谓繁重难运哉，非谓市易大小难行哉？既以皮贝谷帛为易中，而皮贝谷帛长短大小轻重难分，杪微轻小难析，繁重难运如故也。而庇古易腐，布帛易烂，尤难久要也。且权轻重多少而易之，则美恶难齐。从美恶定之，则轻重大小迥反。吾至今不能解六朝唐宋之用绢谷为易何以行也。诸史多以数言之，其如腐恶之滥充何？不几于教民作伪乎？（12 页）

③ 《金主币救国议》，14、15 页。

所谓民智之不能已者耶。此物质之自然淘汰，而民智所同趋也①。

（二）关于货币本位的选择、实施

1. 关于货币本位的选择

康有为认为，本位货币行用有规制，即行钱法有母子相权②。夫母权子而行，即日本译之单本位，独以金为主币，而以银铜锡为助币也。子权母而行，即日本所译之复本位。金银并为主币也。……两本位之争，学者聚讼。然国土有贫富，商务有大小盛衰，金银生产出入有多寡，物价有高下，内外出入。管子所谓民有余则轻之，故人君敛之以轻。民不足则重之，故人君散之以重。凡轻重敛散之以时，则准平。古者以大小钱为重轻，今则以金银为重轻，其义同也。故主币有以金，有以银，有兼金银同用，消息盈虚。是时为帝，时已过则刍狗哉。故夫一主币双主币之争，不审时而孤持一说，皆未知平准之理也。……于是大地万国，皆已渐改金主币矣③。

近者统万国考之，盖无不行金主币者。则金银两主币之时，已过而为刍

---

① 《金主币救国议》，15 页。康有为言：议钱法必圆，而作肉好周郭刻记说（15 页）。五金之名，曰金，曰银，曰铜，曰铁，曰镍，曰铅锡。中国自古多有铁钱，至近咸丰时，亦尝铸之。览各国博物院，亦多铁钱，野蛮国尤盛。然铁易生锈，则质多变难耐久。故皆选金银铜为正币，而以镍铅锡助。此物质之自然淘汰，而民智所同趋也（15 页）。

……盖钱者人所日用交通，掌当握持，必圆而后与掌无碍。此物理之必至，亦民智之不能已也（16 页）。

圆钱必有肉好周郭刻记。奸民盗铸赢利，必磨其郭取？镕，或薄其肉取赢，刻记模糊以便磨刮而得利。故必肉好分明，不欲其薄；周廓棱棱，不欲其滑；图记欲其繁多而明凸。乃一望而明辨，且易杜伪铸也。五洲垠隔，大瀛亘古不通，而铸钱之肉郭图记，无不同也。此亦物理之自然，民智之不能已也。钱必写其重量，或写某地某人所铸，或图铸者之面（16 页）。

② 《金主币救国议》，17 页。康有为言：母币即日本所谓本位，子币即日本所谓辅助货。本位二字不文，吾易之以主币助币。下文仿此。

《国语》单穆公曰：量资币，权轻重以救民。民患轻则为之作重币以行之，于是有母权子而行，民皆得焉。若不堪重，则多作轻而行之，亦不废重。于是有子权母而行，小大利之（17 页）。

③ 《金主币救国议》，18 页。

狗，况于专以银为主币者乎。故今者金为母，银铜为子，已为定义，不可易矣[①]。

康有为依据格里森以为原则，考定金银两币争行终行金主币。认为，夫行币公理，两国互争，金银两价，皆不得平。价高则流出国外，价低则致集他国，而又为外币所入。或议禁金银之输出而收回之，拒币之流入而厉禁之。或设法定之价权其子母，或不设法定之价，听之市价自然。若夫市易公则，凡商业涨而金银少则不能供之，物价必落。银多则过于求，物价必昂。政府

[①]《金主币救国议》，18 页。康有为援引历史，枚举世界主要国家历史上之金银钱法。万国金银钱法源流考。他认为，从其在埃及希腊罗马博物院所见，其金银钱盖仿自埃及，其来最古矣。盖埃及希腊罗马皆兼用金银。汉书大秦传谓以金银为钱，图其王之面是也。吾国太公立九府圜法，黄金寸重一斤。在大地中，实以金作币之次古者。惟是时兼用铜钱刀泉，凡币五种，为助币。周景王铸大钱，则五金之币，只用金铜二种。秦币二等，实用周制，黄金以溢为名为上币，铜钱文曰半两，重如其文。而银锡为器饰、宝藏，不为币。则周秦间不知用银为币也。汉复周制，以斤计黄金，每斤值钱万。是亦以金为主币。武帝增定币三等。乃增用银为中币，以金为上，铜为下。钱重三铢，后改五铢。实如今欧制，其银币三等。……王莽慕周制，母子相权。黄金币一斤，值钱万，而银币二品。朱提银重八两，为一流，直一千五百八十。它银一流，直千。是银每八钱值钱百。是亦以金为主币矣。其金银比价，除朱提银外，它银皆一与五之比。是时赏赐，动言黄万千斤。英镑重二钱一分八厘。古量轻于今。则斤金略可抵英百镑。然则万斤乃英百万镑，千斤亦十万镑。商城赏陈平周勃金五千斤，则赏金五十万镑矣。汉兵攻破王莽时，省中尚有黄金六十匮。黄金万斤为一匮，则是存六十万斤黄金也。其黄门钩盾藏府中尚方各数匮。是将百万斤，然则当英一万万镑矣。汉金之富溢，万国罕比。盖承周世大开金磻，产金多溢。故有此也。惜未知设银行以善其用。六朝至唐宋明，乃反退化，以铜钱为主币而助之以绢，金银为器饰，不以为币，遂至于今。盖矿不多开，而六朝隋唐奖金又打糜于佛像。夫金之产额既艰而少，又不开采，而虚糜之。金之乏尽而价昂，自然之数也。然银尚不乏。而千余年间，理财之才俊甚多，然而无一人焉，知足金银为钱以利用前民，尚不舍易腐烂难运移之谷帛，则诚不可解也。盖农国之风尚俭之俗使然耳。夫金货未行，而望商业大盛，民大殷富，必不可得也。……吾国尚农，不重交通。自无事思及最贵之金。故彼中世纪后，千年之间，与吾不用金币同。然彼能中兴，而我不复起，岂非农立国之异哉。……盖商务已盛，金银钱遂行至于今。而我虽以银两纪数，实未离乎生金与铜。夫万国进化，不用金银钱，而用生金与铜，实在野蛮之世界，致为所消，实无以自解，亦可耻矣（19、20、21、22 页）。

关于各国金银钱形。今万国金银钱式皆本于佛罗镇士考（22 页）。

美墨间银矿大出，流入墨之鹰银，中国闽粤与日本，以其圆式，皆名为圆。……当吾光绪二年，拉丁同盟，以五佛郎太大无用，已禁铸五佛郎之打拉式。七钱二分重者，乃越十余年，中国始模仿创制此将全废之七钱二分重之五佛郎式。岂知此大圆式，日本于行金币后亦废之矣。甚且近者朝议咨问群臣，以用两用圆孰宜焉，何其反也。印度用卢比，尚为自立。若今中国币制，父于美墨，祖于班葡，曾于法，高于佛罗镇，而是朱卫东始祖为东罗马，若远溯大秦，更远追希腊埃及，更为祖所自出，无人能知之矣。后汉书甘英所传称罗马以金银为钱，银钱十当金钱一，而吾反莫之用。至今乃远祖师之。耻哉耻哉。以文明之中国，而币制最为云来（23、24 页）。

者思剂其平而随时抑扬之，或金少而银多，则抑银扬金。或金多银少，则抑金扬银。或率意铸币，非其真值而高之，则商民必不能信行。且金银两币，美恶不同，多少或异。则甲良币必逐乙良币，同重之甲币，又必驱同重之乙币，少者必驱多者，低落之币，必驱不低之币。故金银实难并立，必互涨缩。两国金银比价太远，则生金之商，销此钱以铸彼钱，而博利输于外。凡此皆公理也，格里森以为原则，必不得免焉。故各国五百年中，金银两币并行，而各自流通。故变改虽多，实皆同于助长。盖皆不明币制，不知定金银之比价，不知用最贵之金银为主币。时势为之，竟无如何。昧昧冥行，亦犹吾中国今日耶。吾今只用银，故外国银钱入中国者，至于八千万两，而金甚少，此更欧土所无也①。

盖金银并行，不定比价，而徒听市上各自流通，其量目必同归轻耗。故虽用银乎，必先令银价对金有定，然后有所归束。欧土各国积良币既久，渐乃得良法以救之。……中国无外交，商不盛，宜其金币制永不起也，然则币制之用黄金，亦以列国并立而商盛之故。此亦中外古今得失之林矣②。

他梳理金银比价的历史信息，认为金日涨而银日落万国皆变金而吾国不变国将枯死③。

或者谓银落对外，固大亏矣。然内国固无碍也，且可广兴工艺以增出口之货。岂知此说，在昔者美法用银，引之犹可。若吾中国，只有天产物耳，

---

① 《金主币救国议》，24、25 页。

② 《金主币救国议》，27 页。康有为言：西一千七百七十四年，吾乾隆四十年，至近时耳。英大臣理哇波乃议金银当有一定比价，尽收旧轻耗币而一新之。乃定最轻量目，限用银不得过二十五磅，遂为金主币之创祖焉。然论者或以英能行双主币制，以银为准备金，故致富。驳者曰，是添银也，非添金也。多积银则金必被逐，实币必减，贮藏亦鲜矣。此论甚切于今中国之币。虽有多银而金价愈昂，银价仅抵其半。岂非实力减而贮藏少乎（25、27 页）。

康有为综述历史，指出四十年来万国次第尽改行金主币（27 页）

……盖自英先提倡金主币，及吾之世，四十年间，万国变行金主币尽矣。今惟存吾中国未变耳，为万国合力所压迫。金价日涨，吾财力岌岌，不可终日矣（30 页）。

金主币今各国大行，然用银之说，未尝无竭力以翻之者，若法为拉丁五国盟主，而英国本为产银国，持之尤力。金银双主币学说，亦风行全欧矣。且频开万国会议矣（35 页）。

③ 《金主币救国议》，57 页。

物质未兴，机器未盛，化电未启，制厂甚少，从何兴工艺以增出口之货？徒令彼以其至贱之银价而购吾百产耳。故在彼无亏，而我受大害。又试问近十年来，吾国物价骤涨至三倍，果何由乎？盖供过无求，则价必落，币价落则物价必昂。此计学之公理也。固吾国百物之腾，实因银价之落，而十年来有司皆不知而不问也。民间租入，岁有定数。百圆之入，昔岁饶欲者。今物价涨倍，则亏其半。物涨二倍，则所入得三之一。而穷民枯死，中人倾家，富者大落，需以数年，国民尽竭矣①。

欲救其害，必审其病，药乃瘳焉。金价涨极，既至于天下古今之所无，故欧美之人，来中国者，虽复贫困，然挟其锱铢，即足以奴使吾民。而吾民远走海外，冒极艰险，备受戮辱，甘奴隶为荣，则以得彼百千，即为吾国二

---

① 《金主币救国议》，58 页。康有为言：即立制厂购料亦复价昂，何能以贱价而畅销哉？且吾国内地各省，尚多用钱。近五六年当十之钱铸至四十万矣。钱价亦以供过于求而日落。今将落至半价矣。银之落于金者既两倍，钱之落于银者又半，而物价之涨于昔者亦两倍。譬如英金一磅，光绪十年间，易吾三两六钱。是时每两银易钱一千四百，则每英镑仅易钱五千，购吾百物，亦得五千之物而已。今英磅将值吾银八两四五钱，今当十钱百价低至银五钱余，是每英磅可易吾十四五千制钱，比昔几三倍矣。故外人出其凤昔常价购之，犹以为贱也。于彼国可以得利，而吾国之百物，遂骤腾二三倍。而吾民岁入以钱计者，昔之百千，则为二十磅。今之百千，仅比六磅有奇。昔之百千，衣食丰足。今之百千，则百物为外磅贱价购之，已奇贵三倍。百千购物，仅同三十三千。然则昔之丰足者，今安得不饥困。湖南以米贵而讠乱，即为此也。盖万国通商，海水平流，互运互销，不能闭关而绝市也。则物价平等。今无论英人之视一磅，犹吾国之视一圆也。即若湖南米每石自四千钱，骤贵至八千，民则饥乱矣。然南洋四圆，可易湖南八千矣。而南洋米石四圆，视为常价。在南洋已改金币，则出其四圆之常价，以购湖南之米。在湖南则已骤涨至八千，饥惊为乱。而南洋商人，实以常价购之。夫有司虽有鹅枭之大力，其他日用百物，亦将涨焉，能尽遏百国常价之所购乎？然则湖南之饥溃，至补数百万。由于各国之改金，而中国不改也。是非天灾也，而有司自祸之也。今四十余换。湖南之乱已如是，四川奉天又见告矣，天津上海香港广州银号相继倒败，从此商务全亏。此非细故也。他日五十余换，能不举中国饥溃哉。而其本因不在他焉，在用银不用金之故（58、59 页）。

三百千。足以养家致富而有余矣①。

据此最近情形，银产日多，即银价日落。况银矿尚日出不已，则金价更日涨不已。昔各国未尽改金钱，二十年间，可以由十余换涨至四十余换。今万国尽改，只余吾中国未改，后此万国同来挤迫，又适银产之多而价落，则金价骤涨至五十余换，乃意中事，而非异事耳。吾国公卿皆蔽于目睫所见，大之不知四国之为，小之不知万货之情。及至金价骤涨至五六十换时，昔之纳息五六千万者，至是且须万万矣。……竭一国之岁入，乃仅供纳息之数。则国不求亡而自亡。至是计臣束手，亦犹今日。不归咎于前人之误，则空谈于时变之艰。鼓舞国民之捐输乎。亦横加国民以重税乎。……夫以五千年文明之古国，万里之广土，四万万之众民，而所以致亡之由，不过为银落金涨之故。岂不大可骇笑哉。若是光绪十年间，或前十年，精琦请改时，计臣早识金银之气，早改金主币，何以至今日之忧。后之视今，亦尤今之视昔。若

① 《金主币救国议》，59、60 页。康有为言：固由加拿大人美过界者，至夜宿大树孔中，遭蛇噬死，八人越界，生者仅一二。由墨入美界，藏禾草车中，其他为各国重税鞭逐，澳非中所在多闻之。辱国不保民，遂大为外人轻贱，祸及士夫。则有禁华工而久囚木屋，刹杀逐及于参随者矣。故外人见华人即贱视侮辱之。美中演剧则必为洗衣叩头状。不忍卒视，吾每顾之他。其大者遂酿成国际案矣。此皆由二十年来金涨银落之故耳。乃至皇宫王公大臣，游历驻扎，所费百数十万，而欧美豪奢，本倍蓰于中国，金价又复四十余换，故大臣权贵出游者，以寒俭已甚，见笑外人，其参随更无论也。且以英德论之，中国万两，仅易英德千一二百磅，千两易得百一二十磅。而彼中用度，视一磅犹吾国之视一圆也。夫以公使而月得百元，参随月得三四十元，岂能调察应酬以办国事。惟有闭门自欺，安坐待迁官而已。责其不忠，固也。然欲忠于国，亦从何处给其茶会电车之费哉。若夫学生，尤今者维新储才之急务，凡百需之。如饥者之待食，寒者之待衣矣。购菜苟才不足，则新政无从而举，工商无从而兴，海军无从而备，学校无从而盛，土地无从而辟。以中国之大，足当欧洲之二十国。事事需才，虽十万学生，犹不能粗举也。然游学欧美，仍需人须百七八十磅，已岁费二千。以五年计之，每学生必须万金。是皆由金价奇涨致之。若使金价恢复于光绪十年间，则今日养百学生者，即可养二百人矣。其延外国名士名匠之脩金亦然。夫今当变法之时为何时哉，岂非机器之世界哉。凡百需之，吾国未能自制机器也，一切购之欧美。借用四十余换之金价易得之。夫价太贵则费太多，办者为难。故工事难举，商务难兴。用以土产不能出，道路不能通。凡百政俗学业，不能更张致盛。闽民难缚而国难强，贫弱日嗟，于今岌岌，举国彷徨，不可终日。管子谓大民之贫富也，十则下之，百则奴之。今欧美人之于匀计富力，皆在二三百磅。而吾民匀计富力如何乎？安得不奴。若美之托拉斯乎，能盛衰全球之商业。纽约市银行街之地，二十五尺，值价三百万。如押于银行，能得中国之六百万。以购中国之物业者。美人以千万圆公司购锡于南洋，则英海门州，若星加坡庇能诸埠富商，皆立困倒。甚至有持枪自毙者。华人昔每船千人来南洋者，今相率还国矣。今庚戌年树胶少起落，此英美股票公司少弄狡狯耳。然星加坡倒千余万，上海倒三千余万。余波遂牵累京津广州银行纷纷倒闭破产，后思不可思议。盖万国平流，微波所初漾及，已摇荡如是，况加以洪涛漫天者来侵乎，何以当之（61、62 页）。

犹不悟，安坐待亡。吾民何辜，其忍以不改金币而为奴亡种乎。及今速改金主币，犹有望也。再迁延岁月，不知所底，更遭事变耶。吾四万万国民，将相寻于枯鱼之肆矣。自古亡国固多。若如此腊枯而死，亦太不直。泚笔至此，不禁汗下泪垂，不知吾执政者欲何云云，而各省议政诸君子欲何云云①。

币制宜全国一律，乃能操纵之，且亦国体也。夫币者一国之生计也，各国自有国权，自行其国币，而不许他国币之通行。吾国币既定，皆宜一律通禁外国币，而后吾新币乃可通行②。

2. 关于货币本位的实施

（1）康有为虑及确保金铸币本位货币地位，主张铸金钱后限制用银铸银

康有为认为，金主币既定，所哑哑当专意铸造者金钱而已。若银钱只为辅助之子钱，以各国考之，流通皆有限制。吾国行金后，银虽多存，而银矿未洋溢，则亦用欧制为宜。定制用银，不得过二十钱重之圆数。如此则用银既少，银愈盈溢，因以易金，愈可多得。金矿日开，吾国可纯为金主币国。工商渐兴，理财渐善，银多而日贱。人民资格，乃抗欧美而日高，皆自今改金币先之③。

（2）康有为关注金铸币铸行的金融机构保障

康有为提出，改行金主币先备银行。今将决行改易金主币乎……必先预备各银行而后可。在国内乎，则必使银行遍于县乡。在外国乎，则必使银行立于欧美。吾有一言，欲觇国与民之贫富乎，观千人之聚有银行否，则其民与国可知也。管子曰，千室之邑，必有千锺之粟，千繜之藏；万室之邑，必有万锺之粟，万繜之藏。试观欧美千人之举，必有银行以通汇兑市场。盖国之有财，犹人生之有血脉也。脉一点不流通，则血滞而病生矣。一地无银行，财不通而他病亦生。今吾国至大，道路未通也。银行亦更难通。而何可已也。千人之聚，能皆立银行，吾更有生财之方。今若骤未能乎，则每县必当有银

---

① 《金主币救国议》，66、67 页。

② 同①，104、105 页。

③ 同①，118 页。

行支店而后可为也①。

银行之用，其在都会者，汇兑为主。其在乡野者，劝业为主。如乡野骤未能立银行，则乡野中皆有当押之店，宜令其资本报官而核之，今暂充银行，或合若干当押店，授以银行法，为一银行。亦急就章不得已者乎②。

欲使国民不奴不贱，必使金币能与各国平均流通而后可也。欲金币与各国平均流通，必自开银行四所，于伦敦纽约巴黎柏林而后可。若虑力薄，则伦敦纽约二所者，万不能已，必有此银行而后一切③金融交通。人低则我高之，人高则我低之，操纵平均，吾可与欧美直接。即如岁还国债，不虑高抬磅价之失利，如借债之类。亦不虑各国银行之高抬利息。吾可直接在欧美行之，其他百务，可以此推④。

内外之银行已开，则以中国之大，其富源不可思议，无事不举，而易币之区区，不足算矣。然虽以易币之区区，亦非偏开此内外银行，亦无以为下手之地⑤。

夫国税之入，始于县乡。民用之出入始于县乡。银行遍于县乡乎，则赋税可付以收纳。一切新税若印花等，可付以发行。纸币可付以流通。金银币可以付换易。如此而后开合伸缩，乃可为也。将欲更新敛旧，或以纸币扩充，或以实金预备，或以轻重宜民。国家政府，地方有司，皆不能琐琐办之。盖官吏不通市易民情，妄行必有窒碍，必得银行为之枢纽，而后伸缩合宜。故银行者，非独通财币之川潭，亦通官民之锁钥也⑥。

然则今不为易币乎，将欲救国，将欲富民，将欲治海陆军，将欲变行新法，一切皆银行是赖。则遍开银行之重要且急，不待言矣。然吾国之为县略千五百，吾国人民四万万余。然则每县算人口，当二十余万。其为乡聚千人

---

① 《金主币救国议》，131 页。

② 同①。

③ 所引蒋贵麟主编《康南海先生遗著彙刊》（十五）（宏业书局印行）中影印《金主币救国议》书原文为"必有此银行一而后切金融交通"（132 页）。此处参考姜义华、张荣华编校，《国家清史编撰委员会·文献丛刊·康有为全集》排印信息（第九集，65 页，中国人民大学出版社，2006 年版）。

④ 同①，132 页

⑤ 同①，132 页。

⑥ 同①，133 页。

者，每县当二百余，吾开乡银行当二十余万，县银行当千五百。县银行须通银行学者至少三人，乡银行二人。约全国须通银行学者五十万人而后可。今欲开银行乎。安所得此五十万银行人才而用之。然则银行学校不可不速开矣。此乡银行偏于穷乡，土音方言又不能骤学也，非用其土人不可。然则比较尚不能尽开于省会也。如广闽者，且当分开于各府而后可①。

银行学生，以商人子弟为宜。请听各郡县，保举身家殷实，在万两以上，商家子弟，听其自具资斧修金来就学②。

于是京师设银行监，立总监之官，秩正三品，隶于度支部，其下分设诸司，并设银行货币会，听诸司有志者入而请求之，各省县同。其各省铸钱造币局，皆隶于银行监，由总监派官主之，不隶督抚。凡造币局，借以统一于中央政府为易划一，而伸缩宜放之。若各省自造，势必难一，且易作弊，应概撤回。惟中国土地太大，交通之路未尽辟，则别择其要地存留之而收其权③。

银行既将偏于县乡，乃预决议以某年某月某日实施改行金主币。乃定金银比价若干，预由部臣颁布各省有司，以晓谕国民。未开各银行之先，或先行法定虚金主币也④。

（3）康有为设想推行金铸币的准备工作

康有为提出，先聚金以准备铸金币⑤。认为，近者币制之考查会议，莫不知行金币矣，惟聚金为难。……今中国银价下落已至四十余换。购金更难。而各国银行，若闻易币聚金，则金价更涨。当此国困民贫，虽有公债，所得几何。况公债必不行，而度支更仰屋乎。……虽然，聚之未尝无术，是在妙银行之用而已。请设大清交通银行于纽约等用金之地，而吾华侨走集之所也。……凡此华侨，皆粤人也。在美澳檀非，收其现金。而在粤港，以大清交通银行银纸给之。一转手间收此万万余圆之现金矣。美中各埠之款，皆汇于外

<hr />

① 《金主币救国议》，134 页。

② 同①

③ 同①，135 页。

④ 同①，135 页。

⑤ 同①，135 页。

国银行。若激以大义，降其汇水，分托各部殷实之店，代收汇款。何难囊括而网尽之。就买金块，以美加所收之金，或即在美国造币厂定造金钱，随收随运随铸。澳檀非之金，亦运归中国而铸之。……内府所藏金不少，亦可尽出以制钱。俟金钱制大行后，由国家银行收回，再缴入内府可也。立宪之各国帝王，皆可附股于本国商业，则附作银行股本亦可也。至于国民藏金器亦不少，妇女首饰镯钗尤多①。

中国之大，四万万人民之多，其为金不可量数。夫既有金而自铸金钱，自定比价，谁得而限制之。以金为价，万国皆同，况又自有伦敦纽约之银行，以与欧美通流哉。然后酌其交通之期，考其多寡之数，辅之以钞币，存之以准备，而以银铜辅助之。岂忧患终古仰哺，受胁于各国银行之时为抑扬哉②。

吾中国初铸金钱，但先行之于数十余通商口岸，其余内地，可缓缓行之。又可以金钞代之，计初年所铸千万枚如磅者已足，再有余则倍之必足矣。比价既定，内外通行以后，购买金叶金块，行之易易。然则易民间之金器，但为民不亏累耳。否则但求之美澳，否则广苏杭沪而已足矣③。

（4）康有为提出采用虚金本位制

康有为提出，未铸金钱先行法定金主币。中国贫困，聚金为难，铸金钱不易。借之外国，则金价更暴涨至不可思议，难一。方今极贫，国力亦无购此巨额生金之力，难二。募之公债，则今上下相疑，难集巨款。且百政交迫，即得巨款，亦移作他用。未必能多存以购金铸钱，难三。若预布法定之价，易民金器，以铸金钱，则久待岁时，尚难决定，得金几何，难四。即铸成金

---

① 《金主币救国议》，135、136 页。

② 《金主币救国议》，139 页。

③ 《金主币救国议》，139 页。康有为言：或谓以纸币易金则诚妙矣。惟纸币之发太多，而准备金不足，与事理学理皆不应，且恐外人得而议其后而生变也。应之曰，今银行纸币，通代金银实货之用，而亦有国家法定之用焉。但视人民之信用。今不言法定纸币。大清交通银行之行用纸币久矣。所收之金，即为准备，出实同时耳。凡准备金一，可处钞币四。今以所收之金为准备金，是一切纸币皆实金。试就各国银行通流纸币考之。……今以所收之金，专供铸钱，即作准备金，是纸币与准备金同数，虽美国钞币之昭信，不过如是。即在内地三十四换之纸币，稍微多处，然不过备金十而钞币十五，远不如四倍者，则何疑焉。……而我国聚金尚有此法，但在任其事者，聚精会神，视为救民救国之要图，次第举之。勿以所收之金，移作他用，则大信自昭，大利自入。救此危局，只有此法（140、141 页）。

钱，而出口货少，入口货多，金钱太少，亦将流出。则即已铸金钱而立竭尽，难五。即用荷班暹制，限禁金钱之用。而方今国弱，或外人藉口，索现金，否则责言干预。难六。此亦谋国者所当预计而熟虑也。然无论如何艰难，今者救中国枯萎症，实无能出改行金币之外者。今各国亦有新法以曲善且用焉①。

今有神方大药，服之可救中国死亡者，新创之法，所谓法定虚金主币者是也。不待铸金钱，而可行金主币焉。其制国家但定金为主币。如定金银比价为二十换，而以一钱重银为一圆。则以金五厘为主，直银一圆。此外一切，皆以金五厘折计，其银铜铅锡皆不计。盖本用金为权，而以银之重量代之。何为不可。若钞纸且可代诸金币，何况银乎②。

夫国有币制之用，固与金银块迥异也。以有国家法定力之故也。国家亦以币制为理财之妙用，因而操纵之③。

（5）康有为倡导使用纸币

康有为认为：

①纸币为物理之极趋妙用

中外之创行纸币皆生于防盗贼而便转运。中国始于唐创飞钱—宋创交子，宋元大行，比欧洲早了近千年的纸币流通，对于国家可省铸钱之费，又无磨损之患，其在人民，便携挟，速交易；其在僻远险地，交通不便者，免盗窃，省转运，尤便矣。无疑，挟轻而舍重，恶繁而趋简，畏难而从易，弃所患而就所便，是人之常情。然则由实金而为名金，苟可以通行而无碍耶，则事势所必趋，物理所必至。他日万国既合，大同之世，竟可全世界舍弃金银，全用纸币，殆必至之理势耶。故行纸币者，人智之大进，信用之大修，更进而民德之极粹不欺，乃行之。纸币者人道进化之极位也，苟非其时，尚当酌而行之，慎而成之。损益折衷，与时消息以通之，今时之要，则在厚民本，济国患。万国共趋，诚不能已者哉。吾游华盛顿之造币局，各州邑银行之还旧

① 《金主币救国议》，141 页。
② 同①，142 页。
③ 同①，142 页。

敝纸而请易新纸也，竟日极目，不见一金一银。嗟乎。美之所以富压大地者，其在是乎①。

吾币文之从敝从巾，亦由剪布帛寸样而为之。盖纸币之本用，只为金银铜铁钱之代表，其数多寡，只为实金之名，浸而人以为便，则愿舍实金而信其名金。天下固有独以名行者，然人所以信其名而敢用之，以其自有实在耳。若其实有亏，则名不能保，或其实尽丧，则名亦不能行。惟实积既厚，则虚声可涨至倍蓰，相时而进退推迁，犹可行也。此则人道之通义，而善用纸币之妙，亦尽于是矣②。

纸币以代实金为用，不过如契券质剂。今欧美神而明之，其为用之种类至多。彼方学者，分以易中契据（兑换纸币），与不易法定钞（不兑换纸币）二名分之：易中契据皆以实物为本③；不易法定钞本无实金，更无实金可取④。

钞之性质，虽以实金为本，体同契据。而其为用之妙，则兼有自行之意。如影可因形而拓大，至于无穷，故可行之数倍，亦可发之甚多。徒以有外国相迫，不能专倚⑤。今万国皆用钞，其变化多方，苟贪便宜而妄多发之，其究也，害于商民而累于国。苟善用之，与时消息，实为平准之妙术，而富民阜国之起基也。不易之法定钞，只行于大变时，为用甚少。只在附庸。今之所论，专在行钞币之法⑥。

②行纸币宜限额，妄滥生害

康有为认为，凡物不能无弊，惟在善用而善补救之。钞币之得失，亦犹

---

① 《金主币救国议》，159、160、161 页。

② 同①，162 页。

③ 《金主币救国议》，康有为言：如人家之契券、商务之股票、银行之则纸诺纸、政府公债券、度支部之证书，与钞票同（163 页）。

④ 《金主币救国议》，康有为言：其印写之纸，但为契据收取之凭，惟政府金券，则以国力法定之。（163 页）

⑤ 《金主币救国议》，康有为言：故仍挟藉实金以为蚕蚕巨虚水母目虾之用。要与契据股票证书则纸诺纸诸类，纯乎死质，仅供收取，绝无拓生之机，不可同类也。其名用之妙，几与不易之法定钞等。所异者可易与不易耳。故钞者在易中不易中之间仍为法定钞。盖兼易中之性，而实为法定钞也。吾名之以易中法定钞，别为一种（163 页）。

契券股票则纸诺纸证书，无生机，仅供易据，别无深理，不待发明。股票近者亦发新法，价多起落，与商务渐离为二，则亦将为异类。而仍与法定钞不同（164 页）。

⑥ 《金主币救国议》，164 页。

兵也。世之言行钞法，凡二说，即易中契据说（以为备实金若干，乃可出钞币若干，不得增分毫）、通货说（谓久藏实金，一恐劫失，二则失利，非理财之善法。以为可多发以阜国用厚民本。但发钞勿过多，行期勿过长）①。

康有为从通货说②。他提出，惟通货说虽许多发，而应发若干，则无人焉能定其额。盖国家之治安，政治之得失，文明之程度，财政之通用，银行之大小坚脆，则信用之厚薄分焉。夫若国治民安，政法精美，文明甚高，财政甚裕，银行甚富盛，则钞币之用，自信远而坚。英之磅纸，美之银纸，无国不行焉。若吾国之纸币，则国内未信。前朝之钞币，减降至千百倍，或视同废纸，然则何有定乎③。

惟妄发纸币，甚至滥多，其害甚大。小之则纸币减价，商务紊乱，害一。其大减价，人无预蓄，物价腾涌，金银亦变。人民皆困，资本骤减，害二。甚

---

① 《金主币救国议》，康有为言：亚密斯丹弥儿二人，主易中契据说。以为备实金若干，乃可出钞币若干，不得增分毫。俄巴士顿者，为通货说，谓久藏实金，一恐劫失，二则失利，非理财之善法。以为可多发以阜国用厚民本。但发钞勿过多，行期勿过长。唐时飞钱，只供远取，此易中契也。宋天圣时，发交子以百四十万贯为界，先封桩三十六万缗于库。此法定钞之通货说也。以三十六万缗现钱，而发百四十万交子，约当四倍。其界纸三年一易新者，其妙用已至矣。惜付之官办，则贪利而多发。又有司不通商民之性，不能得平准之宜，又不知立银行而付以钞使行之。故法未尽善。元时滥发钞过甚，至价大降，甚或值钱数文。后世因噎废食，遂弃而不用。盖一统之世，封提极难，宋人已苦之，况又无银行以居间乎。然南宋之以偏安支全国，养兵用，实得其利岂少哉（164、165 页）。

② 所引蒋贵麟主编《康南海先生遗著汇刊》（十五）（宏业书局印行）中影印《金主币救国议》书原文为"吾从通从货说"（165 页）。此处参考姜义华、张荣华编校，《国家清史编撰委员会·文献丛刊·康有为全集》排印信息（第九集，75 页，中国人民大学出版社，2006 年版）。

③ 《金主币救国议》，康有为言：今以欧美行钞法考之，美法瑞士，以备金额出钞四倍。德瑞典则三倍备金额。墨西哥昔亦三倍金额。今美墨亦收回矣。于英西一八四四年，巴德比定银行例，即分二法。一备金，一无备金，而许发千四百万磅纸币，后则日增，将二千万矣。虽然，仍以公债及政府无利息之贷金作抵。如此稍微有益。不至限额。然至大须实金时，则危险已甚，若一八四七、一八五七、一八六三、一八六六年。政府至破银行例以救之，乃得安。此无备金之害也（166 页）。

法行四倍纸币似善矣，然当实金已出，则准备减少，而纸币四发，不能收回，则市情亦可致大乱。一八七零年，经普败后，国民凋敝，乃听银行出额无算，然犹限以至高额，故出至百八十万法郎，越年增至二百八十万。至一八九五年增至五百万法郎，民乃大苏。然无备金而用纸币之机至此。倘遇事变则险甚。故法之频改法律，为救此也。德国酌英法美之法而更善用之，听银行随市情，请求纸币。除制定额外，皆取其五份之利。名曰制限屈伸法尤善矣。既应市情阜民用。银行已惮于纳息，又不敢妄发。盖视英法美为优。是时英纸币额三万万八千五百万礜。除国家银行二万万五千万外，余听各银行自领自请。意大利限额三倍，余额则每百税一。日本师之，又加以岁纳五分之息，犹精密矣。惟商人投机既盛，需本弥多，则银行大利可图。五分之息不能限之。又收获与岁暮时，民需甚多，限额亦未合宜也（167、168 页）。

至不行，则佣工不能得食，小民愁怨，甚至生乱，害三。宋元明前事迭见，英美亦经试之。且政府所收，仍是纸币，而价格既降，物乃上腾。官用不足，或别加税，而民受其困，害四。外国必索所备实金，则备金尽输于外，而前存之纸币尽废。害五。脱有战事，对外无用，而存金尽矣，则国势甚危。害六。即不致大害，而银行减利大放款，商人贪利妄投机，人民乘利纵奢侈，虚机终不可久，必有大败之时。吾国奇贫，在在须用。若不总筹得失，而听之官吏，付之小钱庄，则必致滥发纸币，而生大害。故尤宜严定法律以督限之。[①]

③行纸币宜付银行而必备金

银行为纸币发行主体，纸币发行须有准备金。

因为，银行行钞有数善。无官权之尊，以压制人，一也。不能左右法律以自私，二也。通达市情，能因应适常变多寡之宜，三也。官监督之，稽其备金，限其钞数，急则助之，滥则禁之，四也。官核算而保证之，助其得利，五也。或派官监督之，实与官有无异，而又非官事，以通便于民。上为官喉舌，下为民府库锁钥。故银行之行钞法莫善焉。银行在官与民之间，钞在实金名金之际，皆善于用机者哉[②]。

银行所自戒备者三：有必当备实金者，有应偿而当备高额而已足者，有

---

① 《金主币救国议》，168 页。

② 《金主币救国议》，康有为言：夫行纸币有三：政府也，自治团也，银行也。自治团如地方自治或公司是也。然吾国宋时行交子会子法已甚良。所一间未达者，则行钞之间，但用官币而不知用银行耳。盖官之不可行纸币，其害有三。权太尊大，与民畏隔，一也。能左右法律以便其行政，必致顾国家不顾人民，二也。不通市情，不能得高下涨落多少之宜而因应之，三也。若在中国，官尊民卑，势多强压，尤为不可。故各国妙其用法，皆付纸币于银行以行之，法最善矣。若自治团行之无碍，以有官为监督之（169、170 页）。

康有为言：付钞于银行，各国之法，有集权者（一切由国家银行发之），有分权者（听各银行领钞，而必缴金领国家证书），有兼集权分权而行之者（既以国家银行为大宗，而分派于各小银行，由公众判定其应领多寡）。是三者亦各有所得失焉。分权之法，适地方之宜，应人民用，而实金准额难定，难一。不能统算，以应缓急，难二。兑券不平，难以计利，难三。小银行无力，恐惶恐时不能复元，难四。在国内无以制市情摇动，难五。对国外无合力以张气势，难六。……若在中国，土地太大，集权者尤难。然于各县皆分设支店，亦未尝不能便民。或以各省县乡，听国民开银行，分领之。稍用英德美国之制，以便自治团之利。惟必待国命，而每县设总银行收其权，亦未尝不可。故吾欲于集权之中，亦颇采英德美焉。盖惟中国之大为宜（170、171 页）。

若夫官察视银行行钞之法，若实金与纸币价有高下也，外国不肯用纸，则必索实金也。巨额金之不能换也。见此三者，宜加限制钞数矣。比较：今香港上海诸银行，皆行钞增倍之半，有旨哉（171、172 页）。

虽偿而待之定期者。若偿无定期者，备之亦有三：有必备全额者，有一面准备者，有不须偿者。要之钞虽可法定多行，而通常以易中为主，且名不能不系实。故无论政府银行钞，以实金为准备。亦有以政府证书公债证书以为准备者，也有以不动产为准备者。……无论如何，备金稍去，即当随时补入之，然后稳固不摇也。发钞之纸，久即损坏。故小损即宜换之。……总而论之，则不能舍实金之备，而后可行钞，妄滥必败也。吾中国今困时，尤当以为大戒①。

④发行不易法定钞

可在一定条件下发行不易法定钞，即不兑现纸币。不易之法定钞，国法强定者也。其始只为易中，其后行若实金。盖行纸币之先，人信其可易实金。惟价既下降，收起为难，于是被债者蒙大害，而银行不能应之。国家以市情大变，将有大害，于是特许其为不换之钞，以救银行。夫以国家担任之，令转流于内国，一切可用。即为法定正币，且为别自独立之币矣②。

夫上下内外，纳税供贡。转运俸给，赁银还债。无不可行，购买亦可，但无窒碍，亦为大益。政府有急，足济一时。但非大变至急之时，必不可行也。行不易法定钞，自美始③。

盖国于大变必需金时，募公债则未信，强加税则害民。且二者皆不能应

---

① 《金主币救国议》，康有为言：为今中国计，金主币先改定，银铜辅助币皆画一，国家银行遍设立支店于各县，又令各省县乡分立各银行，然后发新钞行之。自五钱十钱之圆起，至百钱千钱之圆止。民间各小银行，皆缴银于国家银行，酌总运存于省总银行。而政府发钞与之，自一倍至三四倍，年收其五分之息。各民间银行，皆由各府县国家银行统筹而消息之，勿使过滥。以通货加本之理行之，乃大有益于国与民。此事须地方自治银行并举，乃能有效。又非徒言币制，遂可见功也（172页）。

② 同①，172页。

③ 同①，173页。

急需。则行此亦有大益，惟他日必当以公债收还①。

⑤回溯历史，激励借鉴

康有为认为，纸币莫先于中国，宋制已善，惜不知设银行。

关于宋代纸币发行的准备金安排。康有为认为，宋代，本钱三十六万缗而发交子百四十万有奇，是约四倍，与今美法日本纸币四倍备金例同。国得三倍之用，而行之有限额，法已良矣。发纸币至二十倍，而本钱不增，则钱引安得不减，至以四当一。然宋时赖纸币以助兵费，其理财胜今远矣。……官造纸币，而不自行，是欺民矣。又不蓄本钱，而日增纸币，宜其减至百或

---

① 《金主币救国议》，康有为言：以通货加本论之，多发纸币，亦非无益。但以便宜过于贪多。一遇变故，即至颠扑，否亦纸币减降，要以流通升降，勿过一成一成半为度。故平时国家，必不可贪此也。若价降而不复，则以纸为主币，债主受害；纸币与物价内外国之交涉，情变繁多，不能以一言举。总之由外入奢品及资本，而输出日用品及原料，其影响必及于劳工。劳工持纸币而减价，或不行，则生大变；既以纸币为主币，则实金皆为银行之准备，或补外国之缺额。有时以金钱为块，偿于外国。或以金钱流于外国，虽政府得限额截留，然必起来；有时纸币高于实金。……或以外料加工为之。一八四八年法国革命时，曾发不易法定钞。是时实金起至一成二。盖人民怀疑故也。后人渐知其利，投机者且极力贸输出物，则增之亦有益也。此事全在信用政府与否。若政府妄发，则人民不信，价亦即落，甚且生大变也。今中国尚无大变，此事暂且无议信可行也；但各银纸币，皆由国家造币局自造印刷局自开纸局自印。各银行自印造者，虽听之，而必归度支部监。随时以印数呈部。不得用外国之纸。此各国银行通行之要例也。今闻吾国借工于日本造纸币。今无论所传闻多日本伪币之真否。然实违背印币之公理矣。外国纸且不用，何况由外国印之乎（174、175、176 页）。

十数，此乃用纸币大戒，中外同之，宜永为鉴①。

关于纸币的发行主体，康有为认为，纸币不可分造②。今美造纸币局，只有华盛顿一所。英德法日本同之。盖几经考求而后定者。今中国各省自制纸

---

① 《金主币救国议》，康有为言：现钱关子，如今日汇票尔，此则易中契据。……此法尤圆善，兼以茶盐香礬为本钱，不专恃现钱，亦不全仰纸币。其法在有无虚实之间，故云可阴助称提。今欧美人妙用之，惜宋无银行以推广此法也。钱端礼乃中国一大理财家。英之爵洛，主以不动产为备金，未能比其妙用也（177、178 页）。

按美银纸，皆由户部造纸长官签名印发。墨西哥听银行造纸，而送户部长官签名。宋与美同例。

按银纸久则敝坏，必在随时收回。宋时内库，能备银百万以收纸币，则其弊自寡。有此操纵，故能以偏安立国。今反不能也（179 页）。

按以上用纸币与收纸币之法，至详且慎。额限一千万，三年一易界纸。若有银行代之，可久大矣。惜皆官办已（181 页）。

按马端临曰，泉州守臣宋均，南剑州守臣赵崇亢、陈宓，皆以称提失职，均降一官。崇亢、陈宓，各展二年磨勘。自是岁月扶持，民不以信，特以畏尔。然籴本以楮，盐本以楮，百官之俸给以楮，军士支犒以楮，州县支吾，无一而非楮。铜钱以罕见为宝，前日椿积之本，皆决口不言矣。是宜物价翔腾，楮价折损，民生憔悴，战士有不饱之忧，州县小吏，无以养廉为叹。皆楮之弊也。楮弊而亦钱弊，昔也以钱重而制楮，楮实为便。今也钱乏而制楮，楮实为病。况伪造日滋，欲楮之不弊，不可得也。且国家建隆之初，赋入尚少。东征西乏，兵馈不绝于道，未尝藉楮以开国也。靖康以来，外攘夷狄，内立朝廷，左右支吾，日不遑暇，未尝藉楮以中兴也。至于绍兴末年，权以济用。至于孝宗，谋虑及此，未尝不曲尽其心焉。当时内有三宫之奉，外有岁币之费，而造楮唯恐其多，收换惟恐其不尽。而或无以示民信也。至于光宁以来，造愈多而弊愈甚。其所幸者，恭俭节用，无土木之妖，动静有常。无赐予之泛，所以楮虽弊而有以养其原也。此论颇说宋末纸币之得失。夫听官行之，必苟救目前，而致滥发。或且挟势为之，若有银行，害不至是。今美国亦一切以纸币为益，全在备金之可信，而银行为运输也（182、183 页）。

按渐用备金，故引日坏。而发引日多，以张浚赵鼎之贤而无如何，曾胡诸公之创厘金，为后世害。亦不得已。盖无银行以妙其用故也（183 页）。

按宋高宗亦称蜀引之善，而沈该注意于备金百万，以时称提，宋人理财之法亦善矣。故行纸币五千万，以一蜀宿兵数十万，以备两大敌而晏然，岂无故哉（185 页）。

② 《金主币救国议》，康有为言：按马端临曰，钱以铜铁铅锡而成，而铜铁铅锡搬运重难。是以历代多即坑冶附近之所，置监铸钱。亦以钱之值日轻，其用日广，不容不多置监冶，铸以供用。中兴以来，始铸而为楮币。夫钱重而值少，则多置监以铸之可也。楮轻而值多，则就行都印造足矣。今既有行在会子，又有川引淮引湖会，各自印造，而其末也，收换不行，称提无策。何哉？盖置会子之初意，本非即以会为钱。盖盖以茶盐钞引之属视，而渐以权钱耳。然钞则所值者，重则止于一贯，下至三百二百钞，只令商人凭以取茶盐香货，故必须分路。会子则公私买卖支给，无往而不用。且自一贯造至二百，则是明以代见钱矣。又况以尺楮而代数斤之铜，齎轻用重。千里之远，数万之缗，一夫之力，克日可到。则何必川自川，淮自淮，湖自湖，而使后来或废或用，号令反覆，民听疑惑乎。盖两淮荆湖所造，朝廷初意，欲暂用而即废。而不知流落民间，便同见镪。所以后来收换生受，只得再造。遂愈多而愈贱。亦是立法之初，讲之不详故也（187、188 页）。

币，亦可以鉴矣①。此皆起于事势之自然，而不能已者。然既归于官办，上之则挟权势而多行压制，下之则昧市情而难应民宜，未有能行之无弊者也。虽有贤主良臣，频立良法以为补救，而国用必日见不足，则纸币必日妄滥。终至元明及国朝，以大弊而废。则皆由不知立银行以代官行用之。故一事有所蔽，良法无由立。惜哉。② 他所以列采其纸币之法，明其得失，以备中外之鉴焉。③

吾国币既定，皆宜一律通禁外国币，而后吾新币乃可通行，且吾纸币乃可通行，然后操纵之而收其大利。夫纸币者，尤有国者法定信用之大利。若如今者各国以纸币行于我国，是彼以纸代银，收吾大利尤可畏也。④

（三）"金日涨而银日落，万国皆变金而吾国不变，国将枯死"的金主币救国论的历史背景与社会影响

1. "金日涨而银日落，万国皆变金而吾国不变，国将枯死"的金主币救国论的历史背景

中国货币，其币材选择，迄于近代，银（两）铜（钱）为主，间有纸质（官票、宝钞），其货币本位，应属银铜本位。与此同时，列强货币，其币材多用黄金，其货币本位，已是金本位。被动开放，内外贸易，域益广

---

① 《金主币救国议》，康有为言：按寇瑊在蜀，创制交子。盖蜀用铁钱，其大者以二十五斤为一千，其中者以十三斤为一千，行旅赍持不便。故当时之券会，生于铁钱不便。缘轻重之权宜，不可以挟持。其先交子之法，出于民间之所自为。后托之于官，所以可行。此犹俄以用铜钱故，而亦先出纸币也（189 页）。

② 《金主币救国议》，康有为言：然南宋西北两大敌，边警森迫，甚类德法莱茵河畔各宿兵卅余万之形。即南宋时，但蜀地宿兵数十万，若在今日，以何物养之，必至如东三省至危，而亦备边无术，听敌所为而已。观蜀用纸币，至五千三百余万贯。宋时物价贱，一贯过吾今一两之用。然试问今藏警亦迫，一切仰赖四川。而四川从何能筹五千三百余万两以备边乎。而江淮之间，所不论也。宋高宗既谓蜀引至善，然则南宋理财之法，实远过吾今日。且吾今日万里晏然，又集欧美理财之法，而乃仰屋束手，无术甚矣，安能国乎。中国自古不讲理财，故无善法。井田之制，既不能行，惟管子官山海厉女工，颇有妙意。桑弘羊刘晏纯师之，然皆在一统之世，不足道也。惟南宋迫两大敌，视同列国，徒师古一统之法，万不能备，于是新意多出焉。虽大辂椎轮，未能美善，然有意乎其为之（189、190 页）。

③ 《金主币救国议》，190 页。

④ 同③，104、105 页。

而量日增。在内，银两使用日见烦难，自铸银元因外国银元交易便捷的示范激励而推出，铜钱荒及铸钱利润促成各省滥铸铜元；在外，世界银价日跌，如何使中国在对外贸易进出口商品货币标价及贸易结算上不会或者少因金银汇率因素影响，遭受损失？凡此，皆刺激时人高度关注货币本位制度及其改革问题，而是否需要选择实施契合国际货币本位制度的中国货币本位制度，逻辑上，即属自然。换言之，货币问题，尤其是货币本位制度及中国选择何种货币本位制度为宜，晚清已成热题。例如，胡惟德提出，一国之中，必有一定之国币，兼用金银铜三品，必有一定之比例，凡成色形式价值，必须全国一律，随处通行，方能利用于民间，取信于外国，而驱驾乎用金之邦，汇兑不致受亏，交涉亦易措注；中国习惯用银，故以银为主，自见金日益贵；外国习惯用金，故以金为主，自见银日益贱；当今环球各国，既皆用金，而吾国岂可独居其后乎[1]。张之洞力论，今计中国全国，仍是银铜并用，而用铜之地，十倍于用银之地；大率中国之用皆以银计，民用仍多以钱计，是中国虽外人名之为用银之国，实则尚是用铜之国，非若外国物贵财多，利于用金之比；论目前中国情形，若欲行用金币，不但少金可铸，亦非所宜[2]。陈炽直言，今各国皆有金钱，而中国独不用不铸，受害之巨，悉数难终；中国此后果自问能闭关绝市，则不铸金钱，我行我法焉亦可矣，如不能禁西商入口，又不能禁华货出洋，则彼之钱皆贵，我之钱皆贱，非彼富而我贫乎？彼之物皆贱，我之物皆贵，非彼通而我塞乎？彼富我贫则日仰人鼻息，而中国无富商矣；必自有金钱而后可言商务；金钱自铸，权操于我，利溥于人，则边隙渐销，戒心渐息，民生日富，国势日强[3]。刘世珩认为，各国以金为本位，银铜相乘，大小相系，乃计数之

---

① 胡惟德：《奏请整顿币制折》，载陈度：《中国近代币制问题汇编·币制》，43 页，学海出版社，1972。

② 张之洞：《奏驳虚定金价铸用金币折》，载陈度：《中国近代币制问题汇编·币制》，106、107页。

③ 陈炽：《铸银条陈》，《通用金镑说》，载陈度：《中国近代币制问题汇编·币制》，19、17、18页。

制①。其间，海关总税务司赫德（R. Hart）与美国国会所设国际汇兑委员会委员精琦（J. W. Jenks），其提出的《中国新圜法条议》17 条及《中国新圜法案诠解》，因其对中国金融主权的觊觎，更是激起业界学界对于中国货币本位制度选择的民族意识。当此之时，晚清政府，决于上谕，给出中国货币本位制度判断其及实施安排：中国财政紊淆，币制亟宜厘定；欲以实金为本位则钜本难筹，若定虚金为本位则危险可虑；自应先将银币整齐划一，然后稳慎筹措，徐图进步，将来行用金币，可望妥实无弊②。

2. "金日涨而银日落，万国皆变金而吾国不变，国将枯死"的金主币救国论的社会影响

康有为认为，政府财政困难，而跟进国际金融，使中国货币本位选择融入主流，不失为解决"租税生计"的救国理财之"法"。因为：货币产生并服务于商品交换，币材的选择是人类社会基于交换效率的不约而同；货币从复本位到单本位的货币本位选择，是各国基于货币流通实际的约束。对于其时因为国势势弱而"无外交"的中国来说，审视世情，立足国情，选择金主币，尝试"不待铸金钱，而可行金主币"的虚金本位制，以钞纸"代诸金币"，即纸币成为代用货币，甚至在"人智之大进，信用之大修③条件下，提前规划"不易法定钞"即不兑现符号货币，绝非仅仅是表象于改易货币本位制度而已，其深刻内涵乃在于锚定货币本位，将货币本位被动变为货币本位主动，以货币制度变革造就、拓展金融资源进而真实资源配置竞争力。因此，必须速开银行学校，培养储备银行人才，遍开银行④，为中国货币本位制度的具体操作提供专业人力资源与网布市场的金融机构保证。质言之，由货币本位变革实现以货币救国立国强国，成就以金融救国立国强国。鼎定金融，余皆可图。

---

① 刘世珩：《财政条议》，商务印书馆，光绪三十四年（1908）版，2 页。转见：张家骧主编，《中国货币思想史》下册，880 页，湖北人民出版社。

② 中国人民银行总行参事室史料组编，《中国近代货币史资料》，下册，789 页，中华书局，1964。

③ 《金主币救国议》，161 页。

④ 同③，134 页。

同一命题，于时人共议中，独立纵论。康有为以其中华救国论、物质救国论、理财救国论既宏观，又微观的思考为基础，再将其救国思考导向金融主权视角的金主币救国论。其论析金主币救国论，述析货币起源、币材币型选择、货币本位选择实施诸具体问题，打开视野，在其思想逻辑构架下，立足中外货币金融历史，回溯历史，纵横比较，细加阐释，激励借鉴，推介其金融思想学说①。日月恒明，启示长存。

（缪明杨　幸宇）

参考文献

［1］蒋贵麟主编：《康南海先生遗著彙刊》（十五），宏业书局印行。

［2］姜义华、张荣华编校：《国家清史编撰委员会·文献丛刊·康有为全集》，中国人民大学出版社，2006。

［3］陈度：《中国近代币制问题汇编·币制》，学海出版社，1972。

［4］中国人民银行总行参事室史料组编：《中国近代货币史资料》，中华书局，1964。

［5］陈旭麓、李华兴主编：《中华民国史辞典》，上海人民出版社，1991。

［6］赵树贵、曾丽雅编：《陈炽集》，中华书局，1997。

［7］张家骧主编：《中国货币思想史》，湖北人民出版社。

［8］叶世昌、施正康著：《中国近代市场经济思想》，复旦大学出版社，1998。

［9］李飞等主编，张国辉著：《中国金融通史》第二卷《清鸦片战争时期至清末时期》，中国金融出版社，2003。

［10］喜玛拉雅学术文库港台学人系列，王尔敏著：《中国近代思想史论

---

① 例如，关于货币本位问题，康有为援引子母相权的古例，以诠释中国学人近代以来，从西方学界所引入借用的货币本位观。一直以来，论者多以为此皆因康氏之未解本位，牵强穿凿。默思之，未必。如何将西方的货币本位观介绍到已然被动开放的中国，让大家易于理解？也许，康氏以为，复述行钱法有母子相权的历史信息，将古例作创新诠释，最为可行。缘此，遂有行钱法有母子相权考之论。

续集》，社会科学文献出版社，2005。

　　［11］［美］萧公权著，汪荣祖译：《海外中国研究丛书·近代中国与新世界——康有为变法与大同思想研究》，凤凰出版传媒集团、江苏人民出版社，2007。

　　［12］汪荣祖著：《汪荣祖人物书系·康有为论》，中华书局，2006。

第四章

孔祥熙金融思想学说概要

孔祥熙（1880—1967），字庸之，山西太谷县人。幼年肄业于通州潞河书院。1901 年赴美国留学，入欧柏林大学攻习政治经济学，后转入耶鲁大学学习法律。1907 年回国，在乡创办铭贤学校。1926 年再次赴美国，接受欧柏林大学法学博士学位。曾任国民政府实业部部长、工商部部长、整理内外债委员会委员、行政院院长、赈济委员会委员长、财政部部长、中央银行总裁、外汇管理委员会委员长等职。有《孔庸之先生演讲集》出版。

一、银行论

（一）完善央行职能、健全金融机构的思想

1. 增资改组中央银行、中国银行、交通银行

孔祥熙对中央银行的重要性有着很清醒的认识："试观英美等国，于各种私家银行之上，更有强力之中央银行，或联合储备银行为其枢纽，在平时，可使社会金融周转灵活，弛张合度，而战时亦可掌握全国资金之调度，运用裕如。"国民政府中央银行是 1928 年 10 月由宋子文主持组建的，较之同时期的中国银行、交通银行而言，成立晚、资力弱，难以发挥国家银行的作用。孔祥熙继任之后，意识到要想安定金融，必须要有一个强有力的中央银行作

为巩固金融的枢纽，要使它拥有控制金融的实力与领导一般银行的核心地位，"金融运用力量，以集中而愈宏，机构办事效能，以连系而益巨……"为了"增进国家银行之机能，使政府对于整个金融力量，有统筹运用之主权"。使中央银行处于"超然地位，尽银行之银行的职务"①，财政部在孔祥熙的主持下，于1934年5月对中央银行、中国银行、交通银行三行实行增资改组，具体如下：中央银行的资本由2000万元扩充至1亿元；将中国银行、交通银行两行资本扩充，注入官股，中国银行资本由2000万元增至4000万元，官股商股各半；交通银行资本由1200万元增至2000万元，官股六成，商股四成；同时，将由鄂豫皖赣四省农民银行改组而成立的中国农民银行的资本增至1000万元，官股250万元。由于有官股的加入，根据《银行法》的原则，对三行的重要人事进行了调整；调中国银行总经理张嘉璈担任中央银行副总裁（总裁孔祥熙）；派宋子文担任中国银行董事长，宋汉章任总经理；派蒋介石的亲信胡笔江担任交通银行董事长，唐寿民任总经理。中国农民银行董事长则由孔祥熙担任。如此一来，中央银行在资金方面一跃而为全国银行之冠，实力大增。中央银行、中国银行、交通银行的增资改组，标志着南京国民政府金融步调的一元化和金融垄断地位的确立。四行与随后成立的中央信托局、邮政储金汇业局共同构成了国家金融体系的核心，是控制和支配全国货币金融的总枢纽。

2. 划分银行业务

20世纪30年代中期，我国银行虽有几十年的历史，但由于社会不安定、经济不景气，银行专业化程度很低。银行种类繁多，但均属于商业银行性质，正如当时的学者李紫翔所指出的："战前的164家银行……无论所称农工银行者，均属资本微小，而其业务亦终未能超过交换过程的商业资金的融通，即特许银行或省市立银行，除了享有发行权及代理国库以外，在业务性质上亦未发生什么本质的不同。所以我国公私立的各种银行，都只是商业银行。②"

---

① 李茂盛：《孔祥熙传》，北京，中国广播电视出版社，1992。
② 孔祥熙：《战时财政与金融》，刘振东：《孔庸之先生演讲集》，台北，台湾文海出版有限公司，1972。

当时的银行不仅性质单一，而且业务重叠，孔祥熙也深感其弊，表现在"银行组织上，业务上，都缺乏整个计划，彼此重复，互相竞争，不能合作。运用既不灵活，发展每呈畸形，于国计民生，甚少裨益"。鉴于此情，孔祥熙在1933年就任财政部长和中央银行总裁后决定加以改善，在由政府添加股本而充实银行力量的同时，将银行业务重新划分："中央银行为我国唯一的国家银行，原居于银行之银行地位；中国银行则为国际汇兑银行，以办理国际汇兑发展国际贸易为职责；交通银行为发展实业银行，系辅助实业发展之金融机关；中国农民银行为救济农村经济而设。"初步规定了各国家银行的职责。全面抗战爆发后，为了适应抗战建国的需要，1942年6月，国民政府特派孔祥熙为四联总处副主席。孔祥熙为了加强中央银行的地位和使国家银行信贷合理化，呈准国民政府实行统一发行，将法币发行权交由中央银行集中办理，并由国民政府颁发《中中交农四行业务划分及考核办法》，对四行业务作了更严格的划分，以实行各国家银行的贷款专业化，即：中央银行为银行之银行，独占发行，负责向政府和其他银行贷款，以及协助财政部拟定货币政策和监督货币市场的活动；中国银行负责对国内外贸易方面的资金融通；交通银行负责交通、运输和工矿业方面的资金融通；中国农民银行负责农业方面的资金融通。此举纠正了中国银行制度史上所存在的业务彼此重复的严重缺陷，为中国现代银行制度的建设提供了经验。

3. 铺设金融网络

孔祥熙在一次讲演中这样谈道："金融政要，有赖于银行之推行，故健全金融机构，实为金融政策之首要。这一思想主要有两个方面：其一，推行设立省、县银行。抗战爆发以后，国民政府退守西南，沿海经济发达地区丧失殆尽，面临严重的财政金融危机。孔祥熙认为：要发展地方经济，适应抗战需要，必须重视地方金融的建设，"自抗战发生，省地方银行日形重要，其所负担任务，已不专属于一般普通银行之性质，并且具有特殊之使命，简言之，即为扶助发展地方生产事业及抵制敌伪经济侵略等项"；"省银行及地方银行之地位，实为推动地方金融之枢纽，所负责任，至为重大"。为此，他要求各省地方金融"自应详加检讨，作更进一步的努力，以期与军事推行，互相策应"。在孔祥熙的主张和推动下，抗战期间的各省银行等地方金融机构有较大发展。地方金融网的铺设"对于推动国家金融政策，调剂地方金融，协助政府抢购物资，贡献颇多"①。其二，扩充西南、西北金融网，抗战前 10 年，我国银行业地区分布极不平衡，绝大部分银行设立在沿海经济发达地区。以1936 年为例，全国国内银行总数为 154 家，分支行 1299 家（在香港和海外的银行除外），西南 5 省和西北 5 省的总行仅 12 家，占 7%；分行仅 161 家，占12%。孔祥熙对于这种极不利于经济复兴的银行分布状况十分明了。他指出："我国金融机关，大都设于沿江沿海各省，对于内地，尚未充分推设，试就抗战以前情形而言，江浙两省银行，竟占全国银行总数半数以上，可知我国以往金融，乃属畸形发展。抗战以来，各行纷纷内移，仍偏于都市，终未能普遍深入内地，今后当督促中中交农四行，分在西南西北各省，添设分支行，并令内地各省银行普遍设立分行及办事处于各县，以完成西南西北金融网"；"将来务使全国农工商业，均得平均发展，达到复兴经济之目的"②。抗战结束时，虽没有实现"每县区设一银行"的要求，但较之以前，银行机构在西南西北地区的铺设迅速，这对促进内地经济的发展、支持抗战，有一定的作用和意义。

（二）强化银行监管、统制银行业务的思想

1. 战前监管思想

孔祥熙在抗战全面爆发前就有强化银行监管、统制银行业务的思想，而且贯穿于他执掌财政金融工作的始终。孔祥熙上任伊始，就曾亲自主持制定、颁布《银行法》和《储蓄银行法》等银行法规，加强对银行的管理。孔祥熙在后来总结战前的金融政策时谈道："自颁布普通银行法储蓄银行法后，依照法令实行管理一般银行业务，并不时派员稽查账目，纠正违法业务，于是以往之金融界积习，逐渐廓清，而农矿工商各业，赖金融之扶助发展者从此日多。"

---

① 孔祥熙：《财政报告》，转引自李茂盛：《孔祥熙传》，北京，中国广播电视出版社，1992。
② 丁孝智：《孔祥熙战时财政政策及其评价》，载《西北师范大学学报》，1996（8）。

2. 战争初期的监管和对战时监管的认识

全面抗战爆发后，举国震动，金融市场顿起恐慌，人们纷纷提取存款，情势危急。孔祥熙后来回忆到："战事发生，社会震动，纷起提存，势所必至，苟不设法补救，则银行无从应付，社会金融立见崩溃，故法德等国在欧战发生时，莫不发布支付犹豫命令，以维银行信用，而安社会人心。我国于沪战爆发之翌日，立即命令银钱业休假二日，随即颁布安定金融办法，限制提存，其用意即在一面维护银行信用，安定社会人心，同时顾全人民生活用度，防止资金逃避，是以实施以后，不仅银行应付裕如，社会金融赖以稳定，且中央银行收进外汇，反见增加，收效之捷，于此可证。"① 正是由于实施了《非常时期安定金融办法》等紧急措施，国内金融市场才赖以安定，银钱两业才赖以维持，这些应当归功于孔祥熙的迅速决断。

孔祥熙还认为战时的金融有其特别性质，即：战时金融须由政府统制，"迨战事发生，政府为维护金融，集中财力计，对金融动态，必须立予统制，一面实行犹豫支付，或限制提存，以维护金融机构，一面管理进出口汇兑，以防止资金逃避，充实外汇准备，而平衡国际收支，同时监督银行业务，以杜投机牟利，或囤积居奇之弊，俾免影响物价，管制越严，效力越宏，此战时金融特质一"；"战时金融，一面须集中力量，以求产业资金之流通，一面又须运用得当，以防助长囤积刺激物价之恶果"。正是基于这样的认识，为了进一步加强银行监管、稳定金融，孔祥熙又采取了以下几个措施：一是呈请国民政府批准成立了中中交农四行联合办事处（即四联总处），加强控制金融力量，并规定：四联总处负责办理政府战时金融政策有关的"各特种业务"，并可在非常时期内"对中央、中国、交通、农民四银行可为便宜之措施，并代行其职权"；二是严格管制银行，督导资金运用，规定："银行资金之运用，以投放于有关国防民生日用之生产建设事业，增加后方物资供应为原则，对于商业性质之投资，则严加限制。"

---

① 孔祥熙：《敌我财政现状之比较》，刘振东：《孔庸之先生讲演集》，台北，台湾文海出版有限公司，1972。

3. 严格监管商业银行业务

孔祥熙认为中国的商业银行流弊甚多，"原系以赢利为目的，在此战时后方物资缺乏之时，如加以放任，则极易流于滥授信用投机囤积之途，其足以影响物价，危害金融，殊非浅鲜。用是对于一般商业银行，不得不严加管制，除不准增设新行，限制增设分行，及激存其存款准备金外，并严格限制其资金之运用，使其投放于生产建设事业，不得买卖货物，或为其他投机之行为。时人或以为商业银行限制过深，足以影响其发展，但在战时为紧缩信用，平抑物价，安定金融，实也不得不有之措施也"①。由此可见，孔祥熙对商业银行主张严加监管，尤其是战争时期。这对国民政府的金融稳定乃至经济发展都有着积极的影响。

4. 管制私方信贷

财政部为了控制金融、管制信贷，于1940年8月7日颁布《非常时期管理银行办法》，规定：银行贷款应仅限于对国防工业、发展经济事业以及农村合作事业，作为增加生产和便利流通之用；以商品为担保的银行贷款，其对象仅限于奉公守法、卓有信誉的商号；一律停止以日用必需品为担保的银行贷款；禁止银行自行或代其客户进行商品买卖；商业银行应将存款之20%作为准备金缴存于国家银行中任何一家。孔祥熙通过四联总处又责令各国家银行增加对工、矿贷款的比例，削减对商业的贷款。1941年，财政部增加了对无担保贷款的规定：对私方无担保的贷款，其数额不得超过法币2000元，且此项贷款必须为维持生活必需之用。为商业性的目的所贷出的无担保贷款，其数额不得超过法币5000元，借款的商号必须是各商业公会的忠实会员。1942年，孔祥熙又采取了一些限制私方信贷的措施，其总原则是银行贷款的对象要只限于国防工业和与之有关的工业以及日用必需品生产者和分配者。凡超过法币100万元的建设工程贷款必须报四联总处核批。以上种种控制信贷方向以适应长期战争需要的措施，其主要作用是正面的。

5. 缴存准备金监管

---

① 孔祥熙：《第二次金融会议开幕词》，刘振东：《孔庸之先生讲演集》，台北，台湾文海出版有限公司，1972。

1942 年 7 月国民政府实行统一发行，将法币发行权交中央银行集中办理，但准备金的集中保管问题并未马上解决，为了使中央银行真正取得"银行的银行"的金融中枢地位，孔祥熙在 1942 年 11 月致函财政部，要求中国、交通、农民三行迅速移交准备金："为免稽延时日起见，用再根据贵部此次所定移交准备金四项原则，拟具移转办法如下：一、中、交、农三行移交发行准备金，应遵照此次贵部核定之四项办法，克日实行，不能再藉其他理由商请变更。二、现在重新规定三行发行准备金，至迟须在本年十一月底以前移交清楚。三、三行正式移交发行准备金时，每行必须全部在一日内办完手续……上项办法，除由本行发行局函请四联总处秘书处转知三行按期照办外，相应函请贵部转催三行从速办理，并希将催办情形见复为荷……"① 后来虽由于种种原因，三行未能缴存准备金，但孔祥熙将资金集中于中央银行的意图是明显的。

（三）银行调剂资金、促进工商农业的思想

孔祥熙对银行等金融机构在生产建设、经济发展中的作用认识透彻："金融似流水，应使之融会贯通，亦犹如人之血脉，遍行全身，血脉不通，人必至死亡，金融乃国家之血脉，其与财政，表里为用，关系密切。"为此，孔祥熙认为银行应该从下列几个方面着手，促进工商农矿各行业的发展。

1. 畅通内汇、融通资金

银行是社会资金的出纳机构，银行业务经营是否流畅决定社会资金的流动是否贯通。抗战爆发后，一方面由于财政部颁布了安定金融办法，限制提取现款。另一方面，由于各银行钱业出于自卫，对放款业务采取紧缩政策，致使社会流动资金顿感缺乏。在此情形下，若不设法调剂，工商百业势必停顿，军需民用无以供给。孔祥熙认为"欲谋发展经济，必须货畅其流，而资金之营运周转，尤须畅达无阻，战时交通困难，运输阻滞，银行汇兑每多不能畅通。政府为发展经济调剂民生起见，现已令饬各银行对于内汇，力求畅

---

① 陆仰渊、方庆秋：《民国社会经济史》，328~329 页，北京，中国经济出版社，1991。

通，以不收汇费，不限数额为原则"。而为了融通资金，财政部在孔祥熙的主持下，一方面，在全国 12 个大都市成立了四行联合贴放委员会，"同时制定中中交农四行内地联合贴放办法，由四行在各处分设贴放委员会，办理当地贴放事宜。凡农矿工商各业之需要资金者，均得随时通融。其农业资金一项，并由农本局与中国农民银行会同办理放款，以利农业"；另一方面，鉴于四行未能普及于各地，为使资金进一步深入农村，发展农业生产，于同年 4 月颁行《改善地方金融机构办法纲要》，其中规定"各地方金融机关得领用一元券及辅币券，俾农林工矿各业均得通融资金，开发资源；一面导引银行业务，注重于生产一途，一面使资金得以流入内地农村。盖此项办法与内地联合贴放办法，实相辅而行也"。由于措施得当，"一切生产事业，因之逐渐发展"。

2. 吸收游资、奖励储蓄

银行是资金的集散之处，储蓄业务的兴衰，不仅关乎银行经营的优劣，战争时期更关系到抗战建国的大业。"抗战建国，端赖物力，节约储蓄，足以节现在物力之消耗，谋将来物力之充裕。吸收游资，集散为整，一面谋通货之调剂，一面完成建国之大业。今后政府当督促各金融机关，按照节约建国储蓄条例，努力吸收储蓄存款，同时倡导消费节约，举办献金运动，以厚集资金，而供抗战建国之用。"

3. 实行低率放款

20 世纪三四十年代，我国内有军阀混战、外有强敌入侵，加之本身基础薄弱、生产落后，百废待举、百业待兴。孔祥熙数次主张银行实行低率政策以发展生产、复兴经济，在 1936 年 5 月实行法币政策的讲话中，孔祥熙曾谈道："关于改善金融制度……其次减低存放款利率，使农工商业不致受高利痛苦，已令上海银钱公会，核议妥善具体办法施行。"抗战爆发后，1938 年 7 月，孔祥熙在武昌讲演敌我财政现状时再次提到实行低率放款："从前农村高利贷，极为盛行，利息恒至三分以上。现在减低至一分，甚至八九厘，农民不受高利贷的盘剥。耕作既有利可图，自然更加勤劳，农产品就因之增加。农工业活泼之后，商业随之发达，全社会的经济，就活跃起来，国家税源，自然畅旺了。"孔祥熙的低率政策主要目的是培植充实民力、增加国家财富，含有减轻人民负担的合理因素。

（四）孔祥熙银行思想评述

孔祥熙步入政坛数十年，执掌财政金融权杖十余载，是制定南京国民政府时期财政金融政策的重要决策人物之一。孔祥熙作为金融银行界的领袖人物之一，其完善央行职能、划分银行业务、健全金融机构、强化银行监管、融通社会资金等银行方面的思想和实践，为现代银行制度在中国的确立奠定了良好的基础。在孔祥熙的影响下，中国的银行业渐趋规范，金融业逐步稳定，从而带动了生产的发展和经济的恢复。孔祥熙当政期间，在恶劣的国内外环境下，在惨烈的抗日战争中，银行金融不仅没有崩溃破产（当然，这与全国人民的支持和国际社会的积极援助分不开），反而在其 1944 年 11 月辞去财政部长时，"国库存有美元外汇 9 亿余元，黄金 600 余万两，共计美元 12 亿元"的财产，这其中的经验值得我们深思。其在财政金融方面所取得的成绩也赢得国内外人士的较高赞誉，如：孔祥熙在 1937 年 5 月以中国特使身份参加英王乔治六世加冕典礼时，英国外相艾顿在向英皇介绍时称孔："……他的成就，都是成于忽促之顷，指顾之间，确是一位伟大的理财家。"1967 年孔祥熙在美国去世之后，蒋介石曾亲自写了一篇《孔庸之先生事略》，文中称孔创造了"中国财政有史以来唯一辉煌之政绩……当其辞职之后，国家财政经济与金融事业，竟皆从此江河日下，一落千丈，卒至不可收拾"[1]。孔祥熙在财政金融方面的贡献和影响由此可见一斑。当然，孔祥熙的所思所想、所作所为，都是为了维护国民党政府的统治服务，但是，这并不意味着孔祥熙的有利于国民党政府统治的思想、行为都是不足取的，相反，只要这些思想和行为在客观上推动了社会经济的发展和进步，我们就应当去学习、吸收、借鉴。

---

① 杨天石：《蒋孔关系探微》，载《民国档案》，1992（4）。

二、外债论

1933 年至 1944 年间担任国民政府财政部长的孔祥熙十分重视外债的募集和运用，不但设法维持中国的外债信用，而且竭力举借外债，为中国的经济建设和抗战事业提供资金支持。在此过程中，他提出了独到的外债思想。

（一）维持外债信用论

维持外债信用论是孔祥熙外债思想的主要内容之一，其内涵是，要尽可能偿还外债以维持中国的国际信用。这一思想是和孔祥熙担任财政部长期间推行的外债政策密切联系在一起的。以抗日战争的爆发为标志，孔祥熙的外债政策可分为"平时外债政策"和"战时外债政策"两个阶段。

孔祥熙推行"平时外债政策"时坚持"外债有关国际信用，尤应力予维持"① 的观点。他提出这个观点，是因为他认识到：中国"所欠外债，本息历久未付，对于利用外资，影响甚巨②。

孔祥熙在 1933 年 11 月出任财政部长时面临着很多难题，其中之一就是中国的外债信用低落，使得向外举债很难进行。出现这一问题，主要是因为北洋政府的外债政策失当所致。北洋政府统治时期，由于财政困窘，它就不顾国家主权，以关税、盐税为担保滥借外债，而借债后又长期拖欠本息，不能及时偿还。这严重损害了中国的外债信用，使得债权国不愿继续向中国放债。南京国民政府成立后，为了顺利对外举债，主动宣布承担晚清和北洋政府遗留下来的全部外债。但它承诺之后忙于内战，加上财政困难，也不能及时偿付积欠外债。因而，在其统治的最初几年，中国的外债信用仍然不佳。孔祥熙出任财政部长之后决心彻底改变债权国对中国的不良印象，重树中国的外债信用。为此，他提出如下办法维持中国的外债信用：对于有确实担保

---

① 孔祥熙在国民党五届三中全会上的财政报告，《革命文献》第 73 辑，467 页，台北国民党中央党史会，1977。

② 郭荣生：《民国孔庸之先生祥熙年谱》，209 页，台湾商务印书馆，1981 年版。

的外债，坚持按期拨付本息，决不拖欠；对于无确实担保的外债，则向债权国建议按照"免去债息、延长期限、减少债额的原则清偿"。各债权国鉴于当时中国人民的抗日运动持续高涨，惟恐中国因此出现新的政府拒绝承担还债义务，同时又看到中国财政当局偿还外债的决心和诚意，只得采取务实态度接受孔祥熙的建议。孔祥熙提出的外债清偿办法一举两得：既减轻了国民政府的债务负担，又提高了中国的外债信用，从而为抗战时期利用外资创造了条件。

孔祥熙实施"战时外债政策"时，继续奉行维持外债信用的思想，尽力按期偿还外债本息，在此前提之下，也试图减轻战时财政的债务负担。

抗战前，中国的内外债务主要用关税和盐税担保偿还。抗战初期，在沿海地区陷于敌手，关税和盐税收入大部丧失的情况下，孔祥熙为了维持债信，不顾战时财政经济的极度困难，"仍竭力随时挪借，如期应付"债务本息。从1937年9月到1938年12月，他负责的财政部拨付内外债本息，共计法币2.76余亿元，其中因关税收入减少而向中央银行透支拨付者竟占一半以上，达1.76多亿[①]。

孔祥熙在战时依然维持债信的努力，使得"中国之讲求债信，颇受国际财政市场之赞誉"[②]。不过，这种举动虽然能够博取债权国的信任，为中国利用外资坚持抗战创造良好条件，但也加重了战时财政的负担。

另一方面，孔祥熙在抗战初期继续维持外债信用的前提下也采取了一些措施来减轻战时财政的债务负担。1938年9月他下令停付以盐税担保的1908年英法借款和1912年克利斯浦借款的本金，只付利息。1939年1月下令停止由财政部透支全额偿还以关税担保的战前外债的做法，并训令海关总税务司把在非沦陷区征收的用于偿还外债的那部分关税存入中央银行的特别账户中，作为偿还战前外债的保证金；3月又下令对以盐税担保的外债也采取类似办法

---

① 孔祥熙检陈1937年7月至1939年6月财政实况秘密报告，中国第二历史档案馆：《中华民国史档案资料汇编》第5辑第2编，财政经济（1），356页，江苏古籍出版社，1997。

② 孔祥熙：《中国战时财政与友邦在华利益》，刘振东：《孔庸之先生演讲集》，235页，台北，文海出版有限公司，1972年版。

偿还。这些措施的实行，使债务支出占财政总支出的比重从1937年的18%降到1940年的7%①，从而使战时财政的负担有所减轻。

不过，这些措施只是孔祥熙为应对日本经济侵略活动采取的权宜之计，并不表明他要背弃维持外债信用的理念。"七·七"事变以后，日本在迅速侵占中国沿海富庶地区的同时，还用暴力手段夺取该区域内的中国税务机构，劫持中方税款。但由于害怕其野蛮行径引起欧美列强的干涉，它又假意声明：对其中用于偿还中国外债的关、盐税收，仍照旧拨付给债权国。事实上，它非但从不践诺，反而利用这些税款作为进一步侵略中国的工具。1938年3月，它在华北成立伪联合准备银行，用攫取来的关税为准备发行伪币驱逐法币，对中国进行金融和经济侵略。它还利用劫持的中方关税、盐税和其他税收增强自身财力，为其军事侵略服务。日本的上述侵略行径使以孔祥熙为首的中国财经当局感到了难以承受的压力。正是在这种背景下，他才不得不改变外债的偿还办法，以减轻战时财政的负担。与此同时，为了表明中国维持外债信用的决心，他又再三声明：上述措施是"应付非常情势之暂时措置"，一旦日本归还在沦陷区攫取的税收，就照旧拨付积欠外债本息②。他还委托专人和有关债权国谈判，希望尽快达成"合理而实际可行之办法，使另能继续偿债"，以保障"中国债权人之利益"③。对于抗战以后借来的外债，他则坚持"照案拨付本息，以示优异"的原则。他这样做，既是为了表示中国继续维持外债信用的诚意，也是为了鼓励债权国向中国提供更多的借款。

（二）举借外债论

举借外债论是孔祥熙外债思想的另一个重要内容。以抗日战争的爆发为

① 张公权著、杨志信译：《中国通货膨胀史》，84页，北京，文史资料出版社1986。

② 中国第二历史档案馆：《中华民国史档案资料汇编》第5辑第2编，财政经济（2），江苏古籍出版社，793~794页，1997；另参见顾维钧《顾维钧回忆录》第3册，中华书局，1985年版，397页、403~404页；孔祥熙：《中国战时财政与友邦在华利益》；刘振东：《孔庸之先生演讲集》，台北，文海出版有限公司，235页，1972年版。

③ 孔祥熙：《中国战时财政与友邦在华利益》摘自《孔庸之先生演讲集》，236页，台北，文海出版有限公司，1972；《顾维钧回忆录》第3册，401页，中华书局，1985。

标志，可以将孔祥熙的举借外债论划分为两个部分：战前举借外债论和战时举借外债论。

孔祥熙的战前举借外债论集中体现在 1937 年 4 月至 9 月他以行政院副院长兼财政部长身份出访欧美期间发表的言论中①。

孔祥熙的战前举借外债论包括三点内容：

第一，中国具有举借外债的有利条件。孔祥熙指出："国际资本市场之现势，极有利于发行借款，而中国之经济发展，实利于外国资本之投资，并以政府海关岁入为至要之担保，今年（1937）海关收入最少在 4.5 亿元以上"，除了用其中的 1 亿元和 2 亿元分别偿还旧有外债和内债，尚有 1.5 亿元可以作为举借新外债的担保②。他还认为，当时，外国如果把剩余资本借给中国，可以得到在本国得不到的收益，而且中国的外债信用已经恢复，这些也有利于中国举借外债。例如，"美国银行存款甚多，惟均不给利息，可见美国目前资金甚多，银行中已不求存款，若令此等资金偿付中国之内债，即可得 4 厘利息，岂非较无息为优，况中国之信用已完全恢复，例如对美各债，近已按期清偿"，所以美国不妨向中国提供借款。在孔祥熙看来，当时中国具备了对外举债的良好的外部和内部条件。外部条件是国际资本市场上存在着大量剩余资本。内部条件是中国外债信用的恢复和 1935 年币制改革以后中国经济的迅速发展。事实也的确如此，"由于中国的物质条件有所提高，西方（国家）对中国评价也有改善，因而也似乎更乐于与中国政府在经济上和政治上合作"③，它们不仅热烈欢迎孔祥熙的来访，而且争着慷慨解囊，最终和他达成的借款总数竟然多达 18 亿元法币④。但是，也应当指出，为了吸引外资，孔祥熙竟然宣布将以中国关税年收入的 1/3 作为举借新债的担保，这显然是损害中国关税主权的错误论调。

第二，举借外债是为了整理内债、发展经济和巩固币制。孔祥熙在访问

---

① 孔祥熙：《中日财政比较观》摘自《孔庸之先生演讲集》，186 页，台北文海出版有限公司，1972。

② 孔祥熙：《银行周报》，1937 年第 21 卷第 24 期。

③ 孔祥熙：《国闻周报》，1937 年第 14 卷第 26 期。

④ 顾维钧：《顾维钧回忆录》第 2 册，313～314 页，中华书局，1985。

德国时说："中国准备接收外国低息之借款以改变其高利之内债。现时（国际）金融及资本市场之现状，显然有如此进行之机会。中国现有之内债共约20亿元，名义上为6厘利息，实则约合8厘。如外国借款可以4厘借得，则中国自愿改换，因每年可省去之利息达8000万元，即可用于发展实业之需矣"[①]。他在访问其他国家时也表达了类似思想。例如，他在美国对记者说："中国愿得外资，以偿还内债，盖各项利息高达8厘，似宜加以整理"；"中国此际不特需要资金，且亦需要科学知识及专门技术，以完成经济建设及工业发展之5年计划。"[②] 此外，他在访问法国时还指出了他寻求借款的另一个目的："作为中国发行纸币的准备金"[③]，也就是巩固法币制度。显然，在孔祥熙当时举借外债的目的中，发展经济居于核心地位，因为整理内债和巩固币制都有利于发展经济。

第三，在所借外债的种类结构上，希望是出口信贷和政府借款，而不是银行团借款。6月下旬，他在访问美国时声明："对于建筑铁路及建设程序所需之商业借款，如能有低利率之款项，中国极感兴趣在寻求外国政府借款整理内债的同时，中国亦愿得外国之信用放款，俾得以分期付款办法，购买特种商品，除此之外，中国不愿另举新债"；"中国甚愿避免银团借款"。这里的"商业借款"和"信用放款"是指出口信贷，"银团借款"是指国际银行团的借款。这两种借款和政府借款一样，都是常见的外债种类。对于举债国而言，出口信贷可以用分期还款的方式偿还，限制条件不多；国际银行团的借款利息低、期限长，但借款的数量和用途会受到严格限制；政府借款的利息低，期限长，条件最为优惠。孔祥熙当时希望举借出口信贷和政府借款，而不愿获取银行团借款，是他权衡这三种外债的利弊作出的合理选择。

孔祥熙"战时举借外债论"的内容可以归结为以下几点：

第一，举借外债是中国控制通货膨胀、发展经济和坚持抗战的必要举措。孔祥熙在1938年8月说："现在最重要的财政措施是保持中国经济形势的稳

---

① 杨荫溥：《民国财政史》，北京，中国财政经济出版社，1985。
② 孔祥熙：《银行周报》1937年第21卷第24期。
③ 孔祥熙：《国闻周报》1937年第14卷第26期。

定和制止通货膨胀。为了达到这两个目的，从国外取得现金借款是绝对必要的。"① 1939 年 10 月，他又指出："此后抗战继续进行，需款亦巨，且向外国订购军用工用器材，需用外汇为数亦不在少，若专恃内债，既非国民资力所能胜，且资金外流，亦易影响外汇，震动金融。故第二期抗战开始以后，拟以募借外债与发行内债同时并举。"因为这是"借友邦之协助，利用外资发展经济，增强抗战力量，于战事前途，关系至巨"②。

第二，战时举借外债要以美国为首选对象。这一思想在孔祥熙向美国寻求借款的举动中体现得很清楚。抗战初期，虽然美国对支援中国很不热心，他仍然锲而不舍地要美国提供借款。经过艰苦交涉，终于在 1939 年春使得美国同意向中国提供第一笔战时援华借款——2500 万美元桐油借款。在 1940 年至 1941 年间陆续从美国获得几笔小额借款的基础上，他又于 1942 年 1 月致函给美国财政部长要求提供一项 5 亿美元的援华借款③。借款于同年 3 月实现，是抗战期间中国获得的最大一笔外债。另外，从美国援华借款占中国战时外债总额的比重上也可以看出，孔祥熙的确把美国视为战时举借外债的首要对象。抗战期间，中国总共借了约 20 亿美元的外债，其中来自美国的借款最多，为 15.2 亿美元，占 75%。

孔祥熙之所以把美国视为战时举借外债的首选对象，既因为美国是当时最发达的大国，也因为他意识到：中国的抗战和美国在东亚与太平洋地区的利益休戚相关，因此，它没有理由不援助中国；同时，美国在西方民主世界中居于领袖地位，只要它肯向中国借款，其他国家就会积极响应。他在 1939 年 8 月为维护法币制度向美国寻求借款时指出：中国法币制度与美国"在华产业价值关系尤为密切"，维持中国币制，就是"保其权益"，假如它不提供外汇借款帮助中国稳定币制，则情形一旦恶化，它在中国的"资产及商务，势必无法立足，同归于尽"；而"美国在太平洋上为盟主地位"，日本侵略中

---

① 顾维钧：《顾维钧回忆录》第 3 册，28 页，中华书局，1985。
② 孔祥熙：《战时财政与金融》，249 页，摘自《孔庸之先生演讲集》，台北文海出版有限公司，1972。
③ 中国第二历史档案馆：《中华民国史档案资料汇编》第 5 辑第 2 编，772 页，财政经济。

国,"为侵美先声",如果中国"因绝援而失败",则日本利用中国的人力物力就可以"独霸太平洋",严重损害美国的利益。另一方面,因为英法两国"均惟美马首是尽瞻",所以"维持外汇借款,倘得美方暗助,会同英法办理必易成功"①。1942 年 1 月,在中美两国成为反法西斯侵略的盟友之后,他又向美国财政部长摩根索指出:"中国抗战至今 4 年有半,牺牲既多,负担尤重,财政经济胥濒危境。……若果一旦崩溃,则军事亦难继续进行。按目前世界战事之发展,各民主国家休戚相关,存亡与共,军事与经济,皆应全力合作,互通有无。"因此他要求对方向中国提供 5 亿美元借款②。他还告诉对方,如果美国"肯带头",英国一定会以美国为"榜样"向中国提供巨额借款③。

第三,战时举借外债要以维护中国主权和利益为原则。这一思想在 1942 年至 1944 年间孔祥熙向英国寻求 5000 万英镑借款的过程中表现得特别明显。1942 年 2 月,英国主动声明将提供 5000 万英镑巨额借款支持中国继续抗战,但是,发表声明之后,它又迟迟不肯兑现诺言。当孔祥熙和中国财政部希望尽快落实这项借款时,它却要求以中国战后的关税收入作为借款的担保条件。因为这一要求有损中国主权,所以孔祥熙对此一口回绝,并指责英方在要"殖民主义态度"。不仅如此,为了维护中国的利益,他在和英国交涉时还就该项借款的用途提出如下建议:(1)用这笔借款在英镑区域采购作战物资,固然有利于中国坚持抗战,"但以物资因统制及运输路线之关系,英镑区域所能购者极少,且亦不易运到",所以"如专规定(借款)作为购物之用,于我不利",而"商洽将此项借款用以充作法币准备或内债发行基金,当较切实有效"④。与把这笔借款局限于购买作战物资相比,他的建议的确更有利于中

---

① 孔祥熙致胡适电,中国社会科学院近代史研究所中华民国史组编《胡适任驻美大使期间往来电稿》,中华书局,1978。

② 中国第二历史档案馆:《中华民国史档案资料汇编》第 5 辑第 2 编,《外交》,377 页,江苏古籍出版社,1994。

③《中华民国史档案资料汇编》第 5 辑第 2 编,《财政经济》,771 ~ 772 页,江苏古籍出版社,2000。

④ 1942 年 5 月 27 日孔祥熙关于同英方商洽借款协约修改问题电稿,中国第二历史档案馆:《中华民国史档案资料汇编》第 5 辑第 2 编,《外交》,490 页。

国坚持抗战。因为自 1940 年起日益恶化的通货膨胀，严重削弱了中国坚持抗战的能力，如果把这笔借款用于充实法币的外汇准备或作为内债发行基金，能够提高法币币值，吸收社会游资，进而起到抑制恶性通货膨胀、增强中国抗战能力的作用。（2）该"借款项下所购器材，一经订购，即于战事结束之后，仍应照交"。提出这条建议，是因为他觉得：如果把这项借款的使用期限"限制在战时"，就意味着"一旦战事结束，借款即不能用"，"换言之，即我方所购器材，于战事结束时尚未交货者，即告取消，则我方所得实惠极属有限"[1]。（3）该借款还应用于"偿付中国政府在英国应行付给之其他款项"。提出这一点，是因为他想到："如此则借款在英未能全部利用（时），我方亦可要求作为偿还旧债之用。盖欠英方旧债颇多，系由关税担保，我方亦可乘机稍轻负担。"[2] 即他想利用这笔借款减轻中国偿还旧有外债的负担。这些建议说明：与抗战前相比，孔祥熙在举借战时外债问题上表现出了强烈的民族主义立场。这显然是一种进步。

此外，在 1942 年向美国寻求 5 亿美元借款的过程中，孔祥熙也表现出了进步的民族主义立场。他表明，"此项借款在我方视之纯为政治性质之军事援助"，所以举借时"必须特别注重中国国家权益之保持和行政支配之自由"[3]。

（三）对孔祥熙外债思想的评价

综上所述，孔祥熙的外债思想主要包括两方面内容：维持外债信用论和举借外债论。两者相互联系，密不可分，共同构成孔祥熙外债思想的有机整体。在孔祥熙看来，维持外债信用是中国利用外资的前提，举借外债则是中国利用外资发展经济和坚持抗战的必要财政手段。这种思想对于国民政府统治时期经济建设资金严重不足的中国而言，无疑具有积极的历史意义，所以

---

① 1943 年 11 月孔祥熙报告蒋介石关于英国 5000 万英镑借款接洽经过情形节略，陈志奇：《中华民国外交史料汇编》第 13 辑，台湾渤海堂文化公司，1996。

② 1944 年 5 月孔祥熙报告蒋介石关于英借款悬案我方之建议及英方修改内容与修改后协定全文，陈志奇：《中华民国外交史料汇编》第 13 辑，6279 页。

③ 1942 年 2 月 7 日孔祥熙关于美英借款致蒋介石电之一，中国第二历史档案馆：《中华民国史档案资料汇编》第 5 辑第 2 编《外交》378 页。

应该给予肯定。然而，任何思想都是特定的历史环境的产物，而孔祥熙又是国民党营垒中的知名政客，其思想复杂且有局限性，所以在肯定其外债思想的积极意义的同时，还必须对之进行具体分析。第一，孔祥熙的维持外债信用论虽然有利于中国利用外资，但脱离了中国实际的偿债能力，加重了中国财政的负担。孔祥熙主张维持外债信用的目的，是为中国利用外资创造条件。从这个角度看，他的主张无可非议。但是，从中国偿还外债的能力角度分析，他的主张又是不切实际的。因为在他担任财政部长期间中国偿还外债的能力十分低下，根本无力履行按期清偿积欠外债的义务。

根据财政学理论，偿还外债离不开充足的外汇储备，只要一国的外汇储备能应付 4 ~ 4.5 个月的进口需要，它就在最低限度上具备偿债能力。而外汇储备的源泉则是外贸顺差。但是，在孔祥熙担任财政部长期间，中国的外贸从未有过顺差，即使在国民经济状况最好的 1936 年，外贸逆差也高达 2.358 亿元法币，合 7006.3 万美元[①]，所以中国当时几乎不具备按期清偿外债的能力。既然中国的偿债能力极为低下，那么停止或延期偿还外债也无可厚非。但是，孔祥熙为了维持中国的外债信用，在平时和战时都坚持如期清偿积欠外债，这实在是不自量力的做法。

当然，孔祥熙在维持外债信用的同时，也曾采取一些措施减轻国家的外债负担，然而，这些措施所取得的效果和为维持外债信用而给国家财政带来的巨大压力相比，几乎微不足道。而且，1929—1933 年世界经济危机发生以后，国际上的赖债现象蔚然成风。在这种情势下，经济落后、财政困难的中国即使在战时也为维持债信还债不辍，委实令人费解。因此，有人早在 1935 年就发出诘问："在欧洲强国纷纷实行辍债之际，中国对于外债，近年来反有进一步保持信用的趋势。中国竟想在国际信用破产的时候，做一个'中流砥柱'，岂不是一件怪事？"[②] 如果说面对这一诘问，孔祥熙在抗战前主张维持外债信用，因为含有为利用外资创造条件的考虑而可以泰然处之的话，那么

---

① 中华民国上海总税务司署统计科：《民国 25 年第 3 季第 4 季贸易报告·附全年贸易报告》，《国际贸易导报》第 9 卷第 6 号。

② 章乃器：《中国财政金融之现势》，载《申报月刊》，1935-01-15。

他在抗战初期继续奉行这一主张则需要反省。因为在战时财政极端困难的情况下仍煞费苦心地清偿积欠外债，不但会加重战时财政的负担，而且不利于集中本国财力支持神圣的卫国战争。

第二，孔祥熙举借外债论具有进步的民族主义特征，但也含有损害国家主权的错误内容。如前文所述，抗战前夕，为了举借外债，孔祥熙竟然提出了损害中国关税主权的错误论调。更有甚者，他在访问英国时，对于英方提出的严重损害中国主权和利益的借款条件也一一表示接受。这种错误的举债论调，和他在抗战时期表现出来的民族主义的举债立场形成了强烈的反差，对此应给予否定。

但也必须承认，孔祥熙的举借外债言论在抗战前后之所以会出现强烈的反差，是有客观原因的。抗战爆发前，中国只是一个积贫积弱的大国，和英美等国在战略利益上的联系不是很密切，在这种情况下，为了利用外资发展经济、准备抗战，孔祥熙和国民政府不得不以牺牲一部分主权为代价换取其支持。抗战爆发后，日本的侵略损害了英美的利益，在这种情况下，向它们举债就有了讨价还价的可能。而在太平洋战争爆发后，中、英、美为了共同的战略利益结成了反法西斯同盟，中国战场成了关系到世界反法西斯战争成败的重要阵地。此时，尽管中国依旧贫弱，但作为英美的盟国，在国格上是平等的，而且中国坚持抗战本身就是对它们的极大支持，所以要求它们在尊重中国主权和利益的前提下借款给中国并非不可能。事实也证明了这一点。经过孔祥熙和国民政府的努力，抗战时期英、美给中国的两笔巨额借款——5000万英镑借款和5亿美元借款最终都是在不附加任何损害中国主权、利益的条件下达成的。这在中国近代外债史上极为罕见。

（尚元）

参考文献

［1］李茂盛：《孔祥熙传》，北京，中国广播电视出版社，1992。

［2］孔祥熙：《战时财政与金融》，刘振东：《孔庸之先生讲演集》，台

北，台湾文海出版有限公司，1972。

[3] 郭荣生：《民国孔庸之先生祥熙年谱》，台北，台湾商务印书馆，1981。

[4] 寿充一：《孔祥熙其人其事》，北京，中国文史出版社，1987。

[5] 李紫翔：《我国银行与工业》，载《四川经济季刊》，1943（3）。

[6] 孔祥熙：《敌我财政现状之比较》，刘振东：《孔庸之先生讲演集》，台北，台湾文海出版有限公司，1972。

[7] 孔祥熙：《财政报告》，转引自李茂盛：《孔祥熙传》，北京，中国广播电视出版社，1992。

[8] 孔祥熙：《对党政训练班讲词》，刘振东：《孔庸之先生讲演集》，台北，台湾文海出版有限公司，1972。

[9] 孔祥熙：《第二次金融会议开幕词》，刘振东：《孔庸之先生讲演集》，台北，台湾文海出版有限公司，1972。

[10] 沈云龙：《中国银行史略》，台北，台湾文海出版社，1984。

[11] 陆仰渊、方庆秋：《民国社会经济史》，北京，中国经济出版社，1991。

[12] 丁孝智：《孔祥熙战时财政政策及其评价》，载《西北师范大学学报》，1996（8）。

[13] 杨天石：《蒋孔关系探微》，载《民国档案》，1992（4）。

第五章

阎锡山金融思想学说概要

阎锡山（1883—1960），字百川（伯川），号龙池，汉族，山西五台县河边村（今属定襄）人，日本陆军士官学校第六期毕业生，清朝陆军步兵科举人、协军校，参加同盟会，组织与领导了太原辛亥起义。民国时期，历任山西省都督、督军、省长、北方国民革命军总司令、国民党中央政治委员、军事委员会副委员长、太原绥靖公署主任、第二战区司令长官、山西省政府主席、国民政府行政院长，一级上将。解放前夕去台湾，卸职后避居阳明山著述至去世[①]。著有《物产证券与按劳分配》《阎伯川言论集》等。

阎锡山一生特立独行，不仅看重政治、军事，也对经济、教育、文化很关心，有很多哲学与经济以致金融学的思想与政策主张。例如，阎锡山曾经说："社会上的金融，和人身上的血脉一样。人凭血脉活，血旺则健壮，血不旺则衰弱……金融活动，社会就活动，金融死滞，社会非死不可。"[②] 阎锡山的金融思想学说，最主要地反映在反经济危机的黄金非货币化论、银行业与产业混合生长论、启动农村金融的酵面理论、合作金融与合作券土地担保论等。他在 20 世纪 20 年代曾通过整顿币制、发展金融等推动了农工商业并且取得成功，成为北洋政府的模范省省长。20 世纪 30 年代初，在世界经济危机中，他指出了资本主义经济体制的弊病，主张黄金非货币化，代之以"物产

---

① 参见：http：//baike. haosou. com/doc/804304 - 850842. html。
② 阎锡山：《阎伯川先生言论辑要》第六册，阵中日报出版社，1937。

证券"，实行"公有制"与"按劳分配"。他的这套理论集中在他的专著《物产证券与按劳分配》一书中。他不仅有一套理论主张，并且在山西做了黄金非货币化的试验，建立了庞大的实物十足准备库体系，并在山西取得了成功。阎锡山在推动山西工业化建设中，实行银行业与产业与混合生长的措施，推动产业建设，为山西经济发展作出了贡献。在发展农村经济中，鉴于农民没有资本，他大力推动建立县银号、县总信用社、村信用社及村金融体系，以山西省银行钞票为"总酵面"，层层息借发酵，以其省钞发酵论及其政策，以及他倡导的农村信用合作社，发行以土地为担保的合作券，解决农民当时发展商品生产急需的流动性问题，等等，有力推动了山西农村商品经济的发展。

总之，阎锡山不仅在金融思想理论方面有创新性的理论观点，而且通过社会实践取得了一定的效果。后来由于日本侵略军入侵，抗日战争爆发，他的金融理论及其政策主张实践被迫停止。现在看来，阎锡山的金融思想不失为中国金融学说发展史上的一个耀眼的亮点。

一、反经济危机的黄金非货币化论

（一）黄金非货币化论的内容

1929 年，世界性经济危机影响到了中国，在全国学者、专家提倡"钱币革命"的呼声中，阎锡山提出了"经济革命"和"社会主义"的理论。他认为资本主义有两大病症：一是分配病，贫富悬殊，其病根是"资私有"，根治此病的办法是"公有制"与"按劳分配"；二是交换病，货币数量少，比限生产，其病根是"金代值"，黄金独占货币，根治此病的办法是黄金非货币化，实行"物产证券"，从根本上避免经济危机。阎锡山抓住"物产证券与按劳分配"这个经济学命题，提出了自己的理论主张，并在其管辖的山西省进行了试验。

1. "金代值"四弊害

阎锡山说："'金代值'者，系以金银做货币，而代表工物价值之谓也。

'资私有'者，即生产之资产属于私人所有之谓也。'金代值'系以金银做货币，其本身为由独立信仰价值之物，形成'二层物产制'，独占贮藏，比限物产。盖生活需用之物产为一层，代值之金银又为一层。百物皆须先与金银比其价值，而后始能转易百物。乃金银之产生，本身已作其生产之价值，政府不能无偿取得。又因金银货币便于贮藏生息，遂取得独占贮藏之地位。人皆重金钱，轻物产，不肯以金银购买生活够用以外之物产，因之生产能力受其比限，遂生下列之弊害：

"其一为违反为产物而劳动的劳动原则，反成为劳动不为产物，而为金银。人为生活而生产，为生产而劳动，故人为物产而劳动，以求生活，始为正道。乃因金银代值之货币，取得独占贮藏之地位，致人之企图，皆集中于金银，以金银为主，物产为奴。于此喧宾夺主之下，人皆以金银为富，不以物产为富；人之劳动，非为物产而劳动，乃为金银而劳动，重金轻物之弊害因之而生。此'金代值'之弊害一。

"其二为违反生产愈多生活愈优裕之生活原则，反成生产愈多，生活愈困。人之生活，需用物产，当然生产愈多，生活应愈优裕。乃以'二层物产制'比限物产之故，一遇某种物产过多，争相求售，价格跌落，换得之金银自少，需用已足，人不肯以独占贮藏之金银，购买生活够用以外之物产，则持剩余之物产者，不能再行销售，以换金银；纵对投机者一再贬值，而其换得之金银，亦不足转换其他物产，以供需用。生产愈多，余剩愈甚，生活乃愈困。此'金代值'之弊害二。

"其三为违反保障人民生活之政治原则，反成限制人民工作，减少人民生活。人民，工作即是生活。政府，欲保障人民充足之生活，须尽量为人民谋工作，须尽量接受人民工作产物。乃以'金代值'、'二层物产制'之故，人之工作产物，必须换得代值之金银，始能转换其他生活所需之物产。惟代值金银之产生，本身已作其生产费用之代价，故政府不能无偿获得金银，以尽量接受人民之工作产物。一遇交易壅塞，物产滞销，人民即失业。政府为调剂失业人民起见，不得不减少全部之工作时间，以期增加工作人数；在人民，减少人民之工作，即是减少人民之生活；在国家，减少人民之工作，即是减少国家之物产，不但违反保障人民生活之政治原则，而且违反发达物产之富国原则。此'金代值'之弊害三。

"其四为违反互通有无之国际贸易原则，反开商战之路，增兵战之端。国际贸易原为互通有无，乃以代值之金银，既具独占贮藏之物性，又作国际支付之手段，其地位超于百物，聚得金银即可把握经济命脉。故各国努力增加生产，非正当的全为供国生活之需，乃不正当的进而作经济侵略他国之具。各国产物，无不竞先输出他国，求换入金银，企图把握经济命脉。各国均争出超，遂开商战之路，争之不已，继之以兵，而争兵战之端，使国际间失却互助之意义，成为侵略之事实。群与群间关系，遂成恶化。此'金代值'之弊害四。"①

2. "资私有"四罪案

阎锡山在分析了"金代值"的四大弊害之后，进而分析"资私有"有四大罪案。他说："'资私有'系生产资本为私人所有。无资本而劳动者，不得不依赖他人之资本以生产。若依赖他人之资本以生产，势不能'按劳分配'，分其劳动结果之一部分，以作使用资本之报酬。此种使用资本之报酬，为剥削分配制。因之，构成下列四罪案：

"其一为强盗罪。在'资私有'制度之下，因剥削分配制之故，劳动之结果须分于资本家二分之一（现在山西社会佃农制度虽系佃农分得三分之一，地主分得三分之二；但种田经费，除人工外，均由地主出，地主尚需花销三分之一。实际佃农与地主，多分其半）。非其有而取之，盗也。资本家不劳而取为制度所许。人盗人，盗也；制度盗人，亦盗也。'资私有'制度下许多资本家剥削劳动者劳动结果二分之一。此制度无异于犯强盗罪。

"其二为杀人罪。在'资私有'制度下，劳动者之劳动结果，既须分出资本家二分之一，则劳动者及其家属之生活需用，亦须减去二分之一。减少生活需用即是减少生活，若忍饥寒而生，则寿命必短，若欲不饥不寒而生，则靠劳动者生活人口之二分之一，势须制死。人杀人，罪也；制度杀人，亦罪

---

① 阎锡山：《阎伯川先生旅居大连时对新村制度研究之讲话》，《阎伯川先生言论辑要》第六册，阵中日报出版社，1937。

也。'私有'制度，制死劳动者人口二分之一。此制度无异于犯杀人罪。

"其三为扰乱罪。在'资私有'制度下，一人资本所生之息，抵千百万人劳动之所得者，比比皆是。劳动者生产而被剥削，靠劳动反不易生活；资本家剥削人，靠资息反奢侈其生活。富人一饭一衣之所费，有足供常人终身所需者；一宅一瓦之所费，有足供千万人之所用者，造成社会之大不平，人人常呈不满之状态，人类罪恶之事，多由此而生，扰乱人生，孰甚于此。扰乱人者'资私有'制度也。人扰乱人，罪也；制度扰乱人，亦罪也。此制度实犯扰乱罪。

"其四为损产罪。在'资私有'制度之下，靠资息生活者，不去劳动，以致生产者减少，减少群得生产总量，即是减少群得富强文明。减少生产，即是损产。人损人产，罪也；制度损产，亦罪也。此制度实犯损产罪。"①

3. "金代值"与"资私有"的关系

阎锡山进一步分析道："金代值"的四弊害与"资私有"的四罪案"系就制度而论"，"若就资本家及劳动者本身而言，'资私有'、'金代值'复合凑"而造成下列之残酷事实。一是'资私有'、'金代值'制度之下，人之企图皆集中于金银，然物产愈多，物价愈贱，而换得之金银亦愈少。资本家为求得多数之金银计，每于物产剩余之时，为求物价之高涨，毁灭物产，减少工作而致多数人失业失食。二是'资私有'、'金代值'制度之下，劳动者讬命于资本家，始则被资本家剥削，不能得相当之生活；继则一遇物产剩余，资本家限制生产，虽一被剥削之工作，亦有时求之而不可得。且国家增加生产，非全为供国人之需要，乃为输出他国，作经济侵略之利器。就劳动者本身而论，实被资本家惨杀之余，复供国家作杀人工具。就四弊害言，'金代值'种其因；就四罪案言，'资私有'种其因。"②

所以，阎锡山认为，"取消'金代值'四弊害可除；应除'资私有'四罪案可消。二者致病之因不同，医治之方亦异。若取消'金代值'仍任"资

---

① 阎锡山：《阎伯川先生旅居大连时对新村制度研究之讲话》，《阎伯川先生言论辑要》第六册，阵中日报出版社，1937。

② 同①。

私有"，四弊害虽除，而四罪案仍然存在。若废除'资私有'，仍行'金代值'，四罪案虽消，而四弊害，则反因之加重。同时取消'金代值'、废除'资私有'，则四弊害与四罪案之病均可医矣。"

4. 废除"金代值"、"资私有"代之以"物产证券与按劳分配"

取消"金代值"用什么来替代呢？阎锡山认为，替代物不仅需要具备"货币之效能"，而且没有"'金代值'之弊害"。他说："原夫货币之产生也，为代替物物交易之烦，其基本效能一为交易媒介，一为价值尺度。但作为交易媒介、价值尺度之效能，不在其本身为有相当价值之物，而在赋予法货资格，使其代表一定价值。金银之为货币也，以其有产量相当，携带便利，不畏仿造等等优点，并以其本身具有独立信仰之价值；惟期本身系有独立信仰价值之实物，故形成'二层物产制'，独占贮藏，比限物产，并以其本身价值，作交易价值之极。嗣近世物产繁多，交易莜难，纸币应运而生，纸币生则金银作货币之理由已失，只留其扰乱物价及比限物产，困人民生活，减社会之富力，助长私资剥削与国际侵略，徒为种种扰害，人与人群之罪物耳。"①

废除"金代值"，实行"物产证券"的好处，阎锡山认为，"'物产证券'可具有货币之效能，而无'金代值'之弊害。盖'物产证券'，如同物产之照相片，必须有此物产，始能照是相片；以此照片，即可购物产。证券如同物产之价值收条，直接代表物产价值，由政府赋予法货资格，自可具备交易媒介、价值尺度等基本效能；且证券本身，并无独立信仰之价值，当然不以其本身价值作交易价值之极，亦不会形成'二层物产制'，无因独占贮藏、比限物产所生之弊害。"②

5. 实行"物产证券"的好处

阎锡山说："物产证券者，政府用法令规定代表一定价值之法货，用以接受人民工作产物，并作人民兑换所需物产及公私支付一切需用者也。政府接受物产若干多，即发行若干证券，同时即将此种物产，售于消费者，而收回

---

① 阎锡山：《物产证券与按劳分配》，《阎伯川先生言论辑要》第六册，阵中日报出版社，1937。
② 同①。

证券。""物产证券如同物之照相片。以此照片，即可购买物产，证券如同物产价值之收条，直接代表物产之价值。""物产证券的货币制度是收物发券，在周使上是以券兑物，所以物券统一，其数量能随物的增减而伸缩，且依产物发券，物为券之准备，购物即是兑现，……准备十足，信用巩固，兑购合一，充分体现了物本物的一层物产制的货币。"①

阎锡山概括物产证券制的好处是：

第一，"就人民方面言，不患物产无销路，即不患工作失效用；不患无工作，即不患无生活；生产物不患物价跌落，需用物不患物价高涨；个人之生活，不但赖以安定，且可预计改进"。

第二，"就政治方面而言，尽量接受人民物产，无救济失业之苦；物产可尽量流通，无交易壅塞之用；政府可以统制价格，调节生产，无物产偏剩之虑。"

第三，"就国际贸易言，出入平衡，无因产业落后而致入超之害。"

第四，"就社会风尚言，俭为美德，奢为恶行。而'金代值'制下，俭为购买力小，工人失业，不得不鼓人为奢。勤为善行，惰为劣习，而'金代值'制下，勤则生产剩余，经济恐慌，不得不减少工作时间，限制人民工作。实则奢不可，俭不能，勤不得，惰不当，凡是动辄得咎，进退维谷。'物产证券'制下，则勤可增产，俭可蓄富，生产消费均趋合理，无矛盾之现象。"

第五，"就生产方面言，政府尽量予人民以工作机会，劳动能力可充分表现；物产增多，已非倍蓰；加之以余产集中亦可变资，可使生产能力逐年累进，其数量之大，当有出人以外者，较之'金代值'之限制生产，悉菅需坏哉！"②

（二）黄金非货币化论的背景与环境

阎锡山提出的取消"金代值"实行"物产证券"的理论，是在 20 世纪

---

① 阎锡山：《物产证券与按劳分配》，《阎伯川先生言论辑要》第六册，阵中日报出版社，1937。
② 同①。

20 年代末 30 年代初提出的。当时，世界经济大危机波及各国，中国经济也受到一定影响，危机中各国均放弃了金本位，中国货币何去何从争论激烈。最主要的是三种不同观点，一种是能力本位，一种是虚粮本位，一种就是物本位——物产证券论。阎锡山"物产证券"论作为一个学派，在当时有较大影响。当然，物本位的首倡者还有廖仲恺，他在 1919 年发表了《钱币革命与中国建设》，后来又发表《再论钱币革命》。他发展了孙中山的钱币革命思想，提出废除金银货币，代之以百物本位，实行纸币制度，由政府调节供求的理论。阎锡山虽然是在廖仲恺之后提出"物产证券"形式的百物本位理论，但他却是黄金非货币化的勇敢的实践者，他在 1934 年就在太原发行土货券，并以九角九分顶一块银元流通。

其实，阎锡山对社会经济问题的研究与重视，始于民国初年，因为太原辛亥革命中，曾发生溃散清军抢劫藩库、官钱局和金融机构及富商的情况，造成新生的军政府财政极度困难，阎锡山通过成立大汉银行发行军用票、向富商借款、成立官钱局、官商合办银行等措施，才使得新政权得以运行。阎锡山继而通过划一币制，整顿金融，稳定了社会。特别是在他兼省长以后，更加重视经济社会建设。1918 年前后，有 1 万多名在俄罗斯经商的山西商人因资产尽失逃回原籍，阎锡山在接见由俄返回的晋商代表时，得知"十月革命"后苏联政府将晋商财产全部没收的情况，十分震惊。遂于 1920 年 6 月开始，组织"人群组织怎样对"的研讨会，名曰"进山会议"（进山即今山西省政府院内的梅山），每周三、周六开会，每次 4 小时，参加会议的是当时山西有名望的社会名流，最初仅 12 人，后来发展到 134 人。研究会规定三条公例：一是研究的结论必须"得乎人心之所同然"；二是研究的结论必须"无父"，即言行不掺杂成见；三是研究的结论必须"有儿子"，即不绝后，有发展前途。他主张"人群之真富真强真文明，土地公有私种，资由公给"，认为共产主义制度则是只有"人人为圣人斯可办到的制度"。对阎锡山提出的研究目标，研讨会的答案是实行"村本政治"和"用民政治"①，这就成了阎锡山施政纲领的核心思想。他通过改组官钱局为山西省银行，垄断货币发行，大力支持民间金融机构的发展，以金融业的优先发展促成了 20 世纪 20 年代山西省工业化的第二次高潮的成功②，北洋政府授予阎锡山"模范省省长"的殊荣。

20 世纪 20 年代末 30 年代初，当世界性经济危机影响到中国，国内学者倡导"钱币革命"的时候，阎锡山独树一帜，提出了"经济革命"和"社会主义"的理论，企图从根本上解决经济危机。他抓住"物产证券与按劳分配"这一经济学命题，出版了他的专著《物产证券与按劳分配》，企图通过货币改革作为摆脱经济危机的措施。当时，阎锡山曾在《造产救国年报》中发表题为《经济建设之难关与打开之方案》的文章，文章写道，中国处于"列强集全力于经济侵略之下，关税不能自主，工商落后，所以立国之原则已失，直形成半亡国之状态矣。……今欲图存，非跳出半亡国之陷阱以外……简单言之，保有口吹大洋，点石成金之神秘。而欲保有此种神秘，非社会经济出入平衡不可，……比之一家人，岂有入不敷出之目的，则必须声明全体彻底醒悟，努力于物美价廉之生产，以增加输出，勉用本省一切之土货，以减少输入。而政府尤当实行统制汇兑，以操纵贩卖外货，……否则坐之以待毙耳。"③他告诫商人："少贩卖外货，多销土货，同时自身亦应服用土货，纵使少赚些钱，也应该忍痛牺牲。……商人们如此时要贩卖外货，致使金钱外溢，金融枯槁，将来必致同归于尽，这种举动是病国也是自杀。"④

从 1932 年开始，阎锡山大力提倡"造产救国"，服用土货，于 1933 年先后制定了《山西省政府服用国货委员会组织简章》、《山西省政府公务员服用

---

① 阎锡山认为"家国省县皆人类之团体，家以情系，政性较微，国省县区，范围甚广，独村为人类第一具有政治性之天然团体，以之为施政之本，既无过泛之病，又不虑其无由措施。"将基层权力下放，把政治放在民间，实行自我约束、自我治理，以村为政治本位，即"村本政治"。"用民政治"，一是民德，做到信、实、进取和爱群四要；二是民智，进行国民教育、职业教育、人才教育和社会教育；三是民财，发展农工商矿业。

② 山西省第一次工业化高潮是在晚清洋务运动时期。

③ 阎锡山：《经济建设之难关与打开之方案》，载《造产救国年报》，1933。

④ 阎锡山：《阎主任为设实物准备库告山西商民》，载《中华实业月刊》第三卷第六期，1936 年 6 月 1 日。

国货委员会服用国货规则》、《经济统制处人员服用土货会简章》、《山西省公务人员服用国货联合委员会简章》、《山西省公务人员服用国货通则》、《山西省军政各级机关庶务人员不购用土货处罚办法》、《山西各县市公安局督饬各商号分部陈列土货国货及外货办法》等规程。为推销本省各轻工企业生产的土货，建立了土货产销合作商行，简称"土货商场"。发行了五十万元"土货券"，工厂在给职工发工资时搭发40%的土货券。土货券在"土货商场"购物，九角九分顶银元一元，抵制外货入侵。土货商场卖货不收一般货币，只收商场发行的"土货券"。土货商场发行的土货券，就是该商场的资本金，用土货券收买货物，售出时再将土货券收回。民间没有土货券，允许以社会通行的货币向商行调换同额土货券。久而久之，土货券也和其他通用货币一样在市面流通。1936年，国民政府全国经济委员会在《山西考察报告书》中记述："太原更有土货券之发行，该券系太原经济建设委员会印制，责成土货产销合作商行发行，……所有该行售货价款，一律专收土货券，其目的在于提倡土货，盖凡持土货券购货者，其售价概照九折计算。"① 除太原外，在大同、临汾、长治、汾阳等地均设有土货产销合作商行的分行。

土货商场刚成立时，推销数量有限，产品滞销的问题并没有解决。阎锡山为了打开销路，让公务人员一律穿用土货衣料，并在全省一百零五县，每县由经济委员找一殷实商号，定名为土货商场代办商号，在经济委员监督下，推销山西土货。代办商号到土货商场选购货物，价款现付赊欠均可。这两种办法，对解决商品滞销起到十分重要的作用，遂使山西晋生、晋华、晋益等各纺织企业以及其他工厂的生产得以迅猛发展。土货商场还采取供给原料的办法，支持中小工厂的生产。中小工厂只要有工人和工具，就可以向商场领取原料，制出成品后由商场收购。从而使山西工商业迅速走向繁荣。②

据1935年11月9日《山西日报》刊登的《土货券稳定，商民多信赖》一文称："本省土货商行，自发行土货券以来，收货发券，凭券兑物，原为增加人民生活上必需品之购买能力与制造家之生产能力，其性质完全与普通兑

---

① （中华民国）全国经济委员会：《山西考察报告书》，1936年2月，314页。
② 续承明：《太原土货商场纪略》，《山西文史资料》第二十四辑，文史资料研究委员会，1982。

换券不同，收一分货，发一分券，卖一分货，收一分券，有十足的货物准备兑换，不受金融变化之牵累，不受市场盛衰之影响，以此博得各界人士真实信赖，且由多数工厂商号为吸收土货券起见，对土货券购买物品者，格外予以便宜。就中如西北皮革、毛织、洋灰三厂出品九八扣，火柴每箱让价五角，晋丰公司面粉每包让价一角，同蒲铁路运费九八扣，晋华、晋生两厂各让价千分之五，本市商号德盛咸、信丰久、巨兴恒、世兴号、瑞崇隆、永吉成……等十六家货价九九扣，凡此皆是为土货券昭著之明徵，其热心周使者有西北印刷厂、西北窑厂、西北炼钢厂、西北铸造厂、西北农工器具厂、西北铁工厂、西北机器厂……晋华卷烟厂及泰和昌、义元生、大隆祥等商号，又阳曲县政府赋税、各税收机关税款均一律收受。外县如榆次、汾阳、大同等大商区均欢迎周使，毫无窒碍。近来更有河西呼延等村农民鉴于土货券信用稳妥，亦纷纷愿以土货券作价，出售大米等农产品。现在，土货券已立于稳固地位，其周使区域之扩大，有与日俱增之势云。"① 1937 年"七·七"事变后，日军侵占太原，土货商场被迫结束，所发土货券，后来在西安清点销毁。

在土货商场和土货券之外，更为重要的是山西官办银行山西省银行、晋绥地方铁路银号、绥西垦业银号、晋北盐业银号"四银行号"发行的纸币，也废止金银准备，成立了"山西省省铁垦盐四银行号实物十足准备库"（简称"实物准备库"）。据当时实物准备库的负责人郝星三回忆："1935 年 11 月国民政府实行法币政策，禁止各省发行纸币。山西省四银行号发行的纸币停止兑现金银，以实物十足准备为保证。实际上，四银行号纸币的现金准备是发行额的 60%，而四银行号发行纸币八九百万元，实物准备库的物资储备已到一千万元以上，可以说还超过了十足的实物准备。其长远计划是要对各厂矿的原料供应，产品推销都包下来，由于日寇的侵华，没有达到这个计划。实物准备库没有资本，因其组织意义是四银行号的一个实物库。因而对实物准备库购买物资和设备等用款，规定了一个制度是四、三、二、一，即其负担比例是省银行 40%，铁路银号 30%，垦业银号 20%，盐业银号 10%。这些用

---

① 《土货券稳定，商民多信赖》，载《山西日报》，民国二十四年十一月九日。

款，名义上不出利息，按百分之二付出纸币印刷费，即寓有利息的意思。"
"省内沿同蒲线及重要城镇，均设有分库，如大同、原平、忻县、榆次、寿
阳、平定、太谷、平遥、文水、汾阳、洪洞、临汾、侯马、运城、风陵渡等；
在省外的分库，称为物产商行，分布在包头、绥远、潼关、西安、石家庄、
张家口、汉口、上海、天津、北京等地。……实物准备库从 1935 年 12 月成
立，到 1937 年日寇进犯，10 月间太原失守，短短一年多的时间，物资及不动
产达到一千万元以上。"①

为了宣传黄金非货币化理论，当时还编了歌曲，教群众唱诵："金钱金
钱，您是罪恶之源泉，因了您的骄宠，痛苦了劳动万千。……取消了您交易
的权威，贬您为普通物产……人生不会再为了您而痛苦，物产再不受您的比
限。……废除金银代值，实行物产证券，那才是钱币革命的具体实现。"②

（三）黄金非货币化论的价值与影响

阎锡山认为，一种有实践意义的理论必须从正反两方面得到证实，才有
说服力。因此，他在研究提升其理论的过程中，特邀请社会各方面的名人学
者包括马列主义理论家与他当面展开辩论。他说"我还要请一批有学问的人
来河边村（阎锡山老家），介绍外国的新学说、新发展，让咱们消化消化，好
充实咱的理论。"例如，有一次他专门插入一个马克思主义讲座，连续 3 天，
阎锡山一直坐在会场上听讲，一边认真地笔记，一边不时插话，提出问题，
要求解答。听后他感慨地说："马克思真了不起！他分析观察事物，就像有一
只显微镜，竟然能看到人们所看不到的东西。不过，他把一切演变都看成是
运动的必然准则，是忽视了人为的因素。如果照他的理论，那就用不着人为
的革命了。可是，他还要号召人们起来革命，那就与他的理论自相矛盾了。"
当时，有一位理论家坐在他的旁边，对他解释说："无产阶级起来革命，也是
历史的必然。号召革命，只是为了加快社会变革的过程。"阎锡山听后摇着头

---

① 郝星三口述，贾乙和执笔：《抗日战争前的实物准备库》，《山西文史资料》第八辑，文史资
料研究委员会，1963。
② 《钱币革命的具体实现》，载《阵中日报》，1942–09–01。

说:"阶级斗争要不得!要革命,马克思就要挑起阶级斗争,让人们互相残杀,这是不人道的。"停了停,他又说:"阶级斗争为什么不对?因为问题出在社会制度上,这不能怪人!"当然他也承认:"我的那一套是吃不倒马克思的。"

1935年,在中国货币何去何从问题上,南京政府进行着紧张的研究。此时,阎锡山先生多次建议国家实行他的"物产证券"主张。他在1935年7月10日给孔祥熙的一份电报中说:"金银代值向因不足不便之故,代以纸币,按成准备,已作不兑现之基,加以出超各国金银已成偏聚,而金银每利宽困窄,出超而不兑现,尚可运用自如,入超而不兑现,必成废纸。故近代经济命脉常为出超国家所操纵,弊战而失利,终归入超国家所遭受。以我国今日之国情与环境,倘若实行不兑现,纸币势必跌价,社会恐慌,人心怨重,政府收入顿减,为抵补计,不得不增发纸币,愈增发愈跌价,社会愈恐慌,人民愈怨望,人民之损失必不减于欧战时不兑现诸国,而我国民智未开,其怨望必胜于欧战时不兑现诸国……我兄司农才长,必有远虑。弟空途浅见,无补高深,特心为之虑,电供参考。"孔祥熙复电阎锡山讲到:百川兄"蒸电敬息,关怀币政,远锡南针,语重心长,良殷纫佩。……货币政策必以国利民福为前提,维护金融,彼此实具同情,厚荷教益,敢不拜嘉,臑陈事实,并乞垂察。"双方电报往返多时终未结果,1935年11月2日国民政府推出"法币政策",但阎锡山"物产证券"在山西的试验仍在不断扩大。

"山西省省铁垦盐四银行号实物十足准备库"成立之前,四银号的发行准备是现金银60%,其余40%为证券准备。南京政府法币政策施行后,山西省四银行号纸币不能以银元兑现,阎锡山推出了"实物"兑现。这一办法,一是保证了山西省四银行号的纸币发行和稳定流通;二是无本从事商业活动,在当时市场死滞,物资流通窒塞的情况下,为经济活动注入了生机,而且所聚集的财富,在客观上对后来抗日战争的胜利起了积极的作用。若不是日本侵略军侵入山西并抢劫了实物准备库大量物资,山西经济发展是不可估量的。历史上对阎锡山的实物十足准备制度褒贬不一,有人认为是"口吹大洋"的好办法，有人认为是"赤腿穿套裤"（实物准备库的谐音）加以否定。当时，著名经济学家马寅初先生曾评论道："《物产证券与按劳分配》一书是阎锡山先生之演讲词。余曾细读一过，深佩阎氏思想卓越，见解高超，诚为难得"，"故惟有按劳分配，勉其自动，避其被动，适于生产。阎先生此论，确有卓识。""阎先生阐发物产证券之理论，精辟透彻，确属不同凡响，惟其将'资私有'之结果误认为'金代值'之病，实为其全部理论最大之缺陷。鄙意以为'资私有'与'金代值'应分别讨论，不宜混为一谈"，"物产证券，不能取今日之汇兑本位或纸本位而代之也。"① 现在看来，这一理论与实践，应当说是一种纸币发行的商品准备制度。

二、银行业与产业混业生长论

1932 年阎锡山二次上台后，提出"自强救国"、"造产救国"口号，主持制定了"山西省政十年建设计划"，除了大力发展民资工商业外，突出发展官办企业。其官办企业包括"公营事业"、"营业公社"、直属事业三大类。"公营事业"全称是"山西省人民公营事业"，是一个囊括工业、商业、交通、金融、科技研究等于一体的庞大的托拉斯式的企业集团公司。

阎锡山认为，经济建设必须加快步骤，迅速发展，迎头赶上先进国家。他的措施，一是取消资本家的分红，发展"公营事业"，事业的盈余悉数用作再投资，加大进步马力；二是高薪"遴聘外国第一流技术专家前来，作为种籽，训练我方技术人员，逐渐扩大，使一粒谷子变成一穗谷子，再变成遍地谷子，均能获得最新智能"；三是不惜巨资，按需要向国外购买最新技术；四是派员前往国外实地学习，提高我工作人员之素质与产品之质量。在具体实施建设计划时，阎锡山强调"调查、计划、研究、试验、推行，是为完成建设必要之路程。"实践中采取了很多特别的政策措施，其中一条就是银行业与产业混合成长的发展道路。

---

① 马寅初：《物产证券与按劳分配》，《马寅初全集》第十卷，312 页，杭州，浙江人民出版社，1999。

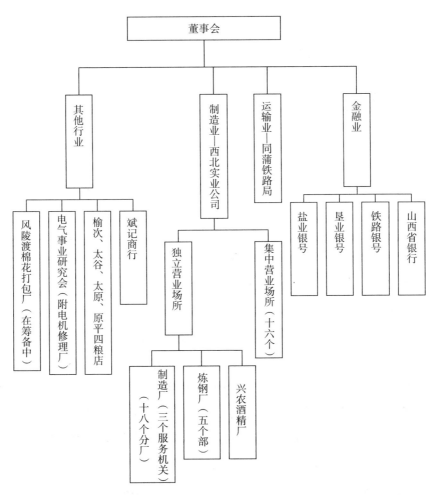

山西省人民公营事业董事会管理事业一览（民国二十六年七月一日）①

（一）银行业与产业混业生长论的内容

阎锡山说，经济建设资金的筹措与运用"通常做法与步骤，是先筹到足额经费，再按步进行。但问题是我们无法筹到数目庞大的足额经费，如俟筹到巨额经费再行建设，那就无异是'俟河之清'了。"阎锡山将所建银行业与

---

① 山西省档案馆：山西人民公营事业董事会档案第12·1卷，山西省档案馆1937年编制。

业董事会管辖之中，延长了产业链，上下衔接，一副资本，多重效用。铁路局、洋灰厂、炼钢厂、窑厂（耐火材料厂）、电化厂、造纸厂、印刷厂、酒精、煤矿、牧羊、毛纺、皮革、机械等，无不以相互利赖而连锁发展，节省了经费，开发了不少工业资源，实现了阎锡山经常说的"一个钱要掰成几瓣用"。①

8. 无息借款。阎锡山以限制"资私有"，发展省、县、村营业公社名义，向有钱人强制借钱，充实资本，但不作股份。在其《告知委员并分别转告官绅事项》中写道："资产生息之流弊，厥为私人资本集中，私人资本愈集中，社会经济愈不平，救济此病，若以暴烈革命之方法，不如用和平调剂之政策"。向富人无息借款，出资者不分红利，三十年后照原出资数目归还。资本由有钱人手中借，事业也由有钱人管。……省营业公社定为借资本四十万元，阎锡山本人负担二十万元。出资者组织董事选举会选出董事，阎锡山为董事长。

9. 利用外资。据"斌记五金行"对外国商人的负债记录，1936 年 12 月末利用外资未归还余额为 1484493 元，分别是向德国、美国、日本等国的礼和、新民、华德隆、禅臣、孔士、白禄、西门子、德义、克罗克纳、安利、慎昌、德盛、大仓、公兴、三井、祥昌、协兴、恒昌等几十家洋行用商业信用的延期支付，分期付款等方式，获得了国外信用支持。

（二）银行业与产业混合生长论的背景与环境

1918 年，在讨论关于民德民智民财问题时阎锡山说："新生意叫公司。公司有四样：一叫无限公司，二叫两合公司，三叫股份有限公司，四叫股份两合公司。"主张发展股份有限公司，改革山西商人传统的股东无限责任制。在 20 世纪 20 年代山西发展了一大批股份有限公司，如平鲁县的富有畜牧公司、交城生大畜牧场、静乐民生牧场、阳曲兰村群众牧场、岚县晋裕牧场、朔县山阴、应县的富山水利公司、广裕水利公司、广济水利公司等。30 年代除继

---

① 徐崇寿：《西北实业公司创办纪实》，《山西文史资料》第六十辑，山西省文史资料编辑委员会 1988 年编制。

续发展股份制企业外，又突出推动公营事业发展。

　　阎锡山对银行业饶有兴趣。1911年山西辛亥革命成功后任军政府都督，即以军政府名义成立大汉银行。当时银行没有资本，向祁县富商借白银数十万两充作大汉银行资本，发行军用票。民国初年，袁世凯主政北洋政府，承认山西军政府后，阎锡山第一件事就是拨资21400两，创办山西官钱局，同时成立股份制晋胜银行。1919年将官钱局改组山西省银行，资本不足，为官商合办，后来改为官办民监，在推行"村本政治"、"六政三事"中，通过划一币制、聚集资金、汇划融通，为农业和水利建设发挥了巨大作用。1930年，阎锡山与冯玉祥等发动倒蒋战争之前，先在太原成立了中华国家银行，后迁到北京，同时办了国家银行学校，后随着倒蒋战争的失败而结束。1932年二次上台后，第一件事就是整顿山西省银行，接着制定《山西省政十年建设计划案》。他说："中国的官吏以为不贪赃不枉法就是好官吏，现在时代不同了，务必依照已定的计划案积极办事，如果办不利就科以贻误罪。"[①] 按照计划案要求，需筹集上亿元以上资金用于投资，于是，1932年在省银行之外又成立了晋绥地方铁路银号、绥西垦业银号、晋北盐业银号，与省银行合称省铁垦盐四银行号，均为官办金融机构，办理纸币发行、存放汇兑等业务。到1935年，省铁垦盐四银号业务占全省银行业务的比重为：分支机构占23.4%，但资本占77.3%、吸收存款占33.3%、放款占61.5%、汇出款项占61.2%、汇入款项占58.7%、储蓄存款占98.4%、纸币发行占89.2%，基本垄断了山西金融市场。[②]20世纪30年代，省铁垦盐四银行号与工商业密切结合，混合生长，带动了山西经济的迅速发展。到1937年日本侵略军侵入前夕，山西人民公营事业董事会下辖制造业、运输业、银行业、商业及研究机构，资本总额已经达到近万亿元法币，为当时全省私营工商业资本总额的2.78倍。营业公社不包括县、村两级，仅省营业公社的晋同银号、晋裕银号、晋益、晋忻、晋沅、晋平、晋洪等七个当铺与其他面粉业、棉花、煤矿等，资本达到340

---

① 阎锡山：《阎伯川先生言论辑要》第六册，阵中日报出版社，1937。
② 山西财经学院、人民银行山西省分行：《阎锡山和山西省银行》，北京，中国社会科学出版社，1980。

多万元。直属省府的企业，包括土货商行、晋北矿务局、阳泉煤业公司等数十个。无论哪类省属企业，均有金融机构在其中服务，用现代托拉斯经营管理方式，这不能不说是一大特色。

（三）银行业与产业混业经营论的价值与影响

据山西人民公营事业档案记述："山西省人民公营事业的目的，不只是防止权利外溢，而且含有节制资本及造福全省人民的意义，且是节制资本最简便、最圆满、最省力的办法。在人民不知不觉中，完成了十成的节制资本，也可以说把剥削奢侈的特拉斯，变成为慈善开发的资本。详细地说，此项资本，出之于人民，所赚之利息，包括兴办省、县、村人民三项事业的使用，这三项事业就是教育事业、卫生事业与开发事业。但需在其资产超过二十亿元以后。"①

1932 年前，山西省各种公营企业的数量有 10 个左右，资本总量大约有 1308.4 万元，而到 1937 年上半年，各种公营企业数量已经达到 50 多个，是前 5 年的 5 倍；资本总量大约达到了 9584.6 万元，是前 5 年的 7 倍左右。1937 年，金融业、商业、工矿业和铁路企业的资本，分别为 3320 万元、2468.2 万元、2165.4 万元和 1650 万元，分别占到官僚资本企业总量的 34.4%、25.6%、22.6% 和 17.2%，其中金融业占比最大，说明其在经济发展中的地位。在十年建设计划的前 5 年时间里，各种企业数量增加了大约 40 个，增长数量接近于前 5 年的 4 倍，资本新增加数量达到 8276.1 万元，增长数量相当于前 5 年的 6 倍左右，平均每年资本增长量大大超出了 1932 年之前的总数量。其中金融企业增加资本 3170 万元，在各种企业资本增加量中居于首位，商业资本增加 2377.7 万元，铁路资本增加 1645 万元，工矿企业资本增加 1083.4 万元。② 到日本侵略军入侵山西前的 5 年内，阎锡山以 110 万元银元资本开始，建成了铁路 960 公里，创建了采煤、冶金、电力、化工、机械制造、纺

---

① 山西省档案馆：《山西人民公营事业的概况》，山西省档案馆档案，山西省民营事业董事会档案 12·1—456 卷，山西省档案馆 1937 年编制。

② 景占魁：《简论阎锡山在山西的经济建设》，载《晋阳学刊》，1994（3）。

织、造纸等轻重工业，总资产达 2 亿银元，奠定了山西的工业化基础，增强了经济实力，这在世界经济发展史也是少见的。阎锡山主导的以金融业为核心的金融业与工矿商交各产业混合成长的金融集团公司这一金融管理思想与体制，对山西经济社会发展作出了贡献，为后来抗日战争的胜利起到了重要作用，在金融理论上也留下了值得后人思考的一页。

三、启动农村金融的省钞发酵论

民国时期，山西农村经济十分落后，发展农村经济，必须有一定的启动资金，发展经济的资金从何而来？阎锡山认为："社会上的金融，和人身上的血脉一样。人凭血脉活，血旺则健壮，血不旺则衰弱，……金融活动，社会就活动，金融死滞，社会非死不可。拿社会做人看，社会和人一样，钱和血一样。要想血充足，须得吃得多，化的血多。……吃的少，用的血多，这个人一定不能活。譬如每年入山西的钱多，出去的钱少，这还可以。如果进来的钱少，出去的钱多，这就等于'食少事繁'。一省如此，一家也如此。"[①]阎锡山按照"村本政治"目标，在实施"村政建设"中，设计了启动农村金融的"省钞发酵"方案，借以扩张信用，向农村提供交易媒介的发展农村经济的一套理论与政策。

（一）省钞发酵论的内容

阎锡山认为："现在金融滞塞，农村经济破产，乡村利息高至五六分至六、七分，农民不能偿债，以致商业亦归停顿，社会全呈死象，必须有一个活动县金融的办法，以资补救。"他提出用山西省银行钞票"发酵"，启动农村金融。主持此项工作的太原经济建设委员会经济统制处一位张姓处长解释说："村向县银号息借一部，县向省银行息借一部，如发酵然。省银行票好比总酵面，发行一、二百万，分借各县，作为县银号基金之一部，连同县银号

---

① 阎锡山：1936 年 2 月 29 日《在商人提倡土货讲演会之讲话》，《阎伯川先生言论辑要》第六册，阵中日报出版社，民国 26 年。

109

另筹基金，再起发酵作用，以兑现票借给各村，作为汇兑基金。如此发酵后，辗转流行，社会金融就会马上活跃起来。"①

1. 总酵面

省钞发酵的总酵面是山西省银行发行的钞票。山西省银行的前身是1911年辛亥革命后成立的山西官钱局，1919年改组为省银行。开始资本金不足，定为官商合办。1919年以后，清退商股，改为官办，扩大资本，拓展业务，在全省以致省外重要城市设立分支机构，除办理普通商业银行业务外，同时发行货币、代理省金库、也部分地执行全省金融业监管事务，成为山西省的发行银行、政府银行、银行的银行和管理金融的银行，相当于山西的"中央银行"。20世纪30年代，山西省银行钞票实行实物十足准备，省钞信誉很好。而国民政府的中央银行在山西业务很少，老百姓一般也不了解。全省无论官办或民办的银行、银号、钱庄、当铺，山西省银行均可以通过业务加以影响。

2. 发酵体系

以山西省银行钞票发酵，需要有一套传导机制，这就是建立省、县、村金融体系，层层发酵直到农村。阎锡山先后制定了《山西省县银号章程》、《各县县银号借发山西省银行兑换券章程》、《山西省银行代理店代发省银行兑换券章程》等一系列章程制度，形成省银行—县银号—县总信用合作社—村信用合作社的发酵体系。

省银行及其代理店。山西省银行遍布全省各地，但还是有个别县城没有省银行分支机构。在省银行没有分支机构的县份，就委托私人钱庄代理，称为代理店或寄庄。其代理店可以在其资本额三倍的额度内，申请代发省银行钞票，发行数额，经县商会签发认可书，与省行订立合同，取具铺保，制作"山西省银行某某代理店"及"山西省银行某县兑换所"字样的招牌挂于门首，成为山西省银行的代理机构，办理发行与兑现事宜。

县银号。阎锡山设计的县银号，目标是"县银号之于本县，犹省银行之于本省"。县银号章程规定："各县县银号，以培植县建设基金，使县地方金

---

① 山西财经学院、人民银行山西省分行：《阎锡山和山西省银行》，北京，中国社会科学出版社，1980。

融事业圆满进行为宗旨。"县银号的业务，除证券及票据的买卖贴现、再贴现、兑换、汇票、从事金银及各种货币买卖、办理存款、办理抵押贷款或信用贷款、兼营储蓄等等以外，还代理县金库，更重要的是以省银行兑换券贷款给县总信用合作社、再转贷村信用合作社作为村合作券汇兑基金。县银号不能自行发行纸币，只能借发省钞。借发省钞须经由县政府向省政府申请，经审查承认得借用发行山西省银行兑换券，一等县不超过 10 万元，二等县不超过 8 万元，三等县不超过 5 万元。县银号借发省钞，由自己负责兑现，省银行不负责发行准备和兑现，倘有亏累倒闭情事，所借兑换券仍由该县地方设法收回，省银行不负代收之责。县银号成立时，准备金由县筹措，须由县长会同地方士绅筹足应筹的资本，呈请"省经济建设委员会"印制县银号应发兑换券，招县城殷实商号包办，按章订立合同，定明双方权利义务，按资本给予私商一定利益。县银号实行"官督公营民监"，由"县政府监督，县地方经营，县全民监察"。县银号设董事会，由 3 人组成监察会，由县政府委派 1 人，出钱户选出 2 人。下设经理 1 人、业务员若干。县银号借发省钞的准备金，二成向省银行息借，其余由县地方分期筹募，可按田亩摊派，可由商会筹集，可在田赋项下附征。县银号所得利润 10% 作为本号经费开支，其余除付省银行利息外，以半数拨充县建设经费，以半数为"滚积基金"，"滚积基金"按年利 9 厘由县银号出放，以复利生息。

县总信用合作社。在一县之内，各村信用合作社会组，成为县总信用合作社，介于县银号与村信用合作社之间。为县银号与村信用合作社的中间环节。

村信用合作社。村信用合作社以编村为单位设置，是"中产以下之人，依自助互助有无相通之原则，谋社员间资金通融之一种合作组织，故业务的授信与受信最为重要。授信之业务，……可以分为信用放款、保证放款、抵押放款、贴现放款、往来透支等。抵押放款又可分为动产抵押、不动产抵押。如以放款期限分来，可分为长期放款、中期放款及短期放款，此外尚有专门指定某种用途之放款，如设备放款、运销放款、购买土地放款等。受信业务，……如短期存款、活期存款、通知存款、往来存款、小额存款等。合作社为巩固其基础，奖励合作社人员存款，又可举办励工存款、励农存款、节日存款、纪念存款、子女教育存款等。依照合作社法之规定，信用合作社，除接收社员存款外，呈请主管机关核准，并可吸收非社员之存款。但绝对不能将吸收社员之资金转贷于非社员。信用合作社为一平民银行，故凡银行所经营之业务，如信托、汇兑、代理收付，均可经营。"①

3. 发酵办法

为了山西省银行钞票流通的稳定性，阎锡山规定百分之百的发行准备。除"实物十足准备"外，实际上还有现（金）六券（有价证券）四常规准备。省钞发酵，实际是充分利用民间的现银为准备，扩大省钞发行量，而省银行又不负责兑现。通过金融体系中各金融机构的代发省钞、借发省钞，增加社会的流动性。

县银号借发山西省银行兑换券时，需先"将所借兑换券种类、数额造册，呈由县政府转呈省政府核准，令行省银行订出借发契约，并分行财政厅知照。"县银号借发省钞不得超过规定总额，并须确实有相应的准备金。借发兑换券应按其借发数额，向省银行交纳印制费，免收发行税。所借兑换券由省银行加盖某县戳记，各县领回后自行加盖有效暗号。所借省银行兑换券应由该县银号负兑现责任。县银号倘有亏累倒闭情事，所借省行兑换券仍由该县地方设法收回，省银行不负代收之责。

省银行代理店代发省银行兑换券，"每次领取代发额数，须报由各该县商会审核，转函省银行径发，但至多不得过代理店资本之三倍，其在市面流通之数，须有法定准备金。代理店所领兑换券，应由省银行加盖某县地名字样，代理店自行加盖有效暗记"，避免发生流弊。代理店第一次只能领角票1000元试办，免计利息，继续领取兑换券时，按其领取额数行息，角券月息四厘、元券月息三厘，续领至五千元以上时，角券月息五厘、元券月息四厘，一万元以上者角券月息六厘、元券月息五厘行息，免交印刷费及发行税。兑换券如流通到外县，由山西省银行总行处收回时，当即通知收回额数，日内将元

---

① 山西省经济管理局：《战后新经济之做法》，1935年8月，山西省档案馆档案，财字101号。

券换回，否则即以函知后第六日起，按太原市满加利率①计算利息。代发省钞的代理店，须觅相当殷实铺保，其铺保保证书须由各该县商会署名作证。代理店倘有意外情事发生，所借兑换券由省银行悉数兑回，所欠款项由商会督促代理店保证商号按照保额及时归还。

村信用社借用省钞，用于村合作券的汇兑基金。因为村信用社是以土地为担保发行合作券，合作券只在本村流通，村与外村的货币往来需有汇兑基金。村合作社的汇兑基金，可以向县总信用社息借村合作券发行额20%的省钞解决；县总信用社以全县村合作券发行额的20%向县银号息借，县银号按县总信用社贷款总额的20%向省银号息借。层层息借省钞，均按年利1分计息，并分别负责兑现。

（二）省钞发酵论的背景与环境

1932年，阎锡山提出"造产救国"目标，实施山西省十年建设计划案，为解决经济社会发展中的资金问题，他大力发展官办和民营各类金融机构，允许一些金融机构代发山西省银行钞票，但是省银行不负责兑现，由代发者负责兑现，借以扩大货币发行。为此，强力推行县县办银号，村村办信用合作社。全县各村信用社再组合县总信用合作社。为此，阎锡山制定了县银号章程、县银号借发省钞章程、省银行代理店代发省钞章程等，规定凡是在省银行没有设置分支机构的县份，可以委托私人钱庄代理省银行借发省钞，县银号可向省银行或代理店借发省钞。使省银行在不增加准备金的情况下，就可以无顾虑地增加省钞发行数量，并保证兑现和稳定流通。就这样，阎锡山把山西省银行、县银号、县总信用合作社与村信用合作社联结构成了一个独特的无需山西省政府和省银行筹措准备金就能够扩大钞票发行的庞大金融体系。

就在1932年一年之内，曲沃、洪洞、乡宁、永和、陵川、孝义、临汾、保德、五寨、岢岚、方山等12县，有资本1.8万余元，发行兑换券10万元。

---

① 满加利率是清代到20世纪30年代末，中国北方民间行用一种债权债务清偿计息制度，按照镖局过标的标期确定偿还时间，标外与标内利率不同，标外利率在标利基础上增加若干，谓之满加利。

1933 年 10 月又实行招商代办县银号，有忻县、定襄、五台、崞县、阳曲、太原、榆次、代县、文水、清源、徐沟、平遥、介休、沁县、盂县等 16 县，有资本 41 万余元，发出兑换券 41 万余元。到了 1935 年，成立县银号 31 家。阎锡山的农村金融体系不断发展，使山西农村社会经济发生巨大变化，但是时间不长，到 1937 年 8 月日本侵略军占领山西、抗日战争全面爆发而被迫停止。

（三）省钞发酵论的价值与影响

阎锡山提出的一套利用民间资本、扩大省钞发行，保证货币稳定性的"省钞发酵"的政策主张，在当时，社会上很多人不很理解，当时一些媒体报道中评说不一，有褒有贬。现在看来，在当时的环境下，不仅解决了农村经济发展的资金需求，而且没有造成货币贬值、通货膨胀问题，应当说是具有积极意义的。这套政策主张的理论意义，在于发行银行无须增加准备金，而利用民间资金为准备，扩大了纸币发行数额，并且保证了纸币的正常流通和兑现。另一方面，代理店代发省钞和县银号借发省钞，交付一定的利息，将货币发行与贷款融资融为一体，实属一种金融理论与政策的创新。如果不是日本侵略军的侵入，山西农村经济的进一步发展将是不可估量的。

四、信用合作券土地担保论

阎锡山认为："经济建设的基点在于村"。"村的经济建设设施，实为防御经济侵略的最后阵地。关税既失防御之效，欲防人经济侵略，非在村的经济建设上，有最严密的设施不可……村经济建设的设施：以信用合作为发动机，增加村民经济能力，发展村生产事业；以村工厂为归宿，村民之无工作者，由村工厂给予工作，使无弃人之利，而其枢纽则在贸易之公营；贸易所，在不营利之原则下，办理村产品之输出，原料品之购入，并依贸易上之有利趋势，计划村生产之品质数量价格，使村生产物美价廉，以增加输出。并审计村民消费品，规定禁止输入，准其输出，及仿造代用品等办法，以节制输入，方能形成防御经济侵略之最后阵地，以作经济发展之基础，用达村入款多于出款之目的。"他建议作一个十年建设计划，在十年之内，对于农事怎样改进，对于工业怎样改良，如何增加本村的生产，如何减少外村的输入品，如何使村中输出超过输入，入款多于出款。如此做来，十年之内，使村生产增加几倍，输入品减少几倍，达到入款多出款少的目的。[①] 为此提出了村民以个人土地为担保，发行村信用合作券，发展农村经济的理论主张与政策。

（一）信用合作券土地担保论的内容

阎锡山认为，金融滞涩，利息高抬，农民不能偿债，农村破产，必须大力推动"设立村信用合作社，发行村信用合作券，以资救济"。他提出："由村中有土地之农民，大家合起来充当社员，组织一信用合作社，发行信用合作券。每亩以一元为限，分期发行。此项合作券，即由每亩地担保其一元之信用。但如不值十元之地，以十亩担保一元之合作券。然后按村民所有土地亩数，散给此券。此券在村中，不只一律周使，并且在本村购买货物时，尚可较用现洋者便宜，即以九分九角当一元。……若到外村使用时，由合作社与之汇兑现洋，不收汇费。……农民领此券者，对信用合作社按年利一分行息，以十二年为限。满十二年后，即停止行息，并且不用还本。"[②]

阎锡山说："向来发行纸币者，非即使用者"，其"准备金可以短少，业务也不能长盛"。他认为土地担保的合作券"与普通纸币性质不同，……因为用券者即发行者，而且都以土地为担保。土地永远不能没有了。"他主张在农村大力发展信用合作社，发行以土地为担保的合作券，并建立合作券汇兑基金，可以彻底解决农村劳动人民生产生活中的资金问题，活跃农村商品生产。

为了保证以土地为担保发行合作券的稳定性，必须建立汇兑基金。汇兑基金的来源，由村信用合作社向县总信用合作社息借发行额20%的省钞解决。

---

① 阎锡山：《乡村建设之理论与方法》，《阎百川先生言论辑要》第七册，57～58页，阵中出版社，1937。

② 阎锡山：《村信用合作社之理论与方法》，《阎百川先生言论辑要》第七册，103页，阵中出版社，1937。

县总信用合作社以全县村合作券发行额的 20% 向县银号息借。县银号按县总信用合作社贷款总额的 20% 向省银号息借。层层息借省钞，均按年利一分计息，并分别负责兑现。这样，随着省钞的层层息借，也就是层层发酵，使得全省信用不断扩张，对农村经济注入一笔数额巨大的启动资金。

1. 建立信用合作社的组织

成立信用合作社的组织，凡村中有土地之人民，均为村信用合作社的社员。合全县之村信用合作社组成总信用合作社。总信用合作社归县经济建设委员会指导，县经济建设委员会直接受制于太原经济建设委员会经济统制处管理。

2. 发行以土地为担保的合作券

阎锡山在回答村信用合作券的疑问时说："可向村民说，这合作券与普通兑现票子不同。普通票子是由银行号发出，人民使用，所以人民能吃它的亏。这券是人民自己使用，永不怕吃亏。且普通票子是银元担保，担保的数量小，又容易少了。此券是土地担保，担保的数量大，又不能少了。有地的人是出票子的，固然不怕吃亏。无地的人，虽然是使用票子的，但此券的担保，如此确实，亦绝不怕吃亏。"[1]

村信用合作社发行自己的合作券，必须按照政府统一规定，凡有五亩土地以上之农民，均由经济统制处按土地之多寡，发给一定量之信用合作券，该券之信用，由土地担保，值 10 元以上之土地，每亩担保 1 元；值 5 元以上之土地，每 2 亩担保 1 元；值 2 元以上之土地，每 5 亩担保一元；值 1 元以上之土地，每 10 亩担保 1 元；不值 1 元者，不得发行。至于地价的高低，则由村长召集村副闾邻长开会，举出 7～15 人组成村地亩评价委员会进行评定。规定合作券不仅在本村中一律行使，并且在本村购买动产或不动产及一切货物时，还要较用现洋者便宜，即以九角九分当一元；其余行使，即与现洋相同，无论任何人，都不得拒绝收受，违者处罚。但合作券只能在本村行使，不能完粮纳税。

---

① 阎锡山：《阎伯川先生言论辑要》第七册，阵中出版社，1937。

农民凡领取合作券者，需要按年利一分行息（征收现洋），以 12 年为限。领券者如不能按期付利时，待农田收获后，按时价折收其粮食；如土地租与他人者，于收租时，向租种人于租价内扣除之。在收粮扣租及应收利息发生困难时，应由村长负责，村长不能了者，区长负责；区长不能了者，县长负责。满 12 年后，利息即停止，并不必还本。只于卖地时，每亩如原领 1 元者，每亩即少收卖价 1 元，每 2 亩如原领 1 元者，每亩即少收卖价 5 角；……以移转其担保信用之责任。

3. 设立合作券汇兑基金并负责兑现

信用合作券的发行以村为单位，不负责兑现，如到外村和外县使用时，由合作社与之汇兑现洋或者省钞，不收汇费，但遇现洋或者省钞向外汇兑有汇费时，则此券汇兑亦与现洋省钞等。汇兑基金的来源及数量，由县总信用合作社按照各村信用合作社所发合作券总额的 20% 借给省钞，此项借款，亦以年利一分行息。如遇 20% 有不足时，准由各该村向富商息借，此项借款亦以年利一分行息。总信用合作社的汇兑基金是由县银号按全县各村所发信用合作券额数 20% 借给的，亦以年利一分行息；由县负责汇兑，以调剂村与村之间的资金周转。由山西省银行按各县银号借给该县总合作社款数的 20% 借给县银号，亦以年利一分行息；省银行息借各县之省钞由省银行负责兑现，以调剂县与县之间的资金周转。①

合作券的"兑现准备金定为十足准备，由领券村民分七年摊出。第一年至少须摊足四成，余分六年均摊，此为长久办法。至开首之十足准备办法如左：子、由领券村民摊集四成；丑、由县银号息借二成；寅、由包办者周转一成；卯、其余三成由领券村民随时摊换。"②

4. 村信用合作社管理

村信用合作社的社长，"由村中富而能干之人充任，并且受制于村经济建设董事会——经济统制处在村中的机关"。

---

① 阎锡山：《阎伯川先生言论辑要》第七册，阵中出版社，1937。
② 阎锡山：《村信用合作券实施办法之改善》，《阎伯川先生言论辑要》第七册，阵中出版社，1937。

村信用合作社的经费，以全村所发合作券总数8‰为度。总合作社之经费，以全县各村所发合作券总数2‰及总合作社所借县银号款1%为度。

村信用合作社之公积款及其支配办法，规定每年由社员身上所收回之利息，以年利9厘，责成本社负责人经营之，如同承包性质，逐年所得利息，累进至所发合作券总额2倍后，其以后每年之利息，以一半增益合作社之基金，以一半代替土地之负担。所有超过年利9厘以上所得之利息，概为本社负责人之红利。总信用合作社所经营之县银号款，每年所得利息，除照县银号章程以半数充作建设基金外，其余半数以年利9厘，责成总社负责人经营之，如同包办性质。逐年所得利息，累进至原借款本额相同后，所得利息，一律拨充建设基金。

（二）信用合作券土地担保论的背景与环境

1918年，阎锡山就曾研究合作经济。他说，信用组合"好像河东各县俗行的'拨会'，由多数人分期小额资金合成巨款，规定利率，组合员中有想经营事业而缺乏资本者，即以所集资金借给，嗣后按期偿还。"① 阎锡山的信用合作思想是与他的"村政建设"相联系的。但他的合作理论的成熟与实践，是从20世纪30年代开始的。

1929年6月。阎锡山在进山学校对学生讲话中讲道："我这次在家乡里住的日子很长，有时同乡下人随便叙谈，……当时就得了许多感想，现在分别来说：一、创办营业合作社：资产生息之魔力，骇人心思，实为生产分配之重要问题，亦为人群生活中最不幸的事！就按山西的惯例来说，晋南多以二分行息；关北较轻，然普通亦是一分五厘；省城最低，可是平均下来，也得一分；然以这最低的，月按一分行息，满6年时，就可得到个本倍利。譬如，以1元作本钱，每月得息1分，1年就可得0.12元；本利加起来，只得1.12元。试按年用复利法计算起来，满6年时，本利相加，就可得1.9元多。如此看，差不多就是个本利倍了。若拿十元百元千元万元的本钱来放账，累年

---

① 《阎锡山年谱》。

结进，这获利还了得吗？所以社会上多一个放钱的人，就是平民多一层负担，也就是生活上多一层艰难，而社会秩序的不安定，也就是逼紧一层了。细细考究起来，社会上受这种事的影响和骚扰，实在不浅；但怎样能够解决这个问题，我想出了一个办法，同时就把他叫做省县或村营业合作社。这个办法和我以前说的劳资合一道理是差不多。"①

建立村信用合作社发行合作券，按照阎锡山的经济建设委员会经济统制处测算，村合作社与总信用社的理想成绩是：倘若发给各土地所有者合作券10000元，15年共计本利30552.7元，除原本10000元尚余20500余元，为原本之两倍有奇。如总合作社借县银号款10000元，转借给各村，按年利一分计，全年得利1000元，其中10%为总合作社经费之一部，20%为付省银行之利息，35%为县建设经费，其余35%以利息9厘生息，15年以后共得本利20276.4元，除原本10000元外，尚余10200余元，为原本之一倍有奇。山西全省土地大约60万顷以上，每亩平均价格至少亦在10元以上，即按每两亩发券1元，全省可发合作券3000万元。"水泄不通的山西社会，骤然加添一笔3000万元的流通要具，想来会达到'救济农村'、'活动金融'、'复兴商业'的目的。同时，总合作社、县银号所借款额，以3000万元的20%计算，共有600万元转借给各村，15年后，可得纯利600余万元。②

阎锡山创办的农村信用社，在省、县两级政府的认真组织和严格监督之下，总体实施是比较顺利的。信用合作社通过组织发行合作券，为挽救山西农村经济注入了一笔可观的资金，对山西的经济建设起到了积极作用。农村信用合作社的建立，为农民提供了一个新的借贷渠道。合作社是由农民组成的互助组织，比起旧的农村高利贷来说，利息相对低一些，在一定程度上减轻了农民借贷的利息负担。还有，旧式的农村高利贷主要是用于消费，满足农民维持生计的需要，而信用合作社的贷款大多用于发展农业生产，属于生

---

① 阎锡山：《民国十八年六月对进山学校学生讲话》，《阎伯川先生言论辑要》第六册，阵中日报出版社，1937。

② 陈光远：《山西发行"村信用合作券的真相和我见"》，天津《益世报》，1934年3月24日，《中国近代农业史资料》第三辑，三联书店，1957年，221~223页。

产性贷款。通过信用合作社的生产性贷款，使山西农民、农业、农村得到了相当的好处。

抗战爆发后，阎锡山政权搬迁晋西，又实行"新经济政策"，搞"经济合作"，但这时的合作社的业务，有了一定的变化，一是计划督导生产，二是统制物资，三是接收产物，开付合作券。这时把合作社的合作券，叫做产物的"收条"，"不是货币，是货币收条，等于一种货"，并限于合作社内购土产，对外购进的工业品，要兑成法币去购买。这时期的合作券，不再以土地作担保，实际上已成了战时经济的组成部分。

（三）信用合作券土地担保论的价值与影响

20 世纪 30 年代，山西省的合作社大致有二类：一是太原经济建设委员会经济统制处所督促举办之信用合作社，一为山西省政府村政处所举办之农村合作社。前者，"系照实业部颁布法规办理。自 1933 年开办起，迄 1935 年 10 月止，总计此项合作社之成立，仅有 25 所。且其中有消费合作社 8 处，产销合作社 3 处，而信用合作社只 14 处。除襄垣县大池村之信用合作社有社员 70 人，股额共 2364 元外，其余之信用合作社，社员既少，股额复微。如阳曲县柴村之信用合作社，社员只 9 人，股额合计只 18 元；太原县上庄村之信用合作社，社员 11 人，股额合计只 11 元，即其例证。合前述 14 信用合作社之股额计之，为数亦仅 2929 元。足见此项合作社之于晋省，尚属幼稚。"后者，"山西信用合作社之缘起，由于各地金融枯涩，乡间利息高昂，故由太原经济建设委员会先后指定招商代办县银号之忻县等 16 县，成立乡村信用合作社，发行信用合作券，以资救济。截至 1935 年 9 月，在上述 16 县内，共成立村信用合作社 715 所。复于各县内，就各村信用合作社会组一总信用合作社，介于县银号与村信用合作社之间，而县银号又介于省银行与总信用社之间"。[①]

阎锡山的合作券实质上就是一种专门为农民提供的具有固定期限的贷款，使得农民能够将手中的土地所有权转化为资金。当时农村的金融市场上缺乏

---

① 国民政府全国经济委员会：《山西考察报告书》，1936 年 2 月，323 页。

建设资金，利用村信用合作社以农民手中的不动产土地作抵押向农民发放合作券，实质上盘活了农村的土地资源，提高了农村土地的利用率。农民利用这笔资金可以发展农业生产，政府利用合作社上缴的利息收入成立建设基金，专门用于发展农村的经济建设。阎锡山通过这种方式为发展农村经济注入了大量资金，使山西农村经济迅速发展起来。例如，据北洋政府农商部编印的《第三次农商统计表》和国民政府实业部《中国实业志》统计，山西全省小麦种植面积 1914 年为 1367.8 万亩，总产 1007.8 万石（每石按 60 公斤计），折合总产 60.47 万吨，亩产 44.2 公斤；1935 年种植扩大面积到 1553.8 万亩，总产 69.69 万吨，亩产 45 公斤；1936 年种植面积为 1553.7 万亩，总产 80.22 万吨，亩产 52 公斤。

由上可以看到，阎锡山的村信用合作社和一般的信用合作社不同。第一，参与信用合作社的社员不需要缴纳资金，而是以土地为担保领取合作券。合作券在流通中具有货币职能。这相当于阎锡山在农民缺乏资金的情况下，向农民提供了一笔以土地为担保的特殊抵押贷款。国民政府成立的合作社，社员需要缴纳一定股金，然后向社员提供各种贷款。两种信用合作社虽然采取的形式不同，但是有相同的实质，二者都是通过信用合作社向农民提供资金支持，解决农民融资困难的需求。第二，村信用合作社借发、省银行代理店代发省银行钞票，是借民间的现金做准备，在无须增加现金准备条件下扩大货币发行的一种创造。第三，阎锡山的"县银号之于本县，犹省银行之于本省"，没有资金开办县银号的县份可招商可以代办，这样就把省银行、县银号、县总信用合作社与村信用合作社构成一个独特的服务农民、农村、农业的金融体系。

阎锡山自幼受中国传统文化教育，又曾留学日本，对日本明治维新以来的资本主义经济发展比较了解，并邀请美国学者和国内的各派学者，包括马克思主义理论家讲授各派政治经济理论。这就使他的货币金融思想带有以下特点。

第一是开放性。阎锡山的货币金融思想注意到了世界金本位制度的没落和黄金非货币化，注意到了国际资本的移动，引进外资，运用现代化大企业的通用的股份制办法管理企业，充分运用现代化外国银行制度及业务技术组建山西的金融机构，改造旧有的票号、钱庄业务，并注意到了外国金融业务技术对山西传统的旧式金融业务的渗透和融合。

第二是综合性。阎锡山的货币金融思想吸收了西方资本主义货币金融思想，也部分地吸收了马克思主义理论的"公有制"、"按劳分配"思想，产生了多元思想的综合，他的《物产证券与按劳分配》一书充分体现了将货币金融问题放在经济社会发展的框架中并融为一体的思想。

第三是独创性。阎锡山的货币金融思想不仅融进了西方各学派的先进思想，也有自己一定的独创，例如农村信用合作社发行以土地担保的合作券主张，用省钞发酵层层息借发酵，以信用扩张，启动农村经济的独特设计。

第四是整体性。阎锡山的货币金融思想及其实践，构筑了当时山西省与各地不同的金融体系。山西省银行不仅从事普通银行业务，而且代表省政府管理全省金融市场，从而构成了山西地方金融的独立体系。省政府基本上可以通过调控省银行调控全省金融经济。

纵观阎锡山的金融思想，用现代金融经济的观点看，在一个不发达地区或国家实现工业化的起步阶段要求大量资金时，可以从内部启动，这就是运用黄金非货币化论和信用扩张论，但这个扩张力毕竟是有限的，还需要借助外力，依靠外来资金。当然，自身的金融体系和可以调控自如的金融机制是不可以忽视的。当然，阎锡山货币金融理论也存在诸多缺陷，如理论体系的不完善性、纸币发行数量的无限制性、信用合作券流通的局限性等等；在业务操作与管理方面也有许多明显的问题。因而，我们不能认为其货币金融理论体系是完美无缺的，只是中国金融思想学说发展过程中在一定阶段的一个流派。

（孔祥毅）

参考文献

[1] 阎锡山：《物产证券与按劳分配》，物产证券研究所编印，1935。

[2]《阎伯川先生言论辑要》第六册、第七册、第九册，阵中日报出版社，1937。

[3]《阎锡山年谱》。

[4] 孔祥毅主编：《民国山西金融史料》，北京，中国金融出版社，2013。

[5] 山西财经学院、中国人民银行山西省分行：《阎锡山和山西省银行》，北京，中国社会科学出版社，1980。

第六章
杨端六金融思想学说概要

杨端六（1885—1966），又名杨冕、杨超，湖南长沙人。曾留学日本、英国，回国后任中央研究院研究员、经济研究所所长，国民政府军事委员会审计厅厅长。1930 年以后主要在武汉大学任教授、法学院院长、文科研究所经济学部主任、教务长等职。著有《货币浅说》《六十五年来中国国际贸易统计》（合编）《货币与银行》《信托公司概论》《中国币制改革论》《我国银行券发行政策》《清代货币金融史稿》等。

一、信托公司经营论

（一）"信托公司经营论"的主要内容

1920 年 5 月，杨端六结束了在英国的留学生涯，回到上海，通过朋友的介绍，在上海商务印书馆工作，并担任商务印书馆旗下杂志《东方杂志》的编辑，兼任吴淞中国公学教员，直至 1928 年辞职赴任中央研究院社科所研究员。在此期间，杨端六一直利用业余时间写作，《信托公司概论》这本小册子便是成文于这段时间。

《信托公司概论》首刊于 1921 年第 20 号的《东方杂志》，续篇则载于同年第 21 号《东方杂志》，并在 1922 年由商务印书馆印刷成书出版。作为一个新鲜事物，信托公司在当时的中国曾刮起一阵开办热潮，然而当时中国学界于此并未有过深入研究，信托行业在一片空白中起步，许多信托业的初试者甚至尚不知信托是何物。正如杨端六在《信》文中所说："信托公司为我国最近事业界一大问题，人人均欲发起信托公司，人人均不知信托公司为何物。此两语未免小视我国之事业界，然实在情形大约相差不远。"①因此《信》文的适时出现对信托这一初生行业的发展在一定程度上起到了引导的作用，该文也成为国内较早系统性介绍信托概念和信托业在外国发展情况的著作。

时人因为英语原文近似而将托拉斯与信托相混淆，更难分辨信托事业与信托公司区别，杨端六首先对信托公司进行定义。他指出，"究竟信托公司为何，可以美人（美国人，编者注）谚语表之，即所谓'金融百货店'（Department store of finance）或'信用百货店'（Department store of credit）。"②"信托公司指五花八门之一金融机构尔。"③"信托事业为信托公司营业之一部分，而非其全体。信托公司不过信托事业之一种机关而非其独一无二种机关。"④杨端六通过简洁的阐述指出了信托公司是一种混合式的金融机构，而其基础在于信用，"近世工商金融业大都基于信用，且亦有出于委托者。"⑤于是这也为信托事业的兴起奠定了基础。

杨端六以美国的信托公司标准，将信托公司的主要业务分类如下图所示。

杨端六通过对美国等西方国家信托公司变迁历史的观察发现，由于业务需要、法律规定和营业范围划分等原因，在下图所示的五类业务中，商业银行业务和信托事务已经成为当时信托公司的主营业务，储蓄银行事务、贵重物品保管通常为辅营，而保险事务则已经很少被信托公司涉足。

在上述业务中，信托公司与其他金融机构譬如银行、保险等，在经营范围上有甚多重合之处，当时人们便有疑惑，在存在相应机构的同时，诞生较

---

① 杨端六：《信托公司概论》，载《东方杂志》18 卷 20 号，7 页，1921－10－25。
② 同①，8 页。
③ 同①，9 页。
④ 同①，10 页。
⑤ 同①，10 页。

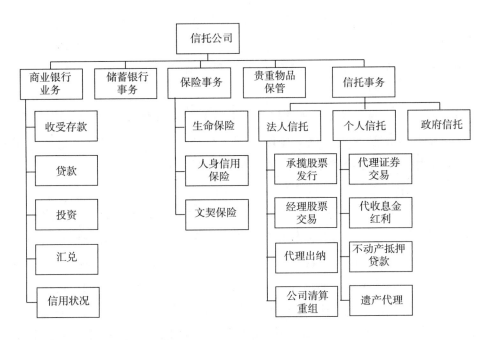

资料来源：杨端六：《信托公司概论》，载《东方杂志》20 期，14 ~ 15 页，1921。

晚的信托公司是否还有存在的必要，而信托公司的存在是否又挤压了其他固有金融机构的生存空间。对此杨端六继续以美国的信托公司为例，他指出，"信托公司之成立确有其独特之理由，譬如百货店之组织，为最近经济界之一种现象。"① "如以其发生较迟，不应夺已成机关之业务，则惟其发生较迟之故，可为事业进化之表征，不能以其与他项金融机构有竞争之嫌而弃之也。"② "信托公司既为社会服役，自当得其正当之报酬，毫无疑义。究竟此种服役果为社会所必要乎？夫在今日资本法律（Bourgeois jurisprudence）组织之下，人民之一举一动，动辄关于法律与习惯，加以近世工商业组织日繁，普通人民几无自由行动之能力，信托公司应时而生，以救济人民之困苦，不得谓非社

---

① 杨端六：《信托公司概论（续）》，载《东方杂志》18 卷 21 号，9 页，1921 - 11 - 10。

② 同①，9 ~ 10 页。

会组织上之一进步。"① 杨端六据此认为，商业银行和信托公司之间，应当是一种良性和平等竞争的关系，而并非互相扶持的附属关系，因此在同一竞争市场上，交叉双方的业务，有利于促进市场的稳定和繁荣发展。

杨端六最后还指出，信托公司体制是采取美国式的信托与商业银行混业制，还是采取澳大利亚式的信托专营制，我国政策制定者与从业者应当从我国未来发展的角度入手，以长远的眼光进行判断和选择，而结合当时国人宪政共和的思潮，美制更符合一个民主共和国的体系。

（二）"信托公司经营论"提出的历史背景

现代信托业于 20 世纪初传入中国，日本人于 1913 年在大连设立"大连取引所信托株式会社"，而美国人在 1914 年上海设立"普益信托公司"。直到 1917 年，上海商业银行设立了保管部之后，才诞生了第一家由中国人独立经营的金融性信托机构。

此后 1919 年重庆聚兴诚银行在其上海分行设立信托部，负责运输、报关和代理证券买卖等业务，则正式标志着中国现代信托业的开始。1921 年，中国第一家专业信托公司"中国通商信托公司"在上海成立，此后一个多月的时间里，又有 11 家信托公司在上海成立。事实上我国信托公司在 20 世纪 20 年代初的这一次成立热潮，同当时证券交易的方兴未艾与"一战"后的国际背景有很大关系。战时欧美各国从中国进口大量物资，一方面加速了中国工商业的发展，另一方面在中国国内积累了大量剩余资金。战后由于外需减弱，这部分资金便成为游资，并进入中国新萌发的资本市场进行投机。由于游资的推动，当时证券交易利润丰厚，因此全国争相设立交易所，到 1921 年，全国共建立交易所 150 余所。而信托公司的创立热潮也正是裹挟在这次资本市场的投机狂潮之中。

但正如杨端六所说，"近日来我国之企业热达于最高之点，信托公司继交易所而与，数月之间，登报发起者以数十记。自一方面言之，固为我国事业

---

① 杨端六：《信托公司概论（续）》，载《东方杂志》18 卷 21 号，10 页，1921 - 11 - 10。

界之好现象；自他一方面言之，则未免有无意识之举动者。"① 杨端六认识到我国的信托参与者对信托公司本身缺乏认知，而各种保障信托行业健康发展的机制尚未健全，所以从信托公司与整个行业的健康发展角度着眼，写文表达其学术观点并对信托公司进行论述。

杨端六在《信托公司概论》一文中对信托公司业务范围的描写，兼以美国信托公司为蓝本进行的阐述，都证明当时学界普遍认为，美国式的混业经营金融机构代表着金融行业经营的最高水准。而混业经营在信息、规模经济、业务互补上的固有优势也已在西方国家得到体现，这一点即便在20世纪30年代的大萧条之后，也通过欧洲的全能银行制度得以体现。因此在20世纪20年代初的中国，以杨端六为代表的中国新兴金融学者大都认为，这样的混业经营体制是中国金融机构未来发展的方向。杨端六对信托公司的概念与性质进行详细的描述，也正是由信托公司对金融业务广泛参与的特点所决定的。

（三）"信托公司经营论"的价值与影响

杨端六在《信托公司概论》中表述道，"现今商业之组织，大都有两种基本智识，即法律与会计是也，在信托公司尤为特别紧要，此经营信托公司者所不可不特别加之意也。"② 杨端六由此提出了信托公司健康经营的两大必备要素，即守法经营与会计透明。

当时，我国的信托机构多从事质押交易所证券的投机活动，因此其业务与交易所联系十分紧密，双方暗中勾结操纵股价，以牟取暴利。是时上海的证券和物品交易所额定股金总额达20余亿元，而上海各银行库存的银两与银元总额通常不超过7000万元。③ 由于当时政府对金融行业缺乏治理，尽管业界呼吁政府采取查封交易所等措施来避免危机，并自发成立"金融维持会"，但政府仍对当时金融市场与实体经济规模失调的问题视而不见，使金融危机

---

① 杨端六：《信托公司概论（续）》，载《东方杂志》18卷21号，17页，1921 – 11 – 10。
② 同①。
③ 杜恂诚：《中国金融通史》第三卷，292页，北京，中国金融出版社，2002。

的发生成为必然。

1921 年冬天，银行等金融机构紧缩银根导致信托公司等资本市场炒家资金断裂，交易所商品价格暴跌，信托公司和交易所开始不断倒闭，这便是著名的"信交风潮"。在风潮之后，市场上仅存中央和通易两家信托公司，直到1928 年，信托公司才开始复苏。

从这次风潮看，杨端六所强调的守法经营与会计透明在当时的信托公司中难以体现，即便其在《信》文中颇具前瞻性地提出了这两个问题，但信托公司本身的幼稚和时局的混乱终究使其警告没有起到作用。1921 年上海证券物品交易所经纪人工会在讨论后拟定了一些相应地防范和处罚违规证券交易的措施，但官方力量的缺失仍旧使得上述措施难以落实。1924 年北京又再度爆发证券投机引起的金融危机。无法可依致使守法经营成为空谈，会计透明缺乏约束和监督，使得整个信托业发展举步维艰。

杨端六不无忧虑地指出，"然究竟今日之工商业足容数十百家信托公司乎，殊不能无疑。第二，我欲再问，今日之信托公司发起者，究竟预备相当之人才否乎？夫信托行业之琐碎复杂，前已详言之矣，使非有熟悉法律会计经济之多数人才为之执行其业务，则公司之前途果否即能发展，殊难预言。"①人才稀缺成为信托发展的一个巨大障碍，而 1921 年末发生的金融危机，恰好印证了杨端六对信托公司的不安预期。

在"信交风潮"十年之后，我国信托行业经过蛰伏锻炼，积累了一批有经验、有知识的从业人员，1934 年，上海信托业同人叙餐会成立，各信托公司以会员形式加入，并商讨制定了信托业务与信托公司法。1935 年，中央信托局成立，官方开始介入信托行业，促进信托影响力的扩大。1946 年，上海市信托商业同业公会成立，信托业成立了第一个正式的行业组织。即便此时的信托公司及其行业仍有诸多不足，发展仍缺乏稳定，但在大体上，因为守法精神和会计透明化的不断提升，信托业得到了长足的进步，并逐渐成为我国金融事业一个重要的组成部分。

———————————

① 杨端六：《信托公司概论（续）》，载《东方杂志》18 卷 21 号，17 页，1921 – 11 – 10。

二、银行券单一发行制度论

（一）"银行券单一发行制度论"的主要内容

"银行券"是一种与政府发行纸币所对应的概念，其实质是一种代替商业票据的银行票据，依托商业银行本身的信用，成为纸币的一种替代物，并进行兑换，而兑换的标的主要是贵金属货币。

杨端六认为银行券本身主要有三个要点："第一，银行券之值须一定不变；第二，银行券之发行须富有伸缩性；第三，银行券之流通，须全国一致。"[①] 而这三点缺一不可。原因在于"银行券亦为一种极重要之交易媒介品，其效力应与货币无殊"，[②] 因此与货币币制稳定、发行灵活、主权统一的要求类似，银行券也必须在具备前述特点的条件下才能最大化效用并体现其功能。

正如同货币发行的首要问题在于厘清发行主体一样，杨端六认为其时银行券发行制度的焦点也在于实行单发行制还是多发行制，即发行权是否集中的问题。杨端六在货币发行问题上，一直认为尽管多发行制在国际上有过成功的案例，但单一发行制是一个更为稳妥的方案，"多发行制在世界太平时期，本无所不可，但以目前局势而论，各国政治制度都采集中统制方案，纸币发行当然也不能例外。否则一遇战争爆发，经济战争不能运用灵便统一的机构，国家生存将陷于危险。"[③] 由此单一发行制成为保卫国家经济安全的最后屏障。

而对于银行券的发行也应采取单一、中央发行制，杨端六认为有以下几个原因：

---

① 杨端六：《我国银行券发行政策》，载《太平洋杂志》1 卷 7 号，1 页，1917–09–01。

② 同①。

③ 杨端六：《货币与银行》，26 页，上海，商务印书馆，1941。

"一、参酌各国成规，吾国应采单发行制。"[1] 杨端六认为，是时主要国家中，只有苏格兰、爱尔兰和加拿大采取多发行制，然而采取这样的制度需要渊远的实践经验，以我国银行券业务的紧迫性，无法提供这样的空间。而在当时主要国家的体制中，单一发行制的优势已经越来越得到认可，杨端六由此认为，我国也应顺势而为，建立银行券的单一发行制度。

"二、按照我国事实，亦应采单发行制。"[2] 杨端六指出，由于当时我国中央政府缺乏统一币制的能力，各省滥发纸币与地方银行券，导致银行沦为地方军阀、政府的筹款机关，使国内金融紊乱，民生疾苦，主权沦丧，因此迫切需要统一发行体系，维护金融事业健康发展。

"三、为将来改用金汇兑本位计，更应采单发行制。"[3] 杨端六指出，金汇兑本位制的要点在于设立海外准备金，其维持必须以央行以公开市场操作的形式维持金币与其他贵金属货币的汇率兑换率，而我国由于当时未发行统一金币，因此若要实行金汇兑本位制，只能实行将黄金存放于国外的虚金本位制，因此海外准备金的增减必须依赖国内银行券进行调节，这也要求我国实行单一的银行券发行制度，以保证我国涉外金融的稳定。

对于如何使单一发行制更好地发挥作用，以符合我国的金融战略利益，杨端六认为要解决以下几个问题：

第一是银行券发行额度的问题。时人认为银行券的限额发行可以避免银行滥发。但杨端六指出，各国除法兰西银行之外，均无银行券发行的限制，而法国自 19 世纪末以来不断提高其银行券发行限额，并深受因限额提高须议会批准而带来的繁琐之苦，美国曾经试行过这一体制也最终被废除。因此在杨端六看来，银行券价值的保证，"与其注意于其量，毋宁注意于其质……盖国富日大，人口日增，银行券之流通不得不随时增长。"[4] 因此他认为，我国在实行单一发行制时，不能对银行券发行额进行限制。

---

[1] 杨端六：《我国银行券发行政策》，载《太平洋杂志》1 卷 7 号，2 页，1917 - 09 - 01。

[2] 同[1]，3 页。

[3] 同[1]，4 页。

[4] 同[1]，10 页。

第二是银行券准备金的问题。杨端六认为这是银行券发行问题中最为重要的一点，理由在于，"欲银行券之值一定不变，额准备金之限制不可不严；欲银行券之发行随时伸缩，则准备金之限制，又不可不严。"① 这牵涉到前述的银行券的两个基本特点，因此必须特别加以重视。他认为，由于我国金融体系和金融习惯均与西方不同，故而效仿英国的固定准备制不足取，应当采取更符合我国国情的发行体系。为此他提出了三点设想：

1. 保证准备额可以不加限制，但是在保证准备金比率的基础上，对保证额的浮动比例加以限制，从而使保证金体系空间增大。

2. 对银行券超发者，依照其保证金准备额度，对其低于额定准备金率的部分进行征税，以遏制银行券发行主体的滥发倾向。

3. 保证准备中，本国政府债券和外国政府债券所占比例应当低于一半，而其他部分应当以至少两家企业署名的三个月之内到期的商业汇票补充，从而既有利于本国银行信用体系的建设，又利于保证准备金的流动性。

第三是银行券的兑换问题。杨端六认为，见券即兑是银行券的固定属性的第一要义，且兑现不能加以条件约束。然而由于我国国土面积广大，交通不便，若要实行统一兑换，应当"于各省省府及要埠之总分行，设立兑现处，如此时急切不可行，则择要埠数处，如上海、汉口、天津、广州、成都、云南、福州、奉天等行之，而后渐推及于各省省府，庶几券值可保，而收全国通用之功。"②

（二）"银行券单一发行制度论"提出的历史背景

当时，由于中央政府权威衰微，缺乏统一全国货币的能力，实际上钞票式的银行券本身已经代替政府货币，成为主要的流通方式和交易媒介。而银行券的发行主体众多，华资银行和外资银行均参与其中，导致当时国内的银行券流通形势十分复杂。

1912 年中国银行成立之初，采取十足的准备金制度，印制中国银行钞票，

---

① 杨端六：《我国银行券发行政策》，载《太平洋杂志》1 卷 7 号，10 页，1917 – 09 – 01。
② 同①，13 页。

钞票上印各发行地地名，并在全国各县设立了货币交换所，与地方银行和钱庄签订钞票领用协议，以确保中行钞票流通。而交通银行的银行券发行量同样巨大，到 1916 年发行额达到 31946837.26 元[①]，以兑换标的为标准，分为银两券、银元券、铜元券、国币券等共六种，并于 1917 年采取全新账目形式，将银行券的发行准备金与营业账目分开记载。

对于较小规模的全国性商业银行，比如殖边银行、农商银行、中国通商银行、中南银行等，也都发行了自己的银行券，但发行额度相对较小。地方性银行由于受各地军阀控制，其银行券发行毫无节制且名目繁多，官帖、各式各样的纸币等层出不穷，甚至许多县立商号也发行所谓私帖，导致地方的货币状况十分混乱。

此外，外国银行也在国内发行了大量银行券。外国银行发行的银行券以银元券为主，且由于其享有治外法权，故发行额度不受我国法律限制，并且其依靠自身良好的信用，得到了广泛的认同。另外，由于各国在中国势力范围的划分，各国银行在华也有不同的流行区域，譬如西北为俄国银行券的流通范围，而东北则有大量日本银行券发行，这导致我国金融主权的分割更为严重。

为了统一货币，袁世凯时期的北洋政府曾多次行文明令禁止地方滥发纸币，但由于其权威性的缺失，均未能起到效果。此后北洋政府在中国银行成立兑换所，按照法定比率兑换或领取中、交两行发行的兑换券，并发布《取缔纸币条例》，试图废除其他银行票号所发行的纸币流通权。然而由于两行为政府垫付开支太多，导致京钞滥发，反而最终酿成了 1916 年的停兑风潮。

当时我国金融体系混乱，人们对银行券发行制度本身并没有形成共识，时人对多发行制仍有诸多推崇，对此杨端六认为支持多发行制者通常有四种理由，并对这四种理由一一进行了批驳。

支持多发行制者通常认为我国经济发展程度较低，应当放任金融机构发展，而金融机构的发展离不开发行自己的银行券。对此杨端六根据西方银行

① 中国人民银行总行参事室：《交通银行三十年史清稿》，《中华民国货币史资料》第一辑，162 页，上海，上海人民出版社，1986。

券发行的历史实践与结合我国当时经济现状指出，"今多发行制非无利，而以之比较单发行制，则利少而害多。"① 原因在于，"银行之获利，全在经理之得人，不在发行权之揽有，各省银行拥发行权者，反不能进步（未尝不获利，惟饱在私囊耳）。"② 对于其时已经存在的银行券发行状况，杨端六认为应该实行向单发行制的过渡手段，即旧有地方银行仍有银行券发行权，但是对其进行严格的监管，而对于新设立的地方银行，则不允许其发行任何形式的银行券。

支持多发行制者也认为如果发行银行券的权利收归某一金融机构比如中央银行所有，那么可能会导致金融垄断，不利于经济发展。杨端六认为，中央银行本身负有重大责任，因此必须给予其相应的权利。如果一国中央银行内可统一货币，外可维护国家金融主权，那么将银行券发行统一于中央银行将有利无弊。

支持多发行制者还提出，各省的财政困难需要金融机构提供资金以供周转，如果收拢发行权，那么地方财政会更加吃紧。在杨端六看来，地方财政改良的出路在于淘汰冗员、节省军费、改良税收机制，而将金融机构作为印钞机无异于饮鸩止渴。另外，即便赋予地方银行以银行券发行权，恐怕也难以避免被操诸于地方政府或军阀手中，成为剥削民膏的手段而已。

此外，支持多发行制者认为由于外国银行的银行券发行权不受中国政府管制，因此即便使用国内的单一发行制度，也不能取得预期的效果。杨端六对此提出了两个解决的方法：第一个方法是折中的解决方法，即与外国银行合作，使其业务更多偏重于汇兑而非发行；第二个方法则是对抗的解决方法，即禁止本国银行兑换外国银行钞票，并要求外国银行不能以其自发钞票纳税，由此可以强迫外国银行停止发放银行券。

（三）"银行券单一发行制度论"提出的价值与影响

由于银行券在当时已经事实上成为市面流通的货币，因此杨端六对银行

---

① 杨端六：《我国银行券发行政策》，载《太平洋杂志》1 卷 7 号，5 页，1917 - 09 - 01。
② 同①，6 页。

券单一发行制的呼吁，事实上是对国家统一货币发行权的呼吁。对于统一货币发行权，杨端六认为，"各国政府认为（这是）一个严重的问题而确切地如此规定，无非是谋货币行政的统一。货币是人人所必需的支付工具，非有法定的系统，则人民将纷扰不堪，而国民经济将无由发展。"[①]

杨端六对银行券单一发行制度的推崇，是着眼于我国当时混乱的金融局面的结果，其作用在于以下几点：

第一，银行券的单一发行制度实际是一国货币主权的集中，就当时中国的现实而言，实际是结束国家分裂割据状况，结束军阀混战，统一国家主权的必要经济手段。

第二，银行券的单一发行制度是终结我国金融业界混乱局面、推进我国金融机构现代化发展的一剂良方，有益于银行业更专注于银行的主体业务，不必受币值变动之苦。

第三，银行券的单一发行制度可以有效规避地方军阀将地方银行作为自身的提款机，对改革地方财政，维护地方民生，发挥金融在地方经济的影响，将会起到一定的作用。

杨端六对当时国内货币混乱局面的担忧可谓切中时弊，国民政府1928年北伐统一中国后，即着手进行货币改革，1935年推出以央行、中行和交行发行钞票为准的法币，禁止白银流通，虽然其后法币发生了巨额贬值等问题，但其仍在一定程度上促进了国家金融的进步，为维持抗战时期中国财政的稳定作出了贡献。

三、金汇兑本位制改革论

（一）"金汇兑本位制改革论"的主要内容

中国币制改革的争论至清末便已开始，围绕的主题无非是采取金本位制

---

① 杨端六：《货币与银行》，7页，上海，商务印书馆，1941。

还是银本位制。到了民国初年，争论的焦点则转变为是先施行银本位制再改变为金汇兑本位制，还是直接实行金汇兑本位制。对此杨端六指出，"欲改革币制决不可就国内一面计之，须详察中外两面情形，立一永久不变之方针，且须从速赴之，庶几事半而功倍。"① 由此可见，杨端六认为如果为了保证一国金融政策的稳定，就应当采用一贯的本位体制以维护币制的稳定，因此，既然本来目的在于实行金汇兑本位制，那么就没有必要先实行银本位制作为铺垫。

当时，社会对实行金汇兑本位制存在诸多疑虑，比如国内产金稀少、财政吃紧、改金本位制导致银价下落、不合用银传统、国力衰微无法支撑、人才稀少、应以内需为重外贸为次等等。对此杨端六指出，"币制改革之事，第一当以贸易为前提，第二当以贸易全体为贸易之定义，是则国人所当叮咛反复而详察之者也。"② "今吾币制有两重问题，银币铜币等（纸币暂且不论）之互换，亦如百物之交易，事实变动其比价，国人苦之。若币制不良，法当厘革。而对外贸易，则一般人民，鲜有知其处决之情形者，此无他，吾国无一金融机关与海外直接交易者，外货之入口，由外人尸之。"③ 在杨端六看来，币制改革的目的本就在于发展外贸，而外贸已经成为世界经济发展不可逆转的趋势，因此我国也绝不可走上偏废对外经济，固步自封的老路，这又促使币制改革不得不及早进行。中国外贸发展的币制问题在于，除了本国缺乏完善的外贸机制体系外，更多在于我国货币的本位不明引发的汇率波动，使得我国在对外贸易中成本增加。他指出，中国币制应当以国际贸易的需求为导向，而国际贸易的首要需求在于中外汇率的稳定，由于我国币制变动受英国市场银价影响，国内饱受银价波动带来的贸易压力之苦，因此我国必须采取办法使银价对汇率的影响减小，而这样的办法就是采用金汇兑本位制。

所谓金汇兑本位制的概念，杨端六借用美国学者柯岚的解释，"金汇兑本位何以得名，因为在此本位制度下所发生之通货，得以一定之比与金相易故

---

① 杨端六：《中国币制改革论（篇1）》，载《太平洋杂志》1 卷 1 号，2 页，1917 - 03 - 01。
② 同①，2 ~ 3 页。
③ 同①，3 页。

是也。金汇兑本位所以异乎单一金属本位者，在欲使货币之铸造与流通，用本位金币之事甚少，或全然不用。而设法（最要者为政府操铸币全权）维持其辅币，使其与本位币有一定不变之值。"① 即不流通金币，而以政府发行的货币保持与黄金一定汇率的策略。那么为什么这一制度是最适合中国的货币体制呢？杨端六认为有以下几个原因：

第一，"今世界除我国及中南美数小国外，无不采用金本位或金汇兑本位制……欧洲各国除俄国外，皆不甚产金，而皆能行金本位，可知金本位与国内产金额毫无关系……金汇兑之维持，在一国工商业之发展，不在金矿之多也。"② 杨端六认为，金汇兑并不代表任何交易都必须以黄金为媒介，"殊不知金汇兑之作用，在国内不用金，金之为用，仅在偿还国际债务。"③

第二，我国之所以要实行金汇兑本位制而不是更进一步的金本位制，是由我国的实际情况决定的。杨端六指出，"英国虽不产金，而其殖民地如南非洲、澳洲等处为金之最大产地，故英国能保全其金本位制至于今日。反之如德法等国，一经战事，即停止中央银行兑换，各国对外之汇兑率，甚居于不利之地位。然则彼等之金本位，在今日亦有名无实，是非明效大验耶。"④ 因此杨端六认为，采取金汇兑本位制既可以不受我国缺乏黄金储备的条件的约束，又可以在较小的汇兑压力条件下利用金本位制的优势，因此更符合我国的利益。

第三，针对国人认为实行金汇兑本位制可能引发对外贸易更严重的入超问题的担忧，杨端六援引海关数据进行反驳。他指出，"过去二十五年间，贸易入超之剧（每年平均 92700000 两）多半为政府借款等所促成。由此所促成之入超，多半为消费品奢侈品，国内工商业无改良发达之望。"⑤ 而如果政府不以扩充军费为目的广借外债，对内裁减冗员，再加上金汇兑本位制带来的汇率稳定优势，自然会吸引外资前来投资、消费，从而一举扭转入超的局面。

---

① 杨端六：《中国币制改革论（篇3）》，《太平洋杂志》1 卷 4 号，1～2 页，1917 - 06 - 01。

② 同①，3～5 页。

③ 同①，5 页。

④ 同①，4 页。

⑤ 同①，11 页。

在如何确立金汇兑本位制问题上，杨端六认为需要以下三个要件："第一，政府有铸币之权；第二，设立强固中央金融机关；第三，准备正金于海外。此外罚虽多，然皆不过此三项之扶助手段。"[①] 政府握有铸币权意味着一国金融主权的统一和集中，中央金融机关的强固意味着一国货币政策可以得到合理、有效地设计和执行，而将黄金储备于国外可以使国内不必流通金币，而以价值与黄金挂钩其他替代物流通。在这三个条件具备的情况下，再进行金汇兑本位制的改革，才能建立一个完善的汇率体系。

（二）"金汇兑本位制改革论"提出的历史背景

20 世纪初期，我国金融市场的局面十分混乱，币制紊乱，在市场上流通的货币就有银两、银元、铜元、外国银行钞票、中交两行钞票、政府纸币、地方银行钞票等多种。地方各省为筹措军费，滥制铜元以发行，导致铜元价下跌严重，四川在辛亥革命前，一枚大洋可兑铜元 900 文左右，之后由于军阀混战，当地滥发铜元，且币质低劣，导致一枚大洋的兑换率变为铜元 20000 文左右。外国银行和地方银行印制的钞票流通范围狭窄，中交两行发行较晚，政府纸币因为停兑而信用大跌，因此市面上最受认可的货币依然是银两。然而即便如此，银两也因为各地制银成色不同、兑价有异而严重影响各地商品流通。

1912 年孙中山任中华民国临时大总统之际，时任财政总长的陈锦涛曾呈整顿币制本位计划和币制改革纲要共六条于孙，决定以金汇兑本位为新币制本位，并要求统一规定货币重量与成色。然而由于南京临时政府很快就被北洋政府所取代，这些措施并没有得到很好的实行。

1912 年秋，袁世凯政府成立币制委员会，币制顾问荷兰人卫斯林也提出实行金汇兑本位制。然而由于该币制委员会很快解散，该提议尽管在讨论会上得到了一些委员的支持，但并没有得到通过。1914 年 2 月 8 日，北洋政府颁布《国币条例》，宣布继续实行银本位制。条例规定市面流通的银元总重为

---

① 杨端六：《中国币制改革论（篇 3）》，《太平洋杂志》1 卷 4 号，2 页，1917 - 06 - 01。

七钱二分，然这一规定下的银元成色与旧银元不同，导致旧币与新币非常难以兑换，新币推行障碍重重。

外汇市场上，当时上海的外汇平价以伦敦市场的金银比价为依据，这导致中国的外汇价格不如同种类金属比价那样固定，导致汇价不停发生变动。而这样的变动使外国的投机商人有利可图，他们通过发行银行券操纵汇率，比如在中国商人对外订货时降低汇价，以引诱中国商人加大订货量，再利用时间差在付款时提高汇价，使中国商人付出更高的成本。此外还通过汇率波动影响中国政府的借还债务，直接导致国家利益的损失。在这样的条件下，中国的币制改革已经刻不容缓，杨端六和其他有识之士在这方面的研究成果，也就显得颇为重要。

（三）"金汇兑本位制改革论"的价值与影响

杨端六对币制改革的呼吁，体现出那一代知识分子忧国忧民情怀的同时，也展现了当时社会发展的潮流，即主动融入世界、参与世界竞争、分享世界发展的成果是中华民族重新崛起，立于世界民族之林的必由之路。杨端六认为，"中国国际贸易之发展，纯有恃乎外国资本之流入。昔斯密亚当（即亚当·斯密，编者注）倡重内轻外之说，后世学者多综之，甚者遂谓资本之流出，为他国谋福利。然我今日情形，适与彼相反。我等求中外汇兑率之安定，非为他人谋福利，乃为自己谋福利。"[①]

杨端六认为，在各国均参与中国事务，希望通过对华贸易来获利的当时，一个金融稳定的中国也符合各国的利益。中国通过币制改革融入国际商务，会得到一个中国和全世界双赢的结果。

此外，以金汇兑本位制改革为核心的币制改革实际上是维护中国货币和金融主权的必然途径。杨端六指出，"吾人所恶银本位制者，非以银价日降之可恶。中国之输出事业今全操诸外人之手，而汇率之变动，则外人常移其负担于我国人，此汇率不可不整理之一也。中国之输出事业，今虽全操诸外人

---

① 杨端六：《中国币制改革论（篇3）》，载《太平洋杂志》1卷4号，22页，1917-06-01。

之手，然将来必有取回之一日，吾人甚望从速取回。至能取回时，则汇兑率之变动其损失常在我国输出与输入两者之一方或他一方，此汇兑率不可不整理之二也。"[1] 无法自行控制本国汇率而本身汇率又过度波动的问题互为因果，并对我国的对外贸易事业发展有非常大的阻碍，因此我国要想促进外贸，就不能不先从改革币制入手。

此外，采取金汇兑本位制并辅以前文所述的银行券单一发行制，还有一个优势在于可以制约地方军阀滥发钞票的行为，从而削弱地方军阀的经济基础。由于纸币滥发危害民生，破坏金融主权，如果能采取适当的币制改革措施，使军阀失去将金融机构作为自家财政内库的基础，在一定程度上也有助于拓宽民间经济的发展空间，提高人民生活水平，并推动国家的统一大业。

（彭维瀚　徐冬阳　缪明杨）

参考文献

［1］杨端六：《信托公司概论》，载《东方杂志》18 卷 20 号，1921 - 10 - 25。

［2］杨端六：《信托公司概论（续）》，载《东方杂志》18 卷 21 号，1921 - 11 - 10。

［3］杜恂诚：《中国金融通史》第三卷，北京，中国金融出版社，2002。

［4］杨端六：《我国银行券发行政策》，载《太平洋杂志》1 卷 7 号。

［5］杨端六：《货币与银行》，上海，商务印书馆，1941。

［6］《交通银行三十年史清稿》，《中华民国货币史资料》第一辑，1986 年 7 月。

［7］杨端六：《中国币制改革论（篇1）》，载《太平洋杂志》1 卷 1 号，1917 - 03 - 01。

［8］杨端六：《中国币制改革论（篇2）》，载《太平洋杂志》1 卷 2 号，

---

① 杨端六：《中国币制改革论（篇1）》，载《太平洋杂志》1 卷 1 号，11 页，1917 - 03 - 01。

1917 - 04 - 01。

[9] 杨端六：《中国币制改革论（篇3)》，载《太平洋杂志》1卷4号，1917 - 06 - 01。

[10] 杨端六：《中国币制改革论（篇4)》，载《太平洋杂志》1卷9号，1917 - 11 - 01。

[11] 杨端六：《银行券发行制度（篇1)》，载《太平洋杂志》1卷3号，1917 - 05 - 01。

[12] 杨端六：《银行券发行制度（篇2)》，载《太平洋杂志》1卷5号，1917 - 07 - 01。

[13] 杨端六：《银行券发行制度（篇3)》，载《太平洋杂志》1卷6号，1917 - 08 - 01。

[14] 杨端六：《货币浅说》，上海，商务印书馆，1930。

[15] 张静琦：《金融信托学》，成都，西南财经大学出版社，1998。

第七章
陈豹隐金融思想学说概要

　　陈豹隐（1886—1960），原名启修，四川中江人。早年留学日本，深受著名马克思主义学者河上肇之影响，1917年出任北京大学法科教授兼政治系主任。后投身大革命，担任黄埔军校政治教官、第六届广州农民运动讲习所教员、国立中山大学法科科务主席兼经济学系主任、武汉《中央日报》总编辑、武汉国民党中央政治会议秘书长等职。大革命失败后流亡日本，1930年翻译出版了《资本论》首个中译本。同年重返北大，参与冯玉祥泰山讲学。抗战期间，当选第一届至第四届国民参政会参政员。1947年任重庆大学商学院院长，新中国成立后转调四川财经学院。主要著译有《财政学总论》、《经济学大纲》、《资本论》第1卷第1分册、《社会科学研究方法论》、《经济学讲话》等。

　　陈豹隐所译的《资本论》第1卷第1分册即《资本论》第1卷第1篇《商品与货币》，他以考茨基国民版的德文第八版（1928年版）为底本，综合参考日译本、法译本和英译本①。1932—1933年潘冬舟先后翻译了《资本论》第1卷第2至4篇，定名为《资本论》第1卷2、3分册，成为陈译本的后续部分。

---

　　① 陈启修：《译者例言》，《资本论》第1卷第1分册，1～2页，上海，昆仑书店，1930。

一、对传播马克思主义货币理论之贡献

货币理论是马克思劳动价值论的重要组成部分。作为马克思主义早期传播者，陈豹隐在坚持劳动价值论的基础上，对马克思主义货币起源理论、货币本质理论、货币职能理论、货币流通规律理论和纸币理论在中国的传播卓有成就。需特别指出的是：

（一）对马克思货币起源论的中国解读

中国古代有先王为救灾铸币之说，西方古典经济学多据物物交换的现象探寻货币起源，而马克思选择了从商品价值形态的发展切入。在中国较早介绍这一理论的是王学文，他在 1930 年前后发表的《商品运动与价法则》（原题为《资本主义的运动法则》）一文中，在肯定劳动价值论的基础上，分析了商品的四种价值形态，即"最简单的价值形态"、"扩大的价值形态"、"一般的价值形态"、"货币形态"，并指出"特定商品的自然形态和等价形态社会的密切结合的时候，便成为货币商品，一般的价值形态便推移为货币形态"[1]。此后，他又在《近世欧洲经济思想史》一文中指出："商品生产和商品交换发展，产生货币。货币出现的结果，更促进商品流通并影响商品发展"[2]。但王学文只简要介绍了马克思的货币起源论，并未展开论述。与此同时的杨明山，在回顾货币发展的历程后，分析了金银成为货币的原因："金银无论在何种形态下都不变其性质"；"金银不容易消磨其分量"；"金银小量而含有大的价值"[3]。但他没有指出金银容易分割这一原因。

在中国最早对马克思货币起源理论进行详细、系统、深刻论述的是陈豹隐。他强调"货币是生产关系的表现，是历史的产物，是社会的范畴"[4]，并

---

[1]　王学文：《王学文经济文选》（1925—1949），120～121 页，北京，经济科学出版社，1986。
[2]　同[1]，241 页。
[3]　杨明山：《新经济学 ABC》，25～26 页，上海，乐华图书公司，1931。
[4]　陈豹隐：《经济学讲话》，490 页，北平，好望书店，1933。

以价值和使用价值的内涵及其矛盾为起点说明货币起源：他认为商品的内在价值只能借助别的商品来表现，即必须用另一商品的使用价值表现该商品的价值量。

在阐释货币起源于商品交换时，陈豹隐指出："如果一种特定的商品，依它的物理性质，可以在长期间当做一般等价物使用的时候，它就成为货币了，所以它不是凭空来的，而是从商品交换当中产生出来的。……拿货币当做一般商品交换的媒介和价值的体现物时，所谓买卖就会成立。……货币是解决抽象劳动与具体劳动的矛盾的东西，同时也是解决使用价值与价值的矛盾的东西。……货币在交换过程当中实行着流通商品的任务。"① 关于货币币材的历史发展过程，他认为这"是随历史的演进与地理的影响而变动的"②，先后经动物性货币、植物性货币和较为固形的东西（牛皮、羊皮、石斧、珠宝贝壳），方出现金属货币，又因贱金属价值较小，还不是最好的币材，"最完全具备各条件的还是贵金属即金银，只有金银才能比别的金属更为适合于诸条件，最能负担一切交换的中枢，最能够真正体现货币的本质并完成其任务"③。因为金银具备"质料比较纯粹，比较富于同质性"，"很容易分开成为碎小的零块，并且在分开后依然保持原有价值"，"比较容积小而价值大"，"质料很坚硬，所以具有比较永久的性质"④ 四个特性。他还特意引用马克思《政治经济学批判》中的名言强调道："货币天然的是金银，而金银却不天然的是货币。"较全面地分析了金银成为货币的原因。他还特别强调，货币是商品经济的产物，随商品经济的产生而产生，消亡而消亡，以及货币与商品经济的相互依存关系，"货币已变成商品社会里面的唯一的带永久性的一般等价物，如果商品经济不变，货币是必然的不会消灭的。货币是商品经济完成了的价值表现形态，和商品经济是不能分离的"⑤。

---

① 陈豹隐：《经济学讲话》，486、487、491、492 页，北平，好望书店，1933。
② 同①，493 页。
③ 同①，494～495 页。
④ 同①，495 页。
⑤ 同①，487 页。

（二）提出对资本货币机能的独特见解

在中国，最早对货币职能做出较全面论述的也是陈豹隐。在阐释马克思货币职能时，他注重个人的理解和发挥，提出了资本货币机能的独特见解。

陈豹隐认为货币机能不限于"充当价值的尺度或尺标的机能"，"充当流通手段的职能"，"充当退藏货币的机能"、"当做支付手段的机能"和"世界货币的机能"[①] 这五种，还包括马克思所隐含的"资本货币的机能"[②]。陈豹隐认为马克思是把单纯商品社会的货币机能与资本主义社会的货币机能分开讲的，故而他所讲的顺序是："先说国内货币的机能，次说国际货币的机能，再次说资本主义社会的货币机能"[③]。

在货币前五种职能的论说中，陈豹隐特别强调了单纯的货币贮藏和作为资本的货币贮藏之区别，他指出："今日的退藏货币的机能，已不单是可能购买力和货币的蓄积，它还可以当做资本的蓄积，发生资本的一种作用，所以它的这种机能往往混在一起，甚至资本货币的作用，超过退藏货币的作用"，若不加区分，"就会在货币机能的认识和货币政策上发生顶大的谬误"[④]。对二者的区别，他认为前者不增加价值而后者增加价值，"退藏货币只是为供将来的可能购买而退藏的，既无损于人，也不会在退藏中增加价值（固然也有例外），而资本货币却不然，它本是拿去剥削别人的，只要拿去买别人的劳动力或间接使别人拿去买劳动力，就可以把别人的劳动结果归自己有，而增大其价值"。他接着批判了两种错误认识：一种是认为"资本家的积蓄也是自己克勤克俭的结果，而无损于别人的"，一种是"把当做退藏货币的蓄积，也认为是剥削别人而来的积蓄。"[⑤] 他强调前一种的错误在于没有认识到资本家的剥削；而后一种则把货币和资本相混淆了。

关于货币的第六种职能即"资本货币的机能"，陈豹隐指出："在商品社

---

① 陈豹隐：《经济学讲话》，531、540、553、559、585 页，北平，好望书店，1933。
② 同①，615 页。
③ 同①，530 页。
④ 同①，558 页。
⑤ 同①，558~559 页。

会未扬弃以前，货币及其机能是随着社会的发展而发展的。"① 他认为资本的产生是为适应剩余价值剥削和解决世界货币产生后进一步扩大的矛盾，"因为商业发展到世界商业，货币发达到世界货币时，普通的货币必然会经过资本的两个萌芽形态即初期商人资本及高利贷资本而变成真正的剥削劳动者的劳动力的资本。"②

陈豹隐将资本货币的机能分为："当做单纯资本看的机能"，"当做公的收夺手段看的机能"，"当做信用收夺手段看的机能"，"当做支付准备金及支付公债金看的机能"③ 四种。他强调："货币的四种机能，都是依资本的资格而发生的，都是在资本经济时代才尽量发挥其作用的，所以它们所表现的生产关系，从一般说，都是剥削者对于被剥削者及收夺者对于被收夺者的关系。"④之所以把资本货币的职能也作为货币职能的一个重要部分，是因为他认为《资本论》的论述方式使资本货币机能无法在货币机能中集中阐发，"所谓当做资本货币看的机能，在普通的马克思经济学的书上是没有的，同时就在马克思的《资本论》上说明机能的地方也是没有讲到的（在其他地方当然说到），这并不是马克思把他忽略了，而是马克思所用的方法使然。"⑤ 马克思所用的是抽象分析法，从最抽象最简单的商品入手，逐渐复杂起来。马克思分析的是一般货币职能，无论哪种社会形态的货币职能都如此。资本主义生产中货币转变为资本，陈豹隐所谓的货币机能准确说只是资本的机能，他将资本机能也作为货币的部分机能，是不科学的。但他在资本货币机能的分析中充分揭示了资本主义关系下资本的剥削掠夺性，则是较为深刻的认识，如他说："自从单纯的货币转变成为资本货币之后，货币便尽量发挥其生产剩余价值的机能，成为榨取剩余劳动或收夺别人财产的最好工具以至于原有的各种机能反落于第二次的地位，而形成今日这种一切关系商品化，一切商品货

---

① 陈豹隐：《经济学讲话》，616 页，北平，好望书店，1933。
② 同①，619 页。
③ 同①，634、638、652、658 页。
④ 同①，664 页。
⑤ 同①，616～617 页。

币化，一切货币资本化的社会。"①

（三）纸币的信用基础

抗日战争初期，日伪通过上海沦陷区对中国开展了货币战争。1938 年 8 月，陈豹隐针对敌伪破坏法币之企图及法币外汇之跌落，系统地阐述了纸币的信用基础问题，扩展明晰了马克思相关论述，他指出："一国的国币其有四个基础：（一）是国家法律赋予它的当作交换媒介物的强制通用力……；（二）是国币的发行准备制度的完备，这使国内人民不怕政府滥发国币；（三）为国内生产事业的继续和增强，这使国内人人不怕国币与生产数额突然变化而酿成币多物贵之害；（四）为国内人民对于政府之信仰心，这使国币信用能在上述三个基础之上安稳固定而不致有意外的无谓的动摇。"② 不过他整篇文章的立意，即"法币的巩固与法币外汇价值的跌落二者并无必然的联系"③，在全球化席卷之前或尚能成立，放到今天则显然低估了汇率对本币币值稳定之影响。

（四）通货发行数额增加，不一定是通货膨胀

抗战中后期，中国的通货膨胀问题日益显露。1940 年 9 月，陈豹隐针对"一部分人震于第一次欧战各国通货膨胀之毒害，而妄肆类推，……或疑政府及四行公布之通货发行数额不实，或认发行数额增加，即为通货膨胀"，他认为前者是不信任政府，后者乃不知通货膨胀之真义。他指出欧战后是恶性通胀，其特征"在它的发生漫无准备和限制，在它的用途不投于生产和建设"，而当时的中国不同，中国通货发行额的增加，"只是由于生产和建设事业增加，由于资金投入广泛农村，由于交通为军事阻隔，而不充分利用汇兑，由于县乡缺乏银行，而使通货难于回返银行"④。

---

① 陈豹隐：《经济学讲话》，664 页，北平，好望书店，1933。
② 陈豹隐：《敌能破坏我法币吗？》，载《改进》，1939 年第 2 卷第 2 期，56 页。
③ 同②，55 页。
④ 陈豹隐：《如何纠正战时物价心理的错误》，载《改进》，1940 年第 4 卷第 2 期，52 页。

陈豹隐对马克思所坚持的通货膨胀源于纸币发行过量说是有所突破的，且不论其观点之正误，但的确为我们研究民国时期的通货膨胀现象提供了独特视角。

（五）在传播的同时坚持中国化

20世纪30年代，在中国这片大地上，活跃于各研究部门和高校的经济学，除传统中国之经济思想和西方之古典经济学、历史学派、边际数理学派等，尚有马克思主义经济学，但更大程度属于在野势力。在这种历史背景下，陈豹隐通过翻译《经济学大纲》和《资本论》系统研读了马克思主义货币理论，并成为其在中国的早期传播者。在1986年《纪念陈豹隐教授诞辰一百周年》的纪念会上，已逝著名经济学家关梦觉即谈道："我原先学的是西方资产阶级经济学，当时食洋不化。'九一八'事变后流亡北平，开始自学马克思主义，首先接触到的著作之一，就是陈教授翻译的河上肇著的《经济学大纲》，因此，陈老可以说是我的启蒙老师。"[1]

陈豹隐自始即反对教条地理解马克思主义，在坚持基本原理的前提下，力求使之中国化。他在《经济学讲话》"绪论"中，开宗明义地指出："马克思的基本思想，要严厉的保守和发展，可是经济学的顺序，却因时代的不同和经济现象的变迁，而不能不采用顺时代的方式，用不着死守《资本论》的顺序。……特别是对于中国人，岂能无环境和文化上的顾虑？"[2] "我们知道无论学什么科学，必然的要拿它和中国关联起来，才合乎目的，所以我们应当以中国人的资格，站在中国人的立场，来研究中国经济学说与外国经济学说间的区别和关联，并指出现今中国的经济学的发达程度及以后的发展倾向。"[3] 这是他立论之基。

---

[1] 关梦觉：《陈豹隐在我国传播马克思主义的功劳不可磨灭》，载《财经科学》，65页，1986 (6)。

[2] 陈豹隐：《经济学讲话》，19～20页，北平，好望书店，1933。

[3] 同[2]，231页。

二、货币政策是货币机能的延伸

(一) 货币政策反映社会经济关系

在中国近代由传统自然经济向商品经济、市场经济的转型过程中，由于币制紊乱，影响和干扰着货币金融在社会经济发展中的作用。陈豹隐强调，货币政策是货币机能的延伸，并从货币本位政策、货币发行政策、物价安定政策、物价搅乱政策和现币集中及禁止出国政策等五项对货币与社会经济的关系进行了展开论述。

陈豹隐认为："有了充当价值尺标的机能，就不能不有关于货币本位的政策"[1]，陈豹隐从狭义的本位问题（即"拿什么来做本位，用金做本位吗，还是拿银做本位，抑或是用纸币做本位"[2]）出发，将本位制度分为单本位制（金币或银币）、复本位制（金币银币并重）、跛行本位制（以金币银币为本位币，但禁止银币自由铸造，限制其流通）、金汇兑本位制（又称虚金本位制，指虽以金币为本位币，但国内仍用银币，并禁止银币自由铸造，通过限制银币的流通量以提高汇兑比率来套取更多的金汇票，用以清算国际借贷）和金块本位制（虽规定以金币为本位货币，但不允许自由铸造，而用买卖金块的办法，去维持一货币单位和特定分量的金子两者之间的等价关系），并批评了所谓纸币本位制的说法，认为那是"非常时的例外"[3]。对于如何选择货币本位政策，"是要各自适合于各自的国情及经济上的利益的获得而才被决定的，但是，在事实上，在某一国采取某种制度时，它对于其他国家往往会发生很大的影响"[4]，他指出经济落后国家的本位问题，"是不能自主的，是完全要受制于多数国家的支配的"，"中国这种事实上用银本位而对于外国所负

---

① 陈豹隐：《经济学讲话》，672 页，北平，好望书店，1933。
② 同①，673 页。
③ 同①，675 页。
④ 同①，675 页。

债务却依照金价来计算的国家，当然免不了要吃不少的亏而无办法。"① 这大体是符合历史实际的。

陈豹隐指出：货币发行政策"是由当做流通手段看的机能发生出来的"。他着重分析了银行券的发行问题，强调"如果没有一定的政策，随便滥发"②，会导致纸币贬值和劣币驱逐良币。他认为货币发行政策的核心问题是发行权、发行的监督方和准备金，"这种政策的内容当然要依各国情形而异，绝无一成不变的规定"，如考虑不周，极易"引起金融界的大紊乱，甚至于全社会的不安"③。可惜他的这些提醒没能引起执政当局的足够重视。

陈豹隐还将物价安定政策纳入货币政策的范畴，他说："从外表上乍看起来，似乎和货币政策无关"，但因为"商品的价格就是由货币表现出来的商品价值，并且货币本身也是个商品"，故而他认为："所谓物价问题就是货币问题，所谓物价高低问题就是货币价值高低问题"④。接着他介绍了物价指数，并将物价指数和货币购买力大小联系起来。陈豹隐同时注意到，货币发行量并非影响物价的唯一因素，技术进步与物价联系紧密，"依照马克思的正确的学说看来，它一方面要以商品本身的价值大小来决定，而另一方面又要以货币数量的多寡来表现；要把两方面合起来才是对的"⑤，他批评李嘉图过分强调后者而忽视了前者，只有把二者有机结合，才能真正安定物价，只有物价相对安定了，"社会上一般的生产与消费都很安定，因而金融畅适流通，而整个的社会也就很安全"⑥。安定物价的具体措施有哪些呢？其中一环即伸缩货币数量，方法有："（a）直接用所谓 Inflation 或 Deflation 的方法"；"（b）提高或降低中央银行的存放利率"；"（c）发行或偿还大宗公债"；"（d）用紧缩

---

① 陈豹隐：《经济学讲话》，676 页，北平，好望书店，1933。
② 同①，677 页。
③ 同①，678 页。
④ 同①，678～680 页。
⑤ 同①，682 页。
⑥ 同①，683 页。

政府预算或扩大政府预算的方法"①。他对货币数量调节办法的列举，是较为全面的。

"与物价安定政策相反的就是物价搅乱政策"，陈豹隐认为其源于货币"当做公的收夺手段看的机能"②。为什么不用"货币膨胀政策"而采用"物价搅乱政策"的提法呢？他给出了自己的解释，"货币膨胀政策，只能算是物价搅乱政策的一部分或一方面而已，还有与 Inflation 政策相反的 Deflation 政策也应该被包括在物价搅乱政策之下"③，他实质上提出了我们今天常说的通货膨胀和通货紧缩问题。接着他分析了二者的受益人与受损者，在国内，"货币膨胀政策，可以牺牲无产阶级及小资业阶级的利益，使本国的工商业特别发展起来，而货币紧缩政策，却可以牺牲工商业的利益，使金融资本家的资本价值增加"，在国际上，货币紧缩政策"很容易诱导外国货物输入本国"，但对购买本国缺乏的日用品和军用品及偿还赔款、战债等有优势④。他对通货紧缩的重视与大萧条的时代背景是分不开的。

现币集中及禁止出国政策，陈豹隐认为它的重要性虽不及前四者，但"因为在事实上主要各国目前政治上都在实用着它所以在此地也有说明其大略的必要"⑤。他指出现币集中及禁止出国政策在理论上似乎有两点不可解，它既不符合帝国主义对外投资的需要，也和金属论走向没落的历史趋势相违背。他从经济和政治分别予以了阐释：经济上，纸币只是金银的代表，"最后的支付手段的作用，非现金不能充当"，"在生产力和生产关系相适的时候，则一切现币代理品在不超过应有分量的范围内，都可以流通有效力，反是，如果在生产关系对生产力变为失调，而成为生产力的桎梏的时候，即到了经济情况不仅是不发展，而且停滞或后退的时候，则一切现币的代理品在流通界都会渐渐失其流通效力而终局成了废纸；在那时，就非本身有价值的东西（现

---

① 陈豹隐：《经济学讲话》，684 页，北平，好望书店，1933。

② 同①，684 页。

③ 同①，685 页。

④ 同①，686 ~ 687 页。

⑤ 同①，688 页。

金），不能生流通的效力"①，他还注意到了其与重商主义初期的拜金热的区别，"目前的资本主义国家所集中的现金，并不是为拿来当现金使用，而仅仅是作为信用的准备；这一层是和初期的重商主义的重金银的性质完全不同的"②；政治上，除与经济上的理由相联系的之外，"具有独立性的理由，就在现金集中多的国家，在政治上必然享有很大的威权"，他以美国 1924 年道威斯（Dawes）计划和 1929 年杨格（Young）计划为例做了说明。对于实施办法：在经济上，"第一是利用短期资金的方法，这是极力奖励短期对外投资，一则这种投资的利率较高，二则容易收回"，"第二是倾销政策"，"第三是用高价收买现金"；在政治上，一是用政治力量，"禁止现金出口"，二是"名义上不禁止出国，而实际有禁止的作用的方法，如像以国家的力量来管理汇兑"，三是"因政治力量禁止人民蓄藏现金"；他还谈到了其他办法，"如法国在欧战以后，极端欢迎外国人到法国去游览"③。他能灵活运用马克思主义货币理论来解释现实中的经济问题，并且具备一定的解释力，这是极其难得的。

（二）货币政策制定以正常、充分且有效地发挥货币机能为鹄的

陈豹隐提出货币政策是货币机能的延伸，旨在强调政府管理当局在制定货币政策时，必须遵循货币的机能作用，而不要违背货币的机能，自行其是。换句话说：货币政策是为了规范货币的机能，使之能正常、充分且有效地发挥其作用，而不是阻碍它，扰乱货币的机能。他曾批评中国战时货币金融政策："距现代战时经济学理上所公认之种种办法，……程序相差尚远，这固由于中国金融运用权之不完全及于中国金融机构之落后，同时也由于中国无实行中国极端政策如修改币制，特种银行收归国有，管理外汇，及制定一般债务延付办法等等的必要"④，即是源于此理。

---

① 陈豹隐：《经济学讲话》，689～690 页，北平，好望书店，1933。

② 同①，691 页。

③ 同①，692～694 页。

④ 陈豹隐：《经济篇》，中国国民党中央执行委员会宣传部编：《抗战建国纲领浅说》，101 页，重庆，正中书局，1938。

三、商品经济是永存的

（一）不同意"外壳论"和"所有制论"

在对马克思《资本论》中的商品理论的理解与继承中，在长期结合中国国情研究商品现象的过程中，陈豹隐对商品理论逐渐有了深刻体会。在他晚年，尽管当时中国社会深受前苏联高度集中的计划体制影响，否认商品、商品经济的思潮成为主流，但他仍能坚持社会主义条件下"存在商品"的观点，既不同意所谓生产资料不是商品或只是形式上的商品的"外壳论"，亦反对把商品看作私有制特产的"所有制论"。

1959 年，在四川财经学院第二次科学讨论会上，陈豹隐有针对性地指出："第一，我不同意'外壳论'，既然实质上是那个东西，为什么叫外壳，似不必转弯抹角，不如叫它是社会主义商品。其次，所有制论我也不同意，因为私有制以前也有过商品生产，现今国营企业内部也有商品生产。"① 他甚至认为：即使"在共产主义阶段，商品生产恐怕也还要存在，除非生产劳动社会化停止即协作和分工停止，否则商品生产仍是人类所需要的。"② 尽管与传统理论不尽相同，但他立足并发展马克思商品生产理论的勇气是令人敬佩的，其正确性在一定程度上经受住了历史的检验。

（二）有商品经济就会有价值规律发挥作用的空间

陈豹隐在晚年表现出了对价值规律在社会主义条件下的特殊意义的关切。他认为价值规律的基本部分有两个："第一，不同种类劳动化为等值劳动的规律（即等价交换规律）部分，这当中包含人类的一般抽象劳动原则，亦即人类精力支出原则，和复杂劳动如何简化为单纯劳动的原则"；"第二，同种劳

---

① 陈豹隐：《我对社会主义制度下的商品生产和价值规律的看法》，载《四川财经学院学报》，38 页，1959（4）。

② 陈豹隐：《我对社会主义制度下的商品生产和价值规律的看法》，36～37 页。

动之间的量的决定的规律，即社会必要平均劳动规律，这即是说，商品价值量是由社会必要的平均劳动决定的，而不是由一个商品实际上所费了的劳动量决定的，因此，这个平均劳动量只是一个抽象的量，然而也是由一定社会具体的劳动所决定的，并不是一个凭空想象的量，同时，因为这些具体劳动由于技术的巧拙、工具利钝、劳动勤懒、劳动对象的优劣，等等，而致所消耗的劳动有多有寡，所以消耗劳动少者的商品比较消耗劳动多者的商品容易在同一市场交换出去，因而常处于有利地位，常常促使落后者向先进者赶上去，所以说这个规律有促进生产技术发展的作用。"①

由价值规律的基本内容出发，陈豹隐进一步归纳出了价值规律的三点作用："1. 等价交换作用，2. 社会再生产重分配作用，即调节作用，3. 促进生产作用，它能够鼓励劳动者提高技术"。特别是在社会主义条件下的价值规律作用，理论界长期是一个禁区或争议区，但他创造性地作了发展，认为价值规律在这种条件发生的作用应分开来说："（1）等值交换作用仍然存在，而且还扩大了（如各种新行业的发展，如火箭航空的行业、原子能操纵的行业等行业的发展）。（2）社会再生产重分配的调节作用仍然存在，但发生了变化。过去是自发的，现在被计划的调节代替了。但因人们的计划在短时期不能够完全周到完美，所以自发的调节作用还会一时的发生。……把这个调节作用称为影响作用，我认为是不必要的。（3）促进生产力发展的作用，当然依旧存在，而且因为人类认识了它和主动地利用了它，作用加大了。例如社会主义竞赛措施就是利用了这个作用。"②

（三）商品经济与价值规律永存的历史意义和现实意义

我国在相当长的一段时期内，在"左"的思想的指引下，否定商品货币、价值规律的存在。这样的否定，不仅给经济发展带来了影响，而且给人们的思想带来了混乱。陈豹隐以坚持马克思主义的理论勇气，在当时几乎"一边

---

① 陈豹隐：《我对社会主义制度下的商品生产和价值规律的看法》，37 页，载《财经科学》，1959（4）。

② 同①，38 页。

倒"的形势下，大胆打出"商品经济是永存的"的旗号，不仅石破天惊，而且拨乱反正，从中国计划体制转化为市场经济体制的历程看，有着巨大的历史和现实意义。值得注意的是，他认为："计划的作用和价值规律的作用各行其是，不相干涉，没有主从关系的说法我是不能同意的，因为有计划规律与价值规律是有矛盾的。"① 他在 1959 年提出的这个观点的确振聋发聩，对改革中如何处理好计划与市场、宏观调控与市场调节的关系，至今仍值得我们认真思考。

作为《资本论》的最早译者，陈豹隐同时也是中国马克思主义学者中最早的一位立足于劳动价值论并结合中国实际，较为系统全面地阐释马克思货币理论的学者。他在分析中注入了个人的理解和思考，而非教条照搬，不足之处在所难免，但开创之功却是不可磨灭的。

（刘方健　陈拓）

参考文献

［1］马奔腾：《陈启修对马克思主义货币学说的理解与介绍》，张家骧主编：《中国货币思想史》，1219－1248 页，武汉，湖北人民出版社，2001。

［2］刘方健、蒋海曦：《陈豹隐对马克思主义经济理论的贡献及启示》，5－12 页，载《经济学家》，2010（7）。

---

① 陈豹隐：《我对社会主义制度下的商品生产和价值规律的看法》，38 页，载《财经科学》，1959（4）。

第八章

贾士毅金融思想学说概要

贾士毅（1887—1965），字果伯，号荆斋，江苏宜兴人。1908 年留学日本，1911 年毕业于明治大学政治科。回国后历任北洋政府财政部会计司和赋税司司长、国民党政府赋税司司长、财政部常务次长、湖北省财政厅长和江苏省财政厅长、江苏省农民银行董事长、鄂湘赣区财政金融特派员等，在此期间整顿税收、革新税制，当时财政法规之研订均出自他的手笔，并任中央大学、中央政治大学教授。1950 年去台湾，1965 年病逝于台北。著有《民国财政经济问题今昔观》《民国财政史》《国债与银行》和《关税与国权》等书，这些著作保存了民国时期大量的财政数据与实况。

一、国债与金融论

（一）该理论的核心：内债、外债与我国金融的关系

贾士毅认为公债从财政学上解释不过是一种临时的补救措施，其种类、目的和方法在各国虽不一致，但都将其作为救济财政不足的手段。公债本质的优劣和发行方法得当与否都和金融有直接的联系，他认为"善用之，则财

政与金融，可交受其利；不善用之，则财政与金融，必两受其害。"① 公债又有国内和国外之分，其影响也各有不同。

1. 内债与金融的关系

在国内发行的公债，因其发行区域一定且为增加财政收入的一种代用政策，所以与国内人民的关系更为密切。内债所募集的现金多为国内的产业资本，对国内经济有直接影响，因此必须郑重办理才能够确立一国的财政与经济政策。没有确定偿还财源的公债，人们不愿意购买。有确定偿还来源的公债，其发行、付息和还本与金融有特殊的关系。首先，在基金方面，贾士毅认为"在信用素著之国家，发行公债本不必指定基金，以妨碍财政之自由伸缩。惟国家信用尚在薄弱时代，则非固定基金实不易使公债顺利进行。"② 因此基金稳定的公债容易被市场消化吸收，而基金不稳定的公债常会引起市场的恐慌。数额较小的公债在市场上容易销售，而数额较大的公债则难以被吸收。其次，在付息方面，债息的支付对于调剂市场颇为有效。世界各国都根据国内金融市场的具体情况确定每年支付利息的次数，有分两次支付的，也有分四次支付的。债息的支付时期也对金融大有影响，一般在国家法定纳税期和商业普通决算期之前支付债券利息为宜。"如果能详查国内金融之趋势，于重要季节前，多所支付，以应其急，则於调和市场之功盖非浅鲜也。"③ 最后，在还本方面，贾士毅认为除有期证券外，政府应根据财政的便宜和金融的缓急确定还本时间。因为在每次还本后，市场现金骤增，资金所有者势必另寻投资途径，要么投资实业，要么购买新的债券，市场必定呈现繁荣景象。如果公债政策运用得当，那么国库和市场都会受其益处，否则当金融缓慢时政府偿还巨额债款，或当金融紧急时政府储存大量现金，都会使金融发生不良影响。

2. 外债与金融的关系

贾士毅认为外债，顾名思义，就是从国外市场而非国内市场募集的资本。

---

① 贾士毅：《国债与金融》，1 页，上海商务印书馆，1930。
② 同①，13 页。
③ 同①，13 页。

外债看似与国内金融关系较为薄弱，但经济无国界，内债、外债虽名称虽不同但都为国际流通的证券，因此都与国际市场息息相关。在世界货币尚未统一、世界各国商业处于竞争时代的情况下，外债的募集与国内金融的关系也应从两方面进行考察。（1）有利方面：①从国外募集低利息的资本并运用于国内，则社会和国库各方面的资金得以周转，国内的生产资本也不会因政府财政支绌而受影响，劳动需求更有增加的希望；②各国公债互相影响，国际金融联系更加紧密，可以减免世界战争的危险。（2）有害方面：①在借入外债之际会使现金输入，有可能会使物价上升；②每年需向外国支付利息，导致货币流出，国内通货缺乏；③偿还本金的时候，汇兑变化较大，甚至有可能动摇货币制度的基础；④基于财政负担的压迫，常处于弱势地位，容易引起强国的干涉。

贾士毅认为由于募集外债存在上述利害关系，政府在发行之初就应该周详考虑，尽量减少其负面影响。我国募集外债的历史早于内债。起初并无巨额的借款，募集外债也只为一时之融通，但甲午战争战败后，开始大募外债以筹集军费和赔款。为借大量外债，政府将关、盐两税以及路权、矿权作为抵押，列强也趁此机会进行经济侵略，攫取了我国监督财政权和保管关税权等一系列权利。国内金融亦受巨大影响：①外债多以关、盐两税作抵押，税款都存入指定的外国银行，巨额现金受外国掌控，本国市场缺乏现金导致周转不灵，实业因此不振；②外债的发行、付息、还本均为外国银行经营，各银行大量手续费，加之关、盐两税存放在外国银行，有利于其拓展在华的实业。而我国的实业尚处于初级阶段，无法与之竞争，因此受到压迫；③在外国银行发行债票时，金价下降，我国还本、付息时，金价上升，金价无形之中被外国操纵，对于我国极其不利。因此，贾士毅提出了四种整理外债的方法[①]：①设定基金；②合并旧债；③借换新债；④发行内债。

（二）该理论提出的时代背景

我国清末开始仿效外国发行公债后，由于最初发行的数额较少，基本和

---

① 贾士毅：《整理外债问题》，载《东方杂志》，1922 年，第 5 号。

金融没有关系。但自民国以后，政府支出浩繁，一方面借入大量外债，另一方面募集大量内债，公债与金融发生深切的关系。金融市场利率的高低和市面的松紧都与债券市场息息相关。政府的税收和社会各地经济也往往和证券市场有密切的联系。贾士毅认为如果政府在确定公债政策时采取提高证券的方针使金融与财政相互调剂，则证券价格必然上涨。然而政府却不详细考察世界经济的潮流和国内金融的趋势，时而大举外债，在供给增加后肆意挥霍，时而大量募集内债，资金多被吸纳而使市场紧迫。政府大量借债，年年需要还本付息，导致对外货币流出，对内利息日渐增加，致使内外债（除固定的部分外）均无力偿本付息，国内投机的银行多数破产。最后政府不得已对无担保及无确实担保的内外债进行整理，债券价格最初虽稍有起色，但不久后又回落。此后债券市场越治越乱，而北洋政府也在财政紊乱中垮台。国民政府统一全国后，因信用很好并同时承认旧债，为补充军费前后共发行了四亿八千万元内债，而且国民政府为了整理债务从未借入外债[1]，其具体债务如下表。

国民政府内外债欠款表[2]　　　　　　　　单位：元

债赔款名称	本息总额	备考
有确实担保外债	742335807.67	截至1928（民国十七年）年底已偿本息不计外实欠本息总额数。
庚子赔款	554592966.18	同上
有确实担保旧内债	78895056.4	同上
有确实担保旧新债	487965331.12	赈灾、裁兵公债继续归于关税编造。于1929年后发行的各种库券，应自各发行月份算起，其以前年份发行的各债券，截至1928年底已偿利息不计外，连同1929年续发各债券的应偿本息合计数。
总额	1863789161.37	

依据上表，国民政府财政部当时的所负债务前后已达18.63亿元以上，

---

[1] 编者注：此处所言国民政府未借外债是截至作者发稿时（即1930年）并未借入外债。

[2] 贾士毅：《国债与金融》，9页，上海商务印书馆，1930。

其中还不包括交通部和无确实担保的内外债务（因其无法统计所以为计入，截至民国十七年，应当在 8 亿元左右）。但贾士毅认为，国民政府所欠数额虽然巨大，和其他各国人民所负债务相比则相差甚远，平均不过 6 元。如果中央整理得当，债券信用不难恢复，而国内外金融亦必大有起色。因此贾士毅认为"综观自清末迄今的二十年，公债与金融之关系，始由简单而臻至繁密，进乃由紊乱趋于整理，前途颇可乐观，过去亦不无成绩"，并列举实例加以佐证。

（1）公债与纸币。民国五年（1916 年），北京中央、中交钞票停止兑换后，导致本国银行的信用大减、金融周转不灵、通货缺乏、物价上涨，致使商人深受其害。财政部为了整理中央、中交两行的京钞，先后发行了金融短期公债、七年短期公债和长期公债。经此整理后，为害多年的京钞全被回收，本国钞票流通的信用也逐渐恢复。

（2）公债与银行业。在公债发行的初期，银行业对之不甚了解，但随着公债的发展，银行业的观念也随之一新。银行除原有业务外，普通银行业因可以获得以下利益而竞相经营债券：第一，"以证券借贷或买卖，不至有资金运转不灵之弊"；第二，"以证券为发行钞票准备，可与现金有同一效用，而无虑呆滞"①。

（3）公债与商场。商场中债券买卖事业兴盛，一天的证券买卖少则数十万，多则数百万。"或以证券兑换现金，或以现金购买证券，几与正辅货币，同握市商之枢机。"②

（4）公债与储蓄。在政府最初发行内债时，人们购买力十分薄弱，观望不前，更不用谈储蓄了。然而随着债券的发展，人们开始购买短期公债作为储蓄，继而购买远期公债，甚至是二十五年的长期公债作为储蓄。随着对外债了解的增加，人们也逐渐开始购买外债作为储蓄，银行界也购进善后公款、中法债票、沪宁铁路债券等，有识商人在遇到金价低迷的时候亦购入外债作为储蓄。

---

① 贾士毅：《国债与金融》，11 页，上海，商务印书馆，1930。
② 同①。

（三） 该理论的价值及其影响

我国公债问题不单纯是一个金融和经济问题，它与财政经济和社会政治各方面的问题紧密相关，而且首先与政治有关。我国自清末到国民政府所发行的公债都与对外战争和军阀混战相关，政府所募集的公债基本用于对外战争的军费、赔款以及内部战争时的军政费用。政府所发行的大量公债未能充分用于国内实业建设，因此没有充分发挥其调剂金融、稳定财政、促进经济发展的应有作用。众多国内学者发表了自己对公债作用的看法，对近代中国国债进行批评，主要观点有：①公债政策未能起到解决财政困难的应有作用，反而加重了财政危机；②不利于金融业的健康发展；③公债政策不但不利于国民经济的发展，反而成为国民经济发展的因素。但有些学者认为公债还是有一定积极意义和进步性的：①"近代中国国内公债的发行，突破了中国古代惯用的捐输、报效等封建落后的筹款方式，而采用借债的方式应付政府的紧急财政需要，这在财政手段和财政观念上都具有进步意义"[①]；②近代中国的公债从用途上讲，也并非全部用于军政费用的，一些公债用于交通事业建设、教育建设、水利事业等，一定程度上促进了中国经济的近代化；③在政府公债政策的刺激下，中国近代的银行业得到迅速发展。

在研究公债和金融的关系时，应该主要研究公债的用途是否正确，公债与外国银行或国内银行的关系如何，公债加于人民身上的负担，公债与中国各种税收的关系如何。只有通过研究这些方面才能够了解到中国国债与外国国债是否不同、公债政策是否危害中国经济的发展、对于政府发行公债应采取什么样的态度。因此要明晰我国公债与金融的关系更是一项艰巨的任务。贾士毅利用任政府财政金融官员之便，搜集了大量的内外债资料，写成《国债与金融》一书。然而他对内外债"现时"性状况说明、描述多，分析则比较浅显。贾士毅在稍后出版的《民国财政史》的第四编《国债》中和《民国续财政史》的第四编《公债》中对清末至1931年的国内公债各种债项进行了

---

① 潘国旗：《近代中国国内公债研究 1840—1926》，345 页，经济科学出版社，2007。

详细的罗列，以为后人借鉴。但是在这两本书中，贾士毅也是列举公债情况较多，分析较少。千家驹在评论贾士毅的国债与金融时认为"它只是部分完成了它的使命"，"因为本书在整理内外债的历史而作一有系统的记载上，确已得到相当的成绩"，但"本书内关于国债与金融关系的论述，仅在总论中作一概括的序说"且"在总论中对于内外债与金融，内外债与国内或国外银行团的关系的检讨，亦嫌太过表面而不深入，太过简单而不详尽。"① 不过必须肯定的是，贾士毅基本勾画出了中国近代内外债的面貌以及相关的财政金融关系，为后人研究提供了研究基础。尤其是其《国债与金融》、《民国财政史》和《民国续财政史》等书资料翔实，面面俱到，是研究近代财政史和公债史的必备之书。

二、黄金政策论

（一）该理论的核心：黄金的作用与黄金政策分析

1. 黄金的重要作用

贾士毅认为世界各国的通货很少有以黄金为货币流通于社会的，但黄金因其有如下两个作用仍不失为重要的制币材料：①"为纸币备用之用"。当金本位制盛行时，纸币可随时兑换成黄金。各国当局常收购黄金为通货的准备，维持货币对内、对外的信用。但1929年世界经济危机后，采取金本位制的国家相继放弃金本位制，采取通货管理制度。从此对内通货可自由流通但不能与黄金兑换，对外为维持纸币的价值仍以黄金为汇兑基金，所以黄金实际上含有世界货币的机能。②"为外货获得之需"②。获取外汇基金的途径只有增加国货输出或举借外债两种方法，但这又必须获得外国的援助，一国不能自由做主。只有集中黄金是国家权力所及的，也是容易实施的。因此黄金又有获取外国货币的机能。

---

① 千家驹：《贾士毅的国债与金融》，载《图书评论》，1933年第1卷第6期，58～65页。
② 贾士毅：《我国黄金政策之动态》，载《财政评论》，1940（6）。

在平时黄金有以上作用，在战争中其作用更加显著。当国家进入战争状态时，其军械、粮食以及其他必需品的补充往往依赖其他国家，如果国家保持大量的黄金便可以随时支付所需的物品而不必忧虑军需缺乏。"兼之国遇战祸，民心震撼，资金外流，币价贬值，自在意中，故为坚定人民信仰，巩固纸币价格，尤非握有巨额之黄金不为功。"①

2. 我国战时黄金政策分析

贾士毅认为我国战时的黄金政策可以分为三段：①1937年"七七事变"至1938年11月，政府对于黄金的管理非常宽松，仅从劝导方式收集金类入手，并未取缔民间黄金买卖，此时期为"劝导式黄金收集时期"；②1938年11月到1939年7月，政府加强了对黄金的管理，一方面颁布银行业收兑金类办法，另一方面颁布限制私运黄金出口及运往沦陷区办法，此时期为"局部式黄金统制时期"；③1939年8月以后（此处截至时间应为贾士毅进行政策分析时，即1940年），政府鉴于黄金统制政策无法防止资金外流，加强了对黄金的管理，采取黄金国有方针，对黄金进行了全面的管制。他认为黄金管制新政策尤为有效。

贾士毅从多方面对战时黄金新政策进行了分析。第一，在取缔金类收售方面，黄金在我国民间被视用于装饰以及用于储蓄而成为重要的商品之一，买卖极为频繁。要想贯彻黄金国有，就必须首先取缔黄金的买卖。第二，在取缔金类质押方面，金融业和典当业常因质押关系发生金类的进出或转移，金类收售取缔后，质押行为应同时予以取缔。且各地向来盛行用黄金抵借款，此项金类数额巨大，因此必须取缔质押方能达到黄金国有的目的。第三，在统一生金收购方面，黄金种类虽然繁多，但是从性质上看，只有熟金、生金两种。在熟金方面，如具有饰物、器具形状的金类，政府往往顾及民间习惯，处置较为宽松。但在生金方面，由于其范围狭窄，与社会接触较少，因此应实行严格的处置办法以达到黄金国有原则。第四，在严禁黄金私运方面，虽然政府早已颁布限制私运黄金出口和运往沦陷区的办法，但商人唯利是图，

---

① 贾士毅：《我国黄金政策之动态》，载《财政评论》，1940（6）。

往往将生金粗制为器具形状运往国外或沦陷区，造成黄金大量外流，对于这种情况更应严加管理。贾士毅认为虽然政府考虑到民间习惯准许携带自用或准备自用的金器，但一定要注意准许携带金器的数量，以示限制。第五，在增加黄金的生产方面，贾士毅认为我国黄金储量向来丰厚，金矿分布区域可以分东北、东南、西北、西南四个区域，尤其以东北区储量最多。东北生产的金量在各区之上，然而已全部沦陷。西北区范围广阔，黄金储量丰富，但由于交通不便利，尚难积极开采。西南区黄金储量也很丰富，因此有从速开发的必要。东南区蕴藏较少，然而在黄金缺乏的时期，也应当设法开采以增加产量。对于政府在 1939 年 3 月颁布的关于增加黄金产量的非常时期暂行办法，贾士毅认为其要意有四点：①国营、民营并重，并向民营金矿提供技术帮助和免征金产税，以资鼓励；②土系法和机械发采金并重；③利用国外资本及技术，鼓励海外侨胞投资和允许外商合资经营；④集中产金，不论何种性质的金矿开采的黄金均归四行收兑处收购。

3. 战时黄金政策展望

贾士毅认为国家黄金政策的改定虽然要以克服现实困难为职责，但是金价的涨落也常常是影响政策的主要因素，因此政府的政策应根据市场黄金价格的变动而即时更改。政府在统制政策失效的情况下不得已改弦更张，采取黄金国有的政策。按国际惯例，战时黄金收归国有实属正常，只是在实现黄金国有政策时使用的方法和步骤有"强化式之黄金国有政策"和"温和式之黄金国有政策"之分。我国颁布的各项黄金法律、法规属于温和式的黄金国有政策，其精意是于"不损民间利益与不背社会习惯的原则"下集中黄金、增加外汇基金，以达到"巩固法币准备"和"获取外货资源"两个目的。因此贾士毅根据政府以往黄金管理的事迹预测将来的黄金政策的趋势为：①"收兑黄金之机构，以四行收兑金银办事处为核心，各地均陆续设置委托收紧机关，其组织将日益普遍化"；②"金类之收售与生金之收购，以局部归公家收购为目标，任何团体机关个人，均不得购买"；③"金类饰物之质押与掇运，以局部归公家收兑为原则，饰物在重量关平一两以内，仍准人民储藏"；④"各地人名之存金，顾全民间利益及习惯为主旨，仍听其自由储藏"；⑤

"收兑黄金之牌价,以提高价值为标的,使人民明了于政府定价公允,乐于兑售存金";⑥ "增加黄金之生产,以官民合作为目标,不论国营民营,力谋同等发展,合力经营,期收相辅而行之功。"①

贾士毅认为黄金国有政策重在实现"巩固法币准备"和"获取外货资源"两个目的,然而仅仅把国内现有黄金收归政府而不另外寻找增产的途径,仍非根本的解决方法。因此他认为"是以收兑存金,为目前过渡之阶梯,开发金矿,为将来建立之壁垒,两者并重,不容偏废。黄金系国家之命根,亦为坚强之战斗力量,故收兑存金与开发金矿,尤应相维相系,同时并进,发挥更艰辛更伟大之努力,奠定民族经济之柱石焉。"②

(二) 该理论提出的时代背景

抗日战争爆发的初期,我国法币的汇价较为稳定,标金价格仅一千一百余元,因此当时政府对于黄金采取劝导式的收集方针。但在 1938 年 3 月时,法币的外汇黑市打破一先令两便士半的汇价,并逐月下降,到当年冬天稳定在八便士,标金的价格竟达两千元,政府为巩固外汇保持政策不变,但当到第二年六月份时,法币外汇黑市汇兑价格降至六便士,标金涨到二千五百元,到七八月份,法币外汇黑市汇兑价格降至三便士半,标金的价格超过四千五百元,为历史之最高。国民政府鉴于统制制度已经失效,不得已采取黄金国有政策,并在此之后出台了一系列管理黄金的法律、法规。贾士毅在研读这些法律、法规后,指出了这些法规的精意所在,并根据自身对政府过去管理黄金的事迹展望了我国当时的黄金政策的动向,并提出了自己的建议。

(三) 该理论的价值及其影响

抗日战争时期,国民政府的黄金政策是其整个金融政策的重要组成部分。这一时期国民政府的黄金法规频繁出台,在一定程度上起到了一些作用。国民政府黄金政策的主要目的是充实法币和遏制通货膨胀,在抗日战争时期黄

---

① 贾士毅:《我国黄金政策之动态》,载《财政评论》,1940 (6)。
② 同①。

金政策可以分为"统制政策的开端"、"四联总处设立收兑处"、"进一步之管制流通"、"恢复放任政策"、"举办黄金存款"、"黄金官价数次调整"、"日本投降黄金惨跌"①几个阶段。在抗战初期，国民政府由最初的限制黄金出口，但在国内可以自由流通的政策转变为限制黄金移动、买卖、质押，民间存金由政府收购的政策，加强了对黄金的管理。但在 1943 年后，为了遏制后方物价的上涨，国民政府又宣布准许黄金自由买卖，并用美国提供的"财政援助借款"从美国进口大量黄金，由中央银行随行市出售。抗战胜利后，后方物价一度下跌，金价也由 1945 年 7 月每两约 20 万元法币降到 5 万多元。

贾士毅对黄金作用的分析十分深刻，揭示了黄金"为纸币准备之用"和"为外货获得之需"的两种重要机能。而且从上面我们可以看出，贾士毅关于战时黄金政策的分析仅限于国民政府黄金政策"进一步之管制流通"的阶段，对于该阶段黄金政策的分析也是十分深入和正确的，但未对以后阶段的政策进行分析。"进一步之管制流通"阶段的主要指导方针就是"黄金国有"，限制黄金的流通、质押和买卖。但是正如他所说的那样，"国家黄金政策之改变，固以握住现实克服困难为职志，而金价涨落与币值升落两项，常为决定政策主要之因素。"②黄金政策应随现实困难、金价的涨落和币值的升落等因素的变化而改变。后来国民政府允许黄金自由买卖等放任政策也是根据黄金价格和外部环境的变化而实施的。只是贾士毅在做黄金政策展望时没有预料到外部环境变化得如此之快，以致黄金国有政策不再适合当时的国情。

三、地方财政制度论

（一）该理论的核心：三级财政和两级财政制度的完善

贾士毅认为地方财政当别于中央财政，其含义又随时代的演进和人事的变迁而有所不同。在财政收支系统法实行的三级财政中，地方财政包含省级

---

① 联合徵信：《十年之我国黄金政策》，《徵信新闻》，1948 – 11 – 25。
② 贾士毅：《我国黄金政策之动态》，载《财政评论》，1940（6）。

财政与市县级财政，然而市县级财政因省级财权极大仅居于附庸地位，其财政收支只具有法律上的意思，所以当时所谓的地方财政乃指省级财政而言。而在收支系统法实施纲要颁布后，明定全国收支分为国家财政与自治财政，将省级财政归入国家财政，全国财政分为中央财政与县级财政，实行自治财政的思想，"于是徒具形式的三级财政制，乃改进为名实相符的两级财政"①。因此贾士毅关于地方财政的观点也分为两部分，一部分是关于财政收支系统法中的三级财政的观点，另一部分是关于自治财政中两级财政的观点。

1. 地方财政收支系统法的缺陷与完善措施（三级财政制）

（1）收入划分标准的缺陷与完善措施。各国地方政府取得收入的方式常因行政制度和环境差异而有所不同，其税制方式约有三种：独立税源制、附加税额制和分配税额制。地方财政收支系统法采用的是独立税源制和分配税额制并行的制度。地方税收包括省税、直辖于行政院的市税、县税或直隶于省的市税三种。根据财政收支系统法的划分，直隶于行政院的市税和直隶于省的市税虽与省税之间虽有一定冲突但范围较小，冲突较为严重的是省税与县税。贾士毅认为各省向来以田赋收入为省库的主要收入来源，一旦田赋归于县库，省库仅得纯收入的15%～45%，而又必须将营业税纯收入的30%分给县，则省财政的亏损将无法得到补偿。因此应从以下四方面加以完善：第一，将原有的省、县正附两税归并于田赋改称为土地税，按法在省县之间分配；第二，田赋纯收入归省的比例应根据省县两方财政实际情况确定；第三，中央应按收支法规定的分配比例将所得税、遗产税拨发给地方以示提倡；第四，县政府应该在法规允许的范围内推广县税范围。

（2）支出划分标准的缺陷与完善措施。各国地方政府的支出范围常因国情的不同而有所不同，其经费分配方式大体可以分为三类：国家和地方共同支出的经费、地方单独支出的经费、性质难以确定的经费。地方财政收支系统法在以本国国情为主的基础上参考其他各国的划分标准确定了地方支出的范围。该划分标准有四项特殊的规定：第一，人民行使政权的费用由各级政

---

① 贾士毅：《如何完成自治财政之理想》，载《财政评论》，1943（2）。

府负担；第二，与侨务有特殊关系的市县须自定经费；第三，区、乡、乡镇的费用列入市县的经费预算；第四，省区或市县关于文化教育、经济建设、卫生治疗、保育救济的经费总额不得少于总预算的60%。但财政收支系统法的划分也存在以下几点缺陷。首先，根据该法，省的收入明显减少但其支出范围却没有相应的减少。其次，关于文化教育、经济建设、卫生治疗、保育救济四项支出仅列出抽象的名称，没有明确划分归省和归县支出的范围。最后，虽条例规定由中央支付国防军事方面的支出，但在实际中县政府往往也承担了一部分。贾士毅认为为了解决上述问题可以采取下面三条措施：第一，详细确定省县支出科目的范围并成为省县行政的标准；第二，县政府办理中央和省委托的事务时应由国库和省库划拨经费；第三，联合事务应由联合各县分担。

（3）补助金制度实施的困难与完善措施。中央往往采取补助金的方式贯彻其政策，因此补助金制度历来在各国盛行。补助金大致可以分为义务补助金、改制补助金和兴业补助金。财政收支系统法中的补助金制度是兴业与改制两种补助金并行的制度，分为振兴特种事业所设的补助金和改革财政制度所设的补助金。但是中央在补助下级政府时并没有明确规定是侧重省还是侧重县，抑或省县同时重视，是侧重腹地还是侧重边区，因此在执行上也就没有标准。贾士毅认为通过以下三点可以健全补助金制度：第一，中央应根据各级政府的实际需要发放补助；第二，中央对省县的补助应偏重边区省份及贫困县；第三，中央对省县的补助应注重行政效率。

贾士毅认为地方财政制度的改造须因时制宜和因地制宜，既具时间性又具空间性。地方财政制度的建立虽然需要迎合当时的思潮，但也不能远离当时的现实。财政收支系统法以缩小省财政充实县财政为手段，以完成县自治达到宪政为目标。而所谓的缩小省财政只是缩小至相当程度，并非使省不能自存，省的收入有一部分转移于县，省的支出亦应有一部分划归于县。所谓的充实县财政是在县接受省的一部分收入时也要接受相应的支出，当其财政实力稍有增强的时候按法进行整顿以达到独立自治的地步。

2. 两级财政制中县级财政平衡与省级财政厅作用

（1）县级财政平衡问题。贾士毅认为地方财政的建立是不能一蹴而就的，然而建立地方财政体系、实现地方财政自治又是刻不容缓的。在两级财政中，县级财政起着不可忽略的作用，是完成地方财政自治的关键。根据《整理自治财政纲要》的规定，"县市岁出之分配，应以全境之管教养卫事业平均发展为原则"，县市自治事业的推进不能强分缓急先后。市县依赖其本身收入绝对不能应对其支出，为求市县财政的平衡，贾士毅提出了五个原则：第一，停办一切不急切的事；第二，裁剪一切不必要的机关和冗员，归并性质相近的机关；第三，凡需用大量人力建设的事业，能征用民工的尽量依法征用；第四，请求上级政府给予帮助；第五，经县市级参议会同意并呈请上级政府核准扩征正当税捐。自治财政有特殊的环境，收支不能平衡的市县往往为最贫瘠的市县，这些落后的市县都急需发展，需要的经费自然更多，但其自身开源节流的能力又十分有限，更需要中央的补助。然而上级政府重视的又是富庶的市县，这导致全国各地市县的发展存在相当大的差异。因此应通过中央拨款使市县财政收支得到平衡，在此过程中需要注意两点。第一，确定标准。地方财政若收不敷支必然影响地方财政自治的推进，若收大于支又容易造成财政浪费，因此应确定划分标准以实现地方财政平衡。第二，统筹支配。全国各市县发展不尽相同，为实现平均发展原则，县市财政应有中央统筹支配。

（2）省级财政厅作用。贾士毅认为既然建国大纲规定"县为自治之单位，省立于中央与县之间，以收联络之效"，那么省的主要职责在于联络中央与县，其本身已非行政单位，不过是中央行政机构之一，因此省应"一面推行省内国家政策，一面监督省内地方庶政"[1]，其主要作用是联络与监督。在实施两级财政制度后，驻在各省的中央财政机构各司其职，而市县收支又列于自治单位，省财政厅的主要职责应改为财政设计、培训、考核和监督，起到承上启下的作用。为更好地实现收支改革的目标，省财政厅的主要职责应与以往不同，其主要职责应为：第一，推行中央财务政令；第二，设计地方财政兴革；第三，审核行政计划；第四，考核行政效率；第五，培训财务人员；

---

[1] 贾士毅：《如何完成自治财政之理想》，载《财政评论》，1943（2）。

第六，加强财政环境视导。

贾士毅认为全国财政改定为两级，其意义在于将财政分为国防与民生两类：国防财政属于国家，民生财政属于市县，因此所谓的自治财政实含有民生财政的意义。自治财政应注重民生，既要改善人民生活又要减轻人民负担。

（二）该理论提出的时代背景

当财政收支系统法颁布后，除了直隶于行政院的市和直隶于省的市外，全国财政分为中央、省和县三级。此财政制度一方面采用分税制度以增强省与中央及省与县的收入关系，另一方面按照各级权限使中央、省、县有各自的支出项目，同时采用补助金的办法使中央与省、县以及省与县之间的财政得到调剂以达到"限制省之财权，充实县之财力，用以建立县财政基础"①的目的。但在实行的三级财政制度中，地方财政制度包括省财政与市县财政，市县因为省财权极大，自身又无独立的税源而基本处于无权的附庸状态，因此当时所谓的地方财政实际上是指省财政。市县财政的短缺造成其应兴应革的事务多为纸面计划而无法实施，这在很大程度上阻碍了市县政务的发展，而各县地方政务常与民生休戚相关，县财政尤为地方财政的命脉，因此要想使市县政务得到发展就必须加强市县的财力。财政收支系统法规定的不完善性和各省县财政状况差异性决定了地方财政制度必须在实践过程中进行改革和完善。因此，1942 年，国民政府在第三次全国财政工作会议上，对已经建立起来的分税制财政体制进行了改动，将全国财政划分为国家财政与县自治财政两大系统，省级财政并入了国家财政，三级分税制改成了两级分税制。两级分税制实施的最大作用就是适应了战时需要。马寅初先生对此有很高评价，"就中央方面言，由于省级财政之归并于中央财政系统，原属地方之田赋与营业税，及契税收入列为中央收入之大宗。同时因为田赋改征实物，军粮公粮不虞匮乏，有助于抗战者至巨，确实收到相当成效"。

---

① 贾士毅：《地方财政与收支系统法之实施问题》，载《财政评论》，1940（3）。

（三）该理论的价值及其影响

贾士毅长期在财政部门工作所形成的丰富财政实践经验再加上其中西贯通的学术视野使他在考虑中国应采取何种财政体制、如何解决具体财政问题时，既能运用现代财政理论，又能参照中国国情。他在财政实践中丰富自己的财政思想，又用财政思想指导财政实践。因此他关于财政方面的见解都具有独特性和全面性[①]。在实行三级财政制度时，他充分研究财政收支系统法后结合自己对当时中国财政的了解，提出了若干该法的缺陷并给出了完善的措施。他认为造成中央与地方财权难以划分清楚的根本原因在于中央与地方权限没有界定清楚，认为"整理财政，首在明定国家地方之权限，而划分收支"[②]。因此他提出了上述完善地方与中央收支划分的措施。而且他清楚地认识到地方财政的重要性，认为各县地方财政与民生休戚相关，"故所谓的自治财政者，实含有民生财政之意义"[③]，他强调两级财政制度中的地方财政自治制度既要改善人民生活又要减轻人民负担。而且他认为宁可使中央存在较大的财政赤字，也不要使地方财政负担过重，因为中央有更多的调剂财政的能力和补救的方法。这与当时许多学者主张财权集中于中央是不同的。

四、通货管理说下我国新货币制度论

（一）该理论的核心：通货管理与新货币制度分析

在尖锐化的市场竞争中，各国勾心斗角地想出种种攻守的战略、适宜的手段维护其自身利益和谋求经济繁荣。资本主义的畸形发展带来了 1929 年的世界经济大危机，在此种情况下各国更是想方设法地追求自身经济的复苏，走出经济萧条。最开始各国都采用关税政策作为其唯一"战斗"的壁垒，他

---

① 邹进文：《民国财政思想史研究》，181 页，武汉大学出版社，2008。
② 贾士毅：《民国续财政史》，上海商务印书馆，1934。
③ 贾士毅：《如何完成自治财政之理想》，载《财政评论》，1943（2）。

们用各种方法限制外货输入，使外货在本国市场上失去竞争力以期保护本国工商业。但是这种政策的效果充其量是消极地阻止国内资金外流，并且不能从国外取得财富以调剂本国的金融和经济。特别是当各国都采用同样的策略以后，这种方法所带来的效果更是微乎其微。在这种情况下，各国不得已另寻新的策略，通货管理政策应运而生。

贾士毅认为所谓的通货管理最初只是一种以币值稳定为目的的消极制度，其定义为"通货管理，乃是以人为之方法，操纵其数量及流通速度，使其价值稳定的政策。"① 但是这种消极的政策经过慢慢地演变成为了一种积极掠取市场的工具。因此他认为当时的通货管理至少含有两重含义：它一面以汇兑管理防止硬货外流，资本逃走；一面更以贬低币值、膨胀通货提高物价，对外抑低汇价以增加输出。而且事实表明，货币政策若运用得宜可以产生一切优良效果。所以许多国家在符合国情的条件下，采取健全的货币政策以维护其国家的命脉。在这一阶段，除苏联有特殊的经济组织外，其他的国家大至可以分为两个集团：一个是主张维持金本位制、恢复自由贸易以复兴世界经济的金集团国家，如法、意、比、德等国；另一个是主张放弃金本位、膨胀通货、提高物价以谋世界经济繁荣的非金集团国家，如英、美、日等国。事实证明后者的政策更为有效，这些国家的经济较快得到改善并好转。

在经济危机弥漫世界各国的时候，我国也难免处于经济危机之中，尤其是美国采用白银政策使我国白银大量外流，工商业倍感颓废。在这种情况下，我国不得不采取一定的政策以挽救经济的衰退。贾士毅认为货币对于社会经济有着密切的联系，倘若币值不稳，物价将有异常的涨落，汇市也会产生过度的升降，任何经济行为，如生产、消费、分配、交易等，也均将感受严重的威胁，甚至可以破坏一国经济的平衡。我国当时以银本位为货币本位制，在与金本位制国家的交往中，常因汇兑市场变动而处于不利地位。而且在世界经济恐慌中，各国改行新货币政策，国外银价高于国内银价，以致现银不断外流，使我国金融发生不可言喻的恐慌和紊乱。政府当局一开始为稳定币

① 贾士毅：《从世界通货管理说到我国新货币制度》，载《经理月刊》，1936（2）。

值及国内现金的保存，实施征收白银出口税和平衡税，但这只是一时的消极政策，而非积极治本的办法。为顺应世界经济的潮流和应付世界各国新货币政策对我国的攻击，政府当局开始实行新货币政策。新货币政策虽然分六项颁布，但贾士毅认为归纳起来无非两点：一是规定中央、中国、交通三银行钞票为法币，在国内不得行使现银；二是为稳定法币对外汇价，中国、中央、交通三银行可以无限制买卖外汇。贾士毅认为，仅从确立新货币制度的原理上便可得到三点好处。第一，稳定金融基础。以前我国因大部分使用现银的缘故经常受到世界银价的操纵，尤其是国外银价高涨后，现银大量流出，国内通货紧缩，产业衰颓，经济枯窘，形成普遍的恐慌现象。实行新货币制度可以从根本上保存国内的现银，调节经济的张弛，因此可以使我国经济得到合理的发展。第二，改善银行制度。实行新货币制度可以在统一发行货币的基础上稳定货币价值，调剂社会金融。集中货币准备，在平常时期可以充分发挥资金的效用，在恐慌时期又可以充分发挥准备的功效。除此之外，还可以改善中央银行和一般银行的组织，可以实行重贴现制度，增加资金的活动和合理运用。第三，推进我国国际贸易发展。我国商人经营国际贸易至少要承担物价和金银汇价两种风险，以致国际贸易不能趋于正轨而稳定的发展。而实行新货币政策，由中央、中国、交通三银行负责稳定汇价。外汇稳定，风险减少，国际贸易自然日趋繁荣。贾士毅认为假如国人都能积极一致地促使新货币制度取得成果，那么在当时的国际经济竞争中，新货币制度未尝不是一种良好的政策。可以看出贾士毅对新货币制度给予了充分、积极的肯定。

（二）该理论提出的时代背景

在1929年美国经济危机发生以后，经济恐慌弥漫世界，各国开始采取一些新的货币政策以挽经济颓势。而且一般经济学者也认为若货币政策运用得宜，可以产生良好的效果。因此在此种情况下，英国首先于1931年9月21日实行新货币政策，停止英格兰银行钞票兑现，以免资金逃避，硬货外流。同时各国鉴于金融货币问题的严重性，各自谋求应对的策略，虽然方法不尽相同，但都在适合国情的条件下，寻求适宜的措施以维护自身利益。我国货币向来为银本位制度，与金本位国家往来时，常因汇兑变动而处于不利地位。而且自从各国改行新货币政策特别是美国实行白银政策以来，国外银价高于国内银价，以致国内现银大量外流，仅 1934 年 7 月至 12 月就有 2 亿元以上，见表 1。白银为我国货币的基础，亦即经济基础，如此惊人的外流使工商事业衰颓和国民经济萎缩，对国计民生的影响很大。财政当局鉴于此种危机开始征收现银出口税及平衡税。从 1934 年 10 月 15 日实行后，现银外流逐见减少，取得一定效果。然而此办法只是一时的救济措施，并非根本的办法。财政当局决定实行稳固金融、复兴经济的新货币政策。1935 年 11 月，新货币政策在此背景下产生。

表 1　　　　　　　　　1934 年 7～12 月白银外流数量表①　　　　　单位：银元

月份	输出净数
7	24308009
8	79094748
9	48139773
10	56332138
11	11327650
12	11974659

（三）该理论的价值及其影响

法币政策实施后，很快受到社会的认同，外商银行从自身利益出发也给予支持。当时除日商银行外，外商银行均将其存银移交中央银行，到 1936 年 1 月上旬止，交出的存银略低于 2600 万元。此后，尽管条件苛刻但日商银行也不得不移交现银②。因此，法币政策成功得到推行并在初期取得很好的效果。但是，法币政策是在中国社会经济相当薄弱的基础上推行的，实施法币政策的直接目的是解决国民党政权的财政困难，为金融统制的实现寻求出路，

---

① 国民政府财政部：《新货币制度说明书》，1935 年 11 月，4 页。

② 中国人民银行总行参事室：《中华民国货币史资料》，第二辑，211～215 页，上海人民出版社，1991。

政治强制力在推行过程中起支配作用。因此，一方面法币政策难以长期保持其稳定性，以致给社会经济带来诸多负面影响，另一方面常因顾及政治、军事的需要而偏离法币政策的原则。当1937年7月抗日战争全面爆发以后，国民政府更是大量发行法币，国内通货膨胀严重，参见表2，法币也失去了其最初稳定金融、复兴经济的目的。

表2　　　　　　　　抗战时期法币发行数及指数表①　　　　单位：亿元

年月	法币发行额	物价指数	年月	法币发行额	物价指数
1937 年 6 月	14.1	1.00	1941 年 12 月	151	10.71
1937 年 12 月	16.4	1.16	1942 年 6 月	249	17.65
1938 年 6 月	17.3	1.23	1942 年 12 月	344	24.40
1938 年 12 月	23.1	1.64	1943 年 6 月	499	35.38
1939 年 6 月	27.0	1.91	1943 年 12 月	754	53.46
1939 年 12 月	42.9	3.04	1944 年 6 月	1228	87.07
1940 年 6 月	60.6	4.30	1944 年 12 月	1895	134.36
1940 年 12 月	78.7	5.58	1945 年 6 月	3978	282.04
1941 年 6 月	107	7.59	1945 年 8 月	5569	394.84

（廖常勇　丁生川）

参考文献

[1] 贾士毅：《国债与金融》，上海商务印书馆，1930。

[2] 贾士毅：《整理外债问题》，载《东方杂志》，1922 年 3 月 10 日，第 5 号。

[3] 潘国旗：《近代中国国内公债研究 1840—1926》，经济科学出版社，2007。

[4] 千家驹：《贾士毅的国债与金融》，载《图书评论》，1933。

[5] 贾士毅：《我国黄金政策之动态》，载《财政评论》，1940。

---

① 吴冈：《旧中国通货膨胀史料》，92 页，上海人民出版社，1958。

［6］联合徵信:《十年之我国黄金政策》,《徵信新闻》,1948－11－25。

［7］贾士毅:《如何完成自治财政之理想》,载《财政评论》,1943。

［8］贾士毅:《地方财政与收支系统法之实施问题》,载《财政评论》,1940。

［9］邹进文:《民国财政思想史研究》,武汉大学出版社,2008。

［10］贾士毅:《民国续财政史》,上海商务印书馆,1934。

［11］贾士毅:《从世界通货管理说到我国新货币制度》,载《经理月刊》,1936（2）。

［12］国民政府财政部:《新货币制度说明书》,1935年11月。

［13］中国人民银行总行参事室:《中华民国货币史资料》,第二辑,上海人民出版社,1991。

［14］吴冈:《旧中国通货膨胀史料》,上海人民出版社,1958。

第九章
章乃器金融思想学说概要

　　章乃器（1890—1977），浙江青田人。1918 年毕业于浙江省立甲种商业学校，后从事金融工作，曾在上海任浙江实业银行副总经理。抗日战争爆发后，曾任安徽省政府财政厅厅长。1949 年新中国成立后，先后任全国政协常委兼财经组组长、中央财经委员会委员、政务院政务委员兼编制委员会主任、政务院粮食部部长、全国工商联副主席、民建中央常委会副主席等。其金融思想学说主要集中于《章乃器论文选》（1934 年）、《中国经济恐慌与经济改造》（1935 年）、《中国货币制度往哪里去》（1935 年）、《中国货币问题》（1936 年）、《中国货币金融问题》（1936 年）等著作，以及《论恶性膨胀》、《物价问题的症结》、《金融动员与工业资金》等文章。其中，《中国货币金融问题》为其代表作，当时即被译为英、日等外文出版，颇得中外金融及经济学界之重视与好评。"章乃器先生长期服务于银行界、工商界，通过刻苦自学，由一名银行练习生成长为中外知名的经济学家。他精通银行业务和财政管理，是我国近代经济学家中少有的货币专家和理财家。""是首倡创建中国现代资金市场和资本市场的学者之一，他主张以'扩张信用'代替通货膨胀，加快资本的流通；'推行票据承兑的贴现，使短期资金市场现代化；同时推行股票和公司债票，使长期资金市场—证券市场—国民经济化。'"①

---

① 马洪：《章乃器经济思想简介》，载《光明日报》，1997 – 04 – 25。

一、币制统一论

在货币政策方面，章乃器主张中国货币独立和国内币制的统一，他曾说"我们理想的货币，不但对外要有较高度的独立性，对内还要能够全国统一。"[①]

（一）币制统一论的核心

章乃器认为中国的币制有着半殖民地性和封建性。即各帝国主义在其势力范围内发行外钞；各地军阀在其割据的势力范围发行纸钞，自铸银元、银角、铜元，各地方豪商、富绅、高利贷者发行各式各样的私钞。[②] 币制复杂混乱，极不利于社会稳定和工商业的发展。所以，作为金融家的章乃器积极主张废除各种封建性和殖民地化的货币，实现币制统一。

章乃器是"废两改元"的积极倡导者。他认为，银两币制对于国民经济的损害非常大。"第一，当一九三一年，世界金价甚高，而银价则异常低落，偿还外债，海关收入以及商业买卖，无不受金贵银贱之损失与痛苦，当时银两虽为法定通货，可是，成色不一，标价轻重不同，兑换上往往吃亏。第二，银两呈为一般支付工具，可是它的普遍性不及银元的大，它本身不是最普通最简便的流通工具，同时，银两总数不过七千几百万元，无论如何不够市面的流通，而那时的银元，则已有二万二千几百万元之多，银元已成最通行的货币。第三，以银两为单位，在银元的存在之下，无论国际汇兑，或国内交易，都要把银两换成外币或银元，汇兑上的损失，实在是无益的浪费，而且封建性的银两的存在，对于国民经济的发展，也是一个有力的障碍物。"[③] 并且，"废两改元问题，在昔尚仅为金融币银问题；而在今日，则已成甚严重之

---

① 章立凡：《章乃器文集》上卷·学术编，《中国货币的前途》，373 页，北京，华夏出版社，1997。
② 章乃器：《中国货币制度往哪里去》，12 页，新知书店，1936。
③ 章乃器：《中国货币问题》，36、37 页，大众文化出版社，1936。

一般社会问题。"① 所以，废两改元的实施迫在眉睫。章乃器还提出了废两改元实施的步骤："因时机之迫切，对于废两改元之实施，应以紧急手段处之。即由财政部以部令行江海关及各银行，申明首先在上海施行废两改元；制止一切虚实银两之流通，确认现行之银元为唯一之法货。并规定原有规元债权债务之公定换算率。同时组织币制委员会，草拟货币法及施行程序，提交立法院通过，以示制度之确立。"② 此外，章乃器还对废两改元是否发生阻力、公定换算率、新币重量及成色、铸造权、新币流通等问题做了详细论述，以扫除废两改元的阻碍。

因长期服务于金融业，章乃器对中国货币不统一问题尤为痛恶。废两改元前夕，他还写了《废两改元之最后挣扎》一文，对那些"勉强牵合废两改元问题与所谓纸币政策为一谈，耸人听闻，意图重伤者；遮拾一二言之不能成理之闲言妄语，自欺欺人，以肆狡辩者；散布谣言，欲造成金融风潮，俾可借口阻挠者"予以一一揭露反驳。

（二）币制统一论提出的历史背景

民国以来，由于封建军阀割据，帝国主义侵略等原因，市面上流通着各种各样的货币，如没有充足准备金的纸币，各式各样不足成色的银币、铜辅币等，币制不能统一，而且往往不能兑换成现银。

紊乱的币制，已经使得国内市场不能统一，社会不得安宁，工商业发展受到严重影响。统一币制变得十分紧迫。

（三）币制统一论提出的价值及影响

章乃器在阐述货币金融问题时表现出的最大学术特色，就是始终将帝国主义侵略掠夺和封建势力剥削压迫这两大因素作为基本的研究前提。他本人对此解释到："任何的一个社会问题，往往都不是偶然的，并不是我喜欢提出

---

① 章立凡：《章乃器文集》上卷·学术编，《旧事重提之废两改元问题》，39 页，北京，华夏出版社，1997。

② 同①，42 页。

帝国主义和封建残余两种势力，而是深刻一点研究中国问题之后，我们不能不有这样的了解。"①

章乃器为统一币制呼声呐喊，建言献策。其废两改元的主张在社会上引起了强烈的反响，"这一主张，当时虽然遭遇高谈大局大势，列举似是而非的借口来反对破坏，然而这一主张，在社会的要求和舆论的同情与赞助之下，终于得到实现"②。他在《旧事重提之废两改元问题》一文中提出的具体措施，"与国民政府经济会议的各项议案相得益彰。"③ 南京国民政府终于在1933年4月5日颁发了废两改元布告，"兹定四月六日起，所有公私款项之收付与订立契约、票据及一切交易，须一律改用银币，不得再用银两。"④ 这使得一定程度上改变了中国币制紊乱的局面，为进一步的货币改革奠定了基础。所以章乃器亦认为"废两改元底成功，尤其是有重大的历史的价值。"⑤ 但废两改元并没有彻底解决中国的币制问题，这只是中国币制改革进程中的一个阶段。

二、货币独立论

（一）货币独立论的核心

币制问题是章乃器学术研究中的重要内容，在货币独立这个问题上，他一直反对中国加入英镑、美元、日元等外币集团，力主摆脱列强对中国的货币控制，以保护中国民族工商业的发展。

---

① 章立凡：《章乃器文集》上卷·学术编，《当前的灾荒问题》，199页，北京，华夏出版社，1997。
② 章乃器：《中国货币问题》，37页，大众文化出版社，1936。
③ 张家骧：《中国货币思想史》（近现代卷），1155页，湖北人民出版社，2001。
④ 同③，1156页。
⑤ 章立凡：《章乃器文集》上卷·学术编，《金融恐慌与币制危机》，364页，华夏出版社，1997。

首先，章乃器主张中国既不能加入"美金集团"，也不能加入"英镑集团"。他曾屡次在文章和讲话中表示，"中国不能加入任何货币集团，这不但在保持货币权的独立上成为必要，在避免不需要的纠纷上也是成为必要"。① 他一直认为，"中国如加入任何集团，必须要卷入世界货币战争底漩涡，币值底不安定，或者要更甚于今日；而远东均势进一步的失坠，更足以促成太平洋战争。"② 与这种立场相适应，章乃器更明确提出，"倘使中国要争取民族的解放，我们应该主张：中国要有一个独立的货币本位和稳定的货币价值；这就是改用自己的管理货币的主张。"③ "站在民族的立场，我不能不主张中国应该有一个独立的货币本位。"否则，不论加入美金集团还是加入英镑集团，"这对内，是使中国货币殖民地化，而对外，则足以增加外交上的困难。"④

其次，主张自己的货币本位，即"保持目下的银本位"或者"创造将自己的管理货币"⑤ 如何建立自己的管理本位，章乃器认为比较可行的办法是：以海关金单位为标准，在改用金本位制的掩护之下，减低币值，同时，禁止硬币行使，纸币的最后兑付是外币汇票，但不指定以一定比例兑给某一国的货币。⑥

第三，海外准备金的存放以分散为宜。章乃器认为，假如我们的海外准备金，和别国以条约关系订定存放所在，那么，即使汇价上没有条约的束缚，而因为准备金授柄他人的结果，汇价依然变成俯仰由人。所以海外准备金的

---

① 章立凡：《章乃器文集》上卷·学术编，《列强对华货币战争的现势》，337 页，华夏出版社，1997。

② 章立凡：《章乃器文集》上卷·学术编，《上海底金融》，439 页，华夏出版社，1997。

③ 章立凡：《章乃器文集》上卷·学术编，《中国货币的前途》，371 页，华夏出版社，1997。

④ 章立凡：《章乃器文集》上卷·学术编，《金融恐慌中金融制度的演变》，409 页，华夏出版社，1997。

⑤ 同①，337 页。

⑥ 同④，410 页。

存放，以分散为得计。①

第四，汇兑政策操纵的机关问题。我们即使在币价和准备金的存放上，都没有束缚，而汇兑政策的操纵，却要授柄他人；那结果，货币权依然不能独立。过去曾经有人主张中央银行和汇丰银行合作，维持汇价，我个人是十分反对的。②

中国的货币要维持其独立的存在，还必须通盘考虑。章乃器认为，"这个问题并不能从货币本身来解决，谁不知道，列强对于中国货币权的争夺，仅是帝国主义宰割中国民族的一幕；而中国货币本身的脆弱和紊乱，也只是中国整个经济结构所必然产生的现象之一。谁想单从货币本身来解决中国的货币问题，谁就是'头痛医头脚痛医脚'的庸医。"只有中国民族能够真正独立，中国工业和农业的生产真能大规模的发展，对外贸易的平衡能够积极地好转，黄金的生产能够大量的增进，国内的贸易因为大众购买力的扩大而飞速进展，那么，中国的货币才能够维持它的独立，那些帝国主义者才不敢来觊觎。③

（二）货币独立论提出的历史背景

1934年，美国宣布实行"白银国有"政策，给实行银本位的中国带来了极大的灾难。白银大量外流，国内通货紧缩，许多钱庄倒闭，银行停业，民族工商业受到了严重影响。银价被美国控制也使中国的货币失去了独立性。所以章乃器认为，除非美国放弃或者改变白银政策，不然现行的币制不能认为是优良的。④ 于是，法币改革孕育而生。然而，在南京国民政府着手币制改革的过程中，英国派其首席经济顾问罗斯氏专程来华，拉拢中国政府加入"英镑集团"；美国也开出各种"优惠条件"，企图诱使中国政府加入"美金集团"；日本则以"中日经济提携"为诱饵，采取种

---

① 章立凡：《章乃器文集》上卷·学术编，《各派币制改革论之介绍及批评》，232 页，华夏出版社，1997。

② 同①，233 页。

③ 章乃器：《中国货币制度往哪里去》，84~85 页，新知书店，1936。

④ 章立凡：《章乃器文集》上卷·学术编，《中国货币的前途》，371 页，华夏出版社，1997。

种手段诱逼南京国民政府加入以其为核心的银集团。帝国主义列强纷纷介入中国币制改革，为的是争夺对中国货币的控制权，以把持中国的全部经济。

当时，社会上出现了种种币制主张，如赫德、胡惟德、精琦、汪大燮、卫斯林等的虚金本位计划；曹汝霖的《金券条例》；徐青甫主张以"虚粮本位"代替金银本位；刘冕执的"能力本位制"；阎锡山的"物产证券"办法；褚辅成的《货币革命论》；管理货币论主张等。章乃器认为这些币制改革论都逃不出通货膨胀论，其中许多观点"救国有心，实行无术"，是不切实际的乌托邦思想。就是在这样的背景下，章乃器提出了货币独立论。

（三）货币独立论提出的价值及影响

章乃器详尽分析了美国白银政策后中国的货币状况以及列强在华的货币战争的情形，其强烈主张货币独立的观点，是积极可取的。在货币独立问题上，他看到了问题的本质，要想维持货币独立，仅是从货币来看待是不能解决问题的。货币独立还应该为抗战提供保障，"中国的货币应该在保持独立的原则之下，统一国内的币制，集中全国的力量，以应付未来的大战。"[①] 这些观点全面而深刻。

然而国民政府并未采纳章乃器主张的货币独立论。关于国民政府实行的法币政策，章乃器分析评价：实行法币政策，我们上了帝国主义的圈套，所谓货币国际化，只会使中国遭受更慎重的侵略掠夺，中国货币的自主权自此荡然无存了。"目下中国货币权，已是英镑和美元的附庸，而十分的成为殖民地性的货币了。"[②] 新币制对国民经济和百姓生活也没有带来帮助，"不但没有辅助生产事业，略尽救济市面的功能，救济失业和灾荒，更谈不到。反之，它只加重了民众经济生活的痛苦，使经济恐慌继续下去。它的唯一效力，就

---

① 章立凡：《章乃器文集》上卷·学术编，《经济论争中的两条战线》，250 页，华夏出版社，1997。

② 章乃器：《中国货币问题》，47 页，大众文化出版社，1936。

是暂时缓和了财政上的困难。"①

三、建立银钱市场和资本市场

章乃器认为,华商银行的缺点"第一是没有一个票据贴现市场","第二个缺点是没有一个资本市场。"② 所以他主张"推行票据承兑和贴现,使短期资金市场现代化;同时推行股票和公司债票,使长期资金市场——证券市场——国民经济化。"③

(一)建立银钱市场和资本市场的核心

章乃器认为现代金融市场应该包含两大机构——银钱市场和资本市场。"所谓金融市场本来包括了两个抽象的市场,就是(一)银钱市场(Money Market)和(二)资本市场(Capital Market)。银钱市场的效用,在供给一种活动的资金;它的主要的方法,就是票据的贴现。资本市场的效用,在供给一种产业的资本;它的主要的方法,是股票和公司债券的投资。"④ 而中国当时的情况是,虽然有一个银钱市场,但是它的运用的方法,"只有原始的放账和押款;票据的贴现,真难遇见。""资本市场,那更是连雏形都还没有具备。"⑤ 所以章乃器主张:(1)"金融业应该赶快地以票据贴现和承兑代替原始的放账和押款。"从而一改中国现有银钱市场原始落后局面,使之成为支持和扶植民族经济之资金来源;(2)"金融业应该赶快地联合起来,办理股票和公司债底承受业务;同时再使所承受的股票和公司债在华商证券交易所拍板。"从而使中国的各种闲置资金不致白白外流,免其掉头回来继续充当帝国

---

① 章乃器:《中国货币问题》,43～44 页,大众文化出版社,1936。

② 章立凡:《章乃器文集》上卷·学术编,《上海底金融》,438 页,华夏出版社,1997。

③ 章立凡:《章乃器文集》上卷·学术编,《币制改革后金融政策之重估》,383 页,华夏出版社,1997。

④ 章立凡:《章乃器文集》上卷·学术编,《承受业务与信托事业之前途》,70 页,华夏出版社,1997。

⑤ 同④。

主义列强经济侵华之资本。①

章乃器认为完成一个现代的银钱市场，应该"第一步减少信用放款，而要求工商业即速推行票据，一面以票据作为交易媒介，而一面以票据向金融业融通资金。这样，工商业也放弃了过去的放账制度，而使呆滞的账面债权变成流动的票面债权，而金融业也同样地可以把呆滞的账面债权变成流动的票面债权。工商业需要资金，可以拿票据向银行贴现，而普通银行需要资金，也可以拿贴现下来的票据向国家银行再贴现。周转自然就可以格外灵活了。"②如何创造一个现代的资本市场，章乃器认为"银行业以后万万不能接受工厂、机械的押款，而应该代为发行公司债。银行不妨先自承受发行的公司债，然后，可以逐渐地在证券市场转让给一般投资者人。这样，银行的资产，就不易结冻，而工商业也可以得着期限较长利息较低的资金。"③

（二）提出建立银钱市场和资本市场的历史背景

民国时期的中国，"金融业在帝国主义和封建残余两种势力支配之下，长期资金市场成为喧宾夺主的形势，短期资金市场却依然逗留在高利贷的商业资本时代。"④

一般认为，"信用制度进展的程序，应该是由对人信用，进到对物信用，再进到票据信用。"这是国民经济发展的一定程序。⑤然而，当时的华商银行始终还只是停留在对物信用阶段，银行相当于大规模的典当，这不能满足现代工商业发展的需要，不符合经济发展的实际。因而，即速推行票据，建立现代银钱市场是有必要的。

代表中国金融力量的上海，有两个证券市场：一个是华商证券交易所，

---

① 章立凡：《章乃器文集》上卷·学术编，《上海底两个证券市场》，443 页，华夏出版社，1997。

② 章立凡：《章乃器文集》上卷·学术编，《金融恐慌中金融制度的演变》，420 页，华夏出版社，1997。

③ 同②，422 页。

④ 章立凡：《章乃器文集》上卷·学术编，《中国金融的现势》，425 页，华夏出版社，1997。

⑤ 章立凡：《章乃器文集》上卷·学术编，《上海底金融》，438 页，华夏出版社，1997。

另一个是由外人经营的股票和公司债市场——众业公所①。章乃器认为，华商证券交易所是一个专做公债买卖的"财政市场"，而众业公所才能代表一个资本市场。② 可见，中国的民族资本以及长期资本市场还处在一个较落后的阶段。然而，国民经济的发展有赖于一个健全的资本市场。所以，"中国工商业家应该如何去发行股票和债票，银行应该怎样赞助股票和公司债票底发行，以造成一个资本市场。"③ 是当时值得深入探讨的问题。

（三）提出建立银钱市场和资本市场的价值及影响

建立中国现代之银钱市场与资本市场，是章乃器基于民族立场为保护民族工商业，发展民族经济所提出的一项治本之法。④ 他认为，"中国金融业倘使不能改造两个资金市场，它便不能负起建设民族资本的大任。"⑤ 这深刻的认识，对当时我国金融市场的建立健全有着重要的意义。

章乃器"是首倡创建中国现代资金市场和资本市场的学者之一"，他主张"'推行票据承兑的贴现，使短期资金市场现代化；同时推行股票和公司债票，使长期资金市场—证券市场—国民经济化。'在他的倡导下，成立了我国早期的票据交换和承兑机构。"⑥ 在朱博泉、章乃器等人积极倡导下，上海于1933年1月10日成立了银行业票据交换所，为经济的融通提供了便利。上海银行票据承兑所于1936年3月16日开业。

---

① 众业公所，成立于1905年，截至1934年，共有98位经纪人，内中只有9个中国人，大多数是犹太人。在它的行市单里面，有10种银行和银公司的股票，5种保险公司的股票，16种地产公司的股票，6种船坞仓库和转运公司的股票，8种公用事业的股票，4种纺织厂的股票，38种橡皮和垦植公司的股票；此外，还有13种优先股，55种市债和公司债。——章立凡编：《章乃器文集》上卷·学术编，《上海底两个证券市场》，439、440页，华夏出版社，1997。

② 章立凡：《章乃器文集》上卷·学术编，《上海底两个证券市场》，442页，华夏出版社，1997。

③ 章立凡：《章乃器文集》上卷·学术编，《上海底金融》，438页，华夏出版社，1997。

④ 李玉刚：《源于实践之货币金融学真知——章乃器货币金融学术思想述论》，《"1930年代的中国"国际学术研讨会论文集》（上卷），378页，社会科学文献出版社，。

⑤ 章立凡：《章乃器文集》上卷·学术编，《中国金融的现势》，426～427页，华夏出版社，1997。

⑥ 马洪：《章乃器经济思想简介》，载《光明日报》，1997-04-25。

四、信用统制论

（一）信用统制论的核心

在金融壁垒不完整的中国，为了解决国际收支不平衡问题，章乃器首先提出了"统制信用"的主张。"我提议的动机，是因为统制贸易和统制汇兑都因为不平等条约的存在，没有办法做得通——进口货由外洋运到通商口岸的一阶段，无法加以限制；所以主张只好紧守二门，把进口洋商交货给中国批发商以至运赴内地的一阶段，用信用统制加以限制。这后一阶段的资金通融，到现在为止，还是完全是由华商银行、钱庄担任的。只消它们对于非必需的进口货，不予以抵押、押汇以及借款的便利，进口数量自然就要大大的减少。这种政策，在用票据承兑和贴现的方式，使短期资金市场现代化之后，办理起来可以格外严密。"①

信用统制的方法，"第一，是金融业对于押款和押汇上的抵押品，定一个限制；使不需要的洋货，不可能得着抵押的通融。第二，工商业向金融业支用信用借款，往往是在进货的时候；金融业在这时可以调查进货内容，甚至订定信用借款契约的时候，就要加入'借款人进货，须商得银行同意'的条文。第三，是对于某种营业，绝对不与通融。"② 这在当时金融力量比较集中的情况下，实行起来应该比较容易，"国家银行只须订立下来政策，对于不应给予通融的商品和行业，金融业不得予以通融；否则国家银行亦不给予该金融业者以通融，问题就已经解决过半了。"③

然而，章乃器认为信用统制也不是根本的办法。"假若强令依然可以用'超不平等条约'的手段向我们压迫，那末，统制信用自然也是一种'罪

---

① 章立凡：《章乃器文集》上卷·学术编，《币制改革后金融政策之重估》，390 页，华夏出版社，1997。

② 章立凡：《章乃器文集》上卷·学术编，《当前的金融问题》，405、406 页，华夏出版社，1997。

③ 章立凡：《章乃器文集》上卷·学术编，《金融恐慌中金融制度的演变》，416 页，华夏出版社，1997。

名'。或者，倘使它用同文同种的便利，把金融侵略的范围扩充到批发商甚至零卖商的阵线里去，那末，信用统制的力量，也就要消失了。"① 但是，在目下的恐慌情形之下，"金融业以民族利益立场提出这种办法，可说是'名正言顺'的，明大义的工商业家，一定会自动地加以赞助；不明大义的即使要反对，恐怕也是不容易得着别种的通融。"②

（二）信用统制论提出的历史背景

当时的中国是一个半殖民地国家，国际收支极为不平衡。"依目下情形而论，在超不平等条约的帝国主义势力控制之下，连表面上已经取得的关税自主都要无从实现，哪里还谈得到贸易统制？再，因为金融壁垒不完整，国际汇兑大权，旁落在外商银行手里，汇兑统制也成为无法实行。"③ 在无办法之下求一些办法，所以章乃器只好主张"信用统制"。

（三）信用统制论提出的价值及影响

信用统制是章乃器首先提出的，在当时的环境下提出来，是无奈之举，也是创举，具有强烈的爱国主义色彩。然而，章乃器自己也意识到，信用统制不是根本的办法，存在一些问题。但是其对信用的倡导以及坚持，是值得肯定的。

五、开创中国征信业

（一）界定中国征信业的核心

1932 年 6 月 6 日，在章乃器等人的积极组织下，由前期成立的中国兴信

---

① 章立凡：《章乃器文集》上卷·学术编，《币制改革后金融政策之重估》，390 页，华夏出版社，1997。
② 章立凡：《章乃器文集》上卷·学术编，《当前的金融问题》，406 页，华夏出版社，1997。
③ 同②，405 页。

社①的主要成员发起，组织了中国第一家信用调查机关——中国征信所。

为什么要成立中国征信所。章乃器认为：对于在银行办理调查工作的人来说，"（一）调查的工作，倘使由各银行个别的单独去做，成绩甚难望其美满；规模的有限固然是一个问题，资料收集的难期完备又是一个问题。（二）为什么在上海地方，我们仍然要利用外人办理的信用调查机关?"② 在征信所筹备初期，由于在中国无先例可援，许多人担心这个事业太空洞。章乃器则认为："在上海的工商业者的信用，倘使外国人设立的机关有法子调查，我们必然也有法子调查。而过去对于调查工作的实际经验，也使我们觉得这个事业是有相当的把握的。"③

中国征信所的主要业务为：报告市场实况；受会员或外界委托，调查工厂商店及个人身家事业之财产信用状况，于最短时间内调查结果报告给委托者。企业或个人均可加入征信所成为会员，除基本会员外，普通会员分为甲、乙、丙3种，享受不同标准的服务。非会员也可请征信所做调查业务，但费用较高且手续繁复。④

关于征信所的业务方针，章乃器是这样认为的，"一切的事业要从积极的方面找出路。""中国人对于事业观念最大的错误，就是把'守家产'和'做事业'混为一谈；把大部分的精神，用在消极的节流工作上面，而对于积极的事业，反放在脑后。"⑤ 结果越来越消极。另外，也不能因为节省经费的缘故，妨碍业务的进行。除了积极的业务方针，中国征信所还需要有工作规条："审慎以求'真'，详尽明晰以求'美'，忠实公正以求'善'。"⑥

---

① 中国兴信社，是一个学术团体。它的目标，是在研究信用调查的方法，促进信用调查的技术，交换信用调查的资料。——章立凡编：《章乃器文集》上卷·学术编，《四个月间中国征信所》，57页，华夏出版社，1997。

② 章立凡：《章乃器文集》上卷·学术编，《四个月间中国征信所》，57、58页，华夏出版社，1997。

③ 同②，58页。

④ 章立凡：《章乃器与中国征信所》，载《江淮文史》，2010（3）。

⑤ 同②，62页。

⑥ 同②，63页。

（二） 开创中国征信业的历史背景

从 20 世纪初开始，征信所作为一种个人及机构资信的调查机构，逐渐在欧美和日本普及。民国初财政部颁布《银行公会章程》时，即规定银行公会应该办理征信机构业务。20 年代，国内银行界曾草拟征信所章程，提出过设立征信所的议案，但一直没有付诸实施。[①]

1932 年以前，上海有 5 家信用调查机关，上海兴信所、帝国兴信所、动静兴信所、商务征信所和中国商务信托总局，其中前三家是日本人办的，后两家是美国人办的，但一直没有国人办的信用调查机构。而华商银行的信用调查各自为政，规模和资料都十分有限。于是章乃器就有了创办中国征信所的念头。

（三） 开创中国征信业的价值及影响

中国征信所成立之初，章乃器作为浙江实业银行的银行代表，担任了第一任董事长。在章乃器的领导之下，中国征信所的业务量突飞猛进，在开业 4 个月后即增长了 2.5 倍。中国征信所还积极开展征信服务工作，先后建立了个人和企业信用信息调查系统。[②]

章乃器创办中国征信所，开辟了近代中国人用科学方法进行信用调查之先河；打破了外国信用服务机构的垄断，上海原有的几家外商征信所，因无法与中国征信所竞争，相继倒闭，中国征信所遂成为全国的独占事业。直至抗日战争全面爆发后，中国征信所的业务陷入困境。

章乃器是中国征信业的开拓者，被称为"中国资信业第一人"。[③] 为中国近代信用制度的建立与进步作出了重要贡献。

（朱春晖　缪明杨）

---

① 章立凡：《章乃器与中国征信所》，载《江淮文史》，2010（3）。

② 孙建国：《20 世纪 30 年代章乃器信用统制经济思想评述》，载《上海师范大学学报（哲学社会科学版）》，2004（3）。

③ 同①。

参考文献

［1］章立凡：《章乃器文集》上卷·学术编，北京，华夏出版社，1997。

［2］章乃器：《中国货币制度往哪里去》，新知书店，1936。

［3］章乃器：《中国货币问题》，大众文化出版社，1936。

［4］张家骧：《中国货币思想史》（近现代卷），武汉，湖北人民出版社，2001。

［5］马洪：《章乃器经济思想简介》，载《光明日报》，1997 - 04 - 25。

［6］李玉刚：《源于实践之货币金融学真知——章乃器货币金融学术思想述论》，《"1930 年代的中国"国际学术研讨会论文集》（上卷）。

［7］章立凡：《章乃器与中国征信所》，载《江淮文史》，2010（3）。

［8］孙建国：《20 世纪 30 年代章乃器信用统制经济思想评述》，载《上海师范大学学报（哲学社会科学版)》，2004（3）。

第十章

刘大钧金融思想学说概要

刘大钧（1891—1962）字季陶，号君谟，原籍江苏丹徒，生于江苏淮安。毕业于京师大学堂，1911 年赴美国密歇根大学攻读经济学和统计学，1915 年获学士学位。1916—1919 年任清华大学经济学教授，1919—1920 年任北洋政府经济讨论处调查主任，1929 年任国民政府立法院统计处处长，后任统计局局长。1933 年在上海执会计师业务，兼中国经济统计研究所所长。1937 年任军事委员会国民经济研究所所长。1941 年兼任中央银行经济研究处专门委员和重庆大学商学院院长。1947 年任关税及贸易总协定起草委员，后任国民政府经济部驻美商务参事。后移居美国，病逝于纽约。

刘大钧 1923 年和 1929 年先后发起成立中国经济学社和中国统计学社，并担任两社的首任社长。创办和主编《中国评论周报》（The China Critic）（1928—1946）、《经济统计月志》（1934—1941）、《国民经济月刊》（1937）、《经济动员》（1938—1940）等杂志，还曾主编国民经济研究所工业化研究丛书。著作有《我国佃农经济状况》（1929）、《外人在华投资统计》（1932）、《中国工业调查报告》（1937）、《吴兴农村经济》（1939）、《经济动员与统制经济》（1939）、《非常时期货币问题》（1940）、《上海工业化研究》（1940）、《工业化与中国工业建设》（1944）等。

一、战时通货紧缩论

刘大钧认为在我国抗战时期不应该实施通货膨胀政策，反而应该控制货币流通，实行通货紧缩政策。

（一）战时通货紧缩论的内容

1. 产业方面不需要通货膨胀

欧美各国在战争时期，因政府平时财政收入不敷战时支出，大多采取通货膨胀的政策。战事所需要的军火及一切有关的原料与产品，都需要在国内尽量增加生产，以应战时消费，因此政府多发货币，各种物价上涨，正可以奖励生产，与战时产业动员的目标相符。且政府虽然增发货币，但因工商各业亦需要大量货币去购买原材料和劳动力，可以尽数吸收使用，倘若控制得力，并不会形成激烈的通货膨胀。

刘大钧认为，与欧美各国产业较为发达不同，我国产业特别是战时所需甚巨的工矿两业，因缺乏制造和采矿的新式器械，多数工厂和矿厂生产条件相对落后，农业因水利失修，又无科学耕种方法，仍停留在靠天吃饭的阶段，再加上交通十分不便，即使采用通货膨胀、提高价格的方法，并不能对增加产量提供正向激励。因此，在中国当时的情形下，通货膨胀无法达到产业动员的目的，只能带来物价上涨的流弊，采取通货膨胀的政策是不可取的。[①]

2. 财政方面不需要通货膨胀

我国财政收入以关税、盐税、统税为主，而这三种赋税又大部分在沿海战区或敌占区各省征收，因此三种赋税所受战事影响较大，战时政府税收自然大幅减少。而支出方面，大部分军需用品需要在国外购买，一时或可不付现款，即或付现，也非发行纸币所能应付，国内军饷有一大部分包含在经常预算之内，行政机关裁员简政，费用亦可略为减少。即便如此，为应付国内

---

① 刘大钧：《我国统制金融办法之检讨》，摘自《经济动员与统制经济》，34 页，商务印书馆，1939。

财政需要，纸币仍有增加发行的需要，若再故意以通货膨胀为目标，则政策流弊则将影响更大。

刘大钧分析了当时的财政收支情况，他估计在抗战期内，国内需支付的军费每年大约 3 亿至 5 亿元，而常年预算约为 10 亿元。假定常年及战事预算的半数须以纸币应付，总数不过 7.5 亿元，仅及当时货币发行额的半数。按月计算每月不过增加 6 千万元，加上商业等所需货币，每月增加不超过 1 亿元。因此我国财政状况远胜于预期，并不需要通货膨胀加以改善。[①]

3. 战时有节奏的通货紧缩政策

刘大钧主张，战争时期不能靠通货膨胀政策进行产业动员，就应该控制物价的上涨，避免通货膨胀之流弊。在战事初起之时限制提存，实施通货紧缩政策，后因财政需要慢慢实行"复膨胀"（Reflation），货币增加至战时通货数量为准，再以公债去吸收通货，使之稍微紧缩，然后再实行和缓的"复膨胀"。如此循环不已，通货数量可不至激增，即使有增加，也以国内商业所需要的数量为限，则物价不致因货币政策而狂涨。[②]

同时，为促进局部产业的发展，政府可以对战时所需要的私人企业给予津贴，实现有计划的、被统制的发展。如政府对战时必需的物品给予较高的价格，自可奖励此种物品的生产，而对于一般物品，不能给予高价，生产战时必需品的事业因一般物价不狂涨，其生产费也不致有意外增加，政府一般费用也是如此。政府采用此种办法之时，支出与所须发行的纸币必然比膨胀形势之下大为减少。

（二）战时通货紧缩论提出的背景

1937 年卢沟桥事变发生后，战事迅速扩展到上海。上海是全国金融中心，政府与金融界都认为有采取措施安定货币及金融办法的必要。财政部以部令的形式公布了安定金融办法七条，其中最重要的是关于存款提现的限制。财

---

① 刘大钧：《我国统制金融办法之检讨》，摘自《经济动员与统制经济》，36~38 页，商务印书馆，1939。

② 同①，38~39 页。

政部明令存款每星期提现不得超过 5%，且最多不超过 150 元，定期存款一律不能提现。后又规定国立四银行除（1）商人支付货款，有提货单等证明者；（2）外商银行以此项支票在四行开立汇划户头者；（3）票据交换所以此种支票结付收支差额者等三情形外，不得接受汇划支票。

政府采取的战时货币政策，因（1）存款不能提现，市面现款自行减少；（2）存款人将所提法币加以窖藏，市面货币更行减少；（3）银行存款不能随意提取，则新增存款不易获得，银行放款也不得不紧缩，实际上是一种货币紧缩的政策。多有经济学者对此提出了批评，认为战事时期，正需要全国经济动员，通货紧缩则使经济动员面临诸多困难。产业不能动员，则无法抗战。权衡通货膨胀与通货紧缩之利弊，他们提出维持金融安定关系事小，维持工商业发展关系事大，战时的货币政策，应该放弃其他一切的目的，专一辅助农、工、商、矿各业的活动，以完成产业动员的使命。至于通货膨胀而币值跌落则无关重要，因货币金融处于辅助的地位，其制度虽经破坏，但能使完成产业动员，也就不必顾虑。①

刘大钧一一反驳了批评者的观点，他认为，战时工商业所受影响不仅仅是金融一方面。如原料来源、销售市场皆在战区的，营业自然大减，战时运输不畅、成本大增，营业也受影响。在同样限制提现的政策下，工商业受影响的多半接近战区，或与战区有特别关系，内地如宜昌、万县、重庆等地，因离战区较远，工商各业除与国际输出输入有关者，所有影响并不甚大，所谓通货紧缩，致使工商业凋敝之说，与事实并不相符。刘大钧进一步指出，我国国内产业不足以应付抗战的需要，以至于无法动员，一切军械皆须向国外购买，实施有节奏的通货紧缩政策，避免通货膨胀，维持币值安定，则购买外国军需品可免损失。且欧美等国也希望以军械贷与中国，如币值跌落，金融紊乱，则恐再难得到帮助。此外，币值不稳，物价暴涨易扰乱社会安定，资本外逃易造成汇率动荡，与抗战无一利而有百害。

---

① 刘大钧：《我国统制金融办法之检讨》，《经济动员与统制经济》，33 页，商务印书馆，1939。

（三）战时通货紧缩论提出的价值及其影响

抗战之初，政府颁布法令实施货币统制政策，但金融界及经济学者对此颇多意见，建议放弃通货紧缩政策，改行欧美各国战时实施的通货膨胀政策，刘大钧此时提出战时通货紧缩论，为政府实施有效货币政策提供了理论依据，并进一步对政策的有效性提出了一些建议，认为提现的限制、汇划的应用及贴现放款的办法应该进一步放款，法币流通额要在可能的范围内加以限制，汇划支票可以作为一个替代品加以推广。

第一，为政府通货紧缩政策提供理论依据。刘大钧认为，在讨论我国战时货币政策之前，必须解决两个先决问题，一是战事期间我国货币是否必须膨胀，如果紧缩危害如何；二是为长期抗战起见，货币及金融的安定是否需要维持。经过与欧美各国战时通货膨胀政策的前提即工商业比较发展的情况进行对比之后，刘大钧提出通货膨胀在我国并不能达到产业动员的目的，且币值的稳定与抗战来说具有重要的意义，不能轻易放弃。他此时不盲目抄搬欧美国家战时通货膨胀的做法，而是依据我国的实际情况，肯定政府现行政策，提出战时通货紧缩论，对于政府实施货币统制政策提供了理论依据。

第二，为政府货币统制政策的实施提出了建议。在提现的限制方面，当时的政策规定每星期最多提取5%，且最多不超过150元，但300元以下的存款可以随便提取，刘大钧认为，这种政策不利于可提现款总数的计算，且对于提取人并不公平，他举例存款301元的存户每月只能取50多元，而较大存户每月最多可提取700多元。他建议应改为每月存户提现一律不得超过300元，则以户数乘以300元的最高额，各银行比较容易计算应备现款的数额。在汇划的应用方面，刘大钧认为政府银行接受汇划支票而无付现的义务，对于一般人用此种支票开立户头加以拒绝，过于限制了汇划的用途。政府对于汇划的用途应该加以推广，国内汇票应准商民以汇划支票购买，但在汇到地点可仍用汇划支票支付，汇划支票改存另一银行也应在一定限度内准其提现。如此，则汇划支票流通便利，可使人民养成使用支票的习惯，减少法币的需要额，政府多用支票支付军费，也可使法币流通总额得以减少，外汇也易于统制。在国内汇兑的限制方面，刘大钧认为汇划支票不能汇往国外的规定，可使法币汇率得以稳定，但在国内购买汇票则无限制的必要。国内倘不能汇兑，则工商业只有汇划支票的不能采购原料，则工商业将因此停顿。应该规定凡以汇划支票汇出之款，在外埠可仍以同样支票支付，不须付现，如此可对于当地法币头寸不致发生影响，在内地亦可以逐渐推行支票的使用。[①]

二、货币政策理论

（一）理论内容

货币政策与一个国家的经济建设有着密切的关系。国家在不同时期会采取不同的货币政策，但其目标是一致的，在稳定币值的同时也要促进经济发展。刘大钧认为，政府制定货币政策应考虑两条原则。

第一，压低币值带动经济增长。他指出："币值跌落则国内一般物价自然上涨，然而物价上涨的程度和次序不能一致，所以发生种种重要的经济动荡。此项动荡有利有弊，如果管理合宜，则利多弊少。农、工、商业的支出在先，售出商品及货物在后。在此两时期中，如物价上涨，则收入自远多于支出。"从以上论述可以看出，刘大钧利用政策执行的时间差来说明其推动经济增长的作用，以工商业为例说明。根据刘大钧的调查，中国当时小规模的商店及手工业作坊很多，赚取固定工资的工人也有几百万。假定工商业的成本支出和购货支出在物价上涨之前已经确定，售货时产品价格上涨，店主、工厂主和工人都可以从中获益，工商业自然可以日渐繁荣。此后，新工厂和新商店的数量也会增加，就业人数和国民收入也随之增加，这可以进一步维持物价的上涨，经济发展呈现欣欣向荣之势。

第二，改善国际收支的形态以稳定币值。刘大钧指出："货币贬值时，国内物价虽涨，然用外国货币计算，仍比世界市场上的物价为低。这是因为货

---

① 刘大钧：《我国统制金融办法之检讨》，摘自《经济动员与统制经济》，43~52页，商务印书馆，1939。

币贬值快，物价上涨慢，以致如此。"各国商品价格在国际市场上相差不大，一国货币贬值后，进口商品价格上涨，需求减少，国内商品出口增加，价格缓缓上涨，国内的生产者就可以获得更多的利润。如此一来，原有入超的，入超可以减少；原有出超的，出超可以增加，币值日臻平稳。他还指出："然币值如因他种关系，继续跌落，则对于输入品的影响或至与上述者相反。外国输入商因知该国货物在世界市场上继续跌价，购买时反存观望。……在该国输入商方面，因输入品市价继续上涨，将争先恐后，购进洋货。"此外，币值继续跌落，还会影响国际投资和国际汇款，在国内的外资也会选择撤离国内市场，破坏国内经济秩序。因此，刘大钧认为，稳定币值和货币贬值是相辅相成的关系，物价的和缓上涨也是经济发展过程中的正常现象。政府在制定货币政策时，可以适当贬低币值，促进出口，但事后必须积累更多的外汇储备以稳定币值，这样才可以获得货币贬值的利益，而不至于危害经济正常运行。

政府执行货币政策，时间和空间上都会产生多种情况。刘大钧认为，因经济建设增加劳动力需求，工资利润的增长快于产出的增长，消费品的需求超过供给，价格必然上涨。此外，政府在某地屯兵或者购粮，已造成该地区及其周边地区物资短缺和物价上涨，若再增发货币，则更为扰乱当地的市场秩序。若政府管控得力，因经济建设所增加的货币需求量与增发的货币供给量相差无几，通货膨胀可以避免。若不及时调节，货币供需失衡，则实体经济必将受到影响。关于如何矫正货币增加的影响，刘大钧提出了自己的看法："关于地域方面，增加货币的影响容易矫正，而关于时间和事业的比较复杂，在时间方面，大体说来，宜于先少后多。"刘大钧不否认经济繁荣的前提是货币发行量递增，但他更强调不可过分偏重货币数量。倘若一开始货币就大量增发，雇佣工人太多，产品供给无法满足骤增的需求，长期来看终将导致物价暴涨，经济反而衰退。缓慢地增加货币供应，可以有效地缓和产品市场的供需矛盾，起到稳定货币市场的作用。在事业方面，刘大钧认为需要有一个计划，使得各业均衡发展，互相满足彼此的需求。政府在发展重工业的同时，也要扶助煤矿业，以增加原材料和燃料的供应。刘大钧指出："经济建设须生产品与消费品并重，工业与农矿等业平衡发展，才可免物价构造变动太大。一般物价水平上涨或下落，虽可使各种阶级的利害发生横突，然水平虽无变动，而物价构造大变，亦可使各业之人受相似之害。"

刘大钧还提出运用黄金储备增强货币政策的效应。战时物价上涨，币值一时很难稳定，这时政府可动用黄金储备来吸收剩余购买力，收紧银根，使物价涨势趋于缓和。采用这种办法也有一些注意事项："第一，黄金的运用要节省，以备应付战后的需要；第二，黄金的官价可用直接的或间接的方法提高，以便多吸收剩余购买力；第三，出售的数量要随时增加或减少，以免银根或紧或松，物价虽跌虽涨。"

（二）货币政策论提出的历史背景

1935 年 11 月 4 日，国民政府实行法币改革，规定以中央银行、中国银行和交通银行发行的钞票为国家信用法定货币，同时禁止白银流通。1937 年，抗日战争爆发以后，国民政府采取通货膨胀政策，法币开始贬值。在抗战初期，法币发行总额大约为 14 亿元。民众预期战争很快会结束，物资供应尚未出现紧缺。外汇储备也未枯竭，物价只是小幅上涨，尚未损害国民经济。1937—1940 年，日本为破坏中国后方经济，在日占区强行用日本发行的货币收兑法币，送往上海兑取国民政府的外汇。国民政府分别从英国和美国借得超过一千万英镑和五千万美元的贷款，仍不足以维持法币汇价，于是从 1940 年起，取消无限制外汇买卖，法币开始大幅度贬值，到日本投降前期，法币发行额已达 5000 亿元。

（三）货币政策论的价值及其影响

刘大钧的货币思想最突出的特点，就是以国计民生为出发点，注重整体观和长远观。首先，刘大钧认为，货币政策的目标在于稳定币值和推动经济发展。币值持续跌落会破坏国内投资环境，致使外资撤离；通货骤然增加会破坏市场供需平衡，导致经济衰退。两者都不利于推动经济发展，改善社会福利，在制定货币政策时必须极力避免。如今各国政府为增加本国商品竞争力，促进经济增长，大都采取增发货币的办法，这往往不能收效反而造成滞胀。刘大钧的观点恰好为政府制定货币政策提供了新的理论依据。

其次，刘大钧强调，增加货币供应宜先少后多，逐步增加，且要严格控制货币在不同行业间的分配。增加货币供应是一时的政策，但其影响会持续很多年，绝不能为眼前利益而牺牲长远利益。制定货币政策也要有整体观，使各行业协调全面地发展，某一行业的单独发展难以持久且会造成国民经济结构的隐患。由此可见，刘大钧的货币思想，充分地体现出一名学者应有的高尚情怀和卓越眼光。

三、战时物价统制论

刘大钧认为，由供求规律决定的物价，战时往往会受战事军需大增、交通运输不畅、奸商囤积居奇等多种因素的影响而暴涨，政府为动员经济服从抗战之需，必须对物价进行统制。

（一）战时物价统制论的内容

1. 统制的理论与目的

战时实行物价统制政策，一是可以鼓励战时必需品的生产，限制非必需品的生产。就工业产品来说，政府限制市价可以限制制造者不当利润，同时政府可自行增加工业设备，工业品特别是战时必须品的生产不受影响。农产品的价格在播种期前较长时期进行规定，可使足敷生产成本，并有赢利可图，则平时因成产期较长而多价格风险的农产品产量反可因此增加。战时非必需品则可因制定低价而生产减少。二是可以维持人民生活必需品的消费，而限制其他消费。统制物价并非普遍的统制，而是系统的、有计划的统制，假定战时人民收入与战前相同，战时生活必需品因统制保持战前价格，而其他物价未经统制而上涨，则人民对于其他消费的购买力事实上是减少的，自可限制其他消费。三是补救通货膨胀的恶果，维持社会的安定。战时的通货膨胀影响，是使有固定收入者吃亏，农工商矿各业获利，带来社会不公平程度增加，统制物价可使后者的赢利减少，前者购买力增加，是补救战时物价体系紊乱、维护社会安定的良方。四是可以限制战时超额利得，减少军事费用。政府采办军需物品因价低而费用减少，则通货膨胀的需要也可由一定比例的降低。①

2. 统制的范围

统制的范围可以分时间、地域、物品、物价的种类以及评定的性质。在时间方面，因农产品大部分每年只收获一次，因此期限不宜过短，应在播种前评定而维持较长时期的效力。农民预知产品的定价，方能计划他的播种量，若所定官价是一种担保价格，而该价格又足以使农民获得合理利润，则农产品产量可因此增加。在地域方面，政府制定的物价只适用于国内，输出国外的物品价格则无须限制，但有共同作战国家有协约的例外。在国内因有产地与销地之间的运费存在，还须分区域维持一个有系统的官价。在物品方面，应注重统制军事、民生必需品及与之相关的替代品、联带产品、副产品等，且统制原料价格比统制制成品价值较为容易，原料价格统制则制成品市价也能限制在一定的范围内。在物价的种类方面，要将零售价格、趸售价格与生产者出厂价格都纳入到评定范围。在评定的性质方面，虽战时物价涨多降少，政府所评定的多为最高价，然而为奖励生产起见，有时也须对一些物品特别是农产品评定最低价。②

3. 评定的标准

评定物价的标准最好是在生产成本上加合理的利润与费用。在政府自己消费的货物评定价格之时，只须估计生产成本，其费用已包含在成本之内，稍加利润即可。一般人民依赖各种商人代为采办与转运，故各中间人的报酬，亦须加以规定，方能达到统制价格的目的。有时生产成本及各项费用、工资、房屋租金、利润的确定比较困难，可以历年平均市价为根据评定价格，如1917 年美国海陆军急需铜，其时铜价每磅美金 3 角 7 分，美国战时产业委员

---

① 刘大钧：《战时物价统制》，《经济动员与统制经济》，86 ~ 89 页，商务印书馆，1939。

② 同①，89 ~ 92 页。

会与铜生产者商洽，以战前 10 年铜的平均市价评定为每磅 1 角 6 分。[①]

4. 统制的方法

物价统制的方法一般有四种。一是与生产者订立契约。如生产者人数不多，或者有完善的组织，与政府订立契约后，可以自己执行，此方法最为简单。二是许可证制。由政府规定官价，然后对商人发给营业许可证，有不遵照官价的交易，一经查明立时吊销许可，此法有相当的效力。三是政府统制原料。凡从事制造者须向政府领用该产品所需原料，于是政府遂可规定制成品的官价，凡制造者不按官价出售商品，政府可以停止原料的供给。四是物品专卖。由政府组成正式机关，办理专卖事宜，同时利用本业商人代政府买卖，只给其佣金而限制其牟利。或者由国内原有大规模的商业组织、临时组织的有限公司等，在政府的监督与指挥下，代表政府买卖某种物品。[②]

5. 统制的机构

统制物价的机构在各国并不相同，而不同物品的价格也由不同的组织进行统制。如英国对于食品的物价由食品部进行统制，部中有成本审定处，负责审定生产成本，每种物品在全国有中央评价委员会，各地皆有地方评价委员会，由人民及生产者的代表组成。美国统制物价由两大组织，一为战时产业委员会，一为食料燃料局。前者对于评定物价，大半与各业代表协议，且该委员会中有各业代表所组成的各种物品委员会。后美国又特别设立了物价评定委员会和物价统制委员会等，负责统制物价。[③]

（二）战时物价统制论提出的背景

抗战期间，关于政府是否要进行物价统制，经济界有两种截然不同的观点，一种是以刘大钧为代表的支持政府进行物价统制，另一种观点则认为物价应由供求规律支配，战时实行物价统制必然带来各种流弊，物价统制不宜实行。刘大钧的物价统制论正是在批判对方观点的基础上提出的。

---

① 刘大钧：《战时物价统制》，《经济动员与统制经济》，92～98 页，商务印书馆，1939。

② 同①，98～102 页。

③ 同①，102～104 页。

反对物价统制者提出了四条理由，一是统制物价妨碍生产的增加。物价上涨时因为供给不足，物价上涨到一定程度，必然可使生产者提高产品的供给以获取更多的利润。如规定最高物价，则生产成本高于此限价的便不会从事生产。二是限制某种物品物价，则消费者将以剩余购买力多购其他种物品。统制物价并不是所有物价都进行统制，消费者对于已统制的物品不须花费过多，其购买力实际上相对提高，可以多购买其他物品，不利于战时生产要素向军事必需品集中。英国在欧战时前三年竭力设法增加棉毛织品的输出，却因为食品市价已经统制，人民有余资购买衣物，导致奖励棉毛织品政策收效甚微，就是典型一例。三是统制物价不是限制所有商品价格，对于各种生产者并不公平。假如对粮价进行统制，粮商不能获取额外赢利，而肉价未进行统制，屠宰业获利甚厚，在此种情形之下，政府厚此薄彼，物价统制方案有欠公允。四是战时通货膨胀必然难以避免，而仅仅统制物价，实为舍本逐末。战时一般实行通货膨胀政策，物价的暴涨在所难免，如不能避免通货膨胀，仅以人力矫正而限制物价，影响会更加恶劣。①

刘大钧结合当时中国的实际情况，借鉴欧战时英美法等国实行物价统制政策的经验和教训，一一批驳了反对物价统治者提出的几条理由，也正是在与对方辩论的过程中提出了战时物价统制论的主要理论观点。

（三）战时物价统制论的价值及其影响

刘大钧提出的战时物价统制论，不仅为我国施行物价统制政策提供了理论上的依据，而且从实践的角度结合中国实际为我国物价统制提出了相关建议。

第一，为政府实行战时物价统制提供了理论依据。刘大钧提出战时物价统制论的时候，政府已经感到有对物价进行统制的必要，但只在局部实行，没有整体的方案。如重庆棉纱市价过高，政府曾规定官价，但收效甚微；房租暴涨，政府也设立了房租评定委员会，但评定办法还未出台。政府对于物

---

① 刘大钧：《战时物价统制》，《经济动员与统制经济》，86～89 页，商务印书馆，1939。

价统制颇有头痛医头、脚痛医脚之感，没有在全社会统筹制定物价统制的方案。刘大钧的战时物价统制论包含了物价统制的理论、目的、范围、标准、方法以及统制机构的设置等多个方面，可以说是一个根植于中国实际的一整套物价统制理论体系，为政府实行战时物价统制提供了指导和借鉴。

第二，为政府实行战时物价统制提出了具体建议。刘大钧认为，我国的物价统制的目标与欧战时欧美各国大致相同，但因我国工业还不发达，大多数物品还是农产品或手工业制品，更因运输受战事影响极大，维持官价对集中运销的需求比其他国家更加迫切。根据我国的实际情况，刘大钧对政府实行物价统制提出了具体建议。在统制的范围方面，刘大钧认为只可选择几种与军事及民生有重要关系的物品价格进行统制，范围不宜过广。军工产业不发达，军械多需进口，自不在统制之列；工、矿、商业规模也比较小，与政府的议价能力较弱，不敢用高价挟持政府；最应该统制的是人民生活必需品，尤其是食粮与燃料。在定价标准方面，刘大钧提出，由于我国企业绝大多数没有成本会计，以成本定价较难。比较可行的是以战前常态市价为依据，考虑战事对于该项物品所产生的影响，即可推算战时应定的价格。在统制的方法上，刘大钧建议由政府对于所选定对价格加以统制的物品自行收买，并经营运销。粮食应维持最低价格，利用农村合作社向农户收买，由国营运销机构运销或储藏，并根据市场供求情况进行调剂。在统制的机构方面，国营运销机构自然是实施统制的机构。在农产品方面，可以由农本局承担，其他物品可以归经济部商业司或者国际贸易委员会办理。如能通盘筹划，特设国营运销处则更有效。在价格评定上，可设评价委员会，包含运销机构与有关工商业团体的代表共同组成。中央应设中央评价委员会，各省甚至各县也须设立委员会，以处理本地物价问题。①

四、战时外汇统制论

刘大钧认为，战时资本有外逃的风险，同时为防止敌人用伪钞换取我国

---

① 刘大钧：《战时物价统制》，《经济动员与统制经济》，104～107 页，商务印书馆，1939。

外汇准备，必须对外汇进行统制。

（一）战时外汇统制的内容

刘大钧指出，抗战期间，日方吸收我国法币，去换取我国外汇头寸，一方面可以减少我国外汇储备，补足日本外汇的缺口。为防止日方用伪钞夺取我国外汇准备起见，我国政府应对外汇进行统制，以使我国有充足的外汇头寸维持法币的币值。至于统制的方法，刘大钧赞同政府对外汇进行统制的政策。1938年3月，政府出台了各银行到汉口申请购买外汇的办法，并在香港设立办事处，代为互转。按照申请的办法，各银行在每周四前，开列所需要的外汇，请求中央银行供给。申请时必须提供真实商业需要的证明，以便政府查照此项证明文件，核定供给外汇的数额。4月上旬开始接受上海外商银行的请求，在上海中央银行分行设立办事处。后又因申请无限制，规定在申请时须预缴现款。同时政府令各银行照旧按照一先令二便士又十六分之一卖给顾客，如不照办，以后即停止供给。这样，就保证了外汇头寸在市场上的供给，为国际贸易的正常开展提供资金，又有效防止了资本的出逃，遏制了日方吸收我国外汇准备的做法，为法币币值的稳定提供保障。反之，外汇倘不统制，任由其流出国门，则连续的汇价跌落，使资本很难再重新输入，也会造成国际贸易因风险加大而不能发展。①

刘大钧进一步分析了外汇统制的影响，对外汇进行统制，限制了外汇的供给，则在供求规律的作用下，外汇的市场价格必然上升，外汇的官价又由政府设立的外汇平准基金来维持，这样外汇就形成了官价与黑市价格并存的情形。在政府对外汇进行统制的第一个星期，市面上就开始争购外汇，致使外汇市价与官价大有出入。同时还有一种心理作用：凡需要外汇的人，见申请的数额与核准的数额相去甚远，所以不惜重价收买外汇，趁此投机的人也不在少数。后来随着外汇统制越来越严格，政府核准的外汇仅及申请的外汇数额的百分之一二，法定汇价实际上成为了一种名义上的价格，而不足以影

---

① 刘大钧：《抗战期中之法币与外汇统制》，《经济动员与统制经济》，64~67页，商务印书馆，1939。

响外汇市场，外汇市场暗盘势力愈发扩张，物价也自然随外汇价格变化而有激烈的变动，各种进口商品的市价持续上升。对于这种情况，刘大钧认为，这只是局部的物价上涨，不能以此作为推翻外汇统制政策的理由，政府所供给外汇数量虽少，但对于一般人的心理还有相当的作用，至少足以表示政府还有维持汇价的用意，只要外汇头寸增多，将来供给还有增多的希望。一旦放弃此项政策，无异于宣布政府对于外汇无意再行维持，而听其自行跌落，且不免暗含将来毫无维持的用意，则投机者又将趁此兴风作浪，汇价暗盘也将大受影响。[①]

（二）战时外汇统制论提出的背景

1937 年中日战争爆发后，日方国际贸易入超激增，他们的现金准备包含日本银行的正式准备与各政府机关的秘密准备在内，共合美金 7.5 亿元左右，仅 1937 年 3 月至年底，因购买外国军火及抵补国际收支的差额，已用去三分之一，余存不过 5 亿元，只敷一年之用。日方为维持其币价，也为破坏我国币值，在我国的日占区推行日钞与伪币，故意压低法币价值，吸收法币换取外汇。

在中国一方，抗战爆发十个月以来，法币官价始终维持在一先令二便士又四分之一，国内物价虽然有变动，但有涨有跌，而且涨落的原因是运输不便与货物本身供需不平衡，并非受币价的影响。除敌占区域外，我国币制一如常日，毫无紊乱。究其原因，外汇头寸充足对于法币币值稳定起到了关键作用。据统计，战前我国外汇头寸有 8.3 亿元，而当时法币发行只有 14 亿元，历次发行准备管理委员会的检查公告所举法币现金准备常在发行总额的 60% 以上，比大多数国家的现金准备率都要高。抗战初期，政府又将在国内收集的现金银，运往国外安全地点，充实法币准备，估计约有 4.5 亿元，当时的法币发行总额不过 16 亿元，现金准备率达到了 80% 左右。在国际收支方面，虽我国国际贸易常为入超，但因有华侨汇款等无形贸易为之抵补。抗战

---

① 刘大钧：《再论外汇统制》，《经济动员与统制经济》，72～74 页，商务印书馆，1939。

以来，华侨购买救国公债及汇寄救国捐款，此项又有增加，而因国内交通不便，抗战以来的贸易收支已略为相等，由此国际收支亦更加有利，我国外汇头寸更加充实。[①]

面对我国外汇头寸充足，而日方外汇奇缺的情况，日方大肆收购法币以夺取我国外汇，为解决这一问题，刘大钧认为政府颁布对外汇进行统制的法令，对外汇需求银行实行核准制，只对有真实商业需要的银行提供外汇，这种做法是非常有效的，既可以限制资本出逃，又不对国际贸易产生不利影响。面对统制外汇产生的外汇官价与黑盘价不相等的不利影响，有人提出，政府维持汇价浪费外汇头寸，致使不能用作购买外国军火之用，不如放弃法定汇价；还有人提出要采取货币贬值政策，以黑盘价作为官价调整的标准，加以安定币制。刘大钧对此提出反对意见，认为官价与黑盘价相差虽远，但情势较为安定，物价上涨也仅限于局部，倘若放弃对外汇的统制，任其自由流入流出，汇价必有所动摇，物价也将受到影响，市场会更加纷乱，整个币制的安定将不复存在。因此，他强烈支持政府要对外汇进行统制，并维持外汇官价，以维持国内物价的稳定和整个货币体系的安定。

（三）战时外汇统制论的价值及其影响

抗战初期，经济学界关于是否要实行外汇统制以及是否要维持法币汇价展开了激烈的争论，有人提出对外汇进行统制，严重影响了国际贸易特别是出口贸易，应该实行法币汇率贬值政策，不再维持法币官价，这种观点以叶元龙为代表。而刘大钧、马寅初等人则旗帜鲜明地提出了外汇法定价格是整个经济组织的命脉，一旦实行法币贬值政策，是政府自己破坏信用，则整个金融体系将会崩溃，主张要对外汇进行统制，维持法币的币值稳定。此两派的争论在1938年12月4日主题为"维持法币汇率问题"的中国经济学社第14届年会上达到高潮，在这届年会上，以刘大钧、马寅初为代表的维持法币汇率派同以叶元龙、厉德寅、陈长蘅为代表的法币贬值派进行了激烈的学术

[①] 刘大钧：《抗战期中之法币与外汇统制》，《经济动员与统制经济》，55～57页，商务印书馆，1939。

争辩,被称为"学术界稀有的大舌战"。其后两派又纷纷著文表达自己的观点,一时难分伯仲。①

政府采纳了刘大钧、马寅初等人维持汇率稳定的观点。1937年9月,国民政府财政部长孔祥熙在关于金融的报告中说:"故自上年三月外汇请核规则施行后,上海即有黑市场发现,市价与法价之差额逐渐加大,政府依照规则核给外汇原不应重视黑市场之价值如何,而社会多数人士及金融界一部分主张多以上海为我金融中心、对外贸易之枢纽,必须维持汇市之稳定,方足以安定金融,维系人心。本部以为维系沦陷区域之人心及保持法币原有流通之地域,使敌伪钞卷无法推行,亦为经济战之重要策略,虽以宝贵资力为相当牺牲,亦不能顾惜,及密伤中、交两行会同汇丰银行秘密买卖,历时数月,汇价常在八便士以上,成绩颇佳,乃有中英合组外汇平衡基金委员会之实现。"②

但其后,随着战争期的延长,政府无力维持法币汇率,外汇平准基金两次改定牌价,最终放弃维持法币汇率,使上海外汇黑市出现剧烈波动,法币的官价和市价都贬值一半。蒋介石在1940年7月14日说:"过去在上海办理外汇之办法,不但于我们中国商民没有利益,而且徒然替敌伪维持其金融生命,实在无异给敌人以操纵之柄,来摧残我们抗战的经济利益。"③ 这种局面的出现,实际上标志着刘大钧、马寅初为代表的维持法币汇率的主张被政府抛弃。

---

① 孙大权:《中国经济学的成长:中国经济学社研究(1923—1953)》,北京,三联出版社,2006。

② 中国第二历史档案馆:《中华民国档案资料汇编》第五辑,第三编,财政经济(四),凤凰出版社,2010;转引自孙大权:《中国经济学的成长:中国经济学社研究(1923—1953)》,北京,三联出版社,2006。

③ 高叔康:《十年来之经济政策》,收入谭熙鸿主编:《十年来之中国经济》(1936—1945),沈云龙主编:《近代中国史料丛刊续编》第九辑,文海出版社;转引自孙大权:《中国经济学的成长:中国经济学社研究(1923—1953)》,北京,三联出版社,2006。

五、金融发展与工业化理论

（一）金融发展与工业化论内容

刘大钧认为金融是辅助工业的重要工具。在《工业化与中国工业建设》中，他提出了银行利率过高的问题。他指出："战前市场利息太高，普通银行放款，往往高至一分，工业盈利如不及此数，即无人过问。此于工业之发展，影响极大。"利率过高会减少投资。有些企业为了获得厚利，不得不从事投机事业，甚至把投机为企业的主营业务。中国市场发育不完善，法制不健全，投机风险很大，一旦失败，就会严重破坏中国工业建设的基础。

金融机构支配着全国资金。刘大钧认为要重视银行的作用。随着经济的发展和繁荣，银行的数量日渐增多，吸收的存款量逐步增加，业务范围逐步扩大。这可以为工业化提供足够多的资金。但是银行为赚取更多的利润，往往会从事投机事业，私自提高利率，对工业发展起到了阻碍的作用。刘大钧认为，政府要制定完善的银行管理体制，禁止投机倒把，更好地促进国民经济的发展。

引进外商直接投资也能有效地提高国家工业化水平。他不赞同"外国人在国内设立工场对于我国工业有损无益"的说法。他认为，外国投资者拥有雄厚的资金和先进的技术，可以帮助我国更快地实现工业化。他指出，外资企业"在初颇有促进我国工业发展之功效，即在目前，如外人从事与某种工业，而其业为我国所素缺者，亦可发生同一之效力。"引进外资，一是可为中国培养掌握先进技术的人才，二是正当竞争反而可以刺激国内工业的发展。

（二）金融发展与工业化论的背景

辛亥革命后，中华民国临时政府颁布了一系列保护、鼓励工商业发展的政策，提高了民族资产阶级的地位，推动了民族工业的发展。第一次世界大战期间，欧美列强无暇顾及东方国家，客观上为中国的民族工业发展提供了一个有利的外部条件。1912—1919 年是民族工业发展的"春天"，特别是纺织业和面粉业，其产品大量出口到欧洲地区。南京国民政府成立以后，加大了对银行业的扶持力度，民族工业有了资金的支持，获得了进一步的发展。抗日战争爆发以后，民族工业的发展基本停滞。

（三）金融发展与工业化论的价值及其影响

金融在国家工业化的过程中起到了举足轻重的作用。国家实现工业化需要大量的资金，如果没有金融的发展，工业化也就无从谈起。刘大钧提出的完善银行管理体制和引进外商直接投资，在当时颇具有前瞻性。现代经济的本质是市场经济，随着市场范围的扩大，金融越来越凸显其重要性。金融工具的创新使得企业能以更低廉的价格获得资金。此外，政府在大力发展金融业的同时，也要时刻注意资金的流向，严防投机行为，控制风险，以免对国家经济带来不必要的损失。

（赵劲松　任传东　缪明杨）

参考文献

［1］刘大钧：《战时经济统制》，《经济动员与统制经济》，商务印书馆，1939。

［2］刘大钧：《我国统制金融办法之检讨》，《经济动员与统制经济》，商务印书馆，1939。

［3］刘大钧：《抗战期中之法币与外汇统制》，《经济动员与统制经济》，商务印书馆，1939。

［4］刘大钧：《再论外汇统制》，《经济动员与统制经济》，商务印书馆，1939。

［5］刘大钧：《战时物价统制》，《经济动员与统制经济》，商务印书馆，1939。

［6］刘大钧：《战时物价理论的研讨》，《经济动员与统制经济》，商务印书馆，1939。

［7］孙大权：《中国经济学的成长：中国经济学社研究（1923—1953）》，北京，三联出版社，2006。

第十一章

赵兰坪金融思想学说概要

赵兰坪（1892—?），民国时期著名的经济学家，著述颇丰，其内容涉及经济学、哲学、政治学和社会科学等方面，对于民国时期我国经济的发展提出了许多具有建设性的政策主张，在当时的经济学领域亦占有相当重要的一席之地，主要作品有《资本节制论》《中国哲学史》《中国当前之通货外汇与物价》《现代币制论》《外汇统制问题》《通货外汇与物价》《社会主义史》《三民主义与社会科学》《日本对华商业》《经济学提要》《经济学大纲》《经济学》《货币学》《近代欧洲经济学说》《货币与银行》《货币学原理》《各国通货政策与货币战争》等。

一、我国的利息问题说

（一）我国的利息问题说

1. 利率高昂之后果

赵兰坪认为当时利率高昂在我国是一个不容忽视的问题，因为其结果从好的方面说可以奖励储蓄，减少不必要的浪费，但从坏的方面说，则有以下几种恶果：

（1）利率过高，工商业的成本加重。成本既重，竞争能力降低。并且成本既重，获利的机会即少。凡有资本的人与其投资产业，不如存入银行坐收优厚的利息，反而更加安全可靠。所以利率过高，储蓄固可增加，而产业反难发展了。

（2）金融机关用高利吸收存款以后，放款利率当然较之存息而言更为高昂。但是放款利率太高，不易寻求安全可靠的投资对象。放款利率的高低本与安全程度成正比例，所以放款利率愈高，资金冻结的危险性也愈大，故在市场利率过高的状况之下，工商业者有资金缺乏调转不灵的困难，金融业者有不敢投资与资金易被冻结的苦恼。

（3）利率高昂的反面就是资本财价格的低落。所谓资本财，即指公债、股票等。在此赵兰坪指出，我国公债利息大概年息六厘者居多，比较其他国家仅有年息三四厘者，已高出不少。可是我国公债市价仅有额面的六七成，额面百元，市价仅有六七十元。其原因不在于政府信用的不好，也不在于资本的缺乏，而在于市场利率的太高。因为一百元的现款存入小银行或钱庄，定期一年可得利息十元，存入大银行年息也有八厘。若照额面买进公债，年息仅有六元，所以当然作定期存款，不愿购买公债了。公债既然无人购买，市价必渐下落，若至六七十元，则照市价买进，年收利息六元，年息亦在一分左右，则投资公债与定期存款并无重大差别，所以公债市价必在额面之下。倘若我国市场利率约在五厘左右，而公债利息则有年息六厘。那么公债市价可以涨至额面以上，至少也可与额面相等。至于股票也是如此，我国股份有限公司组织本不发达，股票数量也就不多，每股额面若为百元，每年官利红利大概不到十元，按照一分以上的市场利率推算，这种股票的市价当然在额面以下。而市价在额面以下，股票数量又不甚多，买卖必然不旺，在证券交易所中当然不易开拍，因为买卖不多投资于股份有限公司的资本即被固定。结果，在金融机关方面，不愿接受以股票为担保通融资金，在投资者方面也就不愿投资于股份有限公司，因此股份有限公司自然也不易发达了。

（4）资金必须灵活运用，产业才能长足发展。所谓资金的灵活运用含义甚广，内以长期资本的活期化尤为重要。投资于工矿交通等业的资本是长期资本，这种产业倘若实行股份有限公司组织，投资者的股票可以随时出卖，则在投资者个人是资本不至固定随时可以变成现金，在整个社会是长期资本，可以随时化成活期资本。而在我国，因为市场利率太高，股票市价太低，所以无人需要。一旦投资于股份有限公司以后，在个人是资本的固定，在社会是长期资本的不能活期化，金融易于梗塞，资金不易周转。这与个人企业、合伙经营并无差别。股份有限公司组织的特长不能发挥，产业也就不易发展了。

2. 利率高昂之改善措施

赵兰坪认为，市场利率太高对于我国经济产业的发展形成了阻碍，故欲发展产业，复兴经济，解决国计民生问题，必须减低利率。一方面必须强制减低金融机关的存息。如果存息减低，则放款利息可以随之而下落，市场利率也可因此而降低。另一方面，须充实中央银行的势力，形成"银行中之银行"的地位，以期中央银行可以运用利率政策控制全国利率。前者是治标的办法，后者是治本的办法，二者必须同时进行。但是在抗战期内，为收缩通货，至少为缓和通货膨胀起见，反应提高利率。战后，为便于推销公债，复兴战区经济，防止后方经济衰败起见，即应实施低利政策，况且就我国经济金融情形而言，若欲发展产业解决民生，也非减低利率不能达其目的，所以减息是战后我国经济金融的必要措施。

（二）利息说提出的历史背景

抗日战争时期，我国经济落后，产业幼稚，国计民生两感困窘，究其原因固然很多，但在经济方面，市场利率太高实为一大原因。通商大埠，例如上海、汉口、天津、广州等地，在抗战以前，市场利率都在一分以上，至于内地，则在两分左右，而在经济先进各国，市场利率不过数厘，相形之下，我国之利率未免太高。

在此种现实之下，对于我国利率高昂的原因，有人认为源于资本的缺乏，但按实际也不尽然，有时市场游资很多而利率并不下落；又有以为交通不便遂使利率高昂者，这在交通不便的内地尚有相当理由，而在通商大埠就难解说。总之，我国一般利率太高是不可争辩的事实。其原因相当复杂，赵兰坪指出社会不安定对于将来所感觉的危险性较大是利率高昂的一因。我国利率本较各国为高，通商以还相沿成习并未改革，依然保持相当高昂的水准也是利率较高的一因。市场利率虽云公开决定，但实为金融机关所操纵，我国原有的金融机关在二十年前以钱庄为中心，钱庄利率本极高昂，至于银行事业的发达，则为当时十余年之事。在这短时期内，银行为吸收存款充实营养资金起见，不免多给存息。同业之间又无法推诚合作，反提高存息争取存款，存息既高，放款利息也非提高不可。故在抗战以前，金融中心的上海市场定期一年的银行存息，通常为年息八厘，至于小银行与钱庄，则竟高至一分以上，存息既达年息一分，放款利息至少也须月息一分，否则即有亏损危险。

鉴于当时我国利率居高不下的状况，赵兰坪察觉到了其中所蕴含的危害与风险，深入而彻底地剖析了利息高昂对于我国经济发展的消极影响并提出了自己对于降低利率的建言。

（三）利息说的影响及价值

20 世纪 30 年代对于中国而言，无论是抗战爆发之前还是战事打响之后，利率高昂都是一个困扰国计民生的现实问题。赵兰坪在当时敏感而审慎地意识到这个问题，并且在自己的著述中对其进行了鞭辟入里的分析与解读，引起政府与社会对于利率问题的高度关注，对于整个经济发展都具有重要的意义。具体来说，其影响与价值主要体现在三个方面：

1. 20 世纪 30 年代我国正处于经济的恢复与发展时期，利率高昂对我国实体产业的发展造成了巨大的阻碍，不利于我国国民经济的整体提升。从微观来说，高利率或许带来了储蓄的上升以及百姓存款利息的增加，但是从宏观的经济大环境来看，这一现象却存有诸多隐患。实体经济在整个国民经济中占有举足轻重的地位，关系到整个经济的发展水平，而利率高昂却会直接影响到关乎经济增长的产业投资，让本来应注入实体经济的资金流失，这所带来的后果无疑是严重的，因此，赵兰坪对于这一点的果断察觉并唤起政府注意的行为具有重大的意义。

2. 赵兰坪具体而深入地就利率高昂对于我国金融市场的影响作出了分析，

认为高利率造成了公债、股票的低价，从而带来了我国整个金融市场的萧条，阻碍了股份有限公司组织的发展。利率与金融市场的相互影响，时至今日，依然是存在并有效的，由于利率的提高，人们转而将手中的财富存入银行来获取稳定的利息收益，使得对于金融市场的投资萎缩，从而金融业失去发展的动力与活力。赵兰坪在当时能意识到这一影响，对于我国金融业的发展来说是具有深远价值的，由于当时我国的金融业基本上正处于起步阶段，存在许多困难与阻碍，所以非常需要经济学家们用敏锐的眼光和思维为其保驾护航。

3. 赵兰坪认为应该维持中央银行"银行中之银行"的地位，这和我们现在的政策方向可谓一脉相承。他指出央行应该在利率居高不下时采取相应手段控制利率，从而达到宏观调控的目的。将政府与市场这"有形"和"无形"的手结合起来，不论是在过去还是现在都是必不可少的，这一主张具有前瞻的价值，为我国经济这近一百年的发展作出了巨大贡献。

二、纸本位制与通货膨胀无关论

（一）纸本位制与通货膨胀无关论

赵兰坪在当时主张我国实行纸本位制以过渡，放弃银本位制以贬低汇价，但据一般之见解往往以为纸本位制必然膨胀通货，因此他提出纸本位制与增发不兑现纸币及通货膨胀无关，并对其进行了论证。纸本位制又可名之为自由本位制，即以纸币为本位货币。本位货币并不与定量之贵金属保持等价关系，亦即其价值不受一定量贵金属的束缚，而有充分自由伸缩之意，但是对于行使纸本位国，全国本位货币必须保持同等的价值，本位货币与辅助货币之间也须保持法定比率关系且在一定目的之下调节货币的供求，具此数重条件，才能叫做纸本位制。因此，增发不兑现货币并非行使纸本位制，须有一定之制度、一定之系统而后可。我国内地省份也有发行地方性的不兑现纸币，与兑现纸币本位币并行于市，此种通货状态不能称为纸本位制，只是纸币发行尚未集中货币制度尚未完成之时偶然发生的一种变形而已。

赵兰坪认为历来世界各国的纸本位制可以分为两类：

1. 有正货准备之纸本位制

（1）本位货币于事实上虽已脱离一定量贵金属之束缚，而于法律上则仍保持等价关系之纸本位制。"一战"以来，至 1925 年 5 月 12 日，只有英国实行纸本位制。在此时期之内，英国政府纸币与英格兰银行纸币并未明令停止兑现，且有若干正货准备以供兑现之用。赵兰坪认为，本位货币的价值在法律上对于法定金量是等价关系，但事实上，政府纸币与银行纸币并未兑现，本位货币的价值也在金平价之下，并且常自变动。再如 1917 年 9 月 12 日，日本禁金出口，至 1930 年 1 月 11 日解除金禁止，在此时期之内，日本所实行的也为纸本位制。日本银行纸币，虽未完全停止兑现，但其兑现金额每人仅准一百元，且以离开日本国境者为限，故于法律上日元价值仍为纯金二分，即与法定纯金量保持等价关系。而事实上，日元价值已脱离法定纯金量之束缚，而呈不规则之变化。1918 年冬，日元价值涨至金平价之上，后又降至金平价之下。上述二例，即为本位货币于事实上虽已脱离一定量贵金属的束缚，但在法律上则仍保持等价关系的纸本位制。

（2）本位货币于事实上法律上皆已脱离一定量贵金属之束缚，价值之大小不受任何限制，而有充分自由伸缩的纸本位制。例如 1931 年 9 月 21 日，英国停止金本位后，英镑价值在法律上事实上皆已不再保持标准金一英两等于三磅十七先令十便士半之比，英格兰银行之收卖价格亦以生金市价为标准，不再按照三磅十七先令九便士之法定价格。故其本位货币价值于事实上法律上皆已脱离一定量贵金属之束缚，不是绝对自由的纸本位制了。

前述两种纸本位制，有本位货币的价值在事实上虽已脱离一定量贵金属的束缚而在法律上仍保持等价关系的，有本位货币的价值在事实法律上皆已脱离一定量贵金属的束缚不受任何限制的。二者虽有不同，但其发行准备则皆遵照发行条例的规定，在法定保证准备额外，皆有正货准备为发行纸币的基本，并非如一般人所想象的可以随时随意滥发的纸本位制。例如 1933 年 7 月，英格兰银行纸币发行额共有三亿七千八百万镑，其中除法定保证准备发行额二亿六千万镑外，正货准备发行额为一亿一千万镑。当时英格兰银行的正货准备额则有一亿八千九百万镑，故虽增发七千一百万镑的纸币，在法律上并无增加正货准备的必要。此种纸本位制，本位货币虽已脱离一定量贵金属的束缚，全国通货的银行纸币则仍按照发行条例的规定具备正货准备与保证准备。

2. 并无正货准备或正货准备极少的纸本位制，即对所发纸币并无必须有若干正货准备的规定，或有规定，而于事实上则存金缺乏正货准备远在法定比率之下，或没有正货准备。欧战以来，至金本位成立止，德法俄奥等国的纸本位制则属于此类，若行这种纸本位制，对于国际收支必须力求平衡，管理汇兑、统制贸易都为不可或缺的手段。如若国际收支支出多于收入，则其汇兑必然暴落，但于国内却能防止通货膨胀抑制物价腾贵，在输出贸易方面也能获得汇兑倾销的效果，国际收支也能渐趋平衡。

上述两种纸本位制之中，第一种的第一类为金本位制暂时停止后的变形，仍以迅行恢复金本位制为目的。至于第二种纸本位制，对于发行条例的规定则已置不顾，迫于事实上的需要，不得不继续增发纸币，且发行既多，币值的降低速度反而比通货膨胀程度快，全国通货总值反较以前为小，全国通货反感不足，通货便有增发的必要。赵兰坪认为，这犹如治病，愈治而病势愈增，不得不加急治疗，结果反使病势更加危险。而第一种则较完备，国内通货不会膨胀，对外汇兑因已改行纸本位制而下落。一般物价虽受汇兑下落的影响稍稍腾贵，但因为货币的对内价值并未下落，故其腾贵极微。对于对外贸易方面，可以促进输出抑制输入，至于本位制本身也不用特别保持相当正货准备，且都按照发行条例运用。

总之，赵兰坪提出纸本位制与增发不兑现纸币及通货膨胀无关。欧战发生后，德俄等国因须增发不兑现纸币酿成纸本位制，非因行使纸本位制的结果而造成通货膨胀，增发纸币须有增发之原因，通货膨胀须有膨胀的条件。欧战时期以及欧战后数年，参战各国的纸币大增，通货膨胀则是源于战时财政的不足，若在平日，非特殊情况并无增发的必要，以及通货膨胀的可能。故就一般而论，若能调节通货的供求，不受财政上的影响，国际收支也能平衡，则没有正货准备的纸本位制亦能通行无阻，唯有对外汇兑不免时有涨跌。若在纸本位制下，又有相当正货准备汇兑平衡基金的基础，则其对外汇兑更可能会发生巨大波动。如果汇兑降低，也可促进输出贸易，抑制输入而使国际收支渐趋平衡，助长国内产业的发展。

（二）纸本位制与通货膨胀无关论提出的历史背景

据一般的见解，往往以为纸本位制必然通货膨胀，这种见解虽极错误，但亦有其渊源。例如法国大革命时的不兑现纸币，美国南北战争时的绿背纸币，莫不发行愈多价值愈低。欧洲大战时期，以及战后数年，德国皆在纸本位制之下，滥发不兑现纸币造成空前的通货膨胀，通货单位的价值也降至极低限度。十年后德国马克的价值仅有战前一万万万分之一。俄国卢布的价值亦仅有战前五千万万分之一，故在 20 世纪三四十年代，对于纸本位制，人们莫不谈虎色变。又有误解当时货币贬值政策的，认为通货膨胀为救世良方，只有在纸本位制下才有通货膨胀的可能。当开征白银出口税时，竟然以为政府将行膨胀通货政策，外人之中亦有以为我国恐将降低银元价值。赵兰坪认为，此种推测不但不知道我国当时的通货状况以及纸币发行情形，而且为毫无货币常识之谈。

面对民国经济恐慌日益严重，金融状态日益紧张，许多人主张唯有提倡国货排斥外货，方能救治经济困难。在赵兰坪看来，希望全国人民一律觉悟一致排斥外货而用国货并不可行，因为本国货物品质不及外国货物精良，民国二十一年以后，我国对外汇价逐渐腾贵，加之银价上升，又导致对外汇价更贵，所以外国货物得以在我国市场廉价倾销。外国货物以物美价廉的状态出现于我国市场，而希望全国人民一律不购外货是不可能的，提倡国货的有效方法在于采取适宜的对策。使国货的品质既较外货而优，售价又较为廉，或者国货的品质虽与外货相等但其售价更廉，又或者国货品质虽较外货为劣但其售价至少较外货为廉，这样提倡国货方能收效。赵兰坪认为，放弃银本位制，贬低对外汇价。使外国货物在我国市场的售价腾贵一倍，提倡国货必能事半功倍，因此他提出将纸本位制作为放弃银本位制后的过渡。由于当时各方社会对于纸本位制的误解颇多，所以他提出了纸本位制与通货膨胀无关论，以此来为纸本位制正名。

（三）纸本位制与通货膨胀无关论的影响及价值

民国时期我国的货币制度基本上处于一种混乱的状态，经济学家们在当时也纷纷就我国的货币问题提出了自己不同的看法和主张。赵兰坪于其中则主张放弃银本位制，实行纸本位制作为一个过渡，进而再找寻适合我国发展的本位制度。但是当时社会普遍对于纸本位制心存误解，认为其会引发通货膨胀，故赵兰坪针对这种错解著文进行了说明与澄清，以此来维护自己纸本位制的主张。就当时的经济和社会环境来看，他的这一主张确实是有一定的道理和价值的，因为民国时期我国所实行的银本位制已经到了岌岌可危的地步，银价的持续跌落以及外国货品在中国的大肆倾销都严重危及我国的安定与发展，如果依然保持银本位制，势必会给我国带来更多的损失。赵兰坪指出，一些西方国家之所以发生通货膨胀是因为其实行的并非是真正意义上的纸本位制，而是一种不够完善的变形状态而已，正是由于这种不系统与不完备，所以才会导致通货膨胀。而他所倡导的是我国实行真正意义上的纸本位制，以此来规避当时银价跌落对于国家造成的损失对于经济造成的危害，从而在面对西方国家的货币阴谋时变被动为主动，让我国的经济正常健康的发展。他的主张从国家的利益出发，具有相当的合理性，为当时我国经济的发展和前景提供了一条可行的出路，因而其历史影响和历史价值即使在今天看来也仍然是值得一提的。

三、征银出口税论

（一）征银出口税论

20世纪30年代，以美国为首的西方资本主义国家在世界范围内大批收购白银，使得世界银价腾贵，造成我国出现白银大量外流的现象。针对此种情形，赵兰坪主张唯一的对策即为征收白银出口税，以使输银出口的商人无利可图，则现银外流自可杜绝。

1. 征银出口税之目的

赵兰坪认为，征收白银出口税的目的在于没收国内外银价之差额，则以牟利为目的输银出口商人无利可图，白银外流如此也会不禁自绝。此法是赵兰坪视为防止现银外流的唯一对策，用来应对短时期内由于国外银贵国内银贱而引起的现银外流。

2. 征银出口税后之影响

赵兰坪分析了征收白银出口税之后的效果，提出在当时的社会经济条件下，若政府实行征银出口税，对于各方面会产生如下之影响：

（1）我国征收白银出口税后，世界白银市场便会少一供给者，则世界银价势必较之前更贵，并且其腾贵程度将较以前为甚。

（2）我国对外汇兑可以不再追随世界银价的腾贵而上升，至少在相当时期内，可以脱离世界银价的束缚。并且按我国的对外贸易来说，向来为入超国家，贸易外收支亦为支出多于收入，其超额若购外汇，则外汇必高，我国对外汇兑必低，那么对于对外贸易方面，则可以减少输入增进输出，国内农工等业也可不再受输入品的压迫，因此征银出口税对于我国的农工等业实为利多于弊。

（3）征银出口税后，对于美国方面利弊参半。弊害方面，在于美国购银余利势必因此而减少，按照美国白银的法定价格，虽为一元二角九分，而于收买时则照市价计算，其差额则为美国政府的购银余利。世界银价既然会因我国的征银出口税而腾贵更速，则美国须出较高之价来得所需之银，那么其余利必然减少。至于利益方面，因为银价腾贵迅速，所以有银待售与银产业者可以善价而沽，故我国的征银出口税会为美国白银派所乐闻。

（4）征银出口税后，国内外银价之差额更大，私运出银的利益会更多。必须严令杜绝私运，征银出口税的目的才能充分发挥，否则一方面出口税防止白银外流，而另一方面人们会因为大利所驱而纷纷私运，且私运出口也会随着内外银价差额的增加而俱增，那么出口税的效果便不复存在。杜绝私运一方面固然属于税务技术问题，另一方面则与我国金融组织有关。我国所有现银，除散落在民间的部分，还有两大部分：一为一国银行所有，一为我国各地钱庄与私立银行所有，这种现银，若令登记封存，固然为法令所不及，并且在私立银行货币尚未停兑之时也为事实所不许。因此，须先将私立发行银行的现银迅速集中，以免为牟利商人秘密私运出口，如此来保证我国金融的安全。

（二）征银出口税提出的历史背景

北洋政府时期，国币流通日广，各种旧银元并没有完全退出市场流通，通商贸易也仍以银两为标准，银元要折合成银两计算。南京民国政府成立后，统一币制成为巩固政权的要务之一。1933 年 3 月，民国政府财政部决定先在上海试行"废两改元"。根据规定，自 3 月 10 日起，上海各业的交易往来，一律改用银币计算。之后，财政部又颁布了相应的铸造条例，规定由中央造币厂统一铸造银本位币，银本位币定名为"元"，每枚重 26.6971 克，成色 0.88，即含银量为 88%，含铜量为 12%，公差不超过 3‰。"废两改元"确立了银本位制度，统一了全国货币；白银货币由计重改为计数，有利于发挥其价值尺度和流通手段的功能，削弱了钱庄和外国银行的势力，有利于国内银行的加速发展。

然而，银本位制的确立也有一定的不足。由于大量的白银被用作币材，原本白银产量不丰的中国更显出白银短缺，白银不得不依赖进口，因此，世界银市的波动直接影响到中国货币币值的稳定，进而影响到中国社会经济的各个方面。

1933 年 7 月 22 日，由澳大利亚、加拿大、中国、美国、印度、墨西哥、秘鲁、西班牙八国参加的《国际白银协定》在伦敦货币经济会议上正式签订。协议的有效期为 4 年，即从 1934 年 1 月 1 日起至 1937 年 12 月 31 日止。签订《国际白银协定》的目的在于缓和国际银价的波动，规定各缔约国政府出售白银的限度。澳大利亚、加拿大、美国、墨西哥、秘鲁等 5 个产银国家同意在协定期间不再限售，并每年从市面收回 3500 万盎司白银。中国保证在协定期间不将熔毁货币所得的生银售出。

1934 年 6 月 19 日，美国国会通过《白银购买法案》，规定总统有权将全国白银收归国有，财政部长可酌情随时收买国外白银，使银准备达到法定货币准备的 1/4，并将国内存银的价格限于每盎司 50 美分。美国实行这一白银政策的目的，是为了刺激银本位国家，尤其是中国的购买力，以利倾销美国过剩商品，转嫁危机。该法案出台后，美国政府便开始在世界市场大量收购白银，国际银价扶摇直上。国际银价飞涨，在中国的直接后果是中国国内白银的大量外流，引发"白银风潮"，并直接导致 1934—1935 年的金融危机。1934 年，中国的白银出口量为以往最高记录的 5 倍，而其中的 5/6（约 2.14 亿元）是《白银购买法案》通过后不到 4 个月的时间内运出的。中国国内银根奇紧，信用萎缩，物价跌落，工商业衰退，财政金融和国民经济遭到沉重打击。银本位制已难以继续维持。

面对此情形，赵兰坪主张对此的唯一对策即为征收白银出口税，指出如果美国政府更进一步收买大批白银，世界银价势必腾贵，我国现银外流的现象会更严重。其流出的原因在于外国的银价腾贵迅速，而我国对外汇兑上升迟，中间发生了若干差额，商人输银出口便可得若干利益。因此务必使输银出口的商人无利可图，则现银的外流自然可以杜绝。

（三）征银出口税论的影响与价值

20 世纪 30 年代由于美国等西方资本主义国家大肆在全世界范围内收买白银，造成世界白银大涨，我国一些商人为了牟取国内国外银价的差额私运白银出口，以至于北洋政府时期我国白银大量外流，国家财产损失非常严重。在此情形之下，赵兰坪率先提出了征收白银出口税的主张，并对此的目的和影响作出了详细分析，以期政府能早日作出相关的应对方案制止这种损害国家利益的行为。北洋政府时期，我国在经济和政治上都处于一片混乱的局面，军阀混战严重破坏了中国的团结和统一，加之西方资本主义国家的政治经济干扰，无疑当时的中国可谓内外交困。

白银作为民国时期主要的货币，大量的输出外流对膨胀我国的国民经济造成了严重危害，同时也不利于社会的安定与和谐，赵兰坪所提出的征银出口税在当时确实也是唯一有效的制止措施，通过削弱商人私运白银出口的利益来从根本上遏制这种非法行为。为了制止白银继续巨量流出，国民政府在当时也采纳了这一主张决定提高白银出口税税率，并加征平衡税。1934 年 12 月 8 日，财政部又公布《缉获私运白银出口奖励办法》，对缉获私运出口的银币或银类，除全部充公外，照偷运银数加倍处罚。1935 年 2 月，国民政府应中华全国商会联合会、上海银行业同业公会、上海市商会、上海钱业同业公会等合词呈请，颁布《奖励白银输入办法》，规定以后凡由国外输入白银，应向海关登记，由海关开发凭证，将来复出口时，可执证换取原额白银的出口免税护照。

可以看到，赵兰坪的主张在当时不仅从理论上提出了解决白银大量外流问题的措施，并且在实践中也通过政府的行为得到了验证，有效地制止了白银外流对我国的经济和社会造成更加严重的危害，从而也让当时的中国在后来的抗战中没有了后顾之忧。

（袁也婷　缪明杨）

参考文献

［1］赵兰坪：《现代币制论》，正中书局，1943。

［2］赵兰坪：《外汇统制问题》，独立出版社，1940。

［3］赵兰坪：《通货外汇与物价》（上，下册），著者刊，1944。

第十二章
卢作孚金融思想学说概要

卢作孚（1893—1952），原四川合川人。自幼家贫，小学毕业即辍学。1908年前往成都专攻数学，受孙中山革命思想影响，于1910年加入同盟会，参与保路运动。1913年始，在江安县中学、合川县中学等任教，倾慕黄炎培之教育学说。1916年后，历任《群报》记者兼编辑、《川报》社长兼总编。"五四"时期，加入"少年中国学会"。1921年应杨森之邀任四川泸州永宁道尹公署教育科科长，创设通俗教育会，开展民众教育和新教育改革活动。1924年在成都创办通俗教育馆，以生动活泼的形式传播新思想、新文化、新道德。1925年在合川募资创办民生实业股份有限公司，以"服务社会、便利人群、开发产业、富强国家"为宗旨，从航行于嘉陵江的一艘70吨的"民生"小客轮开始，惨淡经营，到1949年已拥有江、海船舶148艘，航线延伸至沿海各省、东南亚、日本和印度，员工达9000余人。另拥有造船厂、发电厂和诸多码头、仓库，投资银行、保险、煤矿、钢铁、机械、纺织等60余项实业，是当时中国最大和最有影响的民营企业集团，并以其先进的管理、优良的服务和以爱国主义为核心的民生精神享誉中国，蜚声海外。1927年担任四川江（北）、巴（县）、璧（山）、合（川）峡防局局长，着力于北碚嘉陵江三峡的乡村建设，创设新的科学事业——中国西部科学院，新的教育事业——兼善中学，新的卫生事业——地方医院，新的工矿企业——天府煤矿、三峡染织厂，四川第一条铁路——北川铁路。这批科教文卫和经济事业的建设，使贫穷落后的北碚迅速发展成为一个初具规模、安定有序、经济文化发达的现代城镇，成为民国乡村建设的楷模和缩影，中外瞩目，其被誉为"北碚开拓者"。

20 世纪 20 年代末，外轮横行川江，凭着雄厚财力，排斥华轮，使刚刚兴起的华轮公司面临破产危局，并凭借不平等条约，无视中国主权，横冲直撞，为所欲为。1929 年，卢作孚兼任川江航务管理处处长后，下令一切中外轮船进出重庆港必须向川江航务管理处申报、结关，并由该处派兵上船检查，开创了中国士兵第一次登上外轮检查的先例。"九·一八"事变后，他呼吁四川各军停止内战，一致抗日，并动员北碚学生和青年组成"北碚抗日救国义勇军"，号召"团结一致，赶赴前方，共救国难"。1935 年秋，他出任四川省建设厅厅长。1937 年，抗战开始，出任国民政府大本营第二部副部长，并主持草拟抗战总动员计划。1938 年，出任国民政府交通部常务次长，他亲临武汉、宜昌指挥撤退运输，集中民生公司所有轮船抢运撤往四川的工厂、政府机关、学校、科研机构及避难人员；从四川运送军队、武器、物资到前线，为战时运输和后方工业建设作出卓越贡献。1940 年出任全国粮食管理局局长，为解决迫在燃眉的战时粮食紧张积极策划奔走。为嘉奖他抗战之功，国民政府先后授予其胜利勋章、二等卿云勋章和三等采玉勋章等四枚勋章。1944 年，作为中国 6 个代表之一出席在美国召开的国际通商会议。1945—1948 年，先后赴美国、加拿大购买海轮和订造新型客轮。1946 年被重庆大学聘为客座教授，讲授工商管理学。1950—1951 年，亲自指挥滞留海外的 18 艘江海船舶驶回大陆。1950 年 6 月，他由香港返京，出席第一届全国政协第二次会议，当选全国政协委员，并获毛泽东、周恩来等接见。同年 10 月，由京回渝，被任命为西南军政委员会委员。1952 年 2 月 8 日不幸逝世。

作为一个实业家、社会改革家和教育家，卢作孚论著有《乡村建设》、《东北游记》、《四川的问题》、《中国的建设问题与人的训练》、《一桩惨淡经营的事业——民生实业公司》、《工商管理》、《论中国战后建设》等。目前，国内外对卢作孚的研究正不断深入，先后出版有《民生公司史》、《卢作孚集》、《卢作孚文集》、《卢作孚的梦想与实践》、《卢作孚年谱》、《卢作孚书信集》、《卢作孚与民国乡村建设研究》等。

从理论上讲，卢作孚并无系统的金融学说：一是他在经营民生公司的社会实践中，由其制定和实施的一系列重大决策对企业融资与投资等公司金融内容多有涵盖；二是由他创办的北碚农村银行，部分涉及农村金融内容。

一、对企业融资的认识

企业融资方式从来源上可分为外部融资和内部融资，对二者卢作孚都进行了积极探索。

1. 企业外部融资渠道的开掘

民国企业，除长袖善舞、亦官亦商一路外，鲜能逃脱资金匮乏之境，故而如何开掘企业融资渠道成为企业家的首要难题。卢作孚颇有切肤之痛，1930 年，他在江浙看到当地银行如何利用可靠的抵押放款法救助经营亏损企业，资金短缺地如何通过银行从资金富集地引致资金发展生产事业，不免顾影自怜："以资本贫乏的中国，新经营的生产事业，一般都有资本未能充裕的现象。或仅仅买机器，修房屋，而资本就完了；或房屋未修好，机器未运到，而资本就完了；不赖银行救济，则失败每每相随，提倡生产事业的信用愈益降低，再提倡愈益困难了。"[①] 企业投资因此不彰，严重者导致破产。

企业外部融资分权益性融资和债务性融资，具体则有股票、信贷、债券、租赁诸渠道。卢作孚行事偏于稳健。民生公司创办伊始，由于个人资金匮乏，且信贷条件尚不成熟，"那时还没有可以抵押借款的财产，在未经借款还款以前，并未确立其在市场上的借贷信用"[②]，因而他首选股份融资，以此为最经济、可靠之方法，"借款终有限度，且须归还，只可利以通融缓急，不可利以作事业的基石"[③]，股东才是民生公司最有力的支撑。即便发行债券，他也更

---

① 凌耀伦、熊甫编：《东北游记》，摘自《卢作孚文集》，150 页，北京，北京大学出版社，1999。

② 凌耀伦、熊甫编：《一桩惨淡经营的事业》，摘自《卢作孚文集》，546 页，北京大学出版社，1999。

③ 凌耀伦、熊甫编：《增加股本是公司当前的最大问题》，摘自《卢作孚文集》，414 页，北京大学出版社，1999。

青睐具有分年付还、长期债款性质的公司债。他在谈及民生公司因扩张"不免年年增加股本，而且年年增加债务"，使"债务也常常大于股本"时，不免心生忧虑，因为"以前失败的公司，债务常大于股本"。① 这种观念，虽受时代制约，但也足见他对股份融资降低企业融资成本和资产负债率的作用有较深认识。

股份融资并非一帆风顺，虽然股东"投资大半为了朋友关系"，但仍存在盈利前景之考量，"当时一部分股东听着过去若干轮船的失败，很怀疑新造的轮船的成功，尽管约定了投资，却想看看轮船或竟看看航行再行缴款"②，直到民生公司营业有利，方才"人喜投资"③。股份融资一是原股东增资；二是引进新股东。卢作孚甚至认为可在省会成都专设一个机关，一面吸收存款，一面吸收股份。④ 值得一提的是，他还鼓励员工持股，"不但股东应努力加股募股，职工亦应共同努力入股募股"⑤。原股东以合川人为主，资力有限，而新股东既有以现金出资，也有以轮船等作价入股。随着股东群体扩大，渐分化为所谓元老、招安、官僚三派，自 1933 年始，张澜、张公权、康心如、杜月笙、黄炎培、周作民、钱新之等头面人物纷纷进入董事会。1926—1937 年公司实收股本从 4.9049 万元增至 350 万元⑥，年均增速达 47.4%；1926—1949 年，官僚地主所占的股权比重从 53.3% 降至 14.3%，银行所占的股权比重从 0 跃升至 39.6%，职员和工商业主等所占的股权比重从 26.7% 提高至 34.6%⑦。虽缺乏上市平台，但卢作孚通过增资扩股，一定程度上缓解了企业发展资金不足的状况。

---

① 凌耀伦、熊甫编：《一桩惨淡经营的事业》，摘自《卢作孚文集》，551～552 页，北京大学出版社，1999。

② 同①，546 页。

③ 凌耀伦、熊甫编：《民生实业股份有限公司概况》，摘自《卢作孚文集》，198 页，北京大学出版社，1999。

④ 卢作孚：《在成都二十天的工作》，载《新世界》，1933（32）。

⑤ 凌耀伦、熊甫编：《增加股本是公司当前的最大问题》，摘自《卢作孚文集》，414～415 页，北京大学出版社，1999。

⑥ 中国第二历史档案馆：《民生实业股份有限公司 1942 年度概况》，载《民国档案》，1993（3）。

⑦ 严中平：《中国近代经济史统计资料选辑》，科学出版社，1955 年，230～232 页。不足 100% 者为不详。

对债务融资，卢作孚最初是凭借个人信用向私人借贷，他自言 1925 年民生公司创立时"初募资本拟以两万元为度，实收则不过八千元"①（一说"募股欲到五万元，收股不到八千余元"②），靠几个同仁（陈伯遵、郑东琴等）转相借贷，方凑足订船之款。随着信贷条件日臻成熟，始转向银行借贷。他感到："现代世界上的许多经济事业的资本，动辄就是几千万或几万万。……我们欲要以小小的资本力量去和他们竞争，实在是不容易的一桩事情"③，因此极力主张民生公司应不断充实资本，扩大投资。尤其是 1941 年后，他巧妙利用通货膨胀和民生公司影响力，向国家银行大量低息贷款，还款时已不值几何。

1935 年，在民生公司与日清公司等外国航运势力竞争之际，卢作孚以公司债的形式，在上海募资 100 万元，解决了收购美商捷江公司所急需的资金问题。"这是四川的经济事业在上海第一次募债，而且第一次募公司债"④，为四川企业闯出了融资新路。1939 年，民生公司资金周转困难，计划增资 700 万元，孔祥熙、宋子文等均要求入股，卢作孚改增股为发债，700 万元公司债分由大小 18 家银行认购，一债多主，避免了为少数几家大银行所控制。1943 年民生公司再次获批发行 8000 万元公司债，却因物价猛涨而搁置。

卢作孚还积极争取补贴，弥补战时运输中的亏损。由于法币贬值，物价每月变化，而民生的客货运价和兵差差费，要三四个月才调整一次，且调整运价，必然刺激通胀，政府乃采取补贴政策，按月以原订运价比照物价上涨指数的差额给予补助。1944 年 9 月至 12 月一次即补贴民生 6600 余万元。民生专门有一秘书办理每月补贴呈文，月尾即送去。除正规补助，另有专案补

---

① 凌耀伦、熊甫编：《民生实业股份有限公司概况》，摘自《卢作孚文集》，198 页，北京大学出版社，1999。

② 凌耀伦、熊甫编：《一桩惨淡经营的事业》，摘自《卢作孚文集》，546 页。按郑东琴的解释："公司章程所载资本额为大洋 5 万元，比发起时的数额增加了 3 万元。这是因为船价及购置的机械材料等即达 4 万余元，又因合川无电灯照明，乃从上海购买德国制造柴油引擎和发电机各一部，用去数千元，按照公司的实有财产，资本额即定为 5 万元。除已收股将近两万元外，余系向外拉借"（郑东琴：《民生公司创业阶段纪略》，周永林、凌耀伦主编：《卢作孚追思录》，重庆出版社，2001 年，176 页）。

③ 凌耀伦、熊甫编：《在民生公司八周年纪念大会上的开会词》，摘自《卢作孚文集》，257 页，北京大学出版社，1999。

④ 同②，552 页。

贴，伸缩性更大。民生在 1942 年得到修理民来、民风、民政等轮的补贴 2140
万元，修理民勤、民俭轮的补贴 1700 万元，1943 年又得到兵差补助费 2000
万元。抗战胜利后，预借差粮运费，数额亦极为可观。最初是公粮，由粮食
部与民生订约承运，每次订约至少预付运费六成到七成，以解航商困窘，在
军差上也有类似默契。特别 1946 年以后，内战爆发，军运繁忙，往往国民政
府要船越急，民生要钱越凶，如 1946 年 5 月至 1947 年 1 月预借公粮运费即达
40.5 亿元。[①] 此乃通胀和战争时期的生存之道，不可引为常例。

除内资，卢作孚对侨资、外资亦不曾放过。他认为企业要发展，须"设
法筹集大宗资本"，而欲达此目的，若仅仰赖省内银行，常难满足融资需求，
企业融资渠道可以很多，"省内不足，募诸省外，乃至侨民异族"[②]。他指出
南洋华侨是沟通祖国与世界的桥梁，中国"这样大的适于农田的土地，无数
的地上、地下的出产，正等待着华侨的力量帮助经营。华侨当中如果有剩余
资金不能在南洋寻求得投资的生产事业，正可回到祖国寻求生产事业的投
资。"[③] 他甚至提出可利用"这本不是健康而是病态"[④] 的租界，创造一块安
定的投资乐土，为四川经济发展"招商引资"，即在"四川造成'租界'，吸
收世界上的人和钱"[⑤]。1944 年他借赴美参加国际通商会议的机会，最终达成
了由加拿大政府担保，加拿大帝国银行、多伦多银行、自治领银行共同贷给
民生公司 1275 万加元的协议，用于在加拿大订造轮船和购买船用器材，即为
卢作孚利用外资设想的生动实践。

2. 扩大企业内部积累

抗战时期，由于通货膨胀和国民政府实行限价政策，使"工业资本的利
润，远不及商业资本的利润之高，而工业资本的周转期，也远不及商业资本

---

① 召川：《我所知道的卢作孚和民生公司》，《文史资料选辑》第 74 辑，89～90 页。

② 凌耀伦、熊甫编：《四川的问题》，摘自《卢作孚文集》，180 页。

③ 凌耀伦、熊甫编：《南洋华侨的两个工作》，摘自《卢作孚文集》，350～351 页，北京大学出
版社，1999。

④ 凌耀伦、熊甫编：《整个四川的五个要求》，摘自《卢作孚文集》，276 页，北京大学出版社，
1999。

⑤ 凌耀伦、熊甫编：《中国科学社来四川开年会以后》，摘自《卢作孚文集》，249 页。

的周转期之速，遂使游资群趋于商业"①，而工矿运输业却备受金融界冷落，民营企业资金链尤为吃紧，经营常陷入停顿，民生公司亦概莫能外。

为支撑抗战运输局面，维持公司的生存与发展，卢作孚加大了企业内部积累：

（1）提高固定资产折旧率，制造亏损。按国民政府规定的船舶最低折旧年限，铁船为20年折完，而民生公司则以抗战期间不能彻底维修为由，按轮船质量缩短为10年、8年、5年、3年折完②。1939—1942年各项折旧准备金分别达398.2万元、554.3万元、1020万元和2307万元，而这四年的亏损为43万元、51万元、125万元和281万元③（民生公司自1939年开始亏损），即是说如果正常折旧，公司完全是可以盈利的。账面亏损转化为内部积累，成为公司不断更新船舶、扩大再生产所需资金的重要来源，既减轻了股东层面的分红派息之压力，又提供了要求政府补贴的口实。

（2）提取其他准备金，如防险准备金、特别准备金、宿舍基金准备和呆账准备金等。这些准备金都是在核算公司损益之前，从总收入中提取的。这样，无论公司盈亏如何，积累资金都得到了保证。1939—1942年各项防险及特别准备金分别达436万元、700万元、817.9万元和1170万元④，仅次于折旧准备。

（3）减少股息和停止分红。公司每年均照章程发给二分左右的股息和红酬，此外还有加派，1936年对之前入股的老股东每股加派100%，1939年每一老股又加派40%⑤。红酬自1939年起停发，股息虽照发，却大幅下调。此外，作为股东的公司员工的股息则多转作股本，直接用于公司资本积累。

在卢作孚看来，"我们做生产事业的目的，不是纯为赚钱，更不是分赃式

① 许德珩：《中国工业化及其前途》，载《四川经济季刊》，第1卷第2期，1944年3月，17页。
② 周永林、凌耀伦主编：《卢作孚追思录》，345页，重庆出版社，2001。
③ 中国第二历史档案馆：《民生实业股份有限公司1942年度概况》，载《民国档案》，1993（3），30～31页。
④ 同③，30页。
⑤ 召川：《我所知道的卢作孚和民生公司》，《文史资料选辑》第74辑，80页，文史资料出版社，1981。

地把赚的钱完全分掉，乃是要将它运用到社会上去，扩大帮助社会的范围"①。虽然最初部分股东和职工存在不同程度的不理解，但渐化为一种共识，即民生精神，它把民生公司"服务社会、便利人群、开发产业、富强国家"的宗旨与民生人的自觉行动完美结合，既是民生公司发展壮大的内在动力，也是卢作孚实施扩大企业内部积累战略的思想基础和前提条件。

二、卢作孚的投资理念

在民生公司的发展过程中，卢作孚意识到："今天非大规模经营前进，世界上不容你生存起来"，虽然民生公司"在四川省当中看来，似乎觉得还有相当的大，然而要拿在现代的当中去比，实在差得来太远了，小得来太可怜了，简直说没有容许你生存的余地"②。他采取以股权为纽带的投资战略，"其一是将同类的生产事业统一为一个，或为全部的联合。其意义在消极方面避免同类事业的残酷竞争，积极方面，促成社会的供求适应"，具体表现为"化零为整、统一川江、一致对外"；"其二连带的生产事业统一为一个或谋全部的联络，……此亦所以谋供求适应之直接联络，自己供给自己需求，使双方都不至感有恐慌，尤其为调整社会经济最重要的方法"③，具体表现为面向上下游的多元化投资。

1. "化零为整、统一川江"

卢作孚创办民生公司时，川江航运几乎完全由英商太古、怡和和日商日清、美商捷江等外轮公司所把持。它们要么肆意哄抬运价，攫取垄断利润；要么故意压低水脚，排挤华商轮船公司。更有甚者，它们仗着船速快、吨位大的优势，横冲直撞，浪翻中国木船，气焰嚣张。川江上有数十家华轮公司，

---

① 凌耀伦、熊甫编：《超个人成功的事业 超赚钱主义的生意》，摘自《卢作孚文集》，413 页，北京大学出版社，1999。

② 凌耀伦、熊甫编：《在民生公司八周年纪念大会上的开会词》，摘自《卢作孚文集》，256～257 页，北京大学出版社，1999。

③ 凌耀伦、熊甫编：《民生公司的三个运动》，摘自《卢作孚文集》，222 页，北京大学出版社，1999。

但"每个公司都是单独经营，没有整个的联合。其次，内部的组织都很松懈，充满着纷乱的现象"①，结果无不折本、负债，以至于倒闭。

面对此境，卢作孚认识到只有联合重组，才能"节省人力、节省物力、节省财力，促成经济上生产与消费两方面的安定，实是社会总体的利益，而非为事业本身谋利益。自然事业本身的利益亦在当中，然而绝非如一般人之所误会认为垄断、操纵、其利益只在本身的。"② 具体而言，他认为好处有三：第一，可降低成本，获得规模效益，"就行业本身言，联成整个的，若干轮船只有一个公司，开支应较经济"；第二，可提高谈判地位，获得稳定收入，"一经联成整个的以后，则轮船公司间易于协定水脚，与商人间亦易于协定水脚，大家都入了安全的境地"；第三，可改善服务设施，提高服务水平，更好地服务社会，"帮助货物的运输，十分感着安全和便利"，"帮助客人的旅行，十分感着舒服安全和便利"③。

卢作孚经东北一游，于 1930 年 8 月回到重庆，卸任川江航务管理处处长，全面投入联合华轮公司、振兴川江航业的工作。然而此时民生公司资金并不雄厚，轮船亦仅 3 艘，总吨位不过 230 余吨，而且只在川江短航线和支航线上航行。一方面，他利用长期担任峡防局局长和川江航务管理处处长所积累的社会影响，展开舆论攻势，积极宣传联合的意义和作用，争取官方支持；另一方面，扬长避短，除外轮采取现金支付外，华轮尽量以股权为纽带，以轮船折价入股，避免占用公司流动资金。

依整合对象不同，大体分三种情况：

第一，商轮。由近及远，先易后难，逐步合并，先合并川江上游的公司，先合并濒临破产的公司。民生公司开出的联合原则是：凡愿与民生公司合并的公司，不论其负债多少，民生公司一律尽力照顾，帮助其清偿债务，需要

---

① 凌耀伦、熊甫编：《在民生公司八周年纪念大会上的开会词》，摘自《卢作孚文集》，253 页，北京大学出版社，1999。

② 凌耀伦、熊甫编：《民生公司的三个运动》，摘自《卢作孚文集》，222 页，北京大学出版社，1999。

③ 凌耀伦、熊甫编：《航业为什么要联成整个的》，摘自《卢作孚文集》，208～209 页，北京大学出版社，1999。

多少现金即交付多少现金，其余作为加入民生公司的股本；凡卖给民生公司的轮船及并入民生公司的轮船，其全部船员一律转入民生公司，由民生公司安排工作，不使一个人失业；凡接收一只轮船即废除一只轮船上的一切陈规陋习，尤其是"三包制"，代之以民生公司自己创办的一套新的管理制度和良好的服务作风。由于充分考虑到了华轮公司利益，重组工作相较顺利。1931年整理重庆宜宾段，先后合并了7家公司，接收了11只轮船；1932—1934年整理重庆宜昌段，又合并了7家华轮公司。①

第二，军轮。当时四川军阀投资川江航运的不在少数，其依托权势，在辖区内垄断运输，刁难、排挤其他华轮公司。联合重组工作，较易的，如范绍增以"涪丰"、"涪顺"二轮入股，刘湘以"长江"、"峨嵋"二舰入股；较难的，如刘文彩的"蜀通"、"南通"、"昭通"三轮，直到1932年刘湘与刘文辉交战，刘文辉兵败川南，刘文彩控制的3艘轮船落入刘湘之手，卢作孚征得刘湘同意，将三轮作为刘文彩投资，并入民生公司。

第三，外轮。川江上的外轮公司通常有三类：一是外商独资由外籍人员经营的公司；二是外商独资由买办代为经营的公司；三是华商独资悬挂外籍旗号的公司。前两类往往资金雄厚、实力强，经营状况尚好，而第三类实力弱，经营状况欠佳，还要受外商盘剥，民生公司从薄弱环节入手，争取先收买之。对于外轮，民生公司均以现款支付，不搞转卖入股，不让外资插足民生公司。② 最著名为1935年购买美籍捷江公司轮船5只，"这时除了英商太古、怡和，日商日清，法商聚福及华商招商、三北而外，差不多没有旁的轮船公司了"③。

联合重组战略，不但使被联合的公司偿清了债务，股东分得了多年未曾分过的股息红利，而且极大地充实了民生公司运力。民生公司接收的20多艘商轮和军轮，价值在200万元以上，大都是通过入股的形式成了民生公司的

① 凌耀伦、熊甫编：《一桩惨淡经营的事业》，摘自《卢作孚文集》，548～549页，北京大学出版社，1999。

② 周凝华、田海蓝：《卢作孚和民生公司》，79页，郑州，河南人民出版社，1998。

③ 同①，549页。

股本或资产，从而使民生公司的资产从 1930 年的 54 万元，迅增至 1934 年的 497 万元①，年均增幅达 174.2%，短短 4 年，卢作孚以支出数十万元的代价赢得了一家数百万元资产的大公司。

2. 面向上下游的多元化投资

"航业是民生公司的主要事业。但民生公司的事业，究不止于航业"②，卢作孚受孙中山《实业计划》的影响可谓深远，而《实业计划》的特点即抓住重点、全面铺开，卢作孚"大处着眼、小处着手"将其应用到了民生公司的对外投资事业上。在他看来，"凡是经济事业都把有关系的联成一片，使有需求便有供给；都把同样事业化零为整，使无同业间的无聊竞争；使凡生产事业都在整个筹划之下生产，只许有成功者，不许有失败者。不使社会上的物质供给，时虞不足，时虞有余，在不安的波状当中转变。"卢作孚显然带有些理想主义，这是那个时代的特色，也是我们所缺乏的，他认为"公司要求航业化零为整，合并了许多公司，同时把航业以外与有关系的事业都办起来，正是要求省略了先进国家产业失败的历程，一脚踏到成功的阶段上去"，他决计"作国家进入现代的前驱"③。

民生公司的对外投资事业，始于 1927 年，主要是天府煤矿和北川铁路。但总体而言，重心仍在航业，1935 年统一川江，根基巩固，才开始向上下游大规模渗透，尤其是抗战时期大后方建设及工矿企业内迁对川江航运的依赖，民生公司占尽天时地利人和，为其投资大开方便之门。1927—1948 年的 22 年间，民生公司先后投资了 95 家企业（1943 年前有 17 家或停业或退股或合并，实际继续开办的仅 78 家），累计投资额达 236.1 万元（1937 年以后按战前币值计算），其中：1927—1936 年 10 年共投资 19 家，58 万元；1937—1945 年 9 年共投资 48 家，约 148.9 万元（战前币值）；1946—1948 年 3 年共投资 25 家，约 29.2 万元（战前币值）；1938 年为高潮，投资 10 家，约 60.5 万元

---

① 中国第二历史档案馆：《民生实业股份有限公司 1942 年度概况》，载《民国档案》，1993（3）。

② 凌耀伦、熊甫编：《一桩惨淡经营的事业》，摘自《卢作孚文集》，562 页，北京大学出版社，1999。

③ 凌耀伦、熊甫编：《一桩事业的几个要求》，摘自《卢作孚文集》，441 页，北京大学出版社，1999。

（战前币值），占累计投资额的 25.6%，同比增速近 218.2%，投资总额占股本比重达 48.8%。[①]

卢作孚在对外投资的策略选择上，有两大显著特色：

第一，以承运为条件，以运费折价入股，利用内迁厂矿的技术和设备，与其合资经营。天府煤矿在战前即是投资重点，并为此修筑北川铁路，然而技术和设备落后，无力摆脱原始开采状态。抗战爆发后，自国民政府移驻重庆，川煤需求剧增，民生公司亦因航业拓展，油料紧张，烧油船改为烧煤船，故而加大煤矿投资。华北沦陷，河南焦作中福煤矿公司大批机械设备滞留汉口急需内迁，卢作孚遂与中福总经理孙越崎达成协议，以保证将中福设备人员抢运至重庆为条件，双方各占 50% 成立新公司，民生公司以天府煤矿及现金 10 万元共 75 万元入股，后又将北川铁路并入，1938 年 5 月天府煤业股份有限公司正式挂牌，1940 年天府增资至 450 万元，民生公司又投入 30 万元，合计占股 27%（大股东），这是民生公司最大的一笔投资事业。该公司利润丰厚，1938 年至 1945 年上半年，累计盈利近 7566.3 万元，1943 年其利润率一度高达 562.2%[②]。以同样的方式，先后投资有上海大鑫钢铁厂（1938 年民生公司以运费 7 万元及现金 18 万元占股 50%，后更名渝鑫钢铁厂）、常州大成纺织厂（1938 年以原三峡染织厂和运费折价 15 万元占股 50%，成立大明纺染织厂）、武汉恒顺机器制造厂（1939 年民生公司以运费和保险费 15 万元及现金 10 万元占股 50%）等。

第二，利用银行的资金和人脉，与其合资组建新企业，集中在航运业、贸易业和保险业。（1）为发展海运，1946 年卢作孚与金城银行达成协议，各出资 50 万美元，成立太平洋轮船公司，民生股金由金城借给，以后在航运盈余中陆续扣还。在美国购买海轮 3 艘（共 9160 吨），与民生公司联营，开航南北洋航线，当时沿海民营航业尚未恢复，而招商局忙于军运，使得民生公司在沿海航线中迅速站稳脚跟，1947 年、1948 年一度出现多年未有过的账面

① 凌耀伦：《卢作孚与民生公司》，148～149 页，四川大学出版社，1987 年。根据表中数据整理而得。

② 周永林、凌耀伦：《卢作孚追思录》，524 页，重庆出版社，2001。

盈余，人们称卢作孚"做了一笔无本万利的买卖"[①]；（2）民生公司为稳定货源，共投资了9家贸易公司，但惟有1946年与金城银行合资组建的通诚贸易公司，才为民生所操控。双方各投资法币2.5亿元，"专以直接经营进出口及国际贸易，藉以间接辅助本公司航业之发展"[②]；（3）因航运业必须保货险和人身险，这为民生公司投资保险业创造了条件，民生公司投资的保险公司达9家。其中，太平洋保险公司为卢作孚联合金城银行等金融实业界巨头于1943年创办的一家规模较大的保险公司，民生公司投资100万元占股10%，1947年民生公司投资增至1000万元。该公司收益较高，除每年照付10%的股息，仅1947年发给民生公司的特别红利即达1000万元，一年便收回全部投资。[③]民生公司投资的保险公司尚有民安保险公司（1943年投资100万元占股20%，其后股权比重不断上升，1948年达67%）、中国航运意外保险公司（1943年投资170万元占股34%，1944年增资至46%）等。

3. 对投资事业的自我反思

卢作孚通过以股权为纽带的联合重组和上下游投资，使民生公司成长为以航运为主业、多元化经营的庞大的民营资本集团，民国投资事业往往难避时局之艰，卢作孚筚路蓝缕，对今日企业做大做强亦不乏差可借鉴之处。

1935年在"化零为整、统一川江"收尾之际，卢作孚总结上年业绩，感叹道："与二十二年（1933年）较，公司轮船有加，货运有加，而水脚收入反锐减，直为公司有轮船以来最坏之一年，亦为川江有轮船以来最坏之一年"[④]。若以吨年产值（＝年轮运总收入/实际营运轮船总吨位）作为绩效指标，1927—1930年分布在574元/吨～1100元/吨的区间，而统一川江航运的1931—1936年下滑至248元/吨～422元/吨的区间[⑤]。轮运收入滞后于船队的增长，虽有水道、差运及进出口贸易萧条等多方面原因，但一定程度反映整

---

① 周永林、凌耀伦主编：《卢作孚追思录》，239页，重庆出版社，2001。

② 凌耀伦：《卢作孚与民生公司》，169页，四川大学出版社，1987。

③ 同②，171页。

④ 凌耀伦、熊甫编：《二十三年本公司之营业概述》，摘自《卢作孚文集》，369页，北京大学出版社，1999。

⑤ 代鲁：《略析民生公司发展中的"不发展"》，载《中国经济史研究》，1994（3）。

合多有不尽人意之处，只不过被随后繁忙的抗战运输所掩盖。

而多元化经营，在规模投资前的 1935 年，卢作孚已意识到："非事业全部有办法后，绝不增加任何新事业，以增加现有事业之重累，盖不仅有资金不敷之感，尤有人才不敷分配之感也"①。1945 年赴美归来，他更是大谈专业化："美工业最大特质，即为专业化，而中国当前形势，则正与之相反，一个公司要办许多业务，一个个人也要兼许多职办许多事。近年企业公司之类的全国性公司组织，更如雨后春笋，不知道有多少，即民生公司本身亦有同样的缺点"，他进一步强调："普通企业公司，如果不设法专业，是不具使他成功而进步的"②。抗战胜利后，民生公司投资业和附属业日趋衰败，成为民生公司陷入困境的重要原因。尤其是抗战时期合资开办的一批骨干企业，如恒顺机器厂、渝鑫钢铁厂、大明纺染织厂、天府煤业等，纷纷回迁，有的搬走设备，有的抽走股份，有的带走技术生产骨干，这些曾为民生公司赚取巨大利润的投资业，如今都处于停产或半停产状态。

三、创办北碚农村银行

早在 1924 年，卢作孚在为省政当局整顿机关工作而拟定的办法纲要中即谈道："设立银行（在都市设立工商银行，在乡镇设立农业银行），提倡储蓄，便利汇兑，提供借贷。"③ 因为在他看来：农人"最感困难的是农产品正在生长期，缺乏资金周转，最需要的是在这时候有低利贷款贷给他们"④。

1928 年 9 月 11 日，即出任峡防局局长的第二年，卢作孚在北碚创办峡区农村银行，开始其农村金融实践。银行背靠峡防局，"当时之股东及办事人，

---

① 凌耀伦、熊甫编：《二十三年本公司之营业概述》，摘自《卢作孚文集》，370 页，北京大学出版社，1999。

② 凌耀伦、熊甫编：《卢作孚谈美国工业特质》，摘自《卢作孚文集》，593 页，北京大学出版社，1999。

③ 凌耀伦、熊甫编：《四川的新生命》，摘自《卢作孚文集》，37 页，北京大学出版社，1999。

④ 凌耀伦、熊甫编：《怎样组织青年服务社》，摘自《卢作孚文集》，517 页，北京大学出版社，1999。

均系该局之职员，以执监委员会为执行与监督之机关。其执行委员会长由该局局长卢作孚担任"，由于"中国农业金融向无一定制度，在中央与地方均未有法制可遵"，故该行并未注册①。9 月 21 日，由峡防局主办的《嘉陵江报》刊登了《峡区农村银行广告》和《峡区农村银行章程》。《广告》称：本银行"专办存款放款及重庆、合川、北碚间往来之汇兑。交往数自一元起至千元止，日期长短，利息大小，均当面协商。"《章程》规定："本银行以调剂峡区农村金融为宗旨，故定名曰峡区农村银行"；"银行为股份有限公司，股东所负责任以所出之股本为限"；银行"股本总额为国币壹万元，计分二千股，每股银五元"；"股票概用记名式，持票人有随时自由转让之权利"；"每年盈余除填补历年积亏外，提出百分之三十为公积金，百分之五十为分配于股东，百分之二十为职员奖励金"；银行经营范围是"1. 定期存款，2. 活期存款，3. 储蓄存款，4. 定期放款，5. 通知放款，6. 附设消费合作社。"②。

1930 年 2 月增资扩股，更名北碚农村银行，1931 年 7 月 10 日北碚农村银行正式成立。在该行发展史上，卢作孚的个人作用体现在以下三点：

第一，与聚兴诚银行之合作。银行终属专业化机构，仅凭峡防局诸公毕竟难以成事，聚兴诚银行对北碚农村银行的襄助既在事务上，更在理念上。1930 年 7 月 19 日，卢作孚行至天津，喻元恢来访，"谈聚兴诚杨粲三总理有毅力，有见地。此后将用全力提倡抵押借款，改对人信用的习惯为对物信用的习惯"③，这对卢作孚自然是有影响的。同年 12 月，聚兴诚银行张茂芹经理又介绍何仲灵到北碚农村银行来协助整理账务。1931 年 1 月，聚兴诚银行杨粲三经理"来峡中参观，过农村银行，于进行上有所咨询，言下颇示提倡的意思。卢委员长作孚对之，亦有所商酌。结果，本身再谋资本的扩充，聚行即派员赞襄进行。"④ 1931 年 6 月聘请专才，以聚兴诚银行汉口分行出纳主任伍玉璋为经理，冯子久为会计主任，北碚农村银行自此方真正迈入现代金融

---

① 中国银行总管理处经济研究室：《全国银行年鉴 1935》，138 页，1935 年。

② 以下所引《嘉陵江报》如未注明，均转引自刘重来、陈晓华：《论卢作孚的农村金融建设思想与实践》，载《西南师范大学学报（人文社会科学版）》，2002（5）。

③ 卢作孚：《东北游记》，117 页，成都书局，1931 年 11 月再版。

④ 北碚农村银行：《北碚农村银行报告书》，1932 年 7 月，载《卢作孚研究》，2010（4）。

行列。而会计精神一度作为其经验向外推广。

第二，信用与融资支持。对一初创之银行，其发展主要取决于信用及资本金额度。在对人信用仍很牢固的时代，峡防局的官方背景和卢作孚的个人名望无疑给了北碚农村银行强有力的信用支撑。而融资方面，最初更是严重依赖于峡防局，除发起股东均为峡防局职员外，1930 年 2 月银行增资扩股，股金暂定 1 万元，在峡防局职工原有的 800 元股本外，峡防局又拨来了 2000 元。① 在引入商股上，卢作孚和峡防局的作用亦自当不小。

第三，发展副业。银行成立之初即附设消费合作社，后依托民生公司优势，另设"贸易部经营商业，由银行投资，但会计独立，自算损益"，银行一度"业务偏于贸易方面，存放款颇少"②。伴随卢作孚在民生公司的多元化投资，北碚农村银行也进一步"脱农"，1932 年 11 月，该行举行第一届常年股东大会，卢作孚提出应努力的 3 项工作："1. 帮助商人，2. 帮助经营煤业，3. 促成新兴事业"③。伍玉璋在《办理北碚农村银行之回顾与感想》中亦谈道："在第三届决算后，因匪患天灾及全中国不景气之影响，股东势难以其利息转股，而农行为了信用，亦不愿每届都要人转股。因此董事长（按：指卢作孚）即拟另约经济社团投资，凑足十二万五千元再行注册立案，向城市发展，是尤足以为投资农村因期长、利低、呆滞而难集资之证"④。似愈发偏离其"调剂农村金融，扶助农民生活"之初衷，姓农不务农，这也是目前农村信用社和村镇银行的共同困境，诚如该行报告称："在闭塞而方经开导的农村中，草创农业金融机构，问题兹多，自不能不求一种维持和补助生命的副业！"⑤

截至 1934 年 6 月 30 日，该行"实收资本四万元，资产达十五万七千余

---

① 《嘉陵江报》，1930 年 2 月 27 日，称"股金暂定一万元，峡局方面三千元，商股七千元"，此处取《北碚农村银行报告书》的说法（《卢作孚研究》，2010 年第 4 期，第 33 页）。

② 江巴璧合四县特组峡防团务局：《峡区事业纪要》，55 页，重庆新民印书馆，1935 年。

③ 张守广：《卢作孚年谱》，99 页，江苏古籍出版社，2002 年。

④ 伍玉璋：《中国农村金融论》，中央合作指导人员训练所印，50 页。出版时间不详，然据内容和印行单位推测，当在 1935 年。

⑤ 北碚农村银行：《北碚农村银行报告书》，1932 年 7 月，载《卢作孚研究》，2010（4）。

元"，定期放款 107014 元，活期透支 20903.27 元，定活期存款 14194.99 元，往来存款 49288.66 元[①]。尤其是北碚农村银行的小额贷款，"初以五元为一份，每月摊还本金一元，于五个月还清，第六个月付利息三角（划月息二分），每人至多以十份为限。嗣于第二届改五元为半份，十元为一份，本金仍分五个月还清；但第六个月每份只付利息四角，半份二角（划月息一分三厘多），每人限度虽仍为十份，而数量则增一倍也"，在 1932—1934 年的三年中，每年平均放出 263 户、8067 元，每户平均 30.68（按：当为 30.67）元。其"仿照社会旧制六关贷款法而轻其利"[②]，为峡区农户发展农业生产、养活生计及繁荣城乡小商业作出了卓越贡献。

直到抗战时期，因恶性通胀和货币贬值，使"以低息贷款为主的北碚农村银行难以持续经营，于 1939 年 4 月 1 日由民生公司北碚办事处接收停办"[③]，其后虽由卢作孚之弟卢子英以北碚银行之名一度重建，但已与传主关系不大。

自北碚农村银行始，四川境内各县之县农村银行纷纷成立，1928—1937年十年间，江津、綦江、梁山、荣昌、纳溪、通江、彭县、永川、垫江、金堂、璧山、铜梁、大足等县陆续设行开业，泸县、内江、南溪、犍为、隆昌、绵阳、遂宁、三台、渠县、合川、宣汉、潼南、大竹等县也进入筹设或试营业[④]。该行还印制专业书籍，扶助农村金融建设，如 1936 年伍玉璋的《中国农业金融机关论》和《中国农业金融制度及实施论》等。可以说北碚农村银行实开四川农村金融的风气之先河。

卢作孚除以峡防局局长身份主持北碚农村银行外，1929 年 5 月又与何北衡、刘航琛等发起成立了川康殖业银行，"原定资本四百万元，实收一百万元"，次年 9 月正式开业，卢作孚为首任总经理[⑤]，然并未参与实质性管理。

---

① 中国银行总管理处经济研究室：《全国银行年鉴1935》，138～139 页，1935。
② 伍玉璋：《中国农村金融论》，45 页。
③ 《重庆市北碚区志》，科学文献出版社重庆分社，1989。
④ 田茂德：《抗战时期西南的县银行》，中国人民政治协商会议西南地区文史资料协作会议编：《抗战时期西南的金融》，335 页，1994 年，西南师范大学出版社。
⑤ 中国银行总管理处经济研究室：《全国银行年鉴1935》，24 页，1935。

同时，他还以民生公司为实体参股多家银行，仅 1937 年即投资聚兴诚银行2.5 万元，投资重庆兴业银行 5 万元[①]，但均未控股。同申新等民营资本集团一样，金融业属于民生公司的短板，这既有财力和理念之因，亦是受体制和环境之限，从而不得不受帝国主义与垄断金融资本的挟持。

（刘方健　陈拓）

参考文献

[1] 凌耀伦、熊甫编：《卢作孚文集》，北京，北京大学出版社，1999。

[2] 周永林、凌耀伦：《卢作孚追思录》，重庆，重庆出版社，2001。

[3] 张守广：《卢作孚年谱》，南京，江苏古籍出版社，2002。

[4] 刘重来、陈晓华：《论卢作孚的农村金融建设思想与实践》，载《西南师范大学学报（人文社会科学版）》，2002（5）。

[5] 周凝华、田海蓝：《卢作孚和民生公司》，郑州，河南人民出版社，1998。

---

① 张守广：《卢作孚年谱》，177 页，江苏古籍出版社。

第十三章

朱彬元金融思想学说概要

朱彬元（1894—?），字仲梁，湖南长沙人。曾就读于清华大学，获学士学位。1920年毕业于美国哥伦比亚大学学习经济学、国际金融等，获商科硕士学位；毕业后曾有在美国和国内商业界工作的经历，1924年任清华大学经济系主任。1931年10月任立法经济委员会秘书长。1932年7月改任建设委员会参事。1935年由黎明书局出版其著作《货币银行学》。

一、"金贵银贱"救济方法的内容

作者认为"金贵银贱"的救济方法可以分为指标方法和治本的方法两类。指标方法可以分为以下数种：

1. 海关实行征收进口金税

"金贵银贱"有害于财政的最痛切的是在财政困难的非常时期，成百上千万英镑的亏顺，对于国内建设产生恶劣的影响。财政是目前最需要救济的。财政非采取海关征收进口货金税的政策不可。例如某日进口货物共美金万元，税率为储百抽十即按金价抽美元千元。而一般的日常价格是金一银二，即收取银二千元。海关收到此银两千元而后，应即以之向银行购买金票存于本国的汇兑银行中以备偿付赔款之用。这样镑亏完全可以避免。这种方法即普通商家所谓的"结算金价"。稳健的商家无不采用这种方法。反而是掌权的政府

243

没有注意并且采用。

2. 实行关税自主

欲使汇兑顺利（即减低金价）非使我国出口增多进口减少不可。达到此目的需实行关税自主，将进口税加重，将出口税减轻。但我国的工业尚起步，抵制一般外货并非正确的策略。应当区分是需要品还是奢侈品。前者的税率不必加重，而后者应该加重税率。这样一方面可以保护国内同种类事业，另一方面可以减轻入超状况。各国虽然在原则上承认我国关税自主，但实际上尚未实行。目前过度使用协定关税。作者认为，政府应当毅然实行关税自主。这样不仅有利于恢复主权，同时可以资救金融财政。

3. 多设立海外金融机关

作者认为，当时银价狂跌系全世界金融及经济变化使然。但外国银行操纵金市银市亦不无关系。外国银行之所以能把持汇市，是因为我国在国外缺少金融分支机构。一切对外支付无不假手外国银行。我国国际贸易发展不易，也是由于此。政府应当积极地鼓励此类国外分支机构。日本的日金银行和美国在欧战后设立海外贸易银行都是出自这一本意。

4. 以有力的条件借入外债

利用外资不仅发展国内的室业，而且在借款期内出口货物可以挽救汇兑上的不顺畅。根据国际投资原理，凡在海外投有巨额资本者为入超国如英国。而被投资的国家必为出超国如美国在欧战前是借入外债。名为欠款，而在实际的国际均衡来看，实际上是外国人欠我多则我方汇兑必然顺利。如欧战期内，英国对美国汇兑极不顺利，为救济曾向美国银行已经政府借入巨款以资维持即为一例。到债务还本时，国内事业已经发达，出口增加，即可以增加出口以为还债之具，即所谓以出口货物还进口资本。所以作者主张以有力条件借入巨额外债一方面救济金融一方面发展本国实业。实业发展，出口货增加，则汇兑方面更加顺畅。

5. 取缔金市投机交易

作者指出，由于国内经济状况低迷造成，资金无法合理利用而集中于上海一隅。银行信用松动而致使投机之风盛行，尤以标金和金汇兑投机为巨。

金银价格由于投机而剧烈波动。此种现象并非健全现象。金银价格涨落太巨，使得工商业不易计算成本财政预算。

作者认为，以上各种方法收效不一，但以海关征收金关税、自主取缔投机等为易。至于治本的方法有以下数种：①统一银币并在三五年内实施金本位制度。金本位初期可不铸金币，而以金券代之，同时以外国货币及金汇票为金券之准备。②鼓励华侨投资我国。侨商每年汇回的款项不下千万元。如果本国政治安定，政府对其奖励保护则会增加一倍以上。③增进并改良农业品。我国出产增加即可抵消此项进口品以挽救汇率之不顺。我国以农业立国，以工业与世争雄并非易事。只有发展农矿以作为原材料补给才是根本的方法。

二、提出"金贵钱贱"救济方法的背景

民国 15 年（1926）秋金价暴涨至二先令三便士。作者也曾提出金价将保持长期有涨无跌趋势的建议，因此应当及早筹备改行金本位制度以免国家财政上及经济上背负巨大亏损。银价急转直下，造成空前的态势。甚至一度落至一先令十一便士，而标金涨至四百六十八两。社会震惊，百业惶恐。政府为救济金融起见特明令禁止金币投机交易。可见各方对此的重视。银价暴跌的近因是印度实施金块本位制和日本的金解禁。远因是以欧战后各国币值逐渐恢复金本位并用纸币以代替银币。而像德英俄波兰印度等或将银币完全融化或将银币成色减低或暂改金本位以其余银或存银出售。所以货币上说金的需要日渐增加。而银的需要则日渐减少同时世界生银的供给不仅没减少反而增加了。

我国财政受金贵银贱的影响有下：一方面是金价高外国物品将超过本国的购买力则进口货物势必减少。进口货物减少则关税收入亦必连带减少。同时政府每年需要偿还外债本利，金价增高，必须拨付更多的白银。按目前的金汇价兑率而言至少当在十万以上。而国内的债务大部分是指定关税以及海关二五附加税担保本息。如果金汇兑大涨则以关税盐税为支付担保的债务则无保证。二五附加税也因为进口货减少而减收。政府无法筹措足够的款项作为

支付保证。内债的价格必跌。这有损于政府信用，不利于以后财政上的筹资。

作者认为，国外贸易方面损益互现，但损多而益少。国外贸易大可区分为进口与出口商务两种。在金价大涨时，进口商务必然蒙受损失。这是因为洋货都是用金价计算的。洋货的价格随着金价的上涨而上涨，商家势必设法将成本转嫁至消费者身上加以弥补。消费者势必减少购买而增加同类国货的购买。而反观出口商方面，将获得可观的利益。货物与外商购销时利用金价结算。如金价高昂，金换银必大获利。比如生丝每十镑售美金六元五角，兑换率为金一银二，可合银十三元。如果汇兑率涨至金一银二五即合银十六元一角五分。假定商人成本为增高则多得盈利三元而角五分。同时外国商人以金贵银贱其购买力无形中会增加，则势必多购我国货物。故谓金价上涨可助长出口业。

三、理论的价值和意义

作者提出了应对"金贵银贱"的五种救济方法。分别从实行金关税、关税自主、设立海外金融机构、限制投机、积极借入外债等角度提出政策建议。对于国际贸易形势的分析见解独到。特别对于国际金融知识结合现实形势的运用融会贯通，分析独到、具体、全面。对于我国在国际贸易地位上，作者指出我国长期为一入超国。出口品为外国必需品的非常少，而且品质多欠精良如丝茶瓷器等类。因此增加出口，也未必能乘此机坐收巨大利益。在国际贸易原理中，出口货物乃进口货物的工具，两者的关系甚为密切。欲多购外国货物必多销本国货物到国外。我国出口货物如不能增加，则不能多购外国货物。换言之须以多数本国货物采购外国少数的高价货物。外国人的购买力大增，我国购买力大减。从这点来讲，此可谓为"经济侵略"，我国金价上涨就进口商家和私人消费方面而言，均无利益可言。

而对于工业而言，金贵的影响是一方面无形中增加关税，这样与外国相竞争一方必蒙受关税保护而得益；但对于国内仰仗外国供给原材料（如棉纱毛织品等）及机构必受其害。两者相权，利害参半。作者从"金贵银贱"对现实产业形成的影响加以分析，客观分析利害影响，具有极大的实际意义。

（徐翔）

参考文献

［1］朱彬元：《金贵银贱之救济方法》，载《国立中央大学法学院季刊》，1930 年第 1 卷第 1 期。

［2］朱彬元：《国外汇兑与世界货币》，载《东方杂志》，1924 年第 21 卷第 8 期。

［3］朱彬元：《从我国国际贸易谈到经济侵略》，载《国际贸易导报》，1931 年第 2 卷第 2 期。

［4］朱彬元：《银价低落与国际贸易》，载《国立中央大学半月刊》，1930 年第 2 卷第 6 期。

第十四章

何廉金融思想学说概要

何廉（1895—1975），字淬廉，湖南邵阳人。毕业于湖南长沙雅礼书院。1919 年赴美国耶鲁大学留学，获经济学博士学位。1926 年回国历任南开大学教授、财政系主任、经济学院院长、经济研究所所长。1936 年后历任行政院政务处长、经济部次长兼农本局总经理、中央设计局副秘书长、全国粮食管理局副局长、联合国社会经济及人口两委员会中国代表。1948 年任南开大学代理校长。1949 年定居美国，任哥伦比亚大学经济系和东亚研究所教授①。著有《财政学》、《中国工业化之程度和影响》、《所得税比较论》等。

---

① 何廉是南开大学经济研究所创始人，被后世学人称为"中国现代经济学的开山人、中国最早的经济学研究生教育制度的开创者、中国现代经济学史上很重要的人物。"1926 年何廉获得耶鲁大学经济学博士学位，同年归国受聘于南开大学。1927 年创建南开大学社会经济委员会（今南开大学经济研究所），是中国高校最早构建的经济学人才培养和科学研究机构。1931 年任南开大学经济学院院长，积极推进经济学教学"中国化"，主张"教学与研究相辅而行"，率先倡导开展中国社会经济的研究，带领并组织研究人员研究中国物价统计，编制并公开发表各类物价和生活指数，受到国内外研究机构的高度重视。同时，领导了对山东、河北向东北移民问题的研究。何廉被誉为"在国内最早引入市场指数之调查者"和"我国最早重视农业的经济学家"。20 世纪 30 年代后期，何廉转入国民政府行政院任职，继续主持和关心南开经济研究所的研究工作。抗日战争胜利前后，积极参与南开大学复校工作。1947 年赴美，任普林斯顿大学高级研究所访问学者。1955 年，担任哥伦比亚大学经济学终身教授，此后相继开设了"中国经济结构"、"共产党中国的经济发展"、"中国土地制度"和"日本的经济结构"等课程。1975 年 7 月病逝于纽约。

一、经济学教学本土化思想

履任教职伊始，何廉就对当时中国著名的十所高校进行考察，发现了当时国内经济学教学中间普遍存在的一些问题：一方面，经济学教师大多是从英美归来的留学生，他们对中国实际情况缺乏研究，使用英美的原版教材或者是将原版教材翻译成中文讲义，讲解的全是西方国家的一般情况，与中国的国情不相联系，加上薪俸微薄，他们只好在两个以上大学中教课，教学负担十分沉重，因而只能年复一年的照本宣科，无暇对教材或者教学内容加以更新、补充和修订；另一方面，大学中的社会科学课程设计过于专门化，大学生进校第一年就进入专业的主课，在随后的学年中，学科越分越细，加上每门课本身的教学内容往往又都是非常肤浅的泛泛之谈，培养出的学生在进入社会后，往往不能胜任自己的工作。

何廉认为一个受过西方教育的学者，首先必须经历一个自我教育的过程，深入中国实际，了解国情、解决难题，然后才能引导学生学会应用所学知识解决他们所遇到的更多的实际问题。因此，在任教和从事经济研究期间，他始终坚持和强调经济学教育与研究的合理化、中国化和教学相长。在任教第一年，何廉就油印了我国古代和民国以来的内外债发行情况、公共支出去向等方面的材料作为讲课教材的补充发放给学生。同时他还深入社会，利用各种公共和私人渠道调查搜集了大量相关资料。第二年就编写出了适应教学的新教材，并明确提出社会科学之教学根本，贵在能概述理论之精要，并以实际实事印证之。而由于实际事物各国又有所不同，因此教材之编写也应该量体裁衣，注意到国家之间的差别。

何廉在南开大学任职之后，发现大学毕业的学经济学的学生对于他所选定范围内的职业是不能胜任的。比如一个商科专业学生看不懂中文报刊的金融版面，因为他对所引用的商业社会的专门术语不熟悉。另外，对中国经济的研究，大部分属于20世纪的新产物，这些研究多少与旧中国从经济现代化中的觉醒有关。中国大学图书馆设施不足，在社会科学研究方面，有经验、记录和实地研究都是新鲜事物。基于这些观察，何廉下决心在教育中间进行革新，这对于当时中国的经济学教育是一个很大的推动。

二、货币制度改革思想

（一）废两改元思想

何廉认为，"废两改元"是我国币制改革必须走的第一步。"中国今日之货币，本无任何制度之可言"①。我国尚无主币（能自由铸造、实值与面值相等、无限法偿），银两（主要用于海关税收、国际汇兑、进出口贸易等）与银元（限于日常交易）相互并存，币值混乱。加之二者种类、成色各异、无论是在商业交易，还是财税征收方面，以元易银，以银易两，转辗折合，换算烦琐，损耗甚大，难以公平，外贸外汇更是复杂庞杂，难以操作。何廉对"废两改元"反对之声进行了批判，认为其"受私利观念之支配，希望保留其操纵金融之权耳"②。

（二）废两改元思想的背景及评价

中国历来尊崇金属本位制度，秦灭六国，统一度量衡，流通金属货币重量与成色由朝廷统一规定并铸造，币制问题才得以初步解决。其后改朝换代，政权更替，货币铸造发行日益混乱。明清之后，随着世界贸易的扩张，外币逐渐进入中国市场。北洋时期军阀割据，各地货币、辅币发行毫无节制，同时外国银行争发货币，导致货币、辅币发行泛滥成灾，货币改革已势在必行。早在"废两改元令"之前，社会各界就对"废两"问题进行热议。1928年3月经济学家马寅初首次提出"废两用元"建议，强调了"废两改元"的必要性，论证了"废两用元"的可行性。马氏动议，引起了学界强烈共鸣，同时引起社会上热烈论争。何廉作为南开经济学家，也积极加入了当时的讨论。学界的热烈探讨最后也是促成银本位币制确立的影响因素，而银本位币制最

---

① 何廉著，朱佑慈等译：《废两改元问题》，摘自《何廉回忆录》，中国文史出版社，1988。

② 同①。

终的确立，得力于 1933 年 3 月国民政府财政部"废两改元令"的颁布。东北的沦陷白银大量涌入上海，及《淞沪停战协定》签署，致使 1932 年上海白银对银元的兑换率剧烈波动，银元价格大幅下跌，银元持有者损失惨重。这一形势的变化，终于为国民政府统一货币创造难得契机。"废两改元令"的颁布与实施，结束中国长期以来的银、两并用的货币制度，从而真正使中国货币从此迈上标准化道路。

（三）法币改革思想

1929 年世界经济危机爆发，国际银价猛跌 50% 多。为摆脱此次经济危机，英、日、加、奥等国先后放弃金本位制度。为刺激经济复苏，同样深受重创的美国于 1934 年颁布了《白银购买法案》，人为拉高白银价格。中国作为当时世界上主要的银本位国家，在国际市场银价的高涨下，以银为货币本位的中国白银大量外流，银价剧烈波动。在这样的情形下，社会各界就中国的货币制度问题也纷纷发表看法。

何廉阐明了银价涨跌问题的本质。何廉认为法币改革的核心和前提问题在于统一银价问题的认识。"白银计划"，我国闻后"群相惊骇"，"临渴掘进之计，呼救告苦之声，时有所闻"[①]。针对"朝野上下"、"报刊杂志"、"茶余饭后"关于"银价与中国"问题的评论，何廉认为其实"银价"有二："一为白银对重要金本位国家货币之实价；二为白银对黄金之比价"。我国为银本位国家，在银价涨跌相对缓和初期，国内工商已渐趋衰落，现已渐步入恐慌地步，"国内因外货的倾销和人民购买力的减退，物价和贸易显著的低落，游资集中都市，存银增加，农工商资本缺乏，市面流通资金不足，金银出超，物价低落，工商业衰败，农村因资金集中都市而更见枯涸，工商业也都有活动资金缺乏的痛苦……这种一面害膨胀病，他方面患贫血症的现象，不谋急切消除，中国前途是永久没有办法的"[②]。论及个中原因，何廉认为"当然不

---

① 何廉：《银价问题与中国》，载《独立评论》，2 页，1933（92）。
② 何廉：《今日中国的几个重要经济问题》，载《南大半月刊》（中国经济专辑），1～3 页，1934（13）（14）。

在世界银价之变动失常，而在我国币制之不健全"①。何廉认为"解决银价外流和经济萧条问题的中心在于如何使中国银本位货币对一般货物之购买力求其安定，而不致易受银价变动之影响"。② 对于未来银价涨跌趋势，何廉经过综合分析金本位国家美、日、英银政策及市行场供求变化，认为"殊不易预测"，可事实是自 1929 年世界经济危机以来，已出现"银价有史以未有之惨跌（1871 年为 1：15.57，1931 年为 1：71，1933 年已急跌至 1：77.18）"。"中国则因世界银价之猛跌，遂得暂时免受世界经济不景气之波及"，反而"公司商得臻於虚伪之繁荣"。但何廉认为"购银法案"的实施，"遂造成国外金贱银贵，中国金贵银贱的现象"，其结果是中国以金价偿付大量"入超"，导致 1933 年中国银货出超高达二千万元之巨，并加剧银货外流，银根紧缩，物价下落，生产停顿，金融呆滞，工商不振，失业递加。③ 由于中国受国际经济政策及外汇支配，货币主权难以自主，币制不完善，难以抵御外来风波之侵扰。对于时人建议的"征收生银出口税"和"禁银出口"两个应付方案，何廉认为只能治标，难以治本。从"保存中国现在必需内银数量"来看，"亦允宜采而行之，以为补牢不可破之计"。但两项方案的实施，同样困难重重。其中"禁银出口"，必然会使中美银价差额继续扩大，汇价方面美涨中跌，现银私运难以禁止。至于"征收生银出口税"，因银价上涨继续，难以确定税额标准，投机商一样可从中渔利，而外商银行序存现银的封存外卖，我国由于治外法权尚未收回而无权干涉。因此，何廉认为治本关键在于从币制着手，但他认为采取金本位改革币制"无论不可能，即曰能之，亦不敢担保其对一般货物购买力之永久稳妥"。④ 而且"金之本身价值，如不加以管理，则其害较银尤烈，与其以暴制暴，何若仍银本位之旧贯，而加以管理"。对于"统一银本位"之主张，他又认为"对当前问题，不能人有补禅益"。他认为"惟有采行管理银币制之一法"方为治本之策宵选，以达"维持物价之平衡"。"采

---

① 何廉：《银价问题与中国》，载《独立评论》，2～3 页，1933（92）。
② 同①。
③ 同①，7 页。
④ 同①，8 页。

用此法，使国币本身有其价值，对外亦不受投机者之操纵，对内复得物价相当之安定"。但管理银币制必须政治组织健全，经济政策树立，这在当前之中国，难有保证，且目前"财政困难濒于极点，预算不敷，月有短亏，使得操管理币制之权，则无法支应之时，行将出于发钞票，流弊亦不可胜言"。但"两法相较取其长，两害相侵取其轻"，管理银币制只要能够取长避短，依然为可行之策。但对于管理银币制具体方案，遗憾的是何廉却并没有论及。从中不难看出，何廉在"法币制度"问题上看不出其是金本位的积极倡导者，却是银币制管理的积极维护者。

最终，"法币政策"的实施，得到了南开经济学人的支持与建议。何廉认为此次币制改革脱胎于 1929 年甘末尔起草设计的《金全位币制草案及理由书》（又称"甘氏计划"），"此次币制改革，促使货币统一，币值趋于稳定，国民经济能力因之加增，不特国人蒙益，而对外购买力之增强，尤与友帮各国有利"。法令虽然明确规定中央、中国、交通三银行发行法币，并无限制购傅外汇，以维持稳定的对外汇价。但何廉仍提请国民政府避免通货膨胀，强调"夫国家经济之所总，不在物价之过高过低，而在物价之时高时低，变幻莫测。物价不定，则营工商业者，无从定其营业政策，营亏不能预卜；若有稳定之物价，则成本与售价皆可预计，故通货管理能直接免除工商业不可预测之危险，即间接助长经济之繁荣"，何廉建议国民政府币制改革后，应实行"有限制的通货膨胀"，他认为通货管理制度采用于长期紧缩之后，则其始必为通货膨胀，反是则必以紧缩开始。我国自 1931 年起，迄今已有四年余通货紧缩，遂致物价惨落，贸易衰退，工商不景。"工商各业停工歇业者接踵相接，紧缩程度之深至斯已极，经济衰落之象，莫此为甚"。财政部丁若此时实行通货管理而为有限制的通货膨胀，实足以刺激工商之向荣，自图弊少利多"[1] 他断言"如不为过此限度之膨胀，即以增发之法币为繁荣工商业之用，则为绝对的有利"[2]。

何廉认为通货管理是稳定币值，繁荣工商业的关键，政府举措要极为谨慎，

---

[1] 何廉：《中国通货管理的几个重要问题》，载《文化建设月刊》，30 页，1936 年第 2 卷第 3 期。

[2] 同[1]。

他提请政府注意三个问题：一是健全通货管理组织（中央银行改为中央准备银行票，发行钞票；中国银行经营国际汇兑；交通银行致力于国内企业发展等），二是明确外汇管理方式（国外汇兑控制），三是规定通货管理标准（增减通货流通数量），绝不能把通货管理作为补救财政的工具而步德国马克发行之后尘。除此之外，何廉还特别强调币制改革后省钞、辅币整理问题，"尤望政府能对此速谋彻底解决之方，庶足奠我国币制于健全牢固之基础也"。[①]

（四）思想背景与评价

1935 年 11 月 3 日，在英、美两国政府的支持下，国民政府在全国范围内全面推行法币制度，使中国货币从此彻底与白银脱钩。金融与财政是政府经济核心与关键，是国家经济命脉，关乎人民群众正常生活，影响工商业发展与国际贸易，维系国家根基。国民政府 1927 年政权新建以来，先后出台系列政策、法令，采取种种措施和办法试图改进国内经济现状。在国民政府出台这些政策、法令的台前幕后，以何廉为代表的一批经济学家活跃期间，他们从事货币金融理论研究，而且参政议政，为稳定货币金融秩序，平衡财政收支，发展对外贸易等建言献策，作出了积极贡献。

三、关于农村金融建设的思想

（一）思想背景和内容

1937 年 8 月，何廉接替陈振先担任农本局总经理。在此之前，何廉曾任南开大学经济研究所所长和华北农村建设协进会主席，从事过东北移民、华北乡村经济、乡村工业和地方行政等问题的研究，对中国农村金融枯竭问题有着深刻的认识；同时他还兼任军事委员会的农产调整委员会主任和经济部次长，拥有丰富的行政资源，他的到来为农本局的发展翻开了新的一页。

[①] 何廉：《财政部币值改革后之经过及今后急待解决之问题》，载《时事月报》，28 页，1936 （19）。

在呈交给孔祥熙（农本局理事长）和翁文灏（经济部长）的《农本局业务计划》中，何廉提出农村金融不仅限于资金的供给，还要与技术和组织相结合的发展构想：

"以农本局本身为推行农业金融制度之基层组织，为其业务之中心方针……农业调整处以增加农业生产，并调整其产品为其业务之中心方针……惟此两大中心方针，欲图推行顺利，尤须旁求助力：第一，须与农业技术合作，俾金融借技术之基础，农事克以进展；第二，须与农业组织沟通，使经济以组织为先导，农民得其实惠……徒借金融之力，犹难为功，若无农业技术为之基础，生产难期进于现代化之境；若无组织为之先导，技术不易深入于农民之间。"

上任之后，何廉立即着手从机构、人员和业务规范三个主要方面对农本局进行了调整①。

首先，何廉将原来的农产、农贷两处合并为业务处，下设金库及仓库两科，邀请原中国银行上海分行副经理蔡承新担任农本局协理兼业务处长；新设立了合作指导室，接收原实业部合作司负责合作贷款的业务人员，由章元善任主任；将同属于自己治下的农产调整委员会改组为农业调整处，并入农本局，从其由军事委员会专款拨付的三千万元资金中，拨出一千万股本成立福生庄，专营花纱布购销业务，另外二千万元与合作金库的工作相结合，主要用于水利贷款、农产运销和农业经济作物生产贷款，直接贷给合作社或农协；同时他还组织隶属于经济部的中央农业试验所技术人员前往各地推广育种成果和为农本局工作人员开设业务培训课程。通过这一系列的调整，农本局的资金和行政能力均有了明显的增强。

其次，针对自身业务人员不足的问题，农本局在武汉和长沙建立了招收站，大量招收因抗战而从沿海地区流入内地的大学毕业生，随后又在重庆、贵阳、桂林等地，分别招考从业人员，同时函请各大学保送农林经济专业学生。1938年2月，农本局又在重庆设立了农村合作训练班，借助中央农业试

---

① 关永强：《民国时期的农村金融体系建设》，2009年，20世纪中国农村金融变迁研讨会，天津，会议论文。

验所的技术人员专门培训大学毕业生，培训期一个月到三个月不等，讲授会计、业务、合作、农业信用等业务和介绍急救、卫生和保健方法。经过培训的学生被派往各地合作金库实习，合格后推荐给各库理事会任用。这使得农本局职工的平均年龄降低到刚过三十岁，提高了行政管理人员和技术人员的专业能力，而且它们彼此之间同吃同住，十分友好亲切；各县合作金库工作人员，一般只有四人左右，工作效率是相当高的。

为了避免农民贷款不用于生产的问题，农本局合作金库对贷款用途、对象和额度的审批也有着严格的要求，贷款对象"必须为组织健全之合作社，贷出之款，必使其真正入于农民之手，贷款必用于生产及正当之途……贷款以前必先调查，并订立最高额信用评定表，就合作社社员之生产能力及经济状况以为准驳……事后复抽查借款数额及其用途，是否与申请时相符，以免豪强从中舞弊"①。贷款用途限定为：（1）购买种子、肥料、饲料、纳税、人工及经营小买卖之资本等，借款期限为十个月；（2）购买牲畜、较大农具及清偿小额借款等业务，借款期限延至两年；（3）赎田、改良土地及建筑房屋等用途，借款期限得延长至三年②。贷款额度"依合作社成立年限，每人每年平均贷款自 20 元起，每年增加 10 元，以增至 60 元为最高限额；社员每人借款最高额，以不超过每年平均额之二倍为原则；每一合作社贷款总额，以社员每年每人平均贷款额之总数为限"③。在贷款时，金库还附带发给农民简单的小册子以及标语口号，说明贷款用于生产就能够偿还，用于非生产用途就会债台高筑。④

经过这一系列的调整和规范化之后，农本局的合作金库业务有了较大的扩张。1938 年，农本局以四川、广西、广东、贵州、云南、湖南、陕西等省为中心区，甘肃、河南、湖北、江西、福建、安徽、宁夏等省外围区，沿交通线推进，逐渐深入偏僻地区，全年共新建县（市）合作金库 68 个，另有筹

---

① 南开大学中国社会史研究中心：《中华民国二十七年农本局业务报告》，摘自《近代农业调查资料》，20 页，凤凰出版社，2014。

② 同①，23 页。

③ 叶谦吉、张延凤：《合作金库之辅导与监督》，42 页，全国图书馆文献缩微中心，2011。

④ 同③，15～16 页。

备中 9 库。1939 年，合作金库的辅设逐渐深入偏僻闭塞区域，同时向临近战争区域挺进，共设立新库 52 个，另有筹备中的 47 库。

表 1　　　　1938—1940 年农本局辅导设立县（市）合作金库数量分布

年份＼省别	四川	贵州	广西	湖南	湖北	陕西	西康	云南	浙江	合计
1938	22	16	17	11	2					68
1939	8	13	8	1	10	3	9			52
1940	13	10	7	1	1	6		6	3	47

资料来源：民国 27 年、28 年、29 年《农本局业务报告》。

在合作金库的辅设过程中，农本局很注意与地方政府的合作和对农民的培训。为弥补资金的不足和获得地方政府的支持，各地合作金库尽可能邀请当地政府及银行共同投资购买提倡股，还积极商请地方政府的行政长官担任金库的监事、理事之职。由于农民十分贫困，各地合作社和联合社所认购的金库股本仅占全部股本的 0.69%（农本局则认购了全部股本的 88.78%，其他由地方政府和机关银行认购）[1]，为了实现合作金库民有民办的长期目标，农本局每年均派员下乡逐社调查和宣传，计算当年应增认金库股金数额，征求社员认购合作股本，同时从业务区合作社职员中，轮流选送来库见习，教授业务经营方法，以备将来合作社将金库收回自营之用。

表 2　　　　　　　1937—1940 年农本局合作金库放款存款情况

年份	农本局合作金库总数	各库年末放款结余（元）	各库年末存款结余（元）
1937	14（其中仅 9 库未沦陷）	671836.24	尚未正式开展
1938	76	4076019.79	14719774
1939	128	10306676.41	1618427.10
1940	175	24540142.47	2896135.54

资料来源：民国 27 年、28 年、29 年《农本局业务报告》。

合作金库的贷款总量从 1937—1938 年增加了五倍以上，1939 年又较 1938

---

[1]　国民政府农本局：《农本局业务报告》，1938，1939，1940。

年扩大了 1.5 倍。除了一般性农贷之外，农本局尤其注意农贷与农业技术推广之间的配合，他们从四川省农业改进所购买种子，以贷款的方式分配给川中盆地六县推广改良棉种；与金陵大学农学院在江津合作试办柑桔储藏运销；与陕西农业改进所合办陕南马铃薯良种繁殖；与四川省烟叶改良场合作在什邡、新都等县改进烟叶；在合川试办改良猪种；与四川家畜保育所合作在北碚三峡等地试办家畜保险；以及经营金堂、德阳的甘蔗，遂宁、三台等地的棉花和射洪的蚕丝运销等。在农本局的带动下，1938—1940 年间由现代农业金融组织发放的贷款占农村金融总量的比重上升到了 30% 左右①，与前述 1934 年的情况相比，一个新式农村金融的体系已经逐渐形成了。时任重庆办事处主任周有光后来就曾回忆到"以前农本局的工作做得不错……通过金融帮助地主、农民维持农业、棉花生产。所以抗战八年，后方没有粮荒、没有棉花荒"②。

一直以来尚付阙如的存款业务，也在农本局合作金库发展了起来，何廉特别规定在各农本局合作金库的定期存款自 10 元起可以开户，活期 5 元开户，小额及合作社存款 1 元即可开户，而且不限于合作社社员，从而吸纳了大量农村剩余资金，在 1939 年之后，存款结余总额已经达到 160 多万元，这表明了农本局合作金库赢得了农民的信任，既增加了金库贷放资金的来源，又减低了资金成本从而降低了农民利息负担，还可培养农民自集资金的习惯，可谓一举多得。

此外，各金库还尝试开展了农村汇兑业务，至 1940 年 10 月底，各库共汇出汇款 8343552.59 元，汇入汇款 9175212.37 元。在农本局未设农业仓库而有合作金库的地区，合作金库还兼任农产运销业务；金库也还与农业调整处合作办理水利、农产运销和经济作物生产贷款，将福生庄的原棉分配给川黔两省的农户纺纱，再运到重庆销售，等等③。通过这些工作，合作金库扩展了

---

① 第二历史档案馆：《中华民国史档案资料汇编》第 5 辑《财政经济（八）》，594 页，南京，江苏古籍出版社，1997。

② 李怀宇：《周有光：与时俱进文章里，百年风云笑谈中》，载《南方都市报》，2005-12-08。

③ 国民政府农本局：《农本局业务报告》，1938，1939，1940。

自身的业务范围和社会影响，也增加了收入，提高了业务水平。

1941年2月，何廉被突然撤销了职务，由穆藕初继任农本局总经理①，合作金库业务和机构人员全部移交中国农民银行。次年9月，实行四行业务的专业化，农贷业务全部由中国农民银行接收，中国农民银行成为全国唯一的农业金融机构。

（二）时人评价

首先，农本局合作金库贯彻了何廉提出的农村金融与技术和组织相结合的发展构想。农本局合作金库的辅导设立和业务开展始终注意与农本局的其他机关及地方政府机构保持紧密合作，农业贷款也往往和农业技术改良挂钩，这一点和同时代共产党革命根据地的农贷也有着相似之处。在共产党的根据地中，单纯的农村信用合作社仅占很小的比例，而大部分的合作社是以共同生产、消费和运输来组织的；农贷也较少由政府和银行直接发放，而主要是通过银行与地方政府、合作社联合组织的形式来进行。这说明，农业金融只是整个农村发展中的一个子问题，它的解决有赖于相关政策、技术和组织的协调配合，而不是单纯放款可以解决的。

其次，农本局合作金库的长期目标不仅是进行农业放款，而是要建立属于农民自己的、由农民自营自享的信用合作体系，这还包括存款、认购股本和产业投资等，虽然在当时没有来得及实现，但是这种思路是很值得我们深入思考和借鉴的。

最后，农本局注重人员的专业化和业务的规范化，高水平的专业人员和严格的规章制度是保障合作金库各项业务能够顺利推行的前提。

（赵劲松）

参考文献

［1］何廉著，朱佑慈等译：《何廉回忆录》，北京，中国文史出版

---

① 1942年11月，穆藕初也被突然撤职，农本局改组为花纱布管理局，隶属财政部。

社，1988。

［2］《南开大学经济学院史》，天津，南开大学经济学院印行，1933。

［3］黄肇兴、王文钧：《何廉与南开大学经济研究所》，《文史资料选辑》
总第 102 辑，北京，文史资料出版社，1986。

［4］唐庆增：《中国经济思想史》（上卷），上海，商务印书馆，1936。

［5］刘佛丁、王玉茹：《南开经济学科的奠基人何廉、方显廷》，载《经
济学家茶座》2004（2）。

第十五章
李权时金融思想学说概要

李权时（1895—1982），字雨生，浙江镇海大碶漕头村人。曾就读灵山书院，20 岁入读清华大学，1918 年毕业后赴美留学，获芝加哥、哥伦比亚大学等三所大学学士、经济学硕士、财政学方向博士学位，年仅 27 岁。1922 年辞去重聘返国，历任上海商科大学、大夏大学、复旦大学、中国公学、暨南大学、交通大学、国立劳动大学等学校的教授，还曾担任复旦大学商学院院长、经济系主任、中国经济学社理论刊物《经济学季刊》总编辑，上海银行工会主办的《银行周报》社经理兼编辑。

从 1927 年开始，李权时陆续把自己的讲义和研究撰写成书，这些著作中，早期有很大一部分应该算作教科书，比较有影响的有《经济学原理》、《经济学 ABC》、《财政学 ABC》等等。

抗日战争爆发后，赴港募集抗日经费。1950 年返沪，1956 年受聘于东北人民大学（吉林大学），致力于培养年轻教师。李权时一生著述丰富，对经济学研究与青年教师培养颇致心力，撰写出版了《财政学原理》、《经济学新论》、《中国经济史概要》等二三十部专著，被后人视为"国宝"。以下是其代表性作品：

1.《财政学原理》商务印书馆民国二十年初版

李权时精心撰写的《财政学原理》，1931 年出版，可看作当时国内财政理论研究的高峰作品之一。

2.《经济学原理》上海东南书局民国十八年初版

3.《李权时经济论文集》上海东南书局民国十八年

4.《李权时经济财政论文集》商务印书馆民国二十年

5.《中国经济史概要》中国联合出版公司民国三十三年

他在我国的经济学研究方面作出了很多开创性的贡献，为经济学的发展奠定了一定基础，终生从事教育工作，为我国培养了很多经济方面的人才。

一、银价暴跌的边际效用解释说

（一）用边际效用与供需定律来解释银价暴跌现象

在《从银价暴落说到币制建设》一文中，李教授首先指出科学法则有自然科学法则与社会科学法则之分，而价值的现象多属于心理或社会或人事，所以上海乃至全世界金贵银贱的现象是必须用社会科学法则来解释和补救的。这个社会科学法则就是经济学上所说的"边际效用律"（原文为：界限效用律）或供给需求定律。他进行了如下阐述，"大概供给增，则一物的界限效用低，而其价值落；需要增，则一物的界限效用高，而其价值涨；供给增加的速度比需要增加的速度快，则一物的界限效用低而价值落；供给减少的速度比需要减少的速度快，则一物的界限效用高，而其价值涨；反之，供给减少的速度比需要减少的速度慢，则一物的界限效用低，而其价值落；供给大增，而需要反大跌，则一物的界限效用必大跌而特跌，而其价值亦必大落而特落。反之，供给大减，而需要反大增，则一物的界限效用必大升而特升，而其价值亦必大涨而特涨。"[①]

在阐述了"边际效用律"的基本原理之后，李教授根据这一基本法则从六个方面来分析当时金贵银贱风潮的真正原因：（一）当时黄金的需求远超过其供给；（二）白银的供给远超过其需求；（三）当时金的需求远超过银的需

---

① 李权时：《李权时经济财政论文集》，168～217 页，上海，商务印书馆，1930。

求；（四）当时银的需求远比不上金的需求；（五）当时银的供给远超过金的供给；（六）当时金的供给远不如银的供给。由上述可见，当时银相对于金而言，供给远远过剩，而需求却远远不足，则银的边际效用降低，价格急剧下落；而金的供给不足，需求过剩，因此导致了金贵银贱的局面。

由上述可见，当时银相对于金而言，供给远远过剩，而需求却远远不足，则银的边际效用降低，价格急剧下落；而金的供给不足，需求过剩，因此导致了金贵银贱的局面。

（二）银价暴跌与边际效用说提出的背景

李权时的这一理论是在金贵银贱的国际大背景下提出的。从 19 世纪后半期起，银价开始逐渐低落，金银比价的差距日益拉大。第一次世界大战期间及稍后一段时期，一些国家整顿币制，增加银辅币等，所以银价一度回升，1919 年金银比价升至 16.38，1920 年更为 15.17，恢复到 1871 年以前的水平。[①] 从 1929 年起，资本主义国家爆发经济大危机，国际市场上银价急剧下跌，黄金对白银的比值达到了空前高峰。1929 年底伦敦银价突然暴跌，降至 15 ~ 16 便士，与 1920 年的 89.5 便士的市价相比，相差达 5 ~ 6 倍，金银比价则为 1 比 60。这时我国上海的标金、外汇并皆飞涨，标金价格由 1929 年底的 300 多两，到 1930 年 1 月猛涨到 490 余两，此后逐月上涨，到 1931 年 6 月竟突破 800 两大关，金银比价达 1:72.91，金贵银贱达到了最高峰。[②]

而中国作为当时世界上唯一的银本位国家，金贵银贱对中国的经济和社会各个方面都造成了严重的影响。首先，金贵银贱风潮使当时中国国家财政受到冲击，财政支出愈加膨胀。其次，金贵银贱风潮造成本国资本改向证券投资和国内黄金外流，并且便利帝国主义对中国的资本输出。当 1930 年金价上涨、银价暴落时，国内军阀、官僚、地主和买办阶级惟恐银价贬落没有止境，其资本和财产将随银价下跌而日益减少，纷纷将银元或白银存入外国银

[①] 萧清：《中国近代货币金融史简编》，太原，山西人民出版社，1987。

[②] 闫东玲：《1930—1931 年金贵银贱风潮对中国经济和社会的影响》，载《株洲师范高等专科学校学报》，2006。

行，购买外国股票或金币债券。第三，使中国对外贸易的逆差增大，不等价交换进一步扩大。另外，中国民族工业也遭到重创，国内物价上涨，各阶级、各阶层之间的收入分配发生重大的变化，严重影响到广大的中国劳动人民的利益。

（三）银价暴跌与边际效用说的意义和影响

总之，此次金贵银贱风潮曾造成中国财富的巨大损失，促使国内各阶级、各阶层之间的收入分配发生重大的变化，受影响最大的是广大的中国劳动人民，他们不但担负了国民党政府因偿付外债本息而增收的捐税，并且承受了银价下跌物价上涨所引起的恶果。巨额财富则被帝国主义者所攫取。

针对此种局面，李教授基于经济学的供需基本定律对此次金贵银贱风潮的真正原因进行了详尽的分析，并结合了当时的现实和实际情况，通俗易懂但合情合理，准确把握了现象背后的本质，从而能够为如何应付此次风潮理清思路，提供一些线索和着眼点。

二、货币价值说

（一）货币的价值就是货物的价格的反面

李权时在《货币购买力理论》一文中认为，货币的价值就是一个本位币或一个通行无阻的交易中介对于其他非货币的财物或货物的一种交换或购买的力量和比率，简单地来说，货币的价值就是货物的价格的反面。[①]

李权时在介绍了货币的定义的基础上，来探讨货币的价值或购买力的含义。什么叫做货币的价值呢？他认为，简单地来说，货币的价值就是货物的价格的反面，因为价格就是用货币去表现的一种经济商品的价值，换句话说，

---

① 李权时：《李权时经济财政论文集》，120～121 页，上海，商务印书馆，1930。

价格就是一种非货币的经济商品对于一种叫做货币的经济商品的一种质的方面的换取或购买力量和一种量的方面的换取或购买比率或数量。假如一件大衣卖三十六元国币，那么国币三十六元，就是一件大衣的价格，也就是一件大衣能够换取或购买三十六元国币的质的价值或力量，也就是它能够换取或购买三十六元的量的价值或比率。反过来说，就是一元国币质的价值和量的价值是三十六分之一件大衣，所以货币的价值就是货物的价格的反面。

（二）货币价值说提出的背景

20 世纪 30 年代前的一段时期里，中国货币一直处于混乱状态[①]。近代中国一直到南京国民政府时期，都是银两、银元、纸币并行，发行权散落在地方和民间；每一种货币都形式多样，表现出明显的区域性特征，中央政府发行的货币也只是各种货币中的一种，并不具有唯一性；还有随贸易而流入的各种外国货币，以及外资银行在华发行的货币，也广泛流通于中国。从根本上说，近代中国的货币发行和流通一直处于放任自流的状态，既无本位可言，更谈不上有什么货币制度。

（三）货币价值说的意义和影响

近代中国无本位的混乱的货币状况，对当时的社会经济造成了种种危害。首先，其强化了银两的货币地位而延缓了中国货币的近代化进程；各地货币间复杂的兑换关系及洋厘行市的存在，也严重阻碍了商品经济的发展；货币发行缺乏有效控制，经常引发通货膨胀。李教授在中国货币紊乱的背景下，提出货币的价值就是货物的价格的反面，并用简单而具体的实例加以说明，对货币的真正价值进行了探讨和定义，以揭开货币的神秘面纱，为混乱的货币制度的梳理提供一定的思路和指导。

（唐丽森　缪明杨）

---

① 贺水金：《论 20 世纪 30 年代前中国币制紊乱的特征与弊端》，载《史林》，1998（4）。

参考文献

［1］李权时：《李权时经济财政论文集》，上海，商务印书馆，1930。

［2］萧清：《中国近代货币金融史简编》，太原，山西人民出版社，1987。

［3］闫东玲：《1930—1931 年金贵银贱风潮对中国经济和社会的影响》，载《株洲师范高等专科学校学报》，2006。

［4］贺水金：《1927—1952 年中国金融与财政问题研究》，上海，上海社会科学院出版社，2009。

［5］贺水金：《论 20 世纪 30 年代前中国币制紊乱的特征与弊端》，载《史林》，1998（4）。

第十六章
杨荫溥金融思想学说概要

杨荫溥（1898—1966），字石湖，江苏无锡人。1920年毕业于清华学校，其后留学美国，1923年获美国芝加哥西北大学经济学硕士学位。1925年回国后受聘于上海光华大学，先后担任中央大学商学院教授、工商管理系主任、代院长，重庆大学商学院教授、浙江兴业银行南京分行经理、驻瑞士日内瓦国际联盟"中国国联代表团"经济专员等职。新中国成立后，杨荫溥历任交通大学、上海财经学院教授，上海社会科学院研究员等。著有《中国金融研究》、《中国金融论》、《上海金融组织概要》、《中国交易所论》、《经济新闻阅读法》、《各国币制》等著作。

一、不兑现纸币制度论

（一）该理论的核心：中央集中货币发行权和放弃银本位制度

杨荫溥认为，我国银价受美国白银政策的影响"扶摇直上，一日千里"，国内银价不断上涨，外币汇价不断下降，这使得"国货价落，而不景气遂弥漫于本国产业界"①。外币贬值使得外货价格相对降低，于是外国货品称霸国

---

① 杨荫溥：《银潮中吾国纸币现状及其应变政策》，载《申报月刊》，第3卷，第11号，1934。

内市场，造成国内产业衰落，入超增加，外汇失去平衡，国内白银陆续出口。为了减少白银流出，保持本国白银存量，政府开始征收银税。银税包括定率的银出口税和没有定率的平衡税。征收银税使银出口基本无利可图，并且有损失运输、保险、装箱等费用的风险。在杨荫溥看来，要保证白银为我国所有，绝非单独征收银税能奏效的。在贸易失衡、入超不断增加的情形下，想要完全阻止白银出口基本上是不可能的，即使能够完全阻止白银出口，能否真正保持现存白银也是一个问题。因为外市平市委员会为了平衡价格也会将白银出口的，以后中央银行集中出口白银和以往中外各银行个别出口白银是没有区别的。因此他认为我国集中发行货币并停征银税是解决白银外流和我国货币政策的关键所在。而且币制改革有利于消除社会恐慌心理，维持金融稳定，刺激国内生产，发展国际贸易。

杨荫溥认为，我国纸币状况繁杂。按照纸币发行机关的不同，他将我国纸币分为私票、各省市钞、外钞和本国银行券四个类别，并指出"私票之弊在于杂，虽杂而尚易着手；省市票之弊在于滥，因滥遂不易收拾；外钞势力渐衰，是已非腹心之巨患；而本国银行券流通日广，颇已成问题之中心。"[①]因此在常态下，我国纸币进行整理时，私币必须加以取缔，省市钞必须加以整理，而最重要的是应该集中本国银行的发行权。同时，在纸币集中发行过程中需要充分解决好两个问题：一是集中兑换券信用维持问题，二是集中后券商是否有保障问题。

当银潮波及我国时，政府虽采取了银税为抵御补救的措施，但却无从阻止白银外流。其结果是在此期间内，白银不是由中央银行随时运出国外，就是由本国金融界逐渐移入外国库存，"两者途殊而效同"。在此情况下，只有采取积极的纸币政策才能应对。而积极的纸币政策是什么，杨荫溥认为"唯有实行纸币之停止兑现"为积极的纸币政策，即只有实行纸币停兑才能够统制国际贸易，统制国际贸易才能够减少贸易入超，而只有减少贸易入超才能够保证白银为我国所有。纸币停止兑现，在我国即为停止银本位。此后不论

---

① 杨荫溥：《银潮中吾国纸币现状及其应变政策》，载《申报月刊》，第3卷，第11号，1934。

对内还是对外，一律采用此种不兑换纸币为交易上的唯一媒介物，禁止使用现银进口商品。若外商愿意继续与我国贸易，则他们以货物换取我国不兑现的纸币，该纸币可以用来在我国暂时投资，亦可以在我国购买货物。在此情形下，外商的积极性必然受到限制，外货输入减少而我国货物出口增加，这样即使入超问题不能马上得到解决，也能逐渐减少，从而保持我国现有的白银。并且他认为实行这种政策不会导致通货膨胀，二者之间并无必然联系，关键之处是控制纸币数量，"准备增加，纸币始能增加；所发纸币，虽经停兑，而纸币兑现之能力，依然未减"①。至于实施办法，"由发行各银行合租公库可；或竟暂维现状，仍由各行分发，而仅以公开检查，随时布告为取信国人之途径，似亦无不可也。"②

（二）该理论提出的时代背景

货币本位是中国近代经济中的一个十分重要的问题。从 20 世纪初学者们就已开始研究讨论中国货币本位问题并提出了一些解决方案。当时世界各国改革的趋势均是放弃银本位制，实行金本位制。到 1930 年，全世界只有三个用银国家，即墨西哥、西班牙、中国。而在 1929—1933 年世界经济危机期间，中国内受货币流通紊乱之害，全国经济衰落，外受美国白银政策的影响，货币濒于崩溃的边缘，货币危机加深。因此，学术界围绕中国本土货币本位问题的讨论达到高潮，包括杨荫溥在内的不少经济学家都先后发表了意见。杨荫溥表达了自己对当时中国货币制度改革的看法和建议，提出了建立不兑换纸币制度，使纸币与白银不再挂钩，认为唯有禁止现银进口商品，才能保存我国的白银，才能摆脱世界经济危机对中国的影响，并认为"禁止现银进口，虽不能维持世界之银市，而确可以维持吾国之汇市"，否则，"反以维持世界银价自任者，实为自杀之政策也"。

---

① 杨荫溥：《中国金融研究》，商务印书馆，308 页，1936。
② 杨荫溥：《银潮中吾国纸币现状及其应变政策》，载《申报月刊》，第 3 卷，第 11 号，1934。

（三） 该理论的价值及其影响

我国20世纪30年代在继承和发展以前的有关币制观点后形成了金属本位制度、货物本位制度、纸币流通制度三大类币制观点，在理论上更为完善。杨荫溥在我国贸易入超不断加大，白银不断外流和国内货币制度混乱的情况下提出由中央集中发行货币，并停止兑换，使之与白银不再挂钩的不兑现货币制，其目的是统一我国流通的货币并减少白银外流以此解决当时的货币危机。该制度属于纸币流通制度的一种。杨荫溥的不兑换币制观点虽为一些学者所接受，但也有一些学者持怀疑和否定态度。如周宪文在分析法币政策时列举了五个危险因素，即不兑现纸币制度可能引起物价上涨、进口激增、外资势力扩大、资金外逃和激化国际货币战。他认为即使不发生上述后果，法币政策究竟能否收到实效，还要看政府的行为和国际环境的变化，"政府万一借此机会，实行通货膨胀，则其前途将不堪设想"[①]。然而不可否认，杨荫溥对世界经济发展趋势中我国银本位之货币制度处于十分不利的地位有清楚的认识，主张货币由中央集中发行且不兑换也能够在一定程度上解决中国货币混乱和白银外流的问题。1935年11月国民党政府公布实行了法币政策证明杨荫溥的理论有一定适用性。但法币的发行最终也陷于恶性膨胀的歧途，这是杨荫博所没有预料到、也不愿看到的后果。

不兑换货币制度论同20世纪30年代的其他币制理论一样是中国半殖民地半封建程度日益加深的历史产物，其理论主张的出发点是为了使中国摆脱帝国主义国家的经济侵略和控制，因而具有爱国主义的倾向。"但该方案和其他方案一样低估了中国实行独立币制的困难，这就决定了这些方案无法真正实施"[②]。

---

① 周宪文：《中国新币制之检讨》，载《新中华》，第3卷，第22期（1935年11月）。

② 钟祥财：《三十年代我国币制理论述评》，载《中国钱币》，1992（1）。

二、中国金融市场特点说

（一）该理论的核心：中国金融市场的特点

杨荫溥认为中国的金融市场与世界其他金融市场不同。无论是伦敦、纽约还是其他市场必有统一的货币，银行必有统一的制度，因此这些国家的金融市场是有系统、有条理的组织。而我国金融市场则不然，无论是上海、天津还是汉口，数十年来都无适度管理而任其自由发展。"加以地处租界，处处仰外人鼻息。而金融枢纽之控制操纵，遂绝难决其重心之所在。"① 因此我国金融市场有自身独特的特点。

（1）币制不统一。币制的不统一在我国为不可掩盖的事实。就本位币而言，有银两、银洋，二者可相互折换；就辅币而言，则有大洋、小角、铜元等，相互之间也可兑换；纸币则更无系统和条理。我国的"两元之并用"、"辅币之紊乱"和"纸币之复杂"是为外国不多见的，并使中国金融市场更加复杂。因此，杨荫溥提出了自己对这些状况的整改建议。就币制而言，他认为"金融为全国之命脉，币制为金融之枢纽，在不统一之币制下，是否能造成完全统一之国家。为整个币制计，为整个金融计，为整个国家计，亟应废两改元"②，而且废两改元还有助于安定物价，维护公众福利，促进工商业发展。就纸币而言，他认为"非解决纸币问题，不足以言统制货币；非解决纸币问题，更不足以言改革币制。事实上在纸币问题未有解决之前，确似不足言任何货币政策。"③ 并且根据当时中国的特殊性只有由中央集中发行纸币。就辅币而言，杨荫溥认为铸造权不统一是造成辅币紊乱的主要原因，应该统一辅币制度，实行统一辅币并妥善解决新辅币制度下的兑换问题、收旧问题

① 杨荫溥：《中国金融市场总说》，载《半个世纪的求索——上海社会科学院经济研究所建所 50 周年论文选》（第 1 卷），上海社会科学院出版社，2006。

② 杨荫溥：《废两改元问题》，载《中国金融研究》，40 页，商务印书馆，1936。

③ 杨荫溥：《吾国纸币问题与公库制》，《中国金融研究》，40 页，

等。

（2）金融界无系统。杨荫溥认为欧美各市场的金融界各有其系统、条理和组织。如伦敦市场有英兰银行控御全局，纽约市场有联合准备银行加以节制，法、德等国亦各有自身有规划的银行制度调剂、控制其金融市场。"故于平时，有措施裕如之效；遇意外，有通盘筹画（划），最后救济之方。"[1] 而我国的金融界则有很大的差异，主要表现在三方面：①中央银行地位尚未巩固。他认为我国向来实际上无中央银行，也没有所谓的银行制度。中、交两行虽有发行纸币的特权，但同时有不下数十家的中外各银行有同样的权利；而管理国库、国家大宗收入和关、盐两税的保管权仍有一部分在外国银行的手中。中、交两行更是没有发挥调剂市场、操纵利率等中央银行应有的功能。②"内国银钱两业之不能合作"。他认为中国国内银行界和钱庄业因本身利害的关系不能通力合作，因此我国内国金融界遂有两大"巨头"同时并存[2]。③外国银行把持我国金融市场。"各地外行，成立极早，恃其雄厚之资本，完备之组织，乘内国金融界尚在萌芽幼稚之时，起而攫得全埠金融界无上之势力，俨然为盟主者数十年。"[3] 杨荫溥提出了自己对银行改革的建议。他认为银行主要可分为政府银行与一般银行两大类，两者应划分不同的权限和经营范围。为此，政府在维护国家银行主导地位的同时，应制定辅助一般银行发展的政策，"至一般银行本身之是否能适应环境，努力向正当途径推进，不因循，不苟安，不图畸形之发展，不蹈投机之故辙，更与银行本身之未来发展，有最密切之关系。"[4] 他这里所告诫的几点，实际上是银行界存在的弊端，也是在发展过程中应该避免的问题。

（3）租界区域的存在。各国金融市场都由本国政府统辖，而我国各重要金融市场都集中于租界区域内，因有治外法权的存在，我国政府法令不能管

---

[1]　杨荫溥：《中国金融市场总说》，载《半个世纪的求索——上海社会科学院经济研究所建所50周年论文选》（第1卷），上海社会科学院出版社，2006。

[2]　作者指的是"内国"银行，不包括外国银行。——编者注

[3]　杨荫溥：《中国金融市场总说》，载《半个世纪的求索——上海社会科学院经济研究所建所50周年论文选》（第1卷），2页，上海社会科学院出版社，2006。

[4]　杨荫溥：《我国之银行》，《中国金融研究》，116页，商务印书馆1936年版。

辖。有租界的庇护容易导致不正当投机等捣乱金融市场的事件产生。"即外国金融界之所以能厚树势力，亦何莫非恃租界为庇护发展地。故租界区域之存在，为吾国金融市场之一大特点。"①

（4）外部因素影响中国金融。关于外部影响中国市场金融的因素，杨荫博把着重点放在白银问题上。他分析了美国白银政策对我国的不利影响。在金融方面，由于白银外流，加剧了国内银荒。"建造于现银基础上之金融制度，必将首感困难。银货外流，银底锐减，发行准备，受其限制；于是于硬币已缺乏之情况下，更益以纸币之无法增加；通货不敷、信用紧缩、逆为其无法避免之结果。"在产业方面，由于银价高涨引起物价跌落，"已濒破产之农业，既无复兴之望，日就衰落之工业，更有崩溃之虞"。在外贸方面，"在银价续涨之情况下，吾国入超。益将增加，有不可避免之势。入超益增、对内则产业将益见衰落。对外则国际经济地位将盖见不利，而国际收支，因此更将失其平衡。尤有强迫现银出口之倾向。"②

（二）该理论提出的时代背景

20 世纪 30 年代，受国内外形势的影响，我国金融业获得发展，特别是银行业和证券业得到很大的发展。但传统的金融机构则借助外国银行资金上的强力支持仍然在我国金融业占有一角，具有不可替代的地位和作用，因此银钱两业形成我国内国银行界的两大巨头，阻止了中国银行的统一和发展。而且国内混乱的货币制度更是经济发展的一大障碍，成为我国金融与其他国家金融市场的一大区别。而且和当时的其他国家的金融市场相比，国内金融系统既无制度又无有效的组织，相当混乱。这个时期，中国国内经济衰弊，同时又受美国白银政策的影响而导致中国白银外流和银本位制面临崩溃。因此，杨荫溥认为我国当时在金融方面是白银外流，信用紧缩；在产业方面是物价跌落，生产萎缩；在贸易方面是汇率提高、出口减少。对此，征收白银出口

① 杨荫溥：《中国金融市场总说》，载《半个世纪的求索——上海社会科学院经济研究所建所 50 周年论文选》（第 1 卷），3 页，上海社会科学院出版社，2006。

② 杨荫溥：《美国白银政策及其对我国之影响》，载《中国金融研究》，283~284 页，1936。

税不能根本解决问题，最终解决方法唯有统一币制，废改两元，实行币制改革。

（三）该理论的价值及其影响

20世纪30年代，中国经济虽然整体有一定发展，但受国外金融危机、美国白银政策的影响，经济发展相当缓慢。处于半殖民地半封建社会的中国在此过程中出现了银行业的不统一、证券市场处于前期发展阶段、币制混乱等现象，这些因素在很大程度上阻碍了中国经济的发展。中国金融市场也与其他国家金融市场有很大区别，呈现出自己的特点。杨荫溥根据中国当时实际情况分析了中国金融市场的特点，并针对其存在的问题提出了自己的看法和建议，这些改革措施符合中国当时的实际情况。但中国半殖民地半封建的社会性质又决定了一些建议在很大程度上会受到限制。可是不得不承认，杨荫溥真正把握了中国当时金融市场的实际发展情况，并为中国金融方面的改革指明了道路。

三、交易所理论

（一）该理论的核心：交易所利弊及治理措施

1. 交易所定义及其类别

杨荫溥给交易所下的定义是："交易所者，为买卖大宗商品之常设市场，以调剂货物供需为目的也。"他进一步指出："交易所者，为买主及卖主，于特定之时间，以有标准之商品，用特定之方法，经过特定人之手，依公定之市价，而实行买卖之货物集散市场也。其目的在图货物流通之便利，求价格标准之公平，而其结果，可以调剂金融，并可以预防企业上之危险"[1]，说明了交易所这种经济组织的含义和作用。

---

① 杨荫溥：《中国交易所论》，3页，商务印书馆，1932。

杨荫溥认为交易所可以分为物品和证券两类，并通过历史追溯说明了二者的起源。他把人类经济交换形式的发展分为以物易物时代、间接交易初步时代、间接交易进步时代、间接交易发达时代和交易所兴起时代五个阶段，并认为在前四个阶段还没有产生交易所的需要和发展条件，但 19 世纪中期商业革命的发生使商品交换的范围日益扩大，物价变化的因素复杂多变，"故欲预测物价之涨落，非周知世界各国商情，不能正确。"如果"稍有失误，损失随之。"于是在此基础上产生了一种"以投机为损失填补之法"，"即一方买进实物，同时复于他方以定期卖出同量之空物，或于一方卖出实物，同时复于他方买进同量之空物。前者生损失时，以后者之利益填补之；后者生损失时，以前者之利益填补之。如此一买一卖，相对并行，预防危险，明效大验。遂促进此种专业之发生，是为此种投机交易而特设之场所，即所谓交易所是。"① 至于证券交易，则始于 17 世纪之末，随着 19 世纪商业革命的发展，证券交易获得了进一步的推广扩充。而"中国之有证券交易所，实创始于上海，盖上海为中外通商大埠，外国证券之来沪买卖者，为时极早。"②

2. 交易所的效用和弊端

杨荫溥认为投资与投机是不同的概念，二者有很大的区别。所谓投机是指"为预测将来货物市价之涨落，冒险实做买卖、以谋获取利益之企图也"③，而投资的最大目的是为了获得相当安全的利息，是一种十分稳健的资金运作法。并且他认为投机又与赌博相异，赌博是以侥幸获得利益为目的，赌博的胜败完全由于自然原因，是很难预测的。而投机是需要具备预测能力的，它的获利条件在于市场价格的不断波动，因而冒险性和赢利性更大。

在他看来"交易所之起源，实由于投机交易之发生，而投机交易之发生，实由于商业进步之需要，绝非偶然者。"④ 交易所之源于投机，而投机又与投资、赌博相异，因此作为金融和商业上的一种保证信托机关的交易所效用与

---

① 杨荫溥：《中国交易所论》，3 页，商务印书馆，1932。
② 杨荫溥：《中国之证券市场》，上海市档案馆，《旧上海的证券交易所》，306 页。
③ 同①，8 页。
④ 同①，8 页。

弊端并存。

（1）交易所的效用。杨荫溥认为交易所作为金融和商业上的一种保证信托机关，有利于生产者以最平稳的价格买入生产资料及销售其产品，企业家也可以便利地出售其股票及投放其资本。交易所作为金融和商业的一种分配机制使生产与消费相衔接，企业与投资相连接，存在许多效用。

杨荫溥在其著作《中国交易所论》中列举了十条交易所的正面效用：①形成继续交易的市场，"即于市场开市时间内，一切大宗货物之买卖，可以立时成交。于平常情形之下，其成交价格、且可不至涨落过甚"；②代企业负担相应的风险，因为"企业家之对于制造、于原料之购办，大都在若干时日之前，而出品之上市，则往往须在若干时日之后。有此若干时日之相差，于物价上既不能绝无涨落，于营业上即难免随有盈亏。有交易所定期买卖之可能，而此项风险，遂有保险"；③交易所可以"调剂异地或异时之供求"；④"平准异地或异时之物价"；⑤"流通商业之消息"；⑥"便利买卖之成立"；⑦"促进企业之发展"；⑧"指导投资之方向"；⑨"轻减恐慌之程度"；⑩"保护各业之出品"，杨荫溥指出"我国最大出品如棉、茶等业，受外人倾轧而销路短缩者，不一而足。各业有交易所之组织，则以本业中人，主持本业贸易之要政。消息灵通，则时机不致坐失；规画（划）周密，而市况得以保持。实权在各本业手中，即不致为业外人所操纵。"

（2）交易所的弊端。交易所源于市场需要，但它同时也源于投机，而投机的性质决定了交易所存在相当之弊端。杨荫溥从三个方面分多条对交易所存在的弊端进行了分析。

第一，交易所关于整个市场的弊端。首先，从市场整体上来看，交易所的活动会影响物价的真实性。因为交易所定期交易，其买卖约定数目相当大，而实际交割额数却很小，其中大半仅以转卖买回以获取差价，这样造成其买卖既非真实买卖，其供求也非真实供求。因此以虚假的买卖造成空虚的供求从而扰乱真实物价。其次，增加赌博的机会。他认为自从交易所兴起，赌博的机会也随之骤增。至于通过交易所进行赌博的方式则主要有"根据巨埠大交易所之市价，以为赌博"、"缴纳极微薄之证据金，以为赌博"、"预猜交易所之市价，以为赌博"① 等等。

第二，关于经营投资的弊端。投机者在交易所中"往往上下其手，阴谋操纵，乘市价之涨落，谋从中以取利"，其弊害主要有五个：①故意传播虚假消息造成市场混乱，而造谣者从中获利；②企图垄断占买，在掌握了某种货物以后任意增价以获取厚利；③利用经纪人从相配交易；④串通经纪人进行预约交易；⑤公司职员操纵本公司所发行的证券在证券涨价中获利。

第三，关于交易所经纪人的弊端。杨荫溥认为虽然交易所经纪人大多是信用优良、顾全道德的商人，但其中也有不良分子混杂其中，经纪人也存在着不少舞弊的途径，如侵夺手续费、虚报买卖市价、与一方同谋故意违约以获取交易所支付的巨额赔偿金、自身从事违法买卖等等。此外交易所本身及交易所职员中也时常会发生经营舞弊的行为。

3. 交易所弊端纠正方法

杨荫溥认为要纠正上述交易所的弊端并非易事。因为其中一部分弊端是各国交易所共有的，而其余部分如交易所及交易所经纪人的弊端大半为股份制交易所独有的，若能废除股份制交易所而改为会员制交易所则其弊端可自行消除。但股份制交易所更适合当时我国商业现状，因此要消除我国交易所的弊端必须另寻其他方法。因此他提出了五个除弊主张。

第一，经纪人资格应从严规定及实施。因为股份制交易所经纪人增加则委托数量增加，买卖便可随之增加，交易所的利润也随之增加。交易所往往为了当前利益不加考察的委任经纪人，导致弊端百出，因此应对经纪人资格从严规定并实施，而且还应该增加经纪人的保证金。

第二，详尽公开交易所账目登记。交易所买卖只登记买卖双方商号而不登记委托人姓名，容易掩盖事实真相从而造成营私舞弊现象。若交易所详细记载交易账目，则检查时舞弊现象难以蒙混过关且交易委托人能随时知道其委托详情。

第三，交易所应提存必要的损失赔偿公积金。当出现违约的情况时，若

---

① 杨荫溥：《中国交易所论》，27～28页，商务印书馆，1932。

违约金数额较小且未出经纪人保证金范围时，则与交易所利益无关，对交易所的影响极小。但当违约金数额巨大，超出经纪人保证金时，经纪人无法支付的部分需要交易所补足，若交易所平时没有提取损失赔偿公积金则有可能面临破产的风险。因此交易所应提取必要的损失赔偿公积金以防患于未然。

第四，政府对交易所出现的各种不规范行为必须明令取缔。若政府能因时制宜地管理及制定规范政策来指导交易所的发展，则足以促进交易所的健康发展。

第五，大力提高信息传播的准确性、时效性和覆盖面。造谣者常利用消息传播机构消息不灵通而造谣生事，谋取不正当利益而使经济陷入不安全的境地，因此应该大力提高信息传播的准确性、时效性和覆盖面。此外，"公私统计之发达，工商新闻之正确，商业会议之时集，皆足以减少不真实消息流行之机会，而直接影响于交易所之安全极大。"[1]

（二）该理论提出的时代背景

"中国之有证券交易所，实创始于上海，盖上海为中外通商大埠，外国证券之来沪买卖者，为时极早。"国内交易所不断发展，中国近代第一家正式的证券交易所乃1918年成立的北京证券交易所。孙中山等人建议成立上海交易所股份有限公司获得批准，但业务范围仅限于证券一项，后来虞洽卿等人又联名呈请经营物品、证券两项业务，于1919年获农商部批准。1920年，上海证券物品交易所开张。上海证券物品交易所虽比北京证券交易所晚了两年开张，但其动议的提出早于后者，业务的规模也大于后者。上海后来虽出现不少交易所，但经整顿只存6家，即上海证券物品交易所、上海华商证券交易所、上海华商纱布交易所、上海金业交易所、中国机制面粉上海交易所、上海杂粮油饼交易所[2]。交易所不断发展的过程中也出现了一系列问题，国内对于交易所得研究也不断增加。正是在这种情况下，杨荫溥对交易所进行了深

---

[1] 杨荫溥：《中国交易所论》，32页，商务印书馆，1932。

[2] 钟祥财：《杨荫溥的金融论和交易所理论》，摘自《对上海地区经济思想发展的历史考察》，234页，1997。

入系统的理论研究。他先后在上海光华大学和国立中央大学商学院开设《证券及物品交易所》、《中外交易所》等课程，在此基础上撰写并出版了国内第一部有影响的学术专著《中国交易所论》。

（三）该理论的价值及其影响

杨荫溥的交易所论源自其著作《中国交易所论》，该书是我国最早的、反映国情较为系统的专业教材，全书资料翔实、条理清楚，既注重概念和理论的阐释，又强调实务操作的指导性。因此杨荫溥在大量数据的基础上对交易所利弊的分析全面又深入，这在我国交易所尚处在初级发展阶段时是颇为难得的，尤其是在分析的基础上提出了治理中国交易所弊端的措施更是极为难得。他不像有些顾虑重重的保守论者那样全盘否定交易所，也不像有些乐观论者那样对交易所一味地推崇，而是利弊俱陈。他认为交易所源于商业进步的需要，因此政府就不能运用行政干预强行取消它，但其投机性质又决定了不能让其放任自流，较好的办法是采取干涉与放任两种政策相结合的办法，即强调政府的法制管理作用与交易所自行运行相结合。干涉与放任两种政策各有利弊，在实践中应两者并用，充分发挥各自的优势促进中国交易所健康发展。而二者的运用，"要当视社会之情状，而定其实施之程度。刚柔互用，宽猛相济，原不可执一而论也"[1]，他希望中国的交易所经营既受到政府适度的管理，又能避免政府干预的弊端，这是符合中国近代经济发展的要求的。

杨荫溥的交易所理论不仅全面和深入地分析中国交易所的利弊，而且为治理交易所的弊端提出了十分有效的治理措施。

四、中国证券市场论

（一）该理论的核心：债市价格变化的原因和完善债市的措施

杨荫溥认为我国证券交易所实创于上海，因为其动议、规模要早于和大

---

[1] 杨荫溥：《中国交易所论》，25 页，商务印书馆，1932。

于北平交易所。证券市场的发展经历了三个阶段，即"茶会时代之证券市场"、"公会时代之证券市场"和"交易所时代之证券市场"①。到交易所证券市场时，市场交易的种类可以分为现期、定期和便期（只有北平证券交易所有该交易种类）。杨荫溥认为我国的证券分为"股票"和"债票"两种。但在中国证券市场的交易以公债为主体，而公债又仅限于中央政府所发行的公债，地方政府和省政府则没有公债。所以当时国内大多以"公债市场"称呼证券市场。

1. 影响证券价格涨落的原因

杨荫溥认为我国的证券市场主要为公债买卖的市场，因此债券市价涨落的原因就与其他以公司股票、公司债券为买卖主体的证券市场迥然不同。他认为债券涨落的原因错综复杂、变化万端，其主要原因可以归纳为三类：公债本身的原因；市场本身之原因；于其他连带的原因。

（1）公债本身的原因。杨荫溥认为关于公债本身的原因又可以分为十点。第一，"基金之虚实"，"基金巩固，则偿本付息，有确实之财源，否则将无所取偿。故基金之虚实，为决定公债价格大小之根本。关键，亦为债市临时涨落之一大原因"；② 第二，"保管之优劣"；第三，"数额之多寡"，发行数目较大的话则负债较重因而筹措难度增加，市价不免因信用薄弱而趋低；第四，"利息之轻重"，公债利率的轻重成为社会看重的因素之一，逐渐成为决定票面的一种标准；第五，"还本期之远近"；第六，"已抽签之期数"，已经抽签次数愈多，离最后一次偿清期愈近则市价大致愈高；第七，"抽签之是否按期"，抽签是否按期足以表示基金的虚实，也可表示该公债的信用；第八，"付息之是否按期"，如果公债常能按期付息，即使抽签稍有稽迟仍能得到一部仅以收取利息为目的的投资者的信任；第九，"抽签之前后"，抽签日期之前，公债市价必高，抽签日期以后，公债市价必落；第十，"付息之前后"，公债每次付息以后市价必然下降，而减价的数目实际上仅为所收的利息。

（2）市场本身的原因。关于市场本身的原因又可以分为五个因素。第一，

---

① 杨荫溥：《中国之证券市场》，上海市档案馆，《旧上海的证券交易所》，307～308 页，1935。

② 同①，326 页。

商业的兴替。"商业不振，有资者无处投资，则必群趋债市，购券生息，债价必因之上涨"，反之债价下落；"商业盛，则现金及信用之需要增，金融界即无余资，以购买债券，故债价落"①，反之债价涨。第二，金融的缓急。我国公债大部在金融界手中，如果市面平静、金融宽裕则投资债券市场，藉以生息，债市上涨；反之债市下降。第三，市利率的高低。公债的市价往往随市拆的高下移动。市拆高，则公债跌；市拆低，则公债涨。第四，金价的涨落。"吾国内债，大部分系指定关税余款，担保本息。金价上涨，不利于外货之进口。"② 进口货减少使关税减少，而关税余款为抵偿赔款及外债后所剩余的数额。因此金价高涨使关余减少，债价下落 。第五，多空双方对市场的操纵。

（3）其他连带的原因。关于其他间接之原因有"天灾之流行"、"时局之变动"、"财政之枯裕"、"有关当局之去留"、"有关当局之操纵"等。

2. 证券市场应有的功能

杨荫溥认为我国证券市场的发展由于国内经济社会发展的现状而受到一定限制，其功能尚不完善。证券市场应增加股票和公司债券的比例，形成良好的市场环境，充分发挥其功能，而他认为债券市场应有的主要作用是使"长期资金证券化"，因此其应具三个主要功能：增强资金的流通能力；扩大资金来源基础；指示有效途径的投资。

（1）增强资金的流动性。"资金具证券之形式，始成为可流动之具；证券有买卖之市场，始获得可资流动之途径。"③ 长期买卖最惧怕的就是缺乏流动性。而证券市场赋予资金证券的形式并设有买卖场所，则证券所有者随时可以收回其所投的资金，形式上虽为长期投资，实际上却含有短期的作用，因此可以大大增加资金的流动性。

（2）扩大资金的来源。有正式市场的存在，可以使原来不具有长期投资的资金流入市场，也可以使具有长期性质的资金得到更充分地运用，因此可以增加资金的来源的基础，增加资金数量。

---

① 杨荫溥：《中国之证券市场》，上海市档案馆，《旧上海的证券交易所》，329 页，1935。

② 同①。

③ 同①，225 页。

（3）指示有效的投资途径。各种证券的市场行情大致可以反映该企业的盛衰状况，且交易所对上市的各种证券都经过精密的调查，这些资料可以为投资提供大量的参考。

3. 完善证券市场的措施

杨荫溥认为要想使证券市场充分发挥其功能，必须先健全其本身机构，而且还有很多地方需努力完善。

（1）健全市场本身。在这个方面有三个地方需要特别加以改善：①力求市场管理周密。他认为新市场的布置应力求其现代化，尽可能利用机械设备减少场内交易时的紊乱，增加营业处理及传递消息的效能。过去场内一切不合法行动，如私做场外交易、图赖交易、代理人自做买卖、外人混入市场、收盘时有意抬高或压低行市等等，有损经纪人之信誉，也有损交易所的信誉，均应严加取缔。②设法提高营业水准。应转移一部经纪人近利厚利的观念，使他们放眼未来，更注意树立实力和信誉。一方面，在为顾客利益着想之大前提下，发挥其服务精神；另一方面，在维护债券市场稳定的前提下，改变其交易作风，以此改变社会对证券市场的看法从而使证券事业步入正轨。③慎加选择上市的证券。证券市场最重要的任务是引导市场资金使之流入正当投资途径，那么就应该对上市证券加以选择。"上市选择愈见适当，则其业务发展，必可愈见健全，理有必然，势有必至者在。"①

（2）辅导公司组织。一方面，市场交易的对象是证券，而证券的发行又依赖公司，因此，发达的公司组织是发达的证券、发达的市场的前提。有健全的公司才可能有健全的证券，有健全的市场。另一方面，市场的存在使证券更加便利地流通，从而有效刺激公司的组织和证券的发行。因此证券市场的健全发展本身就是辅导公司组织的一个因素。而且交易所有审核证券上市的权力，若该权利运用得当，既可以影响现存公司的营业政策，又可以对未来新设立的公司起示范作用。

（3）提倡发行机构。杨荫溥认为交易所正式施行后，证券买卖的机构虽

---

① 杨荫溥：《健全证券市场之建立》，上海市档案馆，《旧上海的证券交易所》，227 页，1946。

然宣告成立，但仍然没有证券在开始发行时需要的辅助机构。发行机构可以为新成立的公司募集资本，代理、承售或包销公司发行的股票债券，维护代销证券的行市，协助已发证券上市等。

（4）矫正错误的观念。社会对交易所经纪人的了解往往不全面而构成错误的观念，如视交易所为纯粹的投机场所、发财机构，视经纪人为市场投机主动者、为谣言制造者等等。因此交易所当局及经纪人应努力让民众认清事实，改变民众的错误观念。

（二）该理论提出的时代背景

20 世纪初，上海虽设立英商上海众业公所，但其经营的只是外商企业股票，中国商人虽介入其间，与中国近代民族工商业无缘。1914 年上海的股票商业同业公会还只是证券交易所的雏形，直到 1918 年 6 月 5 日北京证券交易所开业，中国才有了自己的证券交易所，从此中国的证券业进入了一个新的历史发展阶段。公债市场迅速扩大是证券市场继续发展最显著的标志，并出现了繁荣的局面，当时的证券市场的发展还表现在如下三个方面：第一，证券市场的监管力度有所加强；第二，以上海为龙头的全国证券市场开始形成；第三，股票、公司债券等产业证券进一步增加①。但杨荫溥认为由于我国资本薄弱、产业落后，公司组织制尚未普遍采行，企业没有大量发展起来。一方面企业集资募股深感困难，另一方面市场游散资金充斥市面。此种矛盾现象的原因虽然很多，而缺乏健全的证券市场以致长期资金呆滞失灵无疑为其最主要原因之一。另外证券市场的价格波动异常，且公债风波不断发生。30 年代的思想家，除了对证券市场重要性的进一步论述外，又注重于探讨如何健全和发展证券市场。为此，他对证券市场进行了深入的研究，分析了证券市场债券价格涨落的原因、证券市场应有的功能并提出了完善我国证券市场应该采取的措施。

---

① 张春廷：《中国证券市场发展简史》，中国人民大学复印资料《经济史》，2001。

（三）该理论的价值及其影响

中国当时的证券市场，除受国内外政治形势和金融季节性变化以及资金供求变动影响外，还受公债本身的利率、期限、担保和交易方式等多种因素的影响。效益卓著的企业公司股票、债券多掌握在少数大企业家、官僚和富商以及承办发行的金融机构手中，很少面市，因此公司债券总体规模较小。而一些大银行家、大企业主经常利用手中巨大的资金在市场上兴风作浪、推波助澜，使本来信誉最佳的公债也变成了投机买卖的对象，作为当时证券市场主体的公债市场也风波迭起。因此，杨荫溥认为中国的证券市场还很幼稚，难以真正担当起资本市场的重任。要健全中国的证券市场就该从两方面入手：首先是在一级市场上，必须保证发行债券、股票者的资信良好。这需要建立严格的审核程序，并且把他们的资料完全公开。其次是在二级市场上，交易筹码数量必须大，盘子过小，容易被有力者操纵，交易必须频繁，使市场活跃[①]。而他对完善证券市场措施的建议更是符合实际，即使是现在很多措施也很有实际意义。

（廖常勇　丁生川）

参考文献

［1］杨荫溥：《银潮中吾国纸币现状及其应变政策》，载《申报月刊》，第3卷，第11号（1934年11月）。

［2］杨荫溥：《中国金融研究》，商务印书馆，1936。

［3］周宪文：《中国新币制之检讨》，载《新中华》，第3卷，第22期，1935。

［4］钟祥财：《三十年代我国币制理论述评》，载《中国钱币》，1992（1）。

---

① 施正康：《近代中国证券思想概论》，载《世界经济文汇》，1999（2）。

［5］杨荫溥：《废两改元问题》，载《中国金融研究》，商务印书馆，1936。

［6］杨荫溥：《吾国纸币问题与公库制》，载《中国金融研究》，商务印书馆，1936。

［7］杨荫溥：《中国金融市场总说》，载《半个世纪的求索——上海社会科学院经济研究所建所 50 周年论文选》（第 1 卷）。

［8］杨荫溥：《我国之银行》，载《中国金融研究》，商务印书馆，1936。

［9］杨荫溥：《美国白银政策及其对我国之影响》，载《中国金融研究》，1936。

［10］杨荫溥：《中国交易所论》，商务印书馆，1932。

［11］钟祥财：《杨荫溥的金融论和交易所理论》，载《对上海地区经济思想发展的历史考察》。

［12］杨荫溥：《中国之证券市场》，载《旧上海的证券交易所》，上海市档案馆，1992。

［13］杨荫溥：《健全证券市场之建立》，载《旧上海的证券交易所》，上海市档案馆，1992。

［14］张春廷：《中国证券市场发展简史》，中国人民大学复印资料《经济史》，2001。

［15］施正康：《近代中国证券思想概论》，载《世界经济文汇》，1999（2）。

第十七章
朱通九金融思想学说概要

朱通九（1898—?），我国著名经济学家、复旦大学教授，著有《经济学研究法》、《经济概论》、《战后经济学之趋势》、《资本主义新论》、《未来孤岛经济的预测》、《工业革命与劳动运动》、《各国的国库制度》、《劳动经济学》、《我国的审计制度》、《单一税论》等。

一、战时农业金融之改进说

（一）战时农业金融之改进说

1. 战前农业金融之缺陷

抗战前期，虽然政府当局大力推广农业金融，但所得效果却与理想差距甚远，朱通九分析其原因，认为约有以下数项：

（1）农贷时为一般银行当局所忽视。农贷原分为长期、中期和短期三种，长期农贷的期限在五年至十年，中期在三年至五年，短期则六月至一年。这三种农贷期限如与商业银行的工商放款比较都仍过长，况且农产的丰收与否大半决定于天时，非人力所支配，因此一般银行当局常被营利与投资稳健所左右，对于农贷的兴趣殊为淡薄。即使偶尔因人事关系提出小额款项贷给农村，也不过是聊以点缀门面而已。关于农贷为发展农村经济必要步骤的理论在银行当局的头脑中可谓无容身之地，故在战前从事经营农贷的银行，除中国农民银行与国家银行外，其他各银行的农业贷款微乎其微。

（2）合作社基础尚欠稳固。朱通九指出，产运销三项为农业金融上的一贯理论，欲使之实现，农村各种合作社必须备有健全的组织，否则各银行的放款虽多，但所放款项恐怕有不易收回之虞。我国的农村合作社尚在萌芽时期，其内部组织不甚健全，因此过去农村放款，其中一部分不能收回的情况自然在所难免。而各银行当局对于营业谨慎有加，本来最初参加农贷集团就不过是碍于门面而已，现在发现农村放款中有一部分无法收回，且放款与收回期间距离过长，冒险程度较高，自然对于农贷一事更加冷淡，以致其即行而裹足不前，究其原因还是由于合作社的基础尚欠稳固。

（3）各银行储蓄部未能遵守储蓄银行法规。鉴于一般银行对于农贷不甚热心，因此对于农贷款项的来源，中央银行不得不另行设法开辟。立法院起草储蓄银行法时，即规定储蓄存款之四分之一必须投资农村，但法意虽佳，各银行能依法实行者却寥寥无几，故欲求农贷的推广，实在难乎其难。

（4）过去办理农贷未能普遍推行。朱通九认为，在办理农贷以前，第一步手续为农村情状之调查，第二部手续为组织农村合作社作为放款对象，这两项工作颇费时间，且银行方面对于交通便否尤为注意，因此过去银行办理农贷的区域大部分接近城市且交通便利的地方，而其他区域则悉未办理。所以过去办理的地域殊为狭窄，难以普遍加以推行。

（5）农业金融机构系统尚欠完整。我国国立的农业金融机关有中国农业银行与农本局两大机构，但前者隶属于财政部，后者以前隶属于实业部，这两大机构虽然均为推广农贷机关，于职权上却不无有重叠之嫌，于业务上却难免有竞争之弊。此外，中交及各商业银行在办理农贷时，有时互相竞争放款产生摩擦，有时却各自规避互不过问，则还是因为我国农业金融机构的系统不够完整所致，唯有调整农业金融机构方能补救。

2. 战时农业金融之改进

抗战开始以后，政府实行了一系列政策推广农业金融，使当时我国的农业金融发展情况大加改进，较之战前明显进步。朱通九对其总结如下：第一，农业金融机构自调整以后，不仅避免了以往各农业金融机关之间的摩擦，而且保证了农贷业务的进行可依次实施；第二，自后方各省的金融网建设完成以后，各地农贷已能普遍实施，过去偏于一地或仅接近交通方便区域办理的情况也得以避免；第三，经济部添设了合作事业管理局，专司推广合作事业及改进合作社内部机构事宜，将来农村各项合作社内部的机构，也一定可以设法改善，以往合作社组织不甚健全的弊端亦不难设法避免。

在此基础上，朱通九提出了自己的政策建议，希望国人予以深切注意。第一，他认为各银行的储蓄存款应根据储蓄银行法规的规定，必须以其总额四分之一投资于农村，使农业经济得以逐渐发展。但此事能否实现全视各银行家能否守法以及当局能否严厉督促。当局的严厉督促为其应尽的职责，在事实上毫无问题，但银行家能否依法执行则有待于各银行家的提早觉悟，否则法律徒为一纸空文，于事无补。第二，一般普通银行当局对于农贷业务重视不足，他指出各银行当局应站在发展国民经济的立场，逐渐改变观念。如果各银行尚有余资之时，应提出一部分款项投资于农村，使农村经济日趋繁荣，而都市经济也必受其益。

（二）战时农业金融改进说提出的历史背景

抗战前，我国农业金融政府当局往往因为历年国内多故，兵祸仍频而对于农业金融的推广无暇顾及，直到国民革命军北伐成功，国府奠都金陵，中央及地方当局才意识到我国为农业国家，百分之八十以上的国民为农民，农村经济的盛衰足以影响国家的经济基础，从而开始努力提倡农村合作，筹设农业金融机关，调整农业金融，以期促进农产增加，增加农民福利。中央政府除设立中国农民银行以外，又添设农本局，而各省政府亦各添设地方银行或农民银行，从事于农业金融的推广与改善。此外，国家银行如中国银行与交通银行，商业银行如上海商业储蓄银行、金城银行等，在政府提倡推广农业金融口号之下，或组织农贷集团，或单独经营，争先恐后从事农贷业务，从而使昔日无人问津的农业金融局面为之一新。当时立法院又通过了储蓄银行法，规定储蓄存款的四分之一必须充作农贷之用，因此各银行内均增设农贷科或农贷部，以专司其职。由此可以看到，推广农业金融，中央与地方当局提倡于先，各商业银行响应在后，而农贷款项的来源法律又做了详尽规定，我国的农业金融似乎应该扶摇直上，高度发展，但实际上其发展之程度却并非尽如人意，甚至与预先所想差之甚远。针对这种情形，朱通九对战前农业金融所存在的弊端进行了分析。

抗战开始以后，政府当局出台的一系列措施促使我国农业金融大加改进，主要包括颁布战时农业金融政策、举办农业生产贷款与建设内地金融网和农业金融机构的调整。朱通九在文中对政府的措施进行了详尽描述，并就其所产生的效果以及我国农业金融的前途提出了自己的见解。

（三）战时农业金融改进说的影响及价值

抗战爆发之前，我国的农业金融发展一直处于停滞不前的状态，虽然当局在推广农业金融方面不遗余力，但其收效却甚为微弱。究其原因，则是因为许多关键性的问题和漏洞未能引起重视，只触碰到"治标"的层面，但本质问题依然存在依然尖锐。而朱通九所指出的关于战前农业金融发展之缺陷，可谓一语中的、一针见血，不仅让国人对其发展欠缺的原因一览无余，同时也同后来政府所行之改善政策不谋而合，不难推测他的观点在那个时代定为政府的决策发挥了重要的参考意义。

除此之外，他于抗战期间对我国农业金融的改进方法作出了重要补充，可见他对于国家前途命运所倾注的担忧与关注，因为农业在 20 世纪三四十年代是国民经济不可动摇的基础，农民又是中国革命战争年代最庞大的生力军，只有发展好了农村经济才能让农民生活无忧，从而为前方战场提供一个稳定的大后方。发展农业金融、农村金融无疑是让中国广袤的农村实现繁荣富足的有效途径，不论是硝烟弥漫的战争年代，抑或是国民经济飞速发展的现代社会，这也都是不可回避的热门话题，时至今日，农村金融也依然是我国经济建设中的一个重要主题。朱通九在当时所提出的有关拓展农贷款项来源和提高银行办理农贷业务积极性等改善措施，不仅在抗战期间起到了有效的指导作用，而且对于之后及至现在都有重要的借鉴价值。

二、法币对内价值之稳定说

（一）法币对内价值之稳定说

1. 法币对内价值跌落之原因

抗战时期由于外汇高涨，我国法币的对外价值和对内价值日渐跌落，朱通九认为后方经济问题中最引人注意的莫如物价暴涨问题，并将后方商品之种类分为两种：一为后方的土产品，一为舶来品。他指出，舶来品的价格因外汇高涨关系，其物价自然随之而上升，但后方商人却每每借口外汇高涨而提高土产品价格。如土产中的食米，1938 年云南原本是丰收，但其价格亦突飞猛涨，米价上涨以后百物也随之而涨，百物上涨以后因疑心法币信用问题，商人竞相争购货物囤积居奇，以图日后高价谋利。所以后方土产品价格的暴涨实际上渊源于奸商的操纵居奇，而非自由供需失调的结果。而且商人除竞买商品以外还竞购外汇，使外币的汇价日益上涨，从而使法币对外价值益跌，因此探本寻源后方物价暴涨的过程为：第一，舶来品价格因外汇高涨而上腾；第二，因舶来品价格高涨而导致的土产品价格上涨；第三，因商人竞购货物使土产品价格持续上涨，而使舶来品价格更涨；第四，由争购土产品而争购外汇，遂使法币对内价值下落对外价值猛跌。法币对外价值的跌落为战时应有的形态，在各国战时的史实中均有出现，因而不足为虑，但法币对内价值的猛跌却会后患无穷。就个人利害而言，后方物价无限制地上涨以后，不仅固定收入阶层的生活会发生困难，而且中下阶级的生活更会难以维持，如此亦难以安定后方。就战时国家财政而论，物价无限制地上涨会使政府预算不敷支付，从而迫使政府走上通货膨胀的道路，如果通货增发，会使物价再行上涨，如物价再行上涨，政府则又将增发通货，如此循环往复，终至难以收拾的局面。朱通九斥责当时后方奸商不明此理，只图一时利益，而忽略了政府抗战的大计。

2. 稳定法币对内价值的途径

为应对法币对内价值持续跌落的问题，朱通九提出了以下方法以资补救：

（1）后方应严格统制物价。统制的对象应以日常生活必需品为原则，必需品的价格稳定后，后方生活自然得以安定，且法币的对内价值亦能趋于稳定。

（2）后方各有的土产品应设法调剂流通，以便供需得宜。为免去另设机关之烦，可以令经济部的农本局统制后方贸易事宜。

（3）后方地方政府征收的特种税捐，由中央政府命令废止，以免物价因税捐的征收而上涨，减少平衡物价的困难。

（4）对于舶来品中后方不能生产而为后方人民所必需者，应由政府统盘分批购买，然后运至后方平价出售，甚而亏本出售。舶来品的价格平稳，可以直接促使土货价格的平衡，间接使政府预算不至于超出太多，同时也具有稳定法币对内价值的功用。

朱通九认为以上四项办法实行以后，法币对内价值自会稳定于无形，而法币在后方购买力的稳定也会间接稳定法币的对外价值。因为若后方物价比较低廉，会易于增加对外输出，那么外汇的供给也会因此而增加。因此，统制物价是稳定法币对内价值的唯一途径，而稳定法币对内价值则是维持法币最为有效的方法。

（二）法币对内价值稳定说提出的历史背景

抗日战争时期，通货膨胀，物价飞涨，其表现和原因如下：

从财政上看，由于日本占领了中国大片领土，特别是工商业集中和农业较为发达的沿江、沿海地区，国民政府财政收入的主要来源关税、盐税和统税等大为减少。例如，1938 年 5 月至 1939 年 5 月，上海的海关收入为法币 2500 万元，全部被日本夺取。据国民政府官方记录，抗战八年中，估计"关税被敌伪劫夺者，总在 226 亿元以上"。

税收等收入减少，军事、建设、政务、债务支出却增加，国民政府财政收支无法平衡，出现越来越严重的财政赤字。抗战前各年度财政赤字多半为总岁出的 10% ~ 20% ，最高为 30% ~ 40% ，抗战以后的 1937—1940 年度，财政赤字平均占岁出的70%左右，1941—1945年度平均占岁出的高达78%左右。税收增加困难，公债也不易销售，国民政府不得不以增加纸币发行来应付财政支出的增加。1937年6月法币发行数目为14亿元，1939年4月增至28亿元，上涨了1倍；到1940年8月，法币发行额达60亿元，增加了4倍多。1941年底，法币发行量再增加到151亿元，而到1945年8月，更是猛增到5569亿元。货币发行量剧增，再加上物资供不应求，导致通货膨胀，物价水平不断上涨。1937年1—6月全国零售、趸售物价指数以100计，至1945年7月，零售物价指数已上涨2619倍，趸售物价指数上涨2359倍。

在金融方面，日本摧毁或控制了占领区原有的金融机构，禁止中国法币流通，并建立伪银行，发行伪钞。例如，1937年12月，日本在华北设立伪"中国联合准备银行"，发行伪"联银券"，与日元等价联系，流通于北平、天津、青岛、济南以及河南等敌占区。1941年1月，日本在汪伪政府所在地南京设立伪"中央储备银行"，发行伪"中储券"，流通于上海、广州、华中等地，以及津浦、京（南京）沪、沪杭各铁路沿线。日本滥发伪币，并强制其流通，用于掠夺物资，排挤法币，并套取中国外汇，对中国经济和金融是一种极大的破坏，使中国外汇储备大量流失，并造成物价飞涨。

如此背景之下，朱通九在此时提出法币对内价值的稳定说，于国于民都是非常及时且必要的。

（三）法币对内价值稳定说的影响及价值

抗日战争期间，国民政府为应对巨额的财政赤字，不断地增发法币造成难以遏制的物价上涨，加之正值战争期间物资紧缺，供不应求，通货膨胀更是达到了惊人的程度。在这种经济和社会境况之下，如此飞涨的物价带来的必然是百姓生活的艰难困苦，而中国此时对外需迎敌抗日，对内要解决人民的生活问题，内忧外患，如果不抑制法币对内价值跌落的问题，后方百姓的生活只会雪上加霜，那么对于前方战事而言无疑也是后患无穷的。

尽管当时我国的货币系统存在诸多问题，如法币信用问题、物价问题、汇价问题等，但朱通九却将注意力集中在了国内物价，即法币的对内价值，这个最根本的问题上，认为只要稳定住法币的对内价值，抑制住后方物价的上涨，就能逐渐改善汇价的跌落，使之也趋于稳定。从古至今物价问题对于国家的安定稳固而言都处于举足轻重的地位，它一方面贯穿于百姓的日常生活衣食住行，另一方面也是衡量国家经济平稳健康持续发展的重要指标，因此，朱通九提出的物价稳定说其实不仅具有时代性，且更加具有前瞻性和预见性，毕竟物价持续上涨通货膨胀严重的情形在任何国家任何时代都可能出现，即使所引致的原因不尽相同，但就理论思想以及解决措施而言，我们仍然可以从这些前辈学者们的见解中借鉴一二。

三、单一税论

（一）单一税论

1. 单一税之学说

朱通九认为单一税的种类虽多，但单一土地税在其中占据了绝对地位，所以他将单一土地税作为了其主要研究对象。在总结海外众学者之理论的基础上，他将单一税所依据之学说分为了四类：

（1）劳力说。此说认为土地是天然的，是上帝创造给民众的礼物，所以土地自然属于大家享受，而且土地绝非私人所能制造，纯然为公共享有品。再者，私有物的性质仅限于受劳力而变化的物品，土地完全不受劳力的影响，则怎么能归属于私有之列。他指出，劳力说的要点不外有三：第一，从土地的产生与性质上论，土地私有是不应该的；第二，由土地与劳力的关系论，土地也不该私有；第三，调剂现存土地私有制的良法只有抽单一土地税。

（2）天然说或天赋权利说。朱通九提到，此说由劳力说蜕化而来，在罗马法里，土地私有权的成立根据谁先占着某一方土地即成某一方土地的所有者。但是此派完全反对罗马法中所述，而认为土地为"天赋吾人之权利"，为天然权利，绝不允许个人独自享受，所以运用征税的方法来免除那些不劳而获的享乐。

（3）社会效用说。在朱通九看来，此说完全是非难劳力说与天赋权利说，认为劳力说仅涉及个人的劳力，而生产绝非单人劳力所成，必须赖于社会的合作。他指出，如同木匠造屋，成衣匠制衣，其劳力本身不能成屋或成衣，须有待于社会其他人的协助，且其价值与效用的成立亦有赖于社会的认识和需要。故新闻报纸的效用之所以在城市高于乡村，是因为它的社会效用不同。现在都市土地价值的增高，也全是由社会的进步带来，既非个人劳力所创，也非自然所赋。

（4）利益均沾说。此说根据政治学立论，认为政府征收税项或单一税决定于所有者得到政治利益的大小。租税是人民对于国家所给予的保护安宁的报酬，其大小视三个条件而定：土地位置的优劣、土地生产力的强弱和国家保护的周密与宽弛。但是这种报酬的标准不易推测，即使能推测其判断也未必公允，因此在事实上是办不到的。

2. 单一税之缺点

朱通九对于单一税持批判否定的态度，他分别从财政、政治、理论和经济方面就单一税的缺点进行了详尽剖析。

（1）财政方面。他指出，国家收入须有伸缩性，这种伸缩性的意义表示国家费用每年有多有少，可以用国家权力把税率提高或减少，从而使国家的收入足以应付其预算表中的支出，即国家岁入岁出与其预算能适合不背。税收能随国家岁出需要调整，故而也有伸缩性，需要增加时可以增加，需要减少时可以减少，所以税收最要有"舍涵力（Reserve Power）"。在财政学上税率一般达不到最高点，就是因为未达饱满的税率将来才有增加的余地。增收税项时，货物的种类愈多愈好，即税源务求是多方面的，种类多则伸缩性的程度才会大。而土地单一税，只以土地一项为租税泉源，不仅税额的增减十分困难，而且税源的推广更是无法，因此，土地单一税缺乏伸缩性，不足以应对国家财政上的需要。再者，朱通九认为单一税在财政上还有另一弱点，由于征收数目不能公允，人民的负担难以平均，加之征收土地特别增加费时，也不易实行按价估税来使纳税者负担平均。地价的不易决定和土地特别增加费的不准确使得单一税缺乏标准，没有标准的税收，自然也失去了存在的意义。

（2）政治方面。朱通九提出，政治上的缺点可由三方面加以解说：

①单一税减少国家保护工业的能力。普通国家，不论工业发达，工业落后抑或工业凋零，皆有关税，因其可以保护本国全部或部分工业的发达与自给。若采用单一税，必然要废除关税，则国家不能保护其工业，将陷于无政府状态竞争的近代市场。

②单一税减少政府运用特权的能力。政府的税收权力，全倚仗政府对于特权的运用，这种运用的实例甚多。如美国银行的钞票征收券税，即政府运用权力禁止私人银行的任意发行，以免除滥发的害处。鸦片税，则使社会上不能任意吸食鸦片，此税率极高，税数极大。如果实行单一税，自然银行钞票不能抽税，鸦片亦不能抽税，如此则一方面剥削政府运用特权的能力，另一方面无异于奖励发行钞票鼓吹吸食鸦片，必定贻害社会民生，后果不堪设想。

③单一税造成政治的混乱与危险。政府实行单一税，其收入只有向土地征收，这种没有收缩性的税率，使国家收支不易适合，极易发生政治上的混乱与危险。朱通九指出，19世纪末叶重农学派中主张单一税最烈者Voltaire，以为土地方面可得很多收入，著书认为土地共有四十Crawns，而农民自己所需约二十Crawns，故其余二十Crawns作为国家税收。这种论调仅仅看到了农民的收入，却没有看到他们投入农产的费用和每年的负担，只会引起误会和农民的反抗。法国18世纪革命实际上就是因为征收地租太重，而造成农民对于地主的革命。此种偏重的征收，极易酿成政治上重大的危险，一切的农民暴动、农民战争以至于农民崩溃都是由过重的地租引起，而单一税是最易产生重税的征收法。

（3）理论方面。朱通九认为国家征收税项，其主要原则有三，即"普通、平均、划一"。如果从民主主义国家的观点上论，国家的费用应由国民共同负担，而单一税仅有地主负担，完全违反理论和民主思想。从事实上看，例如市场的投资，投资种类不一，但细察现代工商业发达的国家，则投于土地的资本明显少于投在证券的资本。可是单一税对于巨额的证券投资毫不过问，而于较少的土地投资却重征苛税，实属太不平均。同时他注意到社会许多人致富的原因不一定是由于土地，随着社会经济组织日益复杂，致富的方法也层出不穷，由投资而致富者甚多。若因为土地能致富而主张所有税项由地主负担，这完全是不明了社会的组织结构及社会力的影响。此外，如果进一步观察，价值的造成非个人之力，而是社会之力，土地亦然，土地的价值是社会力所产生而非个人之力所能左右。故朱通九总结到，土地价值既非个人独自所生，而单一税却仅由一部分收获者担负全部的税，这种违反理论的主张明显与价值的来源与组成背道而驰。

（4）经济方面。朱通九对其从三方面进行了探讨：

①影响于贫困的社会。在贫困社会中，土地的价值自然很低，如采用单一税制，则税收数额有限。但当时社会各地方政府的经费依然颇巨，若仅有土地征收，则绝不足以维持其开支，结果必然会增重税率，使贫民负担增加。朱通九注意到当时不动产的价值比动产日少，这表示不动产负担租税力的薄弱。他根据美国不动产变化的情形总结出四个简单结论：第一，动产与不动产同增，但动产较不动产为速；第二，动产与不动产同减，但不动产较动产为甚；第三，动产增而不动产毫无变更；第四，动产增而不动产反减少。不动产的数目日减，而动产的数目日增，可以看到单一税若采用以后，仅征税于少数的不动产，只会使不公平加剧。

②影响于农民的生活。对于普通各国而言，虽然城市土地的价值高于农村土地的价值，但农村土地的面积终胜于城市。若实行单一税，则农村土地所有者的负担必然大于都市土地所有者，其后果必使农民生活降低，衣食更难维持，并造成种种农民的反抗运动。

③影响于富有的社会。主张单一税者以为其可使地租减低，社会发达，因为其他各种产物，如房屋等不征租税后，资本家将以资金移作别用来谋取多方面发展，从而使各项产物价格下落以利贫民。朱通九认为此种主张不明了资本的来源及其数目有定额的意义，不能由一生产事业移至别处。资本的转移仅有利于富有的人民，结果只会使贫困人民多负担租税。

朱通九从各个方面对于单一税制的弊端进行了深入研究，总括起来如下：

第一，单一税无伸缩性，并使人民负担不均；第二，使政府不能保护工业，且失去特权的运用；第三，理论上各人负担不均，征收不普遍；第四，使国家收入不足，反加重农民负担。他指出单一税的实行不但不合理、不公允，并且完全缺乏可行性。

（二）单一税论提出的历史背景

我国近代的税制史颇为复杂，就中华民国时期而言主要有以下一些演变：

1. 北洋政府时期（1912～1927年）。此时期国家的主要税收为帝国主义列强所控制，地方军阀各自为政，没有统一的税收制度，苛捐杂税层出不穷，人民负担繁重。田赋仍为正供，包括地丁、漕粮、租课、差徭和杂税等。初期田赋将清末征收的各种附加税并入正赋征收，以后又出现新的田赋附加税，而且名目日繁。据统计，浙江有74种，江苏有105种之多。附加税额虽明文规定不超过正赋的30%，但各地方实际大大超过正赋。军阀政府还采取田赋预征的办法苛税于民，最初是一年预征一、二次，以后一年预征数次。如广东嘉应县1925年预征到1928年，福建兴化县1926年预征到1932年，四川梓桐县1926年底已预征到1957年达31年。北洋政府虽对田赋进行过某些整理，归并税目、限制附加税额等，但旧的附加额并入正税后又出现新的附加，农民负担更加沉重。这时的关税包括进口税、出口税、子口税和吨税。鸦片厘金和沿岸贸易税仍沿用清末税制。此外还征收常关税，多由各地方自行规定，税率高低不一。盐税也沿用清代盐法，包括正税和附加，附加名目亦多，有中央附加、外债附加、地方各种附加（如军费、教育费、筑路费、慈善费等），附加额超过了正税。各地方征收的厘金包括坐厘、行厘、货厘、统捐、税捐、铁路捐、货物税、产销税、落地税、统税等，税率各地不同，低的2.5%，高的达25%。当时全国有厘卡784个，分局卡达2500处之多，严重阻碍了工商业发展。对烟酒则实行专卖与征税并用，矿税、房税、茶税、当税、牙税、契税等照旧征收，并开征两种新税：一是印花税，课征对象包括发货票等36种凭证；二是通行税（运输税），按运费客票价格征收。除此之外，至于其他各种苛捐杂税更是不胜枚举。

这一时期在税收管理方面，开始划分中央税和地方税。1913 年，北洋政府整理税制，公布国家税与地方税税法草案，次年又加修订。属中央管理的国家税有：田赋、盐税、关税、常关税、统捐、厘金、矿税、契税、牙税、当税、牙捐、当捐、烟税、酒税、茶税、糖税、渔业税等 17 项；属地方管理的地方税有：田赋附加、商税、牲畜税、粮米捐、土膏捐、油酱捐、船捐、杂货捐、店捐、房捐、戏捐、车捐、乐户捐、茶馆捐、饭馆捐、肉捐、鱼捐、屠捐、夫行捐及其他杂捐税共 20 项。新设的国家税有：印花税、登录税、继承税、营业税、所得税、出产税、纸币发行税；新设的地方税有：房屋税、入市税、使用物税、使用人税、营业附加税、所得税附加税等。这是中国历史上第一次划分中央税和地方税，1923 年又根据当时的宪法规定，发表整理税制计划书，划分中央、地方税收，税种略有简化并调整，但均未能付诸实施。

2. 国民政府时期（1927—1949 年）。此时的税制一方面是对原有税种进行整理改革；另一方面则是为适应社会经济情况的变化，开征了一些新税种。土地税整理田赋附加，取缔摊派，并于 1941 年实行田赋改征实物以适应当时财政经济的需要，即每元折征谷四市斗，或小麦二市斗八升。1930 年颁布土地法，规定开征地价税和土地增值税，地价税的税率为 15‰ ~ 100‰不等，首先在上海、青岛、杭州、广州和广东省开办，开展整理地籍、土地陈报和田赋推收（即土地产权转移时，田赋也随之转移）。从 1928—1930 年，国民政府与帝国主义国家签订了新的关税条约，获得有条件的自主关税权，使用新的关税税率。为了满足抗日战争财政需要，除实行田赋征实和粮食征购外，于 1942 年开征战时消费税和实行盐专卖。在商品货物税方面，于 1931 年创办棉纱、火柴、水泥等项统税，实行一物一税，一次征收，以后统税范围逐渐扩大，包括卷烟、啤酒、棉纱、麦粉在内。1939 年将统税改为货物税，以后将烟酒税、矿产税、战时消费税等均并入货物税。在直接税方面，于 1936 年开征所得税，包括：一类营利事业所得税；二类薪给报酬所得税；三类证券存款所得税；四类财产租赁所得税（1943 年开征）。1946 年修改后的综合所得税法，还增加了一时所得税，1938 年开征非常时期过分利得税，1947 年停止，改征特种过分利得税，1940年开征遗产税。1928年裁撤厘金，为弥补厘金损失，开征营业税，1931年公布营业税法，将营业税列为地方税，1942年又改为中央税，1946年又将营业税划分为二：一般商业营业税归地方征；特种营业税由中央统一征收。此外属于地方征收的税还有：契税、屠宰税、营业牌照税、使用牌照税、房捐、筵席税、娱乐税以及各种杂捐税。

这一时期的税收管理，从1928年起实行中央、省两级财政体制，明确划分国家税与地方税。1934年确定中央、省、县三级财政体制，将田赋附加、房捐、屠宰税、印花税与营业税的30%列为县税，1942年又改为国家财政与自治财政两级。1946年恢复三级体制，增加了县的税收收入。税务管理机构，在中央财政部设直接税署、赋税司、税务署、关务署、缉私署、盐政司、专卖事业司分管各税和专卖事务，在地方设立与中央相应的机构。在税收征管方面，设立了纳税登记制度、复查制度、纳税制度、检查制度、簿籍管理制度等。

从以上我国近代的税收制度可以看到，我国并未实行过土地单一税，且纵观世界历史，这种单一税种税制基本上也只是停留在理论的设想上，并未真正付诸实现。

朱通九所论之单一税，其实是单一土地税，它是单一税种税制的一种，经过了长时期的演进：17世纪到19世纪，单一税种税制曾经为欧洲国家一些学者所提倡。他们针对欧洲国家封建制下的苛捐杂税和专制课征制度提出了这种推行单一税种税制的见解。这些欧洲学者主张的单一税种税制包括：

1. 单一消费税。欧洲的重商主义学派较早提出这一设想，英国哲学家T.霍布斯认为，消费税能够鼓励节俭，节制奢费；随价格附征可以保证税收收入；人人消费，人人纳税，可以革除封建贵族、僧侣阶层的不纳税特权。

2. 单一土地税。在欧洲，单一土地税为18世纪法国重农学派所倡导，其先驱P.布阿吉尔贝尔主张建立地租单一税。该学派创始人F.魁奈进一步从理论上阐述了单一土地税的必要性。他认为，在整个国民经济中，只把化在土地上的劳动，也就是从事农业的人看作是生产的，只有农业能生产出"纯产品"，土地所有者得自于"纯产品"的地租是最适合于课税的来源。因此，主张只征一种地租税，把全部税负都加在土地所有者身上，反对租税包征制度。19 世纪末，美国经济学者亨利·乔治（Henry George）又提出土地价值税（Land Value Tax）作为单一税种体制的主张，认为这种税应由土地所有者负担，不能转嫁给其他消费者（George，1879；Wikipedia，2010）。他的立论基础是其著名的论点：土地的经济租（economic rent）应该为社会所享有，而非归私人所有（George，1879）。

3. 单一所得税。1798 年所得税（称为"三部联合税"）在英国诞生后，一些学者曾提出建立单一所得税。认为所得税较之其他税收更有确实性和收入弹性，最能体现公平税负原则。1869 年德国社会民主党还以单一所得税作为它的经济纲领之一。

4. 单一财产税。最早为法国学者季拉丹所提出。他认为，对不产生收益的财产或资本课税，不但不会影响资本形成，还可刺激资本投入生产，同时，征收单一财产税可以课及所得税不能课及的税源。

单一税种税制由于其自身的局限性，并未从真正意义上得到实行，而朱通九之所以对于单一土地税持批判否定态度，也正是由于其不符合我国国情。当时的中国是农业国家，如若采用土地单一税制只会加重农民的负担，不论从国家还是人民而言都是有百害而无一利，所以他主张坚决不实行土地单一税制。

（三）单一税论的影响及价值

朱通九于 20 世纪 20 年代末 30 年代初提出了关于单一税的论断，当时的中国正处于国民政府统治时期，一方面急需对原有税种进行整理改革，另一方面也需要开征一些新税种来适应社会经济形势的变化。由于西方关于单一土地税的论调逐渐传入中国，所以当时有不少人对于其是否适合中国产生了怀疑，而朱通九于此时明确指出单一土地税的缺陷以及对中国的不利影响，无疑有效地将这股势头扼杀在了摇篮之中，将我国的税制改革与发展引入了正轨。

税收制度不仅关乎国家的安定团结，而且亦与百姓的生活息息相关。朱通九从财政、政治、理论和经济多方面对单一土地税的实施弊端所提出的观点，让当时的政府与国人对其为何不适合中国的原因有了充分的了解和把握，同时也在此过程中对我国的社会和经济现状作出了详尽解剖，这无疑对于当时乃至后来的学者研究都提供了重要的借鉴和参考。因此，单一税论的提出不仅对国民政府时期税制的整理改革发挥了指导意义，而且对后世探寻适合我国国情的税收制度也具有重要的参考价值。

（袁也婷）

参考文献

［1］吴兆莘：《中国税制史》，上海，商务印书馆，1937。

［2］朱通九：《战时农业金融之缺陷及其改进》，载《财政评论》，1940。

［3］朱通九：《单一税论》，载《社会科学杂志（上海）》，1929（2）。

［4］朱通九：《论稳定汇价与稳定物价》，载《财政评论》，1939（4）。

［5］朱通九：《战时对外贸易应该如何统制》，载《经济动员》，1938（7）。

［6］朱通九：《对于维持法定汇价之检讨》，载《经济动员》，1939（6－7）。

［7］朱通九：《如何引导游资趋入正轨》，载《西南实业通讯》，1942（4）。

［8］陈勇勤：《中国经济思想史》，郑州，河南人民出版社，2008。

第十八章
金天锡金融思想学说概要

金天锡（1900—1976），周家桥人。早年毕业于北京通才商业专科学校，后留学日本，主攻经济学。抗战时期先后担任中央大学、重庆大学教授，后任交通银行总管处设计处副处长。抗战胜利后，任交通银行南京分行副经理，同时任职南京市参议院。解放后，被聘为长春会计统计专门学校教授、大连工学院教授。金天锡主要从事经济思想史和银行学的研究，代表作有《经济思想发展史》、《银行学》、《中国的战时财政》等。此外，金天锡还撰写了一系列的文章，将战时各国与中国的财政政策进行比较，深入地探讨了战时中国的财政政策，为抗战的胜利和中国的经济事业作出了突出的贡献。有关金天锡的金融学说和金融思想散见于他的诸多文章中。

一、战时租税论

（一）战时租税

抗战爆发后，由于生产的破坏和固有租税制度的缺点，政府的租税呈现出大幅下降的态势。为了抗战的胜利，金天锡在多篇文章中阐述了政府应该实行怎样的租税制度：

1. 整理关税

第一，应废止出口税，以促进对外贸易。第二，原料与机器的进口税应分别免税或减税。这两项都会影响战时税收，只得留待战后办理。第三，对于国内新兴工业如纺织业等，应加重这种制造品的进口税，以为保护。这是现在就可实行的。

2. 实行新盐法

盐是生活必需品。我们虽不能像英比各国全不征税，也不能像美加诸国仅课进口税，但是总不应每担征收十元以上的重税。各地税率的参考，尤应使其一致。新盐法规定盐就场征税，任人民自由买卖，无论何人，不得垄断。这取消了票商等封建的独占，该法又规定一百公斤一律征税五元，不得重征或附加，这与现行税率比较起来，确是低得多了。这恐怕也要待战事结束后才能实行。

3. 整理统税

我们现在即使不能把棉纱，麦粉，水泥等统税取消，但棉纱税与卷烟税都是分级过少，不利于华商，为保护民族工业计，应以制造品的售价多分级数，并将高价生产品加重课税，以免外商的压迫。

对于战时租税的增加，作者认为：

"租税应以个人所得为税源，这是不待言的。个人所得，并不能由一方面来捕捉，而须由各方面来捕捉的。从财产所有的事实与营利的事实，可以推定财产可生收益与个人可获所得，由这两方面所征的税，一般称为直接税。由使用消费的事实，可以推定个人的握有所得，由这一方面所征的税，一般称为间接税。还有由交换买卖的事实，则知个人经财营利或消费，而可推定个人正在获得所得或已得所得，由此而征的税，一般称为流通税。所以无论直接税，间接税，抑或流通税，在平时或战时，都是可以征收与增加的。"[1]这是作者对直接税、间接税以及流通税地位的一个整体认识。至于具体的税种，作者在后文又进行了详细阐述。

对于利得税，作者认为："中国军需工业不发达，所以利得税将来在税收

---

[1] 金天锡：《战时的租税》，载《经济动员》，502 页，1938（11）。

中不会像英美德诸国那样占着巨大的比率。不过这也不是全然无望的。我国海口既被封锁，外货难于输入，战区工业又被破坏，后方多数产业的利润一定是很高的，后方房租，也由战区避难者的增多而高涨。这两者战时利得，依过分利得税条列之规定，都须割取一部，归诸国库。"① 这表明，虽然中国国情与外国有着很大差别，但战时利得是应列入征税对象的。

至于遗产税，作者认为："政府现预备开征，美国也同样是在大战时举办的。这种收入，虽没有上列两种租税的巨大，但在英法两国，战前的遗产继承税亦占所得税二分之一以上。德国战前仅有遗产继承税而无所得税。"②

作者对战时的间接税与流通税的看法是："间接税虽有增重大众负担与其他的缺点，但因征收技术简便，又不易引起人民的反感，故在战时，仍为各国尽量采用。这方面必需品的消费税，因容易助长战时物价的腾贵，是不应征课或增加的。"③ 在这里，作者陈述了政府征收间接税的一些易行之处，但也指出了应注意的事项。

"直接税的弹性最大，间接税的征课技术日益，所以各国战时增税政策，都采两税并用主义。英国，南非战争时，税收的来源，一半出于增加所得税，一半出于增加消费税。到了欧战时候，因为特别提高所得税与新办战时利得税之故，这个可对五的比例就破坏了，直接税终于占了优势。"④

"我们要在战时扩张税收，也只有致力于增加直接税，因为抗战期间，国税必然有减无增，盐税是不能增加的，卷烟以外的统税也难恢复原有收数，所以这几种间接税征收希望是很少的。再者，现在各国伴随租税制度的趋势，都是增加直接税，减少间接税，以求适合负担能力的原则。我们为改进原有税制，适合公正原则的要求计，也应该扩张直接税。因此我认为这次战时原有租税的减收可给与我们财政制度一个改进的机会。德美诸国的中央财政，战前还不是几乎全部依赖于间接税。直接税成为财政中心，是大战发生的事

---

① 金天锡：《战时的租税》，载《经济动员》，504 页，1938（11）。
② 同①，504 页。
③ 同①，504 页。
④ 同①，502 页。

情，也可说是大战所促成的。"① 这表明，无论是直接税，间接税还是流通税，在战时都是可以征收的，但作者从国外的经验认识到直接税才是财政政策的中心。

（二）战时租税论提出的历史背景

税收制度伴随着国家的出现而兴起。历史有记载的最早税收大约在西元前两千五百年前的古埃及时期，而我国最早的税收则是产生于夏朝，称作"贡"。随着历代王朝的兴衰，税收制度一直在不断地完善与发展。到了国民政府时期，为实现经济的调控目标，当局政府根据当时的经济形势先后进行了多次调整，依次实行了国地分税、县自治税和抗战初期的两级分税。总体来说，国民政府时期的税收制度已日臻完善，但在作者看来，它还有诸多的缺点，就像作者在文中所说的：

"中央银行的租税制度，几乎全部建立于消费（亦即间接税）之上。关，盐，统，烟酒四种消费税的收入，共占税收总额百分之九四点七（占岁入百分之七九点四三），其余各项直接税（所得税等）与流通税（印花税）收入，仅占岁收总额百分之五点三（占岁入百分之四点四五）。这样的租税制度，显然是不健全的。"② 这表明，在作者看来，税收制度不能过多地依赖于单一税种，各税种之间应该予以平衡。否则，会导致经济的不协调发展。

"衡以租税应守的各项原则，就可发现下列集中缺点：

第一，从财政政策原则方面看，它是缺少弹性。

第二，从国民经济原则方面看，它对租税客体，多是选择个人经济支出即个人消费之事实，对于租税主体，多不以担税者为纳税者，并且它又不能尽保护与提倡国内产业的责任（关税统税更是这样）。

第三，从公正原则方面看，它并不能适合人民的负担能力。

再把关盐统三种主要租税分别来视察，又可发现种种缺点：

关税收入最多，计三万万六千九百多万元（占岁入百分之三六点九）这

---

① 金天锡：《战时的租税》，载《经济动员》，503 页，1938（11）。
② 金天锡：《在抗战中建设新的租税制度》，载《经济动员》，103 页，1938 年第 2 卷第 2 期。

中间进口税占着最大的部分，计二万万九千六百多万元，这表示中央财政约百分之三十要依赖于外货的进口。在国民经济上，进口贸易的减少是完全有利的。但在国家财政上，却是一个重大的打击。这是何等矛盾与危险的事情。

税率方面，可议之处很多：（1）原料与机器的进口税率过重，易于阻碍国内生产业的发展。（2）纺织品等进口税率过轻，不足以保护这类的民族工业。（3）多数出口商品依然征税，非所以促进输出贸易之道。

居第二位的盐税，占岁入百分之二二点八。现行的征收制度是很复杂的。税率又至不一致。据调查，二十二年全国盐税负担，平均每担正附税合计十元零三分七。最高十八元五角。这种税率未免太重了。根据最低生活的免税的旨趣，这种生活必需品应该免税，至少也不应这样加重征课的。

统税又可称为出厂税，占岁入百分之一点七五，居第三位。现已举办十种，比较重要的，则有卷烟，棉纱，麦粉，火柴，水泥，熏于等六种。除卷烟熏于外，其余像棉纱麦粉水泥等，都是衣食住的必需品，亦即生活必需品，依理应该免税的。这种税率定的也非常不公允。"[1] 这表明，无论是从租税原则还是从各种税率来看，当时的租税制度都是不健康的，急切需要改良。就像作者在文中所说的那样："无论从哪方面看，这种租税制度是有急切改良的必要。"[2]

随着抗战的爆发，原有租税制度的缺点开始集中爆发出来。作者这样写道：

"这种租税制度，到了战时，益加暴露它的弱点出来。第一，由于占主要岁入的消费税之缺少弹性，增收是很困难的。第二，关税的主要课体是海外输入品，统税的客体是工厂制造品。两种税的征收地点各在沿海商埠，关税也多在沿海地带，只要敌人封锁海岸或占领沿海区域，所有那里的税收不告断绝，即被侵夺。"[3] 这表明，在作者看来，消费税由于缺少弹性，在战时是

---

[1] 金天锡：《在抗战中建设新的租税制度》，载《经济动员》，103～104 页，1938 年第 2 卷第 2 期。

[2] 同[1]，104 页。

[3] 同[1]，104 页。

很难增收的，关税和统税由于生产遭到战事破坏也骤然下降。

针对这种情形，国民政府先后采取了四种补救措施：扩张转口税的征收范围；酌量提高统税；加征印花税一倍，并酌量扩允征收范围；加征烟酒税中的土烟叶税五成。但在作者看来，"这四种增税办法，尚不足填补原有各税的短收，自然更谈不上增收了。这个办法的最大缺点，就是所增的都是缺少弹性的消费税（转口税，统税，烟酒税）与流通税（印花税），但并没有扩张富有弹性的直接税。"①

（三）战时租税论的价值及其影响

1937 年，日军侵华战争全面爆发。伴随着众多大城市的沦陷，大部分的工业企业毁于一旦。人们流离失所，大量土地荒芜，许多地方成了废墟。经济遭受的巨大破坏使得政府税收骤减，政府工作陷入瘫痪，军费难以为继。为了保证抗战的胜利，作者提出了实行新的租税制度。新的租税制度从我国当时租税制度的不足之处谈起，借鉴了国外现行的和历史的战时租税制，以直接税为重点，间接税和流通税为侧重点，详细地进行了阐述。这种租税制度，以中国的实际情况为基础，同时吸收了国外税制的精华，具有很强的综合性和实用性，为中国战时租税制度的完善作出了突出的贡献，为中国抗战的胜利献出了巨大的精神智力。

二、抑制战时物价说

（一）抑制战时物价

1937 年抗战爆发，中国经济损失惨重。工业方面，沿海地区工业基本全被占领，只有少数企业内迁；农业方面，土地大量荒芜，生产急剧下降；交通运输方面，主要公路、铁路多被日方占领，中国大后方的对外交通几乎完

---

① 金天锡：《在抗战中建设新的租税制度》，载《经济动员》，104 页，1938 年第 2 卷第 2 期。

全断绝，物资缺乏及其严重；财政方面，税收随着经济的破坏大幅减少，收支不平衡，财政赤字极为严重。经济在供给方面遭受了极大的破坏，然后需求却是一片高涨，各种物资价格节节攀升。为了应对严重的通货膨胀，作者在多篇文章中详细阐述了自己的观点：

"关于物价高涨的一般对策，约可分举如下：

治本方面，不外下列四种：

1. 增加生产。这是解决物价问题最根本的办法。物价高涨，原可刺激生产，不过这是自发的，而不是有计划的。我们一定要加以有计划地促进，才能达到预期目的，使应增产的才予增产。

2. 限制消费。这与上项增加生产，都是针对供不应求的。仅是增加生产而不限制消费，不足以解决供不应求的问题，也就是不足以解决物价高涨的问题。节约运动大纲所举各项办法，如限制酿酒，利用旧衣，以及减少可供外销货物的消费，避免使用舶来品与外来品等国，都是很切要的。不过这种宣传或劝告的方式，效力终究有限，所以还得兼采其他的办法，这种办法可分直接与间接两种。定量分配制是直接的办法，增加租税与募集公债，则为间接的办法。

①增加租税。这是将国民的购买力移转于政府之手的一个办法，而且是较好的一个办法。战时国民的消费应该是节约的，而将其剩余部分交付政府，用到战争方面去。至因战时景气物价高涨而获厚利的人，更应将其厚利的大部分交付政府，作为抗战之用。这种交付（即转移），都须以增加租税的手段来实现。无论是间接税或是直接税，都是同样具有节约消费的效果。不过后者难于转嫁，不易太高物价，尤应值得采用。

②发行公债。发行公债也可达到上项的目的——转移国民的购买力于政府之手。但是这要由国民用储蓄来购买或是由银行用人民存款来购买，才能达到这个目的。若是人民购买之后，再向银行抵押，或是银行增发纸币来购买及以此项公债充作保证纸币而增发纸币，都不足以减少人民的购买力，徒使信用膨胀，增加纸币的数量，结果仍与膨胀通货无异。

3. 募集外资。外债也是公债的一种，不过外债是在国外募集，大多就在国外购买物资，因此其影响与内债不同，外债既在国外募集，国内就不至增加筹码，引起通货的膨胀。又在国外购买物资，就不会引起国内物资的稀少与物价的高涨。所以战时若能多募外债，并在国外购买，对于平抑物价，是有极大的助力的。

4. 改进运输。公路运输的昂贵，主要是汽油随汇价而高涨。即使不用汽油而用煤炭等其他燃料，或由时贤所主张的分段运输，平路用煤炭，以减用汽油，自可减省不少运费。使用人力兽力以待汽油，也是减轻运费的一个方法。假使用汽车从远距离的地方运入汽油，每次所载的数量恐怕只够原车来回的消耗，甚至还不够用。在这种场合，只有利用人力兽力，才可解决汽油运输的问题。

治标方面则有下列三种：

1. 公定价格。政府的公定价格原有多种，我们现在所定的则为最高价格。商店出售货物，不得高于这个价格。这是为保护消费者而设的。但在规定时，也得考虑货物的生产费用与一定的利润。公定价格实施的趋于必须是普遍的，不能像现在限于某一都市。

2. 评价购销。政府仅是公定价格，并不能完全达到统制物价的目的，所以还得进一步依照公定价格，自行购买与销售。不过购销数量过小，不足以平抑物价。……至求物价的彻底统制，必须政府独占该项商品的购销。

3. 取缔囤积居奇。囤积居奇虽由物价高涨而起，但是奸商从中操纵，推波助澜益使物价暴腾不已。战时已嫌物资不足，再加商民囤积，供求相差益远。为遏制需求的无厌与物价的暴腾，取缔奸商与一般人民的囤积是必要的。"① 这些建议表明，在作者看来，控制物价除了要从经济的供给和需求入手外，还要兼顾外部的进出。此外，政府对市场的直接干预也是必不可少的。

以上是作者提出的一般对策，具体到政策的实行，作者还给出了具体的办法：

"1. 增加生产或供给

---

① 金天锡：《战时物价的高涨与其对策》，载《财政评论》，18～20 页，1940 年第 4 卷第 5 期。

①控制金融业以促进生产。政府对于促进生产，已经采取了农贷，工贷与保息等各项办法。这都是从资金方面来设法促进生产，不过这方面最重要的还是控制金融业的资金的运用。

②豁免技术工人兵役。后方劳工的缺乏，除因生产扩张而致需要增加以外，抽调壮丁是一个重要的原因。……我们为救济劳工不足以促进生产计，也应豁免或延缓技术工人的兵役，使他们照常工作。

③加紧抢购沦陷区域物资。现在物资的不足，大都是由工业区域的沦陷与后方生产的有限，抢购沦陷区域物资，是解决不足的一个重要方法。过去一般人主张抢购物资，主要目的是在与日作经济的战争，即抢购我必要的物资，或抢购日方所必要的而断绝其供给。我以为除了上项目的以外，还可增加后方物资的供给，平抑物价的高涨，所以不仅军用资源与外销货物应该抢购，即一切日用必需品都应加以抢购；财部所订限制法币流往沦陷区域的办法也应加以修正或废止，以便后方法币自由流往沦陷区域，购取物资，申汇贴水亦将因此看低。

④酌放日货输入。战事爆发以后，政府会颁布查禁日货条例，禁止一切日货的输入。但因后方物资不足（尤其像纱布等），上海国产，绕道运输，费用奇昂，欧美外货，又随外货而高涨，廉价之日货遂乘机大肆倾销。他们不必绕道港越，所有黄河各渡口，长江水道，浙赣铁路，以及广东各海口，都是他们走私的孔道，所以运费远较外来品与舶来品为低。奸商以有利可图，争相偷运，事实上，全部查运确相当的困难。后方对于纱布，五金，电料，药品等必需品，既极缺乏，不妨酌予输入，以为补充，这对于我们是有益无损的。当然日人也禁止五金汽油等运销我后方，不过奸商如有厚利可图，还是会设法运来的。他们回程带着土产到沦陷区域与上海等口岸去，也可为后方货物（只要不是外销或资日的货物）推广销路，或是带着法币去，又可为我们在那里补充筹码，保持金融的地盘。

2. 节约消费

①限制人民购买必需品。节约消费仅靠宣传是不行的，非得另采有效办法不可。关于增加关税与募集公债两种间接办法，已见前述。这里拟指对直

接办法，即限制购买或定量分配制度，一加论述。所谓限制购买，就是对于食料，燃料，衣料等主要必需品悉行凭证购买，一定期间内，不得超过一定数量。浙东方面对于粮食已经实行了。各地汽油的限制购买，实行更早。现在重庆市公卖处发售平价米，就凭居住证，购时证上加盖一章。这是比较简便的方法。总之，一般人认为不易实行的限制购买或定量分配制度，已有几处在实行了。这种制度对于消费的节约，特别对于国债的限制，是有很大效果的。

②政府除撙节军事以外的开支，人民需要节约政府也同样需要节约。现在既定军事第一，此外就应竭力维持节约。凡是无关抗战的设施，甚至在建国方面也不是急需的设施，应该立即紧缩或停止，以节约国库的支出，从而减少人民的负担。

③平价购销应从少数物品办起，经济部平价购销所办平价购销品项目甚多，计算下来分为粮食，纱布，煤炭，日用品四款，不过现在发售较多的，仅米一种。我们并不奢望政府能够立即独占某种商品的购销，但是目前不妨先把米煤两种最重要的商品大量平价购销，等有成效了，再作进一步的计划。这两种是生活必需品，影响于工资和各种商品的生产甚大，商品种类既少财力人力亦较易集中，即使购销数量有限，暂时或以定额收入者为销售对象。

④管理仓库以取缔囤积居奇。政府为取缔囤积居奇起见，应实行管理仓库，各推栈存货，即使数量过大，存货期间较久或货主不是本业中人，都有囤积居奇的嫌疑，应分别限制或禁止。如遇市价高涨时，政府得行使商品征发权，随时提出发售，以平市价。消费者的过量储藏，也应设法限制，以免需要激增，供给不足。这个办法可以作为上项平价购销的补充办法，因为政府如能行使征发权，就可支配一切商品，这些商品是无须政府出资预购的。

⑤增加定额收入者的生活费用。最后我再提出这个办法来，这个办法虽不能平抑物价，但也不失为物价高涨的一个对策。如前所述，受到物价高涨影响最大的，是并不握有任何商品而其货币收入又有定额的军人，公务员，教师与工厂劳动者等，若是不能平抑物价或平抑效果有限，政府另在定额收入者方面增加其生活费用，也同样可以解决他们生活困难的问题。军队现将

粮饷划分，而将军粮改由政府供给，是一个很好的办法。公务员与教员大多以五十元为最低生活费，向不另打折扣。我主张将这一部分增加，或随物价指数酌量增加，或随生活费指数增加，都无不可。像在重庆因为食料类指数较低的缘故，不必依着总指数同速度增加，或竟随食料指数而增加。这里所应考虑的，就是政府支出将更见增加，因而又可引起物价的高涨。"[1] 以上是作者从供给和需求出发，对两者的实施给出了具体的参考办法。

（二）抑制战时物价提出的历史背景

"我国自抗战发生以来，各地物价，因受战事影响，都是渐趋上涨。"[2] 以重庆、昆明、桂林三地来讲，"以昆明上涨为最高，本年三月总指数已达七五六点八九。原因是在食料（八三三点九二）燃料（一零三四点一三）与杂项（六七二点七九）三类指数特高，其次是重庆（四二三点零八）因为五金电料与燃料（九八二点一五），衣料（七九零点七二）与燃料（九三七点九零）三类指数较高，故居第二位，桂林物价上涨最低，除五金电料与燃料两类居第二位外，其余各类均居第三位。"[3]

对于物价上涨的主要原因，作者认为："就是由于商品的供不应求。本文开头就说：'各地物价因受战事影响，都是渐趋上涨。'所谓战事影响，就是一方面因军用浩繁而增加了需要，一方面因壮丁被抽入伍与从事军需工业而减少了日用品的生产，李卓敏先生在大公报'物价问题的症结'一文里，也有相似的意见。他说：'战时物价高涨之根本原因，是在物资（指市场上的物资）的减少。法币之增加，不过是其媒介而已。'他大意是这样：当政府要把社会上一部分物资用到战争方面去时，国民平常消费的物资就要减少。但是人民所持有的货币数量并未减少，还是可以在市场上购买平时消费的物品与数量。在这种情形之下，政府有两个办法，可使物资转移到作战方面。一个办法是由政府藉增加租税与发行公债等方法来吸收社会上一部分货币，以购

---

[1] 金天锡：《战时物价的高涨与其对策》，载《财政评论》，20~22页，1940年第4卷第5期。
[2] 同[1]，7页。
[3] 同[1]，8页。

买物资。这是移国民的购买力于政府因之物价不至有多大变动。但是这个办法不容易很满意地做到，于是有第二个办法，即增发纸币的一个办法，这立刻可以增加购买的力量。不过国民所持有的纸币数量并未减少，依然想以同样货币数量维持其原有生活。然而市场上的物资大部已由政府转移到作战方面去，市场骤见减少，物价于是高涨。总之，在长期战争中，国家继续需要物资与人力去对付日人，假使国内生产不能同时大量增加，国家除增税举债以减少人民购买力外，只有出于增发纸币之一途。所以战时物价高涨的根本原因，还是物资的减少，法币的增加不过是其媒介而已。恩席格在批评百分之百的战时利得税制度时，也说过：'即使一切与军队订约的人，都不计较利得来供给货物，政府经费也会增加，同时，因为商品的不足，通货膨胀仍是不能避免。'这就是我所谓的法币增加，不是物价高涨的真实的原因。……不过李先生所谓市场上物资的减少，仅仅说明了战时需要的增加，而没有说明战时生产的减少，这是不完全的。为把生产减少的事实包括在内，我就改称为供不应求。

抗战发生以后，军用浩繁，政府需要的激增，自不待言。而在供给方面或生产方面却是减少了。最重要的是沦陷区域日广，物资供给因而日减。人口则因中央公务员（及其眷属）与军队的后移，殷富人民的西迁等，较前增加。劳动方面，现在转移到军需工业方面去了。因此，好多天地荒废了。生产机关方面，沿海沿江工业区域里的大部沦陷了，接近前方的多遭破坏，或陷于停顿。内迁的工厂为数有限，且短期不易开工。农矿业破坏也多，这种产品，特别是煤炭，需要随工厂而激增，但生产则因限于自然条件，不易扩充。此外，公私建筑物等因炮火与轰炸的破坏而减少，这些都是供给或生产减少的事实。总之，市场上的物资，不仅因战争的需要而减少，并且也因战争而使生产减少了（当然也有某种部分是增产的），以致供不应求，这就是造成物价继续高涨的主要原因。"[1] 这表明，在作者看来，战时物价的膨胀主要原因在于产品的供不应求，流通货币的减少也是物价上涨的原因，但居于次

---

① 金天锡：《战时物价的高涨与其对策》，载《财政评论》，12～15页，1940年第4卷第5期。

要地位。

除此之外，作者还指出了物价高涨的次要原因：货物方面主要是运费的增加和产品的囤积居奇；工人工资增加；保险费捐税与利息等增加；法币数量增加、法币汇价低落、申汇贴水增加等。

物价上涨给社会各方面带来了极其深远的影响，在作者看来："即使各类物价平衡上涨，一般生产者不至受到很大的影响，并且这种影响对于他们是有利的。"[①] 在物价的上涨过程中，作者认为："政府所受的影响是很大的。他是最大的消费者，为维持其物价与劳务的需要起见，就不得不增加岁出。尤其在战时，物资需要激增，支出益见庞大，因此必须增征租税或增募公债，与因而增发通货，以为应付。政府在另一方面，又可说是一个定额收入者，租税虽有一部随物价高涨而发生自然增收，但是不少是从量税，或从价税而其股价不能紧随物价而增加的，都不容易增收，结果唯有处于借债与增发通货二途。"[②]

"物价高涨，可以刺激生产，是不待言的。恩席格说过：'物价上涨比下跌更适合于进步与繁荣的需要，只要上涨的程度不要太快，上涨可以鼓励生产，因为生产者有增加收益的希望，且使不生产的资本遭受损失'。不过增产也要看生产扩充的难易而定。譬如农矿产品，常因限于自然条件，扩充较难，制造品的情形就不同。现在舶来品涨价最高正可限制外货进口，发展国内产业，外来品的价格较土产品为高，也有同样的效果，不过这个效果是限于后方的；所以这时正是建立满足工业或抗战根据地工业的一个良好机会。至于消费方面，一位外国学者说得好，战时物价的高涨'是不可避免的，而是需要的，因为非此不能减低大众的消费量。这时除了生产机关被破坏以外，劳动力也因大部分人民都去从事战争制造武器及战时必需品而减少了。假使消费不加限制，货物的供给额将在较短的时间内消费净尽，所以提高物价，减少消费，正是我们所需要的'。"[③] 这表明，在作者看来，物价上涨虽然给人

① 金天锡：《战时物价的高涨与其对策》，载《财政评论》，10 页，1940 年第 4 卷第 5 期。
② 同①，10～11 页。
③ 同①，10～12 页。

民生活带来了许多不便，但也有许多积极的地方，比如限制进口，刺激消费等。

（三）抑制战时物价说的价值及其影响

抗日战争的爆发使中国各方面都遭到了前所未有的打击，政治局势的动乱导致经济发展的不稳定，加之日军的侵夺，社会生产几乎陷于瘫痪。为了恢复社会生产，保证抗战的胜利，国民政府实施了一系列货币政策和财政政策。但是对于货币政策，作者认为都是"治标不治本"。物价的平抑，归根到底要从生产的供给和社会的需求考虑。供给方面，我们要从资金、人力来保证生产的继续，也要从外部输入产品来满足社会高涨的需求；需求方面，我们要从抑制大众需求、节约政府开支入手。作者这些措施以及具体参考办法的提出，都是建立在现实社会的基础之上，是理论与实际结合的产物，具有很强的实用性和可操作意义，为抗战的胜利作出了应有的贡献。

（缪明杨）

参考文献

［1］金天锡：《中美棉麦借款的检讨》，载《不忘》，1933 年第 1 卷第 7 期。

［2］金天锡：《战时的租税》，载《经济动员》，1938（11）。

［3］金天锡：《在抗战中建设新的租税制度》，载《经济动员》，1938 年第 2 卷第 2 期。

［4］金天锡：《战时财政动员的检讨》，载《经济动员》，1938（3）。

［5］金天锡：《论战时的租税与税制》，载《国是公论》，1939（22）。

［6］金天锡：《抗战以来之金融》，载《青年月刊》，1939 年第 7 卷第 1 期。

［7］金天锡：《战时物价的高涨与其对策》，载《财政评论》，1940 年第 4 卷第 5 期。

［8］金天锡：《从物价高涨的发展说到现在稳定粮价的对策》，载《财政评论》，1941 年第 6 卷第 4 期。

［9］金天锡：《论物价与粮价》，载《东南经济》，1941（6）。

［10］金天锡：《敌国的战时财政及其与我国之比较》，载《东南经济》，1941（2）。

［11］金天锡：《论运用英美贷款与稳定物价》，载《财政评论》，1942 年第 7 卷第 3 期。

［12］金天锡：《管制物价应与工业化政策配合》，载《东方杂志》，1944 年第 40 卷第 13 号。

第十九章

樊弘金融思想学说概要

　　樊弘（1900—1988），四川省江津县白沙镇人，1925 年毕业于北京大学政治系，1924 年至 1926 年任北平《国民公报》编辑，1927 年在北平社会调查所任编辑兼秘书，1928 年至 1931 年在上海中央研究院社会科学研究所任助理研究员，1934 年至 1937 年在湖南省立法商学院任教授，1937 年至 1939 年在英国剑桥大学进修，1939 年至 1945 年间，先后任湖南大学经济学系教授、中央大学经济系教授、中央研究院社会科学研究所研究员、上海复旦大学经济学系主任，1946 年至 1948 年在北京大学经济学系任教授。解放后先后任全国政协委员、北京市人大代表、北京市政协委员、九三学社中央委员、外国经济学说研究会名誉理事、北京市经济学总会理事等职务。樊弘在马克思和凯恩斯经济学有精深研究，较早提出了社会主义条件下商品、市场和价值规律问题，并系统阐述在《劳动立法原理》、《社会调查方法》、《工资理论之发展》、《进步与贫困》、《现代货币学说》、《凯恩斯的就业、利息和货币的一般理论批判》、《凯恩斯的整个就业理论的崩溃》等著作中。

一、凯恩斯和马克思比较分析学说

（一）凯恩斯和马克思比较分析学说理论

1. 凯恩斯和马克思在资本积蓄方面的比较分析学说

樊弘认为马克思的资本积蓄理论和凯恩斯的有效需求理论在总供给、所得收益和投资等很多方面存在着相通点。

根据马克思的资本生产过程

$$M \to C\{m,L\} \cdots P \cdot C\{c + \Delta c\} \to M\{M + \Delta M\}$$

资本生产包括三个阶段：（1）$M \to C\{m,L\}$，货币资本转化成生产要素的形态——生产工具和劳动力；（2）劳动力创造新效用的生产活动阶段；（3）$C\{c + \Delta c\} \to M\{M + \Delta M\}$，出售已制成的商品，将新创造的效用再变成货币形态。货币的增值 ΔM 在生产过程中由工人的劳动力生产出来，并且在流通过程中实现。它被称为剩余价值 s。由于资本总值 M 包含两个部分：一个部分为不变资本——生产过程中被投资为生产工具的货币资本；另一个部分为可变资本——被投资为劳动力的货币资本，并且生产成品的种类有生产手段和消费手段两种，因此剩余价值生产可以表示为生产手段部门的生产和消费手段部门的生产：

$$c_1 + v_1 + s_1 = V_1$$
$$c_2 + v_2 + s_2 = V_2$$

由此马克思将资本家的生产分为两个部分：（1）简单再生产；（2）扩大再生产。在简单再生产过程中两个生产部门的生产规模都不变，而在扩大再生产过程中生产规模会有所增加。简单再生产需要满足三个条件：

$$c_1 + c_2 = V_1$$
$$v_1 + v_2 + s_1 + s_2 = V_2$$
$$v_1 + s_2 = c_2$$

扩大再生产，即资本积累也要满足三个条件：

$$c_1 + c_2 < V_1$$

$$v_1 + v_2 + s_1 + s_2 > V_2$$

$$v_1 + s_2 > c_2$$

在这两个生产模型的实现中包含着两个基本假设：第一，产品要按照一定比例生产出来才能保证再生产的顺利进行，缺乏统一计划的生产会导致供求的失衡；第二，产品必须依照价值实现交换，如果第二部门因为储藏货币导致第一部门不能买进 Δs 的生产工具，将会引起第一部门的生产手段的生产过剩。

凯恩斯的有效需求理论认为只有存在有效需求，企业家才能获得利润。在凯恩斯看来，总供给的价格包含了两种因素：因素成本 F 和企业家的利润 P；另一方面有效需求 D 包含两种因素，社会消费 C 和社会投资 I。因此，总供给 $Z = F + P$，总需求 $D = I + C$。要使 $Z = D$，则必须 $F + P = I + C$。樊弘认为如果将使用者的成本和辅助成本包含在内，凯恩斯理论中的总供给价格与马克思的生产总价值是一回事。他总结出两种理论在资本积累方面有如下相通点：

（1）凯恩斯的总供给价格与马克思的生产产品的总价值相等。凯恩斯理论中总供给价格等于因素成本、利润、使用者成本和辅助成本之和，公式表示为 $A = F + P + U + W$，而在马克思的理论中，产品总价值等于不变成本、可变成本和剩余价值之和，公式表示为 $V = C + v + s$。因为 $F + P = v + s = w + r + i + p$（其中 w，r，i，p 分别为工资，地租，利率和利润）以及 $c = u + w$，所以凯恩斯的总供给价格 A 等于马克思的产品总价值 V。

（2）两个理论的所得和收益相等。凯恩斯的理论中所得等于总供给价格减去使用者的成本再减去辅助成本，即 $Y = A - U - W$，在樊弘看来，马克思理论中收益等于生产总价值减去不变成本，即 $R = V - c$，而 $A - U - W = F + P = V - c = v + c$，因此两种理论中收益相等，$Y = R$，并且净储蓄和净投资相等，即 $\Delta s = \Delta c$。

（3）凯恩斯理论中的投资和马克思理论中的生产手段总卖价相等。前者是指企业家之间的销货总量（$I = U + W + \Delta I = A$），后者指总不变资本（$c +$

Δc），樊弘认为凯恩斯的净投资等于企业家之间的销货总量减去使用者成本再减去辅助成本，而马克思的生产手段的增量等于总卖价减去用作再投资的总卖价，从而 Δl 和 Δc 相等。

（4）消费。樊弘认为凯恩斯的消费等于总供给减去投资，而马克思的消费等于生产品总价值减去不变资本，因此两种理论的消费统一。

樊弘指出，经济体中由于流通过程缺少计划导致有效需求缺乏的现象，凯恩斯和马克思两种理论都可以很好地解释，但是马克思资本积累理论中提到的由于生产过程缺少计划引起的有效需求缺乏，凯恩斯的有效需求理论并没有提及。马克思理论框架中，只有经济体满足扩大再生产的条件，并且由社会的中央机关来控制货物的生产与流通，经济才能实现供求平衡。然而在资本主义社会中，管理生产和流通是不可能的，因此经济总是趋向于需求小于供给，供给永不会创造需求。而在凯恩斯的理论框架内，要使得经济供需平衡，"必须供给自己能够创造需要"。[1]

在樊弘看来，马克思的资本积累理论也有一定的缺陷。马克思的理论中资本积累的限度不能超过资本家阶级和工人阶级在生产手段和消费手段方面的支出。凯恩斯的理论在这点上作出了一些补充，即外国支出的余额可以作为本国净投资的增加。因此，樊弘认为两种理论既有相似点，也有相互补充的地方。

2. 凯恩斯和马克思在货币与利息方面的比较分析学说

樊弘赞成马克思关于利息率决定的理论。他认为利息率不是"节省或节制的报酬"[2]，原因在于"当一个资本家把货币资本存放在自己手中时，他得不到什么利息，他不能代替资本的功用，当货币资本能够获取利息并且作为资本之用时，必不在资本家手中"[3]，这与凯恩斯关于利息的讨论"利息不能是储蓄或等待的报酬。因为一个人以纸币之形态窖藏他的储蓄时，他得不到利息，虽然他的储蓄与以前相同"有异曲同工之妙。利息率的本质是"工业

---

[1] 樊弘：《凯恩斯和马克思》，载《经济评论》，1947（8）。

[2] 樊弘：《评马克思和凯恩斯的资本蓄积，货币和利息的理论》，载《复旦学报》，1947（2）。

[3] 同[2]。

资本家向货币资本家借钱经过相当时期之后所付的一笔按比例来计算的数目"①，是一种货币利息率，由货币资本的供求关系决定。樊弘认为，马克思利率由货币供需决定的观点与凯恩斯的见解相同。马克思的理论中利率的决定在于可贷资本供求关系，但是可贷资本与流通中的货币不同，而是独立存在的，与货币流通的速度有密切关系。在经济繁荣时期，货币流通速度加快，可贷资本增加，商业信用扩张并且以票据的方式在工业资本家之间周转，货币的支付手段起主要作用，流通的实际通货减少，利率降低；而在经济衰退时期，货币流通速度变慢，可贷资本减少，商业信用收缩，利率上升。

另外，樊弘认为马克思利率理论最突出的贡献是区别了负债和货币。只有在经济繁荣时期，商品能够在有利的价格点上卖出，负债才可以代替货币在资本家之间转移或者作为偿债之用。负债与货币的替代决定于生产和消费的相互关系。只有在总供给和总需求平衡且有中央机构管理的条件下，利率才能达到零的水平。樊弘还认为，货币危机相对于工业资本家更能让货币资本家获利。然而这并不能避免短期内经济危机的发生，因为存在以下原因：第一，工业资本家和金融资本家之间的尖锐的竞争；第二，生产各部门的失调；第三，资本家的消费和资本积累的不对等；第四，社会消费能力的有限；第五，资本积累过程中利润率下降。

3. 凯恩斯和马克思在失业方面的比较分析学说

樊弘认为，马克思的资本论只解释了在新技术和新组织建立情况下失业现象产生的原因，但是没有解释为何技术水平不变也存在失业。而凯恩斯以供给与需求的关系为入口，解释了失业现象的产生是由于供给创造需求受阻。在资本主义生产关系下，供给没有自己创造需要的可能性，因此失业是一种常态。一方面，社会的所得者没有全部使用他们的所得作为消费的支出，即储蓄导致生产所投下的成本没有全部收回，失业便产生了，而且在社会日益繁荣的情况下，储蓄数量越来越大，失业问题也越来越不易解决；另一方面，如果储蓄完全转化为投资，失业现象也不会产生。樊弘认为凯恩斯不仅"看

---

① 樊弘：《评马克思和凯恩斯的资本蓄积，货币和利息的理论》，载《复旦学报》，1947（2）。

见了投资的增加是失业减少的原因，而且看见了在资本家的生产关系之下，投资虽然可增加，但如果越过某一阶段后便须要变一个极大限制，而使他止于一定的限界"①。这个界限是由利润率和利率的相互关系决定的。当利润率高于利率时，投资的数量增加，当利润率低于利率时，投资的数量减少。如果一段时间内消费减少，同时投资又没有增加的可能，愿意工作的工人没有工作可做，失业现象便产生了。樊弘认为，马克思的理论只解释了在资本主义生产关系下，资本逐渐代替工人工作的机会是相对剩余人口发生的原因，也是产生失业现象的原因；但是凯恩斯的雇佣论的突破点在于把储蓄利润利息三者配合在一起解释生产技术无进步的条件下失业现象仍然存在的问题。

（二）凯恩斯和马克思比较分析学说提出的背景

樊弘凯恩斯和马克思比较分析学说的提出有以下背景：

1. 20 世纪二三十年代对马克思主义的普遍质疑

"五四"运动以后，马克思经济思想在中国传播广泛。但同时中国也出现了很多批评马克思主义的声音。1923 年底，李权时就指出："近年来我国的经济思想界，几乎为社会主义所垄断。"② 在众多批评者中，马寅初批评了马克思主义的劳动价值论、剩余价值论、阶级斗争学说等理论，阐明了其发展资本主义的经济思想。另外在 30 年代，唐庆增、顾翊群和李权时对马克思主义的批评较多。他们批评马克思主义的一致性都在于马克思主义经济理论太过激烈。

2. 解放战争时期国民党官僚资本金融垄断达到高峰

抗战胜利以后，"四行二局"重返上海，它使国家垄断资本主义的核心，拥有巨额的外汇与黄金，社会货币资本的 80% ~90% 集中在他们手里，而商业银行存款余额只占 10% 多一点。从 1945 年末到 1948 年 6 月间，"四行二局"官僚资本国家行局的存款余额占全体银行存款总额的比重已经达到 87.5%、91.6%、85.10% 和 87.2%。

---

① 樊弘：《凯恩斯和马克思》，载《经济评论》，1947（8）。
② 李权时：《二十年来中国的经济思想》，载《东方杂志》，第 21 卷纪念号。

3. 恶性通货膨胀导致劳动人民生活状况更加恶劣

国民党政府滥发纸币，实行恶性通货膨胀，对劳动人民产生了很大的危害：一方面中国的官僚资产阶级在通货膨胀中可以轻易发展国家垄断资本主义，并且积累大量的财富；另一方面工人阶级的实际工资下降并且日益贫困。在通货膨胀中，一切商品价格都在上涨，劳动力价格的提高却很缓慢，虽然名义工资略有增加，实际工资却大幅度下降。特别是在恶性通货膨胀下，工业品和农产品的交换价格"剪刀差"越来越大，到 1945 年 4 月两者之间的上涨指数差距已经高达 4.91 倍[①]。抗战前大部分地租形式是货币地租，通胀以后货币贬值物价上涨，地主又把地租形式改为实物地租，加重了对劳动人民的剥削。

（三）凯恩斯和马克思比较分析学说的价值和影响

在 20 世纪二三十年代，中国经济学界对马克思主义的学说普遍持批评的意见。如马寅初在《中国的经济问题——评"资本万恶、劳动神圣"说》、《评今日我国之讲社会主义者》、《中国今日之劳资问题》和《马克思主义在中国有实现之可能性否》等文章中指出，中国的生产力不发达，资本不集中，劳动阶级不团结，没有条件实施社会主义。唐庆增在《马克思经济思想与中国》一文中以"合力论"批判"唯物史观"的经济单因素决定论，以"阶级调和论"批判"阶级斗争论"，以"生产要素价值论"批判"劳动价值论"，以"资本制度有利于劳工生活改善论"批判"经济周期危机论"。在这些对马克思经济观点的反对声中，樊弘用客观的眼光，从资本积累、利率和失业三个方面对凯恩斯和马克思的理论进行了对比，并且得出了两者在资本积累方面有很多相似点，在解释失业问题上两者互补的结论。樊弘的学说对中国经济产生了较大的影响。虽然他的学说在 40 年代得不到国民党政府的赏识，但是在解放后，他的学说对于政府投资，确定市场利率和减少失业方面有很强的指导作用。

---

① 吴冈：《旧中国通货膨胀史料》，上海人民出版社，1958。

樊弘还是第一位使用比较方法来分析经济理论和现实问题的中国经济学家。在分析问题的过程中，他比较分析了两种学说从假设、构建到结论的每个阶段，并且将两种理论取长补短，使之能够更为完整地解释经济现象。这种比较分析的方法对中国学界产生了重要影响，也逐渐成为中国经济学家经常使用的一种分析方法。

二、经济循环下资本积累学说

（一）经济循环下资本积累学说理论

1. 资本消费理论

樊弘认为马克思有关资本积累的理论只谈到了经济发展时期的资本积累条件，而没有谈到经济衰败的时候，资本的消费或减少的条件。他定义："任一第 N 年的社会的资本总是等于第 N－1，N－2，N－3，…，N－N＋1 的所得减去相应的各年度的消费的部分所余下的一串为作再生产用的投资的总和"[①]。因此社会资本的总额是以前各年度剩余所得的总和。如果有产者不消费其所得利润的全部，留出一部分为下年度的再生产之用，社会的资本就会年年有增加。相反，如果有产者阶级不但消费本期全部的利润，还消费以前期间内的利润，社会的资本便会年复一年减少，樊弘将这种情况称为资本消费。资本消费所具有的条件，与资本积蓄的条件相反：第一，社会消费的物品要大于所得，因此消费品部门的生产品价值大于两个部门的所得；第二，第一生产部门生产的生产手段小于两个部门所消耗的生产手段；第三，第二部门消耗的不变资本要大于第一部门的所得，否则第一部门不能消费他们的资本，同时第二部门也不能增加他们所生产的消费手段的产量。用公式表示如下：

$$c_1 + c_2 > V_1$$

---

① 樊弘：《论社会资本及所得》，载《社会科学》，1932 年第 5 卷第 5 期。

$$v_1 + v_2 + s_1 + s_2 < V_2$$

$$v_1 + s_2 < c_2$$

在此条件下，假使劳动者消费所得的全部，资本家所消费的大于他们本年的所得，否则社会的资本便不会减少。社会在本年度生产的生产工具，必比第一年度所留下的生产工具更少，否则社会的工具资本不会减少。社会在本年度所生产的消费手段，必定比本年度所已消费的更多，多出来的部分就是资本家在这方面减少的部分，否则资本家便没有较多的消费品来消费了。将此理论运用到第一和第二生产部门上，可得出如下结论：

（1）社会既必须消费部分的资本，则第二生产部门所生产的消费品便一定比两部门所消费的，即以工资和利润的名义所得的消费品更多，第二生产部门为生产更多消费手段，就需要比第一生产部门提前扩大资本一年，否则到时不会有更多的消费手段来消费。

（2）社会要减少工具资本，那么第一生产部门所生产的生产手段一定小于两个部门已经消耗的生产手段，否则两个部门的工具资本不会减少。

（3）社会需要增加消费，则第二生产部门的资本家除了以较少的消费手段向第一生产部门取得较少工具资本以外，所剩下的部门一定比他们已经消费的部分多，因此第二生产部门的资本家可以增加消费，从事生产以外的其他活动。

2. 社会变迁函数

资本保持不变需要的主要条件有两个：第一，生产消费手段部门所生产的消费手段价值等于社会的全部所得，即 $v_1 + v_2 + s_1 + s_2 = V_2$；第二，生产手段的部门内所生产的生产手段足以填补社会在本生产年度之中所消费的不变资本，即 $c_1 + c_2 = V_1$。樊弘认为在这样的条件下，社会消费全部的所得，因此社会无法增加资本，生产手段和消费手段的两个部门的投资总额没有增加也没有减少，也就是说两个部门的投资比率没有变化，用公式表示为：

$$\text{如果 } \Delta \frac{k_1}{k_2} = 0, \Delta R = 0$$

其中 $\Delta R = \Delta v_1 + \Delta v_2 + \Delta s_1 + \Delta s_2$，

$k_1 = c_1 + v_1$（第一部门投资增量），$k_2 = c_2 + v_2$（第二部门投资增量）

根据扩大再生产的条件，社会要增加投资，必须不能消费全部所得。为了达到这个目的，首先要增加社会的不变资本或者生产手段。也就是说，如果劳动者消费其所得的全部，第一部门的资本家要节省消费增加投资，必须要把他们的消费手段变成生产手段和工人的工资。因此，生产手段的部门的投资会先增加。但是樊弘认为，生产消费手段的生产部门内的投资总额在生产手段的产量还没有增加之前，是不能扩充不变资本的。他假定两个生产部门的不变资本和可变资本的比例是一定的。当第一部门的生产手段增加以后，第二部门也可以通过缩减消费来扩大投资。但是由于不变资本有节约劳动力增加失业的作用，第一部门的投资总额增加时，工资在总投资中所占的绝对数量加上第一部门剩余价值增量会比两部门投资总额都增加时两部门的工资增量加上两部门的剩余价值增量总和更大，因此当两个部门的投资总额均增加时，社会所得虽然也有所增加，但是不一定比第一部门投资增加第二部门投资保持不变时的社会所得更大。第一部门的总投资增加速度永远比第二部门的投资增加速度更大时，社会的所得必然持续增加。数学表示为

$$如果 \Delta \frac{k_1}{k_2} > 0, \Delta R > 0$$

两个部门的资本在生产工具建造完毕之后一旦扩大，会消费其全部所得，此时社会所得的水平会比资本扩大之前更高，而且会长期保持在此水平不变。

因此，樊弘认为在资本消费的情况下，假定技术和物价保持不变，消费手段的生产部门里投资增加比生产手段的生产部门投资增加更大。在消费手段的生产部门内投资总额的增加过程可以分成三个时期：

（1）生产手段部门的资本家首先开始消费他们的资本，并且以他们的不变资本的一部分卖给生产消费手段的部门，同时生产消费手段部门的资本家以节省下来的消费手段的一部分向前者买进不变资本，作为本部门所新增的不变资本，将另一部分来作为新雇工人的工资，最后第一部门的资本家的消费便大于他们的全部所得了；

（2）第二生产部门得以扩大投资，使该部门的工人工资总额和剩余价值都有所增加，因此第二部门的资本家消费也随之增加；

（3）第一部门资本家将资本完全消费之后，第二部门的资本家不再有再投资的打算时，社会资本就实现了完全消费。

在技术和物价不变的条件下，社会所得的增加与 $\dfrac{k_1}{k_2}$ 是呈正比例关系的，$\dfrac{k_1}{k_2}$ 如果持续下降，社会所得也会持续下降，并且下降到一定程度以后，即使资本家停止消费他们的资本，社会所得总额会停滞不动，但是此时的社会所得水平已经要比资本减少之前的水平更低，用数学表示为：

$$如果 \Delta \frac{k_1}{k_2} < 0, \Delta R < 0$$

社会所得的变化是由 $\dfrac{k_1}{k_2}$ 引起的，因此樊弘定义了社会变迁函数：

$$\Delta R = f(\Delta \frac{k_1}{k_2})$$

并且将此函数作为马克思经济循环理论的补充和延伸。

（二）经济循环下资本积累学说提出的背景

樊弘的经济循环下资本积累学说的提出有以下背景：

1. 20 世纪 40 年代社会经济衰退严重

解放战争时期，官僚资本银行的金融垄断达到了最高峰，独占外汇与黄金，存放款业务占到了全国存放款业务的绝大比重，商业银行生存艰难，纷纷倒闭。同时在恶性通货膨胀下，物价飞涨，劳动人民实际工资大幅下降，工厂销售困难，存货增加，失业率大幅攀升，社会经济严重衰退。

2. 社会资本的实际投放量少

抗日战争以后，全国 100 多家私营银行的存款额只占全体银行存款总额的 10% 左右，原因有四：第一，经济没有显著增长；第二，通货膨胀加剧，经济实值减小；第三，政府对私营银行业务的限制颇多；第四，国家行局加入拉存款的竞争行列，私营银行的存款余额不易上升。在法币不断贬值，国家行局扩张，金融管制严厉的情况下，银行吸收存款困难，贷给工业和商业的贷款也日益缩小。虽然工商信贷在全体银行的放款总余额中的比重比存款所占比重有所增大，但这是通货膨胀的结果，存款增加的速度不能赶上通货膨胀的速度，实际社会资本投放量在减少。如中国银行的贷款余额 1946 年为 1449 亿元，1947 年为 20539 亿元，1948 年 6 月为 220874 元，看起来逐年增加，但是和通货膨胀的幅度相比，实际量减少，分别只占行局全体放款余额的 11.8%，11.8% 和 12.7%。

（三）经济循环下资本积累学说的价值和影响

樊弘经济循环下的资本积累学说补充资本消费以前，马克思的资本积蓄理论只足以分析资本积累的长期趋势，有了补充以后，马克思的资本积蓄理论不但可以用来说明资本积累的长期趋势而且可以用来说明经济循环了。另外，樊弘的社会变迁函数认为社会所得的减少是由于 $\dfrac{k_1}{k_2}$ 的减少，因此他对凯恩斯的消费理论提出了质疑。凯恩斯在《一般雇佣理论》中提到消费倾向增加可以引起社会所得的增加，并且说产业衰败之际增加消费和增加投资有同样复兴产业的功用。但是樊弘认为，如果社会的消费倾向的增加使得 $\dfrac{k_1}{k_2}$ 减小时，社会的所得非但不能上升，还会降低。他的社会变迁的函数将对于第一生产部门和第二生产部门的资本投入的增量和社会所得联系起来，构建了社会所得和资本增量的函数。樊弘的此学说完善了马克思主义的资本积累学说，为经济繁荣和衰退条件下的资本积累提供了理论依据，是中国学者对马克思主义的创新之一。

樊弘在分析社会变迁函数时，使用了边际、均衡、供求和演绎法等分析工具。在中国以前的经济分析中，虽然康有为、梁启超和孙中山等有丰富的经济思想，但是没有使用数学的分析工具对其进行阐述。20 世纪 20 年代以后，中国的经济学家掌握了全新的知识系统和分析工具，对消费、生产、交易和分配进行量化分析。樊弘就是这些经济学家中的代表。

三、利率本质学说

（一）利率本质学说理论

樊弘认为，利率"一面是货币的现象，一面是生产的现象"①。正统学派认为投资也会影响利率，只看到了利率的本质是货币的现象；而凯恩斯承认利率影响投资，只看到了利率的本质是生产现象。依照凯恩斯的学说，货币的供求决定利率，利率决定投资，投资再通过投资倍数决定国民所得。然而在正统学派看来，货币需求增加的时候，债券的需求会减少，储蓄的倾向也会下降。樊弘使用马克思的利息论对凯恩斯的利息学说进行了抨击。他认为凯恩斯关于"增加货币供给的目的，在于降低利息率，在于增加工业的利润率，最后消灭坐食利息的阶级"②的言论是谬论。凯恩斯主张利率是纯粹的货币现象，利率的高低取决于公众对于流动性的偏好，即货币供求的相互关系；虽然货币的需求国家机器不能控制，但是财政部和中央银行可以通过控制货币供给来控制利率。樊弘承认，在一定时期和一定程度内，中央银行增加货币的方法是可以降低利率。但是他指出，凯恩斯把中央银行的这种作用加以扩大，好像中央银行增加货币供给，即在资本主义私有制下可以将利率降低到零，甚至消灭坐吃利息的阶级。在他看来，利息是利润的一部分，利率一般由平均利润率所决定，原因在于：第一，资本主义条件下，平均的利率不能高过或者等于平均利润率；第二，在资本主义社会中，银行资本家的活动也是以实现平均利润为目的的。虽然利率并不是只由利润率决定而具有自己的相对独立性，但是在自由竞争时期利率的变动也必须在实现平均利润的条件下才有活动的范围。而且由于短期利率受货币与短期债券的供求影响，这种独立性基本上不是中央银行或者财政部决定的。央行或者财政部能够增加

---

① 樊弘：《投资储蓄与利息率——凯恩斯的和正统学派的批评》，载《经济评论》，1947 年第 2 卷第 4 期。

② 凯恩斯：《就业、利息和货币的一般理论》，英文版，第 130 页。

货币的供给量，但是不能增加短期债券的供给量，因此央行和财政部只能在极其狭隘的范围内有改变利率的作用。

至于凯恩斯提出的流动性陷阱问题，樊弘使用马克思的货币论进行了解释。他认为在经济繁荣时期，央行增加货币，利率也不会继续下降。原因有如下两点：第一，在额外利润时期，资本家愿意支付更高的利率；第二，银行资本家也要获得与工业资本家相近的利润率，而且在这一时期，由于货币的支付功能发挥的作用更大，商业信用如汇票等代替了货币的作用进行流通，因此利率较低，央行或财政部没有降低利率的必要性与可能性。

（二）利率本质学说提出的背景

樊弘的利率本质学说提出有如下背景：

1. 中央银行三大法宝职能缺失

1928 年南京国民政府的中央银行成立。央行成立的目的有三：统一全国币制，统一全国金库和调剂国内金融。初期业务的重点是在于发行钞票、铸造硬币、代理国库收支、经办公债的发行和还本付息，以及外汇业务。至于西方央行常常使用的公开市场操作，再贴现和准备金率，后两者有实施，而公开市场操作一直都没有付诸实施。由于央行对利率的决定主要体现在对货币供给的控制，公开市场操作职能的缺失使央行不能通过市场化的操作方式来管理利率。

2. 利率由"四行二局"决定

1928 年中央银行成立以后，联合中国银行、交通银行、中国农民银行和中央信托局、邮政储金汇业局，国民政府官僚资本的垄断金融信用体系建立起来。在央行职能不独立和不完善的情况下，"四行二局"决定市场上商业银行的存贷款利率，使利率复合官僚资本的利益。解放战争时期，恶性通货膨胀下商业银行资金量被官僚资本严重压缩，工农业资金来源困难，但此时"四行二局"还升高利率，导致工农业融资更加困难，大量工厂倒闭，经济下滑更加严重。

（三）利率本质学说的价值和影响

20 世纪 40 年代，中国经济学界在金融方面讨论的核心点都在于币制改革，通货膨胀和币值汇价等，对于利率的本质和决定讨论较少。樊弘从凯恩斯和马克思两者的学说比较出发，指出利率不仅是一种货币现象，而且是一种生产现象，并且用马克思的利率决定论解释了凯恩斯的流动性陷阱。20 世纪 50 年代开始，樊弘的学术思想转向用马克思的经济学说去批判凯恩斯和其他一些资本主义国家的经济学家，立场都从唯物主义、唯马克思主义至上的角度出发，认为资本主义国家的经济学家的思想都是庸俗经济学，是在维护资产阶级的利益。虽然樊弘的利率本质学说在后期有一些观点过于偏激，但是它确实用利率将经济的货币现象和生产现象联系起来，指出利率是可贷资金供求和生产共同决定的。利率本质学说的提出虽然在当时的学界没有引起太多的关注，但是在解放后，樊弘的学说受到了政府的推崇。由于利率不能完全由中央银行的货币政策降低到零，并且利率更多的是由社会平均利润率决定的，因此政府在解放后更注重发展生产，提高社会平均利润率，货币政策工具使用得相对较少。

（曾康霖）

参考文献

［1］樊弘：《论社会资本及所得》，载《社会科学》，1932 年第 5 卷第 5 期。

［2］樊弘：《论社会所得的变迁函数》，载《新经济》，1944 年第 11 卷第 3 期。

［3］J. M. Keynes, General Theory of Employmenet, Interest, and Money, 63 页。

［4］樊弘：《资本蓄积的理论——对于马克思的资本蓄积理论的一个新的探讨和推进》，载《经济建设》（季刊），1944（4）。

［5］樊弘：《凯恩斯和马克思》，载《经济评论》，1947（8）。

［6］樊弘：《物价继涨下的经济问题》，载《世纪评论》，1947年第1卷第11期。

［7］樊弘：《投资储蓄与利息率——凯恩斯的和正统学派的批评》，载《经济评论》，1947年第2卷第4期。

［8］樊弘：《公家经济在崩溃中——大钞是政治上鸦片烟》，载《中建》，1948（1）。

［9］樊弘：《社会所得变迁函数的分析——马克思的再生产学说的推进》，引自《国立北京大学五十周年纪念论文集》，1948。

［10］樊弘：《金圆券能够稳定物价吗?》，载《观察》，1948年第5卷第1期。

［11］樊弘：《凯恩斯的经济"理论"是垄断资本家阶级的意识形态》，载《经济研究》，1955（3）。

［12］樊弘：《简评凯恩斯的投资、消费与倍数理论》，载《经济研究》，1957（14）。

［13］樊弘：《凯恩斯的基本概念和方法有什么价值》，载《人民日报》，1957 - 09 - 21。

［14］樊弘：《论社会主义制度下的商品生产和价值规律》，载《北京大学学报》，1957（3）。

［15］樊弘：《什么是凯恩斯主义》，载《光明日报》，1962 - 06 - 18。

［16］樊弘：《凯恩斯的就业、利息和货币的一般理论批判》，人民出版社，1957。

［17］樊弘：《凯恩斯的有效需求原则和就业倍数学说批判》，四川人民出版社，1982。

［18］洪葭管：《中国金融通史》［国民政府时期（1927—1949年)］，2008。

［19］孙大权：《中国经济学的成长——中国经济学社研究（1923—1953)》，上海三联书店，2006。

［20］马克思：《资本论》，人民出版社，2004。

［21］马寅初：《中国的经济问题——评"资本万恶，劳动神圣"说》、《马克思价值论之批评》、《好政府与好商人》，摘自《马寅初全集》，1999。

［22］唐庆增：《马克思经济思想与中国》，载《经济学》（季刊），1931。

［23］顾翊群：《经济思想与社会改造》，载《民族》，1935。

［24］朱通九：《批评李权时著经济学原理》，载《经济学》（季刊），第1卷第1期。

［25］洪葭管：《中央银行史料》，中国金融出版社，2005。

第二十章

方显廷金融思想学说概要

方显廷（1903—1985），浙江宁波人。1917 年进入上海杨树浦厚生纱厂学徒。1920 年就读于南阳模范高中。1921 年秋得到穆藕初先生资助赴美国威斯康辛大学读预科。1922—1924 年就读于纽约大学经济系并获得理学学士学位。随后进入耶鲁大学经济系学习并于 1928 年获得哲学博士学位。1929—1945 年执教于南开大学经济研究所，教授经济史课程，同时参与主编《南开指数》等多种期刊。期间于 1941—1943 年以社会科学会员的身份访问美国高等学术机构。1946 年任中国经济研究所执行所长，主编周刊《经济评论》。1947—1964 年受聘于联合国亚洲及远东经济委员会，任调查研究与计划处主任，参与编写《亚洲及远东地区经济年鉴》和《亚东及远东地区经济季刊》。1964—1965 年担任联合国亚洲经济发展计划研究院副院长，负责培训各国政府的中高级官员。1966—1967 年担任亚洲及远东经济委员会工业与自然资源处的工业经济地区顾问，完成了 6 个国家和地区的关于工业出口前景的研究报告。1968—1971 年担任新加坡南洋大学商学院经济学客座教授。著有《中国之合作运动》《中国之棉纺织业》《中国经济研究 》《中国工业资本问题》《中国战时物价与生产》《中国战后经济问题研究》等。有《方显廷文集》刊行。

一、转型期货币周转速度与物价关系论

（一）学术观点

一般认为，物价和货币发行量之间有着密切的关系。由费雪方程式 MV = PT 可知，物价水平 P 和货币发行量 M 成正比。货币周转速度 V 和商品交易总量 T 由人口习惯、人口密度和交通条件等因素决定，因而变动性较小，亦可近似地认为是固定的。因此，货币发行量的增加会导致物价的上涨，且两者的变动比例相近。这种观点在社会政治稳定、经济没有受到较大冲击的条件下是成立的。但是，方显廷指出："在战争时代内常常发生巨大的经济变革"[①]，"要解释我国当前的物价问题，如果不把握货币周转速度这个因子在物价变动过程中所起的作用，即无法说明"[②]。在战争时期或者政治经济转型期的条件下，物价水平 P 和货币发行量 M 就难以保持一种稳定的正比关系。

在现实生活中，人们出于交换和预防等方面的考虑，往往会在手中保存一定数量的货币。如果人们愿意以货币的形式保存的财富数量占他所有财富的比例越大，那么货币流通速度越慢，反之则反是。影响这一比例的主要因素有收入、商业、预防、投机和银行存款。在正常情况下，这些因素对货币流通速度的影响并不大。但是在政治经济转型期或者人们预期物价会持续上涨的情况下，这些因素就会对货币流通速度产生极大的影响，从而破坏物价和货币发行量之间的正比关系。

首先，人们预期未来物价会持续上涨，或者在政治前景不确定的情形下，人们会尽快用手中的货币换回生活必需品或者其他耐用品，"月底发薪改为随时发给月薪，可使这部分的货币周转速度增加，可见制度的改变，对于货币

[①] 方显廷：《货币流通速度与物价波动》，载《钱业月报》，1948 年第 19 卷第 5 期。
[②] 方显廷：《货币周转速度与物价》，载《资本市场》，1948 年第 1 卷第 1 期。

周转速度的影响"①；接着，生产商为了避免物价持续上涨带来的成本增加，也会尽可能地用手中的现金购入生产原材料或者其他生产设备，更有甚者会借钱购买；其次，由于购买的货物能够轻易地以稍低于市价的价格出售，流动性等同于货币，因此，出于预防动机所需要保存的货币数量降到了最低水平，甚至为零；再次，投机风险增加，且收益率难以赶上物价上涨的比率，这时人们往往会选择囤积商品，来避免财富的损失，因此，出于投机动机所需要保存的货币数量也降到了最低水平；最后，中国的银行可以无限制地发行通货，造成信用的过度扩张。据统计，战前银行定期存款占40%，战争中期普通行庄的定期存款差不多已经等于零②。

以上这些因素的影响致使转型期内的物价水平和货币发行量脱离了正比的关系，物价水平上涨的速度远远快于货币发行量增加的速度。这其中主要的原因就是货币周转速度不是固定不变的，而是快速增加的。总的来说，市场均衡的物价水平由市场供给和市场需求共同决定。方显廷特别指出，当人们心理因素发生变化，预期未来物价将有一个较长的持续上涨过程，他们"不但不减少需要，反而提前购买以增加需要，生产者因预期将来还要继续上涨，不但不增加供给，反而待价而沽，物价更进一步地上涨，这就是货币周转速度增加的表现。"③

货币流通速度的分析能够很好地解释抗战时期中国物价水平和货币发行量的变化。抗战前期由于民众预期战争很快会结束，所以没有大量囤积货物，物价的小幅上涨推迟了民众的购买。这段时期，物价的增速略小于货币发行量的增速。当抗战进入相持阶段，民众都预期到战争不会在短时间内结束，并且政府过度发行货币给他们带来了重大的财富损失，这时，民众就希望尽快花掉手中的货币，生产商也会囤积货物，待价而沽，由此导致了货币周转速度的迅速上升，结果就是物价水平的增速超过了货币发行量的增速。抗战结束前4年，物价持续上涨，财政赤字不断扩大，政府不得不继续增发货币，

---

① 方显廷：《货币周转速度与物价》，载《资本市场》，1948年第1卷第1期。
② 同①。
③ 同①。

导致了恶性循环，物价进一步螺旋式地上涨。抗战结束后，物价曾有一段短暂的回落，但是内战的爆发，导致物价仍旧居高不下。在整个过程中，正是货币流通速度发生了巨大变化，起到了关键性的作用。

（二）历史背景

1936 年至 1946 年的这十年，国家因连年战事，政治前景不明朗，经济环境不稳定，生产力遭到了不同程度的破坏，民众的生活也受到了极大的影响。就货币发行量而言，战前年代大约为 14 亿元。到去年 8 月底，法币发行量为 150000 亿元，相当于战前的 11000 倍。就物价水平而言，根据国民政府统计局所编制的全国批发价格指数，中国物价水平，到去年 8 月为止，已经平均增加了 34000 倍。[①] 物价水平的增长速度已经远远超过了货币发行量的增长速度。再来看生产力方面的统计。根据巫宝三对 1946 年国民收入的估计，国民经济各部门的生产总量，与 1936 年的战前年代相比，并没有减少很多。农业生产额在 1946 年是 1936 年的 80%，机制工业是 68%，运输是 84%，商业是 89%，房屋业是 90%，矿和冶金业是 29%，建造业是 10%。总的来说，1946 年的生产量大约是 1936 年的 91%，减少了不到 10%。[②] 因此，商品供给的短缺不能解释物价水平增速和货币发行量增速之间巨大的差额。要解释物价水平的奇高，只能从货币流通速度的角度进行分析。

（三）意义

对货币流通速度的研究弥补了费雪方程式的不足。费雪方程式在国民经济正常运行的条件下可以很好地符合客观统计数据，在政治经济转型期，就会出现一些问题。但费雪认为，这种转型期非常短暂，当政治和经济再度稳定下来，物价水平和货币发行量会自动恢复到正比的关系。可事实并非如此。当民众的预期发生改变，货币周转速度就不再是固定的，而是快速上涨的。在货币周转速度的推动下，物价的增速远远超过货币发行量的增速，从而造

---

① 方显廷：《货币流通速度与物价波动》，载《钱业月报》，1948 年第 19 卷第 5 期。
② 同①。

成通货膨胀。一旦通货膨胀率超过某一临界值，就会形成恶性通货膨胀，这时，除非借助外力，否则物价水平和货币发行量就难以恢复到以前的正比关系，国民经济将遭到毁灭性的打击。由此可见，货币流通速度的研究，对转型期经济运行的分析，在理论上有着重要的意义。

同时，货币流通速度的研究，在实践上也有着重大的作用。通货膨胀会影响一个国家的经济正常运行，尤其是经济转型期国家。经济转型期国家，为了完成产业结构的调整，创新经济增长途径，往往会引进外资，增加货币发行量。但是产业结构的调整并不是一个短期的过程，而且面临巨大的风险，加大货币投放又会造成通货膨胀率的上涨，早期物价水平的上涨还在可控范围内，一旦经济形势恶化，或者宏观调控不够及时，通货膨胀率超过临界值，形成恶性通货膨胀，就会给经济发展带来严重后果。因此，不可忽视经济运行中货币流通速度对物价水平的影响，货币流通速度的研究对于经济转型期国家而言，尤为重要。

二、通货膨胀与外汇政策

（一）学术观点

由外汇理论可知，一国货币贬值，汇率上升，有利于提高本国商品在国际市场上的竞争力，增加出口，同时也可能使外资撤离国内市场；货币升值，汇率下降，有利于吸引外商外资，但是却可能阻碍进口。通常，汇率有固定汇率和浮动汇率两种，各有优劣。因此，在制定汇率政策的时候，应充分考虑到当前的社会经济状况，尤其是在严重通货膨胀条件下或者经济转型期，必须针对最紧迫的问题，及时制定有效的外汇政策，稳定经济形势。

如果一国经济已经处于严重通货膨胀之中，必然有货币发行量剧增、物价快速上涨、出口受到损害、进口受到限制、外资大量撤离等情况的发生。此时，若调整汇率，使其与货币购买力相等，虽然有利于出口，但是却会助长物价进一步上升。若维持原有的汇率，可以增加物资的进口以缓解国内紧张的需求，在一定程度上起到稳定物价的作用，但也可能造成外资枯竭，黑市交易泛滥的严重后果。进一步分析可知，在严重通货膨胀的条件下，进口因缺乏外汇本以受阻，低汇率政策对稳定物价所起到的作用十分有限。故而，方显廷指出："低汇率有益于平抑国内物价，是因为低汇率有利于进口，但是当前进口受阻，从而与高汇率无异"[①]。

因此，在严重通货膨胀的条件下，就比较适宜采用高汇率的外汇政策。方显廷等建议，政府应当停止对外汇的管制，允许外汇自由交易，虽然汇率升高不利于稳定物价，但是可以带动出口增长，减缓外资的撤离，抑制过度投机。鉴于国内经济环境并没有改善，外资不可能主动回流国内，政府还应该规定，出口创汇无须结汇，但必须以输入物资为条件，并且以输入生活必需品和生产原材料为主。如此，在鼓励出口的同时，也能够保证国内的物资供应，生产的正常进行。此外，方显廷认为，"新贸易外汇办法成败的关键，在于黑市能否消灭或减轻其捣乱作用"[②]。政府应当尽最大的努力，缩小黑市交易的规模，允许外汇持有者输入物资，使投机者无法获得高额利润，这对稳定物价也是有很大的裨益的。

在严重通货膨胀时期，低汇率政策已经不能发挥正常的作用，采取高汇率政策，是两权相害取其轻的做法。外汇资源枯竭的主要原因是出口无利。政府放宽进出口的管制，"出口所得外汇，准许其输入物资，则以进口之利弥补出口的损，出口可转为繁荣，出口既增加，外汇资源可供以购买货物者，亦随之增加，进口因外汇枯竭所遭受之桎梏，必可大为减轻"[③]。

（二）思想提出之历史背景

1940—1948 年，由于受到战争和灾害等因素的影响，国内物价大幅上涨，经济环境迅速恶化，外商外资大量撤离。政府为了减缓国内物价水平的上涨

[①]　方显廷：《政府应即采行新外汇政策》，载《金融周刊》，1947 年第 8 卷第 25 期。
[②]　方显廷：《对新外汇贸易办法的看法》，载《银行周报》，1947 年第 31 卷第 35 期。
[③]　同①。

压力，实行外汇管制，维持较低的汇率，同时为了大量储备外汇，规定出口所得外汇，必须以一万两千的官价到政府部门结汇。这样一来，使得出口受到严重的损害，国内外汇资源枯竭。继而，物资进口也因为缺乏外汇而受到阻碍，黑市交易大量增加，导致物价更快地上涨，生产生活的正常秩序难以维持。后政府为了解救经济危机，颁布了《新外汇贸易办法》，为防止民生日用品价格的波动以安定人民基本生活的需要，仍部分维持一万两千的官价，此项官价外汇，以用以输入上列必需物品及供各级政府机关进口物资为限，并从严审核。出口所得外汇及侨汇，规定按市价售于指定银行，此项市价由新成立外汇平衡基金委员会，随时斟酌市价供需情况调节，逐日挂牌公告，不呆定于一点。[①]

（三）意义和评价

研究严重通货膨胀条件下的外汇政策，对于政府或者外汇管理部门而言，有着重大的指导意义。不同的外汇政策有不同的实施条件，其实行的先后次序、宽松程度和期限长短等，都会对最后的效果产生重要的影响。当国家面临巨大的经济危机时，政府在制定外汇政策时，往往既要稳定物价，又要保护出口，左右为难，难以决断。倘若政策稍有偏差，就有可能使经济崩溃，造成难以挽回的后果。因此，充分了解当前经济运行状况，首先解决最紧迫的问题，能够有效地提高政府制定政策的准确度，然后再逐步恢复各项经济指标，方能确保经济的稳定运行。

（赵劲松）

参考文献

[1] 方显廷：《货币流通速度与物价波动》，载《钱业月报》，1948 年第 19 卷第 5 期。

---

① 方显廷：《对新外汇贸易办法的看法》，载《银行周报》，1947 年第 31 卷第 35 期。

［2］方显廷：《货币周转速度与物价》，载《资本市场》，1948年第1卷第1期。

［3］方显廷：《政府应即采行新外汇政策》，载《金融周刊》，1947年第8卷第25期。

［4］方显廷：《对新外汇贸易办法的看法》，载《银行周报》，1947年第31卷第35期。

第二十一章

蒯世勋金融思想学说概要

蒯世勋（1906—1987），江苏吴江人，又名蒯斯曛，笔名施君澄。毕业于复旦大学，精通数国语言，是现代著名的翻译家，翻译过瑞士史碧丽的《小小的逃亡者》。1938 年后历任《鲁迅全集》《译文丛书》编校，新四军一师师部秘书，华中军区司令部秘书，第三野战军司令部秘书处主任，华东军区外文学校政治委员，上海新文艺出版社副社长、副总编辑，上海文艺出版社及人民文学出版社上海分社社长、总编辑，上海译文出版社总编辑。上海出版局顾问，中国作家协会上海分会理事。著有《银行学 ABC》（1929 年上海 ABC 丛书社）（收录在李权时等合著的《金融界服务基本知识》中）、《广告学 ABC》（1929 年世界书局）、高级中学商科教本《经济学》（1932 年世界书局）、《上海公共租界史稿》（1980 年上海人民出版社）等。

一、存款准备金额确定说

（一）银行应灵活伸缩其存款准备金额

在《银行学 ABC》中，蒯世勋对存款准备金金额的确定给出了自己的看法："银行应考察社会、政治以及金融市场的状况，并细究存款的种类，及存户的种类，凭经验而见势行事，伸缩其准备金额。"①

蒯世勋在书中首先强调了存款准备金的重要性。银行为维持信用起见，对于所吸收的存款不得不储备相当的准备金。如通知存款，如定期存款，在未被通知或未到期前虽然可以利用这些款项，但是如果不事先准备，也必将导致无法应付。至于往来存款，提取是不定时的，如果没有事先准备，一遇到客户提取而无以应付，势必停止兑付，于是银行信用将受损；如果在金融紧迫时期，甚至足以引起一般人对于一切银行的怀疑，纷纷前去提款，而连累其他银行，因此准备金对于银行而言甚为重要。

那么，准备金终究需要多少才能安全无患呢？蒯世勋认为：这个问题需要加以慎重考虑，因为准备金太多将损害银行的利益，太少又将导致不足以应付提款的隐患。在外国，如美国，往往通过法律规定银行储备以存款总额为比例的准备金。然而这种法律规定，利少弊多，难以适用。因为一经规定，常容易导致死板，不能适合社会经济情况的变动，有时准备过多，导致闲置资金在库造成浪费；有时则又准备过少，不足以应付。法律的规定既然不适用，那么银行准备金到底该以何种标准确定才能妥当呢？蒯世勋则认为，银行应根据社会、政治以及金融市场的具体情况，存款及存户的具体类型，来灵活确定准备金额，既不导致过多的浪费，也能应付自如。

（二）社会背景

由于1929—1933年世界经济危机，各国普遍认识到限制商业银行信用扩张的重要性，凡实行中央银行制度的国家都仿效英美等国的做法，纷纷以法律形式规定存款准备金的比例，并授权中央银行按照货币政策的需要随时加以调整。然而，中华民国时期，南京国民政府1928年设立的中央银行对当时的中国银行、交通银行、中国农民银行和各地银行的存款业务并未建立存款准备金制度。

---

① 蒯世勋：《银行学 ABC》，39 页，世界书局，1929。

（三）意义及影响

在这种背景下，蒯世勋分析了存款准备金对于银行体系的重要性，更重要的是，在美国等其他国家往往通过法律规定银行储备以存款总额为比例的准备金的情况下，提出银行应根据社会、政治以及金融市场的具体情况，存款及存户的具体类型，来灵活确定准备金额。这一思想也可以与后续存款准备金制度的改进和完善方向相符，可见当时蒯世勋提出这一思想的远见和前瞻性。

二、银行兑换券应限制发行

（一）银行兑换券的发行应采取限制政策

在《银行学 ABC》中的《银行兑换券》一章中，对于银行兑换券的发行，蒯世勋首先介绍了两种学说：自由发行与限制发行。自由发行，就是指凡是银行均可以发行兑换券。这一学说主张者的理由是：兑换券是一种信用证券，只要有信用便可发行，不必有什么干涉与限制，因为当兑换券超过需要时，自然会向银行兑现，而减少其流通数量，绝不会有危险可言。主张兑换券应该归国家指定银行特权发行的限制政策的学者，则认为兑换券与金融界的关系非常重大，如果采取自由发行政策，银行难免会被眼前的利益所诱惑，结果一定会导致发行泛滥，以致一切兑换券的信用崩溃，金融界发行恐慌现象。为避免这种恐慌出现，必须小心谨慎，对发行加以限制。

对于这两种相反的学说，蒯世勋认为："当以限制发行为是。"[1] 他分析，发行兑换券，无异于对公众借款而不予利息，发行银行由此所得的利益也不可忽视。如果由银行自由发行，则必然将出现滥发的现象，这是自由发行的弊端之一；再次，兑换券的发行，是一国国民的特权，而不是外人能够享有

---

① 蒯世勋：《银行学 ABC》，104 页，世界书局，1929。

的。如果采取自由发行政策，则外国银行也将发行兑换券，于是本国资金将被其吸收，且损害了国家的威严。当时，外国银行兑换券充斥着我国市场，损失实在不小，也是自由发行政策所导致的结果。

（二）社会背景

在 1933 年废两改元之前，中国的货币制度和体系十分紊乱，流通的货币有银两、银元、铜元和纸币。铸造货币的既有中央政府又有地方政府，还有私人银炉；纸币发行权也极为分散：享有发行权的既有华资银行，又有外资银行。华资银行又分为国家银行、商业银行和地方银行。

国家银行既有原来的中国银行和交通银行，又有 1928 年新成立的中央银行。三家银行都发行纸币（兑换券），数量随着时间的推移不断增加。各省军阀则通过省银行和官银钱号发行地方性纸币，以弥补本省财政。张作霖发行奉票，到 1928 年 5 月发行额达 6.2 亿元，贬值最严重时要 42 元换 1 银元。湖北官钱局、河南省银行、江西地方银行等先后在 1926 年至 1928 年间倒闭，发行过巨是其根本原因或重要原因之一。

除了国家银行和地方银行发行纸币外，一般的华资商业银行也发行纸币。主要有两类，一类是享有纸币发行权的官商合办的特种银行，如边业银行、中国实业银行、农商银行、中国农工银行等，一般发行几十万至几百万不等的纸币；另一类是经政府批准发行兑换券的商业银行，有中国通商银行、浙江兴业银行、四明银行、中孚银行等。

另一方面，本国货币与外国货币并存，外商银行在华的势力不断扩张，损害了国民的利益。北洋政府对外商银行发行纸币采取纵然态度，任其自由发展，侵犯中国主权，而广大中国人民反对外商银行发行纸币的呼声则日益高涨。

（三）意义及影响

银行兑换券的紊乱和肆意发行对当时的经济活动，尤其是广大劳动人民的利益造成了严重的损害。面对此种情况以及自由发行与限制发行这两种相反的主张，蒯世勋明确提出银行兑换券应采取限制发行政策，并对此进行了论证和分析，为银行兑换券发行制度的改革提供指导。

三、汇兑市价决定学说

（一）汇兑市价围绕法定比价而上下浮动

蒯世勋在《银行学 ABC》中提出，"汇兑市价以法定比价为中心，在现金输出点与现金输入点之内因汇票供需的关系而有涨落"。[①] 法定平价就是依两国间货币法的规定，根据其本位币所含金属的分量，来确定其比价。这是对本位币为同一金属的国家而言的。假如本位币不是同一金属，那么比价的高低，常随金银市价的涨落而定，而没有法定比价可言。

根据汇兑市价与法定比价的高低，可以将汇兑市价分为三种：一是平准价，就是市价和法定比价相同。只有在国际债权债务总额相同的时候，才有平准价，所以平准价在实际中是很难出现的。二是有利价，也就是汇兑市价低于法定比价。这是一国债权总额超过债务总额，汇票供过于求的结果。三是不利价，就是高于法定比价的汇兑市价。与有利价相反，是债务超过债权总额，汇票需求大于供给的结果。

一般来说，汇兑市价或高或低于法定比价，都有一定范围，这个范围就是所谓的现金输送点。现金输送点的意思是，汇兑市价或高或低于法定比价的部分超过现金运送的费用时，国际债权债务的消除就不用汇票而直接输送现金了。现金输送点有两方面：现金输出点和现金输入点。前者是市价上涨的限制，超过该限制将直接输出现金来偿还债务；后者是市价下跌的限制，超过此限制将直接输入现金来消除债权，因此得到上述结论。

在实际中，若发生特殊情形，汇兑市价也会超出该限制。通常有以下几种特殊情形：

---

① 蒯世勋：《银行学 ABC》，86 页，世界书局，1929。

1. 金银本位不同。货币本位不是同一金属的国家之间，没有所谓的法定比价，因而也没有现金输送点，所以汇价通常随金银的市价而涨跌，变动剧烈。

2. 劣质货币的流通。劣质货币就是成分、重量达不到法定标准的货币。汇价会因劣质货币的流通而发生异常变动。

3. 不兑换纸币的滥发。其结果足以使货币在市场绝迹。纸币价低，与金币不同，用来购买外币的汇票，汇价当然不断高涨；另一方面，外国购买纸币国的汇票，汇价自然不断下跌。欧战时德法汇价就是如此。

4. 经济恐慌与战争。经济恐慌时，对现金的需求激增，对外国拥有债权的一方必会急于收回其借款，导致廉价出售汇票。而债务人则无法清偿欠款，一方面汇票供给日益增加，另一方面需求贫乏，汇价于是不断下跌。战争与经济恐慌常相伴出现，其对于汇兑的影响无异于经济恐慌。

（二）社会背景

从 19 世纪后半期起，银价开始逐渐低落，金银比价的差距日益拉大，掀起了一股金贵银贱风潮。金贵银贱风潮使中国对外贸易的逆差增大，不等价交换进一步扩大。金贵银贱最直接的结果，是中国对外汇价的下跌。从理论上讲，汇价下跌可以鼓励出口，限制进口，刺激国内生产。但是，当时中国是一个半殖民地半封建的国家，工业生产落后，进口以制造品、消费品为主，出口以农产品原料为主。在国内立即进行制造以代替进口商品的可能性并不大，而出口商品俯仰由人，受国际市场的需求支配。所以中国出口贸易，无论在总值和数量方面，不但没有增加，反而减少。更值得注意的是，进口商品价格的上涨程度超过出口商品价格，中国对外贸易的不等价交换进一步扩大。

（三）意义和影响

在金贵银贱风潮使中国对外贸易的逆差增大，不等价交换进一步扩大的背景下，蒯世勋从理论上分析了一般情形下汇兑市价的决定规律和范围限制，并结合实际指出了导致汇兑市价超出正常范围限制的若干特殊情况，对于应对对外贸易失衡和不利情形具有一定的指导意义。

（唐丽淼）

参考文献

［1］蒯世勋：《银行学 ABC》，世界书局，1929。

［2］贺水金：《1927—1952 年中国金融与财政问题研究》，上海社会科学院出版社，2009。

［3］叶世昌、潘连贵：《中国古近代金融史》，复旦大学出版社，2001。

［4］贺水金：《论 20 世纪 30 年代前中国币制紊乱的特征与弊端》，载《史林》，1998。

第二十二章

彭信威金融思想学说概要

彭信威（1907—1967），江西安福人。早年在天津南开中学读书。1928年官费留学日本，入东京高等师范学校学习英国文学。1931年"九·一八"事变后归国，在上海神州国光社从事编辑工作。1935年又赴伦敦政治经济学院进修，旁听牛津大学英国文学史，并在一所夜校辅修法文。在英国期间，对货币史研究产生浓厚兴趣。1937年回到香港，出任香港中国银行襄理。1941年到重庆，在复旦大学任教。历任行政院农村复兴委员会专员、上海经济调查所副主任兼《社会经济》月刊总编辑、中中交农四行派驻贸易委员会稽核、国防最高委员会设计专家等职。曾以驻美特派记者的身份参加第一届联合国大会。解放后，继续在复旦经济系任教，1952年起任上海财经学院教授直到去世。主要著作和译作有《中国货币史》①、《银行学》、《战后世界金融》、《各国预算制度》、《哲学概论》、《日本近代

---

① 《中国货币史》是彭信威最具代表性的著作，从1943年开始撰写，成于1954年，同年由群联出版社直排初版，45万字，印数1500册。后来陆续增订，1958年由上海人民出版社横排再版，增为50万字，印数1200册。在再版的基础上，日积月累地又做了补充和修改，经过一番整理，第三版于1965年又由上海人民出版社出版，印数2900册。比起初版来，第三版的内容几乎全部刷新了，达到77万字。他专心从事货币研究和《中国货币史》创作，在各版中不断进一步修改，把毕生精力奉献给货币史研究事业。自20世纪50年代《中国货币史》问世，他即被学术界公认为"货币史研究权威"。《中国货币史》是系统阐述中国货币发展的历史著作。全书结构别出心裁，大体上按照朝代来分阶段，上起先秦，下迄清末，时间跨度长，使用中外资料极多，组成一个有机整体，从而建立中国货币史研究全新的体系。在彭信威身后，应广大读者要求，1988年上海人民出版社据第三版影印了5500册，2007年再次重版了4250册。直至现在，它的内容在同类著作中仍是最完备的。在中国货币史领域，这部著作一直被奉为圭臬，堪称经典。他的金融思想学说主要在《中国货币史》书中有比较集中的体现。彭信威的《中国货币史》还受到国际上的高度重视。1994年美国西华盛顿大学出版了由资深汉学家卡普兰（Edward H. Kaplan）翻译的彭著《中国货币史》英译本（*A Monetary History of China*），普遍入藏欧美国家的大学图书馆和公共图书馆，在西方学术界产生了广泛的影响。

史》、《中欧各国农业状况》等。

一、倡导研究货币购买力变动说

（一）倡导研究货币购买力变动说的内容

货币购买力即单位货币能买到的商品或劳务数量，是货币价值和商品价值对比的结果。货币升值或商品价值下降，货币购买力就升高，反之，货币购买力就下落。在彭信威对货币史全方位研究基础上，始终贯穿一个指导思想，便是"人民的生活水平"应当是最应该关心的民生问题。因此，他在《中国货币史》中，把货币购买力变动的研究提高到与货币制度相等同的地位。关于研究货币购买力的变动，彭信威有着深刻的分析："由于货币是价值尺度，各种财富的价值，都是通过货币表示出来。同时货币又是购买手段，各种商品和劳动，都要通过它才能取得。尽管几千年来自然经济在中国社会中占有重要的地位，但在城市里，货币经济还是主要的。所以历代货币的购买力，可以说是研究经济史的钥匙。譬如历代人民的生活水平，应当是研究历史的人所最关心的问题。发展生产的目的，无非是为提高人民的生活水平，如果人民生活水平不能提高，那么，发展生产就没有什么意义。一代政府的得失成败，就是要看在这政府之下，人民的生活提高还是降低。但一个时代人民生活水平的高低，只有同另一个时代或另一个国家相比较才能看出来，这就要研究各时代各国家人民的收入，但这种收入或全部或一部分是用货币的形式，因此首先必须弄清历代货币的购买力，才能计算出人民的真实收入。"在他看来，货币史研究特别看重的是货币的社会性。"这就是说：流通得越广就越重要，流通得越久就越重要。换言之，同它接触过的人数越多，它就越应当受到重视。这种标准显然和历来钱币学家的标准不同。他们所重视的是孤品，甚至是完全没有流通的母钱祖钱。我并不否认那些孤品和祖钱母钱的重要性，它们在另一种意义上具有特殊的重要性，但从社会性一点来说，它们是不重要的，它们同当时人民的生活没有多少关系。"（《中国货币

史》再版序，1958 年版）

（二）倡导研究货币购买力变动说提出的背景

在研究货币购买力方面，向来是个薄弱的环节。"前人所研究的多偏重货币的形制。钱币学家研究的对象是钱的形状，钱文的书体，把各代的钱名，像流水账一样抄录下来就算了事，有时连钱的重量和成色都不注意。至于钱的购买力，或为什么发行某种钱，发行后对于人民生活有什么影响，对于政治有什么影响，那是更加不问了。其实古钱的形制只是古代货币的躯壳，它的生命或灵魂是它的流通情形，尤其是它的购买力……另外有些人是研究货币的制度，而且也偏于近代的币制，如银本位，银两的种类，各地银两的成色，钞票的形制等。这些人对于清以前，多是几句话就带过去了。他们比古钱学家自然更加接近货币经济学，但其忽视货币购买力及其变动的影响，两者是没有分别的。这无疑是资料不易搜集的缘故，也因为中国的货币理论不发达的关系。货币本身就是一种制度，所以制度的研究，自然很重要，可是也不应当过分强调制度的重要性。清末以来，留心货币问题的人，正是犯了这种毛病。""研究货币学和货币史的人，主要就是致力于搜集一些法令和条例，甚至不问这些条例是否实行和得到贯彻。似乎只要货币单位定得好，货币种类选择得好，就能算是一种好的货币制度，不知货币制度的善恶成败，并不在于钱形的美观与否，也不在于单位的大小轻重，而要看货币的购买力能否维持，使其不致搅扰人民的经济生活。以往研究货币史的人，多忽略了这一点，对于历史上的一些重要现象，多不加研究和说明，譬如为什么梁武帝铸铁钱使物价上涨，汉武帝铸银币也使物价上涨；为什么董卓铸小钱是通货贬值，蔡京铸大钱也是通货贬值。"（《中国货币史》1965 年版序言，第13～14 页）彭信威主张，货币购买力是指货币与商品及劳务的相对关系，历代货币发行流通与人民生活休戚相关，所以研究货币购买力的变动，目的是计算出人民真实的收入，以考察人民的生活水平。这里，反映了彭信威朴素的以人为本的积极思想。

（三）倡导研究货币购买力变动说的价值及其影响

研究货币购买力变动主要用于反映货币价值的稳定程度，据以研究一个国家的财政经济状况，测定居民的实际工资水平或实际工资指数，以反映人民生活的真实情况。彭信威指出，把货币研究的重点放在对我国货币发展起着主要的和决定性影响和作用的货币上，其重要意义是不言而喻的。这类主流货币版别多，数量大，流通时间长，与经济史、政治史、文化史、军事史，民族史等，关系十分密切。"一个时代的人民的生活水平，不单由币值和物价来决定，还须看人民收入的增减。换言之，人民的生活水平，要看人民的真实所得如何。"（《中国货币史》1965 年版，第 825 页）

货币购买力的变动涉及货币最为本质、最为复杂的货币价值问题。弄清这一问题，就可以解开中国历史上诸如私销、私铸、通货膨胀或紧缩等许多社会难题，以及中国人不断变迁发展的生活状况。重视货币购买力的研究，关注广大人民的生活水平，至今都有深远的历史意义。

二、健全银行制度论

（一）健全银行制度

在《民国建国中银行的地位》一文中，作者指出，在北京政府时期和南京政府时期，我国银行的发展无助于国民经济。但在抗战爆发后，我国某些在政府领导下的银行却对国民经济作出了很大的贡献。在谈到银行今后的发展问题上，作者感慨道："我国的银行，远没有达到健全的境地，需要改进的地方很多"。[1]对于如何健全银行制度，作者进行了详细的阐述：

"我国尚没有一个健全的银行制度。所谓银行制度，例如在美国，以联合储备银行为中心，所有那些全国银行和州银行信托公司等，都能认股，成为

---

[1] 彭信威：《民国建国中银行的地位》，载《东方杂志》，46 页，1941 年第 38 卷第 1 期。

会员银行，要受联合储备银行的监督统制，但紧急时亦可以得到他的援助，此外在投资方面，有各种投资机关，如投资银行、投资信托和持股公司等；农业方面，有各种农业信用机关，如联合农场放款制度等；美国的银行制度虽极为复杂离奇，但仍不失为一种制度。例如在苏联，其银行制度是最明白而有条理的，因为所有的银行都归国营，没有竞争没有浪费，上面有哥斯银行，成为一切银行的监督者；此外有工业银行、市政住宅银行、合作银行、农业银行以及储蓄银行等，各有各指定的工作，绝不重复。各种投资都是依据预先定下的计划实行。又例如在日本，亦有一个整然的制度，上面有日本银行，作为中央银行，此外国际汇兑和对外贸易则有横滨正金银行，发展工业则有日本兴业银行，发展农业则有劝业银行和农工银行，发展殖民地，则有台湾银行和朝鲜银行等，一切都是井井有条。"[①] 这表明，在作者看来，一个健全的银行制度应该使银行各司其职，不同的银行分别负责国民经济的不同部分，而且要有一个中央银行来进行统一管理。

在谈到我国当时的银行制度时，作者指出："反观我国情形极为混乱。自民国成立以来，政府曾屡次直模仿日本的银行制度；当国民党北伐成功后，且成立了一家中央银行，一家国际汇兑银行，一家发展全国实业银行，后来再加上一家农业银行，表面上看来，制度的整齐毫不逊于俄日两国，但只是表面，事实上全不相符，而政府亦没有进一步贯彻他的计划。所谓中央银行，必须具备一定的条件才行：必须超然立于其他银行之上，不和其他银行作业务上的竞争，但随时要加以监督和管束，同时要给以再贴现的便利。全国纸币的发行，亦须统一在中央银行的手里，这样才能适应市场的情形而加以调整。这几点，我国的中央银行都没有做到，多年来，他和其余的商业银行，并没有什么不同的地方。至于把中国银行特许为国际汇兑银行，大概是有意模仿日本的横滨正金银行，日本的对外贸易对于日本全国人民的生计，有绝对的重要，如果对外贸易完全停顿，就可以致他的死命，他每年出入口贸易合计有五六十万万元，一九三九年出入口贸易总额在七十万万元以上，但我

---

① 彭信威：《民国建国中银行的地位》，载《东方杂志》，47 页，1941 年第 38 卷第 1 期。

们不要忘记：他同时有庞大的商船队，百吨以上的轮船有二千多只，总吨数在五百万吨以上，占世界第三位。我国的对外贸易总额每年亦有一二十万万元，相当重要，而且海外华侨很多，每年汇款不少，可是我们没有船舶，一切输出入业，一向操在外人手里，经手的银行亦是外国银行，中国银行战前在外国只有四家分支机关，连华侨汇款都找不到本国的银行。"① 在作者看来，虽然当时中国政府效仿国外的做法分设了不同的银行，但只是停留在表面上，各个银行根本没有起到该有的作用。用作者的话说，叫做"政府对银行分业的那种安排，还不大切合实际"。此外，作者还认为中国银行在海外的分支机构也比较少，这同样限制了银行业务的开展。

在文中，作者给出了健全银行制度的具体思路。"将来我国要成立健全的银行制度，有两条路：第一是革命的路，成立名副其实的中央银行，统一发行，并使其他一切银行都受他的监督统制，对于工农矿以及国际汇兑各业，各指定或成立一行来专管，执行国家的政策，不以营利为目的。第二是比较稳健的路，即循着现下的自然发展，再强化扩大四联总处，四行的资金完全受他调动，发行亦由他绝对管理，以四行的总力来推动全国的工农商矿各业，以形成我国独特的银行制度。"② 这就表明，在作者眼里，健全的银行制度应该是：在上有一个统一监督管理的中央银行，在下有不同的银行分管国民经济的工农商矿等部门。

（二）健全银行制度论提出的历史背景

我国银行产生于清朝，但真正的发展却是在民国时期。北京政府时期，我国银行业发展的突出特点是数量增多，但诸多银行的设立都是以承销政府公债为目的，具有很大的投机性。基于此设立的银行，实力薄弱，管理混乱，而且和国民经济联系甚少，因此很快就会关门倒闭。这一时期银行业的发展是当时政局动荡，财政混乱的集中反映。到了南京政府时期，我国在上海设立了中央银行，但可惜的是中央银行并没有发挥其监督和管理的职能。而且，

---

① 彭信威：《民国建国中银行的地位》，载《东方杂志》，47～48 页，1941 年第 38 卷第 1 期。
② 同①，48 页。

各个商业银行的主营业务也不以帮助工商业的发展为主，大多投机于政府公债和房地产。由此可见，这一时期的银行对国民经济可谓是建设不足，危害有余。

抗战时期，我国银行业的发展取得了不小的进步。战争的爆发使得各个私立银行纷纷倒闭，但政府主导下的银行却仍然服务于国民经济。在作者看来，主要体现在以下几个方面：

"在金融方面，第一，有战事爆发后各种安定金融的办法，以防止资金的逃避，办法得当否以及其成效如何，各方面意见虽不相同，但在那种突变之下，亦难得有更好的办法。第二，是币制的统一和法币的推行。二十四年的法币政策而原则上币制虽已统一，但事实上并没有普及全国，广西有桂钞问题，云南有新发滇币问题，人民对于中央的法币，拒不接受；这些困难，都是在战事进行中，在银行和政府合作之下，才渐渐解除的。就是广东的毫券问题，虽然在开战前便已开始整理，但它的真正解决，还是在开战后。这是关于货币的对内问题。第三，是法币对外汇价的维持。我国币制刚要统一，便遇到大规模的战争，无论古今中外，一个国家，经过了三四年的战争，通货膨胀是难免的，尤其在我国，沿海被封锁，输出品大受限制，维持对外汇价的工作，自然很困难，法币的汇价，虽然跌成四分之一，可是亦要承认这比一般人的预期要好得多；这一点固然有赖于友邦政府和银行的协助，但我们自己的几家政府银行实尽了大部分力量"。[①] 这表明，在作者看来，这一时期中国银行在协助政府解决资本外逃、地方货币和通货膨胀问题上，是作出了突出贡献的，其功绩是很值得肯定的。

"在财政方面：第一，开战以来，我政府曾发行各种公债，如救国公债，国防公债，金公债，赈济公债，建设公债等，读过民国财政史的人一听到公债的名字，便要感到头痛，不过在这几年来国家的生死存亡关头，发行公债是不得已的；这些公债的承受和推销，都大有赖于银行的努力。第二，我国在外侨胞的汇款，为数每年有几万万元，这种汇款在平时原是一种自然的现

---

① 彭信威：《民国建国中银行的地位》，载《东方杂志》，45 页，1941 年第 38 卷第 1 期。

象，但是近年来，一方面汇款的目的地，如汕头厦门等，大都已沦陷，敌人多加阻挠引诱；另一方面在汇款的发动地的南洋各地，因为时局紧张，当局对于汇款出境都严加限制，银行方面在与当地法令不抵触之下，极力吸收汇款，同时在南洋各地添设分支机关，务期增加或至少维持这一笔重要的收入。第三，抗战以来，无论对于购料或维持法币的汇价，处处需要外汇，这种外汇的来源除了借外债和侨汇之外，大部分是靠出口贸易。我国在开战以后不久，便从事管理进出口贸易，一方面要求外汇消费的节省，另一方面要求外汇来源的增加，关于出口贸易，虽然有专司其事的贸易委员会和资源委员会等，但在办理结汇的手续上，到处都是由银行经手。此外如外债的接洽，内外捐款的经收，金银的收兑，各种储蓄的办理等，亦都是银行的劳绩。"[1] 这表明，抗战时期我国银行无论是在承销政府公债、办理海外侨胞汇款，还是服务于进出口贸易方面，都作出了很大的功绩，实质性地解决了政府的公债和外汇需求问题。

除此之外，作者还认为该时期我国银行的贡献体现在对后方经济的投资方面。正如作者在文中所说："在后方经济建设方面：第一，是农贷的增加。战前的农贷，还带点试的性质，当时成败的标准在于农民之能否按时偿还借款，换句话说，银行方面，仍是为自身的资金谋出路。进来则不然，战时的农贷，在政府看来是一种国策，在银行则是一种义务，赚钱还在其次。在这种前提之下，农贷大有增加，尤其对于西北各省，报载四联总处负责人的谈话，中国中农和农本局的农贷，至少为战前的六倍。又载四行决定本年度扩大农贷为四万万元，实际上放出多少，虽不得而知，但中国银行一家在二十九年上半年便放出了三千多万元。第二，是工业放款，我国的工业原集中于长江一带，开战以后，大部分已遭破坏，剩下的亦沦于敌手，怎样建设后方的工业，正是我国建国中的一大工作，银行方面，除极力内迁工厂外，对于后方的轻重工业的建设，或作投资或放款，单是中国银行一家，一年间对于生产事业和国营事业的放款，总在两三万万元。此外对于各地工业合作运动

---

[1]　彭信威：《民国建国中银行的地位》，载《东方杂志》，45～46 页，1941 年第 38 卷第 1 期。

的资金上的援助，亦一天一天增加，其他如交通的建设，和矿产的开发，亦都有银行的投资"。[1]

虽然作者在文中详尽地阐述了抗战的前几年里我国银行业为国民经济作出的巨大贡献，但是在作者眼里，这些都比不上银行地域分布调整给社会带来的深远影响。"这三四年来，银行方面最显著的成就还是他们本身分支机关分布上的调整。这几年来，新设的银行很少，倒闭的亦不多，可是既存银行的分支机关的地域上的调整，是我国银行史上一件最大的事情。关于开战后各银行在沦陷区的分支行的撤退和撤销以及在后方和海外的添设，其数目还没有精确地统计，各杂志间有发表的，亦都不全；但战前和开战后的两种倾向是很明显的：战前我国的银行大部分集中在江浙，尤其是江苏，更尤其是上海，例如在民国二十五年，全国银行总行一百六十五家，其中百分之五十九是在江浙，上海一地便占五六十家。各行分支机关的分布，亦有同样的倾向。贵州一省从来就没有过银行，云南除了富滇银行外，广西除了广西银行，亦没有别的银行，现在想来几乎难以置信。我们且举中国银行来做一个例子，中国银行是我国分支机关最多的银行，在卢沟桥事变前，该行总分支行处合计二百一十四家，其中四十八家是在江苏省，单是上海便有是一家，而内地各省如云南、贵州、广西、甘肃、宁夏、青海等省，一家分支机关亦没有。战事爆发后，各地相继沦陷，沦陷区的分支行处，大都撤退或撤销，但同时在别的地方——后方却添设了许多分支机关，最近的数字，添设的是八十二家。由此我们可以知道，近年来各银行的添设分支行，完全是以西南为重心，西北和南洋亦注意到，几十年来我国银行地域上的畸形分布，现在渐渐纠正了"。[2] 由此可以看出，前面提到的银行为国民经济作出的贡献有时代的局限性，但我国银行地域分布格局的改变却是没有时代性，其对中国以后的国民经济建设也是有深远影响的。

我国银行的发展在抗战阶段虽然取得了不小的进步，但仍然是业务混乱和缺乏统一管理的。随着抗战进行到关键阶段，我国银行还应该为国家作出

---

[1]　彭信威：《民国建国中银行的地位》，载《东方杂志》，46 页，1941 年第 38 卷第 1 期。

[2]　同[1]，46 页。

更大的贡献。但限于制度上的缺失，我国银行尚未承担起其应有的国民经济建设责任。彭信威意识到了这一点，及时指出了我国未来银行发展的首要任务是解决制度问题。

（三）健全银行制度论的价值及其影响

银行自从产生之日起，虽然经过了几十年的发展，但依然没有形成有效的组织和管理。设立的各个职能性银行从事的多是政府的公债业务，对相关产业部门的支持微乎其微；中央银行更没有发挥其统一监督和规划的作用，反而是和各职能银行进行业务上的竞争。造成这种状况的原因有很多，但归根结底是银行制度的不完善。虽然我们学日本、学俄国，但我们的学习只是建立在表面上：像日本一样建立了各个职能性银行，但各银行在成立之后却不知道其主营业务是什么。该去支持工商业的资金用在了政府公债上，该去支持农业的资金却贷给了房地产。银行大部分资金都用在了投机性很强的政府公债和房地产上面，根本没有力量去支持国民经济的建设。虽然抗战后，在政府的统一领导下，一些银行起到了其应有的作用，但这还远远不能满足未来经济发展的需要。彭信威认为，我国银行要想从根本上有所改观，最重要的就是进行制度上的改进。正如作者在文中所说的那样："整个制度的改进问题，这亦是最重要的问题"。[1]

彭信威抛开银行业务混乱、分布不合理这些表面现象，一针见血地指出了问题的本质——制度，这就为我国当时银行业的发展指明了方向。我们学习国外的先进模式，不能仅仅停留在表面上，要看到其背后运行的制度。俄国有特设的中央银行对各个职能性银行进行统一规划和管理，日本也有类似的中央银行。过去我们没有经验，只是照搬了他们的模式，没有理解其设立的目的，后来在运行过程中发现了很多问题。现在我们有了一些经验，就要从最本质的问题开始解决。

要改变当时银行业的现状，我们首先要做的就是设立一个真正意义上的

---

[1] 彭信威：《民国建国中银行的地位》，载《东方杂志》，47 页，1941 年第 38 卷第 1 期。

中央银行，使其真正行使监督管理各个职能银行的权利；其次就是设立不同的职能银行，分别对国民经济的各部门进行资金支持。作者不仅指出了问题的所在，而且给我国银行业的制度建设提出了具体思路。这一思路对我国未来银行业的发展是有深远影响的：它明确了设立中央银行的目的，规定了其职责；规范了职能性银行的业务范围及其所承担的责任。此外，我们还应该注意到，在学习国外先进的行业模式时，要透过现象看本质，模式背后的支撑点才是我们真正要学习和引进的。

三、通过国际合作稳定汇率论

（一）通过国际合作稳定汇率论

随着抗日战争的结束，我国将要实行什么样的外汇政策变得越来越紧迫。彭信威结合中国的实际情况，指出战后我国外汇政策的实施要实现三个目的：

"第一要保护我国的幼稚工业。我国的工业，尚在萌芽期，如不加以相当的保护，将永远不能发达。所谓保护，便是减少外国货的竞争，或增加本国货的抵抗力，这都不能全靠外汇政策，而要靠其他办法：如提高关税，限制输入，津贴输出以及津贴生产等，不过亦能用外汇政策来从旁辅助，而增加其效力。因为外汇政策可以影响对外贸易。最近一二十年来各国的货币战争，便是想贬低本国货币的对外价值，来增进输出，减少输入，这不但可以保护国内的工业，而且可以促进它的发展。

第二要招诱外资。战后我国的经济建设，必须是大规模的，所需资本，动不动就是几百万万元（战前币值），专靠银行投资，固然不够应付，因为我国的大银行在外国人看来是小银行。但利用强制的国民储蓄，亦不够用，因为我国战前的国民所得，据估计只有国币七百万万元，其中以十分之一来建设，已不能算少，因为我国的国民所得大部分要用来维持人民的生活，可以用来储蓄的成数极小，就算能动用十分之一，亦不过七十万万元，仍是不够。当迅速计，只有借用外资。但外国资本并不是招手即来的，尤其在这次战后，各国疮痍满目，自顾不暇。战前在我国投资最多的是英国和日本，这两国在战后的短期间内，都不会有多大力量向中国投资。比较富裕的美国，平时对中国的投资并不多，战后各国的复兴，都是期待美国的援助，所以美国的资本，还须各国去争取。争取外资的各种办法，如放款投资条件，提高利率等等，但一国的外汇政策亦是外国的投资者所特别留意的。

第三要促进输出。战前各国的外汇政策，原则上以稳定汇率为主，但有时为了增加输出，往往不惜牺牲汇价的安定；各国常常竞相贬低本国的币值，以求在国际贸易上成为出超国，大家认为出超是富国强兵的要诀。这可以说是一种新的重商主义。自从这次大战爆发后，各国的生产情形大变，国际运输受阻，有现金的国家，买不到自己所需要的物资，美国虽拥有两百万万元的黄金，却买不到它所需要的橡皮，于是大家对于国际贸易的看法大变，由出超主义一变而为入超主义。其实这种态度，德国早就采用了，在战前，大家在拼命吸收黄金的时候，它就尽量将它的黄金运出去交换货物。从前出超的国家称其国际收支差额为顺差，数字上以［加］（＋）号来表示，入超为逆差，用减号（－）来表示。最近英国有人将入超改称为顺差，用［加］号表示，出超为逆差，用减号表示。其实所谓顺逆，都是主观的形容词，从前的用法，固然不适宜，现在如果用来表示相反的意思，更容易为人混淆。而且入超主义在战时虽然说的有理，但战后各国是否仍取这种态度，还是疑问。至少我们中国还是仍要促进输出。我国几十年来都是入超，使现金外流，战后经济建设既要借用外资，将来必须偿还。偿还的方式，如果有黄金，自然可以使用黄金，但我国金矿迭有发现，是否能足够作这种用途，还没有把握。那么只有靠输出来换取外汇了。促进输出亦有各种方法，应用外汇政策不过其中的一种。"[①]

在作者看来，要达到以上三个目的，汇价的提高和降低都是要避免的。因为"一国货币的对外价值，如果常常提高，使外人的投资增加其以本国货币计算的金额，可是增值的结果，使输出减少，物价跌落，影响国内生产，

[①] 彭信威：《战后我国外汇政策与国际合作》，载《财政评论》，33～34 页，1944 年第 11 卷第 1 期。

使失业增加，工商业盈利减少，不但对于我国本国很危险，对于外国的投资者亦是不利的。另一方面，币值贬低虽然可以增加输出，但一定会引起别国的报复，结果又要演变成战前那种竞争状态。"① 所以作者认为，战后我国外汇政策的目的是求汇价的稳定，而汇率的稳定紧靠一个国家是很难实现的，这就要求各国通过合作的方式来解决。

（二）通过国际合作稳定汇率论提出的历史背景

"二战"前，世界各主要工业国家竞相采取低汇率政策以促进本国的出口，竞争的恶化在一定程度上刺激了战争的爆发。战争爆发后，各参战国都不同程度地出现了通货膨胀问题，国民经济遭受了很大的损失。随着战争的结束，各国开始考虑联合起来解决彼此间的汇率问题。正如作者在文中所介绍的那样："战前各国未尝不想稳定他们的汇价，但因为各自为政，完全以本国的利益为前提，终于弄成那种混乱的竞争状态，大家都蒙不利。战后必须大家共同来稳定各国间的汇率。关于这一点，现在各国已在讨论英美两国所提出的稳定通货计书，美国的计划是设立一个平准基金，由各会员国按照其财力认摊，所谓财力，是指其所存黄金、外汇、国民所得，以及其对外收支差额变动的范围。在国际收支上有逆差的国家可以向基金购买其所需的外汇来清偿债务。英国的计书是用国际清算的办法，只记账，不付现钱，使入超国得能有一个喘息的期间来求其国际收支的均衡"。② 但是，对于这两个计划书，国际上还没有达成共识，用作者的话说就是"这两种计划目的虽相同，但技术上稍有差异，最大的争点是现款与赊账问题，两国都有其理由和苦衷，我们希望不久可以产生出一种折中的方案出来"。③

但是作者同时指出"不过这些计书并不是可以使各国的汇价永久稳定下去，一国货币的汇价的长久维持，还有待于各国自己的努力，尤其是要得她

---

① 彭信威：《战后我国外汇政策与国际合作》，载《财政评论》，34 页，1944 年第 11 卷第 1 期。

② 同①。

③ 同①。

的国际收支的平衡"。① 因为在作者看来，两个战后通货计划书虽有很大的不同之处，但都是十分强调自由贸易的。作者认为："自由贸易虽然是一个很好的原则，但要保持一国国际收支的均衡，那就不能有完全的自由贸易，因为想要一国的国际收支均衡，则在一个较长的期间内，一国的输出与输入必须相抵，否则收支差额累积下去将无止境，从前世界的黄金分配得比较均匀，各国可以输送黄金来清偿他们的债务，现在除美国外各国的黄金已输出罄净了，如果一国长久入超，结果只有出超国吃亏，因为入超国无力偿还。只有一国对外贸易能够平衡，才能使其汇价长久稳定"。②这就表明，在作者看来，英美两国提出的通货计划书可以在一定程度上起到稳定各国汇率的作用，但要保持自己汇率的长久稳定还是要依赖于均衡的对外贸易，通过世界各国的努力来实现。比如说，"外资方面，英美的计书虽没有关于长期投资的规定，但这不能看作英美对于这件事的忽略，英美的国际通货计书原是以稳定汇价为目的，有意不谈长期投资，而以短期的通融为主：因为这种国际通货计书只是许多国际合作事业中的一种，在这计书中虽没有关于供给长期投资的规定，但已言明要除去一切对于长期投资的拘束和障碍，将来还要设立国际投资机关，正如战后各国的救济事业要设立国际救济机关一样。所以我国战后经济建设所需的外资，除由稳定我国货币的汇价来诱致外国私人的投资外，将来还要接洽国际投资机关的投资。"③

总之，在作者看来，"在一个社会里，要大家富足才能增加其真实享受，在世界上，要各国都富强，才能保持长久的和平"④要想稳定汇率，必须通过国际合作。

（三）通过国际合作稳定汇率论的价值及其影响

八年的抗战使我国经济遭受了重大损失，而法币的贬值又降低了我国货

---

① 彭信威：《战后我国外汇政策与国际合作》，载《财政评论》，34 页，1944 年第 11 卷第 1 期。
② 同①，34～35 页。
③ 同①，35 页。
④ 同①，35 页。

币在国际上的购买力，这无疑给我国战后的经济建设带来了很大的困难。彭信威认为，战后我国的外汇政策应以保护本国幼稚产业、引进外资和促进出口为原则。如果按以往的经验，遵循第一个原则和第三个原则，就需要我国本币贬值；遵循第二个原则就需要本币升值。但由于战后各国经济都遭受了重大损失，都需要恢复和重建，因此本币的升值和贬值都会引起其他国家的报复。基于此，作者认为，要想解决各国间的汇率问题，使各国经济得到平稳快速恢复，就必须采取合作的方法。只有彼此之间信任合作，才能使各国汇率保持长期稳定，从而使各国经济得到平稳发展。作者的这一观点，是从整个国际社会的角度提出的，是理论结合实际的典范，具有很强的实用性和前瞻性。

四、货币文化论

（一）货币文化论的内容

货币产生后，对人类社会的文明起着重大作用。彭信威对于货币史的研究，有个杰出的贡献，就是提出"货币文化"论。关于货币文化的定义，彭信威说："所谓货币文化，在广义上，是指一个社会发展到使用货币所需要的各种先进的条件，包括生产力和同这种生产力相适应的各种典章制度。在狭义上，是指钱币艺术，即钱币本身的形制、制作、文字和图形等。"（《中国货币史》序言，第30页）换言之，从广义上讲，货币文化是有关货币的全部物质文明和精神文明的总和，即从社会意识形态所表现的文化特质，结合社会经济、政治等因素，探索各个历史时期货币制度、货币思想以及货币变化的原因和影响。狭义的货币文化主要是指钱币本身的艺术，有点接近钱币学的内容。

在论述货币文化的基本概念时，彭信威对中国和西方的货币文化做了宏观的比较。他指出："人类史上，主要有两种独立的货币文化：一是希腊的体系，二是中国的体系。西方货币是以金银为主，没有穿孔，一开始就在币面铸些鸟兽人物草木。东方货币以铜铁为主，有方孔，币面只有文字，没有图形；甚至若在一种钱币上发现有云朵或飞鸟走马，钱币学家就要疑心它不是正用品。由此可以知道，两种货币文化，是完全不同的。有些民族也曾有过独立的货币，印度便是一个例子，但这种独立的货币文化，还没有充分的发展，就为希腊的货币文化所征服了。西方的货币文化，在中世纪非常低落，自文艺复兴以后，又开始进步，后来完全适合资本主义经济的需要。"（《中国货币史》1958 年版）

从中西方货币文化的源流上来看，西方的货币发源于小亚细亚，最初由小亚细亚向东传播到波斯，向西传播到希腊，形成具有希腊特色的货币文化。随着亚历山大的远征，一直传播到埃及，就是波斯等东方国家的货币，也因亚历山大的东征而希腊化了。古代罗马的货币原先是独立发展出来的，但不久就全盘吸收了希腊的货币文化。现代欧美各国的货币，又是承袭罗马的货币制度。例如，英国货币单位的镑、先令、便士就是罗马的体系。所以世界上，真正独立发展出来而长期保持其独立性的货币文化是极其少见的。

但中国的情况与西方迥然不同。中国货币的发展脉络很清楚，不但产生得早，而且独立发展成为一种货币文化，基本上没有受外国文化的影响。他从文字学的角度分析说，中国最早的货币是贝，这点由中国文字的结构上可以看出来，凡是同价值有关的字汇，绝大部分是从贝：如贫贱等。分贝成贫，贝少为贱。可见在中国文字形成的时候，贝壳已是体现价值的东西。当金属铸币出现后，形形色色的货币接踵而至。中国钱币艺术的内容包括钱币本身的形状、穿孔的大小、轮廓的阔狭、铜色的配合等等，但最重要的是钱文的书法。中国的钱币反映了文字书法的演变情况：如先秦货币上的文字，可以说是一种大篆。秦半两以后，钱币上是用小篆，而六朝已有隶楷的出现，唐代则完全用隶书，或所谓八分书，北宋钱上有行、草，太平天国钱上有简体字。他又说，中国的货币文化不但是独立发展出来的，而且影响了其他许多民族。亚洲的一些国家，采用了中国的货币文化，或用中国文字，或用他们本民族的文字，或则两者兼用，但形制上完全同中国钱眼一样，如日本自唐时起就铸造中国式钱币。后来又输入中国钱，一直到明治维新时才开始欧化。

朝鲜和安南自宋朝起也铸造中国式的钱币，一直到近代。这些国家在古代属于中国的货币文化体系。从纸币的产生，也可以看出中国货币文化的久远性和独立性。中国的纸币流通制度，对国外曾发生一定的影响。"中国的货币，当作一种文化来看，和希腊的货币一样，好像一种有光体，它的光芒照耀着周围的世界。不过希腊的光芒是借来的，它是借里底亚的光，而中国的光是自己发出来的，中国是一个发光体。"（《中国货币在其发展上的一些特征》，《经济周报》1953 年第 31 期）由此表明中国对世界文化作出过卓越的贡献。中国的货币文化，自两宋以后，也开始后退，一直退到清朝末年，水平越来越低。自然更不足以适应资本主义社会的要求。所以中国的封建势力无论怎样强，经过两三百年的斗争，终于完全为西方资本主义的货币文化所征服。

（二）货币文化论提出的背景

"货币文化"一词是彭信威在 20 世纪 50 年代初首先发明的。在此之前，凡是研究货币的人，几乎把它完全看成一个经济问题，只讨论它的本质、经济上的职能、购买力如何等等。货币对于人类文化能不能起作用，怎样起作用，起多大作用，都是没有认真研究过的问题。彭信威曾就人类历史的具体情况探讨这些问题，觉得货币除了在日常生活中所发挥其职能外，还曾在人类历史上，对于文化起过很大的作用。货币是充当一般等价物的特殊商品，是商品生产和交换的产物。它除了以自然属性满足人们的特定需要外，还具有特殊的社会职能。彭信威指出，"为什么商品生产一定会带来货币呢？为什么不用商品交换的办法呢？难道不是因为货币本身有积极作用么，不是因为货币的出现又促进了商品生产和流通，甚至促进生产力的提高么？货币对于文化的影响正在于此。"（《中国货币史》1965 年版，第 90 页）

（三）货币文化论的价值及其影响

彭信威学贯中西，通晓英、俄、日、法、德等诸国语言，他站在世界货币文化的高度，视野开阔，其中有关于东西方货币文化的比较，两者之间的不同、碰撞及融合的过程，论述颇为深刻，提供了广博的货币文化方面的知识，令人耳目一新。中国历史悠久、光辉灿烂的货币文化是中华民族文化的瑰宝，值得继承和弘扬。他说："中国的货币史，是值得我们研究的，因为中国的货币，有悠久的历史，它发展成为一种独立的货币文化，而且同其他一些国家和民族也有相互影响。"（《中国货币史》序言，1965 年版）改革开放以来，随着中外文化交流的日益增多，1987 年，以研究货币史和钱币学为目的的中国钱币学会加入国际钱币学会，表明中国钱币学界在国际舞台上的崛起。2002 年 10 月，国际钱币与银行博物馆委员会第九届年会在北京举行，有 30 多个国家的 150 多名专家、学者出席会议，这也是第一次在亚洲地区召开的国际钱币界学术研讨会。这次年会让更多的人了解中国的历史和东方货币文化，大大提高了中国钱币学会在国际上的地位。

五、中国货币发展的特征论

（一）中国货币发展特征论的内容

1953 年，彭信威在发表的《中国货币在其发展史上的一些特征》文章中，将中国货币在它的发展过程中分为五种特征。前两种特征是中国货币史和外国货币史比较之下的特征，后三种特征是旧社会的货币和新社会的货币比较之下的特征。

第一种特征是货币历史的悠久性。欧洲的历史学家公认西方最早的货币是公元前第七八世纪时小亚细亚的里底亚所发行的，这是中国周定王的时候。至迟在公元前第九世纪的时候，中国已经有金属货币了。从纸币的发展上，也可以看出中国货币的久远性，中国是世界上发明和最早使用纸币的国家。

第二种特征是货币发展的独立性。货币的产生是自发的性质，当交换发展到某种阶段，必然会产生货币。所以货币的起源，原则上都是独立的。但这只限于原始的货币。到了需要金属货币的时候，也即当生产和交换进一步扩展，使两国文化水平不同的社会相接触的时候，文化比较低的民族就要受到文化高的民族的影响。古代和近代各国的货币很少是独立发展出来的，而是采用别国的制度。中国货币的发展，脉络很清楚，很少受外国文化的影响。中国最早铸造的货币，除铜贝外，当要算刀、布和环钱，最重要的则是方孔圆钱，它们都是在中国独立产生出来的。

第三种特征是铸造和流通的封建性。两千多年来，中国的货币有浓厚的封建性，这反映了中国社会的封建性。中国货币的封建性主要表现在三方面：一是实物货币的时常被采用，二是铸造流通的地方性，三是铸造技术的手工业性，使钱币的成色参差得很厉害。

第四种特征是发行管理的剥削性。在阶级社会中，货币在其发行和管理上，必然会被用作剥削的工具，以维持统治阶级的奢侈生活和他们的政权，或被用来作为从事战争的经费。而其剥削的途径是实行货币变质和通货膨胀。货币变质包括贬低成色、减轻分量以及铸造大额钱币等方式。在纸币产生之后，更是大规模地被统治者所利用，实行通货膨胀政策，作为剥削的武器。

第五种特征是近代币制的半殖民地性。鸦片战争后，西欧各资本主义国家向外扩张，中国成了一个落后的国家，成了他们掠夺的对象，结果使中国的币制变成半殖民地的币制。近代中国币制的半殖民地性，表现在三方面：第一是外国银元在中国流通，而且成为中国的主要货币。第二是外商银行在中国发行钞票，他们利用不平等条约，不受中国政府的干涉和监督，不仅造成币制的混乱，而且作为搜刮中国原料的工具，有的外钞是不能兑现的，使中国人民受到巨大损失。纸币本来是中国发明的，但中国近代的钞票，反而模仿外钞，从传统的竖形变为横型，钞票上的文字则英文多于中文。第三是中国货币的汇价受外人操纵，帝国主义甚至直接控制中国的整个货币制度。到1935年国民政府实行法币政策，还是有帝国主义国家在背后操纵，并争夺控制权。所以，自鸦片战争以来的百年间，中国近代的货币制度，处处表现出它的半殖民地性。

（二）中国货币发展特征论提出的背景

中国货币的起源与发展，是随着中国社会经济发展历史的演变而向前发展的，并具有连贯性和持久性等特点，在世界上是独树一帜的。彭信威对中国货币发展做了总体考察并进行综合分析，认为中国货币的发展具有鲜明的历史特点，他提出中国货币发展的五种特征，真实地反映了不同时期货币流通的社会面貌，对各个历史时期货币制度的利弊进行了高度概括，言简意赅。大体上，中国的货币发展历史不仅有悠久性和独立性，而且在漫长的封建经济体制下，形成浓厚的封建性，直到鸦片战争后，随着西方列强的入侵，转变成为半殖民地的近代币制。彭信威提出的货币发展特征论是对中国几千年货币文化体系的纲领性总结。

（三） 中国货币发展特征论的价值及其影响

彭信威的中国货币发展特征论，这在中国货币史研究中尚属首次，由此形成中国历史上货币发展变迁的特别显著的征象和架构，它对于研究古近代中国货币史具有重要的参考价值，在理论上起着筚路蓝缕的作用。在他的影响下，1986 年出版的千家驹、郭彦岗合著《中国货币史纲要》一书中，在其第八章（最后一章）即标题"中国货币发展的基本特征——结束语"的章节中，从四个方面提纲挈领地阐述了中国货币发展的特点。由此可见，中国货币发展特征论在货币史研究上有着深刻的指导意义。

六、货币学同钱币学相结合说

（一） 货币史同钱币学相结合说的内容

货币史和钱币学是两门各自独立的学科，各有自己的研究任务。货币和钱币的概念不完全相同，货币既指金属货币，也包括非金属货币，即一切作为充当一般等价物的特殊商品，而钱币一般指金属铸币，包括它的流通符号纸币。在中国历史上，货币史与钱币学各有源流，泾渭分明，货币史的源流是历代官修的食货志（包括《史记·平准书》）中的货币部分，钱币学的源流则是历代私人的钱谱。由于它们研究的主要对象都是货币，是邻近的学科，研究范围有所交叉。在研究方法上，前者依据史料，后者注重钱币实物。故货币史同钱币学关系密切。

1. 货币史的研究目的是帮助理解历史。彭信威的《中国货币史》开门见山地指出：“货币是历史的一部分，研究货币史，总的目的是为帮助理解历史。”那么，历史又是什么呢？他说：“所谓历史，各时代有各时代的含义和标准。在古代，凡是关于已经发生的事件和记述，都属于历史的范围。甚至有人以为六经皆史。如果说得简单扼要一点，则历史主要是摆事实，以别于哲学的讲道理；当然，历史的事实也要讲得合乎道理，而且从历史的事实中还要总结出道理来，但历史最基本的特点是言事。”（《中国货币史》1965 年版，第 206 页）在研究方法上，“研究货币史显然必须研究货币学，而且应当包括钱币学，正因如此，所以货币史不完全是经济史的一部分，换言之，经济史包括不了全部货币史。货币史有它的独立性，它一只脚是站在经济史的领域里，另一只足是踏在文化史的领域里。”中国关于货币史的论著，当以司马迁的《史记·平准书》货币部分为最早。《平准书》叙述了西汉货币史，是一种断代史。接着，班固的《汉书·食货志》货币部分是通史。虽然它们不是纯粹的货币史，但把货币史列为历史的一个重要部门，而且使货币史的内容包括商品生产和流通以及影响货币购买力的其他因素，如财政、灾荒、战争等，在中国的史学方面创造了优良的传统。中国货币的发展源远流长，博大精深，单读历代的《食货志》，或者甚至广泛地钻研历代的文籍，对于货币史，还是得不到正确和全面的理解。特别是对于物价的变动，不一定是由于货币的原因，可能是由于商品本身的变动，但在货币价值变动引起物价变动时，那就需要了解钱币变质的情形，才能把问题搞清楚。这就非从钱币学来研究不可，一定要从实物中去领会。

2. 钱币学对历史研究有一定的贡献。尽管中国的货币史著作出现得很早，但在很长时期内并没有真正成为专门的学科。相反，钱币学从诞生起就作为一门独立的专门学科，以退出流通的钱币实物为主要研究对象，阐述其形制、版别、重量、大小、文字、书法、图形等以及鉴别其真伪。“世界历史上有一些国家，除了钱币以外，没有留下什么东西，它们的历史主要靠从钱币上来考据。例如古代的大夏以及大月氏的贵霜王朝就是这样。就是一度同罗马争雄而且任何方面也不亚于罗马的迦太基，除了美丽的钱币以外，也没有遗留下什么。有些大国，虽然有文字上的历史，但在史家看来，钱币的研究，还是一个极其重要的部门。"钱币学在中国的作用有经济和文化两个方面，它帮助我们了解各时代人民的经济生活，也大体上反映了中国文化的发展。它的重要性在于对历代的财政、经济、文字、美术、神话、宗教、民俗、地理，以及计量制度等的研究，提供有用的资料，纠正了不少文献记录的错误。

3. 研究中国货币史，不但要懂得中国钱币学，而且要懂得外国钱币学。清朝乾隆初年在中国通商大埠流通的各种外国银币，史书上只说是"马钱"、"花边钱"、"十字钱"等，这些名称指的是什么钱呢？语焉不详。后来的人也是辗转照抄。究竟这些钱的名称指的是什么钱呢？是哪一国的货币呢？却从来没有人能加以解答。"因为光是知道那几种钱币的名称，没有什么用处，最多只藉以知道有外国货币在中国流通罢了，一定要知道那些货币是什么货币，是什么国家的货币，这样才能使我们知道当时曾同哪些国家在贸易上的往来，哪些国家在国际贸易上有活动，或哪些国家的货币的流通有世界性。"这些问题在中国货币史研究中是必须要解决的。但要解答这些问题，必须钻研外国的钱币学。

然而，过去研究钱币的人，究竟是一些有钱有闲的人，绝大部分是从玩好出发，而且由于时代的限制，没有近代社会科学的基础，方法还不是十分缜密。所以近百年来没有大的进步。而研究货币学和货币史的人却很少同钱币学发生接触，所以成就不大，一定要书本与实物相结合，理论与实践相结合，货币史与钱币学相结合，这样才能了解真实情况。"

（二）货币史同钱币学相结合说提出的背景

钱币学原称古钱学，它的产生有一千多年的历史，除了以研究古钱为主，还有铜元、金银币、纸币，共分四大门类。"国内国外，凡是研究钱币学的人，对于货币的购买力和货币理论等，是不大关心的，而研究货币理论和物价的人，恐怕很少对于钱币学发生兴趣，或肯加一番研究，这不是实际情况么？"彭信威提出，钱币学作为研究钱币实物的学科，其经济上的意义是同货币学的联系，在文化意义上被认为是考古学的一个部门。它不仅考古，而且考今。近代人把钱币学称为古钱学，严格地讲是不正确的。"中国是一个史学特别发达的国家，然而文字上的历史还是有许多遗漏和错误，靠钱币来补充和纠正，钱币由于铸造次数的频繁，它的大小轻重最敏感地反映当时的财政、经济状况，所以它是直接史料，是最可靠的史料。"钱币学同货币史更是分不开的。货币制度史和物价史的研究，不但要有货币学的基础，而且要有钱币学的基础，换句话说，单是从古籍中去找资料还不够，一定要研究钱币的实物。然而过去研究货币学的和研究钱币学的，完全是两批人，两回事，历来从不来往，从不交流。彭信威清醒地看到，近百年来学人在治学上的弊端，为了更好地研究货币史，彭信威深入地研究了钱币学，"长期节衣缩食，但不惜花钱购买值得研究的钱币"，积累了大量的钱币资料，身体力行。他作为教授，还向上海钱业界作调查，并与钱币学家交朋友，相互切磋，使不少疑难问题迎刃而解，因此，他的《中国货币史》几度增版，不断完善，终于取得前所未有的辉煌成果，达到该领域的最高境界。

由此可见，研究货币史要于钱币学相结合，这是彭信威根据货币史研究中存在不重视实物研究的现象提出来的，从而对货币史研究提出了更高的要求。

（三）货币史同钱币学相结合说的价值及其影响

中国历代的货币发行流通是一定历史时期的产物，无不打上时代的烙印。自彭信威倡导货币史同钱币学相结合以来，其被学术界公认为是一种先进的理念和科学的研究方法。目前，中国的货币史研究进入了一个崭新的阶段，不少学者努力通过对文献资料和钱币实物的研究，探索各个历史时期货币变化的原因及其发展的历史规律，进而阐明社会的政治经济状况，为社会主义建设服务。彭信威倡导的货币史同钱币学相结合的研究理念，不仅为货币史研究开创了一条新路，而且为钱币学的深入发展提供了重要的借鉴，这对于货币研究的健康发展，在理论和实践上都有重要的现实意义。

七、否定郑成功大元说

（一）关于郑成功大元的争论

自明末以来，外国银元逐渐流入中国，清前期，中国民间已经出现仿铸银元。这些仿铸银元用手工制作，仿造的活动通常发生在东南沿海地区。漳州军饷是中国仿铸的新式银元，它是在福建漳州地区作为军饷而专门发行的。所谓漳州军饷包括三种大银元，标准重量都是库平七钱二分，其中两种有漳州地名，一种没有漳州字样。有漳州地名的两种军饷银元正面上端横书"漳州军饷"四字，下面是花押，背面上端横书"足纹"，下面直书"通行"。两者的区别主要在于花押或签字上，边纹也不同。由于花押难以识别，后人遂认为斜边纹的一种花押是曾国荃的签字，锁壳纹边的一种花押是左宗棠的签字。没有地名的银元文字及排列与有地名的相同，只是没有"漳州"二字，花押比较清楚，系"谨慎"两字的合书，因此又称"谨慎军饷"。

20 世纪 60 年代初，中国科学院院长郭沫若听说福建漳州民间传流郑成功大元的说法，从而对漳州军饷银币的花押文字进行考证。1963 年，郭沫若提出了漳州军饷银币即郑成功大元的新说，引起史学界的关注。他认为，在漳州军饷银币中，所谓左签字的一种为"郑成功大元"，因而认其花押是"朱成功"三字的合书，并联想到另一种曾签字的花押是"国姓大木"。因为郑成功被赐姓朱，有人称之为国姓爷，大木是郑成功的号。又说谨慎军饷的花押是"谨性"，这是郑经的字号。总之，郭沫若认为，有漳州地名的两种军饷是永历三年（1649 年）到六年郑成功在漳州活动的时期铸造的，没有地名的谨慎军饷是后来郑经在台湾铸造的。

于是，郭沫若在《历史研究》1963 年第 1 期发表《由郑成功银币的发现说到郑氏经济政策的转变》（以下简称《郭文》），亮出了自己的观点。彭信威读了《郭文》后，给郭沫若写了一封信，从货币流通和钱币制作的两个角度提出两点意见。主要是：（1）乾隆以前，外国银元在中国不以个数流通，中国不会铸造外国式的银元。（2）漳州军饷有边纹，这边纹是仿本洋的边纹，但本洋的铸造是18世纪的事。从而不赞同郑成功大元的说法。接着，郭沫若又在《历史研究》1963年第2期发表《再谈有关郑成功银币的一些问题》（以下简称《郭再谈》），算是对彭信威的两点意见做了答复，并一再提到《中国货币史》（1958年版）。实际上，当时彭信威在书中是这样说的："另外又有几种没有图形的银饼：一种在正面上端横列'漳州军饷'四字，下面有草书的签字，签字有两种，都不可识，但俗间加以穿凿附会，说一种是曾字，是同治三年曾国荃在漳州打败太平天国军队后所铸的。另一种签字是左字，是同治四年左宗棠占领漳州后所铸的。两种背后都有'足纹通行'四字。两种中前一种最少。另有一种没有漳州地名，其他则大同小异，下面也有签字，这签字一般认为是'谨慎'二字的连书。两面还有花星。这几种银饼，制作很简朴。"彭还说，这些军饷银币，虽然有大小厚薄不同，但最初都是仿本洋的，特别从它们的边纹上可以看出来。当时，彭信威虽然对漳州军饷银币谈得很简略，但没有把它们看作中国最早的新式银元，也没有与郑成功联系起来，他认为，军饷银币铸造的历史背景，还有待于进一步研究。《郭再谈》仍坚持郑成功大元说，但因没有新的证据，故没有解决彭提出的问题。在此情形下，彭信威写了《关于"漳州军饷"（评郑成功大元说）》的文章，对漳州军饷不是郑成功所铸作了较详尽的阐明，并将此稿寄给郭沫若，可是一直没有回音。后来，彭信威在《中国货币史》（1965年版）中，用部分篇幅介绍了双方各自的观点以及资料的可靠性。1985年，彭信威夫人韩绮云在整理彭的遗物过程中，发现了这篇未发表的遗稿，献给上海市钱币学会，全文最初刊登在《1985年上海市钱币学会第一次年会论文集》，才使广大读者认识否定郑成功大元说的庐山真面目。

（二）为什么要否定郑成功大元说

郭沫若是蜚声中外的历史学家、考古学家、古文字家、文学大家，具有崇高的威望。彭信威为什么要对他的郑成功大元说提出质疑呢？彭认为，在中国货币发展史的研究上，涉及到于史无凭的问题或者采用民间传说为依据的，需要客观地加以分析和研究，避免以讹传讹。如果赞同郭沫若的郑成功大元说，那就等于认定中国铸造银币的历史将要提前到明代末年，这样一来，不仅是中国货币史，而且中国的对外关系史、对外贸易史等都要被改写。正如彭信威所言："这就使问题变得重要了，它牵涉到欧洲资本主义文物对中国文物的影响，高等院校中国货币史的教学，以及国内外博物馆钱币部分的排列等问题，有必要加以讨论一下。""在现阶段，我对漳州军饷只能提出这些意见，有些是假设性的，有待将来证实。本文的目的在于否定郑成功大元说，否定中国新式银元开铸于明代的说法，它最早只能是乾隆后期，实际上应当更晚一些，如果这几点弄清楚了，我的目的就达到了。"（《关于漳州军饷》）彭信威经过进一步研究，在1965年版《中国货币史》写道："这几种简朴的军饷银币的铸造年代很难确定。但上限不能早于乾隆。首先，从货币流通的角度来看，乾隆以前不大可能铸造这种库平七钱二分重的银币，这种重量是本洋的重量，一定要本洋在中国取得凭个数流通的资格以后，中国人才会仿铸。而一直到乾隆初年，外国银元还是凭重量流通，所以同时有各种轻重的银币在流通，马剑每枚在库平八钱以上，葡萄牙的十字钱只有五钱多。实际上，许多外国银币被改成银锭……其次，从钱币制作上来看，这些军饷都有边纹。谨慎军饷的边纹显然是仿查理第三的银元，只有微细的差别。两种漳州军饷的边纹虽不是仿本洋，斜纹边是仿荷兰的马剑，锁壳纹边可能是受本洋边纹的启发而设计出来的。总之，钱币上铸边纹不是中国自己的制度，而是外来的制度。"（第789~790页）

（三）否定郑成功大元说的价值及影响

漳州军饷的铸造年代是关乎中国自己铸造新式银元开始于何时的重要学术问题，彭信威否定郑成功大元说，敢向郭沫若叫板，目的是"否定中国新式银元开铸于明代的说法"。对此，后人是如何看待的呢？本来，彭信威同郭沫若的观点相左，属于正常的学术争论。然而，这场争论却突然中断了，未能继续争论下去。现在，关于这次争论谁胜谁负并不重要，重要的是学术研究应该实事求是，恢复其历史的真相。事实上，除了厦门博物馆根据郭沫若的观点把漳州军饷银币当作郑成功大元陈列外，国内大多数学者均赞同彭信威的见解，认为漳州军饷银币不是郑成功所铸的银元，而是清道光年间福建漳州地区的仿铸银元，以民间流传的郑成功大元说显然没有什么历史根据。例如，戴志强说："我们认为漳州军饷银饼的铸造年代不会早在明末清初，不会是郑成功所铸。至于民间关于'郑成功大元'的传说，或许是后人的穿凿附会。像这类张冠李戴的现象，历史上并非仅有。"通过彭信威对郭沫若"郑成功大元说"的否定，客观上推动了学术界开展百家争鸣，以致后来关于漳州军饷的研究成为一个热门的课题。作为一名不断探索的货币史学家，彭信威"不唯上、不唯书、只唯实"，坚持真理的严谨治学态度是难能可贵的。

（潘连贵 陈欢 缪明杨）

参考文献

[1] 彭信威：《战时财政金融问题》，载《社会经济月报》，1937（9）。

[2] 彭信威：《再论战时财政金融问题》，载《社会经济月报》，1937（10）。

[3] 彭信威：《日本的银行制度》，载《社会经济月报》，1937（8）。

[4] 彭信威：《法国银行制度》，载《社会经济月报》，1939（2）。

[5] 彭信威：《民国建国中银行的地位》，载《东方杂志》，1941（1）。

[6] 彭信威：《论英美国际通货计划》，载《改进》，1943（5）。

[7] 彭信威：《战后我国外汇政策与国际合作》，载《财政评论》，1944（1）。

[8] 彭信威：《战后国际贸易与金本位》，载《东方杂志》，1940（20）。

[9] 彭信威：《中国货币在其发展上的一些特征》，载《经济周报》，1953（31）。

[10] 彭信威：《中国货币史》，上海，群联出版社，1954。

[11] 彭信威：《中国货币史》，上海，上海人民出版社，1958。

[12] 郭沫若：《由郑成功银币的发现说到郑氏经济政策的转变》，载《历史研究》，1963（1）。

[13] 郭沫若：《再谈有关郑成功银币的一些问题》，载《历史研究》，

1963（2）。

[14] 彭信威：《关于漳州军饷（评郑成功大元说）》，上海市钱币学会，1963。

[15] 彭信威：《中国货币史》，上海，上海人民出版社，1965。

[16] 戴志强：《漳州军饷银饼年代考——兼论我国自铸银元的开始》，载《文物》，1981（10）。

[17] 王贵忱：《彭信威及其〈中国货币史〉》，载《中国钱币》，1986（2）。

[18] 上海市钱币学会、《钱币博览》编辑部编印：《彭信威教授名著〈中国货币史〉出版四十周年纪念文集》，1994。

[19]《上海市钱币学会举行彭信威先生名著〈中国金融史〉出版四十周年纪念会》，载《钱币博览》，1995（1）。

[20] 彭信威：《货币与人类文化》（手稿）。

第二十三章

朱偰金融思想学说概要

朱偰（1907—1968），浙江省海盐人。1929 年赴德国留学，考取柏林大学研究生，获经济学博士。曾任中央大学、南京大学教授、中央大学经济系主任、财政部兼任秘书、财政部专卖司司长、江苏省文化局副局长、江苏省文物管理委员会副主任等职务。著有《日本侵略满蒙之研究》《中国战时税制》《江浙海塘建筑史》《大运河的变迁》《中国运河史料选辑》等。曾发表大量论文，研究中国信用货币的起源和历史演变，中国战时财政的特点和措施，中国税收政策，中国农村经济发展和金融等问题。

一、中国信用货币史观

（一）中国信用货币史观

朱偰先生对中国信用货币发展历史进行了细致的研究和分析。其研究内容包括：中国信用货币起源、两宋信用货币研究、金代信用货币研究、元代信用货币研究、明代信用货币研究、清代信用货币研究，形成了一个完整中国信用货币历史研究体系。

其思想首先包括批判传统的信用货币起源于西周布说、汉是皮币说、大唐宝钞说，提出传统信用货币起源于宋之交子说①。作者首先界定了什么是起源这个关键概念。作者提出起源不是某种现象的偶然发生，而是大量现象的涌现发生才能称得上起源。作者在这个假设下对各种学术观点进行探讨。当时关于信用货币起源时间的问题有学者提出起源于西周的，如清道光年间的王鎏，根据其著作《钞币论》就提出这种观点。其理由是诗经有"氓之蚩蚩，抱布贸丝。"其中周朝人的"布长两尺，凭官书其上，为民间贸易之币，此为用钞之开始"。朱先生通过考据提出，诗经所谓的布是布帛的布，其引用桓宽《盐铁论·错币》："各以其所有易所无，抱布贸丝而已"。关于部分学者提出信用货币起源于汉武帝时值皮币。如同时代的王孝通的《中国商业史》提出"武帝时……于是有司请该币制，以白鹿方尺，缘以绩，为皮带，值四十万，王侯宗室朝觐聘亨……皮币价值，建立在政府命令之上，实为法币之权与"。而朱偰提出这种皮币使用主体仅仅限于王侯宗室，用途仅仅限于朝觐聘亨，这说明只是偶然现象而已，不是普遍现象，因此不能称为货币的起源。同时，还有学者提出大唐宝钞为信用货币的起源。如《元史》第九十三卷食货志一提出"钞始于唐之飞钱，宋之交会，金之交钞"。朱偰根据《旧唐书》等考据发现唐时飞钱实为汇票性质，虽然有一定通货作用，但是不能称为信用货币。基于对前面众多观点的批判的基础上，作者提出信用货币起源于宋代的交子，但是使用的年代和区域受到一定的限制。并提出金世宗大定二十九年的交钞为真正的信用货币。

关于宋元明清信用货币的发展和演变的思想。朱偰先生不仅正本清源，对信用货币的产生源头进行了清晰细致的梳理，同时对宋元明清的信用货币也做了详细的考据和分析。首先，确立了宋代交子和会子在中国货币历史上的地位，同时也分析交子和会子的影响②。其次，详细批判了传统观念——交子三年一界。交子三年一界的观念起源于，《宋史·食货志》其提出"真宗时张咏镇蜀，患蜀人铁钱重，不便贸易，设质剂之法：一交一缗，以三年为一界而换之"后人不察，便以为所有的交子界都为三年。而作者通过计算宋朝

---

① 朱偰：《中国信用货币之起源》，载《财政学报》，1943年第1卷第3期。

② 朱偰：《会子之界分发行额及单位考》，载《东方杂志》，1938年第35卷第16期。

政府前后朝代的年代区间和前后总共交子的界数，计算发现，交子的界数实际上是不定的，往往一界可能小于三年①。

关于元代信用货币的研究②。朱偰认为中国信用货币在元代达到极盛状态。当时国家金银集中，禁用铜钱，禁止金银出口，国内专用楮币，与近代的民国政府的法币政策很接近。所以作者特别对其进行深入的探讨和分析，以资对中国当时的法币改革提供借鉴。研究发现元代专门使用楮币可以集中金银，统一全国的金融。因为如果使用铜铁钱，则凡是生产铜钱、铁钱的地方都有铸钱的可能，容易形成地方割据势力。所以，在元武宗时改钞为钱时，几致祸乱；顺帝再用钱，而海内分崩离析。割据一方的张士诚、陈有谅、朱元璋等纷纷铸钱，金融无法统制，而元朝灭亡了。虽然元朝灭亡的原因很多，但是币制改革是元朝灭亡的重要原因之一。关于元朝信用货币使用的历史背景，作者分析道：北宋的交子、南宋的会子、金世宗时候的大定交钞等为元代提供了深刻的历史经验，同时，历史上的通货膨胀为元代提供了镜鉴。作者同时发现元代有一套系统科学的管理信用货币的方法：不用铜钱，专用纸币；民间禁止用金钱，违反者治罪颇严；禁止金银出海；集中金银；发钞有准备金名为钞本；各路设平准钞库，买卖金银，均平物价，通利钞法。

关于明代信用货币的研究。朱偰认为明代为中国信用货币历史上的转折点。因为明代信用货币发行的失败导致中国发达的信用货币趋向衰落，以至于后来纸币的发行从西方国家传入，而不是内生于自身的经济发展。明代信用货币失败，其表现为"终明之世，未能离钱。钱钞并行"、"成化弘治间，租税渐折收银。③ 正德嘉庆以后，折银法大行，于是钞法遂废，而钱也不振。"这说明，明代尝试的信用货币体系最终被银本位所替代。因为明代信用货币的成败对于中国信用货币历史的演变有非常重要的意义。因此，作者探寻了明代信用货币体系失败的原因。在对顾炎武的观点进行批判的同时，作者提

---

① 朱偰：《两宋信用货币之研究》，载《东方杂志》，1938 年第 35 卷第 6 号。

② 朱偰：《元代信用货币之研究》，载《财政学报》，1943 年第 1 卷第 5 期。

③ 朱偰：《交子之界分发行额及式样单位考》，1938 年第 35 卷第 7 期。

出明代钞法失败的真正原因。顾炎武在《日知录》提出"钞法之兴，因前代未以银代币，而患钱之重，乃立此法。今日上下皆银，轻装易致，楮币自无所用"。而作者认为明代信用货币失败的最重要原因不在于此。因为白银的使用自从金代就开始了，所以元代使用信用货币时就严格禁止使用金银。如果顾炎武的假设成立，就无法解释元代能够通行交钞，而明代则不能通行。因此，明代信用货币的失败必有其更深刻的原因：明代一开始就是推行钱钞并行的办法。所谓钱钞并行，即同时使用实在货币和信用货币。而民间喜欢钱币，以为可靠，信用货币的信用从一开始就没有得到建立和推广。于是出现"钱重钞轻"的现象。这是明代信用货币失败的主要原因。①

关于清代信用货币的研究。朱偰认为清代信用货币分成两个阶段，在清朝早期因为鉴于元明行钞之弊端并不采用纸币；而在光绪年间，由欧美传入纸币而采用新的信用货币时代②。作者着重研究了满清后期信用货币时代的特点。其发现清末的纸币发行是来源于西方国家，而不是中国传统信用货币的延续。因为当时是外国银行首先发行纸币；于是国家银行，及官商行号群起而效仿。通过观察各种银行通用的章程，以及兑换纸币的规则，都是效仿欧美国家。其次，作者发现清末的货币发行受到自由发行的影响。根据中国历史上信用货币的传统，无论是宋之交子、会子、还是元代的宝钞都是政府发行的，而清末的货币由于西方的自由发行的习惯导致中国银号林立。再次，作者发现，由于当时中国实币不统一导致纸币也未能统一。举例而言，清代货币非常紊乱，关于货币单位就有银元和银两之分。"而银两之中形式，名称，成色，平砝（库平、关平、漕平、市平）千差万别。而银元中，有大银元，小银元，番银，毫银之别，各地成色，又异常分歧，此外民间用钱；而东北各省，则民间习惯，复以掉计。"因为实币既然如此混乱，钞票的混乱也成必然之趋势。比如同一银两票或银元票，亦因地方而不同，而不能相互兑换。因为实币成色不同，重量不同，价值不同，所以对应发行的信用货币必须注明发行地区才能流通。最后，当时，发行纸币的主权未能统一，主要货

---

① 朱偰：《明代信用货币之研究》，载《财政评论》，1939 年第 2 卷第 1 期。

② 同①。

币发行权在外国人手中。"其间喧宾夺主，操纵金融，国民经济及国家财政，交受其害者，不可胜道。其中尤以英商汇丰银行，麦加利银行，美商花旗银行，俄商道胜银行，日横滨正金银行，台湾银行，朝鲜银行"。由此可见，中国近代信用货币体系之分裂和紊乱，信用货币之主权丧失。正如那个时代整个中国面临的情况一样。

（二）提出中国信用货币史观的历史背景和制度环境

作者对于信用货币的研究基于当时民国政府法币改革的历史背景和时代环境。同时，受到传统知识分子"鉴于往事，有资于治道"思想的影响，希望通过对中国信用货币的历史进行研究和分析为当局的法币改革提供借鉴。

在进行法币改革前，中国一直实行的是银本位制度。银本位面临的问题首先是银虽然为中国最主要的货币但是其银量却非常有限，因此银价不受自身控制。所以，当世界银价面临巨大波动时，中国经济会受到巨大的冲击。例如，1934 年发生的白银风潮，由当时美国实行白银政策引起的世界银价上涨，导致中国白银大量外流[1]。从而引起国内通货紧缩，银根收紧，信贷收缩，导致企业资金周转困难，失业增加，物价暴跌，大批企业倒闭。在对外贸易方面，国际收支呈现巨大赤字。在这种银本位制度已经面临巨大挑战的情况下，为了摆脱当时面临的经济危机，国民政府决定放弃银本位制度，进行法币改革[2]。

为此，1935 年 11 月 3 日，国民政府正式宣布进行法币改革。其宣布当时中央银行、中国银行、交通银行三所银行所发行的钞票为法定货币，所有的税收和债务都用其进行收付。对于汇率实行固定汇率制度，由中央银行、中国银行、交通银行无限制买卖外汇维持汇率平价。设立发行准备委员会，管理纸币发行的准备金；有机关团体或个人持有的银币或生银等，交发行准备管理委员会或指定银行兑换法币；旧有以银币订立的契约，到期日概以法币结算收付。

---

① 吴敏超：《1934—1935 年白银问题大讨论与法币改革》，载《江苏社会科学》，2007（6）。
② 姚会元：《法币政策与抗日战争》，载《抗日战争研究》，1996（1）。

总之，在当时中国进行抛弃银本位制度，走向信用货币制度的时候，尤其需要切合中国的实际来制定政策。而中国的实际不可不关注中国人使用信用货币的习惯。朱偰先生正是在这样一个大的历史背景下对中国信用货币历史展开研究的。

（三）信用货币史观的价值和影响

历史的研究在于从历史的演变中，透过历史的现象，发现历史的规律和力量，为将来的社会实践提供指导。同样，朱偰先生的信用货币起源的思想和学术观点具有很强的理论价值和现实指导意义。

首先，理清信用货币产生的问题，为分析信用货币的发展找到真正的历史起源。更重要的是为我们深刻认识信用货币的本质提供思考的借鉴。信用货币的形式从古至今发生了巨大的变化，未来也必将发生巨大的变化。对于历史形态中哪些货币是信用货币的研究表面上是研究信用货币的历史，其本质却在研究信用货币的根本特征。这不仅对于当时认识西周、汉唐等经济金融现象有帮助，而且对于当前我们认识新型的货币形态是否为信用货币，是否会衍化为信用货币等问题也有借鉴意义。

其次，关于各个朝代的信用货币使用兴衰成败的探索与考察，对于当时国民政府的法币改革有很强的现实指导意义。基于作者的研究发现，中国信用货币历史呈现宋金兴，元极盛，明衰败，清早期不用，晚期混乱的历史格局。其中可供当时进行法币改革的国民政府借鉴的东西较多。第一，作者发现历代信用货币到朝代的晚期莫不以失败而告终，并且这种信用货币的使用往往会加速王朝的失败。其中一个深刻的原因在于，信用货币的发行会导致通货膨胀。如"交子会子之展界行驶，无限滥发，引起后代之鉴戒"；"金末世通货膨胀，物价飞腾，引起后代之鉴戒"、元末"然行之未久，物价腾涌，值海内大乱，军储赏犒，每日印造，不以计数"导致"所在郡县，皆以百货相贸易""人视之为废楮"。作者发现没有一个朝代能从根本上解决通货膨胀的问题。其根本原因在于国家发行货币不受到任何外在的权力约束，以及晚期执政当局的短视行为。同样，就当时的国民政府后来也走向滥发钞票，导致通货膨胀，最终亡党亡国这条老路。这不能不说朱偰先生的深刻历史洞察力。第二，作者发现清末的信用货币分割、没有主权的格局，对民国时期的法币改革有直接的指导意义。清末混乱的货币格局一直延续到民国政府时期。当时混乱的货币格局，不仅不利于国家经济的发展而且对于保障国家的主权不利。因此，通过推行法币改革，统一的信用货币制度，可以从根本上改变国家的经济格局和政治格局。

当时的学者也认识到作者信用货币史观的贡献。如全汉升[①]就认为作者对于中国信用货币历史研究的贡献在于："对于中国信用货币的起源有一确切的说明"；"对于某一时代的纸币在中国信用货币史的地位，常有确切的论断"。

二、战时公债说[②]

（一）战时公债说的主要内容

1. 战时公债之特点

朱偰认真考察抗战发生以来，我国发行的各种战时公债，认为有如下特点：

（1）平价发行。历次发行公债，除赈济公债外皆照票面价额十足发行，自救国公债以至二十八年军需公债，莫不皆然。是与战前公债发行习惯相反，虽表面上似可增加债款收入，但事实上则反足以妨碍销行。故二十九年建设金公债条例，为便利推销起见，遂改为"按票面九八发行"（第二条），而二十九年军需公债条例，亦改为"按票面九四发行。"（第二条）。

（2）税收担保。历次战时公债，除救国公债并未指定款项作担保外，二十八年建设金公债及军需公债以公库法实行，当然以国库整体为其保证外，其他各债，皆指定确实税款为其担保，如表1所示。

---

① 全汉升：《朱偰：中国货币问题》，载《中国社会经济史集刊》，1944年第7卷第1期。

② 朱偰：《战时公债与我国财政前途》，载《财政评论》，1941（1）。

表1 公债偿还担保情况

公债	偿还担保
二十七年国防公债	所得税
二十七年金公债	盐税
二十七年赈济公债	国库收入
二十七年建设公债	盐税项下带徽建设事业专款及各项国营事业建设事业余利
二十七年军需公债	统税及阆酒税

（3）流通甚少。历来所发战债，虽达八次，但实际上印成债票，向公众发售，而在市面流通者，仅救国公债及国防公债金公债等三种；且救国公债之发行，尚系采用摊派方式；而国防公债金公债之流通，又偏在沿海及海外华侨方面，至于内地，则绝少发现。故严格言之，过去战时公债之发行，仅做到"发"的方面，尚未做到"销"的方面。

（4）"总预约券"方式。公债销路既属有限，而政府抗战又需款孔急，兼以公债印刷困难，故大多数销债，皆用"总预约券"方式，交与四行，作为担保，再由四行放款政府，而收取七厘利息。

2. 战时公债推销之难与对策

（1）战时公债推销之难

战时公债推销实难。二十九年度开始，政府鉴于过去公债政策之缺点，遂特别注重劝募，以利推销。故本年度所发行之新债，与以前所发行公债，有两点不同：①如前所述，抗战以来发行各债，除赈济公债外，均系平价发行，十足收现。二十九年所发新债，则军需公债定为九四实收，建设金公债定为九八实收，减低发行价格，以利推销。②建设金公债条例规定，"以法币缴购者，得依照财政部规定之商汇挂牌汇价折合英金或美金计算，依购债人所认购之公债，照发债票。"（第三条）意使购债人获较多利益；且于推销公债之中，兼寓维持法币之意。

（2）战时公债推销难之对策

由于发行公债之艰难，为易于推销起见，并经制定劝募及奖励推销办法，积极进行。

二十九年七月，行政院更颁布"战时公债劝募委员会组织章程"，以行政院院长兼任主任委员，财政部部长兼任副主任委员，此外并设常务委员二十四人，委员百余人，秘书长一人，副秘书长二人。此机关随即成立，并网罗金融界人士及全体参政员在内，进一步为有计划之策动，而利公债之推销。该委员会成立，茬荏半年，对于公债劝募，尚未树有成绩。作者以为战时公债，时间性最为重要，战时财政之要义，本在争取时间。今后该会工作，似当更图急进，而对于过去公债推销之障碍，尤当首加剔除。建议如下：

①劝募公债，须先有债票，当一改过去"发"而不"销"之办法，速即印行公债债票，尤当将二十九年建设金公债及军需公债赶印债票，以便着手劝募。②目前市场利率，远较公债利息为高；且囤积居奇者横行无忌，一转手之间，往往获利倍增，政府发行公债，继不能追随其后，亦当设法尽量优待购债人，多予以种种利益，方可希望推销，其法有二。其一，提高利息减低发行价格。易言之，即采取"高利低价"政策，此虽与平时公债政策（以低价低利发行为原则）不符，然为权宜应变之计，亦不得不出此一着。其二，对于个人或团体承销公债，卓有成绩者，应分别予以奖励。③注重宣传工作，以唤起人民之注意，并引起国民之同情。如节约建国储备运动，成效颇着，即系收普遍宣传之效。

以上，欲推销公债劝募公债必先做到之前提也。

3. 战时公债与通胀

"战时公债"之重要性，不言而喻，但其如何运用，影响于战时财政，尤为重大。运用而得其当，则可以筹措战费，收集游资，转移一部分负担于将来，而收财力集中之效；运用而不得其当，则将耗尽生产资本，流为通货膨胀，且直接增重平民之负担，而引起负担之不均。尤以战时公债如不能消纳，（即所谓公债不消化）政府为应急计，必将以公债为抵押，向银行要求放款；银行无以应付，必将增加纸币发行，如此转辗循环，非流为通货膨胀不止。第一次欧战时之德国，此次战争中之日本，皆为头例：

例一：德国在上次大战中，藉发行短期国库券及公债以为调度，前者为短期公债性质，以后者（即长期公债）所得收入，随时偿还。故如长期公债收入，超过到期国库券额，则偿还有余，不致发生通货膨胀问题；但若长期公债收入，不敷到期应偿还国库券额，则只有通货膨胀之一途。计德国在上次欧战中，前后发行公债九次，至第五次止，皆可以公债收入偿到期国库券。第五次以后，无法以公债收入清偿，遂流为通货膨胀。

例二：日本战时财政，因增税成绩不佳，大半仰赖公债，而公债发行过巨，市面无法销纳，遂呈公债消化不良现象，而陷于恶性通货膨胀。据日本大藏省公布，至本年（一九四零）九月底止，公债发行额已达二百五十六万万二千二百万圆。（其中内债二百四十三万万七千五百万圆，外债十二万万四千七百万圆）。如加上十月份所增发者，日本现有公债总额，实逾二百六十万万云。（注三）

又日本公债滞销情形，据去年（一九三九）十二月二十日东京朝日新闻所载，可见一斑："本年度（昭和十四年度）公债发行预定额，为五十九万万二千五百万圆，此外尚有上年度（昭和十三年度）未发行之公债十七万万三千二百万圆，若加入合计，本年度发行额，共为七十六万万五千七百万圆。但在本年度已过其半之今日，公债已发行额抵二十七万万圆，未发行额实达四十九万万圆。本年度（昭和十四年度）发行状况，平均每月约四万万圆，假定今后依次程度发行，预计本年度终发行额，可达五十四万万圆之多，较诸上年度终发行额四十五万万三千万圆，约增十万万圆。但本年度（昭和十四年度）未发行额，恐将超过二十万万圆。"

日本公债发行，永远不能照预定发行额进展，故年年皆有所谓"延缓发行额"，其结果遂流为恶性通货膨胀。据国新社二十九年十一月二十六日电讯："近月来日本纸币膨胀，更见显着：九月底止日本银行纸币发行额共达三十六万万零四百万圆，本年十二月底日本银行纸币发行额，将达五十一万万五千余万圆，约为战前之三倍许，日本通货膨胀状势，其严重云。"实则日本纸币发行额，尚决不止此数，日本银行而外，更有横滨正金银行，朝鲜银行，台湾银行，以及所谓日圆系之伪银行；而在华发行之军用券，更无法统计，故通货膨胀，谓在百万万圆以上，决非过甚。

由上所述，可见战时公债之运用，最关重要，运用得当，可以帮助战时财政；运用不得其当，可以变成通货膨胀。

（二）战时公债说提出的背景

各国战时财政，虽运用之时，因时制变，因地制宜，故其方式不一，然其通例，莫不以"战时公债"为筹措战费之主干，以"战时租税"为支持借债之柱石，而以"发钞"为融通资金及紧急之补充。各国交战之时，虽因环境不同，国情各异，故或者注重公债，或者注重租税，或者税债并重，或者迫不得已而流于通货膨胀，但其运用原则，则千变不离其宗，而"战时公债"之重要性，则无论何国战时财政皆不得忽视者也。

战时财政，支出浩繁，政府为应急计，往往增加发行，故通货增发，物价高涨，为其必然现象。调节之道，必须意吸收纸币，即一方面固不得不增加"发行"，他方面尤当注意"吸收"，发行虽增加十万万，而吸收亦能达到十万万，即不必再进一步增加发行，以致流为通货膨胀，吸收之道多端：英国经济学家安其格氏，于所著"未来大战中之经济问题"一书中，建议以公债及租税方法，吸收过于膨胀之通货。是不独安其格氏见之，即远在七百年前，我国叶子奇氏，亦尝见及之：

元之钞法，即宋之交会，金之交钞，当其盛时，皆用钞以权钱；及当衰时，财货不足，则易发通胀。譬之池水，所入之沟与所出之沟相等，则血脉常活。使所入之沟虽通，所出之沟既塞，则水死而不通，惟有涨满浸淫之患矣。

故战时通货增发，即当疏通其"流"，易言之，即当一方面限制"发行"，他方面设法"吸收"纸币，使市面流通量不致过多，并从釜底抽薪，以限制物价上涨。吸收纸币之方法多端：如提高租税，如吸收存款，如开办有奖储蓄，如提倡节约建国储蓄；但其中最重要者，实为劝募公债。而我国过去公债成绩不着，则为不可不言之事实。今后劝募公债，尤关重要：盖不特关系公债政策本身之成败，且关系战时财政全盘之前途，而与调节发行，平抑物价，关系尤大。愿财政当局及劝募公债委员诸公亟起图之。

抗战发生之前夕，我国公债政策，已有相当准备，其表现于外者，即二十五年二月所发行之统一公债及复兴公债是也。统一公债之作用，在于减息延期还本，以减轻国库负担，并统一各种公债名曰，统一其发行条件，以便加以管理，而取缔战时投机。

故在抗战发生之前夕，我国公债发行额总数（以财政部发行者为限，其他属于交通，电气等单独发行者不计在内）不过十九万万五千二百万元又二百万镑（若连外债在内，约合国币四十五万万元），以我国人民之众，土地之广，以及潜藏富力之大，此数并不为多。战时公债之发行，颇留有伸缩之余地。若能善自运用，必可收集游资、筹措战费，并转移一部分负担于将来，而收财力集中之效。但事有未如始愿所及者，兹分述其经过情形：

"七·七"事变发生、中日战争，全面展开，又以抗战建国，同时并进，故支用异常浩繁。计自抗战至二十七年底，国库支出，达三十万万元之巨，其取给于税收及捐款者，仅七八万万元，约占支出四分之一，其余均系以债款弥补。除在战事发生时，发行短期国库券五万万元外，复先后发行救国公债五万万元，国防公债五万万元，金公债约合国币五万五千余万元，赈济公债三千万元。此一年半间财政，遂得以勉强支持。此后抗战继续进行，需款更巨，且向外国订购军用工用器材需用外汇，为数亦不在少，若专恃内债，既非国内资力所能胜任，且资金外流，亦易影响外汇，摇动金融。故第二期抗战开始以后，以募借外债与发行内债同时并举。计二十八年发行内债十二万万元：一为建设公债，计六万万元，专充各项建设事业之用。一为军需公债，计六万万元，用以弥补战费。二十九年度开始，更发行军需公债十二万万元及建设金公债英金一千万镑，美金五千万元，（两债共合国币十九万万七千四百万元）以弥补预算之不足，并期抗战建国同时并进。

以上我国战时公债之大概情形，若就其发行总额而论，不过法币三十四万万三千万元，关金一万万单位，英金二千万镑，及美金一万万元。以之兴日本本年（一九四零）十月份公债发行总额二百六十万万圆相比较，诚不为过巨。惟我国战时公债问题，不在发行数额方面，而在消纳方面。

基于这样的历史背景，作者通过对实际生活的考察，不断地深化认识，上升到理论，形成了战时公债说。

（三） 战时公债说的价值与影响

抗战期间，国民政府发行公债 17 种（短期国库券除外），共计法币 151.92 亿元，关金 1 亿金单位，英金 2000 万镑，美金 2.1 亿元。其中用于平衡预算、稳定物价、健全金融、吸收游资的有 7 种，共合法币 149.92 亿元，约占战时公债总数（228.22 亿元）的 65.7%；用于充实抗战救国军费的有 5 种，共合法币 40 亿元，约占战时公债总数的 17.5%；用于战时建设与救济经费的有 5 种，共合法币 38.3 亿元，约占战时公债总数的 16.8%。从上述发行公债的用途看，战时公债发行原则还是具有国防性、建设性及战时性的特点。

如此巨额的战时公债，对维持战时财政收支平衡，起了一定作用。抗战爆发后，由于战区扩大，国家收入急剧减少，占战前国库收入绝大部分的关、盐、统三税，到 1939 年初，与战前相比已分别减至 21%、35% 和 18%。就整个税项收入而言，1937 年比 1936 年度亦减少 2.7 亿余元。而战时国家各项支出却不断增加，计 1937 年、1938 年两年度一年半间，支出达 32.7 亿余元，比战前 1936 年度的 11 亿余元，增加 21.9 亿余元。到 1939 年 4 月，国库亏短已达 30 亿元有余。而弥补办法，即"均恃债款以资挹注"。因而在抗战前期，法币公债作为弥补财政赤字的功能还是比较明显的[①]。

作者的战时公债说，为抗战时期发行公债应付抗战之需提供了理论指导。抗战时期，收入由于战争的原因锐减，而军费开支则大幅增加，财政收不抵支，为了弥补财政赤字，政府虽然有多种选择，如增加货币发行、提高税收、调整支出结构等办法，但是增加货币发行会引发通胀，侵蚀税基，反而适得其反；而提高税收则操作性不强，本来战争时期民生就凋敝，人民生活水深火热，增税阻力太大。而调整支出结构也是隔靴挠痒，作用不大。作者从理论角度提出只有公债是合适的选择，并就公债发行相关问题以及公债与通胀的关系进行了论述，政府当局发行战时公债找到了理论上的归宿。从小的方面来说，作者的战时公债说对抗战时期国民政府弥补财政赤字、筹集战争军

[①] 杨斌：《抗战时期国民政府发行公债政策述评》，载《江西社会科学》，2001（1）。

费作出了巨大贡献；而从大的方面说，其战时公债说对于抗战的胜利作出了不可磨灭的贡献，对后来政府弥补财政赤字提供了重要参考。

三、中国战时财政税收为主说

（一）中国战时财政税收为主说的根据和实现方式

朱偰先生的战时财政金融的思想，包括战时财政筹集的方式、原则以及各种政策可能带来的影响，尤其注重发行公债和发钞可能带来的通胀问题。总之，其认为战时财政应以税收为主要筹资方式。

战时财政筹集方式。作者针对当时经济学界部分学者提出许多极端的主张提出深刻的批判：一种观点认为战时财政筹集中使用通货膨胀是解决战时财政融资的万能药；另一种观点坚决反对使用通货膨胀政策，认为只需要使用传统的税收政策就可以。还有人提出恢复厘金制度。作者提出战时多元化的财政筹集方式。作者提出的财政筹集方法包括：增税、发行公债、发行钞票、募集捐款、变卖公有财产、征收财产、动用战时基金。

战时财政筹集的原则——公平、持久、稳健。作者提出三种原则来衡量是否符合战时财政的利益："何种方法较为公平，何种方法较为稳健，何种方法较能持久"[①]。根据这些原则，作者发现战时财政必须以增税、借债、发钞为主。因为募集捐款为自由性质方面，其取决于国民之富裕力量和同仇敌忾之心和政府宣传力度，从而其效果如何无法确定。而动用战时基金必须要有基金储备，而且现代战争耗费非常大，基金如何雄厚也无法够用。变卖公有产业亦须政府先有大量的产业，且有社会大量的财力来购买产业。从而作者提出主要以增税、借债、发钞为主。作者认为增税有点在于"与公债不同，其将来不须偿还，所以能够不至于扰乱财政秩序；以租税所入，准备将来偿付公债时还本付息皆有着落，可以维持国家信用；可以使国家负担趋向公平；

---

① 朱偰：《战时财政筹款方法之比较》，载《东方杂志》，1940 年第 37 卷第 11 期。

对于奢侈品可以重税，可以维持战时经济政策"。当然，作者也认识到税收的缺点在于：手续较为复杂，收入迟缓，不能救急；人满目前感受到痛苦；产业负担较重影响经济的恢复。

从公平、持久、稳健的战时财政筹集来看，租税政策是符合这三个原则。因为税收通过累进制度、减免制度以及根据家庭人口和负担情况进行征收的所得税系统和主体财产税最适合。因此就税收的具体税中，作者提出"着重所得税范围之扩大、税率之提高，及遗产税之加重与过分利得税临时财产税之开办者，则在负担上最为公平"。从持久方面来看，由于税收负担能够公平分配，所以能够使"转移贫困者不能胜任之负担于富有者身上"，从而符合最小总牺牲原则，自然能够实现长久不衰。从稳健的原则上来看，租税政策能够公平地分配负担者，内部秩序也容易稳定，从而为最稳健的方法。

就公债政策（即国债政策）作者认为要分情况而论，如果可借内债在时间上可以销售的情况下，则负担仍然可求公平，在时间上亦可期持久；如果所借内债，在社会上无法滞销，不得不变为通货，则发行公债政策不具有可持续性。

就发钞政策而言，作者明确提出"纸币政策与长期抗战，不能相容"。因为，首先存在不公平，在实际上又不能持久，在方法上又危险。其结果必然会导致通货膨胀政策。

具体就战时的税收增收政策，作者提出增加间接税的建议。具体而言，在直接税方面作者提出增加所得税以及过分利得税税率和扩大增收范围。在间接税方面，作者提出调整间接税范围，在关税、盐税等收入减少的条件下，增加统税、矿税、酒税、印花税。因为，在战时条件下，一切税收的终极目的是增强抗战力量。因此，"此时关税之任务在于便利军需品进口，禁止资敌物质出口，禁止奢侈品及非必需品进口，奖励结汇土货出口。故调整进出口贸易，为其主要任务，增加税收，独其余事"。盐税的任务在于增加产量调剂运销，使后方食盐及工业农业用盐，所以，作者提倡增加统税以及火酒、洋酒、啤酒、蔗糖税等税收[1]。

具体就战时的公债政策而言，作者尤其注重如何发行战时公债防止通货膨胀。这里发行公债引起通货膨胀的机理："政府为了应急计，必将以公债为抵押，向银行要求放款，银行无以应付，必将增加纸币发行，如此辗转循环，非流为通货膨胀不止。防止发行公债导致通货膨胀的关键在于吸收公债的流动性，防止公债滞销。而防止滞销的方法在于通过折价发行、提高票面利率、有奖购买等方式，提高公债销售[2]。

具体就战时的发行法币的政策而言，作者提出发行货币必然会导致通货膨胀。通货膨胀不同阶段对于国民经济的影响不一致。作者基于德国 Wagemann 提出的通货膨胀三阶段论提出大量发行货币特别容易导致通货膨胀。其中，通胀三段论认为第一阶段为："为弥补财政亏空，而增发之纸币"；第二阶段为："信用膨胀，如中央银行以增发之纸币放款于各银行而各银行，更以所得之放款为基础，而扩大放款"；第三阶段为通货流通加速膨胀阶段。发行货币尤其要防止发生第三阶段的通货膨胀。

所以作者认为战时过度发行法币，必然要导致通货膨胀。所以作者提出要对通货膨胀进行管理的思想。作者基于国际通货管理经验，针对国内的现状提出，通货管理可以实行的办法包括："对于委员银行之统制；对于中央准备金之管理"。其中对委员银行的统制包括，银行利率政策、公开市场购售证券政策。总之，作者已经提出通过中央银行的货币政策来对通货膨胀进行管理的思想[3]。

（二）提出战时财政税收为主说的历史背景和制度环境

作者当时正处在中国历史的抗日战争的历史阶段，民族处在生死存亡的危急关头，国家在应对日本的军事侵略时不仅仅面临的是军事上的挑战，同时还面临着经济上如何为军事活动筹集资金的巨大挑战。战时的经济准备包

---

[1] 朱偰：《战时租税亟应改进刍议》，载《东方杂志》，1940 年第 37 卷第 20 期。

[2] 朱偰：《战时公债与我国财政前途》，载《财政评论》，1941 年第 5 卷第 1 期。

[3] 朱偰：《通货管理——通货紧缩与通货膨胀》，载《东方杂志》，1936 年第 33 卷第 1 号。

括很多方面，如粮食的管理、物价的管理、金融的管理等，但是作者认为其中最为重要的是筹集财政资金的问题。因为作者根据第一次世界大战的经验发现"英法等国中央租税制度比较健全，重要税种富有伸缩性，新税之容易筹办，实为一主要原因。反之在德国方面，则联邦政府税制薄弱，少有弹性，新税不易筹办，实为经济方面失败主因之一。"所以作者尤其注重对于抗战时期国家财政问题的研究。

那么抗战时期国家财政情况如何呢？整体而言，抗战让国民政府财政急剧恶化，尤其是在全面抗战开始后，国民政府虽然对抵抗日军的侵略做了较大努力，但由于敌强我弱，日军长驱直入，造成国统治区日益缩小，国民经济受到沉重打击，财政陷于危机。具体而言，在抗战前，国民政府的财政收入主要以关税、盐税为主。自从沿海和重要港口沦陷后关税呈现大幅下降趋势。同时，由于战区的扩大，内地存盐及产量呈现急剧下降，从而盐税务呈现下降趋势。与此同时，前线的战争非常激烈，为了装备和维持作战部队和在内地修筑公路等都需要巨额的资金。这必然导致财政收入急剧下降，财政支出急剧上升。据潘国琪统计，抗战前各年度财政赤字多半保持在年度支出总额10%到20%之间，而抗战后财政赤字的比重达到70%到80%的范围，引发了严重的危机。[1]

其财政危机困难状况，如作者叙述"抗战一年以来，战区法币或发行减少或运至后方或为日人搜刮或为公债吸收，到处皆呈通货紧缩之。以言税收，则战区田赋，大部豁免（如江苏省江南各县），营业税收，因大都市沦陷，商店倒闭，日趋减少；此省财政之两大柱石，已呈动摇之象。至于其他税收，如浙江指绍兴酒税，因产量销量减少，锡箔税以及契税，房捐等莫不锐减。以言中央税款，则中央财政也日趋艰窘，自不能照平时补助地方；至于盐税项下就超过一定税收，得由地方保留若干成办法，也因盐税税收减少，根本消灭。"可见抗战时期财政之艰难[2]。就是在这种背景下，作者对战时财政展开研究的。

---

① 潘国琪：《抗战初期国民政府财政政策考辨》，载《抗日战争研究》，2003（1）。

② 朱偰：《如何逐渐推行财政收支系统法》，载《财政评论》，1939年第1卷第3期。

（三）战时财政税收为主说的价值及其影响

朱偰先生的战时财政思想对于指导战时财政的指导价值，我们从战时财政的情况可以发现其中的奥秘。第一，国民政府的财政思路基本上与朱先生的提出增税、发债、发钞三种方法一致。第二，国民政府在发钞过程中控制通货膨胀的政策没有完全按照作者的方法，从而导致通货膨胀急剧上升。通过历史事实，可以更加清晰地观察到作者思想的价值。

从税收的角度来看，抗战后为了调整税收，国民政府采取了扩充征税品目，改定征课标准及提高税率的措施。例如①，1938 年 1 月，财政部将原来统税项目在原来的卷烟、棉纱等 9 种产品外增加饮料品、糖类、陶瓷、皮毛、竹木、纸箔等产品。而征收统税地区，也增加了云南、新疆、青海及西康等地区。1941 年 7 月，国民政府将统税从从量征收改为从价征收。同时提高印花税、土酒、土烟丝税的税率。同时，国民政府还对战时奢侈品征收消费税。

从发行公债的角度来看，国民政府大规模地发行公债。公债包括外债和内债。就外债而言，从 1937—1945 年，国民政府对苏联负债总金额达 2.5 亿美元；对美国负债总金额达 6.2 亿美元；对英国负债总金额达 5800 余万英镑，折合美金有 2.3 亿多元。就内债而言，抗战 8 年中，国民政府财政部共发行了 18 种内债。发行的内债包括救国公债、金融公债、金公债、国防公债和赈济公债类型。抗战两年内公债发行额达 16.77 亿元法币。1937 年 9 月至 1945 年 8 月间，国民政府共发行公债 2000 万英镑，2 亿美元，关金券 1 亿元及 151.22 亿国币。

就增发法币而言是弥补财政赤字的迅捷之径。国民政府在增税、举债仍不能解决巨额财政赤字的情况下，即采取了发钞这更便利的一种手段。时任国民政府财政部长的孔祥熙提出："迨战事发动以后，抗战建国同时并进，通货之需要，因之更形殷切，发行较短，自有相当之增加。"故从 1939 年后国民政府就通过中央、中国、交通、农民四大银行大量发行纸币。"从 10 亿余

---

① 周勇：《重庆抗战史》，重庆出版社，2005。

元增加到 20 亿元，再从 20 亿元增加到 30 亿元。这是抗战开始一二年间的事情"。1939 年度"国库支出为 30.6 亿元，其中税款收入为 48 亿元，不过占 16%，而极大部分则由增加通货发行来弥补，其比重占全部财政支出 76% 左右"。就具体发钞数量来观察，自 1937 年 6 月起至 1945 年 6 月止，法币发行各年累计情况如下：1937 年 6 月法币发行额为 14 亿元，至 1938 年底达 23 亿元，1939 年底达 43 亿元，1940 年底达 78 亿元，1941 年底达 151 亿元，1942 年底达 343 亿元，1943 年底达 753.79 亿元，1944 年底达 1894.61 亿元，到 1945 年 12 月更猛增至 10319 亿元[1]。

朱偰先生指出发行钞票必然会导致通货膨胀的。历史不幸地被预言了。抗战时期通货膨胀水平急剧上升。具体而言，物价水平大幅急剧上升是在 1940 年以后。以 1937 年 6 月为基期，基期指数为 100。研究发现 1940 年通货膨胀进入朱偰提出的第三阶段。当年物价涨幅是上年的 2153 倍，以后各年涨幅均在 300% 以上，1944 年最高达 378%，至 1945 年物价指数为 378539，是 1937 年 6 月的 3785 倍。可见通货膨胀之利害。具体以重庆地区居民实际收入为例，在 1940 年，公务员、教师以及士兵的实际收入的 2/3 被通货膨胀所吞噬。工农业的劳动者的实际工资下降了 1/3。到 1943 年，打工者的实际收入都在下降，但薪金收入者的情况最糟糕。公务员已濒临在饥饿线上，其实际收入下跌到战前的 1/10，至于教师和士兵的情况也好不了多少，实际工资尚不到战前的 1/5。[2]

朱偰对战时财政的看法得到当时学者的赞同。如古耀庭[3]就认为作者提出的战时财政筹款税收说，"申论我国战时税制之演进，指陈辩理之得失，提供改革之意见"、"条理分明，前后一贯，立论多有独到之处"。先生的对于经济规律的洞察力，被历史的事实无情地验证。可惜当时国民党当局没有对通货膨胀提高警惕导致民生凋敝。

---

① 曾凌：《中华人民共和国的货币制度的优越性》，载《中国金融》，1955（5）。

② 张公权：《中国通货膨胀史》，文史资料出版社，1985。

③ 古耀庭：《朱偰：中国战时税制》，载《中农月刊》，1943 年第 4 卷第 9 期。

四、税收保护农业说

（一）税收保护农业说的根据和基本内容

作者提出减少农民税负以减少农业负担；国家财政以税收为主，减少发行公债对农村资金的吸收；增加进口关税，实现对外国农产品倾销的抵制；这些税收保护农业的观点是基于作者对当时农村经济没落原因的深刻认识而提出来的。

就减少农民税负以减少农业负担而言，作者通过调查研究发现农村赋税过重是农村经济凋敝的一个重要原因。在巨大的财政支出的压力之下，各种苛捐杂税，与横征暴敛就发生在收入最低的阶层，尤其是农民阶层。当时的农村高税收的特点体现为：附加税收远远超过正税，如江苏灌云县就超过三十一倍；提前征收，如当时（1935 年）四川税收征收到民国八十三年（1994年）；一年征收多次，如四川广汉一年征收六次税收；强行摊派公债。而这种过重的赋税负担与当时国民政府的税收体系有密切的关系。由于当时国民政府的税收主要是以间接税为主，而直接税多为田赋及营业税，所以税负多落在生产者身上，而拥有巨量资本之银行家及自由职业收入，都没有直接税负担。因此，作者建议采用征收所得税、收益税等直接税的方式来征收税收，从而在保障财政收入的前提下，减轻农民的负担。

就国家财政转变为以税收为主，减少发行公债对农村生产资金的吸纳，作者发现，公债的大量发行，会吸收社会生产资金，从而导致农村资金不足。据估计，当时发行公债的数量为十二亿元左右，而同期社会上的流动资本不过 6 亿元左右。这必将导致社会生产资金流入到公债市场中。具体而言，本该流向农村的生产资金也流入到公债市场中，这必然导致农村生产资金不足的情况。在农村资金供给严重不足的情况下，农村物价呈现通货紧缩的趋势，农村民间借贷利率非常高，农民面临非常严重的信贷配给。这必然会导致农民的生产和消费水平受到抑制，从而影响农村经济发展。所以，作者建议国家财政筹资方式，减少公债的发行，采用税收为主的筹资方式。

就农产品征收进口关税，实现对外国农产品倾销的抵制而言，作者发现国外商品的倾销是导致农产品滞销的重要原因。国外倾销的方式为通过汇率贬值的方式，提高其农产品的竞争力。作者认为这种方式对于中国经济的影响最为巨大，而没有引起当时学者和专家的注意。作者提到"洋货倾销尤以汇价倾销为最烈是也。汇价倾销为目前商战之最大利器。"基于这种情况，作者提出对农产品一律征收进口关税，并为了平抑物价一律采用从量税而不是从价税。

（二）提出税收保护农业说的历史背景和制度环境

农村经济问题一直是中国历史上最重要的经济议题之一，在国民政府时期农民占据全国人口的百分之八十。因此，解决好农村经济问题对于整个国民经济的发展，对于社会的稳定，乃至对于政权的稳固都具有至关重要的作用。但是当时农村经济面临巨大的挑战。在第二次世界大战前，由于世界经济恐慌发生以来，物价跌落，通货紧缩，外国农村品大量倾销到中国来。同时，各国通过货币贬值，来刺激农产品和工业品的出口，从而导致中国国内充斥着国外商品，而中国本土产的商品滞销，尤其以农产品的滞销为甚。其中一个重要的特征就是农产品价格下跌得非常厉害，正所谓谷贱伤农。如南京国民政府国定税则委员会报告，上海各种粮食价格，1932 年和 1933 年比 1931 年平均每年跌落 26%。1934 年又比 1933 年跌落不少。这个时期，其他农产品在上海批发价格也逐年跌落①。同时，基于 1929—1936 年全国农产物输出贸易指数②，发现 1929 年农产品输出贸易指数为 109.91，1930 年为 100，1931 年为 101.61，1932 年为 62.99，1933 年为 46.03，1934 年为 42.90，1935 年为 52.29，1936 年为 50.39。可见农产品的国际竞争力急剧下降，对农村经济造成巨大的伤害。因此，农村问题其严重程度如作者论述到"本国产业不能，成今日吾国国民经济之最大危机。此危机之严重，隐忧之深迫，实足以

① 钱俊瑞：《中国目下的农业恐慌》，载《中国农村》，1935 第 1 卷第 3 期。
② 章有义：《中国近代农业史资料》，第三辑，606 页，三联书店，1957。

动摇一国经济的基础，而使一切文物制度同归于尽"。正是在这种历史背景下，作者才对中国农村经济金融凋敝的原因进行探讨，并提出税收保护农业说。

（三）税收保护农业说的价值及其影响

朱偰关于税收保护农业说的学术观点不仅对当时农村经济和农村金融的发展有重要的指导意义，而且对于当前我们思考中国目前的农村问题仍然有很强的借鉴作用。

其重要意义首先在于其认识到农民、农村问题的重要性。而当时国民政府就是没有注意到农村经济的重要性，更多关注城市经济问题。这不能不说是当时国民政府的重大战略失误。关于朱偰先生对农民和农村问题的认识是具有深刻意义的。我们可以从同时代的另一位伟大人物的研究可以看到作者的洞察力。同期的毛泽东也很早认识到农民问题和农村经济问题对于中国经济和中国社会的重要意义。毛泽东在 1926 年就提出，"农民问题乃国民革命的中心问题，农民不起来参加并拥护国民革命，国民革命不会成功；农民运动不赶速地做起来，农民问题不会解决；农民问题不在现在的革命运动中得到相当的解决，农民不会拥护这个革命。"① 国民政府在农村经济和金融问题上始终没有引起足够的重视，没有进行改革的魄力。正如朱偰先生所说"其症结所在，无非收入政策不肯牺牲目前之财政收入"。其次，其提出的税收保护农业说，对于减轻当时农民负担，增加农村资本供给，减少外来农产品的倾向压力有很强的现实意义。

综上所述，我们可以观察到朱偰先生的研究深深地扎根于那个时代。所研究的经济问题都是基于当时的现状而提出来的。在其研究的领域内有一个完整时间序列和逻辑体系。从时间序列的角度来看，当时中国正经历法币改革这一重要的金融经济事件。作者通过追溯历史，清晰完整地梳理了中国信用货币的历史为当局的货币改革提供借鉴。随着抗日战争的爆发，中华民族

---

① 毛泽东：《国民革命与农民运动》，摘自《毛泽东选集》，第一卷，1926。

处在生死存亡的关头。在这种情形下，经济如何支持军事斗争、如何支持抗日斗争成为经济学者最需要解答的问题。作者通过全面梳理各种财政筹资的手段及其利弊，对战时的财政政策提出充分的对策，并对可能发生的通货膨胀提出深刻的警示，即提出战时筹款税收为主的原则。当时的中华民族除了外患，还有内忧的问题。而作者认为最重要的内忧就是农民问题和农村经济破产的问题。这个问题会关系到民族的存亡、政权的稳固。因此，作者对当时农村经济面临的问题进行了深刻的分析，并提出有效的对策。即通过税收来保护农业。可惜，不被当局采纳。这种实事求是的治学思想深受传统知识分子的影响，体现了学用结合、经世济民的经济学人情怀。

（朱子贤　刘海二　缪明杨）

参考文献

［1］朱偰：《"生活最低限度"与累进税问题》，载《国立武汉大学社会科学季刊》，1931 年第 2 卷第 1 期。

［2］朱偰：《田赋附加税之繁重与农村经济之没落》，载《东方杂志》，1933 年第 30 卷第 22 号。

［3］朱偰：《对日经济封锁与急起自救》，载《日本评论》，1933 年第 2 卷第 2 期。

［4］朱偰：《征银出口税后补救入超之对策》，载《东方杂志》，1934 年第 31 卷第 23 号。

［5］朱偰：《银价变动之趋势与中国之对策》，载《东方杂志》，1934 年第 31 卷第 10 号。

［6］朱偰：《农业保护关税问题》，载《东方杂志》，1934 年第 31 卷第 9 号。

［7］朱偰：《中国盐法中之专商制问题》，载《国立中央大学社会科学丛刊》，1935 年第 2 卷第 1 期。

［8］朱偰：《土地村公有乎实行增值税乎》，载《东方杂志》，1935 年第

32 卷第 21 号。

[9] 朱偰：《中国今日徵收所得税问题》，载《东方杂志》，1935 年第 32 卷第 11 号。

[10] 朱偰：《汇价倾销税释疑》，载《东方杂志》，1935 年第 32 卷第 6 号。

[11] 朱偰：《农村经济没落原因之分析及救济农民生计之对……》，载《东方杂志》，1935 年第 32 卷第 1 期。

[12] 朱偰：《所得税暂行条例草案之批评及其修正意见》，载《东方杂志》，1936 年第 33 卷第 13 号。

[13] 朱偰：《外侨与所得税》，载《东方杂志》，1936 年第 33 卷第 22 号。

[14] 朱偰：《通货管理通货紧缩与通货膨胀》，载《东方杂志》，1936 年第 33 卷第 1 号。

[15] 朱偰：《中国战时财政之出路》，载《东方杂志》，1936 年第 33 卷第 7 号。

[16] 朱偰：《中国租税问题》，载《图书展望》，1936 年第 10 期。

[17] 朱偰：《中国战时财政之过去及其展望》，载《东方杂志》，1937 年第 34 卷第 22 - 24 号。

[18] 朱偰：《外侨与所得税》，载《广播周报》，1937 年第 142 期。

[19] 朱偰：《中国战时财政的一个切实方案》，载《东方杂志》，1937 年第 34 卷第 1 号。

[20] 朱偰：《中国遗产税制度之商榷》，载《时事月报》，1937 年第 16 卷第 2 期。

[21] 朱偰：《民穷财尽之日本经济》，载《经济动员》，1938 年第 8 期。

[22] 朱偰：《推行战时税制与流底改革财务行政》，载《东方杂志》，1938 年第 35 卷第 7 期。

[23] 朱偰：《交子之界分发行额及式样单位考》，载《东方杂志》，1938 年第 35 卷第 15 期。

［24］朱偰：《战时利得税问题》，载《经济动员》，1938 年第 2 期。

［25］朱偰：《中日战争与通货管理》，载《经济动员》，1938 年第 6 期。

［26］朱偰：《两宋信用货币之研究》，载《东方杂志》，1938 年第 35 卷第 5 号。

［27］朱偰：《两宋信用货币之研究》，载《东方杂志》，1938 年第 35 卷第 6 号。

［28］朱偰：《会子之界分发行额及单位考》，载《东方杂志》，1938 年第 35 卷第 16 期。

［29］朱偰：《中日经济战争决胜之关键》，载《经济动员》，1938 年第 2 卷第 1 期。

［30］朱偰：《稳定金融与维持汇价》，载《中央周刊（1928 年）》，1938 年第 2 卷第 20 期。

［31］朱偰：《明代信用货币之研究》，载《财政评论》，1939 年第 2 卷第 1 期。

［32］朱偰：《如何逐渐推行财政收支系统法》，载《财政评论》，1939 年第 1 卷第 3 期。

［33］朱偰：《外汇问题之透视》，载《青年中国季刊》，1939 年第 1 期。

［34］朱偰：《稳定金融与维持汇价》，载《经济动员》，1939 年第 2 卷第 6 - 7 期。

［35］朱偰：《外汇问题之现阶段》，载《时事月报》，1939 年第 21 卷第 4 期。

［36］朱偰：《抗战两年来的财政》，载《东方杂志》，1939 年第 36 卷第 14 期。

［37］朱偰：《历代财政学家关於租税原则学说之比较》，载《财政评论》，1940 年第 4 卷第 2 期。

［38］朱偰：《战时财政筹款方法之比较》，载《东方杂志》，1940 年第 37 卷第 11 期。

［39］朱偰：《清代信用货币之研究》，载《财政评论》，1940 年第 3 卷第

1 期。

［40］朱偰：《战时租税亟应改进刍议》，载《东方杂志》，1940 年第 37 卷第 20 期。

［41］朱偰：《对于第三次全国财政会议之感想》，载《财政评论》，1941 年第 6 卷第 1 期。

［42］朱偰：《战时公债与我国财政前途》，载《财政评论》，1941 年第 5 卷第 1 期。

［43］朱偰：《抗战进入第四年度财政之展望》，载《东方杂志》，1941 年第 38 卷第 8 期。

［44］朱偰：《劝募战债与紧缩发行》，载《财政评论》，1942 年第 7 卷第 2 期。

［45］朱偰：《两个时代之战时财政观念》，载《财政评论》，1942 年第 8 卷第 2 期。

［46］朱偰：《战时财政政策与后方物资》，载《金融知识》，1942 年第 1 卷第 2 期。

［47］朱偰：《一年来田赋征实之检讨与前瞻》，载《财政评论》，1942 年第 8 卷第 1 期。

［48］朱偰：《中国信用货币之起源》，载《财政学报》，1943 年第 1 卷第 3 期。

［49］朱偰：《元代信用货币之研究》，载《财政学报》，1943 年第 1 卷第 5 期。

［50］朱偰：《中国银两本位之史的研究》，载《财政学报》，1943 年第 1 卷第 2 期。

第二十四章

朱斯煌金融思想学说概要

朱斯煌（1907—1985），浙江余姚人，我国信托研究的开拓者，金融学家。1928 年毕业于复旦大学，1930 年获得哥伦比亚大学经济学硕士学位，1931 年 9 月起任复旦大学银行学系教授、系主任，1934 年 1 月任上海银行学会秘书长。其间曾在中一信托公司兼职员、股长和信托部主任，在银行学会主编《银行周报》。1941 年至 1952 年执教私立大同大学商学院，曾任系主任。1952 年调上海社会科学院任教授，1972 年调入复旦大学任教授，曾任上海市私营金融业第一联营集团秘书长等职。1956 年加入中国民主同盟。朱斯煌一生注重于金融实务研究，担任《银行周报》的主要撰稿人，并于 1946 年接任该杂志的总编辑及发行人。作为信托研究的先行者，他于 1936 年创办了"我国近代唯一信托刊物"《信托季刊》。1947 年由其主编并参与著述的金融史料《民国经济史》问世，为我国近现代经济、财政、金融研究留下许多宝贵的资料。主要著作有《银行经营论》（1939 年，商务印书馆）、《信托总论》（1939 年，中华书局）、《朱斯煌信托论文汇刊》（信托季刊社）等。[①]

---

① 《金融学家、信托学先驱——朱斯煌》，http：blog. sina. com. cn 2012 – 09 – 09。

一、信托之财务关系说

（一）信托及其现状分析

1. 信托的定义

称信托者，系一种财务关系。即当事人之一方，为自己或第三者之利益，移转其财产权于他方，而他方允为依照一定目的管理、使用、处分其财产之谓也。其移转之财产，为信托财产；移转财产之人，为委托人，允为管理、使用、处分之人，为受托人；享受信托财产之利益者，为受益人。每种信托之成立。必有此三种关系人[①]。由此我们可以看出，作者认为信托是受托人代为管理委托人财产的一种财务关系。

个人财产之财产遗产，可托信托公司之管理，遗嘱可托信托公司执行。金钱可托信托公司投资，人寿保险赔款亦得信托公司收领运用。至关于团体事项，如商业团体之设立募股，扩充集债，又关于合并、解散、清算，诸事务皆得信托公司以代办。如证券地产之代理买卖，房租之代理经收，及一切款项之代收代付，尤为信托公司对个人团体最普遍办理之事务等等。信托公司实为民众之账房庶务，且为忠实之账房庶务。银行业务中之雇主如存户，多为有产阶级，且为富有行为能力之人，而信托业务之受益人，每多鳏寡孤独、老疾残废之人，良以此辈均无自理产业之能力，惟信托公司为其最好管理产业及监护身体之机关[②]。作者从个人信托、团体信托等诸多信托形式来证明了信托的重要性，但其中也贯穿了信托是一种财务关系的思想。信托公司代为管理财产遗产，实际上是委托人也就是立遗嘱人为了其财产保值、增值委托给信托公司进行管理、使用和处分，本质上形成了信托公司与委托人之间的一种财务关系。金钱、人寿保险同样也是委托人与信托公司之间的一种财务关系，这种财务关系的形成能够提高双方的福利，促进社会进步。而商

---

① 朱斯煌：《信托总论》，10 页，北京，中华书局，民国 28 年。
② 同①，561 页。

业团体之设立募股，扩充集债，又关于合并、解散、清算，诸事务皆得信托公司以代办，更是最明显的一种财务关系。

2. 我国信托财务关系发展滞后的原因分析①

（1）社会习惯影响信托财务关系的形成

当时的中国，信托习惯尚未养成，人们对个人信托的管理，如生前财产、执行遗嘱、管理遗产、未成年人禁治产人之监护，多由亲戚朋友以私人身份办理。至如人寿保险信托，我国保险事业不发达，更不说人寿保险信托了，而国外人寿保险也形成了习惯。而其他团体信托，如公司的设立、清算、解散等事宜更未形成信托习惯。当时的中国，由于市场经济不发达，小农意识严重，人们不习惯与市场（如信托公司）建立财务关系，通过市场来理财。

（2）经济落后影响信托财务关系的形成

信托的发展，不仅仅以社会习惯为背景，更重要的是以经济发展为推动，信托的本质是财务关系，这种财务关系必须以经济的发展为基础，经济繁荣，信托财务关系才可能兴旺发达，而当时的中国经济幼稚，信托财务关系未能发展也在情理之中。随着社会经济的发展，专业化分工的兴起，以及生产的规模化和集约化，要求分散的社会资本集中管理，这些都需要建立在信托财务关系制度上，没有前者，也就不能由市场内生出信托财务关系来。

（3）信托法规缺失影响信托财务关系的形成

信托公司营业必须要有一定的标准，如国外信托业繁荣的原因无不有信托法规做支撑。需要法律界定清楚委托人、受托人以及受益人三者之间的财务关系。而当时中国信托财务关系毫无法律根据，没有对于信托的整体立法，对信托的很多规定散见于其他法律法规之中，如会计师条例、民事诉讼法、公司法、银行法等法律法规之中，没有专门的信托法规，使得信托财务关系的建立没有标准，人们不能明白信托之真谛，信托财务关系的建立也就困难。

3. 发展我国信托财务关系之方针②

（1）宣传信托真谛，让人们了解信托财务关系

① 朱斯煌：《信托总论》，549～554页，北京，中华书局，民国28年。

② 同①，554～560页。

作者把信托比作厂家的新产品，推出时需要大量进行广告宣传，使人们明白产品之嗜好。目前我国信托事业正处在萌芽期，需要进行大量宣传，使人们明白信托的本质是一种财务关系，让人们习惯于运用这种财务关系来进行理财，管理财产。

（2）进行金融创新，主动推出信托财务关系

供给自动创造需求是供给学派的基本观点，因此，我们也应该主动设立信托公司，主动供给信托财务关系，由其来引领人们这方面的需求。同时作者认为应提倡承受公司股票、债券，一切新创公司欲发行股票、债券，应先由信托公司承购一定数量，再行在市面销售，能够全数销脱。

（3）颁布信托法规，给信托财务关系以法律保障

信托是一种财务关系，这种财务关系的形成需要法律保障，信托的产生必须要以产权的明确界定为前提，产权的界定需要法律来保障，因为只有产权界定清楚了，我们才能把财产交给信托公司来进行管理，才能确保委托人、受托人和受益人三者之间的关系，才能最终确立信托财务关系。此外信托公司本身的成立、营运范围、破产、清算和解散也需要由专门的信托法律法规来界定。

（二）信托之财务关系说提出的背景[①]

随着人们经济的进步，人们生活水平的提高，分工越细，专业越精，人事越繁，那么社会之间的财务关系也就越密切。一开始主要表现为个人与个人之间的财务关系，逐渐发展到个人与团体、团体与团体之间的财务关系。一开始主要由个人与团体自理财务关系，发展到后来由个人受托代理、团体受托代理，而受托代理之权限，事务之繁杂，与日俱增。鉴于此，专门从事信托的公司即信托公司也就随即产生。总之，信托的发展是以社会经济、人们习惯的形成为背景的。

虽然我国古代的信托关系甚多，但是真正意义上的信托，在当时才开始萌芽，我们信托公司在民国十年的时候产生，由于北洋政府尚未顾及颁布专门法规，对信托公司的经营内容予以规范和约束，因此绝大部分信托公司成

---

① 朱斯煌：《信托总论》，1～4页，北京，中华书局，民国28年。

立后所做的唯一业务就是与交易所联手从事股票投机。具体做法是：交易所用股票做抵押向信托公司获取资金，信托公司则将自身股票在交易所中买卖。通过哄抬股价，获取暴利。当后续资金不济时，股价暴跌，股票变为废纸，信托公司和交易所随之倒闭，酿成著名的"民十信交风潮"。12 家华商信托公司中只有中央和通易 2 家硕果仅存。抗战时期，华商信托机构的数量达到历史最高水平，仅上海一地就有百家上下。由于币值不断下跌，单纯经营信托业务或代理业务不足以维持开支，同时金融机构的放款业务也不易经营；与此同时，上海游资充斥，投机市场回报丰厚。在这种情况下，与其放款给别人，不如用资金自营其他事业，所获利润要大于贷款的利息收入。信托法规的缺乏，使信托机构的经营几乎不受限制，拥资者利用"信托存款"名义吸收社会游资，用于外汇套利、证券和地产买卖、囤积物资等投机活动①。

信托发展的混乱状态，使作者明白要真正发展信托，必须知晓信托是一种财务关系，这种财务关系的建立，必须要有政府之立法，市场之需求。只有紧紧抓住信托是一种财务关系，才能够避免这种混乱状态，因为任何投机倒把的公司都会被市场所淘汰，因为它破坏了人们之间形成的财务关系，人们会用脚投票将其逐出市场。

以前信托事业的发展，一半是由于信托同业本身的努力，一半由社会经济的发展为推进，近年来，信托业虽有发展，但与国外相比仍未成大器。而信托发展的前提是社会习惯、经济条件等因素，这些因素的发展无不推进信托的发展，要推动我国信托业的发展，莫外乎信托同业提倡并努力推进，同时政府立法确定标准，加大宣传，使人们明白信托之真谛。

基于这样的历史背景，作者通过对实际生活的考察，不断地深化认识，上升到理论，形成了信托之财务关系说。

（三）信托之财务关系说的价值与影响

1947 年国民党政府未实行的银行法中关于信托公司曾做了具体的规定：

---

① 资料来源：中航证券有限公司，http：//www. scstock. com/FCInfo/FCInfoText. jsp？ docPara ＝ NDM2NDUyLHRydWUsMTI1OTEyODk4OTUwMQ。

"凡以信托方式收受运用或经理款项及财产者为信托公司"。"信托公司得经营下列业务：（1）管理财产；（2）执行遗嘱；（3）管理遗嘱；（4）为未成年人或禁治产人之财产监护人；（5）受法院命令管理扣押之财产及受任为破产管理人；（6）收受信托款项及存款；（7）办理信托投资；（8）代理发行或承募公债库券、公司债及股票；（9）承受抵押及管理公债库券、公司债及股票；（10）代理公司股票事务及经理公司债及其他债券担保品之基金；（11）代理不动产擎息收付事项；（12）代理保险；（13）管理寿险债权及养老金、抚恤金等分期收付"①。该法中的规定无不是作者《信托总论》一书中有关信托思想的体现，说明当时的国民党政府还是赞成作者有关信托的看法的，同时规定中的内容也深刻地体现出作者关于信托是一种财务关系的思想。

二、信托事业改革观

（一）"信托事业改革观"的主要内容

朱斯煌在研究了我国及世界信托事业发展历程后认为，同外国已经相对发达和成熟的信托业相比，我国信托业务并不完备，相应的机制也不完善，若要求信托事业未来良好发展，必须进行改革。

他认为我国信托事业发展迟滞的原因主要有两个：一是我国社会习惯与外国存在差异，二是我国经济体系尚不完善。社会习惯的差异使我国信托行业的许多业务，比如遗嘱执行，在中国开展便颇为不便。而经济体系建设的滞后，比如现代公司数量和质量的不足，又使得信托行业在公司债和公司并购等业务上缺乏发展空间。

因此，改进我国的社会习惯与经济组织便成为扩展我国信托事业的必由之路。为了改进这两者，"更贵宣传与提倡，而提倡中国化之信托业务，尤为切要。宣传所以使社会明了信托之意义及其重要，并使民众刚逐渐养成信托

---

① 盛慕杰：《旧中国金融业的信托业务》，载《上海金融》，1980（2）。

之新习惯，而宣传尤当以各家联合之力量为之，非各家自为矜炫，作业务上竞争之宣传也。宣传之外，更不可不于营业上另开新途，力自提倡。尤于改进经济组织，信托公司既为金融机关之一，本应负促进改良之责。"① 朱斯煌将联合各类金融机构进行宣传和提倡作为培养民众信托习惯的手段，并将经济组织的改良视为信托公司责任。

朱斯煌将信托业务分为两个类型，即信托类和代理类：

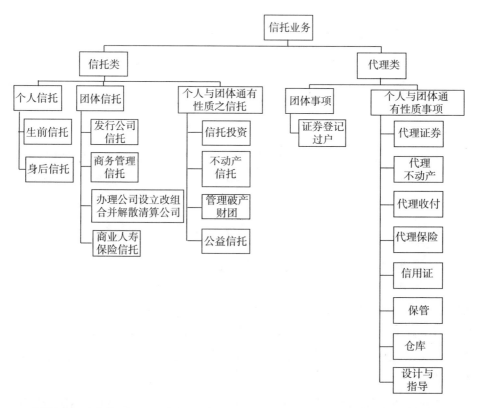

资料来源：朱斯煌：《民元以来我国之信托业》，载《银行周报》，1947 年第 31 卷第 15 期。

他认为，我国信托行业的进步必须建立在已有业务的基础上，并推动信托业务的本土化，才能使信托业能够在中国更加茁壮地成长，而代理业务应

---

① 朱斯煌：《我国信托事业之过去与将来》，载《信托季刊》，1936 年第 1 卷第 2 期。

当是一个重要的突破口。"我国信托观念,虽起源甚早,而信托事业,实为海外所传来。仿行西法,尤贵适合国情。固不可固步自封,亦不可削足适履。故应提倡中国化之信托为要务。我国真正信托业务之稀少,代理业务之较多,盖以我国社会背景所使然,可见代理业务较易推行,与其强所未能扞格难行,抑若从其所易,因势利导。"① 因此朱斯煌认为,我国的信托业不妨以代理业务作为重点,在未来或许可以凭此在世界信托界内独树一帜,此外,代理业务的发展,同样也可以推进信托业整体的提升。

同时,朱斯煌认为信托业的改革进步还需要信托立法的有力支撑。他指出,"近十余年来,我国信托事业方始萌芽,今以社会开通,经济民生与前不同,信托事业益引起社会人士之注意,信托公司开设日多,诸大银行又多有信托部之设立……惜乎外国对于信托之立法向附阙如,凡信托存立中各关系人间之权利义务,既无法以为依据,而信托公司之营业方针又无法以为准绳。"② 朱斯煌指出,当时业界已就此在叙餐会等形式的行业聚会中有过广泛讨论,并得出相对成熟的意见,如果政府部门考虑立法,那么应当对此加以征询。

他指出,信托立法应当分为两个部分,一个是《信托法》,另一个是《信托公司法》。"信托法者,规定委托人、受托人及其受益人三者间之关系,并其相互间之权利义务,对信托关系作一般之规定。信托公司法者,规定以公司法人为受托人并以此为专业者所应遵守之条件,故详定信托业之组织程序、营业范围及报告检查等项,使信托业者除依据信托法之规定,于委托人、受托人、受益人间维系相当之关系,对于经营业务,又得确立标准,有所遵循。"③

而在法律准绳的尺度问题上,朱斯煌表示,"欲奖励我国信托本业之发展,法律当先定各种业务之标准,观上(指《论我国信托之立法》前文,编者注)所规定之信托业务,有属于个人之范围者,有属于团体之范围者,然

---

① 朱斯煌:《我国信托事业之过去与将来》,载《信托季刊》,1936 年第 1 卷第 2 期。
② 朱斯煌:《论我国信托之立法》,载《信托季刊》,1936 年第 1 卷第 3 期。
③ 同②。

法律只能定其标准，至于业务之进行，须待信托公司随地制宜，循轨发展，法律不便为琐屑之规定。况我国信托事业尚在实验时期，法律之规定尤不可以太碍其自由之发展。"[①] 因此，朱斯煌认为我国信托法律法规的设立，应当参考我国现实与欧美国家的实践经验，使信托法律能够起到保障和引导信托行业改革与发展的作用。

（二）"信托事业改革观"提出的历史背景

1921 年的信交风潮之后，我国于 20 世纪初期兴起的第一次信托开办风潮遭到近乎毁灭性的打击，全国仅剩 6 家交易所以及中央信托与通易信托 2 家信托公司，与巅峰时期的 10 余家专门的信托公司以及 100 多家交易所的规模不可同日而语。

在因过度投机导致的大崩溃过后，我国的信托企业在汲取过去经验的基础上，缓慢地继续发展，到 1936 年，全国共设有 16 家信托公司，除中央信托局、中一信托公司、通易信托公司之外，其余 13 家的资本总额均未超过一百万元，并且专门的信托业务开展情况不佳，多仅从事储蓄、地产投资等领域。[②]

而中央银行于 1935 年拨资本金 1000 万元开设中央信托局，与业务局、发行局并立，经营信托、保险、购料与易货贸易、房地产和储蓄等业务。由于其资本力量雄厚，且拥有官方背景，很快其业务和分支机构便遍及全国，私营的信托机构完全无法与其匹敌。中央信托局的出现使得当局有能力在信托和保险领域获得垄断地位，并利用其特权挤压私营信托公司的生存和发展空间，其管理层由四大家族掌握，中央信托局事实上沦为了官僚资本的玩物，严重阻碍了信托事业的发展。

专门的信托法律的缺失使得信托事业的定位和发展方向更加模糊。"信托人"字样最早出现于民国的《会计师条例》，而"受托人"字样则最早出现在 1930 年的《民事诉讼法》之中，且条文中未对这两个词条有专门的解释。

---

① 朱斯煌：《论我国信托之立法》，载《信托季刊》，1936 年第 1 卷第 3 期，40 页。
② 洪葭管：《中国金融通史》，第四卷，140 页，中国金融出版社，2008。

此外，无论在《银行法》、《公司法》等法律中，都没有对信托进行详细的阐述，这就使得信托关系得不到法律的明确和保护，信托事业失去了立足的土壤，发展自然也就无从谈起。

综合看来，当时我国的信托行业没有一个明确的发展方向和自我定位，信托业务的开展在很大的范围内名存实亡，政治力量介入造成的不公平竞争让民营信托业的发展举步维艰，而相关法律的缺失又使得信托缺乏必要的社会认同与保障，这都使得信托业的发展之路并不平坦。

（三）"信托事业改革观"的价值与影响

在朱斯煌提出"信托事业改革观"的观点之后不久，我国便陷入抗日战争的泥沼之中，无论金融还是实体经济层面都遭到了严重的破坏。然而信托业的发展并没有停止，在战后于规模上还有所扩大。

新中国成立后，新政府采取对官僚资本信托机构进行没收、改组，对民营资本信托机构进行限制、利用、改造的政策，对旧有的信托企业进行了整顿。同时，人民政府开始对信托事业进行恢复和发展，虽历经政治运动等影响一度中断，但自改革开放之后，信托行业重新焕发了生机与活力，在企业改组、资产评估、收购包装、资产托管、产权交易等领域均有涉猎，并成为直接融资重要的组成部分，信托业取得了长足的发展。而随着我国经济金融体系的不断完善，经济发展需求的不断扩大，信托的功能也得到了当代社会的广泛认同，日益成为我国金融业不可缺少的组成部分。

我国的第一部信托法律性质的文件《金融信托投资机构管理暂行规定》于1986年4月颁布，结束了我国信托行业近70年的无法可依的状态，使信托关系有了法律意义的确认和保障。为进一步明确信托行为主体的权利和义务，规范信托公司的运营与发展，加强对信托业务的监督，引导信托行业的发展，我国于2001年4月通过了《中华人民共和国信托法》，并于当年10月正式施行。

朱斯煌等人于20世纪30年代提出的对信托行业未来的看法和建议，从我国信托业近百年的发展史来看，虽然期间有过中断和反复，然而他的建议始终都具有极高的前瞻性和指引性，给后来者对信托行业的本质和发展进行更深入的思考和探索起到了重要的指导作用。

三、信托与银行业务兼营论

（一）"信托与银行业务兼营论"的主要内容

朱斯煌指出，"我国信托公司与银行就业务上言，可谓无甚区别。信托公司兼营银行与储蓄，银行兼营信托与储蓄。我国金融机关之事业，渐有倾向美国所谓'金融百货公司'之趋势。"[①] 而我国的信托业的运营体系都是模仿美制建立起来的，虽然不如美国发达，但我国仍可以汲取美国发展信托的经验教训，对其整个信托体制加以研究和利用。

朱斯煌认为，一国采取信托与银行业务兼营的体制，亦或是采取信托与银行业务分营的体制，应当取决于一国国内的经济状况，不可以一概而论。他指出，"就我国之情形而言，信托业自创办以来，即采兼营之制，十五年来，尚无弊端发生。且银行纷办信托可见其有兼营之便利，若果改弦更张，徒滋纷扰。"[②]

我国信托业当时的发展状况与规模需要实行兼营的体制。朱斯煌指出，"我国信托业务正在萌芽，经营案件为数不多，手续处理繁什琐碎，成本非轻，所入有限。信托公司专办信托业务，恐不能自给，正赖银业之盈余以为挹注。如是信托业者可以不虑盈亏，放手发展其新兴事业。"[③] 因此，朱斯煌认为兼营银行业务其实有利于信托本身的成长，如果骤然将两者分离，看似将信托的独立地位加强，实则增添了信托的发展压力。

此外，从信托业务的性质来看，我国信托业也应当实行兼营体制。朱斯

---

① 朱斯煌：《各国信托事业之发达并对于我国信托现状之感想》，载《信托季刊》，1936 第 1 卷第 4 期。

② 朱斯煌：《我国信托事业之过去与将来》，载《信托季刊》，1936 年第 1 卷第 2 期。

③ 同②。

煌认为，"矧复信托公司办理投资、管理产业等事，在与商业银行及储蓄业务相关，三者兼营，于处理事务上，亦得节省费用时间与手续……我国银行兼营信托与储蓄均为银行法及储蓄银行法之所许，财政部颁给信托公司之执照，亦为银行营业执照，是信托公司与银行在现行法理上，实已并为一体。"① 既然在法理和经营上有如此多的重合之处，故朱斯煌认为暂时没有将两者分营的必要。

对于混业经营可能存在的风险，朱斯煌认为其可以采取会计审核、政府与相关法规进行监督等措施加以规避。他指出，"我国信托与银行业，暂取兼营制度，惟二部资本必须划分，会计必须独立，藉清界限，而明责任。看将来信托业务发展至如何程度，再作适当之措置，庶得免除种种事实上之困难也。"② 此外，"良以三种业务（指信托、银行与储蓄，编者注）既有密切之联系，自有兼营之功效，故求立法上之公平，与事实上之便利，亦殊有特许信托公司兼营银行储蓄之理由，惟须与商业银行及储蓄银行，同受政府之监督耳。如是取英、美、日本之所长，奖励制裁兼施并用，则我国之信托事业，必将尽入正轨。"③ 因此，当建立起完善的内部会计审核制度，而外部监督职权又得以充分发挥时，朱斯煌认为信托与银行混业经营的风险将得到极大降低。

（二）"信托与银行业务兼营论"提出的历史背景

"信托与银行业务兼营论"的提出，是当时学界对是否实行混业经营争论的一部分。对兼营论的提倡者，往往以信托行业在美国如火如荼的发展局面为依据。19 世纪末以后，美国信托公司的营业范围日益扩大，储蓄等业务均以成为信托公司经营的主业，1913 年美国颁布《联邦储备法》规定银行可以依法申请兼营信托业务，1935 年又颁布《银行法》将核准权逐渐从各州收归

① 朱斯煌：《民元以来我国之信托业》，载《银行周报》，1947 年第 31 卷第 15 期。
② 朱斯煌：《我国信托事业之过去与将来》，载《信托季刊》，1936 年第 1 卷第 2 期。
③ 朱斯煌：《各国信托事业之发达并对于我国信托现状之感想》，载《信托季刊》，1936 年第 1 卷第 4 期。

中央，各州也纷纷修改其州立条令，允许当地银行经营信托业务。美国的银行与信托混业经营的状况如表1所示。

表1 美国的银行与信托混业经营状况

年份	银行数（家）	混业经营银行数（家）	混业比例（％）
1931	6805	2407	35
1932	6150	2238	36
1933	4902	1845	37
1934	5159	1928	37

而同期信托业务收益所占银行总收益的比例如表2所示：

表2 美国的银行信托业务收益占银行总收益的比例

年份	总收益（美元）	信托部收益（美元）	所占比例（％）
1931	1194140000	26688000	2.2
1932	1065172000	22366000	2.1
1933	882362000	21461000	2.4
1934	403770000	2372000	5.8

资料来源：朱斯煌：《各国信托事业之发达并对于我国信托现状之感想》，载《信托季刊》，1936年第1卷第4期。

可见，在当时的美国，由于采取投资银行和商业银行分业经营的监管模式，银行更加重视其在信托领域的业务拓展，并成为助推信托业务在美国更大规模推广的重要力量。所以，对是时仍然处于婴儿时期的我国信托业来说，银行与信托兼营显然是值得借鉴的经验。

在我国，尽管缺乏政府管理以及相关法规的支持和保护，但银行与信托混业的尝试与探索却早已开始。当时实力强、规模大的银行，"如中国、交通、上海、国华、新华、大陆、四明、中南、聚兴诚、浙江实业、中国实业、中国通商、四川美丰、四行储蓄会等，亦先后有信托部之专设。"① 部分银行开始重视业务创新，强调对物信用，并自设仓库用于存放抵押品并开展保管业务。银行甚至自发开设了信托公司，比如金城银行和中南银行就开办了诚孚信托公司，对旗下的不动产进行管理。②

大多数信托企业也都经营储蓄等业务，信托企业与商业银行也有意识地进行合作，"如信托同人之每月叙餐，加入者有上海、中一、中国、东南、恒顺、通易、通汇、通商、国安九信托公司，及上海、大陆、交通、国华、新华、浙江、实业、浙江兴业七银行之信托部。又组织各种小组会议，以讨论关于信托立法、实务及宣传诸问题。所以联络同业之感情，增进同业之利益。是以我国目前之信托业者，皆已认识信托事业之真谛，明了信托事业与社会经济之关系，日以扩展真正之信托业务为本职。"③

（三）"信托与银行业务兼营论"的价值与影响

对于信托与银行业务是应当兼营还是分营的讨论，迄今仍然不是一个可以轻易作答的问题，历经中外对金融经营策略与创新模式长期以来的探讨，人们认识到无论分业还是混业经营，都各有其利弊。而朱斯煌在他的那个时代提出兼营的论点，实际已是一种先行探索的姿态对我国的信托业乃至金融业的未来发展进行研究和建议。

"信托与银行业务兼营论"的益处在于：

第一，兼营机制符合当时我国萌芽阶段信托产业的需求，有利于借助相对成熟的银行资本作为信托经营的后盾，降低信托业经营的压力与风险。而银行开拓信托业务也有助于其业务拓展，树立更好的信用形象。从我国尚处幼稚的金融局面看，兼营机制有助于促进各金融领域相互扶持，共同进步。

第二，兼营机制有助于银行和信托企业降低成本和营业风险。正如美国式的"金融百货公司"的观点一样，大而全的金融机构可以利用其信息优势

---

① 朱斯煌：《民元以来我国之信托业》，载《银行周报》，1947 年第 31 卷第 15 期。
② 洪葭管：《中国金融通史》，第四卷，101 页，中国金融出版社，2008。
③ 朱斯煌：《我国信托事业之过去与将来》，载《信托季刊》，1936 年第 1 卷第 2 期。

提供更为廉价的服务，增强对金融市场变化的适应能力，进而提高其抵御金融风险的能力。

第三，兼营机制有助于促进金融市场的竞争局面。兼营体系可以使市场的先入者优势不至于形成壁垒，后入者仍然可以有能力参与竞争，从而促进金融领域的优胜劣汰，促进整体水平的提高。这对于当时由中央信托局等官僚资本控制的我国金融市场来说，有着更深远的打破垄断的意义。

当然这样的兼营机制也存在值得商榷的地方：

第一，当时我国相关法律条文缺失，监管力量本身缺乏经验也无凭据可依，这样的兼营很可能会导致金融市场的无序，银行与信托企业的竞争很可能出现恶性行为。

第二，兼营机制需要企业较高的风险管理和内部控制能力，尽管朱斯煌已经指出要通过会计、审计方法对此进行控制，但以当时我国金融的发展专业水平与经验，能否实现这一设想应打一个问号。而一旦不能做到这样的事前控制，那么不恰当兼营经营带来的操作风险和连带效应很可能会引发整个行业的动荡。

总体看来，朱斯煌所提出的兼营机制与观点仍然不失为一个先进的设想和概念，为我国信托事业的成长提供了一种可能的选择。

四、银行经营与实业相结合论

（一）"银行经营与实业相结合论"的主要内容

朱斯煌认为，我国的金融体系由两部分构成，一部分是工商业金融体系，另一部分为农业金融体系。

所谓工商业金融体系，"为一般工商实业资金融通之集体，亦可有短期系统与长期系统之分。短期为工商实业作流动资金之调节，如商业银行。长期为工商实业作固定资金之调节，如投资银行储蓄银行实业银行等。"① 而其存在的主要问题在于，"一为中央银行之尚未臻于健全，及国家银行专业化之未能达成；二为短期金融之繁荣，长期金融之偏枯。"②

对于农业金融体系，"主要机构为中国农民银行与中央合作金库……中央合作金库既属于合作金融之性质，自应属于短期系统。则中国农民银行应属于长期系统。但就中农条例与金库章程观之，其长期短期之系统，固未分明。"③ 农业金融与工商业金融相比，有自己显著的特点："一、需要资金普遍而浩大……二、放款期限较为呆定……三、担保不及工商业金融之优良与灵活……四、手续繁琐，成本巨大，远不及工商业金融之轻而易举。"④

由此，朱斯煌认为，我国银行业经营应注重以下工作：

"第一，银行业之营业绝不能与农工商脱离关系，而农工商之发展，且为银行业务之根本，相依为生。"⑤ 银行应当根据既有的营业方针，结合外国实业界发展的经验，评估因抗日战争带来的损失和战后的经营前景，为未来银行的发展作出规划。

"第二，进而与银行本身有关或熟稔之实业家联络合作，但必须证明真正之实业家，并应以为国家生产民众福利为前提。"⑥ 朱斯煌认为无论是银行业还是实业本身都可以通过良好的经营，扩大社会的总体福利水平。如果双方可以有计划地进行合作，那么其自身的发展前景和社会福利水平的上升都值得期待。

"第三，银行范围以内之业务，目前不妨就环境所许之限度内，先从小规模着手经营，以期维持最低之开支与股息，并获取营业经验。"⑦ 朱斯煌指出，银行经营应当以稳健为前提，不可存投机暴发之念想，审慎选择投资标的和

① 朱斯煌：《论我国金融体系》，1948。
② 同①。
③ 同①，3～4页。
④ 同①，2页。
⑤ 朱斯煌：《我国银行业之方针与趋势》，载《中国工业月刊》，1943（1）。
⑥ 同⑤。
⑦ 同⑤。

手段，在降低风险的同时也有利于金融市场的稳定。

"第四，我国以农立国，农村经济对于都市繁荣影响甚大。农业金融之提倡，亦为当务之急。"① 是时大多数中国银行均设立于城市尤其是大型城市，而对于幅员辽阔的中国农村，我国银行则甚少涉足。由于我国农业所占国民经济份额较高，农业本身极其重要，因此对农村金融的忽略将妨碍我国经济的进一步发展以及威胁到经济安全本身。由此朱斯煌认为发展农村、农业金融会是我国银行业务的一个突破口，而各银行也应当为此展开调查研究。

"第五，经此次战事以后，工商业家营业之观念，与一般民众之智识之开通，大非昔比。工业重心之内移，为将来应有之趋势。"② 由此朱斯煌认为，我国银行业的工作重心不能只集中在东部沿海、沿江的重要口岸与商埠，而应当开拓眼界，进军内地市场，同实业经营的重点相协调。

（二）"银行经营与实业相结合论"提出的历史背景

"银行经营与实业相结合论"提出之时，正处于我国抗战的大背景之下。自 1937 年"七·七事变"起，由于形势危急，上海等地沦为孤岛，而汪伪政权建立后，对银行业等进行修整并允许其正常营业，以期在控制沦陷区金融的同时为所谓"东亚共荣圈"粉饰太平。由于伪政权对银行设立等管制放松，导致这一时期新设银行等金融机构如井喷般涌现，截至 1942 年，新设立银行数量便达到 108 家，为我国金融史上前所未有之记录。③

然而这类机构本身并不单纯参与传统银行业务，而多以投机为目的参与囤积居奇，并为其他公司或者贸易行号提供投机资本，鼓励工商业资本转向投机市场，引发了严重的通货膨胀，使沦陷区本就紧张的物资状况更为恶劣，贫困者的生活水平下滑严重，平民冻死、饿死的事件并不少见。在这畸形的经济条件下，更加刺激了银行投机，仅在上海一地，银行数就由 1941 年的 54

---

① 朱斯煌：《我国银行业之方针与趋势》，载《中国工业月刊》，1943（1）。
② 同①。
③ 朱斯煌：《民国以来我国之银行业》，载《银行周报》，1947 年第 31 卷第 15 期。

家，增加到 1944 年的 193 家①，可见投机风气之盛，而民生福利愈加困苦。

随着战事深入，我国实业界逐渐向内地转移，银行也开始将业务和资本向内地扩展，除了国有的"四行二局"以外，"南三行"、"北四行"新华信托储蓄银行、中国农工银行、"小四行"等 13 家民族资本银行或以总处内迁，或以设立分行的方式内迁西南、西北地区，与当地的地方银行共同成为国统区民族银行的骨干力量。②

但由于国有官僚垄断资本所占资金份额过于庞大（达到 80% 以上），并奉行先军为主要目标，国统区因为法币超发引发通货膨胀并出现了严重的金融危机，本就先天发育不良的民族工业适逢战事又难以为继，再加上不断因为轰炸等原因造成的安全威胁和生产压力，我国商业银行对工商业和农业发展所起的作用非常有限，许多银行不得已大量参与资本投机获利以维持运营。不过此时，对工商业企业进行放款仍然是商业银行的一个经营重点，譬如民族资本银行中的佼佼者——金城银行，就不断对民族资本企业提供资金支持，1945 年 6 月，其对工矿企业放款比重仍然达到了 51.51%。③

对农业金融领域，我国第一家农村金融机构"江苏省农民银行"设立于1928 年 7 月，主要办理筹款放贷，以农业建设为目标。而商业银行中最早办理农业贷款的是上海商业储蓄银行，其后，中行、交行、金城银行等也涉足其中，但到抗日战争爆发之后，上述银行的此类贷款基本终止了。1935 年在四省农民银行基础上，中国农民银行成立。1936 年国民政府成立农本局，专事农业贷款项目，此后农村金融的业务基本由这两家政府主导的机构操持。到 1942 年，农本局、中国银行、交通银行和中央信托局的农贷业务尽数划分到中国农民银行旗下，其在 1943 年于后方 19 省设立机构 315 处，西南五省信用合作社也多达 6.3 万个。④ 农贷数额和占总贷款的比重的不断扩大，对维持后方的粮食生产、支持抗战以至胜利起到了一定作用。然而就农业在我国的

---

① 朱斯煌：《民元以来我国之银行业》，载《银行周报》，1947 年第 31 卷第 15 期。
② 洪葭管：《中国金融通史》，第四卷，438 页，北京，中国金融出版社，2008。
③ 中国人民银行上海市分行金融研究室：《金城银行史料》，725 页，上海，上海人民出版社，1983。
④ 同②，451 页。

地位来看，农贷占总贷款的数额比例从未超过 10%，战时粮食虽然得到了保障，但是无论农村还是城市均存在着买粮难的问题，农村信用合作社本身又由于被当地的乡绅等把持难以完全发挥集体信用的优势，中国农民银行一家独大的状况又使农贷业务缺乏弹性与创新机制，可见我国农村金融在当时仍然有很长的路要走。

（三）"银行经营与实业相结合论"的价值与影响

朱斯煌提出银行经营与实业相结合的论点，是站在我国战时金融状况和战后金融发展角度提出的前瞻性论调。由于当时我国无论国统区还是沦陷区都存在着银行过度投机的现象，而农村金融的成长空间和实业内迁带动的内地经济发展则成为我国经济金融界一个值得注意的增长点。因此，朱斯煌的"银行经营与实业相结合论"有以下几点意义：

第一，对当时银行界的过度投机之风予以警告。银行作为经济界资本融通的桥梁与媒介，一旦其脱离实业而从事过度投机业务，一则不利于资源的合理配置，二则危害金融经济界的稳定。朱斯煌认为，从事银行业不应当存有一夜暴富的心态，相反审慎经营带来的长远收益才是从业者应有和必然的追求。

第二，呼吁银行从业者从战时和战前的实践中汲取经验，提高业务水平，培养高素质的银行人才。他认为银行业的发展与振兴离不开人才的作用，由于战事使人才凋零，当时银行从业者很多是新手，那么银行理应罗致旧有的银行工作人员，借助其经验，更好地促进银行发展。

第三，希望银行业与实业界加强合作沟通，促进互相的了解与信用，继而利于资金的合理配置。银行信贷的基础是信用，而信用的基础是了解，朱斯煌认为银行界与实业界以合理的形式进行联系，对双方的发展和社会经济水平的提高都有好处。

第四，希望银行业开拓业务范畴，注重长远的潜力增长点。由于农村金融和内地金融的发展程度较低，而金融需求与潜力巨大，他认为银行应及早进行调查研究，为开发相应的业务打下基础。这一点对我国现今银行业的发展，仍有启示性作用。

五、公债是旧中国私营银行发展之主因说

（一）公债是旧中国私营银行发展之主因说的提出

清季银行业开始发源，故新设之银行，为数尚少。自光绪二十二年至宣统三年，新设银行不过十七家，民国肇兴，气象一新，银行亦蓬出勃发，民国元年即有十四家银行之新设，然卒因政局多故，国无宁日，农工商业仍乏显著之进步，银行一业自不能离农工商业而独自长进。故自民国二年至五年，银行之添设者甚少。自民国六年以后，方始渐多。民国十年至十二年，欧战方终，工商各业，于斯为盛，政府公债亦整理就绪，信用渐固，在此三年中添设之银行数达七十九家之多，可谓盛矣。民国十五六年间，全国各地有庞大之军事行动，百业萎顿，银行衰落，十五年仅添设七家，十六年添设者则抵二家而已。民国十七年以降，国民政府奠定全国，建设大兴，政治渐趋常规，工商欣然向荣；益以公债（金巨）量发行，担保确实，政府赖银行代理发行，债款以集，银行以公债为投资，获利亦厚；再以投资工商，渐开端倪；是以十七年至二十年新添之银行凡五十九家，惜乎在此时期，内地匪祸未靖，游资集于上海。上海之银行因游资过多，觅途运用，被公债地产之厚利所吸引，流入投机之一途。经九一八、一二八之变乱，公债地产价值低落，银行大受打击。幸公债整理就绪，渐次恢复，而地产之呆滞如故，银行资金，被其冻结者，颇觉难于周转。但自二十一年至二十四年银行之新设者，仍有六十五家，良以农村破产，资金竭于内地，溢于上海，乃运用于开设银行，一时中小银行，因如雨后春笋。然此种银行畸形之发达，决未可以持久。一受美国白银政策，世界经济恐慌之影响，于是倒闭随之。犹如人之体质本虚，虽面貌丰满，而实外强中干，一受风寒感冒，于是一蹶不振矣。所以二十三年新开之银行虽有二十家，二十四年新开之银行亦十五家；然多徒有其表而无其实，万不胜骇浪惊涛之袭击，无怪此二年中银行停业之多，亦为往年所

未有。按二十三年停业者八家，二十四年停业者竟达二十家之多，超出该年新设之数。盖有前数年来银行业畸形发达之情形，故有二十三年二十四年一面新设一面倒闭之矛盾现象。就大体而言，自二十一年以至二十四年，我国银行，实已入于衰落之局面。二十五年年初银行界凛于环境之险恶，谨慎将事，保持安全。同年秋冬，工商逐渐转好，银行危机已去。该年银行之新设者虽只四家，而停业之银行，全年仅有杭州之惠迪银行与上海之国泰商业储蓄银行二家而已。然而，二十六年中、日战起，大康恒利二行，首先受影响而倒闭，将来银行之复兴，尚将视时局为转移也。①。从以上论述，我们可以发现，作者认为私人银行得以发展之根本，在于公债的发行，银行业的兴衰成败，无不与公债紧密相连，民国以前私营银行没有发展，是因为当时几乎没有政府公债的发行，而民国十年至十二年，私人银行兴盛的源于，欧战后工商业的繁荣，特别是战后政府公债的大量发行，信用关系的稳固，之后，私人银行业又发展缓慢，原因在于政府信用环境的恶化，公债发行的减少，这些都表明政府公债与旧中国的私人银行业紧密相关。

政府公债的发行为什么会是旧中国私人银行业产生的主要原因呢？作者认为至买卖有价证券、为银行投资之普通办法，国内有价证券以公债为最重要，丰厚的利润是促使私人银行发展之最根本，而公债为私人银行业提供了巨大的利润来源，发挥了这一根本作用。

（二）公债是旧中国私营银行发展之主因说提出的背景

南京政府成立后，为了巩固其统治和扩大其势力范围发行了金融公债、军需公债、善后公债等 68 种之多。它们有：土地公债、粮食公债、建设公债、国防公债、救国公债、整理公债、赎还购车公债、长途汽车公债、水道管理公债、职业学校建筑公债、水厂公债、清理旧欠公债、财政部有奖公债、美金公债、六厘公债、直隶六次公债、短期公债、长期公债、财政部定期国库券等。这些还不包括地方发行的地方公债，而发行这些公债成了官绅变相

---

① 朱斯煌：《银行经营论》，27～28 页，北京，商务印书馆，1939。

捐输和对人民变相勒索。商民贿嘱求免，军警借端勒索并从中渔利。欧美各国对于公债发行之后莫不注意维持价格一事。使旧票价高于新债方益推行，维持之法或直接由国家出资收买使市价日渐增高，或设法将债票用途推广，使需要之额增加，则市价自然高涨，多开押之途使持有债票者需用现金不致贱价变卖。中国与外国之情形不同，譬如抵押于银行一事，我国除省会重要之地外多无银行，欲以债票抵押现款殊非易事，是以本局为维持内国公债价格一事，除外国成法可为我国采用施行外，拟设法使全国典当业者酌量收受内国公债票，以免持有债票者不致贱价变卖。加速实行证券交易所法。凡此皆足以增加债票之需要，扩张债票之用途，典当业商收受债票可不庸虑及期断之后无消纳债票之途①。公债发行渠道的单一，大多数是通过向商会或者其他主体摊派，搞得民怨沸腾，一方面商会和一般的普通百姓不愿意购买，另一方面政府想法设法想把公债推销出去，这是一个两难问题，解决这两难问题的关键在于私营银行的产生，因为私营银行愿意购买政府的公债，公债风险小、收益高，是私营银行投资的主要渠道，另一方面政府通过私人银行把公债推销出去，融资成本低、速度快，双方一拍即合，实现了双赢。

　　基于这样的历史背景，作者通过对实际生活的考察，不断地深化认识，上升到理论，形成了公债是旧中国私营银行发展之主因说。

（三）公债是旧中国私营银行发展之主因说的价值和影响

　　朱斯煌公债是旧中国私营银行发展之主因说，提出后，在国内理论界曾引起一定的反响，也曾受到一些质疑。有学者认为，长期以来学术界都认为公债是旧中国私营银行得以发展的最主要原因，解放前的章乃器、朱斯煌等著名经济学家有这种看法，解放后的一些知名学者也坚持这一观点。其主要依据是 1927—1937 年是国民政府发行公债最多的时期，同时也是旧中国私营银行发展的高峰时期，由此得出公债是私营银行发展的主要原因的结论。为什么许多人会有公债买卖是中国银行业发展的主要原因的印象呢？这主要是

---

① 王挺：《浅议民国时期公债》，载《兰台世界》，2006（4）。

由公债买卖运行的表现方式造成的。公债交易点集中，数额又大，再加上利润又高，转瞬之间可得上万元或者几十万元的利润，有轰动效应。而对工商业的放款点多面宽，时间不一，利润相对又比公债利润少得多。其时，国民政府公债的收益率高达20%，而那时即便是被认为中国最成功的企业的红利也低于这个数字，如中国银行的红利是7%，商务印书馆是7.5%，南洋兄弟烟草公司的是5%。这些，都容易造成人们夸大公债在私营银行发展中的作用。我们必须撇开一些迷惑人们视线的假象，才能真正认清公债在私营银行发展中所起的作用①。细释质疑朱斯煌、章乃器公债是旧中国私营银行发展之主因说的质疑者所述，实可以看出其对朱氏这一论断的认同。

（彭维瀚　徐冬阳　刘海二　缪明杨）

参考文献

［1］朱斯煌：《我国信托事业之过去与将来》，载《信托季刊》，1936年第1卷第2期。

［2］朱斯煌：《论我国信托之立法》，载《信托季刊》1936年第1卷第3期。

［3］洪葭管：《中国金融通史》，第四卷，140页，中国金融出版社，2008。

［4］朱斯煌：《各国信托事业之发达并对于我国信托现状之感想》，载《信托季刊》，1936年第1卷第4期。

［5］朱斯煌：《民元以来我国之信托业》，载《银行周报》，1947年第31卷第15期。

［6］朱斯煌：《论我国金融体系》，1948（7）。

［7］朱斯煌：《我国银行业之方针与趋势》，载《中国工业月刊》，第1期。

---

① 钟思远：《公债是私营银行发展的主要原因吗?》，载《财经科学》，1992（4）。

［8］中国人民银行上海市分行金融研究室：《金城银行史料》，上海，上海人民出版社，1983。

［9］朱斯煌：《信托总论》，北京，中华书局，1941。

［10］朱斯煌：《民元以来我国金融业之背景》，载《银行周报》，1947 年第 31 卷第 15 期。

［11］朱斯煌：《民元以来我国之银行业》，载《银行周报》，1947 年第 31 卷第 15 期。

［12］张静琦：《金融信托学》，成都，西南财经大学出版社，1998。

第二十五章
温嗣芳金融思想学说概要

温嗣芳（1907—1995），号石珊，回族，重庆人，中共党员。他出生于重庆工商业者家庭，1922年进入上海交通大学附属中学读书，"五四"运动后，为追求马列主义，于1927年到法国，同年末转抵英国，就读于爱丁堡大学，攻读经济学，潜心研究国际贸易与金融理论。1931年回国后，在重庆大学任教，1937年创办通惠中学，后进入由路易·艾黎和沙千里主持的"中国工业合作协会"，创办进步刊物 *New Defence*，并任英文编辑。1940年到"重庆30兵工厂"任会计处长，1944年到武汉大学任教。解放前夕参加中国人民解放军西南服务团回川，先后在四川财经学院（西南财经大学前身）任教，讲授政治经济学、新民主主义经济、工业经济、农业经济、贸易经济、国际贸易等。历任财政系主任、马列主义教研室副主任、图书馆馆长。金融系成立后，一直在该系任教。

温嗣芳对西方国际贸易与金融理论颇有造诣，学识渊博，治学谨严，半个多世纪以来，在教书育人、科学研究方面取得卓越的成就。就任图书馆馆长期间，组织整理了大量资料，使各种期刊基本配齐，为学校的教学和科研作出了很大贡献。

温嗣芳在学术上的贡献是多方面的，主要在国际贸易与金融学方面卓有建树。论文主要有《资本主义货币战的重大变化》、《再论几个工业发达国家的利率战和货币战》、《美国突破滞胀之谜》、《新重商主义在美国的重演及其危机》、《贸易中的价格政策》、《关于后工业品价格问题的研究》、《社会主义制度下的商品生产和价值规律》等。并先后出版了《贸易中的价格政策》、《西方国家货币战的演进》两本论文集，他是我国学术界最早研究"货币战"的学者之一。此外，还翻译发表了几十万字的文章。

温嗣芳在金融思想学说方面的主要建树有：

一、对 20 世纪 30 年代西方国家货币战的系统评析

温嗣芳教授始终关注资本主义国家对外货币政策的研究，他系统地评析了资本主义世界在 20 世纪 30 年代、70 年代以及 80 年代货币战的演进，以辩证唯物主义的历史观去看待各国之间的斗争，去评析货币战的利弊，去褒贬国家的经济发展。首先值得注意的是，他对 20 世纪 30 年代西方国家货币战的评析。

（一）20 世纪 30 年代西方国家货币战的博弈和历程

在他的著述中，系统地评介了 20 世纪 30 年代西方国家货币战的博弈：贬值与反贬值的斗争

1. 20 世纪 30 年代英、日两国的货币贬值政策

货币贬值政策英国首创，日本继后。英镑于 1931 年 9 月开始贬值；日元在英镑贬值后三个月，也跟着贬值。两国货币贬值都促进了两国资本主义经济的发展，就其前因后果来说需要进一步加以比较分析。

（1）20 世纪 30 年代英国实行货币贬值政策的前因和后果

1931 年英国实行货币贬值政策，那是在英国停止金本位后出现的。事情的经过是这样：第一次世界大战结束后，英国经过一段经济恢复时期，就遇上 1920—1921 年的世界性的经济危机，受危机影响，英国经济在整个 20 年代一直呈现萧条现象。然而在战争期间被放弃的而又被人们认为最好的货币制度——金本位制度必须恢复起来。于是英国在 1925 年宣告恢复金本位制度，

英镑与其他主要货币的比价一律照旧①，这就更使得英国经济长期处于紧缩状态，以致物价长期疲弱，商品相对过剩，这种状况一直持续至1929年。1929年全世界经济出现大萧条，更使英国经济的萧条加深。正在这紧急关头，奥德两国首先出现金融危机。英、法等国也被波及，无不力求自保：德国冻结了英国在德所存资金，法国又向英挖取其在英所存资金；于是，英国国际收支出现严重逆差，在这种情况下，英国只得向国外举债。而举债又示人以虚弱，更引起资金外流。因此，英国便被迫宣告停止英镑兑换黄金，也就是停止金本位。英镑也就开始贬值，仅仅几个月内，就贬值40%。

了解英镑贬值的经过是必要的，但把英镑贬值归咎于国际收支是不够的②。这需要对英镑贬值的深层原因加以分析，概括地说，其深层原因是国内在整个20年代长期萧条的情况下相对过剩，而在1929年世界性的大萧条开始后，其国外销路又受到阻碍。法国经济学家皮亚吉（M. Piajies）说，战后国际贸易制度所以崩溃（也就是这次英镑贬值）的原因之一是由于商品的流动受到了限制。英国经济学家沙尔特爵士（Sir Arthur Salter）说1931年9月英镑的贬值是经济势力对货币措施的胜利。事实是当时英镑汇价自从英国恢复金本位制度以来，失之过高，英国商品在国际市场的竞争能力因而削弱。英国"经济势力"为了消除商品流通的阻碍，不得不要求放弃金本位（也就是英国的"货币措施"），所以，才有1931年9月英镑的贬值。

温嗣芳指出：英国的毛纺织业具有极其悠久的历史。后来，随着一些技术革新的出现，棉织业、麻织业以及丝织业也发展起来。这些轻工业的产品，特别是棉织品，是在国外有极其广阔的销路的。这些轻工业品是各国人民大众的必需品，而英国又可通过提高劳动生产率为各国人民大众供应这些产品，以谋求最大的利润。这说明，英国已经具备货币贬值的条件，不能长期忍受货币措施的限制。

他强调：不要忘记那些反对货币措施的经济势力的代表者是谁？在30年

---

① 例如1英镑＝4.86美元，当时这样的比价对英镑来说是过高了。

② 马寅初：《英国停止金本位之前因后果——对于我国抵制日货之影响》，载《银行周报》，1931。

代，英国的金融资本已出现。正是因为金融资本不能容忍英国商品的流动受到货币措施的限制，所以英国政府放弃金本位推行贬值政策。

关于30年代英国贬值政策的后果，温嗣芳指出：这要分几方面去看。他说，首先，我们必须得了解英国贬值政策对其他国家的影响怎样？当时，英国还是"日不落"帝国。英镑的大幅度贬值助长了英国商品对弱小民族的倾销力量，结果为弱小民族带来极大的灾难。旧中国便是其中受害者之一。其次，英国贬值政策加强了英国商品对其他工业发达国家的竞争能力，从而使后者不能不采取自卫措施。这就导致了保护主义的抬头。对此，自由贸易的资产阶级经济学者是深为惋惜的①。最后，我们必须强调指出，英镑贬值是满足了英国金融资本的愿望的。在英镑贬值前一段期间，英国不是长期停留在萧条的状况之下吗？由于英镑贬值导致了英镑的对内贬值。所以，在国内物价上涨的情况下，国内市场也活跃起来。当时英国商品在国外的销路不是受到阻碍吗？由于英镑贬值加强了英国商品的竞争能力，英国商品在国外的销路也就大畅。结果，在英镑贬值的次年（1932年）英国便走出了1929年开始的大萧条。

（2）30年代日本货币贬值政策的前因后果

1931年英镑贬值之后三个月即十二月日元贬值。在此以前，即1917—1930年期间日本政府听任日元贬值，但到了1930年日本恢复了金本位，使日元增值。

日本何以在1917—1930年听任日元贬值后又于1930年将日元增值呢？日本在第一次世界大战中，因地处东方，未遭战祸，反而在东方肆意扩张，谋得暴利。1917年日本放弃了金本位，听任日元贬值。当时日元贬值幅度不大，日本也不是有意推行贬值政策。第一次世界大战结束后，世界各国一般都于20年代恢复了金本位，但日本除外，日本却继续禁止黄金出口。应当说在整个20年代，日本始终处于慢性萧条状况。贸易逐年入超，黄金储备枯竭。在这种情况下，很难想象日本是会恢复金本位的。此外，当时日本在恢复金本

---

① 美国经济学家康德里夫说："假使我们要举出单独的一件事来标志1914—1918年第一次世界大战后恢复起来的战前模式的国家贸易制度的崩溃，那件事便是1931年9月英镑的贬值。"

位问题上是有争论的。在这场大辩论中，日本大藏大臣滨口雄幸的一段话值
得一提。他说，"恢复金本位会使通货信用急剧紧缩，致使整个国民经济发生
破坏性的冲动"。然而，在1930年1月11日日本终于恢复了金本位。这说明
什么呢？对此，日本进步经济学家守屋曲郎曾有精辟的分析。温嗣芳指出：
当时日本中、小企业已经非常发达，其中基础薄弱的在这慢性萧条中有待于
政府的救济，而政府也采取了救济的措施。但金融资本家以健全财政为理由，
主张紧缩财政，反对政府救济比较落后的中、小企业。守屋曲郎正确地指出，
"这不是为了健全财政而是代表金融资本家的意志，因为金融资本家有这样的
看法，"如果不乘此机会毅然决然地调整经济，日本的产业就不行了"。他们
深知"金融资本经过十年慢性的萧条的经验，如果不在世界经济中进行改善
体质，其垄断体就没有发展的希望"。

温嗣芳设问：1931年12月日元贬值是在1930年1月日元增值大约两年
之后，何以日本在日元增值不到两年之后又采取贬值政策呢？这是必须得明
确的主要问题。他回答说，其实，此中经过是比较简单的，原因也是比较明
显的。概括地说：1931年9月英镑贬值且幅度很大，这对日本的出口业是莫
大的打击。致使日本物价节节下跌，国际收支逆差不断增加，黄金大量外流。
于是日本不得不于1931年12月再度停止金本位，以与英国展开一场货币战。
他指出：如果说在20年代日本金融资本面临的问题是如何控制中、小企业以
加强金融资本的体系，而在1931年则是金融资本本身的生存问题。英镑既大
幅度下跌，英国商品，特别是轻工业产品，乘英镑贬值之机大量向国际市场
倾销，日本商品势将被排除于国际市场之外，这是日本金融资本家绝对不能
容忍的。所以，日本不得不再度停止金本位，将日元贬值并且以更大的幅度
贬值①，只几个月竟贬值50%。自此以后，日本便以贬值政策为其传统政策。
现在看来，1930年日元的增值只是日本外汇政策史上的一段插曲，因为贬值
政策是最能适应日本金融资本需要的。

---

① 日元汇价，以日元兑美元为例，在1919—1930年期间原为1日元 = $ 0.49 3/8；1917年日元
开始贬值，1925—1928年为1日元 = $ 0.38 及至1932年8月竟跌至1日元 = $ 0.21 3/4，1931年12
月，一下子就跌到1 = $ 0.34 1/2，接着不久即跌至1日元 = $ 0.30 美元左右。

温嗣芳进一步指出：为什么贬值政策最能适应日本金融资本的需要？那是因为日本具备了贬值政策的条件，因而，在金融资本家看来，不但有可能而且有必要对外实行汇兑倾销政策。大家知道，日本的轻工业，特别是纺织工业，是有悠久的历史的。在纺织业中，以丝织业和棉纺织业最为突出。日本生丝和丝织品在日本出口商品中往往首屈一指，其市场以美国为主。但棉纱和棉织品则更有广阔的市场，其中包括旧中国和东南亚各国。此外，日本生产的日用必需品在国外各地也有广大市场。日本虽缺乏原料，但它善于加工，可以不断提高劳动生产率，以适应各地市场不断增长的需要。这就说明了为什么日本把出口贸易视为其生命线。

总之，日本重新推行贬值政策应从金融资本的目的着眼，也不能简单地把货币贬值问题说成国际收支问题。

就 1931 年日元贬值的后果来说，日本金融资本家可以说是如愿以偿了。英、日两国都以第三世界为倾销商品的主要对象。在东南亚，这两国发生了遭遇战。英国为了应付日元的贬值还采用了反对进口限额办法。在旧中国，英日两国结成同盟，向我国进攻，以致我国农村经济全面崩溃。当时，我国展开了救亡运动，提出了"打倒英、日帝国主义"的口号，对日本更展开了"抵制日货"的运动，就可以证明这一点。随着日元的贬值，日本国内市场便活跃起来。二十多年的萧条局面终于结束了。1931 年日本尚未摆脱从 1929 年开始的世界大萧条，1932 年中期便达到萧条的最低点，接着便开始复苏。日本工业比农业复苏更快，不久就进入高涨。

2. 30 年代法、德两国的反贬值政策

法、德两国为何实行反贬值政策？温嗣芳首先分析了这两国的经济状况，他指出：法、德两国的工农业生产均与英国不同。法国工业革命较英国为晚，其轻工业远不如英国。因此，轻工业产品属于日常生活用品的比较少，其出口产品主要包括香水、化妆品、高级家俱之类。拿这些产品向国际市场倾销当然不会有多大成效。另外，法国农业虽比较发达，但农业劳动生产率难以在短时期大幅度提高，也不宜于对外倾销。德国是在 18 世纪才统一起来的，统一后虽在工业化的进程中急起直追，其轻工业发展的速度反而不如重工业，并且轻工业产品可供的主要是机械、医药用品之类，也不宜于对外倾销。一句话，法、德两国都没有实行推销贬值政策的条件①。

因此，当英国于 1931 年将英镑贬值时，英国工业品和英属殖民地的农产品纷至沓来，这不能不构成对这两国极大的威胁。法国对其轻工业须得加以保护，而由于法国是小农经济占优势的国家，如果听任外国农产品占领法国国内市场，那就会动摇法国的社会基础，因此法国对外来农产品更须抵制。法国既不能立即将法郎贬值与英国展开贬值的竞争，就必须采取一些反贬值政策。德国在当时货币贬值的洪流中却另有一套应付方法。说来奇怪，当时几个工业发达国家所以推行贬值政策是为的对外倾销产品，而德国则积极争取进口外来商品，对于其所急需的商品，甚至不惜将马克增值，以鼓励这些商品的输入。这种政策当然会导致德国国际收支出现大量逆差，但德国能采取一些措施来解决国际收支问题。所以法、德所采取的反贬值政策都是值得我们密切注意的。

（1）30 年代法国反货币贬值的主要措施：进口限额，外汇管制

第一次世界大战为法国带来了惨重的损失。战争结束后，法国收复了失地，获得了赔款，尽了最大努力来医治战争的创伤，所以在 20 年代，法国国民经济以高速度发展着。这是法国与英、日不同之处。

但是，1929 年开始的大萧条终于使法国在 1930 年出现了战后第一次危机；1931 年英镑的贬值更使法国受到了极大的威胁。在这种情况下，法国不得不采取紧急措施，以抵制外来工业品和农产品的倾销。在这些紧急措施中，比较突出的为进口限额和外汇管制。

进口限额是对进口商品规定一定的数量。这种办法早已流行于重商主义时代，在所谓自由贸易时期，每遇国际间发生战争，也被交战国用作权宜之计。在 30 年代，法国所以采取这种办法，其原因：一是进口商品的数量，一经政府规定，即可施行，收效很快；二是法国在 1931 年以前，其进口商品约有 72% 都受到对外商约中最惠国待遇条款的约束，而商约又不是法国所能片

---

① 在 30 年代，被倾销的商品主要是轻工业制造的日常生活用品，其后随着工业的发展，已包括重工业产品，甚至军火。

面废除的。这说明法国不能在短期内采用提高关税的办法来抵制外来商品的倾销，并且，提高关税也有一定的限度，难以抵销当时英镑贬值带来的效应。所以，当英镑贬值时，法国面临国外商品的倾销，形势是很危急的。为了应付这种局势，法国最好采取进口限额办法。据统计，单是在 1931 年的最后三个月，法国已将其征收关税商品的七分之一规定了进口限额，及至 1934 年，进口限额的商品已扩大到这类商品的二分之一，对此，自由贸易者以违反最惠国待遇为理由表示强烈不满，但这一权宜之计仍形成一种制度，而为其他国家所效法，或多或少，对其进口商品规定了限额。

外汇管制是法国的一贯政策，法国是拥有黄金储备很多的国家，也在国际间以拥护金本位著称，并且曾经联合意大利、瑞士、比利时、荷兰和德国组织金本位联盟。但是，在 20 年代，法国虽出现经济繁荣，其国际收支仍时有逆差，法国并不听任黄金外流。黄金储备只是法国炫耀其经济实力的资本。及至 30 年代为了保证黄金储备不致减少，或不致减少过多，法国更坚决地采用了外汇管制办法。按照外汇管制的规定，进口商品所须外汇必须事先申请批准，此外，对资金的流动也有一些规定。这是抵制商品倾销的有效办法，也是保卫黄金储备的有效办法。这种办法，也为许多国家所采用，但在工业发达国家中以法国最为坚决。

必须指出，法国不采取贬值政策并不意味着法郎不曾贬值。在 20 年代，法国恢复金本位时，法国所定法郎与其他货币的比价比过去为低。此外，法国也曾多次整顿法郎，据统计，从 1928 年到 1974 年期间，法郎曾贬值 14 次。其后又有多次。不过这是为进行币制改革或调整汇价，以求汇价的稳定，而不是为汇兑倾销。法国既无大量可供倾销的出口商品，法郎贬值并不能鼓励出口。事实证明：在历次法郎贬值之后，法国商品的出口数量，由于不为国外广大消费者需要，并不因法郎汇价下跌而有显著增加。

（2）30 年代德国反货币贬值的主要措施：双边贸易制度

德国在第一次世界大战结束后，对内对外都感到莫大困难：对内，面临一片废墟，百废待举；对外，还须得支付巨额赔款，难以应付。在战争结束后的五年（即 1923 年），德国出现了史无前例的通货膨胀，马克成了废纸。

因此，也得进行货币改革。在这期间，大量外国资本，特别是美国资本，涌入德国，利用德国的工业基础和工人的技术水平，进行直接投资，1927 年德国的国民经济终于恢复到战前水平。但再隔两年，全世界出现了经济萧条，德国于 1931 年 7 月受到这次大萧条的影响，出现了金融危机，两个月之后，英镑贬值，又加深了德国的困难。

德国对于英镑贬值作何反应呢？是否也采取同样的贬值政策呢？恰恰相反，德国并不鼓励输出，而是鼓励输入，因此，德国不采取英国那样的贬值政策。有的经济学家说，德国所以不采取贬值政策，是因为德国在 20 年代饱尝通货膨胀之苦。对此，德国人记忆犹新，莫不引以为戒。因为采取贬值政策必然导致国内物价上涨，这是德国人异常警惕的。这种说法是把思想认识作为德国不采用贬值政策的原因，显然是不确切的。如果贬值政策有利于德国的金融资本，难道这种思想不能改变吗？事实是，德国的出口商品，主要是医药品、机械之类，其销路是有局限性的，并且由于德国技术水平较高，这些出口商品本身就有竞争能力。为这些商品进行汇兑倾销并非德国的大利所在。

德国金融资本家一贯是野心勃勃的。当时，他们的野心是壮大其经济实力，以实现其对外扩张的梦想，特别是在 1933 年希特勒上台以后，更为全力重整军备，指望着先在军事上、政治上取得胜利，为其经济扩张开辟道路。因此，德国迫切地需要各种原料以及先进技术。在德国的金融资本家看来，进口原料和先进技术才是德国的大利所在。

出于以上目的，德国对外来倾销商品不是一律加以抵制。对其中为德国所急需的部分，还尽力争取。有时甚至故意提高马克汇价，以鼓励其进口。这是鼓励输入的政策，而不是当时流行的鼓励输出的政策。对此，资产阶级学者特加赞许，认为德国人能理解一般人所不容易理解的一个真理。这个真理是什么呢？那便是，"输出是付，输入是收"。多收少付是好事。对个人如此，对国家也是如此。19 世纪英国对输入所采取的政策便是这些资产阶级学者所举的证明。

然而，当时德国并没有非贸易收入的巨额无形项目来弥补其贸易入超，像 19 世纪的英国那样，这就使得德国面临国际收支出现逆差的严重问题。为了解决国际收支的逆差问题，德国建立了一套双边贸易制度，在这制度之下，德国名义上仍保留金本位制，但对进口货物一般是以出口货物抵偿，遇有逆差，则将应付差额封存起来，留待将来以货物抵债。因此，出现了补偿协定，清算协定的收支协定之类的双边协定。①

为了履行双边贸易，德国也采用了许多措施以刺激出口企业的生产，其中最突出的是出口津贴。这本是资本主义国家普遍采用的政策，但德国出口津贴金额之大，远远超出一般想象之外，德国对其出口企业的津贴是秘密进行的。后经揭发，单就 1935 年以后的金额计算，德国每年支出津贴竟达一百亿马克，约占当时出口总值四分之一。这一揭发曾使资本主义世界大为震动。

（二）评析 30 年代西方国家货币战的价值及其影响

温嗣芳教授对 20 世纪 30 年代西方国家货币战的系统评析，其价值是从以下方面推动了对这一领域的研究。

1. 不是任何国家都宜推行货币贬值政策。他指出：货币贬值政策是工业发达国家扩大商品出口的锐利武器。这种武器。在 20 世纪 30 年代以前并无所闻。工业发达国家，自从 1865 年以来，已力求扩大出口，但主要是以保护关税为武器。不过保护关税作为扩大商品出口的武器，远不如贬值政策。自从贬值政策出现以后，保护关税也就只能成为辅助的武器。

货币贬值政策是英国于 1931 年 9 月首创的。在英国的影响下，英属自治领地和与伦敦市场有密切关系的斯堪的纳维亚三国以及葡萄牙、埃及、玻利维亚、芬兰等国也在这一年分别将其货币贬值。同年十二月，日元的贬值更助长了货币贬值的声势。其后贬值国家益多，截至 1933 年，全世界卷入贬值

---

① 双边协定也见于其他国家，但皆不如德国那样广泛采用。其中主要的有以下三种：

（1）补偿协定（Compensation）是以制成品交换制成品，或以原料交换制成品的协定。

（2）清算协定（Clearing Agreement）是签约国双方互相清算的协定。先是物物交换，后来还包括其他无形项目。

（3）收支协定（Payment Agreement）是将金融往来包括在内的清算协定。遇有逆差，应以自由外汇了清。但德国一般不支付自由外汇，而是将应付差额封存起来，留待以后用商品清算。

旋涡的国家共三十余个之多。另外，我们也应该看到，不是任何国家都宜于推行货币贬值政策。在工业发达国家中，法、德两国由于不像英、日两国那样迫切需要对外倾销商品，不能采取贬值政策，因而被迫采取一些反贬值的措施。但是，总地说来，资本主义世界的货币史从 30 年代起，便进入了一个新的时代——货币贬值时代。

2. 货币对外贬值的实质是对外倾销，而对外倾销必须要有可倾销的商品和要有人推动。由此，他指出货币对外贬值是有条件的，并非是无条件的。其条件：一是国内要有能被他国需要的储备商品。二是要能维护一部分人的利益。他指出：英国和日本之所以推行货币贬值的政策，其重要原因在于在第一次世界大战后"美国国内物价长期疲弱，商品相对过剩"，而"日本在第一次世界大战中，因地处东方，未遭战祸，反而在东方肆意扩张，谋得暴利"，加上日本"金融资本经过了十年慢性的萧条的经验，如果不在世界经济中进行改善体质，其垄断体就没有发展的希望"。

3. 不能完全以改善国际收支状况去解释为什么要实行货币贬值政策。他指出："如果我们的经济学家对于英镑贬值的分析，只说明英国收支出现逆差，以致黄金外流，黄金储备减少，不得不停止英镑兑换黄金，则把英镑贬值归咎于国际收支问题，是显然不够的。这只看到现象，而未抓住实质。实质是英国有一股"经济势力"为了消除商品流通的阻碍，不得不要求放弃金本位（也就是英国的"货币措施"）。

评价 20 世纪 30 年代货币战既作用于对当前货币战的认识，又影响到后几代人。当然这方面的研究不仅是温嗣芳教授，因其这种影响也不限于他的研究成果。2010 年 11 月 10 日《环球时报》发表署名文章《80 年前，货币战重伤全球》，文章指出：20 世纪 30 年代那场"货币战争"使"欧洲货币体系难以为继"，使"美联储率先打开'闸门'"，同时加剧了"全球性经济危机"。文章以史实为依据做了过程分析：

1928 年，美联储率先打开货币战争的闸门：宣布终止给外国的长期贷款。而这种长期贷款，正是德国和不少拉美国家维系货币稳定的关键。第二年，世界农产品价格暴跌，美国又推出号称"20 世纪最愚蠢法案"的斯姆特－霍利法案，实行贸易保护主义，引发全球贸易壁垒大战。处于不利地位的阿根廷、巴拉圭等拉美国家唯恐黄金外流，影响经济根基，遂宣布货币与黄金脱钩，禁止黄金外流，同时大量增发纸币，以应对金融危机。

从 1929 年底开始，阿根廷、智利、巴拉圭、委内瑞拉、秘鲁等国货币相继因滥发而大贬，匈牙利、澳大利亚和新西兰等农业国也相继跟进，令仍在坚持金本位的英国、德国力不从心，金融濒临绝境。

英国黄金储备本就不断下滑，由于从 1928 年起得不到美联储支持，其出口陷入危机，面对拉美、东欧等国的货币贬值浪潮已袭入英帝国自治领地范围的现实，英国人不得不放下架子，起而效尤。1931 年 9 月，英国宣布放弃金本位，实行黄金出口限制，允许货币贬值。这标志着两次大战之间的金本位制的解体，也带来了第二波贬值潮。

到 1932 年初，已有 24 个国家放弃了金本位，并毫无顾忌地贬值自己的货币，以对抗经济危机和他国的关税壁垒。至此，金本位作为全球体系的日子成为历史。

在英德等欧洲国家来看，这场货币战的导火索，是美国人点燃的，正是他们的贸易保护主义和贷款限制措施，才导致一系列连锁反应。但在美国人看来，金本位明明是拉美打破在前，德英跟进在后，货币战争就是拉美、欧洲打响的。在别国货币贬值的冲击下，1933 年，美国宣布美元和金本位脱钩，并开始贬值。这样一来，第三波货币贬值狂潮开始拉开帷幕。

英美两个金融大国先后贬值货币，无疑是最强烈的货币战争信号，同样被经济危机弄得焦头烂额的日本、原本就是第一轮贬值排头兵的拉美国家和刚刚跟随英国"老大"贬值过的南非等国，也忙不迭地再次祭起增发纸钞、贬值的法宝，为货币战争添火添柴。

这样一来，仍然坚持在金本位体制内的国家，主要是西欧国家如比利时、瑞士、荷兰、意大利等，就成了这些发动和参与货币战争国家的牺牲品，它们的货币币值坚挺，导致通货紧缩，黄金外流，出口竞争力大跌，最终这些国家也不得不在 1936 年左右加入战团。极富讽刺意味的是，最早贬值货币的法国，由于"没跟上形势"，在货币战争中起了个大早，赶了个晚集，成为最后一批"参战国",对本国经济构成重大影响。一直坚持"不参战"的德国,经济更被逼得濒临崩溃,纳粹上台与之有相当的关系。

尽管此次货币战争究竟该从何时何事算起,谁责任最大,至今也没个定论,但有一点可以肯定,这场继关锐壁垒刮起的"货币脱钩贬值风",加剧了全球性经济危机所造成的影响,严重影响了全球贸易。

到了1936年,当又一轮货币贬值隐隐出现时,法国、美国和英国谈判签订了一份三方协定,承诺克制货币贬值,共建国际货币体系,暂时结束了这场货币战。不久,第二次世界大战打响,国际经济体系发生翻天覆地的变化,重新回到金本位制已变得不切实际。有鉴于此,各国不得不接受战后第一强权——美国称霸金融世界的既成事实,在1944年7月达成布雷顿森林体系,改变各国货币直接和黄金挂钩的旧办法,改为只有美元与黄金挂钩,各国货币都与美元挂钩。这场货币战争至此彻底结束。

二、对 20 世纪 70 年代西方国家货币战的系统评析

继对20世纪30年代西方国家货币战的系统评析后,温嗣芳教授又密切关注70年代西方国家的货币战。温嗣芳指出这一时期的货币战,主要表现为以美国为首的西方国家实行货币贬值政策与以法国、西德为代表的欧洲经济共同体的若干西方国家实行反货币贬值政策的斗争。

(一)70 年代西方国家货币战的博弈和历程

1. 70 年代美国的货币贬值政策

从1971年起,美国宣告美元贬值,其经历与30年代英镑贬值截然不同。在第二次世界大战结束之后,美元取代了英镑的地位,称霸世界,但在1971年被迫贬值后,也力求保持美元表面的稳定,以图恢复其霸权地位,直到最后束手无策时,才暴露其贬值的实质。这表明,美国是以隐蔽的方式推行贬值政策的。

美元贬值的原因也不是单纯地由于美国无法保持国际收支平衡,而是由

于美国金融资本家指望着其在国内的剩余商品通过美元贬值向国外倾销。在这一点上，英美两国并无不同之处。但是，就后果来说，在 70 年代，美国国内通货膨胀早已到了恶化的地步，这就与英国在 1931 年将英镑贬值时英国国内的萧条状况不同。所以，1931 年英镑贬值一方面解决了出口商品的销路问题，一方面解决了国内萧条问题。但在美国，1971 年美元贬值之后，美国出口商品的销路虽因此而扩大，但国内通货膨胀却因此而加剧，以致后来闹到不可收拾的地步。

（1）70 年代美国货币贬值政策的历史根源

美国 70 年代的货币贬值政策的根源可以追溯到 30 年代。当英镑于 1931 年 9 月贬值时，美国的货币政策并未因此有所改变。当时美国从第一次世界大战，收得渔人之利，在 20 年代期间，国内经济一片繁荣，只是 1929 年世界大萧条出现，美国才逐渐卷入旋涡，以致这次大萧条在 1932 年结束后，美国在 1933 年出现银行倒闭的大风潮。在这一年罗斯福上台。美国的"新政"开始施行。美国的汇兑倾销政策构成"新政"的一部分。这部分也包括以下一些措施：

第一，停止金本位，实行对外贬值。美国在 20 年代已恢复了金本位。但 1933 年 4 月美国又禁止黄金出口，从而又停止了金本位。这样，美元贬值，便加强了美国出口商品的竞争能力。

第二，降低美元的含金量。1934 年美国实行币制改革，将美元的含金量降低 40.9%①。这样，就正式将美元贬了值。

第三，提高白银价格，对旧中国进行汇兑倾销。1934 年美国采取了收购白银政策，将白银价格约提高 50%。当时旧中国是世界上唯一用银的国家。提高银价就是提高中国银币的汇价。这明明是对旧中国实行贬值政策，但美国却美其名曰提高中国的购买力。

综上所述，美国是一贯地采取各种方式对外进行汇兑倾销。究其原因，无非是金融资本家力图向外扩张，不能容忍美国商品积压于国内，而这也是

---

① 在此以前，每盎司黄金 = $ 20.6，美国币制改革，则将每盎司黄金规定为 $ 35.00。

罗斯福"新政"的目的之一。究其后果，美元对外贬值，一方面可以扩大美国商品在国外市场的阵地，另一方面也可促进国内通货膨胀。这也与以通货膨胀为主要内容的"新政"是一致的。果然，1933 年以后，美国出口便不断增加，同时国内市场也日趋活跃。因此，美国也走出了萧条。

（2）70 年代美国的货币贬值政策是以隐蔽的方式进行的

第二次世界大战后，美元成为国际间最坚挺的货币，并无贬值迹象，大约经过二十五年的漫长岁月，才逐渐疲弱起来。对此，美国也曾尽力加以挽救，但经过若干年的努力，终不能生效。这就使得美国处于左右两难的境地。要维持美元的霸权地位，必须求其坚挺，要适应当时美元疲弱的趋势，则以贬值为上策。美国权衡利害遂以隐蔽的方式进行贬值。但经济规律是不可抗拒的，美国终于暴露了其推行贬值政策的实质。所以，纵观战后三十余年美元所经历的过程，可分为以下三个阶段。

第一，美元称霸阶段。第二次世界大战结束后，无论战败国或战胜国都是受害者，而美国则是最大的受益者。美国也以世界各国的领导者自居。在1945 年 12 月，在美国的策划下，成立了以防止货币贬值和外汇管制为主要目的国际货币基金组织。美元也与黄金等同起来。当时世界各国为了医治战争的创伤，对美元是无限信赖的。美元成为奇俏货币，也就成为国际间的关键货币。不过，在 50 年代以后，美元逐渐呈现疲弱的迹象。

而庞大的欧洲美元更是美元不易保持稳定的因素。美国出于保持美元霸权地位的目的，当然不能不进行市场干涉，但愈来愈不见效，后来，更于1961 年联合许多国家（英国、法国、西德、荷兰、比利时、意大利和瑞士）在伦敦设立"黄金总库"，有计划地在金融市场，抛售黄金，收回美元，以求保持每盎司黄金等于 35 美元的水平，经过七年的努力，黄金总库在消费大量黄金之后，终于被迫在 1968 年以失败结束。必须指出，黄金总库的结束标志着美元霸权地位的削弱。此后，美元贬值只是时间问题。

第二，调整含金量对美元实行贬值阶段。众所周知，一国货币贬值是其经济实力脆弱的表现。在资本主义世界，这被认为是一国对外宣告破产。美国改欲保持美元的霸权地位，当然不能示人以弱，所以 1971 年尼克松宣布停止美元兑换黄金时，还以征收进口附加税迫使一些工业发达国家将其货币升值，在这些国家同意将其货币升值①后决定正式贬值7.8%（每盎司由35美元升到每盎司38美元）。必须指出，美元这次宣告贬值时，仍继续停止美元兑换黄金。这样，美元便处于浮动状态，其浮动幅度本来是无法规定的，美元对其他货币的比价也是无法规定的。然而美国对美元的含金量及其对其他货币的比价按照上述标准做了硬性规定。这些规定当然是不可能发挥作用的。这就无怪乎十四个月之后，美国又不得不在1973年再将美元正式贬值10%（每盎司由35美元升到42.22美元）。而在这次宣告贬值之后，仍未废除美元停止兑换黄金的法令，以致美元仍处于浮动状态，其所规定正式贬值10%的幅度当然也是徒劳的。所以1974年以后，美元地位，日益危急。1975年虽公开拍卖黄金两次，并采取其他市场干涉的措施，使美元在1976年暂时稳定下来，但在1977年又动荡不已。因此，1978年又被迫以更大的规模拍卖黄金，但结果仍无济于事，以致在1978年下半年不得不听任美元对其他主要货币全面贬值。由此可见，美国在美元停止兑换黄金的条件下规定美元的含金量及其对其他货币的比价作出硬性规定只是一种烟幕，用以显示美元的稳定，用以维持摇摇欲坠的霸权地位而已。

第三，美国政府不承担义务的阶段。在70年代下半期，美元的贬值在全世界范围内引起极大的动荡。国际外汇市场频频关闭，外汇交易，频频停止。全世界哗然，美国政府不得不承认美国无意从根本上解决美元问题。美国政府于1978年公开声明，"美国对美元只有在市场处于混乱的情况下，才会干预"。这表明美国政府不承担维护美元价值稳定的义务。

（3）70年代美国贬值政策的前因和后果

在1971年，也就是美元开始贬值的那一年，美国出现了自从1838年以来的第一次贸易逆差，也出现了国际收支逆差。同时，美国黄金储备降到战后的最低水平，这似乎可以说明1971年尼克松停止美元兑换黄金的原因。必须指出，美国当时是有大量工业品和农产品可供出口的。据统计，美国每八

---

① 日元、西德马克、英镑、法国法郎分别对美元升值16.83%、13.58%、8.57%、8.57%。

人中即有一人参加与出口贸易有关的工业生产。美国农产品也有相对过剩部分,亟待出口。正是这些指望着出口的产品,在金融资本的推动下,迫使美国走上贬值政策的道路。

但是1971年,推行贬值政策的尼克松,在满足金融资本家要求刺激出口的愿望时,不能不考虑当时推行贬值政策的不利因素。重要的不利因素,就是实行货币贬值政策必然导致国内物价的上涨。为了平抑物价,在他的新经济政策中,除停止美元兑换黄金外,还有冻结物价、冻结工资这样一些内容。尼克松以后,美国历届总统也采取了类似的平抑物价的政策。

2. 70年代法国和西德反贬值政策的加强和西欧共同体的形成

美国的贬值政策为资本主义世界造成极大的混乱。美元危机随时袭击欧洲和日本的外汇市场。坚挺货币随时都为欧洲美元所抢购,疲弱货币在它们降到最低点时也不免成为被抢购的对象。短期资金经常在世界范围内活动着。关闭外汇市场,停止外汇交易已随着美元危机的出现而经常发生。这种反常现象当然是不利于各工业发达国家的经济发展。

在工业发达国家中,英、日两国以货币贬值政策为其传统的政策,而美元贬值迫使英镑和日元相对增值,这对两国是不利的。但美元在世界各国货币中早处于支配地位。这两国只有暂时忍受美元的冲击,俟有机会再图将其本国货币贬值。法国和西德则是一贯奉行反贬值政策,不得不进一步采取反贬值的措施。在这两国中,以法国对美的态度比较强硬,西德是处于被美国控制的地位,不得不多所迁就,但最后仍结束其与美元的配合,与法国联合起来,组成西欧共同体,用"一个声音"对付美元贬值。

(1) 70年代法国反贬值的新措施——双重汇率

在30年代,法国为了抵制贬值政策,曾经采用了进口限额办法和外汇管制办法。在70年代,法国曾在一段期间内采取了双重汇率制,在这种制度之下,一种汇率用于贸易,另一种汇率用于其他收付。这样,法国既可以在贸易方面,以贬值对贬值,而在其他收支方面,仍可保持正常的汇价。这是一种有效的反贬值政策。西德也有意效法,但为美国所阻。

(2) 70年代西德马克的不断增值

西德是原德国的工业区域，第二次世界大战后从德国分裂出来。战后，这个工业区域也是一片废墟。由于实行了门户开放政策，大量引进外资，而国内工业基础较厚，工业技术水平又较高，所以，经过50年代和60年代的努力，竟成为欧洲经济大国。

西德无意推行贬值政策，相反地，西德马克都是经常增值。其中原因有这样几个。第一，西德在70年代已经常有贸易顺差。因此，西德马克经常坚挺。在欧洲美元泛滥时期，西德马克经常在外汇市场成为被抢购的对象，这推动了马克增值。第二，西德严重地缺乏粮食和原料。由于西德马克增值有利于进口粮食和原料，有时西德也主动地将马克增值。当然，马克增值不利于出口，但马克增值，则可降低粮食和原料的价格，因而有利于降低国内物价水平，权衡轻重，仍以将马克增值为有利。第三，西德是美国所控制的国家，曾经不止一次地，在美国压力之下，被迫将马克增值。但是也有一定的限度。

（3）欧洲经济共同体的形成和1979年欧洲货币单位的出现

法国是与美国经常对立的国家，西德也力求摆脱美国的控制。因此，在欧洲美元泛滥，不断发生危机，欧洲因此出现动荡的情况下，法、德势必联合起来以应付这种紧张的局面，这就导致了以法德为核心的欧洲经济共同体（共同市场）的形成。

欧洲经济共同体的形成，经历了21年的历程，先建立关税同盟，后建立货币同盟，货币同盟是1971年成立的，当时美元已贬值，欧洲外汇市场一片混乱，为了保持货币汇价的稳定，货币同盟于1972年断然采取了如下一些措施。

第一，扩大组织，实行部分成员国的货币共同浮动。

欧洲经济共同体原来只有六国，1973年1月，英国、丹麦和爱尔兰三国加入后，共为九国。1973年经九国商定，将六国货币对美元和其他货币联合浮动①。所谓联合浮动是对美元和其他货币采取浮动汇率，而在六国范围内则

---

① 1973年成立的共同市场六国集体包括原六国中的西德、法国、荷兰、比利时、卢森堡五国和后来加入的丹麦。意大利和英国始终未参加。法国虽于1973年参加，后来法郎转疲，一度退出，其后仍再参加。在法国退出期间，有挪威参加，它是以非成员国的资格参加的。

互相采取固定汇率。由于参加这六国集团后，须得在集团内部保持固定的汇率，货币疲弱的国家一般都不参加。

第二，由实现"蛇形浮动"而争取"蟒蛇浮动"。

六国集团的货币须得保持固定汇率，已如上述，但由于任何货币的汇率不会没有波动。所以欧洲经济共同体对这六国货币汇价波动的幅度做了规定，规定其上下限均为 2.25%，因此，被称为"蛇形浮动"。及至 1973 年 7 月共同体决定扩大六国集团的范围，争取英国、意大利和爱尔兰，以及当时退出六国集团的法国都将其货币汇价参加对美元和其他货币共同浮动，同时保持其彼此间的固定汇率。这与"蛇形浮动"比较，其活动范围要大得多，所以称为"蟒蛇浮动"。也正在 1978 年，美元危机愈加严重，欧洲经济共同体于这年 12 月决定立即统一欧洲货币，"蟒蛇浮动"的建议并未实现。

第三，欧洲货币体系的建立和欧洲货币基金的设立。

根据 1973 年 12 月欧洲经济共同体的决定，欧洲货币体系应于 1979 年 1 月 1 日宣告成立（后因故改在 3 月成立）。在这个体系之下，共同体采用了一个统一的货币，叫做"欧洲货币单位"。共同体各成员国（英国除外）都将其货币对欧洲货币单位确定一个中心汇率。各成员国货币的波动幅度不得超过中心汇率 2.25%（个别国家不得超过 6%）。

为了保证各成员国货币汇价的稳定，设立了巨额的货币基金，对市场进行干涉（同时禁止用美元进行市场干涉）。原来从 1973 年起，六国集团为了保证其货币的"蛇形浮动"，早已设立了欧洲合作基金，但基金数额不大，而欧洲货币体系规模既大，并且包括了一些疲弱的货币，那就须有巨额基金，进行市场干涉，才能保证其汇价的稳定。此一基金的金额，原定为 250 亿 ecu，1979 年 3 月增为 320 亿 ecu，其来源是由参加国的中央银行分摊。

欧洲货币体系成立之后是成效卓著的。欧洲经济共同体所以采取此一紧急措施，为的是抵制美元的冲击，果然，在 1979 年 3 月之后，欧洲金融市场便平静下来。各国货币对美元的汇价几个月没有多大波动。这显然是符合欧洲金融资本家的利益的。

（二）评析 70 年代西方国家货币战的价值及其影响

温嗣芳教授对 20 世纪 70 年代西方国家货币战的系统评析，其价值在以下几个方面推动了这一领域的研究。

1. 货币贬值，能够以显性的方式进行，也能够以隐蔽的方式进行。以显性的方式进行，即调整汇率；以隐蔽的方式进行有多种途径，如在美元能兑换基金的条件下，调整单位货币含金量，降低对其他贵金属的比价（如提高白银的价格），不承担稳定美元价值的义务等。

2. 货币对外贬值也能带来对内贬值，引起国内通货膨胀。

3. 反货币贬值的措施：能够实行双重汇率；能够结成货币同盟，实行汇率共同浮动；在一定条件下，使本国货币增值以抵消别国货币贬值的负面影响。

评析 70 年代西方国家货币战，不仅能推动这一领域的科学研究，而且能提高现阶段货币战的认识，特别是有利于在美元仍然是国际强势货币的条件下，在货币政策博弈中处于主动。在这方面，值得重视和反思的是 1985 年签订的"广场协议"。

应当说，1985 年签订的"广场协议"，是 70 年代西方国家货币战的继续和发展。它发生的历史背景和产生的效应是：1977 年，美国卡特政府的财政部长布鲁梅萨以日本和前联邦德国的贸易顺差为理由，对外汇市场进行口头干预，希望通过美元贬值的措施来刺激美国的出口，减少美国的贸易逆差。他的讲话导致了投资者疯狂抛售美元，美元兑主要工业国家的货币急剧贬值。1977 年初，美元兑日元的汇率为 1 美元兑 290 日元，1978 年秋季最低跌到170 日元，跌幅达到 41.38%。美国政府震惊了，在 1978 年秋季，卡特总统发起了一个"拯救美元一揽子计划"，用以支撑美元价格。

1979—1980 年，世界第二次石油危机爆发。第二次石油危机导致美国能源价格大幅上升，美国消费物价指数随之高攀，美国出现严重的通货膨胀，通货膨胀率超过两位数。例如，在 1980 年初把钱存到银行里去，到年末的实际收益率是 −12.4%。1979 年夏天，保罗·沃尔克就任美国联邦储备委员会主席。为治理严重的通货膨胀，他连续三次提高官方利率，实施紧缩的货币政策。这一政策的结果是美国出现高达两位数的官方利率和20%的市场利率，短期实际利率（扣除通货膨胀后的实际收益率）从1954—1978年间平均接近零的水平，上升到1980—1984年间的3%～5%。

高利率吸引了大量的海外资金流入美国，导致美元飙升，从1979年底到1984年底，美元汇率上涨了近60%，美元对主要工业国家的汇率超过了布雷顿森林体系瓦解前所达到的水平。美元大幅度升值导致美国的贸易逆差快速扩大，到1984年，美国的经常项目赤字达到创历史纪录的1000亿美元。

与此同时，作为全球第二大经济体，日本出口打击了美国的制造业，日美贸易摩擦不断加剧。1985年，日本取代美国成为世界上最大的债权国，日本制造的产品充斥全球。日本资本疯狂扩张的脚步，令美国人惊呼"日本将和平占领美国！"美国许多制造业大企业、国会议员开始坐不住了，他们纷纷游说美国政府，强烈要求当时的里根政府干预外汇市场，让美元贬值，以挽救日益萧条的美国制造业。更有许多经济学家也加入了游说政府改变强势美元立场的队伍。

1985年9月22日，美国财政部长詹姆斯·贝克、日本财长卡竹下登、前联邦德国财长杰哈特·斯托登伯、法国财长皮埃尔·贝格伯、英国财长尼格尔·劳森等五个发达工业国家财政部长及五国中央银行行长在纽约广场饭店举行会议，达成五国政府联合干预外汇市场，使美元对主要货币有秩序地下调，以解决美国巨额的贸易赤字。因协议在广场饭店签署，故该协议又被称为"广场协议"。协议中规定日元与马克应大幅升值以挽回被过分高估的美元价格。

"广场协议"签订后，五国联合干预外汇市场，各国开始抛售美元，继而形成市场投资者的抛售狂潮，导致美元持续大幅度贬值。为抵消日元升值给出口带来的负面影响，日本政府大幅降息，导致日本的股市和楼市开始积累泡沫，直到1989年初，日本开始实施紧缩性货币政策，经济泡沫随之崩溃，日本经济从此陷入长达十几年的衰退。

无论是20世纪30年代全球范围的货币战，还是80年代的局部战争，美元先后对主要竞争对手英镑和日元下手，成功保住强势货币的地位。不过，从全球经济的角度出发，货币贬值也是一把"双刃剑"，能够促进出口的同时，也会损害贸易伙伴的利益，后者可能会同样采取贬值的策略。而货币战争的输家则会先发制人地发动贸易战，试图通过建立贸易壁垒等方式再度寻求贸易优势。由此以牙还牙，陷入恶性循环，全球经济最终的结果只有集体溃败。

历史的经验证明，世界经济失衡有着深刻的国际经济结构和制度背景，要从根本上调整这种不平衡，需要各国之间的共同努力和相互协调，加快改善相关国家的经济结构，改革国际货币体系。

三、揭示了 20 世纪 80 年代西方国家货币战的重大变化

在 20 世纪 80 年代初，温嗣芳教授研究了西方国家货币战的重大变化。他指出：1986 年是世界货币史上不平凡的一年。这年几个工业发达国家的对外货币政策由传统的贬值政策转变到增值政策。在这一个历史性转变中，美国在通货膨胀与经济衰退同时存在的时刻，采用了高利率政策，因此，国际间大量资金流美，从而提高了美元的价值。当时，其他工业发达国家面临资金外流和货币相对贬值的危机，除日本外，也相继提高利率，因此，也使本国货币不同程度地增了值。这样，资本主义世界的货币政策由传统贬值政策，在 80 年代初，一变而为增值政策。接着温嗣芳教授系统地评价了美国实行高利率政策以及美元增值的过程和影响。他史论结合，陈述于后：

（一）美国高利率政策和美元的增值

进入 20 世纪 80 年代，美国面临两大问题，一是通胀，二是失业。面临这两大问题，就利率政策来说，为了抑制通货膨胀，必须提高利率，而为了减少失业，就必须降低利率。在这两大问题同时存在的情况下，美国政府不能不感到左右两难。早在 1971—1979 年，美国政府时而以通货膨胀为主要敌人，时而以失业为主要敌人，因而利率政策不止一次地来一个 180° 的大转弯。及至 1979 年美国才断然以失业为牺牲来平抑通货膨胀，决定以通货膨胀为主

要敌人。从这一年起，美国采用了高利率政策。本来，美国的利率并不高。以基本利率①为比例，1976年，美国基本利率才6%；1977年只升到8%；1978年也未超过12%，但在1976年4月，美国连续两个月提高利率，及至是年冬季便提高到15.2%，比1977年几乎提高了两倍。以后，经过一番轻微的波动，于1980年3月中旬提高到18.5%，及至4月更节节上升，竟提高到20%。这是前所未有的高峰，接着便迅速下跌。及至5月便跌到16%（注意美国于1980年4月又出现了一次经济衰退）。其后，又经过一番波动，于1980年12月29日竟达到21.5%的高度，5月才降到20.5%。接着又不免出现一些波动，及至1981年秋季仍为19%。像这样的利率水平还是很高的。此时（1981年8月）美国又出现一次经济衰退。10月利率开始下降，至11月降到15.75%，直至1982年8月，利率才开始出现明显的下降，美国贴现率降到10%，商业银行优惠贷款利率降为13.5%，但在通货膨胀有所缓和的情况下，实际利率还是很高的。

在游资泛滥的条件下，美国的高利率对国际短期资金具有极大的吸引力。长期疲弱的美元突然成为金融市场的抢购对象。"短期资金成了金融市场的统治者"。美元也就坚挺起来。据统计，经过这一期间，美元共增值40%。

对此有人说，1982年美元之所以增值是由于美国国际收支在长期存在着逆差之后出现了顺差。这当然是有理由的，因为美国从1976年起国际收支一直存在着逆差，及至1980年，美国虽仍有贸易逆差，美国从海外投资的收入却多于贸易逆差②，这显然可使美元增值。但是，如果美元增值只是由于其国际收支的改善，那就勿须美国采取高利率政策。应该指出，美国所以坚持其高利率政策，除抑制其国内的通货膨胀外，无非人为地使美国汇价提到异乎寻常的高度。因此，美国高利率政策对美元汇价高度是起着决定性的作用的。但我们也不否认美国国际收支的改善对美元增值所起的作用，这可以加强国际游资的持有者对美元的信心，从而为美元汇价长期保持其增长的高度起着保证的作用。但是我们还可以这样说，假使美国不提高利率，其投资收入也

---

① 基本利率是美国大商业银行对大公司的优惠利率。

② 1980年美国贸易逆差为303亿美元，海外投资收入为360亿美元，有顺差57亿美元。

可能有一部分继续留在国外投资而不汇回美国。

美元增值对其他工业发达国家带来的后果是极其严重的。其他工业发达国家在美元增值之后受到了两方面的威胁：一在国际收支方面，一在货币汇价方面。国际金融市场本身是各国调入或调出短期资金的公共场所。现在国际短期资金既然趋向美国，其他工业发达国家便不能随意取舍，甚至它们国家的资金也被美国高利率吸引过去，这就不能不使其国际收支失掉或加剧其不平衡状态，以致威胁其储备。各国货币的比价本来是相对的。现在美元增值也就意味着这些工业发达国家货币的贬值。据统计，1980 年底，与 1970 年相比，西德马克下跌 46.4%，法国法郎下跌 18.6%，日元下跌 43.6%。必须指出，货币贬值本是倾销商品的一种特殊方法，曾经流行一时，但目前各国莫不苦于通货膨胀，而货币对外贬值必然加剧国内通货膨胀，这就不可接受了。

由于以上两种原因，其他工业发达国家对美国的高利率政策不能不作出反应。一般说来，它们采取的对策主要是以牙还牙，竞相提高利率，掀起一场至今尚未结束的利率战。只是随着美国利率的起伏，在美国降低利率时，也相应地将本国利率降低。此外，为了保持国际收支的平衡还采取了另一些措施，其中包括限制对外投资（如西德）；加强外汇管制，防止资金外流（如法国）。但是，其他工业发达国家始终处于被动地位。

英日两国对美国高利率的反应，有所不同：英国在 1979 年发生 50 年来最严重的经济危机，通货膨胀问题严重，不得不以失业为牺牲，采取高利率政策，其利率之高有时还高于美国。日本在 1979 年前本已感到美元贬值的压力，故在 1979 年拒不参加利率战，以便借此机会，把日元汇价降低。实际情况是在 1980 年 8 月和 12 月两次降低汇价（两次共降 1.75%）。此后，也曾于贴现率之外，提高其他利率（例如欧洲市场日元利率），甚至高于美国。总的说来，德、法、英、日，除在国内出现经济衰退时和其本国货币汇价过高时不能降低利率外，目前都随着美国利率的起伏而提高或降低其本国利率。而当其本国货币被迫相对贬值时，更须提高利率，以便吸引国际短期资金，力求其货币增值。

所以，我们能够说从 80 年代初起，资本主义世界便进入了一个货币增值时代。

（二）值得关注国际货币史上的这一重大变化

温嗣芳教授着重指出：由货币贬值政策而转变为增值政策是国际货币史上一个重大的变化。货币贬值政策可以追溯到 1931 年，从此便成为部分工业发达国家的传统政策。在 30 年代，英国是货币贬值政策的创始国家，而当时在各国货币中，英镑又是影响最大的货币，所以，1931 年英镑的贬值对全世界产生了深远的影响。接着，以发展出口业为其生命线的日本也于 1931 年底将日元贬值，更扩大了贬值政策的影响。此后，在 1934 年，美国进行币制改革，降低了美元的含金量也使美元贬了值。在这个时期，西方国家方才恢复金本位不久，而从 1929 年起又发生了经济大恐慌，各国都存在着通货紧缩问题，所以推行货币贬值政策，对西方国家来说，可以一举两得。一方面可以对外实行汇兑倾销，另一方面可以使国内金融从通货紧缩中解脱出来。

在 70 年代，货币贬值政策却另有特点，它是在通货膨胀的条件下推进的。第二次世界大战后，资本主义世界经过一段恢复时期，曾一度出现短暂的"繁荣时期"，美元也成为最坚挺的货币，取代了当时英镑的支配地位。但从 60 年代下半期起，美元便逐渐疲弱下来，及至 70 年代，美元危机不断发生，美元开始贬值，但美国对美元贬值仍然采取放任态度。这是继 30 年代由英国带头的贬值时代以后由美国带头的贬值时代。然而，在 70 年代，通货膨胀业已泛滥成灾，而经济停滞业已出现，经济衰退又频频发生。在这种条件下，工业发达国家如欲坚持贬值政策，对它们来说，虽有其利，也有其弊。所以，美国经过多年挣扎之后终于改弦易辙，以提高利率为武器，来推行货币增值政策。这样就开始了从 1980 年初开始的一个新时代——货币增值时代。

货币增值政策，一般说来，是工业发达国家所不愿采用的。货币贬值有利于争夺产品市场，也可争夺原料，而货币增值则反是。大家总还记得，在 1971 年尼克松为了迫使日元和西德马克增值，是以征收进口附加税为武器才迫使日本和西德就范的。然而，在 1979 年，美国居然在通货膨胀的压力下主动采取货币增值政策，并带动其他工业发达国家共同采取这个政策。这不能不说是国际货币史上一个重大变化。

自由贸易者的英国经济学家把这次变化称为"危险的转变"，因为在货币增值的情况下，资本家不免要加强保护政策，以障碍外货进口，同时又会绕过外围的保护壁垒，增加在海外的直接投资，就地生产，就地推销。果然，从1980年以来，便出现这样两种新动向：

1. 保护主义的抬头。保护政策本来以采用保护关税最为普遍，但最近各国通过"关税与贸易总协定"的谈判，已于1979年达成协议，除将美国和欧洲共同体的关税略为降低外，并规定了从1980年起，八年之内，再将关税降低33%。在这种情况下，各国均无法提高关税。当前的新动向是非关税壁垒的增高。其方式是征收国内特别捐税，把海关手续更复杂化，提高卫生安全和技术质量的标准，对出口进行公开的或秘密的津贴等，花样繁多，约有900种。此外，还采用双边贸易来代替多边贸易，由通商国家双方规定限额，在限额中又分为一次规定限额和"有秩序的销售安排"，等等。

2. 资本输出的增加。资本输出在帝国主义出现以后早已开始，但目前保护主义既已抬头，工业发达国家，为了绕过非关税壁垒，更加速了互相直接投资的步伐。在加速对外直接投资的国家中，英国和日本可以作为代表。英国国内经济困难，英国政府公开号召英国资本家对外投资。在1980年，英国已打入了几十个美国企业，并买下了30个企业，1981年，更买下了美国国民公司51%的股票。日本近年来国内经济比较发达，也就力图对外扩张。为了对付美国限制日本汽车的输入，日本在美国设立了一个生产小汽车和小型货车的工厂，此外还进行了其他一些投资。当然，在工业发达国家之间，长期资金是互相交流的。美国目前吸引外资虽多，也并非没有增加其对外投资的数量。单就跨国公司来说，目前全世界跨国公司已达11000家，其中以美国设立的为最多。这些跨国公司在工业发达国家中所设的子公司已达91000家。显然，美国必有长期资金流入在其他工业发达国家所设立的子公司，以供它们扩大再生产之用。

（三）揭示西方国家货币战重大变化的价值和意义

20世纪70年代末80年代初，美国实行高利率政策，以美元为代表的西方货币开始升值，对这一经济现象怎样看待，不少学者认为主要是：（1）里根政府为了弥补财政赤字；（2）为了改善国际收支状况，平衡国际收支。但温嗣芳教授在分析了70年代末80年代初美国的经济状况后指出：美国实行利税率政策，促使美元升值，不能仅就弥补财政赤字和平衡国际收支而论，它的主要原因是"以失业为牺牲来平抑通货膨胀"，他明确指出"若干年来，美国高利率政策总被人们把它与财政赤字联系在一起。其实，1979年美国财政赤字是70年代中叶以来最低的一年，并未成为什么问题"。如果美国增值只是由于其国际收支的失衡，那就勿须美国采取高利率政策。在当时来说，这样的见解是独树一帜的，给人以新的启迪。

美国实行高利率政策，促使美元升值之后影响很大，对其影响的分析，也不乏其人。但更多的分析立足于美国自身并注重于国内，如吸引外资流入，增加国内企业产品成本，不利于国内商品出口，抬高了股票价格，助长了投机等。至于在国际上的影响，有的人仅指出由于它导致资金流出，从而影响了其他国家经济，由于国际之间的债权债务不少以美元计，从而它的升值增加了债务国的负担。但温嗣芳教授则从对其他国家货币汇价、外汇制度以及利率等方面探讨了对国际金融的影响。他指出，由于美国实行高利率政策，美元升值，"长期疲弱的美元突然成为金融市场的抢购对象"，导致其他工业发达国家的高利率政策，导致西方国家加强外汇管制，变动汇率，如西德限制对外投资，法国防止外资外流，英国则在采取高利率政策的同时，降低英镑汇价，日本开始不参加利率战，后来不得不两次降低日元汇价提高利率。总之，导致了一场货币战和利率战。从这个方面考察其影响，有新的深度和广度，它告诉人们研究这场货币战利率战的影响不限于国际金融但必须立足于国际金融。

对于货币战利率战应当怎么评价？温嗣芳教授认为，这是国际货币史上的一个重大变化，使资本主义世界进入了一个货币增值的时代。作者指出，实行货币贬值的政策有长期的历史，可以从70年代末追溯到1931年。因为30年代经济大危机以后，各国为了摆脱困境，均实行外汇倾销政策。可是为什么到了80年代来了一个180°的大转弯，从美国开始各国"力求其货币增值"呢？作者既分析了经济的客观因素又分析了人为的主观因素。经济的客观因素是防止对外贬值进一步导致对内贬值，人为的主观因素是那些主张美元增值的垄断资本家的利益。从货币发展史来评价这场斗争，说明作者研究这个问题的视野广阔，起点较高。

四、对滞胀与衰胀的新见解

在温嗣芳教授的学术生涯中，他发现最近二三十年来在西方国家出现了两个新生事物：一为滞胀，一为衰胀。对这两个新生事物如何认识？他提出了新的见解。滞胀是在通货膨胀条件下出现的经济停滞的现象。在这种情况之下，既然通货膨胀与经济停滞同时存在，要判断经济的停滞，必须从生产指数中剔除通货膨胀的因素，才能知道生产增减的实际情况。为通货膨胀所掩盖的生产指数不一定下降，甚至可能表现为上升。如果把表面现象认为实际情况，那就错了。

衰胀是在通货膨胀条件下出现的经济衰退（即经济危机）。判断衰胀是比较容易些。这是因为在经济衰退（或经济危机）期间，物价水平是应当下跌的。然而在衰胀的情况下，在这期间，物价水平却是上升的。对这两个新事物如何看待，温嗣芳教授指出：

（一）要从滞胀的连续性去看滞胀的特征

滞胀有什么特征？要说明它的特征，不应只是简单地指出通货膨胀与经济停滞同时存在这一事实，还必须注意到它是长期存在这一事实。

滞胀既然是在通货膨胀条件下出现的经济停滞，则对于通货膨胀期间的生产指数必须剔除通货膨胀的因素，才能知道生产是否停滞或下降的实际情况。以美国为例，从 1975 年 4 月到 1979 年 3 月工业生产不断上升（1976 年比 1975 年上升 10.2%，1977 年比 1976 年上升 5.8%，1978 年比 1977 年上升 5.7%）。看来，这似乎可以说是一片繁荣景象了。因此有人认为，这段期间（从 1975 年 4 月到 1979 年 3 月共 49 个月）生产的增长是美国和平时期经济增长最长的时期之一，仅次于 1933 年到 1937 年这 50 个月和平时期经济增长的时期①。然而，必须指出，在这49个月时间，通货膨胀一直存在着。如果剔除通货膨胀的因素，以1972年的不变价格计算，则1979年3月的生产指数仍未达到1973年的水平。这不是停滞又是什么呢？由此可见，实际生产指数的连续下降②是滞胀的特征，只是生产指数为通货膨胀所掩盖，所以往往被人们误认为上涨，因而不是一个显著的特征。

必须指出，在资本主义社会，生产指数的下降是常见的，通货膨胀也是常见的。滞胀所以为滞胀必须通货膨胀与经济停滞同时存在，并且长期同时存在。它不为衰胀所打断，它曾经穿过几次衰胀而连续下去。这就是说，它是有连续性的。最近一段时间的历史事实就可以证明这一点。

大家知道，滞胀一词最初见于1969年英国财政大臣麦克米伦在英国国会的发言。根据美国总统里根就职时的演说，美国的滞胀开始出现于1966年③。但是，现在欧美经济学家一般注意于70年代的滞胀问题。看来，滞胀在60年代已初见端倪，而在70年代则成为一个突出的问题。④

单就70年代来说，从1975—1979年期间，1979年的生产指数以1972年不变价格计算，仍未达到1973年的水平。而1973—1975年正是美国的战后第六次经济危机，这就说明了滞胀是穿过了第六次经济危机。及至1979年开始出现第七次经济危机，滞胀也同样穿过其中而连续下去。滞胀的连续性可以证明生产指数的下降并非偶然的现象。因此，生产指数的连续下降可以作为滞胀的特征，只是由于生产指数为通货膨胀所掩盖，有时不大显著而已。

不少经济学家还举出滞胀的另一个特征。美国经济学家萨缪尔森说"失业是滞胀的表现"。他是以失业作为滞胀的特征。显然，他不是指的某一段时期的失业，因为失业的增减，甚至暂时消失本是资本主义社会过去应有现象。他指的是连续增长或连续保持一个高水平的失业。这难道不能反映生产的连

① 美国新闻和世界报道，1979（19）。

② 美国是用工业生产指数来衡量滞胀的，也有用国民生产总值来衡量滞胀的。前者比后者要确切些。

③ 1981年里根就任总统时曾声称，"要打破15年来的滞胀局面"。

④ 美国保罗 M. 霍维慈著，谭秉文、戴乾译：《美国货币政策与金融制度》（下册），253页，中国财政经济出版社，1980。

续停滞吗？以美国为例，从1966年到1979年失业率是不断增长着，只是中间经过两次经济危机，在危机期间，难免不比过去有所上升，但危机之后，仍保持一个高水平。[①] 这都是与这段期间生产指数的实际情况相符合的。

温嗣芳强调指出：我们的结论是：连续失业和连续保持一个高水平的失业是滞胀的一个显著的特征。

（二）要从衰胀的非正规化去看待通货膨胀的作用

衰胀是在通货膨胀条件下的经济衰退（或经济危机）。大家知道，每次经济危机都须经过危机、萧条、复苏和高涨四个阶段，近二三十年不但经济危机后的复苏和高涨阶段，由于滞胀的出现，被排开了，物价水平的涨跌也发生了变化。

根据马克思的论断，每次经济危机出现后，在危机和萧条两个阶段物价水平是下跌的。在复苏阶段物价水平才开始上涨，在高涨阶段物价水平才更上涨。但是衰胀的情况却不是这样。自从衰胀出现后，通货膨胀贯穿着经济危机的四个阶段。无论在危机阶段或萧条阶段，物价水平都没有下降，而是上涨。下列美国历次经济危机期间物价水平的涨跌情况就可以证明这一点。

美国历次经济危机期间物价变动表

经济危机阶段	消费物价增降率	批发物价增降率
第一次（1948—1949）	−2.7%	−7.2%
第二次（1953—1954）	−0.4%	+0.5%
第三次（1957—1958）	+4.2%	+2%
第四次（1960—1961）	+1.6%	+0.5%
第五次（1969—1970）	+6.6%	+3.5%
第六次（1973—1975）	+15.3%	+23.6%

资料来源：武汉大学经济系：《战后美国经济危机》。

---

① 1966—1968年失业率每年约4%；1969—1970年，由于第五次经济危机的出现，上升到年产5.2%～6%；1971—1972年略有下降，只有5.3%；1973—1975年，由于第六次经济危机的出现更逐渐上升，由5.2%上升到8.5%；1976—1978年由于危机已经过去，略有下降，但年率平均仍为7%；1979—1980年平均年率仍为约7%。

温嗣芳教授指出：从上表看来，在美国第一次和第二次经济危机期间，物价水平是下跌的，这显然是符合经济规律的。但从第三次经济危机起，物价水平却一直没有因经济危机而下跌。由于滞胀的连续存在，在经济危机后的萧条阶段，物价水平也未下跌。从 1957—1958 年起，美国的经济危机已经不是单纯的经济危机，而是衰胀了。

（曾康霖）

参考文献

［1］温嗣芳：《西方国家货币战的演进》，西南财经大学出版社，1987。

［2］温嗣芳：《二十世纪资本主义世界的货币战——贬值与反贬值的斗争》，载《财经科学》，1979（6）。

［3］温嗣芳：《1979 年资本主义世界的货币战及其重大变化》，载《财经科学》，1981（7）。

［4］温嗣芳：《当前美国高利率政策与国际金融变化》，载《财经科学》，1982（5）。

第二十六章

石毓符金融思想学说概要

石毓符（1908—1982），天津人，历任津沽大学、南开大学教授，天津财经学院教授、副院长，同时还担任天津会计学会第一届理事长，天津市哲学社会科学联合会第二届副主任委员，中国民主同盟盟员等多项社会职务。

他于1932年毕业于南开大学商学院银行学系。1933年参加南京政府高等会计人员考试被录取。1934年至1940年在南京政府主计处会计局任科员、专员，参加了统一会计制度和国有营业会计制度的设计等项工作。1941年起，先后担任武昌中华大学、重庆大学、复旦大学教授。1948年至1958年担任南开大学统计系教授、系主任等职。1958年调入天津财经学院后，讲授货币信用学，由此开始长期的金融学教学、科研生涯，在先后担任财经学院财金系主任、副院长等职务期间，虽然行政事务繁忙，但丝毫没有放松教学与科研上的钻研与探索，并获得了丰硕的成果。他先后撰写《普通会计学》（正中书局1945年，1947年三版），《企业财产重估价》（十月出版，1950年），《中国货币金融史略》（天津人民出版社，1983年）等论著。先后公开发表了《论私营企业重估财产调整资本办法的重要性》（1950年经济报道第207期和第208期）《通货膨胀时期物价指数记账的方法》（《会计季刊，1943年》），《现阶段中国的经济核算制》（1950年发表，收入《建国以来经济核算论文选集》，上海人民出版社，1980年），《银行管理与经济核算制》（收入《1950年度全国重要经济论文集》）《货币管理对企业经济核算的监督》（入选1951

年中国经济论文文选），《近代金贵银贱对中国的影响》（1981 年发表，《现代
财经》）等多篇学术文章。论著中不少获得各种类型的奖励，其中，1984 年
《中国货币金融史略》荣获天津第二届社会科学优秀成果评奖最高奖——荣
誉奖。

他的兴趣和研究范围十分广泛，尽管主要讲授货币信用学，但所涉猎的
领域可谓涵盖古今中外，从我国春秋战国时代的经济和金融思想到西方现代
货币金融理论。在研究领域上，除了货币信用学之外，还扩展到货币金融史、
金融会计学等问题。他对货币金融理论有较为深入的研究，有些精辟的观点，
受到金融学界的关注和重视。在长期的教学和科研活动中，他逐渐形成自己
的学术风格：从实际出发，探求真理。在课堂上，他不仅将丰富的知识传播
给学生们，而且特别重视分析方法的讲授，帮助学生们开启思维与智慧之门；
在研究时，他始终坚持在马克思主义基本理论的指导之下，立足中国国情和
世情，探求和思索金融经济中的新现象、新问题与新对策。

一、新中国成立初期提出金融会计的思想

（一）诠释金融会计的思想

在 20 世纪 50 年代初，石毓符在天津《进步日报》发表了《货币管理对
企业经济核算的监督》①、《论私营企业重估财产调整资本办法的重要性》② 等
文章，提出了金融会计的主张。在《货币管理对企业经济核算的监督》中，
他认为经济核算制是基于货币形态的计算费用与成果，它要求企业拥有独立
的收支平衡，刺激企业在推进各项工作中贯彻节约。它要统计企业一切物资
和劳动量的消耗，产品或业务的收入，这唯有靠用货币作核算的尺度方有可
能。所以，对于货币的全盘管理，便是企业经营核算的监督。

---

① 石毓符：《货币管理对企业经济核算的监督》，载天津《进步日报》，1951 – 04 – 17。
② 石毓符：《论私营企业重估财产调整资本办法的重要性》，载天津《进步日报》，1950 – 11 –
27。

作为货币管理的主要环节，收支计划成为整个国民经济活动的指标。仅就企业单位的收支计划而论，它促使企业消除经营上的盲目和自流，并逐步走向计划性。企业的收支计划是以货币单位表现的综合计划，反映企业所有一切的活动。要实施货币管理，就必须要编制收支计划。企业建立完整的计划制度是经济核算的基本条件，核算的任务是比较计划和实施的成果，改正业务本身的缺点，以保证计划的完成并超额完成，实现企业的积累。为了完成各项计划，企业内部要普遍深入地建立检查制度，随时检查各部门及各阶段中生产或业务的情况，以确知计划完成的程度，同时政府及主管机关应树立监督制度，以纠正企业进行计划时可能发生的一切偏向。国家银行依据企业的收支计划来执行这一监督工作，是加强企业计划纪律最有效的方法。

货币管理办法对于企业最直接最明显的关系，就在监督其流动资金和固定资金的有效使用上。国家银行通过三大中心以监督企业流动资金的使用，通过基本建设投资管理办法，以监督企业固定资金的使用，这与企业的经济核算制是不能分开的。

企业的流动资金分为自有和借入两部分，自有流动资金包括政府划给企业经常支配并列入开业基金中的资金，开业后政府补充发的资金和企业自身所保留的利润积累等；借入的资金就是暂归企业周转使用到期仍需偿还的资金。在流动资金中起着主要作用的是自有的那一部分，事实上一个企业必须有足够的自有流动资金，才算是转入经济核算制的企业。企业的经营固然要尽量使用自有的资金，但有时遇到季节性或周转性而需要借入资金时，国家银行应予以满足，以确保其生产不受阻碍。

企业的固定资金表现在建筑、机器设备等资产，它们综合起来构成企业的生产基础，在企业的经营活动和计划工作中，固定资产决定生产能力，因而也就决定了生产计划；企业对于固定资产进行严格而精确的核算，是企业实行经济核算制的主要工作。国家投入于企业的固定资金越多，扩大再生产的规模也越大。货币管理的最终目的，就是使属于国家的，但分散在各单位的资金更能充分集中统一有效使用，以适应国家经济建设中最大资金的需要。企业的基本建设就是扩大再生产的基础，对整个国家的经济建设，起着决定的作用。通过精确计算企业所获得的固定资产的计算价值，合理的计算折旧、成本及利润，加强固定资产的管理制度，可以确保国家财力不蒙受损失，并得以高效使用。

在《论私营企业重估财产调整资本办法的重要性》之中，石毓符全面分析了实施《私营企业重估财产调整资本办法》（1950 年 11 月 21 日，中央财经委员会发布）的现实意义、主要原因及其复杂性。他认为作为新中国成立初期国内物价已经基本稳定后私营企业界的一件大事，私营企业将全部财产（包括资产负债）重估价值并调整其资本额，将为私营企业建立一个新的基础，谋求正当的发展的会计将会真实地显示营业成绩和财务状况，国家的税收将会实现公平合理的原则。

与此同时，石毓符指出了重估财产的技术问题的复杂性。由于《私营企业重估财产调整资本办法》仅作原则性规定，个别企业于实行时将会遇到一些困难，主要涉及以下几个方面：例如，该办法中规定原物料及商品以特定日期的进货价格为标准，而事实上有些企业的货品在当时当地没有行情，而且所谓进货价格因购入的方式、数量、对象等不同，也会发生价格的差异；又如，所谓"一般毛利率"，事实上也很难确定，私营企业的经营都多少带些投机性，其毛利率是忽高忽低的，平均数自然不合理，选取某一期间为标准也不易合乎事实；再如，证券投资，除去几种上市的股票和折实公债之外，很多是没有行市的，酌予估价的标准很困难。至于固定资产之重估价，最缺乏客观证据，最难确定标准，一幢房屋经几位建筑专家或营造商估价，可能有几种不同数字，其差异往往是很大的，议定造价及折旧的共同标准是极不简单的事情。

（二）提出金融会计思想的历史背景

20 世纪 50 年代初，新中国刚刚成立，工业基础薄弱、各类物资短缺、物价和货币亟待稳定，结合当时国内政治经济的形势，特别是结合苏联的相关经验，国家银行必须成为货币管理的总枢纽，即现金中心、转账中心和信贷中心，方能实现稳定经济动荡、推进经济建设，计算全国生产和生产品分配的任务。从当时国内情况看，由于吸取了苏联多年的宝贵经验，我国不过用了两年的时间，便为日后工作奠定了基础，避免许多歪曲冤枉的道路。1949 年 4 月开始，我国东北接受了苏联的经验开始实行现金管理和转账制度，东北银行成为现金管理机构；另外在财经经济委员会之下设立了总会计局为转账中心，同时又是供给资金的中心。东北推行现金管理和转账制度以后，在 1949 年内，便有了极大的收获，当年 3 月以前东北物价曾上涨了 60%；但自当年 4 月开始实行现金管理制度之后，物价即基本上达到稳定，另外东北各企业恢复生产所需的资金，也供应无缺。所以说由于推行这种制度，东北在 1949 年底已经基本上达到了扩大投资和巩固货币的作用。

1950 年 3 月，政务院颁布了《关于统一国家财政经济工作的决定》，开启了中央人民政府关于现金管理的决定。尽管当年实行现金管理仅有 9 个月的时间，但对于当年 4 月之后全国物价的稳定起到重要决定作用。然而，现金管理是全盘货币管理的一部分，仅凭此一点要充分发挥人民币的统计和监督作用，显然还是不够。当时市场上受朝鲜战争的影响，物价正要乘机波动，如果那时不作冻结存款的紧急措施，物价必定会发生些影响。所以要把现金管理扩大为货币管理，随着东北的经验，使中国人民银行成为现金中心之外，必须还要成为转账中心和信贷中心。伴随着当年 12 月，先后施行的《实行进一步的货币管理的决定》以及《关于〈货币管理实施办法〉及〈货币收支计划编制办法〉的指示》，中国人民银行成为真正的三大中心，事实上的主要工具正是货币收支计划。石毓符正是在这一背景下，提出了货币管理对企业经济核算的监督。

新中国成立初期，伴随着国内货币已经基本上稳定，国内迎来了"会计性改组"的良好时机。回顾新中国成立之前的十年时间里，由于货币价值（购买力）的跌落，使企业会计完全丧失掉提供正确资料之功用。第一，由于不同时期的货币数字代表不同的价值，会计记录之数字失去一致性因而不能综合或比较；第二，货币购买力的变化使会计上不能表示企业真实的利润；第三，产品的"有效成本"（即可作为决定售价而卖出不赔钱的成本）无法得到正确的核算；第四，包括金银外币记账，利用粮食或折实单位记账等补救办法，应对币值变动对会计记录的影响，不仅在理论上存在较大问题，而且在技术上繁复而不易正确。从 1951 年元旦起，随着《私营企业重估财产调整资本办法》的实施，私营企业的财产放在一个新的基础上重新开始，能够正确反映企业的经营业绩。在此背景之下，石毓符论述了私营企业重估财产调整资本办法的重要性。

（三）提出金融会计思想的主要价值

石毓符关于金融会计主张的阐述，相对于传统的研究而言，扩宽了研究的领域，开辟了新的研究路径。一方面，石毓符撰写并发表《货币管理对企业经济核算的监督》一文，引发了通过货币管理监督企业资金有效使用的讨论。他在该文中阐述的一些观点和建议，在新中国成立初期的社会经济条件下，对加强企业货币管理制度，积累国家资本，不断扩大再生产，完成国家经济建设任务发挥了积极的作用。另一方面，他发表的《论私营企业重估财产调整资本办法的重要性》文章，从多个角度阐述了多年中货币贬值，使企业会计完全丧失掉提供正确资料之功用的原因和影响。认为《私营企业重估财产调整资本办法》的出台，有助于企业正确计算财务状况、营业成绩、赋税负荷以及盈余分派；根据新基础企业将能有计划地经营、发展；政府将能做普查统计工作，有计划有步骤地扶持私营企业。从正反两个方面，为私营企业积极配合开展企业财产重估奠定了理论基础，并建议各地工商行政机关及评审委员会应该首先在宣传工作方面推动，使私营企业负责人刷除思想上的障碍，深刻地体会到重估价对于企业自身的利益。此后，他结合重估财产的技术问题的复杂性，较早地指出了规模较大的私营企业办理重估财产调整资本时，大致不会发生很大的困难，而大多数中小型企业由于账务组织的不健全和会计人才的缺乏，恐怕在技术上难免有自己无法解决的地方。并建议各地的评审委员会应审慎地谋求最合理的标准，确保重估价的准确性和客观性，有助于《私营企业重估财产调整资本办法》的有效落实。

二、改革开放初期关于通货膨胀问题的主张

（一）关于改革开放初期通货膨胀的诠释

在 1979 年底结束的中国金融学会代表会议上，石毓符就当时金融理论研究需要解决的若干问题，提出了自己对当时货币流通状况、分析研究方法以及如何看待这一问题的看法①。石毓符教授认为，第一，社会主义有没有通货膨胀？事实已经说明，不必讳言，不用"膨胀"两个字，而改称"票子过多"，这是一回事情。第二，通货膨胀一词并不那么可怕。20 世纪六七十年代，日本每年物价上涨都达到一位或两位数字，但由于经济发展迅速，人民物质文化生活水平大幅度提高，这与国民党统治后期所爆发的通货膨胀存在着本质的区别，国民党统治时期的恶性膨胀，确实使人谈虎色变。第三，从理论出发，通货膨胀应该是现有货币流通量大于货币流通需求量，虽然物价上涨不完全是由于通货膨胀，但商品与货币成比例关系，物价上涨就是票子多，所以用物价上涨率代替通货膨胀率是比较现实的、可用的。这也是从实际出发，不是单纯从书本出发。因此，研究货币流通和通货膨胀情况，从正常年度中寻找商品量与货币量的比例关系，不失为一种可采用的办法。例如有的同志经过调查研究，认为 8:1 就属于正常现象。但是这里还有些问题值得进一步研究，商品量无论是采用库存额或零售额，都包含着许多变化因素，例如商品的结构、地区分布、人民消费习惯的改变等等，这些都影响货币流通量。特别是所谓"正常"，究竟在什么情况下才算流通正常？多少年来有不少商品，特别是高档商品，都有长期脱销和排队现象，也有些商品大量积压在各级批发站和零售店，这种情况是正常呢，还是不正常？在这些方面应该进行深入细致的调查研究，不能用表面化的一般情况掩盖事实真相。

---

① 中国人民银行总行金融研究所、中国金融学会：《金融研究动态》，1980（69）。

（二）改革开放初期通货膨胀的历史背景

1976 年中国国民经济几乎到了崩溃的边缘，伴随着十年浩劫的终结，改革开放的春风吹遍了中国大地。在改革开放初期，国家的工作重心刚刚转移到社会主义现代化建设上来，宏观经济增长速度较快，投资规模有所增加，财政支出加大，1979 年至 1980 年我国两年财政赤字都达了 170 亿元以上，为了弥补国库亏损，国家不得不增发 130 亿元货币。受此影响，1979 年至 1980 年的一般物价水平出现了较为明显的上涨势头，至 1980 年底，全国市场货币流通量比 1978 年增长 63.3%，大大超过同期工农业生产总值增长 16.6% 和社会商品零售总额增长 37.3% 的幅度，并引发了改革开放后的第一次通货膨胀，使商品价格上涨率达到波峰的 6%。较为突出的通货膨胀问题甚至对当时的价格改革造成了一定的影响。此后，经过压缩基本建设投资、收缩银根、控制物价等一系列措施，使这次通货膨胀在较短时间里得到了抑制。在此历史背景下，货币供应及其调控自然成为国民经济中的热点命题，学术界对此有种种议论和观点。石毓符在此历史背景下，提出应当从多个方面入手综合思考和应对当时货币流通状况的问题。

（三）关于通货膨胀主张的主要价值

面对改革开放初期的货币流通状况，石毓符首先坚持实事求是的原则，肯定了我国经济生活当中多年来一直存在着通货膨胀的矛盾，认为不能从"计划经济不可能出现通货膨胀"、"财政收支略有节约，货币都是信用发行，不可能有通货膨胀"，甚至"人民币不是纸币而是信用货币，因此没有通货膨胀"等"理论"出发，应当从事实情况出发；其次，他通过比较 20 世纪六七十年代日本的通胀以及新中国成立初期国统区的恶性通货膨胀的不同，阐述了"通货膨胀并不那么可怕"的观点；然后，他介绍了从正常年度中寻找商品量与货币量的比例关系来研究货币流通和通货膨胀情况的方法，强调了使用这种方法应当注意的问题，在一定程度上丰富了当时关于货币流通和通胀研究的思路和视角。

三、近代金贵银贱对中国影响的研究

（一）关于近代金贵银贱对中国影响的诠释

除了他在货币流通方面所形成的真知灼见外，他还将研究领域扩展到与之相关的国际金融问题上。1981 年，他发表了《近代金贵银贱对中国的影响》[①] 一文，他认为鸦片战争爆发后，中外国际贸易往来和其他联系日益增加，这使得作为用银国家的中国，难以逃避金贵银贱的影响。在政府财政方面，1840 年之后，帝国主义加紧对中国的侵略，多次勒索战争赔款，赔款数额之大，远远超过了清政府财政的偿付能力，于是又大借外债。由于金银比价的变动，在偿付债赔两款的过程之中，中国又遭受了巨大的损失。为了偿付甲午战争赔款，清政府向俄、法、英、德三次借款约五千万英镑，每年还本付息，财政负担已极重，加以银价继续低落，倍形困难。庚子赔款四亿五千万两海关银，条约规定"本息用金付给，或按应还日期之市价易金给付"。1900 年后，世界银价暴落，英汇海关银每两只合三先令，这种用银折合金镑所发生的损失即称为"镑亏"，随着汇价为转移，每年损耗多达数百万两，少亦数十万两，使得本已窘困的清末财政状况更入绝境之中。其后，北洋政府和国民党政府又借入巨额外债，本息均需用黄金偿还，这时银价越低，金价越高，每年所需要的银两越多。估计 20 世纪 30 年代的最初几年，因汇兑所发生的财政损失，每年达一千万规元以上。当时中国的外债是指定关税和盐税作担保，部分国内公债则以关余、盐余担保本息。因金汇率大涨，致关盐两税除支付外债所余无几，这就动摇了内债的保证，难以维持信用。北洋和国民党政府所举借大量内债常有延期偿付或竟到期不还的赖债行为，虽其原因不止一端，而由于金贵银贱所引起的汇兑损失，以致财政破产也是重要原因之一。总体来看，金贵银贱，所引起的汇兑损失，加重了近代中国的财政

---

① 石毓符：《近代金贵银贱对中国的影响》，载《现代财经》，1981。

负担和外债偿还的压力，以致财政走向破产边缘。

在国际贸易方面，半殖民地半封建的旧中国，出口货物限于农副产品和其他初级原料，当时天灾人祸频发，农村经济早已破产，生产日减，国内所需的衣食和原料尚且不敷，缺乏扩展出口的来源。在进口方面，除了机械设备、化工产品等外，大量属于生活必需品，如米面、纱布、洋油、洋蜡乃至小至针线、纽扣，无一不依赖"舶来品"，对这些洋货的需要，其伸缩性很小，进口价格虽然昂贵也难以减少其输入。当时少许的民族工业所需要的原料也大部分依赖进口，如棉纱、小麦等均需以高价购进。一面高级原料以贵价输入，一面低级原料以贱价输出，中国进出口两蒙其害，而用金国家两受其利；在国内工业方面，由于当时反动政府统治下，政治腐败，经济凋敝，即固有的产业已被摧残殆尽，无法振兴实业挽救颓势。自第一次世界大战以来用十几年时间才发展起来的脆弱的民族工商业，不仅机械设备来自外洋，而且大部分工业原来也靠进口供应。在金价高涨的情况下，不只无力扩大再生产，即使是简单再生产也难以维系。金价剧烈上涨，严重恶化了当时中国民族轻工业的生存环境，金贵银贱对中国刺激出口限制进口的效果甚微。

在国内民生方面，近百年来黄金和白银对衣食等生活资料的购买力都有下降趋势，不过金的购买力跌落缓慢而幅度小，银的购买力跌落急剧而幅度大。中国既然以银作为货币来衡量一切财富和物价，所以银价跌落就说明国内整体财富和全社会购买力下降，影响到全国人民的生活水平。进口洋货价格上涨，国内工业产品的价格随之升高，农产品的价格变化甚少，但"剪刀差"在增大，也障碍了农业的发展。况且由于半殖民地的旧中国，城乡人民在衣食住行和文化教育等方面所需物资材料，多半依赖外国进口，物价普遍上涨对国内各阶层人民大都是有害的。

在金银输出入方面，中国长期依赖，经常以金为出超，银为入超。因为黄金在别国为货币本位而在中国则视同商品，高价则售出，低价则购入，其出入之多寡以金银比价的高低为转移。自1880年后二十多年间，金价逐步提高，中国的黄金出口大于进口，表现为出超。1917年至1920年间，金价低落，当时又发生入超现象。反之，白银在国内为主要货币，需要频繁且数量巨大，更因国内产量有限，常赖海外输入，所以白银经常为入超。

（二）近代金贵银贱对中国影响的历史背景

在近代，国际金融市场上金贵银贱成为一个重要趋势，这一趋势和全球金银产出的变动、各国货币本位的变迁以及当时国际经贸往来的加深具有十分紧密的关系。在 19 世纪到 20 世纪初这个期间，正当全球白银生产稳定增长，世界各国黄金产量即渐缩减之际，先后采用金本位，1816 年，英国开风气之先，继而葡萄牙于 1854 年，德国于 1873 年，斯堪的纳维亚各国于 1875年，芬兰于 1878 年，罗马尼亚于 1890 年，奥地利于 1892 年，俄国、日本于1897 年，秘鲁于 1901 年相继采用金本位制，其他如拉丁同盟各国及荷兰、西班牙、美国、墨西哥等国虽尚用复本位（跛行本位制），银不过为一种辅币需要。由于对世界银价有举足轻重作用的印度先于 1893 年停止银币自由铸造，改行金汇兑本位制，复于 1926 年完全放弃银本位，改为金块本位。印度安南放弃银本位后，中国成为唯一的世界白银市场，各国剩余的生银涌向中国，中国虽然对生银的需要有一定限度，但由于用银为货币，因此外国将任何巨大的数量生银输入中国，皆可按照币价销售。这种情况对中国十分不利，扰乱了中国的金融秩序，摧残着经济事业的发展。当时国民党政府曾有禁止白银进口的规定，但不能限制洋商和外国银行的行动。然至 1934 年美国实行白银政策，人为地抬高银价格，复使中国的白银掉转方向大量外流，国内物价随之跌落，工商百业骤然消沉。石毓符正是基于这样的历史背景，全面分析了黄金与白银比价的变动对半殖民地半封建社会的中国产生的冲击和影响。

（三）近代金贵银贱对中国影响的主要价值

石毓符撰写的《近代金贵银贱对中国的影响》对于近代中国金银输送、物价涨落、百业兴衰等受制于世界金银比价变动的被动地位等一系列问题进行了资料翔实、全面深刻的论证，观点和见解深具启发性。近世百年之间，金价上涨五倍，相对说白银下降到原来的五分之一。而伴随着世界各国纷纷放弃银本位制，中国成为当时仅有的一个以银为主币的国家，在这样的情形之下，近代中国倍受金银输出入不由自主之苦，国内通货之伸缩及物价之涨落，乃至整个经济状况之升降，完全处于被动地位，受世界金银比价变动的影响和支配。时至今日，中国金融弱国的地位依然没有彻底摆脱，因此，他的见解和思考对于研究全球金融秩序重塑以及中国金融竞争力的崛起依然具有一定的参考价值。

四、著述中国首部货币金融史

作为一位"勤于耕耘，不问收获"的德高望重的学者，石毓符教授以七十多岁的高龄，在担任天津财经学院副院长以及多项社会职务，且患有数种疾病的情况下，致力于货币金融史的著述。不管严寒酷暑，从未间断，一写就是几个小时，开会前后的一些零散时间也从不放过，人们劝他休息，他总是以"乐此不疲"来回答。历时三个春秋，终于完成了他的最后一部著作——《中国货币金融史略》。

（一）诠释《中国货币金融史略》

《中国货币金融史略》一书对于我国从先秦到新中国成立两千多年的货币金融史进行了系统而扼要的梳理和论述。石毓符教授本着略古详今、略远详近的原则，自先秦至元代仅以两章概括有关方面发展变化的沿革，以粗见古代封建社会货币和信用的概况。由于明朝中叶后已产生资本主义萌芽，白银成为主要货币，专营兑换和存款放款业务的钱庄已经兴起，这在中国货币金融史上是个突破性的发展。为此，他突出地论述了商品经济和金融业的发生发展情况，这一点也反映了他对中国近代金融史年代划分上的观点。清朝在货币制度和金融机构方面不但纷纭复杂，而且变化极多，除概述其通货的变革和金融业机构之外，并将当时货币的主要问题——银钱比价进行专门的研究。自帝国主义金融势力进入中国后至新中国成立之前，货币金融方面的演变均属于半殖民地半封建社会的性质，许多问题是延续不断而且交错发生的，因此，他仿照"纪事本末"的体例，将这以历史阶段作为一个整体而分为若干个重要专题进行论述，克服了如果完全依照历史顺序分为清代、北洋政府和国民党统治时期来叙述，不能反映其全貌的不足。国民党统治时期的"法币改革"、通货膨胀和官僚资本的金融垄断，是近代货币金融史上的重要问题，它们是相互交错并互为因果的，所以按照专题形式加以论述。最后，设立"解放区金融事业"一章，尽管在时间上与前面论述相关，但性质上却有着根本的区别，全书以中国人民银行的建立和人民币的发行作为重点内容，结束了《中国货币金融史略》的论述，从而较为完整地勾画出了两千多年来中国货币金融历史发展的梗概。他通过既顾及时间顺序又划分专题的安排，给读者留下较深刻而又较完整的专业史的印象。①

　　作为一本史料丰沛、史论结合的经典著作，石毓符教授在马列主义的思想指导下，精心选用史料。书中采用的资料，一部分直接出自古代史籍，例如历代《食货志》、《通考》、《通典》等及有关历代奏议、诏令、文件和笔记等；一部分根据近今人的著述。在此基础上，采取史论结合、夹叙夹议的方法进行研究和解析，对货币与信用的关系、货币与经济贸易的关系、货币与物价的关系、货币与政权和战争的关系等问题进行了论述。例如，书中对于我国东汉时期国内黄金减少的剖析；对于唐朝时期货币数量不能完全满足社会流通需要以及黄金白银比价的论述；又如，对银锭铸币不具备现代本位货币条件的说明；关于银钱比价变动主要原因的解析；对于银元趋向统一是币制史上一种进步的充分论断；以及对美国实行白银政策及其对近代中国影响的分析；对国民党统治时期的金融垄断和通货膨胀的分析；对中国革命根据地金融业的成长和发展的论述，都是以丰富的史料向读者介绍史实的演变过程及其发展的原因，同时阐述了他对这些历史现象的认识和看法。

（二）中国货币金融史略的历史背景

　　在粉碎"四人帮"之后，石毓符与广大老年知识分子一样，心情格外振奋，在古稀之年，撰写《中国货币金融史略》。在当时，国内尚没有一本系统

---

① 石毓符：《中国货币金融史略》，天津人民出版社，1984。

全面地反映中国两千年以来货币金融史的专著，石毓符教授撰写的这本书填补了这一空白。这本书凝结了他教学和科研工作的毕生心血，足以反映出其研究所达到的深度和广度。从某种意义上说，《中国货币金融史略》成为石毓符教授学术思想、知识积淀的集中展现。

历史上，中国的货币金融活动，源远流长，错综复杂，石毓符教授能够以精妙的章节排列和严谨的史料选定，为读者勾勒出清晰的轮廓，反映了深厚的学术功底和严肃、独立的学术品格。回顾历史，我国殷商时代用贝壳作为货币，周朝已经出现了金属货币，春秋战国时代通行着各种形状的铸币，已经进入货币经济时代，是世界上货币文化最早形成的国家。但是，由于商品经济发展缓慢，中国的货币信用没有大的变革，每当战乱之际，货币金融发展反而呈现出停滞及倒退的现象，借贷活动长期处于原始状态。《社会通诠》序中提及中国社会经济的变迁"始骤而终迟"，自货币金融历史观之，诚然如此。中国先秦时代的货币经济已经相当发达，秦汉更有所发展，但此后进展缓慢，虽有所发展，但少突飞猛进的变化。在货币方面，长期的金银铜三品并行，以铜为主。铜币计数行使，金银计量行使，不分主币辅币，各以其自身之价值流通，没有明确的本位币。这种情况在其他国度也曾存在过，但都不像中国延续得如此长久。从信用业务的性质和机构来看，更是停滞不前的状态，高利贷占据主要地位；又由于个人窖藏财宝的长期习惯，自然造成货币流通的呆滞。明朝中叶尽管出现了钱庄的组织，但是对于工商业的贷款极少，就其性质和经营的范围看，也仅仅是金融业的雏形，比之当时西欧国家已经发展起来的金融业，远远落后。鸦片战争后，帝国主义敲开中国的大门，外国金融势力使之侵入，封建统治的中国染上殖民地的色彩，造成清朝中叶以后货币金融上最错综、最紊乱的现象，迫使当局不能不着手整改。然而历经北洋政府和国民政府所谓的整顿改革，却始终未脱离半殖民地半封建性质，直至全国解放后才开创出一个货币金融的新局面。

（三）《中国货币金融史略》的主要价值

《中国货币金融史略》是我国第一部货币金融史专著。纵观货币金融史的研究和叙述过程，石毓符将历史与论证相结合，史料丰富，分析透彻、深入，大大增强了其论点的说服力。他的上述研究和论断，极大地丰富了我国货币金融史理论，并得到金融学乃至整个社会学界的高度重视和评价。

石毓符教授在这部著作中，表述了很多十分独到的见解。例如，在论述古代信用时，认为"我们把封建时期的贷款行为统称作'高利贷'，似也不很确当"，因为"那时并没有一个贷款市场，根据需要自发调节的利率，而是由债主对借款人的亲疏关系、依附关系和剥夺力量，随时随地由债主决定利息的高低，借款人没有什么选择的余地"。又如他在论述清朝初期银钱比价变动的原因时，不同意当时较为流行的观点，认为"变动的原因主要在银而不在钱"。特别是在论述清朝末期中国银行业兴起的历史背景时说："中国近代产业之发展是银行建立的基础，而清政府的财政需要为银行设立之直接原因，至于外国在华银行势力的膨胀和利润的丰厚也在某种意义上刺激了中国银行业的兴起"。他对20世纪初至30年代中国银行业最兴盛时期的缘故以及北洋军阀或国民党政府统治时期经济金融形势和货币制度整顿缓慢缘故等，进行了鞭辟入里的分析。①

作为我国著名的金融学家，石毓符教授实事求是、潜心研究、学识渊源、造诣很深。作为一名知识分子，他对于金融理论的思考和研究深入、透彻，启迪着社会的良知；作为一名学界泰斗，他以无限的热忱和严谨的治学态度，为后人留下了及其宝贵的理论思想和精神财富。他的金融学术思想，终将在中国金融学说的历史长河中源远流长，熠熠生辉。

（王爱俭）

参考文献

［1］ 石毓符：《中国货币金融史略》，天津人民出版社，1984。

［2］ 沈大年：《一部难得的金融专业史——〈中国货币金融史略〉评

---

① 沈大年：《一部难得的金融专业史——〈中国货币金融史略〉评介》，载《金融研究》，1984（9）。

介》，载《金融研究》，1984（9）。

［3］石毓符：《近代金贵银贱对中国的影响》，载《现代财经》，1981。

［4］中国人民银行总行金融研究所、中国金融学会：《金融研究动态》，1980（69）。

［5］石毓符：《货币管理对企业经济核算的监督》，载天津《进步日报》，1951（4）。

［6］石毓符：《论私营企业重估财产调整资本办法的重要性》，载天津《进步日报》，1950－12－27。

第二十七章

施仁夫金融思想学说概要

施仁夫（1908—？），1933 年毕业于上海商学院会计系。上海立信会计师事务所会计师，并兼任立信会计丛书编辑科副主任。施仁夫在潜心研究经济和会计学问的同时，还从事初等教育的实验及研究。著有《现金收付记账法论》、《资金概念种种》、《战前债务增加还本的会计问题》等 30 余篇会计理论论文，并编著了《商业会计教材》和《商品流通企业会计》。翻译多部海外会计名著，如杨汝梅（众先）的《无形资产论》等。①

---

① 施仁夫 1931 年在半工半读中结识"立信"创始人——我国著名会计学家、教育家潘序伦博士，因其通英语、善数学、精会计而为潘氏所赏识，即受雇上海立信会计师事务所协助潘氏翻译《苏氏成本会计》一书，倍受潘氏赞赏，故毕业后即被正式聘用为上海立信会计师事务所会计师，并兼任立信会计丛书编辑科副主任。施仁夫在潜心研究经济和会计学问的同时，还从事初等教育的实验及研究，办学优良，倡导尤多，蜚声教育界。其在教育界颇有建树，于 20 世纪三四十年代发表了多篇关于初等教育方法的文章，并参与编写了当时的多部教材。此外，施仁夫一直致力于会计领域的探索，在民国时期就对许多会计问题提出了独到的见解和处理方法，对于我国会计行业的迅猛发展可谓功不可没，著有《现金收付记账法论》、《关于共同科目的应用》、《资金概念种种》、《战前债务增加还本的会计问题》、《联合产品之计价及其会计处理方法》、《论述：所得税之原理》、《专题讨论：节约与会计》等 30 余篇会计理论论文，并编著了《商业会计教材》和《商品流通企业会计》。另外值得一提的是，施仁夫翻译了多部海外会计名著，其中有杨汝梅（众先）的《无形资产论》，杨汝梅此书在世界会计史上具有重要意义。他提出有关无形资产的理论，为西方会计学者所公认。杨氏因此书而成为中国第一个被列入"世界名人录"的会计学者，这本《无形资产论》连同《连环账谱》、《银行簿记学》共三书后来被著名会计学家杨时展汇编成《中华会计思想宝库》第一辑，可见施仁夫翻译此举对保存中国会计史籍，弘扬中华会计文化所作出的贡献。由于我国当时所特有的国情和国内发展状况，金融的发展程度尚属起步，专业化系统化不强，行业覆盖面也较广，所以所谈金融之外延往往较为宽泛。施仁夫的金融学说则与会计联系甚密，而会计作为各行各业的基础支持学科，对于金融的发展可以说是唇齿相依，故施仁夫的研究在当时来看可以说为金融的发展铺平了道路，并且对于我国改革开放后金融行业的飞速发展也具有十分重要的意义。

一、战前债务增加还本之处理说

（一） 战前债务增加还本的会计处理

战前债务增加还本的问题是抗战结束后社会上普遍存在的现象，施仁夫认为其理论根据完全是因为通货膨胀的缘故，通货膨胀造成法币的贬值，从而使债务人获得了一笔相当的利益（资本利益），债权人遭受了相应的损失（资本损失）。他提出，这笔增加还本之数，对于债务人来说是一种利益的返还，而对于债权人来说则是一种损失的补偿。施仁夫分别从债权人和债务人这两个角度用实例对战前债务增加还本的处理加以了分析说明：

1. 从债权人的角度分析。民国时期，战前借出的债务由于通货膨胀因素在战后得到千倍还本，对于资产与资本原额之间的差额（利息等略而不记），施仁夫提出不能将其作为普通利益。因为若将其当作利益分发给股东，则债权人单位的资本仍为战前借出数额，数目虽等，但是资本价值却大大地不同。他指出，这增加还本之数是一种资本公积（排除增还之数超过通货膨胀程度时有利益发生的情况），这笔差额为资本的一部分。因此，在会计处理上，只能用资产涨价准备科目，或直接转入股本科目，以股票形式分配给股东。

2. 从债务人的角度分析。同样地，战前所借之债务亦因通货膨胀发生战后千倍还本，对于债务人而言，多还之数并非表面上所认为的普通损失。以银行为例，在通货膨胀时期，物价的高涨会使利率上升，银行纵使不直接购存货品，它的利息收入也会超过平时所得，这其中包含了一笔应归还给债权人的数目。如果说战前债务增还之数为损失，则也应为财产估价损失，而不是普通损失。据此，施仁夫认为在会计上应把多还之数从公积项下转销，而不能列入损益项下，由本期盈余负担。另外，施仁夫还发现，一般人通常把战时暴利作为普通利益，在会计上作为盈余和其他利益一并逐年分配，明知它为一种虚盈，也没有在会计上作特别处理。所以还本时，突然还很大一笔数目，一定不会有相当数目的公积进行转销，自然要发生亏损而侵蚀资本。

不过公司的资产很多因通货膨胀而大大增加了价值（如房地产、有价证券），这其中包含了资产涨价利益在内，而这个资产涨价利益是可以用来抵偿负债方面一部分多还之数的。

施仁夫指出，战前债务增加还本实际上是一个财产重新估价的问题，在抗战的特殊时期，一些战时的经济政策为后来的发展埋下了诸多隐患和问题，严重阻碍了战后社会的和谐与稳定，如这战前债务偿还问题就是一个例子。施仁夫于当时提出其会计处理方法，无疑为众多的单位和企业化解了难题，而由于这种债务问题往往发生于银行机构和企业之间，因此可以说这对于战后我国金融业的发展和稳定具有很大的意义。

（二）战前债务增加还本处理说提出的历史背景

1937 年"七·七事变"之后，抗日战争全面爆发，随着战事的扩大，军费需求持续攀升。因支付巨额军费，财政支出骤增，使得国民政府当时的财政状况相当困难。增加财政收入的渠道在当时莫过于三条，即整顿税收、举借内外债和增发货币，不过增发货币极易引起恶性通货膨胀，对经济和社会的危害非常大。时任财政部长的孔祥熙深知此道，经过缜密的分析后，他实施了一系列措施增加税收和募集内外债，希望通过这两种渠道缓解巨大的财政压力，为战事做后方支持。可惜的是，虽然孔努力增加税收与募集内外债，但限于客观状况，成效有限。税收方面，由于沿海地区沦陷，传统税收没有达到有效的增收目的。新开征的直接税由于种种原因也没有达到预期的目的。税款的收入远远赶不上飞速增长的财政开支。据统计，1937 年税收总数为45051 万元，仅占总支出 209132 万元的 21.54%。1938 年税款收入 21148 万元，仅占总支出 116865 万元的 18.1%。举债方面，内债销路不畅，实收数远小于发行额，除救国公债推销一半以上外，1938 年国防公债才推销 6.62%；1938 年英金债票 0.92%，美金债票 95.55%；1938 年赈济公债几乎为零。与战时内债政策相比，国民政府的外债政策较为成功。但"所有借款，或用于购买械弹器材及其他货物，或用于筑路，或用于平衡外汇，固足以增加抗战建国之实力，但其能以现款备用，减少国库目前支出者，为数无多"。增税和募债方面虽取得了一定成绩，但对于浩繁的财政开支来讲仍差额巨大，从抗战爆发到 1938 年底一年半的时间，"亏短达二十五万二千余万元"。如此巨大的赤字，主要依靠的是银行以借款方式以库存现款抵押。但银行的存款毕竟是有限的，至 1939 年初，银行存款基本使用完毕。在没有有效的筹款方法的情况下，孔祥熙主持下的战时财政最终走上了增发货币的道路。从 1939 年下半年开始，法币发行数额明显加快，但恶果也很快显现。1939 年底到 1941 年末，国统区物价上涨速度明显超过纸币增发的速度，以 1937 年 6 月的货币发行和物价指数为 1，1939 年 1 月至 1941 年 12 月法币发行指数由 3.04 增为 10.71，重庆的物价上涨指数由 1.77 增为 28.48，由纸币过量发行所导致的通货膨胀已严重影响了后方的社会生活，孔也因此受到谴责。由于抗战中后期，增发货币成了国民政府解决财政危机的主要手段，致使到抗战结束后，国内物价出现了暴涨 2100 倍的事实，通货之严重，可见一斑。

正因如此，才会出现战前债务在抗战结束后千倍还本的情况。当时金融界普遍存在此类债务的纠纷，甚至诉诸法律进行解决，却始终难以有一个妥善处理之道。在这种情形下，施仁夫提出了自己的思想和主张，认为之所以出现这种纠纷主要是因为许多企业和单位在会计上的处理存在问题，即对于战前债务千倍还本，其增还之数应如何记账的问题。许多人士简单地认为，增还之数从表面上看，在债权人账上是一笔利益，在债务人账上是一笔损失。详细而言，增还数额里面关于过去历年累积部分，在债权人账上作为盈余公积，在债务人账上由盈余公积项下转销。关于本年度部分，则在债权人账上作为什项利益，在债务人账上作为什项损失。施仁夫指出这种处理方法仔细研究起来是不正确的，因此他给出了自己的想法和方法。

（三）战前债务增加还本处理说的价值及影响

施仁夫有关战前债务的处理说在战后引起了广泛的社会反响和认同，切实地对实际工作中的问题提出了指导性建议。由于债务的双方通常为银行和企业，所以他的学说促进了战后银行机构和社会企业的深入合作，对于金融业的发展来说也是意义重大的。同时，战前债务问题的发生缘由也值得让我们对于抗战期间国民政府的货币政策进行反思，即使在战争时期，政府也应该随时把人民利益放在首位，切不可"病急乱投医"，货币政策的实施关乎国计民生，岂可大意？在这里，从侧面也反映出我们党时时以人民利益为先的优良传统，以及建立并领导新中国的历史必然性。

从宏观角度而言，施仁夫在经济方面的学说为战后经济的复苏作出了贡献，在扫清障碍之余，为1949年新中国成立后建立全新的社会主义政治、经济和社会制度奠定了基础。

二、现金收付记账法之正名说

（一）现金收付记账法

现金收付记账法的特点

作为我国古代流传下来的古老记账法，现金收付记账法以"现金"作为主体科目，以"收付"作为记账符号，记账时，收入现金记"收"，付出现金记"付"，现金以外的所有科目都是从属科目，一律随同现金的收记"收"，随同现金的付记"付"。分录如此，过账也是如此。施仁夫认为现金收付记账法是一种独特的记账方法，具有以下三个特点：

第一，一字两用。施仁夫认为，在现金收付记账法之下，现金科目是直接反映对象，其他一切科目则是间接反映对象，所以，收和付对于现金来说是"收入"和"付出"的意思，分别表示"增加"和"减少"。而对于其他科目来说则是"收自（或收回）"和"付于（或付还）"的意思，其中资金来源科目"收自"表示"增加"，"付于"表示"减少"，与现金科目的方向相同。现金以外的资金占用科目"收自"表示"减少"，"付于"表示"增加"，与现金科目的方向相反。

第二，一数两用。在现金收付记账法之下，经济事项分为"现金事项"和"转账事项"两种。施仁夫指出，将现金事项非常简洁地记为"收若干"或"付若干"，形式上表现为"单收，单付"，实则同时反映着主体科目现金和从属科目现金以外科目两个方面的金额增减变动情况，因此是"同收收入和收自、同付付出和付于"，对于转账事项，视同现金的"虚收虚付"进行记账，同样简洁地记为"收若干、付若干"，形式上表现为"有收有付"，实则是一笔或几笔"同收"与一笔或几笔"同付"相结合。由于现金收付记账法的主体科目只有一个，所以，分录时只要记明从属科目，现金科目可以略而不记。过去记账时往往在"收或付"之后加一"洋"或"银"字，这里的"洋"或"银"可以解释为"金额"，如果把它解释为"现金"，那就现金科目并没有省略，只是比较简化而已，不论同收还是同付都只记一个金额既表示收入或付出现金之数，又表示收自或付于其他科目之数。

第三，一账两用。在现金收付记账法之下，分类账总清簿中并不设立"现金户"，而以现金簿流水簿兼代，关于现金科目的增减变动情况，只在现金簿中进行核算，并不过账腾清。其他各科目则分别在分类账中设立专户进行归纳、整理、计算，现金簿中记"收"的，过入分类账该账户的"收方"，现金簿中记"付"的，过入分类账该账户的"付方"。这就是说，分类账中缺乏关于现金科目的情况反映，但把现金簿和分类账合起来看，则全部资金的增减变动的情况也就完整了。

（二）现金收付记账法正名说提出的背景

20世纪30年代，是我国学术界对于记账方法论战的开端。从最初的改良中式簿记与西式簿记之争，到解放初期的收付记账法与借贷记账法之争，再到后来的增减记账法与借贷记账法之争，这场论战持续了长达几十年之久。总的来说分为两大派，一派是以潘序伦为代表的激进改革派，主张全面引进西式簿记，认为西方的借贷记账法科学而先进，我们应该加以学习利用；另一派则是以徐永祚（1891—1959）为代表的保守改良派，主张改良中式簿记，认为我国固有的收付记账法是民族的、大众的，可以参照西方复式簿记原理加以改良，但仍然保留收付为记账符号及中式账簿为记账方式。在争论的这几十年中，我国出现了多种记账方式并存的局面，施仁夫于1985年后提出了现金收付记账法论，作为坚定推广中式簿记改良派的一员，他多次著文呼吁学术界和社会"拯救"我国传统的现金收付记账法，并且深入地表达了他的思想和看法。

他指出，现金收付记账法虽然历史悠久，应用广泛，而有关记账方法原理、原则的记载却缺失甚大，对此历代会计学者曾作过不少努力，总想找到一些这方面的历史资料，竟然一无所得。早在30年代初期，当时致力于中式簿记改良工作的徐永祚说："吾国会计之制，设官定制，史不绝书，而簿记之术，则起源何代，创自何人，渺不可考。"从事编著《中国会计史稿》的郭道扬也说："中式会计之法，既无专书问世，又无专师授业，一般师徒相传，仅凭口授心会……"因此，对于现金收付记账法的这些特点，往往不易为人所深切理解，最近半个多世纪以来经过许多学者的探索研究，才逐步有些明朗起来，但由于引进了借贷记账法，人们不免以借贷记账法的格局去比照，从而仍不免产生一些错觉。这些错觉主要有：（1）现金收付记账法的分录方式是单式记账，（2）现金收付记账法现金以外的实物科目是反收反付记账的，（3）现金收付记账法分类账中不设现金户，其账目是残缺不全的。施仁夫针对存在的这三种误解，一一作出了反驳和回答。

1. 施仁夫提出之所以有人误解现金收付记账法为单式记账是由于不了解一数两用的机制作用，错误地以为一笔经济事项只记一个数额是单式记账。现金收付记账法对于现金事项表面上是"单收"或"单付"，实际上是包含了现金及其对方科目两个方面的增减变动情况在内。其实，在现金收付记账法之下，"现金来源－现金运用＝现金结存"这一公式，就足以充分说明它是建立在资金平衡基础之上的复式记账了。在此基础上他还引用了徐永祚的话加以说明，"夫尽人而知我国旧式账簿为单式记账，实则非也。试举一例，如向某某借款若干，则银钱流水簿中记为收某某借款若干，形式上以单式簿记，实则包含有借入现金及贷出债务之两种意义，而为复式簿记。"

2. 施仁夫认为把现金收付记账法对于现金以外各科目记"收""付"理解为"反收""反付"是没有根据的。在这里，并非同现金科目一样是"收入"、"付出"的意思，而是"收自（或收回）"、"付于（或付还）"的意思。他对此进行了举例说明，"如收某人××"，很明显，这是"收入现金、收自某人"的意思,决不至于把它解释成为"把某人收进来"的。同样,"收商品××"当然也只是"收入现金、收自商品"的意思,或者说得更明白一点,就是由于售出商品而收入现金的意思,这在过去的旧式账房先生那里是从来也没有产生过什么疑问的,但在对于搞惯了借贷记账法的人来看,却似乎存在着问题。

3. 针对社会对于现金收付记账法账目不完整的指责,在施仁夫看来,是由于不了解一账两用的机制作用,错误地以为现金收付数额不过账,账目就不完整。其实在现金收付记账法之下,虽然现金不过账,但只要把同样处于重要地位的现金簿和总账合起来看,账目就是完整无缺的。

可惜的是,由于现金收付记账法缺乏理论阐述,加之与国际会计惯例接轨的发展要求,最终我国所有企业都实行了借贷记账的方法。现金收付记账法作为我国古代劳动人民智慧的结晶,终究是"英雄无用武之地",所幸有施仁夫为其正名,让它作为珍贵的会计史料传至后世。

(三) 现金收付记账法正名说的价值及其影响

在 20 世纪 30 年代到 90 年代的这场会计学术论战中,施仁夫始终坚定不移地支持和推广中国传统记账方法,致力于现金收付记账法的宣传和号召,尽管在时代的要求下,借贷记账法最终成为了必然趋势,但是他为现金收付记账法正名仍然具有深远的历史意义。

1. 现金收付记账法论对于弘扬我国民族文化意义重大。现金收付记账法是我国自古以来所用的一种独特的记账方法。这种记账方法,早在明朝末年就从单式记账发展成为复式记账,至今已有三四百年历史了。其结构严密,科学合理的特性同国外传入的借贷记账法有异曲同工之妙。不仅如此,现金收付记账法还富有民族特色,通俗易懂,机制灵活,这是借贷记账法所不及的。它以"收"、"付"作为记账符号,合乎人们的日常生活习惯,只要稍有文化水平的人,一经指点,就能掌握运用。时至今日,虽然它已无法满足现代社会的发展要求,但是施仁夫的现金收付记账法论却让社会大众对其有了一个全面透彻的认知,使其作为中国文化瑰宝得以永久保存下来。

2. 施仁夫提出的现金收付记账法论为记账方法这场论战注入了一股力量，在使论战更加激烈之余，也大大地提升了争论的学术意义，使其成为我国会计发展史上影响最大的一次会计学术讨论与交流，是我国老一辈会计学家、学者为振兴中国实业，改进中国会计落后状况而作的重要努力，也是我国会计学术初步取得进展的重要标志。在此之后，我国的会计理论逐渐的规范化统一化，为中国的经济发展和金融发展起到了推波助澜的作用，奠定了90年代我国经济高速发展的坚实基础。

3. 随着经济全球化的逐步深入，与世界接轨的要求愈发凸显，不论是会计还是金融，亦或是社会的其他方面，都需要我们在一定程度上与世界规则相一致，这不仅有利于我国对外出口贸易的发展，同时也促进国际间深层次的交流合作。对于西方文明的态度，施仁夫为我们作出了爱国的表率，在这种民族认同感的前提下，我们应该"取其精华，废其糟粕"，善于借鉴西方先进的文化提升发展自己，让中国变得更加强大，是以方为明智之举。

三、增减记账法与借贷记账法之比较说

（一）增减记账法与借贷记账法比较说

施仁夫在分别分析了增减记账法和借贷记账法的特点后，对二者从几个方面进行了如下比较：

1. 结合资金平衡关系，从记账原则的角度看。众所周知，增减记账法的原则是"不论科目属于何方（资金占用方还是资金来源方），一律增记增，减记减"，借贷记账法的原则是"资金占用科目，增加记借方，减少记贷方；资金来源科目，增加记贷方，减少记借方"。在此基础上，施仁夫通过实际运用加以分析，指出增减记账法按照每一科目发生增加或减少的实际情况，如实地、直接地予以反映，概念明确，通俗易懂，便于培养财会人员的新生力量，也有利于领导和群众了解账目，对财会工作进行必要的检查和督促。借贷记账法则不然，由于资金来源方的记法与资金占用方的记法方向相反，因而用

"借"、"贷"两字作为记账符号，分别代表"资金占用的增加和资金来源的减少"、"资金占用的减少和资金来源的增加"。由于"借"、"贷"两字含义不清，艰涩难懂，对培养财会人员的新生力量来讲是一大障碍，对领导和群众了解账目，困难更大。

2. 从分录的对应关系看。借贷记账法分录的对应关系是"不论科目属于何方，资金占用方还是资金来源方，一律有借有贷，借贷金额相等"。增减记账法分录的对应关系是，"科目异方，金额同方相等，科目同方，金额异方相等。"施仁夫提出，在增减记账法中，一笔复合分录的所有科目，如果都是同方（同是占用方科目，或者同是来源方科目），那么其对应关系同借贷记账法是一样的，都是把同方栏的数字相加，看它是否同另一方栏的数字相等就好了。如果分录中有异方科目的话即既有占用方科目，又有来源方科目，那么其对应关系就要用减法而不能用加法来检验了。这正是增减记账法的一个缺点，即复杂分录的对应关系不够清楚，并且本期发生额的试算一般采用差额验算法不大方便；而借贷记账法分录的对应关系非常清楚，且本期发生额的试算采用总额验算法，比较方便。

3. 从账目的验算方法上看。施仁夫在实际运用中发现，增减记账法与借贷记账法在余额的验算上是完全一样的，但是本期发生额的验算却不同，借贷记账法可以把所有科目的本期借方数即占用方的增加数与来源方的减少数和贷方数即占用方的减少数与来源方的增加数分别相加，看它们两笔总数即借方总额和贷方总额是否相等，而增减记账法则应计算占用方的本期净增加额或本期净减少额和来源方的本期净增加额或本期净减少额，看它们两笔净增加额或净减少额是否相等。由于加法比减法要方便些，所以在这一点上，也是借贷记账法比增减记账法为优。

4. 从共同科目的应用来看。施仁夫认为，采用增减记账法必须严格分清资金占用科目与资金来源科目，不能模棱两可，这是一个不可缺少的前提，借贷记账法就没有这种限制。这是因为增减记账法是按照每一科目发生增加或减少的固有概念进行分录的，如果科目的性质属于占用方还是来源方不明确，那就无从判别其为增为减，当然也就难于进行分录了。由于这一原因，凡属共同科目或称混合科目，即既作为资金占用科目，又作为资金来源科目，在借贷记账法中可以不受限制的自由采用，而在增减记账法中就不大相宜，即使要用，也必须假定其属于占用方或来源方才行。他对此举例加以了说明，"如往来科目在增减记账法中一般都不宜采用，如果由于客观需要必须采用时，也应以一方为主，即假定其属于占用方或来源方，这样才能进行分录。若银行对企业贷款采取'存贷合一'办法时，企业要用'银行借款'作为会计科目，而不宜用'银行往来'作为会计科目。"总之，增减记账法不宜用共性的会计科目名称，对于共同科目的应用缺乏灵活；而借贷记账法则在应用共同科目上较为灵活。

经过比较，施仁夫认为增减记账法虽然有几处缺点，但都是可以克服和避免的，而借贷记账法运用"借"和"贷"作为记账符号，与我国习惯上原有的概念不符，从而含义不清难以理解，不利于财会人员加以掌握。他指出，应该对我国国情加以考虑，选择最适合我国的记账方法，而相比之下，增减记账法在我国更加适用。

在对二者进行比较的基础上，施仁夫还对二者的结合进行了详实的探讨，得出了一些设想，并提出增减记账法是以"增"、"减"作为记账符号来指引记账方向，借贷记账法就其最初单式记账制的时代来讲，虽然是以客户"借入""贷出"指引记账方向，但是早在五百多年之前，当它发展成为复式记账制以后，也就失去了借、贷的原意，目前一般都用"增减法"来进行解释，也就是以增、减来指引记账方向，从这可以看到增减记账法和借贷记账法两种看来似乎截然不同的记账方法，实有彼此相通的地方。同时，我们也看到两种记账方法在记账法则上的主要区别只在于增减记账法是不论什么科目一律左增右减，而借贷法则把资金来源科目的记账方向反了一下，变成左减右增，与资金占用科目的记账方向恰恰相反。在这种思想的指引下，施仁夫对二者的结合进行了多种方法上的尝试，虽然最终因为一些实际问题不得已而搁置，却为其他对这两种记账方法争论不休的学者开辟了一种新的思考方式。

（二）增减与借贷记账法比较说提出的历史背景

在我国众多记账方法的争论中，争辩最为激烈的，则莫过于增减与借贷之争。虽然在这段期间，也有不少其他记账方法提了出来，但是这些记账方法都没有二者的影响大。关于两种记账方法的争论曾经形成了两个高潮：第一个高潮是在"文革"前的 1964—1965 年，第二个高潮则发生在"文革"结束后至 80 年代末。

从 1966 年"文革"开始，就有人将借贷记账法定性为"资本主义记账方法"；与此同时也将增减记账法定性为"社会主义记账方法"。其理由是：前者是从外国引进的，是资本主义的产物，如借贷的"晦涩难懂"就是"为资本家弄虚作假服务的"等等；而后者则是中国人自己创造的，是为社会主义服务的。这样给记账方法定性后，许多原来一直采用借贷记账法的工交企业迫于舆论压力，纷纷废置借贷记账法而改用增减记账法。据 1980 年的一次调查结果，实行增减记账法的工交企业，一般省市有 50% 左右，有的省市多达 70% ~ 80%。

正当增减与借贷之争进行得如火如荼之际，著名会计学家葛家澍教授发表在《中国经济问题》1978 年第 4 期的《必须替借贷记账法恢复名誉》一文，回答了当时记账方法争论中的几个主要问题：一是记账方法有没有阶级性？二是强加于借贷记账法的种种罪名能否成立？论文认为：记账方法是记录经济业务的技术方式，它本身没有阶级性。给任何记账方法戴上"资本主义"或"社会主义"的帽子都是不恰当的。至于强加在借贷记账法身上的罪名，如果实事求是地加以分析，除难学难懂这一点外，都不能成立。借贷记账法是一个经实践检验过几百年，新中国成立以后也采用了十多年，现今仍为世界各国所广泛采用的记账方法，是科学严密的一种复式记账法，因为有了它，才开始现代会计的发展史。因此，必须为科学的借贷记账法恢复名誉。这一被誉为打响会计界"拨乱反正"第一炮的名篇，引发了一轮关于记账方法阶级性的讨论，当时正反两方面的意见都有，但是经过一段时间的讨论，会计界逐步倾向于记账方法无阶级性的观点，借贷记账法完全可应用于我国。为此，许多在"文革"期间废借贷记账法而改用增减记账法的工交企业及其他企业纷纷改回头了。

借贷记账法的回归开启了论战的第二个高潮，施仁夫对于二者的比较论也正是在这期间提出。当时正值"文革"结束改革开放初期,我国的经济发展、政治制度和社会生活各方面都开始逐渐转入正轨,人民对于经济复苏和发展的迫切要求空前强烈,纷纷在探索一条适合我国国情的发展道路。会计界的学者们则争论于增减与借贷这两种记账法,试图讨论出一个最适合的方法以支持当时国民经济金融的恢复发展。但是,增减记账法比之借贷记账法究竟孰优孰劣,当时引起了广泛的讨论,以致颇有众说纷纭,莫衷一是。施仁夫认为这是好事,必须继续积极展开讨论,使两者的优点、缺点清楚示人,以免发生一些不必要的思想混乱,或者在有些部门或单位由于发生改来改去的反复情况,产生一些不必要的损失。

针对这种情况,施仁夫指出,增减记账法是 20 世纪 60 年代初期商业部的有关人士,在过去引进国外借贷记账法的基础上,吸收其有用部分,结合我国具体情况,经过长期实践经验的总结,而创造出来的一种合乎科学的中国化记账方法。这一记账方法创造伊始,就具有很大的生命力,没有多久,就已经逐步地被普遍推广应用了。经过十多年来广大财会工作者的认真研究,不断总结,又有了进一步的完善和提高。他认为借贷记账法运用"借""贷"进行记账,艰涩难懂,是其固有的难以变更的缺点,而增减记账法则合乎中国人的日常生活习惯,符合我国国情,所以他大力提倡使用增减法,不必非和国外的记账方法取得一致。

(三)增减与借贷记账法之比较说提出的价值及影响

1. 施仁夫在比较增减与借贷记账法时,对于共同科目应用所作出的详细阐释在当时引起了基层工作人员广泛的社会反响,具有现实意义。在实际工作中,共同科目的处理是个非常复杂的问题,尤其是对于基层实务而言,更是当时一个尚未彻底解决的难题。施仁夫对于共同科目应用的探讨,却着实切中要害,为共同科目在实践中的应用问题提出了对策。

(1)施仁夫在著文中提出,"增减法所用共同科目'名不符实'是由于增减法的特殊性所决定的,好在在这里并没有实质性问题,'名不符实,是无关大局的。"共同科目的"名不符实"归根到底是增减法的记账原则的"名不符实"使然。增减法的记账原则是"以'增''减'直接反映企业的经济活动，业务增加了就记增加，业务减少了就记减少"。在共同科目中出现的反增为减和反减为增的现象，就不是直接而是间接以增减反映经济活动。尽管在实务中不按记账原则也可以记账，可"名不符实"却不符合会计的基本要求——"如实"。"如实"不但要反映在数字上，同时也应反映在文字上。所以，记账中出现的"名不符实"的实质问题，正如施仁夫一语道破。

（2）施仁夫对共同科目"内部往来"和"盈亏"的频繁复杂情况的阐述，是符合基层实际情况的。20世纪八九十年代，经济逐渐活跃，对外地的"协作"随之增加，所谓协作就是双方调剂有无，同一个客户，有往也有来。又如，销售汽水、瓶和木箱包装物的金额大于汽水本身，这些单纯的销货客户当退回包装时，就会出现应付款，诸如此类的例子不胜枚举。

（3）施仁夫为共同科目的应用开出了"良方"，即"不问往多于来还是来多于往，对于同一系统内各单位相互间发生的往来一律各一单用'内部应收款'和'内部应付款'一个科目作为共同科目。"由于当时的会计制度规定统一采取增减法，所以出现共同科目应用的问题是必然的，施仁夫提出的这一解决方法为社会所认可，成为一项切实可行的办法。

2. 施仁夫将增减记账法与借贷记账法相结合的设想，不仅反映出了其对于学术"孜孜以求"的探索精神，同时也为后世对于记账方法的研究开辟了新思路。在论战持续进行的大环境下，施仁夫并非拘泥于固有的对立思想中，而是跳脱出争论的围墙，用客观的态度提出将增减与借贷记账法相结合，从而扬长避短，各取其精华，形成一种新的记账方法。虽然对二者结合的研究未果，但是他对于学术的态度却令人尊敬和称颂。不仅这种探索在当时是伟大的尝试，而且他的思想结晶也为后世的研究提供了宝贵的理论根据。

（袁也婷 刘锡良）

参考文献

[1] 施仁夫：《现金收付记账法论》，1985。

［2］施仁夫：《关于共同科目的应用》，1982。

［3］施仁夫：《战前债务增加还本的会计问题》，1946。

［4］施仁夫：《增减乎？借贷乎？》，1979。

［5］施仁夫：《关于"增减""借贷"两种记账法相结合的探讨》，1985。

［6］施仁夫：《救救现金收付记账法》，1988。